Let's Go

ETATS-UNIS, CÔTE OUEST

est le guide indispensable pour découvrir les Etats-Unis sans se ruiner.

▓ **Aucun guide ne donne autant d'adresses à prix réduits.**

Nous avons sélectionné plus de 5 000 adresses économiques dans tout l'Ouest des Etats-Unis. Pour chaque ville, pour chaque région, ce guide recense avec précision les meilleures solutions pour vous déplacer, vous loger, vous nourrir et sortir au meilleur rapport qualité-prix. Vous trouverez des centaines de conseils pour économiser votre argent et ne manquer aucune des réductions accordées aux jeunes, aux étudiants, aux enfants, aux familles ou aux personnes âgées.

▓ **Les enquêteurs de Let's Go vous ont précédé.**

Les auteurs-enquêteurs de Let's Go sont systématiquement passés partout, se déplaçant avec des budgets réduits, dans les même conditions que vous : pas de note de frais, pas de chambre d'hôtel gratuite, pas de traitement de faveur. Leur sélection se fonde sur une véritable enquête de terrain, en toute indépendance.

▓ **Let's Go est systématiquement et entièrement mis à jour.**

D'une édition à l'autre, nous ne nous contentons pas d'ajuster les prix, nous retournons sur place. Si un petit restaurant familial est devenu un piège à touriste hors de prix, nous le supprimons aussitôt de notre guide pour le remplacer par une meilleure adresse.

▓ **Let's Go est le seul guide à rassembler autant d'informations pratiques.**

Etat par Etat, les sites incontournables et les endroits méconnus, les villes, les parcs et les régions rurales sont passés en revue. Pour chaque adresse, les prix, les coordonnées exactes, les horaires d'ouvertures précis. Des milliers d'hôtels, de motels, de campings, de restaurants, de bars, de musées, et de parcs. Des cartes détaillées, des rubriques transports approfondies. Un chapitre introductif pour bien préparer son voyage, trouver le meilleur billet d'avion, avec tout ce qu'il faut savoir sur la vie quotidienne et l'histoire du pays.

LA COLLECTION LET'S GO

En français
Let's Go : Etats-Unis, côte Est
Let's Go : Etats-Unis, côte Ouest
Let's Go : Espagne
Let's Go : Italie

En anglais
Let's Go : Alaska & The Pacific Northwest
Let's Go : Britain & Ireland
Let's Go : California
Let's Go : Central America
Let's Go : Eastern Europe
Let's Go : Europe
Let's Go : France
Let's Go : Germany
Let's Go : Greece & Turkey
Let's Go : Ireland
Let's Go : Israel & Egypt
Let's Go : Italy
Let's Go : London
Let's Go : Mexico
Let's Go : New York City
Let's Go : Paris
Let's Go : Rome
Let's Go : Southeast Asia
Let's Go : Spain & Portugal
Let's Go : Switzerland & Austria
Let's Go : USA
Let's Go : Washington D.C.

Cartes guides (en anglais)
Let's Go : Boston
Let's Go : London
Let's Go : New York City
Let's Go : Paris
Let's Go : San Francisco
Let's Go : Washington D.C.

EGALEMENT CHEZ DAKOTA EDITIONS

En français
Le guide du Job-trotter Monde, 50 000 pistes de jobs et stages à l'étranger
Le guide du Job-trotter Etats-Unis - Canada
Le guide du Job-trotter Grande-Bretagne
Le guide du Job-trotter Allemagne - Autriche
Le guide du Job-trotter France
Le guide du Job-trotter Espagne - Amérique latine
Le guide du Voyage Utile
Le guide du Jeune Voyageur (18-25 ans)

Let's Go

Guide de voyage pratique

ÉTATS-UNIS
côte Ouest

Michelle C. Sullivan
Editeur

Megan B. Callahan
Editeur associé

Edward Y. Park
Editeur associé

Édition française :

Frédéric Lenoir
Directeur de collection
Marc Lacouture, Jean-Damien Lepère, Marc Santenac
Editeurs

DAKOTA EDITIONS

VOS TUYAUX SONT PRÉCIEUX

Faites-nous part de vos découvertes, vos coups de cœur, vos suggestions ou vos remarques. Nous lisons tout ce qui nous est adressé, les cartes postales, les courriers de 10 pages sur Internet comme les noix de coco. Toutes les suggestions sont transmises à nos enquêteurs. Adresse postale :

Let's Go USA,
Let's Go Inc., One Story Street,
Cambridge,
MA 02138
USA

Adresse e-mail :
fanmail@letsgo.com
Subject : "Let's Go:USA",
Retrouvez-nous sur le web :
http://www.letsgo.com.

Edition en français

publié par Dakota Editions,
7 rue Georges Pitard, 75015 Paris
Tél. : (1) 48 42 08 09
Fax : (1) 48 42 09 20

ISBN 2-910932-03-6
Dépôt légal 2e trimestre 1996
Imprimé en France par Brodard et Taupin
Tous droits de reproduction réservés © Dakota Editions 1996

Cartes réalisées par David Linroth © 1996, 1995, 1994, 1993, 1992, 1991, 1990, 1989 par St Martin's Press, Inc.
Cartes revues p. 12-13, 420, 505 par Let's Go, Inc.

Let's Go® et son logo sont des marques déposées de Let's Go Inc.

Les chapitres "L'essentiel" et "Les Etats-Unis" ont été adaptés et complétés par Dakota Editions. Le lexique en fin d'ouvrage a été réalisé par Dakota Editions.

Publié aux Etats-Unis

par St. Martin's Press, Inc.
Copyright © 1996 par Let's Go Inc. Tous droits réservés.
Let's Go Etats-Unis est écrit par Let's Go Inc, 1 Story street, Cambridge, MA 02 138, Etats-Unis.

Let's Go

UNE EXPÉRIENCE DE PLUS DE 35 ANS

Harvard, 1960. Une association étudiante, Harvard Student Agencies, se lance avec succès dans la commercialisation de vols charters pour l'Europe. En prime, chaque acheteur de billet reçoit un petit fascicule de 20 pages ronéotypées, *1960 European Guide*, qui rassemble quelques conseils de voyage. L'année suivante paraît en format de poche la première édition du *Let's Go : Europe*, rédigée à partir des enquêtes de terrain d'étudiants. Impertinent et précis, le Let's Go regroupe conseils pratiques et adresses bon marché pour sortir des sentiers battus. Le premier "Budget Guide" est né.

Tout au long des années 60, le guide évolue avec son époque. En 1968, une section entière est intitulée "Comment voyager sans un sou en Europe en chantant dans la rue". L'édition 1969 du guide Amérique s'ouvre sur un chapitre consacré au quartier Haight-Ashbury de San Francisco, alors véritable cœur de la culture alternative. Dans les années 70, Let's Go se répand hors des campus et passe à la vitesse supérieure. La première édition du guide Etats-Unis est publié en 1980, bientôt suivie par d'autres guides. Aujourd'hui, avec 28 titres, 55 pays couverts, et de nouvelles publications chaque année, les Let's Go sont traduits et adaptés en sept langues. Reconnus sur les cinq continents comme la référence par tous ceux qui souhaitent voyager intelligemment et sans se ruiner, ils ne s'adressent plus uniquement au public des campus. Loin s'en faut. Chaque année, un million de Let's Go sont vendus à travers la planète. Quatre titres sont désormais spécialement traduits et adaptés pour les lecteurs français, les premiers de toute une collection.

UNE DÉMARCHE ORIGINALE

Chaque année, en février, au terme d'une sélection féroce, Let's Go recrute au sein du formidable vivier du campus d'Harvard, près de 200 auteurs, enquêteurs, éditeurs et correcteurs de toutes les nationalités. Après plusieurs mois de préparation, les enquêteurs partent deux mois sur le terrain pour vérifier l'ensemble des informations et découvrir de nouvelles adresses. Sac au dos, carnet à la main, voyageant avec un budget limité, ils ont pour mission de visiter systématiquement les adresses d'une région bien délimitée. Pour cette édition, ces troupes de choc cosmopolites et polyglottes (13 nationalités, 21 langues parlées) ont recensé plus de 80 000 adresses à travers le monde, voyagé au total plus de 4050 jours (l'équivalent de 12 ans) et reçu sept demandes en mariage en un seul été. En septembre, à leur retour, les informations amassées sont traitées, disséquées, vérifiées, compilées ; les textes lus, relus, corrigés, édités, mis en page par des équipes qui partagent le même enthousiasme et le même sérieux. Pour l'édition française, les textes sont non seulement traduits mais adaptés pour tenir compte des attentes spécifiques des lecteurs francophones. Un soin tout particulier est apporté aux chapitres introductifs, qui sont entièrement repensés et refondus.

UNE CERTAINE CONCEPTION DU VOYAGE

Pour les équipes de Let's Go, le voyage individuel ne constitue pas le dernier recours de ceux qui n'ont plus un sou en poche mais la seule véritable manière de découvrir un pays. Emprunter les transports locaux, voyager de façon simple et économique, éviter les pièges à touristes et les adresses surfaites est pour nous le meilleur moyen d'aller à la rencontre des habitants et de leur culture. Ce guide a pour ambition de vous donner les clés qui faciliteront votre voyage. A vous ensuite de le refermer et de découvrir par vous même ce qui n'est pas dans ses pages.

BON VOYAGE !

Sommaire

Index des cartes

Les cartes Etats-Unis et Californie sont reprises en pages 531 et 532.

Auteurs - collaborateurs

AUTEURS / ENQUÊTEURS

Ian Clark (Rocheuses), **Nick Corman** (Texas), **Karen Olsson** (Sud-Ouest), **Amy Retzinger** (Grandes Plaines), **Carrie Ault** (Lake Tahoe, Gold Country, vallée de Sacramento, Cascades, Côte nord, Reno), **Bruce Gottlieb** (Los Angeles, San Diego, Santa Barbara, Cambria, San Simeon, Big Sur, San Luis Obispo), **Luke Moland** (Alaska), **Maika Pollak** (San Francisco et la Baie, Wine Country, Santa Cruz, Monterey, Carmel, Salinas), **Heather Phillips** (Washington, Eugene, côte Oregon nord), **Jededia Purdy** (Alaska), **Laurence Sacerdote** (Oregon, Spokane, Washington sud-est), **Liz Schoyer** (Le Désert, Sierra Nevada), **Raphael Sperry** (Dalton highway, Prudhoe Bay), **Matt Ware** (Hawaii), **Clay West** (El Paso et Ciudad Juárez au Mexique).

ÉDITION FRANÇAISE

Editeurs : Marc Lacouture, Jean-Damien Lepère, Marc Santenac.
Directeur de collection : Frédéric Lenoir.

TRADUCTION

Olivier Boasson, Pascale Boitelet, Frédérique Hélion-Guerrini, Margarita Holguin, Delphine Nègre, Laurence Potez, Henri-Georges Richon.

ADAPTATION/COLLABORATION

Hélène Thong-Vanh, Caroline Joubert, Isabelle de Fraiteur, Béatrice Madeline, Florence Miccalef, Olivier de Chavron, Laurence Katona.

REMERCIEMENTS

Nicolas Lenoir, Ludovic Prodhomme, Fredéric Mot, Office du tourisme et ambassade des Etats-Unis à Paris, Commission franco-américaine, Services culturels et touristiques de l'ambassade du Canada à Paris, Mobility International USA.

NOTE À NOS LECTEURS

L'information présentée dans cet ouvrage a été rassemblée par les enquêteurs de Let's Go au cours des mois d'été. Chaque enquêteur a visité une région bien délimitée, et a sélectionné, en toute honnêteté, ce qu'il pensait être les meilleures adresses : peut-être votre opinion sera-t-elle différente. Si vous vous rendez aux Etats-Unis en dehors des mois d'été, vous constaterez peut-être des différences sur les prix, les dates, les horaires, ou les conditions d'accès. Ce guide a été réalisé avec toute la rigueur possible. Si malgré tout, vous rencontriez certaines erreurs, inexactitudes ou coquilles, n'hésitez pas à nous en faire part.

Les Etats-Unis

Itinéraires et routes panoramiques

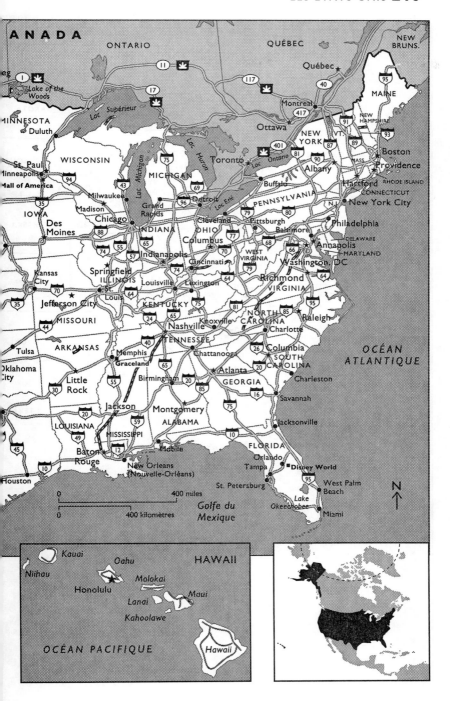

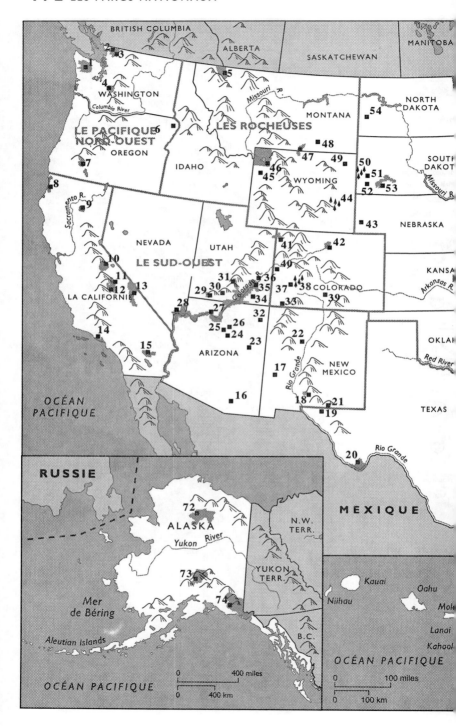

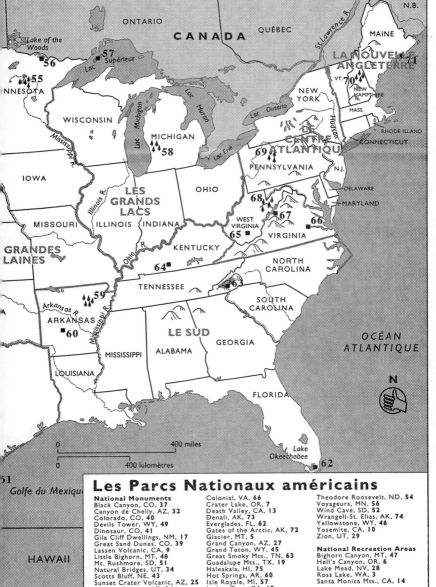

Les Parcs Nationaux américains

National Monuments
Black Canyon, CO, 37
Canyon de Chelly, AZ, 32
Colorado, CO, 40
Devils Tower, WY, 49
Dinosaur, CO, 41
Gila Cliff Dwellings, NM, 17
Great Sand Dunes, CO, 39
Lassen Volcanic, CA, 9
Little Bighorn, MT, 48
Mt. Rushmore, SD, 51
Natural Bridges, UT, 34
Scotts Bluff, NE, 43
Sunset Crater Volcanic, AZ, 25
Walnut Canyon, AZ, 24
White Sands, NM, 18
Wupatki, AZ, 26
Petroglyph, NM, 22

National Parks
Acadia, ME, 71
Arches, UT, 36
Badlands, SD, 53
Big Bend, TX, 20
Bryce Canyon, UT, 30
Canyonlands, UT, 35
Capitol Reef, UT, 31
Carlsbad Caverns, NM, 21

Colonial, VA, 66
Crater Lake, OR, 7
Death Valley, CA, 13
Denali, AK, 73
Everglades, FL, 62
Gates of the Arctic, AK, 72
Glacier, MT, 5
Grand Canyon, AZ, 27
Grand Teton, WY, 45
Great Smoky Mts., TN, 63
Guadalupe Mts., TX, 19
Haleakala, HI, 75
Hot Springs, AR, 60
Isle Royale, MI, 57
Joshua Tree, CA, 15
Kings Canyon, CA, 11
Mammoth Cave, KY, 64
Mesa Verde, CO, 33
Mt. Rainier, WA, 4
New River Gorge, WV, 65
North Cascades, WA, 2
Olympic, WA, 1
Petrified Forest, AZ, 23
Redwood, CA, 8
Rocky Mt., CO, 42
Saguaro, AZ, 16
Sequoia, CA, 12
Shenandoah, VA, 67

Theodore Roosevelt, ND, 54
Voyageurs, MN, 56
Wind Cave, SD, 52
Wrangell-St. Elias, AK, 74
Yellowstone, WY, 46
Yosemite, CA, 10
Zion, UT, 29

National Recreation Areas
Bighorn Canyon, MT, 47
Hell's Canyon, OR, 6
Lake Mead, NV, 28
Ross Lake, WA, 3
Santa Monica Mts., CA, 14

National Forests
Allegheny, PA, 69
Black Hills, SD, 50
Chippewa, MN, 55
Grand Mesa, CO, 38
Manistee, MI, 58
Medicine Bow, WY, 44
Monongahela, WV, 68
Ozark, AR, 59
White Mts., NH, 70

National Seashores
Padre Island, TX, 61

LISTE DES ABRÉVIATIONS DES ETATS

Alabama	AL
Alaska	AK
Arizona	AZ
Arkansas	AR
Californie	CA
Caroline du Nord	NC
Caroline du Sud	SC
Colorado	CO
Connecticut	CT
Dakota du Nord	ND
Dakota du Sud	SD
Delaware	DE
District of Columbia (Washington)	DC
Floride	FL
Géorgie	GA
Hawaii	HI
Idaho	ID
Illinois	IL
Indiana	IN
Iowa	IA
Kansas	KS
Kentucky	KY
Louisiane	LA
Maine	ME
Maryland	MD
Massachusetts	MA
Michigan	MI
Minnesota	MN
Mississippi	MS
Missouri	MO
Montana	MT
Nebraska	NE
Nevada	NV
New Hampshire	NH
New Jersey	NJ
New York	NY
Nouveau-Mexique	NM
Ohio	OH
Oklahoma	OK
Oregon	OR
Pennsylvanie	PA
Tennessee	TN
Texas	TX
Utah	UT
Vermont	VT
Virginie	VA
Virginie Occidentale	WV
Washington	WA
Wisconsin	WI
Wyoming	WY

Comment utiliser ce guide

Les équipes de Let's Go sont allées sur le terrain et ont quadrillé les villes et les campagnes, les montagnes et les déserts, pour sélectionner l'information la plus utile à ceux qui souhaitent découvrir l'Ouest américain. Les Etats-Unis : le sujet est inépuisable, et nous ne prétendons pas en avoir fait le tour. De temps à autre, fermez ce guide et écartez vous de nos itinéraires : il reste des milliers de restaurants, de cascades ou de musées à découvrir par vous-même.

Ce guide **Let's Go Etats-Unis côte Ouest** débute par un chapitre intitulé **L'essentiel** qui est divisé en quatre sections : **Avant de partir, Aller aux Etats-Unis, Etats-Unis mode d'emploi, Les Etats-Unis**. L'objectif de ce chapitre est de répondre de façon très concrète à toutes les questions que vous pouvez vous poser avant et pendant votre voyage : trouver le meilleur billet d'avion, souscrire ou non un contrat d'assurance, trouver un *driveaway* de San Francisco à New York, effectuer un appel longue distance aux Etats-Unis, verser le bon pourboire à une serveuse, etc. La section **Les Etats-Unis** vous donne les clés pour comprendre l'histoire et la culture américaine. Les 21 Etats de l'Ouest sont ensuite regroupés en huit chapitres, correspondant aux grandes régions : **la Californie, le Pacifique Nord-Ouest, le Sud-Ouest, les Rocheuses, le Texas, les Grandes Plaines, l'Alaska**, et **Hawaii**. Pour chaque région, les Etats sont passés en revue d'est en ouest. A chaque destination correspond une série de rubriques : Informations pratiques, Hébergements, Camping, Restaurants, Visites, Sorties, Spectacles. Le **Lexique** situé à la fin de l'ouvrage pourra vous aider dans les situations difficiles, par exemple à choisir la manière dont vous préférez vos œufs au petit déjeuner. Enfin, l'**Index** rassemble toutes les villes, les régions, les parcs naturels et les lieux cités.

POUR MÉMOIRE

▓ L'abréviation I-68 désigne l'interstate 68, l'abréviation US 12 la US highway 12. Nous avons également adopté les abréviations suivantes : *Rte.* pour route, *Blvd.* pour boulevard, *Ave.* pour avenue, *St.* pour street, *Hwy.* pour highway, *Pkwy.* pour parkway.

▓ Sous l'appellation *visitor centers* sont regroupés les office de tourisme d'une ville et les bureaux d'accueil des parc naturels ou des sites touristiques. Faites-y toujours un tour : le personnel, d'ordinaire compétent et serviable, est là pour vous aider ; les brochures et cartes qu'on y trouve sont très utiles.

▓ Les numéros de téléphone débutant par 1-800 sont toujours gratuits. En revanche ils ne peuvent être appelés qu'à l'intérieur des Etats-Unis.

▓ Les auberges de jeunesse de la fédération Hostelling International (HI) accordent souvent des réductions à leurs membres. Elles sont signalées dans le texte par le sigle HI-AYH.

▓ Les *National Parks, National Monuments* et *National Forests* dépendent du gouvernement fédéral ; les *State Parks* et les *State forests* du gouvernement de chaque Etat.

▓ La *cover charge* est une participation de quelques dollars demandée à l'entrée des bars ou des clubs, en général lorsqu'un groupe se produit *live*.

▓ Les prix mentionnés s'entendent hors taxe, sauf indication contraire. Il convient donc de rajouter les taxes locales.

▓ Les horaires sont présentés à la française, de 0h00 à 24h : 2h signifie 2 heures du matin.

▓ Reportez-vous au chapitre **Etats-Unis, l'Essentiel** au début de ce guide pour en savoir plus.

L'ESSENTIEL

AVANT DE PARTIR

■■■ SE RENSEIGNER
■ ADRESSES UTILES

Office du tourisme des Etats-Unis.
L'Office du tourisme américain publie un ensemble de brochures touristiques (140 pages au total) que vous pouvez recevoir par la poste en envoyant un chèque de 25 F à l'ordre de Publi-Trans à l'adresse suivante :
Découvrez votre Amérique, BP 1, 91167 Longjumeau Cedex, tél. : (1) 69 10 45 01.
L'Office du tourisme met également à la disposition du public un serveur Minitel et un serveur vocal.
Serveur vocal : (1) 42 60 57 15. Par Minitel : 3615 USA

Commission franco-américaine d'échanges universitaires et culturels, 9 rue Chardin, 75016 Paris, tél. : (1) 44 14 53 60, Minitel : 3615 GO US, mot clé CFA. Bien que spécialisée dans les échanges universitaires, la commission met à la disposition du public un centre de documentation. Elle publie aussi une brochure, vendue 30 F, intitulée *USA Jeunes été*, qui contient de multiples informations sur les hébergements bon marché, les transports, l'assurance, etc. Ouvert de 9h30 à 16h30 tous les jours de la semaine sauf le mardi.

Il existe également plusieurs associations franco-américaines. La plupart sont avant tout centrées sur les échanges culturels mais nombre d'entre elles se feront un plaisir de vous accueillir et de vous renseigner dans leurs domaines.

Association France-Amérique, 9 av. Franklin Roosevelt, 75008 Paris, tél. : (1) 43 59 51 00.

France-Etats-Unis, 6 boulevard de Grenelle, 75015 Paris, tél. : (1) 45 77 48 92. Cette association organise des séjours linguistiques pour les jeunes.

France-Hawaii, 22 rue de Turin, 75008 Paris, tél. : (1) 43 87 55 08.

France-Louisiane, 28 boulevard de Strasbourg, 75010 Paris, tél. : (1) 42 40 68 78.

Association Route 66, BP 47, 92603 Asnières Cedex, tél. : (1) 47 93 16 64, Minitel : 3615 Route 66. Si vous avez l'intention de traverser les Etats-Unis par la mythique route 66, contactez cette association, elle pourra vous donner toutes sortes de renseignements pratiques (logements, transports, etc). Elle organise également des séances diapositives.

TELI, 1 place de Châtillon, BP 21, 74961 Cran-Gevrier Cedex, tél. : 50 52 26 58. Située à Annecy, cette association dispose d'une base de données sur les Etats-Unis et a mis en place un club de correspondants.

En Belgique
Office du tourisme américain, 350 avenue Louise, 1060 Bruxelles, tél. : (02) 648 43 56, fax : (02) 648 40 22. Ouvert du lundi au vendredi de 10h à 19h.

■ LIBRAIRIES

Librairies spécialisées sur les voyages

Astrolabe, 46 rue de Provence, 75009 Paris, tél. : (1) 42 85 42 95. Ouvert du lundi au samedi de 9h30 à 19h.

Astrolabe rive gauche, 14, rue Serpente, 75006 Paris, tél. : (1) 46 33 80 06. Ouvert du lundi au samedi de 10h à 19h.

Itinéraires, 60 rue Saint-Honoré, 75001 Paris, tél. : (1) 42 36 12 63 ou 42 33 92 00, Minitel : 3615 Itinéraires. Ouvert du lundi au samedi de 10h à 19h.

Librairie du Vieux Campeur, 2 rue de Latran, 75005 Paris, tél. : (1) 43 29 12 32. Ouvert du mardi au samedi de 10h30 à 19h30, jusqu'à 21h le mercredi, et le lundi de 14h à19h.

Ulysse, 26 rue Saint-Louis-en-l'Ile, 75004 Paris, tél. : (1) 43 25 17 35. Ouvert du mardi au samedi de 14h à 20h.

Shakespeare & Cie, 37 rue de la Bûcherie, 75005 Paris, tél. : (1) 43 26 96 50.

Librairies anglo-saxonnes

Brentano's, 37 avenue de l'Opéra, 75002 Paris, tél. : (1) 42 61 52 50. Ouvert du lundi au samedi de 10h à 19h et le jeudi jusqu'à 20h.

WH Smith, 248 rue de Rivoli, 75001 Paris, tél. : (1) 44 77 88 99. Ouvert du lundi au samedi de 9h30 à 19h et le dimanche de 13h à18h.

Nouveau Quartier Latin, 78 bd Saint-Michel, 75006 Paris, tél. : (1) 43 26 42 70. Ouvert du lundi au samedi de 10h à19h.

■ INTERNET

Les réseaux accessibles par ordinateur représentent une mine d'or pour bien préparer un voyage. Grâce à Internet, vous pouvez entrer en contact avec des correspondants du fond du Dakota du Nord ou au cœur de Manhattan. Avec un niveau d'anglais de base, naviguer sur le Net est à la portée de tous. Et pour une fois, l'accent ne compte pas ! Une fois que l'on est familiarisé avec le réseau, le seul véritable problème est de faire face à la masse d'informations disponibles, au sein de laquelle il est parfois difficile de repérer les renseignements qui seront vraiment utiles.

Voyager sur Internet

Moteurs de recherche : Essayez **Lycos** (http://lycos.cs.cmu.edu/) qui prétend référencer 98 % des sites Web. Le plus célèbre moteur est Yahoo (http://www.yahoo.com/) probablement grâce à son amusante touche "random" qui vous envoie au hasard dans le cyberespace. Pour notre part nous conseillerons **All-in-One Search Page** (http://www.media-prisme.ca/all/all1.www.html#Top) qui héberge tous les moteurs de recherche du Web. Les moteurs spécialisés dans les sites francophones sont **Ecila** (http://ecila.ceic.com/) et **Lokace** (http://www.iplus.fr/lokace/ lokace.htm).

Sites francophones : L'index de serveurs géographiques et touristiques (http:/:www.univ-mulhouse.fr:80/w.tourisme.html) comprend des ressources utiles avant tout voyage aux Etats-Unis, ainsi que des cartes géographiques. Le site de **ABC Voyages,** (http://www.jca.fr/octopus/ABCVOYAGE /ABCHome.html) recense toutes les promos des voyagistes et les vols et hôtels en discount. Devis, renseignements par courrier électronique. Enfin, **Nouvelles Frontières** (http:/:www.webnf.fr:80/).

Sites anglo-saxons : Le **GNN Traveler's Center** (http ://gnn.com/gnn/ wic/trav.new. html) est un des sites les plus impressionnants. Il permet d'accéder à une myriade d'informations sur le voyage soit par pays, soit par thème. On y trouve également des récits de voyage, des "notes pour la route" et des renvois à des sites

Internet, comment ça marche ?

L'information sur Internet est accessible de deux façons : sur le World Wide Web, la partie graphique d'Internet où s'affichent les sites des entreprises, organismes, administrations ou particuliers ; et par les newsgroups, des forums de discussion où vous pouvez consulter tous les messages qui sont échangés entre les participants. Ces forums se comptent par dizaines de milliers et sont tous spécialisés sur un thème précis. L'accès à Internet, s'il reste encore aujourd'hui relativement confidentiel en France, est grandement facilité quand on est étudiant. De nombreuses universités et écoles se sont équipées (il est vrai que ce sont surtout les filières informatiques ou scientifiques). Un excellent moyen pour découvrir le net et y faire ses premiers pas, c'est de se rendre dans un cybercafé. Il s'en ouvre presque tous les jours dans toute la France. Coût : de 35 à 70 F l'heure. Seul inconvénient : il n'y a pas moyen d'imprimer les infos recherchées.

Trouver l'info recherchée

L'idéal bien sûr, c'est d'avoir son propre micro-ordinateur. Il faut compter dans les 12 000 F pour un bon matériel (avec modem) et y ajouter l'abonnement mensuel chez le fournisseur d'accès à Internet (**Easynet** par exemple), soit de 77 à 150 F par mois. Rajoutez une pile de revues d'informatique et de bouquins, et vous serez fin prêt… à crouler sous une masse d'informations… gratuites. Echanges d'appartements, emplois à l'étranger, stages, renseignements sur les écoles… Le principal problème est de ne pas s'y perdre. Internet est un vaste bazar. En novembre 95, on estimait le nombre de sites Web à 110 000, nombre qui doublerait tous les 53 jours. Cet accroissement vertigineux et l'arrivée du grand public sur le réseau (30 à 40 millions d'utilisateurs dont 13,5 millions de moins de 35 ans) a suscité la création d'outils de recherche appelés "moteurs de recherche". Ce sont des sites qui permettent des recherches par mots clés. Chacun relève, classe et référence tous les jours les nouveaux sites créés. Leur utilisation est simple : on y entre le thème que l'on recherche et le moteur crée une page qui affiche une liste des endroits où l'on peut trouver l'information désirée. Il suffit de cliquer sur une des adresses inscrites pour s'y retrouver "transporté". Autres moyens de trouver l'information : les magazines spécialisés qui commentent les sites les plus intéressants et donnent leur adresse. Enfin, la majorité des sites compilent des listes d'autres lieux en les classant par thèmes. Nombre de sites sont aussi "fédérateurs". Ils hébergent d'autres serveurs aux thèmes plus ou moins proches, épargnant ainsi des recherches fastidieuses.

de transports, météo, guides, etc. Il référence également les 10 sites sur le voyage les plus courus du Web. Bref, il y a tout. Détail intéressant : on peut s'abonner gratuitement à une revue par courrier électronique (*trav-talk*) qui informe de toutes les nouveautés. **City Net** (http://www.city.net) est le site de référence sur les villes du monde. A partir d'une classification de 1 615 villes et 634 autres destinations, City Net vous permet de retrouver aisément toutes les ressources disponibles sur la ville qui vous intéresse. Le site des guides **Lonely Planet** (http://www.lonelyplanet.com) comprend des entrées par cartes sensibles ou par index textes permettant de tout savoir sur les destinations de votre choix, de lire des cartes postales de voyageurs, de voir des portfolios de voyages, de lire des dépêches, de découvrir des idées de destinations rares, d'avoir des conseils de santé et de consulter des guides. Le site **Virtual Tourist** (http://www.vtourist.com) permet par carte sensible de trouver les ressources touristiques du Web concernant la région de votre choix. Renvoie également à Lonely Planet et City Net. **Hostelling International/American Youth Hostels** (htt://www.taponline.com/ tap/travel/hostels/pages/hosthp.htm), spécial étudiants et petits budgets, permet d'obtenir toutes les informations souhaitables sur 5 000 auberges de jeunesse dans 77 pays. **Adventure Tours** (http://www.csn.net/trips/) référence nombre d'informations et d'idées intéressantes pour les voyages d'aventure. On y trouve notamment, hormis les produits de la maison, de nombreuses idées et formules de voyages : pour fous de VTT,

Les dollars sans douleur.

WEEK END NEW YORK
5 jours / 3 nuits
4100 F * vol inclus

VOYAGEZ KOOL EN FLORIDE
1 semaine Avion + Voiture + Hôtels
4 360 F*

VOLS A/R
PARIS-NEW YORK de 1760F* à 3600 F*
PARIS-MIAMI de 2300F* à 4300 F*

* Prix par personne, au départ de Paris, à certaines dates, hors taxes et frais de dossier. Hébergement base chambre double. Offre valable dans la limite des places disponibles.

DANS LES AGENCES DE
VOYAGES OU AU
(1) 53 43 13 13
3615 LOOK VOYAGES

amoureux des aventures en mer, voire passionnés d'écologie… et même des voyages spécialisés pour les femmes. L'une des bonnes adresses est **The Student and Budget Travel Resource Guide**. Ses informations proviennent de plusieurs banques de données : CIA, bulletins d'information des consulats, bureaux du tourisme de chaque Etat. On y trouve aussi les horaires de la compagnie ferroviaire Amtrak, le guide Internet de l'hôtellerie, des plans de métro, des conseils alimentaires pour mieux supporter le décalage horaire, etc. (WWW: http ://asa.ugl.lib.umich. edu/chdocs/travel/travel-guide.html, ou par e-mail, travel-guide@umich-edit). Autre source intéressante, **Rec travel** (ftp.c.c.umanitoba.ca), qui donne accès à d'innombrables documents utiles aux voyageurs. On peut s'y connecter sur Internet via **FTP** (File Transfer Protocol). Enfin, le **W3 server** (http://www.w3.org/hypertext/DataSources/ www/ Servers.html.) n'est pas spécialisé sur le tourisme mais permet toutefois de descendre l'arborescence du World Wide Web par nation ou Etat américain. Intéressant si vous cherchez des informations "par analogie" concernant la région où vous aurez peut-être à vous rendre (notamment infos universitaires).

Pour les accros, **newsgroups** et **mailing lists** sont là. Malheureusement, leur "rapport signal-bruit" (la proportion d'informations réellement utiles) est souvent médiocre. **IRC** (Internet Relay Chat) vous permet de dialoguer avec des correspondants dans le monde entier : à partir d'un système UNIX, tapez "irc" ; puis "/help newuser". Notez enfin ces quelques forums francophones : Emploi : «fr.emplois.d» ; «fr.emplois.demandes», «fr.emplois.offres». Transports et offres et demandes de places en voiture : «fr.misc.transport.autostop». Informations sur les transports ferroviaires : «fr.misc.transport.rail». Echanges entre particuliers : «fr.petites-annonces.divers», «fr.rec.divers ».

■■■ FORMALITÉS

■ PASSEPORT

Pensez à photocopier les quatre premières pages de votre passeport *avant de partir*. Emportez une photocopie, et laissez-en une autre chez vous. Si vous perdez votre passeport aux Etats-Unis, adressez-vous au poste de police le plus proche, qui vous délivrera une attestation de perte ou de vol. Puis rendez-vous à votre consulat, muni de cette attestation et si possible d'une pièce d'identité et de la photocopie de votre passeport. A défaut d'obtenir un nouveau passeport, il vous sera délivré un laissez-passer qui vous permettra de rentrer à bon port.

A Paris, le passeport est délivré dans les mairies d'arrondissement. En province il faut s'adresser à la préfecture ou à la sous-préfecture. Munissez-vous d'un extrait d'acte de naissance, de deux photos, d'un justificatif de domicile et de 350 F. En principe, la délivrance du passeport est immédiate à Paris, mais il faut parfois compter un à deux jours. En province le délai peut être de deux à trois semaines.

■ VISAS

Les citoyens français, belges, suisses et luxembourgeois peuvent entrer aux Etats-Unis sans visa grâce au Programme d'exemption de visa (**Visa Waiver Pilot Program**). Peuvent en bénéficier, tous ceux qui effectuent des voyages d'affaire ou de tourisme de moins de 90 jours et qui ont "l'intention de repartir". Un passeport valable au moins 6 mois après votre date d'arrivée et un billet de retour (ou un billet à destination d'un autre pays) sont les seuls documents nécessaires.

Dans l'avion, le personnel de cabine vous remettra le formulaire **I-94W**, que vous devrez remplir sans vous tromper de ligne, ce qui est une gageure. Si vous entrez par voie terrestre, vous devrez remplir le formulaire à la frontière. Voilà pour l'épreuve

écrite. A la sortie de l'avion, vous attendrez sagement **derrière** la ligne rouge pour pouvoir passer l'épreuve orale. Un agent de l'immigration vous posera des questions sur le but et la durée de votre séjour (son objectif premier est de vérifier que vous n'avez pas l'intention de rester aux Etats-Unis) avant de tamponner votre passeport. Ne perdez pas la partie du formulaire I-94W qu'il agrafera à votre passeport.

Si vous perdez ce précieux parchemin, vous pourrez en obtenir un autre auprès de l'office d'immigration le plus proche (**U.S. Immigration and Naturalization Service, ou INS**). Même s'il y a très peu de chances qu'il vous parvienne avant la fin de votre séjour, vous pourriez rester sans problème. Il est possible de faire prolonger son visa à l'INS, mais il faut justifier le prolongement et parfois faire appel à un avocat. Un bureau de l'INS existe dans chaque ville. Pour tout renseignement, contacter **INS Central Office**, 425 I St. NW #5044, Washington DC 20536 (202-514-4316). Si vous comptez rester plus de 3 mois, vous pouvez obtenir un visa touriste de six mois, le B2. Adressez-vous à un consulat américain. Le délai d'obtention est en général de un à deux jours.

Si vous désirez plus de renseignements concernant les visas, les services consulaires américains mettent à votre disposition un serveur vocal. Composez le 36 70 14 88.

■ AMBASSADES ET CONSULATS DES ETATS-UNIS

Ambassade des Etats-Unis en France : 2 avenue Gabriel Péri, 75008 Paris, tél. : (1) 43 12 22 22. **Consulats : Paris**, 2 rue Saint-Florentin, 75008 Paris, tél. : (1) 42 96 14 88 ou (1) 40 39 84 11 (un répondeur vous renvoie sur le service vocal du consulat américain), ouvert de 8h30 à 11h30. **Marseille**, 12 boulevard Paul Peytral, 13286 Marseille, tél. : 91 54 92 01. **Nice**, 31 rue du Maréchal Joffre, 06000 Nice, tél. : 93 88 89 55, ne délivre pas de visas. **Strasbourg**, 15 avenue d'Alsace, 67000 Strasbourg, tél. : 88 35 31 04 (standard) ou 88 35 30 51 (répondeur), ne délivre pas de visas.

Ambassade des Etats-Unis en Belgique : 27 boulevard du Régent, 1000 Bruxelles. Adresse postale : PSC 82 Box 002, APO AE 09724, tél. : (02) 508 2111, fax : (02) 511 27 25. **Consulat : Bruxelles**, 25 boulevard du Régent, 1000 Bruxelles.

Ambassade des Etats-Unis en Suisse : Jubilaeumstrasse 93, 3005 Bern, tél. : (031) 357 7011, fax : (031) 357 7344. **Consulat : Genève**, 11 route de Pregny, 1292 Chambesy Genève, tél. : (022) 749 4111.

Ambassade des Etats-Unis au Canada : 100 Wellington Street, **Ottawa**, Ontario K1P 5TI, tél. : (613) 238-5335. **Consulats : Montréal**, Place Félix Martin, 1155 rue Saint-Alexandre, Montréal H2Z 1Z2, tél. : (514) 398-9695. **Québec**, 2 place Terrasse Dufferin, CP 939 G1R 4T9, tél. : (418) 692-2095, fax : (418) 692-4640, adresse postale : PO Box 1547, Champlain NY 12919.

■ DOUANE AMÉRICAINE

Passer la douane est une simple formalité, mais ne la prenez pas à la légère. On ne plaisante pas avec les fonctionnaires américains des douanes, pas plus qu'avec les agents de sécurité des aéroports.

Sachez qu'en principe, la loi américaine interdit de transporter tout ce qui est denrée périssable (fruits frais et fruits secs par exemple), ou risque de contenir des bactéries (fromages, etc.), les objets fabriqués à partir d'espèces végétales ou animales protégées (reptiles, félins), les couteaux à cran d'arrêt de même que les armes à feu et les munitions si elles ne sont pas destinées à la chasse ou à des sports autorisés.

La liste des produits interdits est longue et parfois surprenante, nous vous en donnons un petit aperçu : l'absinthe, les bonbons fourrés à la liqueur, les articles en provenance d'Iran, de Corée du Nord, du Viêt-nam, de Cuba et du Cambodge, les billets de loterie, les articles et publications pornographiques, la sculpture et la peinture monumentale ou architecturale de l'époque précolombienne, les publications séditieuses ou incitant à la trahison, les produits fabriqués à partir de faisans, les peaux de reptile, les fanons de baleine, l'ivoire, les plumes d'oiseaux sauvages, etc.

Duty Free La loi américaine vous autorise à apporter des cadeaux d'une valeur totale de 200 $ ainsi que 200 cigarettes ou 50 cigares, et vos effets personnels (vêtements, bijoux...). Attention, il faut en principe avoir plus de 21 ans pour avoir le droit d'entrer avec 1 litre d'alcool. Sachez également que dans certains Etats, le transport de l'alcool est très réglementé. Les autorités américaines prennent ces règles très au sérieux : si vous avez moins de 21 ans, la bouteille de champagne que vous apportez à vos amis américains peut être confisquée.

Argent Pour vérifier que vous êtes en mesure de subvenir à vos besoins pendant la durée de votre séjour, les fonctionnaires des douanes peuvent demander à connaître le montant dont vous disposez (en liquide ou en travelers chèques, une carte bancaire internationale peut également être très convaincante) ainsi que la date de votre retour. Si vous pénétrez sur le territoire américain avec plus de 10 000$, vous devez le déclarer à la douane.

Le service des douanes (**U.S. Customs Service**) édite des brochures qui vous diront absolument tout sur les règles douanières américaines. Vous pouvez vous les procurer auprès des consulats américains.

■ PERMIS DE CONDUIRE INTERNATIONAL

Aux Etats-Unis, le permis de conduire français est valable pour une période d'un an après l'entrée sur le territoire américain. Bien qu'il ne soit pas exigé, le permis de conduire international pourra vous rendre de précieux services. Sur la route, il peut faciliter vos éventuels contacts avec la police.

Pour obtenir un permis de conduire international en France, adressez-vous à la préfecture de votre domicile. En plus de votre permis national, présentez-vous avec deux photos, un justificatif de domicile, une carte d'identité ou un passeport ainsi que 17 F. Le délai d'obtention varie d'une préfecture à l'autre. A Paris, il est délivré immédiatement.

Attention, le permis international n'est valable qu'accompagné du permis national et sa validité est de trois ans.

En Belgique, vous pourrez faire établir un permis de conduire international au Royal Automobile Club de Belgique (RACB) ; en Suisse, auprès du Service des Automobiles de chaque canton. Le permis de conduire québécois suffit aux Etats-Unis.

Sachez enfin que si vous restez plus d'un an sur le territoire américain, vous devrez dans tous les cas passer le permis de conduire de l'Etat dans lequel vous résidez.

■■■ ARGENT

Un séjour en hôtel à New York coûte plus cher qu'une randonnée dans un parc national. Lorsque vous établissez votre budget, comptez au minimum entre 20 et 60 $ par jour pour vous nourrir et vous loger, suivant la nature de vos projets et les régions que vous visitez. Compte tenu des fluctuations des taux de change, ce budget peut varier dans des proportions relativement importantes. Sur la base d'un dollar à cinq francs, vous devez prévoir entre 100 et 300 F français par jour.

◼ LE BILLET VERT

La monnaie américaine est le dollar, divisé en 100 cents (¢). On trouve des billets de 1 $, 5 $, 10 $, 20 $, 50 $, et 100 $. Les billets, marqués de la devise *"In God we trust"*, se présentent tous, quelle que soit leur valeur, sous un même format et une même couleur verte. Au début, la confusion est facile : attention à ne pas glisser un billet de 20 $ en guise de pourboire. Les pièces de monnaie sont le *penny* (1 ¢), le *nickel* (5 ¢), le *dime* (10 ¢) et le *quarter* (25 ¢). Ayez le réflexe de conserver vos précieux *quarters*, indispensables pour appeler d'une cabine téléphonique, prendre le bus, ou utiliser un distributeur de boissons ou de journaux.

A titre indicatif, début 1996, les taux de change pour un dollar américain étaient les suivants :

      5,20 francs français
      30 francs belges
      1,25 franc suisses
      1,20 dollar canadien
      10 950 dôngs

◼ CHANGER DE L'ARGENT

Que vous optiez pour les travelers chèque, la carte bancaire ou les deux, prévoyez un minimum de liquide en dollars pour subvenir à vos besoins à l'arrivée.

En France, vous pouvez vous procurer des dollars dans la plupart des banques ainsi que dans les bureaux de change. Sachez que la **Banque de France**, 39 rue Croix-des-Petits-Champs, 75001 Paris, tél. : (1) 42 92 42 92, offre un service de change aux particuliers qui est intéressant pour les devises car elle ne prend pas de commission. Attention, seuls les espèces ou les chèques certifiés par une banque sont acceptés. Il existe environ 200 guichets Banque de France répartis dans toute la France. Renseignez-vous auprès de l'agence principale. Ouvert de 9h30 à12h30 et de 13h30 à 16h.

◼ TRAVELERS CHÈQUES

Pour transporter d'importantes sommes d'argent en toute sécurité, rien ne vaut les travelers chèques. Ils sont très largement acceptés aux Etats-Unis, y compris dans de nombreux magasins et restaurants (les Américains eux-mêmes les utilisent à l'intérieur des Etats-Unis), et sont remboursables en cas de perte ou de vol. Les petits montants (20 $), plus facilement acceptés dans les magasins, sont les plus pratiques.

En France, trois sociétés proposent des travelers : **American Express** (service relations clientèle : (1) 47 77 70 00), **Thomas Cook** (service relations clientèle : (1) 47 55 52 25) et **Visa** (renseignements auprès de votre banque). Ils sont vendus dans les banques et les bureaux de change. Si vous optez pour Thomas Cook, achetez-les auprès de leurs kiosques : vous ne paierez pas de commission, mais uniquement l'assurance perte et vol (1,5 % avec un forfait minimum de 25 F). Les chèques de voyage American Express sont très répandus et facile à remplacer en cas de vol ou de perte (dans 80 % des cas, le remboursement est immédiat). American Express propose également des chèques "couple" qui peuvent être signés par deux personnes voyageant ensemble.

Les Canadiens ont le choix entre les travelers chèques d'**American Express** (800-221-7282), **MasterCard Thomas Cook** (800-223-9920), **Visa** (800-227-6811) et **Citicorp** (800-645-6556).

Les taux de change et les commissions pratiqués par les banques et les bureaux de change sont très variables d'un établissement à l'autre. Si vous achetez vos travelers chèques dans la banque dont vous êtes client, la commission sera moins élevée (en général 1 %, correspondant à l'assurance perte et vol). Certains établissements

pratiquent le même taux de change sur les billets et les travelers (Thomas Cook, BNP). D'autres proposent des taux de change plus intéressants sur les travelers chèques (Caisse d'Epargne, Banque de France, Crédit Agricole), mais prennent parfois une commission.

En cas de perte ou de vol, les travelers chèques sont remplacés dans les plus brefs délais. Téléphonez (numéros gratuits 24h/24) à l'organisme qui a émis les chèques (le numéro figure sur l'avis de vente remis avec les chèques ; aux Etats-Unis : Visa 800-227-6811, Thomas Cook 800-223-9920, American Express 800-221-7282) qui vous indiquera la banque ou l'agence de voyage la plus proche où vous serez en mesure de retirer de nouveaux chèques. Vous serez remboursé plus vite en présentant le bordereau remis avec les chèques. Nous vous conseillons donc de le conserver soigneusement à l'écart des chèques eux-mêmes. Inscrivez quelque part les numéros des chèques que vous avez déjà encaissés, et conservez chez vous une liste complète de tous les numéros (encaissés ou non). Enfin, quand vous achèterez vos chèques, vérifiez bien que l'on vous a remis la liste des centres de remboursement.

■ CARTES

Aux Etats-Unis, les cartes de paiement (appelées familièrement *plastic money*) sont très couramment utilisées, y compris pour des faibles montants et des commandes par téléphone. N'oubliez pas la vôtre, elle vous sera très utile, voire indispensable si vous louez une voiture.

CARTES BANCAIRES

Les cartes bancaires internationales (**Eurocard MasterCard** et **Visa**) sont le moyen de paiement le plus pratique pour voyager aux Etats-Unis. Elles sont acceptées presque partout et on trouve des dizaines de milliers de guichets automatiques (appelés ATM, *automatic teller machine*), y compris dans les magasins et les stations-service. Certains distributeurs demandent un code (*pin*) à six chiffres : n'en tenez pas compte et tapez votre code habituel. Les commerçants fonctionnent généralement avec le vieux système du "fer à repasser" et se contentent de votre signature. N'oubliez pas votre reçu. Dans un restaurant, au moment de signer la facturette, pensez à remplir la case prévue pour le pourboire (*tip*) et à calculer et inscrire le montant total.

Il est plus intéressant de payer directement avec sa carte que de retirer de l'argent dans des distributeurs : à chaque retrait, votre banque vous facture des frais dont le montant est fixe (15 F au Crédit Agricole, 25 F à la BNP). Attention, vous ne pouvez retirer qu'un montant hebdomadaire limité (en moyenne 2 000 F).

Avantage des cartes bancaires, elles offrent des services d'assurance-médicale et d'assistance rapatriement (voir **Assurances**). En cas de perte, votre carte ne vous sera pas remplacée immédiatement, mais vous pourrez bénéficier d'une assistance financière. Le service d'assistance des cartes Visa et Eurocard MasterCard vous met en relation avec votre banque, qui décide ensuite de vous accorder ou non une avance de fonds.

Visa. Aux Etats-Unis, la carte Visa est la plus répandue. Elle fonctionne dans les distributeurs affichant le logo **Visa** (bleu, blanc et or). Visa met à votre disposition un serveur Minitel qui vous renseignera sur toutes les possibilités de votre carte, 3616 CBVisa.

Eurocard MasterCard. Elle fonctionne dans les distributeurs du réseau du même nom et dans ceux du réseau **Cirrus**. Si vous souhaitez plus de renseignements sur la carte Eurocard MasterCard, un serveur Minitel est à votre disposition au 3616 EM.

En cas de perte ou de vol de votre carte, téléphonez au centre d'opposition en France (**Visa :** (33 1) 42 77 11 90, **Eurocard MasterCard :** (33 1) 45 67 84 84). Téléphonez en PCV ou demandez à être rappelé. Aux Etats-Unis, vous pouvez également, le cas échéant, vous adresser directement à n'importe quelle banque pour connaître le numéro de téléphone du centre d'opposition local.

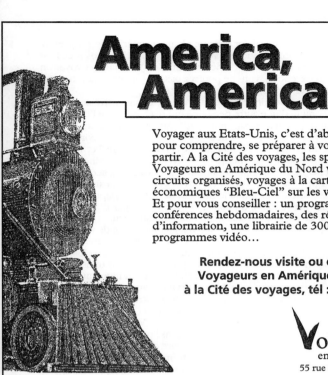

Le coût d'une carte bancaire internationale varie d'une banque à l'autre (150 F au Crédit Agricole, 160 F à la Caisse d'Epargne, 170 F à la BRED, 170 F à la Société Générale avec 50 % de réduction pour les jeunes de 18 à 25 ans), de même que le plafond de retrait hebdomadaire autorisé (2 000 F dans la plupart des banques, 4 000 F à la BRED). Pour en savoir plus, renseignez-vous auprès de votre banque.

CARTES DE CRÉDIT

Les cartes **American Express** et **Diners Club** sont de véritables cartes de crédit qui offrent de nombreux services : assurance médicale, assistance rapatriement, numéros gratuits à l'étranger. L'adhésion, relativement coûteuse, est soumise à des critères assez stricts.

American Express, tél. : (1) 47 77 70 00. Conditions d'obtention : revenu annuel brut minimum de 120 000 F, 2 ans d'ancienneté dans votre banque sans interdit bancaire.

Diners Club, tél. : (1) 40 90 00 00. Conditions de revenu comparables, acceptation des dossiers au cas par cas.

■ VIREMENTS

Pour effectuer un paiement depuis la France, envoyer des arrhes ou régler une dépense à l'avance, vous pouvez avoir recours à un mandat-carte de La Poste. Pour les Etats-Unis, les frais varient de 48 F à 115 F selon la somme que vous envoyez (au maximum 20 500 F).

Si vous vous trouvez à court d'argent aux Etats-Unis, vous pouvez vous faire envoyer un mandat-carte postal depuis la France. Au terme d'un délai d'environ deux semaines, vous pourrez l'encaisser dans une banque américaine sur présentation de deux pièces d'identité (dont une avec photo). Conservez vos reçus car les mandats sont remboursables en cas de perte. Inutile de vous faire envoyer un chèque personnel. Sauf exception, vous ne pourrez pas l'encaisser et dans tous les cas, la commission sera très élevée.

Vous pouvez également vous faire envoyer de l'argent depuis votre compte en France (ou depuis le compte d'une autre personne qui se chargera de l'opération) par câble (*wire*), grâce au réseau interbancaire SWIFT. Attention, toutes les banques ne proposent pas ce service. Les frais varient d'une banque à l'autre (environ 170 F à la BNP, plus de 300 F au CIC). Il vous faudra ensuite débourser entre 7 et 15 $ pour pouvoir retirer l'argent sur place. Une fois que vous avez trouvé une banque américaine qui accepte d'effectuer cette opération, envoyez à votre agence en France une lettre ou un fax signé, précisant votre numéro de compte français, le nom et l'adresse de la banque d'arrivée ainsi que le numéro de votre passeport ou d'une pièce d'identité. En dernier recours, un consulat peut se charger d'organiser un envoi d'argent. Le coût de l'opération sera déduit du montant reçu.

Thomas Cook propose un service de transfert télégraphique. Un de vos proches en France doit se rendre dans un guichet Thomas Cook. L'argent transféré depuis la France est mis à votre disposition 48h plus tard aux Etats-Unis en travelers ou en espèces, auprès de l'agence Thomas Cook la plus proche. Pour un transfert d'un montant inférieur à 1 500 $, les frais s'élèvent à 250 F ; pour un montant compris entre 1 500 et 5 000 $, les frais sont de 280 F. Le service *Money Gram* (20 $ pour un transfert de 400 $), vous permet d'avoir la somme à votre disposition en une dizaine de minutes. Pour tout renseignement, téléphoner au (1) 47 42 46 52.

Vous pouvez également avoir recours aux services de **Western Union**. Un proche en France effectue un versement en espèces dans l'un des points du réseau. Vous retirez l'argent en dollars quelques minutes plus tard dans une agence Western Union aux Etats-Unis. La commission dépend du montant transféré. A titre d'exemple, elle est de 7 % pour une somme de 3 500 F. Pour tout renseignement, téléphonez au (1) 43 54 46 12.

■■■ ASSURANCES

Si vous bénéficiez de l'assurance maladie en France, vous conservez vos droits aux Etats-Unis, à condition que la durée de votre séjour n'excède pas la durée des congés légaux en France (environ 5 semaines pour les salariés et 4 mois pour les étudiants). Attention, si vous suivez un traitement médical commencé en France, les frais engagés aux Etats-Unis ne vous seront pas remboursés.

Toutefois, il faut savoir que **les soins médicaux coûtent très chers aux Etats-Unis**. La Sécurité sociale et votre mutuelle ne vous rembourseront que sur la base des tarifs pratiqués en France. De plus, vous devrez avancer sur place le montant des soins avant de faire une demande de remboursement à votre retour. Nous vous recommandons donc vivement de souscrire une assurance maladie complémentaire.

Si vous êtes en possession d'une carte **Visa** ou **Eurocard MasterCard**, vous bénéficiez automatiquement d'une assurance médicale et d'une assistance rapatriement. Elles sont valables pour tous les déplacements à l'étranger ne dépassant pas 90 jours. L'assurance médicale ne vous prend en charge que si vous devez être hospitalisé. Le plafond des remboursements est de 35 000 F avec la carte Eurocard MasterCard et de 30 000 F avec Visa, ce qui est peu en cas d'hospitalisation aux Etats-Unis. Si vous ne pouvez avancer les frais d'hospitalisation, téléphonez au service d'assistance. Après vérification auprès de votre banque que vous serez en mesure de rembourser à votre retour, le montant des soins vous sera avancé. Si vous ne pouvez pas être soigné sur place, le service d'assistance organisera votre rapatriement après avoir vérifié son bien fondé avec le médecin ou l'hôpital qui vous a examiné.

Eurocard MasterCard, tél. : (1) 45 16 65 65, fax : (1) 45 16 63 92.

L'ESSENTIEL

Visa, tél. : (1) 41 14 12 21, fax : (1) 41 14 12 92.

Par ailleurs, si vous réglez au moins une partie de votre billet de transport avec votre carte, vous êtes couvert par une assurance décès-invalidité. La déclaration d'accident doit être faite dans les 20 jours.
> **Eurocard MasterCard**, CAMCA, service sinistres Eurocard MasterCard, 50 rue de la Boétie, 75008 Paris, tél. : (1) 44 95 18 50.
> **Visa**, Gras Savoye, 2 rue de Gourville, 45911 Orléans Cedex 9, tél. : (1) 38 70 38 72.

Pour toute demande d'assistance, il vous faudra communiquer le numéro à 16 chiffres de votre carte bancaire.
> Certaines cartes destinées aux jeunes s'accompagnent d'un contrat d'assistance. Pour la **Carte jeune**, téléphonez au (1) 41 85 85 85, **Carte Campus** de la MNEF (tél. : (1) 30 75 08 20), **Carte Club** de la Smerep (tél. : (1) 41 85 86 59). La carte d'étudiant international **ISIC** permet de téléphoner en PCV (5 langues parlées) à une compagnie d'assistance (pour les Européens, numéro en Grande-Bretagne : (44 181) 666-9205, pour les Canadiens : (800) 626-2427).
> Ces contrats d'assistance "automatiques" ne couvrent toutefois que partiellement les frais d'hospitalisation importants. Il est donc conseillé de souscrire un contrat supplémentaire auprès d'une compagnie d'assurance. Le contrat le plus utile aux Etats-Unis est le contrat dit d'"assurance des frais médicaux maladie-accident". Il vous garantit la prise en charge quasi intégrale de vos soins médicaux aux Etats-Unis et une prise en charge directe des frais d'hospitalisation. Des contrats plus complets comprennent d'autres garanties utiles aux voyageurs telles que l'assurance annulation voyage, l'assurance vol, l'assurance responsabilité civile.
> Afin de comparer les différentes prestations des compagnies d'assurance, faites-vous bien préciser les plafonds de remboursement, les garanties couvertes et le montant des franchises (c'est-à-dire la part du dommage restant à votre charge).
> Dans tous les cas, il est conseillé de choisir un contrat d'assurance-maladie qui vous rembourse au moins jusqu'à concurrence de 100 000 F, ce qui correspond à une période relativement limitée d'hospitalisation. Pour un contrat d'assurance voyage incluant le remboursement des frais médicaux (plafond des remboursements de 40 000 F à 1 000 000 F, selon la compagnie), la prise en charge directe des frais d'hospitalisation, une assurance bagage et une assurance responsabilité civile, il faut compter entre 260 F et 400 F pour un mois (deux mois, de 450 à 800 F). Nous vous donnons ci-dessous les coordonnées de quelques assureurs. A vous de faire votre choix.
> **AVA**, 28, rue Aumade, 75009 Paris, tél. : (1) 48 78 11 88.
> **AVI International**, 90 rue de la Victoire, 75009 Paris, tél. : (1) 44 63 51 01.
> **Elvia,** 66 avenue des Champs-Elysées, 75381 Paris Cedex 08, tél. : (1) 42 99 02 99.
> **Europe Assistance**, 23-25 rue Chaptal, 75445 Paris Cedex 09, tél. : (1) 42 85 85 85.
> **Mondial Assistance**, 2 rue Fragonard, 75807 Paris Cedex 17, tél. : (1) 40 25 52 04.
Pour les étudiants :
> **SMEREP**, 54 boulevard Saint-Michel, 75006 Paris, tél. : (1) 44 41 74 44.
> **MNEF**, 16 avenue Raspail, BP 100, 94252 Gentilly Cedex, tél. : 42 45 35 35.
> **ISIS**, 8 rue Jean Calvin, 75005 Paris, tél. : (1) 43 36 80 47.

■■■ TRAVAILLER ET ÉTUDIER

■ TRAVAILLER AUX ETATS-UNIS

Pour les jeunes et les étudiants, les possibilités de jobs sont innombrables aux Etats-Unis. Deux secteurs sont particulièrement porteurs, la restauration et le tourisme. Mais choisissez bien votre destination avant de partir. L'été, New York et San Francisco sont prises d'assaut par les chercheurs de jobs : votre recherche risque d'être

plus longue. D'autres régions moins fréquentées ne sont pas à négliger. L'idéal est d'arriver dans le pays dès fin juin, avant que la concurrence estudiantine locale ne soit trop forte. Ne vous attendez pas à gagner des salaires mirobolants, les emplois peu qualifiés sont payés environ 5 $ de l'heure. A partir du moment où vous êtes en règle, une embauche peut se décider très rapidement, à l'américaine.

Attention, les services de l'immigration américains sont très stricts. Il vaut mieux partir avec un visa de travail en règle. Avec une lettre d'embauche en poche, vous pouvez, dans certains cas, obtenir par vous-même un visa de travail auprès des services consulaires américains. Le plus simple est de vous adresser à un organisme d'échange qui effectuera les démarches pour vous. Quelques organismes sont habilités à délivrer le formulaire d'"éligibilité" IAP-66, qui vous permettra d'obtenir un visa de travail J-1.

En France, les trois principaux organismes habilités à délivrer le formulaire IAP-66 sont le **CIEE**, le **CEI/Club des 4 vents** et **Camp America**. Leurs programmes sont tous payants, il faut compter en moyenne de 2 000 à 4 000 F. Ces prix comprennent les frais d'obtention du visa (750 F) mais pas le billet d'avion pour les Etats-Unis.

Council on International Educational Exchange (CIEE), 1 place de l'Odéon, 75006 Paris, tél. : (1) 44 41 74 65. Le Council est le principal organisme d'échange d'étudiants pour les Etats-Unis. Chaque année, plus de 1000 étudiants français partent aux Etats-Unis dans le cadre d'un des trois programmes existants. Les programmes *Work and Travel*, pour les jobs, et *Internship USA*, pour les stages, vous permettent d'obtenir le visa J-1 et vous aident à trouver un employeur. Le Council propose également un programme de stage "clés en main" avec un placement de trois mois en entreprise.

CEI/Club des 4 vents, 1 rue Gozlin, 75006 Paris, tél. : (1) 43 29 60 20. Cet organisme propose différentes formules destinées aux étudiants de plus de 18 ans. Que vous ayez déjà un employeur américain ou non, le CEI vous permet d'obtenir le visa J-1 et éventuellement de trouver un job ou un stage.

Si vous n'êtes pas étudiant et que vous avez de l'expérience dans l'encadrement de groupe d'enfants, le programme ICCP (*International Camp Counselor Program*) offre des postes d'animateurs dans les camps de vacances.

Camp America est un programme géré en France par les *French-American Centers*, 10, montée de la Tour, 30400 Villeneuve-les-Avignon, tél. : (16) 90 25 93 23. Il s'adresse à des jeunes de plus de 18 ans qui souhaitent travailler dans des camps de vacances ou dans des familles, comme animateur, moniteur sportif ou personnel de service. Renseignez-vous auprès d'un French-American Center en France, ou consultez le 3615 Camp America.

Pour en savoir plus, vous pouvez consulter la brochure éditée par la **Commission franco-américaine d'échanges universitaires et culturels**, 9 rue Chardin, 75016 Paris, tél. : (1) 44 14 53 60, intitulée *Jeunes USA été*.

Et pour tout savoir sur les stages et les jobs outre-Atlantique, reportez-vous au **Guide du Job-trotter Etats-Unis-Canada**, publié aux Editions Dakota, qui rassemble de très nombreuses pistes et offres.

■ ÉTUDIER AUX ETATS-UNIS

Si vous souhaitez étudier aux Etats-Unis, vous devrez contacter vous-même les universités américaines qui vous intéressent. Commencez vos démarches suffisamment à l'avance (environ un an avant la rentrée universitaire) et préparez-vous à effectuer un véritable parcours du combattant. Les dossiers d'inscriptions (*application forms*) sont spécifiques à chaque université. Dans tous les cas, vous devrez avoir obtenu un nombre minimum de points au TOEFL (*Test of English as a Foreign Language*), en général de l'ordre de 550 à 600. Si vous souhaitez en savoir plus, vous pouvez contacter la **Commission franco-américaine d'échanges univer-**

sitaires et culturels, 9 rue Chardin, 75016 Paris, tél. : 44 14 53 60, organisme spécialisé dans les échanges universitaires franco-américains.

Si vous souhaitez effectuer un séjour linguistique ou suivre des cours sur une période limitée au sein d'une université, plusieurs voies s'offrent à vous. Les organismes de **séjours linguistiques** sont nombreux. Le **Centre d'information et de documentation pour la jeunesse** (**CIDJ**), 101 quai Branly, 75740 Paris Cedex 15, édite une brochure détaillée qui recense les principaux organismes par catégorie. Il met également à votre disposition un numéro où vous pourrez poser toutes vos questions, le (1) 47 87 05 05. Il existe un peu partout en France des **Centres régionaux d'information pour la jeunesse**, les **CRIJ**, dont les coordonnées sont sur le serveur Minitel 3615 CIDJ.

Vous pouvez en outre vous adresser à l'**UNOSEL**, 15/19 rue des Mathurins, 75009 Paris Cedex 15, tél. : (1) 49 24 03 61. Cette fédération regroupe un certain nombre d'organismes de séjours linguistiques.

Pour suivre des **cours en université**, ou participer à un programme d'échange, la **Commission franco-américaine d'échanges universitaires et culturels** édite des brochures qui peuvent vous aider dans vos démarches. Pour une session de 5 à 7 semaines, il faut compter environ entre 1 000 et 2 000 $ par cours (chaque cours comprend de 2 à 4 unités de valeur). A titre d'exemple, la session d'été à l'Université du New Hampshire coûte de 640 à 720 $ pour un cours de 4 unités de valeur, sur une période de sept semaines. A l'Université de Columbia, la session de cinq semaines coûte 570 $ par "point", chaque cours comprenant en général 3 "points" (1 707 $).

A noter enfin, le **Council on International Educational Exchange** et **Le Club des 4 vents** proposent tous deux des programmes de cours en université américaine.

CIEE, 1 place de l'Odéon, 75006 Paris, tél. : (1) 44 41 74 99. Minitel : 3615 Council.
CEI/Club des 4 vents, 1 rue Gozlin, 75006 Paris, tél. : (1) 43 29 60 20.

■■■ FAIRE SES BAGAGES

Voyager léger, telle est la règle. Même si vous sautez dans une voiture dès l'aéroport, vous devrez de toute façon porter vos bagages de temps en temps. A fortiori si vous prévoyez de vous déplacer à pied, faites des essais avant de partir en effectuant le tour du pâté de maison avec votre sac. S'il est trop lourd, soyez sans merci. Une technique de base consiste à ne mettre dans votre sac que le strict nécessaire, puis à retirer la moitié des vêtements. En revanche, prévoyez plus d'argent. A part quelques effets incontournables (un coupe-vent, un maillot de bain, un pull, un couteau suisse,...), limitez-vous. La plupart de ce que vous risquez d'oublier pourra se trouver facilement aux Etats-Unis. Les vêtements coûtent en général beaucoup moins cher qu'en France et des laveries se trouvent presque partout. Enfin n'oubliez pas qu'au retour des T-shirts, des jeans, des disques ou une batte de base-ball viendront s'ajouter à ce que vous avez apporté. Sur de nombreuses compagnies aériennes, le poids maximum autorisé est de 20 kg. En cas de dépassement, une faveur demandée aimablement auprès du personnel d'embarquement peut parfois vous éviter de payer une surtaxe.

■ CHOISIR SON SAC

Si vous avez l'intention de faire beaucoup de randonnées, de vélo, ou de marche, prenez un **sac à dos rigide**. Les sacs à armature interne sont parfaits pour voyager. Ils sont suffisamment souples pour s'adapter aux différents mouvements du corps, sur les sentiers de randonnée comme dans les couloirs du métro. L'idéal est le *conversion pack*, un sac à dos à armature interne qui se transforme facilement en sac standard souple. Les sacs à dos dotés de multiples poches ne font que fractionner un grand espace en petits espaces plus difficilement utilisables. Un vieux truc de randonneur et de scout consiste à ranger les habits et les objets par catégorie dans de petits sacs que vous glissez dans votre sac à dos. Si vous prévoyez de faire beaucoup de randonnées, un **sac à armature externe** peut être intéressant. Il offre un soutien accru, une meilleure répartition des masses, et la possibilité d'ajouter un sac de couchage enroulé par-dessus le rabat. Dans tous les cas, choisissez un sac muni d'une bonne ceinture rembourrée afin de transférer une partie du poids de vos épaules vers votre taille. N'oubliez pas que la qualité se paie. Lors de l'enregistrement des bagages à l'aéroport, attachez les sangles baladeuses qui pourraient se coincer dans les tapis roulants des carrousels à bagages. Enveloppez les objets pointus pour éviter qu'ils ne transpercent les parois du sac. Prévoyez un petit sac (à dos) en plus de votre bagage principal. Il vous permettra d'emporter vos objets précieux dans la cabine de l'appareil et vous sera utile sur place quand vous partirez pour une courte visite ou excursion.

■ S'HABILLER

Le choix des vêtements à emporter dépendra évidemment de la date et du lieu de votre séjour aux Etats-Unis. La technique des couches successives est une solution pratique, qui vous permet de retirer une couche quand vous avez trop chaud et d'en ajouter une quand vous avez froid. Attention, aux Etats-Unis, même au cœur des déserts, vous devrez prévoir une tenue plus chaude pour pouvoir survivre dans les lieux climatisés.

En été : préférez les fibres naturelles et les tissus légers. Prévoyez plusieurs T-shirts. Ils prennent peu de place. Ajoutez un pull ou une veste pour les soirées fraîches et les lieux climatisés ainsi qu'un ou deux shorts et jeans. N'oubliez pas d'emporter une serviette, un maillot de bain, et un coupe-vent.

En hiver : prévoyez des épaisseurs plus consistantes, dont au moins un vêtement qui conserve la chaleur en cas d'humidité (polypropylène, laine polaire, ou laine). N'emportez rien qui soit difficile à entretenir.

Temps pluvieux : un poncho de pluie n'est ni pratique, ni élégant à porter, mais il est léger et peut être appréciable en randonnée. Un coupe-vent efficace contre la pluie est indispensable, quelles que soient la saison et la région.

Chaussures : pour la randonnée, achetez de bonnes **chaussures de sport** ou des **chaussures de randonnée montantes en cuir**. Les tennis, chaussures bateau et autres Birkenstock ne seront pas à la hauteur. Les **chaussures de randonnée en nylon renforcé cuir** sont bien adaptées à la marche et indispensables pour la randonnée, car elles sont légères, solides, et sèchent rapidement. Une paire de tongues (*flip-flops*) peut être appréciable dans les douches pour éviter les champignons qui s'y trouvent parfois. Ne partez jamais avec des chaussures toutes neuves, "faites"-les avant votre départ. Vous pouvez mettre du talc dans vos chaussures et sur vos pieds pour éviter les douleurs. Le velours de coton est parfait contre les ampoules. Deux paires de chaussettes, l'une en coton absorbant à l'intérieur, l'autre en laine épaisse à l'extérieur, permettent de protéger vos pieds, d'éviter les ampoules, et de rester au sec. Par temps froid, remplacez les chaussettes en coton par une matière isolante comme le polypropylène.

■ POUR NE RIEN OUBLIER

Inventaire (à adapter en ne perdant pas de vue que vous pourrez toujours vous approvisionner aux Etats-Unis) en plus des vêtements et de la trousse santé : sacs en plastique (pour les vêtements mouillés, le savon, la nourriture), réveil, chapeau et lunettes de soleil, fil et aiguilles, épingles de nourrice, sifflet, canif, bloc-notes et stylo, lampe-torche, ficelle (pour attacher tout et n'importe quoi ou servir de corde à linge), pinces à linge, cadenas ou antivol, boussole, jeu de cartes, transformateur électrique (220/110) et adaptateur de prise (fiches plates américaines), **préservatifs**.

Sacs à viande si vous avez l'intention de dormir dans les auberges de jeunesse, emmenez votre "sac à viande" personnel (vous économiserez le prix des draps). Pour faire un sac à viande, pliez un drap en deux dans le sens de la longueur et cousez-le pour en faire une sorte de poche.

■ CAMPING

En camping, l'un des éléments les plus importants est évidemment le **sac de couchage**. Votre achat dépendra du climat des régions où vous camperez. Les sacs de couchage sont classés en fonction de leur capacité à vous garder au chaud pour une température minimum donnée. Si la température minimale indiquée est 4°C, cela signifie qu'à cette température, la température à l'intérieur du sac reste à 37°C. Il y a environ trois catégories de sac : "estival", pour camper l'été (minimum 12°C), "randonnée", (minimum 5°C environ) et "extrême" pour la montagne et les grands froids (environ -18°C). Les sacs contiennent soit du duvet (très chaud et léger), soit du synthétique (moins cher, plus lourd, plus durable, et qui reste chaud même humide). Quelques exemples de prix raisonnables pour des sacs de couchage : pour un synthétique +8/+4°C, à partir de 500 F, pour un synthétique +2/-2°C, à partir de 900 F. Pour un duvet +4/0°C, environ 1 000 F et pour un duvet, -8/-12°C, environ 2 000 F. Les **matelas mousse** coûtent entre 30 et 100 F, tandis que les matelas gonflables vont de 70 à 100 F. Moins encombrants et plus pratiques que les matelas gonflables, les matelas auto gonflants, de 250 F à 500 F.

Pour choisir votre **tente**, regardez d'abord la forme et la taille. Les plus simples à utiliser sont les tentes autoportantes, avec armatures et supports intégrés. Elles sont faciles à monter et n'ont pas besoin de piquets (pour plus de prudence, on en plantera tout de même par grand vent). Les tentes "dômes" sont particulièrement indiquées. Une fois qu'elles sont dressées, leur espace intérieur est presque entièrement utilisable. On peut trouver une bonne tente pour deux à partir de 500 F, pour 700 F, vous aurez une quatre-personnes.

Une **toile plastifiée** pour isoler la tente de l'humidité du sol et une **lampe** fonctionnant avec des piles sont également utiles. Si vous campez en automne, en hiver, ou au printemps, prévoyez une couverture d'"astronaute". Même si vous ne comptez pas jouer à Star Trek, cette merveille technologique incroyablement légère et compacte vous permet de conserver votre chaleur corporelle de manière très efficace et peut également servir de tapis isolant. Prix : 30 F ! Seul hic, elles sont bruyantes, sauf quelques modèles un peu renforcés. Idéales pour stocker votre eau, des **vachettes** vous aideront beaucoup sur des sites éloignés des points d'eau. Vides, elles ne pèsent pratiquement rien, mais peuvent s'avérer encombrantes à la longue. On trouve des **réchauds de camping** de toutes tailles, de tous poids, et fonctionnant avec toutes sortes de carburants, mais il faut toujours y mettre le prix (140 à 250 F). En matière de réchaud, on peut classer les campeurs en deux catégories : ceux qui tombent toujours en panne de gaz (généralement par un matin blême, à mille miles de tout lieu habité), et ceux qui emportent toujours trop de recharges, à la fois lourdes et encombrantes. Une troisième catégorie est constituée de tous ceux qui ayant appartenu successivement aux deux précédentes ont décidé d'avoir recours aux réchauds des autres.

Que vous optiez pour l'achat ou pour la location, faites attention au prix et à la qualité. Prenez votre temps et discutez avec les vendeurs spécialisés. Dans un magasin, cherchez les modèles de l'année passée. En automne, vous pouvez parfois obtenir des rabais allant jusqu'à 50 % sur le matériel de la saison précédente. Quelques adresses de magasins :

Au Vieux Campeur, 48 rue des Ecoles, 75005 Paris, tél. : (1) 43 29 12 32. Le Saint des Saints avec 14 annexes spécialisées dans le quartier.

Lyon : 43, cours de la liberté, 69003 Lyon, tél. : (16) 78 60 21 07
Minitel : 3614 Vieux camp, vente par correspondance : 7 catalogues spécialisés, vendus 12 à 18 F pièce (remboursés au 1er achat).

Doursoux, 3 passage Alexandre, 75015 Paris, tél. : (1) 43 27 00 97, spécialiste des raids, de la randonnée et des sports aériens. Vente par correspondance : catalogue sur demande, en envoyant 35 F.

Décathlon, 90 magasins en France. Adresses sur le 3615 Décathlon.

Go Sport, 70 magasins en France. Adresses sur le 3615 Go Sport.

Les produits américains sont souvent de très bonne qualité, à de bons prix. Les magasins spécialisés disposent de vendeurs compétents, qui prennent leur rôle au sérieux. Pour ceux qui décideraient d'acheter du matériel une fois aux Etats-Unis, voici quelques adresses de magasins spécialisés qui font de la vente par correspondance.

Recreational Equipment, Inc. (REI), 6750 S. 228th St., Kent, WA 98032 (800-426-4840). Un large éventail de matériel de camping, de grandes promotions annuelles. De nombreux articles sont garantis à vie (hormis l'usure normale).

L.L. Bean, Freeport, ME 04033-0001 (800-341-4341). Vend sa propre marque et d'autres grandes marques. Système satisfait ou remboursé sur tous les achats

Cabela's, Inc. 812 13th Ave., Sidney, NE 69160 (800-237-4444). De très bons prix sur l'équipement de randonnée et de camping.

Eastern Mountain Sports (EMS), One Vose Farm Rd., Peterborough, NH 03458 (603-924-7231). Cette chaîne de magasins, présents dans tout les Etats-Unis, offre un excellent service et une garantie de satisfaction sur tous les articles, téléphonez pour connaître l'adresse du magasin le plus proche.

■ ■ ■ SANTÉ

■ AVANT LE DÉPART

Une **trousse de premiers soins** sera bien suffisante pour les petits problèmes que vous pourrez rencontrer au cours de votre périple. Une trousse classique contient les éléments suivants : des pansements et du bandage, de l'aspirine, un antiseptique, un thermomètre (dans un étui rigide), une pince à épiler, du coton, un décongestionnant, des pilules contre le mal des transports, la diarrhée, les maux d'estomac, de la crème solaire, un produit contre les insectes, une crème anti-brulûres. En cas de nécessité, vous trouverez tous ces produits partout aux Etats-Unis. Les médicaments ordinaires (aspirine, antiseptique, etc.) sont en vente libre dans les rayons de tous les *drugstores*. Si vous n'arrivez pas à vous repérer parmi les marques américaines, demandez conseil au pharmacien, au comptoir *prescription*.

Vérifiez que vos rappels de vaccinations sont à jour. Le tétanos peut s'attraper relativement facilement (objets rouillés, chevaux...). Les hépatites connaissent un net développement, y compris dans les pays les plus développés.

Notez dans votre portefeuille les noms des personnes à prévenir en cas d'accident. Si vous êtes allergique à certains produits ou traitements, notez-le aussi (cela aidera les médecins). Si vous prenez régulièrement certains médicaments, apportez-en en quantité suffisante pour la durée de votre séjour. Prenez avec vous l'ordonnance et un résumé de votre dossier médical (carnet de santé ou autre), surtout si vous apportez de l'insuline, des seringues, ou des narcotiques. Il est toujours utile de se faire examiner avant un voyage, surtout si vous prévoyez de rester à l'étranger plus d'un mois ou deux, ou que vous avez l'intention de faire de la randonnée. Si vous portez des lunettes ou des lentilles de contact, prévoyez une paire de lunettes de secours ! Emportez éventuellement une prescription ou arrangez-vous pour que votre opticien ou votre famille puisse vous envoyer le nécessaire en cas de casse ou de perte.

D'une manière générale, pour tout problème de santé, vous pouvez contacter les organismes suivants :
En France, plusieurs centres de renseignements téléphoniques sont à votre disposition :

AP Voyages, AP Vacances, hôpital de la Pitié-Salpêtrière, tél. : (1) 45 85 90 21.
Santé Voyages, tél. : (1) 40 25 88 86, Minitel : 3615 SV.
Air France, Minitel 3615 VACAF.
Sida Info Service, tél. : 05 36 36 36.

Il existe près de 80 centres de vaccination en France. Vous pouvez vous en procurer la liste complète auprès de la **Direction générale de la santé**, 1 place de Fontenoy, 75350 Paris 07 SP, tél. : (1) 46 62 40 00.

Air France et l'Institut Pasteur possèdent tous deux un centre de vaccination.

Centre de vaccination Air France, Aérogare des Invalides, 2 rue Esnault Pelterie, 75007 Paris, tél. : (1) 43 23 94 64.
Hôpital de l'Institut Pasteur, 209 rue de Vaugirard, 75015 Paris, tél. : (1) 40 61 38 00.

Aux Etats-Unis, le **U.S. Center For Disease Control** (tél. : 800-342-2437) est à même de répondre à vos questions concernant la santé et peut vous communiquer les coordonnées d'organismes spécialisés. Citons en particulier les deux organismes suivants :

American Red Cross (Croix Rouge américaine), 61 Medford St., Somerville, MA 02143 (tél. : 800-564-1234).
American Diabetes Association, 1660 Duke St., Alexandria, VA 22314 (tél. : 800-232-3472). Une association qui offre un bon service aux personnes diabétiques.

■ PRINCIPES DE BASE

Ne mangez pas n'importe quoi, buvez en quantité suffisante, et ne rognez pas sur vos heures de sommeil. Et surtout, buvez (de l'eau) : 95 % des maux de tête sont causés par la déshydratation. Aux Etats-Unis, il est peu probable que vous soyez touché par ces maux classiques des voyageurs que sont la *tourista* ou la *djerbienne*. Plus vraisemblablement, vous aurez à vous habituer l'été, aux contrastes entre la chaleur extérieure et la climatisation à outrance, source de nombreux rhumes parmi les Européens.

Pour consulter un médecin aux Etats-Unis, le plus simple est de regarder dans les pages jaunes, à *Clinics* ou à *Physicians*. Les visites à domicile étant très peu répandues, la pratique des consultations aux urgences des hôpitaux est encore plus courante qu'en France.

Si, profitant pleinement des vastes espaces américains, vous partez en **randonnée**, voici le rappel de quelques problèmes de santé qui peuvent survenir. Un rappel qui vise avant tout à les exorciser.

Diarrhées : un grand classique des longs voyages. Souvent, les personnes qui en souffrent se soignent avec des médicaments classiques (Immodium et autres). Soyez prudents. Certains produits peuvent permettre de parer au plus pressé sans soigner une infection, voire en aggravant une infection déjà sérieuse. Si les diarrhées sont fortes, qu'un peu de sang s'y mêle, qu'elles s'accompagnent de frissons ou de fièvres et durent plus d'un jour ou deux, consultez un médecin. L'effet secondaire le plus dangereux d'une diarrhée est la déshydratation. Pour y parer, le remède le plus simple et le plus efficace consiste à boire de grandes quantités d'eau sucrée, ou bien à manger du miel et une pincée de sel plusieurs fois par jour. Le Coca-Cola sans bulles a également ses adeptes.

Coup de froid : la peau frappée par un coup de froid devient blanche, puis molle et froide. Prenez des boissons chaudes et restez au sec. Réchauffez *doucement et lentement* la peau à l'aide d'un chiffon sec, ou, mieux encore, en le maintenant contre la chair. *Ne frictionnez jamais la peau*, vous risqueriez d'arracher l'épiderme.

Giardia : présente dans de nombreuses rivières et lacs, la giardia est une bactérie qui provoque des gaz, des crampes douloureuses, une perte d'appétit, et de violentes diarrhées. Pour couronner le tout, la giardia est capable de survivre dans votre organisme pendant des semaines. Pour se protéger, il suffit de bien faire bouillir l'eau, ou de la purifier à l'aide de pastilles avant de la boire ou de cuisiner avec.

Insectes : les insectes américains sont pénibles, mais très rarement mortels. Portez des pantalons longs, des manches longues, et achetez une moustiquaire pour le camping. Quand le contexte social le permet, rentrez votre pantalon dans vos chaussettes. Pour éloigner les insectes, utilisez un produit contenant du DEET, mais ne forcez pas la dose (surtout à proximité des enfants qui y sont plus sensibles) et évitez les muqueuses. Certains produits naturels, quoique moins efficaces, peuvent parfois suffire. On trouve facilement aux Etats-Unis de la vitamine B12 ou des "pilules d'ail", *garlic pills,* qui consommées régulièrement auraient la propriété de rendre suffisamment odorant pour éloigner les insectes et les vampires.

Coup de chaleur : les symptômes sont faciles à détecter. La transpiration cesse, la température du corps s'élève, et d'intenses maux de tête apparaissent. Dans les cas extrêmes, le cerveau se met à flancher, entraînant la mort. Avant d'en arriver là, faites boire à la personne atteinte des jus de fruits ou de l'eau salée, en la recouvrant de serviettes humides et en lui faisant de l'ombre. Dans le désert, le corps perd entre 4 et 8 litres d'eau par jour. Buvez le plus souvent possible. Un couvrechef, des lunettes de soleil, et un vêtement léger à manches longues aident à se protéger de la chaleur.

Hypothermie : l'hypothermie est le résultat d'une exposition prolongée au froid. Là encore, les signes sont clairs : la température du corps descend rapidement, et l'organisme cesse de produire de la chaleur. Des frissons apparaissent, il devient difficile de coordonner les mouvements, de parler distinctement. Une forte envie de dormir vous envahit, accompagnée d'hallucinations ou d'amnésie. Ne laissez pas une victime d'hypothermie avancée s'endormir. La température de son corps va encore baisser, et si elle perd connaissance, elle peut mourir. Pour éviter l'hypothermie, restez au sec et à l'abri du vent. Habillez-vous en multipliant les couches. La laine conserve la chaleur, même lorsqu'elle est humide. Les vestes en laine polaire et les vêtements imperméables en Gore-Tex sont d'excellentes options. Ne comptez pas sur le coton pour la chaleur. Une fois mouillé, il devient complètement inutile.

Lierre vénéneux, chêne vénéneux, sumac vénéneux : ces plantes à feuilles sécrètent des sucs dont le contact provoque des démangeaisons, de l'urticaire, voire une inflammation. Si vous pensez avoir touché une de ces plantes, lavez la peau à l'eau froide et au savon (l'eau chaude dilate les pores, et fait donc pénétrer les sucs plus profondément). Si des éruptions cutanées se manifestent, traitez-les avec une lotion à base de calamine, un produit à base de cortisone ou un antihistaminique. Ne grattez jamais la zone infectée. Cela ne ferait que répandre la substance sur une surface plus large.

Rage : la rage n'est pas limitée aux zones rurales. Si vous êtes mordu par un mammifère (même un écureuil ou un lapin), nettoyez bien la blessure et allez vous faire soigner.

Brûlures solaires : appliquez de l'écran solaire en bonne quantité plusieurs fois par jour. Les écrans totaux protègent même les peaux très blanches. Si vous souffrez de brûlures, buvez plus d'eau que d'habitude, cela aidera votre corps à se refroidir et votre peau à se reformer.

Tique/maladie de Lyme : les maladies transmises par les tiques, comme la maladie de Lyme, peuvent être très graves. La maladie de Lyme est bien connue des randonneurs, surtout sur la côte Est, mais aussi dans certaines parties de l'Ouest. On la repère à une zone irritée plutôt rouge d'environ cinq centimètres de diamètre qui ressemble au cœur d'une cible. Autres symptômes : fièvre, maux de tête, grande fatigue, ou douleurs diverses. Si on ne fait rien, la maladie de Lyme peut entraîner des problèmes cardiaques, articulaires, ou des pannes du système nerveux. Dans certains cas, l'issue peut être fatale. Il n'existe pas de vaccin, mais la maladie de Lyme peut être traitée par les antibiotiques si on la diagnostique suffisamment tôt. Si la tique est retirée dans les premières 24 heures, le risque d'infection diminue considérablement. Certains randonneurs vérifient qu'ils n'ont pas de tiques en passant un peigne fin dans le cou et les cheveux. Si vous trouvez une tique, saisissez la partie proche de sa tête avec une pince à épiler au ras de la peau. Ensuite, tirez lentement et régulièrement pour l'extraire. N'essayez pas de retirer les tiques en les brûlant ou en les recouvrant de produits comme du solvant à ongles ou de la vaseline.

SIDA, HIV, et MST : on estime à un million le nombre d'Américains porteurs du virus HIV, mais 80 % l'ignorent. Pour diminuer les risques de contracter une MST, **utilisez des préservatifs lors des rapports sexuels**. On en trouve facilement aux Etats-Unis, mais rien ne vous empêche d'emporter votre marque favorite. Préférez les lubrifiants à base d'eau aux formules à base d'huile, qui diminuent considérablement la capacité du latex à bloquer le virus.

■■■ ÉTUDIANTS

Un peu partout aux Etats-Unis, les étudiants bénéficient de réductions. Pensez à vous procurer une **Carte d'étudiant internationale (ISIC)** avant de partir, elle sera plus facilement acceptée que la carte d'une université française. Un numéro d'assistance est accessible aux détenteurs de la carte ISIC. A cause de la prolifération des fausses cartes ISIC, certaines compagnies aériennes exigent une autre pièce d'identité attestant de votre statut d'étudiant. Apportez votre carte d'étudiant française.

Nous vous donnons la liste des principaux points de vente où vous pourrez la trouver. Outre votre carte d'étudiant, munissez-vous d'une photo et de 60 F. N'oubliez pas de demander un exemplaire gratuit de *l'International Student Identity Card Handbook,* qui présente la liste des réductions dans chaque pays.

En France
OTU Voyages
Service ISIC, 6 rue Jean Calvin, 75005 Paris, tél. : (1) 43 36 80 47. Minitel : 3615 CROUS. 42 bureaux en province.
Lyon : (16) 78 72 55 59. Toulouse : (16) 61 12 54 54.
USIT Voyages
6, rue de Vaugirard, 75006 Paris, tél. : (1) 42 34 56 90. Minitel : 3615 USIT
Bordeaux : (16) 56 33 89 90. Lyon : (16) 78 24 15 70. Nice : (16) 93 87 34 96.
Toulouse : (16) 61 11 52 42.
AJF (Accueil des Jeunes en France)
119, rue Saint-Martin, 75004 Paris, tél. : (1) 42 77 87 80.
Gare du Nord, 4 rue de Dunkerque, 75009 Paris, tél. : (1) 42 85 86 19.
CIEE / Council Travel Services
22, rue des Pyramides, 75001 Paris, tél. : (1) 44 55 55 65.
FUAJ
27, rue Pajol, 75018 Paris, tél. : (1) 44 89 87 27.
SEM Vacances
54, boulevard Saint-Michel, 75006 Paris, tél. : (1) 44 41 74 40.

En Belgique, en Suisse et au Canada, la carte ISIC est délivrée par les agences de voyages pour jeunes et étudiants (voir **Aller aux Etats-Unis, Organismes de voyages**) et de manière générale, par tout organisme affilié à l'**International Student Travel Organization (ISTC)**.

■■■ AUBERGES DE JEUNESSE

La Fédération internationale des auberges de jeunesse rassemble plus de 5 000 auberges, réparties dans le monde entier, sous le label **Hostelling International (HI)**. La carte de membre donne accès à des réductions dans toutes les auberges américaines HI. Vous pouvez consulter le guide Internet des auberges de jeunesse qui vous donnera des informations sur les formules de voyage économiques. Pour y accéder, vous avez besoin d'un Web browser (URL:http://hostels.com/rec-travel/hostels/ ou http://www.crl.com/-overby.). Sachez qu'il est également possible de réserver jusqu'à 6 mois à l'avance vos nuits en auberge de jeunesse grâce au système IBN (International Booking Network). Les auberges reliées à ce réseau sont surtout celles situées dans les grandes villes. Renseignez-vous auprès de la Fédération Unie des Auberges de Jeunesse (FUAJ) pour plus de détails.

Vous trouverez ci-dessous la liste des organismes affiliés à HI où vous pourrez acheter votre carte. Elle est moins chère si vous l'achetez dans votre pays.

En France, la **FUAJ** est membre du réseau **Hostelling International**. La carte de membre, en vente au siège et dans toutes les auberges de jeunesse de France (moins de 26 ans 70 F, plus de 26 ans 100 F, famille 100 F, groupe de dix personnes 250 F), permet de bénéficier de tarifs réduits dans les auberges américaines. La Fédération internationale des auberges de jeunesse publie un guide recensant les auberges de jeunesse à travers le monde, disponible à la FUAJ (45 F sur place et 61 F par correspondance).

FUAJ, 27 rue Pajol, 75018 Paris, tél. : (1) 44 89 87 27, Minitel : 3615 FUAJ.

En Belgique
Les Auberges de Jeunesse
52 rue Van Oost, 1030 Bruxelles, tél. : (02) 2153 100

En Suisse
Youth Hostelling International
La Chaux de Fonds, Centre de réservation IBN, Siège Romand, 65 avenue Léopold Robert, CH 2300 La Chaux-de-Fonds, tél. : (039) 237 851

Au Québec
Regroupement Tourisme Jeunesse (HI)
4545 Pierre de Coubertin, CP 1000, succursale M, Montréal H1V 3R2, tél. : (514) 252-3117

■■■ VOYAGER SEULE(S)

Quelques conseils de base, pour voyager en toute sérénité, sans sombrer dans la psychose. N'oubliez pas que la société américaine est en moyenne plutôt plus avancée que la vieille Europe latine en ce qui concerne le statut de la femme. Pour une femme, voyager seule peut présenter des risques, mais il suffit de prendre quelques précautions. De manière générale, évitez d'avoir trop l'allure d'une touriste et ayez l'air de savoir où vous allez (même si vous n'en avez aucune idée). Pour demander votre chemin, vous pouvez vous adresser plutôt à une femme ou à un couple. La meilleure façon d'échapper à un harcèlement verbal est souvent de ne pas réagir du tout. Une alliance bien en évidence peut être dissuasive. N'oubliez pas que les YWCA disposent de dortoirs réservés aux femmes. Aux Etats-Unis, l'auto-stop est déconseillé.

Pour chaque ville, dans la section **Informations pratiques**, nous donnons une liste des numéros d'urgence, un service très développé aux Etats-Unis.

Adresses utiles aux Etats-Unis
The National Organization for Women possède des antennes dans tous les Etats-Unis et peut diriger les femmes vers des centres d'aide et de conseil en cas d'agres-

sion, les **rape crisis centers**. Les principaux bureaux se trouvent au 22 W 21 St., 7th floor, **New York**, NY 10010 (212) 807-0721, au 1000 16th St. NW, Suite 700, **Washington**, DC 20036 (202) 331-0066, et au 3543 18th St., **San Francisco**, CA 94110 (415) 861-8880.

The Planned Parenthood Foundation est l'équivalent aux Etats-Unis du planning familial français, il peut vous aider en cas de besoin. Le bureau central se trouve à **New York** au 810 7th Ave., NY 119 (212) 541-7800.

Pour celles qui lisent l'anglais, il existe de nombreux titres sur le sujet. En voici quelques-uns :

A Journey of One's Own, par Thalia Zepatos, (Eight Mountain Press). L'ouvrage le plus récent du marché, intéressant et plein de bons conseils.

Handbook For Women Travelers, par Maggie et Gemma Moss. Encyclopédique et bien écrit. A commander chez Pikatus Book, 5 Windmill Street, London W1P 1HF, tél. : (0171) 631-0710.

En France, vous pouvez commander ces ouvrages chez **WH Smith**, 248 rue de Rivoli, 75001 Paris, tél. : (1) 44 77 88 99 ou chez **Brentano's**, 37 avenue de l'Opéra, 75002 Paris, tél. : (1) 42 61 52 50.

■■■ PERSONNES ÂGÉES

Aux Etats-Unis, les personnes âgées, les **senior citizens**, bénéficient d'une large gamme de réductions sur les transports, les musées, le théâtre, les concerts mais également dans les restaurants et les hôtels. Et ce parfois dès l'âge de 50 ans. Si le tarif *senior* n'est pas affiché, demandez-le, vous aurez souvent de bonnes surprises.

Pour ceux qui lisent l'anglais, quelques ouvrages spécifiques :

Unbelievably Good Deals and Great Adventures that You Absolutely Can't Get unless You're Over 50, de Joan Rattner Heilman. Une fois que vous aurez fini de lire le titre, lisez le livre. Vous y trouverez d'excellentes informations sur les réductions offertes aux personnes âgées (Contemporary books).

Get Up and Go : a Guide for the Mature Traveler, aux éditions Gateway Books, 2023 Clemens Rd., Oakland, CA 94602, (510) 530-0299 ; fax (510) 530-0497.

En France, vous pouvez commander ces ouvrages chez **WH Smith**, 248 rue de Rivoli, 75001 Paris, tél. : (1) 44 77 88 99, ou **Brentano's**, 37 avenue de l'Opéra, 75002 Paris, tél. : (1) 42 61 52 50.

■■■ GAYS ET LESBIENNES

Les gays sont de plus en plus acceptés aux Etats-Unis, et pas uniquement à San Francisco. Dans la plupart des villes, les homosexuel(le)s ont à leur disposition des bars, des boîtes, des restaurants, parfois des hôtels ouvertement gays ainsi que des associations communautaires. Dans chaque ville, en entrant dans n'importe quel bar ou restaurant gay, vous trouverez normalement le journal gratuit qui recense les adresses locales. A New York, le plus complet est le **HX**.

Nous indiquons pour chaque ville les numéros d'assistance téléphonique gays et lesbiens (**Gays and Lesbians Hotline**) dans la section **Informations pratiques**, ainsi que les adresses des principaux bars, restaurants et boîtes de nuit.

Pour ceux qui lisent l'anglais, quelques guides pratiques à consulter :

Damron Travel Guides, PO Box 422458, San Francisco, CA 94142, (415) 255-0404 ou 800-462-6654. Cette collection compte parmi ses titres le *Damron Adress Book* (13,95 $), qui liste les bars, restaurants, pensions et services destinés aux gays aux Etats-Unis. *The Damron Road Atlas* (12,95 $) contient des cartes en couleur de 56 grandes villes des Etats-Unis et du Canada, où les lieux de séjour, bars, restaurants et lieux d'hébergement pour gays et lesbiennes sont répertoriés. *The Woman Traveler* (10,95 \$) rassemble les cartes de 50 villes américaines et indique les bars, restaurants, hôtels, librairies, et services destinés aux lesbiennes. Possibilité de commande par correspondance (ajoutez 5 \$ pour les frais d'envoi).

■■■ HANDICAPÉS

Contrairement à la France, les Etats-Unis ont fait un gros effort pour adapter leurs structures et faciliter la vie des personnes handicapées. Les hôtels et motels sont de plus en plus souvent accessibles aux handicapés, et la plupart des grands endroits touristiques ont prévu des visites spécialement étudiées. Dans presque tous les centres commerciaux, aéroports, immeubles de bureaux, on trouve des toilettes adaptées.

Les **agences de location de voiture** Hertz, Avis et National proposent parfois des véhicules contrôlables à la main. Les trains **Amtrak** et toutes les **compagnies aériennes** offrent un service spécialement adapté aux handicapés. Au moment de réserver ou d'acheter vos billets, indiquez au guichetier les services dont vous aurez besoin. **Greyhound** permet à une personne handicapée de voyager avec une autre pour le prix d'un seul billet, sur présentation d'un certificat médical certifiant que la personne handicapée doit être accompagnée. Les fauteuils roulants, chiens d'aveugle et bouteilles d'oxygène seront comptabilisés dans votre quota de bagages. A chaque fois qu'ils existent, ce guide précise les services destinés aux handicapés et les réductions offertes.

L'agence de voyages **XIII Voyages**, 5 rue Guillaume Colletet, 94150 Rungis, tél. : (1) 46 86 44 45, organise aussi bien des séjours en France et à l'étranger pour des personnes handicapés que des séjours classiques pour les particuliers.

L'**Association des Paralysés de France** (**APF**), 17 bd Blanqui, 75013 Paris, tél. : (1) 40 78 69 00, dispose d'un service d'agence de voyages qui organise des séjours à l'étranger pour les personnes handicapées. Il faut être membre de l'association pour participer à leurs séjours.

Adresse utile aux Etats-Unis

MossRehab Hospital Travel Information Service, 1200W Tabor Rd., Philadelphia, PA 19141, tél. : (215) 456-9603. Un centre d'information, téléphonique spécialisé qui recense les sites adaptés aux handicapés et donne des conseils sur les problèmes liés au voyage.

Il n'existe pas de guide de voyage en français qui s'adresse particulièrement aux personnes handicapées. Quelques ouvrages en anglais peuvent être utiles à ceux qui lisent la langue de Shakespeare.

Facts On File, 460 Park Ave. S., New York, NY 10016, tél. : (212) 683-2244. Ils publient *Access to the World* (16,95 \$), qui répertorie les hébergements et les visites adaptés au fauteuil roulant et les services spécifiques existants. En librairie ou par correspondance.

Twin Peaks Press, PO Box 129, Vancouver, WA 98666-0129, tél. : (360) 694-2462, commandes par carte de crédit avec Mastercard ou Visa au (800) 637-2256 ; fax (360) 696-3210. Le guide *Travel for the Disabled* répertorie des lieux touristiques accessibles aux handicapés, avec des conseils de voyage (19,95 \$). Chez Twin Peaks également, *Directory for Travel Agencies of the Disabled* (19,95 \$), *Wheelchair Vagabond* (14,95 \$), et *Directory of Accessible Van Rentals* (9,95 \$). Les frais d'envoi sont de 3 \$ pour un ouvrage, 1,50 \$ par ouvrage supplémentaire.

En France, vous pouvez commander ces ouvrages chez **WH Smith**, 248 rue de Rivoli, 75001 Paris, tél. : (1) 44 77 88 99 ou chez **Brentano's**, 37 avenue de l'Opéra, 75002 Paris, tél. : (1) 42 61 52 50.

■■■ VÉGÉTARIENS

Les végétariens seront heureux aux Etats-Unis. La plupart des restaurants proposent sur leur carte des plats ou des menus végétariens, et certains le sont exclusivement. Même dans les régions rurales les plus carnivores, les *salad bars* constituent des options intéressantes. Dans chaque ville, ce guide recense très largement les restaurants végétariens. L'organisme américain **The North American Vegetarian Society**, PO Box 72, Dolgeville, NY 13329, (518) 568-7970 vend de nombreux ouvrages permettant aux végétariens de voyager facilement en mangeant équilibré aux Etats-Unis.

ALLER AUX ETATS-UNIS

■■■ AVION

Pour trouver le tarif le moins cher, n'hésitez pas à mener une enquête approfondie et à faire jouer la concurrence. Une première visite dans une agence de voyages vous permettra de défricher le terrain et d'avoir une idée des prix du moment, téléphonez ensuite aux voyagistes et aux compagnies aériennes pour trouver le meilleur tarif aux dates que vous souhaitez. Dans tous les cas, faites-vous bien préciser toutes les caractéristiques du billet : vol charter ou vol régulier, nom de la compagnie, vol direct ou vol avec correspondance, montant total des taxes, possibilité de modification des dates, période de validité, conditions d'annulation, possibilité d'arriver dans une ville et de repartir d'une autre (*open jaw*), possibilité de faire une escale dans une ville qui se trouve sur votre parcours (*stop over*). N'oubliez pas de demander également les aéroports et les horaires de départ et d'arrivée. A New York, par exemple, nombreux sont ceux qui préfèrent arriver à l'aéroport de Newark, proche de Manhattan, plutôt qu'à John-Fitzgerald Kennedy, plus éloigné. Pour quelques centaines de francs, mieux vaut peut-être un vol direct Paris-New York sur une compagnie régulière à des horaires pratiques, qu'un trajet Paris–New York avec une longue escale à Londres.

En basse saison vous aurez moins de difficultés à trouver un billet bon marché. Les tarifs haute saison s'appliquent entre mi-mai/début juin et mi-septembre ainsi que lors des jours fériés et des congés scolaires. Durant cette période, il est moins facile de trouver une place. Si vous souhaitez partir à une date précise à un bon prix, il est préférable de réserver votre billet plusieurs semaines, voire plusieurs mois, à l'avance.

Généralement, vous devez confirmer votre réservation par téléphone 72 heures avant votre départ. N'arrivez pas à la dernière minute à l'aéroport, car certaines compagnies pratiquent le "surbooking", en vendant plus de sièges que l'avion n'en contient, pour avoir la certitude de partir à plein. S'il arrivait que le vol soit complet lorsque vous arrivez, votre voyage ne serait pas remis en cause pour autant. Vous partirez sur le vol suivant, et en guise de compensation, si vous êtes sur un vol au départ d'Europe et si le retard excède un certain délai, la compagnie est obligé de vous verser une indemnité financière. Au départ des Etats-Unis, pas de réglementation, mais la compagnie peut faire un geste en vous offrant un billet gratuit.

A titre indicatif, voici une fourchette des tarifs pratiqués sur les vols transatlantiques (tous les prix qui suivent sont aller/retour) : pour un Paris-New York, il faut généralement compter entre 1 900 F et 3 000 F pour un billet à dates fixes et de l'ordre de 3 000 F à 4 200 F pour un Paris-Los Angeles. A certaines périodes de l'année, on assiste à des soldes exceptionnelles : Paris-New York, 1490 F ! Paris-Los Angeles, 1990 F !

VOLS CHARTERS OU RÉGULIERS

Si vous vous adressez directement à une compagnie aérienne (Air France, US AIR, British Airways...), vous volerez sur **vols réguliers.** Ce sont des vols programmés à intervalles constants (quotidiens, tous les mardis, etc.) et dont les horaires sont publiés longtemps à l'avance. Les billets sur les vols réguliers sont plus chers mais les compagnies aériennes proposent souvent des promotions et des réductions, en particulier pour les jeunes.

Un **vol charter**, affrété par un voyagiste sur une destination et à une période touristiques, n'est pas programmé régulièrement. Dans certains cas, l'avion n'a pas d'horaire garanti au décollage, d'où des retards possibles sur l'heure prévue. Les billets charters sont normalement moins chers que les billets réguliers, mais les conditions sont plus contraignantes (modification, annulation, horaires...).

Dernier cas de figure, **le billet à tarif réduit sur un vol régulier.** En achetant votre billet auprès d'un voyagiste, vous pouvez également voyager sur vol régulier, et souvent à un meilleur tarif qu'en achetant directement votre billet auprès de la compagnie aérienne. Tout simplement parce que le voyagiste a négocié ses prix avec la compagnie et vous fait bénéficier des rabais obtenus.

TARIFS JEUNES

Les compagnies aériennes proposent des réductions aux jeunes de moins de 26 ans et aux étudiants de moins de 27 ans (parfois plus, selon la compagnie). La tendance n'est pas forcément d'offrir le prix le plus bas, mais de proposer des conditions d'utilisation beaucoup plus souples : possibilité de changer les dates, voire d'annuler, d'opter pour un open jaw (arriver dans une ville et repartir d'une autre), etc.

APEX (Advance Purchase Excursion Fare)

Ce sont des billets à tarifs réduits sur des vols réguliers. Il faut réserver au moins 14 jours avant le départ, les réservations sont fermes et très souvent des restrictions s'appliquent sur la durée de votre séjour. Toutefois les billets APEX vous permettent souvent d'obtenir un billet dit *open jaw.* Appelez le plus tôt possible pour bénéficier d'un bon tarif.

PROMOTIONS et J-7

Vous pouvez bénéficier de réductions très importantes en achetant votre billet au dernier moment (entre 7 et 15 jours avant la date de départ). Mais en choisissant d'attendre la dernière minute, vous risquez bien entendu de ne plus trouver de places. A vous de juger si les quelques centaines de francs que vous allez économiser valent le risque de ne pas partir...

Certains voyagistes se sont spécialisés dans ce type de promotions, qui sont généralement proposées sur un serveur Minitel.

Dégrif'Tour (Minitel : 3615 DT) propose des billets à tarifs réduits (20 à 50 % moins chers que les offres du moment) mais les dates d'aller et de retour sont toujours fixées d'avance. La validité est réduite à une semaine, parfois deux, et les départs se font sous huitaine.

Réductour (Minitel : 3615 Réductour) regroupe les promotions des voyagistes mais pour des départs plus éloignés, jusqu'à 6 mois.

Airhitch, 5 rue de Crussol, 75011 Paris, tél. : (1) 47 00 16 30.
La compagnie Airhitch est spécialisée dans la revente à prix réduits des billets d'avion invendus. Une formule intéressante, voire amusante, si vous êtes souple sur la date de départ comme sur la destination : vous devez choisir une fourchette de 5 jours et trois villes d'arrivée aux Etats-Unis. Ce n'est que quelques jours avant le départ que vous connaissez la date et la destination de votre vol. Comptez 169 $ (environ 850 F) pour un billet aller pour le Nord-Est (New York, Boston, etc.) et 269 $ (environ 1350 F) pour la côte Ouest (Los Angeles, San Francisco). Pour le retour, la formule est la même.

Vous pouvez également contacter directement les voyagistes et les compagnies aériennes pour connaître leurs invendus et leurs promotions de dernière minute (sur Minitel, répondeur ou en agence).

Look Voyages : 3615 Promovol ou SOS Charter : (1) 49 59 09 09 (répondeur).
Go Voyages : 3615 GO.
Soldair : 3615 Soldair.

STOP OVER

Lorsque vous voyagez sur une longue distance, vous avez la possibilité de faire une escale prolongée, appelée *stop over* (24 heures minimum). Une formule intéressante lorsque vous désirez visiter plusieurs villes desservies par une même compagnie, par exemple en faisant un arrêt à New York avant de poursuivre sur Los Angeles. La formule est relativement répandue sur les compagnies américaines, plus rare et souvent plus coûteuse sur les compagnies européennes. Renseignez-vous au moment de l'achat de votre billet, vous pourrez profiter de cette possibilité, parfois gratuitement, parfois en payant un petit supplément.

OPEN JAW

Une formule qui permet d'arriver dans une ville et de repartir d'une autre. Vous pouvez par exemple arriver à New York et repartir de Los Angeles, en effectuant le trajet côte Est-côte Ouest comme vous le souhaitez. Tous les billets n'offrent pas cette possibilité. Renseignez-vous lors de l'achat.

BILLETS PREPAID

Un Paris-New York ne coûte pas toujours le même prix selon que vous l'achetez en France ou aux Etats-Unis. Si vous connaissez quelqu'un sur place et si le billet est moins cher, vous pouvez utiliser la formule du *prepaid*. Cela consiste à acheter un billet et à le faire mettre à disposition dans un autre pays.

Pour en savoir plus, consultez **le Guide du jeune voyageur**, aux éditions Dakota, qui explique en détail tout ce qu'il faut savoir pour voyager intelligemment en avion. Vous pouvez également lire le **magazine Travels**, distribué gratuitement dans les établissements d'enseignement supérieur français (informations au (1) 48 42 08 09).

■■■ PASS ET FORFAITS

Certains pass ou forfaits peuvent être achetés avant le départ, groupés ou non avec le billet du vol transatlantique. Ils sont souvent plus intéressants que ceux que vous pourrez acheter une fois aux Etats-Unis.

AVION

Des pass aériens sur les vols intérieurs particulièrement attractifs sont en vente depuis l'Europe. Ils fonctionnent avec des coupons (1 coupon = 1 vol) que vous devez utiliser dans un laps de temps, en général 60 jours, sur une compagnie aérienne donnée. Dans certains cas, les pass d'une compagnie aérienne ne sont vendus qu'avec un billet transatlantique de la même compagnie. Selon la saison et la compagnie aérienne, il faut compter entre 1 800 F et 2 500 F pour un forfait de 3 coupons et de 3 300 F à 4 000 F pour un forfait de 8 coupons. Votre trajet (dates et destinations) doit être fixé à l'avance. Toutefois, les dates peuvent être modifiées une fois que le voyage est commencé (le plus souvent, ces changements sont gratuits). En revanche, un changement de destination vous coûtera environ 300 F.

Au moment d'acheter votre pass, vérifiez bien que la compagnie aérienne dispose de vols sur les trajets que vous prévoyez.

Certaines compagnies américaines proposent des pass aériens en *stand by* (pas de réservation possible, vous embarquez s'il reste de la place). Quelques exemples, à titre indicatif : chez **Delta Airlines**, forfait nombre de vols illimité pendant 30 jours à 3 090 F, chez **Northwest**, 3 100 F pour 30 jours, et chez **Tower Air**, 1 650 F pour 30 jours, sur 8 villes avec vol transatlantique obligatoire sur Tower Air.

Tous ces pass sont vendus en agences et auprès des compagnies aériennes. Parmi les différents voyagistes qui délivrent des pass aériens, **Council Travel**, 22 rue des Pyramides, 75001 Paris, tél. : (1) 44 55 55 44 ou 05 14 81 48 (Minitel : 3615 Council) propose une grande variété de forfaits.

TRAIN

USARail : Amtrak et Southern Railway proposent aux touristes étrangers un forfait qui permet de voyager sur l'ensemble du réseau ferroviaire. Ce pass ne peut être acheté aux Etats-Unis. Il existe des pass pour 15 ou 30 jours. Le *National Pass* de 30 jours, valable sur tout le réseau américain, coûte 350 $ (245 $ pour 15 jours). Un forfait limité à l'Ouest ou à l'Est coûte 255 $ pour une période de 30 jours.

En France, vous pouvez acheter ce pass chez **Wingate Travel,** 7 rue Rouget-de-Lisle, 75001 Paris, tél. : (1) 44 77 30 16.

BUS

Greyhound Ameripass : Réservé aux visiteurs étrangers, ce pass peut être acheté avant le départ ou dans les bureaux internationaux de **Greyhound** à New York et à Los Angeles (tél. : 800-246-8572). Un pass coûte 89 $ pour quatre jours, 149 $ pour sept jours, 209 $ pour 15 jours, et 289 $ pour 30 jours.

Acheté en France, un forfait de 4 jours coûte 510 F, 840 F pour 7 jours, 1 250 F pour 15 jours, 1 800 F pour 30 jours et 2 800 F pour 60 jours. Ces forfaits sont disponibles en agences.

AUTOMOBILE

La location d'une voiture depuis la France peut être intéressante car vous économisez le montant de la taxe fédérale. Les tarifs peuvent varier en fonction de la ville où vous prendrez possession du véhicule. A titre indicatif, une semaine de location vaut environ 800 F à New York et 500 F en Floride. La plupart des voyagistes et des agences proposent des forfaits locations.

■■■ ORGANISMES DE VOYAGE

Nous vous donnons la liste des principales compagnies aériennes et des voyagistes auprès desquels vous pourrez mener votre enquête.

COMPAGNIES AÉRIENNES

Air France
Réservations : (1) 44 08 22 22, renseignements : (1) 44 08 24 24, Minitel : 3615 ou 3616 AF ou Air France.

Air Canada
10, rue de la Paix, 75002 Paris, tél. : (1) 44 50 20 20.

American Airlines
109, rue du Faubourg Saint-Honoré, 75008 Paris, tél. : (1) 42 89 05 22.

AOM
66, avenue des Champs-Elysées, 75008 Paris, tél. : (1) 49 79 12 34.

British Airways
12, rue de Castiglione, 75001 Paris, tél. : (1) 47 78 14 14 et 05 125 125 si vous habitez dans le Sud, Minitel : 3615 BA.

Canadian Airlines
109, rue du Faubourg Saint Honoré, 75001 Paris, tél. : (1) 49 53 07 07.

Continental Airlines
92, avenue des Champs-Elysées, 75008 Paris, tél. : (1) 42 99 09 09.

Delta Airlines
4, rue Scribe, 75009 Paris, tél. : (1) 47 68 92 92.
KLM
36 bis, avenue de l'Opéra, 75002 Paris, tél. : (1) 44 56 18 18.
Lufthansa
21, rue Royale, 75008 Paris, tél. : (1) 42 65 37 35.
Northwest Airlines
16, rue Chauveau-Lagarde, 75008 Paris, tél. : (1) 42 66 90 00.
Pakistan Airlines
152, avenue des Champs-Elysées, 75008 Paris, tél. : (1) 45 62 92 41.
Sabena
19, rue de la Paix, 75002 Paris, tél. : (1) 44 94 19 19.
Swissair
4, rue Ferrus, 75014 Paris, tél. : (1) 40 78 11 13.
Tower Air
4, rue de la Michodière, 75002 Paris, tél. : (1) 44 51 56 56.
TWA
6, rue Christophe Colomb, 75008 Paris, tél. : (1) 49 19 20 00.
United Airlines
34, avenue de l'Opéra, 75002 Paris, tél. : (1) 48 97 82 82.
USAIR
13/15, boulevard de la Madeleine, 75001 Paris, tél. : (1) 49 10 29 00. Depuis la province : 05 00 30 00.

VOYAGISTES GÉNÉRALISTES

Cash and Go
54, rue Taitbout, 75009 Paris, tél. : (1) 44 53 49 49. Minitel : 3615 CASH GO.
Charterama
Informations et réservations dans les agences **Supermarché Vacances,** 13, rue Auber, 75009 Paris, tél. : (1) 47 42 31 19. 3 autres adresses à Paris.
Forum Voyages
11, rue Auber, 75009 Paris, tél. : (1) 42 66 43 43. Billetterie : (1) 42 18 04 05. Plusieurs agences à Paris et en province.
Go Voyages
Brochures disponibles dans 3 500 agences de voyages agréées. Tél. : (1) 48 06 94 94, Minitel : 3615 GO.
Havas
26, avenue de l'Opéra, 75001 Paris, tél. : (1) 53 29 40 00. Réservations et informations : (1) 41 06 41 06, Minitel : 3615 Havas Voyages.
Inter Chart'Air
Informations et réservations dans les agences **Carlson Wagons Lits Travel**, 264 boulevard Saint-Germain, 75007 Paris, tél. : (1) 47 05 28 10. Plus de 150 agences à Paris et en province.
Jumbo
62, rue Monsieur Le Prince, 75006 Paris, tél. : (1) 49 60 16 99. Plusieurs agences à Paris et en province.
Kuoni
95, rue d'Amsterdam, 75008 Paris, tél. : 42 85 71 22, Minitel : 3615 Kuoni. Plusieurs agences à Paris et en province.
La Compagnie des voyages
28, rue Pierre Lescot, 75001 Paris, tél. : (1) 45 08 44 88.
Look Voyages
23, rue de la Paix, 75002 Paris, tél. : (1) 53 43 13 13. 57 points de vente dans toute la France. Minitel : 3615 Look ou SOS Charters.
Nouveau Monde
8, rue Mabillon, 75006 Paris, tél. : (1) 43 29 40 40.
Bordeaux : 56 92 98 98. Marseille : 91 54 31 30. Nantes : 40 89 63 64.

Nouvelles Frontières
Renseignements et réservations : (1) 41 41 58 58.
Bordeaux : 56 92 98 98. Marseille : 91 54 18 48. Lyon : 78 52 88 88. Minitel : 3615 NF.
Novatours
Brochures en agences de voyages.
Océania
62, boulevard Malesherbes, 75008 Paris, tél. : (1) 43 87 97 97. Agences à Paris, Lyon et Marseille.
Pacific Holidays
34, avenue du Général Leclerc, 75014 Paris, tél. : (1) 45 41 52 58
Républic Tours
1, avenue de la République, 75011, tél. : (1) 43 55 39 30
Tempotour
Brochures en agences.
Tours 33 / Tourmonde
85, boulevard Saint-Michel, 75005 Paris, tél. : (1) 43 29 69 50
67, Bd Haussman, 75008 Paris, tél. (1) 44 56 30 30.
Minitel : 3615 Tour Monde
Voyamar
Brochures en agences.

VOYAGISTES SPÉCIALISTES DES ETATS-UNIS

Access Voyages
6, rue Pierre Lescot, 75001 Paris, tél. : (1) 42 21 46 94.
129, rue Servient, 69003 Lyon, tél. : (16) 78 63 67 77.
Minitel : 3615 Access Voyages.
Américatours
24/26, rue Louis Armand, 75015 Paris, tél. : (1) 40 60 22 00. Brochures disponibles en agences.
Anyway
46, rue des Lombards, 75001 Paris, tél. : (1) 40 28 00 74. Minitel : 3615 Anyway.
Atlantica
Brochures en agences.
Back Roads
14, place Denfert Rochereau, 75014 Paris, tél. : (1) 43 22 65 65.
Vols secs, pass Greyhound, séjours à thèmes…
Boomerang
Brochures en agences.
Brok'Air Daily Planet
Brochures en agences.
Canadian National
Brochures en agences.
Comptoir des Amériques
23, rue du Pont-Neuf, 75001 Paris, tél. : (1) 40 26 20 71.
Jetset'Air
41/45, rue Galilée, 75016 Paris, tél. : (1) 53 67 13 00.
Maison des Amériques
4, rue Chapon, 75003 Paris, tél. : (1) 42 77 50 50.
59, rue Franklin, 69002 Lyon, tél. : 78 42 53 58.
Minitel : 3615 MdA
New America
Brochures en agences.
Passages
Brochures en agences.
Vacances Air Transat
67, boulevard Richard Lenoir, 75011 Paris, tél. : (1) 43 55 42 42 (répondeur) ou 43 55 44 11.

Vacances Fabuleuses
Brochures en agences.
Voyageurs en Amérique du Nord
Cité des voyages, 55, rue Sainte-Anne, 75002 Paris, tél. : (1) 42 86 17 30
Vols secs et circuits.
Wingate Travel
19 bis, rue du Mont-Thabor, 75001 Paris, tél. : (1) 44 77 30 30
Zénith
14, rue Thérèse, 75001 Paris, tél. : (1) 44 58 17 11. 3 agences à Paris et brochures
en agences.

POUR LES JEUNES ET LES ÉTUDIANTS

AJF
119, rue Saint-Martin, 75004 Paris, tél. : (1) 42 77 87 80.
Council Travel
Information et réservation, 22, rue des Pyramides, 75001 Paris, tél. : (1) 44 55 55 44.
Numéro vert : 05 14 81 48, Minitel : 3615 Council.
Agence de voyages, même adresse, tél. : (1) 44 55 55 65. Plusieurs agences à Paris.
Nice : 93 82 23 33. Aix-en-Provence : 42 38 58 82. Lyon : 78 37 09 56.
MGEL Voyages
Ventes par téléphone : 88 60 80 60. Agences à Nancy, Metz, Strasbourg, Reims.
OTU Voyages
39, avenue Georges Bernanos, 75005 Paris, tél. : (1) 44 41 38 50.
2, rue Malus, 75005 Paris, tél. : (1) 43 36 80 27.
Lyon : 78 72 55 59. Toulouse : 61 12 54 54.
42 bureaux en province. Minitel : 3615 CROUS.
USIT Voyages
Renseignements et réservations : (1) 44 77 81 81.
6, rue de Vaugirard, 75006 Paris, tél. : (1) 42 34 56 90. Bordeaux : 56 33 89 90.
Lyon : 78 24 15 70. Nice : 93 87 34 96. Toulouse : 61 11 52 42. Minitel : 3615 USIT.
Wasteels-Jeunes sans Frontière
113, boulevard Saint-Michel, 75005 Paris, tél. : (1) 43 26 25 25, Minitel :
3615 Wasteels.

EN BELGIQUE
Compagnie aérienne
Sabena
Hôtel Carrefour de l'Europe, Grasmarkt, 1000 Bruxelles, tél. : (102) 723 89 40.

Voyagistes
Acotra World
Pour les jeunes, les étudiants, les enseignants et les personnes du troisième âge.
51, rue de la Madeleine, 1000 Bruxelles, tél. : (02) 512 86 07 / 87 20.
Jet Air
Brochures en agences.
Neckermann
17, place de Broukère, 1000 Bruxelles, tél. : (02) 218 12 00.
Nouvelles Frontières
2, boulevard Lemonnier, 1000 Bruxelles, tél. : (02) 547 44 44.
Sunair
Brochures en agences.
Sunjets
12, boulevard d'Anvers, 1000 Bruxelles, tél. : (02) 218 10 10.
Transair Jet Tours
6, chemin de Boondael, 1050 Bruxelles, tél. : (02) 627 88 11.

L'ESSENTIEL

VTB
Brochures en agences.

Pour les jeunes et les étudiants
Connections
19/21, rue du Midi, 1000 Bruxelles, tél. : (02) 512 50 60, (02) 511 12 12.
Wasteels
1, rue Malibran, 1050 Bruxelles, tél. : (02) 640 80 17.

EN SUISSE
Compagnie aérienne
Swissair
Siège social, CP 316, 1215 Genève, tél. : (022) 799 59 99.

Voyagistes
American Express
7, rue du Mont-Blanc, BP 1032, Zip 01, 1211 Genève, tél. : (022) 731 76 00.
Hôtel Plan
25, rue Chantepoulet, 1201 Genève, tél. : (022)732 06 05.
Jugitours
Schaffhauserstrasse 14, Postfach, 8021 Zurich, tél : (1) 360 14 00.
Nouvelles Frontières
10, rue des Chantepoulet, 1201 Genève, tél. : (022) 732 04 03.
19, boulevard de Grancy, 1006 Lausanne, tél. : (021) 616 88 91.
Imholz
50, rue du Rhône, 1204 Genève, tél. : (022) 310 97 88.
Rail Tours
Brochures en agences.
Travac
4, rue Thalberg, 1201 Genève, tél. : (022) 738 53 00.

Pour les jeunes et les étudiants
SSR (société coopérative)
3, rue Vignier, 1205 Genève, tél. : (022) 329 97 34.

AU QUÉBEC
Compagnies aériennes
Air Canada
Manu Life Building 979-2, Maison-Neuve Ouest, MTL, Québec, H3A 1M4, tél. : (514) 393-8048, fax : (514) 393-6768.
Air Transat
300, Léo Parizeau, suite 400, CP 2100, place du Parc, MTL, Québec, H2W 2P6, tél. : (514) 987-1616, fax : (514) 987-1601.
Canadian Airlines
999, Maison Neuve Ouest, MTL, Québec, H3A 3L4, tél. : (514) 847-2211 ou 800-665-1177.

Pour les jeunes et les étudiants
Campus Voyages est spécialisé dans les voyages pour étudiants, avec des bureaux dans tout le Québec, **Montréal**,1613, rue Saint-Denis, Montréal, Québec H2X 3K, tél. : (514) 843-8511, **Québec**, 2383, chemin Sainte-Foy, bureau 100, Sainte-Foy, Québec G1V 1T1, tél. : (418) 654-0224 ou 654-3656.
Son homologue anglophone **Travel CUTS** (Canadian University Travel Services Ltd.) a des bureaux à travers tout le Canada : à **Toronto**, 187 College Street, Toronto, Ont. M5T 1P7, tél. : (416) 798-2887, fax : (416) 979-8167.

Vacances Tourbec
3419, rue Saint-Denis, Montréal, Québec X2X 3L2, tél. : (514) 288-4455. 6 autres adresses à Montréal.

Train

Via Rail, Place Ville-Marie, Montréal, Québec H3B 2G6, tél. : 800-561-3949, est la compagnie de chemin de fer pour le transport des passagers. On peut obtenir 40 % de réduction sur le plein tarif en achetant au moins 7 jours à l'avance, et le prix varie selon la saison. Réductions sur le plein tarif : étudiants, jeunes de moins de 24 ans et personnes âgées (-10 %), enfants de 2 à 11 ans accompagnés par un adulte (-50 %). Les enfants de moins de 2 ans voyagent gratuitement (sur les genoux d'un adulte). Pour la première classe ou les wagons-lits, la réservation est obligatoire. Téléphoner pour plus de renseignements sur les pass.

Bus

Voyageurs est le représentant au Canada de la compagnie américaine **Greyhound**. A Montréal, 501, Maison-Neuve, Montréal, Québec H1V 3R2, tél. : (514) 842-2281.
Greyhound Line of Canada est une compagnie de bus canadienne sans aucun lien avec son homonyme américain, tél. : 800-661-8747 au Canada, ou (403) 265-9111 aux Etats-Unis.

ETATS-UNIS, MODE D'EMPLOI

■■■ SE DÉPLACER

■ VOYAGER À PRIX RÉDUITS

Une fois que vous serez aux Etats-Unis, de nombreux organismes vous permettront de bénéficier de tarifs intéressants. Les deux principaux sont :

Council Travel (800-2-COUNCIL/226-8624). Maison mère des Council Travel européens, cette agence de voyages est spécialisée dans les produits pour étudiants et jeunes : billets d'avion à tarif réduit, cartes de réductions ferroviaires, hébergements bon marché, matériel de voyage, cartes d'étudiant ISIC, Go 25, ou d'enseignant ITIC. Council Travel possède des bureaux dans la plupart des grandes villes américaines, et un bureau principal au 205 E. 42nd St., **New York**, NY 10017 (212-661-1450).
STA Travel, 6560 North Scottsdale Rd. #F100, Scottsdale, AZ 85253 (800-777-0112). Cet organisme pour les jeunes et les étudiants possède des bureaux dans 14 villes des USA : billets d'avion à petit prix (pour les moins de 26 ans ou les étudiants à plein temps de moins de 32 ans), réductions sur les trains, hébergements, circuits, assurances, cartes d'étudiant. 429 S. Dearborn St., **Chicago**, IL 60605 (312-786-9050) ; 4341 University Way NE, **Seattle,** WA 98105 (206-633-5000) ; 10 Downing St., **New York,** NY 10014 (212-477-7166) ; 297 Newbury St., **Boston,** MA 02115 (617-266-6014), 3730 Walnut St., **Philadelphia,** PA 19104 (215-382-2928) ; 2401 Pennsylvania Ave., Suite G, **Washington, DC** 20037 (202-887-0912) ; 7202 Melrose Ave., **Los Angeles,** CA 90046 (213-934-8722) ; 51 Grant Ave., **San Francisco,** CA 94108 (415-391-8407).

■ AVION

Aux Etats-Unis, l'immensité du territoire a très largement favorisé le développement et la banalisation de l'avion, qui joue un peu le rôle du train en France. La fréquence des vols et le choix en matière de compagnies aériennes sont sans équivalents en Europe. Prendre l'avion est très simple : sur certaines lignes, vous pouvez aller à l'aéroport sans réservation et, s'il reste de la place, acheter un billet pour un départ immédiat. Il reste tout de même plus prudent de réserver, au moins par téléphone, avant de vous déplacer. La concurrence à laquelle se livrent les compagnies américaines depuis de nombreuses années a fait chuter les prix. Certaines ont fait faillite, de nouvelles sont apparues, souvent spécialisées sur quelques destinations. Régulièrement, les compagnies aériennes déclenchent une guerre des prix pour une destination ou une période donnée : sachez en profiter !

COMPAGNIES DE TRANSPORT INTÉRIEUR

American Airlines (800-433-7300). A titre indicatif, quelques exemples de tarifs aller-retour été 95 : New York-Los Angeles 358 $, Los Angeles-Honolulu 309 $ (séjour inférieur à 30 jours avec un samedi sur place).

Continental Airlines (800-525-0280 ; fax : 713-590-2150). Toujours à titre indicatif, quelques exemples de tarif été 95 : New York-Los Angeles 358 $, Los Angeles-Honolulu 306 $ (mêmes conditions, achat 7 jours à l'avance minimum).

Southwest (800-435-9792). Baltimore-Los Angeles 358 $. Comme son nom l'indique, cette compagnie dessert principalement le Sud-Ouest des Etats-Unis. La formule *Friends Fly Free* propose des tarifs intéressants pour deux personnes voyageant ensemble sur certains itinéraires et à certaines périodes de l'année.

Alaska Airlines (réservations au 800-426-0333). Tarifs été 95 : Seattle-Anchorage 340 $, Juneau-Anchorage 99 $ (au moins un samedi sur place).

STAND-BY

Une pratique assez courante aux Etats-Unis consiste à se présenter au guichet d'une compagnie à l'aéroport : s'il reste des places dans l'avion, vous embarquez à un prix très intéressant.

"CONSOLIDATORS" ET "COURIERS"

Aux Etats-Unis, les **consolidators** vendent des places non-réservées sur les vols réguliers ou charters à des prix très bas et à des conditions particulières. La plus importante est que votre place n'est pas forcément garantie. Vous passez devant les possesseurs de billets *stand-by*, mais derrière les voyageurs "normaux". Plus tôt vous arrivez à l'aéroport, plus grandes sont vos chances d'avoir une place dans l'avion, les sièges étant attribués au fur et à mesure de l'enregistrement des passagers. Les *consolidators* sont plus fiables sur les vols intérieurs.

Les compagnies de **courier** sont spécialisées dans le transport urgent de marchandises par avion. Pour ce faire, de nombreuses sociétés achètent des billets d'avion pour n'utiliser que l'espace en soute normalement destiné aux bagages des passagers. Le siège passager n'étant pas utilisé, ces sociétés le revendent à bas prix aux particuliers.

Inconvénient, vous ne pouvez emporter que des bagages de cabine, puisque "votre" espace en soute est occupé par le fret.

Pour tout savoir sur les *couriers*, reportez-vous à l'un de ces ouvrages en anglais : le livre *Insider's Guide to Air Courier Bargain,* par Kelly Monaghan (14,95 $, plus 2,50 $ de frais de port) est disponible par correspondance auprès de Upper Access Publishing (UAP), PO Box 456, Hinesburg, VT 05461 (800-356-9315) ; le guide *Courier Air Travel Handbook* est publié par Bookmasters, Inc., PO Box 2039, Mansfield, OH 44905 (800-507-2665 ou 419-281-6883). En France, ces ouvrages sont disponibles auprès de certaines librairies anglophones ou spécialisées dans les voyages (voir **Avant de partir**).

Now Voyager, 74 Varik St. #307, New York, NY 10013 (212-431-1616) pratique la "consolidation" avec une fiabilité très proche de celle des compagnies charters (97 % de leurs clients prennent leur vol du premier coup) et à des prix beaucoup moins élevés. Egalement des vols *couriers :* billet à 70 % de réduction (bagages cabine uniquement, séjours quelquefois très courts sur des vols aller-retour). Les vols partent généralement de New York (téléphonez du lundi au vendredi de 10h à 17h30, et le samedi de 12h à 16h30).

Airhitch, 2461 Broadway Third Floor, New York, NY 10025 (800-326-2009 ou 212-864-2000 sur la côte Est, 800-397-1098 ou 310-394-0550 sur la côte Ouest) propose des vols au départ et à destination de nombreuses villes américaines. Pour une région donnée, vous devrez souvent proposer deux ou trois villes sur lesquelles vous êtes prêt à accepter un vol. Pour les vols intérieurs, vous devrez donner trois dates de départ possibles. Vérifiez bien tout ce qui est écrit sur le contrat, *même les petits caractères.* Le programme *USAhitch* relie le Nord-Est des Etats-Unis à l'Ouest (New York-Seattle ou Baltimore-Los Angeles 129 $), et la Californie à Hawaii (129 $). Les formules changent souvent. Appelez pour connaître les dernières modifications. Attention, Let's Go a reçu des plaintes de lecteurs restés bloqués suite à un retard de plusieurs jours. La société a changé de direction, mais soyez vigilant.

Air Tech, 584 Broadway #1007, New York, NY 10012 (212-219-7000). Pour les vols intérieurs, vous devez choisir deux jours de départ possibles. Les vols partent surtout de New York et parfois de Boston. Un billet pour Los Angeles ou San Francisco coûte 129 $. Pour la Floride, comptez 79 $ entre octobre et avril, et pour l'Europe, 169 $ avec une fenêtre de départ de 5 jours. Let's Go a reçu de nombreuses plaintes : retards, informations inexactes, accueil médiocre.

■ TRAIN

Plusieurs compagnies ferroviaires coexistent aux Etats-Unis (comme c'était le cas en France, avant la nationalisation de 1936). Les trains américains ne sifflent plus tous trois fois, et sont souvent plus chers que l'avion sur de longs trajets. Que les amoureux du rail se rassurent : grâce à des systèmes de pass et de réduction, le train peut être l'un des moyens les plus économiques pour découvrir les Etats-Unis. Vous pouvez acheter des pass en France avant de partir (voir Pass et forfait p. 50). Une fois sur place, vous pouvez également bénéficier de nombreuses réductions. Comme pour les billets d'avion, les billets de train sont en règle général moins chers lorsqu'ils sont achetés à l'avance. Réservez donc le plus tôt possible.

Amtrak (800-872-7245) est la principale compagnie ferroviaire américaine. Elle dispose de bureaux dans la plupart des grandes villes où vous pourrez acheter directement vos billets. Dans la plupart des petites villes, vous devrez passer par une agence de voyages. Des **tarifs réduits** existent pour les personnes âgés (-15 %), pour les handicapés (-25 %), et les enfants de moins de 15 ans accompagnés d'un parent (-50 %). Les enfants de moins de deux ans voyagent gratuitement. Les tarifs voyages aller-retour, les circuits et les forfaits spécial vacances sont également intéressants. Outre ces réductions, Amtrak propose quelques formules à prendre en considération :

All-Aboard America : Un forfait qui divise le continent américain en trois zones : Eastern, Central, et Western. Pendant la période d'été (du 16 juin au 20 août), ce forfait permet de voyager à l'intérieur d'une zone pour 198 $, dans deux zones pour 278 $, et dans tous les Etats-Unis pour 338 $ (le reste de l'année, excepté fin décembre, les prix sont respectivement de 178, 238, et 278 $). Avec ces tarifs, vous avez droit à un voyage comprenant au maximum trois arrêts sur une période de 45 jours. L'itinéraire ne doit pas être modifié une fois le voyage commencé, mais les horaires peuvent l'être sans supplément de prix. Ces formules *All-Aboard* sont proposées en quantités limitées. L'été, il est conseillé de réserver longtemps à l'avance.

Air-Rail Travel Plan : Amtrak et United Airlines se sont associés pour proposer des formules qui permettent de faire l'aller en train et le retour en avion (ou l'inverse). Le trajet en train doit durer 30 jours maximum, avec 3 arrêts maximum. Le *transcontinental plan*, qui permet de relier les côtes Est et Ouest est vendu 605 $ en haute saison (du 26 mai au 20 août) et 516 $ en basse saison. L'*East Coast plan* permet de voyager dans l'Est, de la Floride à l'Ontario, au Canada, pour 417 $ (haute saison) ou 373 $ (basse saison). Le *West Coast plan* couvre l'Ouest, de la côte Pacifique jusqu'à l'Arizona. Il coûte 407 $ ou 357 $ suivant la saison. Ces forfaits, valables en 1995, peuvent connaître des modifications : pour en savoir plus, contactez **Great American Vacations**.

Great American Vacations, 1220 Kensington, Oakbrook, IL 60521 (800-437-3441). Cette agence de voyages affiliée à Amtrak propose des formules couplées avec des compagnies aériennes et des chaînes d'hôtels.

■ BUS

Les autocars américains couvrent le territoire de manière très complète, avec des dessertes très fréquentes, reliant entre elles les plus petites localités. Les zones désertiques et les régions les plus reculées sont bien entendu moins bien desservies que les régions plus denses. Le guide américain *Russel's Official National Motor Coach Guide* (13,90 $ aux Etats-Unis, port compris) constitue un remarquable outil pour planifier un voyage en bus. Remis à jour chaque mois, il publie les horaires de *toutes* les lignes de bus qui sillonnent les Etats-Unis. Deux fois par an, Russel's publie également ses *Supplements*. Le premier *Supplement* contient un répertoire des lignes et des stations de bus (5,75 $). Le second propose une série d'itinéraires cartographiés (6,20 $). Pour commander tous ces ouvrages, écrivez à Russel's Guides, Inc., PO Box 278, Cedar Rapids, IA 52406 (319-364-6138 ; fax 319-364-4853).

Greyhound (800-231-2222) est le premier opérateur de bus aux Etats-Unis. Sur certaines zones, il arrive cependant que des compagnies régionales offrent une desserte plus complète. Les horaires complets sont disponibles dans toutes les gares routières Greyhound ou par téléphone au 800-231-2222. Si vous réservez par téléphone avec une carte de crédit au moins dix jours à l'avance, le billet peut vous être expédié partout aux Etats-Unis. Les réservations sont également ouvertes jusqu'à 24 heures avant le départ. Vous pouvez acheter votre billet à la gare routière, mais présentez-vous suffisamment à l'avance. **Tarifs réduits :** personnes âgées (-15 %), enfants âgés de 2 à 11 ans et accompagnés d'un adulte (-50 %). Les voyageurs handicapés dont l'état nécessite un accompagnateur ne paient qu'une place pour deux. **A certains arrêts isolés, vous devez faire signe au conducteur** (*flag stop*). Il est prudent de téléphoner au bureau Greyhound le plus proche pour avertir de votre heure et de votre point de départ. Pour attirer l'attention du chauffeur, postez-vous sur le côté de la route et agitez vos bras dans tous les sens. Mieux vaut être ridicule quelques secondes que rester en carafe plusieurs heures. Si malgré tout, le bus ne s'arrête pas, c'est qu'il est plein : un autre bus moins chargé devrait vous prendre. Assurez-vous que tous les bagages que vous mettez en soute sont clairement étiquetés. Demandez un reçu, et vérifiez bien qu'ils partent dans le même bus que vous.

Ameripass : Ce pass permet de voyager à volonté pendant 7 jours (259 $), 15 jours (459 $), ou 30 jours (559 $). Le pass prend effet au premier jour d'utilisation. Avant d'acheter un Ameripass, faites le total des trajets que vous allez accomplir et assurez-vous que le pass sera vraiment rentabilisé. **TNMO Coaches**, **Vermont Transit**, et **Continental Panhandle Line** sont des filiales de **Greyhound**. Elles acceptent donc l'Ameripass, tout comme la majorité des compagnies américaines de bus. Vous pouvez également acheter les pass Greyhound en France avant de partir (voir pass et forfaits p. 50).

Green Tortoise, 494 Broadway, San Francisco, CA 94133 (415-956-7500 ou 800-867-8647) a mis en place un système d'"hôtels roulants", c'est-à-dire des bus aménagés pour qu'on puisse dormir et manger tout en voyageant (les repas sont préparés en commun). Des arrhes (de 100 $ en général) sont demandés à la réservation. Les voyages ont lieu entre mai et septembre, de Boston (ou New York) à San Francisco. Comptez 10 à 14 jours de voyage, soit entre 299 et 349 $, plus 76 à 81 $ pour la nourriture. Green Tortoise vend aussi différents circuits "découverte" au départ de San Francisco : Yosemite National Park, Californie du Nord, Basse-Californie, Grand Canyon, Alaska. Attendez-vous à des conditions de voyage rudimentaires et à une certaine promiscuité. Il est conseillé de réserver un ou deux mois à l'avance même s'il peut arriver que des places soient encore libres juste avant le départ.

East Coast Explorer (718-694-9667 ou 800-610-2680 en dehors de New York) propose un nouveau moyen de découvrir en une journée la côte Est entre Boston et New York ou Washington DC sans se ruiner. Pour 3 à 7 $ de plus que sur Greyhound, vous pouvez voyager en bus climatisé de 14 places (10 à 11 heures de route) sur des petites routes en vous arrêtant sur les principaux sites touristiques. Un voyage par semaine dans chaque sens entre New York et Washington (32 $) et entre New York et Boston (29 $). Les bus viennent vous chercher et vous déposent dans la plupart des hôtels et auberges de jeunesse. La réservation est conseillée.

■ VOITURE

LOCATION

La location d'une voiture est sans doute l'une des formules les plus simples qui soit pour voyager aux Etats-Unis ; ce n'est pas la plus économique. Les grandes compagnies nationales et internationales présentes sur tout le territoire proposent fréquemment, moyennant un supplément, de louer une voiture dans une ville et de la rendre dans une autre. A partir du numéro de téléphone gratuit d'une compagnie, vous pouvez réservez une voiture n'importe où aux Etats-Unis. La plupart du temps, vous devez **avoir plus de 21 ans et posséder une carte de crédit** (Visa ou Mastercard font parfaitement l'affaire). Sans carte de crédit, à partir de 25 ans, vous pourrez parfois laisser une caution ou une pièce d'identité. **Alamo** (800-327-9633) permet aux jeunes de 21 à 24 ans possédant une carte de crédit de louer une voiture contre un supplément journalier de 15 $. **Avis** (800-331-1212) et **Hertz** (800-654-3131) exigent d'avoir 25 ans au minimum. Certaines succursales de **Budget** (800-527-0700) louent aux 21-24 ans munis d'une carte de crédit, mais ce n'est pas systématique. Certaines agences **Dollar** (800-800-4000) ou **Thrifty** (800-367-2277 ou 703-658-2200), louent aux 21-24 ans contre un supplément journalier de 20 $ environ. **Rent-A-Wreck** (800-421-7253), spécialiste de la location de voitures un peu fatiguées, propose des tarifs intéressants. La plupart de leurs agences louent aux 21-24 ans, mais les conditions sont variables.

Il faut compter en moyenne entre 45 et 70 $ par jour pour une voiture de catégorie standard. La plupart des formules de location comprennent un certain nombre de kilomètres gratuits. Au-delà, vous devez payer un supplément de 30 à 40 ¢ par mile. Si vous avez l'intention de rouler beaucoup, optez pour une formule à kilométrage illimité, *unlimited-mileage pack*. Faites jouer la concurrence car les prix peuvent varier considérablement en fonction des compagnies et des promotions du moment. Il est rare de ne pas trouver une formule *week-end* ou *week* intéressante. Attention aux tarifs affichés, ils ne comprennent généralement ni les taxes ni **l'assurance.** Sauf exception, l'essence n'est pas inclus : faites le plein avant de restituer le véhicule pour éviter une surcharge. Faites-vous bien préciser les clauses du contrat (assurance au tiers ou assurance collision et dégâts, le montant de la franchise, etc). Un supplément de 12 à 15 $ par jour vient souvent s'ajouter au prix pour l'assurance accident (*collision and damage waiver*, CDW). Si vous réglez avec une carte American Express, le CDW est automatiquement pris en charge par votre carte. Contacter le département automobile d'American Express (800-338-1670) pour en savoir plus.

ACHAT

L'achat d'une voiture d'occasion est une opération plus simple et moins coûteuse aux Etats-Unis qu'en France. Ce peut être une formule très intéressante lorsque vous voyagez à plusieurs pendant un certain temps. Si vous achetez une bonne voiture à son juste prix, vous devriez parvenir à la revendre correctement à votre départ, à condition de ne pas vous y prendre au dernier moment.

A partir de 500 $, vous pouvez acquérir un monstrueux tank américain datant des années 70, très gourmand en essence. Si votre antiquité vous conduit fidèlement à travers tout le continent, elle sera bien amortie : peu importe si vous ne parvenez pas à la revendre à la fin de votre voyage. Le cœur serré, vous pourrez toujours l'abandonner à un garagiste. Et si votre voiture rend l'âme au premier *no man's land* venu, ne dites pas qu'on ne vous aura pas mis en garde. Pour 2 000 $, vous devriez être en mesure de trouver une (très) bonne occasion. Les meilleures affaires sont les ventes de particulier à particulier (petites annonces dans les journaux, les campus, les auberges de jeunesse). Les garages, souvent regroupés à la sortie des villes, pratiquent des tarifs un peu plus élevés (regardez à Automobile dealer, used car, dans les pages jaunes). Optez de préférence pour une marque américaine (*domestic*) : en cas de problème mécanique dans une région reculée, il est plus facile de trouver des pièces de rechange pour une Ford que pour un modèle européen ou asiatique. Dans les régions tempérées (côte Ouest), les voitures subissent bien mieux l'épreuve du temps que dans les régions aux conditions climatiques plus difficiles (Grands Lacs). Les prix s'en ressentent. N'achetez *jamais* de véhicule d'occasion à boîte de vitesses manuelle : très rares sont les Américains qui savent ce qu'est une pédale d'embrayage.

Lors de l'acquisition, le vendeur vous remettra un certificat de propriété (*vehicle title*). Pour assurer votre véhicule, vous pouvez vous adresser soit à de grandes compagnies nationales comme State Farm ou Olstate, soit à de petites compagnies locales qui offrent parfois des tarifs plus avantageux. Le montant du contrat sera fonction du type de véhicule, de votre âge (les jeunes conducteurs sont très pénalisés), du degré de couverture choisi et du niveau des franchises. Vous pouvez normalement adapter la durée du contrat à celle de votre séjour. A titre indicatif, un contrat standard de 6 mois vous coûtera entre 250 et 600 $. Il vous reste alors, en fonction de la législation de l'Etat, à changer les plaques et à acheter une vignette (50 $ en moyenne pour une voiture de base). Pour plus d'informations, n'hésitez pas à contacter le bureau local de l'American Automobile Association (voir p. 64).

Pour acheter un camping-car (*R V, recreational vehicule*) ou un "break" (*station wagon*), vous pouvez vous adresser à **Adventure On Wheels,** 41 Hwy. 36, N. Middletown, NJ 07734 (908-583-8714 ; fax 583-8932). Cette société se charge de l'immatriculation, de l'assurance, et s'engage à racheter le véhicule à la fin de votre voyage. Le véhicule peut être pris dans une ville et ramené dans une autre. Vous pouvez acheter un camping-car 6 à 8 000 $, vous en servir pendant 5 ou 6 mois, et le revendre 4 à 4 500 $. Le bureau principal d'Adventure On Wheels se trouve près de New York et des antennes sont installées à Los Angeles, San Francisco et Miami.

DRIVEAWAY

Formule séduisante, le **Driveaway** est un système américain fondé sur la convergence d'intérêts momentanée entre des conducteurs sans voiture (vous) et des propriétaires de véhicules qui souhaitent que leur véhicule soit emmené d'une ville à une autre. De nombreuses sociétés sont spécialisées dans le *driveaway*. L'essence et les péages sont à votre charge et vous devrez rouler environ 500 à 700 kilomètres par jour, ce qui, compte tenu des limitations de vitesse, ne vous laisse guère le loisir de flâner en route. Certaines sociétés assurent les véhicules, d'autres utilisent votre caution en cas de panne ou d'accident. Pour convoyer un véhicule, vous devez être âgé d'au moins 21 ans. Plus ou moins tatillonnes, les sociétés de *driveaway* aiment vérifier vos antécédents de conducteurs (une lettre de votre compagnie d'assurance en France peut faire gagner du temps), prendre vos empreintes digitales et exiger un dépôt de garantie en liquide. On trouve des convoyages sur les itinéraires les plus variés, mais la plupart concernent la traversée des Etats-Unis d'est en ouest. New York et Los Angeles sont deux grandes destinations de transfert (ce qui tombe bien). Demandez toujours à voir la bête avant de signer et réfléchissez bien avant d'accepter un monstre qui consommera 20 litres au 100 (c'est vous qui payez l'essence !). Avec l'accord de la société, vous aurez peut-être la possibilité de partager les coûts avec plusieurs compagnons de voyage.

Parmi les nombreuses sociétés dont les coordonnées sont dans les pages jaunes, voici quelques adresses réputées.

Auto Driveaway, 310 S. Michigan Ave., Chicago, IL 60604 (800-346-2277 ; fax 312-346-2277).

A. Anthony's Driveaway, 4391 NW 19th Ave., Pompano Beach, FL 33064 (305-970-7384 ; fax 305-970-3881).

Across America Driveaway, 3626 Calumet Ave., Hammond, IN 46320 (800-964-7874 ; 310-798-3377 à Los Angeles ; 312-889-7737 à Chicago).

SUR LA ROUTE

Depuis les années 70, la vitesse était limitée à **55 miles** (88 km/h) sur l'ensemble du territoire américain, avec une dérogation à **65 miles** (105 km/h) sur les sections des grandes interstates traversant les zones rurales. A l'automne 95, sur la pression des Etats ruraux de l'Ouest, le Congrès américain a supprimé toute règle fédérale. Chaque Etat est désormais libre d'appliquer ses propres lois. La majeure partie des Etats, surtout dans l'Est, ont conservé les règles précédentes. Certains, comme le Montana, ont décider de ne fixer aucune limitation de vitesse, d'autres, comme le Nevada, sont passés à 75 miles. **Quelle que soit la règle en vigueur, il est plus que conseillé de la respecter.** Vous ferez des économies, non seulement de carburant, mais aussi de contraventions. Les radars et les policiers américains, très efficaces sur ce point, laissent peu d'excès de vitesse impunis. Les moyens mis en œuvre sont parfois étonnants et peuvent aller jusqu'à l'hélicoptère. Ce n'est pas pour rien qu'aux Etats-Unis, on compte les distances non pas en *miles*, mais en heures de route, car tous les conducteurs ou presque vont à la même vitesse.

Autre point sensible, le stationnement. Aux Etats-Unis, se garer devant un signe *No Parking* vous expose de manière quasi systématique à une contravention ("*ticket*" : 15 à 50 $, à New York 25-55 $), voire à perdre votre temps et votre argent en allant visiter la fourrière (être remorqué, *towed* : de 50 à 200 $, à New York, à partir de 150 $). Stationner devant une pompe à incendie, là où le capitaine gare son grand camion rouge, est considéré comme une infraction grave à la loi. La plupart du temps, les interdictions s'appliquent pour des heures et des jours spécifiques (heures de pointe ou de nettoyage de la rue, sorties des classes, etc.), précisés sur les panneaux *No Parking*. Un système complexe, qu'il faut apprendre à déchiffrer. Avant de vous garer, prenez toujours la peine de lire ATTENTIVEMENT les panneaux. Et ne confondez pas les heures *am* (*ante meridiem*, avant midi) et *pm* (*post meridiem*, après midi) ! Dans certaines petites localités au trafic particulièrement faible, vous trouverez probablement absurdes les restrictions au stationnement. Respectez-les sans vous poser de question.

Attention également aux **bus de ramassage scolaire** (les véhicules oranges et jaunes avec des clignotants partout). Il est STRICTEMENT interdit de les doubler lorsqu'ils sont à l'arrêt et qu'ils déposent les enfants (les clignotants sont alors allumés).

Par rapport à l'Europe, les règles de **priorité** fonctionnent différemment. Le premier arrivé passe le premier. Il n'y a pas de priorité à droite, sauf lorsque deux voitures arrivent en même temps à un croisement. Souvent, les croisements sont

■ TABLEAU INDICATIF DES DISTANCES (en kilomètres et heures de conduite)

	Atlanta	Boston	Chicago	Dallas	Washing.	Denver	L.A.	Miami	N. Orléans	New York	Phila.	Phoenix	St Louis	San Fr.	Seattle
Atlanta		1784	1154	1261	1018	2264	3809	1051	763	1426	1253	2999	902	4012	4345
Boston	22h		1604	2888	712	3204	4857	2468	2483	312	536	4342	1916	5009	4999
Chicago	14h	20h		1509	1151	1647	3296	1992	1494	1299	1235	2884	486	3453	3394
Dallas	15h	35h	18h		2135	1278	2335	2128	816	2537	2349	1459	1013	2801	3400
Washing.	12h	10h	14h	24h		2737	4329	1679	1747	360	224	3784	1360	4572	4489
Denver	27h	38h	20h	15h	29h		1652	3294	2159	2874	2832	1272	1385	2040	2114
L.A.	45h	57h	39h	28h	55h	20h		4476	3228	4487	4384	597	2958	618	1837
Miami	13h	30h	24h	26h	20h	39h	53h		1378	2167	1955	3812	1927	4968	5422
N. Orléans	9h	31h	18h	10h	21h	26h	38h	17h		2145	2008	2471	1090	3753	4249
New York	18h	4h	16h	31h	5h	35h	53h	26h	27h		167	4173	1608	4706	4688
Phila.	18h	6h	16h	31h	3h	35h	50h	23h	23h	2h		4043	1455	4642	4624
Phoenix	40h	49h	39h	19h	43h	17h	8h	47h	30h	45h	44h		2420	1212	2431
St Louis	11h	23h	6h	13h	15h	17h	35h	23h	13h	19h	16h	32h		3402	3444
San Fran.	47h	60h	41h	47h	60h	33h	7h	59h	43h	56h	54h	15h	45h		1299
Seattle	52h	59h	40h	40h	54h	25h	22h	65h	50h	55h	54h	28h	36h	16h	

équipés de quatre stops (*four ways*). Parfois, il est difficile de savoir qui était le premier et la courtoisie fait la différence. Un cas de figure sans ambiguïté : le panneau *Yield*, qui signifie que vous devez céder la priorité.

Lorsque deux voitures se croisent à gauche, au lieu de tourner autour d'un rond point imaginaire comme en Europe, elle se passent devant, allant au plus court.

Attention aux **feux de signalisation**, situés aux milieux des carrefours. Si vous stoppez, comme en France, au pied du feu, vous serez au milieu du croisement. Il faut en avoir fait l'expérience une fois dans sa vie.

Un bonheur permanent consiste à griller les feux en toute légalité grâce au **red turn**. Au feu rouge, vous pouvez tourner à droite sans attendre le vert. Parfois, une flèche orange vous y incite. Le panneau *No red turn* signifie que cette pratique est interdite. Certaines villes interdisent totalement les *red turns*.

Le panneau *Xing* n'est pas du chinois, mais l'abréviation de *pedestrian crossing* (passage piéton).

Le port de la **ceinture de sécurité** est obligatoire sur la majeure partie du terri-toire américain et l'ivresse au volant sévèrement réprimée. Il est *absolument interdit* d'avoir une bouteille **d'alcool** ouverte dans sa voiture.

L'essence coûte beaucoup moins cher qu'en France, environ 1,25 $ le gallon (un gallon est l'équivalent de 3,785 litres, soit 33 ¢ le litre), mais les prix varient considérablement selon les taxes locales et les pompes.

Les cartes routières distribuées gratuitement aux membres de l'association AAA (voir **Pannes**, plus loin) sont très bien conçues. Le **Rand McNaly's Road Atlas,** qui couvre tous les Etats-Unis, est sans doute ce qui se fait de mieux. On le trouve dans les librairies et les stations-service (8,95 $).

Les interstates Dans les années 50, le président Eisenhower jeta les bases du **réseau interstate,** un ensemble d'autoroutes financées par l'Etat fédéral afin de donner un coup de fouet à l'économie américaine. Aujourd'hui, les Etats-Unis dispo-sent d'un réseau autoroutier dense et cohérent. Les *interstates* qui portent un numéro pair vont d'est en ouest, celles qui portent un numéro impair vont du nord au sud. L'ensemble est numéroté dans un ordre croissant en allant vers l'est et le nord. Les itinéraires nord-sud commencent sur la côte Ouest avec la I-5 et s'achèvent sur la côte Est avec la I-95. L'itinéraire est-ouest le plus au sud est l'I-4 en Floride, le plus au nord est l'I-94, qui relie le Montana au Wisconsin. Les numéros à trois chiffres signalent les branches d'*interstates* (par exemple, l'I-285 est une branche de l'I-85). Il s'agit souvent d'une bretelle de contournement d'une grande agglomération.

Dans ce guide, nous utilisons les abréviations américaines courantes suivantes : "**I**" (comme dans "I-90") signale une "*Interstate Highway*", "**US**" (comme dans "US 1") indique une "*United States Highway*", et "**Rte**" (comme dans "Rte 7") désigne les "*local highways*".

Sur la route, **pensez à bien repérer à l'avance les numéros des routes et des autoroutes que vous comptez emprunter** car la plupart du temps, les panneaux n'indiquent pas le nom d'une ville, mais le numéro de la route qui y mène. Une fois sur l'autoroute, face à un embranchement ou à une sortie numérotée, il est rare de pouvoir déplier sa carte au volant et d'avoir le temps de se repérer.

Le B. A.-Ba Faites régler votre moteur avant de partir, et vérifiez la pression de vos pneus en même temps que leur état. Il est conseillé d'avoir dans son véhicule une roue de secours, un cric, des câbles pour recharger la batterie (très utiles l'hiver), de l'huile, une torche électrique, éventuellement des couvertures (si jamais vous tombez en panne la nuit ou en hiver, ou les deux). Dans le désert, prévoyez de l'eau pour vous et pour le radiateur. Par temps très chaud, ne forcez pas sur l'air condi-tionné. Si vous voyez le voyant de température s'élever dangereusement, arrêtez la climatisation. Mettre le chauffage à fond aide à refroidir le moteur en cas d'urgence. Si le radiateur bout, arrêtez le moteur pendant une demi-heure. Attention à ne pas soulever un capot brûlant. Ne versez jamais d'eau dans le radiateur pour le refroidir.

Pannes Si vous achetez une voiture, une adhésion à un club automobile vous permettra d'avoir recours gratuitement à une dépanneuse et à une multitude de services (cartes routières gratuites, agence de voyages, réductions diverses, etc.). Certains clubs automobiles, comme AAA, acceptent les non-résidents

American Automobile Association (AAA), 1050 Hingham St., Rocklin, MA 02370 (800-AAA-HELP/800-222-4357). Véritable institution aux Etats-Unis, AAA possède ses agences de voyages gratuites, ses cartes, ses guides, et propose des réductions sur les locations de voiture ainsi qu'un service d'assistance routière partout aux Etats-Unis (remorquage gratuit). AAA vend aussi des travelers chèques American Express sans commission. L'adhésion coûte 54 $ la première année, 40 $ les années suivantes.

AMOCO Motor Club, PO Box 9041 Des Moines, IA 50368 (800-334-3300). Service d'information sur le trajet, remorquage (gratuit sur 5 miles, ou retour à votre garage), assistance routière d'urgence, réductions sur les locations de voitures. Pour 50 $, vous êtes membre, ainsi que votre conjoint et votre voiture.

Mobil Auto Club, 200 N. Martingale Rd. Schaumbourg, IL 60174 (800-621-5581). Services d'un serrurier, remorquage gratuit sur 10 miles, service d'assistance, des réductions sur les locations de voiture. Adhésion 52 $ par an.

Montgomery Ward Auto Club, 200 N. Martingale Rd. Schaumbourg, IL 60173-2096 (800-621-5151). Services de serrurerie, d'assistance, de remboursement des frais de remorquage (jusqu'à 80 miles), et un forfait hébergement de 100 $ pour chaque nuit passée à attendre que votre voiture soit réparée. Adhésion couple 52 $. Jeunes de 16 à 23 ans 17,95 $ par an.

■ VÉLO

Balade d'une journée, randonnée dans un parc, opération kamikaze dans Manhattan en compagnie des coursiers ou traversée de tout le continent, les possibilités ne manquent pas. Sachez qu'à vélo les Américains sont de plus en plus nombreux à porter un casque, y compris sur les chemins les plus tranquilles. Si vous l'achetez sur place, un bon casque coûte environ 40 $. Des antivols comme le **Kryptonite** ou le **Citadel** avoisinent les 30 $, et s'accompagnent d'une assurance vol d'1 ou 2 ans si votre vélo a été enregistré dans le fichier de la police américaine.

Les guides américains consacrés au vélo sont innombrables. **Umbrella Books,** PO Box 82368 Kenmore, WA 98028 (206-485-6822) est une collection de guides régionaux pour les cyclistes, dont *Cycling the Oregon Coast*, par Robin Cody (11 $), et *Alaska's Wilderness Highway, Travelling the Dalton Road*, par Mike Jensen.

Aux Etats-Unis, des organismes spécialisés peuvent vous aider à organiser votre voyage. Vous pouvez également prendre part à une randonnée avec des Américains.

Adventure Cycling Association, PO Box 8308-P, Missoula, MT 59807 (406-721-1776 ; fax 721-8754), est spécialisée dans la mise au point d'itinéraires de randonnées. Elle propose également des randonnées en groupe. L'adhésion coûte entre 25 et 45 $.

American Youth Hostels, 733 St., 15th St., NW, Suite 840, Washington, DC 20005 (202-783-6161), organise des randonnées à vélo en groupe.

Backroads, 1516 Fifth St., Suite B131, Berkeley, CA 94710 (800-462-2848 ; fax 510-527-1444), organise des randonnées vélo et camping dans 21 Etats, dont l'Alaska, Hawaii, la Californie, le Nouveau-Mexique et le Maine. Les prix comprennent les repas, les services d'un guide, les cartes et itinéraires, plus une camionnette d'assistance. Les formules vont de l'excursion d'un week-end (199 $) au périple de 9 jours (898 $).

Carte France Télécom.
Téléphonez de partout comme si vous étiez chez vous.

Les 4 avantages de la Carte France Télécom :

- Elle permet d'appeler à partir de n'importe quel téléphone chez un particulier ou d'une cabine téléphonique, partout dans le monde.
- Communications directement reportées sur votre facture téléphonique.
- Plus de problèmes de monnaie.
- Elle permet d'appeler partout dans le monde depuis 52 pays par France Direct.

Emportez-la quand vous partez.

Pour plus de renseignements ou pour commander votre carte, appelez gratuitement le **N°Vert 05 202 202** *APPEL GRATUIT*

■ MOTO

Le mythe de la Highway 66, ou du grand rassemblement de Daytona Beach, est bien vivant et la traversée des Etats-Unis en Harley scintillante, un rêve pour beaucoup. Pour préparer votre voyage, vous pouvez contacter **American Motorcyclist Association** (800-AMA-JOIN/262-5646), véritable institution de la culture *biker* américaine. L'adhésion coûte 29 $. En prime, vous recevrez un magazine très précieux *American Motorcyclist*, et un patch d'enfer pour votre zonblou de moto. A noter sur vos tablettes, **Americade** est un gigantesque rallye d'une semaine organisé tous les ans. L'édition 96 se tient du 3 au 8 juin à Lake George, NY. L'inscription coûte 50 $ par personne pour une semaine ou 12 $ par jour. Appelez le 518-656-3696 pour vous inscrire.

Le port du casque est obligatoire dans la plupart des Etats. En cas d'urgence, vous pouvez joindre la **Motorcycling Safety Foundation,** 2 Jenner St., Suite 150 Irvine, CA 92718-3800 (800-447-4700).

Certains voyagistes français proposent la location de moto aux Etats-Unis, notamment Nouveau Monde et Council Travel (voir p. 51 et 53).

■ STOP

Mesurez bien les risques de l'auto-stop avant de lever le pouce. L'auto-stop a beau être relativement sûr dans certaines parties de l'Europe, il ne l'est pas aux Etats-Unis. Nous vous conseillons de l'éviter.

■■■ SE LOGER

A l'intérieur de leur propre pays, les Américains bougent beaucoup. Les infrastructures du pays sont donc très développées, et pour un visiteur étranger la question de l'hébergement est rarement un problème. Motels, campings, hôtels, auberges de jeunesse, Bed & Breakfast, YMCA, etc. : il y a en a pour tous les goûts et toutes les bourses. En haute saison, notamment en juillet-août, et plus particulièrement lors du sacro-saint week-end américain du *Labor Day* (la fête du travail, le premier lundi de septembre), il peut être plus difficile de trouver à se loger sans réservation. Lorsque vous voyagez aux Etats-Unis, ayez toujours en tête les dates des jours fériés et des congés scolaires. De même, sachez que le vendredi, et plus encore le samedi, les motels affichent souvent complet dès la fin de l'après-midi, y compris, ce qui ne laisse jamais de surprendre, dans les localités les plus reculées. De manière générale, essayez donc de réserver à l'avance, surtout au plus fort de la saison touristique. La plupart des motels, des campings et des auberges de jeunesse acceptent les réservations par téléphone. Si vous prévoyez d'arriver tard quelque part, un coup de téléphone dans la journée peut vous épargner des tracas le soir.

Si vous êtes coincé et à court d'argent, vous pouvez, en dernier recours, contacter *The Traveler's Aid Society*, présent dans la plupart des grandes villes, qui pourra vous orienter vers un foyer d'accueil. A chaque fois qu'ils existent, nous vous donnons pour chaque ville les numéros de téléphone d'urgence (*crisis hotline*) qui pourraient vous aider.

■ HÔTELS ET MOTELS

Les **motels** sont généralement regroupés le long des *highways*, à la périphérie des villes. Difficile de les manquer. Généralement ouverts 24h/24, ils affichent d'emblée s'ils sont complets (*No Vacancy*) ou pas (*Vacancy*) et souvent, les prix des chambres. Un système très commode, qui permet de comparer et de faire son choix en passant en voiture. La plupart des chambres de motels sont équipées d'une télévision, d'un système de climatisation plus ou moins moderne, d'un ou deux grands lits et d'une épaisse moquette. A partir de deux personnes, un motel est souvent moins cher qu'une auberge de jeunesse. Sur la route, en dehors des grandes métropoles, c'est un mode d'hébergement commode, économique, et souvent conforme au "mythe américain", qui permet parfois d'avoir l'impression de revivre des scènes marquantes de l'histoire du cinéma. A ce jour, toutefois, aucun lecteur de *Let's Go* n'a signalé avoir revécu la célèbre scène du film *Psychose*.

Le prix minimum d'une chambre avec un grand lit pour une personne (*single room*) est d'environ 25-30 $ hors taxes. Il peut monter jusqu'à 45-80 $, en fonction du standing et de la situation du motel. En principe, le prix d'une même chambre varie de quelques dollars en fonction du nombre d'occupants. Si la promiscuité ne vous fait pas peur, vous pouvez même partager à quatre une chambre de deux lits (les sept nains ont la réputation de ne prendre qu'une seule chambre lorsqu'ils voyagent). Certains motels offrent à leurs clients un café gratuit, voire le petit déjeuner, et disposent d'une piscine, surtout dans le Sud.

Les chaînes de motels et d'hôtels assurent généralement un meilleur niveau de confort et de propreté que les établissements indépendants. Les principales chaînes économiques sont **Motel 6** (505-891-6161), **Super 8 Motels** (800-800-8000, 605-229-8708 ; fax 605-229-8900), **Choice Hotels International** (800-453-4511), et **Best Western International** (800-528-1234 ou 602-957-5946 ; fax 602-957-5505). Si vous êtes sur la route, il peut être utile de conserver le catalogue d'une ou deux chaînes comme Motel 6, ce qui permet de repérer un motel à votre étape du soir et, en période d'affluence, de réserver par téléphone.

Si vous n'avez pas de voiture, vous aurez intérêt à vous diriger vers les auberges de jeunesse (**hostels**) et les **YMCA** et **YWCA** du centre-ville (voir plus loin).

Bien entendu, toutes **les grandes chaînes hôtelières internationales**, comme Hyatt, Hilton, Holiday Inn, Mariott, sont présentes aux Etats-Unis, où elles sont souvent nées. Elles offrent des services et des tarifs d'un niveau au moins comparable à celui qu'on trouve en Europe. Leur politique commerciale est cependant plus à la pointe. Si vous fréquentez régulièrement les grandes chaînes hôtelières, vous seriez bien avisé de vous inscrire à **Discount Travel International,** 25 E. Athens Ave., Ardmore, PA 19003 (610-645-9552 ; fax 610-645-9743). Pour une cotisation annuelle de 45 $, vous pouvez bénéficier de prix réduits, jusqu'à 50 %, dans des hôtels comme les Hilton ou les Hyatt (le système s'applique aussi aux billets d'avion, croisières, et locations de voitures).

La plupart des offices de tourisme (**visitors center**), surtout ceux situés sur les *Interstate*s à l'entrée d'un Etat, offrent des coupons d'hôtellerie qui peuvent vous faire réaliser des économies. N'hésitez pas à les réclamer. Réactualisé chaque année, l'annuaire américain *National Directory of Budget Motels* (6 $, plus 1,50 $ de frais d'envoi aux Etats-Unis), disponible par correspondance auprès de **Pilot Books**, 103 Copper St., Babylon NY 11702 (516-422-2225 ou 516-422-2227), répertorie plus de 2 200 motels aux USA. Pilot Books publie également *The Hotels/Motels Special Program and Discount Guide* (6 $, plus 1,50 $ de frais de port aux Etats-Unis), qui présente les hôtels et motels offrant des tarifs spéciaux ou des formules de fidélité. Vous pouvez également jeter un œil au *State by State Guide to Budget Motels* (12 $), édité par Marlor Press, Inc., 4304 Brigadoon Dr., St. Paul, MN 55216 (800-669-4908 ou 612-484-4600 ; fax 612-490-1182).

■ AUBERGES DE JEUNESSE

Les auberges de jeunesse (**hostels**) constituent sans doute la solution la plus économique et la plus conviviale, surtout si vous voyagez seul. En général, elles disposent de dortoirs séparés pour les femmes et les hommes, de cuisines collectives et de machines à laver. Les conditions de confort et la qualité de l'accueil peuvent considérablement varier d'une auberge à l'autre. Les plus sophistiquées disposent de salons, de coins TV, et sont parfois très bien situées. Quelques-unes, décrites dans ce guide, sont tout simplement exceptionnelles. Certaines disposent de chambres individuelles pour les familles ou les couples. Le système des auberges de jeunesse peut présenter quelques contraintes : souvent fermées pendant une partie de la journée, elles imposent une heure d'extinction des feux, parfois une participation aux corvées et une durée de séjour (minimum ou maximum). Les prix varient de 8 à 20 $ la nuit. A partir de deux personnes, une chambre de motel peut donc être plus économique. Les auberges de jeunesse offrent souvent à leurs membres des tarifs réduits. Si vous avez accès à Internet, consultez **Internet Guide to Hostelling** (World Wide Web *http://bostels.com/rec-travel/travel/bostels/* ou par e-mail *info@bostels.com* pour plus d'information).

> **Hostelling International-American Youth Hostels (HI-AYH),** 733 15St., NW, Suite 840, Washington, DC 20005 (202-783-6161, 800-444-6111 ; fax 202-783-6171). Première association américaine d'auberges de jeunesse, elle regroupe près de 300 établissements à travers tous les Etats-Unis. Prix : entre 5 et 22 $ par nuit. Vous pouvez effectuez vos réservations par téléphone, par lettre, par fax, ou via l'**International Booking Network (IBN)**, un système de réservation informatique qui vous permet de réserver depuis d'autres *bostels* de la chaîne HI, où que vous soyez dans le monde, et jusqu'à six mois à l'avance.

La **carte HI** (Hostelling International) de membre de la Fédération internationale des auberges de jeunesse permet d'obtenir des réductions dans les nombreux établissements américains affiliés HI. Dans ce guide, nous vous précisons les tarifs réservés aux membres et aux non-membres. En France, vous pouvez achetez cette carte dans les auberges de jeunesse de la **Fédération unie des auberges de jeunesse (FUAJ)**, membre du réseau Hostelling International. Il est possible d'effectuer des réservations dans un grand nombre d'auberges de jeunesse américaines auprès de la FUAJ grâce au système IBN (voir p. 44 les coordonnées de la FUAJ et de ses équivalents en Belgique, en Suisse et au Québec).

Aux Etats-Unis, vous pouvez également acheter votre carte de membre HI auprès de la plupart des organismes spécialisés dans les voyages pour les jeunes, comme Council Travel (voir **Etats-Unis, mode d'emploi, Voyager à prix réduits p. 55**), ou auprès du bureau central de Washington DC (733 15th street, NW, Suite 840, Washington DC 20005, (202) 783-6161, fax : (202) 783-6171). L'adhésion pour 1 an coûte 25 $, 10 $ pour les moins de 18 ans, 15 $ pour les plus de 54 ans, 35 $ pour une famille. Vous aurez ainsi une brochure très pratique, *Hostelling North America : The Official Guide to Hostels in Canada and the United States*. Ce guide est disponible en France chez **Brentano's**, 37 avenue de l'Opéra, 75002 Paris, tél. : (1) 42 61 52 50.

∎ BED AND BREAKFAST

Alternative douillette aux chambres d'hôtel impersonnelles, les Bed and Breakfast américains (B&B pour les habitués) sont en général très agréables. Leur qualité peut toutefois varier du nid douillet pour amoureux face à une plage du Maine à la maison sordide dans une banlieue de Los Angeles. Le petit déjeuner maison est le temps fort d'un séjour dans un B&B (normalement, car il est de piètres cuisinières sur tous les continents). Les B&B sont parfois dépourvus de téléphone, de télévision, ou de salle de bains particulière. Certains B&B n'acceptent ni les animaux ni les fumeurs, d'autres les accueillent volontiers et quelques-uns sont de véritables ménageries. Parfois, les propriétaires proposent de petites excursions et vont jusqu'à glisser un chocolat, le soir, sur l'oreiller.

En France, vous pouvez vous procurer le *Guide des Bed & Breakfast* de Fodor et Frommer's ou le *Guide des chambres d'hôtes aux Etats-Unis* aux éditions Edisud.

L'ESSENTIEL

Aux Etats-Unis, il existe de nombreux guides spécialisés. Les trois principaux sont *Bed & Breakfast, USA* (16 $), édité par Tourist House Association, Inc., RR1, Box 12-A, Greentown, PA 18426, *Complete Guide to Bed and Breakfasts, Inns and Guesthouses in the US and Canada* (16,95 $), sur CompuServe ("Go B&B") ou chez Lanier Publications, PO Box D, Petaluma, CA 94952 (707-763-0271 ; fax 763-5762 ; e-mail *72662. 1223@ compuserve.com*), et *America's Wonderful Little Hotels and Inns : USA and Canada* (20 $ US, 27 $ canadiens).

Pour réserver un B&B depuis la France, vous pouvez vous adresser aux organismes suivants :

Tourisme chez l'habitant, TCH, 15 rue des Pas Perdus, BP 8338, 95804 Cergy Saint-Christophe Cedex, tél. : (1) 34 25 44 44, fax : (1) 34 25 44 45, Minitel : 3615 TCH. Cet organisme propose des séjours de courte durée chez l'habitant.

Nuits du Monde, 15 rue des Pas Perdus, BP 8338, 95804 Cergy Saint-Christophe Cedex, tél. : (1) 34 25 44 55, fax : (1) 34 25 44 45, Minitel : 3615 NdM. Affilié à TCH, cet organisme est spécialisé dans les séjours de longue durée.

Aux Etats-Unis

Bed and Breakfast International, PO Box 282910, San Francisco, CA 94128-2910 (tél. 800-872-4500 ou 415-696-1690 ; fax 415-696-1699). Les tarifs vont de 60 à 150 $ par nuit et par chambre de deux personnes, petit déjeuner compris, les réservations se font pour deux nuits minimum. Tarifs réduits pour les personnes seules, les familles avec enfants, et les réservations prises plus d'une semaine à l'avance.

Bed and Breakfast : The National Network (TNN) of Reservation Services, Box 4616, Springfield, MA 01101 (tél. 800-884-4288 ; fax 401-847-7309). Réservations dans près de 7 000 B&B à travers les Etats-Unis.

■ YMCA et YWCA

Vénérables institutions américaines, les centres communautaires **YMCA (Young Men's Christian Association)** disposent souvent de chambres, de dortoirs et d'une cafétéria. Les prix des YMCA (25 à 50 $) sont normalement moins élevés que ceux des hôtels, mais plus élevés que ceux des auberges de jeunesse. Lorsqu'ils existent, vous aurez d'ordinaire accès aux équipements (bibliothèque, piscine, etc.). De nombreuses YMCA acceptent les femmes et les familles. Certaines, comme celle de Los Angeles, n'acceptent de loger les moins de 18 ans qu'après avoir obtenu l'autorisation des parents. Le règlement se fait à l'avance et il n'est pas rare de devoir laisser une caution pour la clé. Pour tout renseignement sur les *Y's*, contacter **Y's Way To Travel,** 224 E. 47th St., New York, NY 10017 (212-308-2899 ; fax 212-308-3161).

Les **YWCA (Young Women's Christian Association)** fonctionnent de manière similaire mais ne logent que les femmes. Les non-adhérentes sont souvent incitées à devenir membres à leur arrivée. Pour tout renseignement, contacter **YWCA-USA,** 726 Broadway, New York, NY 10003 (212-614-2700).

Adresses utiles en France

Rencontres et Voyage, 5 place de Vénétie, 75013 Paris, tél. : (1) 45 83 62 63, publie un annuaire des YMCA dans le monde (62 F) et effectue des réservations dans les YMCA des Etats-Unis. Agences à Strasbourg et à Toulouse.

Council Travel, 22 rue des Pyramides, 75001 Paris, tél. : (1) 44 55 55 44, effectue également des réservations dans les YMCA des Etats-Unis. Agences à Aix-en-Provence, à Lyon et à Nice (voir page 53).

Au Québec

YMCA de Montréal, 1450 Stanley St., Montreal, PQ H3A 2W6 (514-849-8393 ; fax 514-849-8017). A Ottawa, la YMCA est au 180 Argyle Ave., Ottawa, Ont. K2P 1B7

(613-237-1320 ; fax 613-788-5095). Permet d'effectuer des réservations dans les YMCA américaines.

■ LOGEMENTS UNIVERSITAIRES

N'hésitez pas, surtout si vous êtes étudiant : les campus des universités américaines constituent toujours de bonnes sources d'information non seulement pour l'hébergement, mais aussi sur les activités possibles sur le campus et dans la région. De nombreux *colleges et universities* ouvrent leurs résidences aux voyageurs (parfois uniquement aux étudiants), généralement en dehors de la période des cours. Les dortoirs *(dormitories ou dorms)* sont souvent séparés des zones réservées aux étudiants. Les prix sont très corrects. Pour une personne, il faut compter entre 20 et 50 $, des tarifs à la semaine sont parfois proposés, comptez de 120 à 250 $. Chaque fois que la possibilité se présente dans une ville, ce guide donne la liste des établissements qui proposent des dortoirs. Cette formule d'hébergement connaît un réel succès : il est conseillé de réserver.

Adresse utile en France :

La Commission franco-américaine (CFA), 9, rue Chardin, 75016 Paris, tél. : (1) 44 14 53 60, Minitel : 3615 GO US, mot clé : CFA. Propose la liste des campus universitaires avec le prix des chambres, mais ne s'occupe pas des réservations depuis la France. Il n'existe pas de bureau central de réservation, chaque campus ayant son propre système.

■ LOGEMENT CHEZ L'HABITANT

Troquer son studio parisien ou sa maison en Provence contre un appartement à Manhattan ou un ranch dans l'Ouest : l'échange de logement est une formule qui séduit de plus en plus. Quelques organismes peuvent vous aider. Vous pouvez également passer une petite annonce dans le principal quotidien de la ville qui vous intéresse. Avec un atout de taille : malgré quelques aléas conjoncturels (vagues de grèves, d'attentats ou d'essais nucléaires), la France est toujours bien cotée à la grande bourse mondiale des échanges de logements.

Intervac, 230 bd Voltaire, 75011 Paris, tél. : (1) 43 70 21 22, organise des échanges d'appartements. Pour une cotisation annuelle de 695 F, vous passez votre annonce dans trois catalogues internationaux et vous avez accès aux offres qui vous intéressent.

Homelink, Le Bel Hormeau, 409 avenue Jean-Paul Coste, 13100 Aix-en-Provence, tél. : (16) 42 38 42 38, propose également des échanges d'appartements (cinq catalogues par an, cotisation annuelle : 600 F).

American Church, 65 quai d'Orsay, 75007 Paris, tél. : (1) 47 05 07 99. Un des centres névralgiques des réseaux américains à Paris. Des particuliers affichent des offres d'échanges d'appartements.

Le magazine **France-USA Contacts** (plus communément appelé **Fusac**) 3, rue Larochelle, 75014 Paris, tél. : (1) 45 38 56 57, est un journal gratuit de petites annonces pour la communauté américaine. Vous y trouverez quelques annonces d'échanges d'appartements.

De nombreux organismes américains gèrent également des programmes d'échanges ou de locations de logements ou encore d'accueil de visiteurs étrangers, en grande majorité anglo-saxons, dans des familles. En voici quelques-uns.

Homestay/USA, 25 Bay State Rd., Boston, MA 02215 (800-327-4678 ou 617-247-0350). Cet organisme propose des séjours de trois ou quatre semaines dans des familles américaines à des visiteurs étrangers à partir de l'âge de 14 ans.

Home Exchange, PO Box 567, Northampton, MA 01061, dispose d'un important fichier, et met en rapport des propriétaires américains et étrangers. Les adhérents (50 $ l'inscription) entrent leur domicile dans l'annuaire *Home Exchange Directory*, qui est envoyé à tous les membres. Les arrangements vont de l'échange pur et simple à la location.

Intervac US International Home Exchange, PO Box 590504, San Francisco, CA 94159 (415-435-3497 ou 800-756-HOME/4663 ; fax 415-435-7440). Membre d'un vaste réseau d'échanges internationaux, également présent en France (voir plus haut), Intervac publie quatre catalogues chaque année, qui contiennent plus de 9 400 maisons ou appartements dans 36 pays. Les membres se contactent directement. Pour 65 $, vous recevrez trois catalogues (votre domicile sera inclus dans l'un des trois au choix). Des formules de location ou de chambres d'hôtes sont également possibles.

International Home Rental, PO Box 329, Middleburg, VA 22117 (800-221- 9001 ou 703-687-316 ; fax 703-687-3352). Propositions de locations dans le Colorado, le Connecticut, la Californie, la Floride, New York, la Caroline du Sud, le Vermont, et la Virginie.

US Servas Comitee, 11 John St., Suite #407, New York, NY 10038-4009 (212-267-0252 ; fax 212-267-0292). Présent dans plusieurs pays, **Servas** propose de partager gratuitement la vie quotidienne des habitants d'une centaine de pays dans le monde. Les personnes intéressées doivent soumettre leur candidature, des références, passer un entretien, et payer une adhésion de 55 $ (pour 25 $ de plus, vous avez accès à cinq listes contenant tous les renseignements concernant vos hôtes potentiels).

■ CAMPING

Les campings américains sont sans commune mesure avec leurs homologues européens. Dans les parcs, les campements (**campground**) accessibles en voiture sont souvent très bien situés (au bord d'une rivière, d'un lac, au cœur d'une forêt, etc.), spacieux, et confortablement aménagés (suivant les cas, douche chaude, toilettes, foyer ou barbecue, tables en bois, prises électriques, etc.). Chaque emplacement est généralement éloigné des autres, de telle sorte que le campeur bénéficie, au cœur de la nature, d'un large confort. Le prix des emplacements varie suivant la saison, le parc, et le véhicule (vélo, voiture ou camping-car) dans une fourchette de 5 à 20 $. Le week-end et en haute saison, certains campements particulièrement convoités sont pris d'assauts. Il est conseillé d'arriver tôt, parfois de réserver (voir **parcs nationaux** plus loin). En cas de saturation, des sites plus rudimentaires (**overflow camping**) sont mis à la disposition des visiteurs. Pour les randonneurs, les parcs comptent également des zones de campements en pleine nature, moins aménagés (**primitive camping**) comprenant, selon les cas, point d'eau, coin feu, "arbre anti-ours" (voir plus loin), et toilettes rudimentaires. Ils sont souvent localisés dans des sites superbes (au pied d'un glacier, au bord d'un lac de montagne, etc.). Dans certains parcs, vous avez le droit de camper en dehors des zones prévues à cet effet à condition de demander un permis (**backcountry permit**), gratuit, mais parfois contingenté.

En dehors des parcs, de nombreux campings privés sont installés dans des sites touristiques (source d'eau chaude, lac, etc.) ou près des grands axes. Leur niveau de confort et d'agrément est variable, mais en règle général, très satisfaisant (laverie, piscine, épicerie, etc.). Certaines chaînes, comme **KOA**, regroupent de nombreux campings.

Le B. A.-Ba du randonneur
Boire avant d'avoir soif, manger avant d'avoir faim, se couvrir avant d'avoir froid. Ces trois préceptes classiques permettent de rester en pleine forme dans la vaste nature. Une règle importante consiste, lorsque vous partez en randonnée dans une zone isolée, à prévenir quelqu'un de votre départ. N'oubliez pas non plus de

toujours consulter les prévisions météorologiques. Lors d'une randonnée en pleine nature, il est conseillé d'apporter de quoi faire face à un accident : vêtements de pluie, vêtements chauds (pas de coton !), couvre-chef, trousse de premiers secours, aliments énergétiques et eau.

Pour tout savoir sur l'art de la survie dans la nature, vous pouvez vous référer aux ouvrages suivants :

Le Manuel des Castors Juniors (Hachette)
Le Guide de survie de l'armée américaine (Editions de l'Homme)
Vivre et survivre dans la nature de Yves Coineau et L.P. Knoepffler (Dunod)
Aventure et survie dans la nature de John Wiserman (Hachette)

Ces livres sont notamment en vente à la **Librairie du Vieux Campeur**, 2 rue de Latran, 75005 Paris.

Pour ceux qui lisent l'anglais, l'une des références en la matière est l'ouvrage *How to Stay Alive in the Woods* de Bradford Angier (éditions MacMillan, 8 $).

Voir également **Avant de partir, Santé**.

Environnement

La nature est belle. Elle est aussi **fragile**. Lorsque vous plantez votre tente, ne coupez pas la végétation et ne déblayez pas le terrain. Installez votre campement à au moins 50 mètres de toute rivière ou point d'eau. Bien entendu, rassemblez toutes vos ordures dans un sac, ne les brûlez pas, surtout s'il s'agit de plastique, ne les enterrez pas mais emportez-les avec vous jusqu'à la prochaine poubelle. Brûler ou enterrer des déchets pollue l'environnement. Dans un parc national, avant d'allumer un feu, vérifiez bien si c'est autorisé. Le bois de chauffe est rare dans les principaux parcs, et les campeurs sont tenus de faire de petits feux et de n'utiliser que les branches ou les broussailles mortes. Un réchaud de camping facilitera les choses.

Histoire d'ours

Ne vous fiez pas aux apparences. Sous son air bonasse, l'ours est un animal sauvage et dangereux, et les hommes ne lui font pas peur. Il est (très) rapide, agile, puissant et griffu. Les Américains ne plaisantent pas avec les ours : ils savent que, régulièrement, des randonneurs font des rencontres fatales. La règle d'or est simple. Si vous pouvez observer un ours de près, c'est qu'il peut lui aussi vous observer de près : **vous êtes bien trop près l'un de l'autre**.

Si vous apercevez un ours au loin, éloignez-vous calmement, sans courir, dans la direction opposée. Si vous tombez nez à nez avec des bébés ours, ne vous attendrissez pas. Eloignez-vous le plus vite possible avant que leur mère, très protectrice, ne vous tombe dessus. Si vous êtes attaqué par un ours, placez-vous en position fœtale pour vous protéger, les bras couvrant votre nuque, et faites le mort. La nuit, déplacez-vous avec une lampe-torche. Les ours décamperont avant votre arrivée si vous les avertissez suffisamment à l'avance. L'agressivité des ours varie selon les espèces et les régions : renseignez-vous auprès des rangers pour en savoir plus.

Dans les parcs nationaux, les rangers peuvent vous apprendre à reconnaître les traces d'un ours. Si vous en trouvez, n'installez pas votre campement dessus ! Pour vous épargner une expérience aussi poilue que pénible, ne donnez jamais rien à manger à un ours, et ne le tentez pas en laissant vos déchets à portée de pattes. Ne cuisinez pas trop près de votre tente, et ne laissez jamais traîner de nourriture, de déchets ou de vaisselle sale. Evitez de préparer des nourritures grasses, surtout le bacon et le jambon dont l'ours est friand (*hum !*). L'ours, animal sensible, est également attiré par l'odeur du parfum. Essayez de vous passer d'eau de cologne et de savon parfumé, mais brossez-vous les dents ! La nuit, toute la nourriture et tout ce qui dégage un parfum doit être banni de votre tente et de ses environs. Le meilleur moyen d'éviter que votre dentifrice ne devienne un condiment est de pratiquer le *bear-bag*. L'empaquetage anti-ours consiste à suspendre à un arbre toutes vos gâteries enfermées dans des sacs en plastique, à au moins 3 ou 4 mètres du sol et à 1,50 mètres du tronc. Elles seront ainsi hors de portée du gros vorace à poils. N'oubliez pas votre lampe de poche dans le *bear-bag*, comme certains campeurs étourdis. Souvent, les campements aménagés disposent d'arbres anti-ours équipés de cordes. A la tombée de la nuit, c'est un lieu de rencontre assez populaire, un peu à l'image des sorties de messe de nos villages.

Une bonne source d'informations sur les camping-cars (**recreational vehicles**, ou **RV**) est la **Recreational Vehicle Industry Association,** PO Box 2999, 1896 Preston White Dr., Reston, VA 22090-0999 (703-620-6003). Pour tout renseignement concernant les associations de camping de chaque Etat, contactez le **Go Camping America Committee,** PO Box 2669, Reston, VA 22090-0669 (800-47-SUNNY/78669).

■■■ LA VIE SUR PLACE

■ AMBASSADES ET CONSULATS AUX ETATS-UNIS

Ambassade de France, 4101 Reservoir Road NW, Washington DC 20007, tél. : (202) 944 60 00, fax : (202) 944 61 66 et 75.

Consulats de France : Atlanta, 285, Peach Tree Center Avenue, Suite 2800, Marquis Two Atlanta GA 30303, tél. : (404) 522 42 26 et 522 44 23, fax : (404) 880 94 08. **Boston,** 3, Commonwealth Avenue, Boston MA 02116, tél. : (617) 266 16 80, fax : (617) 437 10 90. **Chicago,** 737, North Michigan Avenue, Olympia Center, Suite 2020, Chicago IL 60611, tél. : (312) 787 53 59 et 60, fax : (312) 664 41 96. **Honolulu,** 2, Water Front Plazza, Suite 300, 500 Ala Moana Boulevard, Honolulu HO 96813, tél. : (808) 599 44 58 à 60, fax : (808) 599 47 51. **Houston,** 2777, Allen Parkway, Suite 650 Riviana Building, Houston TX 77019, tél. : (713) 528 21 81, fax : (713) 528 05 12. **La Nouvelle-Orléans,** Lykes Center 300 Poydras, Suite 2105, New Orleans LA 70130, tél. : (504) 523 57 72 à 74, fax : (504) 523 57 25. **Los Angeles,** 10990 Wilshire Boulevard, Suite 300, Los Angeles CA 90024, tél. : (310) 479 44 26, fax : (310) 312 07 04. **Miami,** 1, Biscayne Tower, Suite 1710, 33rd Floor, 2, South Biscayne Boulevard, Miami FL 33131, tél. : (305) 372 97 98 et 99, fax : (305) 372 95 49. **New York,** 934, Fith Avenue, NY 10021, tél. : (212) 606 36 88 et 89, fax : (212) 606 36 20. **San Francisco,** 540, Bush Street, San Francisco CA 94108, tél. : (415) 397 43 30, fax : (415) 433 83 57. **San Juan de Puerto Rico,** Mercantil Plazza Building, Suite 720, Ponce de León Avenue Stop 271/2 Hato Rey, San Juan, Puerto Rico 00918, tél. : (809) 753 17 00 et 01, fax : (809) 754 14 92. **Washington DC,** 4101, Reservoir Road N.W., Washington DC 20007, tél. : (202) 944 61 95, fax : (202) 944 61 38.

Ambassade de Belgique, 3330 Garfield Street, NW, Washington DC 20008, tél. : (202) 333 69 00.

Consulats de Belgique : Atlanta, 229, Peachtree Street, NE Peachtree Center, Cain Tower, Suite 2306, Atlanta GA 30303, tél. : (404) 659 21 50 à 53, fax : (404) 659 84 74. **Boston,** 300, Commercial Street, Suite 29, Malden MA 02148, tél. : (617) 397 85 66, fax : (617) 397 67 52. **Chicago,** 333, North Michigan Avenue, Room 2000, Chicago IL 60601, tél. : (312) 263 66 24 à 26, 263 68 89, 263 66 45, 263 69 06, fax : (312) 263 48 05. **Dallas,** Fina Inc., 8350, N. Central Expressway, Suite 2000, Dallas TX 75206, tél. : (214) 750 25 54, fax : (214) 750 23 99. **Denver,** c/o The Gates Rubber Co, 999, South Broadway, Denver CO 80217, tél. : (303) 744 40 51. **Los Angeles,** 6100, Wilshire Boulevard, Suite 1200, Los Angeles CA 90048, tél. : (213) 857 12 44/33/17, fax : (213) 936 25 64. **Miami,** 2231 NE, 192nd Street, North Miami Beach FL 33180, tél. : (305) 932 42 63, fax : (305) 573 07 87. **La Nouvelle-Orléans,** 2555, Sevem House, Metairie, LA 70002- 5938, tél. : (504) 456 0101, fax : (504) 456 73 24. **Philadelphie,** The Curtis Center, Suite 1150, Independence Square west, 6th Walnut Street, Philadelphia PA 19106, tél. : (215) 925 56 45, fax : (215) 238 87 10. **San Francisco,** 625, Third Street, San Francisco CA 94107, tél. : (415)

882 46 48 et 957 14 41, fax : (415) 957 07 30. **Seattle**, 3214 West Mc Craw, Suite 200, Seattle WA 98199, tél. : (206) 285 44 86, fax : (206) 282 95 44.

Ambassade de Suisse, 2900 Cathedral Avenue, NW Washington DC 20008 3499, tél. : (202) 745 7900, fax : (202) 887 2664.

Consulats de Suisse : Atlanta, 1275 Poachtras Street NE, Suite 475, Atlanta GA 30309 35665, tél. : (404) 870 2000, fax : (404) 870 2000. **Chicago**, Olympia Center, Suite 2301, 737 North Michigan Avenue, Chicago IL 60811, tél. : (312) 915 0081, fax : (312) 915 0388, adresse postale : PO Box 11561, Chicago IL 60611 0581. **Houston**, First Interstates Bank Plaza, 1000 Louisiana Street, Suite 5670, Houston TX 77002, tél. : (713) 850 0000, fax : (713) 850 1321. **Los Angeles**, 11788 Wilshire Boulevard, Suite 1400, Los Angeles CA 90025, tél. : (310) 675 1146, fax : (310) 676 1982. **New York**, Polex Building, 8th floor, 685 Fith Avenue, New York NY 10022, tél. : (212) 768 2560, fax : (212) 207 8024. **San Francisco**, 456 Montgomery Street, Suite 1500, San Francisco CA 94104 1233, tél. : (416) 788 2272, fax : (416) 788 1402.

Ambassade du Canada, 501 Pennsylvania Ave. NW, Washington DC 20001, tél. : (202) 682 1740, fax : (202) 682 7726.

Consulats du Canada : Atlanta, One CNN Center, South Tower, pièce 400, Atlanta GA 30303 2705, tél. : (404) 577 6812, fax : (404) 5046. **Boston**, 3, Copley Place, Pièce 400, Boston MA 02116, tél. : (617) 262 3760, fax : (617) 262 3415. **Chicago**, Two Prudential Plaza, 180 North Stetson Avenue, Pièce 2400, Chicago IL 60601, tél. : (312) 616 1860, fax : (312) 616 1877. **Dallas**, Saint Paul Place, 750 North Saint Paul Street, Pièce 1700, Dallas TX 75201 3247, tél. : (214) 922 9806, fax : (214) 992 9815. **Los Angeles**, 300 South Grand Avenue, 10th floor, Los Angeles CA 90071, tél. : (213) 687 7432, fax : (213) 620 8827. **Miami**, 200 South Biscayne Boulevard, Pièce 1600, Miami Foride 33131, tél. : (305) 579 1600, fax : (305) 368 3900. **New York**, 1251 Avenue of the Americas, 16th floor, New York NY 10020 1175, tél. : (212) 596 1790, fax : (212) 596 1790. **Seattle**, 412 Plaza 600, Sixth and Stewart, Seattle WA 98101 1266, tél. : (206) 443 1777, fax : (212) 443 1782.

Délégation générale du Québec, One Rockfeller Plaza, 26th floor, **New York** NY 10020, tél. : (212) 397 0200, fax : (212) 757 4753.

Délégations du Québec : Boston, One Federal Street, 21st floor, Boston MA 02110, tél. : (617) 350 5200, fax : (617) 350 5210. **Chicago**, Two Prudential Plaza, 180 North Stetson Avenue, Suite 4300, Chicago IL 60601, tél. : (312) 856 0655, fax : (312) 856 0725. **Los Angeles**, 11755 Wilshire Boulevard, Suite 2200, Los Angeles CA 90025, tél. : (310) 477 2217, fax : (310) 477 3540.

■ SAISON TOURISTIQUE

Sur la majeure partie du territoire américain, la saison touristique bat son plein de **Memorial Day** à **Labor Day**, c'est-à-dire du dernier lundi de mai au premier lundi de septembre. Le week-end du Labor Day, dernier long week-end de l'été, l'Amérique entière est sur les routes et les campings, motels ou hôtels affichent très souvent complet. N'oubliez pas les dates des jours fériés américains lorsque vous organisez votre voyage, afin de ne pas vous faire surprendre par des banques fermées ou des campings pleins à craquer. Parmi les différents congés scolaires, le *Spring Break*, au printemps, voit traditionnellement les étudiants envahir les stations touristiques, notamment en Floride. Hors saison, les hôtels sont souvent moins chers et les sites moins fréquentés, mais certains sont parfois fermés.

■ JOURS FÉRIÉS AMÉRICAINS

New Year's Day (jour de l'An), 1er Janvier ; **Martin Luther King Jr. Birthday** (anniversaire de Martin Luther King), troisième lundi de janvier ; **President's Day** (jour du Président), troisième lundi de février ; **Memorial Day** (jour du souvenir), dernier lundi de mai ; **Independance Day** (fête de l'Indépendance), 4 juillet ; **Labor Day** (fête du travail), premier lundi de septembre ; **Columbus Day** (fête de Christophe Colomb), deuxième lundi d'octobre ; **Veteran's Day** (jour des anciens combattants), 11 novembre ; **Thanksgiving** (action de grâce), dernier jeudi de novembre ; **Christmas Day** (Noël), 25 décembre.

■ A NOTER SUR VOS TABLETTES

New Year's Day (1er janvier) : *Rose Bowl* (finale du championnat de football américain universitaire), Pasadena, Californie ; *Orange Bowl* (championnat du monde de foot pour les jeunes), Miami, Floride.

St. Patrick's Day (17 mars) : Grande parade irlandaise, New York.

Mardi Gras (février-mars) : La Nouvelle-Orléans, Louisiane ; Mobile, Alabama.

Gay Pride (28 juin) : Grande parade et festivités gays à New York et à San Francisco.

Independance Day (4 juillet) : Feux d'artifice partout aux Etats-Unis à l'occasion de la fête nationale.

Labor Day (premier lundi de septembre) : Evitez les zones touristiques, souvent saturées ce week-end.

Halloween (31 octobre) : Grande parade costumée dans Greenwich Village, New York. Soirées à travers l'ensemble des Etats-Unis.

Thanksgiving (dernier jeudi de novembre) : Grande parade des magasins Macy's, New York. Repas de famille autour de la traditionnelle dinde dans tout le pays.

New Year's Eve (31 décembre) : Minuit à Times Square, New York.

■ CLIMAT

Sub tropical en Floride, océanique sur la majeure partie de la côte Ouest, nordique en Alaska, continental des Rocheuses au Nord-Est, tous les climats sont présents sur cet immense pays qui s'étend sur 25 degrés de latitude.

Le climat du **Nord-Est**, de la **Nouvelle-Angleterre** au **Centre-atlantique**, est de type continental humide : l'hiver est long et froid, le printemps bref, l'été chaud et humide, l'automne agréable. A New York (en moyenne 0° C en janvier et 25° C en juillet), les vagues de froid de l'hiver et la chaleur moite de l'été atteignent parfois des extrêmes. Plus on descend vers le Sud, plus les écarts de température diminuent d'une saison à l'autre. L'une des meilleures périodes est sans doute la fin de l'été et le début de l'automne, quand les journées sont encore chaudes, et que les arbres prennent leurs plus belles teintes, au moment de l'été indien.

Plus on descend vers le **Sud**, plus le climat se rapproche du climat subtropical, avec des hivers particulièrement doux et des étés chauds et humides. En Floride, la meilleure saison est entre novembre et avril : il fait frais à la tombée de la nuit et les journées sont chaudes et ensoleillées (Miami : janvier 20° C, juillet 28° C).

La région des **Grands Lacs** est caractérisée par un climat continental, très venteux en hiver (Chicago : janvier -3° C, juillet 24° C). Le climat des **Grandes Plaines** n'est pas sans rappeler celui des plaines orientales de l'Europe : les précipitations sont rares, l'hiver très froid et l'été caniculaire (Kansas City : janvier 0° C, juillet 27° C). Plus on descend vers le sud, plus les hivers sont doux et les étés chauds.

Au **Texas**, les hivers sont très doux mais les températures peuvent baisser brusquement. L'été est très chaud et sec à Dallas (janvier 8° C, juillet 30° C), plus humide vers le golfe du Mexique.

Les **Rocheuses** connaissent un climat comparable à celui des prairies, mais un peu plus froid en raison de l'altitude. Les précipitations sont plus importantes au Nord, au Montana et dans le Wyoming, où le climat est de type alpin, et diminuent avec l'altitude et la latitude (Denver : janvier -2° C, juillet 23° C). Plus au sud, jusqu'au

Nouveau-Mexique, les forêts laissent la place à des déserts arrosés l'été par de violents orages.

Sur la **côte Pacifique**, le climat varie fortement avec la latitude. Le Nord-Ouest, dans l'Etat de Washington (Seattle : janvier 3 ° C, juillet 18° C) et en Oregon, est sous influence océanique, tout comme la côte nord de la Californie : les pluies sont abondantes, surtout l'hiver, et les températures tempérées. Dans la région de San Francisco, le climat est doux mais humide, surtout en automne et au printemps. Les brumes de la baie de San Francisco (janvier 10° C, juillet 17 °C) surprennent plus d'un visiteur. L'été, les températures sont agréables, mais les nuits sont fraîches et les températures peuvent baisser brusquement. L'intérieur de la Californie est plus sec, et plus chaud l'été. La côte sud, à partir de Santa Barbara, est méditerra-néenne avec des hivers doux, des étés secs et chauds (Los Angeles : janvier 13° C, juillet 20° C).

■ FUSEAUX HORAIRES

Le décalage horaire entre New York (GMT-5) et Paris (GMT+1) est de six heures. Il est de neuf heures entre Paris et Los Angeles. Les Etats-Unis sont divisés en quatre fuseaux horaires d'est en ouest : **Eastern** (heure de l'Est, GMT-5), **Central** (heure des Prairies, GMT-6), **Mountain** (heure des Rocheuses, GMT-7), et **Pacific** (heure du Pacifique, GMT-8). L'Alaska, Hawaii et les Iles Aléoutiennes ont leur propre fuseau. Certains Etats, comme le Kentucky, sont à cheval sur deux fuseaux. Dans ce cas, nous vous précisons toujours les villes et les régions qui ne sont pas sur le fuseau principal.

L'heure d'été (**daylight savings time**) a été adoptée presque partout aux Etats-Unis. Entre le dernier dimanche d'avril et le dernier dimanche d'octobre, les montres sont avancées d'une heure.

Aux Etats-Unis, le temps est découpé en tranches de 12 heures. Les heures qui précèdent midi sont appelées **am** (*ante meridiem*), les heures qui suivent midi, **pm** (*post meridiem*). 4 pm correspond à 16h, 2 am à 2h du matin.

■ ORIENTATION

Le plan des villes américaines s'apparente la plupart du temps à un quadrillage plus ou moins régulier, qui permet de rapidement se repérer. Dans le cas de figure le plus courant, comme à Manhattan, des rues (*streets*), numérotées par ordre crois-sant (*First Street, Second Street, Third Street*, etc.), coupent à angle droit des avenues, qui peuvent également être numérotées (*First Avenue, Second Avenue*, etc.). Parfois, comme à San Diego, les rues sont nommées par ordre alphabétique (*A Street, B Street*, etc.).

Les artères sont définies par rapport aux points cardinaux. A Manhattan, par exemple, les rues sont orientées est-ouest, de part et d'autre de la 5e Avenue et les avenues, sur un axe nord-sud. On distingue donc les parties est et ouest des rues. La *W 14th St*, abréviation de *West fourteenth Street*, correspond à la moitié de la 14e rue située à l'ouest de la 5e avenue. De part et d'autre de la 5e avenue, les immeubles sont numérotés par ordre croissant.

Une fois qu'on a compris, il est très facile de repérer une adresse. Par exemple, toujours à Manhattan, le *217 W 106th St.* est situé au numéro 217 de la 106e rue sur sa section ouest. La 106e rue se situe, très logiquement, entre la 105e et la 107e rue...

L'unité de base est le **block**, le pâté ou bloc d'immeubles ou de maisons compris entre deux rues et deux avenues. Lorsque vous demandez votre chemin, on vous indiquera à quel block (plutôt qu'à quelle rue) vous devez tourner.

A savoir, le rez-de-chaussée est le *first floor*, ou *ground floor*, ou *street level*. Le premier étage est le *second floor*. Lassés d'avoir du mal à les vendre, les promoteurs immobiliers ont supprimé depuis longtemps les 13e étages. On passe donc directement du 12e au 14e... Les *penthouses* sont les appartements situés au dernier étage, d'ordinaire plus luxueux que les autres. L'abréviation **#** signifie "numéro". Dans une adresse, elle représente le numéro de l'appartement ou du bureau. Dans ce guide, nous avons choisi de conserver **la présentation américaine des adresses**, ce qui vous permet, une fois sur place, de ne pas vous tromper.

■ POIDS ET MESURES

Bien que le système métrique commence à être bien implanté dans certains secteurs professionnels, le système impérial britannique est encore largement utilisé aux Etats-Unis. Voici la liste de quelques unités de mesures anglaises et de leurs équivalents métriques.

Longueurs
1 inch (in.) = 25 millimètres
1 foot (ft.) = 0,30 mètre
1 yard (yd.) = 0,92 mètre
1 mile (mi.) = 1,61 kilomètre
Poids
1 once (oz., masse) = 25 grammes
1 pound (lb.) = 0,45 kilogramme
Volumes
1 once liquide (fl. oz. ; volume) = 29,6 millilitres
1 liquid quart (qt.) = 0,94 litre
1 U.S. gallon = 3,78 litres

Aux Etats-Unis, on utilise les degrés Fahrenheit pour mesurer la température au lieu des degrés Celsius. Pour convertir les Fahrenheit en Celsius, il faut soustraire 32, multiplier par 5 et diviser par 9. 100 degrés Fahrenheit correspondent à la température du corps humain (avec une très légère fièvre), zéro Fahrenheit à -18° C, et 80° F à la température très agréable de 26° C. Pour vous aidez, voici une table d'équivalence simplifiée.

°C	35	30	25	20	15	10	5	0	-5	-10
°F	95	86	75	68	59	50	41	32	23	14

■ COURANT ÉLECTRIQUE

Les **prises électriques** américaines fournissent un courant de 117 volts. En outre, les **fiches électriques** sont plates. Les appareils conçus uniquement pour fonctionner en Europe sur 220 volts ne peuvent donc pas marcher à moins de leur adjoindre un **transformateur de courant** et un **adaptateur de prise**. Les transformateurs sont classés en fonction de leur puissance (par exemple, les transformateurs de 0 à 50 watts sont adaptés aux rasoirs électriques ou aux transistors).

■ TAXES

Les prix affichés sont presque toujours hors taxe, y compris sur les cartes des restaurants. La taxe de vente (**sales tax**) est l'équivalent de la TVA. Elle varie entre 4 et 10 % suivant les Etats et les produits. Dans la plupart des Etats, la taxe ne s'applique pas aux produits alimentaires. Reportez-vous au début de chaque chapitre pour connaître la taxe locale de chaque Etat.

■ POURBOIRE

Dans les restaurants et les bars américains, le service n'est jamais compris. **Il est de règle d'ajouter au moins 15 % du montant total hors taxes.** Le pourboire (*tip*) est un rituel incontournable, emblématique de la valeur attachée par les Américains au travail, à l'argent, et au client. Pour un repas de 20 $, un pourboire normal représente au moins 3 $. Si vous payez avec votre Visa, n'oubliez pas de remplir la case *tip* sur la facturette.

■ URGENCES

En cas d'accident ou d'urgence, dans presque tous les Etats-Unis, **il suffit de composer le numéro magique 911 pour obtenir des secours** (ambulance, police, pompiers). L'appel est gratuit et ils viennent réellement. Dans certaines zones rurales, si le 911 ne fonctionne pas, composez le 0 : l'opérateur contactera pour vous le service d'urgence approprié.

■ LIBRAIRIES

Aux Etats-Unis, les librairies mentionnées ci-dessous vendent par correspondance tous les ouvrages spécialisés dont vous pourriez avoir besoin. Certaines vendent même du matériel :

Adventurous Travel Bookstore, P.O. Box 577, Hinesburg, VT 05461 (tél. et fax au 800-282-3963 ou 802-482-3546, e-mail *books@atbook.com;* www *http/www. gorp. com/atbook. htm*). Spécialistes de l'aventure, ils vendent guides et cartes. Leur site Internet est une mine d'informations.

Bon Voyage !, 2069 W Bullard Ave. Fresno, CA 93711-1200 (800-995-9716 si vous appelez d'Amérique du Nord, 209-447-8441 d'ailleurs, e-mail *70754.3511@compuserve com*). Le catalogue de vente par correspondance propose guides, accessoires de voyage, bagages, adaptateurs électriques, cartes, cassettes vidéo, etc.

Travel Books and Language Center, 4931 Cordell Ave., Bethseda, MD 20814 (800-220-2665 ; fax 301-951-8546). Plus de 70 000 références en stock : guides, cassettes, atlas, dictionnaires, cartes (on trouve même des cartes pour l'amateur de bière !).

Wide World Books and Maps, 1911 N 45th St. Seattle, WA 98103 (206-634-3453 ; fax 634-0558, e-mail *travelbk@nwlink.com*). Bon choix de guides de voyage, d'accessoires de voyage et de cartes rares.

Pour connaître les librairies où l'on trouve des journaux et des livres en français, contactez les services culturels des consulats (voir p. 73 les coordonnées des principaux consulats français, belges, suisses et canadiens).

■ TÉLÉPHONE

Aux Etats-Unis, ayez le réflexe téléphone. Tout ou presque peut se faire à partir d'un combiné et les appels locaux sont **gratuits**. Contrairement à la France, il n'existe pas de compagnie de téléphone en situation de monopole. La concurrence est la règle, surtout en ce qui concerne les appels longue distance.

Les numéros de téléphone américains sont précédés d'un indicatif régional (**area code**) à trois chiffres (toujours entre parenthèse) et comprennent sept chiffres.Par exemple : (212) 757-9340. L'indicatif régional peut correspondre à un Etat (Nevada 702, Mississippi 601), à une région à l'intérieur d'un Etat (nord du Texas 806), à une ville (San Francisco 415), ou à une partie d'une ville (Manhattan 212, Brooklyn 718). **Tous les numéros commençant par 800 sont gratuits.** Les deux indicatifs clés à connaître sont le **"1"**, pour les appels longue distance, et le **"0"** pour l'opérateur.

On distingue les **appels locaux**, à l'intérieur d'une même zone téléphonique, qui sont gratuits depuis un poste privé, et les **appels longue distance**, qui sont un peu l'équivalent des "interurbains" en France

Pour les **appels locaux** composez les 7 derniers chiffres. Pour les **appels longue distance** (Etats-Unis et Canada), composez le 1, suivi de l'indicatif régional à 3 chiffres et des 7 chiffres du numéro (il peut arriver qu'à l'intérieur d'une même zone téléphonique, un appel ne soit pas "local" : composer le 1 et les 7 chiffres restants).

Pour les **numéros gratuits**, composez le 1, le 800, et les 7 chiffres restants. Pour les **appels internationaux,** composez le code d'accès à l'international (011) suivi du code national (33 pour la France, 32 pour la Belgique, 41 pour la Suisse), du code régional et du numéro proprement dit. Dans certaines régions, vous devrez passer par un opérateur qui vous connectera.

En composant le **"0"**, vous entrez en contact avec un **opérateur**, une sorte de super-héros du téléphone capable de résoudre tous vos problèmes. Pour obtenir un numéro précis ou pour connaître un indicatif régional, appelez les **renseignements téléphoniques** (*directory assistance*) au **411** ou feuilletez les **pages blanches** (*white pages*) de l'annuaire local. Pour trouver un numéro situé dans une autre zone téléphonique, composez le 1 suivi de l'indicatif téléphonique de la zone concernée, puis le 555-1212. Les **pages jaunes** des annuaires vous permettent, comme en France, de trouver la plupart des numéros professionnels. Vous obtiendrez la liste des services publics et des administrations (y compris les consulats) dans les **pages bleues**. Si vous appelez d'un téléphone public, vous avez accès gratuitement aux renseignements téléphoniques et aux services de l'opérateur (pas la peine de mettre une pièce).

En **soirée**, les tarifs sont beaucoup moins élevés (généralement du dimanche au vendredi, de 17h à 23h). Les tarifs de **nuit** et du **week-end** (du lundi au vendredi, de 23h à 8h, le samedi toute la journée, et le dimanche jusqu'à 17h en général) sont encore plus intéressants.

Les **cabines téléphoniques** sont très nombreuses, le plus souvent au coin des rues et dans les lieux publics les plus variés. Pour un appel local, mettez une seule pièce (de 10 à 25 ¢ selon les régions, généralement un *quarter* de 25 ¢) avant de composer le numéro. Si le numéro ne répond pas ou s'il est occupé, vous récupérerez vos pièces en raccrochant. Pour un appel longue distance, composez le numéro sans mettre de pièces, et un opérateur vous donnera le coût de trois minutes de communication. Vous n'avez qu'à déposer le montant dans l'appareil. Si vous dépassez trois minutes, l'opérateur ou un message enregistré vous avertira que vous devez rajouter des pièces. Dans certaines gares, on trouve un type de téléphone public particulier qui permet d'appeler une minute n'importe où aux Etats-Unis pour 25 ¢ seulement. Si vous voulez appeler depuis un téléphone public mais que vous n'avez pas les rouleaux de pièces nécessaires, vous pouvez composer le "0" et demander à l'opérateur de facturer l'appel selon l'un de ces trois systèmes :

Collect call (appel à frais virés, ou PCV) : si la personne qui décroche accepte de payer la communication, c'est elle qui sera facturée. Pour accéder au service *collect call* de la compagnie AT&T, composez le 800-CALL-ATT. Encore moins cher (pour votre interlocuteur...), le service 800-COLLECT de la compagnie MCI (205-5328) offre des réductions allant de 20 à 44 % sur les tarifs habituels.

Person-to-person collect call (PCV personnalisé) : c'est un peu plus cher que le *collect call*, mais l'appel n'est facturé que si la personne qui décroche est exactement celle que vous voulez joindre (très utile si vous voulez parler à Géraldine, mais que vous n'avez rien à dire à sa mère).

Third-party billing (facturation à un tiers) : vous donnez à l'opérateur le numéro que vous souhaitez joindre, et celui de la personne à qui l'appel sera facturé. A condition de pouvoir disposer d'un compte de téléphone aux Etats-Unis.

France Télécom propose le service France Direct, utilisable depuis les Etats-Unis avec la carte d'appel France Télécom. La carte est payante : 80 F par an. Pour plus de renseignements, contactez votre agence commerciale au 14. Aux Etats-Unis, le numéro d'accès à France Direct est 800-5372-623 ou 9372-623 ou encore 1-800-47 37 26 23.

Il peut également être intéressant de se procurer une **carte d'appel** (*calling card*), utilisable à partir de n'importe quel poste de téléphone. Les appels sont débités sur votre carte bancaire (Visa, American Express ou Mastercard). Plusieurs compagnies américaines en proposent, les principales étant AT&T, MCI et Sprint. A vous de comparez les tarifs.

Pour recevoir la carte gratuite **AT&T**, depuis la France, appelez en PCV le (19 1) 816-654-6004 ou le 19-00-11 (appel gratuit). Aux Etats-Unis, faites le 800-882-2273.

Pour la carte gratuite **MCI**, appelez en France le (1) 47 20 50 80 ou le 19-00-19 (appel gratuit). Au Etats-Unis, téléphonez au 1-800-888-8000.

Au **Canada**, contactez le service Canada Direct de Bell Canada (800-545-8868).

■ POSTE

Les **bureaux de poste** (**US Postal Service**) sont en général ouverts du lundi au vendredi de 9h à 17h, et parfois le samedi jusqu'à midi. Dans les grandes villes, certains bureaux ouvrent plus tôt et ferment plus tard. Tous les bureaux de poste sont fermés les jours fériés. Les boîtes à lettre américaines sont **bleues** et portent la mention *mail*. La plupart des hôtels peuvent se charger d'expédier votre courrier timbré sur simple demande.

Les tarifs postaux sont les suivants : **à l'intérieur des Etats-Unis :** 20 ¢ pour une carte postale, 32 ¢ pour une lettre de moins de 25 g, 23 ¢ pour chaque 25 g supplémentaires ; **outremer (Europe et reste du monde) :** 50 ¢ pour une carte postale, 60 ¢ pour 12 g, 1 $ pour 25 g, 40 ¢ par 25 g supplémentaire ; **Canada :** 40 ¢ pour une carte postale, 32 ¢ pour une lettre de 12 g, 52 ¢ pour une lettre de 25 g, 72 ¢ pour 50 g. Les **aérogrammes** (des feuilles qui deviennent des enveloppes une fois pliées, très pratiques, rapides et économiques) sont disponibles auprès des bureaux de poste pour 50 ¢.

A l'intérieur des Etats-Unis, une lettre met entre 2 et 7 jours pour parvenir à son destinataire. Pour l'Europe, comptez entre 2 et 14 jours, en moyenne 5 jours. Pour accélérer le mouvement, écrivez en gros "**Air Mail**" sur l'enveloppe.

Si vous n'avez pas d'adresse, vous pouvez recevoir du courrier en poste restante, **General Delivery,** au bureau de poste principal d'une ville. Une fois que la lettre arrive au bureau, elle est conservée pour une période de dix jours (plus si spécifié sur l'enveloppe). Prévoyez une pièce d'identité pour retirer la lettre. Si vous vous trouvez à Boise, Idaho, et que vous vous appelez Bernard Ménez, vos amis peuvent envoyer du courrier en General Delivery en utilisant l'intitulé suivant :

Mr Bernard Ménez (soulignez le nom de famille pour faciliter le classement)
c/o General Delivery
Main Post office
Boise, ID 83707
USA

Aux Etats-Unis, les bureaux **American Express** peuvent recevoir votre courrier. Pour obtenir plus d'informations et une liste complète des bureaux, appelez en France le (1) 47 77 70 00 et au Canada le 800-528-4800

Pour un service de courrier fiable, rapide et **cher**, vous pouvez essayer **Federal Express** (800-238-5355 aux Etats-Unis) ou **DHL** (800-225-5345 aux Etats-Unis).

L'ESSENTIEL

■ TÉLÉGRAMMES

Parfois, le télégramme est le seul moyen de joindre quelqu'un rapidement (sous 24h le plus souvent). La compagnie Western Union (800-325-6000) délivre des télégrammes à l'étranger et aux Etats-Unis. Les télégrammes vers l'étranger sont généralement plus chers et tarifés au mot. Le coût minimum d'un télégramme livré en main propre le jour même aux Etats-Unis est de 30,90 $ pour 15 mots. Les *mailgrams* (19 $ pour 50 mots) arrivent sous 24 heures, mais avec le courrier ordinaire.

■ SE NOURRIR

En matière culinaire, le *melting pot* n'est pas un vain mot. En dehors des quelques valeurs sûres, dont l'emblématique *hamburger*, les Américains ont une capacité parfois étonnante à juxtaposer et à digérer les cuisines des quatre coins du monde. Au fil des vagues successives d'immigrants, les différents restaurants "ethniques" se sont multipliés : japonais, juifs, indiens, chinois, grecs, vietnamiens, polonais, libanais, ukrainiens, indonésiens, pakistanais, portugais, italiens, éthiopiens, mongols, marocains, mexicains, etc. Dans les quartiers d'immigrants, on trouve des plats authentiques à prix souvent réduits. Au gré des hasards, des voisinages, ou des mariages, des associations parfois surprenantes peuvent naître. Un restaurant grec peut proposer ses spécialités de pizza, un autre vanter sa "cuisine sino-espagnole". Se répandant hors des communautés d'origine, les plats évoluent : pizza italo-américaine, *nachos* mexicano-texans, *california rolls* nippo-californiens... Les *sushis*, le basilic et l'huile d'olive voisinent désormais avec la cuisine américaine classique, plus variée et surtout meilleure qu'on ne le croit souvent : produits de la mer en Nouvelle-Angleterre ou de la terre dans les Prairies, cuisine cajun en Louisiane ou "méditerranéo-pacifique" sur la côte Ouest.

Cette grande diversité va de pair avec la multiplicité des formules et des prix. Pour un breakfast, compter en moyenne de 3 à 10 $ suivant la catégorie du restaurant, pour un déjeuner, 5 à 15 $, pour un dîner, 10 à 25 $, et plus si le cœur vous en dit.

La plupart des fast-foods et des restaurants bon marché proposent des formules **take away** ou **take out** (à emporter). Un *take away* à 5-7 $ dans un restaurant chinois ou indien de New York revient moins cher que de préparer soi-même son dîner. Les buffets des **salad bars** ou des **deli** et toutes les formules à volonté "**all you can eat**" sont également intéressants. Dans les restaurants, demandez le plat ou le menu du jour, le *daily special*. Pensez aux **happy hours,** où les boissons à moitié prix s'accompagnent parfois de snacks gratuits. Les *chicken wings* (ailes de poulet panées), *onions rings* (beignets d'oignons frits) et les *nachos* recouverts de salsas et de fromage fondus font partis des classiques. Attention également aux mentions *early birds*, qui indiquent des prix réduits avant les heures classiques de repas. Enfin, n'oubliez pas d'avoir l'œil sur les coupons promotionnels publiés dans les quotidiens locaux et les hebdomadaires gratuits sur les spectacles : un coupon *two for one* vous permet de dîner à deux pour le prix d'un seul repas.

Pour quelques dollars, un copieux **breakfast** américain comprend traditionnellement des œufs qui peuvent être *scrambled* (brouillés), ou *sunny side up* (au plat), éventuellement *over easy* (retourné et cuit légèrement), avec du bacon, du jambon (*ham*) ou des *sausages* (saucisses américaines), du *hash brown* (pommes de terre râpées frites) et des toasts. Fréquemment, vous pouvez choisir le type de pain : *white* (pain de mie ordinaire), *whole wheat* (blé complet), *French* (baguette), *rye* (pain de seigle) ou *multigrain* (plusieurs céréales). Le tout est accompagné de café, généralement servi à volonté. Vous pouvez aussi prendre des *pancakes* (crêpes), des *French toasts* (version américaine du pain perdu), des *English muffins,* ou des *bagels* (petits pains très denses en anneau). Grand classique également, les œufs *Benedicts* (pochés avec une sauce blanche). Dans le Sud, on y ajoute volontiers du *grits* (bouillie de maïs). Ceux qui tiennent à leur ligne optent pour les céréales et les fruits. Les plus pressés se contentent d'un café et d'un *muffin* (pâtisserie bourrative), d'un *cinnamon roll* (pâtisserie à la cannelle et au sucre), d'un *danish* (viennoiserie "danoise") ou d'un *croissant*, qui peuvent être *plain* (ordinaire) ou garnis de mille façons.

Certains restaurants servent des *breakfasts* 24h/24. Le dimanche, et parfois le samedi, à partir de 10h et jusque vers 15h/16h, le *brunch* est un véritable repas, qui débute comme un petit déjeuner pour se terminer comme un déjeuner, avec toutes les variantes possibles.

Le *lunch* est souvent plus léger, tout en restant consistant. Plusieurs formules permettent de bien déjeuner à prix très raisonnable : le *lunch special* d'un restaurant (par exemple *soup & sandwich*), le buffet d'un *deli* (au poids ou à volonté), les stands de fast-food et cuisine américaine, chinoise ou italienne des *food courts* (ou *food fairs*) implantés dans les galeries commerciales, etc.

Le soir, le *dinner* se prend traditionnellement assez tôt, à partir de 17h dans les zones les plus rurales, mais tend à glisser vers 20h dans les grandes villes comme New York.

Quelques grands classiques se retrouvent fréquemment sur les cartes des restaurants américains. Parmi les *appetizers* (entrées), le *clam chowder* (velouté de palourdes) et la *caesar's salad* (salade aux croûtons avec une sauce à l'ail) sont des incontournables.

Quelques *entrees* (plats principaux) parmi les plus courantes : les *BBQ ribs* (travers de porc au grill), le *sirloin steak* (faux-filet de bœuf) ou le *T-bone* (entrecôte complète), le *grilled salmon* (saumon grillé). Les pommes de terre, souvent servies en accompagnement, peuvent être *baked* (au four), *mashed* (en purée) ou *French fries* (frites).

Les **pâtes** américaines, souvent accompagnées de *garlic bread* (pain à l'ail), sont toujours abondamment garnies : *chicken breast* (blanc de poulet), basilic frais et *sundried tomato* (tomates séchées au soleil), *pesto, shrimps & scallops* (petites crevettes et coquilles Saint-Jacques).

Les **hamburgers** (délicieux au bacon, au fromage fondu et aux champignons) sont accompagnés de *French fries* (frites) ou d'une salade, parfois d'un petit pot de *coleslaw* (salade de choux et de carottes) et d'un gros cornichon. Parmi les **sandwichs** classiques, citons le *BLT* (*bacon, lettuce, tomato*), le *grilled ham & cheese* (le cousin du croque-monsieur), le *club* (superposition de tomates, salade, bacon, etc.) ou encore le *tuna salad* (thon à la mayonnaise).

Lorsque vous prenez une salade, vous devez choisir votre *dressing* (assaisonnement) : *blue cheese* (sauce au bleu), *Thousand Island* (sauce orange sucrée assez épaisse), *house* (maison), *French* (sorte de sauce épaisse de couleur orangée), *raspberry* (huile et vinaigre de framboise), *Italian* (vinaigrette un peu sucrée), etc.

Pour les **desserts**, on retrouve toujours quelques incontournables : *New York cheese cake* (gâteau au fromage blanc), *apple crumble* (dessert chaud aux pommes), *brownie* et autres gâteaux au chocolat au nom plus ou moins lyrique.

Si vous avez encore faim, il vous reste encore à essayer les *ice creams* ou *sundaes* recouvert de *hot fudge*, les *frozen yogurts*, les *waffles* (gaufres) ou les *doughnuts* (beignets)

Les restaurants américains traditionnels, les **dinner's**, séduisent nombre d'européens qui y retrouvent une Amérique de cinéma. Economiques, ils servent les meilleurs hamburgers. Les **family restaurants**, dont le cadre et la carte varient peu d'un océan à l'autre, servent de la cuisine américaine classique à prix raisonnables. Les **bars** et les **pubs** proposent souvent de bons hamburgers et *fish & chips*. Des restaurants "ethniques" bon marché aux grandes tables gastronomiques, en passant par les *sushis bar*, les *mongol's grill* et les restaurants de pâtes, on trouve tous les types de restauration, pour tous les goûts et tous les budgets.

Les **fast-foods** des grandes chaînes sont moins chers qu'en France et ouverts tard, souvent 24h/24. Certains proposent le *drive-in*, à ceux qui ne veulent pas lâcher leur volant. *McDonald's* (qui sert pizzas et *breakfasts*), *Burger King* et *Kentucky Fried Chicken* sont bien connus en dehors des Etats-Unis. *Harvey's* fait également dans le hamburger, tout comme *Hardee's* (ce dernier étant plutôt meilleur). *Wendy's* a trouvé le créneau du "fast-food artisanal". *Arby's* propose des formules plus originales et plus chères que les fast-foods ordinaires. *Roy Rogers* s'est imposé sur le concept de la pomme de terre (franchement pas terrible). *Taco Bell* fait dans les tacos mexicains, *Subway* et *Mr Sub*, dans le *submarine, long sandwichs* d'un pied et plus, *Dairy Queen* et *Baskin Robbins* dans les glaces, *Dunkin Doughnut* dans les beignets, etc.

Dans une gamme de prix supérieure, des **chaînes de restaurants** ont également trouvé de bons créneaux. *Pizza Hut* a déjà traversé l'Atlantique. *Red Lobster* a fait du homard sa spécialité. *Denny's*, souvent ouvert 24/24h à la sortie des villes, reproduit le concept du *family restaurant* américain.

■ ALCOOL

Les Américains ont inventé la prohibition. Aujourd'hui encore, le rapport qu'ils entretiennent avec l'alcool est tout sauf simple. Le **drinking age** est l'âge légal minimum pour avoir le droit de consommer de l'alcool, et par extension de pénétrer dans les bars et les discothèques qui en servent. **Il est aujourd'hui de 21 ans dans l'immense majorité des Etats**. Ce qui explique, entre autre, la pratique courante chez les jeunes des *bush parties* (un rassemblement clandestin derrière les buissons dont l'objectif essentiel est de boire le maximum d'alcool en un minimum de temps).

A l'entrée des bars, dès lors que vous paraissez avoir moins de 25 ans (30 ans dans certains Etats !), vous devez produire une pièce d'identité (**identity document** ou **"ID"**) avec photo et date de naissance. Une carte d'étudiant peut suffire, un permis de conduire ou un passeport est parfois exigé. Même dans un restaurant, ne soyez pas surpris si on vous demande votre *ID* lorsque vous commandez une bière.

Il est également interdit de boire de l'alcool dans des endroits publics. D'où cette pratique courante qui consiste à boire une canette de bière enfermée dans un sac en papier. En principe donc, pas de bière ou de vin californien pour les pique-niques ou les soirées feux de camps. Et surtout, jamais de bouteille d'alcool ouverte dans votre voiture lorsque vous roulez.

Cela étant, n'hésitez pas à tester les très bonnes bières locales et les bons vins de Californie (voir **Bars et Clubs** plus loin).

Ces règles sont appliquées avec plus ou moins de rigueur selon les Etats et les villes. New York ou la Nouvelle-Orléans passent pour beaucoup plus libérales que certains coins plus ruraux. Certains comtés sont *dry*, "sec", ce qui signifie que la vente d'alcool y est totalement interdite (c'est le cas du comté du Tennessee où est produit le Jack Daniels). Dans d'autres, il est interdit d'en vendre le dimanche.

■ BARS, CLUBS, PUBS ET CAFÉS

A l'entrée de nombreux bars, pubs, clubs, et discothèques, on vous demandera votre **ID** et une **cover charge** de l'ordre de 3 à 15 $ (participation ou prix d'entrée), surtout si un groupe se produit sur scène. Les **bars**, à la différence des **clubs** et des **discos**, n'ont pas de piste de danse. Les **pubs** fonctionnent comme les bars, mais on peut souvent y manger. Ambiance garantie les soirs de match, retransmis sur écrans géants. Les **cafés** ne servent pas d'alcool. Dans les grandes villes, certains cafés sont ouverts plus tard que les bars et les clubs, qui sont détenteurs d'une *licence* pour l'alcool et doivent respecter des règles strictes. En fonction des règles locales, les bars et les boîtes peuvent fermer assez tôt, à 1h ou 2h du matin. Le *last call* (dernier appel), parfois annoncé par un tintement de cloche, souvent une demi-heure avant la fermeture, annonce qu'il est temps de commander la dernière bière. A New York, la vente d'alcool est interdite après 4h du matin. Certaines boîtes *after hours* sont ouvertes plus tard, sans vente d'alcool.

Si vous prenez un verre, préférez les **bières** *draught*, *draft* ou *on tap*, servies à la pression. La *lager* est une blonde légère, la *pale ale* est plus ambrée et la *bitter*, brune. Les bières américaines, *domestics* (Budweiser, Coors, etc.) cohabitent avec les *imported* (Heineken et Corona se taillent la part du lion). Servie au *picher* (pichet), la bière est moins chère. L'essor des **microbreweries** est devenu un véritable phénomène : ces "microbrasseries", jumelées parfois avec un bar, produisent de manière artisanale de bonnes bières locales. La réputation de certaines dépassent les frontières de leur Etat, d'autres se cantonnent à un quartier ou à un bar. N'hésitez pas à les goûter. Pour chaque Etat, nous vous donnons les noms des principales microbrasseries.

Les cocktails sont légion : chaque maison a sa spécialité. Les *margaritas* sont populaires un peu partout. A part en Californie et dans les restaurants plus sophistiqués des grandes villes, on boit peu de **vin** aux Etats-Unis, et essentiellement du vin blanc. *Red or white* est souvent le seul critère qui compte. Ceux de Californie peuvent être très bons et sont généralement moins chers que les vins importés.

■ CIGARETTES

Encore un paradoxe américain. Alors qu'il est beaucoup plus facile d'acheter des cigarettes qu'en France (on en trouve partout, 24h/24, y compris dans les drugstores), et qu'elles sont moins chères, il est de plus en plus difficile de les fumer. Les lieux publics, les avions, les bureaux, certains hôtels même, sont entièrement non fumeurs. Los Angeles a supprimé les zones fumeurs des restaurants en juin 93. New York a suivi peu après, au terme d'un long débat passionné en adoptant une loi stricte... comprenant de nombreuses dérogations. La chasse aux fumeurs, érigée en cause nationale par les lobbies anti-tabac (qui se proposaient, pour certains, d'instaurer une véritable prohibition), semble avoir atteint un palier, se heurtant au puissant lobby des compagnies de tabac et à celui des fumeurs eux-mêmes. Au pays des tabacs blonds de Virginie, les fumeurs peuvent toujours s'adonner à leur vice, même s'ils doivent parfois se restreindre. Mais avant d'allumer une cigarette, demandez **toujours** si cela n'importune pas vos voisins, ou a fortiori vos hôtes. Attention également, selon les Etats, la vente - voire la consommation - de cigarettes peut être **interdite aux moins de 18 ans.**

■ DROGUE

La possession ou la vente de marijuana, de cocaïne, de LSD et autres opiacés sont considérées comme un crime grave aux Etats-Unis. Comme dans la plupart des pays, la marijuana est cependant très répandue et même cultivée dans de nombreux Etats américains de manière tout à fait illégale.

■ ACHATS

Même si tout dépend du taux de change, la vie est en moyenne moins chère aux Etats-Unis qu'en France. Mis à part l'alcool et certains produits importés, tout ou presque est meilleur marché, y compris le dentifrice. Partez donc léger ! Les vêtements sont vraiment intéressants, surtout si vous faites un tour par un des nombreux magasins d'usine (*factory outlet*). C'est particulièrement vrai pour les jeans (30 $ pour un 501 en solde), les T-shirts et toutes les tenues décontractées. Les produits électroniques et les disques compacts sont également bon marché (12-15 $ pour un CD). Prévoyez toujours un transformateur électrique et n'oubliez pas que les bandes de fréquence radio diffèrent un peu en France et aux Etats-Unis. A moins que votre magnétoscope soit équipé d'un système NTSC qui lui permette de lire les vidéos américaines, renoncez aux cassettes. Dans les marchés aux puces (*flea market*) ou les ventes de garage (*garage sales*) vous pourrez trouver, suivant vos goûts, un grille-pain chromé des années 50 ou un ventilateur de détective privé pour quelques dollars.

■ PARCS NATIONAUX

Les parcs nationaux constituent un des grands attraits des Etats-Unis. Des grands déserts aux Appalaches, des réserves marines aux Rocheuses, ils représentent un ensemble formidablement préservé et mis en valeur. Leur fonction première est de protéger la nature, mais tout est fait pour que le public puisse en profiter sous le double signe du loisir et de la pédagogie : sentiers de découvertes, centres d'accueil, conférences données par les rangers, campings, randonnées, ski, expéditions hivernales, etc. Dans la plupart des cas, des routes permettent d'accéder au cœur des parcs et aux sites les plus importants même si vous n'êtes pas randonneur.

Les frais d'entrée varient selon les parcs. Les parcs les plus vastes et les plus courus font payer entre 3 et 10 $ par voiture. Quelquefois, les piétons et les cyclistes sont également mis à contribution. Le **Golden Eagle Passport** (25 $), disponible à l'entrée des parcs, vous donne l'accès gratuit à tous les parcs nationaux pendant un an. Réservé aux plus de 62 ans, le **Golden Age Passport** permet à son détenteur et à ceux qui l'accompagnent d'entrer gratuitement, et de bénéficier de 50 % de réduction sur le camping, les locations de bateaux, et diverses activités de loisirs (après avoir acquitté 10 $ une première fois, et pour le détenteur uniquement). Ce pass est également utilisable dans tous les sites de loisirs fédéraux : monuments nationaux, forêts nationales, réserves naturelles (*wildlife preserves*), etc.

La plupart des parcs nationaux offrent des sites de **camping formidables,** soit très bien aménagés, soit situés en pleine nature. Certains parcs accueillent volontiers les camping-cars (*recreational vehicles*) et proposent même de luxueux chalets. Dans les grands parcs les plus fréquentés, il est conseillé de réserver. Vous pouvez le faire en appelant **MISTIX** (800-365-2267 aux Etats-Unis ; 619-452-8787 depuis l'étranger). Les chalets doivent être parfois réservés plusieurs mois à l'avance. Sur les terrains de camping, la règle du premier arrivé/premier servi s'applique souvent. Arrivez suffisamment tôt le matin. La plupart des terrains sont déjà complets avant midi. Certains terrains limitent le nombre de jours de camping.

Pour toute information sur les parcs nationaux, contactez le **National Park Service,** Office of Public Inquiries, PO Box 37127, Washington, DC 20013-7127 (202-208-4747). La **National Park Foundation,** 1850 K St. NW, Suite 210, Washington, DC 20006 (202-785-4500), vend par correspondance *The Complete Guide to America's National Parks* (13,95 $, plus 3 $ de frais de port).

Moins accessibles et moins fréquentées, les **forêts fédérales** (National Forest) proposent des activités de loisirs. En général, les campings y sont peu aménagés (WC basiques, pas de robinets d'eau potable). Les frais d'entrée, quand il y en a, se situent entre 6 et 7 $, mais le camping est généralement gratuit. Les randonneurs peuvent accéder aux réserves naturelles (*wilderness area*), interdites à tous les véhicules ; pour avoir accès à ces réserves, demandez un permis au bureau de *US Forest Service* le plus proche. Pour tout renseignement, contacter le **National Forest Service,** US Departement of Agriculture, PO Box 96090, Washington, DC 20019-6090 (202-205-8333).

L'organisme fédéral **Bureau of Land Management (BLM)** est chargé de la gestion de 135 millions d'hectares dans une dizaine d'Etats de l'Ouest et en Alaska, où ont été aménagés des espaces pour des activités de plein air : camping, randonnée, VTT, escalade, rafting, découverte de la flore et de la faune sauvages. Parfois, des villages ou des forts "historiques" ont été reconstitués (villages troglodytes indiens, villes fantômes, etc.). Pour plus d'informations, contacter BLM Public Affairs, Washington, DC 20240 (202-208-5717).

A ne pas confondre avec les *National Parks*, fédéraux, les **State Parks** sont gérés par les différents Etats américains. Ne les négligez pas car ils offrent également de superbes opportunités pour les amoureux de la nature.

LES ÉTATS-UNIS

Des glaciers de l'Alaska aux eaux chaudes de Floride, des forêts de Nouvelle-Angleterre aux rouleaux du Pacifique, les Etats-Unis s'étendent sur plus de 9 300 000 kilomètres carrés. D'est en ouest, 4 500 kilomètres séparent la côte atlantique de la côte pacifique. Une immensité qui s'accompagne d'une diversité géographique et humaine plus profonde qu'on ne le croit souvent. Au-delà de quelques archétypes simplistes, et pas nécessairement erronés, propagés dans le monde entier par le cinéma et la publicité, les Etats-Unis constituent une véritable mosaïque culturelle, sociale, ethnique mais aussi géographique de près de 250 millions d'habitants. La même bannière étoilée flotte sur les 50 Etats américains, mais, d'une région à l'autre, les différences peuvent être très marquées. Entre un Orégonais et un Lousianais, il y a sans doute au moins autant de différence qu'entre un Breton et un Corse. Cette diversité humaine, favorisée par la géographie, a été nourrie par une idéologie de liberté individuelle. La politique d'immigration systématique, conduite pendant des décennies, a permis l'entrée d'un flot d'immigrants (4 millions entre les seules années 1830 et 1850) et leur intégration, plus ou moins réussie, dans le creuset américain. Sur fond de sentiment national fermement ancré, le *melting pot,* expression forgée en 1907 par le dramaturge Israël Zangwill, définit l'essence de la diversité américaine.

■■■ HISTOIRE

AU COMMENCEMENT

On ne sait pas exactement à quand remonte le premier peuplement du continent américain. Longtemps, les scientifiques fixaient à 15 000 ans avant J.-C. (dernier âge glaciaire), l'arrivée des premières populations venues de Sibérie par l'actuel détroit de Béring, qui formait alors une péninsule. Des fouilles plus récentes ont mis en évidence les traces d'une présence humaine antérieure, dont la signification exacte reste néanmoins incertaine. Vers 9 000 avant J.-C., la présence de tribus vivant de la chasse et de la cueillette est une certitude. Dans les Prairies, les Amérindiens pratiquent alors la chasse du bison "au ravin" (le troupeau est encerclé, et dirigé jusqu'au bord d'un ravin), comme en témoigne le site de *Head-Smashed-In Buffalo Jump*, en Alberta (Canada). Dans l'Ouest, les Eskimos et les Aléoutes (leurs cousins d'Alaska), chassent la baleine. Quand les premiers Européens mettent pied sur le continent, on compte près d'une centaine de groupes amérindiens ethniquement, linguistiquement et culturellement bien distincts.

EXPLORATION ET COLONISATION

Pendant plusieurs siècles, on a considéré que Christophe Colomb avait "découvert" l'Amérique. Aujourd'hui, les historiens débattent sur la date à laquelle les premiers Européens ont accosté sur le continent américain. Abstraction faite de ceux que le hasard ou le vent a sans doute poussés, malgré eux, vers le Nouveau Monde (comme Astérix et Obélix), les premières tentatives d'exploration systématique remontent au Xe siècle. La *Saga des Groenlandais* et la *Saga d'Eric le Rouge* relatent les exploits des Vikings qui autour de l'an mil ont découvert et exploré Helluland, "le Pays des pierres plates" (dont la description correspondrait à l'actuelle terre de Baffin), Markland, "la Terre des forêts" (le Labrador ?) et Vinland, "la Terre des vignes" (Terre-Neuve). Entre 1004 et 1008, ils auraient longé les côtes de l'actuelle Nouvelle-Angleterre et, une dizaine d'années plus tard, probablement atteint la Baie d'Hudson. Comme chacun sait, c'est en 1492 que le Génois Christophe Colomb, engagé par la reine Isabelle de Castille pour rejoindre Cipango (le Japon) par l'ouest, découvre San Salvador (Bahamas) et Hispaniola (Saint-Domingue). Persuadé d'avoir atteint les "Indes orientales", il donne à leurs habitants le nom d'Indiens. Sa découverte devait être à l'origine d'un des plus grands chocs culturels de l'histoire de l'humanité.

Motivée très largement par la recherche de l'or et de l'argent, la colonisation européenne se poursuit sans relâche. Rayonnant à partir de l'Amérique centrale, l'Empire espagnol s'étend au fil des siècles jusqu'aux Etats américains actuels de la Floride, du Nouveau-Mexique et de l'Arizona. En 1524, l'Espagnol Juan Ponce de Leon explore la Floride, bientôt suivi par l'envoyé de François 1er, le Florentin Verrazzano. En 1534, Jacques Cartier, envoyé par François 1er, atteint le Saint-Laurent. Au cours de ses trois voyages, il explore la Nouvelle-France jusqu'en 1541. En 1559, des huguenots français fuyant les persécutions établissent en Floride, alors possession espagnole, la première colonie européenne sur le territoire américain. L'aventure tourne au drame lorsque les Espagnols massacrent la jeune colonie, avant de fonder en 1565 Saint-Augustine, qui sera la première implantation européenne à perdurer. C'est au Nord que les Français, tout comme les Hollandais (qui fondent la colonie de la Nouvelle-Amsterdam, la future New York), s'implantent plus durablement. En 1609, le Français Samuel Champlain, fondateur de la ville de Québec, découvre le lac qui porte son nom et le nord de l'actuel Etat de New York. Depuis la Nouvelle France, l'explorateur Cavelier de La Salle descend le Mississippi jusqu'au Golfe du Mexique. En 1682, il prend possession au nom du roi de France de tous les territoires à l'ouest du Mississippi, qu'il baptise Louisiane, en l'honneur de Louis XIV. 1718 marque la fondation de la Nouvelle Orléans. Lorsqu'en 1748, la France perd les territoires de l'Acadie au profit de l'Angleterre, de nombreux Acadiens se réfugient dans les bayous de Louisiane. Jusqu'à la fin du XVIIIᵉ siècle, les explorations françaises se poursuivent plus à l'ouest, jusqu'au Montana et au Wyoming.

Mais les grands colonisateurs sont les Anglais, malgré plusieurs tentatives infructueuses. En 1584, Sir Walter Raleigh fonde la colonie de Roanoke, en Caroline du Nord. Abandonnée puis reprise en 1585 par le peintre John White, elle disparaît définitivement en 1590 en ayant vu naître le premier enfant anglo-américain, Virginia Dare. En mai 1607, une centaine de colons britanniques s'installent à Jamestown, en Virginie, sous les auspices de la Compagnie de Londres. Dans les 15 années qui suivent, 10 000 immigrants gagnent le Nouveau Monde. Près de 8 000 colons meurent de maladie et de faim dans les premières années. Avec l'aide des Indiens Powahatans, qui leur font connaître le maïs et le tabac (sans parler - mais qui l'ignore aujourd'hui ? - des bontés de Pocahontas, princesse Powahatan, pour le capitaine John Smith), les survivants parviennent à prendre le dessus : l'économie prend son essor grâce à la culture du tabac et du maïs, et le taux de mortalité décline. C'est ainsi que la Chesapeake Bay (Virginie et Maryland) devient progressivement la terre de la seconde chance pour les Britanniques les plus pauvres. Un système de "servitude volontaire" se développe : en contrepartie du voyage, les colons travaillent gratuitement pendant plusieurs années pour le compte de la Compagnie de Londres. Peu à peu, l'esclavage se substitue à ce système. En 1619, les premiers esclaves sont importés en Virginie. A la fin du XVIIᵉ siècle, la traite et l'exploitation des esclaves sur les plantations sont parfaitement organisées.

A la colonisation essentiellement économique de Virginie s'ajoute celle de Britanniques fuyant les persécutions religieuses. Ayant rompu avec l'Eglise anglicane, les séparatistes puritains quittent l'Angleterre pour la Hollande, d'où ils fuient à nouveau par crainte d'une invasion espagnole. En 1620, une centaine d'entre eux jettent l'ancre du *Mayflower* à Provincetown avant de s'établir un mois plus tard à Plymouth, dans l'actuel Massachusetts. Là encore, les premiers temps sont terribles pour ces *Pilgrim Fathers* (Pères Pèlerins) : ils doivent leur salut, eux aussi, à la dinde et au maïs apportés par les Amérindiens. Commémorant la dette contractée à leur égard tout en rendant grâce au Seigneur, *Thanksgiving,* le jour de l'action de grâce est toujours fêté aux Etats-Unis le dernier jeudi de novembre. Progressivement, l'Empire britannique en Amérique s'étend sur la côte est, jusqu'à compter 13 colonies, marquées durablement - y compris après l'Indépendance - par l'influence culturelle et politique des puritains de Nouvelle-Angleterre.

NAISSANCE D'UNE NATION

Pendant la première moitié du XVIIIe siècle, la quête de terres cultivables conduit à une expansion progressive vers l'ouest. Les vallées sont colonisées, les champs labourés. La natalité s'accroît : en 1775, la population des 13 colonies s'élève à 2 250 000 habitants. Parallèlement, les luttes coloniales entre puissances rivales européennes sur le continent américain s'intensifient. La guerre de Sept Ans (1754-1763), qui oppose sur le Vieux Continent les puissances européennes, et notamment la France et l'Angleterre, a des conséquences importantes en Amérique, où elle est connue sous le nom de *French and Indian War* (Guerre française et indienne). Malgré des victoires jusqu'en 1758, et une alliance efficace avec les Iroquois, la France connaît une série de revers, en particulier à Detroit, Montréal et Québec, où le général français Montcalm trouve la mort sur les Champs d'Abraham. En 1763, le traité de Paris consacre la perte des possessions françaises en Amérique du Nord. La France de Louis XV et de Choiseul, vaincue par l'Angleterre de George III et de Pitt, cède définitivement l'Acadie, le Québec, le golfe du Saint-Laurent et plusieurs îles des Antilles. Un an auparavant, la France avait laissé à l'Espagne la Louisiane, immense territoire qui s'étend alors du Mississippi aux Rocheuses.

Paradoxalement, cette victoire devait finalement coûter cher aux Britanniques. Pour remplir les caisses de la Couronne, ils entreprennent de faire payer un tiers de leurs dettes de guerre aux colonies américaines. A partir de 1764, les autorités britanniques décident de lever des impôts, d'augmenter les droits de douane et de contraindre les colons à loger les troupes britanniques. En 1765, le *Stamp Act* établit un droit de timbre sur la plupart des documents écrits. En 1773, le *Tea Act* dispense la Compagnie des Indes Occidentales de droits d'importation sur le thé d'Orient et l'autorise à le vendre en Amérique, concurrençant ainsi les importateurs américains. Cette décision déclenche la colère des colons qui réclament le droit de prendre part aux décisions les touchant, comme ils ont pris l'habitude de le faire dans les instances politiques locales. Avant tout, les colons rejettent la *"taxation without représentation"* qui leur vaut d'être imposés par le Parlement britannique sans y être représentés. Le gouvernement britannique accepte, en 1766, d'abroger le *Stamp Act,* pour le remplacer, un an plus tard, par les Droits Townshend (*Townshend Duties)*, qui établissent des taxes à l'importation sur de nombreux produits de première nécessité. Le 5 mars 1770, un accrochage violent entre troupes anglaises et colons fait 5 morts à Boston parmi les manifestants. En avril, le Premier ministre britannique, Lord North, abroge les Droits Townshend, à l'exception de celui sur le thé. Décision qui est à l'origine de la fameuse *Boston Tea Party* au cours de laquelle, en décembre 1773, des Bostoniens déguisés en Indiens jettent à la mer la cargaison de thé de trois navires de la Compagnie des Indes Orientales. La réplique britannique est rapide et brutale. Par les *Coercitive Acts* de mars et mai 1774, le port de Boston est fermé, les coupables jugés en Angleterre et la charte du Massachusetts abrogée. Boston, placée en état de siège, est occupée par des milliers de *red-coated*, les soldats britanniques en tuniques rouges. L'année 1775 est marquée par une succession d'escarmouches. Les insurgés s'organisent, Georges Washington se voit confier le commandement militaire. Le 4 juillet 1776, le Congrès continental des 13 colonies, réuni à Philadelphie, vote sur une proposition de Thomas Jefferson la Déclaration d'Indépendance.

La guerre d'Indépendance dure de 1776 à 1783. Les premiers affrontements tournent à l'avantage des Britanniques. L'armée de volontaires formée par Washington à partir d'un noyau de miliciens est inférieure en nombre et en moyens à l'armée britannique, largement composée de mercenaires allemands. Rapidement, Washington doit abandonner New York puis Philadelphie. La victoire des insurgés à Saratoga en octobre 1777 ne suffit pas à rétablir la situation. L'aide de la France, qui voit dans ce conflit l'occasion d'effacer certaines des conséquences du traité de Paris, permet de rééquilibrer le rapport de force. En 1778, elle reconnaît l'indépendance américaine et intervient militairement avec des détachements dirigés par La Fayette et Rochambeau qui aident à réorganiser l'armée des colons. A la suite de la France, l'Espagne et les Pays-Bas interviennent également. Après des années d'incertitude, la capitulation du général britannique Cornwallis à Yorktown, Virginie, le 19 octobre 1781, conduit à la victoire américaine. Le 3 septembre 1783, le traité de Versailles scelle l'indépendance des Etats-Unis dont les frontières sont fixées aux Grands Lacs, à la Floride et au Mississippi.

Jusqu'en 1787, le cadre constitutionnel, assez lâche, du nouveau pays est défini par les *Articles de Confédération*, adoptés par le Congrès le 15 novembre 1777 et ratifiés le 1er mars 1781. Ils laissent une très grande autonomie aux Etats, en évitant tout ce qui peut favoriser un pouvoir central fort. Mais rapidement, des problèmes relatifs à la monnaie et au commerce extérieur, domaines où le Congrès est constitutionnellement impuissant, renforce le courant fédéraliste et centralisateur. Une Convention se réunit à Philadelphie du 25 mai au 17 septembre 1787 pour mettre au point une nouvelle *Constitution*. 42 délégués y participent, connus dans l'histoire américaine sous le nom de *Founding Fathers,* les Pères Fondateurs. Le document final, ratifié par les Etats au cours des années 1787 et 1788, établit une forme de gouvernement républicain et distingue trois pouvoirs soigneusement équilibrés : l'exécutif, confié à un président élu pour 4 ans disposant d'un droit de veto ; le législatif, confié d'une part au Sénat, qui représente les Etats et d'autre part à la Chambre des Représentants, qui parle au nom du peuple ; et le judiciaire chargé d'assurer le fonctionnement harmonieux de la fédération. Georges Washington devient le premier président des Etats-Unis. La Constitution compte 7 articles, auxquels sont rapidement ajoutés 10 amendements connus sous le nom de Déclaration des Droits (*Bill of Rights*) qui garantissent notamment les libertés de parole, de presse et de religion. Fondateurs de l'idéologie américaine, ces textes sont adoptés alors que la France entre dans sa période révolutionnaire. Depuis, 26 amendements ont été votés, comme celui de 1971, qui fixe le droit de vote à 18 ans. Certains ont été abrogés, le plus fameux étant le 18e, qui instituait la Prohibition. La Constitution américaine, ouverte à l'interprétation et à la révision, tire sa force de cette souplesse qui lui permet d'être aujourd'hui la plus ancienne constitution écrite au monde à être toujours en vigueur.

Le système politique américain, fondé sur le bipartisme, a pris forme dans les années 1780-1790. Les fédéralistes, représentés au départ par Madison et Hamilton, insistent sur le rôle de l'Etat central, qui doit soutenir l'activité en intervenant au besoin dans le domaine économique. A l'inverse, les Jeffersoniens sont favorables au libre jeu des lois du marché. Avec le temps, les noms ont changé, et les convictions se sont parfois inversées, mais l'opposition entre ces deux grands courants (aujourd'hui représentés par les démocrates et les républicains) reste constitutive de la vie politique américaine.

LA CONQUÊTE DE L'OUEST

La nouvelle stabilité politique des Etats-Unis favorise l'expansion territoriale. Dès mai 1803, Thomas Jefferson, troisième président américain, achète la Louisiane, redevenue française en 1800, à Napoléon, qui jugeait inutile et impossible de conserver cette lointaine colonie. Cette acquisition, réalisée pour la somme finalement modique de 15 millions de dollars (soit 1 ¢ l'hectare), double la superficie de l'Union. La Louisiane d'alors n'a rien à voir avec l'Etat qui porte aujourd'hui son nom : c'est un territoire grand comme quatre fois la France, qui s'étend du Mississippi aux Rocheuses et des Grands Lacs au Golfe du Mexique. Motivé par l'esprit de découverte et soucieux de favoriser l'essor du commerce des fourrures dans le nord-ouest du pays, Jefferson est l'initiateur de l'expédition Lewis-Clarke. En octobre 1805, avec l'aide d'une Amérindienne nommée Sacajawea, l'expédition atteint Seaside, dans l'Oregon, permettant aux Etats-Unis d'affirmer leurs droits sur une région déjà revendiquée par l'Angleterre et par l'Espagne. Après la guerre de 1812-1815 conduite contre l'Angleterre pour des motifs commerciaux, les Etats-Unis sont une puissance reconnue et de plus en plus forte. L'expansion vers l'ouest, d'abord prudente, devient de plus en plus systématique.

C'est au journaliste John O'Sullivan que l'on doit l'expression de " destinée manifeste", utilisée pour la première fois en 1845 : "C'est la destinée manifeste de l'Amérique que de s'étendre jusqu'aux confins du continent que Dieu lui a donné, pour permettre à ses millions d'habitants, chaque année plus nombreux, de se développer librement". L'idéologie expansionniste, la soif de terres fertiles et bon marché, l'espoir d'une vie meilleure conduisent les pionniers à la conquête de l'Ouest. L'épisode célèbre de Fort-Alamo, en 1836, au cours duquel les Texans sont vaincus et massacrés par les Mexicains (Davy Crockett y trouve la mort) n'empêche pas les Etats-Unis, 10 ans plus tard, de livrer au Mexique une guerre victorieuse. Par le traité de Guadalupe Hidalgo de février 1848, les Américains obtiennent tous les territoires mexicains situés au nord du Rio Grande parmi lesquels le Texas et la Californie (en contrepartie, une fois encore, d'une somme de 15 millions de dollars). Un investissement rapidement rentabilisé par la Ruée vers l'or de Californie.

Le mouvement vers l'ouest se poursuit pendant toute la seconde moitié du XIXe siècle. En 1862, le *Homestead Act* (loi sur les terres cultivables) accorde la cession gratuite de 160 acres (64 ha) de terres fédérales à ceux qui acceptent de s'installer dans l'Ouest pour 5 ans. Cette mesure est à l'origine de la mise en culture des Grandes Plaines et déclenche des guerres sanglantes avec les Amérindiens qui habitaient ces terres depuis longtemps. La légende de l'Ouest se fonde largement sur des récits mettant en scène de courageux colons blancs et de vaillants cow-boys repoussant héroïquement les attaques des Indiens. Si ce mythe, forgé pour justifier l'exploitation et le déplacement des Amérindiens, est aujourd'hui fortement contesté, la conquête de l'Ouest n'en conserve pas moins, dans l'imagerie américaine, une place de premier choix.

LA GUERRE DE SÉCESSION

L'esclavage - renforcé à partir de 1840 dans certains Etats - est à l'origine de tensions croissantes à l'intérieur de l'Union. La Déclaration d'Indépendance avait proclamé tous les hommes égaux, mais la Constitution avait ignoré la question de la traite des Noirs. De profondes différences séparent le Sud du Nord, sur les plans économique, culturel et politique. La prospérité du Sud agricole se fonde sur l'esclavage, tandis que le Nord, plus industrialisé, s'en est largement affranchi. L'équilibre constitutionnel est mis à mal par l'expansion vers l'ouest, chaque nouvel Etat, chaque nouveau territoire devant se définir comme esclavagiste ou non. Le compromis du Missouri adopté en mars 1820 cherche à maintenir l'équilibre : le Missouri (esclavagiste) et le Maine (non-esclavagiste) entrent ensemble dans l'Union ; l'esclavage est désormais interdit au nord du 36°34' (soit approximativement au nord d'une ligne qui relierait aujourd'hui Las Vegas à la Caroline du Nord). Mais, aux yeux de beaucoup, le compromis n'est pas destiné à être respecté.

En 1860, l'élection à la présidence d'Abraham Lincoln, défavorable à l'introduction de l'esclavage dans les nouveaux Etats, conduit le Sud à la rupture. La Caroline du Sud, premier Etat à faire sécession à la fin de l'année 1860, est suivie, en 1861, par l'Alabama, l'Arkansas, la Floride, la Géorgie, le Kentucky, la Louisiane, le Mississippi, le Missouri, la Caroline du Nord, le Tennessee, le Texas et la Virginie. Les 13 Etats forment une confédération, dont la Constitution, promulguée le 11 mars 1861, renforce l'autonomie et justifie les fondements esclavagistes d'une économie très majoritairement agricole. Face à eux, le Nord se fixe d'abord comme objectif essentiel le maintien de l'Union puis, à partir de 1862, l'abolition de l'esclavage. La guerre - que les Américains n'appellent pas guerre de Sécession, mais guerre civile, *American Civil War* - dure 4 ans. Premier conflit moderne à bien des égards (chemins de fer, télégraphe, fusil à répétition, mitrailleuse, sous-marins, tranchées, levée en masse, ballons dirigeables), elle est aussi - et de loin - la plus meurtrière de l'histoire des Etats-Unis, avec 620 000 morts, soit à peu près autant que la totalité des autres conflits qu'a connus le pays. De ce bain de sang, le Nord sort victorieux, essentiellement grâce à sa puissance industrielle et à sa supériorité démographique.

Le 9 avril 1865, à Appomatox Court House, en Virginie, Grant, général en chef nordiste (qui deviendra de 1869 à 1877 le 18e président des Etats-Unis), obtient la reddition des armées sudistes du général Lee. Quelques jours plus tard, le 14 avril 1865, Lincoln est assassiné par un acteur de théâtre sudiste, John W. Booth. Son testament spirituel, le 13e amendement, abolit l'esclavage, sans établir dans les faits l'égalité raciale.

L'INDUSTRIALISATION ET LA PREMIÈRE GUERRE MONDIALE

L'après-guerre de Sécession est marquée, au Sud, par la reconstruction, et au Nord, par la révolution industrielle. Jusqu'en 1877, fin officielle de la reconstruction, des troupes stationnent dans le Sud pour assurer l'ordre, contrôler les élections et veiller au respect de la législation fédérale. Alors que l'économie des anciens Etats dissidents s'effondre, celle du Nord connaît un large essor. Marquées par la figure de capitaines d'industrie comme George Vanderbilt, Andrew Carnegie ou John D. Rockfeller, ces années sont celles du développement des chemins de fer et de l'industrie métallurgique, de l'émergence des grandes métropoles et de l'apparition des trusts. Mais les succès du capitalisme triomphant sont occultés par la corruption politique et les conditions de vie déplorables des ouvriers comme des fermiers. Le développement du syndicalisme, et surtout les crises économiques des années 1890 et 1930, conduisent l'Etat fédéral à intervenir pour contrebalancer ce capitalisme "sauvage". La période qui s'étend de 1878 à 1890 est connue sous le sobriquet dont l'a affublée Mark Twain : l'Age du Toc, *The Gilded Age*.

Politiquement, la décennie 1890-1900 marque l'avènement des Etats-Unis comme puissance coloniale, voire mondiale. La guerre victorieuse contre l'Espagne, qui se conclut à Paris le 10 décembre 1898 par le gain de Porto-Rico, des Philippines et de Guam, symbolise un impérialisme nouveau. Théodore Roosevelt (26e président, de 1901 à 1909, et successeur de McKinley assassiné) en est le théoricien. Mais Roosevelt incarne aussi le progressisme, un courant dominant au tournant du siècle, qui cherche à créer un ordre social plus juste en s'attaquant à la corruption, aux abus des grands trusts et à la misère urbaine. Cet esprit de réforme, incarné ensuite par le démocrate Woodroow Wilson (28e président, 1913-1921) se traduit par l'augmentation des dépenses publiques, la création d'un ministère du travail (1903), l'adoption du *Pure Food & Drug Act* (contrôle des produits alimentaires, 1906), l'institution d'un impôt fédéral sur le revenu (16e amendement, 1913), l'élection des sénateurs au suffrage universel (17e amendement, 1913), la loi Clayton antitrust (1914).

La Première Guerre mondiale met un terme à la relative stabilité de la première décennie du XXe siècle. En avril 1917, les Etats-Unis entrent en guerre, surmontant tardivement un sentiment isolationniste et des clivages intérieurs dûs à une immigration multiethnique. Wilson joue un rôle déterminant dans la constitution de la Société des Nations (SDN), précurseur des Nations-Unies. Mais le Sénat américain s'oppose à l'adhésion du pays à la SDN et l'opinion publique se désintéresse rapidement des affaires européennes.

DES ANNÉES FOLLES AU NEW DEAL

En août 1920 (25 ans avant la France...), le 19e amendement accorde aux femmes américaines le droit de vote. Moins inspiré, le 18e avait instauré, dans une conception puritaine de la société, la Prohibition en janvier 1919, interdisant, "la fabrication, la vente, le transport, l'importation et l'exportation des boissons enivrantes" sur le territoire des Etats-Unis. Une aubaine pour les gangsters et les scénaristes de films, qui ont popularisé les bars clandestins, (les *speakasies),* et les personnages d'Al Capone et des Incorruptibles. Après Wilson, la politique des présidents républicains (Harding, Coolidge et Hoover) est entièrement favorable au capitalisme, au détriment de la question sociale, Coolidge allant jusqu'à déclarer que "la grande affaire de l'Amérique, ce sont les affaires" ("*the business of America is business*"). Les années 20 sont celles de la prospérité économique, du progrès technologique (vol New York-Paris de Lindbergh, première émission de télévision, rasoir électrique), et du dynamisme culturel (Amstrong, Gershwin, Sinclair Lewis, Dos Passos, Fitzgerald, Hemingway... et Mickey). La libération des mœurs au cours de cette période (jazz, charleston, émancipation des femmes) s'accompagne de l'émergence d'un néo-conservatisme (renaissance du Ku-Klux-Klan, procès des théories évolutionnistes de Darwin) : ce sont les *roaring twenties*, les années "vrombissantes". L'histoire les juge d'autant plus sévèrement que le personnel politique est médiocre, voire corrompu et que l'expansion économique, en partie factice, repose largement sur un recours excessif au crédit et à la spéculation. Cette prospérité de façade s'écroule le 24 octobre 1929, Jeudi Noir, où le krach de la Bourse de New York marque le début de la Grande Dépression. Les Etats-Unis connaissent simultanément une autre catastrophe, écologique celle-ci : le sol des Grandes Plaines (Texas, Oklahoma, Arkansas, Kansas, Colorado), déjà épuisé par des décennies d'exploitation surintensive, est frappé par une sécheresse exceptionnelle. Le "grenier à blé" *(bread basket)* du pays se transforme en "cuvette de poussière" *(dust bowl)*, ruinant des milliers de petits fermiers et les chassant sur les routes vers l'improbable paradis de la Californie. Le sort des agriculteurs de l'Oklahoma *(les Okies)*, particulièrement touchés, est décrit par Steinbeck, avant d'être filmé par John Ford, dans *Les Raisins de la colère*.

En 1932, l'élection de Franklin D. Roosevelt, qui devient le 32e président des Etats-Unis en succédant à Hoover, déconsidéré, donne le coup d'envoi d'une politique volontariste, le *New Deal* (la "nouvelle donne"). Sans mettre en cause les fondements de l'idéologie libérale, l'intervention de l'Etat se renforce considérablement : loi anti-monopole des trusts, soutien des prix agricoles, fixation d'un salaire minimum, interdiction du travail des enfants, création des assurances sociales, politique d'aménagement du territoire, contrôle fédéral des institutions financières. Grâce à des programmes de grands travaux (bâtiments, ponts, parcs) financés par les fonds publics de la *Works Progress Administration (WPA)*, des centaines de milliers d'emplois sont créés. Des agences fédérales spécialisées sont mises en place pour gérer les nouveaux programmes, dont la fameuse *Tennessee Valley Authority*, qui fournit de l'énergie à des régions entières. Bon gré, mal gré, le pays, sous l'impulsion de Roosevelt, entre dans l'ère de l'Etat-Providence.

LA SECONDE GUERRE MONDIALE

En 1939, confronté à une opinion réticente à l'engagement américain dans la guerre, Roosevelt maintient une politique de neutralité tout en affichant son soutien aux forces alliées. C'est finalement le bombardement de la flotte américaine par les Japonais à Pearl Harbor (Hawaii), le 7 décembre 1941, qui déclenche l'entrée en guerre des Etats-Unis. Le "jour de honte et d'infamie", selon les mots de Roosevelt, soude le pays dans la guerre. L'effort de guerre américain, organisé par le *War Production Board (WPB)*, est considérable et immédiat. En mobilisant l'industrie américaine, le *Victory Program* met définitivement fin à la récession. Du débarquement en Afrique du Nord française, en 1942, à celui de Normandie, en 1944, et aux deux bombes d'Hiroshima et de Nagasaki, les 6 et 9 août 1945, le rôle des Etats-Unis est déterminant. Il aboutit à la capitulation de l'Allemagne nazie en mai 1945, suivie de celle du Japon en septembre.

A l'issue de la guerre, les Etats-Unis sont incontestablement la première puissance mondiale, sur le plan militaire comme sur le plan économique. Terre d'accueil de centaines de milliers de réfugiés (dont des savants et des artistes) qui ont fui les nazis et la guerre, c'est un pays soudé et prospère. Il est désormais clair qu'il ne pourra plus adopter l'attitude d'isolement et de repli qui l'a caractérisé. Avec les GI's, le modèle américain, symbolisé par le Coca-Cola, les jeans, les chewing-gums et le jazz, a traversé l'Atlantique. Le siège de l'ONU, l'Organisation des Nations Unies qui succède à la Société des Nations de Genève, s'implante à New York.

DE LA GUERRE FROIDE AUX HIPPIES

A peine la guerre achevée, la rivalité entre les deux grands alliés Américains et Sovié-
tiques conduit à la guerre froide. En Europe, deux blocs se constituent de part et
d'autre du rideau de fer. Sous le présidence de Truman (1945-1953), la politique
de *containment,* vise - en Grèce, en Turquie, à Berlin Ouest et en Corée - à endiguer
l'expansion soviétique. En juin 1947, le plan Marshall est lancé, consacrant des
dizaines de millions de dollars américains à la reconstruction de l'Europe occidentale. En 1950, Truman décide d'intervenir militairement pour contrer l'offensive
communiste en Corée. La guerre s'achève en 1953, après avoir coûté la vie de 55 000
Américains. Sur le plan intérieur, la peur des *Rouges (Red Scare)* culmine avec le
McCartysme, du nom du sénateur républicain du Wisconsin, Joseph McCarthy, insti-
gateur de l'HUAC, *House Un-American Activities Committee* (comité des activités
anti-américaines). On voit des communistes partout : dans l'administration, parmi les
écrivains (Hammett, Miller), les cinéastes (Dassin, Losey, Zinnemann), les scientifiques. Deux Américains d'origine juive, Julius et Ethel Rosenberg, accusés sans
preuve d'avoir trahi des secrets nucléaires au profit de l'Union soviétique, sont
condamnés à mort et exécutés en juin 1953, malgré un vaste mouvement de protes-
tation. L'hystérie anti-communiste s'apaise à partir de 1954, mais la guerre froide
se poursuit. Sous la présidence d'Eisenhower (1953-1960), la prospérité se poursuit, sur fond de tensions raciales, de mouvements pour l'égalité civique des Noirs,
et de guerre froide.

Elu en 1960, le jeune et médiatique John Fitzgerald Kennedy incarne un espoir de
renouveau, concrétisé par l'ébauche de son programme de Nouvelle Frontière (*New
Frontier*) : création du Corps de la paix *(Peace Corps)* formé de jeunes volontaires
pour le développement du tiers-monde (mars 1961), programme spatial de la NASA,
lutte contre la pauvreté et la ségrégation raciale. La construction du mur de Berlin
(1961), la crise des missiles cubains (octobre 1962) et le début de la guerre du
Vietnam restreint la portée de la politique de détente avec l'URSS. En novembre
1963, Kennedy est assassiné à Dallas. Son vice-président Lyndon Johnson lui succède
et reste au pouvoir jusqu'en 1968. Ses mandats sont occultés par la guerre du
Vietnam qui ne s'achève que sous Nixon. Sur le plan intérieur, les années Johnson
sont marquées par la "Grande Société", programme sans précédent contre la
pauvreté et les discriminations raciales et sociales. Parallèlement, le militantisme
des Noirs se durcit, malgré le pacifisme de Martin Luther King, assassiné à Memphis
en 1968. De 1964 à 1968, les émeutes raciales font des centaines de morts. En même
temps se multiplient les manifestations hostiles à la guerre du Vietnam. Symboli-
sées par l'effervescence des campus californiens, ces années sont celles de l'émergence des contre-cultures : à celles des Noirs et des étudiants se mêlent celles des
Amérindiens, des beatniks, des hippies, des gourous du New Age, des mouvements
artistiques *underground,* du New Journalism, de la Pop Culture. Le mouvement
féministe, conduit par le *Women's Lib* (Mouvement de libération de la femme),
accentue la revendication égalitaire (accès aux mêmes professions, égalité des
salaires, redéfinition des rôles sociaux). En 1963, Betty Friedan publie The Femi-
nine *Mystique (La Femme mystifiée),* qui dénonce l'inanité de la vie des femmes
au foyer. La révolution sexuelle est rendue possible par la diffusion de la pilule. Elu
en 1968, le républicain Richard Nixon accentue le rapprochement avec l'URSS et
la Chine. Après 60 000 pertes militaires du côté américain, 250 000 pour le Vietnam
du Sud, sans doute autant pour le Nord, et 4 millions de civils blessés ou tués, Nixon
se résout à accepter la première défaite militaire de l'histoire des Etats-Unis en
mettant un terme à la guerre du Vietnam en 1973. Catalyseur de la contestation des
années 60, cette "sale guerre" est un traumatisme profond pour la nation américaine. Atteint par le scandale du *Watergate*, Nixon est contraint à la démission en
août 1974.

LA PÉRIODE RÉCENTE

Après Ford et Carter, Ronald Reagan devient en 1980 le 40ᵉ président des Etats-
Unis. Ancien acteur et gouverneur de Californie, surnommé le "grand communica-

teur" pour ses talents médiatiques, il surfe sur la vague ultra-libérale et néoconser-vatrice qui déferle sur le pays dans les années 1980. Au-delà d'une composante morale et bien-pensante (campagnes anti-avortement, rétablissement de la prière dans les écoles), la "Révolution conservatrice" est d'abord économique : allégement des taxes des grandes entreprises, déréglementation, relance de la consommation par l'offre. Les campus universitaires se sont assagis ; leurs diplômés se coulent dans le moule des *yuppies* (*Young Urban Professionnal*), bien loin de leur aînés *hippies*... L'idéologie dominante des *golden boys* peut se résumer dans cette réplique de Michael Douglas dans le film *Wall Street* d'Oliver Stone : "Greed is Good" ("le gain, c'est le bien"). Les krachs boursiers du tournant de la décennie, la récession du début des années 90 et la concurrence des économies asiatiques viennent tempérer cet enthousiasme. Elu en 1988, le conservateur George Bush poursuit la politique de détente entamée en 1985 par Reagan avec Gorbatchev. Malgré une popularité éphémère, en 1991, lors de la guerre du Golfe, il déçoit sur le plan inté-rieur en n'apportant pas de réponses au déficit budgétaire massif ou aux carences du système éducatif. En 1992, après une campagne centrée sur les questions de l'écologie, du sida, de l'exclusion sociale, du racisme, des droits des femmes et des homosexuels, le démocrate Bill (William) Clinton devient le plus jeune président de l'histoire des Etats-Unis. Son programme, qui vise à redonner à l'Etat les moyens de lutter contre les inégalités, comprend avant tout un projet de protection sociale généralisée. Confronté à des déficits budgétaires incontournables, Clinton doit bientôt mettre ses projets entre parenthèses. 1995 voit l'avènement d'une majorité républicaine dans les deux chambres du Congrès. Rompant avec un demi-siècle ou presque de domination démocrate, les électeurs, lassés peut-être par l'incapacité du président Clinton à mener à bien ses grands projets, ont opéré un mouvement de balancier. Newt Gingrich, le Speaker républicain de la Chambre des représen-tants, chantre de la révolution conservatrice, est le nouvel homme fort. En 1996, la vie politique américaine est dominée par l'élection présidentielle de novembre.

LES NOUVEAUX DÉFIS AMÉRICAINS

Après les certitudes retrouvées des années 80, l'Amérique semble hésiter face à son devenir. Vainqueurs par défaut de la guerre froide suite à l'effondrement du bloc soviétique, les Etats-Unis doivent assumer leur rôle de dernière superpuissance. Comme souvent par le passé, le pays oscille entre l'aspiration au repli et l'ambition de demeurer le "gendarme du monde". Echec en Somalie, succès en Bosnie ? Même retransmise en direct sur CNN, la vision du monde extérieur n'est pas la même à Washington ou à Boston et dans une petite ville des Prairies. Sur le plan intérieur, l'Amérique est également confrontée à ses contradictions. L'attentat du 19 avril 1995 perpétué contre un bâtiment fédéral d'Oklahoma City a mis en lumière l'exis-tence d'une frange extrémiste et paramilitaire au sein même de la Nation. Une radi-calisation des opinions qui apparaît également sur la question de l'avortement : si l'arrêt de 1973 de la Cour Suprême autorisant l'avortement ne semble pas sur le point d'être abrogé, le conflit entre les *pro-choice* et les *pro-life* n'est pas pour autant réglé. Le débat sur la peine de mort déclenchera-t-il les mêmes passions ? Abrogée puis à nouveau autorisée par la Cour Suprême en 1976, la peine de mort a été réta-blie par 38 Etats à ce jour. Entre 1976 et 1995, 290 personnes ont été exécutées, dont un tiers au Texas. Le nombre de condamnations croît chaque année, sans que la criminalité baisse : aujourd'hui, près de 3000 détenus, parmi lesquels de nombreux mineurs, attendent leur exécution dans les "couloirs de la mort" des prisons américaines. Ni le programme musclé des néo-conservateurs républicains de Newt Gringrich, ni la politique du démocrate Bill Clinton ne semblent en mesure de répondre aux aspirations contradictoires d'une société compartimentée. Les reven-dications égalitaires des femmes, des homosexuels, des handicapés ou des mino-rités ethniques paraissent difficilement conciliables avec les *blues* du "mâle blanc", déboussolé par cette nouvelle société où les groupes raciaux, sociaux ou culturels ne communiquent plus que grâce à cette nouvelle langue de bois qu'est le *politically correct*. La *generation X* des jeunes diplômés sans horizon, vivants de petits boulots, ne trouve pas plus son compte. Et près de 30 ans après l'assassinat de Martin Luther King, la question noire n'est toujours pas réglée, comme l'ont rappelé, en octobre 1995, les centaines de milliers de pères de famille noirs venus manifester pacifiquement à Washington. Presque au même moment, c'est encore en terme racial qu'a été commenté l'acquittement d'O.J. Simpson, star du football américain, accusé du meurtre de sa femme, Nicole Brown et de l'amant de celle-ci, Ron Goldman. Le consensus devrait cependant se faire autour des jeux Olympiques d'Atlanta (*Cocalympics ?*), prévus de longue date pour juillet 1996. Sans doute, tous les Américains ont-ils souri lorsqu'ils ont appris, en janvier 1996, que le mariage de la fille du King, Lisa Marie Presley, avec le roi du pop, Michael Jackson s'achevait sur un constat d'échec. L'industrie du disque a encore de beaux jours devant elle... Ses produits, tout comme ceux des *majors* d'Hollywood et des grandes *World Companies* américaines, continuent de se répandre chaque jour davantage de par le monde. Signe que le déclin de l'empire américain, cent fois annoncé, n'est sans doute pas pour demain.

■■■ LES INSTITUTIONS AMÉRICAINES

La constitution américaine de 1787, fondée sur le principe de la séparation des pouvoirs, distingue l'exécutif, le législatif et le judiciaire. Le pouvoir exécutif appartient au président, élu pour 4 ans au suffrage universel indirect (système de grands électeurs), rééligible une fois. Il est à la fois chef d'Etat (droit de grâce, droit de *veto* à l'égard du Congrès) et chef de gouvernement (initiative législative, élaboration du budget, contrôle de l'administration, commandement des armées et direction de la diplomatie). Il a à sa disposition de nombreuses agences fédérales (comme la CIA) et 13 départements ministériels, dirigés par des ministres qui portent le titre de *Secretary* (comme le Secrétaire d'Etat, chargé des Affaires étrangères). Les membres du *Cabinet* ne sont responsables que devant lui, mais leur nomination doit être approuvée par le Sénat. Le vice-président, élu en même temps que le président, lui succède en cas de décès ou de démission. Le pouvoir législatif appartient au Congrès, composé de la Chambre des représentants et du Sénat. Les représentants sont élus tous les deux ans dans les Etats au prorata du nombre d'habitants. Au Sénat, chaque Etat, quelle que soit sa taille, dispose de deux élus dont le mandat est de six ans. Dans les deux cas, l'élection a lieu au suffrage universel direct. La Chambre et le Sénat votent le budget. Le Sénat doit également ratifier les nominations importantes faites par le président et les traités internationaux. Face à un Congrès politiquement opposé, le Président doit donc négocier pour pouvoir mettre en œuvre son programme. Le démocrate Clinton, confronté à une majorité républicaine dans les deux assemblées, a dû ainsi renoncer à ses grands chantiers sociaux pour se contenter de limiter les projets de la nouvelle majorité conservatrice. Le pouvoir judiciaire appartient à la Cour Suprême des Etats-Unis, à 13 cours d'appel (*circuit courts*) et à 94 tribunaux de "district". La Cour Suprême est composée de 9 juges, nommés à vie par le président. Le recours en appel est toujours possible et, en droit, l'accusé est présumé innocent jusqu'à ce qu'il ait été reconnu coupable. Le système politique américain fonctionne sur le mode du bipartisme. Les Républicains sont plutôt conservateurs, situés à droite, tandis que les démocrates plutôt progressistes (ou libéraux, dans l'acception anglo-saxonne du terme), mettent davantage l'accent sur le rôle de l'Etat. Mais ni les uns, ni les autres, ne mettent en cause les fondements de l'économie de marché. Au congrès, des majorités de circonstance se forment parfois, rassemblant des parlementaires des deux partis. À côté des deux grands partis, il existe également de petits partis ; des candidats indépendants peuvent aspirer à la Présidence (ce fut, en 1992, le cas du milliardaire texan Ross Perot).

■■■ L'ARCHITECTURE

En débarquant sur le sol américain, les premiers colons ont naturellement importé l'architecture de leur pays d'origine. Des influences hollandaise, anglaise, française et espagnole ont initialement modelé le paysage architectural des Etats-Unis. Par exemple, dans le Massachusetts, la *John Ward House*, à Salem, possède les petites fenêtres et les toits pentus caractéristiques de l'héritage anglais qui prévaut en Nouvelle-Angleterre. Dans un style espagnol, on trouve par exemple le *Castillo de San Marcos*, à St. Augustine, en Floride. Dans le Sud-Ouest, l'apport espagnol s'est combiné avec le style amérindien, par exemple dans le Palais des Gouverneurs de Santa-Fe. Mais le courant architectural dominant du début du XVIIIᵉ siècle est le néoclassicisme, dont Monticello et l'Université de Virginie, tous deux dessinés par Jefferson, constituent d'excellents exemples. On retrouve une inspiration comparable dans de nombreuses demeures de planteurs du Sud. C'est l'architecte français L'Enfant qui a dessiné les plans de Washington au début du XIXᵉ siècle.

L'architecture du XIXᵉ siècle est essentiellement éclectique et caractérisée par des renaissances ou réminiscences *(revivals)* hétéroclites : grecque (1820-1860), gothique (1830-1860), romane (1840-1900), mais aussi médiévale, Renaissance, Tudor, italienne... Vers le milieu du siècle, un grand cabinet d'architectes américain, McKim, Mead et White, importe de Paris le style dit "Beaux-Arts" qui, comme le néoclassicisme qu'il précède de quelques années, s'exprime dans les premiers grands immeubles des métropoles américaines comme la *Boston Public Library* ou la *Pierpont Morgan Library* de New York. A la même époque, Frederick Law Olmstead puise dans une inspiration comparable pour dessiner Central Park, à New York et le parc du domaine de Biltmore, à Asheville, en Caroline du Nord.

Le premier architecte moderne est Louis Sullivan (1856-1924). Vers 1880, il "invente" le gratte-ciel à Chicago, après l'incendie qui a ravagé la ville, dans une perspective fonctionnaliste qui n'exclut pas l'ornementation. Son élève, Franck Lloyd Wright (1869-1959) s'oriente davantage vers l'architecture individuelle. Son chef-d'œuvre, la Maison sur la Cascade *(Falling Water)*, construite pour les Kaufmann à Bear Run, en Pennsylvanie, en 1936, témoigne de l'importance qu'il attache à l'intégration de l'architecture dans le paysage. Hitchcock en utilisera une réplique comme décor dans *La mort aux trousses*. Dans les années 1930, les gratte-ciel, souvent de style Art déco, atteignent de nouveaux sommets avec l'*Empire State Building* ou le *Chrysler Building* à New York. Plus récemment, ils se dépouillent avec les bâtiments "minimalistes" de Mies Van der Rohe (1886-1969), qui laissent deviner leur squelette d'acier et de béton (*Seagram Building* de New York, construit dans les années 50) ou de Eero Saarinen, élève de Van der Rohe, à qui l'on doit le *TWA Terminal* de Kennedy Airport. Le plus célèbre des architectes américains vivants est aujourd'hui I.M. Pei (né en Chine en 1917), concepteur de l'aile est de la *National Gallery of Art* de Washington et... de la pyramide du Louvre. Frank Gehry, auteur du centre artistique de l'université de Toledo et du Centre culturel américain de Paris Bercy, est en passe d'atteindre une notoriété comparable.

■■■ LA LITTÉRATURE

Le premier *best-seller* américain, le *Bay Psalm Book*, imprimé à Cambridge en 1640, est un livre religieux. Au début du XIXᵉ siècle, apparaissent des récits qui expriment un caractère américain fait de force et d'innocence : *Moby Dick,* d'Herman Melville, *Feuilles d'herbes (Leaves of Grass)* de Walt Whitman et *La lettre écarlate (The Scarlet Letter)* de Nathaniel Hawthorne. Ils sont contemporains des essais philosophiques et lyriques de Henry David Thoreau (*Walden*, écrit à Walden Pond) et de Ralph Emerson *(Self-Reliance)*. Pendant qu'en Nouvelle-Angleterre les écrivains s'attachent à construire une culture et une littérature nationales qui s'émancipent des racines européennes, les auteurs du *Middle West* brossent le portrait d'un Américain nouveau, à l'image d'un continent inexploré. Mark Twain, élevé à Hannibal, dans le Missouri, en est le type le plus achevé avec notamment *Les aventures d'Huckleberry Finn*. Un peu plus à l'ouest, Willa Cather (1876-1947) dépeint la beauté sauvage des Grandes Plaines et la réalité de la vie des pionniers du Nebraska.

La révolution industrielle donne naissance à une littérature de combat, fustigeant le déclin moral d'une société tournée vers le profit. Dans *Maggie, fille des rues (Maggie, a Girl of the Streets),* Stephen Crane jette un regard acéré sur les faubourgs des grandes villes. Upton Sinclair dans *La jungle (The Jungle)* décrit dans toute sa dureté la condition ouvrière au tournant du siècle. A la même époque, les romans d'Henry James et d'Edith Wharton se déroulent dans l'univers de la haute société, délicate et cultivée.

Le début du XXᵉ siècle marque un recentrage vers l'introspection et l'autoanalyse. Les héros de F. Scott Fitzgerald cherchent un sens à une vie dont l'aisance matérielle ne parvient pas à faire oublier la vanité. Si certains écrivains sont emportés dans le tourbillon des *"roaring twenties"*, d'autres franchissent l'Atlantique. Cette "génération perdue" (*"lost generation"*) sera celle d'Ernest Hemingway, de William Faulkner, d'Eudora Welty (écrivain du Sud née en 1909 dont les héros, solitaires et désespérés, évoquent ceux de Carson McCullers), de T.S. Eliot, d'Ezra Pound, de Robert Frost (1874-1963, chantre de la Nouvelle-Angleterre rurale) et de Wallace Stevens (1879-1955, poète virtuose d'inspiration symboliste). Les mêmes années vingt sont les témoins de la "Renaissance de Harlem" (*Harlem Renaissance*), préfigurée par Frederick Douglass, W.E.B. Dubois et Booker T. Washington, et illustrée - sur fond de jazz - par Langston Hughes, Jean Toomer et Zora Neale Hurston.

Dans les années 1950, stimulés par leurs héros Jack Kerouac (1922-1969) et Allen Ginsberg (né en 1926), les *Beatniks* secouent le conformisme de l'Amérique d'Einsenhower. Si daté soit-il, le livre-culte de Jack Kerouac, *Sur la route (On the Road),* est toujours un des meilleurs compagnons de voyage qu'on puisse trouver.

Parmi les grands noms de la littérature américaine, enfin, il faut faire leur place à ceux dont les tensions ethniques ont nourri l'œuvre et le talent : Ralph Ellison (né en 1914, *Invisible Man*), Richard Wright (1908-1960, *Black Boy*), Toni Morrison (née en 1931, *Beloved*) et Oliver Lafarge (*Laughin' Boy,* portrait d'un jeune Indien Navajo).

Depuis sa création, le prix Nobel de littérature a été attribué 10 fois à des écrivains américains (second rang derrière la France, 12) dont Eugen O'Neill (1936), William Faulkner (1949), Ernest Hemingway (1954), John Steinbeck (1962) et Toni Morrison (1993).

Au début de chaque chapitre de ce guide, l'introduction qui présente chaque région des Etats-Unis donne les noms des principaux écrivains, classiques et contemporains, qui en sont originaires.

■■■ LA MUSIQUE

Bien qu'ils soient surtout connus pour la richesse et la variété de leur musique populaire - country, blue-grass, big band, jazz, blues, rock et rap - les Etats-Unis comptent de grands compositeurs classiques, ou qui ont su combiner la forme de la musique classique à l'apport de la musique traditionnelle américaine. C'est le cas de Leonard Bernstein, de George Gershwin (1898-1937, *Rhapsody in Blue,* 1924, *Un Américain à Paris,* 1928, *Porgy and Bess,* 1932), d'Aaron Copland et de Charles Ives (1874-1954, inventeur d'un langage musical nouveau). Yo-Yo Mardi, Joshua Bell et Robert Levin sont internationalement connus comme interprètes. Les orchestres des grandes villes vont, en général, du très bon à l'excellent, comme en témoignent le San Francisco Symphony, le New York Philarmonic et le Philadelphia Orchestra.

Les courants populaires ne sont pas en reste. À la Nouvelle-Orléans, la conjonction du blues, du ragtime et des fanfares militaires donne naissance au jazz. Louis Amstrong, Ella Fitzgerald, Miles Davis, Billie Holiday, Charlie Parker, John Coltrane et Wynton Marsalis ont su bercer l'âme américaine au son de ces rythmes nouveaux, où s'associaient tant d'influences différentes. Le rock, né du jazz, a enfanté Chuck Berry, Jerry Lee Lewis et le Roi - The King - Elvis Presley. Il couvre aujourd'hui une palette qui s'étend du punk (The Ramones) au grunge (Nirvana) en passant par la pop (Madonna et Michael Jackson).

Au début de chaque chapitre de ce guide, l'introduction qui présente chaque région des Etats-Unis donne les noms des principaux groupes, compositeurs et interprètes qui en sont originaires.

■■■ LE CINÉMA

Le cinéma américain a parcouru un long chemin depuis 1889, date à laquelle Thomas Edison produisit le premier film cinématographique (d'une durée de 30 secondes représentant un cheval au galop) et le premier appareil pour le visionner (ce qui relativise le centenaire fêté en France en 1995). Le cinéma muet vit l'apparition de grands maîtres comme Stroheim et Griffith et consacra les génies du burlesque que furent Chaplin et Keaton. Mais c'est l'apparition du parlant, en 1929, qui marque véritablement l'essor de l'industrie cinématographique aux Etats-Unis. Dès cette date, la production hollywoodienne contribue très fortement à forger l'identité américaine. Les films de réalisateurs comme Cecil B. de Mille, Capra et Lubitsch remplissent les salles au moment où l'Amérique s'enfonce dans une grave crise économique. En 1927, le jeune Walt Disney fonde les studios Disney, la première pierre d'un empire qui allait s'étendre bien au-delà du cinéma. Blanche Neige, le premier dessin animé long métrage sort en 1937. Les grands studios règnent alors en maîtres sur Hollywood, contrôlant d'une main de fer metteurs en scène et acteurs. Les chefs-d'œuvre d'Orson Welles (*Citizen Kane*, 1941) démontrent toutefois l'existence d'un cinéma plus indépendant à l'ombre des studios, un phénomène toujours d'actualité. Les années 40 et 50 sont aujourd'hui considérées avec nostalgie comme un âge d'or, d'où sont nés d'innombrables joyaux, que ce soit dans le domaine du film noir (*Le Grand Sommeil* d'Howard Hawks), la comédie musicale (*Une étoile est née*, de George Cukor), le western (*La Prisonnière du désert* de John Ford) ou encore le peplum (*Cléopâtre* de Joseph Mankiewicz). Les sirènes d'Hollywood attirent les plus grands réalisateurs européens. Hitchcock signera dans les années 50 quelques-unes de ses œuvres majeures comme *Le crime était presque parfait* ou *Vertigo*. Dans la tourmente de la guerre du Vietnam et de la crise morale qui secoue l'Amérique, de jeunes réalisateurs préparent leur entrée fracassante sur la scène cinématographique. Ils ont pour noms Coppola, Scorcese, Lucas ou Spielberg. Coppola signe en 1973 *Le parrain*, Spielberg terrifie l'Amérique avec *Les dents de la mer* en 1975. Avec cette nouvelle génération, le septième art entre dans sa phase moderne. L'avènement des effets spéciaux, consacré en 1976 par *La guerre des étoiles* de George Lucas, devient la marque de fabrique d'Hollywood, qui exporte ses mégaproductions dans le monde entier. Les *Majors* (Warner Bros, Universal, Disney ou Columbia) continuent à imposer leur loi, mais les exigences artistiques cèdent souvent le pas devant les enjeux financiers. Des acteurs comme Stallone, Schwarzeneger, Harrison Ford ou John Travolta se font payer plusieurs millions de dollars pour tenir le haut de l'affiche. Le summum est atteint avec *Waterworld*, mettant en scène Kevin Costner, qui aurait coûté la somme vertigineuse de 170 millions de dollars aux studios Universal ! Face à ce courant dominant qui engendre, à coup d'images de synthèse, de cascades et d'explosions, d'énormes *blockbusters* (Batman, Jurassic Park...), subsiste un cinéma plus adulte, dont les chefs de file ont pour nom Woody Allen (l'un des rares réalisateurs installé sur la côte est) ou Robert Altman. Actuellement, une nouvelle génération est en train de se faire sa place au soleil. Brad Pitt, Johny Depp ou le scénariste-réalisateur-acteur Quentin Tarantino sont devenus des valeurs sûres de la scène hollywoodienne. Le cinéma américain, dynamique et en constante innovation, ne peut que continuer à étendre son influence dans le monde.

■■■ LES ARTS PLASTIQUES

La beauté du continent américain est source d'inspiration dès le XIXe siècle dans les tableaux de Thomas Cole et de Winslow Homer. Au début du XXe siècle, Edward Hopper et Thomas Hart Benton explorent l'innocence disparue et les mythes fondateurs des Etats-Unis. Quelques décennies plus tard, l'expressionnisme abstrait d'Arshile Gorky et de Jackson Pollock traduit le mélange de confiance en soi et de sentiment d'insécurité propre à l'Amérique de la guerre froide. Le *Pop Art* (Jaspers Johns, Robert Rauschenberg, Roy Lichtenstein et Andy Warhol) prend une distance ironique avec les symboles de la vie quotidienne américaine.

Depuis 1888, date à laquelle Eastman invente l'appareil photo Kodak, la photographie a constamment été un puissant moyen d'expression aux Etats-Unis. Avec son regard sur la civilisation urbaine, Stieglitz donne naissance à un art véritable. Les photographes américains tournent leurs objectifs sur les réalités sociales. Plusieurs d'entre eux, parmi les plus grands, seront subventionnés par la *Farm Security Administration* (financée par la *Works Progress Administration*), pour constituer un fonds documentaire sur la Grande dépression. Dorothea Lange et Walker Evans en profitent pour produire de véritables œuvres d'art où s'exprime la tragédie américaine des années 30. D'autres ont mis leur talent au service de la nature et de sa beauté : les photos en noir et blanc prises dans les parcs nationaux par Ansel Adams sont aujourd'hui popularisés par des millions de posters et de calendriers. L'abstraction et le surréalisme ont trouvé place chez Diane Arbus, dont l'art naît d'une incessante confrontation entre le normal et le pathologique, et chez Robert Mapplethorpe, inventeur d'un monde imaginaire né de l'alliance du corps humain, révélé dans sa nudité, avec l'univers végétal. Plus profondément, l'œuvre de Mapplethorpe met en cause les conventions sociales en rendant compte de la sexualité et de l'érotisme, sous leurs aspects parfois dérangeants. Une de ses expositions, financée par l'organisme fédéral *National Endowment for the Arts (NEA)*, a ainsi déclenché la fureur de certains membres conservateurs du Congrès, contraignant la Corcoran Gallery de Washington à y mettre un terme. Depuis, la NEA est dans le collimateur d'un Congrès majoritairement républicain, qui vient d'opérer des coupes sombres dans son budget de fonctionnement.

■■■ LA TÉLÉVISION

La télévision équipe 98 % des foyers américains. Son poids au sein du paysage culturel du pays n'a fait que croître au cours des dernières années, dans un contexte de concurrence effrénée entre les quatre réseaux nationaux **ABC, CBS, NBC** et **Fox** et le câble. Aux heures de grande écoute (20h à 23h) sont diffusés les programmes populaires : *ER, Melrose Place* (comique) et *The Simpsons* (décapant), *SeinField, Friends, 90290* (Beverly Hills), *Baywatch* (Alerte à Malibu), *Star Trek Next Generation* et *Dreams On* (génial). Sur le câble, des chaînes spécialisées diffusent, 24h/24, de l'information, du sport, des films, des programmes pour enfants, des informations météorologiques ou de la musique (**MTV**). **HBO** est une chaîne à péage, qui comme Canal Plus, diffuse des films récents. **Showtime** fonctionne sur le même principe, en moins bien. A New York, le journal télévisé de France 2 est diffusé à 19h sur le canal 25. Les grands réseaux hertziens diffusent des journaux télévisés classiques matin et soir (les informations nationales, mais aussi des émissions d'information plus sensationnelles, qu'on appelle, par référence à la presse du même nom, des "tabloïd TV"). Certains des meilleurs programmes (à défaut d'être les plus suivis) sont ceux de la chaîne publique PBS (financée par l'Etat et les versements des particuliers, sans publicité).

■■■ LA PRESSE ÉCRITE

Les quotidiens américains les plus influents sont le *New York Times*, le *Washington Post* et le *Los Angeles Times*, dont la diffusion est nationale et l'inspiration politique plutôt libérale. *The Christian Science Monitor* et le *Wall Street Journal*, plus conservateurs, bénéficient également d'une grande notoriété.

Les trois grands hebdomadaires nationaux couvrent également un spectre qui va du libéralisme politique avec *Time* au conservatisme avec *U.S. News & World Report*, en passant par *Newsweek*, plus centriste. *People* (l'hebdomadaire des potins américains), *Spin* (consacré à l'industrie de la musique) et le *New Yorker* (actualité new-yorkaise, nouvelles littéraires et articles de fond) jouissent également d'une diffusion nationale. Naturellement tous les magazines spécialisés qu'on peut trouver en Europe ont leur équivalent américain, qu'il s'agisse de mode, de sport, d'informatique, etc.

■■■ POUR ALLER PLUS LOIN

DES LIVRES À LIRE

Histoire et société

Les Américains, André Kaspi, Seuil, 1986.
L'Amérique, Jean Baudrillard, Grasset, 1986.
La Civilisation américaine, C.-J. Bertrand, J. Heffer et A. Kaspi, PUF, 1991.
De la Démocratie en Amérique, Alexis de Tocqueville, Garnier-Flammarion, 1981.
L'Etat des Etats-Unis, sous la direction de A. Lennkh et de M.-F. Toinet, La Découverte, 1990.
Histoire de la culture américaine, J.-L. Bourget, J.-P. Martin et D. Royot, PUF, 1993.
Les Noirs aux Etats-Unis, Claude Fohlen, PUF, 1965.
Les Noirs aux Etats-Unis, M. Fabre, PUF, 1970.
Le Système politique des Etats-Unis, M.-F. Toinet, PUF, 1987.

Les Amérindiens

De Mémoire indienne, Tahca Ushte et Richard Erdoes, Plon, 1972.
Là où dansent les morts, Tony Hillerman, Rivages, 1973.

Littérature

L'Amérique, Franz Kafka, Gallimard, 1927.
L'Appel de la forêt, Jack London, Gallimard, 1903.
Les Arnaqueurs, Jim Thompson, Rivages, 1988.
Atbala, Chateaubriand, J-M. Gautier, 1801.
L'Attrape-cœurs, J.D. Salinger, Robert Laffont, 1945.
Autant en emporte le vent, Margaret Mitchell, Gallimard, 1936.
Les Aventures de Tom Sawyer, Mark Twain, Stock, 1876.
Le Bruit et la fureur, William Faulkner, Gallimard, 1929.
Le Bûcher des vanités, Tom Wolfe, LGF, 1987.
Le Choix de Sophie, William Styron, Gallimard, 1984.
La Conjuration des imbéciles, John Kennedy O'Toole, Christian Bourgois, 1980.
Contes de la folie ordinaire, Charles Bukowski, Grasset, 1977.
Le Dernier des Mohicans, James Fenimore Cooper, Gallimard, 1826.
Le Dernier nabab, Francis Scott Fitzgerald, Gallimard, 1941.
Des Souris et des hommes, John Steinbeck, Gallimard, 1937.
Esclaves de New-York, Tama Janowitz, Gallimard, 1989.
L'Etudiant étranger, Philippe Labro, Gallimard, 1986.
Gatsby le Magnifique, Francis Scott Fitzgerald, LGF, 1925.

ETATS-UNIS

ETATS-UNIS

Génération X, Donald Coupland, Laffont, 1993.
Le Grand nulle part, James Ellroy, Rivages, 1989.
Harlem Quartet, James Baldwin, Stock, 1987.
Isaac le mystérieux, Jerome Charyn, Balland, 1979.
Last exit to Brooklyn, Hubert Selby Junior, Albin Michel, 1968.
Légendes d'automne, Jim Harisson, 10/18, 1984.
Manhattan transfer, John Dos Passos, Gallimard, 1925.
Martin Eden, Jack London, UGE, 1909.
Mon chien stupide, John Fante, Bourgois, 1985.
Le Monde selon Garp, de John Irving, Le Seuil, 1980.
Moon palace, Paul Auster, Actes Sud, 1990.
Motel blues, Bill Bryson, Belfond, 1993.
Motel Chronicles et *Lune faucon*, Sam Shepard, Presses de la Cité, 1987.
New York, Paul Morand, Flammarion, 1930.
L'Or, Blaise Cendrars, Gallimard, 1925.
La Porte d'or, Michel le Bris, Grasset, 1986.
Portnoy et son complexe, Philip Roth, Gallimard, 1969.
La Prairie, James Fenimore Cooper, Jean-Claude Lattès, 1828.
Rage in Harlem, Chester Himes, Gallimard, 1965.
Sur la route, Jack Kerouac, Gallimard, 1960.
Texas, James Michener, Seuil, 1985.
Le Tour du monde en 80 jours, Jules Verne, Delabroy, 1873.
Tropique du cancer, Henry Miller, Denoël, 1934.
Un Tramway nommé désir, Tennessee Williams, Laffont, 1983.
Une virée dans le Sud, V. S. Naipaul, Christian Bourgois, 1989.

Bande Dessinée

Les Aventures du lieutenant Blueberry, Charlier et Giraud, Dargaud.
Batman, Miller, Zenda.
Calvin et Hobbes, Watterson, Presses de la cité.
Les Fabuleux Freak Brothers, Shelton, Artefact.
La Femme du Magicien, Boucq et Charyn, Casterman, 1986.
Fort Wheeling, Pratt, Casterman, 1976.
Kate, Cosey, Lombard, 1981.
Los Angeles, Bilal et Christin, Autrement, 1984.
Lucky Luke, Morris et Goscinny, Dupuis, Dargaud.
Par Avion, Sempé, Gallimard, 1992.
Spirou et Fantasio à New York, Tome et Janry, Dupuis, 1987.
Tintin en Amérique, Hergé, Casterman, 1932.
Tueurs de cafards, Tardi et Legrand, Casterman, 1984.
Les Tuniques bleues, Salvérius et Cauvin, Dupuis.
Un été indien, Pratt et Manara, Casterman, 1987.
XIII, Vance et Van Hamme, Dargaud.

DES FILMS À VOIR

After Hours, Martin Scorcese, 1985.
American Graffiti, George Lucas, 1973.
Annie Hall, Woody Allen, 1977.
Autant en emporte le vent, Victor Fleming, 1939.
A Star is Born, Georges Cukor, 1954.
Bagdad Café, Percy Adlon, 1987.
Bus Stop, John Logan, 1956.
Citizen Kane, Orson Welles, 1941.
Le Dernier nabab, Elia Kazan, 1976.
Good Morning Babylonia, Paolo et Vittorio Taviani, 1987.
Horizons lointains, Ron Howard, 1992.
Il était une fois dans l'Ouest, Sergio Leone, 1968.

Il était une fois en Amérique, Sergio Leone, 1983.
Manhattan, Woody Allen, 1979.
Mr Smith au Sénat, Franck Capra, 1939.
Naissance d'une nation, D.W. Griffith, 1915.
New York-Miami, Frank Capra, 1934.
New York Stories, Woody Allen, Martin Scorcese et Francis Ford Coppola, 1989.
La Nuit du chasseur, Charles Laughton, 1955.
La Prisonnière du désert, John Ford, 1956.
Les Raisins de la colère, John Ford, 1940.
Short Cuts, Robert Altman, 1993.
Showgirls, Paul Verhoeven, 1995.
Smoke et *Brooklyn Boogie*, Wayne Wang et Paul Auster, 1996.
Voyage au bout de l'enfer, Michael Cimino, 1978.
Wall street, Oliver Stone, 1987.
West Side Story, R. Wise et J. Robbins, 1961.

Tout John Ford, Martin Scorsese, Woody Allen, Alfred Hitchcock, Buster Keaton, Charlie Chaplin, Arthur Penn, Joseph L. Mankiewicz, Billy Wilder, Frank Capra, Ernst Lubitsch...

Road movies
Bonnie and Clyde, Arthur Penn, 1967.
Easy Rider, Dennis Hopper, 1969.
Hair, Milos Forman, 1979.
Macadam Cow-Boy, John Schlesinger, 1969.
My Own Private Idaho, Gus Van Sant, 1991.
Paris-Texas, Wim Wenders, 1984.
Thelma et Louise, Ridley Scott, 1991.

POUR MÉMOIRE

▓ L'abréviation I-68 désigne l'interstate 68, l'abréviation US 12 la US highway 12. Nous avons également adopté les abréviations suivantes : *Rte.* pour route, *Blvd.* pour boulevard, *Ave.* pour avenue, *St.* pour street, *Hwy.* pour highway, *Pkwy.* pour parkway.

▓ Sous l'appellation *visitor centers* sont regroupés les office de tourisme d'une ville et les bureaux d'accueil des parc naturels ou des sites touristiques. Faites-y toujours un tour : le personnel, d'ordinaire compétent et serviable, est là pour vous aider ; les brochures et cartes qu'on y trouve sont très utiles.

▓ Les numéros de téléphone débutant par 1-800 sont toujours gratuits. En revanche ils ne peuvent être appelés qu'à l'intérieur des Etats-Unis.

▓ Les auberges de jeunesse de la fédération Hostelling International (HI) accordent souvent des réductions à leurs membres. Elles sont signalées dans le texte par le sigle HI-AYH.

▓ Les *National Parks*, *National Monuments* et *National Forests* dépendent du gouvernement fédéral ; les *State Parks* et les *State forests* du gouvernement de chaque Etat.

▓ La *cover charge* est une participation de quelques dollars demandée à l'entrée des bars ou des clubs, en général lorsqu'un groupe se produit *live*.

▓ Les prix mentionnés s'entendent hors taxe, sauf indication contraire. Il convient donc de rajouter les taxes locales.

▓ Les horaires sont présentés à la française, de 0h00 à 24h : 2h signifie 2 heures du matin.

▓ Reportez-vous au chapitre **Etats-Unis, l'Essentiel** au début de ce guide pour en savoir plus.

CALIFORNIE

Les conquistadors espagnols crurent y trouver l'Eldorado, les chercheurs d'or s'y ruèrent en quête du filon miraculeux et les starlettes de tous les pays arrivent encore à la recherche de renommée internationale. Depuis plusieurs siècles, la Californie attire tous ceux qui se nourrissent de rêve et d'illusions.

La Californie, c'est un melting-pot unique de cultures et d'images : les rapeurs body-buildés sur Venice Beach, les cadillacs roses croisées sur la Pacific Highway, le bruit métallique des tramways de San Francisco, le parfum vanillé des pins de Jeffery, le silence écrasant de la Vallée de la Mort… La Californie, c'est encore le libéralisme de Berkeley, le luxe et le clinquant de Los Angeles et le traditionalisme de San Diego. Cet Etat doré (Golden State) abrite une population hétérogène. Non sans heurt. Le mouvement pacifiste des années 60 et 70, les tensions politiques des années 80 et les émeutes raciales des années 90, suite à l'épisode Rodney King, ce conducteur noir passé à tabac par des policiers blancs, témoignent jour après jour de l'équilibre précaire sur lequel repose l'Etat. A l'image des plaques tectoniques qui s'agitent sous son sol, la Californie est en perpétuelle évolution. Mais être Californien, c'est posséder envers et contre tout une confiance insolente en l'avenir.

INFORMATIONS PRATIQUES

Capitale : Sacramento.

Office du tourisme : California Office of Tourism, 801 K St. #1600, Sacramento 95814 (téléphoner au 800-862-2543 pour recevoir une documentation).

Fuseau horaire : Heure du Pacifique (3 heures de moins que l'heure de l'Est, 9 heures de moins que Paris).

Abréviation de l'Etat : CA.

Taxe locale : 7-8 %, selon le comté.

La Californie en bref

Ecrivains : John Steinbeck, Bret Easton Ellis (l'auteur controversé du terrifiant *American Psycho*), Edward Abbey, Maya Angelou, Joan Didion, Maxine Hong Kingston, Thomas Pynchon, Tom Robbins, Amy Tan, Armistead Maupin.

Artistes : Richard Serra, Dorothy Lange, Franck Gehry, Christo, David Hockney.

Cuisine : *Granola* (muesli américain), vins de Californie, *sourdough* (pain au levain) de San Francisco, chocolat Ghirardelli, *Rice-a-Roni* (marque de riz), soupe d'artichaut, agrumes, tout ce qui contient des *sundried tomatoes* (tomates séchées au soleil), polenta, avocats et dattes.

Microbrasseries : Pacific Hop Exchange, Angeles, Etna, Golden Pacific, Hangtown, Mad River, Moonlight, Old Columbia, San Andreas, Tuscan Brewing Co.

Amérindiens : Yuki, Pomo, Miwok, Costano, Chumash, Gabrielino, Luiseno, Tipai, Serrano, Mohave, Yuma.

Musique : Les Beach Boys, Guns and Roses, The Go-Gos, Sheryl Crow, Michael Bolton.

Cinéma et télévision : Films de Frankie Avalon et Annette Funicello, *Le Clochard de Beverly Hills*, *Chips*, *Beverly Hills 90120* et pratiquement tout ce qui se fait sur petit ou grand écran.

Climat : Excellent, bien sûr.

CALIFORNIE

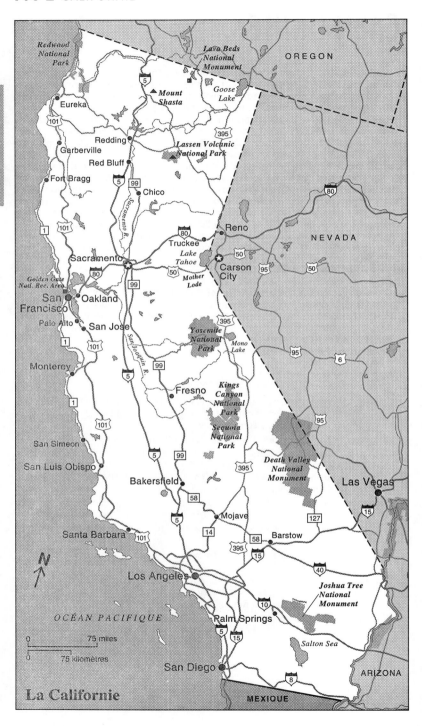

Redwood National Park

Lava Beds National Monument

OREGON

Eureka

5

Mount Shasta

Goose Lake

101

Redding

Garberville

395

Lassen Volcanic National Park

Red Bluff

Fort Bragg

5

99

Chico

Sacramento R.

1

101

80

Reno

Truckee

NEVADA

80

Sacramento

Lake Tahoe

Carson City

50

95

50

80

Golden Gate Natl. Rec. Area

99

50

Mother Lode

San Francisco

Oakland

Palo Alto

San Jose

395

Yosemite National Park

Mono Lake

95

6

San Joaquin R.

1

101

99

Monterey

5

1

Fresno

Kings Canyon National Park

95

101

Sequoia National Park

San Simeon

San Luis Obispo

5

99

Death Valley National Monument

Las Vegas

Bakersfield

395

58

15

Mojave

127

5

14

58

Barstow

Santa Barbara

101

395

15

40

N

Los Angeles

Joshua Tree National Monument

OCÉAN PACIFIQUE

10

Palm Springs

5

15

Salton Sea

0   75 miles

0   75 kilomètres

San Diego

ARIZONA

8

La Californie

MEXIQUE

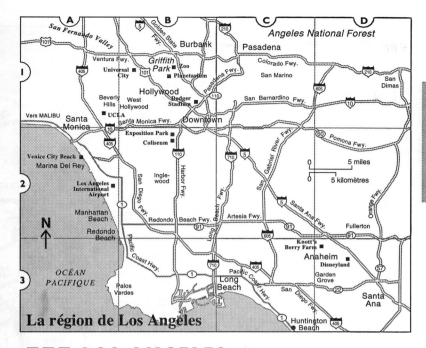

La région de Los Angeles

■■■ LOS ANGELES

Ville mythique par excellence, Los Angeles ne semble s'épanouir que dans les extrêmes. Certains voient dans la Cité des Anges un paradis de plages interminables et de soleil radieux, une terre riche en promesses où les rêves peuvent enfin se réaliser. D'autres dénoncent son surpeuplement, son *smog*, le brouillard dû à la pollution, sa criminalité galopante et la pauvreté culturelle d'une partie de ses habitants, oisifs et abreuvés de programmes de télévision "lobotomiques".

Ce phénomène urbain typiquement américain confère à L.A. son caractère d'intemporalité. Dans une ville où tout respire le neuf, seules les dernières modes et tendances inspirent le respect. Nombreux sont ceux qui puisent dans cette absence de passé une énergie sans bornes. Quel autre endroit au monde pourrait leur donner cette chance ? Libérés de toute culture bien établie, les habitants de Los Angeles redécouvrent sans cesse le plaisir de n'en faire qu'à leur tête. Ce qui fait de L.A. une expérience à vivre absolument.

INFORMATIONS PRATIQUES

Office du tourisme : Los Angeles Convention and Visitors Bureau, 685 S. Figueroa St. 90017 (624-7300), dans le centre-ville. Le personnel parle français. Vous y trouverez des centaines de brochures ainsi qu'un livret gratuit, *Destination Los Angeles,* comportant des informations touristiques et un guide du logement. Ouvert du lundi au vendredi de 8h à 17h, le samedi de 8h30 à 17h. A **Hollywood**, 6541 Hollywood Blvd. (213-624-7300) ; ouvert du lundi au samedi de 9h à 17h. A **Santa Monica**, 1400 Ocean Ave. (213-393-7593), à Palisades Park ; ouvert tous les jours de 10h à 17h, en hiver de 10h à 16h. **Gay and Lesbian Community Services Center**, 1625 Schrader Ave., Hollywood (993-7400), à 1 block d'Hollywood Blvd. Le centre propose des services de consultation, emploi, logement, enseignement, médecine

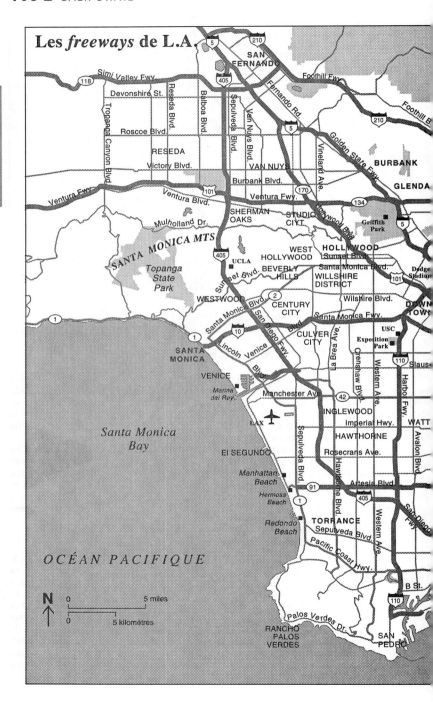

Les *freeways* de L.A.

SAN FERNANDO

Simi Valley Fwy

Devonshire St.

Reseda Blvd.

Roscoe Blvd.

RESEDA

Victory Blvd.

Topanga Canyon Blvd

Balboa Blvd.

Sepulveda Blvd.

Van Nuys Blvd.

VAN NUYS

Burbank Blvd.

Ventura Blvd.

Ventura Fwy.

VAN NUYS

Fernando Rd.

Foothill Fwy

Golden State Fwy

Vineland Ave.

BURBANK

GLENDA

Ventura Fwy.

Ventura Blvd.

Mulholland Dr.

SHERMAN OAKS

STUDIO CIYT

Hollywood Blvd

Griffith Park

SANTA MONICA MTS

Topanga State Park

WEST HOLLYWOOD

HOLLYWOOD

Sunset Blvd.

Santa Monica Blvd.

Dodge Stadium

UCLA

Sunset Blvd.

BEVERLY HILLS

WILLSHIRE DISTRICT

Wilshire Blvd.

WESTWOOD

Santa Monica Blvd.

San Diego Blvd

CENTURY CITY

Santa Monica Fwy.

DOWN TOWN

SANTA MONICA

Lincoln Blvd

Venice Blvd

CULVER CITY

La Brea Ave.

Crenshaw Blvd.

Western Ave.

USC

Exposition Park

Slaus

VENICE

Marina del Rey

Manchester Ave.

INGLEWOOD

Imperial Hwy.

WATT

Harbor Fwy.

Santa Monica Bay

LAX

HAWTHORNE

Rosecrans Ave.

Avalon Blvd

El SEGUNDO

Manhattan Beach

Sepulveda Blvd.

Hawthorne Blvd.

Artesia Blvd.

Western Ave.

San Diego Fwy.

Hermosa Beach

OCÉAN PACIFIQUE

Redondo Beach

TORRANCE

Sepulveda Blvd.

Pacific Coast Hwy.

Palos Verdes Dr.

B St.

N

0   5 miles
0   5 kilomètres

RANCHO PALOS VERDES

SAN PEDRO

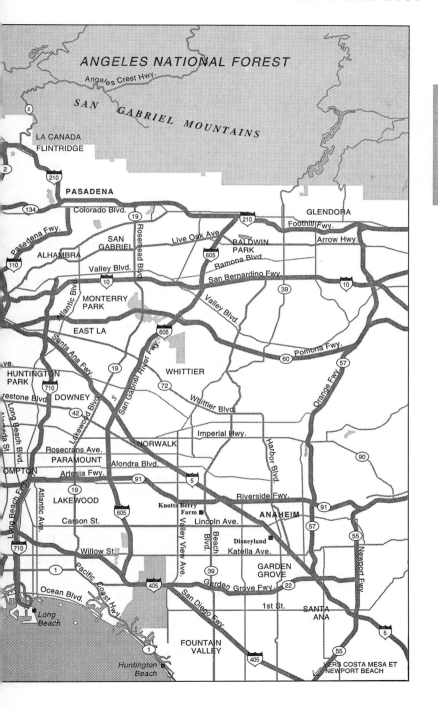

et questions judiciaires. Le bâtiment est ouvert du lundi au samedi de 9h à 22h, mais la plupart des bureaux ferment vers 17h.

Police : 202-4502.

Aéroport : Los Angeles International Airport (LAX) (310-646-5252), à Westchester, à 25 km au sud-ouest du centre-ville. Des bureaux d'aide aux voyageurs **Travelers Aid** sont présents dans chaque terminal. Ouverts tous les jours de 7h à 22h. Les bus **MTA** (anciennement RTD) s'arrêtent au terminal de transfert, à l'angle de Sepuldeva et 96th St., avant de se rendre : au centre-ville (bus n° 439, du lundi au vendredi pendant les heures de pointe. Bus n° 42, départs tous les jours de LAX, de 5h30 à 23h15, dans l'autre sens, depuis le centre-ville, de 5h30 à 12h10) ; à Westwood/UCLA (bus express n° 560) ; à Long Beach (bus n° 232) ; à West Hollywood et Beverly Hills (n° 220). Les **taxis** sont chers : le trajet pour le centre-ville revient à environ 24 $. Des **minibus** font également la navette entre l'aéroport et différents endroits de la ville. Les tarifs sont fixes. Par exemple, 15 $ pour le centre-ville, 16 $ pour Santa Monica, 35 $ pour San Fernando Valley.

Train : Amtrak assure des liaisons en train depuis Union Station, 800 N. Alameda (213-624-0171). La gare est située au nord-ouest de *downtown*. Trains en direction de San Francisco (1 départ par jour, 71 $ aller simple, 142 $ A/R) et San Diego (20 départs par jour, durée 3h, 24 $ aller simple).

Bus : Greyhound-Trailways Information Center : 1716 E. 7th St. (800-231-2222), dans le centre-ville (*downtown*). Téléphoner pour les horaires et les tarifs des billets. Il existe également des arrêts à Hollywood, Santa Monica, Pasadena et dans d'autres zones de la métropole. A **Hollywood**, 1409 N. Vine St. (213-466-6381), à 1 block au sud de Sunset Blvd. A **Santa Monica**, sur 4th St. Les autres gares sont mentionnées plus loin. La gare Greyhound du centre-ville est située dans un quartier mal fréquenté. Depuis la gare, vous pouvez prendre le bus MTA n° 320 ou n° 2 qui roule vers l'ouest le long de Wilshire Blvd. (l'arrêt des bus MTA se trouve à l'angle de 7th St. et Aladema, à 1 block au sud-ouest de la gare). Le bus MTA n° 1 vous emmène le long de Hollywood Bvd. (l'arrêt se trouve à l'angle de 5th St. et Broadway, à 4 blocks à l'ouest et 1 block au nord de la gare).

Les bus Greyhound assurent notamment des liaisons pour : San Diego (23 départs par jour, durée 2-3h, 12 $), Santa Barbara (13 départs par jour, durée 2-3h, 11 $), San Francisco (20 départs par jour, durée 8-10h, 35 $).

Green Tortoise (310-392-1990 ou 800-TORTISE/867-8473) est un service de "bus -hôtel" (on mange et on dort dans le bus) qui dessert la côte californienne, de Los Angeles à Seattle. Ambiance très décontractée, un brin New Age. Les bus quittent L.A. tous les dimanches soirs au départ de Venice, Hollywwod et *downtown*. Téléphonez pour vous renseigner sur les points de départ, les horaires et pour réserver.

Transports en commun : MTA Bus Information Line : 626-4455. Attention, l'attente au téléphone peut être *très* longue. Ouvert du lundi au vendredi de 8h30 à 17h. *Customer Service Center* (service clientèle) au 5301 Wilshire Blvd. Informations, horaires et cartes gratuites. Ouvert du lundi au vendredi de 8h30 à 17h. Tarif d'un trajet en bus : 1,35 $, correspondances 25 ¢. Principaux bus : le n° 10 le long d'Hollywood Blvd., les n° 2 et 3 le long de Sunset Blvd., le n° 4 le long de Santa Monica Blvd. et le n° 10 le long de Melrose. **Santa Monica Municipal (Big Blue) Bus Lines** : 1660 7th St. (451-5444), au coin d'Olympic. Ouvert du lundi au vendredi de 8h à 17h. Tarif : 50 ¢ sur la plupart des lignes, correspondance pour les bus MTA 25 ¢, correspondance pour les bus Big Blue gratuite.

Taxis : Checker Cab (482-3456), **Independent** (385-8294), **United Independent** (653-5050), **Celebrity Red Top** (934-6700). Si vous avez besoin d'un taxi, mieux vaut téléphoner.

Los Angeles County Commission on Disabilities : 500 W. Temple St. (974-1053). Informations sur les transports et les loisirs pour handicapés. Ouvert du lundi au vendredi de 8h30 à 17h. **California Relay Service for the Hearing Impaired** (assistance 24h/24 pour les malentendants) : 800-735-2929.

Etat des routes : 800-427-7623. Les stations de radio AM ont des bulletins réguliers.

CALIFORNIE

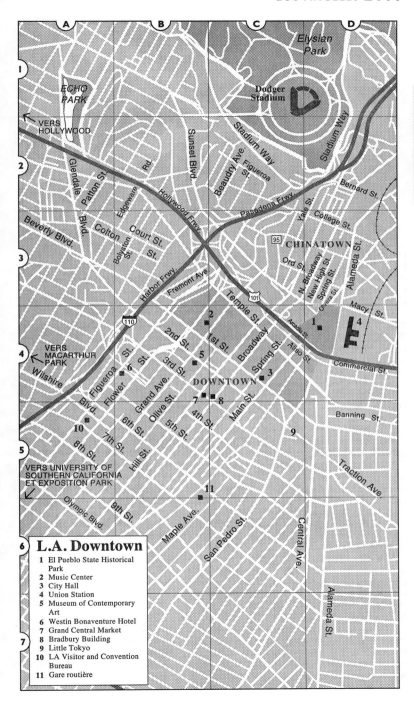

ELYSIAN PARK

Dodger Stadium

ECHO PARK

VERS HOLLYWOOD

CHINATOWN

VERS MACARTHUR PARK

DOWNTOWN

VERS UNIVERSITY OF SOUTHERN CALIFORNIA ET EXPOSITION PARK

L.A. Downtown

1 El Pueblo State Historical Park
2 Music Center
3 City Hall
4 Union Station
5 Museum of Contemporary Art
6 Westin Bonaventure Hotel
7 Grand Central Market
8 Bradbury Building
9 Little Tokyo
10 LA Visitor and Convention Bureau
11 Gare routière

Assistance téléphonique : AIDS Hotline (assistance SIDA), 800-922-2437, ou ligne nationale au 800-342-5971. **Rape Crisis**, 310-392-9896, service 24h/24.

Hôpitaux : Good Samaritan, 616 S. Witmer St. (977-2121). **Cedar-Sinai Medical Center**, 8700 Beverly Blvd. (310-855-5000, urgences 310-855-6517).

Urgences : 911. Pompiers, 485-5971.

Bureau de poste : Bureau central au 900 N. Alameda, au coin de 9th St. (310-431-6546). Ouvert du lundi au vendredi de 9h à 17h, le samedi de 9h à 12h. **Informations sur les codes postaux** : 586-1737. **Code postal poste restante** : 90086. A Hollywood, bureau au 1615 Wilcox Ave. (464-2194). Ouvert du lundi au vendredi de 8h à 17h, le samedi de 8h à 13h. **Code postal poste restante** : 90028. A Santa Monica, bureau au 1284 5th St., à l'angle d'Arizona (576-2626). Ouvert du lundi au vendredi de 9h à 18h, le samedi de 9h à 13h. **Code postal poste restante** : 90401.

Indicatifs téléphoniques : Los Angeles downtown, Hollywood, Huntington Park, Santa Monica et Montebello **2 1 3**. Malibu, Pacific Coast Highway, Westside, Los Angeles County Est et Ouest **3 1 0**. Los Angeles County Nord, San Fernando Valley et Pasadena **8 1 8**. Orange County **7 1 4**. San Diego County **6 1 9**. Limite est de Los Angeles County **909**. Ventura County **805**.

ORIENTATION

Los Angeles s'étire le long de la côte sud-californienne, à 203 km au nord de San Diego et 645 km au sud de San Francisco. La ville est tentaculaire : on est encore à L.A. à 50 km du centre-ville ! Avant même de songer à parcourir les 10 400 km de rues et les 40 000 carrefours de Los Angeles, procurez-vous un **plan** de la ville si vous ne voulez pas vous perdre. Le guide des rues *Thomas Guide : Los Angeles County Street Guide and Directory* est un bon investissement (25 $).

Le secteur "latino" de L.A., **East L.A.**, commence à l'est de Western Ave., situé au centre-ville. Il se compose des quartiers **Boyle Heights, Montebello** et **El Monte**. Au sud du centre-ville, on trouve la **University of Southern California (USC), Exposition Park**, et les quartiers de **Watts** et **Compton**, à forte population noire. Le secteur du Sud, **South Central**, fut le théâtre des incendies et des pillages qui eurent lieu en 1992. *South Central* et *East L.A.* ont un taux de criminalité élevé et n'attirent que peu les touristes.

Hollywood couvre le nord-ouest du centre-ville. Sunset Boulevard, qui relie le centre de L.A. à la mer, offre un échantillon de tout ce que Los Angeles peut receler : faune balnéaire, luxe tape-à-l'œil, boîtes de nuit en vogue tout au long du "Strip", motels peu recommandables et graffitis géants d'artistes chicanos (américano-mexicains). Hollywood Boulevard passe juste au pied des Hollywood Hills, où les bâtiments à flanc de colline abritent le gratin du cinéma hollywoodien.

L'autre grande partie de la ville est localement baptisée **Westside**. Elle comprend West Hollywood, Westwood, Century City, Culver City, Crenshaw, Bel Air, Brentwood et la ville indépendante de **Beverly Hills**. Ce riche quartier abrite également la *University of California at Los Angeles* (UCLA) et quelques boîtes à la mode peu fréquentées par les touristes, sur Melrose Ave. Le secteur ouest de la ville est connu sous le nom de **Wilshire District**, d'après le grand boulevard qui le traverse. **Hancock Park**, un quartier résidentiel cossu et verdoyant, couvre la partie nord-est du quartier.

La **Valley** s'étend au nord des Hollywood Hills et des Santa Monica Mountains. Elle inclut principalement la **San Fernando Valley**, où plus d'un million de personnes s'entassent dans la périphérie d'un bassin limité au nord et à l'ouest par les Santa Susanna Mountains et la route Simi Freeway, au sud par la route Ventura Freeway et à l'est par la route Golden State Freeway. Les vallées englobent également la banlieue de **San Gabriel** et la ville de **Pasadena**.

128 km de plage bordent la **région côtière** de L.A. **Zuma** se trouve à l'extrémité nord, puis vient **Malibu**, à 24 km au nord de Santa Monica. Un peu plus au sud, on trouve la célèbre communauté balnéaire de **Venice**. Les villes littorales au sud de Santa Monica, y compris le secteur de **South Bay**, sont Marina del Rey, El Segundo Beach, Manhattan Beach, Hermosa Beach et Redondo Beach. Au sud, de

l'autre côté de la **Palos Verdes Peninsula**, se trouve **Long Beach**, une ville portuaire d'un demi-million d'habitants. Enfin, tout au sud, on trouve les villes balnéaires de **Orange County** : Seal Beach, Sunset Beach, Huntington Beach, Newport Beach et Laguna Beach. Ça y est, vous êtes perdu ? Achetez donc une carte...

SE DÉPLACER À L.A.

Transports en commun La voiture est incontestablement le moyen de transport le plus efficace à Los Angeles, même si le réseau de bus locaux **Metropolitan Transit Authority (MTA)** fonctionne (à peu près) correctement. MTA a succédé à RTD (Rapid Transit District), et quelques bus portent encore cette appellation. Il n'est pas très facile de visiter L.A. en bus car les centres d'intérêt sont éloignés les uns des autres et le fonctionnement des lignes est assez confus. Tâchez de loger dans le centre-ville ou à Hollywood (très bien desservis par les bus), de partir pour la journée et d'avoir les poches pleines de petite monnaie. Le service de bus se détériore considérablement à la périphérie de la ville, et des trajets de deux heures sont assez fréquents.

Pour vous familiariser avec MTA, vous pouvez demander par écrit un guide **Riders Kit**, MTA, Los Angeles 90001, ou faire un stop à l'un des dix **customer service centers** (service clientèle). Il en existe trois *downtown* : ARCO Plaza, 505 S. Flower St., Niveau C (ouvert du lundi au vendredi de 7h30 à 15h30), 419 S. Main St. (ouvert du lundi au vendredi de 8h à 16h30) et 1016 S. Main St. (ouvert du mardi au samedi de 10h à 18h). MTA publie des **cartes des lignes de bus** pour les différents quartiers de la ville. Vous pouvez également appeler 800-COMMUTE/266-6883, pour toute information sur les horaires et les correspondances. La grande majorité des lignes sont accessibles aux **handicapés** (les arrêts aménagés sont signalés par le pictogramme international des handicapés).

La **navette DASH**, qui circule au centre-ville, ne coûte que 25 ¢ et s'arrête un peu partout. DASH assure également un service de navette sur Sunset Blvd. à Hollywood, ainsi qu'à Pacific Palisades, Watts, Fairfax, Midtown, Crenshaw, Van Nuys/Studio City, Venice, Warner Center et Southeast L.A. Téléphoner au 213-485-7201 pour connaître la liste des arrêts. Le **tarif de base** de MTA est de 1,10 $, handicapés 45 ¢. Correspondances 25 ¢, personnes âgées 10 ¢. Avoir de préférence la

---

Le métro à Los Angeles : une utopie ?

Tous les habitants de L.A., même les plus hostiles face à la toute-puissance de l'automobile, s'accordent pour dire que la meilleure façon de traverser leur ville est d'utiliser les *freeways*. Le réseau *Metropolitan Transit Authority* (MTA) a tenté - vainement - de contrer l'opinion générale, en entreprenant la construction d'un métro au cœur de la ville. Ce projet, hélas, semble voué à l'échec. Depuis le début des années 80, MTA a essuyé drame sur drame. Premier projet en date, celui de la *Green Line* (ligne verte) qui devait assurer le transport d'ouvriers vers le centre industriel d'El Segundo. Il fut abandonné après que la plupart des dits ouvriers furent licenciés. MTA contre-attaqua avec la *Blue Line* (ligne bleue). Mais les coûts de construction s'envolèrent, de 146 millions de dollars en 1983 à 800 millions en 1990, et la voie n'est pas encore terminée. Le comble, cependant, sera atteint avec la *Red Line* (ligne rouge), dont le coût s'élève pour l'heure à 5,8 milliards de dollars - le projet de travaux publics le plus cher de l'histoire des Etats-Unis. Cette ligne a déjà déraillé deux fois, créant de multiples dégâts le long d'Hollywood Blvd. et incitant des citoyens en colère à poursuivre la firme en justice. Comment expliquer une telle bérézina ? Le gouvernement fédéral parle d'incompétence, mais les autochtones y voient plutôt la marque du destin ; un système de transport en commun est tellement contraire à l'individualisme qui caractérise les habitants de Los Angeles. Si L.A. a été construit autour d'un dédale d'autoroutes et d'embouteillages, ce n'est pas pour rien...

monnaie exacte, les billets sont acceptés. Carnet de 60 tickets DASH 15 $. Les correspondances se font d'une ligne MTA à l'autre, ou pour une autre compagnie. **Sauf mention contraire, tous les numéros donnés dans le texte font référence aux bus MTA.**

L.A. vient de se doter d'un système de transports sur rails, encore incomplet, qui permet de se rendre dans certains quartiers. Pour l'instant, il ne dessert que *downtown*, mais il s'étend rapidement. Appeler le 800-2-LA-RIDE/252-7433 pour en savoir plus. **Metrolink** est un réseau de trains couvrant Orange County, San Bernardino, Riverside, Oxnard et Lancaster. Téléphoner au 808-LINK/5465 pour plus d'informations.

Autoroutes Les autoroutes, les fameux *freeways*, sont l'une des images les plus marquantes de L.A. Lorsqu'elles ne sont pas embouteillées, ces artères à 10 ou 12 voies offrent le summum en matière de vitesse et de commodité (le trajet de *downtown* à Santa Monica peut se faire en 20 mn seulement). La nuit, une séance de *cruising* sur la I-10 (après le centre-ville), qui traverse un décor futuriste de gratte-ciel illuminés et d'échangeurs enchevêtrés, peut s'avérer une expérience inoubliable.

Hélas, la circulation à Los Angeles est totalement imprévisible. Les heures de pointe, matin et soir, sont bien sûr un cauchemar. Mais les travaux sur les routes étant effectués à toute heure, on ne peut jamais être sûr de la fluidité du trafic. La solution ? Une patience à toute épreuve et un petit rappel : quel que soit l'état des autoroutes, elles sont presque toujours plus rapides (jusqu'à cinq fois plus) que les routes ordinaires.

Les Californiens connaissent leurs autoroutes par leur nom, leur numéro ou les deux. Attention, car les noms sont parfois trompeurs. Pour tout renseignement sur les autoroutes, appeler **CalTrans** (213-897-3693).

L'auto-stop est fortement déconseillé. Que vous soyez pris par un psychopathe ou écrasé par un distrait, vos chances de survie sont faibles !

HÉBERGEMENTS

Comme dans toutes les grandes villes, les hôtels bon marché à Los Angeles ne sont pas toujours les plus recommandables. Méfiez-vous des prix particulièrement bas ; ils sont rarement de bonnes affaires. Demandez à voir la chambre avant de vous décider. D'une manière générale, il faut compter au moins 35 $ pour loger dans un hôtel sûr à L.A. Il existe heureusement plusieurs auberges de jeunesse (voir ci-dessous). Les prix mentionnés n'incluent pas la taxe d'hôtel de 14 % pratiquée à L.A.

Downtown

Grouillant de monde et relativement sûr dans la journée, le quartier du centre-ville se vide et devient mal fréquenté à la fin de la journée et le week-end. On peut toutefois trouver à se loger pour des prix intéressants.

Hotel Stillwell, 838 S. Grand Ave. (627-1151 ou 800-553-4774). Récemment rénové, cet hôtel ultra-propre est l'une des meilleures options de *downtown*. Chambres claires avec meubles et tissus tout neufs. Clim., TV couleur. Parking (3 $). Simples à 35 $, 175 $ la semaine. Doubles 45 $, 225 $ la semaine.

Milner Hotel, 813 S. Flower St. (627-6981 ou 800-827-0411). Une situation centrale et des chambres bien entretenues compensent une décoration un peu fatiguée. Bar, grill et agréable salon dans le hall. Clim., TV avec chaîne câblée HBO. Simples à 35 $, doubles à 45 $.

Royal Host Olympic Motel, 901 W. Olympic Blvd. (626-6255). Motel un peu décrépit mais propre. Simples à 35 $, 175 $ la semaine. Doubles à 40 $, 120 $ la semaine. Réductions étudiant et week-end.

Park Plaza Hotel, 607 S. Park View St. (384-5281), à l'angle ouest de 6th St. en face du *MacArthur Park*. Bâti en 1927, ce gigantesque hôtel Art déco abrite un hall de 3 étages tout de marbre vêtu ainsi qu'un escalier monumental. Même si vous n'en-

CALIFORNIE

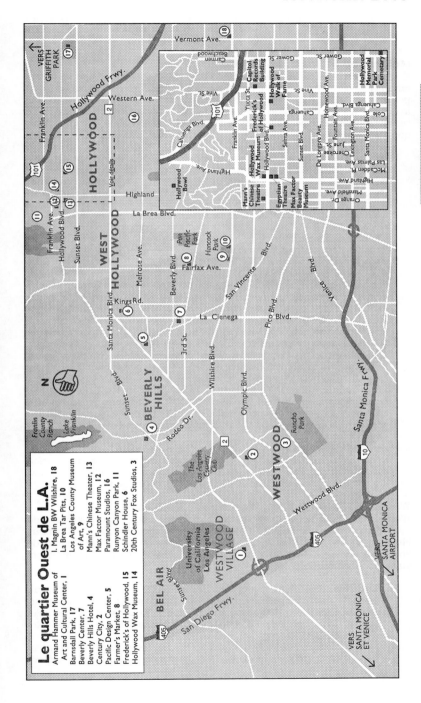

Le quartier Ouest de L.A.

Armand Hammer Museum of Art and Cultural Center, 1
Barnsdall Park, 17
Beverly Center, 7
Beverly Hills Hotel, 4
Century City, 2
Pacific Design Center, 5
Farmer's Market, 8
Frederick's of Hollywood, 15
Hollywood Wax Museum, 14

I. Magnin BW Wilshire, 18
La Brea Tar Pits, 10
Los Angeles County Museum of Art, 9
Mann's Chinese Theater, 13
Max Factor Museum, 12
Paramount Studios, 16
Runyon Canyon Park, 11
Schindler House, 6
20th Century Fox Studios, 3

visagez pas d'y séjourner, le détour vaut le coup d'œil. Clim. (dans certaines chambres) et TV couleur dans les chambres, petites mais propres (tout juste rénovées). Piscine olympique. Simples à 57 $, doubles à 62,50 $.

Hollywood et West Hollywood

Hollywood est bien relié aux autres secteurs de la ville et contient les sites, les restaurants et les boîtes de nuit les plus réputés. Soyez vigilant si vous cherchez un motel petit budget du côté d'Hollywood ou Sunset Blvd. - surtout à l'est de ces artères - car le quartier n'a pas très bonne réputation la nuit. Les auberges de jeunesse de ce secteur sont généralement d'un très bon rapport qualité-prix, meilleur en tout cas que dans *downtown*.

Hollywood International Guest House and Hostel, 6561 Franklin Ave. (213-850-6287, 800-750-6561 en Californie seulement). Auberge située dans un quartier résidentiel, à 2 blocks d'Hollywood Blvd., au coin de Whitley. Ravissante maison cachée par les arbres et une haute clôture (repérez le numéro, pas l'enseigne). Les chambres de quatre sont propres, claires et spacieuses. Salon joliment meublé, calme et confortable. Service de navette pour LAX, Amtrak, Greyhound et quelques attractions des environs. Café gratuit, cuisine bien équipée. Draps compris. Pas de couvre-feu. Chambre commune (quatre personnes) 12 $, chambre double 24 $. Réception de 9h à 20h. Réserver longtemps à l'avance.

Banana Bungalow Hollywwod (AAIH/Rucksackers), 2775 Cahuenga Blvd. (213-851-1129 ou 800-4-HOSTEL/467735), à Hollywood, juste après le Hollywood Bowl. Personnel serviable, sympathique et ambiance très «sac-à-dos». Navette gratuite depuis l'aéroport ainsi que pour les plages et les attractions locales. Films gratuits tous les soirs et fêtes fréquentes. Piscine, terrain de basket, salle de musculation et bungalow snack-bar. Restaurant servant le petit déjeuner (2-4 $), le déjeuner (2-4,50 $) et le dîner (2-5,50 $), tous les jours. Réception 24h/24, chambres libérées à 10h30. Lits superposés dans des chambres de 6 à 10, avec s.d.b. et TV couleur. Chambres mixtes pour la plupart, mais quelques-unes pour les femmes seulement. Draps compris. 15 $ la nuit, chambre double 45 $. Passeport et billet d'avion international exigés pour les dortoirs.

Hollywood International Youth Hostel, 1553 N. Hudson Ave. (213-467-4161). Etablissement flambant neuf administré par YMCA. Chambres propres et bien aménagées. 15 $ la nuit. Séjour maximum de 7 nuits. Pas de cuisine mais utilisation gratuite de la salle de gym du YMCA. Dortoirs non mixtes. Fermeture des portes de 10h à 16h.

Hollywood Hills Hostel, 1921 Highland Ave. (213-876-6544). A l'intérieur du *Hollywood Terrace Hotel*, à 2 blocks au sud du Hollywood Bowl. Assez propre et confortable. Navette pour l'aéroport, Amtrak, Greyhound. Draps fournis. Pas de couvre-feu, chambres libérées à 11h. Chambre commune 15 $, double 30 $.

Westside : Beverly Hills, Westwood, Wilshire

Westside est un quartier chic et relativement sûr, mais les chambres y sont hors de prix. Vous pouvez téléphoner au bureau d'hébergement **UCLA Off-Campus Housing Office** (310-825-4491, 350 Deneve Dr., ouvert du lundi au vendredi de 8h à 17h) pour savoir s'ils peuvent vous mettre en contact avec des étudiants disposant d'une chambre libre.

The Little Inn, 10604 Santa Monica Blvd. (310-475-4422), sur «Little Santa Monica», la petite rue parallèle au boulevard, vers le sud. Façade peu attrayante, mais l'intérieur dissipe vite cette mauvaise impression. Chambres spacieuses et impeccables avec clim., TV, réfrigérateur. Réception 24h/24, chambres libérées à 11h. Simples à 40 $, doubles à 45-55 $.

Stars Inn, 10264 Santa Monica Blvd. A quelques blocks à l'est de *Little Inn*, cet établissement est administré par la même société et offre un standard identique. Chambres vastes et propres, avec s.d.b. Vue sur les lumières de Century City. Clim., câble, réfrigérateur. Chambres libérées à 11h. Simples à 40 $, doubles à 45-55 $.

Crest Motel, 7701 Beverly Blvd. (213-931-8108), près de Hollywood et Beverly Hills. Etablissement agréable malgré quelques fautes de goût ; murs rose pêche, moquette et dessus-de-lit mal assortis… mais est-ce vraiment important ? Toutes les chambres sont pourvues d'un grand placard. Piscine, TV câblée et clim. Simples à 34 $, doubles à 38 $. Caution pour la clé 5 $.

Santa Monica et Venice

Les auberges de jeunesse de Venice Beach sont le repaire d'une clientèle jeune et cosmopolite ; rencontres en tout genre, discussions tardives et fiestas sont au programme. Sunset Strip est certes un peu éloigné, mais vous aurez la primeur de plages animées, d'une architecture originale et d'une population décontractée qui se voue au culte du soleil et du non-conformisme.

HI-Los Angeles/Santa Monica (HI-AYH), 1436 2nd St. (310-393-9913), à 2 blocks de la plage, en face de la promenade de Santa Monica. Charmante auberge de jeunesse… dotée d'un important dispositif de sécurité. Cuisine gigantesque, laveries, deux films par soir, bibliothèque et petit déjeuner (75 ¢-2 $). Plus de 200 lits. Coffres-forts et consigne disponibles. Séjour de 28 jours max. 15 $ la nuit, doubles 43 $. Non-membres 18/46 $.

Venice Beach Cotel, 25 Windward Ave. (310-399-7649), à Venice, à quelques pas de la plage. Clientèle internationale, passeports exigés. Chambres modernes, correctes et bien aérées. Draps, serviettes et savon fournis. Pas de couvre-feu mais consignes de sécurité strictes. Navette au départ de LAX (5 $), transports organisés pour diverses attractions (15-25 $). Dortoirs (3 à 6 personnes) à 13 $ (s.d.b. commune, pas de vue sur la mer) ou 16 $ (s.d.b. privée avec vue sur la mer).

Venice Marina Hostel, 2915 Yale Ave. (310-301-3983), Marina del Rey. Un refuge paisible et accueillant, loin de la cohue de la plage. Navette gratuite depuis LAX. Salle TV, laverie et cuisine familiale. Pas de couvre-feu. Réception 24h/24. Chambres libérées à une heure négociable. Draps, petit déjeuner et appels locaux gratuits. Personnel sympathique. Dortoirs de 10 lits à 14 $.

Cadillac Hotel, 401 Ocean Front Walk (310-399-8876), à Venice. Maison Art déco située en front de mer. Salle de gym vaste et bien équipée, avec sauna. Terrasse sur le toit et parking possible (très rare à Venice). Clientèle internationale. Dortoirs avec s.d.b. pour 18-20 $. Les chambres privées sont plus chères mais luxueuses (à partir de 55 $). Remise pour les lecteurs de *Let's Go*. Accès handicapés.

Share-Tel Apartments, 20 Brooks St. (310-392-0325). Etablissement bien entretenu. Présenter un passeport. En-cas gratuits. Transport depuis l'aéroport gratuit. Visites guidées des principales attractions (10-20 $). Dortoirs à 18 $, 100 $ la semaine. Parking disponible (10 $ en été, 5 $ hors saison).

Inglewood

Inglewood abrite une excellente auberge de jeunesse, le **Backpackers Paradise**, 4200 W. Century Blvd., Inglewood, CA 90304 (310-419-0999). Cette étape de luxe sur la route des hôtels à petit budget est pourvue d'une piscine chauffée, d'une table de billard, d'une salle de ping-pong et de jeux vidéo. Le prix varie de 12 à 32 $. Navette gratuite pour LAX et autres attractions locales, et service hebdomadaire pour San Diego (12 $). Location de bicyclettes et de planches de surf (10 $ par jour chacune), laverie et petit déjeuner offert. Une mise en garde, toutefois : Inglewood est un quartier un peu malfamé, éloigné des grands centres d'intérêt. Evitez au maximum de vous y déplacer à pied ou en transport en commun.

RESTAURANTS

La variété culinaire à Los Angeles est à la mesure de sa diversité ethnique (plus de 116 langues différentes sont parlées dans la ville). Certains types de cuisine se concentrent dans le même quartier. On trouve des spécialités juives et d'Europe de l'Est dans le coin de **Fairfax**, de la cuisine mexicaine à **East L.A.**, des établissements japonais, chinois, vietnamiens et thaïs aux alentours de **Little Tokyo** et de **Chinatown**, et des fruits de mer tout le long de la côte. La ville abrite également des restaurants hawaïens, indiens, éthiopiens et portugais. D'autres établissements attirent une clientèle plus soucieuse de se faire voir que de bien manger, et d'autres encore servent des plats trop beaux pour être consommés (c'est ici que la vague de la nouvelle cuisine atteignit son apogée dans les années 80).

Les amateurs de fast-food pourront essayer **In 'n' Out Burger** (plusieurs adresses, appeler le 818-287-4377 pour connaître la plus proche), une chaîne populaire qui vend également des T-shirts. **Johnny Rocket's** vous plongera dans l'ambiance nostalgique des *diners* (petits restaurants) américains. **California Pizza Kitchen (CPK)** est réputé pour ses pizzas cuites au feu de bois et bien garnies. Les pâtes, les salades et les desserts sont également excellents.

Downtown

On trouve de nombreuses options pour déjeuner dans le quartier des affaires. Les choses se compliquent le soir : un dîner comestible à prix raisonnable devient chose rare. Le quartier de **Chinatown** abrite des restaurants proposant des plats du jour classiques, et des traiteurs bon marché. Le coin de **Weller Court**, près du *New Ofani Hotel,* comprend plusieurs restaurants japonais, dont quelques-uns abordables.

The Pantry, 877 S. Figueroa St. (213-972-9279). Ouvert dans les années 20, ce restaurant populaire fait salle comble. 84 places pour 2 500 à 3 000 repas par jour ! Préparez-vous à faire la queue pour le petit déjeuner géant (6 $), surtout le week-end. Le brunch dominical est une tradition bien établie à L.A. Ouvert 24h/24.

Philippe's, The Original, 1001 N. Alameda (213-628-3781), au nord de *Union Station.* Enorme variété de plats, aux portions généreuses et à tout petit prix. Les sandwiches *French-dip* (au bœuf, porc, jambon, dinde ou agneau avec sauce «française», 3-4 $) sont devenus cultes. Pour le dessert, grande part de tarte (1,90 $) et tasse de café (10 ¢). Ouvert tous les jours de 6h à 22h.

La Luz Del Día, 1 W. Olvera St. (213-628-7495). Restaurant mexicain authentique et peu cher. Une perle à débusquer au milieu des innombrables attrape-touristes mexicains d'Olvera St. Les *tortillas* (crêpes fourrées) sont faites sur place, et servies avec une *salsa* bien relevée. Plats garnis 4-5 $. Ouvert du mardi au dimanche de 11h à 22h.

Mon Kee Restaurant, 679 N. Spring St. (213-628-6717), à Chinatown. L'un des meilleurs restaurants chinois de L.A., réputé pour ses fruits de mer. Menu interminable pour un succulent dîner (à partir de 10 $). Ouvert du dimanche au jeudi de 11h30 à 21h45, le vendredi et le samedi de 11h30 à 22h15.

Wilshire District et Hancock Park

La Brea Ave. et le Pico Blvd. sont dotés de quelques restaurants qui valent le détour.

The Apple Pan, 10801 W. Pico Blvd. (310-475-3585), à West L.A. Depuis *downtown*, prendre le bus n° 431. Ce petit bâtiment qui ne paie pas de mine attire les foules depuis 1927 pour ses délicieux hamburgers (3,60 $) et sandwiches (3-5 $), suivis comme dessert d'énormes parts d'*apple pie* (tarte aux pommes, 2,50 $). Clientèle locale pittoresque. Ouvert le dimanche et du mardi au jeudi de 11h à 24h, le vendredi et le samedi de 11h à 1h.

Shalom Pizza, 8715 W. Pico Blvd. (271-2255). Pizzeria casher. Grande pizza fromage à 11 $. Ouvert le dimanche et le jeudi de 11h à 22h, du lundi au mercredi de 10h à 21h, le vendredi de 11h à 2 heures avant le coucher du soleil, le samedi de 1 heure après le lever du soleil à 2h.

Cassell's Hamburgers, 3266 W. 6th St. (213-480-8668), dans le quartier de Wilshire District. Parmi les meilleurs burgers de la ville. Burger classique à 4,60 $, burgers allégés à la dinde (4,60 $) ou au blanc de poulet (5 $). Ouvert du lundi au samedi de 10h30 à 16h.

Hollywood

Certains restaurants de ce célèbre quartier ont pour spécialité des additions astronomiques. Mais rassurez-vous : il n'y a pas que ça. La plupart des résidents d'Hollywood et de West Hollywood sont de jeunes célibataires peu fortunés. D'où une pléthore de restaurants bon marché, servant toutes sortes de cuisine sur Hollywood et Sunset Blvd. ou des recettes méditerranéennes sur Fairfax. Melrose abonde en cafés et snack-bars à la mode, disposant pour la plupart de terrasses extérieures.

Lucy's El Adobe Café, 5536 Melrose Ave. (213-462-9421), à un block à l'est de Gower St., à Hollywood. Une des toutes premières tables mexicaines de la ville. Un restaurant fréquenté par les politiciens et les employés des studios Paramount, juste en face. Tout en mastiquant votre *tostada* (7 $), vous pouvez jeter un œil aux photos de célébrités qui ornent les murs. Dîners complets à 8-14 $. Ouvert du lundi au jeudi de 11h30 à 23h, le vendredi et le samedi de 11h30 à 23h30.

Duke's, 8909 Sunset Blvd. (310-652-3100), à West Hollywood. Le rendez-vous des gros bonnets de l'industrie musicale. Goûtez le *«Revenge»* (œufs brouillés à l'avocat, crème fraîche, oignons, tomates et piment). Plats principaux à 4-7 $. Ouvert du lundi au vendredi de 7h30 à 21h, le samedi et le dimanche de 8h à 16h.

Chin Chin, 8618 Sunset Blvd. (310-652-1818), à West Hollywood. Autres adresses à Brentwood, Studio City et Woodland Hills. Extrêmement populaire à l'heure du déjeuner pour son *dim sum* fait maison (environ 5 $). Excellente cuisine sino-américaine, dont une délicieuse salade de poulet émincé (6 $). Tables en terrasse, service à emporter et menu diététique pour les amateurs. Ouvert du dimanche au jeudi de 11h à 23h, le vendredi et le samedi de 11h à 24h.

El Chavo, 4441 Sunset Blvd. (213-664-0871), à Hollywood. Un lieu très populaire. Les margaritas mousseuses à souhait (3,75 $) y sont sûrement pour quelque chose. Ambiance feutrée et tamisée qui accompagne les *tostada con chorizo* (7,75 $) et autres plats (5,50-9,75 $). Commande de 7,50 $ minimum. Musique *live* du mardi au dimanche. Cartes de crédit non acceptées. Ouvert tous les jours de 11h30 à 23h.

Pink's Famous Chili Dogs, 711 N. La Brea Ave. (213-931-4223), à Hollywood. Atmosphère un brin prétentieuse, mais les *chili dogs* (hot-dogs au chili, 2,10 $) y sont un régal depuis 1939. Ouvert du dimanche au jeudi de 8h à 2h, le vendredi et le samedi de 8h à 3h.

The Nature Club Café, 7174 Melrose Ave. (213-931-8994), à Hollywood. Jouxtant une boutique de plantes aromatiques, ce restaurant réjouira tous les adeptes des menus végétariens. Buffet salade copieux à 8 $. Ouvert tous les jours de 11h30 à 22h. Accès handicapés.

Beverly Hills

Un quartier à éviter si vous voyagez avec un budget très serré. Les notes sont particulièrement salées.

The Cheesecake Factory, 364 N. Beverly Dr. (278-7270), également à Brentwood (310-826-7111). Préparez-vous à faire la queue devant cet établissement très très populaire. Si les portions excessivement copieuses vous effraient, choisissez le demi-sandwich accompagné de soupe ou de salade (6 $). Les *cheesecakes* (gâteau au fromage blanc), spécialité de la maison, sont à tous les parfums. Laissez-vous tenter par le *strawberry shortcake* (4,50-5,25 $), une petite faiblesse qui vous perdra. Ouvert le dimanche de 10h à 23h, du lundi au jeudi de 11h à 23h, le vendredi et le samedi de 11h à 12h30.

Ed Debevic's, 134 N. La Cienega Blvd. (659-1952), à Beverly Hills. De loin le plus sympathique des *diners* style années 50, toujours bondé. Ambiance délibérément ringarde et prix raisonnables (vous vous en tirerez normalement pour moins de 7 $). Les serveurs dansent tout en servant ! Ouvert du lundi au jeudi de 11h30 à 15h et de 17h30 à 22h, le vendredi et le samedi de 11h30 à 24h, le dimanche de 11h30 à 22h.

La Salsa : Tacos al Carbon, 9631 Santa Monica Blvd. (276-2373), à Beverly Hills. Un marchand de tacos comme on aimerait en voir plus souvent. Les *beautiful people* s'y réunissent autour de bonnes *tortillas*, de poulet grillé et de sauces savoureuses (6 variétés). Le tout pour 5 $ environ. Ouvert du lundi au vendredi de 10h30 à 21h30, le samedi de 11h à 19h, le dimanche de 11h à 20h.

Westwood and UCLA

Quartier estudiantin où la bière coule à flot et les repas bon marché abondent.

Mongols B-B-Q, 1064 Gayley Ave. (310-824-3377). Pour 5,45 $, on remplit un bol de viande crue, de riz et de légumes que le chef prépare sur un grill, au milieu du restaurant. Tâchez d'arriver tôt pour éviter la file d'attente. Ouvert du dimanche au jeudi de 11h30 à 22h, le vendredi et le samedi de 11h30 à 23h.

Sphinx, 1779A Westwood Blvd. (310-477-2358). La cuisine délicieuse - à des prix imbattables - compense largement un décor peu attrayant. Le poulet barbecue (3,50 $) est le meilleur du quartier. Ouvert du lundi au vendredi de 10h à 21h30, le samedi de 11h à 21h30.

Sak's Teriyaki, 1121 Glendon Ave. (310-208-2002), à Westwood, dans une cour en retrait. Excellents plats japonais à petits prix, dont des brochettes de poulet et de bœuf (3,70-5 $). Essentiellement fréquenté par les étudiants. Ouvert du lundi au mercredi de 10h à 22h, le jeudi et le vendredi de 10h à 23h, le samedi de 11h à 23h, le dimanche de 11h à 22h.

Tacos Tacos, 1084 Glendon Ave. (310-824-6262), à Westwood Village. Spécialités de tacos, bien entendu. Clientèle d'étudiants qui viennent se rassasier, jouer au billard et savourer quelques bières. *Happy hour* le samedi et le jeudi. Plats mixtes à 5 $. Réductions pour les étudiants. Ouvert du lundi au samedi de 11h à 22h30, le dimanche de 11h à 21h.

Santa Monica, Venice et Marina del Rey

La plupart des restaurants de Santa Monica sont onéreux. Le nouveau **EATZ Café** à Santa Monica Place (au bout de 3rd St. Promenade, sur Broadway) propose un menu très varié et de qualité. La cuisine de Venice comprend tous les styles, du très gras jusqu'au diététique - ce qui sied parfaitement à sa population jeune, bronzée et peu fortunée.

Wolfgang Puck's Express, 1315 3rd St. (310-576-4770), au deuxième niveau d'un complexe de restauration sur 3rd St. Promenade. Cuisine californienne typique dans un décor pas très discret. Salades, pizzas et pâtes de 6 à 8,50 $. Ouvert du dimanche au jeudi de 11h à 22h, le vendredi et le samedi de 11h à 23h.

Noah's New York Bagels, 2710 Main St. (310-396-4339), à Santa Monica. Cette chaîne implantée à San Francisco vend d'excellents *bagels*, sa spécialité. Ouvert du lundi au vendredi de 6h30 à 19h, le samedi de 7h à 19h, le dimanche de 7h à 18h.

Tito's Tacos, 11222 Washington Place (310-391-5780), un peu à l'écart à Culver City, quasiment *en dessous* de la San Diego Fwy. (route 410). Le *burrito*, avec ses gros morceaux de bœuf, est la vedette du menu (2,50 $). *Tostadas* et *enchiladas* à 1,25 $, tacos à 1 $. Immense parking. Ouvert tous les jours de 9h environ à 23h30.

Windward Farms Market, 105 Windward (310-392-3566), à Venice. Pain complet et fruits frais, ou sandwiches élaborés (50 ¢-3,50 $) et milk-shakes énergétiques (2,50 $). Parfait pour préparer son pique-nique sur la plage. Ouvert tous les jours de 8h à 19h30.

Café 50s, 838 Lincoln Ave. (310-399-1955), à Venice. *Diner* rétro avec - chose rare pour ce genre d'établissement - de la bonne cuisine. Succulents *huevos rancheros* (œufs au fromage) et *frijoles* (haricots noirs) 4,25 $. Ouvert du dimanche au jeudi de 7h à 23h, le vendredi et le samedi de 7h à 24h.

Sidewalk Café, 1401 Ocean Front Walk (310-399-5547), à Venice. Café populaire avec terrasse. Musique *live* presque tous les soirs. Omelettes 5,25-10 $, sandwiches 5-9 $. Ouvert du dimanche au jeudi de 8h à 24h, le vendredi et le samedi de 8h à 1h.

On The Waterfront Café, 205 Ocean Front Walk (310-392-0322), à Venice. Charmant bar/café fréquenté par des touristes de toutes nationalités. Bière Warsteiner à la pression. Salades, sandwiches et pâtes pour tous les goûts. Les meilleures moules de la plage (12 $ pour deux). Ouvert du lundi au vendredi de 10h à 22h, le samedi et le dimanche de 9h à 23h.

Aunt Kizzy's Back Porch, 4325 Glencoe Ave., C-9 (578-1005), à Marina del Rey. Classée meilleure cuisine noire américaine par *L.A. Magazine*. Magic Johnson est un habitué. Au menu : poulet et *dumplings* (boulettes de pâte) ou côtes de porc servies avec *cornbread*, riz, *gravy* (sauce) et légumes (7 $). Ouvert du dimanche au jeudi de 11h à 22h, le vendredi et le samedi de 11h à 23h. Brunch tous les dimanches.

San Fernando Valley

Ventura Blvd. compte de nombreux restaurants. Un déjeuner près des studios à **Studio City** est la meilleure façon de côtoyer les stars. Mais attention, la règle doit être observée : vous pouvez les dévisager tant que vous voulez, mais ne les importunez pas et *ne demandez pas d'autographes*.

Dalt's Grill, 3500 W. Olive Ave. (818-953-7752) à Burbank, est un grill animé et un peu tape-à-l'œil juste à côté des *Warner Studios*. Burgers et sandwiches aux alentours de 4-5 $. Ouvert du lundi au jeudi de 11h à 23h, le vendredi et le samedi de 11h à 1h, le dimanche de 10h à 24h. Le bar en chêne laqué est bien approvisionné et reste ouvert jusqu'à 2h tous les soirs.

Poquito Más, 3701 Cahuenga Blvd. (818-760-8226), est un restaurant mexicain très en vogue, à l'ambiance sage, réputé pour ses *tacos* au poisson (3,45-5 $ pour deux). *Carnita* incomparable pour seulement 1,85 $. Ouvert du dimanche au jeudi de 10h à 24h, le vendredi et le samedi de 10h à 1h.

Versailles, 17410 Ventura Blvd. (818-906-0756) à Encino, prépare de la cuisine... cubaine ! Les habitants du quartier viennent déguster, le soir, du poulet (6,50 $), servi avec de la sauce *mojo*, de la soupe de haricots noirs, du riz et de la banane frite. Déjeuner pour 4 $. Ouvert du dimanche au jeudi de 11h à 22h, le vendredi et le samedi de 11h à 23h.

VISITES
Downtown

Le centre-ville de Los Angeles est à lui seul plus vaste que nombre de villes. Le **Financial District** (entre 3rd et 5th St. et Figueroa et Grand Ave.) rassemble quelques beaux gratte-ciel de verre et d'acier qu'une visite à pied permet d'admirer. Conçu par l'architecte Pei, le **First Interstate World Center** (663 W 5th St.) est le plus haut building à l'ouest du Mississippi avec 73 étages. Le **Oviatt Building** (617 S Olive St.) est un superbe bâtiment Art déco. Le **Times-Mirror Building** (220 W 1st) est l'un des plus impressionnants. L'hôtel **Westin Bonaventure** (4045 Figueroa St) flanqué de 5 cages d'ascenseurs cylindriques évoque les scènes opposant John Malkovich à Clint Eastwood dans le film *Dans la ligne de mire*.

Au nord du quartier des affaires, se dresse le **Music Center** de L.A., 135 N. Grand Ave. (213-972-7211), réunissant le **Dorothy Chandler Pavillion** (où se déroule la cérémonie des Oscars), le **Mark Taper Forum** et l'**Ahmanson Theatre**. Ce centre musical est le siège du *Los Angeles Philharmonic Orchestra* et du *Joffrey Ballet*. Les mélomanes dînent en général à Chinatown ou à Little Tokyo avant une soirée à l'opéra.

Plus au nord, le lieu de naissance historique de L.A. est bordé par Spring St., Arcadia St. et Macy St. A l'endroit même où se tenait jadis le centre de la ville, **El Pueblo de Los Angeles State Historic Park** (213-680-2525) conserve un grand nombre de bâtisses historiques datant des époques espagnole et mexicaine. Ouvert tous les jours de 9h à 21h. Il est recommandé de commencer par le *visitors center*, 622 N. Main (213-628-1274), dans la Sepulveda House, qui propose des visites pédestres gratuites (du mardi au samedi toutes les heures de 10h à 13h, appeler pour vérifier). Les visites débutent à **Old Plaza**, une place dominée par des figuiers centenaires de Moreton Bay et un imposant kiosque à musique. Elles se poursuivent avec **Avila Adobe**, 10 E. Olvera St., la plus vieille demeure de la ville (la maison en adobe originale a été remplacée par une réplique en ciment, plus résistante aux secousses sismiques), puis par **Pico House**, 500 N. Main St., jadis l'hôtel le plus élégant de Los Angeles. Plus bas, au 535 N. Main St., l'église **Plaza Church**, datant de 1818, se distingue par sa façade d'adobe rose. Le *visitors center* projette un film de 18 mn, *Pueblo of Promise,* retraçant l'histoire de Los Angeles. **Olvera Street**, l'une des plus anciennes rues de L.A., est aujourd'hui baptisée Tijuana North par les autochtones. Elle regorge d'échoppes pour touristes vendant toutes sortes d'artisanat mexicain. Olvera St. est également le site des célébrations du Cinco de Mayo organisées par la population mexicaine de L.A. De l'autre côté d'Alameda St., depuis El Pueblo, se dresse l'ancienne gare **Union Station**.

Chinatown, au nord de ce secteur, est délimité en gros par Yale, Spring, Ord et Bernard St. Depuis *downtown*, prendre la navette DASH. Le film *Chinatown* de Roman Polanski fut tourné dans ce quartier autrefois malfamé. **Little Tokyo** couvre 2nd et San Pedro St., à l'extrémité est de *downtown*. Le **Japanese Village Plaza** (213-620-8861), au block 300 de E. 2nd St., centre du quartier japonais, allie galeries marchandes américaines et architecture moderne nippone. Le **Japanese-American National Museum** est l'œuvre de Buckminster Fuller et d'Isamu Noguchi, qui réalisa la sculpture monumentale de la cour. Les bureaux administratifs sont ouverts du lundi au vendredi de 9h à 17h.

Exposition Park

Ce parc est l'un des rares endroits de L.A. réunissant en un même lieu plusieurs sites touristiques. *Sachez cependant que le quartier est dangereux, surtout la nuit.* Le parc se trouve au sud-ouest de *downtown*, au détour de Harbor Fwy. Il est circonscrit par Exposition Blvd., Figueroa St., Vermont Ave. et Santa Barbara Ave. Depuis *downtown*, prendre le bus n° 40 ou 42 (depuis Broadway entre 5th et 6th) jusqu'à l'extrémité sud du parc. Depuis Hollywood, prendre le bus n° 204 jusqu'au bout de Vermont. Au départ de Santa Monica, prendre le bus n° 20, 22, 320 ou 322 sur Wilshire, et changer à Vermont pour prendre le n° 204.

Les botanistes amateurs se rendront à la vaste **roseraie** située dans la cour en face du *Museum of Science and Industry*. Plus de 16 000 spécimens de 190 variétés de roses ornent les chemins, les pelouses et les belvédères. A côté, le **cinéma IMAX** (écran géant hémisphérique) projette des classiques comme le reportage *live* des Rolling Stones en tournée (6 $, enfants et personnes âgées 4 $).

Le campus de la **University of Southern California (USC)** se trouve en face d'*Exposition Park* sur Exposition Blvd. C'est un endroit généralement sans risque, mais évitez de vous y promener la nuit. Visites guidées du lundi au vendredi de 10h à 14h, à l'heure pile (213-740-2300). La **Fisher Gallery**, 823 Exposition Blvd. (213-740-4561), abrite des peintures hollandaises des XVIIIe et XIXe siècles, de la collection Armand Hammer. Ouvert l'été du mardi au vendredi de 12h à 17h, le samedi de 11h à 15h (entrée gratuite).

Au sud du parc, en direction de l'ouest, s'étire la ville d'**Inglewood**, siège du **Great Western Forum**. C'est dans ce stade que jouent l'équipe de hockey des **Los Angeles Kings** et la fameuse équipe de basket des **Los Angeles Lakers**. Les billets pour les matchs sont très demandés. Pour voir les Lakers ou les Kings, ou tout autre événement sportif du Forum, appeler le **Forum Box Office** (billets pour les Kings 310-419-3160, pour les Lakers 310-419-3182, ouvert tous les jours de 10h à 18h) ou **Ticketmaster** (213-480-3232). Le prix des billets varie de 11 à 110 $.

Wilshire District et Hancock Park

Wilshire Blvd., en particulier le segment Miracle Mile entre Highland et Fairfax Ave., joua un rôle primordial dans l'expansion de la banlieue ouest de Los Angeles. Les quartiers résidentiels et leur architecture des années 20 méritent bien une promenade en voiture. Les rues au sud de Wilshire en face de Hancock Park sont bordées de bungalows espagnols et, çà et là, de presbytères modernistes. Le **Los Angeles Conservancy** (213-623-2489) organise des visites des bâtiments Art déco de *downtown* le samedi pour 5 $ (réserver une semaine à l'avance).

En descendant Wilshire sur quelques kilomètres, à **Hancock Park**, une odeur âcre de pétrole infeste les alentours de **La Brea Tar Pits**, un gisement de goudron qui a permis la découverte des plus anciens mammifères fossilisés. Il y a quelques milliers d'années, les animaux qui venaient s'y désaltérer se retrouvèrent pris au piège de ce bourbier, masqué par une mince couche d'eau. La plupart des ossements retrouvés dans les gisements entre 1913 et 1915 sont aujourd'hui exhibés dans le **George C. Page Museum of La Brea Discoveries**, 5801 Wilshire Blvd. (informations enregistrées 213-936-2230, opérateur 213-857-6311). Le musée comprend des reconstitutions d'animaux de la période glaciaire, des tableaux sur la vie à Los Angeles pendant la période glaciaire (beaucoup moins d'embouteillages…), un laboratoire où l'on voit des paléontologues à l'œuvre derrière des cloisons de verre et une section sur les méfaits du goudron. Vous pourrez également observer la transformation holographique d'un paresseux à deux doigts ! Des fouilles archéologiques sont toujours effectuées au **Pit 91**, derrière le musée d'Art populaire adjacent. Ouvert tous les jours de 10h à 17h (5 $, personnes âgées et étudiants 3,50 $, enfants de 5 à 10 ans 2 $, moins de 5 ans gratuit. Entrée gratuite le 1er mardi du mois. Parking 7,50 $. Visites guidées du musée du mercredi au dimanche à 14h, visites des gisements à 13h).

A 5 km environ au nord-est de *downtown*, l'**Elysian Park** couvre 212 ha de verdure et constitue un lieu idéal de pique-nique. Le parc contourne la partie nord de Chavez Ravine, qui abrite le **Dodger Stadium** (213-224-1400), antre de l'équipe de base-ball des **Los Angeles Dodgers**. Les tickets, qui coûtent de 6 à 11 $ (toutes les places offrent une bonne vue du terrain), s'arrachent lorsque les Dodgers font une bonne saison. Achetez-les à l'avance si possible (tickets 213-964-6346). Des billets sont vendus au marché noir à l'extérieur, avec une majoration conséquente.

Hollywood

Le Hollywood moderne n'est plus le haut lieu des stars et des studios de production. Au nord, la traversée d'**Hollywood Hills** vous plongera dans un paysage d'orangeraies qui attira les premiers cinéastes. Ici, les luxueuses villas aux piscines ombragées de palmiers sont la norme. Les grandes artères comme Hollywood Boulevard brillent toujours de tous leurs feux, mais cèdent du terrain aux sex-shops. Avouons-le ! Hollywood est un endroit encore fascinant, mais l'âge d'or est passé.

Le **Hollywood sign**, cette inscription en lettres de 15 m de haut irrégulièrement perchées sur le mont Cahuenga, est, comme la statue de la Liberté à New York et la tour Eiffel à Paris, le symbole universellement connu d'Hollywood. Le panneau original de 1923 indiquait HOLLYWOODLAND. Il s'agissait en fait d'une publicité immobilière pour un nouveau quartier de Hollywood Hills. Le panneau a été la cible de nombreux farceurs, qui subtilisèrent ou transformèrent certaines lettres (un exemple parmi d'autres, *Hollyweed*, manifestement par des adeptes de l'"herbe sainte", la marijuana…). On peut s'en rapprocher en montant Beachwood Dr. jusqu'aux collines (bus MTA n° 208). Là, une promenade le long des petites rues tortueuses donnera un bel aperçu du mode de vie des célébrités. **Hollywood Blvd.**, avec ses boutiques de souvenirs, ses boîtes de nuit et ses cinémas, est le théâtre d'une animation permanente. La plupart des sites à voir se concentrent à l'intersection de Highland Ave. et Hollywood Blvd., et à l'ouest d'Hollywood. A l'est, les choses se gâtent. La façade du cinéma **Mann's Chinese Theater** (autrefois Grauman's) 6925 Hollywood Blvd. (213-464-8111), entre Highland et La Brea, est la reconstitution clinquante d'une pagode chinoise. La cour ne désemplit pas de touristes venus admirer les empreintes des vedettes du cinéma moulées dans le ciment à La Brea. Juste en face de Mann's se trouve le cinéma tout juste rénové **El Capitan Theatre**, 6838 Hollywood Blvd. (213-467-9545). C'est ici qu'eut lieu l'avant-première de *Citizen Kane* en 1941. Aujourd'hui des dessins animés de Walt Disney y sont projetés. Si vous souhaitez voir un film, contournez le bâtiment et gagnez l'une des célèbres salles de cinéma au charme un peu tape-à-l'œil, dotées d'écrans géants et de sono-risation high-tech.

Pour déambuler parmi les stars, empruntez le **Walk of Fame**, ou l'allée des stars, le long de Hollywood Blvd. et Vine St. Plus de 2 500 étoiles de bronze, sur lesquelles sont gravés les noms de vedettes de cinéma (qui n'évoqueront pas toujours grand-chose aux moins de quarante ans), sont incrustées sur le trottoir. Pour voir les stars en chair et en os, contactez la *Hollywood Chamber of Commerce* (213-469-8311) qui vous donnera les horaires et les lieux des prochaines cérémonies d'inauguration.

A deux blocks à l'est du Mann's Chinese Theater, se trouve le **Hollywood Wax Museum**, 6767 Hollywood Blvd. (213-462-8860), où 200 personnages de cire, de Jésus à Elvis, vous attendent. Ouvert tous les jours de 10h à 24h (9 $, enfants 7 $). En descendant la rue depuis le musée de cire, vous tomberez sur deux «Odd-itoriums» : le **Frederick's of Hollywood**, 6608 Hollywood Blvd. (957-5953), qui abrite un musée de la lingerie, et le **Max Factor Museum** (463-6668) qui rassemble des dizaines de photographies rendant hommage au plus grand maquilleur de tous les temps et dévoilant certains «trucs» de maquillage. Le *Frederick* est ouvert du lundi au jeudi de 10h à 20h, le vendredi de 10h à 21h, le samedi de 10h à 18h, le dimanche de 12h à 17h. Le *Max Factor* est ouvert du lundi au samedi de 10h à 16h (entrée libre).

Le **Hollywood Studio Museum**, 2100 N. Highland Ave. (213-874-2276), en face du Hollywood Bowl, retrace l'histoire des premiers pas cinématographiques d'Hol-lywood. En 1913, lorsque ce musée n'était qu'une grange, le metteur en scène Cecil B. DeMille loua le bâtiment pour en faire un studio et y tourna le premier long métrage d'Hollywood, *The Squaw Man*. Caméras, costumes, accessoires, extraits de films d'époque et autres souvenirs sont rassemblés dans ce musée. Ouvert le samedi et le dimanche de 10h à 16h (4 $, personnes âgées et étudiants 3 $, enfants de 6 à 12 ans 2 $). Nombreuses places de parking gratuites.

La musique, tout comme le cinéma, tient une place centrale à Los Angeles. L'un des plus grands monuments dédiés à l'industrie du disque est le **Capitol Records Building**, 1750 Vine St., juste au nord d'Hollywood Blvd. Ce bâtiment, construit en 1954, évoque une pile de disques géante : un cylindre doté à chaque étage d'ai-lettes (les disques) et une aiguille au sommet. Au coin d'Hollywood et McCappen, se trouve le sanctuaire massif de l'église de **Scientologie**, secte née en 1950 qui compterait 6 millions de fidèles. Un panneau d'affichage donne le chiffre de tous les exemplaires vendus à ce jour dans le monde de *Dianetics*, la bible best-seller du mouvement. La concentration de cafés et de restaurants sur les deux blocks de Franklin Ave. à l'est de Tamarind, en fait un quartier très en vogue. Vous pouvez faire une halte au **Daily Planet**, 5931 1/2 Franklin Ave. (213-957-0061), une librairie réputée pour sa section "contre-culture".

Si vous n'êtes pas encore lassé du clinquant d'Hollywood, promenez-vous dans le **Hollywood Memorial Park**, 6000 Santa Monica Blvd. (213-469-1181), entre Vine et Western, un cimetière abritant les tombes de Rudolph Valentino, Douglas Fair-banks et bien d'autres encore ! Ouvert tous les jours de 8h à 17h. Les mausolées ferment à 16h30.

West Hollywood

Jadis considéré comme une enclave désertique entre Beverly Hills et Hollywood, West Hollywood est devenu en 1985 une des première villes du pays à être admi-nistrée par des élus ouvertement homosexuels. Quoique partageant les artères de Melrose Ave. et Sunset Blvd., West Hollywood et le quartier voisin d'Hollywood sont deux communautés distinctes et radicalement différentes.

Avant que West Hollywood ne soit constituée comme commune indépendante, un zonage "libéral" permit le développement du **Sunset Strip**, qui fut longtemps le centre nocturne de L.A. A l'origine, le *Strip* abritait des boîtes de nuit luxueuses fréquentées par les stars. Aujourd'hui, il regroupe essentiellement des clubs de rock, qui virent les débuts sur scène de groupes comme les Doors ou Guns 'n' Roses, ainsi que quelques restaurants et salles de spectacle. La tendance musicale du moment penche vers le hard rock et le heavy metal. Le week-end, l'artère est souvent bondée et embouteillée. Les **panneaux d'affichage** du *Strip* aiment donner dans la provocation.

Melrose Avenue, qui traverse la partie sud de West Hollywood, est une avenue remplie de restaurants chics, de boutiques à la mode et de galeries d'art branchées. La section la plus fréquentée se situe entre La Brea et Fairfax, mais l'on peut faire du lèche-vitrine sur les 5 km qui séparent Highland et Doheny. On y trouve tous les styles de vêtements, du prêt-à-porter bas de gamme comme de la haute-couture. Beaucoup sont d'occasion, mais les vraies bonnes affaires sont rares : la paire de jeans 501 coûte 15 $ minimum (30-35 $ neuf aux Etats-Unis). Si vous possédez des vêtements originaux ou branchés, vous pouvez les revendre ou les échanger. **Retail Slut**, 7308 Melrose, est la Mecque des punks et alternatifs en tout genre. C'est l'endroit idéal pour dénicher l'introuvable accessoire fétiche (boucles d'oreille, de nez ou d'ailleurs…) et tout savoir sur les dernières tendances de la scène alternative à L.A. Pour une nuit câline en perspective, il vous faudra impérativement passer au **Condom Mania**, 7306 Melrose, un temple du préservatif. **Salvation Navy**, 7700 Melrose (ouvert tous les jours de 11h à 20h), et **Aardvark's**, 7579 Melrose (ouvert du lundi au samedi de 11h à 21h, le dimanche de 11h à 19h) sont des magasins d'occasion vendant tous les vêtements et accessoires inimaginables.

L'imposant **Beverly Center**, 8500 Beverly (310-854-0070), un complexe commercial huppé, se dresse au coin de Beverly et de La Cienega. Signe distinctif : ses escalators extérieurs protégés d'un tube transparent. A l'intérieur, vous trouverez de grandes marques internationales et des petites boutiques plus originales. C'est globalement cher, mais même les détracteurs de la société de consommation apprécieront la balade parmi les ascenseurs de verre, les grands espaces voûtés et les étranges sculptures d'une galerie unique en son genre.

Griffith Park

Un zoo, un théâtre grec, un observatoire, un planétarium, une réserve ornithologique, des courts de tennis, des terrains de golf, des campings et plus de 80 km de sentiers de randonnées couvrent les collines et les montagnes du Griffith Park (ouvert tous les jours de 5h30 à 22h). Cet immense parc de loisirs s'étend des collines au-dessus de North Hollywood jusqu'à l'intersection de Ventura et Golden State Fwy.

Les dômes de cuivre et de stuc blanc Art déco de l'**Observatory and Planetarium** (213-664-1181, 664-1191 pour des informations enregistrées) sont faciles à repérer. Le planétarium a servi de décor à la scène finale du film *La Fureur de vivre* avec James Dean. Ne manquez pas la visite. Un télescope muni d'une lentille de 30 cm est mis à la disposition du public lorsque les nuits sont claires. Ouvert pour l'observation tous les jours du crépuscule à 21h45, en hiver du mardi au dimanche de 19h à 21h45 (bulletin météo et informations au 213-663-8171). Le planétarium organise en outre des spectacles laser au **Laserium** (818-901-9405). Observatoire ouvert tous les jours de 12h30 à 22h, en hiver du mardi au dimanche de 14h à 22h. Les séances du Planétarium ont lieu du lundi au vendredi à 15h et 19h30, le samedi et le dimanche séances supplémentaires à 13h30 et 16h30 (4 $, personnes âgées 3 $, moins de 12 ans 2 $). Spectacles laser le dimanche et du mardi au samedi à 18h et 20h30, en été également le vendredi et le samedi à 21h45 (7 $, enfants 6 $).

Une riche **réserve ornithologique** se trouve en bas de l'observatoire. Vous pouvez aussi visiter le **L.A. Zoo**, 5332 Western Heritage Way, à l'extrémité nord du parc (213-666-4090). Ce zoo de 45 ha abrite quelque 2 000 animaux et est l'un des plus cotés aux Etats-Unis. Ouvert tous les jours de 10h à 17h (8 $, personnes âgées 5 $, enfants de 2 à 12 ans 3 $).

Beverly Hills

A Beverly Hills, les boulevards sont plus larges, les cocotiers plus verts et les visages… plus liftés. Rien d'étonnant. Depuis toujours, Beverly Hills est synonyme

CALIFORNIE

de luxe et de glamour. Rassurez-vous, l'air qu'on respire sur Rodeo Drive est encore gratuit… Et n'ayez pas honte de sortir votre appareil photo, vous ne serez pas le seul touriste.

Le bureau de poste de Beverly Hills, sur Beverly Dr., est certainement le seul aux Etats-Unis à bénéficier d'un voiturier dans son parking. Le cœur de la ville occupe le **Golden Triangle**, un quartier délimité par Wilshire et Santa Monica Blvd. avec **Rodeo Drive** pour centre. Il est réputé pour ses boutiques de luxe et ses grands joailliers. Si le panneau géant "Bulgari" se transforme en "Vulgari" vu d'un certain angle, ce n'est peut-être pas pure coïncidence. Une multitude de touristes viennent sur Rodeo Drive pour se repaître de toute cette opulence. Un jeu classique consiste à compter le nombre de Porsche, BMW et Rolls-Royce qui passent dans la rue en l'espace de 5 mn. En dépit de ses rues pavées, de son jumelage avec Cannes, et de tous ses efforts, Beverly Hills n'a pas le chic de la vieille Europe. La rue de **Via Rodeo**, construite à l'ancienne avec sa colline, ses réverbères et tout le reste, vit en fait le jour il y a une dizaine d'années. Un côté artificiel qui saute aux yeux… En face, vous découvrirez le vénérable **Beverly Wilshire Hotel** (310-275-5200), dont les ailes plus ou moins récentes sont reliées par une rue pavée aux portes Louis-XIV, **El Camino Real**. A l'intérieur, d'immenses miroirs renvoient l'image des lustres de cristal et des sols en marbre.

Le nouveau **Beverly Hills City Hall** (310-285-1000) semble un peu déplacé sur Crescent Dr., juste en dessous de Santa Monica Blvd. Ce bâtiment de la Renaissance espagnole fut érigé pendant la grande dépression et a été intégré dans le nouveau **Civic Center** de Beverly Hills. Achevé en septembre 1990, ce centre (réunissant les pompiers, la police et une bibliothèque) coûta 120 millions de dollars. La bibliothèque **Beverly Hills Library**, 444 N. Rexford Dr. (213-228-2220), reflète parfaitement l'esprit de la ville. L'intérieur est orné de marbre importé de Thaïlande et les tuiles sont assorties au dôme du City Hall, mais on n'y trouve qu'une maigre collection de livres. Plus au nord, le **Beverly Hills Hotel**, 9641 Sunset Blvd. (310-276-2251), réunit plusieurs cottages autour d'une piscine, à l'ombre des cocotiers. C'est dans cette fusion de jungle californienne et de paradis tropical qu'Howard Hughes, le célèbre magnat du cinéma, établit ses luxueux quartiers hyper-aseptisés.

Les fans de la série *Beverly Hills* seront sans doute déçus d'apprendre que West Beverly High n'est qu'une simple création pour la télévision. Cela ne les empêchera pas de visiter le lycée **Beverly Hills High** (sur Moreno, entre Olympic et Spalding), probablement le seul établissement scolaire à posséder son propre **puits de pétrole** !

Westwood et UCLA

La tentaculaire **University of California at Los Angeles** couvre plus de 160 ha au pied des Santa Monica Mountains. UCLA n'est plus cette colonie d'apollons et de pin-up blonds et bronzés dont elle tirait une partie de sa renommée. Une brochure est disponible pour la **visite individuelle** du campus.

Juste devant l'Art Center, le **Murphy Sculpture Garden** rassemble plus de 70 pièces sur 2 ha. La collection comprend des œuvres de grands maîtres comme Rodin, Matisse et Miró. En face du jardin se trouve le **MacGowen Hall**, qui abrite la **Tower of Masks**. La fontaine inversée de UCLA est située entre Knudsen Hall et Schoenberg Hall, juste au sud de Dickson Plaza. Dans cette fontaine peu banale, l'eau jaillit du périmètre pour s'écouler dans l'ouverture béante du centre. **Ackerman Union**, 308 Westwood Plaza (310-206-0833), se tient au sud-ouest du Quadrangle, au pied de la colline. Un calendrier recense la longue liste des films (les premières projections sont souvent gratuites), des conférences et des activités du campus. **Westwood Village**, au sud du campus, avec sa myriade de cinémas, de boutiques à la mode et de bistros branchés, attire autant les résidents de Los Angeles que les étudiants. Comme dans tous les quartiers universitaires, Westwood est particulièrement animé les soirs de week-end.

Juste en face de l'université se trouve l'opulente communauté de Bel Air, le quartier de Ronald Reagan. Plus à l'ouest sur Sunset Blvd., vous tomberez sur le quartier de **Brentwood** (lieu de l'ancienne résidence de Nicole et O.J. Simpson) et celui de **Pacific Palisades**, ravissant. **Will Rogers State Beach**, au block 16000 de la Pacific Coast Highway, est une plage populaire abritée par des falaises.

Santa Monica

Avec ses plages, ses bars et ses pin-up, la **3rd St Promenade** de Santa Monica est devenu le lieu de rendez-vous nocturne de la ville. Malgré les problèmes liés à cette notoriété (parking, prix à la hausse, files d'attente), il y a beaucoup à voir et à faire, surtout le soir.

La plage de Santa Monica n'est pas aussi belle que ses voisines des environs. *Santa Monica Beach,* connue pour sa longue promenade pavée jusqu'à Venice, fait le bonheur des marcheurs, roller-skateurs et cyclistes plus que des nageurs. Il existe de nombreuses boutiques de location d'équipement sportif. La jetée **Santa Monica Pier** est un point de rendez-vous populaire. Depuis la création de la **3rd St. Promenade** en 1989 et la restauration de **Santa Monica Place**, Santa Monica attire une foule croissante de promeneurs et d'amateurs de cinéma. La promenade abrite d'agréables cafés, deux des meilleures librairies de L.A., des restaurants et bars branchés ainsi que toutes sortes d'artistes de rue (sans parler des curieuses sculptures de dinosaures). Le quartier s'anime dès la nuit tombée, lorsque les bars et les restaurants se remplissent.

Venice

Venice évoque une foule d'images et de sensations. A la fois Mecque d'une jeunesse excentrique qui fait hurler ses *soundblasters*, repère des marchands ambulants qui dorment sur la plage pour être plus tôt au boulot le matin et cousine très éloignée de la Venise italienne, c'est sans conteste l'une des villes les plus curieuses des Etats-Unis.

La faune de **Ocean Front Walk**, la grande artère qui longe la plage, est pittoresque à souhait. Les évangélistes rivalisent d'ardeur avec les comédiens de rue, les jongleurs font voler leurs massues au-dessus des sexagénaires en roller-blades et les culturistes des deux sexes exposent leurs muscles et leurs maillots moulants sur **Muscle Beach** (1800 Ocean Front Walk, près de 18th et Pacific Ave.). Pour observer ce petit monde excentrique, asseyez-vous dans l'un des nombreux cafés ou stands de jus de fruit. Pendant la journée, l'endroit est relativement sûr, mais il est conseillé de ne pas s'y attarder la nuit. Les **peintures murales** qui ornent les rues de Venice valent le coup d'œil. Ne manquez pas l'hommage très réussi, quoique couvert de graffitis, rendu à *La Naissance de Vénus* de Botticelli, sur le pavillon de la plage au bout de Windward Ave. La déesse romaine de la beauté émerge de l'écume, roller-skates aux pieds : Los Angeles dans toute sa splendeur. Les amateurs de peinture contemporaine pourront passer au **L.A. Louver**, au coin de 77 Market St. et 55 N. Venice Blvd. (310-822-4955), une galerie contenant les œuvres de quelques artistes en vogue. Ouvert du mardi au samedi de 12h à 17h.

Pour gagner Venice depuis *downtown*, prendre le bus n° 33 ou 333 (ou le n° 436 aux heures de pointe). Depuis le centre de Santa Monica, prendre le bus Santa Monica n° 1 ou 2. Les conducteurs de voiture éviteront les parcmètres horaires. Mieux vaut se garer dans les parkings à la journée (5 $).

San Fernando Valley

La fin de l'autoroute Ventura Freeway incarne parfaitement la banlieue américaine avec ses rues boisées, ses minuscules pavillons, ses pelouses et ses centres commerciaux. Un tiers de la population de L.A. y a élu domicile. **Ventura Boulevard**, la principale artère commerçante, associe immeubles de bureaux, restaurants et boutiques. Lorsque vous aurez parcouru Ventura Blvd. d'un bout à l'autre, vous pourrez continuer sur **Universal City**, qui compte également un grand nombre de restaurants, cinémas et boîtes de nuit.

Après une heure de route sur la San Fernando Freeway, vous atteindrez **Simi Valley**, siège du musée **Ronald Reagan Presidential Library**, 40 Presidential Dr.

(805-522-8444). Le musée retrace la vie de Reagan : son enfance misérable, sa carrière sur grand écran, son ascension inattendue comme gouverneur de Californie puis comme président des Etats-Unis. Ouvert tous les jours de 10h à 17h (4 $, personnes âgées 2 $, moins de 15 ans gratuit).

Musées

Los Angeles County Museum of Art (LACMA), 5905 Wilshire Blvd. (213-857-6000), à Hancock Park. Belle collection d'art et d'artisanat de toutes les époques répartie dans cinq grands bâtiments, organisés autour de la *Times-Mirror Central Court*. Pour les visites guidées, renseignez-vous auprès du bureau d'information dans la *Central Court* (guichet 857-6010) ou contactez le *Docent Council* au 857-6108. Musée ouvert le lundi et le mercredi de 10h à 17h, le vendredi de 10h à 21h, le samedi et le dimanche de 11h à 18h (6 $, personnes âgées et étudiants 4 $, enfants de 6 à 17 ans 1 $, entrée gratuite le 2ᵉ mercredi de chaque mois).

Museum of Contemporary Art (MOCA), 250 S. Grand Ave. (213-626-6222), au coin de California Plaza. Cette petite merveille architecturale abrite une collection d'art contemporain, composée d'œuvres de Pollock, Miró et Giacometti. L'immense intérieur est éclairé par des lucarnes pyramidales. Ouvert le mardi, le mercredi et du vendredi au dimanche de 11h à 17h, le jeudi de 11h à 20h (6 $, personnes âgées et étudiants avec carte 4 $, moins de 12 ans gratuit). Entrée libre le jeudi de 17h à 20h. Accès handicapés.

Huntington Library, **Art Gallery** et **Botanical Gardens**, 1151 Oxford Rd., San Marino 91108 (818-405-2100, informations sur les billets 818-405-2275), au sud de Pasadena. Le bus n° 79 part de la gare *Union Station* et vous emmène directement à la bibliothèque Huntington (*library*). Les superbes jardins botaniques couvrent 84 ha de plantes rares. La bibliothèque abrite une remarquable collection de livres et de manuscrits rares, dont une Bible de Gutenberg. La galerie d'art est réputée pour ses peintures des XVIIIᵉ et XIXᵉ siècles anglais. L'art américain est représenté dans la galerie Virginia Steele Scott. L'*Annabella Huntington Memorial Collection* est consacrée à la peinture Renaissance et aux arts décoratifs français du XVIIIᵉ siècle. Ouvert du mardi au vendredi de 13h à 16h30, le samedi et le dimanche de 10h30 à 16h30 (4 $).

J. Paul Getty Museum, 17985 PCH (310-458-2003). La collection de sculptures grecques et romaines, de peintures européennes et de manuscrits enluminés repose dans un décor étonnant de bassins, de marbre et de ravissants jardins. Chaque année, le musée se porte acquéreur de nouvelles œuvres d'art, grâce aux 2,9 milliards de dollars dont il dispose (par comparaison, le MoMA de New York n'a "que" 350 millions de dollars à dépenser). L'accès au musée n'est pas facile. Le parking est petit et les conducteurs doivent réserver leurs places à l'avance en été. Prenez le bus MTA n° 434 jusqu'au musée et demandez au chauffeur un **museum pass** (forfait musée) gratuit. Ouvert du mardi au dimanche de 10h à 17h.

Norton Simon Museum of Art, 411 W. Colorado Blvd. (818-449-6840), à Old Pasadena. Ce sanctuaire du modernisme abrite de nombreux bronzes de Rodin et de Brancusi, ainsi que des peintures de Rembrandt, Raphaël et Picasso. Le goût éclectique de Simon, son fondateur, combiné aux descriptions des œuvres qui ne manquent pas de piquant, en font un musée à découvrir. Ne manquez pas le jardin de sculptures. Ouvert du jeudi au dimanche de 12h à 18h (4 $, personnes âgées et étudiants 2 $, moins de 12 ans gratuit). Accès handicapés.

Armand Hammer Museum of Art and Cultural Center, 10899 Wilshire Blvd. (310-443-7000), à Westwood. Vaste collection d'œuvres européennes et américaines du XVIᵉ au XXᵉ siècle, dont *L'Hôpital à Saint-Rémy* de Van Gogh et le plus grand ensemble au monde des œuvres d'Honoré Daumier. Ouvert le mardi, mercredi, vendredi et samedi de 11h à 19h, le jeudi de 11h à 21h, le dimanche de 11h à 17h. Visites guidées tous les jours à 13h (4,50 $, étudiants et personnes âgées 3 $, moins de 17 ans gratuit). Entrée libre le jeudi après 18h).

L.A. Children's Museum, 310 N. Main St. (213-687-8800). Ce musée propose des expositions interactives pour initier les enfants aux joies des nouvelles technologies et de la science. Ouvert aux groupes avec réservations payées à l'avance du mardi au vendredi de 9h15 à 13h et à tout le monde le samedi et le dimanche de 10h à 17h (5 $).

Southwest Museum, 234 Museum Dr. (213-221-2163), juste à l'est de *downtown*. Prendre le bus n° 83 le long de Broadway jusqu'à Museum Dr. et grimper la colline, ou bien prendre Pasadena Fwy. (route 110) jusqu'à Ave. 43 et suivre les panneaux. Le musée abrite une collection de tout premier choix d'objets artisanaux, dont des œuvres d'art amérindiennes contemporaines, le tout dans une belle demeure hispano-arabe. Ouvert du mardi au dimanche de 11h à 17h (5 $, personnes âgées et étudiants 3 $, de 7 à 18 ans 2 $). La bibliothèque est ouverte du mercredi au samedi de 11h à 17h.

California Museum of Science and Industry, 700 State Dr. (213-744-7400), à Exposition Park. Un véritable cas d'école de mécénat. IBM et Bell Telephone sponsorisent les sections sur les mathématiques et les communications, tandis que McDonald's parraine une exposition sur la nutrition. L'*Aerospace Building* renferme des engins d'une valeur de 8 millions de dollars, dont la capsule spatiale Gemini 11. Ouvert tous les jours de 10h à 17h (entrée gratuite, parking 3 $).

Natural History Museum, 900 Exposition Blvd. (213-744-3414), à Exposition Park. Plusieurs sections consacrées à la culture précolombienne, aux mammifères d'Amérique du Nord et d'Afrique, à l'histoire américaine de 1472 à 1914 et aux dinosaures. Le **Hands-On Discovery Center** permet aux visiteurs de caresser des animaux sauvages… empaillés. Ouvert du mardi au dimanche de 10h à 17h (8 $, personnes âgées et étudiants 5,50 $, enfants de 5 à 12 ans 3 $, moins de 5 ans gratuit).

Petersen Automotive Museum, 6060 Wilshire Blvd. (930-CARS/2277). Des dioramas illustrant la fascination californienne pour l'automobile complètent les innombrables Jaguars, Porsches et autres Mercedes restaurées, ainsi qu'une Indy 1985 dans laquelle, Ô bonheur, vous pouvez vous asseoir. Parking 4 $ pour toute la journée (on peut se garer là et marcher jusqu'au LACMA). Ouvert du mardi au dimanche de 10h à 18h (7 $, étudiants et personnes âgées 5 $, enfants 3 $).

Autry Museum of Western Heritage, 4700 Zoo Dr. (213-667-2000). Des collections où réalité et fiction du Vieil Ouest se mêlent, avec des salles sur la vie des pionniers et l'histoire des westerns, dont des costumes légués par Robert Redford, Gary Cooper et Clint Eastwood. Ouvert du mardi au dimanche de 10h à 17h (7,50 $, personnes âgées et étudiants 5 $, enfants 3 $).

Beit HaShoa Museum of Tolerance, 9786 W. Pico Blvd. (310-553-8043), juste à l'extérieur de Beverly Hills. Le musée est consacré aux génocides. Dans une des salles, des voix vocifèrent des insultes aux visiteurs ! Les visites guidées commencent entre 10h et 16h du lundi au jeudi, à 12h et à 15h le vendredi et de 10h30 à 17h le dimanche (8 $, personnes âgées 6 $, étudiants 5 $, enfants de 3 à 11 ans 3 $).

Route 1 : La Pacific Coast Highway

Depuis les plages de surf au sud de Los Angeles, la route 1 - ou Pacific Coast Highway (PCH) - longe tout le littoral californien. Contournant des demeures de milliardaires, sillonnant prés et vergers, frôlant des falaises vertigineuses, la PCH vous fait découvrir le paysage étonnamment varié de la Californie. Commencée en 1920, cette route demanda dix-sept ans de construction pour un coût de 10 millions de dollars. Les nombreux ponts qu'elle franchit constituaient de véritables prouesses architecturales en leur temps. Beaucoup, comme le Bixby Creek Bridge, l'un des plus grands ponts à travée unique du monde, le sont encore. Certains segments de route ont dû être reconstruits plus d'une fois, suite à des secousses sismiques. Un tronçon, à Marin County, fut même fermé pendant près d'un an. Cette artère, toutefois, est trop présente dans l'identité des Californiens pour que ceux-ci songent à la voir disparaître. D'ailleurs, *beaucoup* d'entre eux aiment l'emprunter, surtout le week-end où elle prend des allures de gigantesque parc de stationnement.

Après avoir contourné les agglomérations côtières de **Los Angeles**, dont la célèbre ville de **Malibu**, la PCH serpente de **Ventura** et **Oxnard** jusqu'à **Santa**

Barbara. De là, elle parcourt des vignobles, des champs de fleurs et des kilomètres de plage pour atteindre plus au nord **San Luis Obispo**. **San Simeon**, au nord de San Luis, abrite la pointe sud de **Big Sur**, un superbe littoral de 145 km, quasi inhabité. Bordant des falaises escarpées, la PCH poursuit son chemin vers la péninsule de Monterey, où **Carmel** et **Monterey** accueillent des nuées de vacanciers. Au-delà, la route joue les montagnes russes, et passe en revue les *spots* favoris des jeunes surfeurs de **Santa Cruz**. Enfin, elle bifurque en traversant **Bay Area** et **San Francisco** gagne tranquillement la **Côte Nord**, avant de prendre une retraite méritée à **Garberville**.

SPECTACLES ET ATTRACTIONS

Studios de cinéma et de télévision

Une visite à Los Angeles ne serait pas complète sans une plongée au cœur de l'industrie cinématographique et audiovisuelle. Il est possible d'assister à l'enregistrement d'émissions de télévision. Pour connaître les tournages qui auront lieu pendant votre séjour, envoyez une enveloppe timbrée à votre nom à **Audiences Unlimited, Inc.**, 100 Universal City Plaza, Bldg. 153, Universal City, CA 91608 (818-506-0067) ou à **Paramount Pictures**, Paramount Guest Relations, 5555 Melrose Ave., Hollywood, CA 90038 (213-956-1777). Ces enregistrements étant très convoités, tâchez d'arriver tôt. **Hollywood Group Services**, 1918 W. Magnolia Blvd. #203, Burbank, CA 91506 (818-556-1516), garantit des places assises, mais vous fera payer 10 $ si vous ne vous présentez pas.

Certaines chaînes vendent des tickets pour leurs émissions. **CBS** dispose d'un bureau de location au 7800 Beverly Blvd., à Los Angeles (213-852-2450, ouvert du lundi au vendredi de 9h à 17h). **NBC** possède un bureau au 300 W. Alameda Dr., à Burbank (informations enregistrées 818-840-3537, bureau ouvert du lundi au vendredi de 8h à 17h). Le bureau *City/County Film Office* détient la liste des films tournés dans le secteur. Appeler le 213-957-1000 pour plus de détails, mais sachez que les équipes de tournage ne sont pas toujours favorables à la présence de public.

Universal Studios (818-508-9600), à Universal City. Prendre Hollywood Fwy. jusqu'à Lankershim ou le bus n° 424. Vous pourrez y voir le *Bates Motel* du film *Psychose* (tout au moins une réplique), revivre les aventures de Conan le Barbare, subir l'attaque surprise du requin des *Dents de la mer,* expérimenter les sensations d'un tremblement de terre de 8,3 sur l'échelle de Richter, et assister à une multitude de cascades et d'effets spéciaux utilisés dans les films. Ouvert en été et pendant les vacances scolaires tous les jours de 8h à 20h (le dernier train part à 17h), de sept. à juin de 9h à 18h30 (31 $, enfants de 3 à 11 ans et plus de 60 ans 25 $). Parking 6 $.

Paramount Studio Inc., 860 N. Gower St. (213-956-5000) à Hollywood. Visite historique guidée de deux heures, du lundi au vendredi de 9h à 14h, toutes les heures à l'heure pile (15 $).

Warner Bros. VIP Tour, 4000 Warner Blvd. (818-954-1744), à Burbank. Visites personnalisées (12 personnes max.) des studios de la Warner Brothers. Ces expéditions de deux heures vous dévoilent toutes les ficelles techniques de la réalisation d'un film. Enfants de moins de 10 ans non admis. Visites toutes les 1/2 heures du lundi au vendredi de 9h à 16h30, visites supplémentaires l'été. Réservations recommandées (27 $ par personne).

Cinémas

Véritable paradis technicolor, Los Angeles abrite autant de salles de cinéma que de stars. La plupart offrent des conditions optimales : sièges confortables, grand écran et son de très haute qualité. Pour une expérience cinématographique mémorable, assistez à une séance dans un cinéma **Universal City** ou **Century City**. Les salles de **Westwood Village**, près de UCLA, sont également très populaires. Les files d'attente sont longues, surtout s'il s'agit d'une nouveauté très attendue, mais la qualité de la projection et les réactions spontanées du public dans la salle compensent largement ce désagrément. A Santa Monica, 22 cinémas se succèdent entre Santa Monica Place et la 3rd St. Promenade. On peut voir des films étrangers dans les **Laemmle Theaters** de Beverly Hills, West L.A., Santa Monica, Pasadena, Encino et *downtown*.

Si Hollywood règne en maître sur le marché mondial du cinéma, aucun festival international de l'ampleur de Cannes ne se déroule dans la Cité des Anges. Des festivals plus modestes (et plus accessibles) sont toutefois organisés tout au long de l'année. Le **I0th Annual Asian Pacific Film and Video Festival** (en mai, 206-8013), l'**Annual L.A. International Gay and Lesbian Film Festival** (en juillet, 213-951-1247) et l'**Annual Women in Film Festival** (en octobre, 463-6040) comptent parmi les plus réputés. Le plus grand festival de cinéma de la région est l'**Annual AFI L.A. International Film Festival**, avec 150 courts métrages, documentaires et films du monde entier (en novembre, 213-856-7707).

Pour toute information sur les horaires des séances n'importe où à Los Angeles, appeler le 213-777-FILM/3456.

Théâtres et concerts

Los Angeles se flatte d'accueillir les meilleurs spectacles de théâtre de la côte Ouest. 115 salles de moins de 100 places offrent un immense répertoire de pièces. Les amateurs peuvent également assister à des représentations dans les musées, les galeries d'art, les universités, les parcs et même les garages. Pendant la relâche estivale, les stars de la télévision participent souvent à des pièces dites sérieuses pour affiner leur talent. Le *L.A. Weekly* recense tous les théâtres de L.A., petits ou grands.

Les concerts à L.A. sont très diversifiés. Le **Wiltern Theater** (213-380-5005) présente de grands spectacles de rock alternatif et de folk. Il a accueilli des artistes comme Suzanne Vega ou The Church. Le **Hollywood Palladium** (213-962-7600) peut rassembler 3 500 spectateurs. Des concerts de moindre envergure sont donnés au **Universal Amphitheater** (818-777-3931) et au **Greek Theater** (213-665-1927). Les grands stades sportifs comme le **Sports Arena** (213-748-6131) ou le **Forum** (310-673-1300) font également office de scène pour les shows importants. Le plus vaste de tous est le **L.A. Coliseum**. Seuls les géants du rock mondial comme U2, Bruce Springsteen, les Rolling Stones ou Guns 'n' Roses ont pu remplir ses 100 000 places au cours des dernières années.

Comédies

Les clubs de comédie de Los Angeles sont particulièrement réputés, mais il faut souvent un bon niveau d'anglais pour saisir toutes les subtilités du texte. Le **Comedy Store**, 8433 Sunset Blvd. (213-656-6225), est un club géant formé de trois salles, chacune présentant un genre différent de comédie. La salle principale, *Main Room,* accueille les grandes vedettes (10-12 $ l'entrée). La salle *Original Room* met à l'affiche des comiques moins connus, pour un prix de 7-8 $. La salle *Belly Room* présente toutes sortes de spectacles pour une somme modique (0-3 $). Le prix des boissons débute à 4,50 $, avec un minimum de 2 consommations par personne. **The Improvisation**, 8162 Melrose Ave. (213-651-2583), reçoit les plus grands talents de la ville, dont Robin Williams et Jerry "Jeri" Seinfeld. Prix d'entrée 8-11 $, 2 consommations minimum. Réservations conseillées. **Groundling Theater**, 7307 Melrose Ave. (213-934-9700) est l'une des meilleures scènes d'impro de Los Angeles. On y croise de grands noms de la comédie, comme PeeWee Herman (un ancien compère sur grand écran de Tim Burton, le réalisateur de *Batman* et *Beetlejuice*). Entrée 10-17,50 $.

Evénements annuels

Pour fêter la Saint-Sylvestre dans la bonne humeur, ne manquez pas le défilé **Tournament of Roses Parade** (1er janvier, 818-449-7673). Il se déroule sur Colorado Blvd., réputé pour ses fêtes délirantes le soir du 31. Ce festival est suivi du match de football américain **Rose Bowl**. **Grunions runs** marque l'époque où les poissons

(*grunions*) viennent au bord des plages (surtout celle de San Pedro) pour se reproduire, pendant le printemps et l'été. On peut attraper les poissons à la main, mais
un permis est obligatoire pour les plus de 16 ans. Il s'obtient au *Fish and Game
Department* (310-590-5132), pour 10,50 $ (valide jusqu'au 31 décembre). La foire
Renaissance Pleasure Faire (800-52-FAIRE/523-2473) se déroule de fin avril à mi-
juin. Vêtus de vêtements d'époque, les jeunes de San Bernardino déclament des
vers de Shakespeare avant de travailler à la foire. Ouvert de 10h à 18h (16,50 $,
personnes âgées et étudiants 13,50 $, enfants 7,50 $). Pour y accéder depuis Los
Angeles, prendre la I-10 vers l'est puis la I-15 au nord et repérer les panneaux en arri-
vant à proximité de la ville de Devore. Le **Cinco de Mayo** (213-625-5045), qui
marque l'indépendance du Mexique un 5 mai, donne lieu à un grand festival coloré,
particulièrement à *downtown*, le long d'Olvera St. Le **UCLA Mardi Gras** (310-
825-8001), à la mi-mai, est la plus importante fête universitaire du monde (âmes
sensibles s'abstenir...!). Les bénéfices sont reversés à des œuvres de charité. A la fin
du mois de juin, la vaste communauté homosexuelle de L.A. se réunit pour la
semaine du **Gay Pride Week** (213-656-6553), où des manifestations artistiques et
politiques, ainsi qu'une grande parade, se déroulent au *Pacific Design Center*, 8687
Melrose Ave., à Hollywood. Les tickets coûtent 10 $.

SORTIES

Cafés

Les *coffeehouses* de Los Angeles, très en vogue, ont l'avantage d'être ouverts aux
moins de 21 ans. **Coffee Bean and Tea Leaf**, une chaîne populaire, compte
plusieurs adresses à Santa Monica, Westwood (près de UCLA) et Beverly Hills. Pour
dix boissons achetées, vous en avez une gratuite. Lorsque vous aurez goûté leur
Vanilla Ice Blended (2,75 $), vous aurez vite fait d'en avaler dix ! Appeler 800-TEA-
LEAF/832-5323 pour connaître l'adresse la plus proche. Pour une soirée un peu
plus folle, vous avez le choix entre les extravagants **Wednesday's House**, 2409
Main St. (310-452-4486, ouvert tous les jours de 8h à 2h), le fief des jeunes de la
Génération-X (tendance un peu *grunge* et nihiliste), **Living Room**, 110 S. La Brea
(213-933-2933, ouvert du lundi au jeudi de 9h à 1h, le vendredi et le samedi de 9h
à 15h, le dimanche de 9h à 14h), un peu guindé, et **Bourgeois Pig**, 5931 Franklin
Ave. (213-962-6366, ouvert du lundi au vendredi de 12h à 2h, le samedi et le
dimanche de 8h à 2h). Le **Highland Grounds**, 742 N. Highland Ave. (213-466-
1507), présente des spectacles *live* variés. Ouvert du dimanche au jeudi de 9h à
0h30, le vendredi et le samedi de 9h à 1h. Le cappuccino double (*tall cappy*) de
l'**Anastasia's Asylum**, 1028 Wilshire Blvd. (310-394-7113), redonnera du tonus
aux visiteurs fourbus (ouvert du lundi au jeudi de 7h à 2h, le vendredi et le samedi
de 8h à 3h, le dimanche de 8h à 24h).

Bars

Le **Chiller's**, 1446 3rd St. (310-394-1993, ouvert du dimanche au jeudi de 11h à 1h,
le vendredi et le samedi de 11h à 2h), sur Santa Monica Promenade, est spécialisé
dans les cocktails fantaisie. Le *Suicide* (151, rhum léger, rhum fort, triple sec, vodka
et 5 jus de fruit) réveille, paraît-il, les morts ! Le *Purple Orgasm* n'est pas mal non
plus. 4/5/6 $ pour des verres petits, moyens ou grands, avec boisson gratuite au
choix. Le mercredi soir, DJ et boissons à 1 $. L'un des repaires nocturnes les plus
secrets de L.A. est le **Al's Bar**, 305 S. Hewitt St. (213-625-9703, ouvert tous les jours
de 19h à 2h), *downtown*. Rock traditionnel, poésie, groupes de musique expéri-
mentale et spectacles artistiques en tout genre sont au programme. L'**Atlas Bar
and Grill**, 3760 Wilshire Blvd. (213-380-8400, ouvert du lundi au vendredi de 11h
à 2h, le samedi de 18h à 2h), à Wilshire District, est un luxueux bar-cabaret jazz au
décor rétro. **The Snake Pit**, 7529 Melrose Ave. (213-852-9390, ouvert du dimanche
au jeudi de 17h à 2h, le samedi et le dimanche de 11h30 à 2h), à West Hollywood,
se distingue par son atmosphère décontractée et antifrime.

Clubs et discothèques

Whisky A Go-Go, 8901 Sunset Blvd. (310-652-4205), à West Hollywood, est une boîte réputée du *Strip*, qui fait partie de l'histoire musicale de L.A. Pas de dance ni de techno, mais des groupes *live* sur scène. Le prix d'entrée est variable. La jeunesse dorée se retrouve au **Viper Room** (la boîte de Johnny Depp), 8852 Sunset Blvd. (310-358-1880), où le style de musique change tous les soirs. **Roxy**, 9009 Sunset Blvd. (310-276-2222), l'une des boîtes les plus renommées de Sunset Blvd., présente des concerts *live* de rock, blues, musique alternative et parfois hip-hop. Un grand nombre de groupes connus s'y produisent. Le prix d'entrée est variable et il n'y a pas de limite d'âge. **The Palace**, 1435 N. Vine St. (213-462-3000), est un night-club légendaire d'Hollywood, ayant accueilli entre autres Rudy Vallee et les Rolling Stones. L'entrée est variable (autour de 18 $). Fréquenté généralement par les 16 ans et plus. Ouvert à partir de 21h. L'immense piste de danse d'**Arena**, 6655 Santa Monica Blvd. (213-462-0714), accueille les fans de techno, de house et de musique latine. Spectacles de travestis certains soirs. Le **Club Lingerie**, 6507 Sunset Blvd., à Hollywood (213-466-8557), offre des spectacles très variés et du rock indépendant. Tâchez d'arriver tôt car la salle se remplit vite. Le **Kingston 12**, 814 Broadway (310-451-4423), à Santa Monica, est le seul club de L.A. uniquement voué au reggae. Groupes nationaux et étrangers. On peut y manger (spécialités jamaïcaines), danser et boire (2 bars). Le prix d'entrée varie, âge minimum 21 ans.

Clubs gays

L'importante population homosexuelle de Los Angeles se rassemble autour de Santa Monica Blvd. à West Hollywood. Des clubs leur sont réservés, mais beaucoup de boîtes "hétéro" proposent des soirées gay, et nombreux sont les établissements qui ne font aucune différence entre les deux. **The Palms**, 8572 Santa Monica Blvd. (310-652-6188, ouvert tous les jours jusqu'à 2h), est le plus ancien bar féminin de West Hollywood. Les hommes sont admis, mais se trouveront bien seuls. Si vous aimez le latex, vous adorerez le **7969**, 7969 Santa Monica Blvd. (213-654-0280), à West Hollywood. Strip-tease, spectacles travestis et S-M à l'occasion. Beaucoup de danse et de fétichisme. Les esprits prudes passeront leur chemin. **Rage**, 8911 Santa Monica Blvd. (310-652-7055), à West Hollywood. Musique *dance* et *rhythm and blues*, réservée exclusivement aux hommes. Club parfois considéré comme le cœur de la communauté homosexuelle de L.A. Les barmen sont la plupart du temps torse nu. Le prix d'entrée varie. **Micky's**, 8857 Santa Monica Blvd. (657-1176, ouvert tous les jours de 12h à 2h). Boîte de nuit spacieuse et populaire, où se retrouvent des hommes de tous âges. Le jeudi, des stars de la pornographie viennent se mêler à la foule et distribuent des autographes. Le mardi, ouvert aux 18 ans et plus, le reste du temps aux plus de 21 ans.

■■■ ORANGE COUNTY

Orange County est souvent assimilée à la Californie du Sud pour ses plages pleines de surfeurs bronzés, ses galeries commerciales, ses demeures luxueuses perchées sur les hauteurs, ses monastères à l'architecture mexicaine, son parc d'attractions incontournable (Disneyland, bien sûr…) et ses embouteillages à rendre jaloux les habitants de Los Angeles. Ce comté typiquement californien vient de subir une terrible banqueroute financière. Heureusement, il y a toujours Disneyland…

L'**Anaheim Area Visitors and Convention Bureau**, 800 W. Katella Ave., Anaheim 92802 (999-8999), distribue des brochures gratuites. Ouvert du lundi au vendredi de 8h30 à 17h. Les trains **Amtrak** font 5 arrêts dans Orange County : 15215 Barranca (753-9713) à **Irvine**, 1000 E. Santa Ana (547-8389) à **Santa Ana**, Santa Fe Depot (240-2972) à **San Juan Capistrano**, 2150 E. Katella (385-1448) à **Anaheim** près du stade, et 235 S. Tremont (722-4622) à **Oceanside**. Les gares routières **Greyhound** se trouvent à **Anaheim** au 2080 S. Harbor (999-1256), à 3 blocks au sud de Disneyland (ouvert tous les jours de 6h30 à 20h), à **Santa Ana** au 1000 E. Santa Ana Blvd. (542-2215, ouvert tous les jours de 7h à 20h), et à **San**

Clemente au 510 Avenida de la Estrella (492-1187, ouvert du lundi au jeudi de 7h45 à 18h30, le vendredi de 7h45 à 20h). Les transports en commun **Orange County Transportation Authority (OCTA)**, 550 S. Main St. (636-7433), à Garden Grove, vous permettront d'éviter les embouteillages. Le bus n° 1 relie Long Beach à San Clemente par la côte, toutes les heures du petit matin à 20h (tarif 1 $, correspondances gratuites). Renseignements sur les horaires et les lignes par téléphone. **Bureau de poste** d'Anaheim : 701 N. Loara (520-2600), Anaheim. **Code postal** : 92803. **Indicatif téléphonique** : 714, et 310 à Seal Beach.

HÉBERGEMENTS ET CAMPINGS

Si vous venez visiter Disneyland et faire du shopping, vous pouvez loger à Anaheim. Pour un séjour moins "mercantile", préférez les régions côtières d'Orange County. Dans ce bastion de la prospérité et du conservatisme, les hôtels bon marché sont rares. Les auberges de jeunesse, en tout cas, sont d'un bien meilleur rapport qualité-prix que les motels et les terrains de camping. Ceux qui souhaitent planter leur tente réserveront auprès de MISTIX (800-444-7275), 8 semaines à l'avance maximum, dès que possible l'été. Vous devrez vous acquitter de 6,75 $ *non remboursables* pour chaque réservation effectuée.

HI-Fullerton (HI-AYH), 1700 N. Harbor Blvd. (738-3721), à Fullerton, à 24 km au nord de Disneyland. Auberge de jeunesse parfaitement rénovée avec une clientèle internationale. Cuisine moderne, s.d.b. communes propres et jolies, chambres mixtes ou non. 5 jours max. Pas de couvre-feu. Réception tous les jours de 7h30 à 10h30 et de 16h à 22h (en hiver) ou de 17h à 23h (en été). 14 $, non-membres 17 $.

Huntington Beach Colonial Inn Youth Hostel, 421 8th St. (536-3315), à Huntington Beach, à 4 blocks de la plage. Douches communes, grande cuisine, salle de lecture et de TV et… adorable matou. La clientèle jeune et bronzée fait bon usage de la terrasse à l'arrière et des planches de surf. Petit déjeuner offert. Réception de 7h à 23h. Les portes restent ouvertes. Dortoirs à 12 $ par personne, chambres doubles à 14 $. Vous devez présenter une pièce d'identité avec photo. Appeler deux jours à l'avance pour les week-ends d'été.

Motel 6, 4 adresses à Anaheim, et 2 autres dans la banlieue proche au 921 S. Beach Blvd. (220-2866) et au 7450 Katella Ave. (891-0717), toutes les deux à 10 mn de route de Disneyland. La plupart des chambres sont câblées HBO, et toutes sont pourvues de clim. Appels locaux gratuits. L'adresse de S. Beach Blvd. offre les meilleurs tarifs pour les groupes (32 $ pour 1 à 4 personnes). Le motel de Katella Ave. est en meilleur état. Simples à 25 $, doubles à 29 $.

Mesa Motel, N. Newport Blvd. (646-3893), à 800 m de la plage. Un bel emplacement pour des chambres de motel typiques. Simples à 35 $, doubles à 40 $.

Doheny (496-6172), sur la route 1 à l'extrémité sud de Dana Point. Sa proximité avec la plage rend ce terrain de camping très (trop ?) populaire. TV, meubles de jardin, parcs pour bébés, aquariums, etc. Le seul endroit avec des emplacements situés sur la plage (qui sont pris d'assaut). Terrains en bord de mer 21 $, autres 16 $. Hors saison, 19/14 $.

Pour échapper aux snack-bars omniprésents, vous pouvez vous restaurer dans les petits restaurants de cuisine étrangère des centres commerciaux le long des rues d'Anaheim.

■ DISNEYLAND

Ses promoteurs le clament haut et fort : Disneyland est "le plus joyeux endroit de la Terre". Vous êtes sceptique ? L'atmosphère insouciante, les refrains entêtants et les sourires des personnages de Walt Disney sont là en tout cas pour vous en convaincre. Le parc est surpeuplé d'enfants braillards et de parents exténués, mais avec un peu de naïveté, même les plus blasés d'entre vous rentreront dans l'univers enchanteur du Magic Kingdom.

Main Street, USA, reconstitution d'une petite bourgade américaine, est la seule entrée du parc. Les boutiques y sont hors de prix. Une attraction **gratuite** vaut le coup d'œil : la **Main Street Electrical Parade**, une parade illuminée de feux d'artifices et de néons.

A droite de Main Street, vous trouverez **Tomorrowland**, représentation d'un monde futuriste… tel qu'on se l'imaginait dans les années 60. Ce secteur dispose de quelques-unes des meilleures attractions du parc, comme **Space Mountain** et **Star Tours**. Files d'attente conséquentes.

Fantasyland forme le centre géographique et spirituel du parc. On y trouve son fameux château de conte de fées ainsi que les **Matterhorn Bobsleds** et une multitude de manèges pour les tout-petits, notamment **It's A Small World**, dont vous n'oublierez pas la chanson de si tôt.

Frontierland abrite le **Big Thunder Railroad**, ainsi que le **bateau à aubes** de Mark Twain. Sur les rives des "Fleuves d'Amérique", vous découvrirez **Critter Country**, d'impressionnantes glissades aquatiques conclues par un plongeon final étourdissant. A côté, sur **New Orleans Sq.**, vous trouverez une **Haunted Mansion** (maison hantée) aux fantômes plus sympathiques qu'effrayants, et l'attraction préférée de Michael Jackson, **Pirates of the Caribbean** (les pirates des Caraïbes).

Le "passeport illimité" (35 $) vous permet d'entrer et de sortir à votre guise dans la journée. Idem pour le forfait parking (6 $ par jour). Vu la mauvaise qualité et le prix de la nourriture dans le parc, n'hésitez pas à sortir pour le déjeuner ou à apporter votre propre casse-croûte. Enfin, préparez-vous à de longues files d'attente, que ce soit pour les attractions, les sandwiches ou les toilettes.

On accède au parc en voiture par la I-5 jusqu'à Katella. Depuis L.A., prendre le bus MTA n° 460 au départ de 4th et Flower (environ 1 heure 1/2) jusqu'au *Disneyland Hotel*. Le parc est également desservi par Airport Service, OCTD, Long Beach Transit et Gray Line (voir Informations pratiques). Les horaires varient (appeler le 999-4565 pour des renseignements exacts), mais le parc est généralement ouvert du dimanche au jeudi de 9h à 22h, le vendredi et le samedi de 9h à 1h.

Consultez le *Unofficial Guide to Disneyland* pour plus d'informations.

■ LA CÔTE

Les plages d'Orange County sont généralement plus propres, moins bondées, bref plus belles que celles de L.A. County. **Huntington Beach** fut le berceau de la surf-mania, qui s'empara de la côte californienne dès le début du siècle. Elle attire toujours les amateurs de glisse. **Newport Beach** est le Beverly Hills des villes balnéaires. Elle est peuplée de jeunes hédonistes en maillot fluo.

La plage de Newport Beach s'étend au sud jusqu'à **Balboa Peninsula**, séparée du continent par Newport Bay. La presqu'île, large de 2 à 4 blocks, est accessible par la Pacific Coast Hwy. (PCH) et par Balboa Blvd. La promenade **Ocean Front Walk** offre de superbes vues sur l'océan et les villas du bord de mer. Tout au bout de la péninsule, **The Wedge**, périodiquement battu par des vagues de 6 m de haut, est la Mecque des body-surfers. Mêlez-vous à la foule de Newport Beach et Balboa en enfourchant une bicyclette ou en chaussant une paire de roller-skates. On peut en louer dans les innombrables stands présents sur le front de mer.

Une fois atteint le bout de la péninsule, vous pourrez apercevoir, depuis le côté du port, **Balboa Island**, la plus grande des trois îles qui jouxtent la péninsule. On y trouve des restaurants chics, des boutiques de luxe et des magasins de bikinis. Des **ferries** (673-1070) font la liaison depuis la péninsule. Ils partent toutes les 3-5 mn du dimanche au jeudi de 6h30 à 24h, le vendredi et le samedi de 6h30 à 2h (voiture et conducteur 1 $, passagers 35 ¢, enfants 15 ¢). Balboa Island est également accessible depuis la PCH par Jamboree Rd.

De retour sur la côte, **Laguna Beach**, à 6 km au sud de Newport, se cache entre des canyons. Cette plage était autrefois le rendez-vous d'artistes bohèmes… qui ont pris la fuite devant l'inflation des prix. Les quelques galeries et magasins de fourni-

CALIFORNIE

tures qui ont survécu ajoutent une note originale au cadre typiquement "Californie du Sud" de la plage. **Main Beach** et les boutiques adjacentes sont très fréquentées, mais on peut trouver quelques coins moins encombrés dans les environs. **Westry Beach** est une plage accessible (à forte population homosexuelle) au sud de Laguna, juste en dessous d'**Aliso Beach Park**. Vous pouvez vous garer sur la Pacific Coast Hwy. ou dans les rues résidentielles à l'est, et chercher les panneaux indiquant l'accès public, entre les propriétés privées.

Les œuvres d'art de Laguna Beach sont exposées au **Laguna Beach Museum of Art**, 307 Cliff Dr. (494-8971), qui abrite les créations d'artistes californiens de renom ainsi qu'une collection de toiles impressionnistes du début du XXe siècle. Egalement, une section de photographies sur l'ère industrielle de la Californie. Ouvert du mardi au dimanche de 11h à 17h (5 $, étudiants et personnes âgées 4 $, moins de 12 ans gratuit). Visites guidées le mardi, le mercredi et du vendredi au dimanche à 14h.

La **Mission San Juan Capistrano** (248-2048), à 1/2 heure au sud d'Anaheim sur la I-5 (prendre Ortega Hwy. jusqu'à Camino Capistrano), attire de nombreux touristes. Etablie en 1776, elle fut quelque peu endommagée par le tremblement de terre de 1812. Le père Junípero Serra, le fondateur de la mission, officiait dans la **Serra Chapel**, le plus vieil édifice de l'Etat (218 ans). L'intérieur sombre est ravivé par un autel en bois de cerisier espagnol du XVIIe siècle et des peintures amérindiennes sur les murs et le plafond. La chapelle reste administrée par l'Eglise catholique ; il est recommandé de garder le silence. Ouvert tous les jours de 8h30 à 17h (4 $, personnes âgées et enfants de 3 à 12 ans 3 $).

San Onofre State Beach est une plage de surf très réputée, notamment le *spot* de Trestles. L'extrémité sud de la plage est fréquentée par des nudistes (allez aussi loin que vous le pouvez en voiture, puis effectuez les 500 m restants sur le chemin, à gauche), mais le naturisme est illégal et vous risquez une amende.

■■■ BIG BEAR

Au creux des **San Bernardino Mountains**, la ville de **Big Bear Lake** est un lieu populaire en hiver pour le ski et en été pour le canotage. Appeler **Big Bear Hotline** (909-866-7000) pour toute information sur l'hébergement et les événements à venir. Pour atteindre Big Bear Lake, prendre la **I-10** jusqu'à la jonction 30/330. Suivre la **route 30** jusqu'à la **route 330** (ou Mountain Rd.) et continuer jusqu'à la **route 18**. La compagnie *Rim of the World Transit Bus* assure un **service de bus** entre Big Bear et San Bernardino (4,50 $) quatre fois par jour en semaine et deux fois par jour le week-end.

Big Bear ne comporte pas beaucoup d'hôtels petit budget, surtout en hiver. Le **Hillcrest Lodge**, 40241 Big Bear Blvd. (909-866-7330), dispose de chambres confortables pour un prix abordable. Les plus petites coûtent 32 $ en été. Jacuzzi extérieur, appels locaux gratuits et chaîne HBO. Le prix des chalets reste abordable en semaine, surtout pour les groupes de plus de 6 personnes. Le camping est autorisé sur les terrains gérés par le *U.S. Forest Service*. Plusieurs des terrains mentionnés ci-après acceptent les réservations (800-280-2267). Le terrain isolé de **Pineknot** (à 2 100 m d'altitude) dispose de 48 emplacements boisés, la moitié pouvant être réservés. Accès handicapés, toilettes et eau. Emplacements 11 $. Le camping sauvage est accepté hors des terrains de l'*U.S. Forest Service*, à condition de planter sa tente à 60 m au moins des cours d'eau et des lacs. Vous obtiendrez des cartes et des permis gratuits au poste des gardes forestiers *Big Bear Ranger Station*. Dans les montagnes, la nourriture est chère. Vous pourrez faire vos provisions à **Stater Bros.**, 42171 Big Bear Blvd. (909-866-5211, ouvert de 7h à 22h tous les jours).

Big Bear est l'endroit idéal pour pratiquer la **randonnée**. Faites un stop au *Big Bear Ranger Station*, route 38 (909-866-3437), de l'autre côté du lac. Ouvert du lundi au samedi de 8h à 16h30 en été, fermé le samedi en hiver. Vous pouvez emprunter le **Woodland Trail** ou, pour les plus courageux, le **Pineknot Trail**,

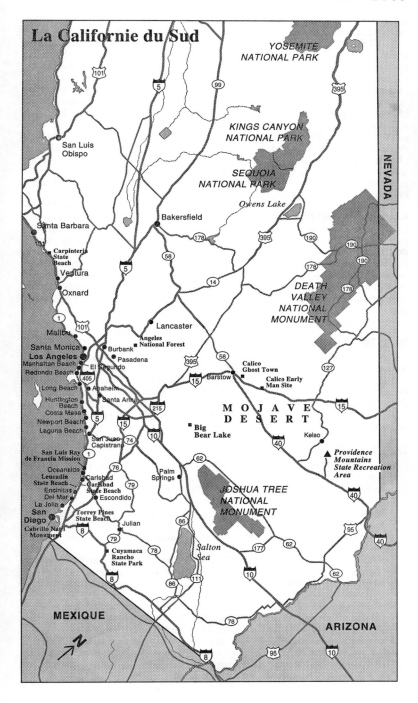

La Californie du Sud

NEVADA

YOSEMITE
NATIONAL PARK

KINGS CANYON
NATIONAL PARK

SEQUOIA
NATIONAL PARK

San Luis
Obispo

Owens Lake

Santa Barbara

Bakersfield

Carpinteria
State
Beach

Ventura

Oxnard

DEATH
VALLEY
NATIONAL
MONUMENT

Malibu

Lancaster

Santa Monica

Angeles
National Forest

Los Angeles

Burbank

Pasadena

Manhattan Beach

El Segundo

Calico
Ghost Town

Redondo Beach

Barstow

Calico Early
Man Site

Long Beach

Anaheim

Huntington
Beach

Santa Ana

MOJAVE
DESERT

Costa Mesa

Newport Beach

Laguna Beach

Big
Bear Lake

Kelso

San Juan
Capistrano

Providence
Mountains
State Recreation
Area

San Luis Rey
de Francia Mission

Oceanside

Palm
Springs

Leucadia
State Beach

Carlsbad

Carlsbad
State Beach

Encinitas

Escondido

JOSHUA TREE
NATIONAL
MONUMENT

Del Mar

La Jolla

San
Diego

Torrey Pines
State Beach

Julian

Cabrillo Nat'l
Monument

Salton
Sea

Cuyamaca
Rancho
State Park

MEXIQUE

ARIZONA

qui offre de belles vues sur le lac. Méfiez-vous de l'altitude et de l'air raréfié ; mieux vaut monter lentement.

Le **VTT** est également très populaire à Big Bear dès la fonte des neiges. En été, **Snow Mountain** assure des remontées mécaniques pour les VTTistes. Il vous en coûtera 7 $ par remontée ou 16 $ par jour (casque obligatoire). Vous pouvez bien sûr économiser vos dollars et pédaler tout seul. Les chemins sont tous ouverts aux cyclistes. La forêt fédérale qui s'étend à l'est et à l'ouest vous réserve de superbes randonnées. Autres activités estivales : la **pêche**, le **canotage** et les **randonnées à cheval**. L'**Alpine Trout Lake** (909-866-4532), à 400 m du Big Bear Lake Blvd., est un lac à truites privé très poissonneux. Belles prises assurées. Pas de permis obligatoire. Entrée 3,50 $, et 4,70 $ par livre de poisson pris. On peut louer des bateaux de pêche à **Gray's Landing** (909-866-2443) sur North Shore Dr., pour 12 $ de l'heure ou 25 $ la demi-journée. Appeler **Fishing Association** (909-866-6260) pour toute information sur la pêche. Le centre équestre **Bear Mtn. Riding Stables** (909-565-1260), à Big Bear City, organise des randonnées à cheval le soir (15 $ de l'heure en semaine, 20 $ le week-end).

Les amateurs de ski achèteront les **forfaits remontée** de la station **Bear Mountain Ski (and Golf) Resort** (909-585-2517) par téléphone avec carte Visa ou Master-Card au *TicketMaster* (213-480-3232 ou 714-740-2000). Appeler le 800-427-7623 pour toute information sur l'état des routes et les fermetures. Cette station dispose de 11 remontées mécaniques, de 100 ha de domaine skiable, de canons à neige artificielle et de pistes sportives pour les skieurs chevronnés. Le forfait remontée coûte 38 $ la journée, 21 $ pour les personnes de 65 ans et plus. La location de skis coûte 16 $, et les chaussures et monoskis 27 $. Les forfaits débutant comprennent le prix du cours, des remontées et la location de matériel : 29 $ en semaine et 39 $ le week-end.

■■■ SAN DIEGO

San Diego est une ville où il fait bon vivre. Un zoo de réputation internationale, Sea World, de belles plages, un climat de rêve sans la pollution de L.A. et des prix abordables font de cette grande agglomération une version sud-californienne du paradis. De nombreux habitants de Los Angeles ou de la côte Est ont d'ailleurs récemment découvert les charmes de San Diego. Il y a fort à parier que vous-même n'y serez pas insensible.

INFORMATIONS PRATIQUES

Office du tourisme : International Visitors Information Center, 11 Horton Plaza (236-1212), dans le centre-ville. Personnel polyglotte. Ouvert du lundi au samedi de 8h30 à 17h, et le dimanche de 11h à 17h en été.

Police : 531-2000.

Aéroport : San Diego International se trouve à l'extrémité nord-ouest de *downtown*, en face de Harbor Island. Le bus San Diego Transit n° 2 (30th and Adams) dessert le centre-ville pour 1,50 $. Correspondances pour d'autres lignes. Un taxi pour le centre coûte 7 $.

Trains : Amtrak, Santa Fe Depot, 1050 Kettner Blvd. (239-9021, pour les horaires et les informations 800-872-7245), à l'angle de Broadway. Destination : L.A. (du lundi au vendredi, 8 par jour de 5h05 à 21h, aller simple 24 $, aller-retour 32 $). Guichet ouvert de 5h15 à 21h.

Bus : Greyhound, 120 W. Broadway (239-8082), au coin de 1st Ave. Destination : L.A. Départ toutes les heures à l'heure pile, à l'exception du dernier train qui part à 20h30. Aller simple 12 $, aller-retour 24 $. Guichet ouvert 24h/24.

Transports en commun : Appeler le 233-3004 pour tout renseignement. Ouvert du lundi au vendredi de 5h30 à 20h30. Tarif 1,50 $ pour les trajets locaux, 1,75 $ pour les bus express. Correspondances gratuites pendant 1 heure 1/2. Tous les bus sont accessibles aux handicapés. Prévoir la monnaie exacte, la plupart acceptent les

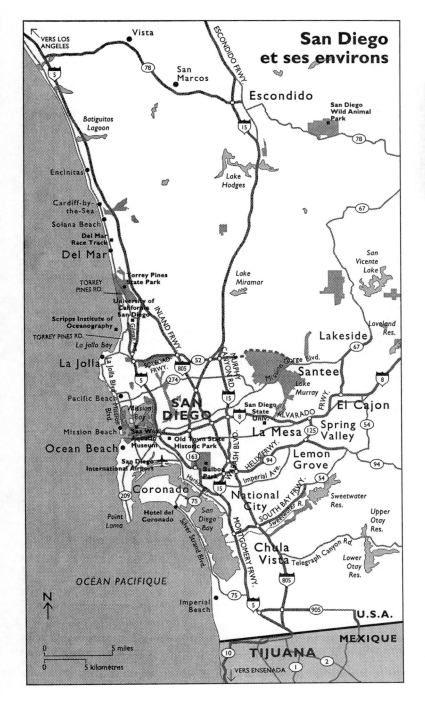

VERS LOS ANGELES

Vista

San Marcos

ESCONDIDO FRWY.

San Diego et ses environs

Escondido

San Diego Wild Animal Park

Batiguitos Lagoon

Encinitas

Cardiff-by-the-Sea

Solana Beach

Del Mar Race Track

Del Mar

Torrey Pines State Park

TORREY PINES RD.

University of California San Diego

Scripps Institute of Oceanography

TORREY PINES RD.

La Jolla Bay

La Jolla

La Jolla Blvd.

Pacific Beach

Mission Beach

Ocean Beach

Mission Bay

Sea World

Aquatic Museum

San Diego International Airport

Coronado

Point Loma

Hotel del Coronado

Lake Hodges

Lake Miramar

San Vicente Lake

Loveland Res.

Lakeside

SOLEDAD FRWY.

INLAND FRWY.

MURPHY CANYON RD.

Mission Gorge Blvd.

Santee

Lake Murray

San Diego State Univ.

ALVARADO

El Cajon

Spring Valley

La Mesa

HELIX FRWY.

Lemon Grove

Old Town State Historic Park

Balboa Park

Imperial Ave.

National City

San Diego Bay

Silver Strand Blvd.

Sweetwater R.

Sweetwater Res.

Upper Otay Res.

MONTGOMERY FRWY.

SOUTH BAY FRWY.

Chula Vista

Telegraph Canyon Rd.

Lower Otay Res.

OCÉAN PACIFIQUE

N

0   5 miles

0   5 kilomètres

Imperial Beach

U.S.A.

MEXIQUE

TIJUANA

VERS ENSENADA

billets. Le forfait **Day Tripper** permet des trajets illimités en bus, ferry et trolley pour une journée (5 $). Le **San Diego Trolley** se compose de deux lignes partant de *downtown* à destination d'El Cajon et de San Ysidro, avec des arrêts entre. La ligne pour El Cajon démarre au coin de 12th et Imperial, celle de San Ysidro part du *Old Town Transit Center* et va jusqu'à la frontière mexicaine (tous les jours de 5h à 1h, 1-1,75 $). **The Transit Store** au coin de 1st et Broadway (234-1060) vend des tickets, des forfaits et des horaires pour tous les transports en commun. Ouvert le lundi et le vendredi de 8h30 à 18h, du mardi au jeudi de 8h à 17h30.

Location de voitures : Aztec Rent-A-Car, 2401 Pacific Hwy. (232-6117 ou 800-231-0400). 22-50 $ la journée avec kilométrage illimité. Age minimum 21 ans avec carte de crédit. Ouvert du lundi au vendredi de 6h à 20h, le samedi et le dimanche de 8h à 17h.

Location de vélos : Rent-A-Bike, à l'intersection de 1st et Harbor Dr. (232-4700). Bicyclette, casque et antivol pour 8 $ de l'heure, 28 $ la journée ou 70 $ la semaine. Ouvert tous les jours de 8h à 18h.

Gay Crisis Line : 692-4297, du lundi au samedi de 6h à 22h.

Urgences : 911.

Bureau de poste : agence centrale, 2535 Midway Dr. (231-3119), entre *downtown* et Mission Beach. **Code postal** : 92138. **Indicatif téléphonique** : 619.

San Diego est à l'extrême sud-ouest de la Californie, à 203 km au sud de Los Angeles et 24 km au nord de la frontière mexicaine. La **I-5**, en provenance de L.A., contourne la limite est de *downtown*. La **I-15** rejoint le Nevada au nord-est. La **I-8**, d'est en ouest, longe la limite nord de *downtown*, reliant le désert à l'est et Ocean Beach à l'ouest. **Broadway** est également orientée est-ouest. Au nord-ouest de *downtown* se trouve **Balboa Park**, avec, au nord-est, les quartiers de **Hillcrest** et **University Heights**, accueillant tous deux la communauté homosexuelle de la ville. Le quartier des affaires est situé au sud et à l'est du parc. Au sud de *downtown*, entre 4th et 6th St., on trouve le nouveau quartier de **Gaslamp District**. **Coronado Island** forme la **baie de San Diego**, juste au sud du centre-ville. La langue de terre connue sous le nom de **Mission Beach**, au nord de l'aéroport et du centre-ville, forme **Mission Bay**, site du parc aquatique **Sea World**. Plus au nord s'étendent **Pacific Beach** et **La Jolla**.

HÉBERGEMENTS ET CAMPINGS

Le logement à San Diego est incroyablement bon marché. Les chambres à 35 $ valent celles à 60 $ de Los Angeles. Pour toute information sur le camping dans les parcs d'Etat, contacter le sympathique personnel de San Elijo Beach (753-5091).

HI-Broadway (HI-AYH), 500 W. Broadway (525-1531), *downtown*, près des gares ferroviaires et routières, ainsi que de Horton Plaza et de Gaslamp District. S.d.b. collectives, salle commune avec TV, laverie et salle de jeux (dont billard) en bas. Bonne sécurité. Réception ouverte de 8h à 23h. Pas de couvre-feu. 12 $, non-membres 15 $. Chambres doubles (lits superposés) à 26 $. Consigne 1 $. Réservations IBN (par fax depuis la France, via la FUAJ) possibles.

HI-Elliott (HI-AYH), 3790 Udall St. (223-4778), à Point Loma. Prendre le bus n° 35 depuis *downtown* et descendre au premier arrêt sur Voltaire, avant de traverser la rue. En voiture, prendre la I-5 jusqu'à la sortie Sea World, puis à gauche jusqu'à Sunset Cliffs Blvd. Tourner à gauche sur Voltaire, à droite sur Warden et repérer l'enseigne peinte sur une église. Cette auberge aérée se trouve à 2 km d'Ocean Beach. 60 lits superposés, salle commune, grande cuisine et terrasse. Séjour de 7 nuits max. Chambres libérées à 10h30. Bureau ouvert de 20h à 22h. Pas de couvre-feu. 12 $, non-membres 15 $. Réserver 48 heures à l'avance.

Banana Bungalow (AAIH/Rucksackers), 707 Reed Ave. (273-3060 ou 800-5-HOSTEL/546-7835), accessible par Mission Blvd., à Mission Beach. Prendre le bus n° 34 jusqu'à l'angle de Mission Blvd. et Reed Ave. Excellent emplacement sur la plage, personnel amical, petit déjeuner offert, soirées animées (bière à volonté pour

3 $) et barbecues sur la plage. Location de vélos, boogie-board et rollerblades. Bars et restaurants à proximité. Chambres libérées à 10h15. Pas de couvre-feu. Dortoir 11-18 $, chambre double 45 $ (en hiver seulement). Draps compris. Caution de 10 $ pour les couvertures et la clé. Appeler à l'avance.

Downtown Hotel at Baltic Inn, 521 6th Ave. (237-0687). Chambres bien équipées et propres, avec toilettes, lavabo, micro-ondes, mini-réfrigérateur, TV câblée et placards. Douches communes correctes. Bien situé pour se rendre au centre-ville. Pas de couvre-feu, sécurité 24h/24. Laverie. Simples à 15 $, doubles à 27 $. Tarifs hebdomadaires à partir de 73 $.

J Street Inn, 222 J St. (696-6922). Très bel hôtel situé près du *Convention Center*. Chambre tout confort pour 35 $ (10 $ supplémentaires pour deux personnes). TV câblée, micro-ondes, réfrigérateur, s.d.b. privée. Salle de gym, salle de lecture et parking (5 $ la journée, 16 $ la semaine).

Jim's San Diego, 1425 C St. (235-0234), au sud du parc, à 2 blocks de la station de trolley City College. Chambres pour 4 impeccables. Cuisine, terrasse, salle commune. Personnel accueillant, clientèle de jeunes voyageurs. Chambres libérées à 12h. 13 $ la nuit, 11 $ en hiver, 77-80 $ la semaine. Petit déjeuner et barbecue dominical compris.

Grand Pacific Hostel, 437 5th St. (232-3100). Auberge de jeunesse plaisante et décontractée au centre de Gaslamp District. Draps et petit déjeuner gratuits, cuisine et laverie à jetons. Possibilité d'excursions à Tijuana (10 $). Dortoir 12-16 $, chambre privée 30 $ pour deux.

La Pacifica, 1546 2nd Ave. (236-9292), *downtown*. Bâtiment neuf avec une jolie cour. Chambres pimpantes avec téléphone, micro-ondes, grand réfrigérateur, TV câblée et ventilateur au plafond. Salle commune, laverie. Simples à 30 $, 140-180 $ la semaine. Doubles à 40 $, 155-200 $ la semaine.

South Carlsbad Beach State Park (431-3143), terrain de camping sur la route 21 près de Leucadia, au nord de San Diego County. 226 emplacements (dont la moitié pour les tentes) sur les falaises au bord de la mer. Douches, laverie. Emplacements 16-21 $.

San Elijo Beach State Park (753-5091), terrain de camping sur la route 21 au sud de Cardiff-by-the-Sea. 271 emplacements (dont 150 pour les tentes), dans un cadre identique à celui de South Carlsbad. Emplacements pour les randonneurs/cyclistes. Laverie et douches. En bord de mer 21 $, en retrait 16 $.

RESTAURANTS

Machos, 1125 6th Ave. (231-1969). Excellente cuisine mexicaine, authentique et bon marché. Chips et *salsa* à volonté. Deux *enchiladas* au bœuf pour 3 $. Thé glacé maison. Ouvert du lundi au vendredi de 8h à 19h, le samedi et le dimanche de 8h à 17h.

Filippi's Pizza Grotto, 1747 India St. (232-5094), à Little Italy. Véritable institution locale. On y sert de grandes assiettées de pâtes (6-9 $) et de très bonnes pizzas (8-10 $). A emporter ou à consommer sur place. L'endroit est animé. Ouvert du dimanche au jeudi de 9h à 22h, le vendredi et le samedi de 9h à 23h.

Anthony's Fishette, 555 Harbor Ln. (232-2933), au pied de Market St. sur la baie. Vue imprenable sur la baie et bar. Dîners 5-10 $. Ouvert du dimanche au jeudi de 11h à 20h, le vendredi et le samedi de 11h à 20h30.

Conora's, 3715 India St. (291-5938), à India St. Colony. Impressionnant magasin de sandwiches avec plus de 60 variétés, la plupart entre 3,50 et 4,50 $. Vous pouvez les commander par téléphone et venir les chercher. Ouvert du lundi au samedi de 8h à 18h, le dimanche de 11h à 16h.

The Golden Dragon, 414 University Ave., (296-4119, livraison à domicile 275-7500), à Hillcrest. Carte très variée proposant plus de cent plats et un menu végétarien. Buffet *all-you-can-eat* de 17h30 à 21h30 tous les jours. Ouvert tous les jours de 15h à 3h.

El Indio, 3695 India St. (299-0385), à India St. Colony. Ouvert depuis 1940, ce restaurant mexicain style cafétéria offre des portions généreuses. Assiettes mixtes aux alentours de 3-5,50 $. *Tacos* et *burritos* à la carte à partir de 2 $. Service un peu lent. Ouvert tous les jours de 7h à 21h.

VISITES

Downtown

De grands voiliers, des bateaux de croisière et quelques navires de guerre mouillent en face des boutiques et musées qui bordent l'**Embarcadero**. Le *Star of India*, voilier de 1863 magnifiquement restauré, est ancré devant le **Maritime Museum**, 1306 N. Habor Dr. (234-9153). A côté, sont amarrés le *Medea*, un yacht à vapeur britannique de 1904, et le *Berkeley*, un ferry-boat de 1898 qui partit à la dérive après le tremblement de terre de 1906. Les navires se visitent tous les jours de 9h à 21h (6 $, de 13 à 17 ans et plus de 55 ans 4 $, enfants de 6 à 12 ans 2 $, familles 12 $).

Depuis Harbor Drive, le pont **Coronado Bridge** relie Barrio Logan à l'île de Coronado. Suffisamment élancée pour laisser passer les grands bâtiments de la marine, cette arche bleu ciel dessine une courbe gracieuse au-dessus de la baie de San Diego. En 1969, l'année de sa construction, l'extrémité est du pont traversait la plus vaste communauté mexicaine de San Diego. En retour, la communauté créa le **Chicano Park**, s'appropriant les terrains au-dessous du pont et recouvrant de peintures murales ses piliers. Ces fresques d'influence hispano-américaine, espagnole, maya et aztèque, que l'on appréciera mieux en se promenant dans le parc, impressionnent tant par leurs thèmes que par leur échelle. Prendre le bus n° 11 ou le trolley San Ysidro jusqu'à Barrio Logan.

Au sud de Broadway, entre 4th et 5th Ave., 16 blocks de boutiques d'antiquités, de maisons victoriennes et de restaurants huppés forment le cadre de **Gaslamp Quarter**. Ce quartier, classé monument historique, s'est peu à peu embourgeoisé. Les nombreux bâtiments du XIXe siècle méritent le détour. Des visites à pied de 90 mn organisées par la **Gaslamp Quarter Foundation** (233-4692) ont lieu le samedi à 11h (5 $, personnes âgées, étudiants et jeunes de 12 à 18 ans 3 $, moins de 12 ans gratuit).

Balboa Park

Ce parc est l'œuvre d'horticulteurs de la fin du siècle dernier, qui ont su faire d'un territoire indien déboisé une luxuriante création botanique. Aujourd'hui, des séquoias *redwood* dominent des étendues de rosiers grimpants et de nénuphars. Le parc, à l'architecture espagnole, abrite le célèbre San Diego Zoo et accueille en été de nombreux concerts et manifestations culturelles. Balboa Park est accessible par le bus n° 7 ou en voiture par Laurel St., à l'est de *downtown*.

Couvrant plus de 40 ha d'habitats sans cloisonnements, le **San Diego Zoo** (234-3153) figure parmi les plus beaux zoos du monde. Entre la **Tiger River** et la **Sun Bear Forest**, vous trouverez la section **Gorilla Tropics** qui abrite des gorilles et des plantes d'Afrique. Outre les habituels éléphants et zèbres, le zoo s'enorgueillit d'animaux plus rares comme les tapirs de Malaisie et les koalas, grands favoris du parc. Les volières **Wings of Australasia Aviaries** ont également beaucoup de succès. La dernière nouveauté est **Hippo Beach**, où nagent et gambadent (pour ainsi dire) d'adorables hippopotames. Pour avoir une meilleure idée du zoo, tâchez d'arriver tôt et effectuez la visite de 40 mn en **autobus à impériale**, qui sillonne les deux tiers du parc (4 $, enfants de 3 à 11 ans 3 $, s'asseoir à gauche si possible). Une grande partie du zoo est accessible aux handicapés, mais le relief parfois escarpé requiert une assistance. Ouvert tous les jours de 9h à 16h (13 $, enfants de 3 à 11 ans 6 $, gratuit pour les militaires en uniforme…). Certains guides et brochures offrent des coupons de réduction.

Balboa Park réunit la plus forte concentration de musées de tous les Etats-Unis, juste après Washington DC. Avant d'explorer El Prado, faites une halte à la **House of Hospitality** au 1549 El Prado St., où se trouve le **visitors center** (239-0512, ouvert tous les jours de 9h à 16h). Le centre vend des cartes du parc pour 65 ¢ seulement, ainsi que le **Passport to Balboa Park**, qui contient des coupons pour tous les musées du parc, valable une semaine (18 $). Ce passeport est également en vente dans les musées.

Le point d'orgue de l'ouest de Plaza Panama est le **Museum of Man** (239-2001). A l'intérieur d'une tour, des expositions permanentes sur les primates et les premiers hommes vous apprendront tout sur nos lointains ancêtres. Plusieurs salles sont consacrées aux sociétés amérindiennes. La moitié du musée est réservée aux expositions temporaires. Ouvert tous les jours de 10h à 16h30 (4 $ ou 2 coupons, de 13 à 18 ans 2 $, enfants de 6 à 12 ans 1 $).

De l'autre côté de Plaza Panama, le **San Diego Museum of Art** (232-7931) rassemble une collection d'œuvres hétéroclites, de l'antiquité asiatique à l'art californien contemporain. Ouvert du mardi au dimanche de 10h à 16h30 (6 $, personnes âgées 5 $, de 6 à 17 ans 2 $, moins de 6 ans gratuit. Entrée libre le 3ᵉ mardi du mois). Les sculptures en plein air voisines du **Sculpture Garden Court** (236-1725) sont dominées par une belle pièce de Henry Moore. La **Timken Art Gallery**, 1500 El Prado (239-5548), abrite de beaux portraits signés David, Hals, Rubens… ainsi qu'une collection d'icônes russes abstraites. Ouvert d'octobre à août du mardi au samedi de 10h à 16h30, le dimanche de 11h à 16h30 (entrée gratuite).

Plus à l'est le long de la grande place, se dresse le **Botanical Building** (234-8901), une structure en bois préfabriquée. Si les palmiers semblent un peu à l'étroit, le parfum du jasmin conjugué à la fraîcheur des fontaines en font une oasis bienvenue. Ouvert du vendredi au mercredi de 10h à 16h (entrée gratuite). Les jardins **Desert and Rose Gardens**, à un block à l'est au 2200 Park Blvd. (236-5717, entrée libre) opposent, d'un côté, des cactus et plantes du désert, et de l'autre une luxuriante roseraie.

A l'extrême est d'El Prado, vous trouverez le **Natural History Museum** (232-3821), qui abrite des robots dinosaures (!) grandeur nature et une reconstitution d'une mine de pierres précieuses. Ouvert du vendredi au mercredi de 9h30 à 17h30, le jeudi de 9h30 à 18h30 (5 $, personnes âgées et militaires 4 $, de 6 à 17 ans 2 $). En face, le **Reuben H. Fleet Space Theater and Science Center** (238-1233) possède deux salles de projection **Omnimax**, 153 haut-parleurs et un planétarium hémisphérique. Le samedi à 10h et à 11h, les spectacles sont sous-titrés en espagnol (6 $, personnes âgées 4,50 $, enfants de 5 à 15 ans 3,50 $, militaires et étudiants 4,80 $). Les tickets du *Space Theater* incluent une admission au *Science Center*, où les visiteurs peuvent participer à toutes sortes d'expériences scientifiques. Ouvert du dimanche au mardi de 9h30 à 21h30, le samedi de 9h30 à 22h30 (2,50 $, enfants de 5 à 15 ans 1,25 $).

Old Town (vieille ville)

En 1769, un groupe de soldats espagnols, accompagnés du père Junípero Serra, établirent ici la première colonie européenne sur la côte ouest des Etats-Unis. La vieille ville regroupe aujourd'hui des musées, des parcs et diverses attractions consacrées à la mémoire du quartier.

L'historique **Presidio Park** abrite le **Serra Museum** (279-3258), ouvert du mardi au samedi de 10h à 16h30, le dimanche de 12h à 16h30 (3 $, moins de 12 ans gratuit). Les collections relatent l'histoire de la première colonie ainsi que ses échanges avec les Amérindiens de la région. La cohabitation entre soldats et hommes de foi devait être difficile, car les pères établirent leur mission à quelque 10 km (où elle se tient d'ailleurs toujours). La **Mission Basilica San Diego de Alcalá** (281-8449) n'a pas cessé son activité. On y célèbre la messe tous les jours à 7h et 17h30. Elle regroupe une chapelle, un jardin, un petit musée d'artisanat et la reconstitution des quartiers de Junípero Serra.

A l'ouest de la mission, on trouve le **Jack Murphy Stadium**, où évoluent l'équipe de football américain des **San Diego Chargers** et les base-ballers des **San Diego Padres**.

Sea World

Sea World est le Disneyland de la mer. Au **Shamu Stadium**, des orques acrobates multiplient les cabrioles (n'oubliez pas votre ciré). L'impressionnant **Shark Encounter** vous fait traverser un aquarium géant rempli de requins (dans un tunnel de verre, rassurez-vous...). De création récente, le **Baywatch at Sea World** est un spectacle de ski nautique spectaculaire, commenté en partie par le beau **David Hasselhoff** (si, si, le héros de *K2000*). Mais pour certains, le clou du parc est la **Anheuser-Busch Hospitality Tent**, qui offre **deux verres de bière gratuits** aux personnes âgées de 21 ans minimum. L'entrée du parc coûte 29 $ pour les adultes et 21 $ pour les enfants de 3 à 11 ans. Il est ouvert en été du dimanche au jeudi de 9h à 22h, le vendredi et le samedi de 9h à 23h. Les horaires sont réduits pendant la saison creuse.

SORTIES

L'activité nocturne se déroule en divers endroits de la ville. Le quartier de Gaslamp abrite une myriade de restaurants et de bars haut de gamme, avec des groupes de musique *live*. Hillcrest attire une foule de jeunes gens, gays pour la plupart. Les plages sont également truffées de clubs et de bars. Le *San Diego Reader,* gratuit, vous donnera toutes les informations sur les divertissements nocturnes.

Pacific Beach Grill and Club Tremors, 860 Garnet Ave. (2-PB-PARTY/272-7277), à Pacific Beach. Le rendez-vous des jeunes célibataires. DJ tous les soirs. Ouvert tous les jours de 20h30 à 2h. Entrée variable (1-5 $). Le bar de l'étage est plus calme et propose des plats bon marché. Bar ouvert de 11h à 2h, les cuisines jusqu'à 23h.

Dick's Last Resort, 345 4th Ave. (231-9100), dans Gaslamp Quarter. Cuisine du Sud dans une atmosphère délibérément insolente. Bières du monde entier, notamment de la *Dixieland Blakened Voodoo Lager*. Entrée gratuite pour les soirées rock ou blues, mais consommation obligatoire. Burgers à moins de 4 $, dîner 10-15 $. Ouvert tous les jours de 11h à 1h30.

Café Lu Lu, 419 F. St. (238-0114), dans Gaslamp Quarter. Café végétarien branché conçu par des artistes locaux. L'endroit pour voir et se faire voir, tout en dînant pour moins de 5 $. Expresso framboise-moka 3,50 $. Ouvert du dimanche au jeudi de 9h à 2h, le vendredi et le samedi de 9h à 4h.

Club Sevilla, 555 4th Ave. (233-5979). Groupes *live* tous les soirs, avec musique brésilienne, flamenco et salsa. Bar de *tapas* à l'étage. Ouvert tous les jours de 17h à 2h. Age minimum 21 ans.

Velvet, 2812 Kettner Blvd. (692-1080), près d'Old Town. Etablissement très bruyant et animé. Accueille les groupes de rock qui montent et des formations déjà bien établies. Rock alternatif 6 soirées par semaine. Entrée 5 $ du mercredi au samedi. Table de billard. Age minimum 21 ans. Ouvert tous les jours de 20h à 2h.

Chillers, 3105 Ocean Front Walk (488-2077), à Mission Beach. Toutes sortes de boissons et cocktails, du classique au très sophistiqué, comme le *Attitude Adjustment* (whisky, vodka, jus d'ananas, citronnade et grenadine). On peut goûter avant de commander. Boissons 4-6 $. Ouvert de 11h à 2h tous les jours.

Quelques adresses de **night-clubs gay** parmi les plus populaires : **The Flame**, 3780 Park Blvd. à Hillcrest (295-4163), une discothèque lesbienne. **West Coast Production Company**, 2028 Hancock St. à Middletown (295-3724), un club gay plein d'animation. **Bourbon Street**, 4612 Park Blvd. à University Heights (291-0173), un piano bar gay.

ÉVÉNEMENTS ANNUELS

Le **Penguin Day Ski Fest** (276-0830), qui a lieu le 1er janvier à De Anza Cove (Mission Bay), propose aux plus hardis de faire du ski nautique sur l'océan ou de s'allonger en maillot sur un bloc de glace ! Ceux qui y parviennent sont récompensés d'un *penguin patch* (badge pingouin), les autres reçoivent un *chicken patch* (badge "poule mouillée"). La fête a lieu de 8h à 13h. Un concours de cerfs-volants, l'**Ocean Beach Kite Festival** (531-1527), a lieu le premier samedi de mars, 4741 Santa Monica Ave. à Ocean Beach. Il s'adresse tout particulièrement aux enfants, qui doivent fabriquer leur propre cerf-volant avec du matériel fourni gratuitement. Le concours, qui a lieu à 13h, est suivi d'un grand défilé jusqu'à la plage. Les vendredi et samedi soirs entre le 1er juin et le Labor Day (1er lundi de sept.), on peut observer gratuitement les étoiles à l'observatoire Mount Laguna de San Diego State University, dans le cadre du **Summer Stargazing** (594-6182). **Surf, Sand, and Sandcastle Days** (424-6663) sont des journées surf et châteaux de sable qui ont lieu à la mi-juillet à Imperial Beach, près de la jetée, à 9h30. Les artistes présentent des châteaux imaginaires et des créatures marines, le tout étant conclu par une parade et des feux d'artifices.

■■■ LE NORD DE SAN DIEGO

La Jolla est une agglomération prospère, qui vous séduira plus par ses superbes plages que par son gîte et son couvert, particulièrement onéreux. La plage **Jolla Cove** est appréciée des amateurs de plongée (nombreux poissons exotiques…). A **Tourmaline Beach** et **Windansea Beach**, les déferlantes font le bonheur des surfeurs. Les nageurs, bodysurfeurs et boogie-boarders préfèrent généralement les flots moins agités de la plage **La Jolla Shores**, près de Scripps/University of California San Diego. Les rares surfeurs qui la fréquentent restent près de la jetée. La plage publique **Black's Beach** n'est pas officiellement réservée aux **nudistes**, même si elle en a tout l'air. Les homosexuels se retrouvent généralement à l'extrémité nord de la plage. Pour accéder à La Jolla depuis San Diego, prendre la I-5 puis tourner à gauche après la sortie Ardath ou emprunter le bus n° 30 ou 34 qui part de *downtown*.

Escondido La réserve animalière **San Diego Wild Animal Park** (234-6541) est exclusivement vouée à la protection et à la présentation des espèces en voie de disparition. 325 des 890 ha de terrain ont été aménagés en quatre régions géographiques, où évoluent des animaux africains, européens et américains en semi-liberté. Des boutiques et des restaurants se trouvent à l'entrée. La plus grande partie du parc est uniquement accessible par le train monorail **Wgasa Bush Line**, qui fait le

---

Au-delà de la frontière mexicaine

L'achèvement de la Transpeninsular Highway a grandement facilité la traversée en **voiture** de la péninsule de Basse-Californie, au Mexique, mais prenez garde aux virages traîtres. L'essence sans plomb peut faire défaut ; ne passez pas une station PEMEX sans faire le plein. Si vous envisagez de conduire en Basse-Californie pendant plus de 72 heures, il vous faudra obtenir un permis gratuit sur présentation des papiers de votre véhicule.

Toutes les grandes villes de Basse-Californie sont desservies par le **bus**. Si vous avez l'intention de sillonner la région en bus, sachez que ce n'est pas une mince affaire : horaires peu pratiques, tickets introuvables et places presque toujours debout. Mieux vaut réserver sa place à Tijuana ou à Ensenada et traverser la péninsule d'un seul trait, mais assis. De toute manière, les plages et autres points d'intérêt de Basse-Californie sont inaccessibles par les transports en commun. Les bus ne font aucun arrêt sur la côte entre Tijuana et San Quintín.

Si votre excursion au Mexique se limite à Tijuana et Ensenada, vous n'aurez probablement pas besoin de changer vos dollars en pesos. La grande majorité des commerçants accepteront vos billets verts avec le sourire. Plus au sud dans la péninsule, les prix seront affichés en pesos et certains établissements refuseront vos dollars (ou les accepteront à un taux désavantageux).

tour des quatre habitats en 50 mn. Le prix d'entrée est de 17,50 $, personnes âgées 15,50 $, enfants de 3 à 11 ans 10,50 $. Parking 3 $. Le parc est ouvert du lundi au mercredi de 9h à 19h, du jeudi au dimanche de 9h à 22h.

Les amateurs pourront jeter un œil à l'ancienne résidence du chef d'orchestre **Lawrence Welk**, le **Welk Resort Center**. Le hall abrite le **Lawrence Welk Museum**, 8860 Lawrence Welk Dr. (800-932-WELK/9355). Ouvert le dimanche, le lundi et le mercredi de 10h à 17h, le mardi, le jeudi et le samedi de 10h à 13h (entrée gratuite). Les sexagénaires (et plus) forment le gros des visiteurs.

LE DÉSERT

Avec ses espaces à perte de vue, son décor austère et sa chaleur suffocante, le désert californien exerce une réelle fascination. En hiver, il offre un peu de chaleur, au printemps un paysage fleuri, et en été… une étendue nue et torride. La magie du désert, paradoxalement, ne réside pas dans ce qu'il contient, mais dans ce dont il est dépourvu : les embouteillages, la pollution et ces hordes de touristes qui se ruent aux mêmes endroits.

Le désert de Californie se divise grosso modo en deux zones. Le **Sonoran**, ou **Low Desert** (désert bas), occupe le sud-est de l'Etat depuis la frontière mexicaine au nord de Needles et à l'ouest du Borrego Desert. Le **Mojave**, ou **High Desert** (désert haut), couvre la partie centre-sud de la Californie, bordé par le désert Sonoran au sud, San Bernardino et les vallées de San Joaquin à l'ouest, la Sierra Nevada au nord et la Vallée de la Mort à l'est. Comme leur nom le suggère, ces deux déserts - haut et bas - occupent des altitudes différentes, ce qui leur confère un climat distinct. Le *Low Desert,* qui abrite l'**Anza-Borrego Desert State Park** et la mer fétide de **Salton Sea**, est plat, sec et dénudé. Ses oasis sont vitales à la survie des plantes, de la faune et même des hommes. La plus grande d'entre elles alimente la ville luxueuse de Palm Springs.

Le *High Desert,* par opposition, se compose de collines et de plaines nichées au pied de montagnes qui atteignent 1 500 m d'altitude. Ce désert est donc plus frais (avec une différence d'environ 12 °C en été) et plus humide. Quelques rares villes s'y sont développées. Le parc **Joshua Tree National Park** est une destination prisée des visiteurs, notamment des campeurs. **Barstow**, l'agglomération centrale du *High Desert,* constitue une étape agréable sur la route de L.A. à Las Vegas ou les sierras. La **Vallée de la Mort** représente la limite est du désert Mojave, mais constitue une région à part entière, également faite de déserts hauts et bas. Les grandes routes traversent le désert d'est en ouest : la I-8 longe la frontière du Mexique, la I-10 coupe Blythe et Indio en direction de Los Angeles, et la I-40 passe par Needles et Barstow, où elle rejoint la I-15 qui continue vers Las Vegas et les autres villes à l'ouest de Los Angeles.

Pour tout ce qui concerne votre santé et votre sécurité dans le désert, référez-vous aux rubriques Santé p. 40 et Sur la route p. 59.

■■■ PALM SPRINGS

L'élégante et nonchalante Palm Springs abrite une importante population de retraités, mais aussi d'étudiants qui viennent se détendre pendant les vacances de printemps, d'amateurs de golf bedonnants et de jeunes branchés originaires de la côte. Températures clémentes, gigantesques terrains de golf, rangées interminables de palmiers et luxe débordant… la ville est une invitation à la détente et au farniente.

La **Chamber of Commerce**, 190 W. Amado (325-1577), vous fournira conseils et bonnes cartes (1 $). Prenez *The Desert Guide,* un mensuel gratuit répertoriant les diverses attractions et manifestations. Ouvert du lundi au vendredi de 8h30 à 16h30. **Greyhound**, 311 N. Indian Canyon (800-231-2222), assure sept bus par jour au départ et à destination de L.A. (14 $ l'aller simple, 21 $ l'aller-retour). Le réseau de bus local, **Sun Bus** (343-3451), relie toutes les villes de la Coachella Valley tous les jours de 6h à 18h. Tarif 75 ¢, correspondances 25 ¢ (monnaie exacte). La ligne n° 111 parcourt Palm Canyon Dr. puis la route 111 jusqu'à Palm Desert (1 bus toutes les 1/2 heures). Les lignes n° 21 et 23 couvrent le secteur du centre-ville. Les taxis **Desert Cab**, 325-2868, et **Valley Cabousine**, 340-5845, sont en service 24h/24. **Urgences** : 911. **Bureau de poste** : 333 E. Amado Rd. (325-9631, ouvert du lundi au vendredi de 8h à 17h, le samedi de 9h à 13h). **Code postal** : 92263-9999. **Indicatif téléphonique** : 619.

La façon la plus économique de séjourner à Palm Springs est de camper dans un parc d'Etat ou une forêt nationale. Si vous devez rester en ville, **Budget Host Inn**, 1277 S. Palm Canyon Dr. (325-5574 ou 800-829-8099), dispose de grandes chambres propres avec réfrigérateur, téléphone, piscine/jacuzzi et petit déjeuner continental. Les tarifs d'hiver sont de 79 $ pour deux en semaine, 90 $ le week-end. L'été, 35/45 $.

Las Casuelas-The Original, 368 N. Palm Canyon Dr. (325-3213), prépare l'une des meilleures cuisines mexicaines de la région. Assiette mixte à partir de 7 $. Ouvert du dimanche au jeudi de 10h à 22h, le vendredi et le samedi de 10h30 à 23h. **Thai Smile**, 651 N. Palm Canyon Dr. (320-5503), sert de bons plats végétariens. Soupe de légumes 2,50 $, *tempura* 5,25 $, poulet épicé *pad thai* 6,50 $ seulement. Ouvert tous les jours de 11h à 22h. Certains bars pratiquent des prix avantageux le soir, comme **La Taquería**, 125 E. Tahquitz Way (778-5391), avec sa terrasse couverte de brume artificielle et ses margaritas Moonlight à 2,25 $.

Le téléphérique **Palm Springs Aerial Tramway** (325-1391) grimpe le long du mont San Jacinto. A l'arrivée, une terrasse panoramique offre des vues imprenables sur la Coachella Valley. Le départ se fait sur Tramway Dr., qui coupe la route 111 juste au nord de Palm Springs (aller-retour 16 $, personnes âgées 12 $, moins de 12 ans 10 $). Le **Desert Museum**, 101 Museum Dr. (325-0189), recrée la beauté du désert à travers une collection d'œuvres amérindiennes, de dioramas sur le désert et d'animaux vivants. Le parc **Living Desert Reserve** à Palm Desert, situé à 2 km au sud de la route 111 au 47900 Portola Ave. (346-5694), est peuplé d'oryx arabes, d'iguanes, et de zèbres de Grévy qui évoluent à côté de la flore désertique des **Botanical Gardens**. Ne manquez pas le spectacle des reptiles au crépuscule. Ouvert tous les jours de septembre à mi-juin de 9h à 17h (7 $, personnes âgées 6 $, moins de 15 ans 3,50 $).

Les **Indian Canyons** (325-5673) forment des oasis où l'on peut voir les vestiges des premiers occupants des lieux, les Indiens Cahuilla d'Agua Caliente. Les quatre

N'y allez pas : la mer fétide de Salton Sea

Cette "merveille" née des mains de l'homme fut créée en 1905-1907 lorsque l'aqueduc du fleuve Colorado s'écroula et inonda la Coachella Valley. L'accident entraîna la formation d'un lac de 56 km sur 24 km, couvrant une partie du désert. L'étendue d'eau croupit jusque dans les années 60, époque à laquelle on décida d'en faire un lieu touristique. Des poissons d'eau douce et de mer furent introduits dans le lac, et des marinas furent construites dans la perspective d'un grand centre de villégiature. Les espoirs furent cruellement déçus. Très vite la végétation en décomposition dans l'eau stagnante libéra une odeur putride insupportable et la forte teneur en sel fut fatale à la grande majorité des poissons. La "mer" est aujourd'hui bordée de bâtiments à l'abandon et **Salton City** est une ville morte, livrée au soleil impitoyable du désert. Pour plus de renseignements, contactez la **West Shores Chamber of Commerce**, P.O. Box 5185, Salton City, CA 92705.

canyons sont accessibles en suivant jusqu'au bout S. Palm Canyon Dr., à 8 km du centre-ville. Ouvert tous les jours en automne/hiver de 8h à 17h, au printemps/été de 8h à 18h (5 $, personnes âgées 2,50 $, enfants 1 $, étudiants 3,50 $).

Le pittoresque village indien **Cabot's Old Indian Pueblo**, 67616 E. Desert View Ave. (329-7610), se situe à 1,5 km à l'est de Palm Dr. à **Desert Hot Springs**. Prendre le bus n° 19 depuis Palm Springs jusqu'à Desert View Ave. Les 35 pièces du *pueblo* de style Hopi furent construites à l'aide des vestiges trouvés dans le désert entre 1941 et 1964. On peut parcourir le *pueblo* de 10h à 15h du mercredi au dimanche, de juillet à septembre le samedi et le dimanche seulement (2,50 $, personnes âgées 2 $, de 5 à 16 ans 1 $).

■■■ JOSHUA TREE

En traversant cette partie du désert au début du XIXe siècle, les Mormons furent frappés par des arbres aux formes étranges, qu'ils baptisèrent d'après le personnage biblique Josué (Joshua en anglais). Les branches tortueuses de l'arbre leur évoquaient peut-être les bras grand ouverts du prophète, accueillant les voyageurs vers la Terre promise. Ce qui est sûr, c'est qu'après avoir franchi l'aride désert de l'Arizona, la fraîcheur (relative) et l'humidité du désert Mojave durent leur paraître un véritable don de Dieu. Le **Joshua Tree National Park** réunit une variété infinie de paysages désertiques, ainsi qu'une faune et une flore très diversifiées. D'énormes amas de roches quartzifères, atteignant parfois 30 m de haut, jonchent le terrain. Les formations minérales, sculptées par les vents et les inondations, sont un régal des yeux. Le parc est également parsemé de vestiges humains, telles d'anciennes inscriptions rupestres, des barrages construits au XIXe siècle pour recueillir les rares eaux de pluie et des mines d'or désaffectées.

Informations pratiques Il est conseillé de passer au **Headquarters and Oasis Visitor Center**, 74485 National Park Dr., Twentynine Palms 92277 (367-7511), à 400 m en sortant de la route 62. Vous y trouverez des guides, des cartes et des gardes forestiers ravis de répondre à vos questions. Ouvert tous les jours de 8h à 16h30. Il est essentiel de connaître les vicissitudes du **temps** : la température atteint en moyenne 35-45 °C l'été, et 15-20 °C l'hiver. Il fait plus chaud dans la partie est. Les endroits les plus agréables en été se trouvent au-dessus de 1 200 m. En hiver, mieux vaut rester à des altitudes plus basses. Le **Hi-Desert Medical Center**, 6601 White Feather Rd. (366-3711) à Joshua Tree, fournit des soins d'urgence 24h/24. **Urgences** : 911, ou 367-3523 pour appeler un **garde forestier**. Pour la **poste restante 24h/24**, appeler le 909-383-5651. Le **bureau de poste** le plus proche est au 73839 Gorgonio Dr. (367-3501), à Twentynine Palms. Ouvert du lundi au vendredi de 8h30 à 17h. **Code postal** : 92277. **Indicatif téléphonique** : 619.

Le parc national couvre 226 000 ha de terrain au nord-est de Palm Springs, à 255 km environ à l'est de Los Angeles. Il est bordé par trois grandes routes : la **I-10** au sud, la **route 62** à l'ouest et au nord et la **route 177** à l'est. Depuis la I-10, on y accède plus facilement par la route 62 qui vient de l'ouest, ou par l'entrée sud à Cottonwood Springs.

Campings La plupart des terrains de camping du parc n'acceptent pas les réservations ; les premiers arrivés sont les premiers servis. Quelques exceptions cependant : les emplacements de groupes à Cottonwood, Sheep Pass et Indian Cove et les emplacements familiaux de Black Rock Canyon. MISTIX (800-365-2267) prendra vos réservations. On peut également faire du **camping sauvage**. Tous les emplacements disposent de tables, d'endroits pour faire du feu et de toilettes. Ils sont généralement gratuits. Apportez votre propre bois car il est strictement interdit de brûler celui du parc. Les tentes dans les endroits non aménagés devront être plantées à 150 m au moins d'un chemin et à 1,5 km d'une route. Le séjour est limité à 14 jours entre octobre et mai et à 30 jours en été. Assurez-vous de bien vous inscrire à l'un des bureaux de camping sauvage qui bordent les routes principales du parc, de façon que le personnel sache où vous êtes. **Hidden Valley** (1 260 m), au centre du parc, recèle des endroits bien isolés à l'ombre d'énormes blocs de pierre. C'est de loin le meilleur endroit pour planter sa tente. Les 39 emplacements de *Wonderland of Rocks* sont très convoités par les amateurs de varappe. **Jumbo Rocks** (1 320 m) se trouve près du sentier *Skull Rock Trail* à la limite est de la Queen Valley. 125 emplacements bien espacés (65 en été) entourent des rochers géants. Les sites de devant sont mieux ombragés et protégés. **Indian Cove** (960 m) dispose de 107 emplacements (45 en été) à l'extrémité nord de *Wonderland of Rocks*. Des cascades se forment après les pluies. La plupart des 13 emplacements de groupe coûtent 15 $, les deux plus grands s'élèvent à 30 $.

Visites Plus de 80 % du parc (essentiellement le sud et l'est) constituent un territoire non aménagé. On y croise donc des chemins mais ni route, ni toilettes, ni campements. Pour les amateurs de camping sauvage et de randonnées, cette étendue quasi vierge offre d'extraordinaires possibilités d'exploration. Il n'y a pas d'eau, sauf après une crue subite (choisissez bien l'endroit où vous plantez votre tente). Le climat le plus agréable est à la fin de l'automne (d'octobre à décembre) et au début du printemps (mars-avril). Les autres mois, la température peut rendre votre séjour quelque peu inconfortable.

Joshua Tree est réputé pour ses possibilités d'**escalade** et de nombreux adeptes viennent se mesurer aux rochers chaque année. Le *visitors center* vous donnera toutes les informations concernant les sites de varappe autorisés. **Wonderland of Rocks** et **Hidden Valley** sont les *spots* les plus appréciés. Pour toute instruction et location de matériel, contactez **Ultimate Adventures**, Box 2072, Joshua Tree (366-4758), ou **Wilderness Connection**, Box 29, Joshua Tree (366-4745).

Un tour du parc en voiture, à votre rythme, vous permettra de bien apprécier la beauté de Joshua Tree (4x4 recommandé mais on peut faire sans). Des routes relient les divers centres d'intérêt, et des panneaux indiquent les sites à voir. Certains des plus beaux panoramas sont accessibles par les petites routes. Ne manquez à aucun prix **Key's View** (1 555 m), à 10 km de la route du parc, à l'ouest du camping Ryan Campground. Par temps dégagé, vous pourrez apercevoir Palm Springs et la mer Salton Sea. Le lever de soleil est spectaculaire. Les cactus de **Cholla Cactus Garden**, accessibles par Pinto Basin Rd., méritent également le détour. Les 4x4 pourront franchir les routes de terre, comme **Geology Tour Road** qui grimpe d'impressionnantes formations rocheuses et se termine dans les Little San Bernardino Mountains.

La meilleure façon d'explorer le parc reste la marche à pied. Les randonneurs peuvent se promener où bon leur semble. Le chemin **Barker Dam Trail** attire de nombreux touristes, venus contempler les peintures rupestres qui surplombent un réservoir d'eau. Les plus courageux grimperont les 5 km de sentiers qui mènent au sommet de **Ryan Mountain** (1 638 m). Une marche difficile, en plein soleil, récompensée à l'arrivée par un brin de fraîcheur et surtout un panorama superbe sur les vallées environnantes. Munissez-vous d'une bonne réserve d'eau. Des informations sur toutes les autres marches possibles, de la promenade de 15 mn de l'**Oasis of Mara** (accès handicapés) aux 56 km de circuit du **California Riding and Hiking Trail**, vous seront données au centre touristique du parc.

Joshua Tree abrite une flore et une faune que vous ne rencontrerez nulle part ailleurs. Leur faculté d'adaptation dans cette fournaise est étonnante. Les animaux sortent plus facilement à l'aube ou au crépuscule, mais vous verrez des rats-kangourous et des lézards à toute heure de la journée. Essayez de repérer le roitelet des cactus à **Pinto Basin**. Vous croiserez peut-être d'énormes nuées de coccinelles près des oasis. Attention, de non moins énormes essaims d'abeilles fréquentent aussi les lieux. Des aigles royaux et des mouflons peuplent les alentours des oasis, tandis que les coyotes et les lynx sortent la nuit. Avec du temps, de la patience et une bonne paire d'yeux, la beauté profonde du désert s'offrira peu à peu à vous. La saison des fleurs, **Wildflower season** (mi-mars à mi-mai), est une époque privilégiée.

Pique-nique avec le Christ

Pour une expérience tout simplement divine, vous pouvez organiser un pique-nique en compagnie de Jésus et de ses compagnons au **Desert Christ Park** de Yucca Valley, 57090 Twentynine Palms Hwy. Cet ensemble de silhouettes en béton représentant des scènes de la Bible est accessible en sortant de Twentynine Palms Hwy. vers le nord, et en poursuivant jusqu'au bout du Mohawk Trail. Ouvert de l'aube au crépuscule (accès libre). Pas de téléphone avec l'au-delà.

■■■ BARSTOW

Barstow n'est guère réputée pour ses divertissements touristiques. La ville, perdue à mi-chemin entre Los Angeles et Las Vegas sur la I-15, forme le terminus ouest de la I-40. Le **California Desert Information Center**, 831 Barstow Rd., Barstow 92311 (255-8760), à la sortie de la I-15, propose d'excellentes informations touristiques sur la région, notamment les chemins accessibles en voiture. Ouvert tous les jours de 9h à 17h. La gare ferroviaire **Amtrak**, assez sinistre, se trouve au 7685 N. 1st St. (800-872-7245). Destinations : L.A. (34 $), San Diego (54 $) et Las Vegas (45 $). Les bus **Greyhound**, 681 N. 1st. St. (256-8757), relient L.A. (13 par jour, 23 $) et Las Vegas (7 par jour, 32 $). **Enterprise Car Rental**, 620 W. Main St. (256-0761), loue des voitures pour 149 $ la semaine avec 1 050 miles (1 680 km) gratuits. Age minimum 21 ans avec carte de crédit. **Urgences** : 911. **Bureau de poste** : 425 S. 2nd Ave. **Code postal** : 92312. **Indicatif téléphonique** : 619.

Barstow compense son absence de charme par un grand nombre d'hôtels et de restaurants bon marché. **Motel 6**, 150 N. Yucca Ave. (256-1752), est relativement proche des gares Greyhound et Amtrak, et à 1 block seulement d'une épicerie ouverte 24h/24. Les chambres standard sont propres et ont la TV câblée (simples à 23 $, doubles à 27 $). **Barstow/Calico KOA** (254-2311), à 11 km au nord-est de Barstow sur le côté nord de la Outer Route 15, entre les sorties Ft. Irwin Rd. et Ghost Town Rd., accueille les campeurs avec une piscine, des douches et un snack-bar. Ce terrain peut être *très* bondé. Emplacements de tente pour deux 17 $, camping-car 21 $ avec eau et électricité, raccordement égouts 2 $ supplémentaires.

Toutes les chaînes de restaurants de la région ont une succursale sur Main St. Le **Barstow Station McDonald's**, 1611 E. Main St. (256-1233), dans de vieilles locomotives, est le plus fréquenté des Etats-Unis. On y trouve un terrain de jeu pour les enfants, une boutique de souvenirs et un **magasin de vins et spiritueux**. Ouvert du dimanche au jeudi de 5h à 22h, le vendredi et le samedi de 5h30 à 24h. **Carlo's and Toto's**, 901 W. Main St. (256-7513) est un petit restaurant populaire. Une délicieuse cuisine mexicaine servie en énormes portions (5-8 $). Ouvert du lundi au jeudi de 11h à 22h, le vendredi et le samedi de 11h à 23h, le dimanche de 9h30 à 22h.

■■■ DEATH VALLEY (LA VALLÉE DE LA MORT)

Véritable vision de l'enfer, le **Death Valley National Park** enregistre des températures estivales inimaginables en Europe. Le record de température dans l'hémisphère occidental (56 °C à l'ombre) fut atteint au Valley's Furnace Creek Ranch le 10 juillet 1913. Témoin de ce jour, le gardien du ranch, Oscar Denton, racontait : "je croyais que le monde arrivait à sa fin. Les hirondelles en plein vol tombaient raides mortes et lorsque je suis sorti pour vérifier le thermomètre avec une serviette mouillée sur la tête, elle était sèche en quelques secondes."

Heureusement, le seuil fatal de 55 °C est rarement dépassé et la vie dans la région est plus développée qu'on pourrait l'imaginer. L'altitude varie de 3 315 m à Telescope Peak à 85 m en dessous du niveau de la mer à Badwater. Des étendues de sel blanc couvrent le sol de la vallée, tandis que des montagnes infranchissables et des dunes de sable parsèment le désert. La nature concentre ici des paysages extrêmes, à la fois grandioses et excessivement fragiles.

Les températures moyennes du mois de juillet avoisinent 47 °C, et 31 °C au plus frais de la nuit. Quant à la température au sol, elle tourne autour de 94 °C ! Quelle que soit la saison choisie pour visiter la Vallée de la Mort, conformez-vous toujours aux informations données dans le chapitre Santé, p. 40. En outre, procurez-vous la brochure gratuite, *Hot Weather Hints,* distribuée au *visitors center.* Pour bien apprécier le parc, visitez-le en hiver, pas en été.

Informations pratiques Vous trouverez toutes les **informations touristiques** au **Furnace Creek Visitor Center** (786-2331), sur la route 190 dans la partie centre-est de la vallée. Ouvert tous les jours en été de 8h à 16h, en hiver de 8h à 19h. Vous pouvez également écrire au Superintendent, Death Valley National Park, Death Valley 92328. Les **postes de rangers** se trouvent à **Grapevine**, à la jonction des routes 190 et 267, près de Scotty's Castle, à **Stove Pipe Wells**, sur la route 190 et à **Shoshone**, à l'extérieur de la frontière sud-est de la vallée, à l'intersection des routes 178 et 127. Des bulletins météo, des programmes hebdomadaires sur la nature et des informations sur le parc sont affichés à chaque poste (ouvert tous les jours de 8h à 16h). Le prix d'entrée de 5 $ par véhicule est perçu au *visitors center* situé au milieu du parc. Si vous payez, dites-vous que c'est pour la bonne cause : le parc a besoin d'argent. **Faites le plein** à Olancha, Shoshone ou Beatty, dans le Nevada. Sinon, il vous faudra payer 20 ¢ de plus par gallon (3,8 l) dans les stations-service en face du *Furnace Creek Visitors Center* (ouvert de 7h à 19h), à Stove Pipe Wells Village (ouvert de 7h à 20h) et à Scotty's Castle (ouvert de 7h à 17h30). Vous pouvez faire vos **achats alimentaires** au **Furnace Creek Ranch Store** (786-2380), bien approvisionné mais cher (ouvert tous les jours de 7h à 21h). Le magasin **Stove Pipe Wells Village Store** (786-2578) est plus petit mais tout aussi onéreux (ouvert tous les jours de 7h à 21h). **Bureau de poste** : Furnace Creek Ranch (786-2223). **Code postal** : 92328. **Indicatif téléphonique** : 619.

Se déplacer Il n'y a pas de transports en commun réguliers dans la Vallée de la Mort. Les circuits en bus, assurés par **Fred Harvey's Death Valley Tours** (786-2345, poste 222), coûtent 20 $ (enfants 12 $) pour deux heures. Les bus partent à 9h depuis le Furnace Creek Ranch (voir plus loin) et s'arrêtent brièvement à Zabriskie Point, Mushroom Rock, Devil's Golf Course, Badwater et Artist's Drive. Le circuit le plus intéressant est celui de cinq heures à destination de Titus Canyon (30 $, enfants 20 $). La meilleure façon de se déplacer à Death Valley est la voiture. Les agences de location les plus proches sont à Las Vegas, Barstow et Bishop.

Des neuf **entrées du parc**, celle de la route 190 en provenance de l'est reste la plus fréquentée. La route est bien entretenue, l'accès moins escarpé et l'on parvient plus rapidement au *visitors center.* Les visiteurs munis d'un véhicule résistant couvriront toutefois une plus grande partie du parc en entrant par le sud-est (route 178 à l'ouest de la route 127 à Shoshone) ou par le nord (trajet direct jusqu'à Scotty's Castle via la route NV 267 depuis la US 95). Si vous êtes peu rompu à la conduite en montagne, évitez d'entrer par les routes de Titus Canyon ou Emigrant Canyon Drive. Les falaises abruptes ne disposent d'aucune barrière de sécurité ; gare aux dérapages.

Malgré les progrès de l'automobile, la conduite dans la Vallée de la Mort reste une entreprise périlleuse. Vous trouverez de l'**eau** (*non potable*) pour le radiateur de votre véhicule à certains points des routes 178, 190 et de la route NV 374, mais pas sur les routes non goudronnées. Respectez les panneaux indiquant *"4WD Only"* (accès réservé uniquement aux 4x4). Si vous passez outre, prenez au moins soin de vous munir de chaînes, de roues de secours, de réserves d'essence, d'eau pour le radiateur et de pièces de rechange.

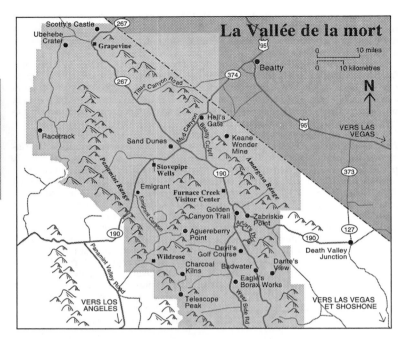

Hébergements Ne comptez pas trouver une abondance de lits et de repas bon marché dans la Vallée de la Mort. Pendant les mois d'hiver, camper avec un stock de provisions est le meilleur moyen d'économiser son temps et son argent. **Stove Pipe Wells Village** (786-2387) vous offrira le gîte pour 53 $ la nuit, pour une ou deux personnes (10 $ par personne supplémentaire).

Le *National Park Service* gère neuf **terrains de camping**, dont deux seulement acceptent les réservations. Appelez à l'avance pour connaître les disponibilités et soyez prêt à vous battre pour un bout de terrain pendant la saison pleine. L'eau et la nourriture ne sont pas garanties sur les aires de camping. Veillez à toujours prévoir le minimum. Le **camping sauvage** est autorisé, à condition d'en informer le *visitors center* et de planter votre tente à 1,5 km au moins des routes principales, à 8 km des terrains de camping aménagés et à 400 m des sources d'eau.

Visites Les chemins de randonnée de la Vallée de la Mort s'adressent aussi bien aux flâneurs qu'aux aventuriers les plus endurcis. Si vous partez pour la journée, signalez-le au *visitors center* et munissez-vous des cartes topographiques appropriées. Le *National Park Service* recommande aux marcheurs de prévoir un itinéraire qui suive les routes fréquentées, et de former des groupes de deux personnes minimum. Evitez de porter des sandales ou toutes autres chaussures légères. En plein été, renoncez tout bonnement à la marche à pied .

La route **Artist's Drive** forme une boucle à sens unique depuis la route 178, débutant à 16 km au sud du *visitors center*. Elle serpente à travers des canyons escarpés en direction d'**Artist's Palette**, un ensemble impressionnant de dépôts minéraux verts, jaunes et rouges. A 8 km au sud, vous atteindrez **Devil's Golf Course** (littéralement "le terrain de golf du diable"), une étendue de croûte de sel composée des résidus laissés par l'ancien lac **Manly**, après évaporation.

A 5 km au sud de Devil's Golf Course, sur la route 190, vous découvrirez **Badwater** ("mauvaise eau"), un bassin saumâtre quatre fois plus salé que l'océan. Le trek qui traverse les étendues de sel environnantes passe par le point le plus bas de l'hémisphère occidental : 85 m au-dessous du niveau de la mer. Immortalisé par le film éponyme d'Antonioni, **Zabriskie Point** est un endroit rêvé pour admirer le relief ondulé de la Vallée de la Mort. La vue est particulièrement fascinante lorsque le soleil couchant emplit de lumière les bassins asséchés. Mais le spectacle le plus extraordinaire de tout le parc est peut-être le point de vue **Dante's View**, accessible par une route goudronnée de 24 km, qui part de la route 190. Devant cet immense enfer parsemé çà et là d'étendues de sel blanc, on se rappelle les vers du poète italien : "Vous qui entrez ici, perdez toute espérance…"

LA CÔTE CENTRALE

Le superbe littoral entre Los Angeles et San Francisco, appelé Central Coast, saura vous séduire comme il dut séduire les premiers colons. A mesure que l'on s'éloigne de Los Angeles, le *smog* se dissipe, les autoroutes rétrécissent, le trafic devient fluide… et l'on comprend enfin pourquoi la Californie a attiré tant de surfeurs, d'artistes illuminés, de bons (et de mauvais) poètes et d'amoureux de la nature. Des falaises de Big Sur aux plages de sable blanc de Carmel, c'est un véritable décor de carte postale qui vous attend.

Des autruches en Californie... ?

Saviez-vous que l'on pouvait trouver des autruches en Californie ? Eh bien oui, des **autruches** peuplent le désert et les régions centrales de la côte californienne. Elles ne sont toutefois pas à l'état sauvage, ayant été importées par des éleveurs désireux de commercialiser leur chair et leur peau lucratives (les bottes en peau d'autruche sont, paraît-il le nec plus ultra sur les pistes de danse !). Si en chemin vous rencontrez une ferme d'autruches, arrêtez-vous pour observer ces drôles de volatiles de presque 3 m de haut. Il n'est pas dangereux de sortir de sa voiture et d'approcher l'enclos des autruches (si le propriétaire le permet). Mais **n'essayez pas de caresser leurs irrésistibles petites têtes** et ne vous moquez pas de ces bestioles à long cou. Elles ont peut-être l'air ahuri, mais elles ont très mauvais caractère. Alors, prudence, et gardez vos distances si vous ne voulez pas être mis KO par une autruche. Vous trouverez l'un de ces élevages sur Refugio Rd., par la route 246 à Santa Ynez.

■■■ SANTA BARBARA

Santa Barbara est certes une ville réservée aux riches et aux privilégiés, mais elle reste beaucoup moins tape-à-l'œil que les autres villes de même standing du sud de la Californie. Fidèles à l'image du soap-opéra, les rues de Santa Barbara fourmillent de superbes pin-up marchant main dans la main avec des apollons hypertrophiés. Pourtant, au centre-ville, notamment sur State St., les boutiques de luxe côtoient un grand nombre de cafés et de brocantes tout à fait abordables.

INFORMATIONS PRATIQUES

Office du tourisme : Chamber of Commerce, 504 State St. (965-3023). Ouvert du lundi au vendredi de 9h à 17h. Cartes, brochures et dépliants à volonté.

Trains : Amtrak, 209 State St. (963-1015, 800-872-7245 pour les horaires et les prix), au centre-ville. Les alentours de la gare sont dangereux dès la nuit tombée. Ouvert tous les jours de 7h à 23h. Billets en vente jusqu'à 21h30. Destinations : L.A. (20 $) et San Francisco (67 $, réserver à l'avance).

Bus : Greyhound, 34 W. Cabrillo St. (962-2477), au coin de Chapala. Destinations : L.A. (12 $) et San Francisco (38 $). Ouvert du dimanche au jeudi de 6h à 24h, le vendredi et le samedi de 6h à 20h.

Taxis : Yellow Cab Company (965-5111), 24h/24.

Location de voitures : U-Save Auto Rental, 510 Anacapa St. (963-3499). 20 $ par jour avec 100 miles (160 km) gratuits. 119 $ par semaine avec 700 miles (1 120 km) gratuits, 15 ¢ par mile supplémentaire. Age minimum 21 ans avec carte de crédit. Ouvert du lundi au vendredi de 8h à 18h, le samedi et le dimanche de 8h à 14h.

Location de vélos : Cycles-4-Rent, 101 State St. (966-3804). 4 $ de l'heure, 17 $ la journée. Ouvert du lundi au vendredi de 9h à 20h, le samedi et le dimanche de 8h à 20h.

Urgences : 911.

Bureau de poste : 836 Anacapa St. (564-2266), à 1 block à l'est de State St. Ouvert du lundi au vendredi de 8h à 17h30, le samedi de 10h à 17h. **Code postal :** 93102. **Indicatif téléphonique** : 805.

Santa Barbara se trouve à 154 km au nord-ouest de L.A. et à 43 km de Ventura sur la **US 101**. La plage s'étend à l'extrémité sud de la ville et **State St.**, l'artère principale, remonte vers le nord-ouest depuis le front de mer. Toutes les rues sont à l'est ou à l'ouest de State St. Les principales artères est-ouest sont la US 101 et **Cabrillo Blvd**.

Procurez-vous les itinéraires et les horaires des bus au *visitors center* ou au centre de transit derrière la gare Greyhound sur Chapala. Tarif 75 ¢, handicapés et plus de 61 ans 30 ¢, moins de 5 ans gratuit, correspondances gratuites. Une **navette entre le centre-ville et la plage** (25 ¢) circule le long de State St.

HÉBERGEMENTS ET CAMPINGS

A 10 mn en voiture au nord ou au sud sur la US 101, vous trouverez des logements moins chers qu'à Santa Barbara même.

Banana Bungalow Santa Barbara, 210 E. Ortega St. (963-0154), au détour de State St. Fréquenté par de jeunes vacanciers. Pour 15 $, vous avez un lit dans une chambre dortoir, pour 12 $ vous dormez dans une grande salle commune très bruyante.

Hotel State Street, 121 State St. (966-6586), juste en retrait de la plage. Clientèle essentiellement composée de voyageurs européens. S.d.b. communes mais petites chambres privées très propres. TV câblée, petit déjeuner continental compris. 45 $ pour un lit double, 55 $ pour deux lits doubles.

New Faulding Hotel, 15 E. Haley St. (963-9191), près du centre-ville. De nombreux résidents semi-permanents y sont installés. Vous devez remplir une fiche et présenter une pièce d'identité. Simples à 25-38,50 $.

La publication gratuite *Santa Barbara Campsite Directory* donne le prix, la localisation et les numéros de réservation de tous les terrains de camping de la région. Disponible au *visitors center*. Les campings d'Etat peuvent se réserver par le biais de MISTIX (800-444-7275). **Carpinteria Beach State Park** (684-2811), à 19 km au sud-est de Santa Barbara le long de la US 101, dispose de 262 emplacements de tente aménagés avec douches chaudes. Emplacements 16 $, 20-25 $ avec raccordement. Il existe en outre trois plages d'Etat à une cinquantaine de kilomètres à la ronde : **El Capitan** (968-3294), **Gaviota** (968-3294) et **Refugio** (968-1350).

RESTAURANTS

Les restaurants sont regroupés sur State, Milpas et Cañon Perdido St. Ceux de State St. sont un peu plus chers.

Flavor of India, 3026 State St. (682-6561). Etablissement propre et sympathique, proposant de bonnes spécialités indiennes, dont quelques plats végétariens. Buffet

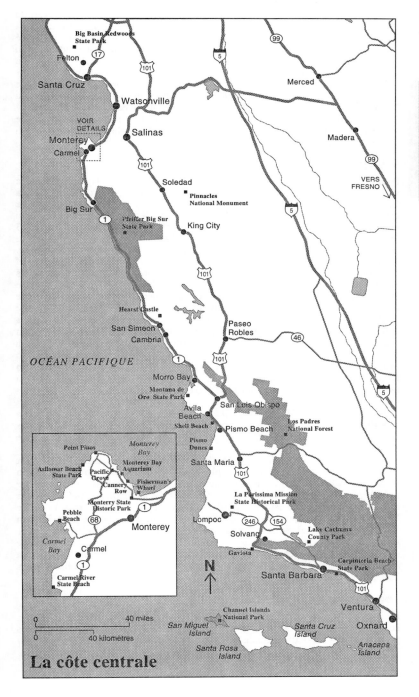

CALIFORNIE

Big Basin Redwoods
State Park

Felton (17)

101

Santa Cruz

Watsonville

99

5

Merced

VOIR
DETAILS

Salinas

Madera

Monterey

Carmel

101

99

Soledad

VERS
FRESNO

Big Sur

Pinnacles
National Monument

Pfeiffer Big Sur
State Park

(1)

King City

5

101

101

Hearst Castle

San Simeon

Cambria

Paseo
Robles

(46)

OCÉAN PACIFIQUE

(1)

101

Morro Bay

Montana de
Oro State Park

5

Avila
Beach

San Luis Obispo

Shell Beach

Pismo Beach

Los Padres
National Forest

Pismo
Dunes

*Monterey
Bay*

Point Pinos

Monterey Bay
Aquarium

Santa Maria

101

Asilomar Beach
State Park

Pacific
Grove

Cannery
Row

Fisherman's
Wharf

La Purissima Mission
State Historical Park

Monterey State
Historic Park

(1)

Pebble
Beach

(68)

Monterey

Lompoc

(246)

(154)

Lake Cachuma
County Park

*Carmel
Bay*

Carmel

Solvang

Gaviota

Carpinteria Beach
State Park

(1)

N
↑

Santa Barbara

101

Carmel River
State Beach

Channel Islands
National Park

Ventura

0   40 miles

San Miguel
Island

Santa Cruz
Island

Oxnard

0   40 kilomètres

Santa Rosa
Island

Anacapa
Island

La côte centrale

déjeuner *all-you-can-eat* (6 $), du lundi au samedi de 11h30 à 15h. Ouvert du dimanche au jeudi de 17h30 à 22h, le vendredi et le samedi de 17h30 à 22h30.

Esau's Coffee Shop, 403 State St. (965-4416). Délicieux *pancakes* aux germes de blé et à la myrtille (5,75 $ pour une pile de 6). Les lève-tôt (du lundi au vendredi de 6h à 8h) auront 2 *pancakes*, 2 œufs et 2 tranches de bacon pour 3,25 $. Ouvert du lundi au vendredi de 6h à 13h, le samedi et le dimanche de 7h à 13h30.

La Super-rica Taquería, 622 N. Milpas (963-4940). Les *tacos* au porc mariné de ce restaurant mexicain sont une petite merveille. Plats de 1,30 $ à 5,10 $. Ouvert du dimanche au jeudi de 11h à 21h30, le vendredi et le samedi de 11h à 22h.

R.G.'s Giant Hamburgers, 922 State St. (963-1654). Les meilleurs hamburgers de Santa Barbara depuis 1990. Burger standard 3,11 $. Ouvert du lundi au samedi de 7h à 22h, le dimanche de 7h à 21h.

VISITES

Pour bien apprécier les pittoresques toits de tuile rouge qui font la réputation de la ville, vous pouvez monter à la **terrasse d'observation** du palais de justice **Santa Barbara County Courthouse** au 1100 Anacapa St. (962-6464). Le palais lui-même est un des plus beaux bâtiments administratifs de l'Ouest. Ouvert du lundi au vendredi de 8h à 17h, le samedi et le dimanche de 9h à 17h. La tour ferme à 16h45 (accès gratuit). Consultez le *Santa Barbara's Red Tile Tour,* un guide de visite pédestre parmi les maisons à tuiles rouges, disponible à la *Chamber of Commerce*.

La bibliothèque municipale **Public Library** et le **Santa Barbara Museum of Art** conjuguent divers styles architecturaux pour former un ensemble des plus harmonieux. La bibliothèque, 40E Anapamu St. (962-7653), et le musée, 1130 State St. (963-4364), sont séparés par une place piétonnière. Ancien bureau de poste datant de 1914, le musée d'art abrite une belle collection d'œuvres de l'Antiquité grecque et romaine ainsi que d'Asie et d'Europe, mais s'enorgueillit tout particulièrement de ses œuvres d'art américaines, dont les portraits de la Preston Morton Gallery. Ouvert le mardi, le mercredi, le vendredi et le samedi de 11h à 17h, le jeudi de 11h à 21h, le dimanche de 12h à 17h. Visites guidées du mardi au dimanche à 13h (4 $, personnes âgées 3 $, enfants de 6 à 16 ans 1,50 $, gratuit le jeudi). L'**Arlington Center for Performing Arts**, 1317 State St. (963-4408), est une salle de cinéma unique en son genre, avec son architecture hispano-mauresque et ses fresques murales.

Au centre des rues Montecito et Chapala se dresse le célèbre figuier **Moreton Bay Fig Tree**. Rapporté d'Australie par un marin en 1877, les branches noueuses de cet arbre s'étendent aujourd'hui sur près de 50 m et pourraient abriter une foule de 1 000 personnes !

La plage située à l'ouest de State St. s'appelle **West Beach**, celle de l'est **East Beach** (logique...). Cette dernière est plus agréable car elle est séparée de Cabrillo Blvd. par le **Chase Palm Park**, un espace vert couvert de palmiers et sillonné de près de 3 km de sentiers et de pistes cyclables. **East Beach**, où l'on peut pratiquer le volley-ball et le vélo, est très populaire. La plage de **Summerland**, à l'est de Montecito (bus n° 20), est fréquentée par les communautés **gay** et **hippie**. **Rincon Beach**, à 5 km au sud-est de Carpinteria, est réputée pour ses excellentes possibilités de surf. **Gaviota State Beach**, à 46 km à l'ouest de Santa Barbara, accueille également les surfeurs et - parfois - les **nudistes** à son extrémité ouest (bien que ça soit interdit à Santa Barbara). De la fin novembre à début avril, on peut **observer les baleines** en pleine migration.

SORTIES ET ATTRACTIONS

Les bars et night-clubs de Santa Barbara sont toujours bondés, même le lundi soir. Le *happy hour* dure généralement de 17h à 20h ou de 22h à 23h et offre des bières pression à 50 ¢ ou deux cocktails pour le prix d'un. Jetez un œil à l'*Independent* pour en savoir plus.

Green Dragon Art Studio and Espresso Bar, 22 W. Mission (687-1902). Une clientèle un peu bohème se retrouve dans cette ancienne église. Spectacles d'improvisation certains soirs. Ouvert du dimanche au mercredi de 7h à 23h, le jeudi de 7h à 24h, le vendredi et le samedi de 7h à 1h.

Joseppi's, 434 State St. (962-5516). Petit club de jazz et de blues qui, parfois, déborde sur la rue. Entrée 2-3 $. Ouvert selon l'humeur du propriétaire.

Alex's Cantina, 633 State St. (966-0032), au centre-ville. Le meilleur *happy hour* de la ville, tous les jours de 15h30 à 20h, avec des prix intéressants. Discothèque tous les soirs de 21h à 2h. Groupes *live* 6 soirs par semaine, musique alternative le samedi. Entrée variable, généralement en dessous de 5 $.

Calypso, 514 State St. (966-1388). Ambiance tropiques pour une clientèle estudiantine et fêtarde. Concerts tous les soirs : blues, jazz, rock et reggae. Deux boissons pour le prix d'une de 22h à 23h. Entrée gratuite. Ouvert tous les jours de 11h à 2h.

The Gold Coast, 30 W. Cotu St. (965-6701). Le bar attire une foule gay et pleine d'entrain. Bière pression à volonté le dimanche de 17h à 21h pour 5 $. Ouvert tous les jours de 16h à 2h.

■■■ BIG SUR

Célèbre pour ses falaises, ses champs de fleurs sauvages et ses montagnes embrumées, Big Sur est un paradis pour les randonneurs. L'auteur de *Tropique du Cancer*, Henry Miller, vécut dix-sept ans dans la région. Big Sur n'est pas un point géographique précis, mais la région littorale sauvage que forme la chaîne côtière de Santa Lucia.

Informations pratiques Big Sur représente le tronçon de côte qui s'étend entre San Simeon au sud et Carmel au nord. Pour toute informations touristique, passez à la **Big Sur Station** (667-2315) sur la route 1, au sein du **Big Sur State Park** qui comprend en outre le **State Park Office** et le **U.S. Forest Service Office**. La station fournit des informations sur tous les parcs régionaux, sur le camping dans les forêts nationales et sur les transports locaux (ouvert tous les jours de 8h à 18h). **Bureau de poste** : route 1, près du Center Deli à Big Sur Center (667-2305). **Code postal** : 93920. **Indicatif téléphonique** : 408.

Hébergements Camper à Big Sur est un véritable bonheur. Vous pouvez installer gratuitement votre tente dans le **Ventana Wilderness** (les permis sont disponibles à la Big Sur Station), un secteur réservé aux piétons, situé à l'extrémité nord de la forêt Los Padres National Forest. **Big Sur Campgrounds and Cabins** (667-2322), à 42 km au sud de Carmel, dispose d'emplacements (22 $, 25 $ avec raccordement) et de bungalows en été (40 $), mais aussi d'un magasin, d'une laverie, d'un terrain de jeu, de terrains de volley-ball et de douches chaudes. **Los Padres National Forest** abrite deux terrains de camping du *U.S. Forest Service* : **Plaskett Creek** (667-2315), au sud de Limekiln, compte 43 emplacements, et **Kirk Creek**, à 8 km environ au nord de Jade Cove, dispose de 33 emplacements superbes mais proches de la route. Dans ces deux terrains, les emplacements sont à 15 $. **Pfeiffer Big Sur State Park** (667-2315), juste au sud de Fernwood, est un parc en retrait sur les terres, mais tout aussi populaire que ceux sur la plage. La rivière Big Sur s'écoule tranquillement le long du terrain. Douches chaudes, emplacements 16 $.

Alimentation Vous trouverez des épiceries à River Inn, Ripplewood, Fernwood, Big Sur Lodge, Pacific Valley Center et Gorda. Les prix sont très élevés. **Center Deli** (667-2225), à côté de la poste de Big Sur, pratique des prix plus raisonnables (sandwiches à 4 $) et propose un vaste choix de denrées. Ouvert tous les jours de 8h à 21h, en hiver de 8h à 20h. **Fernwood Burger Bar** (667-2422), sur la route 1 à 3 km au nord du bureau de poste, vend de bons burgers à partir de 4 $. Ouvert tous les jours de 11h30 à 22h.

CALIFORNIE

Visites et activités Les parcs d'Etat et les réserves sauvages se prêtent à de multiples activités de plein air, notamment la randonnée. Les chemins des parcs et de la **forêt nationale de Los Padres** traversent des forêts de séquoias et des étendues de *chaparral* (végétation d'arbustes désertiques) et offrent des vues plus belles encore que depuis la route 1. Le **Pfeiffer Big Sur State Park** est strié de huit sentiers plus ou moins longs (une carte de 50 ¢ est disponible à l'entrée du parc). Le sentier **Valley View Trail**, court mais abrupt, offre un beau panorama sur la vallée. Celui de **Buzzard's Roost**, ardu et accidenté, se parcourt en deux heures. Si vous parvenez à atteindre le sommet, vous serez récompensé par une vue sur les montagnes de Santa Lucia, la vallée de Big Sur et l'océan Pacifique.

Situé à peu près au centre de Big Sur, le parc **Julia Pfeiffer Burns Park** (accessible la journée seulement, 6 $) est pourvu de tables de pique-nique à l'ombre de séquoias. On pourra même observer des loutres à McWay Cove. Le joyau de Big Sur, cependant, est la plage **Pfeiffer Beach**, à 1,5 km au sud du Pfeiffer State Park. Sortir de la route 1 au panneau *"Narrow road not suitable for trailers"* (route étroite non accessible aux camping-cars). Continuer sur 3 km jusqu'au parking, puis descendre à pied le chemin qui mène à la plage. Cette petite crique, à l'abri d'une formation rocheuse, est dotée de nombreuses grottes marines et peuplée de mouettes.

■■■ ENVIRONS DE BIG SUR : HEARST CASTLE

Hearst San Simeon Historic Monument (927-2010), situé en retrait de la route 1 à 8 km environ à l'est de Cambria, draine des foules de visiteurs chaque année. L'incroyable château bâti par le magnat de la presse William Randolph Hearst se dresse, imposant, au sommet d'une colline qui surplombe l'océan. Il témoigne de l'opulence et du goût - parfois douteux - de Hearst. Le parc est administré par le département des parcs d'Etat, et l'on ne peut voir le château que dans le cadre de visites guidées. La **visite n° 1**, qui couvre les jardins, les piscines et les pièces principales, est recommandée aux visiteurs qui viennent pour la première fois. Les autres circuits, plus détaillés, parcourent des secteurs plus restreints.

Le château et les jardins, œuvre de l'architecte Julia Morgan, sont magnifiques et le cadre d'une rare beauté. Les visites guidées vous les font parcourir assez rapidement. Les quatre visites coûtent chacune 14 $ (enfants de 6 à 12 ans 8 $) et durent environ une heure trois quarts. Appeler MISTIX au 800-444-4445 pour les visites accessibles aux handicapés, que l'on doit réserver dix jours à l'avance.

■■■ MONTEREY

Dans les années 40, Monterey n'était qu'une petite ville côtière vouée à la pêche à la sardine et à la mise en conserve. Cannery Row, immortalisé par le roman de John Steinbeck *Rue de la Sardine*, vit ses sardineries céder le pas aux attractions touristiques dès le début des années 60 et, aujourd'hui, rares sont les vestiges d'un passé consacré à la pêche. Les usines de conserves qui bordaient Cannery Row et Fisherman's Wharf ont été transformées en complexes touristiques. Et les petits bars où se retrouvaient les pêcheurs pour boire et se bagarrer ne présentent plus maintenant que de simples reconstitutions de cire. Monterey possède toutefois un charme nostalgique, qui, ajouté à la beauté du littoral et à un aquarium de classe mondiale, justifie bien la visite.

Informations pratiques Les personnes motorisées pourront accéder à Monterey par la **US 101** (sortie Munras Ave.) ou par la **route 1**, qui longe la côte. Vous obtiendrez toutes les informations souhaitées au **visitors center**, 401 Camino

El Estero (ouvert du lundi au samedi de 9h à 18h, le dimanche de 9h à 17h, en hiver du lundi au vendredi de 9h à 17h, le samedi et le dimanche de 9h à 16h). Les bus **Monterey-Salinas Transit (MST)**, One Ryan Ranch Rd. (899-2555 ou 424-7695), desservent la région. Le tarif par zone est de 1,25 $, de 5 à 18 ans, plus de 64 ans et handicapés 50 ¢ (il existe 4 zones, chaque zone englobant une ou deux villes). Monnaie exacte, correspondance gratuite. Le guide gratuit *Rider's Guide* contient tous les horaires et itinéraires des bus Monterey-Salinas Transit. **Bureau de poste** : 565 Hartnell (372-5803). Ouvert du lundi au vendredi de 8h45 à 17h10. **Code postal** : 93940. **Indicatif téléphonique** : 408.

Hébergements Les hôtels abordables se concentrent au block 2 000 de Fremont St. à Monterey et sur Lighthouse Ave. à Pacific Grove. Le **Paramount Motel**, 3298 Del Monte Blvd. (384-8674), à Marina, dispose de chambres proprettes à 25 $ la simple et 30 $ la double. **Del Monte Beach Inn**, 1110 Del Monte Blvd. (649-4410), est à proximité du centre-ville et tout près de la plage. Cette auberge de style victorien propose d'agréables chambres (avec s.d.b. commune) et un petit déjeuner plantureux pour 40-60 $. On accède au camping **Veterans Memorial Park Campground** (646-3865), Via Del Rey, par la route 68 puis Skyline Dr. Depuis le centreville, prendre Pacific St. en direction du sud, puis tourner à droite sur Jefferson. Ce terrain est perché sur une colline dominant la baie. 40 emplacements avec douches chaudes (15 $).

Restaurants Quoique abondants, les poissons et crustacés sont souvent chers, à moins de dîner très tôt (entre 16h et 18h30 environ). Dans l'artère Fisherman's Wharf, vous trouverez de délicieux sandwiches au saumon fumé pour 5,50 $. **Casa de Gutiérrez**, 590 Calle Principal (375-0095), sert de larges portions de cuisine mexicaine traditionnelle. Un *taco* (très gros) coûte 2,75 $. Ouvert du lundi au jeudi de 11h à 21h, du vendredi au dimanche de 10h à 22h. **London Bridge Pub**, Wharf II (625-2879), donne sur la marina. Ce pub anglais propose de succulents *fish and chips* à 8 $ et un petit déjeuner anglais (bacon, saucisses, œufs, tomate grillée et toast frit) pour 6 $. Ouvert le vendredi et le samedi de 11h30 à 2h, du dimanche au jeudi de 11h30 à 1h (repas servis jusqu'à 23h). **Tillie Gort's**, 111 Central Ave. (373-0335), à Pacific Grove, ne sert que des spécialités végétariennes, mais le burger champignons-fromage rassasiera même les carnivores. Ouvert du lundi au vendredi de 11h30 à 22h30, le samedi et le dimanche de 8h à 22h30.

Visites L'un des principaux centres d'intérêt de Monterey est le magnifique **Monterey Bay Aquarium**, 886 Cannery Row (648-4800). Cette baie vitrée sur l'océan permet aux visiteurs d'admirer la faune du Pacifique, avec des aménagements interactifs conçus pour apprendre, voir et même toucher les créatures marines. On verra notamment des loutres s'ébattre à l'heure des repas, une forêt de *kelp* (algues géantes) conservée dans une vitrine de deux étages et un petit zoo regroupant des espèces animales sous-marines que l'on peut toucher, notamment des raies pastenague. **La plus grande vitrine du monde** vous permettra en outre d'observer un immense habitat marin peuplé de tortues de mer vertes, de poissonslunes de 2 m, de requins menaçants et de gracieuses physalies. Ouvert tous les jours de 10h à 18h (11,75 $, plus de 65 ans 9,75 $, enfants de 3 à 12 ans 5,75 $, de 13 à 18 ans 9,75 $).

Cannery Row s'étire sur le front de mer au sud de l'aquarium. Autrefois bordée d'usines où l'on mettait en boîte les sardines pêchées le jour même, cette rue d'1 km de long a été, hélas, réaménagée en de clinquants mini-centres commerciaux, en bars et en discothèques. Il ne reste de l'époque célébrée par Steinbeck que quelques façades anciennes. Le n° 835 de Cannery Row abritait jadis le Wing Chong Market. Le bâtiment jaune vif adjacent est le site même du roman *Tendre Jeudi*, et le laboratoire de Doc Rickett au n° 800 est actuellement occupé par un club privé. Pour mieux vous plonger dans le Cannery Row d'antan, jetez un œil au **Great Cannery**

Row Mural, qui couvre 120 m du block 700 de la rue. Cinquante peintures réalisées par des artistes locaux représentent la ville de Monterey dans les années 30.

La plupart des bâtiments historiques de Monterey font aujourd'hui partie du **Monterey State Historic Park**. Si vous envisagez de visiter plusieurs demeures, il existe un forfait de 5 $ qui donne accès à tous les édifices et aux diverses visites guidées. Vous pourrez vous procurer votre ticket au **visitors center** (649-7118) du siège, dans la *Customs House Plaza* (ouvert tous les jours de 10h à 17h, en hiver de 10h à 16h). Le centre vend le guide *Path of History* (2 $) pour un circuit de la ville à pied, et organise une visite de Monterey, **House and Garden Tour**, destinée aux amateurs d'histoire (tous les jours à 10h30, 12h30 et 14h30).

Vous trouverez le **Monterey Peninsula Museum of Art**, 559 Pacific St. (372-5477), dans le quartier historique. Une nouvelle aile à La Mirada, 720 Via La Mirada (372-3689), abrite des objets et des documents sur l'histoire et l'art régional de la Californie, ainsi que sur l'art asiatique. La *Ralph K. Davies Collection of Western Art* comprend de nombreuses sculptures de bronze de Charlie Russell. Ouvert du mardi au samedi de 10h à 16h, le dimanche de 13h à 16h (2 $).

La route **17 Mile Drive** serpente le long de la côte depuis Pacific Grove jusqu'à **Pebble Beach** et les forêts autour de Carmel. Les panoramas, splendides, sont gâchés en partie par les hordes de touristes et un droit d'entrée de 6,50 $ (les piétons et les cyclistes ne paient pas). Curiosité de ce circuit, le **Lone Cypress**, un vieux cyprès tortueux qui pousse sur un promontoire rocheux, tel un symbole de persévérance et de solitude…

■■■ ENVIRONS DE MONTEREY : PINNACLES

Au milieu des terres fertiles de la vallée de Salinas, se dresse le **Pinnacles National Monument**, qui renferme les vestiges spectaculaires d'un ancien volcan. Le **Visitors Informations** se trouve à la **King City Chamber of Commerce and Agriculture**, 203 Broadway, King City, CA 93930 (385-3814). **Indicatif téléphonique** : 408.

Plusieurs chemins de randonnée sillonnent le parc. Le sentier **High Peaks Trail** (8,5 km) offre de belles vues sur les formations rocheuses environnantes. Pour une promenade moins ardue, choisissez le chemin **Balconies Trail**, qui part de l'entrée ouest du parc et mène aux grottes Balconies, 2,5 km plus loin. Le parc se couvre de fleurs sauvages multicolores au printemps et se prête à l'observation des oiseaux tout au long de l'année. Le monument abrite également une riche faune sauvage, notamment des prédateurs rares comme le couguar, le lynx, le coyote, l'aigle royal et le faucon pèlerin. Vous trouverez également un **terrain de camping** doté de feux de camp, de toilettes et de tables de pique-nique (emplacements 10 $). Les bureaux du parc se trouvent à l'entrée est (route 25 jusqu'à la route 146, 389-4485). L'entrée coûte 4 $, le parking est gratuit.

■■■ SANTA CRUZ

La ville de Santa Cruz ("Sainte Croix") naquit en 1791 autour de la mission établie par le père Junípero. Aujourd'hui, ce passé religieux semble bien lointain. Libéralisme et individualisme donnent le ton de cette ville, qui accueille aussi bien des surfeurs machos qu'une importante communauté de lesbiennes. A Santa Cruz, l'esprit des années 60 n'est pas mort.

INFORMATIONS PRATIQUES

Office du tourisme : Santa Cruz County Conference and Visitors Council, 701 Front St. (425-1234 ou 800-833-3494). On y trouve leurs trois publications gratuites :

Visitors Guide (visites), *Dining Guide* (restaurants) et *Accommodations Guide* (hébergement). Ouvert du lundi au samedi de 9h à 17h, le dimanche de 10h à 16h.

Bus : Greyhound/Peerless Stages : 425 Front St. (423-1800 ou 800-231-2222). Destinations : San Francisco (2 par jour, 14 $) et L.A. via Salinas (4 par jour, 49 $). Consigne. Ouvert du lundi au vendredi de 7h à 12h et de 13h à 18h45, le samedi et le dimanche de 7h à 11h et de 13h à 18h15.

Transports en commun : Santa Cruz Metropolitan District Transit (SCMDT), 920 Pacific Ave. (425-8600 ou 688-8600), au beau milieu du centre commercial Pacific Garden Mall. Procurez-vous un exemplaire gratuit de *Headways* pour les divers itinéraires de bus. Tarif 1 $. Ouvert du lundi au vendredi de 8h à 17h.

Taxis : Yellow Cab, 423-1234. Tarif de base 1,75 $ puis 1,75 $ par mile. En service 24h/24.

Location de vélos : The Bicycle Rental Center, 415 Pacific Ave. (426-8687), au coin de Front St. Les deux premières heures 10 $, chaque heure supplémentaire 4 $. Casques et antivols fournis. En été, ouvert tous les jours de 10h à 18h, en hiver de 10h à 17h.

Bureau de poste : 850 Front St. (426-5200). **Code postal** : 95060. **Indicatif téléphonique** : 408.

Santa Cruz se trouve à une heure environ au sud de San Francisco et au nord de la baie de Monterey. Pour un trajet panoramique, empruntez la **US 101** ou la **route 1** depuis San Francisco. La plage de Santa Cruz est orientée est-ouest, avec la baie de Monterey au sud.

HÉBERGEMENTS ET CAMPINGS

Comme la plupart des villes balnéaires, Santa Cruz se remplit l'été et les week-ends, le pire étant atteint les week-ends d'été. Les prix des chambres grimpent alors en flèche. Heureusement, un certain nombre d'hôtels, notamment sur San Lorenzo, East Cliff, Murry Dr. et sur les 2nd et 3rd St. restent abordables.

Carmelita Cottage Santa Cruz Hostel (HI-AYH), 321 Main St. (423-8304), à 4 blocks de la gare Greyhound et 2 blocks de la plage. Cette auberge de jeunesse victorienne dispose de 32 lits. Accueil sympathique. Cuisine, salle commune, vélos, parking. Couvre-feu à 23h. Séjour de 3 jours maximum en été. 12-14 $ la nuit. Réservations uniquement par courrier : P.O. Box 1241, Santa Cruz 95061. Le bureau est ouvert tous les jours de 8h à 10h et de 17h à 22h.

Salt Air, 510 Leibrant (423-6020). A 2 blocks de la plage, de la promenade et du quai. Piscine. Simples et doubles à 39-50 $.

Harbor Inn, 645 7th Ave. (479-9731), près du port et à quelques blocks au nord d'Eaton St. Joli petit hôtel bien isolé de l'artère principale. 1 lit double par chambre (pour 1 ou 2 personnes). Chambres libérées à 11h. 30 $ la nuit, avec s.d.b. 45 $. Le week-end 45/70 $. En hiver, le petit déjeuner est offert.

Santa Cruz Inn, 2950 Soquel Ave. (475-6322), situé juste en retrait de la route 1. Café et pâtisseries offerts. Chambres libérées à 11h. Simples à partir de 35 $, doubles à partir de 45 $ (10 $ par personne supplémentaire). Certaines chambres sont munies de jacuzzis privés, de clim. et de cheminées.

Les réservations pour les terrains de camping se font par l'intermédiaire de MISTIX (800-444-7275). Pour atteindre le **Manresa Uplands State Beach Park** (761-1795), prendre la route 1 vers le sud et sortir à Larkin Valley. Tourner à droite et suivre la route San Andreas pendant 6,5 km puis bifurquer à droite sur Sand Dollar. Belle situation en face de l'océan. 64 emplacements pour tente uniquement (16 $). **New Brighton State Beach** (475-4850 ou 444-7275) se trouve à 6,5 km au sud de Santa Cruz, par la route 1. 112 emplacements au bord d'une falaise, bercés par le murmure des vagues. De grands pins et des arbustes garantissent un relatif isolement. Les douches sont prises d'assaut le matin entre 7h et 9h. Séjour d'une semaine maximum. 16 $, en hiver 14 $.

RESTAURANTS

Santa Cruz regorge de restaurants bon marché. Le **Farmers Market**, au coin de Pacific et Cathcart Ave., vend de bons produits locaux. Ouvert de mai à sept. le mercredi de 15h à 19h, d'oct. à avril le mercredi de 14h à 18h.

> **Zachary's**, 819 Pacific Ave. (427-0646). On y prend son petit déjeuner dans une ambiance gaie et animée. Le matin, les habitants du quartier viennent se régaler du *Mike's Mess* : 3 œufs brouillés avec du bacon, des champignons et des frites maison, le tout garni de fromage, crème fraîche, tomates et oignons verts sur un toast (5,50 $). Ouvert du mardi au dimanche de 7h à 14h30.
>
> **The Jahva House**, 120 Union St. (459-9876). Végétation luxuriante à l'intérieur comme à l'extérieur. Jazz *live* et cuisine de bonne qualité dans ce café prisé. Cappuccino 1,80 $, ou tarte aux pommes maison 3 $. Ouvert du lundi au samedi de 6h à 24h, le dimanche de 8h à 20h.
>
> **Cassanova Café**, 922 Pacific Ave. (426-CAFE/2233). Propriétaires gays mais café ouvert à tous, avec de la musique *live* et occasionnellement des lectures de poésie. Billard (1 $). Expresso 1,90 $, bière 2,25-2,75 $. Ouvert le dimanche, le lundi, le mercredi et le jeudi de 12h à 1h, le vendredi et le samedi de 12h à 3h.
>
> **Saturn Café**, 1230 Mission St. (429-8505). A quelques blocks du centre-ville. Les repas végétariens (généralement à moins de 4 $) valent le déplacement. Clientèle baba-cool et libérale. Musique féministe le mercredi de 18h30 à 20h30. Ouvert du lundi au vendredi de 11h30 à 24h, le samedi et le dimanche de 12h à 24h.

VISITES ET ACTIVITÉS

Le **Boardwalk** est un tronçon de rue transformé en mini-foire bruyante et animée, avec plus de 25 manèges, attractions, stands de tir et marchands de hot-dogs. A ne pas manquer, le Big Dipper, une montagne russe en bois datant de 1924 (3 $).

La vaste plage **Santa Cruz Beach** (officiellement appelée Cowell Beach) est généralement fréquentée par des cohortes d'étudiants. Si vous recherchez un peu de solitude, essayez le bord de la rivière San Lorenzo, juste à l'est du Boardwalk. Les nudistes se retrouvent sur la plage **Red White and Blue Beach**. Prendre la route 1 vers le nord jusqu'au sud de Davenport et repérer la file de voitures à votre droite (7 $ par voiture).

Le **Shroud of Turin Museum**, 1902 Ocean St. Extension (426-1601), à l'angle du temple St. Joseph, abrite un fragment du saint suaire. Ouvert du lundi au vendredi de 13h à 16h (donation demandée). Juste au sud du musée, vous trouverez le phare-musée **Santa Cruz Surfing Museum** (429-3429), qui retrace l'histoire du surf à travers d'anciennes planches en bois, d'antiques combinaisons de plongée et des vidéos. La tour contient les cendres de Mark Abbott, un surfeur de la ville qui se noya en 1965. Le musée lui est dédié. Ouvert du mercredi au lundi de 12h à 16h, en hiver du jeudi au lundi de 12h à 16h (1 $).

Le campus de la **University of California at Santa Cruz (UCSC)**, couvrant quelque 800 ha, se trouve à 8 km au nord-ouest de la ville. On y accède en bus, voiture ou à bicyclette. Depuis le Metro Center, le bus n° 1 part toutes les 15 à 30 mn du lundi au vendredi de 6h30 à 0h45, le samedi et le dimanche de 7h30 à 0h45. Conformément au souhait de Ronald Reagan, alors gouverneur, le campus fut bâti à la fin des années 60 de façon à prévenir d'éventuels désordres ; il ne présente aucune place susceptible de rassembler en un même lieu une foule d'étudiants. Santa Cruz est en effet réputée pour un engagement politique (à gauche) des plus ardents. L'université se distingue par des cursus particulièrement originaux ; il est par exemple possible d'être diplômé en "histoire de la conscience".

SORTIES

Le kiosque à musique du Boardwalk organise des concerts gratuits le vendredi soir. Les hebdomadaires *Good Times* et *City on a Hill* de UCSC sont des mines d'informations. N'oubliez pas votre pièce d'identité, presque toujours demandée à l'entrée des bars afin de vérifier que vous avez plus de 21 ans.

Kuumbwa Jazz Center, 320-2 Cedar St. (427-2227). Club de jazz réputé dans toute la région. Les moins de 21 ans sont les bienvenus. Ambiance décontractée. Les grands noms du jazz viennent s'y produire le lundi (12-17 $), et les groupes locaux le vendredi (5 $ environ). Rarement bondé. La plupart des concerts débutent vers 20h.

Palookaville, 1133 Pacific Ave. (454-0600). Le dernier-né des clubs de Santa Cruz avec musique *live* et clientèle de tous les âges. Très bon choix de vins et de bières. Nombreux spectacles et concerts et *happy hour* le vendredi de 16h à 19h avec bières à 1,50 $. L'entrée varie de 0 à 20 $.

The Catalyst, 1011 Pacific Ave. (423-1336). Salle de concert où se produisent des groupes nationaux, universitaires ou locaux. Bar-discothèque avec piscine, grill, buffet froid et bar. Sandwiches 2-5 $. Le prix d'entrée pour les groupes locaux est de 1 $ jusqu'à 21h. Age minimum 21 ans. Concerts à 21h30. Ouvert tous les jours de 9h à 2h.

Blue Lagoon, 923 Pacific Ave. (423-7117). Bar gay décontracté, orné d'un aquarium géant. Du dimanche au mercredi, vidéos et discothèque gratis. Du jeudi au samedi, DJ (entrée 1 $). Consommations 1,50 $ environ. Ouvert tous les jours de 16h à 2h.

LA BAIE DE SAN FRANCISCO

San Francisco, la ville de l'or, des tramways, du LSD et de la libération des mœurs homosexuels, n'était en 1776 qu'une modeste mission espagnole baptisée *San Francisco de Asis* (Saint François d'Assise). La petite agglomération ne se développa qu'à partir de 1848, lorsqu'on découvrit de l'or au pied de la Sierra Nevada. Les quelque 800 habitants de San Francisco réalisèrent alors qu'ils occupaient non seulement un territoire aurifère unique, mais également l'un des plus grands ports naturels du monde. Cette année-là, 10 000 personnes en quête d'or traversèrent San Francisco. C'est ainsi que naquit la ville.

L'expansion de SF fut irrégulière, freinée notamment par le terrible tremblement de terre (8,3 sur l'échelle de Richter) du 18 avril 1906. Pendant trois jours, incendies et pillages ravagèrent l'agglomération. Inébranlables, les habitants reconstruisirent leur ville en l'espace de trois ans. En 1936-1937, l'inauguration du Golden Gate Bridge et du Bay Bridge mit fin à l'isolement de San Francisco, désormais relié au reste de la baie. La ville fut le berceau de la *beat generation* des années 50, Haight-Ashbury devint la capitale universelle du mouvement hippie dans les années 60, et les années 70 virent s'accroître et s'affirmer la population homosexuelle. Pour bien comprendre San Francisco, il faut savoir explorer ses nombreux quartiers et respecter l'esprit de tolérance qui règne chez ceux qui y ont élu domicile.

■■■ SAN FRANCISCO

INFORMATIONS PRATIQUES

Office du tourisme : Visitor Information Center, Hallidie Plaza (391-2000), à l'angle de Market et Powell St., au-dessous du niveau de la rue dans le Benjamin Swig Pavillion, à la sortie de l'arrêt BART de Powell St. On y parle italien, anglais, français, allemand, japonais et espagnol. Ouvert du lundi au vendredi de 9h à 17h30, le samedi de 9h à 15h, le dimanche de 10h à 14h.

Aéroport : San Francisco International Airport (SFO, 761-0800). Situé sur une petite péninsule dans la baie de San Francisco à 24 km environ au sud du centre-ville via la US 101. SFO dispose de consignes (1 $ le 1er jour, 2 $ par jour supplémentaire).

CALIFORNIE

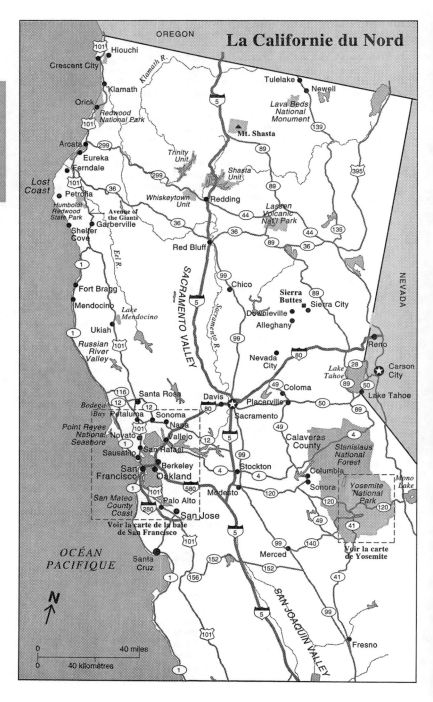

La Californie du Nord

OREGON

Hiouchi
Crescent City
Klamath R.
Klamath
Orick
Redwood National Park
Arcata
Eureka
Ferndale
Lost Coast
Petrolia
Humboldt Redwood State Park
Avenue of the Giants
Garberville
Shelter Cove
Eel R.
Fort Bragg
Mendocino
Lake Mendocino
Ukiah
Russian River Valley

Tulelake
Newell
Lava Beds National Monument
Mt. Shasta
Trinity Unit
Shasta Unit
Whiskeytown Unit
Redding
Lassen Volcanic Nat'l Park
Red Bluff
SACRAMENTO VALLEY
Sacramento R.
Chico
Sierra Buttes
Sierra City
Downieville
Alleghany
Nevada City
Coloma
Placerville
Santa Rosa
Davis
Sacramento
Bodega Bay
Petaluma
Sonoma
Napa
Point Reyes National Seashore
Novato
Vallejo
Sausalito
San Rafael
San Francisco
Berkeley
Oakland
San Mateo County Coast
Palo Alto
San Jose

Voir la carte de la baie de San Francisco

OCÉAN PACIFIQUE

N

Santa Cruz

Calaveras County
Stockton
Modesto
Columbia
Sonora
Stanislaus National Forest
Yosemite National Park
Mono Lake

Voir la carte de Yosemite

Merced

Reno
Carson City
Lake Tahoe
NEVADA

SAN-JOAQUIN VALLEY

Fresno

0   40 miles
0   40 kilomètres

San Mateo County Transit (sam**Trans**, 800-660-4287) assure deux liaisons de bus depuis l'aéroport jusqu'à *downtown*. Le bus n° 7F (35 mn) circule de 4h à 1h, moins fréquemment de 9h à 16h (2 \$, moins de 18 ans 85 ¢, plus de 64 ans 60 ¢). Le bus n° 7B (55 mn) circule avec la même fréquence (85 ¢, moins de 18 ans 35 ¢, plus de 64 ans 25 ¢).

Trains : La station de train **Amtrak** (800-872-7245) se trouve à Oakland, 1707 Wood St. (ouvert tous les jours de 6h45 à 22h45, trains à destination de L.A. 75 \$). Un comptoir de vente est présent au Transbay Terminal à San Francisco (voir Bus ci-dessous). **CalTrain** (800-660-4287) est une compagnie régionale de train qui dessert le Sud et s'arrête à Palo Alto, San Jose et Santa Cruz. La gare, à l'angle de 4th St. et Townsend, est desservie par les bus MUNI n° 15, 30, 32 et 42.

Bus : Les bus **Greyhound** (800-231-2222) sont basés au Transbay Terminal, 425 Mission St. (495-1575), entre Fremont et 1st St. au centre-ville (ouvert de 5h à 0h35, bus à destination de L.A. 39 \$). Le terminal forme la plaque tournante des transports régionaux. Les bus de **Golden Gate Transit** (Marin County), **AC Transit** (East Bay) et sam**Trans** (San Mateo County) s'arrêtent tous là. La compagnie de bus **Green Tortoise** (800-TORTOIS/867-8647, à San Francisco 956-7500, 494 Broadway à North Beach) assure un service de nuit complet avec repas, couchettes et bonne humeur vers diverses villes de la côte, notamment L.A. (30 \$) et Seattle (49 \$).

Taxis : **Yellow Cab** (626-2345) et **Luxor Cabs** (282-4141) coûtent 1,70 \$, plus 1,80 \$ par mile. La course de l'aéroport à *downtown* revient à 25 \$ environ. Service 24h/24.

Location de voitures : **Budget** (415-875-6850). Plusieurs succursales, par exemple au Pier 39 et au 321 Mason St. à Union Sq. Les petites voitures coûtent environ 25 \$ par jour, 150 \$ la semaine. Kilométrage illimité.

Recherche de passagers/conducteurs : Si vous recherchez une voiture pour quitter SF, vous pouvez contacter le **Berkeley Ride Board** (510-642-5259), qui met en contact conducteurs et passagers. **San Francisco State University** (469-1842, à l'union des étudiants de SFSU, ouvert du lundi au vendredi de 7h à 22h, le samedi de 10h à 16h) propose le même service. Vous pouvez aussi appeler **KALX Radio** (642-5259) si vous voulez que votre nom passe gratuitement à l'antenne. Les annonces sont faites du lundi au samedi à 10h et à 22h.

Assistance téléphonique : **Rape Crisis Center**, 647-7273. **United Helpline**, 772-4357.

Urgences : 911.

Bureau de poste : 101 Hyde St., au coin de Golden Gate Ave. Ouvert du lundi au vendredi de 7h à 17h30, le samedi de 7h à 15h. **Code postal** : 94142. **Indicatif téléphonique** : 415.

ORIENTATION

San Francisco est à 645 km de Los Angeles et à 624 km de la frontière de l'Oregon. La ville même occupe la pointe nord de la presqu'île qui sépare la baie de San Francisco de l'océan Pacifique. Depuis le sud, la ville est accessible en voiture par la **US 101**, via la **I-5** et la **I-580**, ou via la **route 1**. Si vous venez de l'est par la I-580 ou la I-80, empruntez directement le pont Bay Bridge jusqu'à *downtown*. Depuis le nord, la US 101 mène directement à la ville par le Golden Gate Bridge (péage 3 \$).

La majorité des centres d'intérêt sont dans un triangle formé par **Van Ness Ave.** (orientée nord-sud), **Market St.** (du nord-est au sud-est) et **Embarcadero** (qui longe la côte). Market St. traverse la ville en diagonale, interrompant ainsi le quadrillage régulier des rues.

Au sommet de ce triangle, on trouve **Fisherman's Wharf** et, un peu au-dessous, autour de **Columbus Ave.**, le quartier de **North Beach**. Le point culminant de North Beach est la colline **Telegraph Hill**, coiffée de la tour Coit Tower. Le côté opposé de Columbus Ave. marque le début des quartiers de **Nob Hill** et **Russian Hill**, où résident toutes les grosses fortunes. Au-dessous de Nob Hill et North Beach, et au nord de Market St., **Chinatown** couvre un carré de 24 blocks délimité par Broadway au nord, Bush St. au sud, Powell St. à l'ouest et Kearny St. à l'est. Le quar-

CALIFORNIE

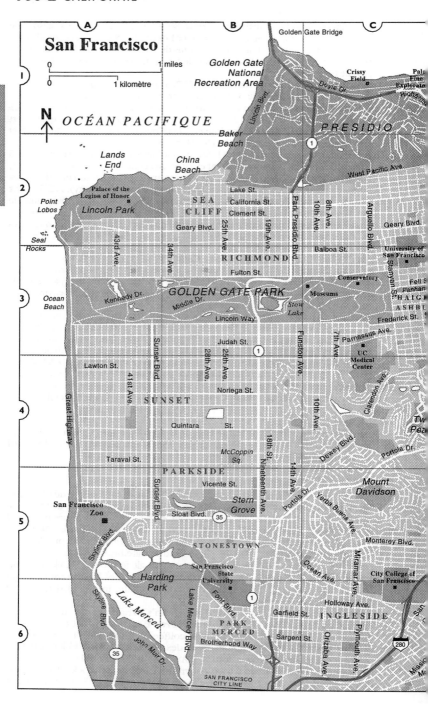

San Francisco

0 _____ 1 miles
0 _____ 1 kilomètre

N ↑

OCÉAN PACIFIQUE

Golden Gate Bridge

Golden Gate National Recreation Area

Crissy Field

Pal Fine Explora Bioha

Doyle Dr

Lincoln Blvd

PRESIDIO

Baker Beach

China Beach

Lands End

Palace of the Legion of Honor

Point Lobos

Lincoln Park

SEA CLIFF

Lake St.

California St.

Clement St.

West Pacific Ave

Park Presidio Blvd

8th Ave.

10th Ave.

Arguello Blvd.

Geary Blvd.

Seal Rocks

Geary Blvd.

25th Ave.

34th Ave.

43rd Ave.

19th Ave.

Balboa St.

University of San Francisco

RICHMOND

Fulton St.

Fell S
Panhan
HAIG
ASHBU

Ocean Beach

GOLDEN GATE PARK

Kennedy Dr.

Middle Dr.

Lincoln Way.

Stow Lake

Museums

Conservatory

Stanyan St.

Frederick St.

Judah St.

7th Ave.

Parnassus Ave.

UC Medical Center

Sunset Blvd.

28th Ave.

25th Ave.

Funston Ave.

Lawton St.

SUNSET

41st Ave.

Noriega St.

10th Ave.

Clarendon Ave.

Tw
Pea

Quintara St.

McCoppin Sq.

18th St.

Nineteenth Ave.

14th Ave.

Dewey Blvd

Portola Dr.

Taraval St.

PARKSIDE

Vicente St.

Mount Davidson

Sunset Blvd.

Stern Grove

Portola Dr.

Yerba Buena Ave.

San Francisco Zoo

Sloat Blvd.

35

Monterey Blvd.

Miramar Ave.

STONESTOWN

San Francisco State University

Ocean Ave.

City College of San Francisco

Skyline Blvd.

Harding Park

Lake Merced Blvd.

Font Blvd.

1

Holloway Ave.

INGLESIDE

San

Lake Merced

Garfield St.

Oriziba Ave.

Plymouth Ave.

280

PARK MERCED

Sargent St.

Skyline Blvd.

John Muir Dr.

35

Brotherhood Way

Missi
M

SAN FRANCISCO CITY LINE

Marina Park

Fisherman's Wharf

VERS ALCATRAZ

Pier 39

San Francisco Bay

Marina Blvd.

Fort Mason

Beach St.

Columbus Ave.

Powell St.

TELEGRAPH HILL

MARINA

Bay St.

Coit Tower

Chestnut St.

Lombard St.

Taylor St.

Kearny St.

Van Ness Ave.

Franklin St.

RUSSIAN HILL

NORTH BEACH

Union St.

PACIFIC HEIGHTS

Broadway

CHINATOWN

Montgomery St.

Jackson Square

Ferry Building

San Francisco - Oakland Bay Bridge

acific Ave.

Washington St.

Transamerica Pyramid

California St.

Lafayette Park

Gough St.

California St.

NOB HILL

Union Square

Transbay Terminal

Main St.

80

Alta Park

JAPAN-TOWN

Hyde St.

Geary St.

Visitor's Information

Market St.

Mission St.

2nd St.

1st St.

California St.

Geary Expressway

Larkin

Turk St.

Howard St.

3rd St.

ne St.

sh St.

101

Steiner St.

SOMA

4th St.

Laguna St.

5th St.

rk St.

olden Gate Ave.

ESTERN DDITION

Alamo Square

Oak St.

8th St.

9th St.

Folsom St.

Harrison St.

6th St.

Brannan St.

King St.

Townsend

China Basin

Buena Vista Park

Duboce Ave.

Castro St.

Market St.

Central Freeway

101

10th St.

7th St.

CHINA BASIN

16th St.

Treat Ave.

Potrero St.

Mariposa St.

Central Basin

Mission Dolores

MISSION

Mission Dolores Park

20th St.

Harrison St.

20th St.

3rd St.

CASTRO

Noe St.

Diamond St.

Guerrero St.

Dolores St.

Valencia St.

S. Van Ness Ave.

25th St.

SF General Hospital

POTRERO

Indiana St.

Clipper St.

NOE VALLEY

Army St.

Army St.

Diamond Hts. Blvd.

30th St.

San Jose Ave.

Mission St.

Bernal Heights Park

Cortland Ave.

Jarrold St.

Toland St.

280

BAY VIEW

Bosworth St.

Park. St.

Industrial

Quint St.

Oakdale Ave.

3rd St.

Mendell St.

Evans Ave.

India Basin

outhern

Fwy

Alemany Blvd.

Silver Ave.

Thornton Ave.

Revere Ave.

Innes Ave.

Alemany Blvd

Mission St.

Excelsior Ave.

Felton Ave.

Hamilton St.

Bayshore Fwy.

3rd St.

Ingalls

Carroll Ave.

HUNTERS POINT

GLEN PARK

University St.

Fitch

Persia Ave.

John McLaren Park

Mansell St.

101

Jennings

Gilman Ave.

Jamestown

South Basin

France Ave.

Moscow Ave.

VISITACION VALLEY

VERS L'AÉROPORT

Candlestick Park

Candlestick Point Recreation Area

Cordova

Visitacion Ave.

Sunnydale Ave.

tier des affaires **Financial District**, très développé, se trouve entre Washington St.
au nord et Market St. au sud, à l'est de Chinatown et au sud de North Beach. En
descendant Market St. depuis Financial District, vers la partie inférieure du triangle,
on débouche sur le cœur de *downtown* qui rayonne autour de **Union Sq.**, puis, au-
delà de Jones St., sur le **Civic Center**. Au-dessous de Market St., le secteur de **South-
of-Market Area (SoMa)**, peu fréquenté dans la journée, est le site de nombreux
bars et clubs. SoMa s'étend vers l'intérieur des terres depuis la baie jusqu'à 10th St.,
point à partir duquel le quartier **Mission District** s'étale vers le sud. **Castro**, le
centre de la communauté gay, jouxte Mission District au niveau de 17th St. et s'étend
également vers le sud.
   A l'extrémité nord de la péninsule, Van Ness Ave. conduit à la **Marina**, un
complexe commercial très développé. L'avenue est flanquée de **Fisherman's
Wharf** à l'est et du parc **Presidio** et du **Golden Gate Bridge** à l'ouest. Au sud de
Marina, se dressent les collines de **Pacific Heights**. Plus à l'ouest, on trouve le
rectangle que forme le **Golden Gate Park**, lui-même limité par Fulton St. au nord
et Lincoln St. au sud. A son extrémité est se trouve l'ancien quartier hippie de
Haight-Ashbury.

SE DÉPLACER À SAN FRANCISCO

A San Francisco, la voiture n'est pas aussi indispensable qu'à L.A. Il est **difficile** de
trouver des places de stationnement dans la ville, et celles-ci sont chères. Le **vélo** est
une solution réservée aux sportifs. Le seul endroit à peu près plat de la ville est le
Golden Gate Park. Certains trottoirs sont tellement à pic qu'ils sont pourvus de
marches. De nombreuses visites pédestres de la ville sont organisées. **City Guides**
(332-9601) assure des visites gratuites l'été. La carte des rues et des transports *San
Francisco Street and Transit Map* (2 $) est un bon investissement.
   San Francisco Municipal Railway, ou **MUNI** (673-6864), gère des bus, des
tramways et un système de métro/trolley. Tarif des bus 1 $, personnes âgées et de
5 à 17 ans 35 ¢. Les "passeports" MUNI, valables sur tous les transports MUNI, y
compris le tramway, coûtent 6 $ la journée, 10 $ pour 3 jours, 15 $ la semaine et
35 $ le mois. Les **bus MUNI** circulent fréquemment d'un bout à l'autre de la ville.
Le **MUNI Metro** assure un service de tramways sur cinq lignes.
   Les **cable cars** (tramways), apparus en 1873, ont été décrétés monument historique en 1964. Ils sont lents, bruyants, toujours bondés… mais il faut essayer au
moins une fois de monter à bord de ces reliques, qui ajoutent beaucoup au charme
de SF. Des trois lignes, la ligne California (C) est la plus fréquentée. Elle relie Financial District à Nob Hill. La ligne Powell-Hyde (PH) est la plus *fun* ; elle emprunte des
collines abruptes et des virages serrés. La ligne Powell-Mason (PM) rejoint Fisherman's Wharf. Ces lignes fonctionnent tous les jours de 6h30 à 0h30 (2 $, personnes
âgées 1 $, correspondances illimitées pendant 3 heures).
   Bay Area Rapid Transit (**BART**, 778-2288) ne dessert pas toute la baie mais
gère des trains modernes et confortables sur quatre lignes, reliant San Francisco à
la partie est de la baie. Oakland, Berkeley, Concord et Fremont comptent parmi les
points desservis. Les trains BART ne circulent pas à l'intérieur de la ville. Ils sont en
service du lundi au samedi de 6h à 1h30, le dimanche de 8h à 1h30 (aller simple
80 ¢-3 $). Vous trouverez des cartes et des horaires dans toutes les stations. Les
trains sont accessibles aux handicapés.

HÉBERGEMENTS

Les hôtels bon marché ne manquent pas à San Francisco, mais sachez que les quartiers de Tenderloin et Mission District ne sont pas toujours bien fréquentés.

Auberges de jeunesse

   Pacific Tradewinds Guest House, 680 Sacramento St. (433-7970), dans le **Finan-
      cial District** entre Montgomery et Kearny. L'une des meilleures auberges de la ville.
      Pas de télévision mais une ambiance *cosy* très agréable. Laverie (4 $, le personnel

s'en charge), cuisine, café et thé gratuits. Etablissement non-fumeurs. Réception de 8h à 24h, chambres libérées à 10h30. Pas de couvre-feu. Séjour maximum de 2 semaines. 14 $ la nuit.

San Francisco International Hostel (HI-AYH), Bldg. 240, Fort Mason (771-7277), dans le quartier de la **Marina** à l'ouest de Fisherman's Wharf. Très belle situation. Casiers (vous devez apporter votre cadenas). Films, visites pédestres, cuisines, salle à manger, laverie, salon avec cheminée et concerts. Etablissement non-fumeurs. Enregistrement de 7h à 14h et de 15h à 24h tous les jours. Tâchez d'arriver tôt. Pièce d'identité avec photo exigée. Réservations IBN possibles (par fax depuis la France, auprès de la FUAJ). 13 $ la nuit, 14 $ en été.

Green Tortoise Guest House, 494 Broadway (834-1000), au coin de Kearny, à proximité des quartiers hauts en couleur et relativement sûrs de **North Beach** et **Chinatown**. Chambres propres et bien meublées dans un beau bâtiment victorien. Atmosphère sympathique. Casiers à cadenas sous chaque lit (apporter son propre cadenas). Sauna, laverie (1,25 $ la machine, 75 ¢ le séchage), accès Internet, cuisine et petit déjeuner continental offert. Séjour maximum de 28 jours. 12-14 $ le lit en chambre dortoir. Simples à 19,50 $, doubles à 29-30 $.

Hostel at Union Square (HI-AYH), 312 Mason St. (788-5604), à 1 block de Union Sq. La troisième plus grande auberge de jeunesse du pays (220 lits). Quartier peu sûr, mais la direction garantit une sécurité maximum et s'attache à favoriser une ambiance communautaire. Salle TV, cuisine, vastes salles communes. 14 $ la nuit, non-membres 17 $. Caution pour la clé 5 $. Réservation IBN possible.

Globetrotter's Inn, 225 Ellis St. (346-5786), à l'angle de Mason dans le quartier de *downtown*. Il est recommandé d'être prudent le soir car l'auberge se trouve à la limite de Tenderloin. Etablissement petit et confortable. Grande cuisine, salle commune avec piano et TV. Laverie et draps fournis. Réception en été de 8h à 23h, en hiver de 8h à 13h et de 17h à 23h. Chambres libérées à 11h. Pas de couvre-feu. 12 $ la nuit, 75 $ la semaine. Appeler pour réserver et confirmer deux jours à l'avance.

San Francisco International Student Center, 1188 Folsom St. (255-8800) à **SoMa**. Grandes baies vitrées, murs de brique et canapés confortables. 17 chambres seulement. Douches à jet puissant pour massage. Café et thé gratuits. Séjour maximum de 28 jours. Réception de 9h à 23h. Pas de couvre-feu. 13 $ la nuit. Réservations payées à l'avance obligatoires.

San Francisco International Guest House, 2976 23rd St. (641-1411), au coin de Harrison, dans **Mission District**. Belle maison victorienne avec chambres privées pour les couples. Plancher en bois, tapisseries aux murs... on s'y sent comme chez soi. Draps et café gratuits. Deux grandes cuisines. Séjour minimum de 5 jours. Tous les lits sont à 13 $ la nuit, 11 $ après 10 jours.

Interclub Globe Hostel, 10 Hallam Place (431-0540), à **SoMa**. Clientèle de jeunes Européens. Musique internationale, table de billard et soirées... délirantes. Le Globe Café sert le petit déjeuner et le dîner. Draps, couvertures et oreillers fournis. 15 $ la nuit. Caution de 10 $ pour la réservation. **Passeport international exigé**.

Hôtels

La plupart des hôtels bon marché occupent des quartiers malfamés et sont parfois d'une propreté douteuse. Il est conseillé de réserver plusieurs semaines à l'avance.

Adelaide Inn, 5 Isadora Duncan (441-2261), au bout de la petite allée qui part de Taylor, près de Post, à 2 blocks à l'ouest de Union Sq. L'un des plus charmants hôtels "de style européen" de la ville. Grandes fenêtres et kitchenettes. Petit déjeuner continental compris. Les portes sont toujours verrouillées. La réception est ouverte du mardi au vendredi de 9h à 13h et de 16h à 21h. Du samedi au lundi, horaires plus souples. 18 chambres avec s.d.b. communes. Simples à 32-38 $, 2 lits simples ou lit double à 42-48 $. Réservation recommandée.

Golden Gate Hotel, 775 Bush St. (392-3702), entre Powell et Mason. Ce charmant hôtel de 1913 dispose de belles chambres et d'un personnel sympathique et poly-

Downtown San Francisco

glotte. Chambres libérées à 12h. 59 $, avec s.d.b. 89 $. Petit déjeuner continental offert.

Sheehan Hotel, 620 Sutter St. (775-6500 ou 800-848-1529), à l'intersection de Mason. Excellente situation. Clientèle d'étudiants de toutes nationalités. TV câblée, téléphone, piscine, petit déjeuner continental inclus. Simples à 45 $, avec s.d.b. 60 $. Doubles à 55 $, avec s.d.b. 75 $. 10 $ par personne supplémentaire. Gratuit pour les enfants de moins de 12 ans avec leurs parents.

The Amsterdam, 749 Taylor St. (673-3277 ou 800-637-3444). Belles chambres dans un hôtel central, très début de siècle. Certains chambres disposent d'un jacuzzi et d'une terrasse privée. Cuisine et patio. Chambres libérées à 11h. Petit déjeuner continental compris. Simples à 45 $, avec s.d.b. 60 $, doubles à 50 $, avec s.d.b. 69 $.

Allison Hotel, 417 Stockton St. (986-8737 ou 800-628-6456). *Lobby* flambant neuf avec chandeliers en cristal. 25 chambres avec s.d.b. communes. TV câblée, téléphone. Chambres libérées à 11h. Simples et doubles à 29-49 $, avec s.d.b. 69-89 $. Réserver à l'avance.

YMCA Chinatown, 855 Sacramento St., 94108 (982-4412). *Etablissement exclusivement réservé aux hommes de plus de 18 ans*. Bonne situation centrale. Piscine et salle de gym. Réception du lundi au vendredi de 6h30 à 22h, le samedi de 9h à 17h, le dimanche de 9h à 15h30. Chambres libérées à 13h. Pas de couvre-feu. Simples à 28,70 $, avec s.d.b. 39,25 $. Doubles à 37,40 $, 7e nuit offerte. Réserver par courrier et envoyer le paiement de la 1ère nuit en guise de caution.

Gum Moon Women's Residence, 940 Washington St. (421-8827), au coin de Stockton. *Etablissement réservé aux femmes*. Très bel hôtel avec piano, TV et magnétoscope. Cuisine et laverie. Très bonne sécurité. Appeler à l'avance. Réception de 9h à 18h, chambres libérées à 12h. Simples à 25 $, 100 $ la semaine. Doubles à 42 $, 166 $ la semaine.

Grant Plaza, 465 Grant Ave. (434-3883 ou 800-472-6899, en Californie 800-472-6805), au croisement de Pine, à 1 block de l'entrée de Chinatown. Excellente situation. Chambres propres et claires avec s.d.b., téléphone et TV. Parking à 8,50 $ la journée. Réception après 14h30, chambres libérées à 12h. Simples à 39-42 $, doubles à 47-57 $. Réservation 3 semaines à l'avance conseillée.

The Red Victorian Bed and Breakfast Inn, 1665 Haight St. (864-1978). A 2 blocks à l'est du Golden Gate Park. Attention, le "Red Vic" n'est pas un hôtel mais un véritable voyage cosmique ; 18 chambres décorées, toutes plus délirantes les unes que les autres (*summer of love room, meditation room, Teddy Bear room...* il y en a pour tous les goûts). Un véritable endroit antistress. Même si vous n'avez pas les moyens d'y séjourner, une simple visite vaut le coup d'œil. Réception de 15h à 18h, chambres libérées à 11h. Le week-end, séjour de 2 nuits min. Réductions pour les séjours supérieurs à 3 jours. Doubles à 76-200 $, tarif réduit 59-134 $. Réserver longtemps à l'avance.

Harcourt Residence Club, 1105 Larkin St. (673-7720). Cette résidence très populaire propose des chambres à la semaine ou au mois. Les prix comprennent le service de ménage, 2 repas, le brunch dominical et un service courrier. Salle TV, laverie et terrasse. Réception de 9h à 17h. Tarif à la semaine 130-200 $ par personne.

Hotel Essex, 684 Ellis St. (474-4664, en Californie 800-44-ESSEX/37739, hors de la Californie 800-45-ESSEX), au coin de Larkin. Cet établissement récemment rénové est l'un des meilleurs hôtels bon marché du secteur. Café et thé offerts. TV couleur et téléphone. Réception 24h/24. Le personnel parle français. Chambres libérées à 12h. Simples à 39 $, avec s.d.b. 49 $. Doubles à 44 $, avec s.d.b. 59 $. Tarif à la semaine : simples 175 $, avec s.d.b. 225 $. Doubles 225 $, avec s.d.b. 250 $.

YMCA Hotel, 220 Golden Gate Ave. (885-0460), à la jonction de Leavenworth, à la limite du quartier malfamé de Ternderloin. Accepte les hommes et les femmes. Les portes sont dotées de doubles verrous et les visiteurs sont priés de rester dans le hall. Piscine, salle de gym et terrains de *racquetball*. Petit déjeuner compris. Laverie. Réception 24h/24. Pas de couvre-feu. Simples à 28 $, avec s.d.b. 37,50 $. Doubles à 38 $, triples à 60 $. Lits en dortoir (15 $) pour les membres de la HI-AYH seulement. Caution pour la clé 5 $. Séjour maximum de 28 jours.

RESTAURANTS

Les 4 000 restaurants de San Francisco sauront satisfaire les estomacs les plus difficiles. Le choix de spécialités culinaires est tout simplement infini.

Mission District

24th St. est réputée pour ses nombreux restaurants mexicains, salvadoriens et autres pays d'Amérique du Sud. Après un *burrito* ou une seiche crue, Castro St. offre un cadre agréable pour boire un dernier verre.

La Cumbre, 515 Valencia St. (863-8205) entre 16th et 17th. Succulents steaks grillés pour un *burrito* dont vous vous souviendrez (2,75 $). Ouvert du lundi au samedi de 11h à 24h, le dimanche de 12h à 24h.

New Dawn Café, 3174 16th St., au coin de Guerrero. Expérience culinaire et "sensorielle" sans pareil, servie par un *drag queen*. Légumes sautés 5,25 $, chili végétarien 3,50 $. Ouvert du lundi au mardi de 8h30 à 14h30, du mercredi au dimanche de 8h30 à 20h30.

Café Macondo, 3159 16th St. (863-6517). Bonnes spécialités d'Amérique centrale. *Tamale* au poulet 3,75 $, sandwich pita 3,50 $, cappuccino 1,65 $. Ouvert du lundi au jeudi de 11h à 22h, le vendredi et le dimanche de 11h à 23h.

Mission Grounds, 3170 16th St. (621-1539). La terrasse de ce café populaire permet de siroter tranquillement une boisson mexicaine (1,65 $). Crêpes diverses, dont cheddar et oignon (3,35 $) ou sucre brun (1,75 $). Ouvert tous les jours de 7h à 22h.

Manora, 3226 Mission St. (550-0856). Excellente cuisine thaï à prix raisonnable. Le curry de "bœuf rouge" vaut le détour (6 $). La plupart des plats végétariens oscillent entre 4 et 5 $, les autres plats entre 5 et 6 $. Ouvert de 17h à 22h, sauf le lundi.

Chinatown

Chinatown se caractérise par une pléthore de restaurants très bon marché. Il est d'ailleurs difficile de faire un choix !

House of Nanking, 919 Kearny St. (421-1429), entre Columbus et Jackson. Légumes *mu-shu* à 5 $, gâteaux à l'oignon 1,75 $. La sauce à la bière Tsing Tao est à découvrir. Ouvert du lundi au samedi de 11h à 22h, le dimanche de 16h à 22h.

Sam Wo, 813 Washington St. (982-0596). Ses horaires tardifs, ses prix modiques et la possibilité d'apporter sa propre bouteille en font un établissement très en vogue parmi les étudiants. La plupart des plats tournent aux alentours de 2-5 $. Soupe de nouilles aux crevettes 2,75 $, *chow mein* au poulet 3,60 $.

North Beach

North Beach recèle d'excellents cafés, boulangeries et traiteurs, mais ce sont surtout ses restaurants italiens qui lui valent sa réputation.

Tommaso's, 1042 Kearny St. (398-9696). Peut-être les meilleures pizzas de Frisco... La pizza *super deluxe*, croulant sous les champignons, les poivrons, le jambon et la saucisse italienne, suffira à remplir deux estomacs (18,50 $). Ouvert du mardi au samedi de 17h à 22h45, le dimanche de 16h à 21h45.

U.S. Restaurant, 431 Columbus Ave. (362-6251). Autrefois le rendez-vous des disciples de Kerouac, ce restaurant s'adresse aujourd'hui à la jeunesse locale. Les calamars (9 $, 1/2 portion 7 $) servis le vendredi sont la spécialité maison. La plupart des plats n'excèdent pas 10 $. Ouvert du mardi au samedi de 6h30 à 21h30. Fermé pendant 2 ou 3 semaines en juin ou juillet.

Richmond

D'après les habitants du quartier, les restaurants chinois de Richmond seraient meilleurs que ceux de Chinatown.

> **The Red Crane**, 1115 Clement St. (751-7226), entre Park Presidio Blvd. et 12th St. Restaurant chinois très coté, avec spécialité de fruits de mer. Les noix *sweet and sour* (5,75 $) sont une pure merveille. Ouvert tous les jours de 11h30 à 22h.
>
> **Ernesto's**, 2311 Clement St. (386-1446), au coin de 24th. Ce restaurant italien familial pratique des prix raisonnables. Plats de résistance 8-11,25 $, pizzas 7,75-15,50 $. Cuisine authentique. Ouvert du mardi au dimanche de 16h à 22h.
>
> **New Golden Turtle**, 308 5th Ave. (221-5285), à l'angle de Clement. Cuisine chinoise savoureuse et bien relevée. Au menu : poulet *lemon-grass* (8 $) ou caille flambée barbecue (5 $). Ouvert du mardi au dimanche de 11h à 23h, le lundi de 17h à 23h.

Civic Center

Le quartier de Civic Center est parsemé de petits restaurants. En été, faites vos provisions au **Farmers Market** à la U.N. Plaza (tous les mercredi et dimanche).

> **Miss Pearl Jam's**, 601 Eddy St. (775-5267), au coin de Larkin. Ambiance reggae pour un brunch au bord de la piscine (5-11 $). Ouvert le mardi de 18h à 22h, le mercredi de 11h30 à 14h30 et de 18h à 22h, du jeudi au samedi de 11h30 à 14h30 et de 18h à 23h, le dimanche de 11h à 14h30 et de 17h30 à 22h.
>
> **Nyala Ethiopian Restaurant**, 39A Grove St. (861-0788), à l'est de Larkin St. Excellente cuisine éthiopienne et italienne. Buffet du lundi au samedi de 11h à 15h (5 $) et de 16h jusqu'à la fermeture (7 $). Ouvert du lundi au jeudi de 11h à 21h, le vendredi et le samedi de 11h à 22h.

Haight-Ashbury

A Haight, vous trouverez de nombreuses boulangeries et des restaurants exotiques à prix raisonnable. Choisissez votre table avec soin car la qualité des établissements est très variable.

> **Cha Cha Cha**, 1801 Haight St. (386-5758). Peut-être la meilleure cuisine du quartier. Les bananes frites sauce haricots noirs sont un délice (5,25 $). Plats principaux 6,50-12,50 $. Ouvert du lundi au jeudi de 11h30 à 15h et de 17h à 23h, le vendredi de 11h30 à 15h et de 17h à 23h30, le samedi de 9h à 15h et de 17h à 23h30, dimanche de 9h à 15h et de 17h à 23h.
>
> **Tassajara Bread Bakery**, 1000 Cole St. (664-8947), à l'angle de Parnassus. *Foccacia* au pesto, cœurs d'artichaut, feta et ail (1,10 $) à ne pas manquer. Sandwiches 4 $. Ouvert du lundi au samedi de 7h à 22h, le dimanche de 8h à 22h.
>
> **Ganges**, 775 Frederick St. (661-7290). Délicieuse cuisine indienne végétarienne dans un cadre intime. Dîners 8,50-12,50 $. Musique *live* le vendredi et le samedi à partir de 19h15. Ouvert du mardi au samedi de 17h à 22h. Il peut être utile de réserver.

Marina et Pacific Heights

Ces deux quartiers abritent une profusion de restaurants de bonne qualité. Malgré leur cadre élégant, ils proposent souvent des repas à moins de 12 $.

> **Leon's Bar*B*Q**, 1911 Fillmore St. (922-2436), entre Pine et Bush. A l'extrémité sud de la rue très *yuppie* de Fillmore, ce restaurant sert des *jambalaya* (5 $) et autres plats cajuns depuis 1963. Pour le dîner, assiette de *ribs* ou de fruits de mer garnie 8-15,50 $. Ouvert tous les jours de 11h à 21h30 pour le restaurant et le service à emporter.
>
> **Jackson Fillmore Trattoria**, 2506 Fillmore St. (346-5288). Bonne cuisine d'Italie du Sud dans une atmosphère enjouée. Ouvert du lundi au jeudi de 17h30 à 22h30, le vendredi et le samedi de 17h30 à 23h, le dimanche de 17h à 22h.

CALIFORNIE

Sweet Heat, 3324 Steiner St. (474-9191). Ce petit restaurant est spécialisé dans la cuisine mexicaine diététique. Essayez le délicieux *burrito* végétarien dans une *tortilla* à la farine complète (4 $). A emporter ou à consommer sur place. Ouvert tous les jours de 11h à 24h.

VISITES

San Francisco se visite de quartier en quartier. Chacun se distingue par son caractère ethnique, la topographie de ses rues et la sensibilité politique de ses résidents. Si vous enchaînez les visites au pas de course, du Golden Gate à la Coit Tower en passant par la mission Dolores, vous allez rater une chose : la ville elle-même. A San Francisco, il faut pouvoir prendre son temps. C'est au gré de votre flânerie que vous découvrirez des librairies excentriques, les *dim sum* de Chinatown, l'architecture de Pacific Heights, la vie nocturne de SoMa, les festivals folkloriques de Japantown et la singularité de Haight-Ashbury.

Downtown et Union Square

Le centre commerçant de **Union Sq.** conserve quelques vestiges d'un passé mouvementé. Pendant la guerre de Sécession, les soldats de l'Union avaient établi leur point de ralliement sur la place (d'où son nom…). A la suite du tremblement de terre de 1906, un incendie détruisit la rue sale et délabrée de Morton Alley, réputée pour ses prostituées et son meurtre hebdomadaire. Un groupe de marchands investit les lieux et rebaptisa la place **Maiden Ln.**, dans l'espoir de changer l'image de la rue. Contre toute attente, ils parvinrent à leurs fins. Aujourd'hui, Maiden Ln., qui s'étend sur 2 blocks à l'est de Union Sq., abrite des magasins de luxe et des boutiques huppées.

L'une des principales attractions de Maiden Ln. est la **Circle Gallery** (989-2100), 140 Maiden Ln. L'unique bâtiment de l'architecte Frank Lloyd Wright à San Francisco est consacré à la vente d'oeuvres d'art les plus chères de la ville. Ouvert du lundi au samedi de 10h à 18h, le dimanche de 12h à 17h (entrée gratuite). Vous pouvez emprunter l'ascenseur extérieur du **Westin St. Francis Hotel** sur Powell St., au coin de Geary, qui vous fera découvrir toute la baie de San Francisco ainsi que la Coit Tower et le Golden Gate Bridge. Les amateurs de kitsch pourront visiter le hall de l'**Hotel Triton**, 342 Granite St. (394-0500), dont chaque chambre est décorée selon un thème différent.

Financial District

Non loin de Haight et de sa faune alternative, la place financière de San Francisco fourmille de banquiers cravatés qui se pressent au pied des bureaux et des gratte-ciel.

Au pied de Market St., la place **Justin Herman Plaza** est réputée pour sa célèbre **fontaine Vallaincourt**. Le quartier est souvent investi par des groupes de musique qui viennent se produire à l'heure du déjeuner (de 12h à 13h30). Le groupe U2 y a joué en automne 1987 (Bono le chanteur s'était alors fait arrêter pour avoir taggé un slogan sur la fontaine).

L'hôtel **Hyatt Regency** (788-1234), avec son atrium de 17 étages, dominé par une sculpture géométrique de 4 étages, vaut le coup d'œil. L'ascenseur de verre extérieur vous mènera au 20e étage et à l'**Equinox Revolving Rooftop Restaurant and Lounge**, un restaurant et salon tournant d'où l'on peut jouir d'une belle vue sur la baie. Une boisson vous coûtera 3 $ - panorama compris. Ouvert du lundi au vendredi de 16h à 23h30, le samedi de 12h à 1h, le dimanche de 10h à 23h30.

Conçue par William Pereira et associés comme un pur exercice de style architectural, la **Transamerica Pyramid** de 256 m de haut, sur Montgomery St. entre Clay et Washington St. (prendre le bus MUNI n° 15), n'était pas censée être construite. Elle remplace pourtant aujourd'hui le Montgomery Block, un immeuble de brique de 4 étages dont le bar avait vu défiler Mark Twain, Robert Louis Stevenson, Jack London et autres grands noms de la littérature américaine.

La compagnie **Golden Gate Ferries** (332-6600) assure des liaisons en bateau jusqu'à Larkspur et Sausalito. Les départs ont lieu depuis le Ferry Building, sur l'Embarcadero, à l'extrémité de Market Street. Tarifs pour Sausalito 4,25 $, enfants de 6 à 12 ans 3,20 $, moins de 5 ans gratuit. Tarifs pour Larkspur 2,50 $, enfants de 6 à 12 ans 1,90 $. Personnes âgées et handicapés moitié prix.

South-of-Market (SoMa)

Pendant la journée, le secteur est envahi par les employés du quartier voisin du Financial District. Le soir, SoMa accueille de jeunes cadres dynamiques venus dîner dans ses restaurants élégants, avant d'aller s'éclater dans les clubs et les discothèques. C'est ici qu'ont lieu les soirées les plus chaudes de la ville. SoMa dispose de nombreuses aires de stationnement pour garer sa voiture (assurez-vous qu'elle est bien fermée et ne laissez aucun objet de valeur à l'intérieur). Vous pouvez également prendre le bus samTrans n° 1A ou 1L (le week-end et les vacances) ou les n° 1C, 22D, 10L ou 10T (de 8h à 10h et de 16h à 18h seulement), à moins que vous ne choisissiez les bus MUNI n° 9x, 12, 14, 15, 26, 27, 30, 45 ou 71.

Civic Center

Le Civic Center rassemble des immeubles gigantesques ordonnés autour de deux grandes places. Il est relativement facile de se garer. Vous pouvez également prendre le MUNI Metro jusqu'à l'arrêt Civic Center/City Hall, ou les bus MUNI n° 5, 16X, 19, 21, 26, 42, 47 ou 49, ou encore les lignes J, K, L, M ou N jusqu'à la station Van Ness, ou enfin les bus Golden Gate Transit n° 10, 20, 50 ou 70.

L'hôtel de ville **San Francisco City Hall** forme la pièce maîtresse du plus grand ensemble de bâtiments historiques du pays. En 1978, c'est ici que furent assassinés le maire George Moscone et le président du conseil d'administration Harvey Milk, le premier homme politique gay à être élu à une fonction administrative aux Etats-Unis. Côté est, on trouve la bibliothèque et la UN Plaza, côté ouest, l'opéra et le Museum of Modern Art.

Le soir, le **Louise M. Davies Symphony Hall**, 201 Van Ness Ave. (431-5400), au coin de Grove, s'emplit des mélodies de la **San Francisco Symphony** (ouvert du lundi au vendredi de 10h à 18h). Juste à côté, le **War Memorial Opera House**, 301 Van Ness Ave. (864-3330), entre Grove et McAllister, abrite les célèbres **San Francisco Opera Company** (864-3330) et **San Francisco Ballet** (621-3838 pour informations). Toujours sur le même block, se dresse le **Veterans Building** (252-4000). Entre l'opéra et le Veterans Building, vous découvrirez **Opera Plaza**. Des visites guidées de ces divers bâtiments partent toutes les 1/2 heures de l'entrée de Grove St. au Davies Hall, le lundi de 10h à 14h (3 $, personnes âgées et étudiants 2 $).

Mission District

Fondée par des colons espagnols en 1776, le quartier de Mission conjugue certains des plus anciens édifices de la ville et des cafés et clubs tout récents. Sur les murs, des **peintures** colorées célèbrent l'histoire mexicaine et sud-américaine, tandis qu'une profusion de *taquerías* et de boulangeries attestent d'une forte présence latino-américaine. Le quartier est également habité par une importante communauté de lesbiennes. Relativement sûr, Mission District offre de paisibles promenades dans la journée mais demande une certaine vigilance dès la nuit tombée. Le quartier, qui se trouve au sud du Civic Center, est circonscrit par 16th St. au nord, Noe St. à l'ouest, Army St. au sud et la US 101 à l'est. Il est desservi par les bus MUNI, notamment les lignes n° 9, 12, 22, 26, 27, 33 et 53.

Vieille de deux siècles, la **Mission Dolores**, au coin de 16th St. et Dolores dans l'ancien cœur de San Francisco, est considérée comme la plus ancienne construction de la ville. Elle fut fondée en 1776 par le père Junípero Serra et baptisée en l'honneur de saint François d'Assise, tout comme la ville elle-même. En dépit du souhait de Serra, la mission prit peu à peu le nom de *Misión de los Dolores*, en raison de la proximité de la *Laguna de Nuestra Señora de los Dolores* (lagune de

Notre-Dame-des-Douleurs). Des bougainvillées, des coquelicots et des strelitzias fleurissent le cimetière - immortalisé dans *Sueurs froides* de Hitchcock. Ouvert tous les jours de 9h à 16h, de nov. à avril de 9h à 16h (1 $). La messe est célébrée du lundi au vendredi à 7h30 et à 9h, le dimanche à 8h et à 10h. Messe en espagnol le dimanche à 12h.

Les voyageuses pourront apprécier les effets d'un bain de jouvence à **Osento**, 955 Valencia St. (282-6333), entre 20th et 21st St., une maison de bains ouverte aux femmes (de plus de 15 ans) et qui propose saunas, jacuzzis et piscines parfaitement propres. Ouvert tous les jours de 13h à 1h, porte fermée après 24h (7-11 $, location de serviette 1 $).

La petite **Galeria de la Raza**, 2857 24th St. (826-8009) au coin de Bryant, présente des expositions d'art mexicain et sud-américain réalisées par des artistes locaux et internationaux. La boutique de souvenirs voisine vend de belles pièces d'art populaire sud-américain (ouvert du mardi au samedi de 12h à 18h, entrée gratuite). Le **Mission Cultural Center**, 2868 Mission St. (821-1155), entre 24th et 25th St., abrite un théâtre et organise des expositions et autres manifestations culturelles tout au long de l'année. La galerie est ouverte du mardi au vendredi de 12h à 18h, le samedi de 10h à 16h (entrée libre). Guichet 695-6970.

Castro

Tandis que le reste de la ville, notamment Twin Peaks, est plongé dans une épaisse brume blanche, Castro et Mission District bénéficient d'un climat des plus agréables. La plupart des communautés homosexuelles de la ville y ont élu domicile. Même si le quartier s'est assagi depuis les années 70, Castro St. se pose encore comme l'emblème de la libération homosexuelle. L'action se passe pour l'essentiel le long de Castro St. jusqu'au sud de Market St.

Pour des **visites à pied** du quartier, rejoignez **Cruisin' Castro** sur Castro St. (tous les jours à 10h). Le guide Trevor Hailey, membre de la communauté gay de Castro depuis 1972, a été nommé l'un des meilleurs guides touristiques de San Francisco en 1992. Les visites coûtent 30 $, brunch au célèbre Elephant Walk Restaurant compris. Contactez Trevor au 550-8110 pour réserver. Le bus MUNI n° 24 parcourt Castro St. entre 14th et 26th St. En bas de la rue, **The Names Project**, 2362 Market St. (863-1966), est le siège d'une association de lutte antisida qui a accumulé 12 000 carrés de tissus (0,9 x 1,8 m) de plus de 30 pays pour constituer le patchwork géant **AIDS Memorial Quilt**. Chaque carré est un hommage à une victime du sida. Ouvert du lundi au vendredi de 12h à 17h.

A l'ouest de Castro, San Francisco est jonchée de petites collines. Par les rares nuits claires d'été, vous pourrez jouir de la meilleure vue sur la ville depuis les collines jumelles de **Twin Peaks**, entre Portola Dr., Market St. et Clarendon Ave. **Mount Davidson**, le point culminant de San Francisco (281 m), se trouve au sud de Twin Peaks sur Portola Dr.

Haight-Ashbury

La visite de Haight-Ashbury vous replongera dans l'ambiance des années 60. Cet ancien quartier paisible aux grandes maisons victoriennes - tout à fait appropriées à la vie communautaire -, non loin de la *University of California in San Francisco* (UCSF), attira une énorme population hippie au milieu et à la fin des années 60. Cette immigration massive connut son apogée en 1966-1967. Janis Joplin, Grateful Dead et Jefferson Airplane étaient alors des familiers du quartier. Au cours du *Summer of Love* de 1967, des jeunes de tous les Etats-Unis convergèrent sur les pelouses de Frisco pour un grand raout de marijuana, d'amour libre, de guitare folk et de (good) vibrations. Aujourd'hui, de nombreux bars et restaurants témoignent de cette époque révolue. On croise encore quelques rares baba-cools bariolés qui semblent ignorer que les sixties sont finies. Le quartier de Haight se prête volontiers à la flânerie. Les libraires de toutes sortes côtoient des friperies et des cafés bon

Grandeur et décadence du LSD

En 1938, à Basel (Suisse), un composé appelé **diéthylamide d'acide lysergique (LSD)** est synthétisé. Presque immédiatement, les milieux médicaux vantent les effets de ce nouveau médicament miracle, qui aurait la faculté de guérir certaines psychoses avec un minimum de traitement thérapeutique. Le gouvernement américain s'en mêle à son tour et au début des années 50, la CIA tente d'utiliser l'hallucinogène dans le cadre de l'**Operation MK-ULTRA**, une série d'expériences de contrôle du cerveau menées pendant la guerre froide. Dès le début des années 60, les effets de la drogue sont découverts par la population hippie naissante du quartier Haight-Ashbury de San Francisco. Bientôt, les étudiants et les intellectuels consomment massivement le LSD en vue d'élargir le champ de leur conscience... En 1965, la drogue est déclarée illégale, mais il est trop tard. **L'acide** est déjà adopté comme élément clé de la contre-culture massive de la fin des années 60, et comme principal ferment des mouvements pacifistes de la baie de San Francisco et du reste des Etats-Unis.

marché. Les bus MUNI n° 6, 7, 16x, 43, 66, 71 et 73 desservent le quartier, tandis que le tramway Metro N longe Carl St., à quatre blocks au sud.

La visite guidée **Love 'n' Haight Tour** emmène les visiteurs par la **Psychedelic Shop** et l'ancien domicile des Grateful Dead (2 heures 1/2, 20 $). Au nord-est de Haight, au coin de Hayes St. et Steiner, vous trouverez **Alamo Sq**. En grimpant au sommet de ce petit parc, vous comprendrez l'engouement des photographes de cartes postales pour cette rangée de ravissantes maisons victoriennes, avec la ville comme toile de fond.

La **Red Victorian Movie House**, 1727 Haight St. (668-3994), entre Cole et Shrader St., est une salle de cinéma qui projette des films étrangers, d'art et d'essai et, plus récemment, des films d'Hollywood. **Wasteland**, 1660 Haight St. (863-3150), est un immense magasin de vêtements d'occasion à la devanture superbe (ouvert tous les jours de 11h à 19h). Telle une montagne vert foncé au milieu de Haight, le **Buena Vista Park** est réputé pour ses pratiques illégales, mais tolérées. Entrez-y à vos risques et périls...

Golden Gate Park

En dépit du scepticisme de Frederick Law Olmsted, l'architecte de Central Park à New York, l'ingénieur William Hammond Hall et le jardinier écossais John "Willy" McLaren réussirent à reproduire l'équivalent du Bois de Boulogne dans la partie occidentale de San Francisco. Hall dessina un parc de 400 ha - jardins compris - sur un site alors sablonneux et mouvant et fit construire une digue géante le long du front de mer afin de protéger la flore des embruns marins. Aujourd'hui, une visite de San Francisco ne serait pas complète sans une balade dans le Golden Gate Park. Le parc abrite plusieurs musées, dont la California Academy of Sciences, l'une des académies de science les plus importantes du pays (voir la rubrique Musées), et des jardins botaniques de tout premier plan.

Depuis *downtown*, on accède au parc par le bus n° 5 ou 21. Le bus n° 44 passe par les principaux centres d'intérêt et dessert la 6th Ave. jusqu'à California Ave. au nord et le MUNI Metro au sud. Le parc est délimité par Fulton St. au nord, Stanyan St. à l'est, Lincoln Way au sud et l'océan à l'ouest. Les bureaux du parc, **Park Headquarters** (666-7200), qui fournissent des cartes et des informations, se trouvent au McLaren Lodge à l'angle de Fell St. et Stanyan, à l'est du parc. Ouvert du lundi au vendredi de 8h à 17h, fermé (on ne sait pourquoi) le week-end et les jours fériés.

Le **Conservatory of Flowers** (752-8080), érigé en 1879, est le plus ancien bâtiment du parc. La délicate structure, réplique de la serre Palm House des jardins Kew Gardens à Londres, abrite plusieurs espèces de plantes tropicales. Ouvert tous les jours de 9h à 18h, de nov. à avril de 9h à 17h (1,50 $, personnes âgées et enfants de 6 à 12 ans 75 ¢, moins de 6 ans gratuit. Entrée gratuite tous les jours de 9h30 à

10h et de 17h30 à 18h, le 1er mercredi du mois et les jours fériés). Le **Strybing Arboretum**, sur Lincoln Way au coin de 9th St. (661-1316), au sud-ouest de la California Academy of Sciences, renferme quelque 5 000 espèces de plantes. Le **Garden of Fragrance** s'adresse tout particulièrement aux malvoyants : les étiquettes sont imprimées en braille et les plantes choisies pour leur texture et parfums particuliers. Ouvert du lundi au vendredi de 8h à 16h30, le samedi et le dimanche de 10h à 17h. Visites guidées tous les jours à 13h30, du jeudi au dimanche à 10h30 (gratuit). Près du Music Concourse, sur un chemin qui part de South Dr., le **Shakespeare Garden** contient pratiquement toutes les variétés de fleurs et de plantes mentionnées par le célèbre dramaturge. Ouvert tous les jours de l'aube au crépuscule, fermé le lundi en hiver (entrée gratuite). Au milieu du lac Stow Lake, se dresse **Strawberry Hill**, couverte de fraisiers. On peut louer un bateau (9,50-14,50 $ de l'heure) ou emprunter la passerelle pour grimper la colline et jouir d'une belle vue de la péninsule. A l'intersection de Lincoln Way et South Dr., les cerisiers du **Japanese Cherry Orchard** se parent d'une multitude de fleurs pendant les premières semaines d'avril.

Créé pour l'Exposition d'hiver de 1984, l'élégant jardin japonais **Japanese Tea Garden** rassemble de jolis édifices de bois foncé, des bassins, de gracieuses passerelles et une flore soigneusement entretenue. On peut y déguster un thé et des petits gâteaux pour 2,50 $ tout en observant les allées et venues de la carpe géante du bassin central. Ouvert tous les jours de 9h à 18h30, d'oct. à fév. de 8h30 au coucher du soleil (2 $, personnes âgées et enfants de 6 à 12 ans 1 $, moins de 6 ans gratuit. Entrée gratuite les première et dernière 1/2 heures d'ouverture et les jours fériés).

En gagnant l'extrémité ouest de John F. Kennedy Dr., près de 39th Ave., vous croiserez une douzaine de **buffles** en train de paître tranquillement. Le dimanche, la circulation est interdite à l'intérieur du parc et les bicyclettes et rollerblades envahissent les lieux. On peut louer des vélos à **Stow Lake** (7 $ de l'heure ou 28 $ la journée).

Richmond

Ce quartier d'immigrants de la première et deuxième génération accueillit les communautés irlandaise, russe et sino-américaine de San Francisco. Inner Richmond, le secteur situé à l'est de Park Presidio Blvd., abrite une importante population chinoise, qui lui vaut son surnom de nouvelle Chinatown.

Lincoln Park, à l'extrémité nord-ouest de San Francisco, est la plus célèbre attraction de Richmond (bus MUNI n° 1 ou 38). Les environs du parc offrent un beau panorama sur le Golden Gate Bridge. Le plus beau point de vue, cependant, se trouve sur le chemin **Land's End Path**, orienté nord-est par rapport à la falaise. Au sud-ouest de Lincoln Park, vous découvrirez la **Cliff House**, troisième du nom à occuper cet endroit. A côté, le **National Park Service Visitors Center** (556-8642) donne toutes sortes d'informations sur la faune et la flore des falaises, ainsi que sur l'histoire des Cliff Houses qui se sont succédé. Ouvert tous les jours de 10h à 16h30 (entrée gratuite).

Sur les îlots de **Seal Rocks**, vous aurez peut-être la chance d'apercevoir des phoques. On peut les observer idéalement depuis le *visitors center*. **Ocean Beach**, la plus grande et la plus connue des plages de San Francisco, commence au sud de Point Lobos et s'étend jusqu'à l'extrémité nord-ouest du front de mer. Le courant est parfois si puissant que la baignade est interdite. Le simple fait de se tremper les pieds peut être dangereux ! Vous pourrez en revanche nager sans crainte à **China Beach**, au bout de Seacliff Ave., à l'est de Lincoln Park. L'eau est FROIDE, mais les vues du Golden Gate Bridge méritent le détour. Les maîtres nageurs sont en service d'avril à octobre.

Le Presidio et le Golden Gate Bridge

Fondé en 1776, le parc **Presidio** est une réserve naturelle qui s'étend depuis la Marina à l'est jusqu'à Sea Cliff à l'ouest. Il abrite également l'extrémité sud du célébrissime Golden Gate Bridge, et fut jadis affecté à la 6ᵉ Armée américaine. Prendre le bus MUNI n° 28, 29 ou 76.

A la pointe nord du Presidio (et de la péninsule), sous la tour du Golden Gate Bridge, **Fort Point** (556-1693) fait figure de gardien de la baie de San Francisco. Ce fort fut bâti en 1853 pour protéger San Francisco d'une éventuelle invasion britannique à l'époque du différend sur la frontière de l'Oregon. Le musée est ouvert du mercredi au dimanche de 10h à 17h. Des promenades commentées d'une heure partent à 10h30 et à 15h30 (gratuit, promenade supplémentaire à 12h30 le weekend). Les jardins sont ouverts de l'aube au crépuscule.

Le **Golden Gate Bridge**, symbole du rattachement de San Francisco au reste du pays, se dresse à l'entrée de la baie de San Francisco. Erigé en 1937 sous la direction de l'ingénieur en chef Joseph Strauss, le pont est une merveille d'architecture. Il fait près de 2,7 km de long avec une travée principale de 1,2 km. Les tours atteignent 224 m de haut. Conçu pour garder une certaine souplesse, le pont résista au tremblement de terre de 1989. Sur la rive opposée, **Vista Point** offre une vue exceptionnelle de la ville.

Marina, Pacific Heights et Presidio Heights

Fortement endommagé par le séisme de 1989, ce quartier très *yuppie* s'est rapidement reconstruit, en se dotant d'un nombre plus important encore de jardins et de clubs d'aérobic. **Fillmore**, **Union** et **Chestnut St.** sont animées le soir, mais tout ou presque y est hors de prix. Le quartier offre heureusement de beaux panoramas sur l'océan et le Golden Gate Bridge dans la journée, qui peuvent justifier une visite.

Centré autour de Union et Sacramento St., Pacific Heights conserve les plus belles **maisons victoriennes** de la ville, ainsi qu'une vue splendide sur le pont. Construite en 1861, la maison aux huit côtés **Octagon House**, 2645 Gough St. (441-7512), au coin de Union St., était censée porter chance à ses occupants. Epargnée par les tremblements de terre et incendies qui ont ravagé la ville, elle n'a pas failli à ses promesses. Ouvert le 2ᵉ dimanche et les 2ᵉ et 4ᵉ jeudi du mois, sauf en janvier, de 12h à 15h (visites de groupe en semaine sur rendez-vous). La **Haas-Lilienthal House**, 2007 Franklin St. (441-3004), est un autre très bel exemple d'architecture victorienne. Ouvert le mercredi de 12h à 16h, le dimanche de 11h à 16h (5 $, personnes âgées et moins de 18 ans 3 $).

A l'est de Marina Green, à l'angle de Laguna et Marina, se dresse **Fort Mason**, une ancienne forteresse militaire transformée en un centre d'associations humanitaires. Le *Fort Mason Center* abrite quelques petits musées et boutiques de cadeaux. L'**African-American Historical and Cultural Society Museum** (441-0640), Building C, #165, est consacré aux arts et artisanats africains. Ouvert du mercredi au dimanche de 12h à 17h (donation demandée). Le **Museo Italo Americano** (673-2200), Building C #100, présente des œuvres d'artistes italo-américains. Ouvert du mercredi au dimanche de 12h à 17h (2 $, étudiants et personnes âgées 1 $). Le **Mexican Museum** (441-0404), Building D, propose des visites guidées gratuites, des expositions et des ateliers. Ouvert du mercredi au dimanche de 12h à 17h (4 $, personnes âgées et étudiants 2 $, moins de 10 ans gratuit). Le **Magic Theater** (441-8822), Building D, fondé en 1967 par John Lion, est réputé pour avoir servi de résidence au dramaturge Sam Shepard de 1975 à 1985. Il continue à jouer des pièces américaines contemporaines. Ouvert d'octobre à juillet du mercredi au dimanche.

Fort Mason est flanqué de Ghirardelli Sq. à l'est et du **Palace of Fine Arts** (Baker St., entre Jefferson et Bay St.) à l'ouest. La superbe structure surmontée d'un dôme et les deux colonnades courbées sont des vestiges reconstitués de la Panama Pacific Exposition de 1915, qui célébrait l'inauguration du canal de Panama et la fin de la reconstruction de San Francisco à la suite du grand tremblement de terre. Les jardins du palais forment un lieu de pique-nique très apprécié. L'été, des pièces de Shakespeare sont parfois données du côté des colonnades. Près du dôme, l'**Exploratorium**, 3601 Lyon St. (ligne principale 563-7337, message enregistré 561-0360), abrite tout un ensemble de projets scientifiques et ludiques. Des centaines de sections interactives qui distrairont même les esprits les plus rétifs. Ouvert du dimanche au mardi et du jeudi au samedi de 10h à 18h, le mercredi de 10h à 21h30. De Labor Day (1er lundi de sept.) à Memorial Day (dernier lundi de mai), ouvert du mardi au dimanche de 10h à 17h, le mercredi de 10h à 21h30 (9 $, étudiants et personnes âgées 7 $, de 6 à 17 ans 5 $, gratuit le 1er mercredi du mois). A l'intérieur de l'Exploratorium, vous trouverez également le **Tactile Dome** (561-0362), un labyrinthe obscur de tunnels, glissades, recoins et fentes conçu pour affiner votre sens du toucher. Les amateurs de voyage psychédélique aiment s'y retrouver. Claustrophobes s'abstenir. Ouvert du lundi au vendredi de 10h à 17h (10 $, réservations obligatoires par téléphone).

Fisherman's Wharf et Ghirardelli Square

La promenade qui longe le bord de mer à l'est de la ville forme l'attraction la plus populaire de San Francisco. S'étirant du Pier 39 à l'est à Ghiradelli Sq. à l'ouest, Fisherman's Wharf (littéralement quai du Pêcheur) abrite plus d'1 km de boutiques à porcelaine, à T-shirts souvenirs et à breloques. La jetée **Pier 39** (981-7437), qui s'avance sur plusieurs centaines de mètres dans le port, était censée évoquer le vieux San Francisco. En réalité, elle ressemble plutôt à une ville artificielle créée pour les besoins d'un western kitsch (les boutiques sont ouvertes tous les jours de 10h30 à 20h30). Au bout de la jetée, **Center Stage** réunit toutes sortes de mimes, jongleurs et magiciens en un spectacle permanent. **Vlaho's Fruit Orchard** vend des produits frais de Californie : cerises à 4 $ la livre, pêches à 2 $ la livre et fraises à 6 $ la livre.

Des **bateaux et des ferries** sont amarrés juste à l'ouest du Pier 39. **Blue and Gold Fleet** (705-5444) organise des excursions d'1 heure 1/4 sur des bateaux touristiques de 400 passagers. Les excursions passent sous les ponts Golden Gate Bridge et Bay Bridge, longent Angel Island, Alcatraz et Treasure Island et offrent de très beaux points de vue sur la ville. Départ à partir de 10h, dernier bateau à 17h30 (15 $, personnes âgées, de 5 à 18 ans et militaires 8 $). **Red and White Fleet** (546-2700 pour les réservations, 546-2628 en Californie pour les informations enregistrées ou 800-BAY-CRUISE/229-2784) au Pier 41 assure également des excursions en bateau ou en ferry. La croisière *Bay Cruise* (durée 45 mn) au départ des Pier 41 et 431/2 passe sous le Golden Gate Bridge et par Alcatraz et Angel Island (15 $, plus de 62 ans et de 12 à 18 ans 12 $, enfants de 5 à 11 ans 8 $, commentaires en plusieurs langues). Les bateaux *Red and White* conduisent également les passagers à Alcatraz (voir ci-après). Les deux croisières sont bien commentées.

Facilement repérable depuis les bateaux et le front de mer, à 2,5 km au large du Fisherman's Wharf, **l'île d'Alcatraz** émerge de l'océan. Nommée ainsi en 1775 d'après les *alcatraces* (pélicans) qui la peuplaient, elle donna asile à l'un des plus fameux pénitenciers américains. En 1934, Alcatraz fut placée sous contrôle fédéral pour détenir les prisonniers les plus coriaces. Derrière ses verrous défilèrent des figures de la pègre aussi connues que Al Capone ou Mickey Cohen. Des 23 hommes qui tentèrent de s'échapper, tous furent capturés ou tués, à l'exception de cinq dont les corps, probablement noyés, ne furent jamais retrouvés. Le film *L'Evadé d'Alcatraz*, avec Clint Eastwood, retrace l'histoire de l'évasion la plus probable. En 1962, le ministre de la justice Robert Kennedy fit fermer la prison et en 1969, 80 Amérindiens occupèrent l'île et la revendiquèrent en se fondant sur un traité non respecté du XIXe siècle. Alcatraz fait actuellement partie du **Golden Gate National Recreation Area**, le plus grand parc urbain des Etats-Unis, administré par le National Park Service. La compagnie Red and White Fleet (voir ci-dessus) assure des liaisons en bateau du Pier 41 à Alcatraz. Une fois sur l'île, vous pourrez vous y promener à votre guise ou bien effectuer une visite audio-guidée de 2 heures. Les bateaux partent toutes les 1/2 heures du Pier 41, en été de 9h15 à 16h15, en hiver de 9h45 à 14h45 (5,75 $, personnes âgées 4,75 $, enfants de 5 à 11 ans 3,25 $, visites guidées 3,25 $ supplémentaires, enfants de 5 à 11 ans 1,25 $ supplémentaire). Les passagers peuvent rester sur l'île jusqu'au dernier départ de ferry (18h30). Vous pouvez réserver vos tickets à l'avance par l'intermédiaire de Ticketron (392-

7469) pour 1 $ supplémentaire ou faire simplement la queue… et risquer de manquer le bateau.

Le **Maritime National Historic Park** (929-0202), au coin de Hyde St. Pier, là où Hyde St. rencontre Jefferson St., abrite le **Balclutha**, un navire de commerce qui effectua la route du cap Horn dans les années 1880-1890 et apparaît dans la première version hollywoodienne du film *Les Révoltés du Bounty*. Ce navire a récemment fait l'objet d'une restauration. Ouvert tous les jours de 9h à 18h, dernier ticket à 17h30 (3 $, enfants de 12 à 17 ans 1 $, plus de 61 ans et moins de 12 ans gratuit).

Ghirardelli Sq., 900 N. Point St. (guichet d'informations 775-5500, ouvert tous les jours de 10h à 21h), est la plus célèbre galerie commerciale du secteur. On y trouve peut-être les meilleurs chocolats du monde. Les vestiges d'une ancienne **fabrique de chocolat** sont visibles au fond de la **Ghirardelli Chocolate Manufactory**, un glacier décoré à l'ancienne. La place Ghirardelli Sq., ornée d'une élégante fontaine en forme de sirène, est un lieu de rendez-vous populaire (les magasins sont ouverts du lundi au samedi de 10h à 21h, le dimanche de 10h à 18h).

North Beach

Le long de Stockton St. ou Colombus Ave., les boutiques de *ginseng* cèdent peu à peu le pas devant les marchands de *provolone* (fromage italien). Ce secteur - majoritairement italien - fut le repaire des beatniks à la fin des années 50. Tour à tour paisible et vivant, le quartier de North Beach est un lieu de balade très agréable, de jour comme de nuit.

Entre Stockton et Powell St., **Washington Sq.** forme la place principale de North Beach. C'est là que fut célébré le mariage de Joe DiMaggio (une star du base-ball) et Marilyn Monroe. De l'autre côté de Filbert, au nord de la place, l'**Eglise Saint-Pierre et Saint-Paul** (421-0809) offre quelques instants de recueillement dans la pénombre de sa nef. Les messes s'y déroulent en anglais, italien et cantonais. Sur la place même, se dresse le **Volunteer Firemen Memorial**, don de Mrs. Lillie Hitchcock Coit en hommage aux pompiers qui l'ont sauvée d'un incendie lorsqu'elle était enfant. Mais la plus célèbre donation de Mrs. Coit à la ville est la fameuse **Coit Tower** (362-0808), surnommée *the candle* (la bougie), à quelques blocks à l'est du mémorial. De son sommet pyramidal, on jouit d'un des plus beaux points de vue panoramique sur la ville. (Ouvert tous les jours de 10h à 19h, d'oct. à mai de 9h à 16h, ascenseur 3 $, plus de 64 ans 2 $, enfants de 6 à 12 ans 1 $, moins de 6 ans gratuit. Dernier ticket 1/2 heure avant la fermeture). Il est difficile de se garer dans ce quartier ; laissez votre voiture sur Washington St. et montez les marches **Filbert Steps** depuis l'Embarcadero jusqu'à la base est de la tour. Cette courte promenade est riche en panoramas et en édifices Art déco.

L'esprit non conformiste de North Beach retint l'attention du pays lorsque la librairie **City Lights Bookstore** de Ferlinghetti, 261 Columbus Ave. (362-8193), publia le poème extatique et torturé d'Allen Ginsberg (l'un des chantres de la culture beatnik avec Kerouac), *Howl*. Censuré en 1956, l'ouvrage fut finalement déclaré "non obscène" à l'issue d'un long procès, mais la publicité qui en résulta attisa la curiosité des touristes pour ce quartier de San Francisco. La librairie, qui aux dires de ses employés est "plus qu'une simple librairie" (City Lights Bookstore continue à éditer des poètes anciens et modernes), est ouverte du lundi au samedi de 12h à 21h, le dimanche de 12h à 20h.

Nob Hill et Russian Hill

Avant le tremblement de terre et l'incendie de 1906, Nob Hill abritait les demeures des grands magnats du chemin de fer. Aujourd'hui, le quartier demeure le lieu de résidence de quelques grandes fortunes des Etats-Unis, comme en témoignent les enfilades de beaux bâtiments et d'établissements huppés. **Grace Cathedral**, 1051 Taylor St. (776-6611), le plus grand édifice néo-gothique de l'ouest du Mississippi, surplombe Nob Hill. Les moulages de ses portails imitent si bien ceux du Baptistère de Florence, œuvre de Ghiberti, qu'on les utilisa pour restaurer les originaux.

La colline voisine, Russian Hill, doit son nom aux marins russes qui trouvèrent la mort lors d'une expédition au début du XIXᵉ siècle et furent enterrés sur le versant sud-est. Au sommet, les fameux lacets de **Lombard St.** (entre Hyde St. et Leavenworth) laissent entrevoir une vue splendide de la ville et du port - à condition d'oser détacher son regard de la route. Lombard St. est sans doute la rue la plus sinueuse au monde. Conçus en 1921 par des immigrants génois, ses méandres permettaient aux voitures à cheval de circuler sur les flancs terriblement escarpés de la colline.

Nihonmachi (Japantown)

Les Japonais ont investi cette partie de la ville depuis le grand tremblement de terre de 1906. Nihonmachi, moins touristique que Chinatown, abrite quelque 12 000 Japonais. Ce petit quartier à 2 km à peine du centre-ville est bordé à l'est par Fillmore St., à l'ouest par Laguna St., au nord par Bush St. et par le Geary Expressway au sud. Prendre les bus MUNI n° 2, 3 et 4 pour Buchanan, ou le n° 38 pour Geary. Nihonmachi rayonne autour du **Japanese Cultural and Trade Center**, au coin de Post et Buchanan. A l'image de Ginza à Tokyo, le centre de 2 ha comprend des maisons japonaises *udon*, des bars de sushis et un établissement de bains et massages. Le Japon offrit aux Nippons de San Francisco la **Peace Pagoda** (pagode de la paix), une magnifique structure de cinq étages et de 30 m de haut, qui réside au cœur de Japantown. Le **Kabuki Complex** (931-9800), à l'angle de Post et Fillmore, projette des films récents et, au début du mois de mai, accueille le *San Francisco International Film Festival*.

Chinatown

Chinatown abrite la plus grande communauté chinoise hors d'Asie (plus de 100 000 habitants). C'est aussi le quartier le plus peuplé de San Francisco. Avec ses échoppes, ses temples, ses odeurs d'Orient et ses pharmacies vendant toutes sortes de remèdes abracadabrants, Chinatown est l'une des principales attractions de la ville. Son origine remonte aux années 1880. La ruée vers l'or terminée, la montée du chômage entraîna une réaction xénophobe contre ce qu'on dénommait alors le "péril jaune". En réponse, les Chinois d'Amérique se regroupèrent dans un coin de la ville. A mesure que s'étendait San Francisco, des spéculateurs tentèrent de s'approprier ce terrain à forte valeur immobilière, tout particulièrement après les ravages du tremblement de terre de 1906, mais les Chinois tinrent bon. Chinatown, qui s'est peu à peu développée, est restée presque exclusivement chinoise. **Grant Avenue** est l'artère la plus typique avec ses bannières couvertes d'idéogrammes, ses enseignes ornées de dragons, son architecture kitsch et ses magasins d'objets chinois pour touristes.

On peut assister à la fabrication des *fortune cookies* (biscuit chinois dans lequel est dissimulé un horoscope) au **Golden Gate Cookie Company**, 56 Ross Alley (781-3956, grand sac de cookies 2 $), entre Washington et Jackson St., juste à l'ouest de Grant Ave. Cette célèbre artère, qui a su conserver l'atmosphère du vieux Chinatown, a servi de décor à de nombreux films d'action, dont *Les Aventures de Jack Burton dans les griffes du mandarin, Karaté Kid II* et *Indiana Jones et le temple maudit*. **Portsmouth Sq.**, au coin de Kearny St. et Washington, entra dans l'histoire en 1848 lorsque le dénommé Sam Brennan annonça ici pour la première fois que de l'or avait été découvert près de la scierie du capitaine Sutter (le point de départ d'une des ruées les plus folles de l'histoire). La place est aujourd'hui le siège de parties de cartes animées entre Chinois. Un pont en pierre relie cette place au **Chinese Culture Center**, 750 Kearny St., au 2ᵉ étage du Holiday Inn (986-1822, ouvert du mardi au samedi de 9h à 17h30), qui abrite des œuvres d'art sino-américaines et organise deux **visites pédestres guidées** de Chinatown. Le musée de la **Chinese Historical Society**, 650 Commercial St. (391-1188), entre Kearny et Montgomery, relate l'histoire des immigrants chinois (ouvrages pédagogiques et objets d'époque, dont une tête de dragon de parade datant de 1909). Ouvert du mardi au samedi de 12h à 16h (donation).

Au coin de Grant et Bush, se dresse la porte chinoise **Gateway to Chinatown**, offerte par la république populaire de Chine en 1969. Le dragon qui la surmonte se retrouve également sur tous les lampadaires du quartier. Parmi les bâtiments de Chinatown qui méritent une visite, ne manquez pas la **Buddha's Universal Church** (720 Washington St.), le **Kong Chow Temple** (855 Stockton St.) et **Old St. Mary's** (660 California St., au coin de Grant), une église de 1854 construite dans du granite originaire de Chine.

Musées

La **California Academy of Sciences** (221-5100, message enregistré au 750-7145), située dans le **Golden Gate Park**, est une véritable institution. Elle abrite différents bâtiments et musées consacrés aux diverses disciplines scientifiques. Le **Steinhart Aquarium** rassemble plus de 14 000 espèces aquatiques. Vous apprendrez notamment pourquoi les plages de San Francisco sont particulièrement sujettes aux attaques des grands requins blancs (c'est à cause des phoques...). Le **Space and Earth Hall** vous permettra de revivre le grand tremblement de terre de 1906. Le **Morrison Planetarium** (750-7138) vous fera découvrir l'univers des étoiles grâce à un show impressionnant (2,50 $, personnes âgées et étudiants 1,25 $). L'*Academy* est ouverte tous les jours de 10h à 17h, de sept. à juil. de 10h à 17h (7 $, 5 $ avec le forfait MUNI Fast Pass, personnes âgées et de 12 à 17 ans 3 $, enfants de 6 à 11 ans 1,50 $. Gratuit le 1er mercredi du mois jusqu'à 20h45).

San Francisco Museum of Modern Art, 151 3rd St., dans le quartier de **SoMa**. Belle collection d'art européen et américain contemporain. Le nouveau site du musée au sein des **Yerba Buena Gardens** nécessita les plus vastes travaux jamais entrepris par un musée américain. Ouvert le mardi, le mercredi et du vendredi au dimanche de 11h à 18h, le jeudi de 11h à 21h (7 $, étudiants et plus de 61 ans 3,50 $, moins de 13 ans gratuit. Le jeudi, moitié prix de 17h à 21h. Entrée gratuite le 1er mardi du mois).

Ansel Adams Center, 250 4th St. (495-7000), au coin de Howard et Folsom, dans le quartier de **SoMa**. Collection permanente des photographies du maître, et autres expositions temporaires. Ouvert du mardi au dimanche de 11h à 17h et jusqu'à 20h le 1er mardi du mois (4 $, étudiants 3 $, plus de 64 ans et de 13 à 17 ans 2 $, moins de 13 ans gratuit).

M.H. de Young Memorial Museum (750-3600), dans le **Golden Gate Park**. 21 salles dédiées à la peinture américaine, depuis la période coloniale jusqu'au début du XXe siècle. L'**Asian Art Museum** (668-7855), dans l'aile ouest du bâtiment, est le plus grand musée hors d'Asie entièrement consacré à l'art asiatique. Les collections incluent des pièces rares de jade et de porcelaine, ainsi que des objets en bronze vieux de 3 000 ans. Ces deux musées sont ouverts du mercredi au dimanche de 10h à 17h (5 $, 3 $ avec le forfait MUNI Fast Pass, personnes âgées et de 12 à 17 ans 2 $, moins de 12 ans gratuit. Entrée gratuite le 1er mercredi du mois et le samedi de 11h à 12h).

The Martin Lawrence Gallery, 465 Powell St., à **Union Sq**. Vente et exposition d'œuvres pop art d'Andy Warhol et autres, et belle collection d'œuvres de Keith Haring. Ouvert du lundi au samedi de 10h à 21h, le dimanche de 10h à 18h (entrée gratuite).

San Francisco Women Artists Gallery, 370 Hayes St. (552-7392), entre Franklin et Gough, près du **Civic Center**. Photographies, peintures, gravures et artisanat d'artistes femmes. Ouvert tous les jours de 11h à 18h.

Cable Car Powerhouse and Museum, 1201 Mason St. (474-1887), au croisement de Washington, à **Nob Hill**. L'édifice forme le centre (en activité) du réseau de tramway. On peut observer son fonctionnement dans une galerie ou visiter des salles d'exposition pour en savoir plus sur ce moyen de locomotion. Certains tramways exposés datent de 1873. Ouvert tous les jours de 10h à 18h, de nov. à mars de 10h à 17h (entrée gratuite).

Tattoo Art Museum, 841 Columbus (775-4991), à **North Beach**. Le temple de la *tattoo*-mania, avec présentation de centaines de motifs et des diverses techniques.

Il est bien sûr possible de se faire tatouer sur place. Pour 50 $, vous avez droit à un tatouage simple, une rose épineuse sur la hanche par exemple ! Les tatouages plus élaborés coûtent davantage. Ouvert du lundi au samedi de 12h à 13h, le dimanche de 12h à 20h.

SORTIES ET ATTRACTIONS

Pour connaître les événements de la vie nocturne à San Francisco, appeler **Entertainment Hotline** au 391-2001 ou 391-2002. Les publications *Bay Guardian* et *SF Weekly* éditent une liste complète des discothèques et des concerts. Les amateurs de **sport** pourront assister à des matchs de base-ball et de football américain, avec les équipes des **Giants** et des **49ers** (*forty-niners*), au **Candlestick Park** (467-8000), à 13 km au sud de la ville sur Bayshore Fwy. (US 101).

Bars et cafés

Les établissements nocturnes de San Francisco sont aussi variés que ses quartiers. Il y en a pour tous les goûts et toutes les tendances.

Café du Nord, 2170 Market St. (861-5016), entre Church et Sanchez. Très branché, voire trop. Café spacieux et clinquant, proposant de la musique *live* tous les soirs. Bières 3,25 $. Entrée gratuite avant 21h. *Happy hour* de 16h à 19h. Ouvert tous les jours de 16h à 2h. Age minimum 21 ans.

Noc Noc, 557 Haight (861-5811). Club hétéroclite où se mêlent hippies, *Eurotrashs*, *ravers*, *goths* et autres tribus. Quelques coins intimes propices aux tête-à-tête. Entrée gratuite. Demi à 2,50 $ jusqu'à 20h. Ouvert tous les jours de 17h à 2h.

The Elbo Room, 647 Valencia St. (552-7788), près de 17th St., à Mission District. Entrée payante (généralement 3 $) pour la musique funk, jazz et *indie*. Discothèque à l'étage uniquement. De plus en plus populaire et donc de moins en moins spacieux. Ouvert tous les jours de 17h à 2h.

Café Istanbul, 525 Valencia St. (863-8854), entre 16th et 17th, à Mission District. Musique envoûtante, cafés, thés et spécialités culinaires du Moyen-Orient, sous un joli dais bleu. On peut siroter un *chai* (thé, 1,50 $) ou un *latté* au sirop de rose (2 $). Fréquents spectacles de danse du ventre. Ouvert le vendredi et le samedi de 11h à 4h, du dimanche au jeudi de 11h à 23h.

Muddy Waters, 521 Valencia St. (863-8005), à Mission District. Café en vogue avec cappuccino à 1,50 $, moka à 2 $. Ouvert du lundi au vendredi de 6h30 à 24h, le samedi et le dimanche de 7h30 à 24h.

Brainwash, 1122 Folsom St. (861-FOOD/3663 ou 431-WASH/9274). Un concept unique de bar/laverie pour pouvoir flirter tout en lavant ses jeans. Musique *live* gratuite les mercredis et samedis soirs. Ouvert du dimanche au jeudi de 7h30 à 23h, le vendredi et le samedi de 7h30 à 1h.

Vesuvio Café, 255 Columbus Ave. (362-3370), à North Beach. Une ambiance indéniablement beatnik... On peut observer les poètes et les joueurs d'échecs du haut d'un balcon. Boissons 3,25-6 $. Ouvert tous les jours de 6h à 2h.

Tosca, 242 Columbus Ave. (986-9651). Bar à l'ambiance bon enfant avec des cappuccinos bien mousseux, de la musique d'opéra au juke-box et une ambiance décontractée. Boissons fantaisie. Ouvert tous les jours de 17h à 2h.

Clubs et discothèques

Les boîtes de San Francisco sont très animées, voire parfois assez "hard". Malheureusement pour les plus jeunes, elles sont souvent interdites aux moins de 21 ans (contrôle rigoureux à l'entrée). Pour en savoir plus, consultez le *Guardian* ou appeler la **"be-at" line** au 626-4087 (24h/24).

DNA Lounge, 375 11th St. (626-1409), au coin de Harrison, à SoMa. Musique *live* branchée et funk. Le meilleur soir pour danser est le mercredi : funk, house et soul.

Canapés confortables. L'entrée varie mais n'excède généralement pas 10 $. Ouvert tous les jours jusqu'à 4h. Age minimum 21 ans.

Club DV8, 540 Howard St. (957-1730), à SoMa. Trois étages pour les fous de la danse. Musique variée, allant de la house au *gothique*, mais clientèle résolument branchée. L'"osmose" du dernier étage est la meilleure piste pour bouger. Ouvert aux 18 ans et plus le mardi et le mercredi. Soirée disco le jeudi. L'entrée varie de 0 à 10 $. Ouvert du mardi au dimanche de 20h à 4h.

The Paradise Lounge, 1501 Folsom St. (861-6906), au coin de 11th, à SoMa. Trois pistes de danse, un étage, cinq bars et jusqu'à cinq groupes différents par soir. Talons aiguilles et patougas se côtoient dans une ambiance plutôt cool. Tables de billard à l'étage. Ouvert tous les jours de 15h à 2h. Entrée payante (très raisonnable). Age minimum 21 ans.

Cesar's Latin Palace, 3140 Mission St. (648-6611), à Mission District. Immense dancing "latino". Si vous ne connaissez rien à la salsa, c'est l'endroit rêvé pour apprendre. Plus de 1 000 personnes s'y retrouvent le week-end. Parking possible. Ouvert du jeudi au dimanche jusqu'à l'aube. Age minimum 18 ans.

Slims, 333 11th St. (621-3330), entre Folsom et Harrison, à SoMa. L'épicentre du jazz et du blues à SoMa. Haut lieu de la musique noire américaine, du rock et du *world beat*. Ouvert tous les soirs. Age minimum 21 ans.

El Río, 3158 Mission St. (282-3325) à SoMa. Spécialité maison, la musique sud-américaine le dimanche soir, mais des groupes de rock se produisent régulièrement aussi. *World music* le vendredi. Entrée 5-7 $ les soirs de musique *live*. Ouvert du mardi au samedi de 15h à 2h, le dimanche et le lundi de 15h à 24h. Repas servis le dimanche de 16h à 20h. Age minimum 21 ans.

CRASH Palace, 628 Divisadero St. (931-1914). Ce nouveau club se consacre essentiellement au jazz. *World beat* le dimanche. Musique *live* tous les soirs. Entrée gratuite le lundi et le mardi, 5-10 $ les autres jours. Ouvert tous les jours de 17h à 2h.

Clubs gays

La vie nocturne gay est particulièrement intense à San Francisco. La plupart des bars populaires se trouvent dans les deux quartiers gay de la ville : le Castro et Polk St. Sachez en outre que la majorité des night-clubs "hétéros" de la ville proposent une soirée gay par semaine. Vous pouvez également consulter le *Guardian* ou contacter les rédacteurs du **Gay Switchboard** (510-841-6224). Une femme dans un club gay ne suscitera guère de réactions, mais un homme dans un club de lesbiennes risque de rencontrer une certaine hostilité.

The Café, 2367 Market St. (861-3846), dans le Castro. L'une des boîtes les plus réputées de San Francisco, mais aussi le seul bar de lesbiennes qui soit ouvert tous les jours. Deux niveaux avec flipper, billard et terrasse. Les DJ passent de la musique plutôt violente. Entrée gratuite. Bières à 1,25 $ le lundi de 17h à 2h. Ouvert tous les jours de 12h à 2h.

The Stud, 399 9th St. (863-6623). Club gay classique avec une musique parfaite pour danser. Soirée funk le lundi, soirée rétro le mercredi avec bière à prix réduit. Le jeudi est réservé aux femmes. Entrée 2-4 $. Ouvert tous les jours de 17h à 2h, le vendredi et le samedi jusqu'à très tard.

The Phoenix, 482 Castro St. (552-6827), au coin de Market St. Bar-discothèque gay avec musique non-stop. Les DJ passent des tubes disco et de la *house music*. Les femmes sont bienvenues. Entrée gratuite. Ouvert tous les jours de 13h à 2h. Age minimum 21 ans.

Club Townsend, 177 Townsend St. (974-6020), à SoMa. Le Pleasure Dome, tous les dimanches soirs de 20h à l'aube au Club Townsend, est la plus grande soirée gay de San Francisco. Les vendredi et samedi soirs sont également réservés aux gays. Entrée 7 $. Ouvert tous les jours de 22h à 6h.

CALIFORNIE

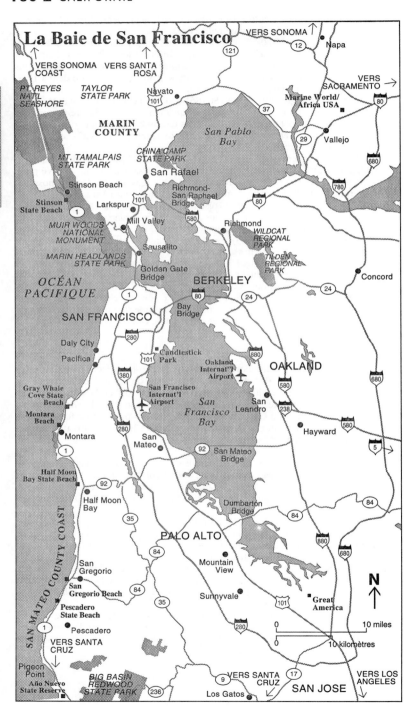

La Baie de San Francisco

VERS SONOMA

12 · Napa

121

VERS SONOMA
COAST

VERS SANTA
ROSA

VERS
SACRAMENTO →

PT. REYES
NATL
SEASHORE

TAYLOR
STATE PARK

Navato
101

Marine World/
Africa USA ■

80

37

**MARIN
COUNTY**

*San Pablo
Bay*

29 · Vallejo

680

MT. TAMALPAIS
STATE PARK

CHINA CAMP
STATE PARK

San Rafael

780

Stinson Beach

Richmond-
San Raphael
Bridge

80

Stinson
State Beach

1 · Larkspur

101

Mill Valley

580

Richmond

WILDCAT
REGIONAL
PARK

MUIR WOODS
NATIONAL
MONUMENT

MARIN HEADLANDS
STATE PARK

Sausalito

TILDEN
REGIONAL
PARK

*OCÉAN
PACIFIQUE*

Golden Gate
Bridge

BERKELEY

Concord

24

1

80

24

SAN FRANCISCO

Bay
Bridge

Daly City

280

Pacifica

101

Candlestick
Park ■

Oakland
Internat'l
Airport ✈

OAKLAND

680

380

San Francisco
Internat'l
Airport ✈

580

Gray Whale
Cove State
Beach

*San
Francisco
Bay*

San
Leandro

238

Montara
Beach

· Montara

280

1

San
Mateo

92

San Mateo
Bridge

Hayward

580

5

Half Moon
Bay State Beach

92

Half Moon
Bay

Dumbarton
Bridge

84

35

84

880

680

PALO ALTO

84

San
Gregorio

Mountain
View

San
Gregorio Beach

84

Sunnyvale

101

■ Great
America

N
↑

Pescadero
State Beach

35

SAN MATEO COUNTY COAST

1 · Pescadero

280

0 _____ 10 miles

0 _____ 10 kilomètres

VERS SANTA
CRUZ

Pigeon
Point

Año Nuevo
State Reserve

*BIG BASIN
REDWOOD
STATE PARK*

236

9 VERS SANTA
CRUZ

17

SAN JOSE

VERS LOS
ANGELES
↓

Los Gatos ·

Evénements annuels

Chinese New Year Celebration (982-3000), fin février à Chinatown. Nouvel an chinois.

Cherry Blossom Festival (563-2313), 2 week-ends d'avril à Japantown. Floraison des cerisiers.

San Francisco International Film Festival (931-3456), mi-avril à mi-mai. Le plus ancien festival de cinéma des Etats-Unis.

San Francisco Examiner Bay to Breakers (777-7770), mi-mai. Une course de rue spectaculaire, dans le style inimitable de San Francisco. Les coureurs gagnent non seulement en fonction de leur temps mais aussi de leur costume.

19th San Francisco International Lesbian & Gay Film Festival (703-8650), mi-juin à fin juin. Le premier festival mondial du cinéma homosexuel.

Lesbian-Gay Freedom Parade (864-3733), fin juin.

San Francisco Jazz Festival (864-5449), fin octobre-début novembre. Concerts de jazz, hommages aux maîtres et le Jazz Film Fest.

■ ■ ■ BERKELEY

Fidèle à son activisme politique des années 60 et 70, la ville universitaire de Berkeley conserve une réputation excentrique et iconoclaste. Telegraph Avenue - les Champs-Elysées des années 60 - abrite toujours une population disparate de hippies (un peu dégarnis) et de musiciens de rue. Berkeley se distingue également par la qualité de sa gastronomie, l'une des meilleures de la Baie, rendue célèbre par le restaurant *Chez Panisse* d'Alice Waters.

INFORMATIONS PRATIQUES

Office du tourisme : Berkeley Convention and Visitors Bureau, 1834 University Ave. (549-7040), au coin de Martin Luther King et de Jr. Way. Ouvert du lundi au vendredi de 9h à 17h. **Visitor Hotline** au 549-8710 pour des informations 24h/24. **U.C. Berkeley Visitor Center**, 101 University Hall, 2200 University Ave. (642-5215). Ouvert du lundi au vendredi de 9h à 17h.

Transports en commun : Bay Area Rapid Transit (**BART**, 465-2278). La ligne s'arrête à l'angle de Shattuck Ave. et Center St., près de la limite ouest de l'université, à 7 blocks environ de Student Union. Tarif 2 $ pour *downtown* San Francisco. Le **Perimeter Shuttle** (642-5149, 25 ¢) relie la station BART au campus (les navettes circulent de sept. à juin du lundi au vendredi de 7h à 19h toutes les 8 mn). Les trains BART s'arrêtent également à Virginia et Sacramento St. (au nord), et à Ashby St. (à l'ouest). Les bus n° 15, 40, 43 et 51 d'**Alameda County Transit** (**AC Transit**, 800-559-4636 ou 839-2882) desservent tous Oakland depuis la station BART de Berkeley. Tarif 1,25 $, personnes âgées, enfants de 5 à 12 ans et handicapés 60 ¢, moins de 5 ans gratuit, correspondance 25 ¢ valide pendant 1 heure.

Taxis : Yellow A I Cab, 843-1111. En service 24h/24.

Urgences : 911.

Bureau de poste : 2000 Allston Way (649-3100). Ouvert du lundi au vendredi de 8h30 à 18h, le samedi de 10h à 14h. **Code postal** : 94704. **Indicatif téléphonique** : 510.

Berkeley s'étend de l'autre côté de la Baie au nord-est de San Francisco, juste au nord d'Oakland. La ville est accessible depuis *downtown* San Francisco par les trains BART ou par voiture (**I-80** ou **route 24**). Elle est bordée à l'est par une succession de collines et à l'ouest par la baie de San Francisco. Le campus de la **University of California** couvre une partie des collines, mais la plupart des bâtiments universitaires se trouvent à l'ouest du campus. Telegraph Ave., qui part au sud de Student Union, forme le centre spirituel de la ville. Le quartier du centre-ville, autour de la station BART, abrite quelques bureaux ainsi que la bibliothèque municipale et la poste centrale. Le **Gourmet Ghetto** couvre le secteur qui longe Shattuck Ave. et Walnut St., entre Virginia et Rose St. Le **Fourth Street Center**, à l'ouest du campus près de la Baie, est réputé pour ses bons restaurants et ses commerces. Au nord-ouest du campus, **Solano Ave.** est bordée d'innombrables restaurants exotiques et de boutiques branchées. Il est recommandé de ne pas parcourir les rues de Berkeley seul la nuit.

La traversée de la Baie par **BART** (2-2,20 $) est facile et rapide. En revanche, la conduite automobile est souvent pénible en raison de travaux et d'embouteillages incessants.

HÉBERGEMENTS

Curieusement, il est difficile de trouver un logement bon marché à Berkeley. Mieux vaut faire l'aller-retour dans la journée. Le réseau **Bed and Breakfast Network** (540-5123) gère une vingtaine d'adresses à East Bay.

Travel Inn, 1461 University Ave. (848-3840), à 2 blocks de la station BART North Berkeley et 7 blocks à l'ouest du campus. Chambres récemment refaites, propres et confortables, avec TV et téléphone. Parking gratuit. Simples à 32-40 $, doubles à 45-50 $, selon la saison et la fréquentation. Caution pour la clé 5 $.

YMCA, 2001 Allston Way (848-6800), au coin de Milvia St. YMCA nouvellement rénovée. Les prix comprennent la taxe, l'utilisation de la piscine, les draps, le téléphone et les équipements sportifs. S.d.b. commune. Réception tous les jours de 8h à 21h30, chambres libérées à 12h. Pas de couvre-feu. Séjour de 14 jours maximum. Simples à 25 $, chambres pour couples à 30 $.

YMCA International Youth Hostel, 2001 Allston Way (848-6800), à l'angle de Milvia St. Ouvert de mai à août seulement. Mêmes caractéristiques que le précédent, mais chambres minuscules uniquement pourvues de lits de camp (sans draps). Salle de TV, s.d.b. commune. Réception à partir de 18h30, chambres libérées à 9h. Les portes sont fermées de 9h à 18h. Age requis : entre 18 et 30 ans. 14-16 $ la nuit.

Golden Bear Motel, 1620 San Pablo Ave. (525-6770), au coin de Cedar St. Le motel est un peu éloigné du campus mais dispose de jolies chambres repeintes et propres. Chambres libérées à 12h. Chambres avec un lit double (pour 1 ou 2) 41 $, avec 2 lits simples 46 $, avec 2 lits doubles 49 $.

RESTAURANTS

Berkeley compte un grand nombre de restaurants bon marché. Les meilleurs d'entre eux sont concentrés au centre-ville sur **Shattuck Ave.** ou au nord sur **Solano Ave.**

Anne's Soup Kitchen, 2498 Telegraph Ave. (548-8885), à l'angle de Dwight. L'endroit par excellence pour venir prendre son petit déjeuner. Portions très généreuses. Spécialité : 2 *pancakes* à la farine complète avec bacon et œufs ou frites (3,55 $). Ouvert tous les jours de 8h à 19h.

Café Fanny, 1603 San Pablo Ave. (524-5447). Le dernier-né des restaurants d'Alice Waters. Beaucoup de places debout et quelques bancs dehors près du treillage. Réputé pour ses bols géants de café au lait (2 $). Ouvert du lundi au vendredi de 7h à 15h, le samedi de 8h à 16h, le dimanche de 9h à 15h.

Plearn, 2050 University Ave. (841-2148), au coin de Shattuck, à 1 block à l'ouest du campus. Le meilleur restaurant thaï de la baie, avec des currys à 7 $ et de nombreux plats végétariens. Déjeuner de 11h30 à 15h30 pour 4,25 $. Ouvert tous les jours de 11h30 à 22h.

Blondie's Pizza, 2340 Telegraph Ave. (548-1129). Le rendez-vous des étudiants. Atmosphère *peace and love*. Formule pizza et coca pour 2 $. Ouvert du lundi au jeudi de 10h30 à 1h, le vendredi et le samedi de 10h30 à 2h, le dimanche de 12h à 24h.

The Blue Nile, 2525 Telegraph Ave. (540-6777). Classé meilleur restaurant de cuisine africaine par le magazine *SF Focus* en 1993. Larges portions de cuisine éthiopienne dans un somptueux décor. Les clients mangent avec leurs mains. Plats végétariens à profusion. Déjeuner 5 $ environ, dîner 6-7,50 $. Ouvert du lundi au samedi de 11h30 à 22h, le dimanche de 16h à 22h.

VISITES

En 1868, deux universités - l'une publique et l'autre privée - se réunirent pour former la **University of California**, la première des neuf universités qui existent aujourd'hui sur le sol californien. L'effectif s'élève à environ 30 000 étudiants pour plus de 1 000 professeurs. La ville se flatte de compter le plus grand nombre de Prix Nobel par habitant et se distingue par un esprit universitaire brillant et diversifié.

Le personnel du **Visitor Information Center**, 101 University Hall, 2200 University Ave. (642-5215, ouvert du lundi au vendredi de 8h30 à 16h30), distribue des cartes et des brochures gratuites. Il organise également des visites guidées du campus de 1 heure 1/2 les lundi, mercredi et vendredi à 10h et 13h.

La tour de 92 m, **Sather Tower** (ou **Campanile**), érigée en 1914 par la bienfaitrice Jane Krom Sather, forme l'attraction principale du campus. Elle fut réalisée sur le modèle de la tour de l'Horloge de la place Saint-Marc à Venise. Depuis la terrasse d'observation, vous pourrez jouir d'une vue incomparable (50 ¢). Le carillon de la tour, composé de 61 cloches, retentit presque tous les jours de la semaine à 7h50, 12h et 18h. Le **University Art Museum (UAM)**, 2626 Bancroft Way (642-0808), au coin de College, abrite une belle collection d'art ainsi que des expositions temporaires tout au long de l'année. De nouvelles salles sont consacrées à l'art asiatique. Au sein même du musée, vous trouverez le **Pacific Film Archives (PFA**, 642-1124), l'une des plus grandes cinémathèques du pays. Des projections ont lieu en soirée. Le musée est ouvert le mercredi et du vendredi au dimanche de 11h à 17h, le jeudi de 11h à 21h (6 $, étudiants, plus de 64 ans et de 6 à 17 ans 4 $. Entrée gratuite le jeudi de 11h à 12h et de 17h à 21h).

Le **Lawrence Hall of Science** (642-5132) est un bâtiment en béton octogonal qui s'élève au nord-est du campus. Il partage avec l'Exploratorium de San Francisco le titre de plus beau musée scientifique de la baie. Prendre le bus n° 8 ou 65 depuis la station BART de Berkeley. Ouvert du lundi au vendredi de 10h à 16h30, le samedi et le dimanche de 10h à 17h (5 $, personnes âgées, étudiants et de 7 à 18 ans 4 $, enfants de 3 à 6 ans 2 $).

Les **Botanical Gardens** (642-3343), sur Centennial Dr. à Strawberry Canyon, abritent plus de 10 000 variétés de plantes sur 13 ha. Le climat méditerranéen de Berkeley, tempéré par le brouillard côtier, offre un environnement particulièrement fertile. Ouvert tous les jours de 10h à 16h (entrée gratuite, parking 1 $ pour 2 heures). Le **Berkeley Rose Garden** sur Euclid Ave., à l'intersection d'Eunice St. au nord du campus, ravira les amateurs de roses. Réalisé à l'époque de la dépression, cette roseraie s'étale de terrasse en terrasse dans un amphithéâtre semi-circulaire. Ouvert de mai à sept. de l'aube au crépuscule.

Le **Judah Magnes Museum**, 2911 Russell St. (849-2710), est consacré à l'art judaïque. Ouvert du dimanche au jeudi de 10h à 16h (entrée libre). Le théâtre **Julia Morgan Theater**, 2640 College Ave. (pour les programmes 845-8542), qui occupe une ancienne église, vaut le coup d'œil pour l'originalité de son design.

People's Park, sur Haste St., à 1 block de Telegraph Ave., fait office de musée "public". Une peinture murale décrit le combat mené dans les années 60 entre la municipalité et les activistes locaux qui voulaient empêcher son développement commercial. Au cours du conflit, Ronald Reagan, alors gouverneur de Californie, fit envoyer la Garde nationale, un acte qui coûta la vie à un étudiant. Il y a trois ans, malgré de violentes protestations, la ville et l'université rasèrent une partie du parc pour construire des terrains de sport et des toilettes. Le parc est surveillé par la police 24h/24.

Le **Tilden Regional Park** fait partie du vaste réseau des parcs d'East Bay. Des sentiers de randonnée, de cyclisme, de jogging et d'équitation sillonnent le parc tout en offrant de belles vues sur la baie. Le **Lake Anza** attire baigneurs et bambins bruyants (2 $, lac ouvert de 10h au crépuscule pendant l'été).

SORTIES

Dans l'université, on peut rencontrer les étudiants autour du bâtiment **Student Union** (642-4636). **The Underground** (642-3825) réunit une billetterie, des pistes de bowling et des tables de billard. (Ouvert du lundi au vendredi de 8h à 18h, le samedi de 10h à 18h, en hiver du lundi au vendredi de 8h à 22h, le samedi de 10h à 18h). Le **Bear's Lair**, 2425 Bancroft (843-0373), est le rendez-vous favori des étudiants en été, lorsque le litre de bière est à 2,75 $. (Ouvert du lundi au jeudi de 9h à 22h, le vendredi de 10h à 24h, le samedi et le dimanche de 10h à 22h, en été de 10h à 18h tous les jours). Le **Café Strada**, 2300 College Ave. (843-5282), au coin de Bancroft, attire une foule gastronome et intellectuelle. Expresso 85 ¢-1,05 $, cappuccino 1,10 $, *scones* et *cinnamon rolls* 1 $. (Ouvert du lundi au vendredi de 7h à 23h, le samedi de 7h à 23h30, le dimanche de 8h à 23h30). **Blakes**, 2367 Telegraph Ave. (848-0886), au coin de Durant, est le meilleur bar de Berkeley, selon le *Daily Californian*. *Happy hour* tous les jours de 16h à 18h et de 20h à 22h. Boissons à partir de 2 $. (Ouvert du lundi au vendredi de 11h30 à 2h, le samedi et le dimanche de 9h30 à 2h. Entrée 2-5 $, âge minimum 21 ans). **Jupiter**, 2181 Shattuck Ave. (843-8277), se trouve en face de la station BART. Bowling de table et pizza (6 $ pour une pizza bien garnie). Bières pression internationales. Ouvert du lundi au jeudi de 11h30 à 1h, le vendredi de 11h30 à 1h30, le samedi et le dimanche de 12h à 1h30. Musique *live* du vendredi au dimanche (gratuit).

■■■ LA CÔTE DE SAN MATEO

La **Pacific Coast Highway (route 1)** serpente le long de la côte de San Mateo County, depuis San Francisco jusqu'au Big Basin Redwoods State Park au sud. Ce tronçon du littoral californien recèle de superbes plages de sable blanc qui attirent plus pour leur cadre désert et enchanteur que pour leurs eaux, réputées très fraîches. Les plages d'Etat sont accessibles moyennant une participation de 4 $, valide pour toute la journée et dans tous les parcs d'Etat (conservez votre reçu). A 3,5 km environ au sud de Pacifica, repose la plage nudiste privée (desservie par le bus samTrans n° 1L) de **Gray Whale Cove State Beach**, en retrait de la route 1. Accès 5 $, âge minimum 18 ans.

Les collectionneurs de brochures touristiques pourront s'approvisionner au **San Mateo County Coast Convention and Visitors Center**, Seabreeze Plaza, 111 Anza Blvd., Suite 410 (800-28-VISIT/288-4748), à Burlingame. Ouvert du lundi au vendredi de 8h30 à 17h. La compagnie de bus locale **San Mateo County Transit (samTrans)**, 945 California Dr. (800-660-4287), assure des liaisons de Burlingame à Half Moon Bay (85 ¢, personnes âgées 25 ¢, de 5 à 17 ans 35 ¢). **Indicatif téléphonique** : 415.

A 46 km au sud de San Francisco, **Half Moon Bay** est une vieille cité balnéaire à l'ambiance relax. La population locale s'insurge contre son développement commercial, pourtant encore assez discret. Le petit village de pêcheurs et de fermiers de **San Gregorio** se trouve à 16 km au sud de Half Moon Bay. Vous ne regretterez pas la balade sur la charmante plage **San Gregorio Beach**, bordée à son extrémité sud de grottes marines (ouverte de 8h au coucher du soleil, accès pour la journée 4 $, personnes âgées 3 $). Si vous recherchez un endroit plus tranquille, essayez la plage **Unsigned Turnout, Marker 27.35**. Elle est difficile à trouver sans assistance. Tâchez de repérer les voitures garées le long de la route 1, entre San Gregorio et la plage de Pomponio. Un détour par la route 84 vous conduira à **La Honda**, résidence de l'écrivain bohème Ken Kesey dans les années 60. La petite localité historique de **Pescadero** tire sa réputation d'une baie hybride créée par ses habitants, la **olallieberry**, synthèse de mûre et de framboise. Vous pourrez en cueillir quelques-unes au **Phipp's Ranch**, 2700 Pescadero Rd. (879-0787), à Pescadero (de mi-juin à mi-juillet de 10h à 19h, 85 ¢ la livre). Les marais de **Pescadero Marsh** servent de refuge à des oiseaux migrateurs, le héron bleu par exemple, que l'on peut voir au repos sur ses longues pattes frêles.

Les **éléphants de mer** viennent s'accoupler dans la réserve **Año Nuevo State Reserve** (379-0595), à 11 km au sud de Pigeon Point et 43 km au sud de Half Moon Bay. La saison des amours dure de décembre à mars. Les mâles défendent alors jalousement leur petit coin de plage pour pouvoir folâtrer librement. Il n'est pas rare de voir plus de 2 000 mammifères marins sur la plage. Pour assister à ce spectacle unique (du 15 déc. au 31 mars), il faut réserver sa place (au moins 8 semaines à l'avance) auprès de MISTIX (800-444-7275), car l'accès au parc est limité. Les tickets sont en vente à partir du 15 novembre et sont généralement tous vendus dès la fin du mois. Le parc est ouvert tous les jours de 8h au coucher du soleil (derniers permis délivrés à 16h).

L'auberge de jeunesse **Pigeon Point Lighthouse Hostel** (HI-AYH, 879-0633), à 10 km au sud de Pescadero sur la route 1 et à 32 km au sud de Half Moon Bay, près du phare, mérite le détour pour son jacuzzi installé dans les anciens quartiers du gardien de phare. La vue est magnifique. Réception de 16h30 à 21h30, fermeture des portes à 23h. Chambres libérées à 9h30. L'auberge est fermée de 9h30 à 16h30. 52 lits en dortoir à 11 $, non-membres 14 $. A Lighthouse Point, à 40 km au sud de San Francisco et à 6,5 km au nord de Half Moon Bay, le **Point Montara Lighthouse Hostel** (HI-AYH, 728-7177) dispose de 45 lits et d'un service de blanchisserie. Réception de 16h30 à 21h30. Couvre-feu de 23h à 7h. 9-11 $, non-membres 12-14 $.

Le restaurant **3 Amigos**, 200 N. Cabrillo Hwy. (route 1, 726-6080), à l'intersection de Kelly Avenue à Half Moon Bay, est chaudement recommandé pour sa délicieuse cuisine mexicaine. Atmosphère détendue très appréciable après une journée de promenade sur la plage. *Quesadillas* 1 $, *burrito* végétarien géant 3 $. Ouvert tous les jours de 9h à 24h. **The Flying Fish Grill**, 99 San Mateo Road (712-1125), sur la route 92 près de la route 1 au sud-ouest de Main St. à Half Moon Bay, sert de bons poissons et des fruits de mer de la côte, à des prix très raisonnables. Burger au poisson et frites à 4,35 $, ou *clam chowder* (soupe aux crustacés) à 4,25 $. Ouvert du mardi au dimanche de 11h à 20h.

■■■ MARIN COUNTY

Etrange amalgame de beauté naturelle, de libéralisme et de prospérité, Marin County s'enorgueillit entre autres d'une forêt de séquoias *redwood* de 227 ha. La presqu'île peut faire l'objet d'une excursion d'une journée depuis San Francisco, en voiture, bus ou ferry. Le Muir Woods National Monument et ses forêts côtières, Marin Headlands, Mt. Tamalpais State Park et Point Reyes National Seashore sont tous striés de chemins de randonnée et de VTT, propices à l'aventure d'un jour ou au trek de deux semaines.

INFORMATIONS PRATIQUES

Office du tourisme : Marin County Chamber of Commerce, 30 N. San Pedro Rd. #150 (472-7470). Ouvert du lundi au vendredi de 9h à 17h. Téléphone en service du lundi au vendredi de 13h à 17h. **Sausalito Chamber of Commerce**, 333 Caledonia St. (332-7262). Ouvert du lundi au vendredi de 9h à 17h. **San Rafael Chamber of Commerce**, 818 5th Ave. (454-4163). Ouvert du lundi au vendredi de 9h à 12h et de 13h à 17h.

Bus : Greyhound, 850 Tamalpais St. (453-0795), à San Rafael. 2 bus par jour à destination de San Francisco (5 $, départ à 4h45 et 17h).

Transports en commun : Golden Gate Transit (453-2100, 332-6600 à San Francisco). Service de bus quotidiens entre San Francisco et Marin County via le Golden Gate Bridge, et service local à Marin. Les bus n° 10, 20, 28, 30 et 50 assurent une liaison entre Marin et le Transbay Terminal de San Francisco au coin de 1st St. et Mission. Le **Golden Gate Ferry** (923-2000) relie Sausalito ou Larkspur à San Francisco, au départ du Ferry Bldg. au bout de Market St. Du lundi au vendredi 2,50 $, le samedi et le dimanche 4,25 $, personnes âgées, jeunes et handicapés moitié prix.

Taxis : Radio Cab (800-464-7234) dessert l'ensemble de Marin County.
Location de voitures : Budget, 20 Bellam Blvd. (457-4282), à San Rafael. 30 $ par jour, kilométrage illimité. Location aux personnes de 21 à 25 ans sans frais supplémentaires.
Urgences : 911.
Bureau de poste : bureau central de San Rafael, 40 Bellam Ave. (459-0944). Ouvert du lundi au vendredi de 8h30 à 17h, le samedi de 10h à 13h. **Code postal :** 94915.
Indicatif téléphonique : 415.

La presqu'île de Marin s'étire à l'extrémité nord de la baie de San Francisco, reliée à la ville par la **US 101** via le Golden Gate Bridge. La **route 1** longe le Pacifique jusqu'à Sonoma Coast. Le pont Richmond-San Rafael Bridge connecte Marin à East Bay via la **I-580**. La partie orientale du comté abrite les petites villes de **Sausalito**, **Larkspur**, **San Rafael**, **Terra Linda**, **Ignacio** et **Novato** en bordure de la US 101, qui traverse Marin du nord au sud. La partie occidentale de Marin, plus rurale, présente des collines et des vallées couvertes de brume. La spectaculaire **route 1** passe par **Stinson Beach**, **Olema**, **Inverness** et **Pt. Reyes National Seashore** (du sud au nord). **Sir Francis Drake Blvd.** part de la US 101 à Larkspur en direction de l'ouest par la San Geronimo Valley. Il traverse les villes de **Greenbrae**, **Kentfield**, **Ross**, **San Anselmo**, **Fairfax**, **Woodacre** et **San Geronimo** avant d'atteindre Pt. Reyes et de rejoindre la route 1.

HÉBERGEMENTS ET CAMPINGS

HI-Marin Highlands (HI-AYH, 331-2777). Cette auberge occupe une ancienne caserne dans les Marin Headlands, à 10 km au sud de Sausalito et à 16 km de *downtown* San Francisco. Si vous venez du nord en voiture sur la US 101, prenez la sortie Sausalito et suivez les pancartes dans le Golden Gate Recreation Area. Depuis San Francisco, prendre la US 101 jusqu'à la sortie Alexander Ave. Le cadre est superbe. Salle de jeu, table de billard, cuisine spacieuse, salle commune et laverie. Apportez votre cadenas pour les casiers de consigne. Réception de 9h30 à 23h30. Couvre-feu à 0h30. Location de draps 1 $. Membres et non-membres 11 $. Enfants de moins de 13 ans moitié prix.

Point Reyes Hostel (HI-AYH, 663-8811), à 10 km de la Limantour Rd., dans le parc Point Reyes National Seashore. En voiture, prendre la sortie Seashore à l'ouest de la route 1, puis Bear Valley Rd. jusqu'à Limantour Rd., et continuer pendant une dizaine de kilomètres dans le parc. Emplacement spectaculaire. Possibilités de randonnée et d'observation des oiseaux. La plage de Limantour se trouve à une courte distance à pied. Cuisine et salle commune confortable. Enregistrement de 16h30 à 21h30. Fermeture de 9h30 à 16h30. Draps et serviettes 1 $ chacun. Membres et non-membres 11 $. On vous demandera sûrement de participer à quelques tâches d'entretien.

Marin Headlands, au nord-ouest du Golden Gate Bridge. 15 emplacements de camping, la plupart non aménagés. Deux d'entre eux disposent d'eau courante et un autre d'une aire de cuisine. Réserver au moins 3 mois à l'avance auprès du **visitors center** (331-1540, de 9h30 à 12h). Permis obligatoires, emplacements gratuits.

Mt. Tamalpais State Park, 801 Rte. 1 (388-2070). 16 emplacements (14 $, les premiers arrivés sont les premiers servis) et **Steep Ravine**, un "terrain écologique" avec des bungalows (30 $ pour 5 personnes max.) et des emplacements pour tente (9 $) surplombant l'océan. Les emplacements disposent d'endroits pour faire du feu mais pas de douches. Les bungalows sont munis de poêle à bois mais n'ont ni eau courante ni électricité. Réservation des bungalows 3 mois à l'avance (MISTIX, 800-444-7275), à moins que vous ne vous présentiez très tôt dans la matinée. Frais de réservation 6,75 $.

RESTAURANTS

Les habitants écolos de Marin County prennent leur jus de fruit, leur tofu et leur double cappuccino allégé très au sérieux. Une solution bon marché consiste à faire le tour des épiceries diététiques avant de pique-niquer dans l'un des nombreux parcs de la région.

Mama's Royal Café, 387 Miller Ave. (388-3261), à Mill Valley. Cette institution locale ressemble à un grenier de grand-mère qui viendrait juste d'être dynamité. Vous pourrez goûter l'*Enchilada El Syd* (6 $) ou le *Groove Burger* (5,45 $). Choix de petits déjeuners copieux. Brunch accompagné de musique *live* le samedi et le dimanche. Ouvert le lundi de 7h30 à 15h, du mardi au vendredi de 7h30 à 14h30, le samedi et le dimanche de 7h30 à 15h.

Stuffed Croissant, 43 Caledonia St. (332-7103), à Sausalito. Cette pseudo-boulangerie propose de délicieux sandwiches à 3-6 $. On peut s'asseoir au comptoir ou s'installer dehors. Sandwiches végétariens. Ouvert le lundi de 6h30 à 15h, du mardi au samedi de 7h30 à 22h, le dimanche de 7h30 à 20h.

The Town's Deli, 501 Caledonia St. (331-3311), à Sausalito. Sandwiches 2,50-3,75 $. Connu pour son poulet rôti (un demi-poulet 3 $). Très bon choix de denrées pour les pique-niques. Ouvert du lundi au samedi de 8h à 19h, le dimanche de 8h à 18h.

VISITES

Parmi les attractions de Marin County, de superbes chemins de randonnée qui traversent les parcs et les plages du comté, et des activités plus citadines, comme le lèche-vitrines ou un dîner dans les charmantes petites villes de Tiburon et Sausalito. **Sausalito** se trouve à la pointe sud-est de la péninsule. Une communauté excentrique occupe le port. Vous y croiserez peut-être le **Pope of Soap** (le pape du savon), un artiste qui crée des sculptures à partir de bulles de savon et s'amuse à placer des gens à l'intérieur ! Le ferry entre San Francisco et Sausalito est prétexte à une vivifiante excursion d'une journée (voir informations pratiques).

Les collines sauvages et encerclées de brume à l'ouest du Golden Gate Bridge forment les **Marin Headlands**. Ce superbe promontoire (il offre la vue la plus spectaculaire de la baie de San Francisco) est accessible aux randonneurs, et le camping est autorisé dans certaines zones. On peut visiter le **Marine Mammal Center** (289-7325), consacré à la réhabilitation des mammifères marins (ouvert tous les jours de 10h à 16h, donation demandée). Pendant la saison froide, des baleines sont parfois visibles depuis la colline 129.

Muir Woods National Monument, une forêt de séquoias ancestraux de 227 ha, se trouve à 8 km environ à l'ouest, le long de la route 1. Le **visitors center** (388-2595) vous aidera à choisir une randonnée appropriée à vos capacités. Non loin, vous trouverez la plage de **Muir Beach** et le point de vue **Muir Beach Lookout** (ouvert du lever du soleil à 21h). Jouxtant Muir Woods, le **Mount Tamalpais State Park** bénéficie d'un isolement sauvage et de paysages d'une grande beauté. Les locaux préfèrent d'ailleurs ce parc à celui de Muir Woods. Plusieurs sentiers (ardus) mènent au sommet du **Mount Tam** (point culminant du comté) et à un amphithéâtre de pierre naturel.

Couvrant 160 km de littoral le long de la limite ouest de Marin, le **Point Reyes National Seashore** s'avance dans le Pacifique. Depuis San Rafael, la route Sir Francis Drake Blvd. traverse Olema, croise la route 1 et continue jusqu'à Point Reyes. L'été, un foisonnement de fleurs sauvages multicolores attire les promeneurs.

Limantour Beach, au bout de Limantour Rd. est l'une des plus belles plages de la région, avec ses longues étendues de sable et ses dunes couvertes de végétation. **San Rafael**, la plus grande ville du comté, borde la US 101 sur la baie. Les fans d'architecture jetteront un œil au **Marin Civic Center**, 3501 Civic Center Dr. (499-7407), par la US 101, œuvre étrange mais fonctionnelle de l'architecte Frank Lloyd Wright. Un kiosque d'informations dans le hall fournit brochures et dépliants. Appeler à l'avance pour une visite guidée (ouvert du lundi au vendredi de 9h à 17h).

CALIFORNIE

■■■ LA VALLÉE DU VIN

Qu'est-ce qui attire autant de visiteurs dans les paisibles vallées de Napa et de Sonoma ? Le vin bien sûr, et pas le moindre. Les vignobles de la région jouissent d'une grande considération parmi les connaisseurs. Le pays allie des vignes à perte de vue et de hautes montagnes qui se dessinent au loin.

INFORMATIONS PRATIQUES

Office du tourisme : **Napa Visitors Center**, 1310 Town Center (226-7459), sur 1st St. à Napa. Brochures, bons de dégustation gratuite et le *California Visitors Review* (gratuit). Ouvert tous les jours de 9h à 17h, téléphone en service uniquement les jours de semaine. **Sonoma Valley Visitors Bureau**, 453 E. 1st St. (996-1090), sur la place centrale de Sonoma. Ouvert tous les jours de 10h à 19h.

Bus : **Greyhound**, 2 par jour d'un bout à l'autre de la vallée. Le bus s'arrête à Napa à 9h45 et à 18h devant le Napa State Hospital, 2100 Napa-Vallejo Hwy. Il fait également une halte à Yountville, St. Helena et Calistoga. La gare routière la plus proche est à Vallejo (643-7661).

Transports en commun : **Napa City Bus**, 1151 Pearl St. (800-696-6443 ou 255-7631). Réseau de transport dans la vallée et à destination de Vallejo. Tarif 75 ¢, personnes âgées et handicapés 35 ¢, de 13 à 18 ans 50 ¢, une correspondance gratuite. En circulation du lundi au vendredi de 6h45 à 18h30, le samedi de 7h45 à 18h. **Sonoma County Transit** (576-7433 ou 800-345-7433) dessert tout le comté (du lundi au vendredi, 3 bus le samedi. Tarif 1,90 $, étudiants 1,55 $, plus de 60 ans et handicapés 95 ¢, moins de 6 ans gratuit).

Location de voitures : **Budget**, 407 Soscol Ave. (224-7845), à Napa. 29 $ la journée. Age minimum 21 ans avec carte de crédit.

Location de vélos : **St. Helena Cyclery**, 1156 Main St. (255-3377), à Napa. Vélos à 25 $ la journée, cartes régionales, casque, antivol et sac pique-nique compris. Ouvert du lundi au samedi de 9h30 à 17h30, le dimanche de 10h à 17h.

Urgences : 911.

Bureau de poste : 1625 Trancas St. (255-1621). Ouvert du lundi au vendredi de 8h30 à 17h. **Code postal** : 94558. A **Sonoma**, 617 Broadway (996-2459), au coin de Patten St. Ouvert du lundi au vendredi de 8h30 à 17h. **Code postal** : 95476. **Indicatif téléphonique** : 707.

La **route 29** traverse la vallée de Napa, depuis la ville de **Napa** au sud jusqu'à **Calistoga** au nord, en passant par **Yountville** et **St. Helena**. Napa se trouve à 40 km de Sonoma en empruntant la **route 12**. La bicyclette est idéale pour visiter la région car la vallée se trouve au niveau de la mer et n'excède pas 50 km de long. La vallée de Sonoma repose entre les villes de **Sonoma** et **Glen Ellen**, traversée par la route 12.

HÉBERGEMENTS ET CAMPINGS

Les Bed and Breakfast et la plupart des hôtels affichent des prix prohibitifs (de 60 à 225 $ la nuit). Si vous êtes en voiture, mieux vaut passer la nuit à Santa Rosa, Sonoma ou Petaluma, plus accessibles aux petits budgets. Le camping est également une bonne solution. Les terrains sont nombreux.

Triple S Ranch, 4600 Mountain Home Ranch Rd. (942-6730). Superbe site dans les montagnes, au-dessus de Calistoga. Prendre la route 29 vers Calistoga et tourner à gauche après le centre-ville sur Petrified Forest Rd. Piscine, restaurant et bar. Réception à partir de 15h. Simples à 40 $, doubles à 54 $, 7 $ par personne supplémentaire. Appeler à l'avance. Ouvert d'avril à décembre.

Silverado Motel, 500 Silverado Trail (253-0892), à Napa près de Soscol Ave. Chambres rénovées, propres et agréables, avec kitchenette et TV câblée. Enregistrement de 12h à 18h, chambres libérées à 11h. Simples à 40-45 $, doubles à 40-48 $.

Motel 6, 5135 Montero Way (664-9090), à Petaluma. Depuis San Francisco, prendre la sortie Old Redwood/Petaluma Blvd. depuis la US 101. Clim., petite piscine. Simples à 32 $, 2e personne 6 $, 3e et 4e personnes 3 $ chacune.

Sugarloaf Ridge State Park, 2605 Adobe Canyon Rd. (833-5712), près de Kenwood. Camping de 50 emplacements. Le plus beau terrain de la Sonoma Valley. Toilettes modernes, eau courante mais pas de douches. Emplacements 14 $. Appeler MISTIX (800-444-7275) pour réserver.

Napa County Fairgrounds, 1435 Oak St. (942-5111), terrain de camping à Calistoga. Les premiers arrivés sont les premiers servis. Emplacements ombragés avec douches et électricité. 15 $ pour 2 adultes. Fermeture du 28 juin au 5 juillet pour la foire. Emplacements libérés à 12h. Ouvert 24h/24.

RESTAURANTS

Les restaurants de la région sont généralement chers, mais on trouve de nombreux épiciers et traiteurs qui sauront égayer votre casse-croûte. Le **Sonoma Market**, 520 W. Napa St. (996-0563), dans le Sonoma Valley Center, est une épicerie à l'ancienne qui vend des sandwiches (3-4,25 $) et des produits frais.

Villa Corona, 3614 Bel Aire Plaza (257-8685), à Napa, en sortant de Trancas, derrière le bâtiment Citibank. Tout petit restaurant mexicain servant un grand *burrito* garni à 4,50 $. Pâtisseries 45-95 ¢. Impressionnante sélection de bières mexicaines. Ouvert tous les jours de 9h à 20h.

Murphy's Irish Pub, 464 1st St. E. (935-0660), à Sonoma. Etablissement confortable proposant des plats classiques. Le *Irish stew* (ragoût), préparé avec de l'agneau de Sonoma County, est servi avec un petit pain au levain de *Sonoma French Bakery* (6,50 $). Musique irlandaise *live* à 20h du jeudi au samedi, à 18h le dimanche. Ouvert tous les jours de 11h à 23h.

Guigni's, 1227 Main St. (963-3421), à St. Helena. Epicerie sympathique où l'on trouve des sandwiches (3,55 $). Une foule d'habitués se retrouvent à la caisse. Décoration éclectique sur les murs. Ouvert du lundi au vendredi de 9h à 17h, le samedi et le dimanche de 9h à 18h.

DOMAINES VITICOLES

Il existe plus de 250 domaines viticoles dans le Napa County, dont près des deux tiers occupent la vallée de Napa. Le vin californien est généralement fruité et léger. Certains domaines proposent des breuvages plus corsés, à 13° ou plus. La culture du vin est aujourd'hui chose sérieuse en Californie. Des vignobles comme Inglenook, Christian Brothers et Mondavi sont connus dans tout le pays.

C'est un réel plaisir de visiter les domaines viticoles et de discuter avec les exploitants. La plupart des établissements font payer les dégustations, mais certaines visites offrent encore des verres gratuits. Il vous en coûtera généralement de 3 à 6 $ pour une visite avec trois ou quatre dégustations. La plupart des petites caves exigent que l'on prenne rendez-vous, afin que quelqu'un soit là pour vous recevoir. Les domaines que nous vous présentons ci-dessous sont ceux habitués à recevoir des visiteurs. Pour des exploitations plus petites, procurez-vous la liste des vignobles à la Napa Chamber of Commerce. Rappelons que l'on doit être âgé de 21 ans pour boire ou acheter de l'alcool, et, par conséquent pour goûter du vin. Les contrôles sont rigoureux.

Domaine Chandon, 1 California Dr. (944-2280), à Yountville. L'une des plus belles visites de la vallée. Le domaine vinicole appartient à Moët et Chandon. Le célèbre fabricant s'est installé dans la vallée pour contrer l'utilisation abusive de l'appellation *champagne* par les producteurs californiens (seul le vin produit à partir des vignes de la région Champagne peut être appelé ainsi). Visites de 45 mn toutes les heures de 11h à 17h. Dégustations au verre (3-5 $, avec pain et fromage). Ouvert tous les jours de 11h à 18h, de novembre à avril du mercredi au dimanche de 11h à 18h.

Robert Mondavi Winery, 7801 St. Helena Hwy. (963-9611), à 13 km au nord de Napa à Oakville. La meilleure visite gratuite avec dégustation. Bâtiments de style espagnol, superbes jardins. Visites de 10h à 16h à l'heure pile. Mieux vaut appeler à l'avance. Ouvert tous les jours de 9h à 17h, d'octobre à avril de 11h à 16h30.

Sterling Vineyards, 1111 Dunaweal Lane (942-3344), à 11 km au nord de St. Helena (à droite sur Dunaweal depuis la route 29 au nord), à Calistoga. L'un des vignobles les plus beaux de la vallée. Visite des vignes (en tram) et dégustation 6 $. Terrasse pour pique-niquer. Ouvert tous les jours de 10h30 à 16h30.

Hakusan Sake Gardens, 1 Executive Way (800-HAKUSAN/425-8726 ou 258-6160). Prendre la route 29 vers le sud jusqu'à l'intersection de la route 12, tourner à gauche sur North Kelly puis à gauche sur Executive Way. Vous pourrez visiter vous-même les jardins japonais, qui offrent un appréciable répit après les visites de vignobles. Dégustation généreuse et gratuite de *Hukusan Sake*, ou *Haki Sake* pour les intimes. Ouvert tous les jours de 9h à 18h, de nov. à mars de 9h à 17h.

Beringer Vineyards, 2000 Main St. (963-4812), par la route 29, à St. Helena. L'un des domaines vinicoles les plus populaires. Visite gratuite, incluant la Rhine House, une demeure historique, et dégustation. Le chai à l'étage de la Rhine House permet de déguster les meilleurs crus, à l'abri des foules. Echantillons généreux 2-3 $. Ouvert tous les jours de 9h30 à 17h.

Ravenswood, 18701 Gehricke Rd. (938-1960), par Lovall Valley Rd. à Sonoma. La maison produit l'un des meilleurs vins de la vallée. Chaudement recommandé par la population locale. L'aire de pique-nique et la vue méritent à elles seules le détour. Barbecue les week-ends d'été (4,75-8,75 $). Visite et dégustation gratuite sur rendez-vous. Ouvert tous les jours de 10h à 16h30.

CALIFORNIE DU NORD

■■■ L'AVENUE DES GÉANTS

A 10 km de **Garberville**, via la US 101, l'**Avenue des Géants** traverse sur 50 km une forêt abritant les plus grandes créatures vivantes de la planète : des séquoias *redwood* et *gigantea* (que les Américains appellent aussi *mammoth tree...*). Ils peuvent atteindre 100 m de hauteur pour une circonférence de plus de 30 m. N'hésitez pas à sortir de votre véhicule pour tenter d'apercevoir la cime de ces arbres gigantesques. Les chemins les moins fréquentés se trouvent dans la partie nord du parc, près de **Rockefeller Forest**, qui contient la plus forte concentration de séquoias bicentenaires au monde. Ne manquez pas de rendre hommage au **Dyerville Giant**, situé dans le cimetière des séquoias à Founder's Grove, à mi-chemin de l'Avenue des Géants. Cet arbre couché vous donnera une bonne mesure de la taille de ses congénères : sa longueur équivaut à 60 corps humains allongés bout à bout, et ses racines sont aussi volumineuses qu'un bâtiment de deux étages. La **Garberville Chamber of Commerce**, 733 Redwood Dr. (923-2613, ouvert tous les jours de 10h à 17h), vous fournira la liste des commerces qui longent l'Avenue, la plupart de simples pièges à touristes. Si vous souhaitez passer une nuit dans la région, ne manquez pas le **Eel River Redwoods Hostel**, 70400 US 101 (925-6469), à 26 km au sud sur la US 101 à Leggett. Cette magnifique auberge de jeunesse, encerclée de séquoias, juste au bord de la rivière South Fork Eel, abrite un sauna, un jacuzzi et une simili-piscine. Si vous voyagez en bus, demandez au chauffeur de vous déposer à l'auberge ou bien descendez à **Standish Hickey State Park**. L'auberge se trouve à 800 m à pied vers le nord (12 $, non-membres 14 $).

■■■ REDWOOD

Le **Redwood National Park** abrite quelques-uns des arbres les plus beaux et les plus spectaculaires de Californie. C'est l'endroit rêvé pour poser à côté des géants végétaux, mais vous aurez du mal à éviter les hordes de touristes qui se massent aux endroits les plus renommés. Pour aborder le parc d'une façon plus intime, il suffit de s'aventurer un peu plus profondément dans la forêt, sur des chemins moins fréquentés. Ecoutez le grincement des troncs d'arbre et le murmure des ruisseaux, inhalez le parfum subtil de l'air marin et de l'écorce. Un retour à la nature roboratif. Des cerfs et des ours noirs peuplent la zone de Prairie Creek tandis que des baleines évoluent au large des côtes (elles migrent vers le sud de novembre à janvier et reviennent de mars à mai).

INFORMATIONS PRATIQUES

Office du tourisme : **Redwood National Park Headquarters and Information Center**, 1111 2nd St., Crescent City (464-6101, ouvert tous les jours de 8h à 17h). **Redwood Information Center** (488-3461, ouvert tous les jours de 9h à 17h), sur la US 101, à 1,5 km d'Orick. **Crescent City Chamber of Commerce**, 1001 Front St., Crescent City (464-3174), fournit un grand nombre d'informations. Ouvert du lundi au vendredi de 8h à 19h, le samedi et le dimanche de 9h à 17h, de Labor Day (1er lundi de sept.) à Memorial Day (dernier lundi de mai) du lundi au vendredi de 9h à 17h.

Bus : **Greyhound**, 1125 Northcrest Dr. (464-2807), à Crescent City. 2 bus par jour en direction du nord, et 2 en direction du sud. Les bus s'arrêtent théoriquement à 3 endroits dans le parc (faire un signe au chauffeur) : au **Shoreline Deli** (488-5761), à 1,5 km au sud d'Orick sur la US 101, à **Paul's Cannery** à Klamath sur la US 101 et devant le **Redwood Hostel**. Consigne 1 $ pour 24h. Ouvert du lundi au vendredi de 7h à 10h et de 17h à 19h35, le samedi de 7h à 10h et de 19h à 19h45.

Urgences : 911.

Bureau de poste : 751 2nd St. (464-2151), à **Crescent City**. Ouvert du lundi au vendredi de 8h30 à 17h, le samedi de 12h à 15h. **Code postal** : 95531. Une autre poste se trouve au 121147 US 101 à **Orick**. Ouvert du lundi au vendredi de 8h30 à 12h et de 13h à 17h. **Code postal** : 95555. **Indicatif téléphonique** : 707.

Crescent City, qui abrite les bureaux administratifs et quelques services de base, se trouve à l'extrémité nord du parc. La petite ville d'Orick occupe la partie sud. On y trouve un poste de rangers très serviables. La **route 101** relie les deux villes, en traversant presque tout le parc. **Orick** au sud, **Klamath** au centre et **Crescent City** au nord disposent de quelques commerces et motels.

HÉBERGEMENTS

Le meilleur choix est le **Redwood Youth Hostel (HI-AYH)**, 14480 US 101, Klamath 95548 (482-8265), au coin de Wilson Creek Rd. Cette auberge de jeunesse, logée dans la demeure victorienne DeMartin House, offre des installations ultra-modernes. Ses 30 lits, sa cuisine, sa salle à manger et son service de laverie sont tous accessibles aux handicapés. Il y a également une cuisinière réservée aux végétariens, deux terrasses donnant sur l'océan et quelques aliments en vente. Réception de 16h30 à 21h30. Couvre-feu 23h. Fermeture de 9h30 à 16h30. 10 $, moins de 18 ans accompagnés d'un parent 5 $. Draps 1 $. Quelques chambres pour couples sont disponibles. Il est recommandé de réserver, uniquement par courrier, trois semaines à l'avance.

Camp Marigold, 16101 US 101 (482-3585 ou 800-621-8513), à Klamath. Terrain de camping avec bungalows bien entretenus et munis de cuisines (34 $ pour deux). Une très bonne solution économique après le Redwood Hostel. Le **Park Woods Motel**, 121440 US 101 (488-5175), à Orick, dispose de chambres propres et dépouillées bénéficiant des tarifs les plus bas de la ville (35 $ pour 1 ou 2 personnes, et suite de 2 chambres avec cuisine pour 40 $ seulement). **El Patio**, 655 H St. (464-5114), à Crescent City, propose des chambres correctes style années 70 à prix modique. Certaines chambres sont pourvues de kitchenettes (5 $ supplémentaires) ; toutes ont la télévision. Simples à 25 $, doubles à 28 $, caution pour la clé 2 $.

RESTAURANTS

Pour vous nourrir à peu de frais, vous pouvez faire un tour au marché de **Orick** (488-3225, ouvert tous les jours de 8h à 19h) pour faire le plein de provisions avant d'aller pique-niquer près de l'océan. **Alias Jones**, 983 3rd St. (465-6987), est réputé pour ses généreuses portions. Pour le petit déjeuner : *cinnamon roll* géant (1,75 $) ou *muffin* aux fruits (1,45 $). Ouvert du lundi au vendredi de 7h à 17h30, le samedi de 7h à 15h. Si une soudaine envie de viande de buffle vous prend, le **Three Feathers Fry Bread**, 451 US 101 (464-6003), saura vous satisfaire. Savoureux burgers au buffle 6 $, burger classique au bœuf 4,50 $. A la place des frites, on peut choisir leur délicieux *fry bread* (friture de pain). Ouvert tous les jours de 11h à 19h. Le **Torero's**, 200 US 101 (464-5712), sert une bonne et copieuse cuisine mexicaine dans un cadre pas très authentique. Formule déjeuner 5 $, plats principaux 4-8 $. Ouvert tous les jours de 11h à 20h. Le **Palm Café**, route 101 au centre d'Orick (488-3381), prépare des plats standards. Burgers frites à 4,25 $. Les tartes aux fruits maison (2 $) sont délicieuses.

VISITES

Le Redwood National Park peut se visiter en voiture en une heure, mais il serait dommage de ne pas s'y promener à pied. Le parc est divisé en plusieurs secteurs (Hiouchi area, Crescent City area, Klamath area, Prairie Creek area, Orick area), chacun doté d'attractions particulières et d'un centre d'informations. Vous trouverez une liste détaillée des randonnées pédestres aux différents postes des rangers. Le **Redwood Information Center** (488-3461) peut également vous renseigner par téléphone. Les randonneurs devront se munir de vêtements protecteurs en prévision des **tiques** et des **chênes épineux**. Méfiez-vous également des ours noirs et des couguars qui rôdent dans la partie sud du parc.

Hiouchi Cette région se trouve au nord du parc, le long de la route 199. Elle est striée de superbes chemins de randonnée. Vous trouverez le sentier **Stout Grove Trail** à 3,5 km au nord du Jedediah State Park sur la US 101, puis à 5 km le long de South Fork Rd. qui se transforme en Douglas Park Dr. La marche de 800 m passe par le plus gros séquoia du parc (5,4 m de diamètre). Elle est accessible aux handicapés (appeler le 458-3310 pour les dispositions). A 3 km au sud du Jedediah State Park sur la US 101, le sentier **Simpson-Reed Trail** constitue une agréable promenade (carte à 25 ¢ disponible au poste des rangers du secteur, sur l'US 199). Si vous êtes en voiture, empruntez la route panoramique **Howland Hill Road**, qui contourne la rivière Smith et traverse des bosquets de séquoias. Elle commence près du Redwood Information Center (voir informations pratiques) et se termine à Crescent City.

Six Rivers National Forest se trouve à l'est de Hiouchi. La rivière Smith dévale des gorges rocheuses et serpente jusqu'à la côte. Cette rivière encore sauvage est la seule de Californie qui ne possède pas de barrage. La pêche au saumon ou à la truite y est donc très fructueuse. Des descentes en kayak sur la rivière sont organisées au départ du poste de rangers.

Crescent City En surnommant leur cité, "la ville où les séquoias rencontrent la mer", les habitants de Crescent City ne croyaient pas si bien dire. En 1964, un raz-de-marée engendré par un séisme ravagea la ville. Dans les rues, la vague géante atteignait plusieurs mètres de haut. Le **Crescent City Visitors Center**, dans la *Chamber of Commerce* au 1001 Front St. (464-3174), distribue toutes sortes de brochures. Ouvert du lundi au vendredi de 8h à 19h, le samedi et le dimanche de 9h à 17h, de Labor Day (1er lundi de sept.) à Memorial Day (dernier lundi de mai) du lundi au vendredi de 9h à 17h. A 11 km au sud de la ville, vous trouverez le terrain de camping **Mill Creek Campground** (464-9533) à l'intérieur du parc Del Norte Coast Redwoods State Park, une extension de la Redwood Forest. Les splendides vues sur l'océan, ajoutées aux nombreuses aires de pique-nique, aux chemins de randonnée et aux possibilités de pêche, font de ce terrain de camping un lieu très fréquenté en été. Emplacements 14 $, sites non aménagés gratuits. Le phare **Battery Point Lighthouse** (464-3089), sur un *causeway* qui part de Front St., abrite un **musée** accessible uniquement à marée basse. Ouvert du mercredi au dimanche de 10h à 16h, selon le niveau de la marée (2 $, enfants 50 ¢).

Klamath Au nord, le secteur de Klamath consiste en une fine langue de terre reliant Prairie Creek au Del Norte State Park. Le littoral sauvage et escarpé est l'occasion de très belles balades. Le **Klamath Overlook**, où Requa Rd. rejoint le sentier Coastal Trail, est un point de vue idéal pour l'**observation des baleines**. L'embouchure de la **rivière Klamath** forme un coin de pêche réputé (permis obligatoire) à l'automne et au printemps lorsque les saumons frayent, et en hiver lorsque les truites prennent le relais. La ville de Klamath s'est d'ailleurs baptisée "la capitale mondiale du saumon et de la truite". Des otaries au printemps et des phoques en été se rassemblent chaque année près du pont **Douglas Memorial Bridge**, du moins ce qu'il en reste depuis l'inondation de 1964. Deux ours dorés gardent chaque extrémité du pont. La route **Coastal Drive** passe par le pont et continue le long de l'océan sur 13 km de vues imprenables. Le **Yurok Loop** (un détour de 1,5 km) permettra aux randonneurs de mieux apprécier le littoral.

Prairie Creek Cette région, avec son **poste de rangers** (sur la US 101) et ses **terrains de camping**, s'adresse tout particulièrement aux marcheurs qui ont à leur disposition 120 km de sentiers sillonnant les 5 700 ha du parc. La piste **James Irvine Trail** (7 km aller simple) serpente parmi de magnifiques séquoias, longe des cours d'eau limpide, laisse entrevoir des wapitis (grands cerfs), traverse **Fern Canyon** (réputé pour ses "cascades" de fougère de 15 m de haut et ses ruisseaux cristallins) pour finir sa course le long du Pacifique (il est recommandé de porter des chaussures qui ne craignent pas l'eau). Le chemin débute au *Prairie Creek Visitors Center*. Les plus paresseux pourront s'adonner à l'observation des wapitis, qui viennent paître tranquillement sur la prairie devant le poste des rangers. Les chemins **Revelation Trail** et **Redwood Access Trail** sont conçus spécialement pour les personnes handicapées. **Big Tree Trail**, enfin, constitue une marche aisée et son arbre mastodonte de 92 m de haut contentera ceux qui ne souhaitent pas effectuer le trek jusqu'au plus grand arbre du monde (voir ci-après).

Orick Le secteur d'Orick couvre la partie sud du parc. Son **visitors center** est situé à 1,5 km environ au sud d'Orick sur la US 101 et à 800 m au sud du Shoreline Deli (l'arrêt du bus Greyhound). Principal centre d'intérêt, la forêt d'arbres géants, accessible par un sentier (le **tall tree grove**) qui commence à 10 km du poste des rangers. Si vous êtes en voiture, il vous faudra obtenir un **permis** (on n'en délivre que 35 par jour jusqu'à 14h). L'excursion nécessite 3 à 4 heures minimum. Un **bus** (7 $ par personne) fait la navette entre le poste et le sentier (2 par jour du 13 juin au 7 sept., 1 par jour du 23 mai au 12 juin et du 8 au 20 sept.). La randonnée proprement dite fait 2 km (30 mn environ) et mène aux plus grands séquoias du parc, dont le champion mondial toutes catégories (110 m de haut, soit presque un tiers de la hauteur de la tour Eiffel !). Si vous ne souhaitez pas rentrer à pied, réservez une place dans la navette avant de partir.

Orick (650 habitants) est une sympathique petite bourgade, spécialisée dans des sculptures en bois moches et chères. Un **bureau de poste** et quelques motels bordent la US 101. Le marché est ouvert tous les jours de 8h à 19h et livre des provisions au Prairie Creek Campground à 19h30 tous les jours. Téléphoner pour prendre commande avant 18h (commande minimum de 10 $, livraison gratuite).

■■■ LA VALLÉE DE SACRAMENTO ET LES CASCADES

Sacramento est une ville nonchalante, au cœur d'un pays fermier qui s'étend au nord sur des centaines de kilomètres. On est loin ici du rythme infernal de la côte californienne. Une atmosphère "Amérique moyenne" qui offre un répit bienvenu après les turpitudes urbaines. Les terres fertiles sont interrompues au nord-est par des vestiges d'activités volcaniques plus ou moins récentes, formant un paysage incroyable de coulées de lave, de montagnes, de cascades et de forêts.

Sacramento est une capitale bien discrète pour un État aussi exubérant. N'hésitant pas à se moquer eux-mêmes de leur image un peu rustique, les habitants surnomment leur ville *Sacratomato*, voire *Excremento* ! Cinq routes principales convergent sur la ville : la **I-5** et la **route 99** la traversent du nord au sud, la **I-80** d'est en ouest et la **US 50** et la **route 16** la desservent depuis Gold Country. Vous obtiendrez toutes sortes d'informations au **Sacramento Convention and Visitors Bureau**, 1421 K St. (264-7777, ouvert tous les jours de 9h à 17h). A 20 mn de route vers l'ouest, on trouve la charmante petite ville de **Davis**, ses 45 000 bicyclettes, son annexe de la University of California, ses incomparables transports en commun et... c'est tout.

Le **Lassen Volcanic National Park** est accessible par la **route 36** depuis Red Buff au sud et la **route 44** depuis Redding au nord. Le parc vaut le coup d'œil. En 1914, des coulées de lave et de terribles éruptions ravagèrent ces terres, suivies un an plus tard par un gigantesque nuage de fumée et de cendres craché par le mont Lassen. Quatre-vingt-un ans plus tard, la puissance destructrice de l'éruption se manifeste encore sous forme d'étranges bassins d'eau bouillante et d'un paysage lunaire. Les **Lassen Volcanic National Park Headquarters**, à Mineral (595-4444), sont une mine d'informations. La route 89 qui traverse le parc passe par la plupart des sites à voir (comptez environ 2 heures de route, avec quelques arrêts).

A 75 km au nord de Redding sur la I-5, se dresse le **Mont Shasta** (4 249 m). Les locaux vous diront qu'on ne visite pas la montagne, mais qu'on s'y sent comme mystérieusement attiré. Les Indiens Shasta croyaient qu'un esprit puissant régnait à l'intérieur du volcan géant. Aujourd'hui, les adeptes du mouvement New Age vont chercher dans la montagne une source d'énergie mystique. Des centaines de fidèles s'y rassemblent de temps à autre lors de grandes fêtes "karma-chakra". Au cours de l'une d'entre elles, l'*Harmonic Convergence,* une résidente fut persuadée avoir vu une apparition divine sur son écran de télévision. Le **Shasta-Trinity National Forest Service**, 204 W. Alma St. (926-4511 ou 926-4596), vous donnera toutes les informations et cartes pour pouvoir randonner et camper dans cette région sauvage… un peu trop fréquentée.

Le **Lava Beds National Monument** est une autre curiosité géologique de la région. Sous un sol désertique se cache un réseau complexe de grottes de lave et de galeries, qui ne ressemble à rien de connu sur terre. Ces cavernes fraîches et silencieuses vont de la simple cavité à des salles de la taille d'une cathédrale. Le monument est accessible par deux entrées, situées en retrait de la route 139, au sud de la petite ville rurale de **Tulelake**. L'entrée sud-est (à 40 km au sud de la ville) est la plus proche du *visitors center*. Vous trouverez des cartes gratuites, et des casques à louer (certains plafonds sont bas…), au **Lava Beds Visitors Center** (667-2282), à 48 km au sud de Tulelake sur la route 139. Ouvert tous les jours de 9h à 18h, de Labor Day (1ᵉʳ lundi de sept.) au 15 juin de 8h à 17h (4 $ par véhicule). L'**indicatif téléphonique** de la région est le 916.

■ ■ ■ GOLD COUNTRY
(LE PAYS DE L'OR)

En 1848, la Californie était un petit coin perdu de 15 000 habitants. Cette année-là, le contremaître de la scierie du capitaine Sutter, James Marshall, écrivait dans son journal : "Aujourd'hui, une sorte de métal... trouvé dans le bief... ressemble à de l'or." La nouvelle, relayée par une gazette locale, fit l'effet d'un coup de tonnerre. Pendant les quatre années qui suivirent, 90 000 chercheurs d'or venus de tous les coins du globe investirent la Californie (au cri de "*Ho for California and the gold region*"). Quelques milliers de Français se joignirent à la mêlée. A San Francisco, on les surnommait les "Keskydies", en raison de leur propension à poser toujours la même question : "*Qu'est-ce qu'il dit ?*" Au final, peu de prospecteurs trouvèrent plus d'or que la quantité nécessaire à leur survie. Le travail, à la batée notamment, était particulièrement pénible et frustrant. Aujourd'hui, le Pays de l'or vit davantage du tourisme que du précieux métal, et les "villes de la Ruée vers l'or", de part et d'autre de la route 49, attirent chaque année un flot constant de visiteurs.

Au moment de la ruée, le **Calaveras County** découvrit qu'il reposait littéralement sur une mine d'or. Plus de 550 000 livres d'or furent extraites de ses terres. Plusieurs petites villes parsèment le comté : **Angels Camp**, à l'intersection des routes 4 et 49, forme son centre démographique mais n'est pas très étendu. Parmi les autres bourgades, on compte **Alteville**, **Copperopolis**, **Sheep Ranch** et **San Andreas**. Juste au sud d'Angels Camp, **Tuttletown** fut un des lieux de résidence de Mark Twain, qui, avant de vivre de sa plume, était un pauvre mineur comme beaucoup d'autres. **Mokelumne Hill**, à 11 km au nord de San Andreas, est réputée pour ses histoires - vécues ou imaginées - d'esprits et de fantômes.

A 32 km environ à l'est d'Angels Camp, vous trouverez le **Calaveras Big Trees State Park** (795-3840, ouvert de l'aube au crépuscule, 5 $ la journée), où le *Sequoiadendron giganteum* (séquoia géant) règne en maître. De nombreuses grottes occupent la région. Pendant la ruée, certaines faisaient office de bar à air conditionné. On y troquait des godets de whisky contre de la poudre d'or. Les grottes **Mercer Caverns** (728-2101), à 1,5 km au nord de Murphys, par la route 4, dévoilent des formations minérales spectaculaires. Les promenades durent une heure environ. Ouvert tous les jours de Memorial Day (dernier lundi de mai) à sept. de 9h à 17h, d'oct. à mai le week-end seulement de 11h à 16h (5 $, enfants 2,50 $).

Les ravins et les collines de **Sonora** formaient jadis le berceau des Indiens Miwok, mais l'arrivée des chercheurs d'or transforma cette région au pied de la Sierra en une mine très active. A cette époque "dorée", Sonora était une ville prospère qui disputait à sa voisine Columbia le titre de plus riche cité de la région minière. Le **visitors center** de Sonora, 55 W. Stockton Road (800-446-1333 ou 533-4420, ouvert du lundi au samedi de 10h à 17h), dispose de guides sur le Columbia State Park, la principale attraction du coin. Le **Columbia State Park** (532-0150) recrée la vie des orpailleurs à l'époque de la Ruée vers l'or. Des acteurs en costumes d'époque (qui enlèvent leur barbe tous les soirs) et des voitures à cheval (garées la nuit dans un parking) animent les rues de cette ville qui autrefois comptait pas moins de 150 saloons. Les visiteurs peuvent s'initier aux joies de l'orpaillage et se promener parmi les nombreux bâtiments d'époque. L'entrée au parc et au **mining museum** (musée de la mine, 532-4301) est gratuite.

La **Stanislaus National Forest** couvre 364 000 ha de pins, de sommets escarpés, de lacs et de prairies tapissées de fleurs. Les faucons pèlerins, les pygargues à tête blanche, ainsi que les couguars et les ours ont investi les lieux. Outre de superbes chemins de randonnée, des possibilités de pêche et de camping, le parc de Stanislaus offre une solitude qui manque cruellement à son voisin plus réputé, Yosemite. Les **bureaux du parc** (532-3671) se trouvent à Sonora au 19777 Greenly Rd. (ouvert en été de 8h à 17h).

Les conditions de vie étaient encore plus rudes pour les mineurs qui travaillaient dans la partie **nord** de la région. Les montagnes de granite ne délivraient que parcimonieusement leurs précieuses pépites et les hivers rigoureux étaient sans pitié. Aujourd'hui, les petites villes du nord du Golden Country n'ont pas le côté tape-à-l'œil de la partie sud. La beauté naturelle de la région invite à l'exploration. Et qui sait, peut-être apercevrez-vous au détour d'un chemin un prospecteur menant son âne sur les collines. C'est à **Coloma**, dans la scierie du capitaine Sutter que de l'or fut découvert pour la première fois en Californie. La ville abrite un musée et un parc historique qui célèbrent l'événement.

SIERRA NEVADA

La Sierra Nevada est la chaîne de montagnes la plus haute, la plus abrupte et la plus impressionnante des Etats-Unis, Alaska excepté. Soulevée il y a quelque 400 millions d'années par le mouvement des plaques tectoniques et façonnée par l'érosion, les glaciers et les volcans, cet énorme massif de granite s'étend à 720 km au nord du désert Mojave jusqu'au Lake Almanor. Les murs de granite de Yosemite, les paysages montagneux du parc Kings Canyon et du Sequoia National Park, ainsi que la chute à pic de l'Eastern Slope dans la vallée d'Owens sont autant de trésors naturels.

Les températures de la Sierra Nevada sont aussi diverses que ses paysages. Même en plein été, les nuits peuvent atteindre des minima situés au-dessous de 0 °C. Vérifiez toujours les bulletins météo régionaux. Normalement, seules les routes US 50 et I-80 restent ouvertes pendant la saison des neiges. Il est recommandé de s'enquérir auprès des gardes forestiers de l'état des routes, surtout entre octobre et juin. Dès les beaux jours, une protection contre les ultraviolets en altitude s'avère nécessaire : munissez-vous de crème solaire et, éventuellement, d'un chapeau.

■■■ YOSEMITE

En 1868, un jeune Ecossais du nom de John Muir arriva à San Francisco avec le dessein de parcourir des régions inexplorées. Lorsqu'on lui demandait où il voulait aller, il répondait : *"Peu importe du moment que c'est sauvage !"* (le *wilderness*, espace vierge et sauvage, est une notion qui fascine les Américains). Il s'aventura dans la Sierra Nevada, et parvint à élever, en 1880, le **Yosemite National Park** au rang de parc national. Aujourd'hui, si son nom est oublié de la plupart des touristes (il fut pourtant l'un des plus grands naturalistes de son temps), John Muir a atteint son but. Il n'est pas un visiteur, et Dieu sait s'ils sont nombreux, qui ne partage son admiration pour les falaises de granite, les cascades tumultueuses, les prairies verdoyantes et les forêts de pins de cet endroit incomparable. Le parc couvre plus de 3 000 km^2 de terrain montagneux. **El Capitán**, la plus haute falaise en un seul bloc du monde, **Half Dome** et **Yosemite Falls** occupent la Yosemite Valley, une vallée creusée par les glaciers pendant plusieurs milliers d'années. A moins que vous ne souhaitiez vous mêler à la foule de vacanciers, tâchez d'y rester le moins longtemps possible. Little Yosemite Valley, accessible par des chemins de randonnée, abrite deux superbes cascades : **Vernal** et **Nevada Falls**. Au nord-est du parc, **Tuolumne Meadows** est une immense étendue de prairies alpines entourées de falaises de granite et de fougueux ruisseaux. **Mariposa Grove** est une forêt de séquoias géants occupant l'extrémité sud du parc.

INFORMATIONS PRATIQUES

Office du tourisme : On peut se procurer une carte du parc et le précieux *Yosemite Guide* gratuitement dans les divers *visitors centers*. Des **permis** "nature" (*wilderness permits*) y sont également délivrés : écrire à l'avance pour les réserver. Ils permettent d'accéder à certaines aires de camping plus isolées. **General Park Information** (372-0265, informations enregistrées 24h/24 372-0200), ouvert du

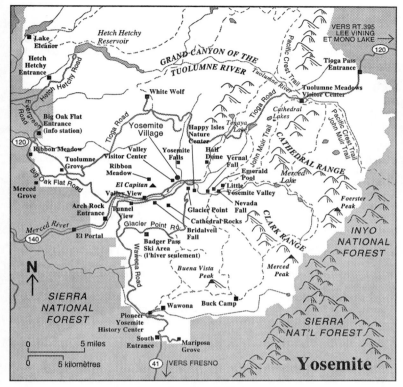

Yosemite

lundi au vendredi de 9h à 17h. **Campground Information** (informations camping) : 372-0200 (message enregistré). **Yosemite Valley Visitors Center**, Yosemite Village (372-0229). Ouvert tous les jours de 8h à 20h, en hiver de 8h à 17h.

Location de matériel : **Yosemite Mountaineering School**, Rte. 120 (372-8344 ou 372-1244), à Tuolumne Meadows. Sac de couchage 4 $ par jour, sac à dos 4 $ par jour, raquettes 11 $ par jour. Permis de conduire ou carte de crédit exigés. Ouvert tous les jours de 8h30 à 17h. On peut louer des vélos au Yosemite Lodge et au Curry Village, tous deux près de Yosemite Village.

Bureau de poste : **Yosemite Village**, près du *visitors center*. Ouvert de juin à août du lundi au vendredi de 8h30 à 17h, le samedi de 10h à 12h, de septembre à mai du lundi au vendredi de 8h30 à 12h30 et de 13h30 à 17h. **Code postal** : 95389. **Indicatif téléphonique** : 209.

Yosemite se trouve à 320 km à l'est de San Francisco et à 512 km au nord-est de Los Angeles. On y accède par la **route 140** depuis Merced, la **route 41** au nord depuis Fresno et la **route 120** à l'est depuis Manteca ou à l'ouest depuis Lee Vining.

Le **droit d'entrée** s'élève à 3 $ si vous êtes à pied, à bicyclette ou en bus, à 5 $ par voiture pour une semaine. Des **bus** relient le parc à Merced et Fresno. Les bus **Yosemite VIA**, 300 Grogan Ave., Merced 95340 (742-5211 ou 800-VIA-LINE/842-5463), assurent deux allers-retours par jour depuis la gare **Amtrak** de Merced jusqu'à Yosemite (17 $, aller-retour 30 $, réduction pour les personnes âgées). **Yosemite Gray Line** (**YGL**, 722-0366) assure également des liaisons avec **Amtrak** (800-USA-RAIL/872-7245), à Merced. Une **navette gratuite**, avec de grandes vitres panoramiques, circule entre les différents points de la vallée (tous les jours à 10 mn d'intervalle de 9h à 22h, et toutes les 20 mn de 7h30 à 9h).

Des visites de Yosemite sont organisées au départ des différents lodges, mais l'idéal est quand même de posséder son propre véhicule. Vous pouvez alors prendre la navette gratuite pour découvrir la vallée, puis explorer librement en voiture les sites les plus éloignés.

HÉBERGEMENTS ET CAMPINGS

L'hébergement à Yosemite Valley est le monopole de **Delaware North Co**. **Room Reservations**, 5410 E. Home, Fresno 93727 (252-4848), qui propose aussi bien de simples bungalows en toile que des suites luxueuses à plus de 200 $ la nuit.

> **Yosemite Lodge**, à Yosemite Valley à l'ouest de Yosemite Village. Petits bungalows simplement meublés. Cerfs dans le voisinage. Pour connaître les disponibilités, appeler avant 16h. Simples et doubles 53 $, avec s.d.b. 71 $.

A Yosemite, le camping est roi. La plupart des terrains de la vallée sont bondés, notamment de caravanes et de camping-cars. Les réservations sont obligatoires d'avril à novembre et doivent être effectuées auprès de MISTIX (800-436-4275), jusqu'à 8 semaines à l'avance.

> **Backpacker's Camp**, à 2,5 km à l'est de Yosemite Village de l'autre côté de la rivière, derrière North Pine Campground. Il faut être en possession d'un permis "nature" (*wilderness permit*) et ne pas être motorisé. Le terrain n'est pas bien signalé. Installations minimales mais ambiance fort sympathique. On peut pratiquer la pêche. Séjour maximum de 2 nuits. 3 $ par personne. Ouvert de mai à oct.
>
> **Sunnyside**, à l'ouest de Yosemite Valley, au-delà de la station Yosemite Lodge Chevron. Histoires d'alpinistes le soir au coin du feu. Eau, toilettes et tables. 3 $ par personne. Se remplit vite. Ouvert toute l'année.
>
> **Wawona**, route 41 à l'extrémité sud du parc. 100 emplacements ensoleillés au bord de la rivière Merced. Tables, toilettes et eau. Pas de douches. Animaux domestiques autorisés. Emplacements 10 $.
>
> **White Wolf**, via la route 120 à l'est. Eau, toilettes, tables et possibilités de feu. Animaux domestiques autorisés. 87 emplacements à 10 $. Ouvert en juin ou de juillet à septembre, selon les chutes de neige.
>
> **Porcupine Flat**, via la route 120 à l'est. Accès camping-car dans la partie antérieure uniquement. Toilettes, eau de source potable. 52 emplacements à 6 $. Ouvert de juin ou de juillet à septembre.
>
> **Hodgdon Meadow**, sur la route 120 près de l'entrée Big Oak Flat. Terrain approprié au camping hivernal. Solitude garantie tout au long de l'année. Eau, tables et toilettes. Emplacements 12 $.
>
> **Lower Pines**, dans l'est de Yosemite Valley. Le terrain de camping hivernal par excellence, très fréquenté et animé. Toilettes, eau, douches et tables. Emplacements 14 $.

Apportez vos propres provisions. Dans les boutiques de **Yosemite Lodge**, **Wawona** ou **Village Stores**, les prix sont exorbitants (ouvertes tous les jours de 8h à 22h, d'oct. à mai de 9h à 21h).

VISITES ET BALADES

En voiture ou à vélo La voiture permet de visiter une grande partie du parc. Le *Yosemite Road Guide* (3,25 $, dans tous les *visitors centers*) mentionne les bornes kilométriques et propose un splendide tour du parc. La route **Tioga Road** (route 120 à l'est) dévoile panorama après panorama. En poursuivant à l'ouest du parc, vous découvrirez les grands espaces alpins de **Tuolumne Meadows** et le **Tenaya Lake**. Une excursion au cœur de la vallée vous conduira tout droit à la puissante cascade de **Yosemite Falls** (728 m, la plus haute d'Amérique du Nord), à **Sentinel Rock** et **Half Dome**. Pour une perspective différente de la vallée, rendez-vous à **Glacier Point**, via Glacier Point Rd. Culminant à 964 m au-dessus de la vallée, ce point de vue extraordinaire impressionnera même les voyageurs les plus blasés. Half Dome repose majestueusement au fond de la vallée avec les chutes **Vernal Falls** et **Nevada Falls** en bruit de fond.

Vers l'entrée sud du parc, une courte piste de randonnée à travers les séquoias géants de **Mariposa Grove** part de la route 41 au niveau de l'énorme tronc couché **Fallen Monarch**, et se poursuit jusqu'au **Grizzly Giant**, un arbre vieux de 2 700 ans et de 63 m de hauteur, et au célèbre **Wawona Tunnel Tree**, qui laissait passer la route à travers son tronc, avant d'être mis à terre par d'abondantes chutes de neige. Songez que la Grèce antique était à son apogée au moment où la plupart de ces arbres commençaient à pousser !

Au *visitors center*, les cyclistes pourront se procurer une brochure indiquant les routes les plus sûres. Les chemins sont relativement plats près des villages, mais plus ardus au-delà. Les pistes de **Mirror Lake**, réservées aux randonneurs et aux cyclistes, sont particulièrement bonnes, et des pistes cyclables permettent d'éviter les grandes artères de la vallée, souvent encombrées. Pour plus de détails sur les itinéraires de bicyclette, vous pouvez contacter les agences de location de vélo à Yosemite Lodge (372-1208) ou à Curry Village (372-1200).

Randonnées d'une journée La marche à pied est la meilleure façon de découvrir Yosemite. Les sentiers ouverts la journée sont généralement très fréquentés, parfois carrément bondés, particulièrement pendant le week-end du 4 juillet. Une carte colorée des pistes, classées selon leur niveau de difficulté et leur longueur, est disponible au *visitors center* pour 50 ¢. Le sentier **Bridalveil Falls** offre une marche facile de 400 m au départ de l'arrêt du bus navette. La boucle que forme le **Mirror Lake Loop** est une randonnée de 5 km relativement aisée jusqu'au lac aux eaux lisses qui se transforme peu à peu en prairie. Ces deux chemins, ajoutés à la jolie piste de **Lower Yosemite Falls**, sont accessibles aux handicapés.

Le sentier couvert de fleurs **Pohon Trail** débute à Glacier Point, enjambe la rivière Sentinel (dont la cascade spectaculaire se trouve un peu plus au nord) et se poursuit jusqu'à Taft Point et autres points de vue isolés. Pour un avant-goût de la varappe sans matériel ni entraînement, vous pouvez tenter l'ascension (assez facile) du **Lembert Dome** au-dessus de Tuolumne Meadows. Des prises pour les pieds et les mains sont disposées sur la façade de granite.

Les meilleurs alpinistes du monde viennent s'entraîner sur les falaises verticales de Yosemite, notamment sur celle de El Capitán. Si vous en avez le courage (et les moyens), vous pourrez un jour les imiter après avoir suivi les cours de la **Yosemite Mountaineering School** (372-1335 ou 372-8435, de sept. à mai 372-1244, ouvert de 8h30 à 17h). Les **cours de varappe**, dispensés tous les jours en été (généralement de mi-avril à oct.), vous apprendront les bases au sol puis vous feront grimper 25 m avant de vous initier à l'escalade sur rocher et au rappel. Le prix des cours dépend de la demande (pour un jour, 60 $ à partir de 3 personnes, 120 $ pour des cours individuels).

■ AU-DELÀ DE YOSEMITE VALLEY

La plupart des visiteurs s'en tiennent à la vallée. Pourtant, un Yosemite plus sauvage et solitaire vous attend à quelque distance. Une bonne préparation est indispensable avant de partir à l'aventure, ainsi qu'une **carte topographique** de la région que l'on souhaite explorer. Le **camping sauvage** est interdit dans la vallée (les amendes sont salées !), mais il est généralement toléré le long des chemins de randonnée à condition de posséder un **permis "nature"** (*wilderness permit*) gratuit (appeler le 372-0310 pour toute information d'ordre général). Le nombre de permis délivrés étant limité pour chaque sentier, réservez par courrier entre le 1er mars et le 31 mai (Wilderness Center, P.O. Box 577, Yosemite National Park 95389), ou

CALIFORNIE

bien tentez votre chance 24h à l'avance auprès de *Yosemite Valley Visitors Center*, de *Wawona Ranger Station* ou de *Big Oak Flat Station*. Les sentiers les plus prisés, comme **Little Yosemite Valley**, **Clouds Rest** et **Half Dome**, atteignent rapidement leur quota. Pour recevoir un permis, il vous faut présenter votre itinéraire. De nombreux randonneurs passent la nuit dans les terrains de camping non aménagés situés dans les hauteurs. Ces terrains sont munis de **coffres "anti-ours"** où l'on peut ranger la nourriture. Un autre moyen de protéger ses aliments consiste à les mettre dans des sacs suspendus ou dans des boîtes en plastique qu'on peut louer au magasin Yosemite Valley Sports Shop (3 $ par jour). Ces boîtes sont parfois obligatoires sur certains itinéraires (demandez aux gardes forestiers).

La navette gratuite à destination de **Tuolumne Meadows** vous déposera au début de plusieurs sentiers. **Lembert Dome** dispose d'une piste jusqu'à son sommet, qui permettra aux marcheurs inexpérimentés de tester leurs capacités. Le chemin **Pacific Crest Trail** longe une série de canyons spectaculaires. Le sud de Yosemite abrite **Giant Sequoia** et **Mariposa Grove**, les plus grands séquoias du parc. Certains chemins de randonnée vont jusqu'à l'Etat de Washington.

■■■ MONO LAKE

La "mer intérieure" de **Mono Lake** est un lac de 20 km de large, aux eaux très salines, que Mark Twain surnommait la Mer Morte de l'Ouest. Ce lac tire son apparence lunaire de concrétions calcaires en forme de tour, qui se développent lorsque les sources riches en calcaire entrent en contact avec l'eau à forte teneur en sels minéraux. Vieux de 700 000 ans, ce lac est la plus ancienne étendue d'eau fermée des Amériques.

La ville de **Lee Vining** offre le meilleur accès à Mono Lake et à la ville-fantôme de **Bodie**. Elle est située à 112 km au nord de **Bishop** sur la US 395 et à 16 km à l'ouest de l'entrée Tioga Pass de **Yosemite**. Pour toute information, on peut passer au **Mono Lake Visitors Center and Lee Vining Chamber of Commerce** (647-6595 ou 647-6629, ouvert tous les jours de 9h à 21h, de Labor Day à Memorial Day - soit du 1er lundi de sept. au dernier lundi de mai - de 9h à 17h), sur Main St. à Lee Vining. Les bus **Greyhound** (647-6301 ou 800-231-2222, ouvert tous les jours de 8h à 21h), au Lee Vining Market, desservent L.A. (42 $, départ à 11h15) et Reno (30 $, départ à 2h30). Les tickets ne sont pas en vente ici, vous devrez donc les acheter à l'arrêt suivant. **Indicatif téléphonique** : 619.

Les hôtels sont souvent complets le vendredi après-midi et les jours fériés. Comme les restaurants, ils pratiquent des prix prohibitifs tout au long de l'année. L'**Inyo National Forest** abrite six **terrains de camping** (0-8 $) dans un rayon d'une vingtaine de kilomètres, souvent pris d'assaut à la saison pleine. Prendre à l'ouest de la ville sur la route 120. Vous trouverez également deux terrains à moins de 10 km au nord de la ville. **Sawmill** (gratuit) et **Tioga Lake** (8 $) sont situés à une altitude de 2 700 m, à la limite de Yosemite. Les réservations doivent être effectuées longtemps à l'avance auprès du Lee Vining District Ranger. Le **Lee Vining Market** est ce qui se rapproche le plus d'une épicerie (647-6301, près de la laverie sur Main St., ouvert tous les jours de 8h à 21h).

En 1984, le Congrès transforma les 23 000 ha de terrain autour de Mono Lake en une aire protégée, la **Mono Basin National Forest Scenic Area** (647-6525). **South Tufa Grove**, à 16 km de Lee Vining, abrite une série impressionnante de formations calcaires. Prendre la US 395 au sud jusqu'à la route 120 puis continuer sur 6,5 km à l'est et prendre l'embranchement Mono Lake Tufa Reserve à 1,5 km au sud de Tufa Grove. Le **Mono Lake Committee** organise d'excellentes excursions en bateau sur le lac, dont un cours intensif d'histoire naturelle, d'écologie et de conservation. Informations au *visitors center* (12 $, enfants de 4 à 12 ans 6 $). **June Lake**, un canyon creusé par les glaciers et aujourd'hui rempli d'eau, se trouve à 16 km au sud de Lee Vining sur la US 395. Si vous avez le temps, faites un détour pour jouir de la vue panoramique sur la route 158. Le lac scintillant et les montagnes environnantes rappellent étrangement les Alpes.

Si, après les visites de Columbia, Sonora ou Coloma, vous vous dites qu'une vraie ville-fantôme, ça n'existe pas, détrompez-vous. Niché dans le haut désert, **Bodie** est la ville-fantôme que vous attendiez, même s'il y a un droit d'entrée (5 $, chiens 1 $, brochure 1 $). Décrite en 1880 par les âmes puritaines comme "une mer de péché, battue par des tempêtes de convoitise et de passion", la ville abritait 10 000 habitants, 65 saloons et un meurtre par jour. Aujourd'hui, les rues sont jonchées de meubles à l'abandon, d'automobiles, de wagons de train, conservés par l'air sec du désert (et l'Etat de Californie). On y accède par une route goudronnée qui part de la US 395, à 24 km au nord de Lee Vining, et par une route non revêtue depuis la route 167 en sortant de Mono Inn. La ville est ouverte tous les jours de 9h à 19h, de Labor Day (1er lundi de sept.) à Memorial Day (dernier lundi de mai) de 9h à 16h.

■ ■ ■ SEQUOIA ET KINGS CANYON

Loin d'attirer les foules que drainent chaque été les parcs de Yellowstone, Yosemite et le Grand Canyon, les parcs jumeaux de **Kings Canyon** et **Sequoia National Park** sont pourtant de toute beauté. D'immenses séquoias, propres au flanc ouest de la Sierra Nevada, dominent le paysage de cours d'eau, de rochers ciselés par les glaciers, de sommets enneigés et de prairies verdoyantes. Les secteurs développés, comme Grant Grove et Giant Forest, sont dotés de sentiers, de logements et d'accès aux véhicules, tandis que l'arrière-pays reste à l'état purement sauvage.

Informations pratiques La ligne téléphonique **Kings Canyon and Sequoia Main Line** (565-3134) permet un contact direct 24h/24 avec un garde forestier, et sert de standard pour tous les autres bureaux du parc. La **Parks General Information Line** (565-3134) donne toutes les informations d'ordre général. Le **droit d'entrée** est de 5 $ par véhicule pour 7 jours (valide dans les deux parcs). Les **bus** des parcs circulent de Giant Forest à Sequoia National Park et desservent Lodgepole, Moro Rock, Sherman Tree et Crescent Meadow de 8h à 18h (aller simple 1 $, 3 $ par famille. Forfait à la journée 4 $, 6 $ par famille). De nombreux *visitors centers* parsèment le parc. **Foothills Visitors Center** (565-3134), Three Rivers 93271, au siège du parc à 1,5 km au-delà de l'entrée Three Rivers, sur la route 198 en venant de Visalia (ouvert tous les jours de 8h à 17h, de nov. à avril de 8h à 16h). **Grant Grove Visitors Center** (335-2856), Grant Grove Village, à 3 km à l'est de l'entrée Big Stump par la route 180 (ouvert tous les jours de 8h à 18h, en hiver de 9h à 17h). **Cedar Grove Ranger Station** (565-3793), 45 km plus loin que le précédent sur la route 180. Le **bureau de poste** du parc de Sequoia se trouve à Lodgepole (ouvert du lundi au vendredi de 8h30 à 13h et de 13h30 à 16h). **Code postal** : 93262. Le **bureau de poste** du parc Kings Canyon est situé à Grant Grove Village en face du *visitors center* (ouvert de juin à sept. du lundi au samedi de 9h à 15h). **Code postal** : 93633.

Les deux parcs sont accessibles aux véhicules en provenance de l'ouest uniquement. Depuis Fresno, prendre la **route 180**. L'entrée de **Grant Grove** (dans le parc Kings Canyon) se trouve à 95 km environ. La route qui sillonne cette région est fermée en hiver. Depuis **Visalia**, prendre la **route 198** vers le Sequoia National Park qui offre une vue panoramique. Elle mène jusqu'à l'entrée du parc Ash Mountain, rejoint **Giant Forest** et continue jusqu'à Grant Grove (dans le parc de Kings Canyon). En été, une route aussi accidentée que spectaculaire mène au sud jusqu'à **Mineral King**. Lorsque vous venez de Visalia, l'embranchement pour Mineral King se trouve sur la route 198, à 5 km après Three Rivers.

Hébergements, campings et restaurants Sequoia Guest Services **Inc. (S.G.S.)**, H.C. Box 500, Sequoia National Park, 93262-9601 (561-3314), monopolise les gîtes couverts et les lieux de restauration du parc. **Giant Forest** et **Grant**

Grove disposent de bungalows rustiques surmontés de toile pendant l'été (mai-oct.) pour 35,20 $ (7 $ supplémentaires pour un toit en bois). Si vous ne pouvez vous passer de l'électricité, le **Best Western** (561-4119) et le **Sierra Lodge** (561-3681), à Three Rivers, proposent des chambres à partir de 58 $. La plupart des terrains de camping sont ouverts de mi-mai à octobre.

Pour **camper** à Sequoia, nous recommandons **Buckeye Flat**, au-delà des bureaux administratifs, à quelques kilomètres de l'entrée Ash Mountain sur la route 198. Ce terrain de camping (non accessible aux camping-cars) bénéficie d'une situation exceptionnelle près d'une cascade. Le camping **Lodgepole**, à 6,5 km au nord-est de Giant Forest Village au cœur de Sequoia National Park près de la rivière Kaweah, est une solution de camping. Les deux terrains coûtent 10-12 $. Réservations auprès de MISTIX (800-365-2267) de mi-mai à mi-sept.

Dans le parc King's Canyon, les terrains **Sunset**, **Azalea** et **Crystal Springs**, à proximité de Grant Grove Village, sont relativement paisibles et constituent les meilleures options. Sunset offre un terrain plat, de belles vues sur la vallée de San Joaquin et un amphithéâtre proposant des spectacles tous les jours. Crystal Springs est le plus petit des trois et le plus tranquille. Tous disposent de toilettes et d'eau. Emplacements 10 $. Azalea est ouvert toute l'année, gratuit en hiver. **Sheep Creek**, **Sentinel**, **Canyon View** et **Moraine** se situent au bord de la rivière Kings près de Cedar Grove. Tous sont pourvus de toilettes et d'eau (10 $). Le terrain Canyon View n'accepte les réservations que pour les groupes organisés. Ils se remplissent vite le week-end. Les terrains d'accès et les terrains de camping sont fermés d'oct. à mai.

À l'extérieur du parc, à Three Rivers, le **Noisy Water Café** (561-4517), le long de la route 180, est le grand favori des locaux. Bons sandwiches de 4,50 à 6 $. Ouvert tous les jours de 6h à 22h.

Visites Giant Forest est l'attraction centrale de Sequoia. Elle abrite l'une des plus fortes concentrations au monde de séquoias géants. Le plus grand d'entre eux est **General Sherman**, avec ses 82 m de hauteur, ses 30 m de circonférence à la base et son tronc de 1 385 tonnes. Le sentier populaire (et très fréquenté) **Congress Trail** (3 km) contourne General Sherman. Le plus beau site de Giant Forest est peut-être la vue depuis **Moro Rock**, à 2,5 km du village. Un escalier de pierre gravit les 400 m jusqu'au sommet du monolithe de granite, d'où l'on peut admirer le panorama sur les Sierras du Sud. A 14 km de Giant Forest Village, sur la route 198, vous découvrirez **Crystal Cave**, l'une des rares grottes à l'ouest de Sequoia qui soient ouvertes au public. Des visites guidées ont lieu de fin juin à Labor Day (1er lundi de sept.) tous les jours, toutes les 1/2 heures. En mai, juin et septembre, toutes les heures piles. La grotte est ouverte de 10h à 15h (4 $, enfants de 6 à 12 ans 2 $). Les tickets s'achètent à l'avance au bureau de Lodgepole entre 8h et 16h).

La région la plus aménagée de Kings Canyon est **Grant Grove**, du nom du troisième plus grand séquoia, **General Grant**. Avec ses 80 m de hauteur et sa forme "classique", il est peut-être le plus harmonieux de tous. Juste au nord de l'entrée du parc, sur la route 180, vous trouverez le **Big Stump Basin Trail**, une promenade qui vous fera passer par une ancienne exploitation forestière. On y voit les traces laissées par les premiers bûcherons qui pensèrent que les arbres géants étaient un véritable don du ciel. Ils durent abandonner leurs efforts après avoir vainement tenté de les abattre à coups de hache et de dynamite…

Dissimulée dans le parking du *visitors center*, derrière la poste, une route abrupte et en mauvais état mène à **Panoramic Point**. Réputé pour ses splendides vues sur les montagnes environnantes, le site marque également le point de départ du sentier **Park Ridge Trail**, l'un des plus panoramiques du parc. La région de **Cedar Grove**, nichée au pied d'impressionnantes murailles de granite, est l'une des plus sauvages des deux parcs. La route 180, qui la traverse, surplombe de beaux paysages de montagne. Plus à l'est, **Road's End** sert de point de départ à un fabuleux trekking en pleine nature. Depuis Road's End, l'itinéraire en boucle de **Rae Lakes Loop** traverse un échantillon des plus beaux trésors de la Sierra : canyons, prairies, rapides et vues sur les lacs. Les randonneurs prennent généralement la route dans le sens des aiguilles d'une montre pour éviter la côte escarpée. Des terrains de camping bien espacés ponctuent le trek de 4 à 5 jours, à une dizaine de kilomètres d'intervalle. Les permis s'obtiennent au *Cedar Grove Ranger Station* ou au *Road's End Kiosk*, situé à 10 km à l'est du village de Cedar Grove.

■■■ MAMMOTH LAKES

La ville de Mammoth Lakes, l'une des plus grandes stations de sports d'hiver des Etats-Unis, est en train de se transformer en un centre de villégiature géant, fréquenté toute l'année. Le VTT, la varappe et la randonnée complètent à présent les activités alpines des mois d'hiver. Dominée par de spectaculaires sommets, Mammoth Lakes est le paradis des amoureux de la nature, comme en témoignent ses innombrables établissements dédiés aux activités de plein air.

Informations pratiques Mammoth Lakes se situe sur la **US 395**, à 260 km environ au sud de Reno et à 65 km au sud-est de l'entrée est du Yosemite National Park. La route 203 prend le nom de **Main St.** en traversant la ville. Le **Visitors Center and Chamber of Commerce** (934-2712 ou 800-367-6572), à l'est de la US 395, au nord de la ville près du National Forest Visitors Center, vous renseignera sur les activités à faire dans les environs. (Ouvert du samedi au jeudi de 8h à 18h, le vendredi de 8h à 20h, en hiver tous les jours de 8h à 18h). Les bus **Greyhound** (213-620-1200) s'arrêtent dans le parking derrière le McDonald's sur Main St. : un bus par jour pour Reno (32 $, départ à 1h30) et L.A. (42 $, départ à 12h30). Le **bureau de poste** (934-2205) sur Main St. est en face du *visitors center* (ouvert du lundi au vendredi de 8h30 à 17h). **Code postal** : 93546. **Indicatif téléphonique** : 619.

Hébergement, campings et restaurant Près de 20 terrains de camping gérés par Inyo Forest parsèment la région, notamment à **Mammoth Lakes**, **Mammoth Village**, **Convict Lake** et **Reds Meadow**. Tous les terrains ont l'eau courante. Appeler le Mammoth Ranger District (924-5500) pour plus d'informations. Les réservations pour les groupes (20-55 $), ainsi que pour les emplacements de Sherwin Creek, se font par le biais de MISTIX (800-280-2267). **ULLR Lodge** (934-2454) est une bonne adresse. Depuis Main St., prendre à gauche sur Minaret Rd. Cette auberge style chalet est munie d'un sauna et d'une cuisine commune. Les lits en dortoir coûtent 12-16 $. Pour apaiser sa faim, **Angel's** (934-7427), au coin de Main St. et Sierra, fait l'unanimité parmi les locaux. Spécialités de barbecue. Ouvert du lundi au vendredi de 11h30 à 22h, le samedi et le dimanche de 17h à 22h.

Visites Les nombreux sites de Mammoth Lakes sont, malheureusement, uniquement accessibles par voiture. Le **Devil's Postpile National Monument** est une curiosité géologique résultant de coulées de lave millénaires. En refroidissant, la lave a formé des colonnes de 12 à 18 m de haut. Depuis le monument, on peut effectuer la promenade de 5 km jusqu'à **Rainbow Falls**, où le bras central de la rivière San Joaquin chute d'une falaise de 42 m dans un bassin d'eau verte. Depuis la US 395, on accède au monument (à 24 km de distance) par la route 203 qui passe par Minaret Summit. Pour protéger les environs, les rangers ont établi un service de navette entre un parking et le centre du monument. *Tous* les visiteurs doivent l'utiliser entre 7h30 et 17h30. Les conducteurs de voiture bénéficient d'un accès gratuit de 17h30 à 19h30. Le trajet en bus dure 30 mn (aller-retour 7 $, enfants de 5 à 12 ans 4 $).

Parmi la centaine de lacs qui entourent la ville, aucun curieusement n'a hérité du nom "Mammoth Lake". Le **Lake Mary**, long de 1,5 km, est réputé pour ses possibilités de canotage, de pêche et de voile. **Twin Lakes** est le plus proche du village, à 5 km seulement sur la route 203. Le **Lake Mamie** dispose d'une aire de pique-nique pittoresque et quelques chemins courts mènent au **Lake George** et à ses parois de granite qui défient les grimpeurs.

L'été, on peut faire un tour dans le téléphérique **Mammoth Mountain Gondola** (934-2571) pour jouir d'un beau point de vue sur la région (ouvert tous les jours de 9h30 à 17h30, aller-retour 10 $, enfants 5 $). **Obsidian Dome** se trouve à 22 km au nord de Mammoth Junction et à 1,5 km à l'ouest de la US 395 sur Glass Flow Rd. (suivre les panneaux "Lava Flow"). L'ascension sur la roche volcanique demande de bonnes chaussures de marche.

L'été, montgolfière, escalade, VTT et même luge tirée par des chiens font partie des sports pratiqués à Mammoth. Les diverses activités sont répertoriées au **Mammoth Adventure Connection** (934-0606 ou 924-5683), à l'auberge Mammoth Mountain Inn. Les cyclistes intrépides pourront prendre le téléphérique jusqu'au sommet du **Mammoth Mountain Bike Park**, où les chemins de VTT commencent à 3 316 m d'altitude et descendent le long des pistes de ski. Casques obligatoires. Les tickets et les renseignements s'obtiennent au **Mammoth Mountain Bike Center** au pied de la montagne (934-0606, location de vélo avec casque 25 $ pour 4 heures, 35 $ pour 8 heures). Ouvert tous les jours de 9h30 à 19h. Le téléphérique fonctionne tous les jours de 9h30 à 17h30 (remontée et accès aux pistes 20 $ par jour). Vous trouverez une carte des pistes cyclables sur le territoire du Forest Service au Mammoth Ranger Station (924-5500). Des **cours de cordée** (adultes 40 $, jeunes 10 $) et des **murs d'escalade** sont les dernières attractions en date de Mammoth. Ouvert du 1er juillet à Labor Day (1er lundi de sept.). Appeler le 924-5638 pour réserver.

La saison du **ski** s'étend de la mi-novembre à juin, voire juillet les bonnes années. Les forfaits de remontée de Mammoth Mountain s'achètent au **Main Lodge**, au pied de la montagne, sur Minaret Rd. (934-2571, ouvert du lundi au vendredi de 8h à 15h, le samedi et le dimanche de 7h30 à 15h), à **Stormriders**, au coin de Minaret Rd. et Canyon Blvd. (ouvert tous les jours de 8h à 21h) ou à **Warming Hut II** au bout de Canyon Blvd. et Lakeview (934-0787, ouvert du lundi au vendredi de 8h à 15h, le samedi, le dimanche et les jours fériés de 7h30 à 15h). Une **navette** gratuite transporte les skieurs entre les diverses remontées, la ville et Main Lodge. Le Forest Service vous donnera des informations sur les pistes de ski de fond.

▣▣▣ LAKE TAHOE

Niché au cœur d'un paysage superbe de montagnes et de forêts de pins, le Lake Tahoe n'est ni un casino géant ni un paradis vierge. Les familles californiennes viennent y faire le plein d'oxygène, dans un cadre entièrement dévoué aux loisirs sportifs et ludiques. Black jack, rafting, VTT, randonnée, ski en hiver… les activités sont innombrables. La ville de South Lake Tahoe peut servir de point de départ pour explorer la région, grâce à ces motels bon marché. Tahoe City, dans la partie nord du lac, est située à proximité de très beaux chemins de randonnée. Ses rues sont fréquentées par une foule jeune et dynamique, qui remplissent le soir les bars et les clubs.

INFORMATIONS PRATIQUES

Office du tourisme : South Lake Tahoe Visitors Center, 3066 US 50 (541-5255), au coin de Lion's Ave. Ouvert du lundi au vendredi de 8h30 à 17h, le samedi de 9h à 16h. **Lake Tahoe Visitors Center**, 4018 Lake Tahoe Blvd. (544-3133), à 1 block de Stateline dans la structure A. **Visitors Bureau**, 950 North Lake Blvd. (581-6900), à Tahoe City.

Bus : Greyhound, 1098 US 50 dans le Harrah's Hotel Casino (588-4645), près de Raley's à South Lake Tahoe. Destinations : San Francisco (5 par jour, 20 $) et Sacramento (5 par jour, 18 $). Les tarifs varient suivant la saison. Pas de consigne. Ouvert tous les jours de 8h à 12h et de 14h30 à 18h. **Tahoe Casino Express** (800-446-

6128) assure un service de navettes entre l'aéroport de Reno et les casinos de Tahoe (de 8h à 12h30, 15 $).

Transports en commun : Tahoe Area Regional Transport (TART), 581-6365. Liaison jusqu'aux rives ouest et nord entre Tahoma et Incline Village. 12 bus par jour de 6h30 à 18h30 (1 $). **South Tahoe Area Ground Express (STAGE)**, 573-2080. Service de bus 24h/24 autour de South Tahoe, service pour la plage toutes les heures.

Taxis : Sierra Taxi, 577-8888. 24h/24.

Location de voitures : Tahoe Rent-a-Car (544-4500), US 50 à la jonction de Tahoe Keys Blvd. à South Lake Tahoe. 100 miles (160 km) gratuits. Voitures à partir de 39 $ par jour. Age minimum 25 ans.

Location de vélos : Anderson's Bicycle Rental, 645 Emerald Bay Rd. (541-0500), à proximité de la piste cyclable de la rive ouest. VTT 6 $ de l'heure, 18 $ la demi-journée, 22 $ la journée. Caution (généralement une pièce d'identité) obligatoire. Ouvert tous les jours de 8h30 à 18h30.

Urgences : 911.

Bureau de poste : Tahoe City, 950 N. Lake Blvd., dans le centre commercial Lighthouse Shopping Center (583-3936). Ouvert du lundi au vendredi de 8h30 à 17h, le samedi de 12h à 14h. **Code postal** : 96145. **Indicatif téléphonique** : 916 en Californie, 702 dans le Nevada.

Lake Tahoe est situé à 189 km au nord de Sacramento et 56 km au sud-ouest de Reno. La **US 50** (ou Lake Tahoe Blvd.), la **route 89** et la **route 28** se chevauchent pour former un circuit d'asphalte tout autour du lac. La route 89 s'appelle également ment W. Lake Blvd. et Emerald Bay Rd. La route 28 se transforme en N. Lake Blvd. et Lakeshore Dr.

HÉBERGEMENTS ET CAMPING

L'artère qui part de la US 50 (côté Californie) abrite la majorité des 200 motels de Tahoe. D'autres bordent Park Avenue et Pioneer Trail, deux routes perpendiculaires à la US 50 et beaucoup plus tranquilles. Le Forest Service possède des informations à jour sur le camping. **Bayview** est le seul terrain gratuit (544-5994, 2 nuits max., ouvert de juin à sept.). Réservations à l'avance indispensables pour tous les terrains de camping (MISTIX, 800-365-2267).

El Nido, 2215 Lake Tahoe Blvd. (541-2711). Etablissement confortable avec TV, magnétoscope, jacuzzi, piscine et navette pour les casinos de Stateline. Simples à 30 $, 49 $ le week-end et 10 $ supplémentaires de juin à août.

Edwards Lodge (525-7207), sur la route 89, à Tahoma. 11 bungalows disponibles en été, 7 en hiver. Grands bungalows à étage avec plusieurs lits, une cuisine, une terrasse en bois et la TV. Paiement en espèces uniquement. Bungalow 70-85 $.

Lake Shore Lodge, 3496 Lake Tahoe Blvd. (544-2834). Grandes chambres aérées et bon marché, mais les tarifs augmentent à la saison pleine et le week-end. TV, piscine et petit déjeuner gratuit. Du lundi au jeudi : simples à 20 $, doubles à 28 $. Le vendredi et le samedi : 35/48 $.

Nevada Beach (573-2600), terrain de camping à 1,5 km de Stateline sur la US 50. Toilettes et eau potable, mais pas de douches. Emplacements (14-16 $) près de la rive. Ouvert de juin à Labor Day (1er lundi de sept.).

D.L. Bliss State Park (525-7277), route 89 à quelques kilomètres à l'ouest d'Emerald Bay. Douches chaudes près d'une plage tranquille. Séjour max. de 2 semaines. 168 emplacements (14 $, 19 $ près de la plage). Ouvert de juin à Labor Day (1er lundi de sept.). Tâchez d'arriver tôt pour obtenir une place.

RESTAURANTS

Les casinos offrent tous des buffets à prix modéré, mais quelques restaurants au bord du lac proposent des prix raisonnables et des plats de bien meilleure qualité.

CALIFORNIE

The Bridgetender, 30 West Lake Blvd. (583-3342), à Tahoe City. La spécialité est le *half-pound burger* (250 g de bœuf, 4-6 $). Atmosphère de fête et horaires tardifs. Soirées dansantes. Ouvert tous les jours de 11h à 22h. Bar ouvert jusqu'à 2h.

Red Hut Waffles, 2749 US 50 (541-9024). Délicieuse cuisine rustique et jeune clientèle locale. Le personnel est très sympathique. Enorme gaufre garnie de fruits et de crème fouettée 4 $, omelette copieuse 5 $. Café à volonté 50 ¢. Ouvert tous les jours de 6h à 2h.

Cantina Los Tres Hombres (544-1233), sur la route 89 à l'intersection de 10th St., et sur la route 28 à Kings Beach (546-4052). Pichets de margarita (9,25 $), *nachos* offerts pendant le happy hour (16h-18h). Dîner à partir de 7 $. Ouvert tous les jours de 11h30 à 22h30, bar ouvert jusqu'à 2h.

ACTIVITÉS

Lake Tahoe est entouré de nombreuses plages. Sur la rive nord, **Pope Beach**, via la route 89, est vaste et bien ombragée (la circulation est plus réduite à l'extrémité est). **Nevada Beach** est proche des casinos situés en retrait de la US 50, et **Zephyr Cove Beach** attire essentiellement les étudiants. Sur la rive ouest, **Chambers Beach** draine une foule identique tandis que **Meeks Bay**, à 16 km au sud de Tahoe City, est plus tranquille. La rive nord est bordée de **Hidden Beach** (au sud d'Incline Village) et de **Kings Beach** (de l'autre côté de la frontière californienne, sur la route 28). La **plage de nudistes** près de Hidden passe pour être un lieu de rendez-vous gay.

Les **cyclistes** amateurs, mais démunis de vélo, auront tout loisir de pratiquer leur sport favori. La région de Tahoe-Truckee recèle un grand nombre d'agences de location, qui sauront vous conseiller. Les locations coûtent 5 $ de l'heure et 20 $ pour une journée. Plusieurs pistes cyclables font le tour du lac. **Angora Ridge** (6,5 km) est une piste de VTT assez facile, accessible depuis la route 89. Elle passe par Fallen Leaf Lake et Angora Lakes. Les cyclistes plus sportifs prendront la piste **Mr. Toad's Wild Ridge** (5 km), qui monte difficilement jusqu'à 2 700 m. On l'atteint par la US 50 ou la route 89, et des parkings bordent les routes principales.

La **marche** est l'une des meilleures façons d'explorer la région. Des informations détaillées, dont des cartes de chemins de randonnée de tout niveau, sont disponibles au *visitors center*. Le sentier **Lake of the Sky Trail** (1 km aller-retour) conduit au **Tallac Historic Site**, qui retrace la vie rurale au début du siècle. Les randonneurs avertis préféreront sans doute affronter les sentiers des rives ouest et sud. Si vous souhaitez vous aventurer dans la nature, notamment dans la région de Desolation Wilderness, il faudra vous procurer un **permis "nature"** (*wilderness permit*) gratuit. La superbe **Emerald Bay**, à l'extrémité sud-ouest du lac, abrite l'unique île de Tahoe, **Fannette** (abondamment photographiée).

Le **rafting** est une autre activité populaire du Lake Tahoe. Malheureusement, la qualité (voire l'existence) du rafting sur les rivières American et Truckee dépend entièrement de la quantité de neige tombée pendant l'hiver. La fin du printemps et le début de l'été sont les deux saisons les plus propices à la descente en eaux vives. Si le niveau de l'eau est élevé, vous trouverez des agences de location de rafts le long de la Truckee River. Pour plus de détails, appeler le 800-466-RAFT/7238. Si le niveau est bas, on peut toujours s'amuser avec de bonnes vieilles **chambres à air**. Assurez-vous que les chambres à air sont permises sur le cours d'eau que vous souhaitez descendre, ne vous aventurez pas seul et sachez exactement ce qui vous attend plus bas avant de vous lancer.

En été, **Windsurf Fantasies**, 3411 US 50, à South Lake Tahoe (541-SAIL/7215), loue du matériel de planche à voile (15 $). Ils proposent également des cours de planche pour débutants. Il est fortement conseillé de louer une combinaison car la température du lac se maintient à 4 °C tout au long de l'année. Une brochure, à ce sujet, explique que les corps noyés ne sont jamais retrouvés car la fraîcheur de l'eau empêche la décomposition qui fait généralement flotter les corps à la surface !

Tahoe est enfin un haut lieu du **ski**, et 20 stations de sports d'hiver occupent la région. Vous trouverez les tarifs et les cartes au *visitors center*. Leur publication gratuite *Ski Tahoe* offre des coupons de réduction et des précisions sur les stations. **Alpine Meadows** (583-4232), **Squaw Valley** (583-6985) et **Heavenly** (702-547-SKII/7544) sont des stations de ski alpin bien équipées. Les amateurs de **ski nordique** se rendront à **Royal Gorge** (426-3871) sur Old Hwy. 40 juste en dessous de Donner Summit. C'est la plus grande station de ski de fond des Etats-Unis, avec 80 pistes totalisant 300 km. Tarif 17,50 $, enfants 8,50 $.

POUR MÉMOIRE

▨ L'abréviation I-68 désigne l'interstate 68, l'abréviation US 12 la US highway 12. Nous avons également adopté les abréviations suivantes : *Rte.* pour route, *Blvd.* pour boulevard, *Ave.* pour avenue, *St.* pour street, *Hwy.* pour highway, *Pkwy.* pour parkway.

▨ Sous l'appellation *visitor centers* sont regroupés les office de tourisme d'une ville et les bureaux d'accueil des parc naturels ou des sites touristiques. Faites-y toujours un tour : le personnel, d'ordinaire compétent et serviable, est là pour vous aider ; les brochures et cartes qu'on y trouve sont très utiles.

▨ Les numéros de téléphone débutant par 1-800 sont toujours gratuits. En revanche ils ne peuvent être appelés qu'à l'intérieur des Etats-Unis.

▨ Les auberges de jeunesse de la fédération Hostelling International (HI) accordent souvent des réductions à leurs membres. Elles sont signalées dans le texte par le sigle HI-AYH.

▨ Les *National Parks*, *National Monuments* et *National Forests* dépendent du gouvernement fédéral ; les *State Parks* et les *State forests* du gouvernement de chaque Etat.

▨ La *cover charge* est une participation de quelques dollars demandée à l'entrée des bars ou des clubs, en général lorsqu'un groupe se produit *live*.

▨ Les prix mentionnés s'entendent hors taxe, sauf indication contraire. Il convient donc de rajouter les taxes locales.

▨ Les horaires sont présentés à la française, de 0h00 à 24h : 2h signifie 2 heures du matin.

▨ Reportez-vous au chapitre **Etats-Unis, l'Essentiel** au début de ce guide pour en savoir plus.

LE PACIFIQUE NORD-OUEST

D'immenses plages sauvages, des *rain forests* peuplées de séquoias *redwood* plusieurs fois centenaires, des volcans couverts de neiges éternelles : les paysages de la côte du Pacifique Nord-Ouest sont demeurés tels que les ont découverts, au XIXᵉ siècle, les premiers pionniers américains. Avec les kilomètres et les kilomètres du sentier de randonnée du *Pacific Crest Trail*, les rivages de la côte pacifique et les gorges profondes de la rivière Columbia, les amoureux de la nature ont de quoi faire. Et même sans quitter sa voiture, la US 101 qui longe l'océan Pacifique sur plus de 300 kilomètres depuis la Californie permet de découvrir la côte et ses embruns salés.

Les villes du Pacifique Nord-Ouest n'ont souvent rien à envier à celles de la côte est sur un plan culturel et économique : Seattle est le berceau de Bœing, de Microsoft et du groupe Nirvana. Mais à la différence des New-Yorkais, les enfants de Seattle et des villes de la région ont pour terrain de jeux des chaînes de montagne et pour horizon le plus vaste des océans.

Le Pacifique Nord-Ouest en bref

Écrivains : Raymond Carver, Bernard Malamud, Alice Munro, Jack Kerouac, John McPhee

Artistes : Emily Carr, Morris Graves, Mark Tobey, Kenneth Callahan

Cuisine : crabe *dungeness*, saumon et toutes les variétés de fruits de mer, vins blancs

Microbrasseries : Fulton Pub and Brewery, Seattle Brewers, Full Sail, Widmer, BridgePort, Deschutes, Edgefield, Eugene City, Liberty, Mt. Hood, Oregon Trail, Portland, Star, Rainier, Redhook, Hale's Ales, Maritime Pacific, Onalaska, Pike Place, Roslyn, Thomas Kemper, Yakima Brewing and Malting Co., Pyramid Ales/Hart Brewing Co., Rogue Ales/Oregon Brewing Co.

Amérindiens : Yakima, Chinook, Salish, Makah, Wasco, Tenino, Tillamook, Klamath, Coos.

Musique : Jimi Hendrix, Seattle "grunge", Nirvana, Pearl Jam, Soundgarden

Cinéma et télévision : *Nuits blanches à Seattle, Singles, Harry and the Hendersons, Frasier.*

Climat : Temps frais et pluvieux à l'ouest de la chaîne des Cascades, chaud et sec à l'est.

État de Washington

La chaîne montagneuse des Cascades opère une division géographique, politique et culturelle au sein de l'État de Washington. Pour les habitants de la partie ouest, les "contrées de l'est" demeurent de vastes étendues désertes, où l'on croise de temps à autre des locaux un peu rustres au volant de leur antique *pick up*. Vue de l'Est, Seattle et la côte ouest sont peuplées d'intellectuels de gauche et de jeunes *Beatnicks* déboussolés. Des stéréotypes qui font sourire mais rendent peu compte de la diversité sociologique et surtout géographique de l'État de Washington. Paradis des amateurs de plein air, tout y est possible : rafting sur des torrents glacés, kayak de mer autour des îles San Juan, châteaux de sable sur les plages de l'Olympic Peninsula, escalade du Mont Rainier, ski sur les pentes de la chaîne des Cascades.

INFORMATIONS PRATIQUES

Capitale : Olympia.
Office de tourisme : Washington State Tourism : Department of Community, Trade and Economic Development, P.O. Box 42500, Olympia 98504-2500 (360-586-2088 ou 800-544-1800). Ouvert du lundi au vendredi de 9h à 16h. **Washington State Parks and Recreation Commission,** 7150 Cleanwater Lane, KY-11, Olympia 98504 (360-753-5755). Ligne téléphonique ouverte de mai à août 800-562-0990. **Outdoor Recreation Information Center,** 915 2nd Ave., #442, Seattle 98174 (206-220-7450), pour tout renseignement sur les parcs et les forêts fédérales.
Fuseau horaire : Heure du Pacifique (3h de moins que New York, 9h de moins que Paris).
Abréviation de l'Etat : WA.
Taxe locale : 6,5 %.

■■■ SEATTLE

Depuis le début des années 90, Seattle, berceau de Bœing et de Microsoft, a le vent en poupe. Des films comme *Singles* et *Nuits blanches à Seattle* ont largement valorisé l'image de la première métropole du Nord-Ouest et contribué à attirer une population jeune en quête d'une meilleure qualité de vie. En quelques années, Seattle est devenue l'une des villes les plus animées des Etats-Unis, inventant, en même temps que sa cousine canadienne Vancouver, un nouveau mode de vie, sorte de synthèse des cultures *hippies, yuppies* et *grunge.*

Bâtie sur un isthme, presque totalement entourée d'eau, et flanquée de montagnes à l'est comme à l'ouest, Seattle jouit d'un cadre superbe. Au hasard des rues en pente de ses collines, des vues plongeantes laissent apparaître le bras de mer, le lac Washington, le Mont Olympus ou le Mont Rainier. On comprend que les habitants de Seattle consacrent une très large part de leur temps aux activités de plein air, que ce soit à vélo, à pied, en kayak ou en ski dans les parcs et dans les montagnes voisines. Les températures, modérées tout au long de l'année (entre 5 et 21 °C), s'y prêtent particulièrement.

Aujourd'hui, Seattle est un haut lieu du rock alternatif. Le "son de Seattle" – rendu célèbre par des groupes comme Nirvana, Pearl Jam, Screaming Trees et Soundgarden – a acquis une renommée qui dépasse très largement les frontières des Etats-Unis. L'opéra de Seattle fonctionne à guichets fermés, et la scène théâtrale est active, soutenant souvent la comparaison avec les grands succès new-yorkais régulièrement à l'affiche. Seattle compte également quelques beaux musées, des parcs agréables et une multitude de petits bistrots sympathiques. Vous pourrez vous y réfugier lorsque la bruine envahit la ville et que les nuages semblent irrémédiablement accrochés aux montagnes, ce qui est fréquent en hiver.

INFORMATIONS PRATIQUES

Office du tourisme : Seattle-King County Visitors Bureau, au croisement de la 8th Street et de Pike Street (461-5840, fax 461-5855), au rez-de-chaussée du *Convention Center.* Ouvert du lundi au vendredi de 8h30 à 17h, samedi et dimanche de 10h à 16h. En hiver du lundi au vendredi de 8h30 à 17h. **National Park Service, Pacific Northwest Region,** 915 2nd Ave. #442 (220-7450). Ouvert du lundi au vendredi de 8h à 16h30. **Gay Information,** 1820 E. Pine (323-0220). Ouvert du lundi au vendredi de midi à 21h. **Lesbian Resource Center,** 1808 Belleview Ave. #204 (3322-3953). Ouvert du lundi au vendredi de 9h à 19h.
Aéroport : Seattle-Tacoma International (Sea-Tac) (431-4444 pour les informations générales) sur Federal Way, au sud de Seattle. Navettes (n° 174 et 194) de l'aé-

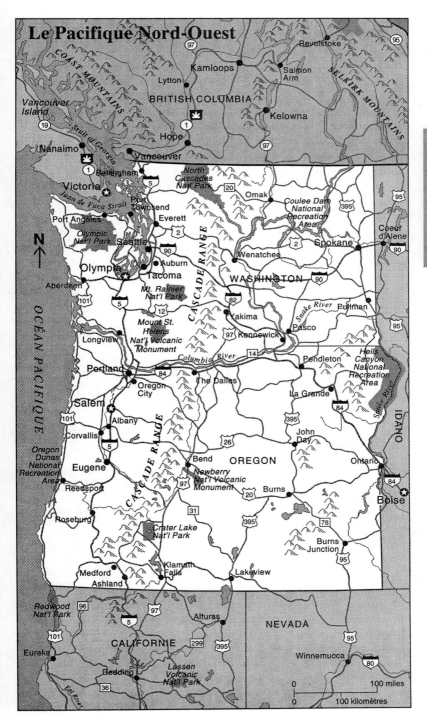

Le Pacifique Nord-Ouest

PACIFIQUE NORD-OUEST

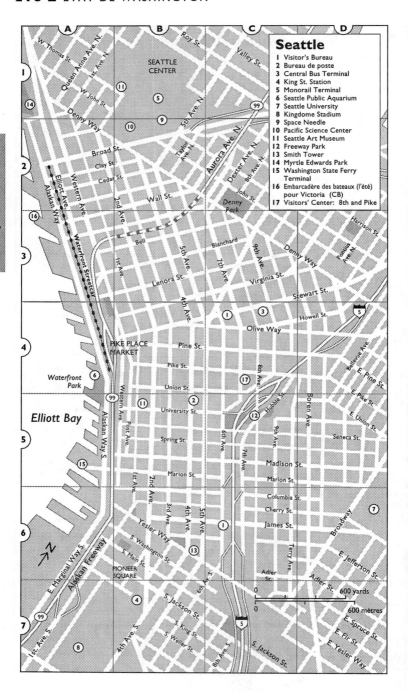

Seattle

1 Visitor's Bureau
2 Bureau de poste
3 Central Bus Terminal
4 King St. Station
5 Monorail Terminal
6 Seattle Public Aquarium
7 Seattle University
8 Kingdome Stadium
9 Space Needle
10 Pacific Science Center
11 Seattle Art Museum
12 Freeway Park
13 Smith Tower
14 Myrtle Edwards Park
15 Washington State Ferry Terminal
16 Embarcadère des bateaux (l'été) pour Victoria (CB)
17 Visitors' Center: 8th and Pike

roport au centre-ville toutes les demi-heures entre 6h et 1h (1,10 $, 1,60 $ aux heures de grande affluence).

Trains : Amtrak (382-4120 ou 800-872-7245), King St. Station, au coin de la 3rd Street et de Jackson Street. Trains à destination de : Portland (3 trains par jour, 25 $), Spokane (4 trains par semaine, 67 $), San Francisco (1 train par jour, 153 $). Ouvert tous les jours de 6h15 à 20h.

Bus : Greyhound (628-5526 ou 800-231-2222), au coin de la 8th Avenue et de Stewart Street. Bus à destination de : Sea-Tac Airport (7 bus par jour, 4 $), Spokane (4 bus par jour, 18-43 $), Vancouver, Canada (8 bus par jour), 25 $, Portland (9 bus par jour, 19 $). Bureau de réservation ouvert tous les jours de 6h15 à 21h et de 12h15 à 2h (324-7433 ou 800-227-4766). **Green Tortoise** (324-7433 ou 800-227-4766). Bus à destination de : Portland (15 $), Berkeley, CA (49 $), San Francisco (49 $), Los Angeles (89 $). Réservation obligatoire 5 jours avant le départ.

Transports en commun : Metro Transit, 821 2nd Ave. (renseignements 24h/24 au 553-3000). Situé dans le *Exchange Building* au centre-ville. Ouvert du lundi au vendredi de 8h à 17h. Deux zones tarifaires : La zone 1 comprend la ville (1,10 $ aux heures de pointe, 85 ¢ aux heures creuses) et la zone 2, la banlieue (1,60 $ aux heures de grande affluence, 1,10 $ aux heures creuses). De 5 à 18 ans 75 ¢. Avec des cartes de réduction (1 $) les plus de 64 ans et les personnes invalides paient 25 ¢ quel que soit le trajet. Les heures de pointe sont généralement du lundi au vendredi de 6h à 9h et de 15h à 18h. Prévoir la monnaie exacte. Les tickets sont valables sur tout le réseau pendant deux heures, quel que soit le nombre de correspondances et d'arrêts, ainsi que pour les tramways du front de mer. Le week-end, forfait pour la journée 1,70 $. Dans le centre-ville, transport gratuit entre 4h et 21h à l'intérieur du quartier **"Magic Carpet"** ("tapis magique"), délimité au sud par Jackson Street, à l'est par la 6th Street et l'I-5, au nord par Battery Street, et à l'ouest par le front de mer (*Water front*).

Ferry : Washington State Ferries, (464-6400 ou 800-84-FERRY/843-3779 dans tout l'État de Washington) Colman Dock, Pier 52, au centre-ville. Service au départ du centre-ville à destination de Bainbridge Island, Vashon Island et Bremerton dans la Kitsap Peninsula. Au départ de Fauntleroy, à West Seattle, service à destination de Southworth dans la Kitsap Peninsula et de Vashon Island. Service fréquent, interrompu entre 2h et 5h du matin.

Location de voitures : A-I9.95-Rent-A-Car, 804 N. 145th St. (365-1995). 20 $ par jour, 160 km gratuits, 10 ¢ par *mile* supplémentaire. Moins de 25 ans supplément de 5 $. Livraison gratuite du véhicule là où vous le souhaitez. Les conducteurs de moins de 21 ans sont les bienvenus, s'ils justifient d'une assurance automobile. Carte de crédit obligatoire. La compagnie **Auto Driveaway** (235-0880) des *drive away* pour des destinations à travers tous les Etats-Unis.

Location de vélos : The Bicycle Center, 4529 Sand Point Way (523-8300). 3 $ par heure (2h minimum), 15 $ par jour. Carte de crédit ou permis de conduire exigés en caution. Ouvert du lundi au vendredi de 10h à 20h, samedi et dimanche de 10h à 18h.

Assistance téléphonique : Crisis Clinic (consultation d'urgence), 461-3222. Ouvert 24h/24.

Urgences : 911.

Bureau de poste : Au coin de Union Street et de 3rd Avenue (442-6340), dans le centre-ville. Ouvert du lundi au vendredi de 8h à 17h30. **Code postal :** 98101. **Indicatif téléphonique :** 206.

Seattle s'étire sur un isthme étroit qui s'étend du bras de mer **Puget Sound** à l'ouest à **Lake Washington** à l'est, reliés par des écluses et des canaux. Les avenues traversent le centre-ville du nord-ouest au sud-est, et les rues du sud-ouest au nord-est. A l'extérieur du centre-ville, tout est simplifié : les avenues s'étendent du nord au sud et les rues d'est en ouest, à quelques exceptions près. La ville est divisée en *quadrants :* Attention, le numéro 1000 de la 1st Ave. Nord Ouest est à une longue distance de marche du numéro 1000 de la 1st Ave. Sud. Bien que le système soit très logique et pratique, il faut du temps pour s'y habituer.

On accède facilement à la ville par **la I-5,** qui traverse la ville du nord au sud, en plein centre-ville, ainsi que depuis l'est, par **la I-90** qui rejoint la I-5 au sud-est du centre-ville. Lorsque vous êtes sur la I-5, vous pouvez accéder au centre-ville en prenant n'importe quelle sortie entre James Street et Stewart Street (**Pioneer Sq., Pike Place Market, et Waterfront**). Pour vous rendre au **Seattle Center** (qui n'est pas *downtown*, attention à la confusion), empruntez la sortie Mercer St./Fairview Ave. La sortie Denny Way mène au quartier **Capitol Hill.** Plus au nord, la sortie 45th St. permet d'accéder au **quartier de l'université.** En cas d'embouteillages dans le centre-ville, la **route 99** est moins fréquentée que la I-5.

HÉBERGEMENTS

L'auberge de jeunesse **Seattle International Hostel** conviendra à ceux qui veulent se loger à bon prix dans le centre. Celle de **Vashon Island Hostel** (parfois appelée "Seattle B") est idéale pour tous ceux qui préfèrent s'éloigner de la ville (voir Dans les environs de Seattle : **Vashon Island**). Le **Pacific Bed and Breakfast,** 701 NW 60th St., Seattle 98107 (784-0539), peut vous proposer des chambres en B&B entre 45 et 70 $ (ouvert du lundi au vendredi de 9h à 17h).

Seattle International Hostel (HI-AYH), 84 Union St. (622-5443), au niveau de la Western Avenue. Depuis l'aéroport, prendre le Metro 174, 184 ou 194. Accès à la cuisine collective 24h/24, équipements modernes, personnel sympathique et bien informé. 139 lits. L'été, l'auberge de jeunesse est toujours au complet et les adhérents sont admis en priorité. Réserver donc à l'avance. Des billets à tarif réduit sont proposés pour visiter l'Aquarium et l'Omnidome. Sac de couchage exigé (location de draps 2 $). En été, séjour de 7 jours maximum. Réception ouverte de 7h à 2h. Libération des chambres avant 11h. Fermeture des dortoirs entre 11h et 14h (la salle commune reste ouverte tout le temps). Pas d'heure limite d'extinction des feux. 16 $, non-adhérents 19 $.

YMCA, 909 4th Ave. (382-5000), près de Madison Street. Dans un bon quartier, de petites chambres bien entretenues. Salles de télévision, lave-linge, piscine et salle de musculation. Prévoir sac de couchage et verrou. YMCA accessible aux hommes et femmes de plus de 18 ans. Libération des chambres avant 11h. Pas d'extinction des feux. Pour les adhérents HI-AYH, un lit dans une chambre à quatre 16 $, chambres simples et doubles de 38 à 50 $. Pour les non-adhérents, chambres simples 41 $, avec salle de bain 52 $, chambres doubles 45 $/57 $.

YWCA, 1118 5th Ave. (461-4888), situé près de l'auberge de jeunesse YMCA. Prendre n'importe quel bus de la 4th Avenue jusqu'à Seneca Street. Réservée aux femmes. Bon quartier, central. Permanence à la réception 24h/24. Cuisines communes. Moins de 18 ans : prévenir à l'avance. Séjour de 2 semaines maximum. Pas d'extinction des feux. Chambres simples 31 $, avec salle de bain privée 36 $, chambres doubles 42 $. Possibilité de forfaits à la semaine. Utilisation du centre de remise en forme 5 $. Caution 2 $.

Green Tortoise Backpacker's Guesthouse, 715 2nd Ave. N. (322-1222, fax 282-9075), situé du côté sud de Queen Ane Hill, à 3 blocks de la Space Needle. 40 lits répartis dans 11 dortoirs. Cuisine commune avec terrasse et jardin. En fonction de l'affluence, l'endroit peut être bruyant et désordonné. Pas d'heure limite d'extinction des feux, mais le "calme" est demandé après 23h. Lits 11 $, chambres doubles 30 $. Laverie 1 $. Téléphoner pour que l'on vienne vous chercher.

Commodore Hotel, 2013 2nd Ave. (448-8868), à la hauteur de Virginia Street. Agréable et propre. Chambres simples 29 $, avec salle de bain 44 $, Chambre double avec salle de bains 49 $.

Moore Motel, 1926 2nd Ave. (448-4851 ou 448-4852), à la hauteur de Virginia Street, près du théâtre historique Moore Theater. Grandes chambres à deux lits, avec salle de bain et télévision. Chambres simples 34 $, chambres doubles 39 $. Réduction de 4 $ pour les adhérents HI lorsque l'auberge de jeunesse affiche complet.

Park Plaza Motel, 4401 Aurora Ave. N (632-2101), situé juste au nord du pont Aurora. Prendre le bus 6 jusqu'à la 46th Avenue ou le bus numéro 5 jusqu'au croisement de la 43rd Street et de Fremont Street. Chaleureux et calme. Cadre dépouillé. Chambres simples 31 $, chambres doubles à partir de 37 $.

Nites Inn, 11746 Aurora Ave. N (365-3216). Prendre le bus 6. Un des nombreux motels alignés sur Aurora Street au nord de la 85th Street. Chambres plus spacieuses que la moyenne. Chambres simples 38 $, chambres doubles 42 $.

RESTAURANTS

Le meilleur endroit pour trouver de bons fruits de mer et des produits frais est le marché **Pike Place Market** (ouvert du lundi au samedi de 6h30 à 18h, dimanche de 6h30 à 17h), qui attire toujours beaucoup de monde. Vous trouverez dans le quartier **International District**, le long de King Street et Jackson Street, entre la 5th et la 8th Avenue, de nombreux restaurants de cuisine sud-asiatique. Etant donné la concurrence, les prix sont bas et la nourriture de qualité. On mange également bien dans le quartier **U District,** à côté de Washington University, où l'on trouve des bars animés. Vous pouvez acheter du poisson frais aux pêcheurs sur la jetée aménagée **Fisherman's Wharf**, au niveau de l'intersection entre la NW 54th Street et la 30th Avenue NW à Ballard, sur le trajet du bus 43. Le **Wharf** est généralement ouvert de 8h à 15-16h. A Seattle, les produits alimentaires les moins chers, venus du monde entier, se trouvent dans les magasins de University Avenue, dans le quartier de l'université. Vous pouvez aussi vous rendre dans l'une des **coopératives alimentaires** de Seattle, par exemple au 6518 Fremont Avenue N (à Green Lake) ou au 6504 20th NE (dans le quartier de Ravenna au nord de l'université). Toujours dans le quartier de Ravenna, le **Rising Sun Farms Produce,** 6505 15th Ave. NE (524-9741, ouvert tous les jours de 8h à 20h) vend des produits raffinés.

De façon assez inattendue, Seattle est la capitale américaine du **café**. A tous les coins de rue, les *coffee-shops* proposent fièrement leurs *espresso, cappuccino* et autres *latte,* et rares sont les cuisines où ne trône pas une machine à espresso. Ne dites jamais à un habitant de Seattle que son café est insipide, il se vexerait. Quelques chaînes de *coffee-shop* nées ici ont commencé à se répandre à travers les Etats-Unis, notamment **Starbucks**, dont les enseignes ont envahi jusqu'à East Village.

Soundview Café (623-5700), à l'entresol dans le hall principal du Pike Place Market. Self-service et bar à sandwiches et salades. Pommes de terre et œufs (2,70 $), sandwiches à l'"hummus" (pâte de pois chiches mélangée à de l'huile de sésame, 4 $). Vous pouvez aussi apporter votre pique-nique et déjeuner sur place. Ouvert tous les jours de 7h à 17h.

Three Girls Bakery (622-1045), au coin de Post et de Pike Place. Une boulangerie-café qui sent bon le pain et les pâtisseries. Un pain d'un kilo aux raisins et à la cannelle coûte 4 $. Ouvert du lundi au samedi de 7h à 18h, dimanche de 8h à 18h.

Viet My Restaurant, 129 Prefontaine Pl. S. (382-9923), près du coin de la 4th Street et de Washington Street. Délicieux plats vietnamiens à des prix très corrects. Goûter au *bo la lot* (feuilles de riz fourrées au bœuf, 3,50 $) ou aux crevettes au curry (4,25 $). Evitez l'heure du déjeuner, où il y a toujours beaucoup de monde. Ouvert du lundi au samedi de 11h à 21h.

Green Cat Café, 1514 E. Olive (726-8756). Ce petit café fait l'unanimité parmi les habitants de Seattle pour les prix des petits déjeuners et des déjeuners. Pour 4 $, vous pouvez prendre un *hobo scramble.* Ouvert du lundi au vendredi de 7h à 19h, samedi de 7h30 à 19h, dimanche de 9h à 19h.

Café Paradiso, 1005 E. Pike (322-6960). Situé un peu en retrait, ce café alternatif sert quelques *muffins* et des croissants. Ouvert du lundi au jeudi de 6h à 1h, vendredi de 6h à 4h, samedi de 8h à 4h, dimanche de 8h à 1h.

Asia Deli, 4235 University Way NE (632-2364). Le service est rapide, la nourriture, vietnamienne et thaï, délicieuse et abondante. Nombreux plats à base de nouilles. Essayez le poulet sauté aux oignons (4 $). Rares sont les plats qui dépassent 5 $. Ouvert tous les jours de 11h à 21h.

Phnom Penh Noodle Soup House, 414 Maynard Ave. S (682-5690). Une toute petite salle à manger à l'étage, d'où vous pouvez voir le parc. Sur les six plats inscrits à la carte, tous à 3,90 $, goûtez à la spécialité maison à base de nouilles cambodgiennes : le *Phnom Penh Noodle Special.* Ouvert du jeudi au mardi de 8h30 à 18h.

Taco Del Mar, 90 Yesler (467-5946). Le restaurant le moins cher de Pioneer Square sert une nourriture d'inspiration tex mex, relativement saine. De grands *burritos* à 3,50 $ permettent de dîner copieusement à petit prix. Ouvert du lundi au mercredi de 11h à 22h, du jeudi au samedi de 11h à 23h, dimanche de 11h à 20h.

House of Hong Restaurant, 409 8th Ave. S. (622-7997), situé au niveau de Jackson Street, à la limite d'*International district.* Tous les jours entre 11h et 15h, le *dim sum* le plus couru de Seattle à 2 $ l'assiette. Ouvert du lundi au jeudi de 11h à 22h, vendredi de 11h à minuit, samedi de 10h30 à minuit, dimanche de 10h30 à 22h. Réservation recommandée.

Tandoor Restaurant, 5024 University Way (523-7477). Le buffet à volonté *all-you-can-eat* à 5 $ est un bon plan avec, certains jours, ses plats indiens. Le dîner est plus cher. Ouvert du lundi au vendredi de 11h à 14h30 et de 16h30 à 22h, samedi et dimanche de 11h à 22h30.

Un, Deux, Trois, 1329 First Ave. (233-0123), situé très près du Seattle Art Museum. Une quiche (5 $) ou une salade (5-7 $) constitue un bon déjeuner après une visite du musée. Le dîner est plus cher. Ouvert du lundi au samedi de 11h à 15h et de 17h30 à 21h30.

VISITES ET ACTIVITÉS

La meilleure façon d'avoir une vue d'ensemble de Seattle et de son *skyline* (la fameuse ligne des gratte-ciel, propre à toutes les villes américaines) est de prendre un des **ferrys** qui partent régulièrement des quais du *Waterfront* (voir Informations pratiques). Une journée bien remplie suffit pour découvrir l'essentiel de la ville : Pike Place, le Waterfront, Pioneer Square et *International district*. Si le centre-ville vous indiffère, pourquoi ne pas faire du canot sur Lake Union, une promenade à vélo le long de Lake Washington ou une randonnée à travers Discovery Park ?

Au cœur de la ville, **Pike Place Market**, près du front de mer, s'apparente à un marché européen revu et aseptisé à l'américaine. Des marchands de poisson, de fruits ou de T-shirts apostrophent les passants, quelques artistes de rue rameutent la foule. Pour les plus courageux, les arrivages ont lieu entre 7h et 9h. Juste au coin (impossible de les manquer), les poissonniers de la coopérative **Pike Place Fish Co.** aiment à reprendre en chœur les commandes de leurs clients. Le mensuel gratuit *Pike Place Market News* est rempli d'informations sur le Pike Place Market. Du côté sud du marché, les escaliers de **Pike Place Hillclimb**, descendent par paliers successifs où sont installés quelques magasins et restaurants de cuisine des quatre coins du monde, jusqu'à Alaskan Way et le **Waterfront** (front de mer). On peut remonter en ascenseur. Au moment de la ruée vers l'or du Klondike, en 1897, les quais du *Waterfront* recevaient des chargements entiers d'or. Aujourd'hui, ils grouillent de touristes et d'habitants de Seattle en promenade. Un bel aquarium, **Seattle Aquarium** (386-4320) se trouve au pied du *Hillclimb*, sur le Pier 59, près de Union Street. Des bassins en plein air reconstituent les écosystèmes des marais et de la mer. (Ouvert de Memorial Day, le dernier lundi de mai, à Labor Day, le premier lundi de septembre, tous les jours de 10h à 17h. 7 $, personnes âgées 5,50 $, de 6 à 18 ans 4,50 $, de 3 à 5 ans 2,25 $).

Le nouveau musée **Seattle Art Museum**, 100 University Way (654-3100), situé à côté du carrefour entre la 1st Street et University Way, frappe par son architecture, conçue par Robert Venturi, un architecte de Philadelphie. (Ouvert du vendredi au mercredi de 10h à 17h, jeudi de 10h à 21h. 6 $, étudiants et personnes âgées 4 $, moins de 12 ans gratuit. Téléphoner pour connaître les horaires de visites gratuites.) A un block au nord du musée, sur la 1st Avenue, à l'intérieur du Alcade Plaza Building, se trouve la **Seattle Art Gallery**, qui renferme des œuvres d'art contemporain et des gravures d'artistes locaux. Entrée gratuite.

Westlake Park, sur Pike Street entre la 5th et la 4th Avenue, constitue un lieu de détente agréable où répètent souvent des musiciens de *steel drums*, cet instrument à percussion en métal originaire de Trinidad. Depuis le Westlake Center, vous pouvez prendre le **monorail** (départ tous les quarts d'heure entre 9h et minuit. Ticket 90 ¢, de 5 à 12 ans 60 ¢, personnes âgées 35 ¢) jusqu'au **Seattle Center**. Le *Seattle Center* se trouve entre Denny Way et W. Mercer Street, et entre la 1st et la 5th Avenue. A chacune de ses huit entrées, une carte d'orientation est disponible. A l'intérieur du parc, le **Pacific Science Center** (443-2001), abrite un laserium (443-2850) et un cinéma IMAX (443-4629). Projections IMAX en soirée du jeudi au dimanche (un même billet donne accès au cinéma et au musée. 8,50 $, personnes âgées et de 6 à 13 ans 7 $, de 2 à 5 ans 5,50 $). Les représentations du laserium en soirée accompagnent les musiques de Led Zeppelin ou de Nine Inch Nails (mardi 2,50 $, mercredi à dimanche 5,50 $). Construit à l'occasion de l'Exposition Internationale de Seattle en 1962, la tour futuriste **Space Needle** (443-2111) domine la ville. A son sommet, un restaurant pivotant dispose d'une vue imprenable mais pratique des prix assez élevés.

A quelques blocks du *Waterfront*, le vieux quartier de **Pioneer Square** est composé de bâtiments en briques du XIXe siècle restaurés et mis en valeur dans les années 1970. A l'origine, un pionnier du nom de "Doc" Maynard donna le terrain à un dénommé Henry Yesler, à la condition que celui-ci y bâtisse une scierie. Le bois était acheminé le long de la pente abrupte de Yesler Way, ce qui lui valut d'être surnommé *Skid Road*, la "route glissante". Au fil du temps, l'essentiel des activités se déplaça vers le nord et Pioneer Square déclina. Le centre **Klondike Gold Rush National Historic Park**, 117 S. Main St. (553-7220), ouvert tous les jours de 9h à 17h, propose une exposition assez pédagogique qui retrace l'épopée des chercheurs d'or du Klondike. Le centre projette gratuitement le film de Chaplin *The Gold Rush* (*La ruée vers l'or, tourné en 1925*), le premier dimanche de chaque mois à 15h. Autour de Pioneer square, des galeries d'art présentent les œuvres d'artistes du Nord-Ouest. Le premier jeudi de chaque mois, la soirée porte ouverte **First Thursday** attire toujours beaucoup de monde dans les galeries du quartier. L'une d'entre elles, **Flury and Co. Gallery**, 322 1st Ave. S (587-0260), expose des collections de photos des tribus amérindiennes au début de la colonisation.

En 1889, un incendie a presque entièrement détruit le quartier de Pioneer Square. Le quartier fut reconstruit à trois mètres cinquante au-dessus du niveau d'origine, en couvrant sans les combler les rues d'origine. Les galeries de cette petite ville souterraine, **underground city**, abritèrent longtemps la criminalité de Seattle. Aujourd'hui, des visites de 90 minutes de ce réseau souterrain partent toutes les heures depuis **Doc Maynard's Pub**, 610 1st Ave. (682-1511 pour plus d'informations, ou 682-4646 pour réserver. 6 $, personnes âgées et étudiants 4 $, enfants 3 $).

Bâtie sur une colline, **Capitol Hill** est un quartier vivant, animé par les communautés gay et alternatives. Des *coffee shops* et des restaurants sympathiques se sont implantés sur Broadway et dans les rues qui la croisent. Une promenade dans ce quartier résidentiel permet de découvrir quelques belles maisons victoriennes. Le bus 10 emprunte la 15th Street, le bus 7 remonte Broadway.

Quartier de l'Université

Le vaste campus de **University of Washington** (localement surnommée "U-Dub"), situé au nord du centre-ville entre Union et Portage Bays, regroupe près de 33 000 étudiants. On y trouve des magasins, des restaurants "ethniques" et quelques *coffeehouses*. La plupart des bons restaurants, des jazz clubs, des cinémas et des cafés se trouvent à proximité de **University Way**. Attention, University Way est connue ici sous le surnom **"Th'Ave"** (en une seule syllabe) ! Pour atteindre l'Université, prendre le bus 71 ou 74 depuis le centre-ville, ou les bus 7, 43 ou 48 depuis Capitol Hill. Avant de pénétrer plus en avant dans le **"U District"** (quartier de l'université), faites un tour au **visitors center,** 4014 University Way NE (543-9198), où, avec le sourire, on vous remettra un plan du campus (ouvert du lundi au vendredi de 8h à 17h). Au nord-ouest du campus, le musée **Thomas Burke Memorial**

Washington State Museum (543-5590), au croisement de NE 45th Street et de 17th Avenue NE, est consacré aux peuples amérindiens du Pacifique Nord-Ouest (ouvert tous les jours de 10h à 17h. Don "suggéré" de 3 $, personnes âgées et étudiants 2 $). Le bureau **UW Arts Ticket Office**, 4001 University Way NE (543-4880), vend des billets de spectacle (ouvert du lundi au vendredi de 10h30 à 16h30).

En dehors du campus, les étudiants fréquentent également les bars des quartiers **Queen Anne** ou **Fremont**, où se trouve le magasin de disques **Archie's McPhee's**, 3510 Stone Way, ouvert du lundi au vendredi de 9h à 19h, samedi de 10h à 18h (545-8344). Il rivalise en kitsch et en vieux collectors punk et funk avec les meilleurs magasins de Greenwich Village à New York. Pour y accéder, prendre la Aurora Highway (Rte. 99) ou le bus 26. Le magasin est à l'est de la *highway*, entre le 35th et la 36th street, à deux blocks au nord de Lake Union

International District

Ce quartier de Seattle débute trois blocks à l'est de Pioneer Square, en haut de Jackson Street, sur King Street. Bien qu'encore surnommé *Chinatown* par les habitants de Seattle, International District regroupe des communautés originaires de tous les coins d'Asie. Vous pouvez faire un tour au **Wing Luke Memorial Museum,** 414 8th St. (623-5124). Ce tout petit musée abrite une exposition permanente sur les communautés asiatiques de Seattle. (Ouvert du mardi au vendredi de 11h à 16h30, samedi et dimanche de midi à 16h. 2,50 $, personnes âgées et étudiants 1,50 $, de 5 à 12 ans 75 ¢. Gratuit le jeudi). Vous pouvez également jeter un œil à la **Tsutakawa sculpture,** au coin de S Jackson et de Maynard Street, ainsi qu'à la gigantesque fresque murale représentant un dragon à **Hing Hay Park,** sur S King et Maynard Street. Les jardins publics situés sur Main Street et sur Maynard Street constituent des lieux de détente agréables.

Natures et grands espaces

Seattle est entourée d'eau. **Lake Union** abrite des bateaux à moteurs et des voiliers. Le **Center for Wooden Boats,** 1010 Valley St. (382-2628. Ouvert tous les jours de 11h à 18h), qui séduira les amoureux des bateaux en bois, y loue des canots (8-12 $ de l'heure) et des voiliers (10 à 15 $ de l'heure).

Une visite à "l'échelle à saumon" (**fish ladder**), qui est au sud des **Hiram M. Chittenden Locks** (783-7001) vous permettra non seulement d'admirer les bateaux mais aussi de méditer sur le destin des truites et des saumons venus de l'océan pour remonter vers leur lieu de naissance en franchissant les 21 paliers de béton du *fish ladder*. Prendre le bus 43 depuis le U District ou le bus 17 depuis le centre-ville. Le **Golden Gardens Park,** sur la rive nord-ouest de la ville, est situé dans le quartier *Loyal Heights*, entre NW 80th et NW 95th Street. L'endroit est idéal pour un pique-nique. Sur les embarcadères, au sud, quelques bons restaurants de fruits de mer (un peu chers) offrent un superbe panorama sur les Olympic Mountains.

Au nord de Lake Union, vous pourrez courir, faire du vélo et du roller blade autour du **Green Lake.** Prendre le bus n° 16 depuis le centre-ville. Le nom de Green Lake (lac vert) ne fut pas trouvé par hasard : une simple trempette dans l'eau et vous ressortez couvert d'algues vertes. Le magasin **Green Lake Rentals** (527-0171), situé du côté est du lac, loue des canots (6 $), des canoës et des kayaks (8 $). A côté du lac, se tient le **Woodland Park Zoo,** 5500 Phinney Ave. N (684-4800), facilement accessible par la 99 ou la N. 50th Street, et par le bus n° 5 depuis le centre-ville. Ce zoo est l'un des trois seuls aux Etats-Unis à avoir reçu le label de l'association *Humane Society* attribué uniquement aux zoos qui assurent aux animaux des conditions de vie "humaines". (Ouvert tous les jours de 9h30 à 18h. 7 $, de 6 à 17 ans, personnes âgées et invalides 5,25 $, de 3 à 5 ans 4 $).

Dans la région de Seattle, pas moins de 50 agences organisent des **descentes en rafting.** Pour obtenir un bon prix, n'hésitez pas à appeler une société en lui citant les tarifs des concurrents ! Consultez la section "Guides" dans les pages jaunes des annuaires téléphoniques. Deux associations professionnelles, **PRO (Professional**

Rafters Organizations) (323-5485) et Washington State Outfitters and Guides Association (392-6107), pourront vous conseiller.

Le Northwest Outdoor Center, 2100 Westlake Ave. (281-9694), au Lake Union, propose des cours de kayak (de rivière ou de mer) au printemps, en été et à l'automne (2 soirées d'initiation au kayak de mer 45 $). Le centre organise aussi des expéditions avec guide en kayak à travers les îles San Juan (ouvert du lundi au vendredi de 10h à 20h, samedi et dimanche de 9h à 18h).

Les montagnes autour de Seattle sont magnifiques et se prêtent bien au ski. Les stations Alpental, Ski-Acres, et Snoqualmie ont mis en place un numéro central de renseignement sur les tarifs des remontées et les conditions d'enneigement (232-8182). Crystal Mountain (663-2265), la toute nouvelle station de ski de la région, est accessible par la route 410 au sud de Seattle.

Depuis la ruée vers l'or du Klondike, Seattle est en pointe pour la qualité de ses magasins d'équipement de plein air, que ce soit pour la mer ou la montagne. Outre de bons surplus de l'armée et quelques boutiques de matériel de camping d'occasion, la ville compte quelques grands fabricants de vêtements et d'équipements de randonnée, renommés à travers tous les Etats-Unis. Recreational Equipment Inc. Coop (REI Coop), 1525 11th Ave. (323-8333), accessible par le bus n° 10 est l'une des meilleures adresses pour préparer une expédition en montagne ou en mer. Pour quelques dollars, vous pouvez adhérer à *REI Coop* et bénéficier de réductions sur vos achats. Sur un tableau d'affichage, les randonneurs en quête de compagnons de route laissent leurs coordonnées. La compagnie organise ses propres randonnées ainsi que des réunions de formation, des séances diapositives gratuites et des conférences sur des sujets aussi variés que les randonnées au Népal, le vélo en Irlande ou l'art d'améliorer sa technique de pêche à la mouche (ouvert du lundi au vendredi de 10h à 21h, samedi de 10h à 18h, dimanche de 11h à 17h).

SPECTACLES

Le Seattle Opera (389-7676, ouvert du lundi au vendredi de 9h à 17h. Ou bien appeler TicketMaster au 292-2787) donne des représentations tout l'hiver à l'*Opera House* situé dans le Seattle Center. Réserver bien à l'avance. Des billets de dernière minute sont parfois vendus 15 minutes avant le lever de rideau (à partir de 8 $). Ecrire à Seattle Opera, P.O. Box 9248, Seattle 98109. L'été, à l'heure du déjeuner, le festival Out to Lunch (623-0340) organise des concerts gratuits dans les parcs et les squares de Seattle.

Deuxième ville aux Etats-Unis (après NY, *of course*) pour le nombre de compagnies professionnelles de théâtre, Seattle bénéficie d'une vie théâtrale très riche, souvent d'avant garde. Des billets de dernière minute presque à moitié prix sont vendus le jour de la représentation par Ticket/Ticket (324-2744, paiement en espèces). La compagnie Seattle Repertory Theater, 155 Mercer (443-2222), souvent primée aux Etats-Unis, donne des représentations au Bagley Wright Theater du Seattle Center. (Billets 10-36 $, étudiants et personnes âgées billets à tarifs très réduits vendus 10 minutes avant le spectacle). Quelques théâtres à mentionner : A Contemporary Theater (ACT), 100 W. Roy St. (285-5110), au bas de Queen Ann Hill, Annex Theatre, 1916 4th Ave. (728-0933), The Empty Space Theatre, 3509 Fremont Ave. N (547-7500).

Seattle ravira également les cinéphiles. La plupart des salles qui projettent des films indépendants sont regroupées dans *Capitol Hil* et dans le quartier de l'Université. The Egyptian, 801 E. Pine St. (323-4978), sur Capitol Hill, qui accueille chaque année le Seattle Film Festival passe des films d'auteurs. The Harvard Exit, 807 E. Roy (323-8986), à *Capitol Hill*, occupe une ancienne maison. Le hall d'entrée du cinéma est tout simplement l'ancienne salle de séjour des occupants précédents. Si vous venez de bonne heure, vous pourrez faire une partie d'échecs ou de backgammon en grignotant des crackers et du cheddar américain (Tarif 6,75 $, personnes âgées et enfants 4 $).

L'équipe de base-ball les Mariners (qui jouent en *major-league*) joue au Kingdome, 201 S. King St au bout de 1st Ave. (622-3555 pour les horaires, 622-4487 pour réserver, billets 15 $, réductions pour les personnes âgées le dimanche). C'est également au Kingdome que vous pouvez assister à un match de football américain avec l'équipe de Seattle les **Seahawks**. Toujours en football américain, les **Huskies de University of Washington Huskies** se défendent relativement bien dans les compétitions universitaires. Téléphoner au 543-2200 pour obtenir le calendrier des rencontres. En basket-ball, les **Seattle Supersonics** (281-5800), la seule équipe sportive de Seattle qui ait jamais remporté un titre national américain, attirent une foule de fans pour leurs matchs qui se déroulent au *Coliseum* .

SORTIES

Pioneer Square est l'un des meilleurs quartiers pour prendre une bière et écouter de la musique dans les bars. La plupart des bars se sont associés pour offrir une **joint cover** (8$), qui permet de passer d'un bar à l'autre sans avoir à repayer le droit d'entrée. Le **Fenix Café and Fenix Underground** (343-7740) et le **Central Tavern** (622-0209) font venir des groupes de rock. **Larry's** (624-7665) et le **New Orleans** (622-2563) ont souvent à l'affiche de bons groupes de jazz et de blues. Tous les clubs de Pioneer Square ferment à 2h du matin les vendredi et samedi soirs, et aux environs de minuit en semaine. Le Nord-Ouest produit quelques bonnes bières locales. Certaines sont distribuées en magasin, mais la plupart ne peuvent se goûter qu'à la pression dans les bars. Quelques bières populaires à Seattle : **Grant's, Imperial Russian Stout, India Pale Ale, Red Hook, Ballard Bitter, Black Hook** et **Yakima Cider.**

Red Door Alehouse, 3401 Fremont Ave. N. (547-7521), au niveau de la N. 34th Street, en face de la Inner-Urban Statue. Une bonne sélection de bière qui connaît un large succès auprès d'une clientèle d'étudiants déjà presque *yuppies*. Ouvert tous les jours de 11h à 2h. Les cuisines ferment à 23h.

The Trolleyman Pub, 3400 Phinney Ave. N. (548-8000), est situé derrière la Red Hook Ale Brewery. C'est d'ici que sortent les tonneaux de bière qui vont directement sur le campus de l'université. Si vous n'arrivez pas trop tard, vous pourrez apprécier, dans une ambiance un peu éméchée, les bulles toutes fraîches de la bière du jour en écoutant de la bonne musique. Ouvert du lundi au jeudi de 9h à 23h, vendredi de 9h à minuit, samedi de 11h à minuit, dimanche de midi à 19h.

Kells, 1916 Post Alley (728-1916), sur Pike Place. Un pub irlandais animé, où se produisent des groupes de musique irlandaise tous les soirs. Entrée 3 $ le vendredi et le samedi. Ouvert du mercredi au samedi de 11h30 à 2h.

Off Ramp, 109 Easlake Ave. E. (628-0232). Les groupes les plus populaires s'y produisent. Ambiance toujours bruyante, parfois déchaînée. Ouvert tous les jours de 18h à 3h. Prix d'entrée variable.

Under the Rail (448-1900), au coin de la 5th Street et de Battery Street. Le plus grand pub du centre-ville accueille des groupes locaux (entrée 5 $) et parfois quelques grandes vedettes. DJ les soirs sans concert. Bruyant. Les horaires varient selon le programme. Souvent ouvert après 2h. Toujours ouvert samedi de minuit à 5h.

OK Hotel, 212 Alaskan Way S. (621-7903). Situé près de Pioneer Square, du côté du *waterfront*. Un café et un bar réunis sous un même toit. De bons groupes de musique alternative, une ambiance chaude. Parfois entrée à 6 $. Ouvert du dimanche au jeudi de 6h à 3h, vendredi et samedi de 8h à 4h.

Weathered Wall, 1921 5th Ave. (728-9398). Programme éclectique qui oscille entre soirées poésie et nuits punk. Les habitués, qui aiment se donner des allures d'artistes un peu bohèmes, le sont tout autant. Il s'y passe toujours quelque chose d'intéressant. Ouvert du mardi au dimanche de 21h à 2h. Entrée 3 à 7 $.

Murphy's Pub (634-2110), au coin de Merridian Avenue N. et de N. 45th St., à Wallingford, à l'ouest de University District. Prendre le bus 43. Un pub irlandais traditionnel, avec une liste des bières d'un kilomètre de long. Très populaire parmi les plus jeunes. Karaoke le mercredi. Ouvert tous les jours de 11h30 à 2h.

Re-Bar, 1114 Howell (233-9873). Un bar-discothèque moitié gay, moitié *straight*. Style de musiques variable selon les soirs. Frais d'entrée 4 $. Ouvert tous les jours de 21h30 à 2h.

The Vogue, 2018 1st Ave. (443-0673). Une boîte pour anges de malheur et *no future* génération. Ambiance *Out of control*. Ouvert tous les jours de 21h à 2h.

■ AUX ENVIRONS DE SEATTLE : VASHON ISLAND

A une courte distance en ferry de Seattle – et plus courte encore de Tacoma – l'île de **Vashon Island** séduit par ses forêts vertes de pins Douglas, ses interminables ceriseraies, ses champs de fraises et ses fleurs sauvages. Quatre itinéraires de ferry permettent d'y accéder. Téléphoner à la compagnie **Washington State Ferry** au 464-6400 pour les horaires.

Une fois dans l'île, vous pouvez aller pique-niquer au **Point Robinson Park :** à partir de la Vashon highway, prendre Ellisburg jusqu'à Dockton, puis jusqu'à Point Robinson Road. L'île est un paradis pour les **cyclistes.** Plus de 250 hectares de sentiers de randonnée sillonnent les bois de l'île. Plusieurs très belles balades à pied démarrent au **Vashon Island Ranch/Hostel (HI-AYH)** 12119 SW Cove Rd. (463-2592). Cette auberge de jeunesse, appelée parfois **"Seattle B"**, constitue le seul hébergement dans l'île. Pour y arriver, sautez dans n'importe quel bus au terminus des ferries, descendez à Thriftway Market, pénétrez sans hésiter dans le magasin et décrochez le téléphone gratuit qui porte l'étiquette HI-AYH. Si l'heure est "raisonnable", Judy, la directrice de l'auberge de jeunesse, viendra vous chercher. Elle n'a jamais laissé tomber personne. **Seattle B** et sa directrice attentionnée proposent gratuitement des *pancakes* au petit déjeuner, prête de vieux vélos, distribue du bois pour les feux de camp, et organise des parties de volley l'après-midi. Si tous les lits sont pris, vous pourrez planter une tente. (Ouvert toute l'année. Tentes et lits 9 $. Non-adhérents 12 $). On peut acheter des produits alimentaires chez **Thriftway** dans le "centre-ville" (ouvert tous les jours de 8h à 21h).

■■■ LES ÎLES SAN JUAN

La végétation, luxuriante, ferait presque oublier que les précipitations sont deux fois plus faibles qu'à Seattle ; les aigles et les baleines, que ces îles sont si proches de la grande métropole. Facilement accessibles, les îles San Juan sont un petit paradis pour amoureux de la nature. Pour préparer votre séjour, vous pouvez vous procurer à Seattle ou une fois sur place un exemplaire de l'excellent *The San Juan Islands Afoot and Afloat* de Marge Mueller (10 $). Les **ferry** partent d'Anacortes, sur le continent, environ neuf fois par jour et desservent les îles **Lopez, Shaw, Orcas** et **San Juan.** Les billets sont en vente au terminal des ferry à Anacortes. Entre les îles, les passagers sans véhicule voyagent gratuitement. Les passagers avec voitures voyagent également gratuitement, mais seulement sur les trajets allant vers l'est. En allant directement dans l'île la plus à l'ouest, vous économiserez donc de l'argent sur le trajet retour en voyageant d'île en île vers l'est. Pour connaître les heures de départ et les tarifs, téléphoner à la compagnie **Washington State Ferries** (464-6400). Les jours de grande affluence, il est conseillé aux passagers en voiture d'arriver une bonne heure avant le départ. Le règlement des billets ne peut être effectué qu'en espèces. La compagnie **Gray Line** (624-5077) organise une navette de bus tous les jours entre Seattle et Anacortes (15 $). **Indicatif téléphonique** des îles San Juan : 206.

L'île San Juan Dernier arrêt sur le trajet du ferry, San Juan est l'île la plus visitée. Une popularité qui n'est pas seulement due à la beauté de l'île mais aussi au fait qu'elle soit l'une des plus faciles à découvrir. Les ferries débarquent les passagers à **Friday Harbor,** la principale localité de l'archipel. Consacré aux baleines, le **Whale Museum**, 62 1st St. (378-4710) expose quelques squelettes de grands mammifères marins et fait le point sur les recherches qui leur sont consacrées. Ouvert tous les jours de 10h à 17h, l'hiver de 11h à 16h. Entrée 3 $, personnes âgées et étudiants 2,50 $, moins de 12 ans 1,50 $. **Lime Kiln State Park,** sur West Side Road, est le meilleur endroit dans tout l'archipel pour observer les baleines... quand celles-ci sont au rendez-vous. De février à juin, au fur et à mesure du réchauffement des eaux, les baleines grises du Pacifique remontent la côte ouest depuis les côtes mexicaines jusqu'à l'océan Arctique. C'est en avril que vous avez le plus de chances de les voir dans la région. A la fin de l'été, elles effectuent le même trajet en sens inverse et se trouvent généralement à la hauteur de l'Etat de Washington courant octobre. Si vous venez "hors saison", sachez tout de même que des colonies d'orques, plus faciles à observer, passent l'essentiel de l'année dans les eaux du détroit Juan de Fuca. Le **San Juan National Historic Park,** situé sur West Valley Road, dans la baie **Garrison Bay** (prendre Mitchell Bay Road à l'est de West Side Road) abrite un camp militaire britannique - fort justement nommé **British Camp** - aujourd'hui transformé en musée. Quatre bâtiments datent de l'époque des premières implantations britanniques. Si vous souhaitez **pêcher**, procurez-vous un exemplaire de *Salmon, Shellfish, Marine Fish Sport Fishing Guide*, distribué gratuitement par **Ace Hardware and Marine,** 270 Spring St. (378-4622). Ouvert du lundi au samedi de 8h à 18h, dimanche de 9h à 17h. Vous pouvez également y acheter le permis de pêche, qui est obligatoire. Pour savoir où louer des vélos, ou vous renseigner sur les sites intéressants de l'île, faites un tour à la **Chamber of Commerce** (468-3663), située sur East Street, au-dessus de Cannery Landing.

Le terrain de camping de **San Juan County Park,** 380 Westside Road (378-2992), à 16 km à l'ouest de Friday Harbor, dispose d'eau froide (brrr !) et de toilettes, mais pas de raccordements pour camping-cars (Emplacements pour véhicules 15 $, emplacements pour randonneur/cycliste 4,50 $). Le camping **Lakedale Campgrounds,** 2627 Roche Harbor Rd. (378-2350), à 6,5 km de Friday Harbor, est situé sur un beau terrain entouré de lacs. Possibilité de baignade, location de bateaux. (emplacements pour 1 ou 2 personnes avec véhicule 16 $, juillet-août 19 $, chaque personne supplémentaire 3,50 $. Ouvert du 1er avril au 15 octobre). **La Cieba,** 395 Spring St. (378-8666), est un petit troquet mexicain qu'affectionne la clientèle locale. De bons *burritos* à 4,50 $. Ouvert tous les jours de 11h à 20h.

L'île Orcas est la plus étendue de l'archipel. Haut de 722 mètres, **Mount Constitution** domine Puget Sound. Une communauté de retraités, d'artistes et d'agriculteurs coule des jours paisibles au pied du mont, dans des maisons éparpillées parmi les arbres, où les *madronas* se distinguent de leurs congénères par leur écorce rouge. Orcas est sans doute l'île qui offre les possibilités d'hébergement les moins chères Malheureusement, l'accès à la plage est restreint par la présence de résidences privées et d'hôtels. Le quai des ferries est au sud-ouest de l'île. La principale localité, **Eastsound,** se trouve à 15 km au nord-est. Dans la plupart des magasins, vous pourrez vous procurer une **carte** gratuite. La compagnie San Juan Transit (376-8887) y organise un service de bus qui partent environ toutes les 90 minutes à destination de la plupart des points importants de l'île (tickets 4-7 $). Le sentier qui mène jusqu'à **Obstruction Pass Beach** est la meilleure manière d'accéder aux plages à galets. Il n'est pas facile de faire le tour de l'île puisqu'elle présente la forme d'un fer à cheval.

Moran State Park Star Rte. 22, Eastsound 98245 (376-2326) constitue la principale attraction de l'île. Le parc compte plus de 33 km de sentiers allant d'une promenade d'une heure autour de Mountain Lake à une randonnée d'une journée jusqu'au sommet de Mount Constitution, le point le plus élevé des îles San Juan. Vous pouvez vous procurer un exemplaire du guide des sentiers auprès de la **registration station** (376-2837). Par temps clair, le sommet de Mount Constitution offre un superbe panorama sur l'ensemble de l'archipel, les Olympic Mountains, la chaîne des

Cascades, l'île de Vancouver et le mont Rainier. Toujours dans le parc, deux lacs, facilement accessibles à partir de la route, permettent de se baigner. Vous pouvez également louer un canot pour 9 $ de l'heure. Le parc dispose de quatre terrains de **camping**, qui totalisent 151 emplacements. Une douzaine d'emplacements restent ouverts toute l'année. Il est interdit de camper en dehors des zones aménagées. Emplacements standard avec douches chaudes 11 $, emplacements pour randonneurs/cyclistes 5 $. Le parc est ouvert tous les jours de 6h30 à la tombée du jour, de septembre à mars à partir de 8h. Il est fortement conseillé de réserver dans les campings de mai à Labor Day, le premier lundi de septembre.

Pour plus de renseignements, téléphoner à la **Friday Harbor Chamber of commerce** (468-3663) ou à la **Orcas Island Chamber of commerce** (376-2273). Possibilité de location de vélos chez **Wildlife Cycle** (376-4708), au coin de A Street et de North Beach Road, à Eastsound (21 vitesses 5 $ par heure, 21 $ par jour. Ouvert du lundi au samedi de 10h30 à 17h). En cas d'**urgence,** composer le 911.

OLYMPIC PENINSULA

Les habitants d'Olympic Peninsula sont réputés dans l'Etat de Washington pour leur résistance exceptionnelle à la pluie venue du Pacifique. Le Mont Olympus reçoit chaque année près de cinq mètres de pluie, soit autant que les zones bien arrosées de l'Amazonie. Ces précipitations ont donné naissance à une forêt humide de climat tempéré (*temperate rain forest*) à l'exubérance comparable à celle des forêts équatoriales. Au nord de la péninsule, quelques petits ports de pêcheurs se répartissent le long de cette côte sauvage. Bordé par la chaîne glaciaire Olympic Mountains, le détroit Juan de Fuca sépare les Etats-Unis de l'île de Vancouver, qui appartient au Canada. Plus au centre de la péninsule, Olympic National Park, plus étendu que l'état du Rhode Island (de la taille d'un département français) permet aux visiteurs de découvrir une nature vierge.

■■■ PORT TOWNSEND

Au cœur de cette région sauvage, les constructions victoriennes de Port Townsend, restaurées dans leur intégralité, ont été déclarées patrimoine national par le gouvernement fédéral. Les cafés, les librairies et les marchands de glace ont investi Water Street. Près de 200 maisons du XIXe siècle ont été rénovées. Certaines ont été transformées en Bed and Breakfast, et deux d'entre elles peuvent être visitées. La **Rothschild House** (379-8076), au coin de Franklin et Taylor Street, date de 1868. Meublée dans un style victorien, elle est entourée d'un beau jardin fleuri (visites tous les jours de 10h à 17h, d'octobre à mars samedi et dimanche de 11h à 16h, 2 $). Egalement dans un style victorien, **Ann Starret Mansion,** 744 Clay St. (385-3205) est réputée aux Etats-Unis pour les fresques qui recouvrent ses plafonds (visites tous les jours de midi à 15h, 2 $). **Point Hudson**, au coin de Port Townsend, à l'intersection de Admiralty Inlet et de Port Townsend Bay est le cœur des anciens ateliers de construction navale. Au nord de Point Hudson, **Chetzemolka Park** et **Fort Worden State Park** comptent plusieurs kilomètres de plage. La **Chamber of commerce** de Port Townsend, 2437 E. Sims Way (385-2722), est à 10 blocks du centre de la ville sur la route 20. Accueil chaleureux. Carte et guide de la région. Ouvert du lundi au vendredi de 9h à 17h, samedi de 10h à 16h, dimanche de 11h à 16h.

Port Townsend comprend deux auberges de jeunesse. **Port Townsend Youth Hostel (HI-AYH),** Fort Worden State Park (385-0655), à 3 km du centre-ville, a investi un ancien fort. Enregistrement entre 17h et 22h. Libération des chambres dès 9h30. Pas d'extinction des feux. Membres HI 11 $, non-membres 14 $, cyclistes 9-

12 $. Tarifs pour les familles. Ouvert de février à décembre. De novembre à février, téléphoner. **Fort Flagler Youth Hostel (HI-AYH),** Fort Flagler State Park (385-1288) se trouve sur Marrowstone Island, à 32 km de Port Townsend. Depuis Port Townsend, prendre la route 19 puis la route 116, qui mène directement au parc. C'est un endroit fabuleux pour les cyclistes et les amateurs de nature. Sur réservation uniquement. Enregistrement entre 17h et 22h, fermeture des chambres entre 10h et 17h. Membres 10 $, non-membres 13 $, cyclistes 9-12 $.

Port Townsend est accessible soit par la **US 101,** soit par la **Kitsap Peninsula,** de l'autre côté du pont Hood Canal Bridge. Les ferries desservent Winslow sur l'île Bainbridge, reliée ensuite par bus à Port Townsend. Pour plus de précisions, prenez contact avec la *Chamber of commerce* de Port Townsend.

■■■ OLYMPIC PARK

Au cœur de la chaîne Olympic Mountains, traversé par quelques rares routes, **Olympic National Park** rassemble sur 450 000 hectares des forêts primaires et des sommets enneigés. Les routes du parc servent en fait de points de départ à plus de 960 km de randonnées. Les flancs ouest des montagnes, fortement arrosés, sont particulièrement propices à la croissance des géants de la *rain forest : red cedar* (thuya géant), *Sitka spruce* (sapin de Sitka) et douglas. Les vallées des rivières Hoh, Queets et Quinault forment des zones particulièrement riches. Seuls les visiteurs mal équipés pour la pluie n'apprécient pas la beauté et la magie de ces forêts vierges. Prévoyez donc chaussures et vêtements de pluie en conséquence.

Informations pratiques Aux entrées principales (Hoh, Heart o' the Hills et Elwha), accessibles par des routes goudronnées et équipées de toilettes, les visiteurs doivent payer un **droit d'entrée** (voiture 3 $, piéton ou cycliste 1 $) Le permis d'accès au parc est valable 7 jours. En cas d'urgence, composer le 911. **Indicatif téléphonique** du Olympic National Park : 360.

Olympic Visitors Center, 3002 Mt. Angeles Rd., Port Angeles (452-0330), à la hauteur de Race Street. Ouvert tous les jours de 9h à 16h. Accueil et orientation des visiteurs. Cartes gratuites très bien conçues. Les services du parc organisent gratuitement des randonnées guidées et des veillées feux de camp. Vous trouverez un programme détaillé dans le journal du parc.

Il est préférable de visiter Olympic National Park aux mois de juillet, août ou septembre : il n'y a que l'été que l'on peut espérer des jours sans pluie. Beaucoup de zones restent enneigées jusqu'à la fin juin. Dans tous les cas, n'attendez pas de miracle météorologique. Les sentiers peuvent être très boueux et glissants ; prévoyez des chaussures de randonnée imperméables et adhérentes. Si vous souhaitez camper en dehors des zones prévues à cet effet, vous devez demander un permis gratuit (*backcountry permit*) auprès des postes de rangers.

A l'intérieur du parc, ne buvez pas l'**eau** non traitée du parc qui peut être infectée par la *Giardia*, un parasite microscopique qui donne une grave diarrhée. Apportez votre eau, ou faites bouillir celle du parc pendant cinq minutes avant de la boire. Vous pouvez aussi vous procurer des tablettes pour purifier l'eau auprès du *visitors center.* Les **chiens** sont interdits dans les parties sauvages, et doivent être tenus en laisse à l'intérieur du parc. La **pêche** est libre à l'intérieur du parc. Pour la pêche au saumon et aux *steelheads,* énormes truites arc-en-ciel, vous devez être en possession d'un permis du *state game department* (équivalent d'un ministère de la chasse), disponible auprès de la plupart des magasins d'équipements de plein air de la région. Le meilleur endroit pour la pêche à la **truite** est la Elwha River, pour le **saumon,** la Hoh River.

Hébergements et campings Au cœur de la forêt humide, un vrai toit n'est pas forcément un luxe. Les propriétaires du **Rainforest Hostel,** 169312 U.S. 101 (374-2270), sont passionnés par la forêt et son écosystème. Lit 11 $, douche 1,50 $

(accessibles à ceux qui n'y dorment pas). Les campings d'Olympic National Park, comme ceux d'Olympic National Forest sont répertoriés sur une carte distribuée par les rangers. Le **parc national** compte de nombreux campings aménagés (emplacements 10 $) ainsi que trois campings gratuits, plus rudimentaires : **Deer Park, Ozette** (eau potable dans les deux cas) et **Queets** (pas d'eau).Pour les terrains de camping de la **forêt fédérale,** l'emplacement varie entre 4 $ et 12 $. Dans le district Hood Canal, six terrains de camping sont gratuits. Les réservations sont possibles pour trois campings : **Seal Rock, Falls View** et **Klahowga** en téléphonant au 800-280-CAMP/2267. Par ailleurs, les **State Parks** de Hood Canal et de la rive est de la péninsule disposent également de terrains. Le prix des emplacements est de l'ordre de 10-16 $, parfois 4-5 $. **Heart o' the Hills Campground** (452-2713), à 9 km de Port Angeles, sur Race Road, à l'intérieur d'Olympic National Park, est à côté de **Hurricane Ridge** (voir ci-après). 105 emplacements à 10 $, plus 5 $ de frais d'entrée. Plus à l'ouest, sur la US 101, on trouve encore, à 8 km au sud de la US 101 **Elwha Valley** (452-9191, 41 emplacements à 10 $, eau potable), et, tout près, **Altaire** (30 emplacements à 10 $, eau potable). **Fairholm Campground** (928-3380, 87 emplacements), à une cinquantaine de kilomètres à l'ouest de Port Angeles, à l'extrémité ouest de Lake Crescent, dispose également d'emplacements à 10 $ avec eau potable. **The Storm King Information Station** (928-3380) organise des programmes didactiques en soirée.

Plus à l'ouest sur la US 101, après 21 km de route goudronnée (entrée 5 $), **Sol Duc Hot Springs Campground** (327-3534) propose des emplacements à 10 $. Le poste de ranger **Eagle Ranger Station** (327-3534, ouvert en juillet et août tous les jours de 8h à 17h) donne des permis gratuits nécessaires pour camper hors des sites aménagés (*backcountry permit*). A proximité, les sources d'eau chaude **Sol Duc Hot Springs** (327-3583) sont ouvertes de mi-mai à août tous les jours de 9h à 21h, en septembre de 9h à 20h, avril et octobre de 9h à 17h. Prix 5,50 $, personnes âgées 4,50 $. Les bassins bétonnés, l'odeur du chlore et les panneaux "se doucher avant d'entrer" gâchent quelque peu l'intérêt de cette source naturelle. **Olympic Hot Springs** sont de véritables sources d'eau chaude, bien moins fréquentées. Pour les découvrir, prendre Elwha River Road sur une vingtaine de kilomètres jusqu'aux panneaux qui indiquent le départ du sentier. Il faut ensuite compter environ 4 km de marche jusqu'aux sources naturelles, mais elles en valent la peine.

Nature Les forêts primaires d'Olympic National Park sont parmi les rares *temperate rain forest* encore préservées de la planète, avec celles du Canada, du Chili et de Tasmanie. C'est dans les vallées des rivières Hoh, Queets et Quinault, toutes situées dans la partie ouest du parc, que sont rassemblés les plus beaux spécimens d'arbres géants plusieurs fois centenaires. Les rangers entretiennent quelques sentiers qui serpentent entre des fougères immenses et des mousses détrempées, empruntant parfois des troncs d'arbres démesurés pour franchir les cours d'eau. Le sentier **Hoh Rainforest Trail** enchantera ceux qui souhaitent découvrir les merveilles de cette forêt. Le sentier remonte la Hoh River, jusqu'au Mont Olympus où se trouve le Blue Glacier. On peut y croiser des hiboux tachetés et des élans. Le **Hoh Rainforest Visitors Center** (374-6925) distribue des permis de camper (ouvert tous les jours de septembre à juin de 9h à 17h).

La Hoh River Road part de la US 101, une vingtaine de kilomètres au sud de la ville de Forks. Les deux premiers terrains de camping situés au bord de la route, gérés par le Department of Natural Resources (DNR), sont gratuits et rarement complets. Seul le terrain de camping **Minnie Petterson** dispose d'eau potable. La meilleure solution est d'y passer la nuit, avant d'aller en voiture jusqu'au point de départ du sentier Hoh, où vous pourrez vous procurer une carte du sentier et commencer votre exploration. Des cartes du secteur Hoh-Clearwater sont également disponibles auprès du bureau principal du DNR sur la US 101, au nord de Forks.

Les sentiers Queets, North Fork et Graves Creek, dans les parties ouest et sud-ouest du parc combleront ceux qui recherchent la solitude. Le sentier **Queets Trail** suit la rivière du même nom à partir d'un terrain de camping gratuit (20 emplacements pour tentes, ouvert de juin à septembre). Le **Quinault Lake** est à la limite du Parc national, de la forêt fédérale et de la réserve Quinault. Dépendant des services forestiers fédéraux, la **Quinault Ranger Station,** South Shore Rd. (288-2444) est ouverte tous les jours de 9h à 16h30, en hiver du lundi au vendredi de 9h à 16h30. Outre un point information, ce centre gère une plage sur le lac, avec des espaces pour pique-niquer. C'est à 32 kilomètres de là que débute le sentier North Fork. Les plus audacieux n'hésiteront pas à faire cette randonnée de 70 km qui traverse tout le parc jusqu'à Whiskey Bend.

Hurricane Ridge se trouve à 9 km de Port Angeles, par la Race Road. La route qui monte en virages jusqu'à Hurricane Ridge (la "crête des ouragans") est bonne, mais peut occasionner quelques maux de cœur. Par temps clair, la vue sur le Mont Olympus et l'île de Vancouver est superbe. Mais Hurricane Ridge attire alors beaucoup de monde. Le lever du soleil, plus calme, est sans doute le meilleur moment. Beaucoup de sentiers de randonnée démarrent à cet endroit (y compris pour personnes âgées et handicapés). Les week-ends d'hiver, les rangers organisent des **promenades à raquettes**. Pour tout renseignement, contacter le *visitors center* (452-0330).

Cape Flattery, au bout d'Olympia Peninsula, est le point le plus au nord-ouest des Etats-Unis (Alaska exclu). Neah Bay, à la pointe ouest du détroit Juan de Fuca, est la seule localité de la **réserve amérindienne Makah.** Depuis Port Angeles, on peut y aller en prenant la route n°112 vers l'ouest. A Neah Bay, sur la route 112, le **Makah Cultural and Research Center** (645-2711) rassemble des objets provenant du site de Cape Alava, où une coulée de boue ensevelit un village amérindien il y cinq siècles. Le musée abrite également la reconstruction du rez-de-chaussée d'une maison amérindienne. (Ouvert tous les jours de 10h à 17h, d'octobre à avril du mercredi au dimanche de 10h à 17h. 4 $, personnes âgées et étudiants 3 $).

Entre les réserves Hoh et Quinault, la US 101 longe par endroits la côte. Des kilomètres de plages désertes, jonchées de troncs d'arbres apportés par l'océan, sont alors facilement accessibles. Des colonies de phoques y résident. Les jours de vent, on voit des aigles et, parfois, des baleines, reconnaissables au loin à leur jet d'eau caractéristique. Au nord, la première plage, **Ruby Beach** est à la hauteur de la borne 165 de la US 101. Un peu plus au sud, à la borne 160, **Beach n°6** est réputée comme point d'observation des baleines. A 5 km au sud, **Beach n°4** est particulièrement intéressante à marée basse pour jouer au milieu des rochers et observer les anémones et les coquillages. Au nord de Ruby Beach, un beau sentier en boucle de 15 km part de **Ozette Lake** et traverse la forêt avant de longer la plage. Le sentier peut être parcouru en une bonne journée de marche. Vous pouvez également le faire en deux jours. Téléphonez alors au 452-0300 pour obtenir un permis.

■■■ OLYMPIA

Petit port de pêche, réputé pour ses huîtres, Olympia a lentement évolué pour tenir son rang de capitale d'Etat. Siège des institutions de l'Etat de Washington, le **State Capitol Campus** et ses bâtiments blancs éclatants domine le centre-ville. Des visites gratuites du **bâtiment législatif** (586-8677) permettent de mieux comprendre la vie politique américaine. Au sein du bâtiment, les chambres des séances sont ouvertes uniquement aux visites organisées (visites de 45 minutes chaque jour entre 10h et 15h, bâtiment ouvert du lundi au vendredi de 8h à 17h, samedi et dimanche de 10h à 16h).

Le **Capitol Lake Park** offre des possibilités de baignade ou de balade en bateau. Allez vous promenez le long de **Percival Landing Park** (743-8379) : les bateaux dans le port évoquent l'époque où Olympia était célèbre aux Etats-Unis pour ses huîtres. Le jardin japonais **Yashiro Japanese Garden** (753-8380), près de la Chamber of commerce, est aussi petit que beau. Il constitue un endroit agréable pour pique-niquer (ouvert tous les jours de 10h à la tombée de la nuit).

La réserve naturelle **Nisqually National Wildlife Refuge** (753-9467), au large de la I-5 entre Olympia et Tacoma (sortie 114) a été au cœur d'une polémique opposant écologistes et hommes de marketing. Jusqu'à nouvel ordre, les sentiers qui sillonnent la réserve et qui permettent d'observer la faune sauvage de la région sont toujours ouverts au public (tous les jours jusqu'à la tombée de la nuit, bureau ouvert du lundi au vendredi de 7h à 16h. Entrée 2 $). La réserve **Wolfhaven,** 3111 Offut Lake Rd. (264-4695 ou 800-448-9653), à 16 km au sud d'Olympia, abrite une quarantaine de loups de six espèces différentes. Visite guidée 5 $, enfants 2,50 $. Vous pouvez également participer au **Howl-In** (loup-y-es-tu ?) de mai à septembre (vendredi et samedi de 7h à 21h30. 6 $, enfants 4 $). La réserve à loups est ouverte tous les jours de 10h à 17h, d'octobre à avril du mercredi au dimanche de 10h à 16h.

La **Chamber of commerce** d'Olympia, 1000 Plum St. (357-3362 ou 800-753-8474) se trouve près du *City Hall* (hôtel de ville). Ouvert du lundi au vendredi de 9h à 17h. **Amtrak,** 6600 Yelm Hwy. (800-872-7245), dessert trois fois par jour Seattle (14 $) et Portland (18 $). **Greyhound,** 107 E. 7th Ave. (357-8667), à la hauteur de Capitol Way, dessert Seattle (8 départs, 6 $), Portland (8 départs, 12 $) et Spokane (3 départs, 27 $). Ouvert tous les jours de 7h30 à 19h30. **Urgences :** 911. **Bureau de poste :** 900 S. Jefferson S.E. (357-2286). Ouvert du lundi au vendredi de 7h30 à 18h, samedi de 9h à 16h. **Code Postal :** 98501. **Indicatif téléphonique :** 360.

Les motels d'Olympia sont relativement chers. Le **Bailey Motor Inn,** 3333 Martin Way (491-7515), à la sortie 107 sur la I-5, offre des chambres propres et confortables mais assez bruyantes (chambres individuelles à partir de 35 $, chambres doubles à partir de 43 $). Le camping du **Millersylvania State Park,** 12245 Tilly Rd. S (753-1519), se trouve à 16 km au sud d'Olympia. Prendre la sortie 99 sur la I-5, puis suivre la route nº 121 vers le sud. Ce parc dispose de 216 emplacements entourés d'arbres. Douches payantes, toilettes (emplacements standard 11 $, raccordements pour camping-cars 16 $). **Capital Forest Multiple Use Area,** 25 km au sud-ouest d'Olympia, à la sortie 95 sur la I-5, dispose de 50 emplacements de camping gratuits répartis sur six sites. Avis aux voyageurs solitaires, cet endroit n'est pas surveillé.

Sur la 4th Avenue, à l'est de Columbia, on compte quelques bons restaurants, qui s'animent en période scolaire. Le marché **Olympia Farmer's market,** 401 N. Capitol Way (352-9096), est généralement bien fourni en fruits de saison et permet de s'acheter à bas prix de quoi faire un bon déjeuner (Ouvert de mai à septembre du jeudi au dimanche de 10h à 15h, en avril samedi, dimanche de 10h à 15h, d'octobre à mi-décembre du vendredi au dimanche de 10h à 15h). **The Spar Café & Bar,** 111 E. 4th Ave. (357-6444). Ouvert du lundi au samedi de 6h à 21h, dimanche de 7h à 20h. Bar ouvert tous les jours de 11h à 2h. Vous pouvez tenter le *grilled oyster sandwich* (aux huîtres gratinées, 5 $) ou vous rabattre sur un classique *deluxe burrito* (4,50 $) ou un *Spar hamburger* (6 $). **Smithfield Café,** 212 W. 4th Ave. (786-1725, ouvert du lundi au vendredi de 7h à 20h, samedi et dimanche de 8h à 20h), est un bon restaurant végétarien. Si vous posez la question, le personnel se fera un plaisir de vous expliquer la différence entre les régimes végétariens (sans viande) et végétaliens (est exclu tout aliment non végétal comme le lait, les œufs, le beurre ou le miel).

LA CHAÎNE DES CASCADES

La chaîne des Cascades, captant l'air humide du Pacifique divise l'Oregon et l'Etat de Washington en deux : à l'ouest, les terres arrosées, à l'est les hautes plaines arides. Les Amérindiens vénéraient ces montagnes, qu'ils appelaient "la demeure des dieux". Les plus élevées – les monts Baker, Vernon, Glacier, Rainier, Adams et Sainte-Hélène – sont aujourd'hui facilement accessibles grâce à quatre routes. Elles offrent toutes des panoramas superbes et permettent de rejoindre aisément des sentiers de randonnée. La **US 12** emprunte le col de White Pass et passe à proximité du Mont Rainier. La **I-90** se divise en quatre routes qui traversent les grandes stations de ski du col de Snoqualmie Pass. La **US 2,** très belle, quitte Everett en direction de Stevens Pass et longe la rivière Wenatchee. La **route 20, ou North Cascades Highway,** mène au North Cascades National Park. Ces deux dernières routes forment la boucle **Cascade Loop.**

Les bus **Greyhound** traversent les cols de Stevens Pass et de Snoqualmie Pass, depuis Seattle (aller-retour), tandis que les trains **Amtrak** assurent la liaison entre Ellensburg et Puget Sound. Les montagnes sont plus accessibles aux mois de juillet, août et septembre. Le reste du temps, beaucoup de cols sont enneigés. Pour tout renseignement sur la chaîne des Cascades, contacter le **National Park/National Forest Information Service,** 915 2nd Ave., Seattle 98174 (206-220-7450).

■■■ LE NORD DE LA CHAÎNE DES CASCADES

Peuplée de cerfs, de chèvres sauvages et d'ours, la partie nord de la chaîne des Cascades rassemble quelques magnifiques sommets. Elle compte parmi les régions les plus sauvages des Etats-Unis. La région est principalement desservie par la **North Cascades Highway (Rte. 20)**, qui offre à chaque virage de superbes points de vue. Pour y accéder, prendre la route n°20 vers l'est au départ de Burlington (sortie 230 sur la I-5), longer le Skagit river jusqu'aux barrages Skagit Dams, puis traverser Cascade Crest par les cols Rainy Pass (1458 mètres) et Washington Pass (1643 mètres). Redescendre ensuite jusqu'à Methow River et les régions arides de l'Oka-nogan dans l'est de l'Etat. La **route 9** part de la route 20, vers le nord, en direction des régions agricoles de la **Skagit Valley,** et permet de faire un détour jusqu'au **Mont Baker,** en bifurquant à Nooksack River et à la route 542. Le Mont Baker (3233 mètres) est en activité depuis 1975. En hiver, on peut voir les vapeurs et les fumées qui émanent de son cratère.

Le North Cascades National Park et la North Cascades Highway ne sont desservis par aucune compagnie de transports en commun. Pour tout renseignement sur les parcs **North Cascades National Park** et **Ross Lake National recreation Area,** contacter le centre d'information situé 2105 Rte. 20, Sedro Wooley (206-856-5700). Ouvert tous les jours de 8h à 16h30, d'octobre à mai du lundi au vendredi de 8h à 16h30. Pour en savoir plus sur **Wenatchee National Forest,** contacter le centre situé 301 Yakima St., Wenatchee 98801 (509-662-4335).

Le nord de la chaîne des Cascades Newhalem est la première ville sur la route 20 en traversant Ross Lake National Recreation Area, zone tampon entre la highway et le North Cascades National Park. Une petite épicerie et des sentiers de **randonnée** en direction des barrages et des lacs avoisinants constituent le principal intérêt de Newhalem. Le **visitors center and ranger station** (386-4495), au bord de la route 20, est un centre d'accueil et d'expositions (Ouvert de mi-avril à mi-novembre tous les jours de 8h30 à 16h30. Téléphoner pour connaître les horaires en hiver).

Le lac artificiel **Ross Lake,** situé derrière le barrage Ross Dam, s'étend au-delà de la frontière canadienne. Le lac est bordé de 15 terrains de camping, certains accessibles à pied, d'autres en bateau. Partant de Ross Lake, à la borne 134 sur la route 20, le sentier qui longe le torrent **Big Beaver Creek** passe au-dessus du barrage et conduit à Picket Range avant de se poursuivre jusqu'au Mont Baker. A proximité de Ross Lake, les tours d'observation de **Sourdough Mountain** et **Desolation Park** offrent une bonne vue d'ensemble de la chaîne de montagnes.

Le terrain de camping du parc national, **Goodell Creek Campground,** au sud de Newhalem, est un bon camp de base pour faire du **rafting** sur la rivière Skagit

(22 emplacements à 7 $ pour tentes et camping-cars, avec eau potable et toilettes rudimentaires. Gratuit à partir d'octobre, mais sans eau potable). **Colonial Creek Campground,** à 16 km à l'est, accessible aux fauteuils roulants, est un terrain de camping complètement aménagé, avec des conférences ou des animations autour du feu de camp organisé tous les soirs (ouvert de mi-mai à octobre. 164 emplacements, 10 $). **Newhalem Creek Campground,** près du *visitors center*, qui est géré par le parc, est aménagé de façon comparable (129 emplacements, 10 $).

   Diablo Lake, fermé à l'est par le barrage Ross Dam est situé au sud-ouest de Ross Lake. Il constitue le point de départ de nombreux sentiers de randonnée qui traversent la partie sud du parc. Le sentier **Thunder Creek Trail** traverse le col Park Creek Pass et rejoint Stehekin River Road, au sud du parc. Dans certaines zones, un *backcountry permit*, délivré gratuitement au poste de rangers est nécessaire pour pouvoir camper en pleine nature.

A l'est de Mazama et de Winthrop

A l'est de Mazama et de Winthrop En quittant Ross Lake, la route 20 commence à grimper, laissant apercevoir les cimes enneigées des Cascades du Nord. Après une cinquantaine de kilomètres le long de la route 20 (superbe panorama), le sentier de randonnée **Pacific Coast Trail** traverse le col **Rainy Pass.** C'est l'une des parties les plus spectaculaires et les plus difficiles de ce sentier de crête de 4025 km qui relie le Canada au Mexique. Le chemin se poursuit vers le nord à travers la réserve naturelle **Pasayten Wilderness** et vers le sud au-delà du **Glacier Peak** (3162 mètres) à travers **Glacier Peak Wilderness.** Autour du col Rainy Pass, quelques beaux **sentiers** de 1,5 à 5 km de long, très bien entretenus, peuvent être empruntés en tennis à condition que la neige ait fondu (aux environs de la mi-juillet). Une fois arrivé au col **Washington Pass,** vous pouvez vous dégourdir les jambes en allant admirer l'un des plus beaux panoramas de la région et les étonnantes formations géologiques de **Copper Basin,** où le ruisseau Early Winters Creek a mis à nu des roches rouges. Un sentier très populaire de 3,5 km démarre juste à l'est de Washington Pass et aboutit à **Blue Lake.** Une randonnée plus facile de 3 km, jusqu'à **Cuttroat Lake,** démarre 7,5 km à l'est de Washington Pass. Arrivé au lac, le sentier continue sur 6,5 km, menant à près de 600 mètres plus haut jusqu'à **Cutthroat Pass,** d'où le randonneur tenace pourra avoir un panorama magnifique sur les hauts sommets. Une belle route serpente sur 30 kilomètres jusqu'à **Hart's Pass,** le plus haut col de la région. La route part de **Mazama,** 16 km à l'est de Washington Pass. Abrupte et étroite, elle est ouverte de début juillet à fin septembre (interdite aux caravanes).

   Les services fédéraux des forêts gèrent quelques terrains de camping le long de la route 20 (emplacement 7 $), entre Washington Pass et Mazama. Une visite au **Early Winters Visitor Center** (996-2534), situé à proximité immédiate de Mazama, permet de tout savoir sur la réserve naturelle **Pasayten Wilderness.** Des randonnées à pied ou à cheval de cinq jours permettent d'apprécier ces terres sauvages. (*Visitors center* ouvert tous les jours de 9h à 17h. Ferme à Labor Day, premier lundi de septembre, pour la période d'hiver.)

De Winthrop à Twisp

De Winthrop à Twisp Plus à l'est se trouve la petite ville de **Winthrop.** Pour tout renseignement, adressez-vous à **Winthrop Information Station** (996-2125), au croisement de la route 20 et de Riverside (ouvert de début mai à mi-octobre tous les jours de 10h à 17h).

   Un bon festival de blues, le **Winthrop Rythm and Blues Festival** (996-2148) a lieu chaque année en juillet. En 1995, Booker T. et les Mgs, The Band et Dorothy Moor y ont participé. Un pass valable trois jours coûte 35 $. Le **Rocking Horse Ranch** (996-2768), à 15 km au nord de Winthrop sur la route 20, organise des randonnées à cheval (20 $ pour une heure et demie). Le magasin **Winthrop Mountain Sports,** 257 Riverside Ave. (996-2886) loue des vélos (5 $ par heure, 20 $ la journée). Le poste de rangers **Winthrop Ranger Station,** P.O. Box 579 (996-2266), à 24 W. Chewuch Rd, en retrait de la route 20 dans l'ouest de la ville, pourra vous renseigner sur les terrains de camping et les possibilités de randonnées et de pêche (ouvert du lundi au vendredi de 7h45 à 17h, samedi de 8h30 à 17h, fermé les week-ends en hiver).

Evitez les hôtels chers de Winthrop et dormez plutôt à **Twisp**, à 15 km au sud de Winthrop sur la route 20. Ce paisible village, moins envahi par les touristes, pratique des prix économiques. **The Sportsman Motel,** 1010 E. Rte. 20 (997-2911). Derrière une façade aux allures de caserne, ce motel dispose de chambres et de cuisines décorées avec goût (chambres simples 31 $, deux personnes 36 $, chambres doubles 39 $). Arrêtez-vous à la boulangerie **Cinnamon Twisp Bakery,** 116 N. Glover St. (997-5030) pour goûter au merveilleux pain frais, aux *bagels* et aux *muffins* (ouvert du lundi au samedi de 7h à 17h). Pour le déjeuner, vous pourrez prendre un bon sandwich (5,25 $, accompagné d'une soupe ou d'une salade) au **Glover Street Café,** 104 N. Glover St. (997-1323).

Les rangers de la **Twisp Ranger Station,** 502 Glover St. (997-2131) distribuent des brochures sur les sentiers de randonnée et les terrains de camping des environs (ouvert du lundi au samedi de 7h45 à 16h30, en hiver du lundi au vendredi de 7h45 à 16h30). Depuis Twisp, la route 20 continue vers l'est jusqu'à Okanogan, et la route 153 vers le sud jusqu'au **Lake Chelan**.

▣▣▣ LE MONT RAINIER

Avec ses 4 323 mètres, le Mont Rainier est le plus haut sommet de la chaîne des Cascades, dominant de près de 3 000 mètres les contreforts qui l'entourent. Les Amérindiens surnommèrent la montagne "Tahoma", qui signifie "la montagne de Dieu". Aujourd'hui, pour la plupart des habitants du Washington, Rainier est simplement "la montagne". Recevant l'air chargé d'humidité du Pacifique, le Mont Rainier a un microclimat caractérisé par des précipitations abondantes sous forme de neige ou de pluie. Près de 200 jours par an, le sommet est masqué par les nuages. Chaque année, près de 3 000 alpinistes déterminés partent à l'assaut de son sommet.

Informations pratiques Le Mont Rainier se trouve à 112 km de Seattle. Pour atteindre le parc, prendre la direction sud à partir de Seattle sur la I-5 jusqu'à Tacoma, puis emprunter la route 512 vers l'est, la route 7 vers le sud et la route 706 vers l'est. La **route 706** constitue la seule voie d'accès ouverte toute l'année. En raison de la neige, les autres routes du parc sont habituellement fermées de novembre à mai. Le **droit d'entrée** au parc est de 5 $ par voiture et de 3 $ par randonneur. Les portes sont ouvertes 24h/24. Pour **tout renseignement**, adressez-vous au **Long-mire Hiker Information Center**, où vous pourrez demander un *backcountry permit* pour camper en dehors des zones aménagées (ouvert du dimanche au jeudi de 8h à 16h30, vendredi de 8h à 19h, samedi de 7h à 19h. Fermé l'hiver). Le **Para-dise Visitors Center** (589-2275) propose hébergement, ravitaillement et souve-nirs (ouvert tous les jours de 9h à 19h, de fin septembre à mi-octobre de 9h30 à 18h, de mi-octobre à mai de 10h à 17h). Le **Sunrise Visitors Center** rassemble des expositions et un magasin de souvenirs (ouvert tous les jours du 25 juin à mi-septembre de 9h à 18h). Le **Ohana pecosh Visitors Center** organise des exposi-tions sur les animaux sauvages (ouvert tous les jours de 9h à 18h, mai et juin samedi et dimanche de 9h à 18h, fermé de mi-octobre à avril). Pour contacter les différents *visitors centers*, écrire à c/o Superintendent, Mt. Rainier National park, Ashford 98304, ou téléphoner au 569-2211. **Rainier Mountaineering Inc. (RMI)** (569-2227), à Paradis, loue à la journée des piolets (8 $), des crampons (8 $), des chaus-sures de marche (16,50 $), des sacs (15 $) et des casques (5,50 $). RMI propose également ses guides de montagne expérimentés qui organisent des ascensions et des séances de formation. (Ouvert de mai à octobre tous les jours de 10h à 17h. Quartiers d'hiver : 535 Dock St. #209, Tacoma 98402. 627-6242). En cas d'**urgences** dans le parc, composer le 569-2211 ou le 911. **Indicatif téléphonique** du Mont Rainier : 206.

Hébergements et restaurants Les hôtels et les restaurants de **Longmire, Paradise** et **Sunrise** sont souvent très chers. Choisissez plutôt **Ashford** ou **Packwood. Hotel Packwood,** 104 Main St. (494-5431) est un vieil hôtel à bons prix (chambres simples 20 $, avec s.d.b. 38 $, chambres doubles 30 $). Le **Gateway Motel,** 38820 Rte. 706, Ashford (569-2506) propose des bungalows pour deux (49 $. Chambres simples et doubles 35 $, avec salle de bain 40 $).

De juin à septembre, les **terrains de camping** accessibles en voiture fonctionnent sur le principe du premier arrivé, premier servi (emplacement 6-10 $). Le parc comprend cinq terrains de camping : **Ohanapecosh** (205 emplacements) est agréable pour l'ombre de ses vieux arbres ; **Cougar Rock** (200 emplacements) pour son calme ; **Isput Creek** (29 emplacements) pour sa verdure ; **White River** (117 emplacements) et **Sunshine Point** (18 emplacements), pour leurs panoramas. Ce dernier est le seul à être ouvert toute l'année.

Pour camper dans le parc, demandez aux rangers un *backcountry permit* gratuit. Profitez-en pour prendre un exemplaire de la brochure *Wilderness Trip Planner.* Les randonneurs munis d'un permis peuvent camper sur les sites gratuits aménagés le long des sentiers du parc. La plupart des campements sont équipés de toilettes et sont situés près d'un point d'eau. Certains d'entre eux disposent de refuges. *Les feux sont interdits dans le parc.* Les **alpinistes** qui ont l'intention de grimper au-dessus de 3000 mètres doivent se faire enregistrer en personne aux postes de gardes pour obtenir un permis.

Nature Certains grands axes routiers offrent de beaux panoramas sur la montagne. Des points de vue sont alors aménagés au bord de la route. Les routes en direction de Paradise et de Sunrise sont particulièrement spectaculaires. **Stevens Canyon Road,** qui relie l'extrémité sud-est du parc national à Paradise, à Longmire et à l'entrée de Nisqually, offre de superbes vues sur le Mont Rainier et sur la chaîne des Tatoosh Range. Sur le chemin, vous pourrez découvrir les sites de **Box Canyon, Bench Lake** et **Grove of the Patriarchs.**

Le Mont Adams et le Mont Ste. Hélène peuvent être bien observés depuis les **sentiers de randonnée** comme **Paradise** (2,4 km), **Pinnacle Peak** (4 km), **Eagle Peak** (11,2 km) et **Van Trump Peak** (8,8 km). Pour en savoir plus sur ces sentiers, prendre un exemplaire de *Viewing Mount St. Helens* à l'un des *visitors centers.*

Le tronçon du sentier **Pacific Crest Trail (PCT)** qui relie la rivière Columbia à la frontière canadienne traverse le sud-est du parc, sur un beau parcours. Le PCT, entretenu par le département fédéral des forêts, comporte des **terrains de camping** et des **refuges** rudimentaires.

L'ascension du Mont Rainier ne s'improvise pas sans préparation. Pour atteindre le sommet, il faut compter environ deux jours (2700 mètres de dénivelé). Les alpinistes expérimentés peuvent organiser leurs propres expéditions après avoir rempli un formulaire. Les novices peuvent s'inscrire dans un groupe (environ 400 $) organisé par **Rainier Mountaineering, Inc. (RMI).** Pour davantage d'informations, prendre contact avec le **Bureau Principal du Parc** ou **RMI** (voir Informations pratiques).

Le sentier **Wonderland Trail**, qui fait le tour du Mont Rainier sur 150 km, s'adresse aux vrais randonneurs. Il faut compter 10 à 14 jours pour parcourir tout l'itinéraire, qui comporte quelques montées particulièrement abruptes. Les rangers pourront vous renseigner sur les conditions climatiques et l'état du sentier et même organiser votre ravitaillement en route aux différentes postes de rangers.

■■■ LE MONT STE HÉLÈNE

Le 18 mai 1980, une éruption fit voler en éclat le sommet parfaitement dessiné du Mont Ste Hélène, creusant un cratère de 3,2 km de long et 1,6 km de large. Le ciel fut voilé par des cendres noires sur des centaines de kilomètres alentour, les villes des environs couvertes de suie. Des roches grosses comme des maisons dégringolèrent la montagne, les débris du volcan comblèrent Spirit Lake et engorgèrent les rivières de boue. L'explosion dévasta des forêts entières, laissant des amas de troncs sur les collines.

Mt. St. Helens National Volcanic Monument Quinze ans après l'éruption, la vie reprend peu à peu : de jeunes arbres poussent près des troncs d'arbres dénudés, et des animaux commencent à repeupler la zone dévastée. La montagne, comme beaucoup d'autres volcans de la chaîne des Cascades, est encore en activité. Une nouvelle éruption n'est pas exclue, même si les probabilités sont faibles.

Informations pratiques Commencez par faire un tour au **Mt. St. Helens National Volcanic Monument Visitors Center** (206-274-2100, serveur vocal au 206-274-2103), sur la route 504, à 8 km à l'est de Castle Rock (sortie 49 sur la I-5). Des conférences et une exposition (film de 22 minutes) permettent de comprendre l'éruption du volcan et la régénération progressive de la végétation. Le centre peut aussi vous renseigner sur les possibilités d'hébergement et les terrains de camping. Le **Pine Creek Information Center,** au sud, et le **Woods creek Information Center,** au nord, sont plus petits que le centre principal, mais se trouvent à moins de deux kilomètres de très beaux points de vue. Vous y trouverez des panneaux d'information, des cartes et des brochures sur les environs. (Les trois centres sont ouverts tous les jours de 9h à 18h, de mars à octobre de 9h à 17h). En cas d'**urgences,** composer le 911.

Le parc est situé entre la US 12 au nord, Forest Road 90 au sud et la Forest Road 25 à l'est (qui se situe entre la route 90 et la US 12). En venant de l'ouest, les routes n° 504 et n° 503 permettent d'accéder au parc. La **US 12,** que l'on atteint par la route 7, au sud de Tacoma, ou par la sortie 68 sur l'I-5 ne permet pas d'accéder directement à la montagne mais constitue le plus court chemin pour Windy Ridge. Elle offre également des vues étonnantes sur la forêt foudroyée. La plus belle route d'accès est la **route 504,** que l'on peut rejoindre en empruntant la sortie 49 sur la I-5. Il faut savoir que la route 504 se termine à Coldwater Lake et qu'il faut après revenir sur ses pas sur la I-5. Environ 40 km plus au sud, la **route 503** se dirige vers l'est en passant par Cougar, point de départ pour l'ascension du sommet, et rejoint la route 90. Pensez à faire le plein, car il n'y a pas de poste d'essence à l'intérieur du parc. **Indicatif téléphonique :** 360.

Camping Deux **terrains de camping** peu aménagés, relativement proches du cratère, permettent d'être sur place dès le matin. **Iron Creek campground,** sur Forest Road 25 près de l'intersection avec Forest Road 76, compte 98 emplacements à 8 $ (réserver au 800-283-2267). **Swift Campground,** sur Forest Road 90, compte 93 emplacements à 8 $ (pas de réservations). A l'ouest de Swift Campground, sur Yale Reservoir, se trouvent les terrains de camping de **Beaver Bay** et de **Cougar.** Tous deux sont équipés en toilettes, douches et électricité (emplacements 8 $, réserver au 503-464-5035). Le parc lui-même ne comprend pas de terrains de camping, mais vous en trouverez un bon nombre dans la forêt fédérale qui l'entoure. Le camping hors site est autorisé dans le parc comme dans la forêt fédérale. Renseignez-vous auprès des rangers ou du **Gifford Pinchot National Headquarters,** 6926 E. 4th Plain Blvd., Vancouver 98668 (696-7500).

Nature La **Forest Road 99,** qui compte une trentaine de kilomètres (virages et cendres garantis) passe par **Spirit Lake** et s'arrête à moins de 6 km du cratère. Il faut compter une bonne heure pour effectuer l'aller-retour. Les splendides vues en valent largement la peine. Des visites commentées sont organisées : renseignez-vous auprès de l'un des *visitors centers* pour connaître les horaires et les lieux de rendez-vous. **Ape Cave** est un tunnel de lave de 4 km de long formé lors d'une ancienne éruption, accessible aux visiteurs. Pour y accéder, suivre Forest Road 25 sur 25 km vers le sud, puis Forest Road 90 sur 19 km vers l'ouest, et Forest Road 83 sur 3 km vers le nord. Une fois arrivé, mettez de bonnes chaussures. Location de lampes pour 3 $.

La légende de Bigfoot

A l'est du Mont Ste Hélène, la région de *Dark Divide* abriterait une créature couverte de poils, se nourrissant de noix et de brindilles et qui ressemblerait étrangement au yeti. Cette créature était connue des Indiens Salish qui lui donnèrent le nom de *saskehavas*, devenu en anglais **"Sasquatch".** L'existence du *Bigfoot* (son petit nom) est contestée par certains, attestée par d'autres. Quelle que soit votre position dans ce débat passionné, voici ce qu'il faut savoir au cas où il vous arriverait de rencontrer Bigfoot.

1 - Bigfoot est facilement reconnaissable. Couvert d'un pelage noir, il mesure 1,8 à 3 mètres, pèse à peu près 200 kilos. Il laisse sur son passage une odeur fétide.

2 - Pour éviter que Bigfoot ne vous attaque, faites le geste de paix suivant : croisez vos bras sur votre poitrine et tapotez vos épaules. Il comprendra.

3 - Si vous êtes certain d'avoir rencontré Bigfoot, et que vous avez une sérieuse preuve, téléphonez au 800-BIGFOOT (244-3668 dans l'Etat de Washington). Peut-être ferez-vous la une des journaux locaux.

Le **Coldwater Ridge Visitors Center** (274-2131, fax 274-2129), à 70 km à l'est de Castle Rock et de la I-5 sur la route 504 surprend par son architecture moderne. La terrasse offre une vue imprenable sur la face nord du volcan, où l'éruption a creusé deux lacs et un vaste renfoncement. Vous pourrez vous renseigner sur les lieux de randonnées et de pique-nique, et le programme des conférences, et faire un tour au snack-bar ainsi qu'au magasin de souvenirs (ouvert tous les jours de 9h à 18h, d'octobre à mars de 9h à 17h).

Ceux qui ont de bonnes jambes peuvent escalader le cratère pour mieux saisir l'ampleur des dégâts occasionnés par l'éruption. La montée n'est pas difficile techniquement, mais elle est raide et couverte d'éboulis. Il faut compter en moyenne 5 heures pour la montée et 3 heures pour la descente. Il est nécessaire d'avoir un permis de randonnée. Pour tout renseignement, prenez contact avec le **Monument Headquarters,** 42218 NE Yale Bridge Rd., Amboy 98601 (750-3900). Quelques permis sont distribués chaque jour sur le principe du premier arrivé, premier servi.

L'EST DE l'ÉTAT DE WASHINGTON

■■■ SPOKANE

Premier village de pionniers fondé dans le Nord-Ouest, Spokane est aujourd'hui un des grands centres d'affaires de la région. La ville offre des possibilités d'hébergement bon marché et on y mange bien.

L'intérêt de Spokane réside dans ses parcs. Au nord du centre-ville, **Riverfront Park,** N. 507 Howard St. (625-6600), qui abrite le centre administratif, constitue le principal attrait de la ville. Mis en valeur pour l'Exposition internationale de 1974, les 50 hectares du parc se répartissent autour des chutes d'eau Spokane Falls. Les vestiges de l'exposition internationale se visitent. **Arbor Crest Estate,** N. 4705 Fruithill Rd. (927-9894) est un beau domaine viticole situé sur des hauteurs. Il offre une magnifique vue sur la vallée. Vous pourrez goûter gratuitement au vin local (les blancs ne sont pas mal). Prendre la I-90 jusqu'à la sortie 287, poursuivre vers le nord sur Argonne en passant la Spokane River, puis tourner à droite sur Upriver Drive, continuer la route sur un bon kilomètre, puis tourner à gauche sur Fruithill Road. En haut de la colline, tourner d'un bon coup de volant sur la gauche.

Riverside State Park (456-3964) comprend 31 km² au bord de la rivière Spokane. Ses ensembles de roches volcaniques, particulièrement ceux du **Deep**

Creek Canyon où l'on peut voir les restes fossilisés d'une forêt datant de sept millions d'années, sont à découvrir. En juillet 1994, un incendie carbonisa une grande partie du parc, mais la couleur noire des arbres calcinés se marie bien avec la roche volcanique, donnant une beauté austère à l'ensemble. Près de là, possibilité de promenades équestres à Trail Town (12,50 $ l'heure, sur rendez-vous uniquement. 456-8249). Vous pouvez également camper sur l'un des 100 emplacements du camping Riverside (11 $).

Spokane Area Convention and Visitors Bureau, W. 926 Sprague Ave. (747-3230 ou 800-248-3230), au niveau de Monrœ, à la sortie 280 sur la I-90 (ouvert du lundi au vendredi de 8h30 à 17h). En cas d'**urgence,** composer le 911. **Bureau de poste :** W. 904 Riverside (459-0230). Ouvert du lundi au vendredi de 9h à 17h. **Code postal :** 99210. **Indicatif téléphonique :** 509.

Hosteling International Spokane (HI-AYH), S. 930 Lincoln (838-5968) est une grande maison victorienne au large porche et au parquet qui grince. Cuisine et lave-linge (22 lits, enregistrement entre 16h et 22h, prix 13 $, membres HI 10 $).

Le marché **Spokane County Market** (482-2627), situé du côté nord de Riverside Park, vend des fruits et légumes et des plats à emporter (ouvert de mai à octobre mercredi et samedi de 9h à 17h, dimanche de 10h à 17h). Vous trouverez des hamburgers à emporter chez **Dick's,** E. 10 3rd Ave. (747-2481), à la hauteur de Division. Curieusement, Dick's n'augmente jamais ses prix : hamburgers 55 ¢, frites 43 ¢, sundaes 65 ¢. Ouvert tous les jours de 9h à 1h30. **Cyrus O' Leary's**, W. 516 Main St. (624-9000), dans le complexe Bennetts Block sur Howard Street, est un autre endroit mythique de Spokane. Les sandwiches sont servis à partir de 5,75 $ (*happy hour* entre 16h30 et 18h30. Ouvert du lundi au jeudi de 11h à 22h, vendredi à dimanche de 11h à 23h). Le soir, vous pouvez faire un tour au **Mother's Pub,** W. 230 Riverside Ave. (624-9828). Concert rock le vendredi et le samedi soir. *Cover charge* 2-6 $, bière pression à partir de 1,25 $ (ouvert du mercredi au samedi de 19h à 2h).

Spokane est à 450 km à l'est de Seattle sur la I-90. Dans le centre, les avenues s'étendent d'est en ouest parallèlement à la rivière ; les rues du nord au sud. **Sprague Avenue** sépare la ville entre le nord et le sud, et **Division Street** entre l'est et l'ouest. L'aéroport **Spokane International Airport** (624-3218) se trouve au large de la I-90, à 13 km au sud-ouest de la ville. **Amtrak,** W. 221 1st St. (624-5144 ou 800-872-7245), au niveau de Bernard Street dans le centre-ville, dessert Chicago (1 train par jour, 217 $), Seattle (1 train par jour, 67 $) et Portland (1 train par jour, 67 $). La gare est ouverte 24h/24. Bureau des réservations ouvert du lundi au vendredi de 11h à 5h30, samedi et dimanche de 19h15 à 5h30. **Greyhound** (réservations 624-5251, renseignements 624-5252 ou 800-231-2222) organise des départs de bus à partir de la gare ferroviaire à destination de Seattle (5 bus par jour, 19 $) et Portland (5 bus par jour, 29 $). Bureau de réservation ouvert tous les jours de 6h à 19h30, de 21h30 à 22h30 et de 1h à 2h du matin. **Northwestern Trailways** (838-5262 ou 800-366-3830) assure, également depuis la gare ferroviaire, la liaison avec d'autres villes de l'Etat de Washington, de l'Oregon, de l'Idaho et du Montana.

Oregon

C'est en 1805 que les explorateurs américains Lewis et Clark envoyés par le président Jefferson atteignent le Pacifique, à l'embouchure de la rivière Columbia. Administré par les compagnies de commerce de fourrure, l'Oregon ne rejoint définitivement les Etats-Unis qu'en 1846, suite à un traité anglo-américain. La véritable colonisation démarre alors, marquée par l'émigration de milliers de pionniers traversant le continent le long de l'interminable Piste de l'Oregon. Aujourd'hui, les richesses naturelles de l'Oregon attirent chaque année des milliers de visiteurs.

Randonneurs, cyclistes, pêcheurs, véliplanchistes, aventuriers et explorateurs de tout poil s'en donnent à cœur joie dans cet Etat où la nature a donné libre cours à son goût de la diversité. A la côte Pacifique et ses forêts de pins de l'Oregon et à la chaîne des Cascades s'ajoutent, au nord-est de l'Etat, les gorges de la rivière Columbia, les plus profondes de l'Amérique du Nord et les sommets des Wallowa Mountains. Au sud-est, le paysage change radicalement lorsqu'on pénètre dans les vastes étendues désertiques des Steens. Dans un registre plus urbain, mentionnons également Ashland, pour son festival Shakespeare et Portland, une ville agréable et animée.

INFORMATIONS PRATIQUES

Capitale : Salem.

Oregon Tourism Division : 775 Summer St. NE, Salem 97310 (800-547-7842, fax 503-986-0001). **Oregon State Parks,** 1115 Commercial St. NE, Salem 97310-1001 (378-6305). **Department of Fish and Wildlife** (pêche et faune sauvage), P.O. Box 59, Portland, 97207 (229-5404 ou répondeur automatique au 229-5222).

Fuseau horaire : Heure des Rocheuses et du Pacifique. **Abréviation postale :** OR. **Taxe locale :** 0 %.

Attention La zone téléphonique de l'Oregon devait être partagée en deux au moment où nous mettons sous presse : une zone d'indicatif téléphonique 503 (Portland et le Willamette Valley) et l'autre d'indicatif téléphonique 541 (les autres parties de l'Oregon). En cas de doute, vérifiez éventuellement auprès des services téléphoniques.

■■■ PORTLAND

Décontractée et tolérante, Portland est la ville la plus calme de toutes les grandes villes de la côte ouest. Ne connaissant ni bousculade ni embouteillages, le centre-ville est propre et soigné. La hauteur des immeubles a été réglementée afin de préserver les vues sur la rivière et les montagnes. Subventionnée par une taxe de 1 % sur les constructions nouvelles, la scène culturelle de Portland est active, dominée par l'orchestre symphonique, le plus ancien des Etats-Unis. Les microbrasseries de Portland produisent des bières considérées parmi les meilleures de tout l'Ouest. En juillet, vous pouvez partir skier le matin sur Mount Hood et voir le soleil se coucher sur l'océan Pacifique, et avoir encore le temps de revenir en ville pour un concert de jazz en plein air.

INFORMATIONS PRATIQUES

Office du tourisme : Portland/Oregon Visitors Association, 25 SW Salmon St. (222-2223 ou 800-345-3214), à la hauteur de Front Street dans le complexe *Two World Trade Center*. Depuis la I-5, suivre les panneaux indicatifs pour City Center. Prenez le guide gratuit *Portland Book*. Ouvert du lundi au vendredi de 8h à 18h30, samedi de 8h30 à 17h, en hiver du lundi au vendredi de 8h30 à 17h, samedi de 9h à 15h.

Aéroport : Portland International, 7000 NE Airport Way (335-1234). Prendre le bus Tri-Met numéro 12 (95 ¢, 45 minutes de trajet), qui emprunte vers le sud SW 5th Ave. La compagnie **Raz Tranz** (246-3301 informations sur répondeur) assure une navette qui s'arrête à la plupart des grands hôtels du centre-ville. Tarif 7 $, de 6 à 12 ans 1 $. Taxis jusqu'au centre-ville 21-24 $.

Trains : Amtrak, 800 NW 6th Ave. (273-4866 ou 800-USA-RAIL/872-7245, gare Union Station 273-4865), au niveau de Hoyt Street. Trains à destination de Seattle (4 trains par jour, 23 $), Eugene (1 train par jour, 24 $), Spokane (1 train par jour, 67 $), Boise (1 train par jour, 83 $). Ouvert tous les jours de 6h45 à 18h.

Bus : Greyhound, 550 NW 6th Ave. (243-2357 ou 800-231-2222), au niveau de Glisan. Bus à destination de Seattle (12 bus par jour, 19 $), Eugene (9 bus par jour, 15 $),

Spokane (4 bus par jour, 29 $). Consigne 2 $ pour 6h. Bureau de réservation ouvert tous les jours de 5h à minuit. Gare ouverte 24h/24.

Transports en commun : La compagnie de bus **Tri-Met,** qui a été primée aux Etats-Unis pour sa qualité de service, relie les quartiers et les banlieues de Portland. Au terminal, 31 abris couverts servent à la fois d'arrêt de bus et de points d'informations. Les bus en direction du sud prennent les passagers sur SW 5th Avenue, et en direction du nord sur SW 6th Avenue. Les bus sont répartis en sept zones, chacune avec sa couleur. Quelques bus, comportant des numéros écrits en noir sur fond blanc, traversent la ville du nord au sud ou d'est en ouest, sans tenir compte des zones.

Tri-Met, Customer Service Center, #1 Pioneer Courthouse Sq., 701 SW 6th Ave. (238-7433). Bureau ouvert du lundi au vendredi de 7h30 à 17h30. Plusieurs serveurs vocaux 24h/24 : tarifs 231-3198, modifications, problèmes météorologiques 231-3197, personnes âgées et handicapées 238-4952. Services généralement assurés de 5h à minuit, réduits les samedi et dimanche. Tarif 95 ¢ à 1,25 $, de 7 à 18 ans 70 ¢, plus de 65 ans et handicapés 45 ¢. Gratuit au centre-ville dans une zone (*Fairless Square*) délimitée au nord par NW Irving Street, à l'ouest au sud par la I-405 et à l'est par la Willamette River. Forfait journalier 3,25 $. Tous les bus sont équipés pour recevoir les vélos (prix 5 $) et sont accessibles en fauteuil roulant. **MAX** (228-7246) est un service ferroviaire qui relie Gresham (à l'est) au centre-ville. Le système tarifaire est le même que celui des bus. Vous pourrez vous procurer des forfaits pour le mois, des plans de bus et des horaires auprès du *visitors center* ou du *customer service center.*

Taxis : Broadway Cab, 227-1234. **Radio Cab,** 227-1212. Les deux compagnies fonctionnent 24h/24.

Location de voitures : Avis Rent-A-Car (800-331-1212 ou 249-4950), à l'aéroport. 36 $ la journée, 145 $ la semaine. Kilométrage illimité. 25 ans minimum avec carte de crédit.

Assistance téléphonique : Crisis line (urgence) 223-6161. 24h/24. **Phœnix Rising** (gay et lesbiennes), 223-8299. Ouvert du lundi au vendredi de 9h à 17h.

Urgences : 911.

Bureau de poste : 715 NW Hoyt St. (294-2300). Ouvert du lundi au samedi de 7h à 18h30. **Code postal :** 97208-9999 **Indicatif téléphonique :** 503.

Portland est à l'extrémité nord-ouest de l'Oregon, là où la rivière Willamette River se jette dans la Columbia. Portland est à environ 112 km de l'océan Pacifique, 1022 km au nord de San Francisco et 273 km au sud de Seattle. la **I-5** relie Portland à San Francisco et Seattle. la **I-84** suit le parcours de l'*Oregon Trail* à travers les gorges de la Columbia jusqu'à Boise, dans l'Idaho.

Portland est divisée en quatre quartiers. **Burnside Street** constitue la frontière entre le nord et le sud, et la rivière Willamette entre l'est et l'ouest. Tous les panneaux de rues indiquent le quartier : N, NE, NW, SE et SW. **Williams Avenue** délimite au nord-est le quartier **North**. Le quartier **Southwest** constitue le noyau de la ville. Il comprend le centre-ville et la partie sud de la vieille ville. Le cœur du centre-ville se trouve entre SW 5th Street et 6th Avenue, interdit à la circulation. Le quartier **Northwest** comprend la **vieille ville** et les **West Hills**. **Southeast** est le quartier le plus animé de la ville. Les meilleurs restaurants ethniques sont situés sur **Hawthorne Boulevard,** où se trouvent également des petits cafés et des cinémas fréquentés par les étudiants du **Reed College** voisin. Les quartiers **North** et **Northeast** sont dans leur majeure partie résidentiels, et comptent quelques petits parcs paisibles. Attention, les parcmètres sont nombreux mais chers : 75 ¢ pour une heure de stationnement.

HÉBERGEMENTS ET CAMPINGS

Il est prudent de réserver à l'avance, les hôtels étant parfois saturés, particulièrement au moment du *Rose Festival*. Les campings sont nombreux mais éloignés.

Portland International Hostel (HI-AYH), 3031 SE Hawthorne Blvd. (236-3380), à la hauteur de la 31st Avenue. Prendre le bus n° 14 *"Brown Beaver"*. Une auberge de jeunesse décontractée avec cuisine, laverie automatique de l'autre côté de la rue. Très vite complet en été : il est donc conseillé de réserver (carte de crédit exigée) ou bien d'arriver à 17h pour bénéficier de la douzaine de lits mis de côté pour ceux qui viennent sans réserver. Ne manquez pas le matin les *all-you-can-eat pancakes* à 1 $. Ouvert tous les jours de 7h30 à 10h et de 17h à 23h. Prix 15 $, membres HI 12 $.

Ondine, 1912 SW 6th Ave. (725-4336), à la Portland State University, entre College et Hall Street. Vraiment bien pour le prix. Cinq chambres (deux lits jumeaux) propres et spacieuses avec salle de bains. Draps et serviettes fournis. Un micro-ondes, mais pas de cuisine. Le dortoir se trouve à Fareless Square, ce qui vous permet de sauter dans un bus et d'être en une minute au centre-ville. C'est le stationnement qui s'avère plutôt difficile. Réserver obligatoirement 1 à 2 semaines à l'avance. Une personne 20 $, deux personnes 25 $.

McMenamins Edgefield Hostel, 2126 SW Halsey St., Troutdale (669-8610 ou 800-669-8610), à 20 minutes à l'est de Portland sur la I-84. Deux dortoirs de 12 lits avec des douches (hommes et femmes séparés). 18 $ la nuit.

YWCA, 1111 SW 10th St. (223-6281). réservé aux femmes. Propre et sûr. Petites chambres. Salle de bain, douche, lave-linge et petite cuisine. Chambres à 4 lits 10 $, chambres individuelle 22 $, avec salle de bain privée 26 $, chambres doubles 28 $/31 $. Caution 2 $.

Ben Stark Hotel International Hostel (AAIH/Rucksackers), 1022 SW Stark St. (274-1223, fax 274-1033). Très bien situé, à quelques blocks seulement du centre-ville. En haut d'un escalier imposant, vous trouverez 3 chambres d'auberge de jeunesse tout à fait convenables. 12 lits. Nombreux voyageurs étrangers. Ouvert 24h/24. Prix 15 $, en hiver 12 $. Réserver en avance.

Camping Milo McIver State Park est à 40 km au sud-est de Portland par la route 211 et à 8 km à l'ouest de la ville d'Estacada. Vous pourrez pêcher, vous baigner ou bien faire du vélo au bord de la rivière Clackamas. Douches chaudes et toilettes. Emplacement 15 $. **Champœg State Park,** 8239 Chapœg Rd. NE (678-1251). Promenade à pied ou à vélo, visite d'une maison ancienne et d'une cabane en rondins transformée en petit musée. Emplacements 15 $. **Ainsworth State Park,** 60 km à l'est de Portland, par la I-84, dans la région des gorges de la Columbia dispose de plusieurs sentiers de randonnées. Douches chaudes, toilettes. Emplacements avec raccordement complet 19 $.

RESTAURANTS
Portland compte plus de restaurants par nombre d'habitants que toute autre ville américaine et des bars à espresso à tous les coins de rue.

Chang's Mongolian Grill, 1 SW 3rd St. (243-1991), à la hauteur de Burnside. Plats à volonté au déjeuner (6 $) ou au dîner (9 $). Vous pourrez composer votre menu à partir d'un buffet de légumes frais, de viandes et de poissons, accompagnés d'une sauce selon votre goût, puis regarder le chef se donner en spectacle pour cuire le tout sur un grill géant. Servi avec du riz et de la soupe. Ouvert tous les jours de 11h30 à 14h30 et de 17h à 22h.

Western Culinary Institute Chef's Corner, 1239 SW Jefferson (242-2422 ou 800-666-0312). Laboratoire de l'école de cuisine. Des étudiants en toque blanche préparent des repas délicieux et pas cher. Le déjeuner est à moins de 6 $. Au petit déjeuner, essayez les *hash browns gourmet* . Ouvert le lundi de 8h à 14h30, du mardi au vendredi de 8h à 18h.

Brasserie Montmartre, 626 SW Park Ave. (224-5552). Nappes en papier pour jouer avec des pastels et jazz *live* le soir : un endroit pour les jours où l'on a besoin de se détendre. Au déjeuner, des plats à 6 $, dîner 9 $. Ouvert du lundi au jeudi de 11h30 à 2h, vendredi de 11h30 à 3h, samedi de 10h à 3h, dimanche de 10h à 2h.

Food Front, 2375 NW Thurman St. (223-6819). Fruits, viennoiseries et produits naturels. Ouvert tous les jours de 9h à 22h (ferme à 21h lorsqu'il n'y a pas beaucoup de monde).

Le **Café Lena,** 2239 SE Hawthorne Blvd. (238-7087), organise des soirées poésie *open-mike* ("micro ouvert" : à vous de le prendre pour réciter Baudelaire en français) chaque mardi à 19h30. Bonne cuisine et musique *live*. Essayez le sandwich *Birkenstock Submarine* (5 $). Ouvert du mardi au jeudi de 7h à 23h, vendredi et samedi de 7h à minuit, dimanche de 8h à 2h.

Old Town Pizza, 226 NW Davis St. (222-9999). Une ancienne maison de passe convertie en restaurant. Au choix, détendez-vous sur un canapé ou plus classiquement à une table. De bonnes pizzas (au fromage 4,55 $). Ouvert tous les jours de 11h à 23h.

Kornblatt's, 628 NW 23rd Ave. (242-0055). Prendre le bus 15 (*red salmon*). Les sandwiches sont chers mais énormes (5-8 $). C'est toujours plein, mais cela vaut la peine d'attendre. Ouvert du dimanche au mercredi de 7h à 22h, jeudi au samedi de 7h à 23h.

Thanh Thao Restaurant, 4005 SE Hawthorne Blvd. (238-6232). Excellent restaurant thaï. Venir de bonne heure, parce qu'il y a souvent beaucoup de monde au dîner. Ouvert du lundi au vendredi de 11h à 14h30 et de 17h à 22h, samedi et dimanche de 11h à 22h.

VISITES

Des parcs ombragés, de beaux jardins, d'innombrables musées et galeries et des marchés en plein air animés. Portland est une ville agréable à vivre comme à visiter. Le premier jeudi de chaque mois, les petites galeries du Southwest et du Northwest sont ouvertes jusqu'à 21h. Pour tout savoir, prendre contact avec la **Metropolitan Arts Commission,** 1120 SW 5th Ave. (823-5111). Au *visitors center*, vous trouverez la brochure *Art Gallery Guide* qui liste 65 galeries de Portland. Vous pouvez aussi vous rendre au **Portland Art Museum,** 1219 SW Park Ave. (226-2811) pour vous joindre à une promenade-visite **Public Art Walking Tour.**

Le centre-ville de Portland s'organise autour du **mall,** une rue réservée aux piétons et aux bus, qui se trouve sur un axe nord-sud entre les 5th et 6th Avenues, bordée au nord par W. Burnside Street et au sud par SW Madison Street. Au coin de la 5th Avenue et de Morrison Street se trouve le palais de justice **Pioneer Courthouse.** Le bâtiment abrite toujours la cour de justice fédérale et constitue le cœur de **Pioneer Courthouse Square,** 701 SW 6th Ave. (223-1613), inaugurée en 1983. Les habitants de Portland viennent se promener dans ce vaste quadrilatère en briques où l'inévitable café Starbuck (voir **Seattle**) s'est installé. Un amphithéâtre, dont la construction a été financée par la vente de briques personnalisées aux habitants du quartier, accueille des groupes de musique jazz, folk et rock. L'été, les **Peanut Butter and Jam Sessions** attirent des milliers de personnes (mardi et jeudi de midi à 13h).

Pour bien prendre conscience de ce qu'est une *world company*, une visite de **Niketown,** 930 SW 6th (221-6453) est conseillée : télévisions encastrées, sculpture grandeur nature de Michael Jordan, maillots et chaussures Nike portés par les vedettes de l'athlétisme, etc. (ouvert du lundi au jeudi et samedi de 10h à 19h, vendredi de 10h à 20h, dimanche de 11h30 à 18h30). **The American Advertising Museum,** 524 NE Grand (226-0000 ou 230-1090) est un musée consacré au monde de la publicité. Expositions temporaires. Pendant l'été 1995, la galerie a rassemblé une sélection de publicités consacrées à la lutte contre le sida (entrée 3 $, personnes âgées et moins de 12 ans 1,50 $. Ouvert du mercredi au dimanche de 11h à 17h).

Le **Portland Art Museum,** 1219 SW Park (226-2811), au niveau de Jefferson Street, contient des peintures et des sculptures européennes et américaines du XIXe siècle aux années 60, des collections contemporaines ainsi que des œuvres d'Afrique et d'Asie. Une belle exposition d'œuvres des Amérindiens du Pacifique Nord-Ouest rassemble des masques, des tissus et des objets sacrés. (5 $, personnes âgées 3,50 $, étudiants 2,50 $. Ouvert du mardi au samedi de 11h à 17h, dimanche de 13h à 17h. Gratuit le premier jeudi de chaque mois entre 16h et 21h et tous les jeudis pour les personnes âgées). Dans le même complexe voisinent le **Pacific Northwest College of Art** (226-4391) et le **Northwest Film Center** (221-1156). Le Film Center projette des œuvres classiques, des documentaires et des films plus originaux du jeudi au dimanche au 921 SW Morrison (billets 6 $). **Museum after hours** est une série de concerts de musique jazz et de blues, populaire parmi ceux qui sortent du travail (d'octobre à avril de 17h30 à 19h30. Les prix sont variables. Téléphoner pour en savoir plus).

Old town, le vieux quartier, située au nord du Mall, particulièrement animé au XIXe siècle, avait décliné. Une réhabilitation à l'américaine lui a donné une nouvelle âme : restauration des anciennes devantures de magasins, brique neuve de "style ancien", polissage des fers et des cuivres, etc. Quelques magasins et restaurants s'y sont récemment installés. Le **Waterfront Park** est situé derrière **Old Town**. Ces étendues de pelouse au bord de la rivière Willamette River permettent aux habitants de Portland de venir pique-niquer, pêcher, ou se détendre. Le marché **Saturday Market,** 108 W. Burnside St. (222-6072), à côté de la Skidmore Fountain entre 1st et Front Street, est le plus grand marché d'artisanat en plein air des Etats-Unis. Musiciens de rue, artisans, artistes et marchands de légumes y cohabitent. Nombre d'artistes qui tentent d'y écouler leurs stocks exposent leurs œuvres dans les galeries de la ville en semaine. (De mars à décembre samedi de 10h à 17h, dimanche de 11h à 16h30).

Portland est incontestablement la capitale des **microbrasseries** des Etats-Unis. Les habitants de Portland sont fiers de leurs bières. Au *visitors center*, vous pourrez vous procurer une liste de 26 brasseries. La plupart se feront un plaisir de vous montrer leurs installations. Henry Weinard, maître-fabricant de bières allemand, importa cette tradition lorsqu'il créa la première brasserie du Nord-Ouest, en 1856, à proximité de Fort Vancouver. Aujourd'hui, **Henry's** est la référence en matière de bière dans tout l'Oregon. La brasserie **Blitz Weinhard Brewery,** 1133 W. Burnside (222-4351) est ouverte au public : visite gratuite d'une demi-heure suivie d'une dégustation (ouvert en semaine tous les après-midi).

A moins de 3 km à l'ouest du centre-ville, les quartiers chic de **West Hills** sont bâtis à proximité de beaux parcs. Prendre le "zoo bus" n° 63 ou bien monter SW Broadway jusqu'à Clay Street, puis tourner à droite sur la US 26 (prendre la sortie pour le zoo). **Washington Park** et les attractions avoisinantes constituent peut-être l'endroit le plus agréable de Portland. Les grilles du parc sont ouvertes tous les jours de 7h à 21h. Le **Hoyt Arboteum,** 4000 SW Fairview Blvd. (228-8733 ou 823-3655), situé en haut de la colline, compte 100 hectares boisés parcourus par des sentiers de promenade. Des conférences-promenades de 90 minutes sont organisées gratuitement d'avril à novembre, les samedi et dimanche à 14h. La roseraie, **Rose Garden,** 400 SW Kingston Ave., située sur le chemin du zoo, est un endroit merveilleux de détente la journée ou en soirée. Lorsqu'il fait beau, on a une superbe vue sur la ville et sur **Mount Hood,** au loin. Le panorama depuis les beaux jardins japonais **Japanese Gardens,** 611 SW Kingston Ave. sont une autre option.

En dessous du Hoyt Arboretum se trouvent les attractions les plus célèbres de Portland. Le **Washington Park Zoo,** 4001 SW Canyon Rd. (226-1561 ou 226-7627) est réputé pour ses éléphants et pour la reconstitution minutieuse du cadre de vie naturel des animaux. Prendre le bus 63 "Zoo" depuis le parc jusqu'à SW Morrison Street dans le Mall du centre-ville. Un petit **train** relie également les jardins du Washington Park au zoo. (Train 2,50 $, personnes âgées et de 3 à 11 ans 1,75 $. Le zoo est ouvert en été tous les jours de 9h30 à 18h. 5,50 $, personnes âgées 4 $, enfants 3,50 $. Deuxième mardi de chaque mois gratuit entre 15h et 18h). Aux mois de juin, juillet et août, dans l'amphithéâtre du Washington Park, une série de concerts de jazz en plein air, **Your Zoo And All That Jazz** (234-9695 ou 226-1561), se déroule sur 9 semaines (mercredi de 19h à 21h. Gratuit avec le billet d'entrée au zoo). **Rythm and Zoo Concerts** (234-9694) sont une autre série de concerts gratuits (jeudi de 19h à 21h). Le centre **World Forestry Center,** 4033 SW Canyon

Rd. (228-1367) organise des expositions sur l'industrie forestière du Nord-Ouest. (Ouvert tous les jours de 9h à 17h. De Labor Day, premier lundi de septembre, à Memorial Day, dernier lundi de mai, de 10h à 17h. 3 $, étudiants 2 $).

Les étudiants décontractés qui emplissent les cafés, les théâtres et les restaurants du Hawthorne Boulevard viennent du **Reed College,** 3203 SE Woodstock (771-1112). Créée en 1909, l'Université parraine de nombreux événements culturels. Avec ses bâtiments recouverts de lierre et son lac, le campus est l'un des plus séduisants des Etats-Unis. Il compte même un refuge pour animaux. Des visites d'une heure, destinées aux futurs candidats, partent d'Eliot Hall #220, 3203 Woodstock Blvd. à SE 28th, deux fois par jour pendant l'année scolaire (du lundi au vendredi à 10h et 14h. Visites individuelles possibles par rendez-vous en été. Téléphoner au 777-7511).

Au sud-est se trouve le **Mt. Tabor Park,** SE 60th Avenue et Salmon Street qui est à l'emplacement d'un volcan éteint. Prendre le bus n° 15 "Brown beaver".

Le plus petit parc du monde

En 1948, personne n'aurait imaginé qu'un trou creusé dans le trottoir au coin de SW Taylor Street et SW Front Street aurait un jour de l'importance. Le trou avait en effet été prévu pour accueillir un ordinaire lampadaire. Mais le lampadaire ne fut jamais installé, et ce cercle de terre de 60 cm resta aussi vide qu'inutile. Jusqu'à ce qu'un chroniqueur de l'*Oregon Journal,* Dick Fagan, signe un billet suggérant qu'on pourrait faire du trou un superbe parc miniature. Après des années de démarches, le parc fut officiellement ajouté en 1976 à la liste des monuments de la ville. Avec ses 2917,16 cm^2, **Mill Ends Park** a été reconnu par le *Livre Guiness des records mondiaux* comme le **plus petit parc du monde**. Avec enthousiasme, les riverains ont adopté le parc, en y plantant des fleurs et en y organisant le jour de la St. Patrick (17 mars) une **course d'escargots** qui compte toujours beaucoup de participants.

SORTIES ET SPECTACLES

Portland, ancienne ville portuaire fruste et bagarreuse s'est assagie. Beaucoup de pubs du front de mer sont devenus des bistrots chics ou des boulangeries à la française. Le public des discothèques est éclectique, de l'étudiant propre sur lui au hard rocker dur. Le programme des concerts est publié dans l'édition du vendredi de l'*Oregonian* et dans des journaux gratuits distribués un peu partout : *Willamette Week* (quotidien étudiant), *Just Out* (gays et lesbiennes), le *Main Event* et le *Downtowner.*

Portland accueille régulièrement les grandes vedettes. Mais sans dépenser tous vos dollars, vous pouvez assister à de bons concerts. Des musiciens de talent se produisent gratuitement dans les différents parcs de la ville. Pour plus d'informations, téléphonez au Park Bureau (796-5193). Consultez l'*Oregonian* pour tous les détails concernant les **Brown Bag,** des concerts publics gratuits pendant six semaines en été (en semaine à midi et les mardis soirs). Le **Oregon Symphony Orchestra** se produit au **Arlene Schnitzer Concert Hall,** 1111 SW Broadway Ave. (228-1353 ou 800-228-7343. De septembre à juin. Billets 8-46 $. Concerts "Symphony Sunday" le dimanche après-midi 18 $). **Chamber Music Northwest** organise des concerts de musique de chambre, à la fin juin et en juillet, au **Reed College Commons,** 3203 SE Woodstock Ave. (223-3202. Lundi, jeudi et samedi à 20h. 17 $, de 7 à 14 ans 9 $).

Les nombreux théâtres de Portland présentent des comédies de Broadway comme des pièces d'avant-garde. La troupe **Portland Center Stage** (274-6588), installée au **Portland Center for the Performing Arts (PCPA)** (796-9293), sur SW Broadway et SW Main, se produit d'octobre à avril. (billet vendredi et samedi 11-33 $, un peu plus cher le dimanche et du mardi au jeudi. Billets demi-tarifs parfois vendus 1h avant la représentation).

Les pubs et les bars des environs ne manquent ni d'ambiance, ni de bonne musique, mais sont difficiles d'accès. Les clubs les plus proches du centre-ville se trouvent dans les quartiers nord-ouest de Portland.

Produce Row Café, 204 SE Oak St. (232-8355). Prendre le bus n° 6 "Red Salmon" jusqu'à l'intersection de SE Oak et de SE Grand, puis longer Oak à l'ouest jusqu'à la rivière. 28 bières pression et 72 en bouteille. Concerts du samedi au lundi. *Cover charge* peu élevée et variable. Ouvert du lundi au vendredi de 11h à minuit ou 1h, samedi de midi à 1h, dimanche de midi à minuit.

La Luna, 215 SE 9th Ave. (241-LUNA/5862). Prendre le bus n° 20 "Purple Rain", descendre à la 9th Street, puis marcher vers le sud (c'est à deux rues). La Luna compte deux bars, invite des groupes et attire une clientèle très *Génération X.*, cette génération de surdiplômés décalés vivant de petits boulots. Ouvert normalement du jeudi au samedi de 20h à 2h30.

Bridgeport Brew Pub, 1313 NW Marshall (241-7179). Bonnes bières et bonnes pizzas. Ouvert du lundi au jeudi de 11h à 23h, vendredi de 11h30 à minuit, samedi de midi à minuit, dimanche de 13h à 21h.

Lotus Card Room and Café, 932 SW 3rd Ave. (227-6185), au niveau de SW Salmon Street. Musique techno, dance et rap qui attire les étudiants les vendredi et samedi. Piste de danse du mercredi au dimanche de 22h à 2h. Frais d'entrée 2-4 $, parfois gratuit. Ouvert tous les jours de 7h à 2h.

The Space Room, 4800 SE Hawthorne Blvd. (235-8303). Prendre le bus n° 14 "Brown Beaver". Décor et clientèle postmoderne. Un *bloody mary* (3 $) vous emmènera dans la quatrième dimension. Ouvert tous les jours de 6h à 2h30.

Panorama, 341 SW 10th St. (221-RAMA/7262), au niveau de Start Street. Une piste de danse décorée d'élégants piliers "méditerranéens" où danse une population mixte de gays et d'hétéros. Vous pourrez également vous rendre aux bars attenants **Briggs** ou **Boxes.** Le Panorama ne sert que de la bière ou du vin. Frais d'entrée vendredi et samedi 3 $, dimanche 50 ¢ la pression. Ouvert du jeudi au dimanche de 21h à 2h30, vendredi et samedi de 21h à 16h.

■ AUX ENVIRONS DE PORTLAND : LES GORGES DE LA COLUMBIA

A une heure de Portland, les impressionnantes gorges de la rivière Columbia forment sur près de 120 kilomètres l'un des sites marquants de l'Ouest américain. La Columbia a sculpté un canyon de 300 mètres de profondeur enserré au fond de falaises abruptes. Les immenses barrages qui retiennent la rivière semblent dérisoires au regard des dimensions des gorges.

Pour visiter les gorges, qui marquent la frontière entre l'Oregon et l'Etat de Washington, prendre la I-84 sur une trentaine de kilomètres vers l'est jusqu'à la sortie Troutdale qui débouche sur la **Columbia River Scenic Highway.** Vous pouvez prendre un bus Greyhound depuis Portland (10 $) ou Seattle (40 $) jusqu'à Hood River. La **gare routière** de Hood River se trouve 1205 B Ave. (386-1212), entre la 12th et la 13th Street (ouvert du lundi au samedi de 8h30 à 19h). **Amtrak** dispose également de liaisons ferroviaires depuis Portland jusqu'à la gare de Hood River située au croisement de Cascade Street et de la 1st Street (14 $). Mais les gorges elles-mêmes ne sont pas desservies par les transports en commun.

La maison **Vista House** (695-2240), bâtie en 1918 en hommage aux pionniers de l'Oregon, héberge aujourd'hui un *visitors center* au **Crown Point State Park** (ouvert tous les jours de 9h à 18h). La maison est perchée au-dessus de la rivière. Crown Point est à 5 km environ à l'est de Eastbound, à la sortie 22 de la I-84. A partir de Crown Point, la route offre de superbes panoramas, ponctués çà et là par des cascades. La plus impressionnante, **Multnomah Falls,** attire chaque année deux millions de visiteurs. L'eau tombe d'une hauteur de 186 mètres dans un tout petit bassin qui se déverse ensuite dans des chutes d'eau en dessous. La sortie 31 sur la I-84 conduit à un terre-plein central, d'où vous ne pourrez voir que les cascades supérieures. Un passage souterrain permet d'accéder à des sentiers de promenade. L'un d'entre eux conduit au pont **Benson Bridge** bâti au-dessus des chutes inférieures, d'où vous pourrez voir les chutes supérieures.

La largeur de la Columbia et des vents qui soufflent à 50 km/h font de Hood River un paradis de la **planche à voile**. Chez **Duck Jibe Pete's**, 13 Oak St. (386-9434), vous pouvez louer une planche à voile de très bonne qualité avec une galerie de voiture pour 35 $ la journée (ouvert tous les jours de 8h à 20h). Vous pourrez suivre des cours de planche au **Rhonda Smith Port Marina Park** (386-WIND/9463) (cinq niveaux différents, 2h30-3h. 60-75 $). Le *visitors center* du **Dalles Lock and Dam** (296-1181), le plus long barrage en béton des Etats-Unis, organise des visites gratuites d'une heure. Au programme, un petit voyage en train jusqu'au barrage, une visite aux échelles à saumon, un aperçu du générateur et un arrêt devant des peintures rupestres amérindiennes (visites toutes les demi-heures. *Visitors center* ouvert d'avril à septembre, tous les jours de 9h à 17h). Le barrage Dalles se trouve à une trentaine de kilomètres à l'est de Hood River sur la I-84.

Hood River, à 122 km à l'est de Portland, sur la I-84, est la plus importante localité des gorges. La **Hood River County Chamber of Commerce** (386-2000 ou 800-366-3530), se trouve au Port Marine Park. Vous pourrez y trouver des exemplaires gratuits de *Gorge Vistas* et de *The Visitor's Guide to Gorge Fun* (Ouvert du lundi au jeudi de 9h à 17h, vendredi de 9h à 16h, samedi et dimanche de 10h à 16h. De mi-octobre à mi-avril du lundi au vendredi de 9h à 17h).

Une ancienne école transformée en auberge de jeunesse, **Bingen School Inn Hostel** (509-493-3363), se trouve à l'intersection de Humbolt et Cedar Streets, à White Salmon, WA, à 3 minutes de Hood River sur l'autre rive de la Columbia (pont à péage de 75 ¢). Location de vélos à 15 $ la journée et de planches à voile à 40 $ la journée. 42 lits à 11 $. 18 chambres individuelles à 29 $. On recense plusieurs terrains de camping autour de Hood River. **Ainsworth State Park** (695-2301), à la sortie 35 sur la I-84, est spécifiquement aménagé pour les camping-cars mais dispose de plusieurs emplacements pour tentes (17 $). Vous trouverez des emplacements plus isolés au **Beacon Rock State Park,** de l'autre côté du pont Bridge of the Gods, puis 11 km à l'ouest sur Washington Route 14.

Pour suivre les gorges, qui séparent les Etats de l'Oregon et de Washington, prenez la I-84 sur 30 km à l'est de Portland, jusqu'à la sortie Troutdale, puis engagez-vous sur la route panoramique **Columbia River Scenic Hwy**. Les bus **Greyhound** partent de portland (10 $) ou Seattle (40 $) pour gagner Hood River. La gare se trouve au 1205 B Ave. (386-1212), entre 12th et 13th St. (ouverte du lundi au samedi de 8h30 à 19h). Des trains **Amtrak** desservent également Hood River depuis Portland (14 $). Ils s'arrêtent à la gare à l'angle de Cascade et 1st St. Malheureusement, les gorges elles-mêmes ne sont pas couvertes par les transports publics.

■■■ LA CÔTE DE L'OREGON

La **US 101** remonte toute la côte ouest depuis Los Angeles. Traversant l'Oregon, elle longe par endroits l'océan. D'**Astoria** à **Brookings,** stations balnéaires et villages de pêche se succèdent sur son parcours. Les parties les plus belles sont entre les villes, où de nombreux parcs permettent d'accéder directement à la plage par des sentiers. Les bus **Greyhound** ne desservent la côte depuis Portland que deux fois par jour, dont une fois de nuit. Le **prix** de l'essence et de la nourriture est de 20 % plus cher que dans l'intérieur, faites donc vos réserves avant d'arriver sur la côte. Attention également aux limitations de vitesse sur la 101 : certaines municipalités sans intérêt traversées par la route, comme Florence, aiment verbaliser les touristes.

Astoria Astoria fut l'étape finale de l'expédition transcontinentale de Lewis et Clark. C'est ici qu'ils atteignirent l'océan Pacifique en 1805. Six ans plus tard, John

Astor, rejeton d'une des plus riches familles des Etats-Unis du XIXe siècle, y établit un commerce de fourrures. Astoria devint alors le premier village de la côte ouest des Etats-Unis. La **Chamber of commerce,** 111 W. Marine Dr. (325-6311, fax 325-6311) est juste à l'est du pont qui mène dans l'Etat de Washington. (ouvert du lundi au samedi de 8h à 18h, dimanche de 9h à 17h, de septembre à mai du lundi au vendredi de 8h à 17h, samedi et dimanche de 11h à 16h).

Astoria constitue une étape commode entre la côte de l'Oregon et l'Etat de Washington. Deux ponts sont à la sortie de la ville : **Youngs Bay Bridge,** au sud-ouest, sur lequel Marine Drive devient la US 101, et **Astoria Bridge,** qui forme un arc de 6,5 km au-dessus de la Columbia River jusqu'à l'Etat de Washington. Astoria Bridge comporte des voies pour cyclistes extrêmement étroites et périlleuses. Les motels, toujours pleins, sont chers. **Fort Columbia State Park Hostel (HI-AYH)** (360-777-8755), de Fort Columbia à Chinook, WA, à l'intérieur du Fort Stevens State Park, est une bonne auberge pourtant presque inconnue. Pour y arriver, vous devez traverser **Astoria Bridge,** puis suivre la 101 pendant près de 5 km vers le nord. Cet ancien hôpital propose des *pancakes* à 50 ¢, du café, du thé. Lave-linge, barbecue et épicerie de base. (Fermeture des chambres de 9h30 à 17h. Enregistrement de 17h à 22h. Prix 13 $; membre 11 $. Cyclistes 8 $; moins de 18 ans accompagné d'un parent 4,50 $. Ouvert du 1er mars au 3 octobre). La région est également un paradis pour campeurs. La US 101, au sud d'Astoria, est bordée de nombreux terrains de camping. **Fort Stevens State Park** est de loin le meilleur (emplacements 16-18 $).

Tilamook Quelques-uns des "meilleurs" fromages de l'Oregon sont produits à Tillamook Bay. L'usine à fromage **Tillamook Cheese Factory,** 4175 U.S. 101 N. (842-4481) organise des visites. Derrière des vitres, vous verrez la manière dont le fromage américain est fabriqué, coupé, pesé et emballé. Dégustation de fromage... et de crèmes glacées. (Ouvert tous les jours de 8h à 22h, de septembre à mi-juin de 8h à 18h).

Tillamook se trouve à 80 km au sud de Seaside et à 70 km au nord de Lincoln City, sur la 101. Le trajet le plus direct depuis Portland est d'emprunter la US 26 jusqu'à la route 6 (120 km). La 101 est l'artère principale de la ville. Elle sépare en deux les rues à sens unique du centre-ville. Le **visitors center** (842-7525), situé à proximité de l'usine, distribue une carte des terrains de camping des environs. Vous pourrez vous loger à bon prix au **Tillamook Inn,** 1810 U.S. 101 N (842-4413), entre le centre de la ville et l'usine à fromages. (Chambres simples 34 $, chambres doubles 44 $. En hiver, les tarifs sont moins chers. Réserver quelques jours à l'avance).

Newport Les principales industries de ce petit port sont la pêche, la forêt et le tourisme. La **Chamber of commerce** de Newport se trouve 555 SW Coast Hwy. (265-8801 ou 800-262-7844) (ouvert du lundi au vendredi de 8h30 à 17h, samedi et dimanche de 10h à 16h. Fermé le week-end d'octobre à avril).

De nombreux motels, abordables mais bruyants, sont le long de la US 101. **Brown Squirrel Hostel (HI-AYH),** 44 SW Brook St. (265-3729) est à 2 minutes de la plage. Elle dispose d'une salle commune attenant à la cuisine. 22 lits à 12 $, couple 20 $ (places limitées). Les campeurs ont intérêt à s'éloigner de Newport et à opter pour les nombreux terrains de camping qui bordent la US 101. Le meilleur est au nord de la ville : **Beverly Beach State Park,** 198 N. 123rd St. (265-9278) comprend 151 emplacements pour tentes (16 $) et 53 emplacements avec raccordement complet (19 $). Réserver à l'avance. **South Beach State Park,** 5580 S. Coast Hwy., South Beach 97366 (867-4715), 3 km au sud de la ville, dispose de 254 emplacements avec raccordements électriques (18 $) et douches.

The Chowder Bowl, 728 NW Beach Dr. (265-7477), à Nye Beach, est réputé pour son *clams chowder* (velouté de palourdes), 3 $. (Ouvert de juin à mi-septembre tous les jours de 11h à 21h). Vous pouvez visiter l'**Oregon Coast Aquarium,** 2820 SE Ferry Slip Rd. (867-3474), un vaste aquarium qui rassemble plusieurs salles (ouvert tous les jours de 9h à 18h, en hiver de 10h à 16h30. 7,75 $, personnes âgées et de 13 à 18 ans 4,50 $, moins de 13 ans 3,30 $.).

La brasserie **Rogue Ale Brewery,** 2320 SE Oregon State University Dr. (867-3663) de l'autre côté du pont **bay bridge,** produit de la bonne bière. Des visites sont organisées. (Ouvert tous les jours de 11h à 20h. Téléphoner pour connaître les horaires en hiver). La deuxième semaine d'octobre, le **Microbrew Festival** rassemble les producteurs et les buveurs de bières du Nord-Ouest.

Les dunes de sable de l'Oregon Entre Florence et Coos Bay, la plage s'élargit pour former sur 80 kilomètres de long un ensemble de dunes de sable, protégées au sein d'**Oregon Dunes National Recreational Area.** Certaines dunes s'élèvent à 150 mètres (soit 40 mètres de plus que la dune du Pilat) et s'étendent sur près de 5 km à l'intérieur des terres. Au gré des vents et des glissements, le sable détourne le cours des ruisseaux, formant des petits lacs. Suivant les zones, la forêt a poussé sur le sable. Les piétons croisent des *buggys* ou de vieilles motos partant à l'assaut des dunes, parfois un cycliste enlisé.

Toute la zone est administrée par **Siuslaw National Forest.** Les **terrains de camping** sont souvent pleins, surtout les week-ends d'été. Le beuglement des radios, le vrombissement des moteurs et les touristes légèrement enivrés de bière vous pousseront peut-être jusqu'aux étendues de sable pour y chercher méditation et calme. Les terrains de camping aménagés pour les *buggys*, **Spinreel, Lagoon, Waxmyrtle, Driftwood II** (une sorte de grand parking) et **Horsfall** (équipé de douches) sont très bruyants l'été. (Emplacements 10 $, réservations limitées possibles pour les week-ends d'été. Téléphoner au 800-280-CAMP/2267 plus de 10 jours à l'avance). **Carter Lake** (22 emplacements) et **Tah Kenitch** (36 emplacements), 10 $ aux deux, sont plus calmes. Les campings de Winchester Bay, les plus proches de Reedsport, sont soit affreux, soit infestés de camping-cars, soit les deux à la fois. Les meilleurs campings se trouvent à une distance de 1 à 7 km au sud de la baie.

Dans Winchester Bay, l'embouchure des rivières Umpqua et Smith rompt l'alignement de dunes à environ 1,5 km au nord de la ville. **Reedsport,** à 33 km au sud de Florence, est un archétype des petites villes américaines traversées par un highway, avec ses motels, ses banques, ses fast-foods et ses *Family restaurants* alignés au bord de la route. A Reedsport, le bureau du **National Recreation Area Headquarters** (271-3611), juste au sud du pont de la rivière Umpqua, fournit une carte (3 $) et le guide *Sand Tracks* (ouvert du lundi au jeudi et samedi-dimanche de 8h à 16h30, vendredi de 8h à 18h. De septembre à mai du lundi au vendredi de 8h à 16h30). **Winchester Bay,** situé au sud de Reedsport, dispose de chambres bon marché. Le **Harbor View Motel** (271-3352), sur la 101, a des chambres propres et confortables (chambres individuelle 28 $, chambres doubles 33 $, hors saison 24 $/29 $).

Si vous avez peu de temps, arrêtez-vous au moins au point de vue **Oregon Dunes Overlook,** au bord de la 101, environ à mi-chemin entre Reedsport et Florence. Des passerelles en bois conduisent aux dunes et à l'océan. Plusieurs sentiers de randonnée partent de là. Le sentier de 800 mètres **Taylor Dunes** mène jusqu'à un beau point de vue sur les dunes, à l'écart des foules.

Si l'idée de faire un tour en *buggy* sur les dunes vous tente, c'est possible. On peut en louer un peu partout et de nombreux tours (qui partent du sud de Florence et vont presque jusqu'à Coos Bay) sont organisés. **Pacific Coast Recreation,** 4121 U.S. 101 (756-7183), à Hauser, qui dispose de véhicules militaires de la Seconde Guerre mondiale restaurés, propose des tours des dunes à bord d'un vieux véhicule de transport (12 $, moins de 14 ans 8 $) et loue des véhicules tout terrain (20-25 $ pour une heure). **Spinreel Dune Buggy Rentals,** 9122 Wild Wood Dr. (759-3313), sur l'US 101, 11 km au sud de Reedsport, loue des Honda Odyssey (18 $ pour une demi-heure. 30 $ la première heure, 25 $ la deuxième heure) et disposent de *buggys* (15 $ pour une demi-heure, 25 $ par personne pour une heure). La *Chamber of Commerce* vous fournira une liste complète des magasins de location.

Vous pouvez également faire une croisière de deux heures dans Winchester Bay avec la compagnie **Umpqua Jet Adventures,** 423 Riverfront Way (271-5694 ou 800-3-JET-FUN/353-8386), à Reedspot (15 $ par personne, de 4 à 11 ans 8 $. Deux croisières par jour, départs à 10h et à 13h). Juste à côté se trouve le **Umpqua Discovery Center,** 409 Riverfront Way (271-4816 ou 800-247-2155). Ce musée interactif présente l'histoire et la nature de la région. Vous trouverez peut-être les gadgets du *Hero,* un ancien vaisseau d'exploration pour les expéditions en Antarctique, plus intéressants. (Des visites du *Hero* sont organisées toutes les 45 minutes). Ouvert tous les jours de 10h à 18h, en hiver du mercredi au dimanche de 10h à 16h. Musée 3 $, *Hero* 3 $, les deux 5 $. Enfin, dernières activités en vogue dans la région, **l'observation des oiseaux** et des **baleines** qui passent au large de la côte de l'Oregon sur le trajet Mexique-Alaska chaque année vers les mois d'avril et d'octobre.

LE CENTRE ET L'EST DE L'OREGON

■■■ ASHLAND

Située dans une zone rurale près de la frontière californienne, Ashland accueille le **Shakespeare Festival.** Le festival est né d'une idée d'un universitaire local, Angus Bowmerdes. La première édition se contenta de deux pièces jouées par des écoliers, après une journée de match de boxe. Aujourd'hui, une douzaine de pièces sont jouées par des acteurs professionnels, parmi lesquelles on ne compte plus que trois œuvres de Shakespeare. Les représentations ont lieu de la mi-février jusqu'à la fin octobre, dans trois théâtres d'Ashland : le **Elizabeth Stage,** le **Angus Bowner** et le **Black Swan.**

En raison du succès de l'événement, il est recommandé d'acheter ses billets six mois à l'avance. Dès janvier, on peut acheter ses billets par correspondance, et à partir de février, par téléphone seulement (19-37 $ au printemps et à l'automne, 23-41 $ en été). Pour réserver des places, contacter le Oregon Shakespeare Festival, P.O. Box 158, Ashland 97520 (482-4331, fax 482-8045). Bien qu'il soit souvent difficile d'obtenir des places en été, ceux qui veulent essayer ne doivent pas perdre espoir. Le **bureau des réservations,** 15 S. Pioneer St., ouvre à 9h30 et met en vente les invendus des représentations du jour. Une pratique locale consiste à laisser ses chaussures pour garder sa place dans la file d'attente : ne piquez pas la place des autres, et encore moins leurs chaussures. Des **visites de coulisses**, très intéressantes, permettent de découvrir le festival de l'intérieur (départ des visites au Black Swan, 2h. Du mardi au dimanche de 10h à 15h. 8 $, de 5 à 7 ans 6 $).

L'auberge de jeunesse **Ashland Hostel (HI-AYH),** 150 N. Main St. (482-9217), bien entretenue et sympathique, est tenue par une équipe merveilleuse qui vous donnera tous les conseils utiles pour acheter vos billets. (Lave-linge, salle de jeux. Prix 13 $, membres HI 11 $. Enregistrement entre 17h et 23h. Extinction des lumières à minuit. Fermeture des chambres entre 10h et 17h. Réservation obligatoire entre mars et octobre). Il y a souvent de grands groupes qui réservent). Pour camper, **Jackson Hot Springs,** 2253 Rte. 99N (482-3776) est le terrain de camping le plus proche du centre-ville. Prendre la sortie 19 sur la I-5, puis descendre Valley View Road jusqu'à la route 99N, que l'on empruntera sur environ 800 mètres. Vous pourrez vous relaxer en prenant un bain dans les sources d'eau chaude. (Lave-linge, douches chaudes. Bains en eau minérale 5 $ par personne, 8 $ pour un couple. Emplacements 12 $, raccordement complet 17 $).

■■■ EUGENE

Située entre les **forêts fédérales de Siuslaw** et de **Willamette**, au bord de la rivière Willamette, Eugene, deuxième ville de l'Oregon, se trouve sur la Willamette River.

Grâce à la présence de l'**Université de l'Oregon**, la ville est relativement animée, avec des musées, des pizzerias et tout ce qui fait une ville universitaire. Chaque année, un festival Bach est organisé fin juin.

Eugene-Springfield Visitors Bureau, 115 W. 8th (484-5307. De l'extérieur OR 800-547-5445), à la hauteur de Olive Street, est ouvert du lundi au vendredi de 8h à 17h, samedi et dimanche de 10h à 16h, de septembre à avril du lundi au vendredi de 8h30 à 17h. Pour toute information sur les forêts de la région, contactez **Willamette National Forest,** 211 E. 7th Ave. (465-6522). Ouvert du lundi au vendredi de 8h à 16h30. La ville est desservie à la fois par **Amtrak,** 433 Willamette St. (800-USA-RAIL/872-7245) et par **Greyhound,** 987 Pearl St. (344-6265 ou 800-231-222. Ouvert tous les jours de 6h à 22h).

Eugene se trouve à 178 km au sud de Portland sur la I-5. Le campus de la **University of Oregon** se trouve dans le quartier sud-est de la ville, délimité au nord par Franklin Boulevard, qui relie le centre de la ville à la I-5. **Willamette Avenue,** l'artère principale, devient la **voie piétonne** à hauteur des 7th, 8th et 9th Streets. Avec ses innombrables sens uniques, Eugene est un cauchemar pour les automobilistes. Il n'y a pratiquement pas de stationnement gratuit dans le centre-ville.

Les motels les moins chers se trouvent sur E. Broadway et sur W. 7th Street. **Lost Valley Educational Center (HI-AYH),** 81868 Lost Valley Ln. (937-3351, fax 937-3646), près de Dexter, est une auberge de jeunesse. Prendre la route 58 vers l'est sur 13 km jusqu'à Oakbridge, tourner à droite sur Rattlesnake Creek Road. Au bout de 6,5 km, tourner à droite sur Lost Valley Lane. L'auberge de jeunesse se trouve à 1,5 km. N'arrivez pas trop tard pour profiter du dîner "diététique" et pensez à réserver. Dîner du lundi au vendredi 6,50 $, lit 10 $, membres HI 9 $. Emplacements pour camper 6 $ par personne. Dans les alentours d'Eugene, vous ne trouverez que des terrains de camping KOA ou pour camping-cars. Mais plus à l'est, sur les routes n° 58 et 126, **Willamette National Forest** compte de nombreux lieux pour camper au milieu de la forêt. Il y a aussi le **Black Canyon Campground,** 45 km à l'est d'Eugene sur la route 58 (8-16 $).

Si vous avez une petite heure à perdre, offrez-vous une promenade en canoë ou kayak sur le **Millrace Canal,** qui longe en parallèle la Willamette River sur 5 km. Départs depuis **The Canœ Shack,** 1395 Franklin Blvd. (346-4386), tenu par les étudiants de la University of Oregon. (Ouvert l'été du lundi au vendredi de 12h30 à la tombée de la nuit, samedi et dimanche de 10h30 à la tombée de la nuit. 4 $ par heure, 14 $ pour 24h. Caution 30 $). Pour avoir un aperçu de la ville, visitez le marché **Saturday Market** (686-8885), au coin de la 8th et Oak Streets, qui a lieu chaque semaine entre avril et décembre (de 10h à 17h).

Les adeptes de nourriture biologique peuvent faire un tour au **Sundance Natural Foods,** 748 E. 24th Ave. (343-9142), au croisement de la 24th et Hilyard Streets (ouvert tous les jours de 7h à 23h). **Keystone Café,** 395 W. 5th St. (342-2075), sert de la nourriture végétarienne et végétalienne (ouvert tous les jours de 7h à 15h). **The Glenwood Restaurant,** 1340 Alder (687-0355), à la hauteur de la 13th Street, est populaire dans la région (ouvert 24h/24, sauf du dimanche 21h au lundi 7h). Pour des soirées plus animées, essayez le **High St. Brewery Café,** 1243 High St. (345-4905. Ouvert du lundi au samedi de 11h à 1h, dimanche de midi à minuit). Très bonnes boissons (fortes) et concerts au **Doc's Pad,** 165 W. 11th St. (683-8101. Ouvert tous les jours de 10h à 2h30).

■■■ CRATER LAKE

Crater Lake, qui constitue le cœur du **Crater Lake National Park,** est un lac considéré comme sacré par les chamans amérindiens, qui interdisaient à leur peuple de le regarder. Parfaitement circulaire, situé à 1800 mètres d'altitude, le lac atteint des profondeurs de 600 mètres, ce qui en fait le lac le plus profond des Etats-Unis. Toujours à l'abri du gel en hiver, il frappe par sa profondeur et par l'extraordinaire clarté de ses eaux bleues.

Informations pratiques Pour rejoindre le parc depuis Portland, prendre la I-5 jusqu'à Eugene, puis la route 58 à l'est de la US 97 sur une trentaine de kilomètres vers le sud, puis prendre la route 138 vers l'ouest. La **route 62** traverse l'extrémité sud-ouest du Crater Lake National Park, puis poursuit au sud-ouest jusqu'à **Medford** ou au sud-est vers **Klamath Falls**, 38,5 km au sud de l'intersection entre la route 62 et la US 97. L'**entrée du parc** coûte 5 $ par voiture, et en été 3 $ pour les randonneurs et cyclistes. Le **William G. Steel Center** (594-2211), à côté du bureau central du parc, distribue gratuitement des *Backcountry permits*, qui autorisent le camping hors des zones aménagées. (ouvert tous les jours de 9h à 17h). **Amtrak,** S. Spring St. (884-2822 ou 800-872-7245. Gare ouverte tous les jours de 7h à 10h30 et de 20h45 à 22h). **Greyhound,** 1200 Klamath Ave. (882-4616. Ouvert du lundi au vendredi de 6h à 10h et de 11h30 à 17h30, samedi de 6h à 15h). **Urgences :** 911.

Hébergements et restaurants Le parc comprend deux terrains de camping : **Mazama Campground** (594-2511) dispose de 200 emplacements sans raccordements (11 $). **Lost Creek Campground** (594-2211 poste 402), à l'extrémité sud-ouest du parc, ne dispose que de 16 emplacements (5 $). Vous pouvez aussi vous loger au **Fort Klamath Lodge Motel** (381-2234), à 9,5 km de l'entrée sud du Crater Lake National Park, sur la route 62 (chambres individuelles 30 $, doubles 40 $).

Il est difficile de trouver des restaurants bon marché dans les environs de Crater Lake. La meilleure solution est d'acheter des provisions au **Old Food Store** (381-2345. Ouvert l'été tous les jours de 9h à 19h) à **Fort Klamath**. A Klamath Falls, vous pouvez vous approvisionner 24h/24 au supermarché **Safeway** (882-2660), au coin de la 8th et Pine Streets. Vous pouvez aussi prendre un sandwich (4-6 $) au **Llao Rock Café,** Rim Village (ouvert tous les jours de 8h à 20h). **The Watchman Eatery and Lounge** propose des hamburgers (6 $ avec salade de pommes de terre), et son *salad bar* à volonté (6 $). Belle vue sur Crater Lake (ouvert du 10 juin au 4 septembre tous les jours de midi à 22h).

Visites Le lac serein que l'on voit aujourd'hui est né il y a environ 7700 ans, lors de l'éruption du Mont Mazama, un des phénomènes volcaniques les plus dévastateurs de la planète. Cette immense éruption recouvrit de cendres des milliers de kilomètres carrés de l'ouest des Etats-Unis et creusa un profond cratère.

Rim Drive, ouvert uniquement l'été, forme une boucle de 53 km au-dessus du lac et constitue le point de départ de quelques très beaux sentiers de randonnée : **Discovery Point Trail** (2 km aller), est ainsi nommé car c'est de là qu'en 1853, un pionnier américain découvrit le lac, **Garfield Peak Trail** (2,7 km aller) et **Watchman Lookout** (12,8 km aller). Si vous ne disposez que de peu de temps, contentez-vous de parcourir les 90 mètres qui séparent le *visitors center* du point de vue **Sinnott Memorial Overlook**. C'est la vue la plus panoramique et la plus facilement accessible du parc. Le sentier est raide sur les flancs du **Mount Scott**, le plus haut sommet du parc (2700 m), mais l'effort en vaut la peine (4 km aller). Le départ du sentier se trouve sur la rive est du lac. Le sentier **Cleetwood Trail** (1,6 km aller-retour) est le seul qui mène au bord du lac. De là, la **Lodge Company** (594-2511) organise des tours en bateau de deux heures sur le lac. (Les horaires des tours varient. 3 à 9 promenades par jour du 18 juin au 17 septembre. Tarif 12 $, moins de 12 ans 6,50 $). Si vous prenez un des premiers tours de la journée, vous pouvez demander à être déposés sur l'île **Wizard Island** (ne ratez pas le dernier retour car le lac est profond : vous n'avez probablement pas pied). La pêche est autorisée, ainsi que la baignade... la température à la surface de l'eau ne dépassant jamais les 10° C. Les rangers organisent des promenades guidées tous les jours en été et de façon régulière en hiver. Téléphoner au *Steel Center* pour connaître les horaires (voir Informations pratiques).

PACIFIQUE NORD-OUEST

■■■ BEND ET LE CENTRE DE L'OREGON

A proximité du Mont Bachelor, de la rivière Deschutes (*encore un nom français*) et de la forêt fédérale du même nom, Bend est un point de départ idéal pour les amateurs de rafting et de randonnées. La ville fut fondée en 1820, le "Farewell Bend" constituant un passage à gué fort apprécié par les pionniers. Aujourd'hui, Bend est devenue la première ville de l'Oregon... à l'est des Cascades.

Informations pratiques La **US-97** (3rd Street) coupe la ville en deux. Le centre-ville se trouve à l'ouest le long de la rivière Deschutes . **Wall Street** et **Bond Street** sont les deux artères principales. **Central Oregon Welcome Center,** 63085 N. U.S. 97 (382-3221) distribue gratuitement des cartes et du café (ouvert du lundi au samedi de 9h à 17h, dimanche de 11h à 15h). Au **Deschutes National Forest Headquarters,** 1645 E. U.S. 20 (388-2715), l'on peut vous renseigner sur les forêts fédérales et les activités de plein air (ouvert du lundi au vendredi de 7h45 à 16h30). **Greyhound,** 2045 E. U.S. 20 (382-2151), à l'est de la ville, effectue un trajet par jour à destination de Portland (21 $) et de Klamath Falls (20 $). (Ouvert du lundi au vendredi de 7h30 à 11h30 et de 12h30 à 17h, samedi de 7h30 à midi, dimanche de 8h à 11h30). Bend - **Bureau de poste :** 2300 NE 4th St. (388-1971), au niveau de Webster (ouvert du lundi au vendredi de 8h30 à 17h30, samedi de 10h à 13h). **Code postal : 97701. Indicatif téléphonique : 503.**

Hébergements La plupart des motels les moins chers se trouvent sur 3rd Street. **Bend Cascade Hostel,** 19 SW Century Dr., (389-3813) est une belle auberge de jeunesse bien tenue, située à 2 blocks de magasins de location de skis et de vélos et de la navette gratuite allant au Mont Bachelor. Depuis 3rd Street, prendre Franklin Street vers l'ouest, puis suivre les panneaux *Cascades Lakes Tour* jusqu'à Century Drive (14th St.). (Lave-linge et cuisine, location de draps. Fermeture des chambres entre 9h30 et 16h30, extinction des lumières à 23h. 13 $, personnes âgées et étudiants 12 $, moins de 18 ans 6,50 $). **Mill In,** 642 NW Colorado (389-9198), au coin de Bond Street, est un *Bed and Breakfast* situé dans un hôtel-pension récemment restauré. Pour 15 $, vous pourrez dormir dans un lit superposé dans le "Locker Room", de style dortoir (pour 4). Egalement des chambres individuelles coquettes et élégantes (32 $ pour une personne, 40 $ pour deux), avec salle de bain commune. Il est conseillé de réserver. **Deschutes National Forest** compte de nombreux camping à l'ouest de la ville. Ils sont tous équipés de toilettes sans chasse d'eau. Avec eau potable 3-12 $, sans eau potable gratuit. Prendre contact avec le **Bend/Ft. Rock Ranger District Office** au 1230 NE 3rd St., #A266 (388-5664).

Restaurants Le centre-ville de Bend renferme des cafés agréables. De bons restaurants se trouvent sur 3rd Street. **Devore's,** 1124 NW Newport (389-6588) propose des produits naturels, ainsi que du vin et de la bière (ouvert du lundi au samedi de 9h30 à 18h30, dimanche de midi à 18h). **West Side Bakery and Café,** 1005 NW Galveston (382-3426), est réputé dans la région pour ses petits déjeuners et ses déjeuners. Pratiquement tout est fait maison, y compris le bon pain. (Ouvert du lundi au samedi de 7h à 15h, dimanche de 7h à 14h). **Pilot Butte Drive-In Restaurant,** 917 NE Greenwood/U.S. 20 (382-2972), sert un monstrueux hamburger de 510 grammes *Pilot Butte Burger* (9,50 $), et d'autres de tailles plus raisonnables. Les gens du coin viennent ici pour de gros petits déjeuners (ouvert tous les jours de 6h à 21h).

Grands espaces Le **High Desert Museum** (382-4754), 9,5 km au sud de Bend sur la US 97, organise des expositions intéressantes sur l'écosystème du plateau de l'Oregon, et des dioramas sur la vie des pionniers de l'Ouest. La seule manière d'éviter les foules est de venir de bonne heure. Le prix des billets d'entrée est justifié.

(Ouvert tous les jours de 9h à 17h. Entrée 6,25 $, personnes âgées et 13-18 ans 5,75 $, 5-12 ans 3 $).

En novembre 1990, le **Newberry National Volcanic Monument** a été constitué pour protéger les zones volcaniques au sud de Bend. L'ensemble comprend 1300 km² et deux lacs, **Paulina Lake** et **East Lake.** Cinq terrains de camping sont installés au bord des lacs. Pour en connaître davantage sur la région, visitez le **Lava Lands Visitor Center** (593-2421), à 8 km au sud de High Desert Museum sur la US 97. Le centre raconte l'origine volcanique de la chaîne des Cascades. (Ouvert de mars à mi-octobre du mercredi au dimanche de 10h à 16h, et de Memorial Day, dernier lundi de mai, à Labor Day, premier lundi de septembre, tous les jours de 9h à 17h). Directement derrière le *visitors center* se trouve **Lava Butte.** Du haut de ses 150 mètres, on peut observer d'anciennes coulées de lave et les montagnes des Cascades. Au sud du *visitors center,* sur la US 97, se trouve **Lava River Cave** (593-1456), un tunnel de lave de 1,5 km de long. La température est d'environ 5°C toute l'année, il est donc conseillé de se couvrir. (Ouvert de mai à octobre tous les jours de 9h à 18h. 2 $, de 13 à 17 ans 1,50 $, moins de 13 ans gratuit. Location de lampes 1,50 $). Enfin, vous pouvez aller voir le cratère, **Newberry Crater,** pièce maîtresse du parc volcanique, à une trentaine de kilomètres au sud de *Lava Butte* sur la US 97, puis environ 25 km à l'est sur la route 21.

A l'ouest de Bend, la **Cascade Lakes Highway** (Century Drive à l'intérieur de la ville) trace une belle boucle passant par le Mont Bachelor, la forêt, et le Crane Prairie Reservoir, avant de rejoindre la US 97. Dans cette zone, on trouve trente terrains de camping, des rivières pour la pêche à la truite et des sentiers de randonnée. Donnez-vous toute une journée pour le circuit, et n'oubliez pas un pique-nique pour le déjeuner.

Le **Mont Bachelor** s'élève à 2722 mètres. Une de ses pistes, d'un dénivelé de 930 mètres, accueille l'équipe nationale de ski des Etats-Unis. Si vous y skiez, vous serez donc en bonne compagnie. (Forfait remonte-pente 33 $ la journée, de 7 à 12 ans 18 $. Pour plus de détails, appeler le 800-829-2442). Des télésièges fonctionnent en été pour les touristes qui se contentent d'une belle vue (tous les jours de 10h à 16h. 9 $, enfants 4,50 $, personnes âgées 6,50 $). L'été, des spécialistes des services fédéraux des forêts organisent au sommet du mont des conférences gratuites sur l'histoire naturelle des environs (tous les jours à 11h30 et 14h30).

Le **rafting** fait recette, malgré son prix. Il faut compter généralement autour de 65 $ par personne par jour, 25 $ la demi-journée. Demandez une liste des organisateurs de descentes en rafting auprès de l'office du tourisme. L'une des compa-

Rodéo

Petite ville endormie de l'est de l'Oregon, Pendleton n'a rien de plus à offrir au voyageur fatigué qu'une bonne nuit de sommeil. Ici, l'entretien des pelouses semble constituer le passe-temps principal. Le soir, les jeunes n'ont d'autre alternative que de faire des tours de ville entassés à plusieurs dans des voitures (en essayant de ne pas faire trop de bruit, parce que tout le monde se connaît). Dans la deuxième semaine de septembre, Pendleton se métamorphose subitement à l'occasion du **Pendleton Round-up,** l'un des plus importants rodéos des Etats-Unis. Les propriétaires de ranch des quatre coins du pays présentent leurs bêtes. 50 000 cow-boys (professionnels ou touristes), Stetson sur la tête et bottes au pied viennent assister à l'événement. Durant quatre jours, les cow-boys rivalisent d'adresse pour mettre en valeur leur savoir-faire : attraper au lasso les veaux, monter les mustangs, traire les vaches sauvages, poursuivre des porcs engraissés, etc. Pour plus d'informations et pour l'achat des billets (7-15 $), contacter Pendleton Round-Up Association, P.O. Box 609, Pendleton 97801 (276-2553 ou 800-457-6336). Tous les billets pour 1996 (11 au 14 septembre) sont déjà vendus et ceux pour 1997 (10 au 13 septembre) le seront probablement d'ici l'automne 1996, mais ne vous faites pas de souci : les billets pour 1998 sont mis en vente à partir de novembre 1996...

gnies les plus appréciées est **Hunter Expeditions** (389-8370. Demi-journée 27 $, journée complète avec déjeuner 60 $).

■■■ HELLS CANYON

Pour peupler cette région inaccessible et hostile, au XIXe siècle, le gouvernement fédéral offrait 80 hectares aux colons qui, s'y étant installés, n'étaient pas morts de faim au bout de trois ans. Hells Canyon (Canyon de l'Enfer) constitue les gorges les plus profondes de l'Amérique du Nord. A certains endroits, l'eau tombe d'un précipice de 1650 mètres dans la **Snake River** qui coule en dessous. Au Nord est, **Hells Canyon National Recreational Area** comprend les parties les plus belles et les plus isolées du canyon. Le circuit **Hells Canyon National Scenic Loop Drive** ne vous donnera qu'un aperçu de Hells Canyon, mais la plupart des visiteurs s'en satisfont. Le circuit commence et finit à Baker City, en empruntant la route 86, les Forest Roads 39 et 350, la route 82 et enfin la I-84. Même si ce circuit est entièrement goudronné, il faut compter entre six heures et deux jours pour le parcourir en voiture. Arrêtez-vous aux différents points de vue souvent sur les canyons. **Hells Canyon Overlook,** le plus accessible et le moins impressionnant, peut être atteint en empruntant Forest Road 3965. Cette route part de la route 39, à environ 8 km au sud du croisement de la Imnaha River. L'immense barrage **Hells Canyon Dam** se trouve à 37 km au nord de Oxbow sur la route 86. Les plongées sur la river Snake deviennent plus saisissantes à mesure que l'on avance vers le nord sur cette route sinueuse, seule façon d'arriver jusqu'en bas du canyon en voiture.

La manière la plus facile d'avoir un bon aperçu du canyon est probablement à bord d'un zodiac ou en rafting. Plusieurs compagnies organisent des expéditions . Le **Area Headquarters** (voir ci-dessous) pourra vous donner une liste. **Hells Canyon Adventures,** (503-785-3352, en dehors de l'Oregon 800-422-3568), à 2,5 km du barrage Hells Canyon Dam à Oxbow, organise des excursions en Zodiac (journée 70 $, trois heures 30 $) et en raft (journée 90 $).

La marche à pied constitue probablement la meilleure manière de s'imprégner de l'immensité déserte de Hells Canyon, mais pour s'introduire véritablement dans le canyon, il faut compter au moins quelques jours de randonnée. On compte plus de 1600 km de sentiers de randonnée, dont une partie seulement est régulièrement entretenu par le Forest Service. Mieux vaut discuter de votre parcours avec les rangers avant de vous lancer.

La plus importante localité du secteur est **Enterprise**, à 105 km de La Grande sur la route 82. Le centre d'information **Area Headquarters,** 88401 Rte. 82 (426-4978), se trouve dans l'ouest de Enterprise. Des **cartes** détaillées valent 3 $. (Ouvert du lundi au samedi de 8h à 17h, dimanche de midi à 17h). Il y a aussi des **Recreation Area Offices** à Riggins, Idaho (208-628-3916) et à Clarkston, Washington (509-758-0616). **serveur vocal sur l'état des routes et des sentiers :** 426-559. **Urgence :** 911.

Camper dans la région peut constituer une grande expérience spirituelle pour ceux qui s'y sont préparés. Si vous préférez un toit, le **Indian Lodge Motel,** 201 S. Main (432-2651), sur la route 82 à Joseph, 9,5 km au sud de Enterprise, dispose de très belles chambres à air conditionné (chambres individuelles 35 $, chambres doubles 45 $). La région de Hells Canyon compte de nombreux terrains de camping sans aménagement. Beaucoup n'ont pas d'eau potable, et aucun n'est équipé de douches. Les campings **Copperfield, McCormick** et **Woodland** disposent d'emplacements pour camping-cars et de toilettes. Ce sont les seuls terrains de camping ouverts toute l'année. Ils sont situés près de Oxbow et Brownlee Dams, sur la route 86 et la route 71, sur la Snake River (emplacement pour tente 5 $, pour camping-car 8 $).

Il est difficile d'arriver ici sans voiture ou sans cheval. Certains font de l'auto-stop depuis les villes proches de Joseph ou de Halfway, et organisent ensuite leur retour en faisant le tour des campings. Par prudence, il n'est pas conseillé d'en faire autant.

LE SUD-OUEST

Le Sud-Ouest a toujours largement alimenté les mythes américains. Quand le Président Thomas Jefferson envoya Meriwether Lewis explorer la Louisiane, qui correspondait à l'époque au vaste territoire inconnu de l'ouest du Mississippi, il lui confiait plusieurs missions : rapporter des données géographiques, évaluer les ressources, recenser les tribus indiennes mais aussi trouver un mastodonte vivant ! Plus qu'aucune autre, cette région cristallise les mythes qui appartiennent à l'imaginaire collectif américain ; une contrée peuplée de "sauvages", de hors-la-loi et de bisons, où les colons ont pu s'établir à force de courage et d'ingéniosité. En réalité, les Américains n'ont joué qu'un petit rôle dans l'histoire de la région. Durant les Xe et XIe siècles, le peuple Anasazi a été le premier à cultiver les terres arides du Sud-Ouest. Plus tard, les tribus indiennes Navajo, Apache et Pueblo se sont partagées le territoire avec les descendants des Anasazi, les Hopi.

L'intrusion de l'homme blanc débuta au XVIe siècle avec les raids de conquistadors espagnols basés au Mexique. Les missionnaires catholiques prirent le relais, désireux de transformer les farouches indiens en paisibles cultivateurs chrétiens. En rachetant la Louisiane à Napoléon, en 1803, les Etats-Unis tentèrent un premier regroupement des territoires du Sud-Ouest. L'idéal d'un "empire de liberté" où les pionniers pourraient vivre paisiblement dans leur ferme favorisa l'extension à l'ouest, jusqu'au *Gadsen Purchase*, de 1853 (traité américano-mexicain), qui en a fixé les frontières actuelles. Depuis lors, les mythes du cow-boy solitaire, du shérif courageux et du pionnier aventureux n'ont cessé de proliférer. Paradoxalement, l'Ouest américain dépend plus qu'aucune autre région du soutien fédéral et possède le pourcentage de population urbanisé le plus élevé du pays. Il n'en reste pas moins que pionniers et cow-boys contribuent à entretenir le rêve américain…

Les grands espaces du Sud-Ouest pourraient constituer à eux seuls l'unique but d'un séjour aux Etats-Unis. Outre la démesure de Las Vegas et du Grand Canyon, on y trouve 5 parcs nationaux (les *Fabulous Five*) qui dévoilent des paysages ocres et désertiques à couper le souffle. A VTT, en rafting, à pied, à cheval ou en voiture, cette région des Etats-Unis est à explorer sans modération. Avec, en toile de fond, une riche et passionnante culture amérindienne.

Le Sud-Ouest en bref

Ecrivains : Barbara Kingsolver, Willa Cather (*Death comes to the Archbishop*), Edwards Abbey, Tony Hillerman (auteur de romans ethnico-policiers dont les héros sont des Indiens Hopi et Navajo), Sandra Cisneros.

Artistes : Georgia O'Keeffe, R.C. Gorman, Oscar Burninghouse, Dorothy Smith.

Cuisine : pour l'essentiel, la cuisine dérive des plats mexicains. Le chili con carne, les galettes de blé ou de maïs appelées *tortillas*, les haricots rouges en sauce (*refried beans*), et autres *enchiladas, tamales* et *sopapillas*. On trouve aussi des plats Navajo comme le *sheepherder* et le *fry-bread*, littéralement, le pain frit.

Microbrasseries : Electric Dave Brewery, Black Mountain, Russell, Santa Fe et la compagnie Schirf Brewing Co.

Amérindiens : Apache, Anasazi, Hopi, Navajo, Pueblo, Sinagua, Ute et Zuñi.

Musique : L'Opéra de Santa Fe, la musique western-country et les groupes comme Tex-Mex, Gin Blossoms et Giant Sand sans oublier Linda Ronstadt.

Cinéma et télévision : la plupart des films de John Wayne, *Thelma et Louise* et *Arizona Junior*.

Climat : sec et chaud.

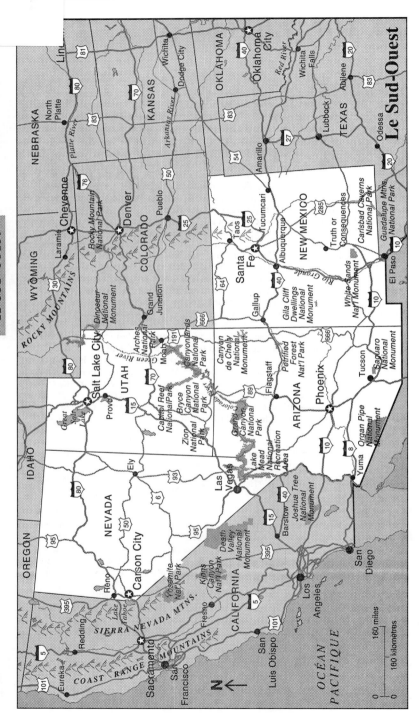

Le Sud-Ouest

Nevada

Le Nevada a longtemps suivi le chemin de la piété. Ses étendues désertiques, explorées par les missionnaires espagnols puis occupées par les Mormons, semblaient une terre promise pour les ascètes en quête d'élévation spirituelle. La découverte de mines d'or en 1850 et d'argent en 1859 bouleversa le bel ordonnancement divin. Les fidèles troquèrent vite leur missel contre une pioche et une batée. Quand les précieux métaux vinrent à manquer, les habitants du Nevada, de moins en moins soucieux de la morale, développèrent les industries du jeu, du mariage et du divorce. Le coup de grâce fut porté lorsque l'Etat légalisa la prostitution, en 1907.

Le Nevada ne se résume pas aux seuls casinos de Las Vegas. La base de loisirs **Lake Mead National Recreation Area**, située à seulement 25 mn de Vegas, est une agréable oasis cernée par le désert ; les pentes boisées aux abords du Lac Tahoe, à la limite de la Californie, permettent de se ressourcer après le vacarme des machines à sous.

INFORMATIONS PRATIQUES

Capitale : Carson City.

Nevada Commission on Tourism, la délégation chargée du tourisme au Nevada est située au Capitol Complex, Carson City, 89710 (702-687-4322 ou 800-NEVADA8/638-2328). **Nevada Division of State Parks**, en charge des parcs nationaux, se trouve au 123 W. Nye Lane, Carson City 89710 (702-687-4384). Les deux sont ouverts du lundi au vendredi entre 8h et 17h.

Fuseau horaire : Pacifique (- 3h par rapport à l'Est et - 9h par rapport à Paris).

Abréviation de l'Etat : NV.

Taxe locale : de 6,75 à 7 %. Dans certains comtés, taxe hôtelière de 8 %.

■■■ LAS VEGAS

Il a fallu la légalisation du jeu, en 1931, pour que Las Vegas commence à attirer les touristes. Aujourd'hui, Vegas est un temple de la démesure et de l'artifice, un véritable mirage au milieu du désert. Les rêves de fortune instantanée des premiers immigrants sont plus que jamais vivants dans ces hôtels-casinos qui attirent des millions de visiteurs (et des millions de dollars) avec leurs machines à sous et leurs attractions délirantes. Pour celui qui est effaré par la culture américaine dans ce qu'elle a de plus tape-à-l'œil, Las Vegas tient du cauchemar. Mais si vous êtes doté d'un solide sens de l'humour et d'un goût prononcé pour la culture kitsch, c'est un spectacle fascinant. Chaque casino est un véritable parc d'attractions organisé autour de thèmes aussi variés que le cirque, le château médiéval, l'Empire romain ou encore l'Égypte ancienne. Les petits budgets apprécieront les promotions qui fleurissent un peu partout ; "buffets à volonté", chambres d'hôtels luxueuses à des prix ridiculement bas et gratuité de la plupart des spectacles. Vous voilà parti pour quelques nuits blanches…

INFORMATIONS PRATIQUES

Office de tourisme : Las Vegas Convention and Visitors Authority, 3150 Paradise Rd. (892-7575 ou 892-0711), situé dans le Convention Center à 4 blocks de l'avenue principale, appelée le *Strip*, près du Hilton. On y obtient des informations de première main sur les promotions et les buffets. Ouvert du lundi au vendredi entre 8h et 18h et samedi-dimanche, entre 8h et 17h. La communauté homosexuelle se retrouve au **Gay and Lesbian Community Center**, 912 E. Sahara Ave. (733-

9800). Les horaires d'ouverture sont fonction de la disponibilité du personnel bénévole.

Police : 795-3111.

Visites guidées : Des visite en bus **Gambler's special** partent de Los Angeles, San Francisco et San Diego tôt le matin pour Las Vegas. Le retour se fait le soir même ou le lendemain. Les tarifs comprennent tout sauf la nourriture et les mises aux jeux d'argent. On peut se renseigner auprès des offices de tourisme des villes au départ ou dans n'importe quel casino. **Gray Line**, 1550 S. Industrial Rd. (384-1234) propose des circuits dans la ville (un départ quotidien, durée : une demi-journée pour 17,50 $). Des excursions en bus sont aussi organisées au départ de Las Vegas : vers le barrage Hoover Dam et le Lac Mead (deux départs quotidiens à 8h et 12h, durée de la visite 5h, tarif 18 $) et vers la rive sud du Grand Canyon (excursion de deux jours ; le tarif comprend la nuit d'hébergement et l'entrée dans le parc. Trois départs hebdomadaires, le lundi, le mercredi et le vendredi à 7h. Les tarifs d'hébergement sont de 147 $ pour une chambre simple, 111 $ pour une double et pour 3 à 4 personnes 99 $. Le service est assuré entre mars et octobre et les réservations sont impératives). **Ray and Ross Tours**, 300 W. Owens St. (646-4661 ou 800-338-8111), propose des excursions à Hoover Dam (un départ quotidien, durée du tour 6h, 32 $), à Hoover Dam et au Lac Mead (un départ quotidien, durée du tour 7h, 32 $) ainsi que sur d'autres destinations. Le départ et le retour se font depuis la plupart des hôtels.

Aéroport : McCarran International (261-5743), situé au Sud-est du *Strip*. Le terminal principal se trouve sur Paradise Rd. On peut accéder à pied au campus de l'Université du Nevada. Des navettes desservent les hôtels du *Strip* et du centre-ville pour 5 $. La course en taxi pour le centre-ville revient à 23 $.

Trains : Amtrak, 1 N. Main St., à l'intérieur de l'Union Plaza Hotel (386-6896 ou 800-872-7245). Dessert Los Angeles (3 liaisons hebdomadaires, 8h de trajet, 37 $), San Francisco (liaison quotidienne, 13h de trajet, 120 $). Billetterie ouverte tous les jours entre 6h et 19h30.

Bus : Greyhound, 200 S. Main St., au niveau de Carson Av., dans le centre-ville (382-2292 ou 800-231-2222). Pour Los Angeles (10 liaisons quotidiennes, 5h de trajet, 37 $), San Francisco (10 liaisons quotidiennes, 15h de trajet, 52 $). Billetterie et terminal ouverts tous les jours entre 5h et 1h.

Transports publics : Citizens Area Transit (CAT), 228-7433. Le bus n° 301 circule 24h/24 dans le centre-ville et le *Strip*. Le bus n° 302 dessert l'aéroport. Dans les deux cas, le tarif est de 1,50 $ pour les adultes et de 50 ¢ pour les moins de 18 ans. Pour les autres bus, le tarif est de 1 $ ou 50 ¢. Excepté le bus n° 301, ils circulent quotidiennement entre 5h30 et 1h30.

Taxis : Yellow, Checker et **Star Taxis** (873-2000). 2,20 $ de prise en charge puis 1,50 $ par mile. Les taxis circulent 24h/24.

Location de voitures : Rebel Rent-a-Car, 5021 Swenson (597-0427 ou 800-372-1981). Le tarif de base est de 20 $ par jour, kilométrage illimité à l'intérieur du comté de Clark. Il faut avoir plus de 21 ans et une carte de crédit. Pour les moins de 25 ans, compter un supplément de 15 $ par jour. L'assurance est de 13 $ par jour. Des tarifs réduits sont proposés dans les brochures touristiques.

Mariage : Marriage License Bureau, 200 S. 3rd St. (455-3156). Attention, pour se marier avant 18 ans, il faut une autorisation parentale. Pour tous, le tarif est de 35 $ payable seulement en espèces.

Assistance téléphonique : Pour les impénitents du jeu d'argent, **Gamblers Anonymous**, 385-7732, 24h/24. Si le rouge n'est pas sorti, **Suicide Prevention**, 731-2990, 24h/24.

Numéro d'urgence : 911.

Bureau de poste : 301 E. Stewart (385-8944). Ouvert du lundi au vendredi entre 9h et 17h, le samedi entre 9h et 13h. La distribution du courrier a lieu généralement du lundi au vendredi entre 10h et 15h. **Code postal :** 89114.

Indicatif téléphonique : 702.

Les 500 km qui séparent Los Angeles de Las Vegas se font d'une seule traite par l'I-15. Depuis l'Arizona, il faut prendre l'I-40 ouest vers Kingman puis l'US 93/95 nord. Les casinos de Las Vegas sont regroupés dans deux quartiers. Le quartier du centre-ville (*downtown*), aux environs de Fremont et de la 2nd Street, se parcourt facilement à pied et les casinos sont proches les uns des autres. Dans certaines rues, les trottoirs sont même recouverts de tapis… L'autre quartier, connu sous le nom de *Strip*, abrite une collection de casinos titanesques alignés de part et d'autre de **Las Vegas Boulevard South.** On peut encore en trouver sur le Paradise Boulevard, parallèle au Las Vegas Boulevard. Certains quartiers de Las Vegas, en particulier les zones situées au nord et à l'ouest du centre-ville, ne sont pas sûrs. Il est recommandé de ne pas s'éloigner la nuit des rues éclairées ni des quartiers proches des principaux casinos ou hôtels.

Particularité très américaine, les moins de 18 ans à Las Vegas doivent observer un **couvre-feu.** Entre minuit et 5h, les lieux publics sont interdits aux 14-18 ans non accompagnés. Pour les enfants de moins de 14 ans, le couvre feu se situe entre 22h et 5h. Durant les week-ends, les moins de 18 ans ne peuvent se rendre sur le *Strip* ou dans certains quartiers spécifiques sans être accompagnés d'un adulte.

HÉBERGEMENTS

Il est recommandé de réserver longtemps à l'avance. Même si Las Vegas dispose de plus de 90 000 chambres, la plupart des hôtels affichent complet durant les week-ends. Si vous n'avez rien trouvé, vous pouvez appeler le **Room Reservations Hotline** (800-332-5333). D'une manière générale, plus tôt vous réservez, meilleures sont vos chances d'obtenir des prix intéressants. Les tarifs des chambres à Las Vegas changent sans cesse. La plupart des hôtels proposent des prix différents en semaine et en week-end. De plus, une chambre proposée en promotion à 20 \$ peut atteindre des centaines de dollars si vous arrivez au moment d'un congrès. On peut obtenir des tarifs préférentiels et des coupons de réduction dans les publications locales comme *What's On in Las Vegas, Today in Las Vegas, Vegas Visitor, Casino Player, Tour Guide Magazine* et *Insider Viewpoint of Las Vegas*. Elles sont gratuites et disponibles dans tous les points touristiques et les hôtels.

Les hôtels du *Strip*, au cœur de l'action, sont tous situés à quelques centaines de mètres les uns des autres. Des motels bon marché s'alignent le long de **Fremont Street** au sud du centre-ville. L'autre possibilité, si vous êtes en voiture, est de loger dans un des hôtels-casinos de **Jean** (situé à environ 50 km au sud par l'I-15, à la frontière de la Californie). Vous pouvez notamment essayer le **Goldstrike** (477-5000) à la sortie n° 12 de l'I-15.

Las Vegas International Hostel (AAIH/Rucksackers), 1208 Las Vegas Blvd. South (385-9955). Chambres spartiates avec air conditionné. Le personnel de cette auberge de jeunesse est extrêmement serviable. Les petits déjeuners sont gratuits. Utilisation possible de la cuisine. Excursions organisées à destination de Zion, Bryce et du Grand Canyon (pour 3 jours, 125 \$). L'accueil est ouvert tous les jours entre 7h et 23h. Chambres libérées entre 7 et 10h. Dortoirs avec s.d.b. commune 9 \$. Chambres individuelles avec s.d.b. commune 20 \$. Tarifs réduits de décembre à mars. Une caution de 5 \$ est demandée pour la clé.

Gold Spike, 400 E. Ogden Ave. (384-8444), à quelques blocks de Fremont St. au coin de Las Vegas Blvd. et d'Ogden Av. dans le centre-ville. 109 chambres à 22 \$.

Nevada Palace, 5255 Boulder Hwy. (458-8810), à quelques minutes en voiture du Strip et du centre-ville. 220 chambres. Du dimanche au jeudi 30 \$, vendredi-samedi 50 \$, hors période de congrès.

Circus Circus, 2880 Las Vegas Blvd. South (734-0410 ou 800-634-3450). L'un des principaux hôtels-casinos (2 800 chambres) de la ville. Tarifs très intéressants. Chambres avec TV et air conditionné pour 1 à 4 personnes. Du dimanche au jeudi entre 29 et 69 \$. Vendredi-samedi entre 59 et 99 \$. Pendant les vacances entre 65 et 125 \$. Des lits pliants supplémentaires sont disponibles pour 7 \$. En été, il faut réserver 2 à 3 mois à l'avance pour un séjour en semaine et 3 à 4 mois à l'avance pendant les week-ends.

Excalibur, 3850 Las Vegas Blvd. South (597-7777 ou 800-937-7777). Gigantesque château blanc, cet hôtel-casino dispose de plus de 4 000 chambres. A l'entrée, un laquais accueille les clients avec un *"good evening, Lord"* ou *"good afternoon, lady"*. De dimanche à jeudi entre 39 et 60 \$, vendredi-samedi entre 79 et 90 \$.

Stardust, 3000 Las Vegas Blvd. South (732-6111 ou 800-824-6033). Hôtel-casino de 2 300 chambres. Du dimanche au jeudi entre 36 et 150 \$. Vendredi- samedi entre 60 et 150 \$.

CAMPINGS

Lake Mead National Recreational Area (293-8906), à 40 km au sud de la ville par l'US 93/95. Emplacements 8 \$, avec raccordement entre 14 et 18 \$. Plus de détails sont donnés dans la rubrique *Lake Mead*.

KOA Las Vegas (451-5527). Prendre l'US 93/954 vers le sud jusqu'à la sortie Boulder et tourner à gauche. Navettes gratuites pour les casinos. Piscine, laverie, machines à sous et vidéo poker. Prix de l'emplacement 22 \$, avec raccordement 26 \$ (3 \$ pour l'air conditionné).

Circus Land RV Park, 500 Circus Circus Dr. (734-0410), fait partie de l'hôtel Circus Circus sur le *Strip*. Laverie, douches, piscine, jacuzzi et boutiques. Du dimanche au jeudi 13 \$, vendredi-samedi 17 \$.

LES BUFFETS

Pratiquement tous les hôtels proposent des formules de buffet à volonté (*all-you-can-eat*). Attendez-vous à faire la queue pour une nourriture plutôt médiocre. Les boissons alcoolisées coûtent de 75 ¢ à 1 $ dans la plupart des casinos, mais sont servies gratuitement aux personnes qui jouent (ou qui font semblant). Quantité de restaurants bon marché sont situés à quelques minutes à l'ouest du *Strip*, en particulier le long du **Decatur Boulevard**.

Circus Circus, 280 Las Vegas Blvd. South (734-0410). Un des buffets les moins chers de la ville. Petit déjeuner à 3 $ (entre 6h et 11h30), brunch 4 $ (entre midi et 16h) et dîner 5 $ (entre 16h30 et 23h).

Excalibur, 3850 Las Vegas Blvd. South (597-7777). Buffet tournant. Le petit déjeuner (entre 7 et 11h), le déjeuner (entre 11 et 16h) et le dîner (entre 16 et 22h) coûtent respectivement 4, 5 et 6 $.

Luxor, 3900 Las Vegas Blvd. South (262-4000). Qualité un peu supérieure, au moins pour la diversité de son *Manhattan Buffet*. Petit déjeuner à 4,50 $ (entre 7h30 et 11h), déjeuner à 5,50 $ (entre 11 et 16 h) et dîner à 7,50 $ (entre 16 et 23h).

Treasure Island, 3300 Las Vegas Blvd. South (894-7111). Un peu plus cher mais choix varié de spécialités américaines, italiennes ou chinoises. Petit déjeuner à 5 $ (entre 7h30 et 10h45), déjeuner à 7 $ (entre 11 et 15h45) et dîner à 9 $ (entre 16 et 23h). Tarif réduit pour les enfants.

Rincon Criollo, 1145 Las Vegas Blvd. South (388-1906), près de l'auberge de jeunesse. Quand vous serez lassé des buffets, vous pourrez savourer des plats cubains à l'ombre des palmiers… photographiés sur les murs. Au menu : sandwiches chauds (3,50 à 4,50 $) et plats (viande, riz, haricots rouges) entre 6,50 et 8 $. Ouvert du mardi au dimanche entre midi et 22h.

CIRCUIT DES CASINOS ET SORTIES

Attention, les jeux d'argent sont interdits aux moins de 21 ans. Les hôtels et la plupart des casinos fournissent des carnets, les *fun-books*, qui contiennent des coupons de jeu permettant d'acheter 50 $ de jetons pour 5 $. Il vaut mieux être prudent et ne disposer sur soi que de la somme que l'on est prêt à perdre. Et rappelez-vous qu'*à la longue on finit toujours par perdre*. Le bon joueur est celui qui sait arrêter à temps. D'autre part, il vaut mieux garder un œil sur son portefeuille. Quelques pickpockets profitent de l'inattention du joueur chanceux pour le délester de ses gains. La plupart des casinos proposent gratuitement d'enseigner le B. A.-Ba du jeu. Casinos, boîtes de nuit et chapelles nuptiales sont ouverts 24h/24.

Le **Caesar's Palace**, 3570 Las Vegas Blvd. South (731-7110), est le plus célèbre casino de la ville. Des statues en marbre décorent le hall d'entrée tandis que des acteurs (et actrices) en toges romaines parcourent les salles de jeux, posant pour des photos ou faisant des annonces publiques. Le spectacle **Festival Fountain Show** met en scène des statues qui bougent, chantent, se battent et crient au rythme d'un fantastique spectacle laser - les nostalgiques de la Rome antique sont gâtés ! Ces spectacles quotidiens ont lieu une fois par heure entre 10h et 23h. Un peu plus loin, **Mirage**, 3400 Las Vegas Blvd. South (791-7111), propose, entre autres attractions, un aquarium à dauphins (3 $ l'entrée), une immense forêt intérieure tropicale et, à l'extérieur, un "volcan" qui vomit des fontaines de flammes toutes les 1/2 heures (tous les jours entre 20h et 1h), excepté par temps pluvieux. Au **Treasure Island**, 3300 Las Vegas Blvd. South (894-7111), des pirates se battent à coups de canons sur d'immenses bateaux en bois dans une "baie" du *Strip* (spectacle quotidien, toutes les heures et demie entre 16h30 et minuit). **Luxor**, 3900 Las Vegas Blvd. South (262-4000), fait naviguer des bateaux sur le Nil dans le hall de l'hôtel (spectacle quotidien, toutes les 20 mn entre 9h et 12h30, 4 $). A l'intérieur, le **King Tut Tomb and Museum**, présente des répliques des décorations recouvrant la tombe du pharaon (ouvert tous les jours de 9h à 23h, entrée 3 $) Les effets spéciaux des trois films en 3D *Search of the Obelisc*, *Luxor Live* et *The Theater of Time* sont très impressionnants (entrée pour chaque film, 3 $). Le **MGM Grand**, 3799 Las Vegas Blvd. South (891-1111), s'appuie sur l'imagerie hollywoodienne, en particulier *Le Magicien d'Oz*. Il dispose d'un parc d'attractions de l'autre côté de la rue, ouvert tous les jours entre 10h et 22h (adulte 19 $, personnes âgées 9 $, enfants entre 4 et 12 ans 10 $). **Circus Circus**, 2880 Las Vegas Blvd. South (734-0410), vous plonge dans le monde du cirque. C'est le casino préféré des familles. Pendant qu'au rez-de-chaussée les parents s'installent aux tables de black jack, les enfants dépensent leur argent de poche à l'étage au-dessus devant d'impressionnantes batteries de jeux video. Funambules, cracheurs de feu et acrobates se partagent la scène au-dessus du casino (entre 11h et minuit). Le complexe hôtelier **Grand Slam Canyon** a pour thème le Grand Canyon, avec des montagnes russes et d'autres attractions ébouriffantes (ouvert du dimanche au jeudi de 10h à 22h et les vendredi-samedi de 10h à minuit, entrée + deux tours 4 $, pour les enfants entre 3 et 9 ans 3 $ et gratuits pour les moins de 3 ans. Tours supplémentaires pour 2 à 4 $ et nombre de tours illimité pour 14 $). **Excalibur**, 3850 Las Vegas Blvd. South (800-937 7777), joue de manière spectaculaire sur le thème de l'Angleterre médiévale. La mode est au heaume et à la cotte de mailles.

Pour quelques dollars supplémentaires, on peut s'offrir une place pour un phénomène typiquement américain, le **Vegas Spectacular**. Ces mégaproductions sponsorisées par les casinos sont une surenchère de chutes d'eaux, d'explosions, de feux d'artifices, d'effets spéciaux et de figurants (dont de nombreux animaux). Ils ont lieu deux fois par nuit, dans les salles de spectacle des casinos. Vous pouvez aussi voir les pièces et les comédies musicales jouées sur Broadway, des spectacles de patinage et ces one-man-show. Attention, il n'y a pas que des chefs-d'œuvre dans le lot. Pour assister aux concerts de certaines grandes stars qui hantent la ville comme Diana Ross ou Frank Sinatra, il faut débourser plus de 40 $. Les "revues" qui proposent des imitations de célébrités (généralement décédées) sont déjà moins onéreuses. Mais pourquoi payer alors qu'on croise un sosie d'Elvis Presley à chaque coin de rue ? En dernier recours, certains bars produisent des spectacles pour le prix d'une simple consommation. Tous les hôtels de la ville disposent de billetteries dans leur hall d'entrée.

La vie nocturne à Las Vegas s'étire de minuit jusqu'à… l'épuisement ou la ruine. Au Caesar's Palace (731-7110), une énorme boîte-disco en forme de bateau, la **Cleopatra's barge**, a été construite spécialement pour pouvoir mieux tanguer (ouvert de mardi à dimanche entre 22h et 4h ; les vendredis et samedis *cover charge* de 5 $). Une autre boîte populaire, **Gipsy**, 4605 Paradise Rd. (731-1919), au sud-est du *Strip*, se remplit vers 1h d'une foule hétéroclite, dont pas mal de gays et de lesbiennes (4 $ l'entrée). Le mardi soir, les danseurs enlèvent le haut. **Le Comedy Stop at the Trop**, 3801 Las Vegas Blvd. South (739-2714 ou 800-634-4000), à l'intérieur du Tropicana, propose trois spectacles comiques pour 13 $ (deux boissons comprises) et deux shows (à 20h et 22h30). Dans le centre-ville, le **Fremont Street Blues and Reggae Club** (474-7209), au coin de Fremont et de 4th Street, produit un concert chaque soir (ouvert du dimanche au jeudi de 19h à 3h et vendredi-samedi de 19h à 5h).

Les amateurs de musique à la fois classique et kitsch apprécieront le **Liberace Museum,** 1775 E. Tropicana Ave. (798-5595), dédié au flamboyant Monsieur Liberace, un artiste de music-hall pour le moins excentrique. Son utilisation audacieuse de fourrures, velours et faux diamants laisse peu de spectateurs indifférents (ouvert du lundi au samedi entre 10h et 17h, le dimanche entre 13h et 15h, entrée 6,50 $, pour les personnes âgées 4,50 $ et pour les enfants entre 6 et 12 ans, 2 $). Le **Guinness World Records Museum**, 2780 Las Vegas Blvd. South (792-3766), vous apprend tout sur la femme la plus tatouée au monde, la plus grande pizza et autres débilités incroyables (ouvert en été de 9h à 20h, hors saison de 9h à 18h, entrée 5 $, pour les étudiants, les militaires et les personnes âgées 4 $, pour les enfants âgés de 5 à 12 ans 3 $ et gratuit pour les moins de 5 ans).

Les visites gratuites de quatre usines, organisées par la ville voisine d'Henderson, font oublier pour un moment la folie des casinos. La plupart des usines possèdent des boutiques et distribuent des échantillons gratuits. **Kidd's Marshmallow Factory** (564-3878) est un classique du genre avec ces énormes tranches de guimauve blanche et sucrée.

■■■ LAKE MEAD

Bâti à l'initiative du Président Herbert Hoover dans les années 20, Le **Hoover Dam** est le plus grand barrage en béton du continent américain. Il s'étend à la frontière du Nevada et de l'Arizona. Retenant la rivière Colorado, le barrage a entraîné la création du Lac Mead. On peut voir ses eaux turquoises scintiller au loin quand on s'en approche par le désert du Nevada sur l'US 93/95. Le barrage lui-même, un monstre de 4 millions de mètres cubes de béton, est une œuvre caractéristique de l'époque de la Dépression, où l'on pensait que le progrès technologique était synonyme de monde meilleur. Du côté du Nevada, deux statues androgynes ailées, les bras tendus vers le ciel, sont dédiées aux ouvriers qui ont participé à sa construction. Des visites guidées de 45 mn dans les entrailles du barrage ont lieu toute la journée depuis le **Hoover Dam Visitors Center** (293-8305 ; ouvert de 8h30 à 18h30, 5 $, personnes âgées et enfants entre 10 et 16 ans 2,50 $, gratuit pour les moins de 10 ans, fauteuils roulants disponibles). La base de loisirs **Lake Mead National Recreation Area** (293-8990) est localisée dans la partie du lac située au Nevada (ouvert tous les jours en été de 8h30 à 18h et en hors saison de 8h30 à 16h30). Le camping en pleine nature est autorisé et gratuit dans la plupart des zones. On peut également planter sa tente dans les nombreux campings du parc national (8 $ quel que soit l'emplacement, premier arrivé, premier servi). Le plus populaire est le **Boulder Beach** (293-8906), accessible par Lakeshore Road à la sortie de l'US 93/95. Le **Lake Shore Trailer Village** (293-2540) propose des emplacements pour camping-cars avec douches pour environ 15 $. Réservation nécessaire pour les week-ends du Memorial Day (dernier lundi de Mai), du 4 juillet et du Labor Day (1er lundi de septembre).

La US 93/95 passe juste au-dessus du Hoover Dam. Il y plusieurs parkings gratuits le long de l'autoroute. Ils sont en général très fréquentés, surtout du côté Nevada. Un service de navettes est organisé depuis les parkings les plus éloignés. Les transports publics ne desservent pas le Hoover Dam, mais les bus Gray Line et l'agence Ray and Ross Tours proposent des excursions au départ de Las Vegas (voir Las Vegas, Informations pratiques).

■■■ RENO

On retrouve à Reno l'incessant manège de la roulette et les armées de machines à sous avides de pièces métalliques. Les casinos sont la principale attraction de la ville. A quelques kilomètres à peine, le **Pyramide Lake** et **le Lac Tahoe** brillent d'un éclat plus serein, à la seule lumière des étoiles.

Informations pratiques A seulement 20 km de la frontière californienne et à 700 km au nord de Las Vegas, Reno est situé au croisement de l'**I-80** et de l'**US 395** qui court le long du versant est des Sierra Mountains. Informations touristiques au **Reno-Sparks Convention and Visitors Center**, 4590 Virginia St. (800-367-RENO/7366), ouvert du lundi au mardi de 7h à 20h et le dimanche de 9h à 18h. La compagnie ferroviaire **Amtrak**, 135 E. Commercial Raw et Lake St. (329-8638 ou 800-872-7245), vend des billets tous les jours. Ouvert de 8h à 16h45, de 13h à 16h30 pour les billets vers San Francisco (liaison quotidienne, 58 $) et Chicago (liaison quotidienne, 217 $). La compagnie **Greyhound**, 155 Stevenson St. (322-2970), dessert San Francisco (14 bus par jour, 34 $) et Los Angeles (10 bus par jour, 42 $). La gare est ouverte 24h/24. Le système de bus local, **Reno Cityfare** (348-7433) au croisement de 4th et Center St., circule dans la zone de Reno-Sparks. La plupart des bus fonctionnent entre 5h et 19h. Ceux du centre-ville circulent 24h/24 (tarif normal

1 $, personnes âgées et handicapées 50 ¢, jeunes de 6 à 18 ans 75 ¢). **Bureau de Poste :** 50 S. Virginia St. (786-5523), à Mill. **Code postal :** 89501. **Indicatif télé- phonique :** 702.

Hébergements et campings Le centre-ville de Reno est assez ramassé avec de larges avenues bien éclairées. Le quartier nord-est n'est pas très sûr la nuit. Dans le superbe **Windsor Hotel**, 241 West St. (323-6171), les ventilateurs tournent pares- seusement pour pallier l'absence d'air conditionné (chambre simple 22 $, chambre double 28 $). La chaîne **Motel 6** possède quatre établissements dans Reno : 866 N. Wells Ave. (786-0255), 1901 S. Virginia St. (827-0255), 1400 Stardust St. (747-7390) et 666 N. Wells Ave. (329-8681). Ces quatre motels répondent aux critères de confort et de bas prix promis par la chaîne (chambre simple 29 $, les vendredis et samedis 39 $). Les amateurs de camping apprécieront les emplacements boisés de **Davis Creek Park** (849-0684). Pour s'y rendre, suivre l'US 395 vers le sud sur 30 km puis encore 1 km à l'ouest (c'est indiqué). Enveloppé dans une chaude couverture, vous pourriez vous endormir au pied du Mont-Rose de la Sierra Nevada (63 emplacements, 10 $ par voiture et 1 $ supplémentaire pour les animaux domes- tiques). Premier arrivé, premier servi. Une aire de pique-nique est accessible de 8h à 21h.

Restaurants Reno est une ville très bon marché. Pour attirer les joueurs à leurs tables de jeu, la plupart des casinos offrent des buffets à volonté (*all-you-can-eat*) à tout petits prix. Le **Louis' Basque Corner**, 301 E. 4th St. (323-7203), est une véri- table institution. Dans un cadre familial, on vous propose un solide dîner arrosé de vin pour un prix raisonnable (15 $, pour les moins de 10 ans 7 $). Ouvert tous les jours de 11h30 à 14h30 et de 17h à 21h30. C'est probablement l'unique restaurant de Reno où les machines à sous brillent par leur absence. Les amateurs de cuisine végétarienne peuvent se rendre au **Blue Heron**, 1091 S. Virginia St. (786-4110). Les plats copieux (9 $) comprennent une soupe ou une salade accompagnée d'un délicieux pain toasté (ouvert du lundi au jeudi de 11h à 21h, vendredi-samedi de 11h à 22h et dimanche de 16h à 20h).

Visites et spectacles Pour l'essentiel, la vie nocturne (pour ne pas dire la vie tout court) de Reno est centrée sur les douzaines de casinos présents dans le centre-ville. Comme à Las Vegas, ils produisent des shows nocturnes mais bien souvent le niveau des spectacles vaut à peine le prix qui est demandé. **Harrah's**, 219 N. Center St. (786-3232), tente de se mettre à la page avec la récente ouver- ture d'un bar *Planet Hollywood* et d'une boîte de nuit qui diffuse les derniers succès des *charts* américains (ouvert de 22h à 5h). **Circus Circus**, 500 N. Sierra (329-0711, ouvert tous les jours de 8h à minuit, spectacle toutes les demi-heures), attire plutôt les familles avec son ambiance burlesque. En septembre, des courses de chameaux et d'autruches sont organisées dans la ville voisine de Virginia City (847-0311). Pour s'y rendre, prendre la US 395S jusqu'à la route 341 et suivre cette dernière pendant 40 km environ.

Pyramid Lake A 50 km au nord de Reno, à la sortie de **Pyramid Way**, dans la réserve **Paiute Indian Reservation**, se trouve le lac vert émeraude de Pyramid Lake. Il doit son nom à l'île rocheuse en forme de pyramide qui se dresse en son centre. Le camping est autorisé tout autour du lac mais seuls quelques sites dispo- sent de toilettes. A la **Ranger Station** (476-1155, ouverte du lundi au samedi de

---

Les maisons closes du Nevada

En 1967, le Nevada légalisa la prostitution, et les maisons closes (*Nevada Cat Houses*) virent le jour. Elles existent sous deux formes, bar et parloir. La diffé- rence entre les deux ? Dans un bar, on n'est pas obligé de passer à l'action... La maison close la plus célèbre du Nevada, **Mustang Ranch** se trouve à Reno.

9h à 17h), vous devez payer un droit d'accès de 5 $ pour entrer dans le parc. Des Indiens Paiute patrouillent régulièrement dans les environs. Entouré de collines couvertes de buissons de sauge, l'endroit est une véritable bouffée d'air frais. On y trouve une source chaude et sur le rivage nord, un groupe de rochers parfait pour la varappe. Les esprits en quête de solitude trouveront la paix sur les berges du sud et de l'est. La zone au nord du bureau des rangers est envahie par les camping-cars.

Utah

En 1848, les mormons, victimes de persécution dans l'Est, décidèrent de s'établir sur les terres de l'actuel Utah pour y créer un Etat théocratique baptisé *Deseret*. Aujourd'hui, les disciples du prophète Joseph Smith représentent 70 % de la population de l'Utah. Leur présence religieuse se fait particulièrement sentir à Salt Lake City. Si l'ascétisme des mormons fait qu'il est parfois difficile de trouver de l'alcool, les paysages superbes produisent souvent le même effet enivrant. Les montagnes encerclant le Grand Lac Salé servent de cadre à de très belles balades à VTT ou à ski l'hiver. Dans la partie sud, les cinq parcs nationaux (*Fabulous Five*) recèlent tout simplement de pures merveilles géologiques à ne pas manquer.

INFORMATIONS PRATIQUES

Capitale : Salt Lake City.

Utah Travel Council : 300 N. State St., Salt Lake City 84114 (801-538-1030), juste en face de l'immeuble du Capitol. Vous y trouverez une brochure touristique gratuite *Utah Vacation Planner* qui contient la liste des motels, des parcs nationaux et des campings. Ouvert du lundi au vendredi de 9h à 18h, samedi-dimanche de 10h à 17h. En hors saison, du lundi au vendredi de 8h à 17h, samedi-dimanche de 10h à 17h. L'office de tourisme **Utah Parks and Recreation**, 1636 W. North Temple, Salt Lake City 86116 (801-538-7220) est ouvert du lundi au vendredi de 8h à 17h.

Vente d'alcool : l'Utah a des lois très bizarres sur l'alcool. Il est interdit de faire entrer de l'alcool à l'intérieur de l'Etat. Seuls les magasins d'alimentation et quelques boutiques peuvent vendre de la bière à emporter. La législation s'applique de façon tellement locale que, dans un même bar, on peut vous demander de vous déplacer de quelques mètres pour pouvoir commander votre boisson alcoolisée.

Jours fériés : le jour de l'Utah est le 24 juillet. La plupart des administrations et bureaux sont alors fermés.

Fuseau horaire : Montagnes (- 2h par rapport à l'Est). **Abréviation de l'Etat :** UT. **Taxe locale :** 6,25 %.

L'UTAH DU NORD

■■■ SALT LAKE CITY

Le 24 juillet 1847, lorsque Brigham Young, le leader mormon, découvrit pour la première fois la vallée du Grand Lac Salé (*Great Salt Lake*), il s'écria : *"c'est ici !"*. Après un voyage de plus de cinq mois, Young sut que son groupe de fidèles avait enfin trouvé un lieu où ils pourraient pratiquer leur religion loin de toute persécution. Le monument "This Is The Place" de Salt Lake City commémore ce moment historique. La ville est le centre spirituel de la *Church of the Latter Day Saints* (l'Eglise des saints des derniers jours) et elle accueille le Temple mormon ainsi que le Tabernacle mormon. En dépit de son côté conservateur et traditionaliste, Salt

Lake City est une ville moderne en plein développement. La proximité des montagnes en fait une base idéale pour les fous de ski et tous les amateurs de sports en plein air.

INFORMATIONS PRATIQUES

Office de tourisme : Salt Lake Valley Convention and Visitors Bureau, 180 S. West Temple (521-2868), situé à deux blocks de Temple Square. Ouvert du lundi au samedi de 8h à 18h. Du Labor Day (1er lundi de septembre) au Memorial Day (dernier lundi de mai) du lundi au samedi de 8h à 17h. Distribue un guide touristique *Salt Lake Visitors Guide*.

Aéroport : Salt Lake City International, 776 N. Terminal Dr. (575-2600), à 7 km à l'ouest de temple Sq. Le bus UTA n° 50 circule entre le terminal et le centre-ville. Le billet coûte 65 ¢. Un taxi pour Temple Square coûte environ 14 $.

Trains : Amtrak, 325 S. Rio Grande (364-8562 ou 800-872-7245), dans un quartier mal famé. Dessert Las Vegas (3 liaisons hebdomadaires, 8h de trajet, 89 $), Los Angeles (3 liaisons hebdomadaires,15h30 de trajet, 111 $). Ouvert 24h/24. Les ventes de tickets se font du lundi au samedi de 4h à 9h30, de 10h à 12h30 et de 16h15 à 1h, le dimanche de 16h à 1h.

Bus : Greyhound, 160 W. South Temple (800-231-2222), un block à l'ouest de Temple Sq. Dessert Las Vegas (2 liaisons quotidiennes, durée 8h, 42 $), Los Angeles (2 liaisons quotidiennes, durée 15h, 69 $). Ouvert tous les jours de 5h30 à minuit. Vente de billets de 5h30 à 23h.

Transports publics : Utah Transit Authority (UTA), 600 S. 700 W. (287-4636, jusqu'à 19h). Service fréquent vers le campus de l'Université d'Utah. Il y a aussi des bus vers Ogden (n° 70/72 express), les banlieues, l'aéroport et en direction de l'est vers les canyons et Provo (local n° 4 ou express n° 1 ; ticket 1,50 $). Ils passent toutes les demi-heures. Du lundi au vendredi de 6h à 23h, tarif 65 ¢, pour les personnes âgées 30 ¢ et gratuit pour les moins de 5 ans. Des cartes sont disponibles dans les bibliothèques et à l'office du tourisme.

Taxis : Ute Cab, 359-7788. **Yellow Cab**, 521-2100. Prise en charge 1,25 $, puis 1,50 $ par mile.

Location de voiture : Payless Car Rental, 1974 W. North Temple (596-2596). 28 $ par jour comprenant le kilométrage illimité à l'intérieur de l'Utah et 300 km gratuits en dehors de l'Etat. Formule à la semaine à 135 $ comprenant 6500 km gratuits en dehors de l'Utah. 16 ¢ par mile supplémentaire. Assurance de 9 $ par jour pour une berline. Ouvert du dimanche au vendredi de 6h à 22h et le samedi de 6h à 20h. Il faut avoir au moins 21 ans et une carte de crédit.

Location de vélo : Wasatch Touring, 702 E. 100 South (359-9361). Un VTT à 21 vitesses coûte 20 $ par jour. Ouvert du lundi au samedi de 9h à 19h.

Urgences : 911.

Bureau de poste : 230 W. 200 South (974-2200), à 1 block à l'ouest de l'office de tourisme. Ouvert du lundi au vendredi de 8h à 17h30, samedi de 9h à 14h. **Code postal :** 84101. **Indicatif téléphonique :** 801.

Salt Lake City est organisée selon un quadrillage régulier : il est facile de s'y déplacer. Temple Sq. fut désigné par Brigham Young comme le centre de la ville. Les noms des rues indiquent simplement à combien de blocks vers l'est, le sud, le nord ou l'ouest, vous êtes de Temple Sq. Les points "0" sont Main Street pour l'axe nord-sud et South Temple St. pour l'axe est-ouest. La règle pour la numérotation des rues est d'exclure l'écriture des deux derniers numéros, ainsi 825 E. 13 South signifie en réalité 825 E. 1300 South. Les ruelles et les rues qui ne rentrent pas dans le "quadrillage" souvent n'ont pas de numéros associés. Les feux du centre-ville sont équipés d'un signal sonore très utile pour les aveugles.

HÉBERGEMENTS ET CAMPINGS

Ute Hostel (AAIH/Rucksackers), 19 E. Kesley Ave. (595-1645). Fréquenté par les jeunes de toutes nationalités. Service gratuit de navettes avec les gares ferroviaire et routière et l'office du tourisme. Boissons chaudes, parking, draps et coffre-fort gratuits. Accueil 24h/24. Les dortoirs coûtent entre 5 et 9 $. Des chambres doubles douillettes équipées de futons sont disponibles pour 30 à 35 $.

The Avenues, 107 F St. (363-8137), 7 blocks à l'ouest de Temple Sq. Couvertures et draps fournis. Accès à la cuisine et à la laverie. L'enregistrement se fait tous les jours entre 8h30 et 14h30 et entre 18h et 22h. Dortoirs pour quatre 13 $ par personne (15 $ pour les non-membres). Les chambres simples avec douche sont à 22 $ et les chambres doubles à 32 $.

Ken-del Motel, 667 N. 300 West (355-0293), 10 blocks au nord-ouest de Temple Sq. Depuis l'aéroport prendre le bus n° 50 jusqu'à N. Temple, puis le bus n° 70. De la gare routière Greyhound ou du centre-ville, prendre le bus n° 70. Immenses dortoirs avec s.d.b. et cuisine 15 $ par personne. On trouve aussi des chambres très bien tenues avec cuisine, TV et air conditionné (simple 25 $ et double 35 $).

Le **Utah Travel Council** (538-1030) fournit des informations détaillées sur tous les campings de la région. On trouve de nombreux emplacements aménagés dans la forêt **Wasatch-Cache National Forest** (524-5030), qui longe Salt Lake City à l'est. On peut réserver en contactant MISTIX (800-283-2267). Les meilleurs emplacements sont ceux situés en hauteur sur les flancs des montagnes. Les trois campings les plus proches de la ville sont dans le **Mount Olympus Wilderness** (à l'intérieur de la National Forest), à l'est de la ville, à la sortie de la route 210, **Box Elder** (35 emplacements), **Terraces** (25 emplacements) et **Bigwater Trailhead** (45 emplacements). Quatre autres campings se trouvent au nord de la ville et sont accessibles par la I-15. Ils sont situés à la sortie des villes de Bountiful et Farmington : **Sunset** (32 emplacements), **Bountiful Parks** (79 emplacements), **Buckland Flat** (26 emplacements) et **Mueller Park** (63 emplacements). Pendant les week-ends, il vaut mieux s'y rendre tôt le matin si l'on veut être sûr d'avoir une place (de 9 à 11 $ l'emplacement). Pour disposer d'un raccordement, rendez-vous au camping **KOA**, 1400 W. North Temple (355-1192). 60 places pour les tentes, 290 places pour les camping-cars. 18 $ la place, avec eau et électricité 21 $, avec un raccordement complet 23 $.

RESTAURANTS

Les restaurants de spécialités étrangères sont regroupés dans le centre-ville. Des cantines bon marché mais à l'hygiène douteuse se trouvent à la périphérie. Deux centres commerciaux, l'un en face de l'autre, se font une concurrence acharnée sur Main St., ZCMI Mall et Crossroads Mall. On y trouve de nombreux stands d'alimentation. Le stand de plats cajuns (spécialités de Louisiane) de ZCMI propose des prix imbattables.

Salt Lake Roasting Company, 249 E. South (363-7572). Les gâteaux et pâtisseries font régulièrement la Une de *Gourmet Magazine*. Café 85 ¢, soupe 1,50 $ et quiche 3 $. Ouvert du lundi au samedi de 6h45 à minuit.

Park Café, 604 E. 1300 South (487-1670), près de Library Park. Un petit bistrot chic doté d'un patio avec vue sur le parc. On y déjeune pour environ 6 $. Dîner assez bon marché (une dizaine de dollars), mais les plats sont plutôt "légers" (notamment le *chicken quesadillas* à 6 $). Ouvert de lundi à jeudi de 7h à 15h et de 17h à 21h, le vendredi de 7h à 15h et de 17h à 22h.

Bill and Nada's Café, 479 S. 600 East (359-6984) près de Trolley Sq. Un café très apprécié des gens du coin. Le juke-box diffuse des tubes de Patsy Cline et les sets de table sont à l'effigie des présidents américains. Œufs, *hasch browns* et toasts pour 3,60 $. Agneau rôti, salade, soupe, légumes, pommes de terre et petit pain pour 5,50 $. La fameuse gelée *jell-O* et sa crème fouettée est à 1,20 $. Ouvert 24h/24.

MONUMENTS RELIGIEUX

Les adeptes de l'**Eglise de Jésus Christ des saints des derniers jours** considèrent à la fois le *Livre de Mormon* (*Book of Mormon*) et la Bible comme détenteurs

Baptême pour les morts

La doctrine mormone soutient que les personnes décédées sans avoir eu la possibilité de se convertir à la foi mormone se verront offrir cette chance dans l'au-delà. Encore faut-il qu'ils puissent accéder au royaume de Dieu. Pour cela, ils doivent avoir été dûment baptisés. L'Eglise de Jésus Christ des saints des derniers jours propose ainsi une singulière cérémonie de baptême pour les morts, *Baptism for the dead*. A l'origine, ces baptêmes *post-mortem* étaient simplement destinés aux ancêtres des adeptes. Mais bientôt, ils furent élargis à tous ceux qui n'avaient jamais entendu parler de la doctrine mormone ou qui avaient vécu avant 1830. Dès 1961, des missionnaires mormons se mirent à sillonner la planète pour établir des listes de noms à partir des registres paroissiaux et municipaux. Toutes ces données sont ensuite rapatriées à Salt Lake City et soigneusement archivées sur microfilms. C'est comme cela que des dirigeants juifs découvrirent à leur grande surprise, que plus de 380 000 juifs, victimes de l'Holocauste, avaient été baptisés par l'Eglise mormone. Le quinzième président de l'Eglise mormone, Gordon B. Hinckley, s'est récemment engagé à ne plus baptiser que les ancêtres des membres de l'Eglise et a modifié le mode de sélection des noms.

de la parole divine. **Temple Sq.** (240-2534) est le cœur de l'autorité et de la religion mormones. Cette religion, apparue en 1823, est issue du protestantisme. Elle associe rigueur morale (vie en famille, prohibition du café, de l'alcool et du tabac) et prosélytisme très actif. Plus de 5 millions de fidèles dans le monde, dont la moitié aux Etats-Unis, continuent de vivre dans le droit chemin tracé par Joseph Smith, le fondateur de la religion. Vous pouvez flâner dans les jardins fleuris qui entourent le temple sacré, mais ce dernier reste interdit aux non-mormons. Brillant au sommet de la plus haute des trois tours du bâtiment, une statue en or représente l'ange Moroni, qui a révélé à Smith l'existence du *Livre de Mormon* et de sa prophétie. Deux offices du tourisme sont situés sur Temple Square (au nord et au sud). Une visite guidée de 45 mn, le *Historical Tour* part toutes les dix minutes de l'office situé au sud. Les visites **Book of Mormon** et **Purpose of Temple Tours** permettent de mieux comprendre la valeur et le sens de Temple Sq. Elles ont lieu toutes les heures. Les offices du tourisme sont ouverts tous les jours de 8h à 22h et, hors saison, de 9h à 21h.

Vous pouvez aussi visiter le **Mormon Tabernacle** qui abrite une chorale réputée *(choir)*. Construite en 1867, cette bâtisse a une acoustique telle que la chute d'une épingle à l'une de ses extrémités s'entend quelque 25 m plus loin, à l'autre extrémité. Des répétitions ont lieu le jeudi soir à 20h et, le dimanche matin, les retransmissions télévisées depuis le Tabernacle sont ouvertes au public (de 9h30 à 10h, fermeture des portes à 9h15). Quelle que soit la puissance des chœurs, ils peuvent difficilement rivaliser avec l'orgue aux 11 623 tuyaux qui les accompagne. Des récitals ont lieu du lundi au samedi à 12h et, pendant l'été, le dimanche à 14h. Juste à côté, se trouve l'**Assembly Hall**, où se déroulent des concerts quasiment tous les jours durant l'été. Le **Museum of Church History and Art**, 45 N. West Temple (240-3310), abrite des souvenirs mormons de 1820 jusqu'à nos jours (ouvert du lundi au vendredi de 9h à 21h, samedi-dimanche et pendant les vacances, de 10h à 19h, entrée gratuite). La **Beehive House**, 67 E. South Temple (240-2671) au coin de State St., à deux blocks à l'est de temple Sq., était la résidence officielle de Brigham Young quand il occupa le poste de "gouverneur" de l'Etat de *Deseret*, territoire qui ne fut jamais reconnu par le gouvernement des Etats-Unis. (Ouvert du lundi au vendredi de 9h30 à 18h30, le samedi de 9h30 à 16h30, le dimanche de 10h à 13h. Entre septembre et mai, du lundi au samedi de 9h30 à 16h30, le dimanche de 10h à 13h. Des visites guidées d'une demi-heure ont lieu toutes les 10-15 mn. Fermé à partir de 13h pendant les vacances. Entrée gratuite.)

La découverte du Grand Lac Salé par Brigham Young et ses pionniers mormons est commémorée au **"This Is The Place" State Park**, 2601 Sunnyside Ave. (584-

8391), situé à *Emigration Canyon*, à l'est de la ville. Pour s'y rendre, prendre le bus n° 4 ou suivre la 8th South St. jusqu'à Sunnyside Ave., puis prendre Monument Rd. Le monument **"This Is The Place"** rend hommage à la décision prise par Young de s'installer sur cette terre. Le **Visitors Center** est en cours d'aménagement. Vous pouvez vous rendre également au **Brigham Young Forest Farmhouse** où Brigham Young retrouvait ses nombreuses femmes (la polygamie ne fut officiellement abandonnée par les mormons qu'en 1890). Ouvert du mardi au dimanche de 11h à 17h, tous les jours pendant l'été de 8h à 20h. Entrée 1 $. Pensez à vérifier les horaires d'ouverture du parc car des travaux de construction sont en cours.

VISITES ET SPECTACLES

Le **Capitol** et son dôme gris (538-3000) s'élève derrière les flèches de Temple Sq. (visite du lundi au vendredi de 9h à 15h). Pour plus d'informations, on peut contacter le **Council Hall Visitors Center** (538-1030), situé à l'opposé de l'entrée principale. Ouvert du lundi au vendredi de 8h à 17h, samedi-dimanche et pendant les vacances de 10h à 17h. **Pioneer Memorial Museum**, 300 N. Main St. (538-1050), juste à côté du Capitol, expose les objets personnels des premiers pionniers qui se sont établis dans la vallée et permet de mieux comprendre les personnalités des deux leaders mormons, Brigham Young et son conseiller, Heber C. Kimbal (ouvert du lundi au mardi de 9h à 17h, dimanche de 13h à 17h, entre septembre et mai, ouvert du lundi au samedi de 9h à 17h, entrée gratuite). Toujours dans le quartier du Capitol, vous pouvez remonter City Creek Canyon jusqu'à **Memory Grove** et profiter d'un des plus beaux panoramas sur la ville ou encore pousser jusqu'à la **Church of Jesus Christ of Latter Day Saints Office Buildings** au 50 E. North Temple et monter jusqu'à l'**Observation Desk** au 26ᵉ étage (240-3789). Vous aurez ainsi une vue s'étendant du Grand Lac Salé à l'ouest à la chaîne des Wasatch Mountains à l'est (ouvert du lundi au samedi de 9h à 16h30). Situé aussi sur la colline du Capitol, le **Hansen Planetarium** propose des spectacles et expositions gratuites (ouvert du dimanche au jeudi de 9h à 22h, vendredi-samedi de 9h à 1h).

En allant au **Children's Museum,** 840 N. 300 West (328-3383), on a l'occasion de piloter un jet 727 ou d'implanter un cœur artificiel sur un "patient" grandeur nature. (Ouvert le lundi de 9h30 à 21h et du mardi au samedi de 9h30 à 17h, dimanche de 12h à 17h. Entrée 3 $, enfants de 2 à 13 ans 2,15 $, le lundi après 17h 1,5 $. Prendre le bus n° 61.) A coté de la station Amtrak, la société historique **Utah State Historical Society**, abrite une série d'expositions intéressantes, comprenant de vieilles photographies et des objets d'époque (ouvert de lundi à vendredi de 8h à 17h, entrée libre).

Pour se renseigner sur les fêtes organisées sur le campus de l'**University of Utah,** contacter l'**Information Desk** dans le bâtiment administratif de l'Université (581-6510, ouvert du lundi au vendredi de 9h à 16h), ou l'**Olpin Student Center** (581-5888, ouvert du lundi au vendredi de 8h à 21h).

L'orchestre symphonique **Utah Symphony Orchestra** (533-6407) se produit dans la salle Abravanel Hall, 123 W. South Temple (billet en été 10-25 $, pendant la pleine saison 14-35 $, réduction étudiant 6 $). Dans le centre artistique voisin, **Salt Lake Art Center**, on peut assister à des ballets et des opéras. L'entrée est gratuite, mais une donation de 2 $ est suggérée.

ALCOOL ET SORTIES

Quelques hôtels et restaurants possèdent des licences les autorisant à vendre des petites bouteilles d'alcool et de vins. La plupart des restaurants et tous les bars publics ne servent que de la bière. Seuls quelques clubs privés, réservés aux membres ayant cotisé, sont autorisés à servir des cocktails. Il faut normalement être parrainé pour devenir membre. La plupart des gens du coin, conscients de la rigueur de leurs lois, offrent spontanément leur parrainage aux étrangers sympathiques. Certains clubs proposent une carte de membre, valable pendant deux semaines, pour 5 $. D'autres enfin offrent gratuitement l'accès au club pour les touristes de passage. Il existe six magasins d'Etat vendant de l'alcool, tous dans un rayon de 5 km autour du centre-ville (ouverts du lundi au samedi de 10h à 22h).

Malgré les restrictions sur l'alcool, quelques bars sympas et boîtes de nuit survivent dans le centre-ville. Vous trouverez dans les bars et restaurants deux brochures gratuites, le *Private Eye Weekly* et *The event*, où sont répertoriés les boîtes et un calendrier des événements. Le **Dead Goat Saloon**, 165 S. West Temple (328-4628), attire les touristes mais aussi les gens du coin. (Ouvert du lundi au vendredi de 11h30 à 2h, le samedi de 18h à 2h, le dimanche de 19h à 1h. Bière servie jusqu'à 1h. Droit d'entrée de 1 à 5 $, du vendredi au dimanche 5 $.) Coup de cœur pour le **X Wife's Place**, 465 S. 700 East (532-2353). Il n'y a pas de droit d'entrée, mais il vous faudra prendre un abonnement au club (15 $ pour l'année) ou vous faire parrainer. On y sert de la bière et des cocktails (ouvert du lundi au samedi de 16h à 1h). Le **Club DV8**, 115 S. West Temple (539-8400), sort des sentiers battus avec ses soirées *drafts* à 25 ¢, qui ont lieu tous les samedi (21h-22h) et ses soirées *"modern music"*, le jeudi soir. Ouvert du jeudi au samedi de 21h à 1h30 (carte de membre pour deux semaines 5 $, prix d'entrée 3 $, si avant 22h 1$.) Au **Zephyr**, 79 W. 300 South (355-2582), rock et reggae *live* ont le vent en poupe (ouvert tous les jours de 19h à 1h, droit d'entrée de 3 à 20 $).

■ ENVIRONS DE SALT LAKE CITY ET STATIONS DE SKI

Le Grand Lac Salé, **Great Salt Lake,** est situé à 30 km à l'ouest de la ville par l'I-80 (sortie 104). C'est une étendue d'eau si salée que seules les algues et les crevettes de mer peuvent y survivre. La teneur en sel varie entre 5 et 15 %, ce qui accroît notablement la flottabilité. En fait personne ne se baigne car l'odeur qui s'en dégage est pour le moins rebutante. Il est pratiquement impossible de se rendre au lac sans voiture. Le bus n° 37 (le "Magna") vous dépose à 6 km du site. Le *Visitors Center* de Salt Lake City (voir Informations Pratiques) ou le **Great Salt Lake State Park** renseignent sur les moyens d'accès. En raison des crues, les parcs et les rives du lac peuvent être fermés, mais on peut toujours aller bronzer sur la plage **Saltair Beach**, à 30 km à l'ouest ou rouler pendant 40 mn vers le nord jusqu'aux eaux rafraîchissantes de **Willard Bay**.

Pendant l'été, n'hésitez pas à fuir la chaleur de la ville et à profiter de l'agréable brise et des torrents glacés des montagnes avoisinantes. La **route 210**, une des plus belles de la chaîne montagneuse Wasatch, passe par Sandy à 20 km au sud-est de la ville, et serpente le long du **Little Cottonwood Canyon** jusqu'à la station de ski Alta. La région **Lone Peak Wilderness Area**, dont les sommets culminent à plus de 3 300 m, s'étend au sud de la route 210.

Parmi les sept domaines skiables situés à moins de 40 mn de Salt Lake City, **Snowbird** (521-6040, forfait pour les remontées mécaniques entre 34 et 44 $) et **Park City** (649-8111, forfait à 47 $), à 30 mn. de Salt Lake City sur la I-80E, attirent une clientèle chic. La station voisine, **Alta,** est une solution plus économique (742-3333, forfait entre 34 et 44 $). L'auberge **Alta Peruvian Lodge** (328-8589) propose un forfait pour deux personnes (125 $ par personne) qui inclue la pension complète, les taxes et le forfait pour les remontées mécaniques. **UTA** (voir Salt Lake City, Informations Pratiques) fait circuler des bus depuis la ville jusqu'aux stations de ski l'hiver, au départ des motels du centre-ville. **Lewis Bros. Stages** (800-826-5844), l'une des nombreuses compagnies de bus qui desservent Park City, fait partir une navette de l'aéroport toutes les demi-heures en hiver et cinq fois par jour en été (19 $, 36 $ aller-retour). La société **Breeze Ski Rental** (800-525-0314) loue du matériel de ski à Snowbird et Park City (16,60 $, avec 10 % de réduction en cas de réservation, prix dégressif pour des locations de plus de 3 jours). Contactez l'Utah Travel Council (voir Utah, Informations Pratiques) pour obtenir la brochure gratuite *Ski Utah* contenant la liste des forfaits-vacances et les possibilités d'hébergement.

Certaines stations de ski proposent également des activités estivales. Vous pouvez louer des VTT à Snowbird pour 22 $ par jour ou 15 $ la demi-journée. Grâce au téléphérique de Snowbird, **aerial tram**, qui monte jusqu'à 3 300 m, on peut jouir d'une vue spectaculaire sur les montagnes Wasatch et la vallée de Salt Lake City (ouvert tous les jours de 11h à 20h, 8 $, jeunes de 5 à 16 ans 6 $, personnes âgées et enfants de moins de 5 ans, gratuit). Après la fonte des neiges, les VTT sont acceptés dans le téléphérique (jusqu'à 19h, 8 $ et forfait journée 12 $). L'été, le toboggan géant de **Park City** (900 m de virages et de plongeons) vous réserve quelques sensations fortes. (Ouvert du lundi au vendredi de midi à 22h, samedi-dimanche de 10h à 22h. 6 $, personnes âgées et enfants 4,50 $ et pour les moins de 7 ans 1,75 $.)

■ ■ ■ DE DINOSAUR A VERNAL

Le **Dinosaur National Monument** a bien plus à offrir qu'un simple tas d'os de dinosaures. Les rivières Green et Yampa ont creusé dans cette région de vastes gorges et des défilés. Le terrain, rude et accidenté, évoque irrésistiblement l'ère des grands reptiles. Un paléontologiste de Pittsburgh, Earl Douglass, y débuta des fouilles en 1908. La carrière qu'il a mise au jour contenait quelques os fossiles. Elle se situe à l'extrémité ouest du parc. Les ossements de dinosaures et les peintures rupestres indiennes sont d'excellents prétextes pour organiser une randonnée à pied ou en bateau. **Vernal**, situé à 25 km de *Dinosaur* par l'US 40, est un camp de base idéal. Les brontosaures en plastique sur les bas-côtés tout au long de la route qui fait la jonction vous indiquent que vous êtes sur la bonne direction.

Informations pratiques Un droit d'entrée de 5 $ par voiture et de 3 $ pour les piétons, les cyclistes et les passagers des cars touristiques est réclamé à l'entrée du parc. La partie la plus intéressante à l'ouest est située le long de la route 149 à la sortie de l'US 40 juste après **Jensen**, à 45 km à l'est de Vernal. Le secteur à l'est du parc n'est accessible qu'à partir d'une route qui part de la US 40, de la ville de **Dinosaur** (dans le Colorado). Le **Dinosaur National Monument Headquarters** (303-374-2216), à l'intersection de la US 40 et de la Park Road fournit tous les renseignements nécessaires pour l'exploration des canyons à l'intérieur du parc, ainsi que sur les possibilités de rafting dans les environs. Sur place, vous pouvez aussi vous procurer le guide touristique *Echoes*. (Ouvert tous les jours de 8h à 16h30, de septembre à mai du lundi au vendredi de 8h à 16h30.) Des informations sur la partie est du parc sont également disponibles au **Monument Superintendent**, P.O. Box 210, Dinosaur, CO 81610. Le **Dinosaur Quarry Visitor Center** (801-789-2115) se trouve à 11 km de l'intersection entre l'US 40 et la route du parc dans la partie ouest. On y accède par des navettes gratuites ou à pied (les voitures sont interdites en été mais autorisées le reste de l'année lorsque le centre ferme). Une colline partiellement excavée contient les restes d'un gros squelette de dinosaure. Ouverture du centre tous les jours de 8h à 19h, en hiver de 8h à 16h30. Il faut noter que, pendant l'hiver, le parc est lui-même fossilisé, sans aucune navette ni visite guidée. A Vernal, le **Visitors Center**, situé dans le **Utah Fieldhouse of National History and Dinosaur Garden**, 235 W. Main St. (801-789-4002), offre des brochures et des conseils pratiques pour organiser son séjour dans la région. Le **Ashley National Forest Service**, 355 N. Vernal Ave. (801-789-1181) administre l'ensemble de la région, y compris la plupart des campings (ouvert du lundi au vendredi de 8h à 17h, samedi de 8h à 16h30).

Greyhound (800-231-2222) circule tous les jours vers l'est et l'ouest sur la US 40 (4 ou 5 bus par jour dans les deux directions). Ils s'arrêtent à Vernal et à Dinosaur aussi bien de Denver que de Salt Lake City. L'arrêt à Jensen tout comme au Monument Headquarters, situé à 3 km à l'ouest de Dinosaur, est facultatif. En **cas**

d'urgence, on peut appeler le 801-789-2115 (UT) ou le 303-374-2216. Le **bureau de poste** de Vernal est au 67 N. 800 West (801-789-2393). Ouvert du lundi au vendredi de 9h à 17h, le samedi de 10h à midi. **Code Postal : 84078. Bureau de poste** de Dinosaur : 198 Stegosaurus Dr. (303-374-2353). Ouvert du lundi au vendredi de 8h30 à 12h30 et de 13h à 17h. **Code Postal : 81610.**

Campings, hébergements et restaurants Pour vous renseigner sur les campings, vous pouvez appeler le National Park Service au 801-789-2115. Quelques kilomètres au-delà du Quarry Center, sur la route 149, se trouve le **Green River Campground**. Situé sur un terrain ombragé, il dispose de toilettes, d'eau potable et d'emplacements pour les tentes et les camping-cars (80 places à 8 $, ouvert entre la fin du printemps et le début de l'automne). Il existe aussi quelques sites (basiques) gratuits à l'intérieur et à l'extérieur du parc sur lesquels les *visitors centers* fournissent tous les renseignements nécessaires. **Echo Campground** (9 emplacements), situé sur un terrain accidenté à 21 km à l'est de Harper's Corner (du côté est du parc), est l'endroit rêvé pour contempler les étoiles dans un ciel transparent. La route, en mauvais état, est indiquée à partir de Harper's Corner. Pour le camping en pleine nature, il faut retirer un permis auprès du Dinosaur National Monument Headquarters ou du Quarry Center.

Dans la ville de Dinosaur, le **Hi-Vu (Park) Motel**, 105 E. Brontosaurus Blvd., Dinosaur CO (303-374-2267), propose des chambres simples à 20 $, doubles à 22 $ et des lits jumeaux pour 26 $ (fermé entre novembre et le 15 avril). Même si l'accueil est amical, il est situé dans une zone peu fréquentée, et l'ambiance peut être pesante pour les voyageurs solitaires.

A Vernal, le **Sage Motel**, 54 W. Main St. (801-789-1442), dispose de grandes chambres propres avec air conditionné et TV câblée (simples 35 $, doubles 42 $). Le dinosaure en plastique qui veille à l'entrée du **Dine-A-Ville Motel** est des plus accueillants. L'hôtel est situé à la périphérie ouest de la ville au 801, W. Main St. (801-789-9571). Les chambres sont agréables avec TV et dans certains cas kitchenette (chambres simples entre 28 à 35 $, doubles à partir de 39 $). Le camping à Vernal est parfait pour les voyageurs à petit budget. **Campground Dina RV Park**, 930 N. Vernal Ave. (801-789-2148), à 1,6 km au nord de Main St., dispose d'emplacements ombragés et d'une épicerie (places de tentes 6,50 $ par personne, avec eau et électricité 17,50 $, avec un raccordement complet 19 $). **Vernal KOA**, 1800 W. Sheraton Ave. (801-789-8935), à la sortie de la US 40 au sud de la ville, est très convivial. Il dispose d'une épicerie, d'une laverie et d'une piscine (emplacements pour les tentes 13 $, avec eau et électricité 17 $).

Le **Open Hearth Donut Shop**, 369 E. Main St., Vernal (801-789-0274), propose de délicieux beignets maisons (37 ¢ chacun, la douzaine pour 3,70 $) et des grands sandwiches pour 2,75 $ (ouvert du lundi au vendredi de 5h30 à 18h, samedi de 6h à 13h). Le **7-11 Ranch Restaurant**, 77 E. Main St., Vernal (801-789-1170), sert une nourriture de choix. On peut commander notamment un petit déjeuner pantagruélique pour 2,50 $ ou encore un dîner à base de salade, de légumes et de pain à partir de 6 $ (ouvert du lundi au samedi de 6h à 22h).

Visites et activités Au-delà des campings sur la route 149 et juste après la fin de la route, on aperçoit les plus beaux spécimens de peintures rupestres amérindiennes du parc. On peut admirer ces œuvres d'art au **Club Creek** (à quelques km à l'ouest du *Quarry Visitors Center*) mais les plus beaux dessins sont sans conteste ceux de **McKee Spring**. Les amateurs d'antiquités, d'anciennes poteries par exemple, pourront se rendre au **Jones Hole Trail** ou au **Yampa Canyon**.

Une route de 40 km (fermée en hiver) mène au superbe **Harper's Corner** qui se situe à la jonction des gorges Green et Yampa. Elle commence à 3 km à l'ouest de Dinosaur. Au bout de la route, un chemin de randonnée de 3 km conduit à Harper's Corner. Le spectacle de la Green River et des rochers sculptés vaut largement le déplacement.

A Vernal, le jardin **Utah Fieldhouse of Natural History and Dinosaur Garden**, 235 Main St. (801-789-3799), donne un bel aperçu de l'histoire géologique et naturelle de l'Utah. Des modèles grandeur nature sont exposés dans le jardin des dinosaures. Les expositions géologiques présentent notamment des minéraux fluorescents (ouvert tous les jours de 8h à 21h, hors saison de 9h à 17h, entrée 1,50 $, pour les jeunes entre 6 et 15 ans 1 $).

■■■ FLAMING GORGE

Traversant la frontière nord de l'Utah, le parc de loisirs **Flaming Gorge National Recreation Area** s'étend des montagnes de l'Ashley National Forest jusqu'au sud du désert du Wyoming, royaume des chevaux sauvages. Pêche, canotage et randonnée sont quelques-unes des activités que l'on peut pratiquer à Flaming Gorge. Chaque année, les 150 km du réservoir de Flaming Gorge, formé en 1963 par la construction d'un barrage sur la Green River, sont remplis de tonnes de truites bien grasses. Même si la partie du parc située au Wyoming est idéale pour les loisirs, les plus beaux panoramas se situent dans l'Utah aux pieds des montagnes Uinta.

Informations pratiques La **US 191S**, qui part du Wyoming, est la route panoramique permettant d'accéder aux gorges. On la rejoint depuis la I-80, à la sortie située entre Rock Springs et Green River. La route 530, quant à elle, longe la rive ouest du réservoir mais les paysages sont moins intéressants. Seul avantage de cette route : elle permet de rejoindre les plages du réservoir situées dans le Wyoming. Pour se rendre aux gorges par le sud, il faut prendre la **US 191N** depuis Vernal, qui serpente sur les magnifiques versants des Uinta Mountains (voir plus loin), jusqu'à **Dutch John**. Le **Flaming Gorge Visitors Center** (885-3135) est situé sur la US 191, au sommet du barrage de Flaming Gorge. Des visites guidées gratuites du barrage sont organisées et des cartes de la région disponibles (ouvert tous les jours de 8h à 18h, en hors saison de 9h à 17h). Le **Red Canyon Visitors Center** (889-3713), à quelques kilomètres à la sortie de la US 191, sur la route 44 vers Manila, surplombe à 410 m de hauteur, le Red Canyon et le Flaming Gorge Lake (ouvert tous les jours de 10h à 17h, fermé en hiver). **Indicatif téléphonique** de Flaming Gorge, UT : 801.

Campings et hébergements La région de Flaming Gorge pullule de campings bon marché. On peut se procurer la liste dans n'importe quel *Visitors Center*. Des réservations de groupe sont possibles en appelant MISTIX au 800-280-2267. On peut s'installer par exemple au **Canyon Rim Campground** juste après le *Red Canyon Visitors Center* (18 emplacements à 8 $, ouvert de mi-mai à mi-septembre) ou dans l'un des nombreux camps de la National Forest, éparpillés le long de la US 191 et de la route 44 dans la partie du parc située dans l'Utah (séjour max. autorisé : 15 jours, emplacements entre 9 et 11 $). Plus au nord, **Buckboard Crossing** (307-875-6927, 68 places à 8 $) et **Lucerne Valley** (784-3293, 143 places à 10 $) sont moins ombragés et plus secs mais ils sont près des marinas du lac (les deux sont ouverts de mi-avril à mi-octobre). Quelques campings rustiques et gratuits se cachent dans l'arrière-pays. Vous n'êtes pas obligés de planter votre tente sur un emplacement aménagé, mais il faut s'assurer auprès des rangers que l'endroit choisi ne pose pas de problèmes.

Si vous préférez avoir un toit au-dessus de votre tête, le **Red canyon Lodge** (889-3759), sur la route 44, 3 km à l'ouest après le *Red Canyon Visitors Center*, propose pour un prix raisonnable quelques cabanes rustiques. Deux cabanes voisines partagent les douches (chambres simples 28 $, doubles 38 $). Certaines cabanes possèdent une s.d.b. privée (simples 42 $, doubles 52 $ et 5 $ pour un lit supplémentaire). **Flaming Gorge Lodge**, près du barrage à Dutch John (889-3773), coûte plus cher, mais les chambres sont mieux équipées avec clim. et TV câblée (chambres simples 49 $, doubles 55 $, entre novembre et février de 33 à 39 $).

Visites et activités On peut s'essayer à la **pêche** le long des gorges de la Green River sous le barrage. Le lac abonde en truites et la Green River est connue dans tout le pays pour sa pêche à la mouche. Il suffit d'un **permis** que l'on peut se procurer à Flaming Gorge Lodge, sur les marinas et dans la plupart des boutiques de Manila. Pour plus de renseignements, contactez le **Utah Department of Wildlife Ressources**, 152 E. 100 North, Salt Lake City (789-3103, ouvert du lundi au vendredi de 8h à 17h). **Cedar Springs Marina** (889-3795), 5 km avant le barrage, à Dutch John, loue des cannes à pêche et des canots. Les canots de pêche coûtent 40 $ pour 3h, 55 $ pour 6h et 65 $ par jour, avec un supplément de 5 $ pour les cannes à pêche. On peut aussi demander à pêcher depuis la rive (ouvert tous les jours entre mai et septembre de 8h à 18h30). A **Lucerne Valley Marina** (784-3483), 11 km à l'est de Manila à la sortie de la route 43, on peut louer un petit bateau de pêche (4,50 m de long) pour 35 $ par jour (ouvert du lundi au vendredi de 8h à 18h30). **Dan River Hatch Expeditions**, 55 E. Main (789-4316 ou 800-342-8243), à Vernal, organise des expéditions de rafting durant l'été (60 $ pour une journée, 50 $ pour les moins de 12 ans).

Le **Sheep Creek Geological Loop** est un circuit panoramique de 18 km à la sortie de la route 44, juste au sud de Manila, qui vous fait découvrir les strates rocheuses et les animaux sauvages de la région. La large vallée de **Brown's Park**, à 40 km à l'est de Flaming Gorge, est parfaite pour ceux qui veulent éviter les parcours hautement touristiques. Il est toutefois recommandé de circuler en 4x4. Au XIXe siècle, Butch Cassidy et sa horde de hors-la-loi avaient choisi cette vallée pour échapper à la justice, en raison de son isolement et de sa situation au carrefour de trois Etats. Aujourd'hui, c'est un lieu parfait pour la villégiature et le camping. Deux terrains en pleine nature (sans eau) se trouvent à 400 m du parc : l'**Indian Crossing**, en amont de la Green River et l'**Indian Hollow**, en aval. Pour se rendre au Brown's Park depuis Dutch John, il faut se diriger au nord pendant 16 km sur la US 191 jusqu'à Minnie's Gap puis suivre les panneaux vers Clay Basin (21 km) puis vers le parc (37 km).

LE SUD DE L'UTAH

■■■ MOAB

Le développement de Moab débuta dans les années cinquante avec la découverte de mines d'uranium. Depuis, la ville s'est lancée dans l'industrie du tourisme, avec peut-être un peu trop de bonheur. Moab attire aussi bien les hippies que les fous de sport, et il s'en dégage une atmosphère jeune et dynamique. La proximité des Arches et des Canyonlands font de Moab un excellent point de départ pour l'exploration du sud de l'Utah en voiture, en VTT ou en raft sur la Green River.

Informations pratiques Moab, qui n'est pas desservie par les transports publics, se trouve à 80 km au sud-est de la I-70 sur la US 191, à 8 km au sud des Arches. Les trains Amtrak s'arrêtent au plus près à Thompson, qui est située à 66 km au nord-est de la ville. Les bus **Greyhound** prévoient de créer un arrêt à Green River, situé à 80 km au nord-ouest. Certains bus s'arrêtent le long de la I-70 à Crescent Junction, qui est à 50 km au nord de la ville. Il est éventuellement possible de s'arranger avec les hôtels ou les motels pour qu'ils viennent vous chercher, moyennant un prix raisonnable. Sinon, la meilleure solution reste le taxi. On peut aussi faire appel à la compagnie aérienne **Redtail Aviation** (259-7421), qui relie Moab aux environs.

Le **Moab Information Center**, 3 Center St. (259-2468) donne des informations sur la ville et les différents parcs et monuments de la région (ouvert tous les jours de 8h à 21h, entre novembre et février de 9h à 17h). **Bureau de poste :** 50 E. 100 North (259-7427). Ouvert du lundi au vendredi de 8h30 à 16h, samedi de 9h à midi. **Code postal :** 84532. **Indicatif téléphonique :** 801.

Hébergements et campings Bien que les chaînes de motels soient légion sur Main St., il devient difficile de se loger pendant l'été, particulièrement les week-ends. Il vaut mieux réserver longtemps à l'avance. Les tarifs hors saison peuvent diminuer de moitié mais dans ce cas il faut être prêt à affronter le froid. Les propriétaires du **Lazy Lizard International Hostel (AAIH/Rucksackers)**, 1213 S. US 191 (259-6057, repérer le panneau "A1 Storage" quand on se dirige au nord sur l'US 191) sont particulièrement serviables. Ils viennent vous chercher à l'extérieur de la ville (tarif habituel 10 à 15 $), et vous aident à organiser des sorties en raft, à vélo ou des randonnées à cheval. Cuisine, magnétoscope, laverie et *hot tub* à votre disposition. Lit de camp 8 $, chambres simples et doubles 22 $, triples 27 $, cabanes pour 1 ou 2 personnes 25 $ plus 5 $ par personne supplémentaire, emplacements de camping avec eau 4 $ par personne, *tepees* pour 1 ou 2 personnes 10 $.

L'**Hotel Off Center**, 96 E. Center St. (259-4244 ou 800-237-4685), à un demi-block de Main St., propose des chambres à la décoration originale. Douches communes. Dortoir 12 $, chambre simple 35 $, double 47 $ plus 5$ par personne supplémentaire. Le **Silver Sage Inn**, 840 S. Main (259-4420), géré par l'Eglise luthérienne, offre des chambres propres, avec TV câblée. Deux d'entre elles sont équipées pour les personnes handicapées (l'accueil ferme à 22h, chambre simple 42 $, double 45 $ plus 4 $ par personne supplémentaire). Le **Prospector Lodge**, 186 N. 1st West (259-5145), à un block à l'ouest de Main St., propose des chambres aérées et confortables avec TV. Chambre simple avec lit double 30 $, avec un lit double "king-size" 40 $, chambre double 50 $, triple 60 $ plus 6 $ par personne supplémentaire.

Le parc national des Arches possède le meilleur **camping** de la région. En ville, le **Canyonlands Camp Park**, 555 S. Main St. (259-6848), abrite des emplacements ombragés et une piscine (la place 14 $, avec eau et électricité 17 $, avec un raccordement complet 19 $ et 2 $ par personne supplémentaire). Le **Slickrock Campground**, 1302 1/2 N US 191 (259-7660 ou 259-4152) possède une piscine, trois jacuzzis et une laverie (emplacements simples 13,50 $, doubles 22 $, avec un raccordement complet 19,25 $, quelques cabanes avec air conditionné pour 4 personnes 27 $).

Restaurants Le **Poplar Place Pub and Eatery**, 100 N. Main St. (259-6018, ouvert tous les jours de 11h30 à 23h), sert d'énormes pizzas (à partir de 8 $), des plats mexicains et des salades fraîches (5 $ environ). Pour un dîner dans un décor rétro, on peut se rendre au **MoabDiner**, 189 S. Main St. (259-4006). On y déguste entre autres un plat végétarien, le *Veggie specials*, et les frites sont réputées. Les burgers et les sandwichs sont entre 4 et 5 $ (ouvert du dimanche au jeudi de 6h à 22h, vendredi-samedi de 6h à 22h30). **Eddie McStiff's**, 57 S. Main St. (259-BEER/2337), propose un choix de 12 bières brassées sur place (3 $ la pinte) comme la brune aux noix (*chesnut brown*) ou la blonde aux fruits de la passion (*passion fruit pale*), et qui accompagneront aussi bien salades, pizzas (entre 6 et 10 $) et pâtes (ouvert tous les jours de 15h à 22h). Au menu du **Honest Ozzie's Café and Desert Oasis**, 60 N.100 W. (259-8442), des petits déjeuners *combos*, pléthore de jus de fruits (3 $), des plats végétariens (entre 5 et 9 $). Ouvert tous les jours de 6h30 à 22h30.

Le **Moab Liquor Store**, 260 S. Main St. (259-5314, ouvert de lundi à samedi de 11h à 21h), est le seul établissement autorisé à vendre des alcools au-dessus de 3,2 °. Hors repas, le seul endroit où l'on peut boire des cocktails est le **Rio**, 2 S. 100 West (259-6666), à côté de Main Street. C'est un club privé et il faut donc être parrainé pour y entrer ou alors acheter une carte de membre valable pendant deux semaines pour 5 personnes (5 $). Ouvert du lundi au vendredi de 11h30 à 23h, samedi de 17h à 1h, dimanche de 10h à minuit.

Visites et activités Si les parcs nationaux des environs restent bien sûr les attractions principales, la ville possède tout de même deux musées qui valent le détour. Albert Christensen a consacré 12 ans de sa vie à créer le plus original des deux, le **Hole N'' The Rock**, situé à 24 km au sud de Moab sur la US 191. C'est une maison de 14 pièces taillée à même une falaise de grès. Gladys, son épouse, a poursuivi son œuvre après sa mort, en 1957, et ouvert la maison au public. Visites tous les jours de 9h à 17h, 2 $. Plus traditionnel, le **Dan O'Laurie Museum**, 118 E. Center St. (254-7445), est consacré à la géologie et à l'histoire. Ouvert de lundi à samedi de 13h à 17h et de 19h à 21h, hors saison du lundi au jeudi de 15h à 17h et de 19h à 21h, vendredi-samedi de 13h à 17h et de 19h à 21h.

Plusieurs agences organisent des randonnées à cheval, des sorties en bateaux à moteur, des expéditions en raft, canoë, jeep et hélicoptère. Le **Park Creek Ranch** (259-5505) propose des **randonnées** dans les La Sal Mountains (1h, 25 $ par personne, 2h, 25 $) et dans les Arches (1h, 20 $ par personne, 2h, 35 $). Les sorties en raft et hors-bord sur la Colorado River et en jeep dans les canyons sont les spécialités de **Navetch Expeditions**, 321 N. Mai St. (259-7983). Les tarifs sont compris entre 38 et 249 $ par personne. **Trapax Inc.** (259-5261) organise des soirées en bateau sur la Colorado River, avec un spectacle de son et lumière, le **Canyonlands by Night** (20 $, pour les jeunes entre 6 et 16 ans 10 $, gratuit pour les moins de 6 ans).

■ DÉCOUVRIR LES FABULOUS FIVE

Les cinq splendides parcs nationaux de la région sont facilement accessibles par la route. Depuis Moab, prendre l'US 191N vers **Arches**. En poursuivant vers le nord sur la US 191 jusqu'à la route 313S, on arrive dans la région des *Islands of The Sky*, à **Canyonlands** (100 km). Pour atteindre **Capitol Reef**, prendre la US 191N jusqu'à la I-70W, quitter cette dernière à la sortie n° 147 et suivre la route 24S jusqu'à Hanksville, puis virer à l'ouest vers le parc. La route 24W va vers Torrey, où l'on récupère ensuite la route panoramique 12 qui se divise au sud et à l'est à travers la **Dixie National Forest** jusqu'à **Bryce Canyon**. Pour se rendre à **Zion**, poursuivre la route 12W jusqu'à la US 89S via Mt Carmel Junction et rattraper la route 9W.

Les deux forêts nationales du sud de l'Utah sont divisées en *districts*. Certains d'entre eux sont très proches des parcs nationaux et constituent d'excellents points de chute pour visiter les parcs. La **Manti-La Sal National Forest** est divisée en deux sections près des Arches et de la région des Needles de Canyonlands. La **Dixie National Forest** s'étend de Capitol Reef jusqu'à la partie ouest de Zion. Des informations sur le camping dans ces forêts sont données plus loin.

■■■ ARCHES

"C'est le plus bel endroit au monde", écrivait l'écrivain et ranger Edwards Abbey à propos de l'**Arches National Park**. Abbey n'est pas le seul à partager cette opinion. Les aiguilles de roches rouges et les arches sont de véritables miracles de la nature. On trouve plus de 200 arches naturelles dans le parc. Elles sont si parfaitement sculptées que les premiers explorateurs étaient persuadés d'avoir affaire aux ruines d'une civilisation disparue.

Informations pratiques L'entrée du parc se trouve sur la **US 191**, à 9 km au nord de Moab. Les transports publics ne desservent pas le parc mais les **bus** qui circulent le long de la I-70 s'arrêtent à Crescent Junction. Le **Visitors Center** (259-8161), à droite après l'entrée, distribue gratuitement des cartes contenant les différentes prestations proposées par le parc (ouvert tous les jours de 8h à 18h, hors saison de 8h à 16h30). Il existe **un pass** qui autorise des entrées multiples pendant une semaine (4 $ par voiture, 2 $ pour les piétons et les cyclistes). Pour plus de renseignements, contacter le Superintendent, Arches National Park, PO Box 907, Moab 84532 (259-8161). On trouve de l'eau dans le parc. Moab constitue une excellente **base** pour rayonner dans les environs. **Urgences :** 911 **Indicatif Téléphonique :** 801.

Campings Le seul camping du parc, le **Devil's Garden**, dispose de 54 emplacements, dont un réservé aux personnes handicapées. Il est situé à 29 km du *Visitors Center*. Devil's Garden n'acceptant pas les réservations, il vaut mieux s'y rendre rapidement en début de saison, sachant que le rush au *Visitors Center* commence dès 7h30 le matin (le ramassage du bois est interdit, il y a l'eau courante entre avril et octobre, séjour de 15 jours maximum autorisé, 8 $ l'emplacement). Le **camping sauvage** est toléré. Il suffit de se faire enregistrer au National Park Service Office situé à Moab, à 2 blocks à l'ouest du Ramada Inn, sur Main Street. Pensez à emporter beaucoup d'eau et des bombes insecticides et évitez les longues excursions pendant les chaudes après-midi d'été. D'autres campings bien aménagés se trouvent à Moab.

Les campings du **Moab Range District** dans la Manti-La Sal National Forest permettent de fuir la chaleur, la foule et les nuages de moucherons. Les terrains dominent ceux des Arches de plus de 1 300 m. Ils sont situés à 50 km au sud-est de Moab à la sortie de la US 191. Les emplacements coûtent 5 $. On trouve des sites gratuits à **Oowah Lake**. Le lac est un paradis pour les amateurs de la pêche à la truite (les permis de pêche sont vendus dans presque tous les magasins de Moab et au Forest Service Office, 5 $ par jour). Pour plus d'information, contacter le bureau du Manti-La Sal National Forest Service, 125 W. 200 South 84532 Moab (259-7155, ouvert du lundi au vendredi de 8h à 16h30).

Visites et activités De splendides paysages égaient les 30 km de route entre le *Visitors Center* et Devil's Garden. Quelle que soit la durée de votre séjour, ne ratez pas les **Windows** à **Panorama Point**, situé à mi-trajet. Si les cyclistes apprécient les grandes balades en automne et au printemps, les chaleurs de l'été rendent éprouvantes les ascensions parfois très ardues. **Rim Cyclery**, 94 W. 100 North, Moab (259-5333), loue des vélos de randonnée (20 $ la demi-journée ou 28 $ la journée), ce tarif comprenant le prêt d'un casque et une bouteille d'eau (ouvert tous les jours de 9h à 18h). Au bout de la route goudronnée, **Devil's Garden** expose fièrement 64 arches époustouflantes. Une excursion, assez physique, part de l'immense **Landscape Arch** jusqu'au lieu isolé de **Double O Arch**. Le clou de la visite reste probablement la **Delicate Arch**, qui est le symbole du parc. A l'embranchement pour Delicate Arch, quitter la route principale et s'engager sur un chemin de 3 km (impraticable après un orage). Une fois arrivé à Wolf Ranch, une marche de 2,5 km mène à l'arche. Au-delà, on peut entrevoir les gorges de la Colorado River et les montagnes La Sal. Il arrive que l'on tombe ici et là sur des peintures rupestres réalisées par les Anasazi et les Ute qui hantaient ces régions des siècles plus tôt.

Les Arches ne sont pas les uniques merveilles naturelles de la région. Une des excursions les plus populaires, le **Fiery Furnace Trail**, vous entraîne au fond du canyon où l'on découvre, sous une autre perspective, les imposantes falaises et les monolithes. Cette randonnée de 3,5 km n'est pas particulièrement ardue, mais il faut être expérimenté pour s'engager seul dans ce qui est un véritable labyrinthe. Durant l'été, deux départs ont lieu chaque jour depuis le *Visitors Center*, organisés par les rangers. C'est souvent complet dès la veille, mais on peut réserver 48h à l'avance.

■■■ CANYONLANDS

Le **Canyonlands National Park** est incontestablement l'un des plus beaux parcs des Etats-Unis. Il présente en outre l'avantage d'être relativement épargné par les hordes de touristes. Les rivières Green et Colorado divisent le parc en trois sections (Needles, Island in the Sky et Maze), chacune d'entre elles disposant de son propre

visitors center (ouverts tous les jours de 8h à 17h, les horaires étant susceptibles de changer avec les saisons, il vaut mieux appeler). La région des **Needles** (*visitors center* 259-4711) est couverte d'aiguilles, d'arches, de canyons et de ruines amérindiennes. Pour s'y rendre depuis Moab, suivre la US 191 vers le sud pendant 65 km puis tourner sur la 211 W. Plus au nord, **Island in the Sky**, situé à la jonction de deux rivières est, comme son nom le suggère, un plateau élevé qui offre un point de vue fabuleux sur les canyons et les montagnes environnantes. On y accède par la route 313W que l'on prend à partir de la US 191, à 16 km au nord de Moab. Le district le plus isolé du parc est la région très accidentée de **Maze** (*visitors center* 259-4352). C'est un enchevêtrement complexe de canyons exclusivement praticable en 4x4. Choisissez soigneusement la zone que vous voulez visiter car une fois engagé dans une section du parc, vous ne pourrez en changer qu'en rebroussant chemin et en sortant du parc.

Informations pratiques Deux *Visitors Centers* se trouvent à l'extérieur du parc. L'**Interagency Visitors Center** de Monticello, 117 S. Main St. (587-3235), vend des cartes de la région (3 à 6 $, ouvert du lundi au vendredi de 8h à 17h, le samedi-dimanche de 10h à 17h). Le parc demande un droit d'entrée de 4 $ par voiture et de 2 $ par piéton et cycliste. Pour plus d'informations, écrire au Superintendent, Canyonlands National Park, 125 W. 200 South, Moab 84532 (259-7164). Encore une fois, Moab est vraiment une excellente base pour explorer le parc.
   Attention, il n'y a ni eau, ni essence, ni service de restauration dans le parc. Néanmoins, à la limite du district des Needles, le **Needles Outpost** (979-4007 ou 259-8545) comporte une épicerie et une station essence, mais les tarifs sont exorbitants et le choix est restreint (ouvert tous les jours de 8h à 19h). Il est donc plus raisonnable et économique de s'approvisionner en eau, en nourriture et en produits de première nécessité à Moab ou à Monticello.

Camping et randonnées Avant de partir pour une randonnée ou pour camper en pleine nature, il faut s'inscrire au *visitors center* approprié pour obtenir un permis, délivré en nombre limité (10 $ pour les Needles ou pour Island in the Sky). Les conducteurs de 4x4 doivent aussi se faire enregistrer au *visitors center* et s'informer sur les tarifs et la localisation des parkings dans le parc. Seuls les 4x4 sont autorisés dans la région de Maze (permis pour circuler et camper, 25 $).
   Chaque région dispose de son propre camping officiel. Dans le district des Needles, les 26 emplacements de **Squaw Flat** sont dispersés sur une plaine sablonneuse cernée par de gigantesques monolithes en grès. Il est situé sur la route 211 à 65 km à l'ouest de l'embranchement avec la US 191. Il vaut mieux éviter ce coin en juin car les insectes y pullulent. Songez à apporter essence et eau (3 $ l'emplacement, gratuit entre octobre et mars). **Willow Flat Campground**, dans le district d'Island in the Sky, est situé au sommet du plateau sur la route 313, à 66 km à l'ouest de la US 191. Il faut apporter eau et insecticide (12 emplacements gratuits). Willow Flat et Squaw Flat sont équipés tous les deux de tables de pique-nique, de grill et de toilettes rudimentaires. Les sites du **Maze Overlook** n'offrent aucun aménagement. Tous les campings fonctionnent sur le principe du "premier arrivé, premier servi".
   Chaque *visitors center* propose une brochure sur les randonnées possibles, leur durée et leur niveau de difficulté. N'hésitez pas à les consulter l'été. En raison de la chaleur, il faut compter plusieurs litres d'eau par personne et par jour. Les randonnées dans la région des Needles sont les mieux balisées mais les paysages sont plus spectaculaires à Island in the Sky. Dans le *district* de Maze, une excursion guidée de 10 km (durée 6h) dans le Horseshoe Canyon part du *visitors center* à 8h les vendredi, samedi et dimanche. Il est possible de louer une jeep ou un VTT à Moab ou de faire un tour en avion (1h) avec **Red Tail Aviation** (259-7421, 60 $ par personne). Les *visitors center*s pourront vous indiquer les pistes ouvertes aux cyclistes.
   Pour admirer le paysage à plus de de 3 500 m de hauteur, il suffit de se rendre dans le **Monticello District** à l'intérieur de la Manti-La Sal National Forest au sud des

Needles. Cette partie de la forêt comporte deux campings situés sur la **Blue Mountain : Buckboard**, à 10 km à l'ouest de la route 191 (9 places et 2 emplacements pour groupe) et **Dalton Springs**, à 8 km à l'ouest de la route 191 (9 emplacements). Ces deux campings sont ouverts entre début mai et fin octobre et les emplacements coûtent 5 $. Les réservations sont possibles pour Buckboard en appelant le **visitors center** de Monticello, 117 S. Main St. (587-3235). Depuis Moab, se diriger au sud sur la US 191 jusqu'à Monticello et ensuite à l'ouest sur la route 1S. Le bureau du Manti-La Sal National Forest Service, 496 E. Central (587-2041) sur la US 666 à l'est de la ville, renseigne en détail sur le *district* de Monticello (ouvert le lundi de 8h à 16h30).

Plus loin, **Dead Horse Point State Park** (droit d'entrée 7 $) est perché au bord de la Colorado Gorge. Le parc, à 22 km au sud des Arches sur la US 191, est accessible par la route 313. On y trouve de nombreux campings bien équipés : toilettes, eau, raccordement et tables de pique-nique (prix des emplacements : du dimanche au jeudi 7 $, vendredi et samedi 8 $). Pour plus d'information, contacter le Park Superintendent, Dead Horse Point State Park, PO Box 609, Moab 84532 (259-2614 ou 800-322-3770, ouvert tous les jours de 8h à 18h. Appeler pour vérifier les horaires en hors saison).

■■■ CAPITOL REEF

Principale attraction du **Capitol Reef National Parks**, les strates d'un plissement géologique **Waterpocket Fold** coupent le parc en deux, racontant 65 millions d'années d'histoire naturelle. Ce sillon, gravé sur l'écorce terrestre, déroule sa longue échine rocheuse sur 160 km à travers Capitol Reef. Les falaises abruptes qui bordent le plissement avaient été initialement surnommées *Reef* (qui veut dire récif), non par référence à une origine océanique, mais plutôt parce qu'elles constituaient un obstacle pour les voyageurs. Aujourd'hui, on peut explorer le Reef au volant de sa voiture. Les 40 km du circuit panoramique longent les falaises (parcours de 90 mn). La minuscule école **Fruita Schoolhouse**, construite par les pionniers mormons, et **Petroglyphs Panoramic Point,** le long de la route 24 près de l'entrée du parc, méritent une visite. Les randonneurs doivent garder à l'esprit que la température moyenne d'un après-midi d'été est de 35 °C, et qu'il vaut mieux purifier l'eau des sources ou des réservoirs avant de la boire.

Avant de vous lancer pour une excursion en pleine nature, demandez au **visitors center** (801-425-3791), situé sur la route 24, la carte des points d'eau (7 $), les cartes de la région (4 $) et les brochures gratuites contenant des conseils pratiques. Vous trouverez aussi des détails sur les excursions organisées par les rangers (ouvert tous les jours de 8h à 19h, entre septembre et mai de 8h à 16h30). Capitol Reef est inaccessible pour la plupart des bus. L'**entrée du parc** coûte 4 $ par véhicule, 2 $ pour les randonneurs et 7 $ pour les campeurs. Pour des informations détaillées, contacter le Superintendent, Capitol Reef National Park, Torrey, 84775 (801-425-3791).

Les amateurs de camping doivent s'inscrire au *visitors center*. Les campings du parc ne prennent pas les réservations. Le plus grand, **Fruita**, à 2 km au sud, à la sortie de la route 24, possède 73 emplacements (dont un réservé pour les handicapés), de l'eau potable et des toilettes (7 $). Vous pouvez acheter des fruits dans le verger voisin. **Cedar Mesa Campground**, à l'extrémité sud du parc et **Cathedral Valley**, au nord, ne proposent que 5 emplacements chacun. Ils sont gratuits. Pour se rendre à Cedar Mesa, prendre la route 24 après le *visitors center* jusqu'à Notom-Bullfrog Rd. et poursuivre au sud pendant 40 km environ. Cathedral Valley n'est accessible qu'avec un 4x4 ou à pied.

Pour trouver des chambres, il faut se rendre à Torrey, à 18 km à l'ouest du *visitors center,* sur la route 24. Le **Chuck Wagon Motel and General Store** (801-425-3288), au centre de Torrey sur la route 24W, possède un barbecue, une belle piscine et de très jolies chambres lambrissées, qui se trouvent soit dans un immeuble moderne (air conditionné et téléphone, chambres à partir de 47 $) soit dans un vieil immeuble, au-dessus du magasin (sans air conditionné ni téléphone, à partir de 37 $). Le magasin propose une sélection d'articles d'épicerie, de sports, des pâtisseries et des provisions à emporter (ouvert tous les jours de 7h à 22h). **Rim Rock motel and RV Park** (801-425-3843), situé aussi sur la route 24 à 5 km à l'est de Torrey, est dangereusement perché au bord d'une falaise (chambre simple 45 $, doubles de 50 à 55 $, emplacement camping 10 $, avec raccordement complet 15 $). Faites-vous un petit plaisir en dînant au **Capitol Reef Inn and Café**, 360 W. Main St., Torrey (801-425-3271), dont la spécialité est la truite arc-en-ciel grillée ou fumée. Salle très confortable dans une véranda qui s'ouvre sur les collines environnantes (ouvert tous les jours d'avril à octobre, pour le petit-déjeuner et le dîner). Moins raffiné, le **Brink's Burger**, 165 E. Main St., Torrey (801-425-3710), propose un lot habituel de hamburgers (de 2 à 4 $), ouvert tous les jours de 11h à 21h. Le **Red Rock Restaurant and Campground** (801-542-3235) de Hanksville, à 60 km du *visitors center,* sur la route 24, dispose à la fois d'emplacements pour le camping et d'un restaurant (ouvert tous les jours de 7h à 22h. Emplacements avec eau et électricité 8 $, avec raccordement complet 12 $, cheeseburgers 2,25 $, spécialité du jour 4,75 $). Pour les couples, **Joy's Bed and Breakfast**, 296 S. Center, Hanksville (801-542-3252 ou 801-542-3255), propose des chambres avec s.d.b. (chambre pour deux 35 $, avec petit déjeuner 45 $). Entre Boulder et Capitol Reef, la forêt abrite trois charmants campings, à la sortie de la route panoramique 12 entre Boulder et Torrey. Ils sont situés en altitude, à plus de 2 600 m, et disposent d'eau potable et de toilettes (7 $ l'emplacement, premier arrivé, premier servi, ouvert entre mai et septembre). Le **Oak Creek Campground** et le **Pleasant Creek Campground** offrent respectivement 7 et 16 emplacements. **Single Tree Campground** propose 22 emplacements dont deux pour les groupes (800-280-CAMP/2267 pour les réservations de groupe) et deux pour les familles dont un peut être réservé à l'avance. Pour plus de détails, contacter l'**Interagency** à Escalante (801-826-5499).

■■■ BRYCE CANYON

Les fragiles aiguilles de calcaire rose et rouge qui parsèment le **Bryce Canyon National park** semblent sortir tout droit de la palette d'un artiste. Sculptées durant des millénaires par le vent et l'eau, les canyons n'ont pas facilité la vie des Anasazi, Fremont et Paiute qui les premiers ont investi cette contrée. Ebenezer Bryce, charpentier mormon qui s'y installa, en 1875, disait de la région : "c'est le dernier endroit où perdre une vache". Une randonnée dans les canyons vous confrontera avec l'expérience de la solitude.

Informations pratiques En venant de l'ouest, Bryce Canyon se situe à 1h30 à l'est de Cedar City. Il faut prendre la route 14 jusqu'à la US 89. Depuis l'est, prendre la I-70 jusqu'à la US 89, virer à l'est sur la route 12 au niveau de Bryce Junction (à 11 km au sud de Panguitch) et rouler pendant 23 km jusqu'à l'intersection avec la route 63, se diriger ensuite vers le sud pendant 7 km jusqu'à l'entrée du parc. Il n'y a pas de transports publics pour Bryce Canyon mais des **navettes**, qui partent du Ruby's Inn sur la route 63, circulent vers plusieurs zones aménagées du parc (tous les jours pendant l'été de 8h à 19h, 4 $, pour les personnes âgées et les enfants 2 $). Le **droit d'entrée** de Bryce Canyon est de 5 $ par voiture et 3 $ pour les piétons.

Toutes les visites guidées partent du **visitors center** (834-5322), situé sur la route 63 à l'intérieur du parc. On y trouve la brochure gratuite sur Bryce Canyon, *Hoo-Doo*, qui recense toutes les activités, les randonnées et les circuits panoramiques offerts par le parc. (Ouvert tous les jours de 8h à 20h, en avril-mai et septembre-octobre de 8h à 18h et de novembre à mars de 8h à 16h30). Pour plus d'information, contacter le Superintendent, Bryce Canyon National Park, Bryce canyon 84717. **Urgence :** 911 ou 676-2411. Le **bureau de poste** de Bryce Canyon (834-5361) se trouve à Bryce Lodge. **Indicatif téléphonique :** 801

Hébergements, campings et restaurants Le **Bryce Lodge** (834-5361 ou 586-7686, ouvert entre avril et octobre) est très cher pour les personnes voyageant seules mais devient abordable pour les groupes. Chambres simples et doubles 77 $, triples 82 $, quadruples 88 $ et quintuples 93 $. Sinon l'hôtel le plus proche est le **Bryce Canyon International Hostel**, 190 Main St., à Panguitch, à 34 km du parc. **Canyonlands International Youth Hostel (AAIH/Rucksackers)** accueille les voyageurs à **Kanab**, à 96 km au sud de Bryce (voir plus loin).

Les terrains de camping **North** and **Sunset Campgrounds**, tous les deux à moins de 5 km du *visitors center*, mettent à disposition des toilettes, des tables de pique-nique, de l'eau potable et 210 emplacements (7 $, venir tôt le matin pour avoir une bonne place). Un permis pour le **camping sauvage** se retire auprès des rangers au *visitors center*.

Il y a deux campings à l'ouest de Bryce sur la route panoramique 12, à l'intérieur de la Dixie National Forest. A une altitude de 2 200 m, le **Red Canyon Campground** loue, sans réservation possible, 36 emplacements à 8 $ chacun. Le **King Creek Campground**, à 18 km de Bryce, sur une route en terre à la sortie de la route 12 (suivre les panneaux *Tropic Reservoir*), propose des emplacements en bord de lac près d'une pinède (7 $). On peut réserver des emplacements pour groupe en appelant au 800-280-2267. Le **Panguitch District** de la Dixie National Forest propose 6 campings avec eau courante et toilettes, où l'on peut se baigner, faire du bateau et pêcher. Parmi eux, les favoris des campeurs sont **TE-AH** (800-280-2264), **Spruces** et **Navajo Lake**. Seul TE-AH accepte les réservations. La pêche n'est pas autorisée sur le Navajo Lake. Tous les emplacements sont à 9 $. On peut se renseigner au *visitors center* ou au *forest service office* à Panguitch, 225 E. Center St. (676-8815), qui est ouvert du lundi au vendredi de 8h à 16h30.

L'**épicerie** de Sunrise Point (831-5361) est le seul magasin du parc où l'on peut s'approvisionner pour un prix raisonnable. Ouvert entre mi-avril et fin octobre, de 7h à 19h. Il y a des **douches** derrière la boutique (1,75 $ pour 10 mn, disponible entre 7h et 22h).

Visites et activités Près du *visitors center*, les paysages, surtout au lever du soleil, sont magnifiques. Le sentier de randonnée qui mène de **Sunrise Point** à **Sunset Point** est accessible aux fauteuils roulants. Les circuits de randonnée **Navajo** et **Queen's Garden** vous emmènent à l'intérieur du canyon. Si vous êtes en forme, vous pouvez bifurquer sur le circuit de 7 km surnommé **Peek-A-Boo Trail**. Le **Trail to the Hat Shop** est une descente vertigineuse de 7 km. Le *visitors center* renseigne sur toutes les randonnées possibles. Les 25 km de la route principale serpentent entre les points de vue panoramiques comme Sunset Point, Sunrise Point, **Inspiration Point** et **Bryce Point**. Le parc est fermé au sud de **Farview Point** pour travaux.

Une balade en minibus le long de la route principale peut se réserver à la Bryce Lodge (4 $ et pour les moins de 13 ans, 2 $). Pour organiser une randonnée à cheval avec guide, appeler le **Canyon Trail Rides** au 834-5500, ou hors saison, le 679-8665 (entre 25 et 35 $ par personne). Entre Memorial Day (dernier lundi de mai) et Labor Day (1er lundi de septembre), le **Ruby's Inn Rodeo** (834-5341) organise des spectacles de rodéo (du lundi au samedi à 19h30, 6 $, pour les enfants 3 $).

Aux environs de Bryce Les randonneurs téméraires peuvent jouer les casse-cou dans les canyons situés dans la région sinistrement nommée **Phipps Death Hollow Outsanding Natural Area**, juste au nord d'**Escalante** (pour tout avouer, ce n'est pas si dangereux que ça). L'**Escalante Interagency Office**, 755 W. Main St., Escalante 84726 (826-5499), sur la route 12, fournit des cartes gratuites et délivre des permis pour les activités en pleine nature (ouvert tous les jours de 7h à 18h, hors saison, du lundi au vendredi de 8h à 17h). Le camping de **Calf Creek**, à 24 km à l'est d'Escalante, sur la route 12, sert de base à une superbe randonnée proche d'une cascade (7 $ l'emplacement avec eau potable et toilettes).

A l'ouest de la route 14, l'immense amphithéâtre **Cedar Breaks National Monument**, aux versants fleuris, se dresse majestueusement à plus de 3 000 m au-dessus du niveau de la mer (entrée 4 $ par véhicule, 2 $ pour les piétons). Un **camping** de 30 emplacements (6 $) et un **visitors center** (586-0787, ouvert tous les jours en été de 8h à 18h) vous attendent au **Point Supreme**. Pour plus de détails, contacter le Superintendent, Cedar Breaks National Monument, 82 N. 100 E., Cedar City 84720 (586-9451).

■■■ ZION

Il y a 13 millions d'années, la mer recouvrait totalement les collines et les canyons du **Zion National Park**. Au cours des siècles, les flots se sont retirés, laissant comme trace de leur passage la puissante **Virgin River,** qui sculpte encore les roches en grès. A l'extrémité nord-ouest du parc, les parois de Kolob Terrace surplombent la rivière de plusieurs centaines de mètres. Ailleurs, sous l'œuvre de l'érosion, s'est créé un entrelacement complexe de canyons et de formations rocheuses incroyables. En 1860, lorsque les pionniers mormons arrivèrent dans la région, ils se réjouirent d'avoir enfin trouvé la terre promise de Sion. Brigham Young toutefois n'était pas de cet avis. Il déclara à ses fidèles que cet endroit était terriblement beau mais que ce n'était pas Sion (*"Not Zion"*). Ce surnom *"Not Zion"* lui resta pendant des années jusqu'à ce qu'une nouvelle vague d'explorateurs s'installe et abandonne le *"not"* pour donner au parc son nom actuel.

Informations pratiques L'entrée principale de Zion se trouve à **Springdale** sur la route 9 qui borde le parc au sud le long de la Virgin River. En venant par l'ouest, rejoindre la route 9 depuis la I-15 au niveau de Hurricane. En venant par l'est, prendre la route 9 depuis la US 89 au niveau de Mount Carmel Junction. La gare **Greyhound** (673-2933 ou 800-231-2222) la plus proche se trouve à St George (à 70 km au sud-ouest du parc sur la I-15). Elle est située au McDonald's, 1235 S. Bluff St., au niveau du St. George Blvd. Les bus circulent vers Salt Lake City (2 liaisons quotidiennes, durée 6h, 54 $), Provo (2 liaisons quotidiennes, durée 5h, 44,50 $), Los Angeles (6 liaisons quotidiennes, durée 15h, 59 $) et Las Vegas (6 liaisons quoti-diennes, durée 2h, 25 $). Le principal office de tourisme, le **Zion Canyons Visitors Center** (772-3256) se trouve à l'extrémité sud-est du parc, 1 km après la sortie de la route 9. Une projection de diapositives et un petit musée vous présentent le parc (ouvert tous les jours de 8h à 20h, hors saison de 8h à 18h). Le **Kolob Canyons Visitors Center** (586-9548) se trouve à l'extrémité nord-ouest du parc à la sortie de la I-15 (ouvert tous les jours de 9h à 17h, hors saison de 9h à 16h30). L'entrée du parc coûte 5 $ par voiture et 2 $ pour les piétons. **En cas d'urgence**, composer le 772-3256 (pendant la journée) ou le 772-3322 (en dehors des heures ouvrables). **Indicatif téléphonique :** 801.

Campings et hébergements Plus de 300 emplacements sont disponibles dans les **campings South et Watchman** près de l'entrée sud. Il faut arriver tôt le matin pour être sûr d'avoir une place. Ces deux campings disposent d'eau et de toilettes (séjour max. de deux semaines, 7 $ la place, ouvert toute l'année). Le seul autre camping du parc est situé dans un coin isolé, à **Lava Point**. On peut y accéder par un sentier de randonnée, au milieu du parc ou par une route caillouteuse qui croise la route 9 à **Virgin** (6 emplacements avec toilettes mais sans eau, gratuit, ouvert de mai à octobre).

A quelque trois cents mètres au-dessus de l'entrée sud du secteur des campings, le **Mukuntuweep Campground** (644-5445 ou 644-2154) a pour lui d'être situé en altitude. Non seulement il y fait plus frais que dans les autres campings mais en plus il dispose d'une laverie automatique, de douches et de toilettes, sans parler du point de vue sur les montagnes (70 places pour les tentes à 12,50 $ et 30 places avec raccordement complet à 16,50 $).

Zion Canyon Campground, 479 Zion Park Blvd. (772-3237), à Springdale, juste au sud du parc, apaisera ceux qui sont fatigués, affamés et poussiéreux, avec un restaurant, une épicerie (772-3402), des douches et une laverie automatique. On peut s'y inscrire 24h/24, emplacement pour deux 14 $, avec raccordement complet 18 $ et 3,50 $ par personne supplémentaire. Le magasin est ouvert tous les jours de 8h à 21h, hors saison de 8h à 17h. Le **Zion Canyon Lodge** (772-3213, 586-7686 pour les réservations, 586-7624 pour les réservations de groupe), situé sur la route principale du parc, propose des chambres de premier choix pour un prix raisonnable et dispose d'une cafétéria (ouvert tous les jours de 7h à 21h) et d'un restaurant (772-3213, il faut réserver). Chambres simple et double 78 $, plus 5 $ par personne supplémentaire (jusqu'à cinq). Cabane simple et double 81 $, plus 5 $ par personne supplémentaire (jusqu'à quatre). Suites simple et double, 116 $, plus 5 $ par personne supplémentaire (jusqu'à quatre). D'autres logements sont aussi proposés à **Springdale** et à **Rockville**, à moins de 8 km du parc.

Pour le **camping sauvage**, il faut retirer un permis gratuit au *visitors center*. Le camping n'est pas autorisé partout. Une carte, disponible au *visitors center*, indique où l'on peut planter sa tente. Les campings de Zion ne prennent pas les réservations et sont très rapidement complets pendant les vacances et les week-ends d'été. Si vous ne trouvez pas de place, essayez alors l'un des six campings de la Dixie National Forest (voir Bryce Canyon). A l'ouest de Zion, on tombe sur un autre *district* de la Dixie National Forest, la **Pine Valley**. Pine Valley, située à 2 000 m d'altitude, offre 57 emplacements avec eau et toilettes (entrée 9 $, ouvert entre mai et septembre). Les groupes peuvent réserver les emplacements en appelant au 800-280-CAMP/2267. Le National Forest Service du *district* vous donnera plus de détails (673-3431).

On peut aussi se faire un petit plaisir en logeant à **O'Toole's**, 980, Zion Park Blvd., Springdale (772-3457), dans une superbe demeure en pierre récemment rénovée. Les chambres, avec s.d.b., sont dotées de lits somptueux et un petit déjeuner complet est inclus. Il faut réserver assez tôt (chambres pour deux entre 60 et 120 $, plus 10 $ par personne supplémentaire). L'hôtel le plus proche, le **Canyonlands International Youth Hostel (AAIH/Rucksackers)**, 143 E. 100 S., Kanab, 84741 (801-644-5554), est situé à 65 km au sud, à Kanab. La situation de cette auberge de jeunesse, à une heure au nord du Grand Canyon par la US 89 et à égale distance de Zion, Bryce et Lake Powell, en fait une base idéale pour explorer le nord de l'Arizona et le sud de l'Utah. Lits spacieux, linges et draps gratuits, laverie, TV, parking et petit déjeuner copieux (9 $, réservation recommandée).

Visites Si vous aimez la marche et la randonnée, vous allez vous régaler. Goudronné (et accessible aux fauteuils roulants), le **Gateway to the Narrows Trail** s'étend sur 2 km depuis l'extrémité nord de Zion Canyon Dr. Le **Angel's Landing Trail** vous entraîne à 500 m au-dessus du canyon. Le dernier kilomètre de cette randonnée est assez terrifiant ; vous avancez le long d'une étroite corniche en vous aidant d'une rampe fixée dans la roche. Le **West Rim Trail** est une excursion de plusieurs jours qui s'étend sur 43 km. Ne manquez pas le pèlerinage au **Zion Canyon**. Une route de 11 km qui se termine par un cul-de-sac au fond du canyon vous fera découvrir les formations géantes de **Sentinel**, **Mountain of the Sun** et de l'impressionnant symbole de Zion, le **Great White Throne**. Une navette, au départ du Zion Canyon Lodge, circule sur cette route toutes les heures en été (tous les jours de 9h à 17h, durée 1h, 3 $, pour les enfants 2 $). Les randonneurs apprécieront la difficile excursion vers **Observation Point** avec ses nombreux zigzags qui explorent le canyon particulièrement creusé. **Canyon Trail Rides** (772-3967) organise des sorties à cheval au départ du Zion Canyon Lodge (12 à 35 $ par personne). Pour plonger dans les eaux délicieuses de la Virgin River, on peut louer des chambres à air à l'épicerie du Canyon pour 5 $.

LE SUD-OUEST

■■■ NATURAL BRIDGES ET HOVENWEEP

Natural Bridges National Monument Il y a presque 3 000 ans, les Indiens Paiutes, qui habitaient la région, l'appelait *Ma-Vah-Talk-Tump*, ce qui signifie "sous le ventre du cheval". En 1909, le Président Taft redonna à chaque pont un nom hopi, par exemple *Sipapu*, qui signifie "place de la désolation", ou *Kachina* pour "fantôme dansant". Récemment rebaptisé de façon beaucoup moins poétique, le premier monument national de l'Utah s'appelle maintenant *Natural Bridges* ("ponts naturels"). Malgré cette appellation peu originale, ces ponts sculptés par l'érosion, qui font plus de 75 m de haut et de long, méritent vraiment le détour. Il faut descendre au pied des ponts pour réellement apprécier leur démesure. Les sentiers de marche ont des longueurs allant de 600 m à 2,5 km, à l'exception de la boucle, *loop trail*, qui s'étend sur 14 km.

Pour se rendre à Natural Bridges par le Nord de l'Utah, suivre la US 191S depuis Moab jusqu'à l'intersection avec la **route 95W** (au nord de Bluff et à 7 km au sud de Blanding). Depuis le Colorado, la route 66 part de Cortez et rejoint la US 191S à Monticello. Depuis l'Arizona, prendre la route 163N qui traverse Monument Valley, puis, après avoir croisé Mexican Hatch, prendre la route 261N jusqu'à la route panoramique 95W.

Au **visitors center** (259-5174), sur la route 95E, en plus des prestations habituelles, on a droit à un diaporama, des expositions et une petite librairie. Ouvert entre mai et octobre de 8h à 18h, entre novembre et février de 9h à 16h30 et entre mars et avril de 8h à 17h. L'entrée du parc coûte 4 $ par véhicule et 2 $ pour les piétons et les cyclistes. Elle est valable pendant une semaine. Les excursions organisées en été par les rangers partent du *visitors center* (les mardi et jeudi à 10h). Le **camping** situé près du *visitors center* est très agréable. Chacun des 13 emplacements peut accueillir jusqu'à 9 personnes et est équipé d'un grill et d'une table de pique-nique. La longueur limite autorisée pour les camping-cars ou les voitures équipées d'une caravane est de 6,40 m (5 $ l'emplacement, premier arrivé, premier servi). De l'eau est disponible au *visitors center*. Pour plus d'information, contacter le Superintendent, Natural Bridges, Box 1, Lake Powell 84533 (259-5174).

Hovenweep National Monument Hovenweep, qui signifie dans le dialecte de la tribu ute, "vallée désertée", est composé de six ensembles de ruines pueblo vieilles de plus de 1 000 ans. Cette vallée est aujourd'hui inhabitée, à l'exception des deux rangers (un dans l'Utah, un dans le Colorado) qui surveillent les 392 hectares du Monument. A l'écart des circuits touristiques, Hovenweep est un lieu où l'on prend le temps de méditer.

Les ruines les mieux préservées et les plus impressionnantes sont les **Square Tower Ruins**, situées à quelques pas du *visitors center*. Un circuit facile de 3 km, le **Square Tower Loop Trail** conduit aux ruines du secteur Square Tower : le **Hovenweep Castle** et les maisons à deux étages appelées **Twin Towers**. Une randonnée plus courte (1 km), la **Tower Point Loop**, mène aux ruines d'une tour perchée au sommet d'un canyon. Les **Cujon Ruins** et le **Huckberry Canyon** dans l'Utah, le **Cutthroat Castle** et les **Goodman Point Ruins** dans le Colorado sont à la fois excentrés et isolés, donc difficiles à atteindre. Il vaut mieux se renseigner au préalable auprès du *visitors center* sur l'état des routes et les conditions d'accès.

Des routes superbes mais complètement désolées mènent à Hovenweep. Que l'on parte de l'Arizona ou de l'Utah, il faut suivre la US 191 jusqu'à l'intersection avec la route 262E (à 22 km au sud de Blanding et à 18 km au nord de Bluff). Après environ 50 km, des panneaux indiquent la direction du Monument. Non goudronnée sur 4 km, la route est néanmoins accessible à tous véhicules. Depuis Cortez, dans le Colorado, se diriger vers le sud sur la US 166/US 160 jusqu'à Country Rd. 6 (la route de l'aéroport), suivre ensuite les panneaux indiquant Hovenweep pendant 72 km dont 24 km sur une route caillouteuse. Il faut appeler au préalable le **visitors**

center (303-749-0510) pour vérifier l'état des routes aussi bien du côté Utah que Colorado (ouvert tous les jours de 8h à 17h sauf quand les gardiens sont en patrouille). *Faire attention car il n'y a ni station essence ni téléphone à Hovenweep.* Le camping de 32 emplacements près du *visitors center* dispose d'eau potable et de toilettes entre mars et la mi-novembre (6 $ la place, premier arrivé, premier servi). Pour plus de détails, appeler le Superintendent, Hovenweep National Monument, McElmo Rte., Cortez, CO 81321 (303-749-0510).

Dans les environs Trois petites villes offrent des hébergements et divers services pour les voyageurs qui veulent se rendre aux monuments et dans la vallée. Dans la ville agricole de **Blanding** (à 72 km de Hovenweep et à 97 km de Natural Bridges) se trouve le **Prospector Motor Lodge**, 591 US 191S (chambre simple 35 $, double 39 $, hors saison entre 27 et 32 $). On peut aussi essayer le **Blanding Sunset Inn**, 88 W. Center St. (678-3323, chambres modestes entre 27 et 36 $). Le **Elk Ridge Café**, 120 E. Center St. (678-3390), vous propose un solide petit déjeuner (œuf, pommes de terre et toasts pour 3 $). Ouvert tous les jours de 6h à 22h. Le **Cedar Pony** (678-2715), situé sur la US 191N, sert des pizzas (1,50 $ la part) et des pâtes (entre 4 et 6 $). Ouvert du lundi au vendredi de 11h à 21h30.

Au cœur des canyons en grès, **Bluff** (à 65 km de Hovenweep et à 105 km de Natural Bridges) est la ville parfaite pour les petits budgets. De nombreux motels bon marché sont alignés le long de la US 191. On peut citer **The Recapture Lodge** (672-2281, chambre simple entre 30 et 38 $ et double de 32 à 44 $). Ne manquez pas la spécialité Navajo (le *sheepherder sandwich* pour 5 $) au **Turquoise Restaurant** (672-2219) qui se trouve sur la US 191S (ouvert de 7h à 21h, en hiver de 7h à 20h).

Le gigantisme et l'austérité des sculptures de pierre dans la **Valley of Gods** ont servi de décor à certaines scènes de *Thelma et Louise*. Un circuit difficile mais superbe de 27 km part de l'US 163W, à 24 km au sud de Bluff sur le côté droit de la route, et traverse toute la vallée. Si vous avez un 4X4, profitez-en !

Mexican Hat, dans l'Arizona (38 habitants, à 96 km de Hovenweep, à 72 km de Natural Bridges et à 34 km au sud de la frontière avec l'Arizona sur la US 163) tire son nom d'une formation rocheuse ressemblant justement à un chapeau. La ville est située au bord de la San Juan River. On se reposera au **Canyonlands Motel** (683-2230) sur la US 163 (chambres très simples entre 28 et 40 $). **The Old Bridge Bar and Grille** (683-2220), sur la US 163, est connu pour ses spécialités Navajo et ses sandwichs (entre 4 et 6 $).

Arizona

Peuplé à l'origine par les Amérindiens au cours du XIXᵉ siècle, l'Arizona a subi les assauts de nombreuses vagues de pionniers : des spéculateurs et des mineurs du début du siècle dernier, des soldats qui s'y entraînaient pendant la Seconde Guerre mondiale, et qui y retournèrent à la fin du conflit jusqu'aux récents immigrés mexicains. Les villes fantômes éparpillées dans toute la région témoignent d'un développement anarchique tandis que les monuments plus anciens évoquent des civilisations disparues bien avant l'apparition du train et des hamburgers. Les traces des anciennes cultures indiennes subsistent encore au Canyon de Chelly, au Navajo National Monument et aux canyons de Wupatki et Walnut. Les descendants de ces peuples, qui forment un septième de la population amérindienne des Etats Unis, vivent aujourd'hui dans des réserves qui couvrent un quart du territoire de l'Arizona. La splendeur des sites naturels de l'Arizona, comme le Grand Canyon, Monu-

...ley et les paysages magnifiques qui bordent les autoroutes, attirent chaque
...nee des millions de visiteurs.

INFORMATIONS PRATIQUES

Capitale : Phoenix.
Offices de tourisme : Arizona Tourism, 1100 W. Washington St., Phoenix 85007
(602-542-8687 ou 800-842-8257). Ouvert du lundi au vendredi de 7h à 17 h. **Arizona
State Parks** 1300 W. Washington St., Phoenix 85007 (602-542-4174). Ouvert du
lundi au vendredi de 8h à 17h.
Fuseau horaire : Rocheuses (moins 2h par rapport à l'Est). L'Arizona (à l'exception
des réserves) ne se met pas à l'heure d'été. Durant l'été, il a une heure de retard
par rapport au reste du fuseau horaire Rocheuses. **Abréviation de l'Etat : AZ.**
Taxe locale : 6 %.

ARIZONA DU NORD

■■■ GRAND CANYON

Même les voyageurs les plus blasés seront impressionnés à la vue du Grand Canyon.
Avec 443 km de long et 16 km de large, il est l'une des toutes premières merveilles
naturelles des Etats-Unis, si ce n'est du monde. Les immenses parois de grès et de
calcaire surplombent de près de 1 000 m la rivière Colorado, qui serpente au fond
de la vallée. Ne vous contentez pas de contempler la scène depuis les corniches du
Canyon : il faut plonger à l'intérieur de ses gorges pour vraiment percevoir le gigantisme et la beauté de ce phénomène naturel.

Le **Grand Canyon National Park** est divisé en trois parties : le **South Rim** (rive
sud), qui contient le Grand Canyon Village, le **North Rim** (rive nord) et la gorge du
canyon elle-même. Légèrement moins élevé et un peu plus facile d'accès, le South
Rim attire dix fois plus de touristes que le North Rim, plus haut et davantage boisé.
On peut traverser le Canyon à sa base, sur un chemin de 21 km qui nécessite deux
jours d'aventure. On peut aussi choisir de rester en haut en suivant les 214 km d'un
circuit que l'on parcourt en 4 bonnes heures de route. Une prudence élémentaire
est recommandée aux randonneurs. Chaque année on déplore la disparition de
marcheurs inconscients qui, selon l'expression plutôt morbide des gens du coin,
ont fait "la visite de 12 secondes"...

■ LA RIVE SUD (SOUTH RIM)

En été, tout ce qui marche et roule converge vers la rive sud du Grand Canyon. Si
vous prévoyez une visite pendant la grande cohue, pensez à réserver longtemps à
l'avance que ce soit pour l'hébergement, le camping ou la location d'une mule et
préparez-vous à affronter la foule.

Cela dit, le personnel amical du parc, l'organisation parfaite et bien sûr le cadre
font rapidement oublier cet inconvénient. L'hiver, il y a assez peu de touristes, mais
il fait froid et de nombreux hôtels sont fermés.

INFORMATIONS PRATIQUES

Office de tourisme : le **visitors center** (638-7888), à 10 km au nord de l'entrée sud.
Ouvert tous les jours de 8h à 18h, hors saison de 8h à 17h. Demander la brochure
Trip Planner. Gratuit et plein de renseignements, *The Guide* est distribué à l'en-
trée du parc ou disponible au *visitors center*. Avant de se rendre au parc, on peut

aussi demander des informations en écrivant au **Superintendent**, Grand Canyon National Park, PO Box 129, Grand Canyon, AZ 86023. Les **voyageurs handicapés** peuvent appeler au 638-2631 et ainsi obtenir gratuitement des fauteuils roulants. Le guide *Grand Canyon National Park Accessibility Guide* et des permis gratuits pour l'accès au West Rim Drive (en été seulement) sont disponibles. Les visites, accessibles aux fauteuils roulants et organisées par les rangers, sont recensées dans *The Guide*.

Bus : Nava-Hopi Bus Lines, 800-892-8687. Les bus quittent la gare Amtrak de Flagstaff pour le Grand Canyon tous les jours à 8h, 10h15, 15h45. Le retour se fait depuis Bright Angel Lodge à 10h10, 17h15, 18h45. Tarifs : 12,50 $, pour les moins de 14 ans 6,50$ (le droit d'entrée du Canyon, qui est de 4 $, n'est pas compris dans le prix du billet). Les horaires variant suivant les saisons, il vaut mieux vérifier.

Bureau d'information sur les transports : situé au **Bright Angel Lodge** (638-2631). On peut y faire des réservations pour des randonnées en mules, pour des visites en bus, pour le Phantom Ranch, pour un taxi, et ainsi de suite. Ouvert tous les jours de 6h à 19h. Un service de **navettes gratuites** part de West Rim Loop (tous les jours de 7h30 jusqu'au coucher du soleil), et de Village Loop (tous les jours de 6h30 à 22h30). Départ toutes les 15 mn. Une **navette pour les randonneurs** circule entre le village du Grand Canyon et le South Kaibab Trailhead, près de Yalci Point (3$). Elle quitte Bright Angel tous les jours à 6h30, 8h30 et 11h30.

Réparation de voitures : Grand Canyon Garage (638-2631), situé à l'est du *Visitors Center* sur la route principale du parc, près de Maswik Lodge. Le garage est ouvert tous les jours de 8h à 17h, et il y a aussi un service d'urgence 24h/24.

Location de matériel : Babbit's General Store (638-2262 ou 638-2234), à Mather Center, Grand Canyon Village, près de Yavapai Lodge et du *Visitors Center*. On peut y louer de confortables chaussures de randonnée (8 $ pour le premier jour, 5 $ par jour supplémentaire, chaussettes comprises), des sacs de couchage, (entre 7 et 9 $ le premier jour et 5 $ les jours suivants), des tentes (de 15 à 16 $ le premier jour, 9 $ les jours suivants), et d'autres équipements de camping. Une caution est demandée pour tout équipement. Ouvert tous les jours de 8h à 20h.

Climat et état des routes : 638-7888, 24h/24.

Services médicaux : Grand Canyon Clinic (638-2551 ou 638-2469). Situé à quelques kilomètres au sud de Center Rd. Ouvert du lundi au vendredi de 8h à 17h30, samedi de 9h à 12h.

Urgences : 911.

Bureau de poste : (638-2512), situé près de Babbit's, ouvert du lundi au vendredi de 9h à 16h30, le samedi de 11h à 13h. **Code postal :** 86023. **Indicatif téléphonique :** 520.

Le parc a deux entrées : la principale, **l'entrée sud**, se trouve sur la US 180N. L'entrée à l'est, **Desert View**, est située sur la I-40W. Depuis Las Vegas, le plus rapide est de prendre la US 93S, jusqu'à la I-40E, puis de suivre la route 64N. Depuis Flagstaff, la I-40E jusqu'à la US 89N est une agréable route panoramique. A partir de là, la route 64N mène jusqu'à l'entrée Desert View. Sinon, le chemin le plus direct est de suivre la US 180N.

Le droit d'entrée pour le Grand Canyon est de 10 $ par voiture et de 4 $ pour les voyageurs qui utilisent un autre mode de transport, y compris les bus. Il est valable une semaine. Si vous venez de Flagstaff, pensez à regarder les panneaux d'affichage dans les hôtels et auberges, car certains voyageurs laissent derrière eux leur billet d'entrée encore valable.

Les **animaux domestiques** sont autorisés dans le parc s'ils sont tenus en laisse. Le **Kennel**, un chenil (638-2631, p.6039) situé au South Rim, prend soin d'eux quand vous partez en randonnée.

A l'intérieur du parc, cartes et panneaux indicateurs vous permettent de vous orienter facilement. L'hébergement et les services sont concentrés au **Grand Canyon Village**, situé au bout de Park Entrance Rd. Le *Visitors Center* et le supermarché sont situés dans le quartier est du village, tandis que la plupart des hébergements ainsi que le départ du sentier **Bright Angel Trailhead** se trouvent dans le quartier ouest. Le **South Kaibab Trailhead** débute à la sortie de East Rim Dr., à l'est du Village.

HÉBERGEMENTS ET CAMPINGS

Il est quasiment impossible de se loger près du South Rim sans réservation. Vous pouvez toujours vérifier auprès du *Visitors Center* et du bureau des transports de Bright Angel Lodge s'il en reste des places.

La plupart des hôtels de South Rim sont extrêmement chers. Les campings sont complets en début de matinée. Si vous ne trouvez pas de place dans les campings du parc, vous pouvez vous rendre à la **Kaibab National Forest**, située à la limite sud du parc. Le camping est gratuit. On ne peut pas dormir dans sa voiture à l'intérieur du parc, mais on peut le faire dans la Kaibab Forest. Pour plus de renseignements, contacter le Tusayan Ranger District, Kaibab National Forest, PO Box 3088, Grand Canyon 86 023 (638-2443).

Pour de longues excursions ou du camping à l'intérieur du parc, il faut un permis, le **Backcountry Use Permit**, que l'on se procure gratuitement au **Backcountry Office** (638-7875), à 600 m au sud du *Visitors Center*. Ouvert tous les jours de 8h à 12h, standard téléphonique du lundi au vendredi de 13h à 17h. On peut réserver son permis, soit en s'y présentant en personne, soit par courrier, jusqu'à 4 mois à l'avance. Une fois réservé, le permis doit être retiré *au plus tard à 9h* le jour du début de validité, sinon il est annulé. Pendant les randonnées, les bagages peuvent être déposés à la Bright Angel Lodge pour 50 ¢ par jour. Il faut contacter le Grand Canyon National Park Lodges, PO Box 699, Grand Canyon 86 023 (638-2401, fax : 638-9247) pour réserver aux **Bright Angel Lodge, Maswik Lodge, Trailer Village,** et **Phantom Ranch**. En été, il faut réserver au moins 11 mois à l'avance ! Pour des réservations le jour même (généralement impossibles), il faut appeler le standard du Grand Canyon au 638-2631 et demander la ligne de l'hôtel désiré.

Bright Angel Lodge (638-2401), Grand Canyon Village. Huttes rustiques, avec eau courante mais sans chauffage. Très pratique pour accéder au Bright Angel Trail et aux navettes. Chambres simples ou doubles entre 37 et 53 $. Huttes "traditionnelles" pour une ou deux personnes 61 $. 7 $ par personne supplémentaire dans les chambres et les huttes.

Maswik Lodge (638-2401), Grand Canyon Village. Huttes avec douche, petites et propres (simples et doubles) 69 $, plus 7 $ par personne supplémentaire.

Phantom Ranch (638-2401), situé au fond du Canyon, accessible par le Kaibab Trail (4 h de marche). Dortoir 22 $, hutte pour une ou deux personnes 56 $ et 11 $ par personne supplémentaire. Comme d'habitude, il est nécessaire de réserver 11 mois à l'avance pour la période comprise entre avril et octobre. Cela dit, le bureau des transports de Bright Angel Lodge tient une liste des annulations de dernière minute. Il est inutile de s'y rendre sans réservation, car ils vous renverront aussitôt sur le sentier de randonnée.

Camper Village (638-2887), à 13 km au sud du *visitors center* à Tusayan. Emplacements pour tentes et camping-cars entre 15 et 22 $. Pour les tentes, premier arrivé, premier servi. Pour les camping-cars, il faut réserver.

Cottonwood Campground (638-7888, téléphoner pour obtenir des informations sur les permis), à 27 km du Bright Angel Trailhead sur le North Kaibab Trail. 14 emplacements gratuits. Réservations recommandées. Ouvert entre mai et octobre. Le *Backcountry Office* (voir plus haut) peut vous aider à obtenir une place pour Cottonwood et Indian Garden.

Indian Garden (638-7888 téléphoner pour obtenir des informations sur les permis) est situé à 7,5 km du départ du sentier South Rim Bright Angel et à 900 m en contrebas du bord du Canyon. 15 emplacements gratuits, toilettes et eau. Réservations conseillées.

Mather Campground (MISTIX 800-365-2267), Grand Canyon Village, à 2 km au sud du *visitors center*. 320 emplacements ombragés et relativement bien isolés mais sans raccordement (10 $). Séjour max. d'une semaine. Entre mars et novembre, il faut parfois réserver (par MISTIX) jusqu'à 8 semaines à l'avance. Entre décembre et février, les emplacements ne se réservent pas, donc premier arrivé, premier servi. Même lorsque le panneau indique complet, cela vaut le coup de vérifier à l'accueil.

Trailer Village (638-2401), juste après Mather Campground. Conçu spécialement pour les camping-cars. Douches et laverie à proximité. Séjour max. d'une semaine. Accueil ouvert tous les jours de 8h à midi et de 13h à 17h. 84 emplacements pour deux personnes avec raccordement 17 $ et 1,50 $ par personne supplémentaire. Il faut réserver entre 6 et 9 mois à l'avance.

Desert View Campsite (638-7888, téléphoner pour obtenir des informations sur les permis), 42 km à l'est de Grand Canyon Village. 50 emplacements avec toilettes, téléphone mais pas de raccordement 8 $. Pas de réservations, donc il faut arriver très tôt dans la matinée. Ouvert entre mi-mars et octobre.

Ten-X Campground (638-2443), situé dans la Kaibab National Forest, à 16 km au sud de Grand Canyon Village, à la sortie de la route 64. Emplacements ombragés à l'intérieur d'une pinède, avec eau et toilettes mais pas de raccordement. 10 $ la place, 5 $ pour les titulaires d'un Golden Age Passport. Des emplacements pour groupe (jusqu'à 100 personnes) sont disponibles sur réservation, sinon, c'est premier arrivé, premier servi. Ouvert entre mai et septembre.

RESTAURANTS

Bonne nouvelle, les fast-foods n'ont pas encore réussi à coloniser le Grand Canyon. **Babbit's General Store** (638-2262), près du *visitors center,* possède un snack-bar (sandwiches entre 2 et 3,50 $) et un supermarché dont les prix sont raisonnables. On peut y acheter de l'eau, des provisions et du matériel de randonnée. Ouvert tous les jours de 8h à 20h, et de 8h à 19h pour le snack-bar. La **Maswik Cafeteria**, à Maswik Lodge, propose une variété de plats grillés bon marché (entrées chaudes entre 5 et 7 $, sandwiches entre 2 et 3,50 $) dans le cadre chaleureux d'un intérieur tout en bois. Ouvert tous les jours de 6h à 22h. Le **Bright Angel Dining Room** (638-2631), dans Bright Angel Lodge, sert des sandwiches chauds (entre 5,50 et 7,50 $). Ouvert tous les jours de 6h30 à 22h. La buvette de cet hôtel offre aux randonneurs épuisés le réconfort de bonnes glaces, avec un choix de 16 parfums (une boule 1,60 $). Elle est ouverte tous les jours de 11h à 21h.

VISITES ET ACTIVITÉS

Lorsqu'on découvre le Canyon, on n'a généralement qu'une idée, c'est de descendre l'explorer de l'intérieur. L'entreprise est plus ardue qu'il n'y paraît. Bien souvent, ce qui n'est qu'une colline en pente douce au moment de la descente prend l'allure cauchemardesque d'une paroi à pic au retour. Par ailleurs, il faut se rappeler que plus on descend, plus il fait chaud. Les insolations sont fréquentes (en deuxième position après les chutes), et se manifestent par de violents maux de tête accompagnés d'une forte fièvre. Il est vraiment indispensable d'emporter au moins 2 litres d'eau par personne. *The Guide* fournit la liste des précautions élémentaires à prendre. Le tout est de ne pas surestimer ses capacités.

Les deux excursions les plus faciles pour descendre au fond du Canyon sont le **Bright Angel Trail**, au départ de la Bright Angel Lodge et le **South Kaibab Trail**, qui part de Yaki Point. Bright Angel Trail convient à tous types de randonneurs avec des aires de repos tous les 3 km environ. A 7 km en contrebas, le **Indian Gardens** permet de faire une pause méritée. Le lieu est ombragé et l'on trouve toilettes et tables de pique-nique. En général, il y a de l'eau en été dans les aires de repos. 3 km plus bas, vous arrivez à **Plateau Point**, qui offre une magnifique vue plongeante de 500 m sur la rivière. Indian Gardens et Plateau Point constituent d'excellents buts de randonnée à faire dans une journée. Tâchez de partir tôt le matin (dès 7h). Il faut compter entre 8 et 12 heures de marche aller-retour pour vous rendre à Plateau Point. Le sentier de randonnée South Kaibab Trail est plus rude, plus abrupt, sans terrain ombragé ni eau, mais on est récompensé de ses efforts par un superbe panorama sur le Canyon. Quel que soit le circuit choisi, n'oubliez pas que la remontée est bien plus pénible, et surtout deux fois plus longue, que la descente.

Si vous vous arrangez pour passer la nuit au fond du canyon, le plus intéressant est de prendre le **South Kaibab Trail** (4 à 5h de marche pour atteindre la vallée) et de revenir par le Bright Angel Trail le lendemain (7 à 8h de marche).

Si vous préférez rester sur les hauteurs, vous n'avez qu'à suivre le **Rim Trail,** soit vers l'est, jusqu'à Grandeur Point et au **Yavapai Geological Museum,** soit vers l'ouest, jusqu'au **Hermit's Trail,** en utilisant les navettes en circulation. Au crépuscule, le Eastern Rim Trail est envahi par les amateurs de couchers de soleil. Le poste d'observation situé au Yavapai Museum donne une belle vue d'ensemble du Canyon pendant la journée. Le Western Rim Trail passe aussi par de nombreux sites panoramiques : **Hopi Point,** également parfait pour les couchers de soleil et **Abyss,** pour sa vue plongeante sur le **Tonto Plateau,** 1 000 m plus bas. Les horaires des couchers (et des levers) de soleil sont donnés dans *The Guide.* En s'y rendant 45 mn avant, on profite des superbes couleurs qui teintent le ciel et le canyon. Les rangers du parc organisent de nombreuses réunions d'information et excursions gratuites, dont la liste est disponible au *visitors center.* Les réunions ont lieu au **Mather Amphitheater** à 20h30 (à 19h30 pendant l'hiver), situé derrière le *visitors center.*

■ LA RIVE NORD (NORTH RIM)

Pratique quand on vient de l'Utah ou du Nevada ou quand on cherche simplement à éviter la foule du South Rim, le North Rim est plus sauvage, plus frais et bien plus paisible tout en offrant des paysages aussi sensationnels. Malheureusement, parce qu'il est moins fréquenté, le North Rim est aussi mal desservi par les transports publics.

INFORMATIONS PRATIQUES

Office de tourisme : National Park Service Information Desk (638-2611) est situé dans le hall d'entrée du Grand Canyon Lodge. Ouvert tous les jours de 8h à 17h. Informe sur les sites panoramiques du North Rim et les randonnées praticables pour les **personnes en fauteuil roulant**.

Transports publics : Transcanyon, PO Box 348, Grand Canyon 86023 (638-2820). Des bus pour South Rim partent à 7h, arrivent à 11h30. Ils repartent à 13h30 pour arriver à North Rim à 18h30 (60 $, aller et retour 100 $). Mieux vaut réserver par téléphone. Ouvert de fin mai à fin octobre.

Services médicaux : North Rim Clinic (638-2611, ext. 222), situé dans la cabane n° 7 du Grand Canyon Lodge. Ouvert le mardi de 9h à midi et de 14h à 17h, le vendredi de 9h à midi et de 14h à 18h, du samedi au lundi de 9h à midi et de 15h à 18h.

Urgences : 911

Bureau de poste : (638-2611), au Grand Canyon Lodge. Ouvert du lundi au vendredi de 8h à 11h et de 11h30 à 16h, samedi de 8h à 14h. **Code postal :** 86023. **Indicatif téléphonique :** 520.

Le billet d'entrée pour le North Rim est aussi valable pour le South Rim pendant une semaine (10 $ par voiture, 4 $ pour ceux qui sont à pied, à vélo, en bus…). Depuis le South Rim prendre la route 64 vers l'est jusqu'à la US 89N qui mène à Alt. 89. A partir de là, suivre jusqu'au bout la route 67. Tout compris, le trajet fait 320 km et le paysage est superbe. A cause de la neige, la route 67 est fermée entre fin octobre et début mai. Pendant cette période, seul un chasse-neige est susceptible de vous emmener à North Rim, mais de toute façon la plupart des hôtels sont fermés durant cette période.

HÉBERGEMENTS, CAMPINGS ET RESTAURANTS

Comme le camping à l'intérieur du Grand Canyon National Park est restreint à quelques terrains officiels, seule une poignée de chanceux auront la possibilité de passer la nuit au North Rim. On peut réserver en passant par **MISTIX** (800-365-2267 ou 619-452-5956). Sinon il est conseillé de chercher une place avant 10h du matin. Si vous ne trouvez pas d'hébergement à l'intérieur même du parc, vous pouvez vous rabattre vers la **Kaibab National Forest**, qui s'étend du nord de Jacob Lake jusqu'à l'entrée du parc. On peut y camper gratuitement tant que l'on se trouve à plus de 1 km des campings aménagés et de la route. Les motels bon marché les plus proches se situent à une heure de route vers le nord, à **Kanab**, dans l'Utah et à **Fredonia**. Le prix d'une chambre d'hôtel à Kanab tourne autour de 40 $. Le **Canyonlands International Youth Hostel (AAIH/Rucksackers)** vous loge dans un dortoir pour 9 $ (voir Zion National Park, Campings et hébergements).

Grand Canyon Lodge (638-2611), au bord du canyon (sur le *rim*). L'accueil est ouvert 24h/24. Différents types de bungalows : simples et doubles 58 $, 4 personnes 80 $, 5 personnes 85 $. Les bungalows "western" et les chambres dans l'hôtel sont plus chers. On peut réserver en appelant au 801-586-7686 entre 8h et 19h, tous les jours. Entre fin octobre et mi-mai, entre 8h et 17h.

Jacob Lake Inn (643-7232), à Jacob Lake, situé à 50 km au nord de l'entrée du North Rim. Accueil ouvert entre 6h30 et 21h. Bungalows pour deux entre 65 et 70 $, pour trois entre 76 et 78 $, pour quatre entre 81 et 84 $, pour cinq 87 $ et pour six 92 $. Il y a des chambres, plus chères. Restaurant à prix raisonnable.

Jacob Lake RV Park (743-7804), terrain de camping à 600 m au sud du Jacob Lake Inn. 50 emplacements pour tentes à 10 $, 60 emplacements pour 2 personnes avec raccordement entre 20 et 22 $, plus 2 $ par personne supplémentaire. Ouvert de mai à mi-octobre.

North Rim Campground (MISTIX 800-365-2267), situé sur la route 67, près du bord du Canyon, dans une pinède. Le seul camping du parc. Pas de vue directe sur le canyon mais il n'est pas bien loin. Il y a un magasin d'alimentation tout proche, un service de blanchisserie et des douches. Séjour max. : une semaine. 82 emplacements à 10 $. Fermeture le 21 octobre.

DeMotte Park Campground, à 8 km au nord de l'entrée du parc dans la Kaibab National Forest. 25 emplacements dans la forêt, 10 $. Premier arrivé, premier servi. Pour plus de renseignements, appeler la Kaibab National Forest au 643-7298.

Pour se nourrir à North Rim il n'y a pas vraiment d'autre option que le **Grand Canyon Lodge** (638-2611). Le restaurant propose des repas à partir de 12 $ (il faut réserver) et des petits déjeuners à 4 $. Un sandwich à la cafétéria vous coûtera 2,50 $. (La salle à manger est ouverte de 6h30 à 10h30, de 11h30 à 14h30 et de 17h à 21h30.) En fait, si on le peut, il vaut mieux manger à Kanab ou s'arrêter au **Jacob Lake Inn** pour des snacks ou de grands milk-shakes (environ 5 $ pour un repas, ouvert tous les jours de 6h30 à 21h).

VISITES ET ACTIVITÉS

Une route goudronnée de 1 km part du Grand Canyon Lodge vers **Bright Angel Point**, d'où l'on a un point de vue imprenable sur tout le canyon. **Point Imperial**, situé à 18 km du Lodge, surplombe **Marble Canyon** et **The Painted Desert**. La brochure *The Guide* fournit une liste complète des différentes excursions possibles. Le **North Kaibab Trail** est le seul sentier du North Rim qui conduit à l'intérieur des gorges. Une navette part de la Grand Canyon Lodge et vous dépose au point de départ de la randonnée (tous les jours de 6h à 20h, 5 $). Pour passer une nuit dans le canyon, il faut retirer un permis au **Background Office** du bureau des rangers (ouvert tous les jours de 7h30 à midi) ou écrire au Background Office, PO Box 129, Grand Canyon 86023. Cela peut prendre quelques jours.

Outre les trekkings dans la nature, on peut aussi profiter des excursions et soirées organisées au North Rim Campground et au Grand Canyon Lodge. Les programmes sont disponibles soit au bureau d'information de l'hôtel, soit sur les panneaux d'information du camping. Des excursions d'une demi-journée à dos de mules (35 $) descendent dans le canyon au départ du Lodge (638-2292, tous les jours de 7h à

LE SUD-OUEST

20h). Vous pouvez aussi vous jeter à l'eau et consulter la brochure *Grand Canyon River Trip Operators,* qui recense une vingtaine d'organisateurs de descente en eau vive sur le Colorado.

Pendant les chaudes soirées d'été, la population du Grand Canyon Lodge est éclectique. On y rencontre des touristes du monde entier, des familles américaines et de rudes aventuriers. Les randonneurs assoiffés se désaltèrent au bar du **Tea Room** et profitent de son juke-box (ouvert de 11h à 22h). Les autres choisissent de respirer l'air chaud qui remonte du canyon en contemplant la pleine lune et en comptant les étoiles filantes…

■■■ RÉSERVES NAVAJO ET HOPI

En 1830, les responsables politiques américains décidèrent de créer une nation indienne dans l'Ouest. Au milieu du siècle, ces plans furent balayés par une colonisation galopante. Les réserves indiennes résultent des tentatives improvisées par le gouvernement pour empêcher les combats entre Amérindiens et Blancs tout en favorisant l'établissement de ces derniers. Initialement conçu pour "détribaliser" les Amérindiens et préparer leur insertion dans la société anglo-américaine, le système des réserves les a en fait mis sous tutelle pendant plus d'un siècle, jusqu'à ce qu'une série de décisions, prises par la Cour suprême à partir des années 60, rétablissent le statut des tribus en tant que nations semi-souveraines.

La plus grande réserve d'Amérique, la **Navajo Nation**, couvre plus de 8 millions d'hectares à cheval sur le nord-est de l'Arizona, le sud de l'Utah, et le nord-ouest du Nouveau-Mexique. La **Réserve Hopi**, plus petite, abrite 6 000 Hopi ("les hommes pacifiques"). Les ruines attestent de la domination des Anasazi, les Indiens qui habitèrent cette région jusqu'au XIIIe siècle. Plus de 140 000 Navajo ou Dineh ("le peuple") vivent dans la réserve, ce qui représente un dixième de toute la population amérindienne des USA. La nation navajo possède ses propres lois et sa propre police. *La consommation et la possession d'alcool ne sont pas autorisées* dans les réserves. Lorsque vous visitez une réserve, il est essentiel de respecter la vie privée des gens qui y vivent. Demandez toujours l'autorisation avant de prendre des photos. Une donation est souvent demandée. Chez les Hopi, les photographies "souvenir" sont interdites. L'actualité indienne est traitée dans les journaux locaux, *le Navajo-Hopi Observer* et le *Navajo Times* ainsi que dans les pages régionales des quotidiens de Denver, Albuquerque et Phoenix. Pour vous familiariser avec le langage Dineh et les chansons traditionnelles amérindiennes, vous pouvez allumer votre radio sur la station de Window Rock, "The Voice of Navajo", sur 660AM. N'oubliez pas d'avancer votre montre d'une heure pendant l'été car la Nation Navajo fonctionne sur le fuseau **Mountain Day Light** tandis que le reste de l'Arizona demeure à l'heure des Rocheuses.

Monument Valley, le **Canyon de Chelly**, le **Navajo National Monument**, le **Rainbow Bridge** et toutes les routes qui y accèdent se trouvent sur le territoire Navajo. Quitter les routes d'accès sans être accompagné d'un guide est considéré comme une intrusion. Pensez à faire le plein d'essence avant de vous rendre dans la réserve car les stations-service sont rares et éloignées les unes des autres. La brochure *Discover Navajoland*, disponible à l'office de tourisme **Navajoland Tourism Department**, PO Box 663, Window Kock 86515 (520-871-6436, ouvert du lundi au vendredi de 8h à 17h) contient la liste complète des lieux d'hébergement, des randonnées à cheval ou en jeep ainsi que des informations touristiques générales. Le *Visitor's Guide to the Navajo Nation* fournit une carte détaillée de la région (3 \$).

Les villes limitrophes de **Gallup** (au Nouveau-Mexique) et de **Flagstaff** sont des points de départ pratiques pour les réserves car on y trouve des agences de location de voitures, et un service de bus Greyhound qui circule fréquemment sur la I-40.

La ville de **Window Rock**, qui doit son nom à des formations géologiques, est le siège du gouvernement tribal. Les possibilités d'hébergement sont restreintes et coûteuses, mais la présence de sites Navajo en fait un lieu de visite agréable pour une journée. Le **Navajo Tribal Museum** (520-871-6673), sur la route 264, propose quelques petites expositions culturelles (ouvert du lundi au vendredi de 8h à 17h, gratuit). Le **Navajo Council Tribal Chambers** (520-871-6417) propose des visites gratuites de la salle de réunion du Corps exécutif (ouvert du lundi au vendredi de 8h à midi et de 13h à 15h). Le **Navajo Nation Zoo and Botanical Park**, (520-871-6573), sur la Hwy. 264, à 1 km à l'est de la route 12, donne un aperçu de la faune et de la flore typiques dans les réserves (ouvert tous les jours de 8h à 17h, gratuit). Plus vieux comptoir des Etats-Unis, le **Hubbel Trading Post** (520-733-3475), à 50 km à l'ouest de Window Rock, sur la route 264, a conservé son activité commerciale depuis 1876 et abrite maintenant un musée (ouvert tous les jours de 8h à 18h).

Pour obtenir des renseignements sur les Hopi, contactez le **Hopi Cultural Preservation Office**, PO Box 123, Kykotsmovi 86039 (520-734-2244) ou le **Hopi Cultural Center**, PO Box 67, Second Mesa 86043 (734-2401), situé sur la route 264 à **Second Mesa**. Ce centre comporte un musée de poteries, de photographies et d'artisanat local ainsi qu'un magasin de souvenirs, un motel et un restaurant (voir ci-dessous).

Le calendrier des danses Hopi, les **Hopi Village Dances**, est disponible au centre culturel ou à la chambre de commerce de Flagstaff. Annoncées seulement quelques jours à l'avance, ces cérémonies religieuses commencent dès l'aube pour prendre fin au crépuscule. Seules certaines d'entre elles sont ouvertes aux visiteurs. Ces danses sont des cérémonies authentiques et très formelles. Il faut donc respecter quelques règles de décence et ne pas porter de shorts ou autres vêtements trop décontractés. Les photographies, vidéos ou enregistrements de toutes sortes sont formellement interdits.

Les hôtels du coin sont généralement très chers. L'**hôtel** du centre culturel Hopi (734-2401) reste abordable (chambres simples 55 $, doubles 60 $). Il faut réserver entre deux semaines et un mois à l'avance. Le **restaurant** aussi est raisonnable (ouvert tous les jours de 7h à 21h). Si rouler beaucoup ne vous effraie pas, vous pouvez fort bien faire l'aller-retour dans la journée depuis Flagstaff ou Gallup.

■ CANYON DE CHELLY

Comparé au Grand Canyon, le Canyon de Chelly (prononcez "canyon de Shay") compense en beauté ce qu'il perd en taille. Des falaises de calcaire hautes de 10 à 300 m, cernent la fertile et bien nommée **Beautiful Valley**, creusée par la rivière Chelly. Les ruines encastrées dans les falaises témoignent de l'état de développement avancé de la civilisation Anasazi au XIIᵉ siècle.

Canyon Chelly National Monument se trouve sur les terres appartenant à la Nation Navajo et administrées par le National Park Service. Le Service du Parc propose des visites guidées trois fois par jour pendant l'été (durée : de 3 à 4h, 10 $). Vous pouvez aussi louer les services d'un guide navajo (durée mini. 3h, 10 $ par heure). Dans les deux cas, il est possible de réserver auprès du *visitors center* (adresse plus loin). Pour **conduire** dans le canyon avec un guide, il faut disposer de son propre 4x4 et avoir retiré un permis, gratuit, auprès du *visitors center*. **Justin's Horse Rental** (674-5678), sur la South Rim Dr., à l'entrée du canyon, organise des randonnées à cheval. Ouvert tous les jours de 9h au coucher du soleil, location des chevaux 8 $ par heure, présence d'un guide 8 $ par heure.

Le circuit de 1,6 km jusqu'aux superbes ruines de **White House**, à 11 km du *visitors center* à la sortie de la South Canyon Rd., est *la seule randonnée menant au fond du canyon que l'on peut faire sans guide*. Mais quelle balade ! Le sentier descend le flanc d'une montagne sur 120 m, longe une ferme navajo et un *hogan* traditionnel (maison navajo au toit arrondi faite de rondins et d'argile séchée), puis passe au milieu d'un verger, traverse un cours d'eau, avant d'arriver aux ruines. Au printemps, on peut se promener dans la rivière du canyon et profiter de la fraîcheur x (l'eau monte seulement jusqu'aux chevilles). On peut aussi rester sur les ... en suivant la route goudronnée, **Rim Drives** (d'une longueur de 71 km ... North Rim et de 58 km pour le South Rim), qui longe les falaises. La route de la rive sud est la plus impressionnante. **Spider Rock Overlook**, à 26 km du *visitors center*, est un étroit monolithe de calcaire qui domine de plusieurs dizaines de mètres le fond du canyon. Les Amérindiens racontent que la roche blanche au sommet de Spider Rock contient les os blanchis des victimes de l'Esprit *Kachina, Spider Woman* (ou femme araignée. Les *Kachina* sont les esprits ancestraux pour les Indiens Zuñi et Hopi, symbolisés lors des cérémonies par des masques ou des statuettes. On pourra lire à ce sujet l'excellent roman de Tony Hillerman *Là où dansent les morts*, aux éditions Rivages). Des brochures sur la White House Ruin et Rim Drives sont disponibles au *visitors center* (50 ¢).

Au début du XIXe siècle, le Canyon de Chelly a été le siège de plusieurs affrontements entre les Indiens et les Blancs. En 1805, des dizaines de femmes et d'enfants indiens ont été massacrés par les Espagnols dans ce qu'on appelle maintenant la **Massacre Cave**. Dans les années 1860, Kit Carson avait chassé hors du canyon les Navajos mais ces derniers ont finalement récupéré leurs terres. Ils habitent à nouveau aux abords du Canyon dans leurs traditionnels *hogan*.

Pour vous rendre au parc, empruntez la US 191. L'accès au canyon de Chelly est gratuit. Le **visitors center** (674-5500) est situé à 3 km à l'est de **Chinle** sur la route Navajo 64 (ouvert tous les jours de 8h à 18h, entre octobre et avril, de 8h à 17h). Chinle, située près de la US 191, est l'une des plus grandes villes de la réserve. On y trouve des restaurants et des stations-service, mais il n'y a ni banques ni guichets automatiques. Le parc n'est pas desservi par les transports publics. En **cas d'urgence**, on peut contacter les rangers du parc au 674-5523, la police navajo au 674-5291 ou une ambulance au 674-5464.

Le camping du parc, situé à 1 km du *visitors center*, **Cottonwood Campground**, est gratuit. Ce vaste terrain agréablement boisé, peut devenir bruyant à la tombée de la nuit, quand les bandes de chiens sauvages se mettent à rôder aux abords du camp. On ne peut pas réserver. Il y a des toilettes, des tables de pique-nique et de l'eau (excepté en hiver). Longueur max. autorisée pour les camping-cars : 10,50 m, séjour max. autorisé : 5 jours. Les emplacements pour groupe de 15 à 25 personnes peuvent être réservés 3 mois à l'avance pour un séjour max. de 3 jours en appelant au 674-5500. Il n'y a pas d'hôtels bon marché dans le territoire navajo. **Farmington** (au Nouveau-Mexique) et **Cortez** (dans le Colorado) sont les grandes villes les plus proches où l'on peut se loger pour pas cher.

■ MONUMENT VALLEY ET NAVAJO MONUMENT

Monument Valley Navajo Tribal Park Vous avez probablement déjà vu les fameuses tours ocres de Monument Valley dans l'un des nombreux westerns qui ont été filmés là-bas. Quelques années avant que John Wayne ne cavalcade dans la vallée, les Indiens Anasazi avaient investi la région et tentaient de subsister sous ce climat chaud et aride. Aujourd'hui, Monument Valley est l'un des plus beaux sites naturels de l'Arizona. A ne surtout pas manquer. On peut le visiter en voiture. Le circuit du parc (28 km de long), le **Valley Drive,** serpente entre les blocs rocheux les plus impressionnants, dont la fameuse paire de **Mittens** et le splendide **Totem Pole**. La route est en mauvais état : les nids de poules, cailloux et crevasses risquent d'endommager votre voiture. Conduisez prudemment. En fait, l'essentiel de la vallée n'est accessible qu'avec un 4x4 ou à pied. En hiver, la neige recouvre les tours rocheuses et le tourisme s'éteint. Il vaut mieux se renseigner au préalable sur le temps et l'état des routes en contactant la chambre de commerce de Flagstaff au 800-842-7293.

L'entrée du parc, à 38 km au nord de la ville **Kayenta**, est situé sur la US 163, à l'intersection avec la US 160. Le **visitors center** (801-727-3287), que vous trouverez au bout de la route 564, à la frontière de l'Utah, à 15 km à l'ouest de la US 160, possède un magasin de souvenirs et présente des expositions de poteries et d'artisanat local. Le parc et le *visitors center* sont ouverts tous les jours de 7h à 20h, entre octobre et avril de 8h à 17h. Entrée 2,50 $, pour les personnes âgées 1 $, gratuit pour les moins de 7 ans.

Le terrain de camping **Mitten View Campground**, situé à 600 m au sud-ouest du *visitors center*, propose 99 emplacements (10 $) comprenant des douches et des toilettes. Premier arrivé, premier servi. Les groupes de plus de 11 personnes peuvent réserver. Le Navajo National Monument offre davantage de campings (voir plus loin). On peut aussi se loger dans la petite ville de **Mexican Hat**, dans l'Utah.

Navajo National Monument Il abrite quelques-unes des ruines les mieux préservées du Sud-Ouest américain. Le parc est situé à la sortie de la US 160 à 32 km au sud de Kayenta. Depuis l'entrée du parc, la route 564 vous mène directement au Navajo National Monument, 15 km plus loin. Ce site contient trois villages troglodytes anasazi, mais l'un d'entre eux, **Inscription House**, est fermé aux touristes. Les deux autres, Keet Seel et Betatakin, autorisent seulement un nombre limité de visiteurs. Pour atteindre l'impressionnant site de **Keet Seel** (ouvert de fin mai jusqu'à début septembre), il faut parcourir les 27 km (aller-retour) d'un circuit de randonnée plutôt fatigant. L'autre possibilité est de faire la route à cheval depuis le *visitors center* (55 $). Un camping gratuit près de Keet Seel permet aux randonneurs d'y passer la nuit mais il n'y a ni douche ni eau potable. Pour visiter Keet Seel, il faut se procurer un permis qui doit être réservé en appelant le **visitors center** au 672-2366 jusqu'à 2 mois avant la date de la visite. Les visites sont limitées à 20 personnes par jour (ouvert tous les jours de 8h à 18h, hors saison de 8h à 16h30). Les visites guidées de **Betatakin** sont limitées à 25 personnes. En été il y en a deux par jour et en mai, une seule. Cette visite représente une belle randonnée de 8 km (environ 5 à 6 heures pour de bons marcheurs). On ne peut pas réserver, il faut donc se présenter tôt le matin. Si l'excursion vers les ruines ne vous tente pas, un circuit de 1,5 km aller-retour sur une route goudronnée, **Sandal Trail**, vous emmène au sommet du canyon qui surplombe Betatakin. Le sentier **Aspen Forest Trail**, une autre excursion de 1,5 km, surplombe les canyons et la forêt de trembles, mais n'offre pas de point de vue sur les ruines. Pour plus d'informations, on peut écrire au Navajo National Monument, HC 71 Box 3, Tonalea 86044. Le camping gratuit près du *visitors center* compte 30 emplacements. S'il est complet, il y en a un autre à proximité sans eau courante. Les groupes de 11 à 30 personnes peuvent réserver leur place auprès du *visitors center*. Pour les autres, c'est encore une fois premier arrivé, premier servi.

■■■ LAKE POWELL, PAGE ET RAINBOW BRIDGE

En 1953, le Président Dwight Eisenhower s'exclama non sans humour "Dammit" (jeu de mots entre "*Damn it*", "Bon sang !", et "*to dam*", "construire un barrage")… et ce fut fait. Dix ans et dix millions de tonnes de béton plus tard, Glen Canyon Dam, le deuxième plus grand barrage du pays, était construit. Ne pouvant plus suivre son cours, le fleuve Colorado déborda dans un canyon de l'Arizona du Nord et du sud de l'Utah, et forma le **Lac Powell**. Baptisé d'après John Wesley Powell, vétéran de la guerre de Sécession, qui dirigea une mission exploratoire sur le Colorado, ce lac offre 3 155 km de rives consacrées à la détente et aux loisirs. La ville de Page, située à la pointe sud-ouest du Lac Powell, à l'intersection de la US 89 et de la route 98, sert d'étape pour la visite du Lac Powell. Pour s'y rendre depuis l'Utah, prendre la US 89 sud et est, traverser Big Water et pénétrer dans l'Arizona. Depuis Flagstaff, suivre l'US 89 au nord.

Informations pratiques Les visiteurs peuvent explorer par eux-mêmes les entrailles du barrage Glen Canyon Dam ou se joindre aux tours organisés au **Carl Haydn Visitors Center** (645-8200), qui est situé sur la US 89 N et jouxte le barrage à 1,5 km au nord de Page. Ouvert tous les jours de 7h à 19h, hors saison de 8h à 17h. Les visites guidées du barrage sont gratuites, départ toutes les heures, à la demie, entre 8h30 et 17h30 (hors saison de 8h30 à 15h30). A **Page** on peut s'adresser à la **chambre de commerce**, 106 S. Lake Powell Blvd (645-2741, ouvert du lundi au vendredi de 8h à 21h, samedi-dimanche de 8h à 19h, entre décembre et février du lundi au vendredi de 9h à 17h). La compagnie aérienne **Skywest** (645-4200) relie Page à Phoenix, Las Vegas, St. George et à Salt Lake City. La navette **Wahweep Marina** (645-2333) circule gratuitement entre l'aéroport et la ville avec un départ toutes les heures.

Budget Rent-A-Car (645-3977), situé dans l'aéroport, loue des voitures pour 39 $ par jour (les 100 premiers miles gratuits, puis 30 ¢ par mile) ou pour 191 $ par semaine (700 premiers miles gratuits, puis 30 ¢ par mile). Les moins de 25 ans payent une surcharge de 5 $ par jour et doivent posséder une carte de crédit.

Urgences : 911. **Indicatif téléphonique** de Page et du Lac Powell : 520.

Hébergements, campings et restaurants Le Wahweep Camp-ground, 100 Lake Shore Dr. (645-2433 ou 800-528-6154), juste à côté du très onéreux **Wahweep Lodge**, propose 200 emplacements de camping sans réservation possible (8,50 $, emplacements de groupes 2 $ par personne pour un minimum de 9). Non loin, le **Wahweep RV Park**, accueille camping-cars et autres caravanes (emplacements avec raccordement complet 25 $, supplément de 2,30 $ pour l'air conditionné ou un radiateur et 2,50 $ par personne supplémentaire). A Page, le **Lake Powell International Hostel (AAIH/Rucksackers)**, 141 8th Ave. (645-3898), assure des navettes gratuites avec le Lake Powell, offre thé, café, draps et couvertures, et dispose d'une cuisine, d'un barbecue, de la télé, d'un terrain de volley et d'une aire de pique-nique. Salle de bains dans chaque lotissement. Pour 15 $, la navette de l'hôtel vous emmène à Flagstaff. Vous pouvez aussi demander à Jeff, le patron, de vous organiser des excursions. Il n'y a pas de couvre-feu (lits de camp entre 12 et 15 $, chambre double 30 $, triple 40 $). Dirigée par la même équipe, la **Pension Hat Lake Powell**, juste à côté, propose des suites plus confor-tables pour 4 à 6 personnes avec 3 chambres, une salle de bains, un salon avec TV câblée et l'accès à la cuisine, le tout pour 50 à 70 $. Si l'hôtel est complet, vous pouvez essayer **Uncle Bill's** (645-1224), un block plus bas, sur la 8th Ave., qui possède des chambres agréables avec cuisines attenantes et un charmant petit patio à l'arrière (chambre simple 33 $, double 40 $, appartement pour quatre 64 $). Autre option, **Bashful's Bob's Motel**, 750 S. Navajo Dr. (645-3919), où la plupart des chambres sont équipées d'une cuisine et du câble (chambres doubles 43 $, triples 49 $).

Pour déguster une énorme pizza *calzone*, rendez-vous à **Stromboli's Restau-rant and Pizzeria**, 711 N. Navajo Dr. (645-2605). Ouvert du dimanche au jeudi de 11h à 22h, vendredi et samedi de 11h à minuit. La **Salsa Brava** (645-9058), sur Elm St., en face de Plage Plaza, sert d'excellentes *margarita*. Ouvert du lundi au mercredi de 11h à 22h, du jeudi au dimanche, de11h à 23h.

Visites et activités Les rives du Lac Powell sont peu sablonneuses, avec des plages étroites qui disparaissent quand l'eau monte. Le lac est un lieu de villégia-ture très prisé des Américains. Louez un bateau pour explorer ses magnifiques canyons. La **Wahweep Marina** sert de base de loisirs pour la natation, la navigation (location de barques à moteur pour 6 personnes 63 $ la journée) ou des excursions guidées sur le lac (de 9 à 72 $). Quelques compagnies organisent des circuits en jeep vers les canyons voisins, notamment le **Antelope Canyon**. Des brochures d'information sont disponibles à la chambre de commerce. Site sacré pour les Navajo, le **Rainbow Bridge National Monument** tire son nom d'un terme navajo, *Nonnezoshi,* qui signifie "arc-en-ciel pétrifié". Rainbow Bridge, le plus grand pont naturel en pierre au monde, peut être atteint soit à pied grâce à un chemin de randonnée, soit en bateau depuis le Lac Powell. **Ara Leisure Services** (800-528-6154) organise des excursions en bateau (65 $ pour la journée, pour les moins de 12 ans 35 $, pour la demi-journée 52 et 28 $ respectivement). Il vaut mieux réserver longtemps à l'avance.

■■■ SUNSET CRATER, WUPATKI ET WALNUT CANYON

Sunset Crater Volcano National Monument Le cratère volcanique du Sunset Crater Volcano National Monument (602-556-7042), à 19 km au nord de Flagstaff, sur la US 89, a vu le jour en 1065, lorsque de la roche en fusion a jailli d'une fissure pour ensuite se solidifier. Deux siècles d'éruptions périodiques ont créé un cône de scories de plus de 300 m de haut. Un sentier balisé, débutant à 2,5 km du *visitors center,* le **Lava Flow Nature Trail**, parcourt sur 1,6 km un paysage surnaturel, jonché d'arbres aux troncs noueux qui gisent sur le sol noir et désolé. La visite du cône est parfois annulée en raison de ses éruptions intempestives. Le **visitors center** est ouvert tous les jours de 8h à 17h, l'entrée est de 4 $ par voiture ou de 2 $ par personne et comprend la visite du Wupatki National Monument. Le **Bonito Campground**, à l'intérieur de la Coconino National Forest, permet de camper près du site (voir plus loin).

Wupatki National Monument A 29 km au nord-est du Sunset Crater, le Wupatki National Monument abrite l'une des plus belles ruines pueblos, de tout le Sud-Ouest. Elle est située sur une route panoramique qui s'ouvre sur le Painted Desert et le Grand Canyon. Au XIe siècle, le peuple sinagua, délogé de ses terres par l'éruption du Sunset Crater, vint s'installer dans cette région. Mais en moins de deux cents ans, épidémies et sécheresse les forcèrent à abandonner leurs habitations de pierres, perchées sur les flancs des *arroyos* en face des San Francisco Peaks. Cinq de ces pueblos désertés se trouvent sur les 23 km de route qui mènent de la US 89 au *visitors center.* Une autre ruine se trouve sur la US 89 à 50 km au nord de Flagstaff. La ruine la plus importante et la plus accessible, **Wupatki Ruin**, située sur un circuit de 600 m qui part du *visitors center*, se dresse sur trois étages. Le **Wupatki Ruin Visitors Center**, ouvert tous les jours de 8h à 17h (556-7040), fournit informations et brochure sur les randonnées (50¢ la brochure mais on peut aussi l'emprunter) et délivre des permis pour les balades en pleine nature, les **Back-country Hiking Permits.** Le monument est ouvert tous les jours de l'aube au crépuscule. Son droit d'entrée est inclus dans celui du Sunset Crater. Le **Bonito Campground** est le camping le plus proche de Wupatki (voir plus loin).

Walnut Canyon National Monument A 13 km à l'est de Flagstaff, à la sortie de la I-40, le Walnut Canyon National Monument (602-526-3367) abrite des ruines de maisons troglodytes sinagua. Datant du XIIIe siècle, elles comportent plus de cent pièces, aménagées au fond d'un canyon de 120 m de profondeur. Le site est ouvert tous les jours de 7h à 18h, entre le Labor Day (1er lundi de septembre) et le Memorial Day (dernier lundi de mai) de 8h à 17h. D'un poste d'observation vitré à l'intérieur du **visitors center**, on peut dominer l'ensemble du canyon et admirer l'incroyable diversité de la flore qui s'épanouit sur ses parois stratifiées. Depuis le *visitors center*, le chemin de randonnée escarpé **Island Trail** serpente entre les maisons troglodytes encastrées dans les falaises. Des panneaux répartis sur les 1,6 km de cette randonnée décrivent le mode de vie des Sinagua, par exemple les plantes qu'ils utilisaient pour se nourrir, se soigner ou teindre leurs vêtements. Chaque samedi matin, une randonnée de 3 km, conduite par les rangers, part du *visitors center* et s'enfonce dans le canyon vers plusieurs maisons troglodytes éloignées. De bonnes chaussures de marche ainsi qu'un pantalon long sont nécessaires pour effectuer cette randonnée de 2h30 (gratuit, il faut se renseigner au préalable car les heures de départ changent souvent). L'entrée du Monument est de 4 $ par voiture ou de 2 $ par personne.

■■■ PETRIFIED FOREST ET METEOR CRATER

Immense et austère, le **Petrified Forest National Park** couvre plus de 30 000 hectares. Ce désert est remarquable pour ses troncs pétrifiés vieux de 225 millions d'années. Autre attraction : un superbe point de vue sur le **Painted Desert**, qui tire son nom des surprenantes couleurs de ses formations rocheuses, incrustées de quartz et d'améthystes.

La route du parc serpente entre les troncs et passe par **Newspaper Rock**, un rocher couvert de peintures rupestres indiennes. A **Blue Mesa**, un chemin de randonnée s'aventure dans le désert. Les randonnées **Long Logs Crystal** et **Jasper Forest** permettent d'approcher quelques-unes des plus belles pièces de bois pétrifiés du parc. S'approprier un morceau de bois est illégal. Pire, c'est censé porter malheur. Si la police ne vous arrête pas, les esprits malveillants se chargeront de vous… Ceux qui tiennent vraiment à rapporter un échantillon peuvent toujours en acheter au magasin situé le long de la I-40.

On peut entrer dans le parc par les portes nord ou sud. Ouvert tous les jours de 7h à 19h, 5 $ pour les véhicules et 3 $ pour les piétons. Une route de 44 km relie les deux entrées. Pour entrer par la *North Forest Section* du parc, il faut quitter la I-40 à Holbrook et suivre la US 180 à l'ouest jusqu'à **Rainbow Forest Museum** (524-6228). Ce musée vous permet d'admirer de près quelques arbres pétrifiés et sert aussi de *visitors center* (ouvert tous les jours de 8h à 19h, hors saison de 8h à 17h, gratuit). Il n'y aucun camping officiel dans le parc mais le **camping sauvage** est autorisé dans certains endroits, avec un permis que l'on retire au *visitors center*.

Pour entrer dans la zone du Painted Desert, prendre la I-40 jusqu'à la sortie 311 (172 km à l'est de Flagstaff). Le **Painted Desert Visitors Center** (524-6228-ext.236) est à moins de 8 km de la sortie. Ouvert tous les jours en été de 7h à 19h (hors saison de 8h à 17h).

Le parc n'est pas desservi par les transports en commun. **Navajo-Hopi Bus Lines**, **Gray Line Tours** et **Blue Goose Backpacker Tours** proposent leurs services au départ de Flagstaff (voir Flagstaff, Informations pratiques). Il est possible de se loger à **Holbrook** mais les tarifs sont élevés. Le plus économique est de retourner à Flagstaff.

Meteor Crater (774-8350) est situé à 56 km à l'est de Flagstaff en quittant la I-40 à la sortie Meteor Crater Rd. C'est une étape à ne pas rater sur la route entre Flagstaff et la forêt Pétrifiée. Considéré à l'origine comme un cône volcanique, il est maintenant admis que cet immense cratère résulte du crash d'un météore géant il y a quelque 50 000 ans. Les touristes ne peuvent pas descendre à l'intérieur du cratère mais simplement se pencher au-dessus des barrières qui en interdisent l'accès. Ouvert tous les jours de 6h à 18h, en hiver de 8h à 17h. Entrée : 7 $, pour les personnes âgées 6 $, pour les jeunes de 6 à 17 ans 2 $. Ce site servait à l'entraînement des astronautes des missions Apollo dans les années 60. Un musée dans le bâtiment près de l'entrée est consacré au programme spatial américain ainsi qu'à l'astronomie et à la minéralogie (droit d'entrée inclus dans celui du cratère).

■■■ FLAGSTAFF

La naissance de Flagstaff doit beaucoup à l'imagination d'un homme. Après trois années passées auprès des Navajos et des Apaches du sud de l'Arizona, dans les années 1860, Samuel Cozzens retourna en Nouvelle-Angleterre et rédigea *The Marvellous Country*. Dans cet ouvrage, il brossa un tableau idyllique de la région *nord* du pays, décrite comme fertile, dotée d'un climat tempéré, en un mot idéale pour accueillir des colons. Seul problème : il n'y avait jamais mis les pieds ! A la suite de quoi, les colons qui débarquèrent de Boston dans la région cherchèrent en vain les terres cultivables et les mines d'or évoquées dans le livre. Déçus, la plupart quittèrent aussitôt les lieux. L'un de ces groupe de colons, sur le point de repartir, planta dans le sol un mât en pin, à l'intention des voyageurs en route vers l'Ouest. Flagstaff était née. Pendant la décennie suivante, Flagstaff, qui n'était qu'une simple étape sur la voie ferrée transcontinentale, devint une ville à part entière. Des convois circulent toujours sur la voie ferrée qui coupe son centre. On y trouve aujourd'hui les étudiants de l'Université du Nord Arizona (NAU), des cow-boys à la retraite et des conducteurs de Volvo. La ville fournit un point de départ idéal pour les touristes en route vers le Grand Canyon.

INFORMATIONS PRATIQUES

Office de tourisme : Flagstaff Visitors Center, 1, E. Rte. 66 (774-9541 ou 800-842-7293) à l'intérieur de la gare Amtrak. Le téléphone est gratuit. Ouvert du lundi au samedi de 8h à 19h, dimanche de 8h à 17h, entre le 16 octobre et le 15 mars, du lundi au samedi de 8h à 18h, dimanche de 8h à 17h.

Visites guidées : Blue Goose Backpacker Tours and Travels (774-6731 en Arizona ou 800-332-1944). Dirigé par le Grand Canyon International Hostel, 19 S. San Francisco St. (voir Hébergements). Organise des visites d'une journée vers le Grand Canyon (36 $), Sedona et Oak Creek (15 $), Page et Lac Powell (25 $). Seulement en été, à partir de mai ou juin. Appeler pour plus de renseignements.

Trains : Amtrak, 1, E. Rte. 66 (774-8679 ou 800-872-7245). A destination de : Los Angeles (une liaison quotidienne, durée 11h, 87 $), Albuquerque (une liaison quotidienne, durée 6h, 82 $). Des navettes circulent tous les jours vers le Grand Canyon (12 $). Ouvert tous les jours de 6h15 à 22h30. Vente de billets fermée aux environs de 18h30-19h30.

Bus : Greyhound, 399 S. Malpais Ln. (774-4573 ou 800-231-2222), en face du campus de l'Université, à 5 blocks au sud-ouest de la gare ferroviaire sur la US 89A. Dessert : Phoenix (4 liaisons quotidiennes, durée 3h, 20 $), Albuquerque (3 liaisons quotidiennes, durée 7h, 47 $), Los Angeles (4 liaisons par jour, durée 10 à 12h, 59 $), Las Vegas (3 liaisons par jour via Kingman, durée un peu plus de 6h, 43 $). Terminal ouvert 24h/24. **Gray Line/Nava-Hopi**, 144 W. Rte. 66 (774-5003 ou 800-892-8687). Les bus partent et arrivent aussi bien depuis la gare Amtrak que depuis le terminal Nava-Hopi. Faire attention la nuit car les rues ne sont pas très sûres dans le coin. Service de navettes pour : le Grand Canyon (2 fois par jour, 24 $ aller-retour), Phoenix (3 fois par jour, 43 $ aller-retour).

Transports publics : Pine Country Transit, 970 W. Rte. 66 (779-6624). Les bus circulent pratiquement dans toute la ville mais ne passent qu'une fois par heure. Le plan du réseau et les horaires sont disponibles au *visitors center*. Tarif : 75 ¢. **Flagstaff Trolley** (774-5003) fait le tour des hôtels et propose un circuit touristique et historique (tous les jours de 8h45 à 17h). Ticket journalier 4 $.

Taxis : Flagstaff Taxicab, 526-4123, fonctionne 24h/24. De l'aéroport au centre-ville, la course est d'environ 12 $.

Location de voitures : Budget-Rent-a-Car, 100 N. Humphreys St. (774-2763), proche du quartier des hôtels. Garantit les meilleurs tarifs. Voitures à partir de 33 $ par jour avec 100 miles gratuits (25 ¢ par mile supplémentaire), ou forfait de 145 $ par semaine avec 1 050 miles gratuits. Assurance : 12 $ par jour. Il faut avoir 21 ans et posséder une carte de crédit ou alors laisser une caution d'au moins 200 $. Pour les moins de 25 ans, un supplément de 5 $ par jour est demandé. Ouvert tous les jours de 7h à 21h. Demander Tom pour profiter du tarif préférentiel *Let's Go*.

Location de vélos : Cosmic Cycles, 113 S. San Francisco St. (779-1092), dans le centre-ville. VTT, 14 $ pour la demi-journée, 20 $ pour la journée, 35 $ pour le week-end, 75 $ pour la semaine. VTT avec suspension avant, 25 $ par jour. Ouvert du lundi au samedi de 9h à 18h, dimanche 11h à 16h.

Location de matériel de camping : Peace surplus, 14 W. Rte. 66 (779-4521), à un block du Grand Canyon Hostel. Location à la journée de tentes (5 à 8 $, 100 $ de caution), sac à dos (5 $, 50 $ de caution), réchaud (3 $, 3 $ de caution), ainsi que de nombreux équipements bon marché. Location pour une durée mini. de trois jours. Carte de crédit ou argent liquide demandés pour la caution. Ouvert du lundi au vendredi de 8h à 21h, samedi de 8h à 20h, dimanche de 8h à 18h.

Urgences : 911.

Bureau de poste : 2400 N. Postal Blvd. (527-2440) pour la poste restante. Ouvert du lundi au vendredi de 9h à 17h, samedi de 9h à midi. **Code postal :** 86004. **Indicatif téléphonique :** 520.

Flagstaff se situe à 222 km au nord de Phoenix par la I-17, à 42 km de Sedona par la US 89A, à 130 km au sud du Grand Canyon South Rim par la US 180. Le centre-ville se trouve au niveau de l'intersection entre **Beaver St.** et la **route 66** (initialement Santa Fe Ave.). Les deux gares routières, les quatre auberges de jeunesse, la Chamber of commerce et un grand nombre de restaurants bon marché se trouvent dans un rayon de 1 km autour de ce carrefour. D'autres commerces se trouvent le long de **S. San Francisco St.**, à 2 blocks à l'est de Beaver St. Ville de montagne, Flagstaff est relativement tempérée et il y pleut fréquemment en fin d'après-midi.

HÉBERGEMENTS ET CAMPINGS

Les colonies de touristes qui débarquent à Flagstaff l'été font littéralement exploser les prix. Les motels bon marché se trouvent le long de la fameuse route 66. Le guide *Flagstaff Accomodations Guide*, disponible au *visitors center*, fournit la liste de tous les hôtels, motels, auberges de jeunesse et Bed and Breakfast (en indiquant les tarifs). Si vous logez à Flagstaff pour visiter le Grand Canyon, vérifiez auprès de la réception si certains touristes n'ont pas laissé derrière eux leur billet d'entrée encore valable.

Grand Canyon International Youth Hostel, 19 S. San Francisco St. (779-9421), un motel des années 30, dans le centre-ville juste en dessous de la gare ferroviaire. Ensoleillé et propre. Thé, café, petits déjeuners, parking et draps sont gratuits. Cuisine, service de blanchisserie et salon avec TV câblée. On vient vous chercher gratuitement à la gare Amtrak ou Greyhound. Point de départ des navettes de Blues Goose Tours qui desservent le Grand Canyon, Sedona et Page (voir Informations pratiques). Accueil ouvert de 6h30 à 2h. Dortoir 12 $, chambre double 30 $ et 5 $ par personne supplémentaire. Réservations possibles.

Motel Du Beau (AAIH/Rucksackers), 19 W. Phoenix St. (774-6731 ou 800-332-1944), juste derrière la gare ferroviaire, ce qui le rend un peu bruyant. Dortoirs, avec moquette et s.d.b. (ou douches). Atmosphère animée jusque tard dans la nuit. Thé, café, petit déjeuner, draps et serviettes, parking, navette vers et pour l'aéroport et les gares sont gratuits. Possible de dîner dans la cafétéria de 18h à 21h (entre 1 et 4 $). Des visites sont organisées vers le Grand Canyon (35 $), Sedona (20 $) et Monument Valley (prix variable). Accueil ouvert entre 6h et minuit. Dortoir 12 $, chambre privée 25 $. Une aire de camping se trouve à l'arrière (6 $ par personne). On peut réserver.

The Weatherford Hotel (HI-AYH), 23 N. Leroux St. (774-2731), dans le centre-ville à un block à l'ouest de San Francisco St. Chambres spacieuses dans un vieil hôtel typique avec baies vitrées. Bien situé. Les dortoirs sont dotés de s.d.b. Ouvert tous les jours de 7h à 10h et de 17h à 22h. Fermeture des dortoirs entre 10h et 17h. Couvre-feu à 1h. Dortoir 12 $, chambre simple 30 $, du Labor Day (1er lundi de septembre) au Memorial Day (dernier lundi de mai) 26 $, chambre double 35 $. Il faut louer les draps (1 $). Les clients ne payent pas l'entrée du **Charly's Pub** au rez-de-chaussée et ont des réductions au **Charly's Restaurant**.

Hotel Monte Vista, 100 N. San Francisco St. (779-6971), lui aussi en plein cœur du centre. Décor original avec au rez-de-chaussée, un salon de thé et un bar (billard, jeux vidéo…). Dortoir avec s.d.b. privée 12 $ (du Memorial Day au Labor Day, 10 $), chambre privée 40 $, vendredi-samedi 45 $.

KOA, 5803 N. US 89 (526-9926), à 10 km au nord-ouest de Flagstaff. Les bus locaux s'arrêtent près de ce superbe camping. Douches, toilettes et projection gratuite de films pendant la soirée. Emplacements de tente pour deux 22 $, "Kamping Kabin" à 29 $, et 4 $ par personne supplémentaire (3 $ pour les moins de 18 ans).

Camper dans la **Coconino National Forest** est une solution à la fois bon marché et très agréable mais il faut une voiture pour se rendre aux campings. Le *visitors center* de Flagstaff (voir Informations pratiques) fournit une carte de la forêt (6 $). La plupart des campings se remplissent très vite durant l'été, spécialement les week-ends, quand les habitants de Phoenix affluent en masse vers les montagnes. Aucun n'accepte les réservations. Les campings situés en altitude ferment durant l'hiver. **Lake View**, à 21 km au sud-est sur la Forest Hwy. 3 (par la US 89A), propose 30 emplacements (10 $) et **Bonito**, à 16 km du centre-ville de Flagstaff à la sortie de la US 89 sur Forest Rd. 545, près de l'entrée de Sunset Crater, loue 44 emplacements (8 $). Ces deux campings disposent de toilettes, d'eau courante et sont ouverts entre mi-mai et septembre (séjour max. autorisé : 14 jours). On peut aussi camper en pleine nature dans la forêt (dans le cas contraire, un panneau vous le signale). Pour plus de renseignements sur les campings, vous pouvez appeler le **Coconino Forest Service** (527-3600, ouvert du lundi au vendredi de 7h30 à 16h30). Le parc privé de **Fort Tuthill Park** (774-5139), à 5 km au sud de Flagstaff, sur la US 89A, abrite 170 hectares de pins de Ponderosa et un camping de 100 emplacements, **Fort Tuthill Campground** (774-5130, ouvert de mai à septembre, 8 $, pas de raccordement, réservations acceptées).

RESTAURANTS, SORTIES ET LOISIRS

Macy's, 14 S. Beaver St. (774-2243), derrière le Motel Du Beau. Le rendez-vous joyeux des touristes et des étudiants. Pâtes fraîches (de 4 à 6 $) et grande variété de plats végétariens (de 3 à 6 $), sandwiches (de 4 à 6 $), pâtisseries (de 1 à 2 $) et cafés (de 1 à 3 $). Ouvert du dimanche au mercredi de 6h à 20h, et du jeudi au samedi de 6h à 22h. Les repas sont servis jusqu'à 19h.

Kathy's Café, 7 N. San Francisco St. (774-1951). Délicieux petits déjeuners accompagnés de pommes de terre sautées et de fruits frais (de 4 à 6 $). Ouvert tous les jours de 6h30 à 15h (sert aussi le déjeuner).

Alpine Pizza, 7 Leroux St. (779-4109) et 2400 E. Rd. 66 (779-4138). Un restaurant populaire où l'on trouve bière, billard américain et bien sûr pizzas. Larges portions cuisinées à la demande (2 $). Copieuses pizzas *calzones* (6 $) et *Strombolis* (7 $). Ouvert du lundi au samedi de 11h à 23h, le dimanche de midi à 23h.

Main St. Bar and Grill, 4 S. San Francisco St. (774-1519), en face du Grand Canyon Hostel. Mets végétariens et boissons non alcoolisées un peu ternes, mais le chef se rattrape sur ses grillades au barbecue accompagnées de *Buttery Texas Toast* (entre 6 et 14 $). Excellente sélection de bières. Musique *live* du mardi au samedi à partir de 20h (gratuit). Ouvert du lundi au samedi de 11h à minuit, dimanche de midi à 22h.

La bière coule à flots à Flagstaff. De nombreux bars s'alignent le long de San Francisco St. Le **Mad Italian**, 101 S. San Francisco St. (779-1820), possède une table de billard et propose un *happy hour* entre 16h et 19h avec boissons maison et amuse-gueules à moitié prix (ouvert tous les jours de 11h30 à 1h). Sous le Weatherford Hotel, **Charly's**, 23 N. Leroux St. (779-1919), diffuse de la musique *live*. Les clients de l'hôtel Weatherford ne payent pas l'entrée. Ouvert tous les jours de 11h à 15h et de 17h à 21h, bar ouvert tous les jours de 11h à 1h. Juste à l'extérieur de la ville, le **Museum Club**, 3404 E. Rte. 66 (526-9434), vous plonge dans l'ambiance festive de l'ouest américain. Aussi connu sous le nom de **Zoo**, ce club fait danser les cowboys et les cow-girls au son d'un orchestre country (ouvert tous les jours de midi à 1h, entrée 3 $).

Début juin, le **Rodéo annuel de Flagstaff** met de l'animation dans les rues. Au programme, compétitions de rodéo, défilé de carnaval, danses country et course de serveuses de cocktails (appeler le *visitors center* cité plus haut pour plus de détails). La saison du **Flagstaff Symphony** (774-5107) a lieu entre octobre et mai (billets 11-22 $, demi-tarif pour les étudiants).

■ AUX ENVIRONS DE FLAGSTAFF

En 1894, l'astronome Percival Lowell choisit de s'établir à Flagstaff. Il y passa le reste de sa vie à tenter de prouver qu'il existe une vie sur Mars… Le **Lowell Observatory**, 1400 W. Mars Hill Rd. (774-3358), à l'ouest du centre-ville, à la sortie de la route 66, possède encore huit téléscopes, en état de marche, consacrés à l'observation de Mars et Pluton. Des visites guidées sont organisées. Pendant les nuits claires d'été, on peut admirer la Voie lactée grâce au téléscope Clark, vieux de 99 ans. Ouvert tous les jours de 9h à 17h, les observations nocturnes ont lieu du lundi au mercredi et les vendredi-samedi à 20h, 20h45 et 21h30. Entre novembre et mars, du lundi au samedi de 10h à 17h, dimanche de midi à 17h. Entrée 2,50 $, pour les jeunes entre 5 et 17 ans 1 $.

Le **Museum of Northern Arizona** (774-5211), sur la Fort Valley Rd., à la sortie de la US 180 au nord de la ville, abrite une importante collection d'art amérindien du Sud-Ouest. Ouvert tous les jours de 9h à 17h, 5 $, pour les étudiants 3 $ et pour les personnes âgées 4 $. Le musée est desservi par les bus Nava-Hopi et par les Flagstaff Trolleys (voir Flagstaff, Informations pratiques).

Au nord de Flagstaff se dressent les sommets enneigés des **San Francisco Peaks**. Pour s'y rendre, il faut suivre la US 180 vers le nord pendant 11 km jusqu'à l'embranchement Fairfield Snow Bowl. Le meilleur domaine skiable se situe autour du **Mt. Agassiz**. Le **Arizona Snow Bowl** (779-1951, tous les jours de 8h à 17h) possède quatre remontées mécaniques ouvertes de mi-décembre à mi-avril. Les trente pistes reçoivent en moyenne 2,50 m de neige durant l'hiver. La remontée coûte 30 $. Il vaut mieux appeler pour se renseigner sur l'état d'enneigement et les possibilités de transport et d'hébergement. Pendant l'été, les montagnes se prêtent idéalement à la randonnée. Pour les Indiens Hopi, le **Humphrey's Peak**, le plus haut sommet de l'Arizona avec ses 3 800 m, est le siège des esprits sacrés *Kachina*. Quand le ciel est dégagé, on aperçoit de son sommet la Rive Nord du Grand Canyon, le Painted Desert et les paysages sans fins de l'Utah et de l'Arizona. Si vous ne vous

---

On the road (66) again…

Construite dans les années 20, le long d'anciennes voies commerciales, l'US 66 s'étendait de Chicago à Los Angeles. Pour des générations d'ouvriers, de vagabonds et d'immigrants, cette route a symbolisé l'espoir d'une vie nouvelle plus loin à l'ouest. Mais au cours des ans, le développement des autoroutes *Interstates* a rendu la route obsolète. Le trafic se mit à diminuer et la culture itinérante qui y était associée s'éteignit peu à peu. Aujourd'hui, il ne subsiste plus que quelques tronçons de cette route devenue mythique. Vous pouvez notamment aller *cruiser* sur la partie entre Kingman et Seligman, une virée de 190 km hors de la I-40. Dans la petite ville de Hackberry, à moins de 50 km à l'est de Kingman, faites un stop à la **Old Route 66 Visitors Center and Preservation Foundation** (769-2605), située dans un vieux magasin d'alimentation. Le centre est ouvert tous les jours de 10h à la tombée de la nuit. S'il n'y a personne, il ne vous reste plus qu'à vous asseoir sous le feuillage des ormes et à attendre…

sentez pas d'attaque pour le trekking, vous pouvez emprunter le **télésiège** de Snow Bowl's, qui réserve également quelques vues spectaculaires (durée : 20 à 30 mn, fonctionne tous les jours du 15 juin au Labor Day (1er lundi de septembre) de 10h à 16h, du Labor Day au 15 avril les samedi-dimanche uniquement de 10h à 16h, tarif : 9 $, personnes âgées 6 $, enfants de 6 à 12 ans 5 $). Une cafétéria est ouverte de mai à octobre. Le camping est autorisé dans les montagnes, mais il n'y a aucun emplacement aménagé.

■■■ JEROME

Perchée sur les flancs de la Montagne Mingus, Jerome était dans les année 20 la troisième plus grande ville d'Arizona. Mineurs, spéculateurs, propriétaires de saloon, dames galantes… s'y installèrent suite à la découverte de gisements de cuivre à la fin du XIXe siècle. Le crack de 1929 porta un coup fatal à l'essor de la ville. En l'espace de 30 ans, Jerome était devenue une ville fantôme. Aujourd'hui, seuls les magasins de produits manufacturés en cuivre et les façades creuses des vieux buildings attirent les visiteurs. Le **Jerome State Historic Park** (634-5381), situé à 600 m après la sortie de la US 89A, juste à l'entrée de la ville, vous fera revivre la grandeur et la décadence de cette cité minière. A l'intérieur de la maison de James Douglas, un riche propriétaire, le musée du parc expose des objets miniers, des minéraux, et évoque la naissance de la ville. (Ouvert tous les jours de 8h à 17h, 2 $, pour les jeunes de 12 à 17 ans 1 $, gratuit pour les moins de 12 ans.) Vous pouvez jeter un œil aux voitures, camions, outils et autres objets d'époque rassemblés dans la **Ghost King Mine and Ghost Town** (634-0053), située sur la US 89A, juste après Main St. (même si l'on ne sait pas exactement quelle époque on a cherché à reconstituer). Ouvert tous les jours de 9h à 17h, 3 $, pour les personnes âgées 2,50 $, pour les enfants de moins de 12 ans 2 $ et gratuit pour les moins de 5 ans. Le **Mine Museum**, 200 Main St. (634-5477) exhibe des roches et de vieux équipements de mineurs (ouvert tous les jours de 9h à 16h30, 50 ¢).

La route, sur la US 89A, qui relie Jerome à Sedona est tout simplement magnifique. Il n'y a pas de Chamber of Commerce à Jerome et c'est **The Station** (634-9621), sur la US 89A en face du lycée, qui fait plus ou moins office de *visitors center* (ouvert tous les jours de 11h à 18h). **Indicatif téléphonique** de Jerome : 520.

Le logement étant assez cher à Jerome, il est conseillé d'y faire l'aller-retour dans la journée. Sinon, le **The Inn at Jerome**, 309 Main St. (634-5094 ou 800-634-5094) est l'une des adresses les plus abordables de la ville. Les chambres sont entre 55 et 75 $. Le plus vieux restaurant de tout l'Arizona, **The English Kitchen**, 119 Jerome Ave. (634-2132), propose une grande variété de salades et de sandwiches pour moins de 6 $ (ouvert du mardi au dimanche de 8h à 15h30). **Marcy's**, 363 Main St. (634-0417) offre des glaces, des soupes et des sandwiches (pour moins de 4 $) dans une ambiance sympathique (ouvert du vendredi au mercredi de 11h à 17h). Pendant la soirée, on peut aller danser (et se faire écraser les pieds) au **Spirit Room** (634-8809), situé au croisement de Main St. et de Jerome Ave. Ouvert tous les jours de 10h à 1h. Enfin, le **Paul and Jerry's Saloon** (634-2603), aussi sur Main St., aide les locaux à se saouler depuis trois générations. Avis aux amateurs… (ouvert tous les jours de 10h30 à 1h).

■■■ SEDONA

Etape appréciée des vacanciers, des touristes et des mystiques New-Age (qui y voient paraît-il un "*vortex psychique*"), Sedona n'est qu'un amas de boutiques souvenirs et d'attrape-touristes. Seul intérêt de la ville : la présence dans ses environs de très beaux parcs nationaux et de la Coconino National Forest, aux senteurs de pins enivrantes.

Slide Rock Park (520-282-3034), à 16 km au nord de Sedona sur la US 89A, tire son nom d'un rocher incliné immergé dans les eaux de Oak Creek. En été, les gens du coin adorent venir y faire du toboggan. Ouvert tous les jours en été de 8h à 19h (ferme plus tôt en hors saison). Entrée : 5 $ par voiture et 1 $ pour les piétons. Bijou architectural, la **Chapel of the Holy Cross** (520-282-4069), sur la Chapel Rd., est une église enchâssée dans une falaise de grès rouge de 300 m de haut (appeler pour les heures d'ouverture). Le splendide **Red Rock State Park** (520-282-6907) sur la US 89A, à 24 km au sud-ouest de la ville, plonge de nombreux visiteurs dans une humeur contemplative. Les rangers organisent des randonnées tous les jours, dont certaines consacrées à l'observation de la nature et des oiseaux. Demandez les horaires au *visitors center* du parc, qui est ouvert de 8h à 17h. Le parc est ouvert tous les jours de 8h à 18h, en octobre et avril, de 8h à 17h et le prix d'entrée est de 5 $ par véhicule et 1 $ par piéton.

La **Chamber of Commerce** de Sedona (520-282-7722), au croisement de Forest Rd. et de la route 89A, fournit une liste des hébergements et des campings de la région. Ouvert du lundi au samedi de 8h30 à 17h, le dimanche de 9h à 15h. Le **White House Inn** (520-282-6680) propose des chambres simples (de 38 à 50 $ suivant la saison et le jour) et doubles (de 40 à 75 $). Dirigé par la même équipe, le **Star Motel**, 295 Jordan Rd. (520-282-0000) et **La Vista**, 500 N. route 89A (520-282-0000) vous logent dans des chambres confortables avec TV câblée (un lit 55-59 $, deux lits 65-79 $). Plusieurs **campings** sont situés à l'intérieur de la **Coconino National Forest** (520-527-3600), le long de Oak Creek Canyon sur la US 89A (emplacements 10 $ par véhicule). Le plus grand, **Cave Springs**, à 50 km au nord de la ville, gère 78 emplacements (on ne peut pas réserver). Pour plus d'informations sur Coconino, contacter le **poste des rangers**, 250 Brewer Rd. (520-282-4119, sortir de l'US 89 A au Burger King). Ouvert du lundi au samedi de 7h30 à 16h30, en hiver du lundi au vendredi de 7h30 à 16h30. Le **camping sauvage** est autorisé partout dans la forêt, sauf à Oak Creek. Il faut s'installer à plus de 1,6 km des campings agréés. **Oakeye RV Park**, 40 Art Barn Rd. (520-282-2222), propose raccordements complets, eau, électricité, douches (17 $ la place, avec eau et électricité 22,50 $, avec raccordement complet 27,50 $).

Le **Coffee Pot Restaurant**, 2050 W. US 89A (520-282-6626), concocte 101 variétés d'omelettes (de 4 à 9 $). Ouvert tous les jours de 5h30 à 21h. **Cups Bistro and Gallery**, 1670 W. US 89A (520-282-2531), à l'ouest de Sedona, sert de la nourriture bio dans un jardin. Un petit déjeuner coûte de 3 à 7 $, sandwiches autour de 5-6 $. Ouvert tous les jours en été de 8h à 16h (ouvre un peu plus tard en hors saison).

Sedona se trouve à 193 km au nord de Phoenix (suivre la I-17 au nord jusqu'à la route 179W) et à 50 km au sud de Flagstaff (prendre la I-17S jusqu'à la route 179W ou suivre la US 89A au sud-ouest). La navette **Sedona-Phoenix** (520-282-2066) propose trois liaisons quotidiennes (aller simple 30 $, aller-retour 55 $).

■ LES ENVIRONS DE SEDONA

Le **Montezuma Castle National Monument** (567-3322), sur la I-17 à 16 km au sud de Sedona, est un ensemble troglodyte de 20 pièces en adobe (sorte de torchis à base d'argile et de paille). Ces maisons, construites à même la falaise, datent du XIIe siècle. Les visiteurs peuvent apercevoir le "château" du sentier qui passe en contrebas. (Ouvert tous les jours de 8h à 19h. Entrée 2 $, gratuit pour les jeunes de moins de 16 ans et les titulaires d'un Golden Age Passport.) Un lac magnifique s'est formé à la suite de l'effondrement d'une caverne souterraine, le **Montezuma Well**, situé à 18 km du Montezuma Castle au nord de la sortie *Wall* de l'I-17N. Cet ancien puits servait de point d'eau aux Sinagua qui vivaient là (ouvert tous les jours de 7h à 19h, gratuit). Dans la foulée, vous pouvez poursuivre la US 89A jusqu'à la route 279, traverser Cotton Wood pour atteindre le **Tuzigoot National Monument** (634-5564), à 32 km au sud-ouest de Sedona. Une ruine sinagua impressionnante surplombe la Verde Valley (ouvert tous les jours de 8h à 19h, 2 $, gratuit pour les moins de 17 ans et les titulaires d'un Golden Age Passport).

Pas encore achevée, **Arcosanti** (632-7135), à la sortie 262 de la I-17, est une ville dessinée par l'architecte italien Paolo Soleri, qui tente de mettre en pratique son concept *d'arcologie* (symbiose entre architecture et écologie). Les voyageurs anti-pollution apprécieront cette idée d'une ville où les voitures n'ont plus leur place. La cité avec ses structures géométriques inhabituelles et ses parcs souterrains plaira beaucoup aux amateurs de Lego. Visites tous les jours de 10h à 16h et ouvert au public de 9h à 17h, une donation de 5 $ est suggérée. Pour plus d'informations, contacter Arcosanti, HC 74, PO Box 4136, Mayer 86333.

ARIZONA DU SUD

■ ■ ■ PHOENIX

Dans les années 1800, Phoenix n'était qu'une simple bourgade rurale. Depuis, les champs de blé ont cédé la place aux bureaux high-tech et aux centres commerciaux. Des gratte-ciel ont poussé dans le quartier des affaires tandis qu'une gigantesque toile d'autoroutes à six voies ceinture le centre-ville. En d'autres termes, Phoenix n'a rien de très pittoresque. Soleil, soleil et soleil sont les principales attractions. Durant les mois d'hiver, touristes, golfeurs et congressistes se retrouvent à Phoenix. Pendant l'été, les rues vibrent au son des climatiseurs. La température moyenne est de 40 °C, et les prix des hôtels diminuent de plus de la moitié. Fin janvier 1996 la ville a accueilli la grande finale de football américain, le Super Bowl.

INFORMATIONS PRATIQUES

Office de tourisme : Phoenix and Valley of the Sun Convention and Visitors Center, 400 E. Van Buren St. (254-6500), situé au 6ᵉ étage de l'Arizona Center. Ouvert du lundi au vendredi de 8h à 17h. **Weekly Events Hotline** (252-5588) passe un message enregistré qui fonctionne 24h/24. Le **Gay/Lesbian Community Switchboard** (234-2752) est ouvert tous les jours de 10h à 22h, et donne des conseils pour l'hébergement, les restaurants et les spectacles.

Aéroport : Sky Harbor International (273-3300), à quelques minutes au sud-est du centre-ville. Le Valley Metro Bus n ° 13 circule vers l'ouest de la ville, entre 5h et 19h. Il y a aussi une navette qui circule 24h/24 vers le centre-ville (7 $).

Trains : Amtrak, 401 W. Harrison (253-0121 ou 800-872-7245). Suivre la 4th Ave. au sud, à 2 blocks après Jefferson St. Dessert : Los Angeles (3 liaisons par semaine, durée 20h, 109 $), San Antonio via El Paso (3 liaisons par semaine, durée 21h, 168 $). Terminal et comptoir pour les billets sont ouverts les lundis et mercredis de 5h45 à 18h30, les mardis et dimanches de 5h45 à 13h15 et de 16h30 à minuit, le jeudi de 16h30 à minuit.

Bus : Greyhound, 525 E. Washington St. (271-7425 ou 800-231-2222). Vers : El Paso (15 liaisons quotidiennes, durée 8h, 35 $), Los Angeles (12 liaisons quotidiennes, durée 8h, 29 $), Tucson (13 liaisons quotidiennes, durée 2h, 12 $), San Diego (4 liaisons quotidiennes, durée 8h30, 34 $). Ouvert 24h/24. Consigne : 2 $ pour 6h, 4 $ pour 6 à 24h.

Transports publics : Valley Metro, 253-5000. La plupart des lignes circulent entre le **City Bus Terminal**, Central et Washington. Elles fonctionnent du lundi au vendredi de 5h à 20h. Service très réduit le dimanche. Tarif 1 $, pour les personnes handicapées, âgées et les enfants 50 ¢, un *pass* pour la journée coûte 3 $ et un forfait de 10 trajets, 10 $ (demi-tarif pour les personnes âgées et handicapées). On se procure forfait, horaires et plan du réseau au City Bus Terminal.

Taxis : Ace Taxi (254-1999). Prise en charge 2,45 $ puis 1,10 $ par mile. **Yellow Cab** (252-5252). Prise en charge 2 $ puis 1,35 $ par mile. Les deux fonctionnent 24h/24.

Location de voitures : Rent-a-Wreck, 2422 E. Washington St. (254-1000). Location de voitures à partir de 22 $ par jour avec 100 miles gratuits puis 15 ¢ par mile supplémentaire. Il faut avoir 21 ans et posséder une carte de crédit. Ouvert du lundi au vendredi de 7h à 18h30, samedi-dimanche de 9h à 17h.

Drive Away : Auto Driveaway, 3530 E. Indian School Rd. (952-0339). Premier plein gratuit. Il faut avoir 21 ans et laisser une caution de 250 $. Ouvert du lundi au vendredi de 9h à 16h30.

Assistance téléphonique : Crisis Hotline, 784-1500, 24h/24. **Gay/Lesbian Hotline** 234-2752, ouvert tous les jours de 10h à 22h.

Urgences : 911.

Bureau de poste : 522 N. Central (407-2051), dans le centre-ville. Ouvert du lundi au vendredi de 8h30 à 17h, samedi de 8h30 à midi. La poste restante est au 1441, E. Buckeye Rd. (407-2049). Ouvert du lundi au vendredi de 8h à 17h. **Code postal :** 85026. **Indicatif téléphonique :** 602.

Les terminaux des bus de **Central Ave.** et de **Washington St.** délimitent le cœur du centre-ville. **Central Ave.** s'étend du nord au sud : les "avenues" sont situées à l'ouest de Central tandis que les "rues" sont situées à l'est. De la même façon, **Washington St.** partage les rues en côté nord et côté sud. La ville étant très étendue, il faut une voiture ou un *pass* de bus pour la visiter dans de bonnes conditions. Des places de parking sont disponibles dans le centre-ville.

HÉBERGEMENTS ET CAMPINGS

Phoenix est bien meilleur marché pendant l'été. Pratiquement tous les motels du centre-ville proposent des réductions, qui vont jusqu'à 70 % en juillet et août. Pendant l'hiver, quand la température et le nombre de chambres disponibles diminuent de concert, les prix, eux, explosent. Il est alors préférable de réserver. Sinon vous pouvez toujours parcourir la série de motels alignés le long de **Van Buren St.** ou de **Main St.**, dans les banlieues est de Tempe et Mesa. Les grandes avenues sont remplies de motels style "ranch" des années 50 ou de chaînes plus modernes. **Bed and Breakfast Inn Arizona**, 8900 E. Via Linda, #101, Scottsdale 85258 (860-9338 ou 800-266-STAY/7829), propose des logements chez l'habitant à Phoenix comme dans le reste de l'Arizona (séjour mini. de 2 jours demandé, chambre simple 30 $, chambre double 40 $, il vaut mieux réserver).

Metcalf House (HI-AYH), 1026 N. 9th St. (254-9803), à quelques blocks au nord-est du centre-ville. Depuis le City Bus Terminal, prendre le bus n° 7 qui descend 7th St. jusqu'à Roosevelt St., marcher 2 blocks à l'est jusqu'à 9th St. puis tourner à gauche, l'hôtel est alors à un demi-block au nord. Dortoirs avec douches communes. Cuisine, salon et laverie. Conseils pour la location de voitures. Accueil entre 7h et 10h et 17h et 22h. Fermeture des dortoirs entre 10h et 17h. 10 $ pour les membres, 13 $ pour les autres (draps 1 $).

Economy Inn, 804 E. Van Buren St. (254-0181), proche du centre-ville. Chambres classiques avec TV et téléphone. Simples 27 $, doubles 35 $, en hiver, respectivement 30 et 38 $.

The American Lodge, 965 E. Van Buren St. (252-6823). Un autre motel standard près du centre-ville. TV, téléphone, piscine. Chambre simple 35 $, double 50 $, pendant l'hiver 60 et 85 $.

KOA Phoenix West (853-0537), terrain de camping à 18 km à l'ouest de Phoenix sur Citrus Rd. Pour s'y rendre suivre la I-10 jusqu'à la sortie 124 puis aller au sud pendant 1,2 km jusqu'à Van Buren St., puis 1,6 km à l'ouest jusqu'à Citrus Rd. 285 emplacements, piscine chauffée, jacuzzi et tutti quanti. Emplacement de tente 14,50 $, de camping-car 15,50 $, 3 $ supplémentaires pour eau et électricité.

RESTAURANTS

A l'exception des centres commerciaux, vous aurez du mal à trouver plusieurs restaurants dans un même voisinage compte tenu de la taille de la ville. Dans le centre, on trouve essentiellement des *coffeeshops*, souvent fermés le week-end. Pour avoir plus de choix, vous pouvez vous rendre sur **McDowell St.** Le journal *New Times* a une rubrique restaurants.

Tacos de Juarez, 1017 N. 7th St. (258-1744). Tarifs mexicains à des prix défiant toute concurrence. Spécialisé dans les *tacos*. Tous les plats à la carte sont à moins de 3 $. Ouvert du lundi au jeudi de 11h à 21h, le vendredi de 11h à 22h30, samedi de 8h à 22h30, dimanche de 8h à 20h.

Mi Patio, 3477 N. 7th Ave. (277-4831). Une bonne adresse. Atmosphère familiale, décor calme et lumineux, assiettes bien remplies. *Tacos* et *burritos* entre 3 et 5 $. Plats spéciaux et assiettes composées de 5 à 9 $. Ouvert du lundi au samedi de 11h à 22h.

Bill Johnson's Big Apple, 3757 E. Van Buren St. (275-2107, possède aussi trois autres établissements). Un vrai délice du Sud, rustique à souhait avec son parquet couvert de sciure. Sandwiches (4 à 6 $), soupes revigorantes (2 à 3 $). Ouvert du lundi au samedi de 6h à 23h.

VISITES

Le **Heard Museum**, 22 E. Monte Vista Rd. (252-8840), situé un block à l'est de Central Ave., expose une intéressante collection d'artisanat navajo. Le musée soutient aussi des artistes contemporains amérindiens, dont la plupart exposent gratuitement. Il présente parfois des conférences et des danses amérindiennes (visites guidées tous les jours, ouvert les lundis-mardis et de jeudi à samedi de 9h30 à 17h, le mercredi de 9h30 à 21h, le dimanche de 12h à 17h). Entrée 5 $, étudiants et personnes âgées 4 $, jeunes de 13 à 18 ans 3 $, enfants de 4 à 12 ans 2 $, gratuit le mercredi de 17h à 21h. Le **Phoenix Art Museum**, 1625 N. Central Ave. (257-1222), à 3 blocks au sud, abrite une collection d'art folklorique américain mais aussi d'art européen classique et moderne. (Ouvert mardi et de jeudi à samedi de 10h à 17h, le mercredi de 10h à 21h, dimanche de midi à 17h. Entrée 4 $, personnes âgées 3 $, étudiants 1,50 $, gratuit le mercredi.) Le **Pueblo Grande Museum and Cultural park**, 4619 E. Washington St. (495-0900), contient les ruines d'un pueblo hohokam (ouvert du lundi au samedi de 9h à 16h45, dimanche de 13h à 16h45, entrée 50 ¢).

Le **Desert Botanical Gardens**, 1201 N. Galvin Pkwy. (941-1225), dans Papago Park, à 8 km à l'est du centre-ville, abrite une profusion de cactus et de plantes du désert (prendre le bus n ° 3 vers l'est jusqu'à Papago Park). Ouvert tous les jours de 7h à 22h, en hiver de 8h au coucher du soleil (5 $, personnes âgées 4 $, pour les enfants de 5 à 12 ans 1 $). Dans les limites du jardin, le **Phoenix Zoo**, (273-1341), au croisement de la 62nd et de E. Van Buren St., propose quelques expositions et un zoo pour les enfants. On peut y circuler à pied ou suivre une visite guidée dans un tram. Ouvert tous les jours de 7h à 16h, du Labor Day à avril, de 9h à 17h (7 $, personnes âgées 6 $, enfants 3,50 $). D'une manière générale, les après-midi d'été sont si chaudes qu'il vaut mieux éviter les activités en plein air. Le **Arizona Science Center**, 80 N. 2nd St. (256-9388), présente des expositions scientifiques destinées aux enfants. Ouvert du lundi au samedi de 9h à 17h, dimanche de midi à 17h (4,50 $, pour les personnes âgées et les enfants entre 4 et 12 ans 3,50 $).

Taliesin West (860-8810 ou 860-2700), sur le Frank LLoyd Wright Blvd., à proximité de Scottsdale, était le bureau d'études et le lieu de résidence de l'architecte Frank Lloyd Wright pendant les dernières années de sa vie. Dessiné par Wright, ce studio était conçu pour se fondre dans le désert environnant. Visites guidées seulement, ouvert tous les jours de juin à septembre de 8h à 11h (10 $, personnes âgées et étudiants 8 $, enfants 3 $). On peut aussi admirer une autre œuvre de Wright au **Arizona Biltmore** (955-6600), au croisement de la 24th St. et de Missouri.

A Tempe, au sud de Phoenix et face à la rivière asséchée de Salt River, se dresse **l'Université de l'Etat d'Arizona (ASU)** et son agréable atmosphère collégiale. Cafés et galeries grouillent dans ce quartier. Le **Gammage Memorial Auditorium** (965-3434) sur la Mill Ave. dans le campus, est l'une des dernières grandes œuvres de Wright. Les tons roses et beiges rappellent ceux du désert (prendre le bus n° 60 ou 22 pendant les week-ends). Des visites guidées de 20 mn y sont organisées pendant l'hiver.

SORTIES ET SPECTACLES

Un journal gratuit, le *New Times Weekly* (271-0040), disponible dans les kiosques, fournit tous les horaires des spectacles mis en scène à Phoenix. Les soirées gays et lesbiennes sont recensées dans le *Western Front*, disponible dans quelques bars et clubs. Le *Cultural Calendar of Events* dresse la liste des spectacles de la région pour une période de trois mois.

Récemment classée meilleure boîte de nuit du pays, le **Toolie's Country Saloon and Dance Hall**, 4231 W. Thomas Rd. (273-3100), diffuse de la musique country tous les soirs et vous donne gratuitement des leçons de danse les lundi, mercredi et dimanche. Ouvert du lundi au jeudi de 8h à 1h, les vendredi-samedi de 7h à 1h, dimanche de 10h à 1h (entrée : 5 $ le jeudi et 4 $ les vendredi et samedi). **Char's Has The Blues**, 4631 N 7th Ave. (230-0205), comme son nom l'indique, est branché sur la fréquence blues. Des douzaines de John Lee Hookers juniors se déchaînent toute la nuit sur la piste (ouverture des portes à 19h, musique à partir de 21h, 3 $ pendant les week-ends). **Phoenix Live**, 455 N. 3rd St. (252-2112), situé dans l'Arizona Center, fait vibrer tout le complexe avec ses trois bars et son restaurant. Entrée de 5 $ le week-end (pas de droit d'entrée en semaine). Du mardi au samedi, **LTL Ditty's** accueille les pianistes amateurs qui veulent pousser la chansonnette. Ambiance animée. **Ain't Nobody's Biz**, 3031 E. Indian School, # 7 (224-9977) est un grand bar, essentiellement féminin. Le jeudi, soirée bière (1,50 $ le pichet, de 21h à minuit). Ouvert tous les jours de 14h à 1h. **Le Country Club**, 4428 N. 7th Ave. (264-4553), est un bar gay situé dans une charmante petite villa près de la highway. *Happy Hour* du lundi au samedi de 11h à 19h. Ouvert tous les jours de 11h à 1h.

Pour les amateurs, les activités sportives ne manquent pas. Essayez d'assister à l'une des grands-messes du sport américain, soit avec les basketteurs des **Phoenix Suns** (379-7867) dans le stade America West Arena, soit avec les footballeurs des **Phoenix Cardinals** (379-0101). La ville accueille aussi des tournois de tennis, et possède des équipes professionnelles de base-ball et de hockey. Appeler le *visitors center* (voir Informations pratiques) pour plus de détails.

■ DE PHOENIX A TUCSON

Apache Junction et les Superstition Peaks Petite ville minière, à 65 km à l'est de Phoenix, au niveau de l'intersection entre la route 88 et la US 60, **Apache Junction** sert de point de départ pour une visite des **Superstition Mountains.** Escarpées, grises et obsédantes, ces montagnes tirent leur nom de légendes amérindiennes pima. L'**Apache Trail**, qui suit la route 88 dans les montagnes, fut le théâtre de sinistres aventures. En 1840, un explorateur mexicain y avait découvert une mine d'or, mais il fut tué avant d'avoir pu révéler à quiconque la position du filon. Trente ans plus tard, Jacob Waltz avait apparemment retrouvé la mine, lorsqu'il mourut subitement, victime à son tour d'une bien étrange malédiction. Si vous circulez sur cette route, réfléchissez à deux fois avant de partir à la recherche de l'or perdu (ou relisez les deux albums de Blueberry *La Mine de l'Allemand perdu* et *Le Spectre aux balles d'or*, qui s'inspirent de cette histoire).

Le circuit de l'Apache Trail se parcourt en 6 à 8h de conduite. Une partie n'est pas goudronnée. Le long de la route, vous verrez des maisons troglodytes, des grottes, des villes fantômes, et les lacs artificiels **Lake canyon, Lake Apache** et **Lake**

Roosevelt. La compagnie **Apache Trail Tours** (982-7662) propose un circuit en jeep (excursion d'1h30 : 25 $ par personne, excursion de 8h : 75 $ par personne). Pour plus d'information, rendez-vous à la **chambre de commerce d'Apache Junction**, 1001 N. Idaho (982-3141), ouverte du lundi au vendredi de 8h à 17h.

De nombreuses attractions sont disposées sur le circuit. La plus intéressante d'entre elles est probablement le **Goldfield Ghost Town Mine Tours** (983-0333), à 5 km au nord du croisement avec la US 60, sur la route 88. Vous pouvez visiter les mines environnantes et vous exercer au *goldpanning* (on vous donne un tamis pour chercher de l'or comme au bon vieux temps) dans une ville fantôme remise à neuf. (Ouvert tous les jours de 10h à 18h, visite de la mine : 4 $, pour les enfants 2 $, goldpanning 3 $.) *"Where the hell am I ?"* ("où diable suis-je ?"), s'écria Jacob Waltz quand il arriva au **Lost Dutchman State Park** (982-4485), à 2 km plus au nord sur la route 88. Au pied des Superstition Mountains, ce parc comporte des chemins de randonnées, des aires de pique-nique et des campings (entrée : 3 $ par véhicule, emplacement 8 $, premier arrivé, premier servi). **Tortilla Flat** (984-1776), une vieille ville fantôme sur la route 88, à 29 km au nord du croisement avec la US 60, possède un restaurant, un vendeur de glaces et un saloon. Le **Tonto National Monument** (467-2241), 8 km à l'est de Lake Roosevelt sur la route 88W, entretient une maçonnerie vieille de 700 ans et des ruines pueblos du peuple préhistorique salado (ouvert tous les jours de 8h à 17h, entrée : 4 $ par voiture).

Biosphere 2 En 1991 une équipe de huit chercheurs scientifiques se sont enfermés dans une sorte de serre géante pour tenter de vivre en autarcie complète. Dans cet espace, ils avaient reconstitué plusieurs écosystèmes différents : une savane, un marais, une forêt tropicale, un océan de 7,5 m de profondeur doté d'un récif corallien, un désert, une zone de cultures agricoles. L'expérience fut un fiasco. Au bout de deux ans, on réalisa que la maintenance de ces systèmes ne laissait plus aucune place à la recherche scientifique. La presse américaine dénonça le côté médiatique de l'opération. Maintenant plus personne ne vit dans la Biosphere mais les scientifiques l'utilisent encore pour des expériences, et les promoteurs essaient de récupérer leur mise en l'ouvrant au public.

Biosphère 2 est à une heure de route de Tucson. Il faut prendre la I-10 à l'ouest jusqu'à la sortie "Miracle Mile", puis prendre Oracle Rd. vers le nord jusqu'à ce qu'elle devienne la route 77N. Depuis Phoenix, suivre la I-10 jusqu'à la sortie 185, prendre ensuite la route 387 puis la route 79 (Florence Hwy.) jusqu'à Oracle Junction et tourner à gauche sur la route 77. La visite guidée de 2 heures comprend une projection de deux petits films, une visite des laboratoires de recherche et un tour à l'intérieur de Biosphère 2. L'entrée est chère. (Ouvert tous les jours de 9h à 17h, 13 $, pour les personnes âgées 11 $, pour les jeunes de 5 à 17 ans 6 $.) Le **Inn at the Biosphere** (825-6222) vous loge luxueusement dans le ranch de Biosphère (TV, lits gigantesques et superbe vue sur les montagnes de San Catalina). Chambres pour une ou deux personnes 49 $, entre octobre et avril 80 $, 20 $ pour chaque personne supplémentaire. A l'intérieur de ce complexe, on trouve aussi le Canyon Café qui sert des sandwiches et des salades (6 $).

Aravaipa Canyon Si vous cherchez une petite merveille naturelle vraiment à l'écart des sentiers battus, vous l'avez trouvée. De Biosphère 2, il vous suffit de suivre sur environ 30 km la route 77 au nord. Juste après la ville de **Mammoth**, tourner à droite au panneau Central Arizona College. **Aravaipa Canyon**, cerné de toutes parts par le désert, les cactus et les montagnes, vous attend à 18 km de cette route (dont la moitié est non goudronnée). Administré par le Bureau of Land Management, le canyon n'accepte que 50 visiteurs par jour. Les touristes doivent réserver un permis (1,50 $) en appelant au 428-4040. Durant l'hiver 1993, un ouragan a détruit la route qui conduit au bureau des rangers. Il faut donc faire à pied les 5 derniers kilomètres qui y mènent. La construction d'une nouvelle route a débuté récemment et on peut appeler pour se renseigner sur son état d'avancement. Quelques campings très basiques ainsi que des zones de camping sauvage sont accessibles (séjour max. de 2 jours, limité à 10 personnes). Il faut toutefois prendre au sérieux les panneaux d'avertissement : camper sur des endroits surélevés en raison des crues soudaines, ne pas titiller les serpents à sonnette et ne pas s'installer sur les voies ferrées. Dernière recommandation (et non des moindres) : boire, boire et boire car la déshydratation n'est jamais loin !

■■■ TUCSON

Les Indiens Hohokams étaient installés dans cette région il y environ 1 200 ans. Peu après leur disparition, les Papago s'installèrent dans la zone qui correspond maintenant au quartier ouest de Tucson, et donnèrent son nom à la ville. Entre 1776 et 1848, la région tomba aux mains des Espagnols puis des Mexicains pour finir sous le contrôle américain. L'arrivée de la civilisation devint manifeste en 1864, quand on décréta que les cochons n'avaient plus le droit de circuler librement dans les rues. Plus petite et plus sympathique que Phoenix, Tucson tente actuellement de préserver son charmant centre-ville, mais on se demande si les boutiques d'artisanat et les cafés pourront longtemps rivaliser avec l'extension anarchique de la banlieue. Pour le moment, l'intérêt de Tucson réside dans sa diversité : un centre-ville piéton, une profusion de magasins et de restaurants répartis le long des autoroutes et un parc national juste à la sortie de la ville.

INFORMATIONS PRATIQUES

Office de tourisme : Metropolitan Tucson Convention and Visitors Center, 130 S. Scott Ave. (624-1817 ou 800-638-8350). On s'y procure un plan du réseau de bus, la brochure *Official Visitor's Guide*, et une liste des campings de l'Arizona. Ouvert du lundi au vendredi de 8h à 17h, samedi-dimanche de 9h à 16h. **Gay and Lesbian Community Center**, 422 N. 4th Ave. (624-1779).

Aéroport : Tucson International (573-8000), sur Valencia Rd., au sud du centre-ville. Le bus n ° 25 circule toutes les heures vers le Laos Transit Center et de là on peut prendre le bus n° 16 jusqu'au centre-ville (tous les jours, dernier bus à 19h48). **Arizona Stagecoach** (889-1000) vous emmène au centre-ville pour 12 $. Ouvert 24h/24 mais il vaut mieux réserver à l'avance.

Trains : Amtrak, 400 E. Toole (623-4442 ou 800-872-7245), sur la 5th Ave., en face de la gare Greyhound. 3 trains par semaine pour : Phoenix (durée 3h, 28 $), Los Angeles (durée 12h, 104 $). Ouvert du dimanche au mercredi de 8h à 20h30, jeudi de 13h15 à 20h30, samedi de 8h à 15h.

Bus : Greyhound, 2 S. 4th Ave. (882-4386 ou 800-231-2222), entre Congress St. et Broadway. Dessert : Phoenix (11 liaisons par jour, durée 2h, 12 $), Los Angeles (7 par jour, durée 10h, 34 $), Albuquerque (6 par jour, durée 12h, 78 $), El Paso (7 par jour, durée 7h, 30 $). Terminal et billetterie ouverts de 5h30 à 2h.

Taxi : Yellow Cab 624-6611, fonctionne 24h/24. Prise en charge 1,10 $ puis 1,40 $ par mile.

Transports publics : Sun-Tran (792-9222). Les bus circulent entre le Terminal Ronstadt du centre-ville (à Congress) et la 6th. Horaires approximatifs du lundi au vendredi de 5h30 à 22h, samedi et dimanche de 8h à 19h. Tarif : 75 ¢, pour les étudiants de moins de 19 ans (avec pièce d'identité) 50 ¢ et pour les personnes âgées 25 ¢.

Location de voitures : Care Free, 1760 S. Craycroft Rd. (790-2655). 18 $ par jour avec 100 miles gratuits mais dans les limites de la ville de Tucson. 2 jours mini. de location. Il faut avoir 21 ans et posséder une carte de crédit. Ouvert du lundi au vendredi de 9h à 17h, samedi de 9h à 15h.

Location de vélos : The Bike Shack, 835, Park Ave. (624-3663) en face du campus universitaire. 20 $ par jour, 30 $ pour 2 jours, 40 $ pour 3 jours. Ouvert du lundi au vendredi de 9h à 19h, samedi de 10h à 17h, dimanche de midi à 17h.

Urgences : 911.

Bureau de poste : 141 S. 6th St. (622-8454). Ouvert du lundi au vendredi de 8h30 à 17h, samedi de 9h à midi. Poste restante, 1501 Cherry Bell (620-5157). **Code postal :** 85726. **Indicatif téléphonique :** 520.

A l'est de la I-10, le centre-ville de Tucson se situe au niveau de **Broadway Blvd.** (qui s'étend d'est en ouest) et de **South Ave.**, à 2 blocks des gares routière et ferroviaire. L'Université d'Arizona (UA) est située à 1,6 km au nord-est du centre-ville à l'intersection des **Park** et **Speedway Blvd.** Les "avenues" sont orientées nord-sud et les "rues", est-ouest. Comme certaines d'entre elles sont numérotées, il peut arriver que l'on se trouve au croisement de la 6th (Street) et de la 6th (Avenue). Les boulevards Speedway et Broadway traversent toute la ville d'est en ouest. Pour se déplacer du nord au sud, le plus intéressant est de suivre **Oracle Rd.**, qui traverse le cœur de la ville ou **Campbell Ave.**, qui passe à l'est du centre-ville ou encore plus à l'est, **Swan Rd.**

HÉBERGEMENTS ET CAMPINGS

Dès le début de l'été, Tucson accueille à bras ouverts les voyageurs à petit budget. Des rangées de motels sont alignées le long de **South Freeway**, une contre-allée de la I-10, au nord de l'intersection avec la I-19. Le **Old Pueblo Homestays Bed and Breakfast**, PO Box 13603, Tucson 85732 (800-333-9776) peut vous loger chez l'habitant. Chambre simple à partir de 45 $, double à partir de 55 $. Ouvert tous les jours de 8h à 20h. En été, il faut réserver au moins deux semaines à l'avance. Le vénérable et accueillant **Hotel Congress and Hostel (AAIH/Rucksackers)**, 311 E. Congress (622-8848) est bien situé, en face des gares Amtrak et Greyhound. Au rez-de-chaussée, le Club Congress accueille les fêtards jusqu'à 1h du matin, ce qui n'est pas toujours du goût des lève-tôt. Cela dit, on a droit à des boules Quiès gratuites et à un lit confortable dans une chambre (collective), équipée d'une s.d.b. privée et d'un téléphone. En bas, la cafétéria sert d'excellentes salades et des omelettes de taille respectable. 12 $ pour les titulaires d'une carte des auberges de jeunesse (14 $ pour les autres). Il y a aussi des chambres simples à 32 $ et des doubles à 36 $ (20 % de réduction pour les étudiants). Supplément de 3 $ en hiver ou pour les chambres récemment rénovées. Le **Tucson Desert Inn** (624-8151), sur la I-10 au niveau de Congress, possède "la plus grande piscine de tout Tucson". Chambres spacieuses et claires, d'où l'on a une vue splendide sur… l'autoroute (chambre simple 27 $, double 37 $, réduction de 10 % pour les personnes âgées, petit déjeuner léger compris).

L'aire de loisirs **Mount Lemmon Recreation Area**, située dans la **Coronado National Forest**, contient quelques très beaux campings. Il est possible de faire du camping sauvage dans certaines aires délimitées. On accède aux emplacements et aux aires de pique-nique par la Catalina Hwy. (entre 2 mn et 2 heures de route de Tucson). **Rose Canyon**, 53 km au nord-est de Tucson par la Hitchcock Hwy., est un lieu très boisé, relativement frais (à 2 100 m d'altitude) et doté d'un charmant petit lac. Les emplacements en altitude sont vite complets pendant les week-ends d'été (8 $ dans les canyons Rose et Spencer). Le camping **General Hitchcock** est gratuit mais n'a pas d'eau. Pour plus d'information, contacter le **National Forest Service**, 300 W. Congress Ave. (670-4552), 7 blocks à l'ouest de la gare Greyhound. Ouvert du lundi au vendredi de 8h à 16h30. Parmi les campings payants aux abords de Tucson, on peut citer le **Cactus Country RV Park** (574-3000), 16 km au sud-est de Tucson sur la I-10 au niveau de la sortie Houghton Rd., qui possède des douches, des toilettes et une piscine (emplacement pour une ou deux personnes 14 $, avec un raccordement complet 22 $ et 2,50 $ par personne supplémentaire).

RESTAURANTS

Les restaurants mexicains bon marché abondent à Tucson. La brochure gratuite *Tuckson Weekly* peut vous servir de guide. Laissez aussi jouer votre flair… **"Little" Café Poca Cosa**, 20 S. Scott St., le petit frère (en bien moins cher) du Café Poca

Cosa de Broadway, s'enorgueillit de la fraîcheur de ses produits et de son menu très varié (le "Lunch Special", 5 $). Ouvert du lundi au vendredi de 7h30 à 14h30. Le chef d'un des meilleurs restaurants de Tucson vous concocte des déjeuners savoureux au **Wild Johnny's Wagon**, 150 N. Main Ave. (884-9426), derrière le musée d'Art (*Grilled bluefish tacos* 5,50 $, deux salades couvertes de *foccacia* et de haricots rouges 4 $). Ouvert du lundi au vendredi de 11h30 à 14h. **Two Pesos**, 811 N. Euclid (620-0306) n'est pas aussi bon marché que son nom le laisse entendre… mais pas loin. Les plats mexicains coûtent de 3,50 à 5 $, les *margarita* 1 $, la bière 1,25 $ et les *tacos* de 1 à 2 $. Ouvert du lundi au dimanche de 10h à 2h. Quand vous serez gavé de nourriture mexicaine, vous pourrez vous changer le palais à l'**Indian Oven**, 2727 N. Campbell (326-8635). Les *nans à l'ail* (2,65 $) sont délicieux. Plats végétariens (5 $), *Tandoori* et *Curry* (de 5 à 8 $). Ouvert tous les jours de 11h à 22h.

VISITES

La plupart des sites intéressants sont situés à l'extérieur de la ville. Nous les décrivons dans la rubrique "Aux environs de Tucson". L'intérêt de la **4th Ave.** réside dans sa collection de cafés, restaurants, galeries et boutiques de prêt-à-porter. Le **Tucson Museum of Art**, 140N. Main St. (624-2333), dans le centre-ville expose une imposante collection d'art précolombien. (Ouvert du mardi au samedi de 10h à 16h, dimanche de midi à 16h, 2 $, étudiants et personnes âgées 1 $, gratuit pour les moins de 12 ans.) Le "centre commercial" de l'**Université de l'Arizona** vaut le coup d'œil pour sa végétation foisonnante. Le **Center for Creative Photography** (621-7968), sur le campus, abrite les archives des grands photographes américains Ansel Adams et Richard Avedon. Expositions permanentes et temporaires. Ouvert du lundi au vendredi de 11h à 17h, dimanche de midi à 17h, entrée gratuite. Des magasins d'alimentation pour étudiants sont regroupés le long d'**University Blvd.**, à l'extrémité ouest du campus.

Une messe passionnée, la **Mariachi Mass**, est dite en l'église **St. Augustine Church**, 192 S. Stone Ave. (623-6351). Le service est entrecoupé de chants et de danses (en espagnol le dimanche à 8h). Attention, c'est une vraie messe, et pas un spectacle pour touristes.

SORTIES ET SPECTACLES

Tucson offre une belle diversité musicale. Du rock avec les étudiant de l'UA sur Speedway Blvd. ou du folk moins remuant dans les clubs country de N. Oracle. La brochure gratuite *Tucson Weekly* ou les pages consacrées aux week-ends des quotidiens *The star* et *The Citizen* fournissent la liste des spectacles à l'affiche. Toute l'année, la municipalité présente **Music Under The Stars**, une série de concerts nocturnes interprétés par le Tucson Symphony Orchestra (792-9155 pour les dates et les horaires). On peut aussi flâner tranquillement pendant le **Downtown Saturday Night :** le premier et le troisième samedi de chaque mois, Congress St. est fermée à la circulation et laisse les artistes s'exprimer dans la rue. Le dernier jeudi de chaque mois, durant le **Thursday Art Walk**, les galeries et les studios artistiques ouvrent leurs portes. Appeler le **Tucson Arts District** (624-9977) pour plus de détails sur ces deux manifestations.

Un authentique vieux saloon, le **Wild Wild West**, 4385 W. Ina Rd. (744-7744), diffuse en continu de la musique country qui vous entraîne sur la plus grande piste de danse de tout l'Arizona (1 800 m²). Journée "familiale" les 2e et 4e dimanches de chaque mois (ouvert de 14h à 1h) et leçons de danse gratuites, les mardi, jeudi et dimanche (entrée vendredi-samedi 3 $, mercredi gratuit pour les filles, 2 $ pour les hommes). Ouvert du mardi au vendredi et dimanche de 16h à 1h, samedi et lundi de 17h à 1h.

Club Congress, 311 E. Congress (622-8848), au rez-de-chaussée de l'Hotel Congress, accueille des groupes sur scène les week-ends (entrée 3 $). Le personnel de l'hôtel et de nombreux habitués s'y entendent pour mettre de l'ambiance (Cocktail spécial 1,25 $, ouvert tous les jours de 20h à 1h). **The Rock**, 136 N. Park (629-

9211), est un favori des étudiants, avec des concerts *live* et le concours musical "Battles of the Bands" chaque vendredi soir. Entrée de 3 à 8 $, ouvert de 20h à 1h quand il y a des spectacles (il vaut mieux appeler avant). Parfait pour boire tranquillement un verre, **Bar Toma**, 311 N. Cart Ave. (622-5465), propose une excellente sélection de tequila (ouvert du dimanche au jeudi de 11h à 21h, les vendredi-samedi de 11h à 22h). Pour écouter du blues et du rock *live*, faites un tour au **Berky's on Fourth**, 424 N. 4th Ave. (622-0376, entrée de 1 à 3 $). Ouvert du lundi au vendredi de 16h à 1h, samedi-dimanche de 11h à 1h.

■ AUX ENVIRONS DE TUCSON

Tout à la fois musée, zoo et site naturel préservé, le **Arizona-Sonora Desert Museum**, 2021 N. Kinney Rd. (883-2702), recrée toutes sortes d'habitats du désert et présente plus de 300 espèces animales dont des colibris, des ocelots et des serpents à sonnette. Pour s'y rendre, suivre Speedway Blvd. à l'ouest de la ville, qui devient ensuite Gates Pass Rd. puis Kinney Rd. Cela vaut le coup de consacrer deux bonnes heures à la visite, en particulier au petit matin, quand les animaux ne font pas encore la sieste (ouvert tous les jours de 8h30 à 17h, entre octobre et février de 7h30 à 18h, 9 $, pour les enfants entre 6 et 12 ans 2 $).

Old Tucson Studios, 201 S. Kinney Rd. (883-0100), juste au sud de Desert Museum, est un parc sur le thème du western, qui servit à l'origine, en 1939, de décor au film *Arizona*, l'un des tous premiers westerns. Plus de 200 films ont été tournés ici, avec les plus grandes stars du genre. Les studios ont hélas brûlé en 1995 mais leur reconstruction progresse rapidement. Appeler pour plus d'information.

Au nord du musée, la moitié ouest du **Saguaro National Park** (733-5153), également appelée Tucson Mountain District (883-6366), propose un nombre limité de chemins de randonnée et un circuit à faire en voiture. Le chemin pavé, qui passe près du *visitors center*, côtoie quelques-uns des plus beaux cactus géants saguaro (ils peuvent atteindre 13 m de haut) de la région. Le *visitors center* est ouvert tous les jours de 8h à 17h et la parc est ouvert 24h/24. **Gates Pass**, sur la route du Tucson Mountain Unit et du Desert Museum, est un lieu idéal pour admirer les couchers et levers de soleil.

Le **Saguaro National Park East** (également nommé Rincon Mountain District), est situé à l'est de la ville, sur le Old Spanish Trail. Pour s'y rendre, suivre la I-10 à l'est jusqu'à la sortie 279 puis prendre Vail Rd. jusqu'à Old Spanish Trail. A l'intérieur du parc, 206 km de sentiers de randonnée et 13 km d'une route panoramique traversent une forêt de cactus. Ouvert tous les jours de 8h à 17h, entrée : 4 $ par véhicule et 2 $ pour les piétons. On se procure un permis de **camping** auprès du *visitors center*. Dans l'ombre du National Park, les cactus du Mt. Lemmon, juste à l'est de la ville, sont souvent méconnus alors qu'ils méritent le détour.

Bâti autour d'une base de lancement désaffectée, le **Titan II Missile Museum**, 1580 W. Duvall Mine Rd. (791-2929) à Pima, situé dans la Green Valley, à 40 km au sud de Tucson (prendre la I-19 jusqu'à la sortie 69) exhibe des missiles qui font froid dans le dos. Ouvert du mercredi au dimanche de 9h à 16h, entre novembre et avril, tous les jours de 9h à 17h. Entrée : 5 $, pour les personnes âgées et les militaires 4 $, pour les jeunes de 10 à 17 ans 3 $. Il est conseillé de réserver.

Plus de 20 000 avions de guerre, depuis les bombardiers de la Seconde Guerre mondiale jusqu'aux jets de la guerre du Viêt-nam sont entreposés en longues rangées silencieuses à **Davis-Monthan Air Force Base** (750-4570), à 24 km au sud-est de Tucson. Le faible taux d'humidité et les rares pluies favorisent la préservation de ces reliques de guerre. Prendre la sortie Houghton sur la I-10 puis se diriger à l'ouest sur Irvington jusqu'à Wilmont. Des visites gratuites (sur réservation) sont organisées le lundi et le mercredi à 9h. On peut aussi voir ce cimetière de 3 km de long à travers les grillages qui l'entourent.

Au nord de Tucson, les falaises et les chutes d'eaux de **Sabino Canyon** (749-2861) constituent un cadre très agréable pour un pique-nique ou une excursion (un *tram* traverse le canyon tous les jours de 9h à 16h30, toutes les demi-heures). Le personnel d'accueil du canyon vous indiquera les meilleurs coins. **Sabino Canyon Tours**, 5900 N. Sabino Canyon Rd. (749-2327), fait aussi circuler une navette dans le canyon (du lundi au vendredi de 9h à 16h, départ toutes les heures, hors saison samedi et dimanche de 9h à 16h30, toutes les demi-heures).

■■■ TOMBSTONE

Fondée pendant les ruées vers l'or et l'argent des années 1870, la ville de Tombstone a bien mérité son surnom de "Too Tough to Die !" ("trop coriace pour mourir"). Ravagée par deux terribles incendies, elle a failli accéder au triste rang de ville fantôme lorsque les filons qui avaient fait sa fortune s'épuisèrent. Mais Tombstone a survécu et est même en train d'opérer un étonnant come-back, basé sur le tourisme. Aujourd'hui, on visite la ville pour revivre la rude époque de l'Ouest sauvage, quand les stars locales s'appelaient Wyatt Earp et Doc Holiday. De nombreuses attractions sont destinées aux fans de western. Vous pouvez commencer par visiter l'arrière-cour où Wyatt Earp et ses frères livrèrent leur fameux règlement de compte de **OK Corral** (520-457-3456, situé à Allen juste à côté de City Park, tous les jours de 8h30 à 17h, 2 $). Les **Boothill Gunslingers**, le **Wild Bunch** et les **Vigilantes/Viglettes** sont des troupes de comédiens qui reconstituent quelques célèbres fusillades de l'Ouest (du lundi au samedi, à 14h, au coin de 4th et Toughnut Streets, 2,50 $, enfants de 6 à 12 ans 1,50 $). En contactant Lou, au Legends of the West Saloon (520-457-3055), vous pouvez vous arranger pour que l'un de vos amis soit la victime d'un pseudo-lynchage public (une bonne blague, non ?). Vous entendrez la voix de Vincent Price vous conter l'histoire de la ville au **Tombstone Historama** (520-457-3456) tandis qu'une adaptation de la fameuse fusillade est reproduite sur un écran de cinéma (spectacle tous les jours de 9h à 16h, débute toutes les heures à la demie, 2 $). Les shérifs comme John Slaughter ont combattu les hors-la-loi au **Tombstone Courthouse**, le palais de justice, (520-457-3311), situé sur 3rd et Toughnut Streets, (ouvert tous les jours de 8h à 17h, 2 $, pour les jeunes de 12 à 18 ans 1 $, gratuit pour les moins de 12 ans). Les **pierres tombales** du cimetière de Tombstone témoignent des nombreux duels qui ont secoué la ville (sur la route 80 juste au nord de la ville, ouvert tous les jours de 7h30 à 19h, gratuit). Dans un style complètement différent, le **Rose Tree Museum** (520-457-3326), sur 4th et Doughnut Streets, abrite le plus gros buisson de roses du monde (ouvert tous les jours de 9h à 17h, 2 $, gratuit pour les moins de 14 ans). La **Chamber of Commerce de Tombstone et le visitors center** (520-457-3929) vous accueillent à l'angle de 4th et Allen Streets (ouvert du lundi au vendredi de 9h à 17h, samedi-dimanche de 9h à 16h).

John Wayne a séjourné (chambre 4) à l'**Hacienda Huachuca Motel**, 320 Bruce St. (520-457-2201 ou 800-893-2201), pendant le tournage, en 1963, de *McLintock*. Derrière la façade écaillée de cet hôtel se cachent de charmantes petites chambres avec TV et réfrigérateur (chambre simple ou double 27 $, pistolet sous l'oreiller facultatif). Au **Trail Rider's Inn**, 13 N. 7th St. (520-457-3573), les chambres sont propres et dans le plus pur style des motels américains de la fin du XXe siècle (chambre simple 27 à 35 $, 5 $ par personne supplémentaire). Le **Round-Up Trailer Ranch**, 201 W. Allen St. (520-457-3738), propose des emplacements pour tentes (10 $) et pour camping-cars (12,50 $).

Don Teodoro's, 15 N. 4th St. (520-457-3647), sert des plats mexicains pour moins de 5 $ (ouvert du lundi au vendredi de 11 à 14h et de 17h à 21h, samedi-dimanche de 11h à 21h). On peut aussi prendre des forces au **Ol' Miner's BBQ and Café**, 10 S. 5th St. (520-457-3488). Burgers et sandwiches entre 3 et 5 $ (heures d'ouverture variables). **Blake's Char-Broiled Burgers and BBQ Ranch**, 511B Allen St. (520-457-3646), vous couche une vache sur une tranche de pain à partir de 3 $ (ouvert du mardi au samedi de 11h à 19h, dimanche-lundi de 11h à 18h). Pour une atmosphère country au clair de lune, il y a le **Big Nose Kate's Saloon** (520-457-

3107) sur Allen St., qui doit son nom à "la fille qui aimait Doc Holiday mais tous les autres aussi". Des barmen déguisés en cow-boys vous servent des cocktails aux noms aussi suggestifs que "sex in the desert" (ouvert tous les jours de 10h à minuit)

Pour se rendre à Tombstone, prendre la sortie Benson sur la I-10 puis suivre au sud la route 80. La station Greyhound (520-586-3141 ou 800-231-2222) la plus proche se trouve à **Benson** au Benson Flower Shop, sur la 4th St. Les trains **Amtrak** (800-872-7245) sifflent trois fois, juste de l'autre côté de la rue. **Mr Reynolds Taxi** (520-457-3897) vous conduit de Benson à Tombstone pour 20 $.

Nouveau-Mexique

En 1540, une expédition menée par Francisco Vasquez de Coronado quitta Mexico pour le Nouveau-Mexique dans le but de conquérir la cité mythique de Cibola. La légende racontait que ses rues étaient pavées d'argent et que or et pierres précieuses décoraient les maisons. Les Espagnols ne trouvèrent en fait que de modestes pueblos indiens et rentrèrent à Mexico en 1542. Coronado avait peut-être échoué dans sa mission mais il avait lancé la mode. Depuis lors les explorateurs n'ont cessé de partir à la conquête des richesses du Nouveau-Mexique. De nos jours, les visiteurs viennent avant tout pour la beauté naturelle des sites. Mais l'esprit des conquistadors survit peut-être chez ces New Yorkais qui tripotent les bijoux en turquoise sur Taos Plaza.

Le Nouveau-Mexique est un paradis pour les randonneurs, les voyageurs sac au dos et les amateurs de varappe. Six forêts nationales à l'intérieur de l'État fournissent des kilomètres de plaisir pour les amoureux d'activités en plein air tandis que Sandia, Mogollon et Sangre de Cristo comblent les rêves verticaux des alpinistes.

INFORMATIONS PRATIQUES

Capitale : Santa Fe.
Office de tourisme : New Mexico Department of Tourism, 491 Old Santa Fe Trail, Santa Fe 87501 (800-545-2040). Ouvert du lundi au vendredi de 8h à 17h. **Park and Recreation Division,** Villagra Bldg, PO Box 1147, Santa Fe 87504 (505-827-7465). **US Forest Service,** 517 Gold Ave., SW, Albuquerque 87102 (505-842-3292).
Fuseau horaire : Rocheuses (- 2h par rapport à l'Est). **Abréviation de l'État :** NM. **Taxe locale :** 5,7 %.

LE NORD DU NOUVEAU-MEXIQUE

■■■ SANTA FE

Santa Fe se trouve au croisement de la route **Santa Fe Trail,** qui vient d'Independence, dans le Montana, et de **El Camino Real** ("la route royale"), venant de Mexico. Les colons qui ont sillonné ces routes ont laissé une empreinte indélébile sur Santa Fe. Pendant la guerre civile mexicaine, les Américains ont ravi le contrôle de la ville aux Mexicains sans pour autant supprimer leur influence. En 1957, une ordonnance locale instaura l'obligation, pour tous les immeubles du centre-ville, d'adopter une architecture dans le style pueblo espagnol. Sur certains d'entre eux, la façade en argile séchée ne suffit pas à camoufler entièrement le style victorien d'origine. En dépit de cette uniformité architecturale bien peu libérale, intellectuels et artistes ont convergé vers Santa Fe, où ils coexistent avec les Amérindiens, les retraités, les touristes et les marchands de bijoux.

INFORMATIONS PRATIQUES

Office de tourisme : The Santa Fe Convention and Visitors Bureau, 201 W. Mary St. (800-777-2489). Le guide *Santa Fe Visitors Guide* contient plein d'informations utiles. Ouvert du lundi au vendredi de 8h à 17h. Il y a aussi un kiosque, **Information Booth**, situé au croisement de Lincoln St. et de Palace Ave. Ouvert en été du lundi au samedi de 9h à 16h30. Les visiteurs étrangers peuvent se rendre au **Santa Fe Council on International Relations**, 100 E. San Francisco St., à l'intérieur de l'hôtel La Fonda. Ouvert du lundi au vendredi de 9h à midi.

Bus : Greyhound, 858 St. Michael's Dr. (471-0008 ou 800-231-2222). Vers : Denver via Raton, NM (4 liaisons par jour, 66 $), Taos (2 liaisons par jour, durée 1h30, 15 $), Albuquerque (4 liaisons par jour, durée 1h30, 10,50 $). Ouvert du lundi au vendredi de 7h à 17h30 et de 19h30 à 21h35, samedi-dimanche de 7h à 9h, de 12h30 à 13h30, de 15h30 à 17h, de 19h30 à 21h35.

Trains : Amtrak, la station la plus proche est à **Lamy** (466-4511 ou 800-872-7245), à 30 km de la country Rd. 41 navettes pour Santa Fe, 14 $. Ouvert tous les jours de 9h à 17h.

Transports publics : Santa Fe Trails (984-6730) possède 6 lignes qui desservent la ville (fonctionnent du lundi au samedi de 6h30 à 19h30). Le bus n ° 6 part toutes les demi-heures du centre-ville, sur Sheridan Ave., à 1 block de la place située entre Marcy St. et Palace Ave., en direction des musées de Camino Lejo. Tarif 50 ¢, pour les enfants de 6 à 12 ans 25 ¢. **Shuttlejack** (982-4311) circule vers l'aéroport d'Albuquerque (13 liaisons par jour, 20 $) et vers l'Opéra (une liaison par jour, 10 $ aller et retour) au départ des hôtels du centre-ville. Il faut réserver 24h à l'avance.

Location de voitures : Budget Rent-a-Car, 1946 Cerrillos Rd. (984-8028), 39 $ par jour, 146 $ par semaine. Il faut avoir 25 ans et posséder une carte de crédit. Ouvert du lundi au vendredi de 8h à 18h, samedi-dimanche de 8h à 17h.

Taxis : Capital City Taxi, 438-0000. Prise en charge 2 $, puis 1,30 $ par mile.

New Age Referral Service : 474-0066. Bureau d'information sur les services de soins New Age et les nouveaux modes de pensées.

Urgences : 911.

Bureau de poste : 120 S. Federal Pl. (988-6351) dans le Montoya Office Bldg, à côté du palais de justice. Ouvert du lundi au vendredi de 7h30 à 17h45, samedi de 9h à 13h. **Code postal :** 87501. **Indicatif téléphonique :** 505.

A l'exception des musées situés au sud-est du centre-ville, la plupart des restaurants et des sites intéressants de Santa Fe sont regroupés dans un rayon de quelques blocks autour du **Downtown Plaza** et à l'intérieur de la boucle formée par le **Paseo de Peralta**. Les rues étroites ne facilitent pas la circulation, et il est préférable de garer sa voiture pour se promener à pied. Des **parkings** se trouvent derrière le Santa Fe Village, près de Sena Plaza, à un block à l'est du palais de justice fédéral. Il y aussi des places autorisées le long des rues, juste au sud de la plaza. Le *visitors center* fournit un plan des zones de stationnement, le *Downtown Parking Guide*.

HÉBERGEMENTS ET CAMPINGS

La ligne téléphonique **Santa Fe Detours Accommodations Hotline** (986-0038) donne des tuyaux sur les hébergements bon marché. Les hôtels de Santa Fe deviennent de plus en plus chers. Dès le mois de mai, ils sont submergés de réservations pour la semaine de la **Fiesta de Santa Fe**, qui a lieu début septembre et pour l'**Indian Market** durant la 3e semaine d'août. Pendant ces événements, il vaut mieux réserver longtemps à l'avance ou être prêt à dormir à la belle étoile. En dehors de ces périodes, on peut se loger à petit prix autour de **Cerillos Rd.** Dans les motels les moins chers, une réduction est parfois négociable. L'auberge de jeunesse **Santa Fe Hostel (AAIH/Rucksackers)**, 1412 Cerrillos Rd. (988-1153), se trouve à

1,5 km de la gare routière et à 3 km de la plaza. Cuisine, bibliothèque, dortoirs… et coup de main demandé. Accueil ouvert tous les jours de 7h à 23h, 12 $ pour les membres, 15 $ pour les autres, draps 2 $, chambres B&B de 25 à 30 $. On peut réserver en versant des arrhes.

Pour camper aux environs de Santa Fe, il faut une voiture. Le **Santa Fe National Forest** (988-6940) propose plusieurs aires et des possibilités de camping sauvage dans les superbes montagnes Sangre de Cristo. Le **Black Canyon Campground**, à 13 km au nord-est de Santa Fe, sur la route 475, offre 40 emplacements (7 $). 6 km plus loin, on peut planter sa tente gratuitement sur l'un des 7 emplacements de **Big Tesuque**. D'autres sites gratuits sont disponibles au **Aspen Basin** (10 emplacements, à 5 km au-delà de Big Tesuque sur la route 475). Ces deux derniers campings ne disposent pas d'eau potable. Ils sont tous les trois ouverts de mai à octobre et on peut appeler la National Forest pour plus d'information. Il est également possible de camper au **KOA Santa Fe** (982-1419), situé à la sortie 290 sur la I-25N (suivre les panneaux). Emplacements 15 $, avec raccordement de 15,50 à 20 $, ouvert de mars à octobre.

RESTAURANTS

Les plats mexicains épicés servis sur des *tortillas de maïs* sont la spécialité locale. Les restaurants végétariens sont rares et chers. Quelques bons bistros sur la plaza servent des chilis à une clientèle hétéroclite d'agents fédéraux, de touristes nantis et d'artistes locaux. Comme la plupart sont fermés le soir, on peut aussi chercher du côté de **Cerrillos Rd.** et de **St. Michael's Dr.**, au sud du centre-ville. Ou encore essayer les odorants *fajitas* et les limonades bien fraîches à l'un des restaurants-grills de la plaza.

Tomasita's Santa Fe Station, 500 S. Guadalupe (983-5721), près du centre-ville. Touristes et gens du coin viennent déguster leurs tortillas et leurs chilis (entre 4,50 et 5 $) en salle ou en terrasse. Ouvert du lundi au samedi de 11h à 22h.

Josie's, 225 E. Marcy St. (983-5311). Prononcer à l'espagnol, "RHosie". Les plats mexicains savoureux et les desserts, véritables péchés de gourmandise, valent largement les 20 mn d'attente. Les "Special's" sont entre 5,50 et 6,50 $. Ouvert du lundi au vendredi de 11h à 15h.

Tortilla Flats, 3139 Cerrillos Rd. (471-8685). Atmosphère plutôt familiale dans ce restaurant mexicain. Les *Huevos rancheros* (5 $) constituent un petit déjeuner tout à fait copieux. Ouvert tous les jours de 7h à 22h, en hiver du dimanche au jeudi de 7h à 21h, vendredi-samedi de 7h à 22h.

The Burrito Company, 111 Washington Ave. (98CHILE/9824453). Nourriture mexicaine excellente à un prix très raisonnable. Assiette de *burritos* 2,30 à 4 $. Ouvert du lundi au samedi de 7h30 à 19h, dimanche de 11h à 17h.

VISITES

La **Plaza de Santa Fe** est un bon point de départ pour explorer les musées, les sanctuaires et les galeries d'art de la ville. Depuis 1609, la plaza a accueilli des cérémonies religieuses, des rassemblements militaires, des marchés, des combats de coqs et des châtiments publics.

Les quatre musées administrés par le **Museum of New Mexico** (827-6465, 24h/24) ont les mêmes horaires. Un *pass* de 3 jours, acheté dans l'un d'eux, vous permet de visiter les autres. (Ouvert tous les jours de 10h à 17h, fermé le lundi en janvier et février. Entrée simple 4,20 $, forfait pour 3 jours, 5,25 $.) Le **palais des Gouverneurs**, 100 Palace Ave. (827-6483), le plus vieux bâtiment public des USA, a été le siège de sept gouvernements successifs depuis sa construction en 1610. Le Haciendas Palace est maintenant un musée qui propose des expositions sur l'histoire des Amérindiens, du Sud-Ouest américain et du Nouveau-Mexique. Un conseil : les bijoux et l'artisanat traditionnel amérindien, vendus devant l'entrée du musée sont de meilleure qualité et moins chers que ceux proposés dans les boutiques spécialisées du reste de la ville. Juste après Lincoln St., le **Museum of Fine Arts**, 107 W. Palace Ave. (827-4468) est situé dans un grand building dans le coin nord-ouest de la plaza. On y admire les œuvres de la plupart des artistes du Sud-Ouest, dont Georgia O'Keeffe et Edward Weston, ainsi qu'une étonnante collection d'art amérindien contemporain. Des expositions temporaires sont consacrées aux jeunes artistes. Les deux autres musées se trouvent au sud-est de la ville, sur **Camino Lejo**, juste à la sortie de Old Santa Fe Trail. Le **Museum of International Folk Art**, 706 Camino Lejo (827-6350), à 3 km au sud de la plaza, abrite la Collection Girard, qui comprend plus de 100 000 œuvres d'art traditionnel du monde entier. Un fascicule édité par la galerie vous aidera à mieux apprécier cette exposition très riche mais quelque peu confuse.

Juste à côté, le **Museum of American Indian Arts and Culture**, 710 Camino Lejo (827-6344), expose artisanat et photographies amérindiennes.

L'**Institute of American Indian Arts Museum**, 108 Cathedral Place (988-6281), dans le centre-ville, renferme des œuvres contemporaines amérindiennes. (Ouvert du lundi au samedi de 10h à 17h, dimanche de midi à 17h, entre le 1er octobre et le 30 avril du lundi au vendredi de 10h à 17h, samedi-dimanche de midi à 17h, fermé le lundi en janvier et février. Entrée 4 $, pour les étudiants et les personnes âgées,2 $, gratuit pour les moins de 16 ans.)

De l'autre côté de Palace Ave. (en venant de Sena Plaza), à l'extrémité est de San Francisco St., les styles espagnol et gothique ont fusionné pour donner la **Cathédrale San Francisco** (982-5619). Bois clair et vitraux accueillent les fidèles plusieurs fois par jour. A environ 5 blocks au sud-est de la plaza, se trouve la **Mission San Miguel** (983-3974), au coin de De Vargas St. et du Old Santa Fe Trail. Construite en 1710, la mission est la plus vieille institution religieuse en activité des Etats-Unis. A l'intérieur, on peut admirer l'ancien autel construit par les Amérindiens (ouvert du lundi au samedi de 9h à 16h30, dimanche de 13h à 16h30, entre novembre et avril du lundi au samedi de 10h à 16h, dimanche de 13h à 16h30). La **plus vieille maison** des Etats-Unis (983-8206), au bas de De Vargas St. en venant de la Mission San Miguel, date de 1200. Cette maison fut construite par le peuple pueblo. Elle abrite la dépouille d'un Espagnol appelé Hidalgo qui, après avoir acheté un filtre d'amour à une femme qui vivait là, se mit à embrasser tout ce qui tombait à sa portée. Il fut décapité quelques jours plus tard… Ouvert du lundi au samedi de 9h à 17h, 1 $. Une pâtisserie vend des glaces à l'entrée (2 $ le cône).

SORTIES ET SPECTACLES

Les cérémonies amérindiennes, les fêtes, les expositions artistiques, les rodéos et les tournois de tennis font de Santa Fe une ville particulièrement dynamique. Des musiciens de renommée internationale viennent se produire dans les différents clubs de la ville. Le **El Farol**, 808 Canyon Rd. (983-9912), présente des stars du rock et du rythm & blues (spectacle tous les soirs à 21h30, entrée 5 $). La vie nocturne de Santa Fe est décrite dans les magazines *Santa Fe Reporter* et *Pasatiempo* ainsi que dans le numéro du vendredi du *Santa Fe New Mexican*.

L'**Opéra de Santa Fe**, PO Box 2408, Santa Fe 87504-2408 (982-3855), dans un superbe décor montagneux, à 13 km au nord de Santa Fe, sur la route 84, propose des concerts en plein air. Les nuits étant fraîches, il vaut mieux se couvrir. Le bureau de location se situe à l'El Dorado Hotel, 309 W. San Francisco St. (986-5900), dans la boutique de cadeaux. (En juillet-août, du lundi au samedi, spectacle à 21h, place debout 6 $.) **Shuttlejack** propose un service de navettes depuis le centre-ville vers les lieux des spectacles (voir Informations pratiques). Le **Festival de musique de chambre de Santa Fe** (983-2075) rend hommage aux œuvres baroques et classiques et aux compositeurs contemporains dans l'Auditorium St. Francis, situé dans le Museum of Fine Arts. De juillet à mi-août, du lundi au jeudi à 20h, vendredi-samedi à 18h. Billets entre 20 et 32 $.

En août, le plus grand et le plus impressionnant **marché indien** des Etats-Unis investit littéralement la Plaza avec plus de 500 expositions d'art et d'artisanat en provenance des tribus réparties sur tout le territoire américain. La **Southwestern Association on Indian Affairs** (983-5220) peut vous donner plus de détails.

La reconquête pacifique du Nouveau-Mexique par Don Diego de Vargas, en 1692, marqua la fin de douze années de rébellion du peuple pueblo. L'événement est maintenant célébré pendant les trois jours de la **Fiesta de Santa Fe** (988-7575), qui a lieu début septembre. Le clou du spectacle est l'autodafé d'une effigie en papier mâché de 10 m de haut, qui représente **Zozobra,** "le vieil homme mélancolique". Au programme des festivités, danses de rues, processions et satires politiques. La plupart des spectacles sont gratuits. Le journal *New Mexican* publie le guide et le programme des attractions pendant la *fiesta.*

■ AUX ENVIRONS DE SANTA FE

Bandelier National Monument, à 64 km au nord-ouest de Santa Fe (prendre l'US 285 jusqu'à la route 4 puis suivre les panneaux), contient quelques-uns des pueblos indiens et maisons troglodytes les plus spectaculaires de tout l'Etat. On les visite grâce à plus de 80 km de chemins de randonnée, dans un décor de splendides mesas (plateaux) et de canyons. Le plus facile d'accès est le **Frijoles Canyon**. C'est là que se trouve le **visitors center** (672-3861 ext. 518, ouvert tous les jours de 8h à 18h, en hiver de 9h à 17h30). Un chemin de randonnée de 8 km part du parking vers le Rio Grande. Il vous entraîne dans une descente de 200 m vers l'entrée du Canyon, traverse deux chutes d'eau et offre un superbe point de vue sur les montagnes. Le **Stones Lion Shrines,** un circuit de 19 km (compter 8h de marche), part du *visitors center* et se dirige vers deux statues de lions en pierre et un pueblo Yapashi. Malheureusement les lions ont été détériorés par des vandales et le *visitors center* déconseille de faire le trajet. Une randonnée de deux jours (30 km), au départ du *visitors center,* vous emmène (en passant par les deux lions de pierre) vers la grotte **Painted Cave,** décorée par plus de 50 peintures anasazi, puis vers le Rio Grande. Ces deux randonnées sont assez éprouvantes. Des permis gratuits, permettant de se promener et de camper en pleine nature, sont à retirer auprès du *visitors center,* qui fournit aussi une carte topographique de la région (9 $). On peut également choisir de faire la visite d'une heure, au départ du *visitors center* vers les maisons troglodytes environnantes. Entrée du parc : 5 $ en voiture, 3 $ par piéton, valable 7 jours. Les 95 emplacements de camping du **Juniper Campground,** 400 m après la sortie de la route 4, à l'entrée du monument, sont les seuls des environs (emplacement 8 $, moitié prix pour les titulaires d'un Golden Age Passport, sans réservation).

A la fin de la Seconde Guerre mondiale, le gouvernement américain choisit **Los Alamos,** petit village de montagne situé à 16 km au nord de Bandelier sur la NM 4, pour effectuer ses premiers essais nucléaires, dans le cadre du programme *Manhattan Project.* De nos jours, les recherches nucléaires se poursuivent au **Los Alamos Scientific Laboratory**, qui se déploie au sommet de plusieurs mesas, reliés entre eux par des ponts autoroutiers. Le **Bradbury Museum of Science** est ouvert au public (667-4444). Situé au coin de Central Ave. et 4th St., il raconte la genèse de la bombe, l'équilibre nucléaire stratégique et le déroulement des essais nucléaires. Ouvert de mardi à vendredi de 9h à 17h, de samedi à lundi 13h à 17h, entrée gratuite.

Le **Los Alamos County Historical Museum,** 1921 Juniper St. (662-6272 ou 662-4493), après Central Ave., vous livre tous les secrets de la vie à Los Alamos dans les années 40, quand le gouvernement américain décida d'isoler totalement la ville (ouvert du lundi au samedi de 9h30 à 16h30, dimanche de 13h à 17h, d'octobre à avril du lundi au samedi de 10h à 16h, dimanche de 13h à 16h. Entrée gratuite).

Le **Pecos National Historical Park,** situé dans les collines à 40 km au sud-est de Santa Fe, sur la I-25 et la route 63, comprend des ruines pueblo et l'église d'une mission espagnole. Une randonnée de 1,6 km traverse les quelques sites archéologiques de ce petit parc. A voir, les *kivas* rénovés des Pecos, des chambres rituelles souterraines utilisées par les Pueblo et construites après la rébellion de 1680. Ouvert tous les jours de 8h au crépuscule, du Labor Day (1er lundi de septembre) au Memorial Day (dernier lundi de mai) de 8h à 17h. Entrée 2 $ par personne, 4 $ par voiture. Le **visitors center** du monument (757-6414 ou 757-6032) inclut un petit musée et présente un film de 10 mn toutes les demi-heures (ouvert tous les jours de 8h à 18h, du Labor Day au Memorial Day de 8h à 17h. Entrée gratuite mais parking payant). Les transports publics ne desservent pas le parc. On peut planter sa tente dans la **Santa Fe National Forest**, située à 10 km plus au nord sur la route 63 (voir Santa Fe, Hébergements).

Si vous prenez la route vers Taos, faites une escale à **La Iguana** (852-4540), sur la route 68 dans la ville de **Embudo**. Cet endroit qui fait café et boutique-souvenir est aussi un mémorial dédié à Elvis Presley. On vous sert des burritos "Love me Tender" (6 $) et on vous vend des portraits sur velours du King (13 $). Et comme ils disent " Forget Las Vegas : ¡Viva La Iguana!". (Ouvert tous les jours entre avril et octobre de 10h à 18h.)

■■■ TAOS

Les nombreux artistes qui se sont établis à Taos représentent la dernière vague d'immigrants conquis par la fertilité et la beauté de la Vallée de Taos. Le flux commença avec les tribus amérindiennes dont les pueblos couvrent encore la vallée. Au XVIIe siècle, les missionnaires espagnols et les fermiers tentèrent de convertir ces peuples au christianisme, en s'installant auprès d'eux. Le XXe siècle a connu l'arrivée d'artistes tels que Georgia O'Keeffe, qui fut à la fois fascinée et inspirée par la beauté intacte de Taos. Des créateurs en veine d'inspiration se rendent encore à Taos, mais ce sont désormais les sportifs et les mystiques qui forment le gros des troupes. Chaque année, un nombre accru de randonneurs et de skieurs investissent les montagnes environnantes. De plus en plus d'amateurs de raft se plongent dans les eaux tourbillonnantes du Rio Grande tandis que les adeptes du New Age guettent les vibrations cosmiques dans le désert.

Informations pratiques En ville, la route 68 prend le nom de Paseo del Pueblo. Les conducteurs sont invités à se garer sur le Placitas Rd., à un block à l'ouest de la plaza. La **Chamber of Commerce** de Taos, 1139 Paseo del Pueblo Sur (758-3873 ou 800-732-8267), est située au sud de la ville à la jonction entre la route 68 et la route 64. Vous trouverez sur place des cartes et des documents touristiques (ouvert tous les jours de 9h à 18h, entre novembre et avril de 9h à 17h). La Chamber of Commerce a également un kiosque au centre de la Plaza (pas de ligne téléphonique, les heures d'ouverture sont variables en fonction de la saison et du personnel bénévole). **Greyhound** (758-1144 ou 800-231-2222) sur Paseo del Pueblo Sur, près de la Chamber of Commerce, propose deux bus par jour à destination de : Albuquerque (durée 3h, 20 $), Santa Fe (durée 1h30, 15 $) et Denver (durée 8h, 59 $). Les tickets peuvent être achetés au chauffeur ou au magasin de transports de meubles (ouvert du lundi au samedi de 8h30 à 18h). **Faust's Transportation** (758-3410) met en service des taxis de 7h à 18h. En cas d'urgence : **police** (758-2081), **ambulance** (911). Le **bureau de poste** de Taos est au 318 Paseo del Pueblo Norte (758-2081), à 400 m au nord de la Plaza (ouvert du lundi au vendredi de 8h30 à 17h et le samedi de 12h30 à 14h). **Code postal :** 87571. **Indicatif téléphonique :** 505.

Hébergements et campings L'auberge de jeunesse **Plum Tree Hostel (HI-AYH.** 758-0090 ou 800-999-PLUM/7586), à Pilar, 24 km au sud de Taos sur la route 68, est située au bord du Rio Grande. Les bus Greyhound et les navettes de l'aéroport qui circulent entre Santa Fe et Taos y font escale. On a accès à une cuisine ainsi qu'à un certain nombre de réductions sur les spectacles estivaux et les excursions en raft sur le Rio Grande. Il vaut mieux appeler à l'avance pour réserver. Accueil ouvert tous les jours de 8h à 10h et de 17h à 21h. Dortoir 9 $ pour les membres, 12 $ pour les autres. Chambre pour deux personnes avec baignoire 26 $, trois personnes 29 $. Bungalow individuel 20 $, deux personnes 24 $, avec salle de bains commune dans l'hôtel.

Ex-repaire de hippies rendu célèbre par le film *Easy Rider*, le **New Buffalo Bed and Breakfast Retreat Center**, PO Box 247, Arroyo Hondo 87513 (776-2015), à 19 km au nord de Taos à la sortie de la route 522 (appeler pour se faire indiquer le chemin), s'est reconverti en sage B&B, avec des chambres entre 55 et 65 $. Pour un retour aux racines indiennes, vous pouvez aussi choisir de dormir dans un tipi (35-45 $). L'alcool et les drogues sont interdits dans ce lieu où Janis Joplin et Timothy Leary ont passé une nuit. Un petit déjeuner "bio" est inclus dans le prix. On peut trouver des chambres à un prix raisonnable au **Taos Motel**, 1799 Paseo de Pueblo Sur (758-2524 ou 800-323-6009), sur la route 68 (chambre simple de 34 à 50 $, double de 42 à 57 $). Juste à côté, le **Taos RV Park** (758-2524 ou 800-323-6009), dispose d'emplacements pour tente (13 $ pour deux personnes, avec raccordement complet 19 $ pour deux personnes).

Il est facile de **planter sa tente** aux environs de Taos si on a une voiture. En pleine montagne, sur la route forestière 64, 30 km à l'est de Taos, se trouve la **Kit Carson National Forest**, qui gère trois campings. Le **Las Petacas** est gratuit mais ne dispose pas d'eau potable. Les sites de **Sombra** et **Capulin**, situés sur la même route, demandent 5 $. Quatre campings gratuits sont répartis le long de la route 150 au nord de la ville. Il n'y a pas besoin de permis pour **camper en pleine nature** dans la forêt. Pour plus de renseignements et pour obtenir une carte des différents campings, contacter le **Forest Office Service** (758-6200, ouvert du lundi au vendredi de 8h à 16h30) ou **le visitors center** (ouvert tous les jours de 9h à 16h30) sur la route 64 à l'ouest de la ville. Il est situé juste après un superbe terrain de camping, au bord du **Rio Grande Gorge Bridge** (758-8851). Emplacements avec eau 7 $. Coucher de soleil à ne pas manquer depuis le pont.

Restaurants Ils sont tous regroupés sur Taos Plaza et Bent St. **El Patio de Taos Restaurant and Cantina** (758-2121), sur Teresina Ln., entre Taos Plaza et Bent St., sert une excellente cuisine du Mexique et du Nouveau-Mexique, dans l'un des plus vieux bâtiments de Taos (déjeuner de 7 à 12 $, dîner de 8 à 13 $). Ouvert tous les jours de 11h30 à 22h. **Murray's Deli and Takeout**, 115 E. Plaza St. (758-4205), à l'intérieur du Taos Plaza, satisfait les amateurs de pancakes aux pommes de terre (trois pour 3 $) mais choix de sandwiches (de 6,50 à 7,25 $) peu excitant (ouvert du lundi au samedi de 8h à 20h, dimanche de 9h à 17h). Derrière le **Amigo's Natural Foods**, 326 Pueblo Rd. (758-8493), en face de Jack Donner's, se cache un petit delicatessen qui sert des repas nutritifs comme le *tofu* sur du pain multicéréales (3,75 $, ouvert du lundi au samedi de 9h à 19h, dimanche de 11h à 17h).

Visites et activités La plupart des anciennes peintures de Taos sont rassemblées au **Harwood Foundation's Museum**, 238 Ledoux St. (758-9826), après Placitas Rd. (ouvert du lundi au vendredi de midi à 17h, samedi de 10h à 16h, gratuit). D'autres galeries, qui exposent les œuvres d'artistes locaux renommés, tels que R.C. Gorman, se trouvent au **Plaza**, sur **Kit Carson Rd.** et **Ledoux St.** ou encore au village de **El Prado**, au nord de Taos. Parmi les galeries de la ville, on trouve aussi bien des boutiques de renommée mondiale que de simples antiquaires. Le **Taos Arts Festival** rend hommage tous les ans (début octobre) aux artistes locaux.

Même si elle ne fait pas partie du circuit classique des galeries, la mission de **St. Francis of Assisi**, Ranchos de Taos Plaza (758-2754), présente une peinture "miraculeuse" ; la silhouette du Christ apparaît quand on éteint les lumières (ouvert du lundi au samedi de 9h à 16h, donation suggérée de 1 $). Des expositions d'art amérindien, dont une superbe collection de poteries noires, occupent le **Millicent Rogers Museum** (758-2462), au nord de El Prado St. et à 6 km au nord de Taos à la sortie de la route 522. (Ouvert tous les jours de 10h à 17h, fermé le lundi entre novembre et mars. Entrée 4 $, étudiants et personnes âgées 3 $, jeunes de 6 à 16 ans

2 $, familles 8 $.) Le **Mabel Dodge Luhan Home** (758-9456) est un refuge apaisant après la foule touristique de la Plaza. Le maîtresse de maison a attiré des artistes éminents comme D.H. Lawrence, Robinson Jeffers et Jean Toomer à Taos. Pour un don (conseillé) de 2,50 $, on vous offre une tasse de thé ou de café.

Taos Pueblo (758-9593), remarquable par son église rose et blanche en adobe de cinq étages, est l'un des derniers pueblos encore habités. C'est pour cela qu'une partie est fermée au public. (Ouvert tous les jours de 8h30 à 16h30, 5 $ par voiture, 3 $ pour les piétons, étudiants 1 $, moins de 12 ans 50 ¢, permis pour filmer 5 $, pour dessiner 10 $ et pour peindre 15 $.) Les jours de fêtes, de superbes danses rituelles s'y déroulent. Une foire et des courses ont lieu pendant les **San Geronimo's Feast Days** (29-30 septembre). Il faut contacter le **Tribal Office** (758-9593) pour obtenir le programme et les horaires des danses. Rendu célèbre pour la qualité de ses poteries en mica et argile, **Picuris Pueblo** (587-2519) est un petit village, à l'écart des circuits touristiques, sur la route 75 près de Penasco et à 30 km au sud de Taos. Un guide sur les pueblos indiens du nord du Nouveau-Mexique est disponible au *visitors center* de Taos (voir Informations pratiques).

Première station de ski de l'Etat, **Taos Ski Valley** (776-2291 ou 800-776-1111 pour des informations sur l'hébergement ou 776-2916 pour les conditions d'enneigement), à environ 8 km au nord de la ville sur la route 150, assure de la bonne poudreuse et des pistes courtes, mais pentues, qui concurrencent celles du Colorado. Il vaut mieux réserver longtemps à l'avance si on prévoit son séjour pendant les vacances hivernales. (Remontées mécaniques 38 $, location de matériel de ski 12 $ par jour.) En été, la vallée devient le paradis des randonneurs.

Taos respire au rythme du New Age. Tous les services sont proposés : relaxation acoustique, thérapie par les percussions, massage harmonique… **Taos Drums** (800-424-DRUM/3786), à 8 km au sud de la plaza, sur la route 68, expose la plus importante collection de percussions amérindiennes. Ouvert du lundi au samedi de 9h à 18h, dimanche de 11h à 18h. Un panneau d'information situé à l'extérieur de **Merlin's Garden**, 127 Bent St. (758-0985), renseigne sur les possibilités de thérapie par percussions ou de massage (ouvert… quand Jupiter est aligné avec Mars).

◼◼◼ ALBUQUERQUE

Les tribus anasazi s'y étaient installées il y a plus de 2 000 ans et avaient créé un réseau de transports sophistiqué. Depuis lors, Albuquerque a toujours été considérée comme une ville étape vers d'autres destinations. Dans sa quête des sept cités d'or, l'aventurier espagnol Coronado et sa troupe y ont campé un hiver. Au cours des ans, les colons espagnols puis le gouvernement américain ont toujours fait passer les routes par Albuquerque. La fameuse route 66 coupe encore la ville en deux. Les voyageurs avisés s'arrangeront pour y séjourner assez longtemps afin de profiter de la douceur de vivre aux environs de l'Université, de la vieille ville et des imposantes montagnes Sandia.

INFORMATIONS PRATIQUES

Office de tourisme : Albuquerque Convention and Visitors Bureau, 121 Tijeras N.E. 1st Floor (243-3696 ou 800-284-2282), fournit gratuitement des cartes et une brochure pratique *The Art of Visiting Albuquerque*. Ouvert du lundi au vendredi de 8h à 17h. En dehors des heures ouvrables, on peut écouter un message enregistré qui donne des informations sur les événements du moment. **Old Town Visitors Center** (243-3215) est situé Plaza Don Luis, sur Romero N.W., en face de l'église. Ouvert du lundi au samedi de 9h à 19h, dimanche de 10h à 17h. Ils ont aussi un kiosque d'information à l'aéroport. Ouvert du lundi au samedi de 9h30 à 20h. **Gay and Lesbian Information Line**, 266-8041, ouvert tous les jours de 10h à 22h.

Aéroport : Albuquerque International, 2200 Sunport Blvd. S.E. (842-4366) au sud du centre-ville. Prendre le bus n° 50 depuis Yale Blvd. et Central Ave. **Checkered**

Airport Express (765-1234) organise un service de navettes vers la ville (environ 8 $). Un taxi pour le centre-ville coûte environ 10 $.

Trains : Amtrak, 214 1st St. S.W. (842-9650 ou 800-872-7245). Ouvert tous les jours de 9h30 à 18h. Un train par jour vers : Los Angeles (durée 13h, 91 $), Kansas City (durée 17h, 157 $), Santa Fe (durée 1h jusqu'à Lamy puis 15 mn de navette pour Santa Fe, 14 $), Flagstaff (durée 5h, 82 $). Il faut réserver.

Bus : Greyhound (247-0246 ou 800-231-2222) et **TNM&O Coaches** (242-4998). Ils partent de 300 2nd St. S.W., à 3 blocks au sud de Central Ave. Les deux compagnies desservent quatre fois par jour : Santa Fe (durée 1h30, 10,50 $), Flagstaff (durée 6h, 55 $), Oklahoma City (durée 12h, 56 $), Denver (durée 10h, 61 $), Phoenix (durée 9h, 45 $), Los Angeles (durée 18h, 79 $).

Transports publics : Sun-Tran Transit, 601 Yale Blvd. S.E. (843-9200, ouvert du lundi au vendredi de 7h à 17h). La plupart des bus circulent du lundi au samedi de 6h à 18h. Une carte du réseau de bus est disponible au *visitors center*, au bureau de Transit ou à la bibliothèque principale. Tarif : 75 ¢, pour les personnes âgées et les jeunes entre 5 et 18 ans 25 ¢.

Taxis : Albuquerque Cab, 883-4888. 3,60 $ pour le premier mile puis 1,60 $ par mile.

Locations de voiture : Rent-A-Wreck, 501 Yale Blvd. S.E. (242-9556 ou 800-247-9556). Voitures avec air conditionné à partir de 25 $ par jour (150 premiers miles gratuits et 20 ¢ par mile supplémentaire) ou de 140 $ par semaine. Assurance 11 $ par jour. Il faut avoir au moins 21 ans et posséder une carte de crédit. Pour les moins de 25 ans, supplément de 3 $ par jour. Ouvert tous les jours de 8h à 17h.

Location de matériel : Mountains & Rivers, 2320 Central Ave. S.E. (268-4876) en face de l'Université. Location d'équipement de camping et de canoës (35 $ par jour). Ouvert du lundi au vendredi de 9h30 à 16h30, samedi de 9h à 17h. Caution exigée, réservation recommandée.

Urgences : 911.

Bureau de poste : 1135 Broadway N.E. (245-9469). Ouvert du lundi au vendredi de 8h à 18h. **Code postal :** 87104. **Indicatif téléphonique :** 505.

Central Ave. et le **Santa Fe Railroad Tracks** forment quatre quadrants qui servent de référence pour les adresses : Northeast Heights (N.E.), Southeast Heights (S.E.), North Valley (N.W.) and South Valley (S.W.). Le campus tout en adobe de **l'Université du Nouveau-Mexique (UNM),** s'étend le long de Central Ave. N.E., entre University Ave. et Carlisle St.

HÉBERGEMENTS ET CAMPINGS

Des motels bon marché sont alignés le long de Central Ave., jusqu'à proximité du centre-ville - mais ils ne sont pas tous recommandables. Il vaut mieux éviter ceux qui ont l'air trop décrépis ou qui ressemblent vraiment à une maison de passe. Le **Route 66 Youth Hostel**, 1012 Central Ave. S.W. (247-1813), au niveau de 10th St., propose des lits en dortoirs mais aussi de belles chambres privées récemment rénovées (cuisine bien aménagée, nourriture gratuite). Accueil ouvert tous les jours de 7h à 11h et de 16h à 23h. Il faut libérer les chambres à 11h et donner un coup de main pour les tâches ménagères. Dortoir 11 $, chambre simple avec bain commun, 16 $, double 21 $, draps et serviettes 1 $, caution pour la clé 5 $, pas de réservation. **University Lodge**, 3711 Central Ave. N.E. (266-7663), près du campus, offre des chambres de motel classiques avec une non moins classique piscine (chambre simple 24 $, double 30 $). **Lorlodge West Motel**, 1020 Central Ave. S.W. (247-4023) dispose de chambres soignées. Appels locaux gratuits (chambre simple 24,50 $, double 29,50 $).

Coronado State Park Campground (867-5589), à 1,6 km à l'ouest de Bernalillo sur la route 44 et à environ 30 km au nord d'Albuquerque par la I-25, est un terrain de camping à ne pas manquer, niché dans les fascinantes montagnes Sandia. Des abris en adobe permettent de s'abriter de la chaleur (toilettes, douches, eau potable, séjour max. une semaine). Accueil ouvert tous les jours de 7h à 22h, 7 $ l'emplacement, 11 $ avec raccordement, pas de réservation. Dans le voisinage, l'**Albuquerque West Campground**, 5739 Ouray Rd. N.W. (831-1912), ne peut rivaliser côté panorama, mais dispose d'une piscine. Depuis le centre-ville, prendre la I-40W jusqu'à la sortie Coors Blvd. N. ou attraper le bus n ° 15 (emplacements pour tente à deux 14,50 $ et 2 $ par personne supplémentaire).

RESTAURANTS ET SORTIES

Des cantines savoureuses et bon marché se trouvent le long de l'Université du Nouveau-Mexique. **Best Price Books and Coffee**, 1800 Central Ave. S.E. (842-0624), propose un choix de pâtisseries (de 1 à 2,50 $), de sandwiches (de 3 à 5 $) et de burritos appétissants (de 2 à 3 $) que vous pouvez arroser avec 12 sortes de café (1 $) ou un percutant "Psuper Psonic Pcyber Tonic" (3,50 $, mélange tenu secret). Ouvert tous les jours de 7h à 23h. Avec sa terrasse et son guitariste, **El Patio**, 142 Harvard St. S.E. (268-4245), vous invite à vous relaxer devant une assiette d'*enchiladas* (plats mexicains, de 3 à 6 $). Ouvert du lundi au samedi de 11h à 21h30, dimanche de midi à 21h30. Les gourmands se régaleront avec les glaces faites maison (1,10 $ la boule) de **Hippo Ice Cream**, 120 Harvard St. S.E. (266-1997). Ouvert du lundi au jeudi de 7h30 à 22h30, vendredi-samedi de 7h30 à 23h30, dimanche de 9h à 21h. **Olympia Café**, 2210 Central Ave. (266-5222), sert des *gyros* et des *slouvaki* (3,25 $ chacun) ainsi que des plats végétariens et des assiettes mixtes (de 5 à 7 $). C'est savoureux mais pas très digeste. Ouvert du lundi au vendredi de 11h à 22h, samedi de midi à 22h. Bondé à l'heure du déjeuner, le **M&J Sanitary Tortilla Factory** sert des déjeuners honnêtes au 403 2nd St. S.E. (242-4890), au niveau de Lead St. (plats de 4 à 6 $, ouvert du lundi au samedi de 9h à 16h).

Ambiance rurale à la **Caravan East**, 7605 Central Ave. N.E. (265-7877). Le slogan annonce que "*vous trouverez toujours un partenaire*" (et la musique pour aller avec ! Ouvert tous les jours de 16h30 à 2h, vendredi et samedi 3 $ l'entrée, *happy hour* spécialement pour les femmes tous les jours de 17h30 à 19h30). Des groupes rock, R&B et reggae sont au programme du **Dingo Bar**, 313 Gold St. S.W. (246-0663). Bières pression de 2 à 3,50 $. Ouvert tous les jours de 16h à 1h30, les vendredis et samedis, *cover* de 2 à 8 $ (après 20h et en fonction du groupe qui joue). Grâce à la carte "Downtown Bar Crawl" (5 $), on peut écumer le Dingo et cinq autres bars (la carte s'achète indifféremment dans l'un des six bars). **EJ's** (268-2233), au croisement de Yale Blvd. et de Silver St., satisfait les accros de la caféine dans une ambiance de musique *live* (ouvert du lundi au jeudi de 7h à 23h, vendredi de 7h à minuit, samedi de 8h à minuit, dimanche de 8h à 21h30).

VISITES

Située au nord de Central Ave., à l'est de Rio Grande Blvd.et à 1,6 km au sud de la I-40, la **vieille ville** est concentrée autour de la plaza espagnole d'Albuquerque. En plus de ses restaurants, boutiques et galeries d'art amérindien, le quartier abrite trois magnifiques musées. Le **Albuquerque Museum of Art and History**, 2000 Mountain Rd. N.W. (242-4600), est surtout orienté vers l'art du Nouveau-Mexique et l'histoire d'Albuquerque (ouvert du mardi au dimanche de 9h à 17h, gratuit). Le **Rattlesnake Museum**, 202 San Felipe N.W. (242-6569), est fier de sa plus grande collection au monde de serpents à sonnette (ouvert tous les jours de 10h à 20h30, 2,50 $, enfants 1 $). Spike et Alberta, deux statues de dinosaures, vous accueillent devant le **New Mexico Museum of Natural History**, 1801 Mountain Rd. (841-8837). A l'intérieur du musée, des expositions sont consacrées à l'histoire de la géologie et à l'évolution des espèces du Nouveau-Mexique (ouvert tous les jours de 9h à 17h, 4,20 $, étudiants et personnes âgées 3,15 $, enfants 1 $). Toujours dans la vieille ville, la superbe église en adobe de **San Felipe de Neri** et les canons de la guerre de Sécession, à l'arrière, méritent le détour.

Le **National Atomic Museum**, 20358 Wyoming Blvd. (845-6670), de la base de l'Air Force à Kirkland, raconte la triste histoire de "Little Boy" et de "Fat Man", les deux bombes larguées sur Hiroshima et Nagasaki. *"10 secondes qui ébranlèrent le monde"*, un documentaire d'une heure sur la fabrication de la bombe, est projeté tous les jours. (Ouvert tous les jours de 9h à 17h, gratuit, on peut appeler pour organiser une visite.) La base de l'Air Force se situe à quelques kilomètres au sud-est du centre-ville et à l'est de la I-25. On peut demander à l'accueil des visiteurs, situé sur Wyoming Blvd., un *pass* pour le musée tout en se préparant à de multiples contrôles d'identité.

Le **centre culturel des Indiens pueblos**, 2401 12th St. N.W. (843-7270), juste au nord de la I-40 (prendre le bus n° 36 depuis le centre-ville) est une introduction intelligente aux réserves pueblos (ouvert tous les jours de 9h à 17h30, entrée 2,50 $, étudiants 1 $, personnes âgées 1,50 $). Des danses pueblos sont organisées à la cafétéria du centre pendant les week-ends à 11h et à 14h. Nourriture indienne authentique (*fry-bread*, 1,75 $). Ouvert tous les jours de 7h30 à 15h30.

■ AUX ENVIRONS D'ALBUQUERQUE

Situé en bordure de la banlieue ouest d'Albuquerque, **Petroglyph National Monument** (897-8814) présente plus de 15 000 images gravées au cours des siècles sur des roches de lave par les Amérindiens et les colons espagnols. Des sentiers de randonnée pavés vous entraînent dans une petite partie de la section **Boca Negra** mais l'essentiel ne peut être vu que si vous quittez les chemins balisés. Pour s'y rendre, suivre le Coors Blvd. puis quitter la I-40 au nord à la sortie Atrisco Rd. ou prendre le bus n° 15 jusqu'à Coors Blvd et changer pour le bus n° 93. Ouvert tous les jours de 9h à 18h (hors saison de 8h à 17h), entrée gratuite, parking 1 $ (pendant les week-ends et les vacances 2 $).

Les **Sandia Peaks**, baptisés par les Espagnols, tirent leur nom de la teinte rose qu'ils prennent au coucher du soleil (*sandia* signifie "melon d'eau"). Prendre Tramway Rd. de la I-25 ou la I-40 jusqu'au **Sandia Peaks Aerial Tramway** (296-9585 ou 298-8518 pour des informations enregistrées), le plus long funiculaire du monde. L'ascension vers le sommet de **Sandia Crest** se déroule le long de la face ouest de Sandia Peak et domine tout Albuquerque, la vallée du Rio Grande et l'ouest du Nouveau-Mexique. Le trajet est particulièrement superbe au coucher du soleil. (Durée 1h30, départ toutes les 20-30 mn. Ouvert tous les jours de 9h à 22h. Entre le 2 septembre et le 25 mai, les lundi-mardi et de jeudi à dimanche de 9h à 21h, mercredi de 17h à 21h. Pendant la saison de ski, lundi-mardi et jeudi-vendredi de 9h à 21h, mercredi de midi à 21h, samedi-dimanche de 8h à 21h. Aller et retour 13 $, personnes âgées et enfants de 6 à 12 ans 9,50 $. Forfait télésiège et funiculaire pour 17 $/13,50 $.) Une route à péage de 11 km (route 536) mène aussi au sommet de Sandia Crest. De là, un vertigineux chemin de crête de 2,5 km conduit au **Sandia Peak** (3 200 m).

La **Sandia Ski Area** sert de cadre à une très belle promenade en voiture à faire en une journée. Prendre la I-40 à l'est jusqu'à Tijeras Canyon pendant 27 km, puis virer au nord sur la route 44. La route serpente pendant 30 km le long d'un magnifique canyon jusqu'à Bernalillo. En hiver, les rangers organisent des randonnées en haute neige le samedi (il vaut mieux réserver au 242-9052). Pendant l'été, des sentiers de randonnée (à pied et à vélo) sont ouverts au public à certaines heures de la journée (appeler pour obtenir des détails).

■■■ CHACO CANYON

On a du mal à croire que **Chaco canyon,** brûlé par le soleil et complètement aride, ait été choisi comme terre de résidence par les Chacoan Anasazi. De fait, la plus grande partie de leur nourriture était importée. Ils avaient toutefois développé des techniques d'irrigation complexes et bâti des maisons en pierre de cinq étages. Vers le XIe siècle, les habitants du canyon avaient établi un important réseau d'échanges commerciaux avec une douzaine de petites villes satellites en bordure du désert. Néanmoins, le système finit par s'écrouler. Sans nourriture et avec peu d'eau, les Chacoan quittèrent le canyon pour des pâturages plus verdoyants.

Les ruines de Chaco Canyon sont les mieux conservées de tout le Sud-Ouest. **Pueblo Bonito**, la plus grande ville du canyon, démontre l'habileté des maçons anasazi. Parmi de nombreuses structures basses, un mur de quatre étages se dresse encore. A proximité, **Chetro Ketl** abrite l'une des plus grandes *kivas* du canyon, une chambre de prière souterraine où les Chacoan célébraient leurs rites religieux.

Chaco Canyon fait maintenant partie du **Chaco Culture National Historical Park**. Le **visitors center** (505-988-6727 ou 505-786-7014), à l'est du canyon, comporte un intéressant musée (gratuit) qui expose les œuvres architecturales et artistiques des Anasazi. On y explique le complexe réseau économique instauré entre les Chacoan Anasazi et d'autres tribus de l'actuel Colorado et du nord du Mexique. Ouvert tous les jours de 8h à 18h, du Labor Day (1er lundi de septembre) au Memorial Day (dernier lundi de mai) de 8h à 17h. Entrée du parc 2 $ par personne et 4 $ par véhicule

Pour planter sa tente à Chaco, il faut un permis et 8 $. Il vaut mieux arriver avant 11h car il n'y a que 68 emplacements. On peut aussi simplement passer la journée à Chaco et séjourner à **Gallup**, situé 150 km plus loin, où il est facile de se loger pour pas cher. Il est conseillé de se munir de réserves d'eau et de faire le plein d'essence car le *visitors center* a tendance à s'assécher rapidement et il n'y a aucune station-service dans le parc.

Le canyon se trouve à 260 km (3h30 de route) au nord-ouest d'Albuquerque et à 193 km au sud de Durango, dans le Colorado. Depuis le nord, prendre la **route 57** (non goudronnée sur 47 km) pour atteindre le parc (l'embranchement avec la route 44 se situe dans la petite ville de **Nageezi**) et par le sud, il faut rouler pendant 96 km (dont 65 sur route goudronnée) à partir de la I-40.

Juste à l'ouest de Continental Divide sur la route 53, à 19 km au sud-ouest de la ville Navajo de **Ramah**, se trouve **Inscription Rock National Monument** (505-783-4226), un rocher situé dans une vallée riante, où les Amérindiens, les conquistadors espagnols et les pionniers plus tardifs ont laissé leurs empreintes. Des sentiers de randonnée mènent au rocher et aux ruines plus avant dans le parc. Le **visitors center** contient un petit musée et ne cesse de rappeler qu'il est interdit de rajouter vos propres graffitis aux anciens. (Ouvert tous les jours de 9h à 19h, en hiver de 9h à 17h.) Pour ceux qui ne sauraient résister à la tentation d'un petit paraphe, un autre gros caillou est mis à leur disposition… Les sentiers de randonnée ferment une heure avant le *visitors center*.

LE SUD DU NOUVEAU-MEXIQUE

■■■ GILA CLIFF DWELLINGS ET SILVER CITY

Le spectaculaire village troglodyte du **Gila Cliff Dwellings National Monument** (536-9461) comporte plus de 40 pièces faites en pierre et en bois, sculptées en 1200 par les Pueblos dans les grottes de la falaise. De dix à quinze familles vivaient là, cultivant le sommet du plateau (le mesa), jusqu'à leur brusque disparition au début du XIVe siècle. Accessible seulement par un très beau circuit de 71 km (sur la route 15 depuis Silver City dans le sud-ouest de l'Etat) qui traverse les montagnes jusqu'à la Gila River. Le **visitors center** (536-9461), à 1,6 km du village troglodyte au bout de la route 15, fournit cartes et renseignements, et sert de point de départ pour le circuit d'1,6 km qui mène aux maisons troglodytes (ouvert tous les jours

> ## Vérité ou conséquences
>
> Une histoire très américaine. En 1950, l'émission de radio populaire "Truth or Consequences" fêta son dixième anniversaire en persuadant une petite ville d'adopter comme nouveau nom celui de l'émission. De façon surprenante, plusieurs villes des USA se portèrent volontaires. Les producteurs choisirent alors une petite localité appelée Hot Springs, au Nouveau-Mexique. "T or C" était née. Même si la ville n'est pas aussi étonnante que l'histoire de son nom, elle bénéficie de la présence de sources chaudes dans ses environs. T or C se trouve 96 km à l'est de Gila Cliff Dwellings National Monument sur la I-25. Si vous prévoyez de passer quelques jours au Monument, vous pouvez prendre comme base le **Riverbend Hot Springs Hostel (HI-AYH)**, 100 Austin St. (894-6183) à T or C, un havre pour le corps et l'esprit. Les réservoirs de l'hôtel sont remplis avec les eaux apaisantes des sources chaudes. Situé au bord du Rio Grande, l'hôtel propose des visites sur le sol sacré apache et du rafting sur la rivière. Tipis 9 $, emplacements de tentes 7,50 $ par personne, dortoir 11 $, chambre pour couple 25 $ (pour le même prix, on peut essayer le "love-boat" ancré sur la rivière aux abords de l'hôtel).

de 8h à 17h, hors saison de 8h à 16h30). Non loin, la **Gila National Forest** (388-8201) est un autre terrain superbe tant pour les randonnées que pour le **camping en pleine nature**. Avant de vous y rendre, vous pouvez vous renseigner auprès du District Ranger, Route 11, Box 100, Silver City 88601.

Chambres et restaurants vous attendent à **Silver City**, à 140 km à l'ouest de la I-25 sur la route 152W. La **Chamber of Commerce**, 1103 N. Hudson (538-3785), est un bon point de départ avant de partir explorer la région (ouvert du lundi au samedi de 9h à 17h, le dimanche de midi à 17h). Deux fois par jour, **Silver Stage Lines** (388-2586 ou 800-522-0162) met en service des bus pour Silver City au départ de l'aéroport d'El Paso (33 $, supplément de 2 $ pour être déposé à son hôtel). **Las Cruces Shuttle Service** (800-288-1784) propose des liaisons entre Silver City et Deming (4 par jour, 15 $), Las Cruces (4 par jour, 25 $) et El Paso (3 par jour, 32 $). **Indicatif téléphonique** de Gila et Silver City : 505.

L'auberge de jeunesse **Carter House (HI-AYH)**, 101 N. Cooper St. (388-5485) propose des dortoirs séparés pour les hommes et les femmes, une cuisine et un service de blanchisserie. A l'étage se trouve un B&B. L'accueil est officiellement ouvert entre 16h et 21h. Si vous pensez arriver après 21h, téléphonez avant. Dortoir 12 $ pour les membres, 15 $ pour les autres, chambre double B&B à partir de 59 $. Le **Palace Hotel**, 106 W. Broadway (388-1811), possède de belles chambres anciennes (doubles à partir de 33 $). Il vaut mieux arriver le ventre vide au **Red Barn Steakhouse**, 708 Silver Heights Blvd. (538-5666), pour déguster leurs sandwiches (5 $) et les salades "à volonté" du bar (ouvert du lundi au samedi de 11h à 22h, dimanche de 11h à 21h). Le **Silver City Museum**, 312 W. Broadway (538-5921) abrite de belles expositions sur l'histoire de la ville et une collection inhabituelle de... collections : les petits trésors des habitants du coin, passés et présents. (Ouvert du mardi au vendredi de 9h à 16h30, samedi-dimanche de 10h à 16h, gratuit.) Le rassemblement **New Mexico Cowboy Poetry Gathering** a lieu à Silver City durant le mois d'août.

■■■ WHITE SANDS

Situé sur la route 70, 24 km au sud-ouest de Alamogordo et 84 km au nord-est de Las Cruces, **White Sands National Monument** contient les plus grandes dunes de sable gypsé au monde. Elles forment une plage sans mer de plus de 500 km^2. Situées dans la cuvette de Tularosa entre Sacramento et les montagnes San Andres, les dunes ont été formées par l'action dissolvante des eaux de pluie sur le gypse d'une montagne avoisinante. Le gypse a été ensuite collecté dans la cuvette du Lac Lukero. Le climat désertique provoqua l'évaporation du lac et l'accumulation des cristaux de gypse, créant ainsi des dunes sans cesse grandissantes. Randonner, marcher ou tout simplement se rouler dans le sable est un vrai plaisir. Les dunes sont particulièrement impressionnantes au coucher de soleil. Malheureusement, cette cuvette abrite aussi une base d'essais pour les missiles. C'est au **Trinity Site** que fut mise à feu la première bombe atomique en juillet 1945. Le *visitors center*, PO Box 1086, Holloman AFB, 88330 (505-479-6124) se trouve à l'entrée du parc sur la route 70, ouvert de 8h à 19h, de Labor Day (1er lundi de septembre) à Memorial Day (dernier lundi de mai), de 8h à 16h30. La route vers les dunes est ouverte de 7h à 21h (hors saison de 7h au coucher du soleil). Entrée 2 $ et pour les voitures 4 $. Il y a un accès pour les personnes handicapées.

Pour accéder aux aires de camping, il faut se faire enregistrer au bureau du parc. Les possibilités de camping gratuit en pleine nature sont plus nombreuses dans la **Lincoln National Forest** (505-434-7200), 21 km à l'est. **Aguirre Springs** (505-525-4300), à 50 km à l'ouest, annonce des campings gratuits, mais vous devez payer un droit d'accès de 3 $. Pour plus de renseignements, contacter le **Forest Supervisor**, Lincoln National Forest, 1101 New York Ave., Alamogordo 88310. **Oliver Lee Memorial State park** (505-437-8284), 16 km au sud d'Alamogordo sur l'US 54 puis 8 km à l'est sur Dog Canyon Rd., propose un camping à l'entrée du canyon sur la face ouest des montagnes Sacramento. Emplacements 7 $, avec électricité 11 $. Parc ouvert tous les jours de 6h à 21h. Le *visitors center* est ouvert tous les jours de 9h à 16h. Entrée 3 $ par véhicule.

Si le camping ne vous sied pas, vous pouvez séjourner à **Alamogordo**. Plusieurs motels et restaurants sont situés vers le White Sands Blvd., notamment l'inévitable **Motel 6**, 251 Panorama Blvd. (505-434-5970), à la sortie de la route 70. Chambres sans surprise, TV câblée, piscine, appels locaux gratuits (chambre simple 26 $, double 32 $). **All American Inn**, 508 S. White Sands Blvd. (505-437-1850), propose des chambres propres pour un prix raisonnable avec air conditionné et une piscine (chambre simple 28 $, double 30 $). Le **Space Center** (505-437-2840 ou 800-545-4021) vous emmène à la pêche aux étoiles. Il est situé à 3 km au nord-est de l'US 54 dans un immeuble en verre adossé à la montagne. (Ouvert tous les jours de 9h à 18h, entre septembre et mai de 9h à 17h. Accès au musée et au cinéma OmniMax 5,25 $, personnes âgées et enfants de 6 à 12 ans 3,50$, tarif familial 15,50 $.)

■■■ CARLSBAD CAVERNS

Imaginez la stupéfaction des premiers européens devant les grottes de Carlsbad lorsqu'ils virent soudain surgir un nuage de 250 000 chauves-souris au crépuscule. Cette légendaire population de chauves-souris a permis la découverte des cavernes proprement dites au début du siècle, quand des habitants curieux les suivirent jusqu'à leurs abris. Les grottes une fois découvertes, des mineurs les explorèrent à la recherche du *guano* de chauve-souris, un excellent engrais, qui tapissait le sol sur plus de 10 m. En 1923, les grottes furent classées Parc national et le tourisme fit son apparition dans cette région désolée. **Carlsbad Caverns National Park** est un important réseau de grottes et même le plus blasé des spéléologues restera sans voix devant cette architecture souterraine.

Informations pratiques Le **Carlsbad Visitors Center** (785-2232 et message enregistré 24h/24 au 785-2107) a remplacé l'exploitation de l'engrais par une boutique de souvenirs, une nurserie et un chenil. Pour 50 ¢, on peut louer une petite radio qui diffuse un commentaire sur la visite. (Ouvert tous les jours de 8h à 19h, du Labor Day au Memorial Day de 8h à 17h30.) **White's City**, une petite ville très onéreuse qui semble être administrée par la compagnie hôtelière Best Western se trouve sur la US 62/180, à 30 km au sud-est de Carlsbad et à 11 km des cavernes. On s'y rend par des routes de montagnes escarpées et sinueuses. Elle sert de point de départ pour la visite du parc. Des crues brutales provoquent parfois la ferme-ture de la route, il faut donc se renseigner au préalable. El Paso (Texas) est la grande ville la plus proche, 240 km à l'ouest après **Guadalupe Mountains National Park**, lui-même situé à 56 km au sud-ouest de White's City. **Greyhound** en coopération avec **TNM&O Coaches** (887-1108) fait circuler deux bus par jour vers White's City, au départ d'El Paso (aller simple 29 $, aller-retour 55,10 $) ou de Carlsbad (aller-retour 6,30 $). Quelques-uns de ces bus ne font qu'une simple escale à White's City. Le **bureau de poste** de White's City, 23 Carlsbad Cavern Hwy. (785-2220), juste après le *visitors center*, est ouvert du lundi au vendredi de 8h à midi et de 13h à 17h. **Code Postal : 88268. Indicatif téléphonique :** 505.

Camping, hébergements et restaurants Le **Park Entrance Camp-ground** (785-2291), juste à la sortie du parc, procure de l'eau, des douches, des toilettes et une piscine (emplacement avec raccordement complet 16 $, jusqu'à 6 personnes). Le camping en pleine nature est gratuit dans le parc, mais il faut retirer un permis au *visitors center*. Pour plus de renseignements sur les campings des environs, se reporter à la rubrique Guadalupe Mountains National Park, dans le chapitre Texas. Le **Carlsbad Caverns International Hostel** (785-2291) à White's City, propose des chambres à 6 lits, une piscine et un sauna, mais il faut posséder la carte des auberges de jeunesse (ouvert 24h/24, 14,40 $). Les motels sont meilleur marché à **Carlsbad**, située 30 km plus au nord. Le **Caverna Motel**, 224 S. Canal (885-4151), exige des réservations en été (chambre simple 22 $, double 24 $). Des motels encore moins chers se trouvent plus bas sur la route. Si le *guano* de chauve-souris ne vous a pas coupé l'appétit, vous pouvez vous restaurer chez **Lucy's**, 701 S. Canal (887-7714). On y sert de la bonne nourriture mexicaine (3 à 10 $). Ouvert du lundi au samedi de 11h à 21h30.

Visites Les randonnées en pleine nature sont autorisées dans le Carlsbad Caverns National Park, mais il vaut mieux s'adresser d'abord aux rangers. La plupart des touristes suivent les visites guidées dans les grottes. Les visites **Natural Entrance** et **Big Room** durent environ une heure. Des plaques au sol vous indiquent le chemin. La visite Big Room, ouverte de 8h30 à 17h, est accessible aux fauteuils roulants. La visite Natural Entrance, un peu plus ardue, est ouverte de 8h30 à 15h30. (5 $ chacune, pour les détenteurs d'un Golden Age Passport 2,50 $, pour les jeunes de 6 à 15 ans 3 $). La visite guidée par les rangers, le **King's palace Tour**, traverse quatre salles magnifiques en 1h30 (départ toutes les heures 5 $, pour les détenteurs d'un Golden Age Passport et les jeunes de 6 à 15 ans 2,50 $). Il vaut mieux effectuer la visite en fin de journée pour profiter du superbe **envol des chauves-souris** à la tombée de la nuit. Un séminaire des rangers précède ce rituel surprenant, au cours duquel une armée de chauves-souris affamées se rue hors de la grotte avec un débit de 6 000 à la minute (entre mai et octobre, tous les jours juste avant le coucher du soleil). Les lève-tôt peuvent les observer parfois à leur retour juste avant l'aube.

Pour une expérience plus corsée des grottes, il faut visiter le **Slaughter Canyon Cave** (785-2232), anciennement la **New Cave**, après avoir fait le plein d'énergie et celui de sa voiture (il n'y a pas de transports publics). Le parking est situé à 37 km sur une route caillouteuse à la sortie de la US 62/180S et l'entrée de la grotte se trouve à 800 m du parking (chemin pénible et escarpé). Une visite à la lumière des torches (il vaut mieux apporter la sienne) vous fait traverser un terrain glissant. Le chemin n'est pas pavé et il n'a pas de rampe de sûreté. Il faut réserver au moins deux jours à l'avance car le parc limite les entrées à l'intérieur de la grotte (2 visites par jour, durée de la visite : 2h, trajet de 2 km, du Labor Day au Memorial Day seule-ment le samedi et le dimanche, 8 $, pour les détenteurs d'un Golden Age Passport et pour les jeunes de 6 à 15 ans 4 $).

POUR MÉMOIRE

▓ L'abréviation I-68 désigne l'interstate 68, l'abréviation US 12 la US highway 12. Nous avons également adopté les abréviations suivantes : *Rte.* pour route, *Blvd.* pour boulevard, *Ave.* pour avenue, *St.* pour street, *Hwy.* pour highway, *Pkwy.* pour parkway.

▓ Sous l'appellation *visitor centers* sont regroupés les office de tourisme d'une ville et les bureaux d'accueil des parc naturels ou des sites touristiques. Faites-y toujours un tour : le personnel, d'ordinaire compétent et serviable, est là pour vous aider ; les brochures et cartes qu'on y trouve sont très utiles.

▓ Les numéros de téléphone débutant par 1-800 sont toujours gratuits. En revanche ils ne peuvent être appelés qu'à l'intérieur des Etats-Unis.

▓ Les auberges de jeunesse de la fédération Hostelling International (HI) accordent souvent des réductions à leurs membres. Elles sont signalées dans le texte par le sigle HI-AYH.

▓ Les *National Parks, National Monuments* et *National Forests* dépendent du gouvernement fédéral ; les *State Parks* et les *State forests* du gouvernement de chaque Etat.

▓ La *cover charge* est une participation de quelques dollars demandée à l'entrée des bars ou des clubs, en général lorsqu'un groupe se produit *live*.

▓ Les prix mentionnés s'entendent hors taxe, sauf indication contraire. Il convient donc de rajouter les taxes locales.

▓ Les horaires sont présentés à la française, de 0h00 à 24h : 2h signifie 2 heures du matin.

▓ Reportez-vous au chapitre **Etats-Unis, l'Essentiel** au début de ce guide pour en savoir plus.

LES ROCHEUSES

Que l'on vienne des Grandes Plaines à l'est ou des déserts arides de l'ouest, les Montagnes Rocheuses offrent un contraste spectaculaire. Cette puissante chaîne traverse tout le continent nord-américain, sur près de 5 000 km, de l'Alberta au Canada jusqu'au Nouveau-Mexique. Sa ligne de crête correspond à la ligne de partage des eaux. Nées il y a quelque soixante-cinq millions d'années, les Rocky Mountains atteignent aisément, sur le territoire des Etats-Unis, des altitudes de 4 000 mètres : entreprendre l'ascension de ces sommets ne constitue en rien une promenade de santé... La faune et la flore, préservées - des loups viennent d'être réintroduits dans le Wyoming -, y sont typiques d'un massif montagneux : taillis et bois jusqu'à faible altitude, puis épaisses forêts où vivent lynx et grizzlis, et enfin, des pentes herbeuses, refuge des chèvres des Rocheuses (*mountain goats*) et des mouflons. La faune disparaît presque complètement aux altitudes les plus élevées, où règnent la toundra et les neiges éternelles.

A l'écart des grandes régions industrialisées, les Rocheuses sont peu peuplées : elles abritent moins de 5% de la population des Etats-Unis. Mais l'été, à l'instar des "rich and famous" qui se pressent l'hiver dans les stations huppées de Sun Valley ou d'Aspen, des millions de touristes envahissent forêts et parcs nationaux. Le Président Clinton et sa famille ont séjourné durant l'été 1995 dans le Grand Teton National Park. Heureusement, les Rocheuses sont tellement immenses que vous aurez souvent le sentiment d'être le premier à les découvrir.

Les Rocheuses en bref

Ecrivains : James Crumbley, A.B. Guthrie Jr., Norman MacLean, Pam Houston.
Artistes : Ansel Adams.
Spécialités culinaires : Steaks d'élan et de bison, pommes de terre, huîtres des Rocheuses cultivées sur le lac de Cœur d'Alene.
Bières locales : Avery, Rockies, Lone Wolfe, Bristol, Pikes Peak, Bradway, Lonetree, Tabernash, Durango, H.C. Berger, New Belgium, Odell, Golden City, Irons, Left Hand, Silver Plume, Beier, Cœur D'Alene, Sun Valley, Bayern, Kessler, Milestown, Spanish Peaks, Whitefish, Otto Brothers Brewing Co.
Amérindiens : Ute, Cheyenne, Arapaho, Apache, Comanche, Blackfoot, Nez Percé, Shoshone, Crow, Sioux, Chippewa-Cree, Salish-Koolenai, Oglala.
Musique : Country, Steven Stills, Big Head Todd & the Monsters, The Samples, John Denver, Sister Smith, C.W. McCall.
Cinéma et télévision : *Et au milieu coule une rivière, Dynastie.*
Climat : Froid et sec.

 # Idaho

La devise de l'Idaho, *Esto Perpetuo* - "pour l'Eternité" - en dit long sur cet Etat, le seul des Etats-Unis à n'avoir jamais subi de domination coloniale. Depuis l'expédition Lewis et Clark en 1805, rien ne semble avoir changé dans ce territoire qui touche le Canada au nord. Peu peuplé, dépourvu d'industries, l'Idaho est divisé en trois régions naturelles distinctes : au centre, les sommets enneigés dominent un paysage minéral, presque désertique. Au sud s'étendent des plaines fertiles où l'on cultive des pommes de terre, fameuses dans tout le pays. Au nord, c'est le royaume des forêts de sapins constellées de lacs transparents. Les paysages de carte postale abondent, pourtant méconnus : qui sait, par exemple, que Hell's Canyon, dans l'ouest de l'Etat, est le plus profond du continent américain et que les Shoshone Falls sont plus hautes que les chutes du Niagara ?

INFORMATIONS PRATIQUES

Capitale : Boise.

Service d'information sur l'Idaho : 800-635-7820 (appel gratuit). **Boise Convention and Visitors Bureau :** syndicat d'initiative (344-7777) à l'angle de la 9th St. et Idaho, 1er étage. Ouvert tous les jours de 8h30 à 17h. **Parks and Recreation Department,** 5657 Warm Springs Ave., Boise (334-4199). **Idaho Outfitters and Guide Association,** P.O. Box 95, Boise 83701 (342-1438). Informations sur les possibilités d'excursions en rafting, de randonnées à cheval et à pied dans l'Idaho. Annuaire touristique gratuit.

Fuseau horaire : L'Idaho est partagé entre l'heure de l'Est et l'heure des Prairies. La limite traverse l'Etat d'est en ouest le long de la rivière Salmon.

Abréviation de l'Etat : ID.

Taxe locale : 5 %.

■ ■ ■ BOISE

La capitale de l'Etat, Boise, une coquette petite ville à l'atmosphère provinciale, constitue une étape agréable dans la traversée du plateau aride qui occupe le sud de l'Idaho. On y trouve de nombreux parcs et plusieurs centres commerciaux. Les quartiers les plus intéressants, regroupés dans le sud de la ville entre le capitole et la I-84, peuvent aisément être visités à pied.

Informations pratiques Le **visitors center,** 850 W. Front St. (388-0711) au Boise Center Mall, dispense des informations touristiques. Depuis la charmante gare de style espagnol **Morrison-Knudsen Depot,** 2601 Eastover Terr. (336-5992), facilement visible depuis Capitol Blvd., **Amtrak** (800-872-7245) dessert Salt Lake City (3 départs par semaine, durée 8h, 70 $), Portland (3 départs par semaine, durée 10h, 83 $), et Seattle (3 départs par semaine, durée 14h, 111 $). Les bus **Greyhound,** dont le terminal est situé 1212 W. Bannock, un peu à l'ouest du centre (343-3681), assurent notamment des liaisons avec Portland (3 départs par jour, durée 8 à 10h, 39 $), Seattle (2 départs par jour, durée 14h, 49 $), et Missoula (1 départ par jour, 85 $). Le réseau d'autobus urbains est exploité par **Boise Urban Stages** (336-1010). Les plans sont affichés à tous les arrêts mais vous pouvez aussi les demander aux chauffeurs. Lignes en service du lundi au vendredi de 5h15 à 20h45, le samedi de 6h45 à 18h45. Tarif : 75 ¢, personnes âgées 35 ¢. **McU's Sports,** 822 W Jefferson (342-7734), loue des roller blades (5 $ l'heure, 15 $ la journée, 20 $ jusqu'au lendemain) et des VTT (14 $ la demi-journée, 22 $ la journée) ainsi que du matériel de sport. Principal **bureau de poste** de Boise : 770 S. 13th St. (383-4211), ouvert du lundi au vendredi de 7h30 à 17h30, le samedi de 10h à 14h). **Code postal :** 83707. **Indicatif téléphonique :** 208.

Hébergements et campings Il n'est pas aisé de se loger à Boise. Ni la YMCA ni la YWCA ne disposent de chambres, et les hôtels les plus modestes coûtent plus de 20 $ la nuit. Les établissements les plus raisonnables se remplissant vite, il est prudent de réserver. L'hôtel **Boisean,** 1300 S. Capitol Ave. (343-3645 ou 800-365-3645), propose des chambres propres et spacieuses (chambre simple 32 $, double 38 à 47 $, 6 $ par personne supplémentaire). Qui plus est, le personnel est serviable. Au **Liner Motel,** 3933 Chinden Ave. (344-7647), les chambres sont simples mais climatisées (30 $). **Boise National Forest Office,** 5493 Warm Springs Rd. (364-4241), fournit des informations sur les terrains de camping des forêts environnantes. Le plus proche de Boise est à 25 kilomètres au nord. Ce bureau vend également

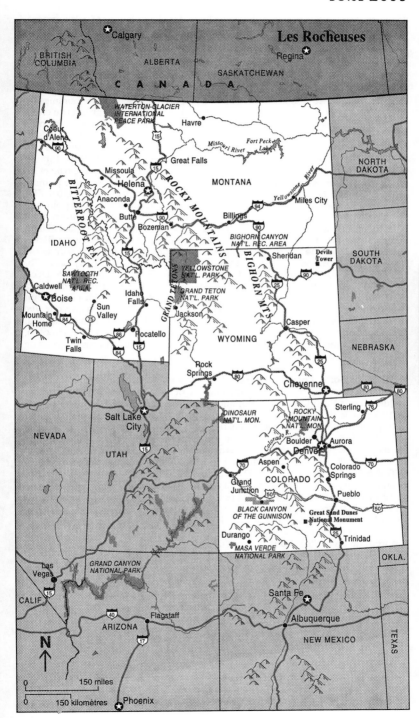

Les Rocheuses

des cartes (3 $) et des permis pour la cueillette des champignons (5 $ la journée). Ouvert du lundi au vendredi de 7h30 à 16h30. Autres campings : le **Boise KOA Kampground**, 7300 S. Federal Way (345-7673, l'emplacement 18,50 $, avec raccordement 23,50 $), l'**Americana Kampground**, 3600 American Terrace Blvd. (344-5733, 90 places, 17 $) et le **Fiesta Park**, 11101 Fairview Ave. (375-8207, place 16 $, avec raccordement partiel 18,50 $, avec raccordement complet 19,50 $).

Restaurants et sorties On peut manger autre chose que des pommes de terre à Boise. Le centre, autour de la 6th et de Main Street, offre l'embarras du choix entre les *delis* ouverts à midi, les *coffee shops* et les restaurants exotiques. **Moon's Kitchen**, 815 W. Bannock St. (385-0472), fait figure d'institution locale. On y sert des menus comprenant potage et sandwich (4,50 $) et des petits déjeuners très copieux (2,75 $). Ouvert du lundi au vendredi de 7 à 15h, le samedi de 8 à 15h. Au **Raintree Deli**, 210 North Capitol Blvd. (336-4611), la carte est plus originale et les sandwichs meilleurs. Pour un demi-sandwich, comptez 3 $, et pour une pomme de terre au four farcie 4 $ (ouvert du lundi au vendredi de 9h à 15h30). **The Beanery**, 107 8th St. (342-3456), est une rôtisserie. Comptez 5 à 6 $ pour une assiette de viande garnie de pain, de purée, de carottes et de salade. (Ouvert lundi et mardi de 11 à 21h, mercredi à vendredi de 11 à 22h, samedi de 11h30 à 22h, et dimanche de 11h30 à 21h). Ambiance *Casablanca* au restaurant-cinéma **Rick's American Café/The Flicks**, 646 Fulton St. (342-4222). Les portions sont généreuses (6 à 13 $). (Le restaurant est ouvert de 17h à 21h30. Films tous les jours à 17h, 19h et 21h45, matinées le week-end et tous les jours l'été à 13h. Entrée 6 $. Deux films 7,50 $, étudiants, personnes âgées, moins de 12 ans 3,75 $). Si vous recherchez une ambiance typique de pubs, dirigez-vous vers Main Street, de la 5th à Capitol, un quartier riche en bars. **Hannah's** (621, Main, 345-7557) propose de la musique *live* presque tous les soirs (ouvert du mardi au vendredi de 15h à 2h du matin, samedi et dimanche de 17h à 2h du matin). Le **Blues Bouquet**, 1010 Main St. (345-6605), accueille également des groupes du mardi au dimanche (ouvert tous les jours de 17h jusqu'à l'aube).

Visites Le **Boise Tour Train** (342-4796) est un petit train touristique qui vous permet de découvrir 75 sites touristiques en une heure. Départ et arrivée au parking du **Julia Davis Park** toutes les 75 minutes (5 départs par jour, du lundi au samedi de 10 à 15h, le dimanche de 12 à 17h. Les samedis et vendredis soir départ à 19h. De septembre à mai, mercredi et dimanche après-midi seulement). 6 $, personnes âgées 5,50 $, 3 à 12 ans 3,50 $. Arriver 15 minutes à l'avance). Deux musées sont installés dans le Julia Davis Park : le **Historical Museum** (334-2120, ouvert du lundi au samedi de 9h à 17h, le dimanche de 13h à 17h). Entrée gratuite, dons bienvenus. Le **Boise Art Museum**, 670 Julia Davis Dr. (345-8330), abrite des œuvres d'artistes locaux et étrangers. (Ouvert du mardi au vendredi de 10h à 17h, samedi et dimanche de 12h à 17h, entrée 3 $, étudiants et personnes âgées 2 $, enfants 1 $, gratuit pour les moins de 6 ans. Gratuit le premier jeudi de chaque mois). On peut également visiter le bâtiment du **capitole**, le seul des Etats-Unis à être chauffé exclusivement avec de l'eau provenant des sources chaudes (visites 334-2470, ouvert du lundi au vendredi de 8h à 17h). Vous pourrez observer des oiseaux de proie au **World Center for Birds of Prey**, 5666 W. Flying Hook Lane (362-3716), à 9 km au sud de la I-84, sur Cole Rd. Il faut impérativement prendre rendez-vous par téléphone. (Contribution 4$). Enfin, le **Boise River Greenbelt**, un sentier de 33 km, constitue une promenade agréable. L'endroit rêvé pour un pique-nique.

Pour en savoir plus sur le patrimoine basque de la région, particulièrement riche dans le Great Basin et l'ouest des Rocheuses, ne ratez pas le **Basque Museum and Cultural Center** (343-2671) à l'angle de la 6th et de Grove St., dans le centre de Boise (ouvert du mardi au vendredi de 10h à 16h, samedi de 11h à 15h).

■■■ KETCHUM ET SUN VALLEY

En 1935, Averill Harriman, l'héritier de la Union Pacific, l'une des principales compagnies ferroviaires du pays, confia au comte autrichien Felix Schaffgotsch la mission de dénicher le site idéal pour une station de ski capable de rivaliser avec les meilleures stations européennes. Le comte écarta Aspen, estimant que l'air y était trop rare pour les habitants de la côte est, et élut Ketchum, une petite localité minière et d'élevage. Harriman fit alors construire, à 1,5 km de Ketchum, la station très chic de Sun Valley, aux pistes de ski parfaitement entretenues. Des restaurants gastronomiques renommés et la présence des vedettes de l'époque - Ernest Hemingway, Claudette Colbert et Errol Flynn, entre autres - firent de Sun Valley une station très prisée par la jet-set. Aujourd'hui, Ketchum a conservé un charme évocateur des yacht-clubs de la Nouvelle-Angleterre. A moins d'avoir un portefeuille bien garni, mieux vaut éviter de trop fréquenter la station et se contenter des sentiers et des lacs splendides qui abondent dans la région.

Informations pratiques Les meilleurs moments pour visiter la station sont octobre-novembre et mai-juin, après la grosse période touristique. La **Sun Valley/Ketchum Chamber of Commerce** (800-634-3347), à l'intersection de 4th et de Main St. à Ketchum, peut vous aider à organiser votre séjour (ouvert tous les jours de 9h à 17h en saison, horaires allégés hors saison). Au centre d'accueil du parc de loisirs de **Sawtooth National Recreation Area (SNRA)** (726-7672), à 12 km au nord de Ketchum par la route 75, on trouvera des informations détaillées sur le parc de loisirs lui-même, les sources chaudes, les forêts et les pistes de la région (ouvert chaque jour de la mi-juin à la mi-septembre de 8h30 à 17h, hors saison du lundi au vendredi de 8h à 16h30, samedi et dimanche de 9h à 16h30). **Bureau de poste** de Ketchum : 301 1st. Ave. (726-5161). Ouvert du lundi au vendredi de 8h30 à 17h30, samedi de 11h à 13h. **Code postal : 83340. Indicatif téléphonique :** 208.

Campings et restaurants Si votre budget est serré, vous risquez de ne pas conserver un très bon souvenir de la région. De début juin à la mi-octobre, le **camping** est la meilleure solution pour dormir sans se ruiner. On peut planter sa tente gratuitement dans la **Sawtooth National Forest** (2 campings de 6 places chacun). Le camping **Boundary**, avec toilettes et eau potable, est à 4,5 km au nord-est de la ville, sur Trail Creek Rd. Trois kilomètres plus loin sur la droite, **Corral Creek Rd.** propose des emplacements plus isolés, le long d'un torrent de montagnes, sans aménagements particuliers. En remontant la route 75 dans **Sawtooth National Recreation Area (SNRA)** (727-5013), on trouve plusieurs campings. Les moins chers sont **Murdoch** (8 emplacements) et **Caribou** (10 emplacements), qui coûtent 3,75 $ et sont situés respectivement à 3 et 6 km au-delà du centre d'accueil du SNRA. On peut s'approvisionner en eau potable au North Fork Dump Site. **North Fork** (26 places) et **Wood River** (31 places), respectivement à 10,5 km et 15 km au nord de Ketchum, coûtent chacun 8,5 $. Au **Easly Campground and Pool**, à 5 minutes à l'ouest du centre d'accueil du SNRA et à 18 km au nord-ouest de Ketchum, on peut prendre une douche pour 50 ¢.

Ketchum compte plus de 65 restaurants, ce qui est beaucoup, vu la taille de la station. La nourriture est correcte et bon marché. Le **Hot Dog Adventure Co.**, 210 N. Main St. (726-0017), propose des hot dogs variés et d'excellents steaks-frites, tous les jours de 12h à 2h. A la librairie-salon de thé **Main St. Bookcafé**, 211 Main St. (726-3700), on peut déguster une pâtisserie en feuilletant les ouvrages. Ouvert tous les jours de 10h à 22h, de mi-septembre à mai du mercredi au samedi de 10h à 22h, et du dimanche au mardi de 10h à 18h. Chez **Mama Inez** (726-4213) au coin de la 7th et de Warm Springs, les plats mexicains sont très copieux, notamment les *bean burritos* (2,30 $) et les *beef enchiladas* (6 $). Ouvert du lundi au samedi de 11h30 à 14h et de 17h30 à 22h, le dimanche de 17h à 22h. A la **Starwood Bakery**, on peut déjeuner légèrement d'un sandwich, d'une salade et de frites (ouvert du

ROCHEUSES

lundi au vendredi de 6h30 à 18h, le samedi de 6h30 à 17h et le dimanche de 8h à 17h).

Hemingway, qui naguère hanta **Whisky Jacques**, 209 N. Main St. (726-5297), ne renierait pas les soirées spéciales à un dollar le cocktail (*dollar mixed drink nights*) qui ont lieu le mardi et le dimanche. Ouvert tous les jours de 16h à 2h.

Activités de plein air et sources chaudes Les collines de Ketchum sont les plus riches en sources chaudes naturelles de toutes les Rocheuses, après Yellowstone. Les bains y sont gratuits et en général il n'y a pas trop de monde. La plupart des informations qu'à pied. Pour vous procurer des informations et des conseils, adressez-vous au **Elephant's Perch**, 280 East Ave. (726-3497), près de Sun Valley Rd. (ouvert tous les jours de 9h à 18h), ou au centre d'accueil du Sawtooth National Recreation Area (SNRA). L'Elephant's Perch est également la meilleure adresse pour louer des VTT et se renseigner sur les itinéraires. (Bicyclettes 12 $ la demi-journée, 18 $ la journée).

Parmi les sources chaudes les plus faciles d'accès, on citera **Warfield Hot Springs**, à 16,6 km à l'ouest de Ketchum sur Warm Springs Rd., et **Russian John Hot Springs**, à 12 km au nord du centre d'accueil du SNRA sur la route 75, juste à l'ouest de l'autoroute. Pour vous renseigner sur les conditions de pêche, acheter un permis ou louer du matériel (cannes pour la pêche à la mouche 12 $ la journée), la meilleure adresse est **Silver Creek Outfitters**, 500 N. Main St. (726-5282 ou 800-726-5282, ouvert tous les jours de 8h à 18h). On y trouve la bible du pêcheur à la mouche, *Curtis Creek Manifesto* (7 $).

■■■ CRATERS OF THE MOON

Le **Craters of the Moon National Monument**, un ancien centre d'entraînement pour astronautes, est un champ de lave qui s'élève au milieu de terres agricoles à 105 km au sud-est de la Sun Valley par la route US 20/26/93. Balayées par les vents, ces austères formations de lave résultent d'éruptions volcaniques qui se sont produites ici il y a seulement 2 000 ans.

L'entrée dans le parc coûte 4 $ par voiture, 2 $ par personne, et un emplacement de camping coûte 10 $ (51 places sans électricité). Les feux de bois sont interdits mais les feux de charbon sont autorisés. On peut aussi camper gratuitement sur les terrains du **Bureau of Land Management**. Attention, la plupart des sites, notamment **Echo Crater**, sont souvent pleins dès 16h l'été. Les places non marquées sont gratuites si l'on dispose d'un permis pour camper hors des emplacements aménagés (*backcountry permit*, gratuit). Les autres campings confortables sont rares. Les premiers explorateurs ne purent bivouaquer dans les champs de lave, faute de pouvoir s'allonger sur le sol.

Le **Visitors Center** (527-3257), accessible par la US 20/26/93, propose des présentations et des vidéocassettes sur le processus de formation de la lave, ainsi que des guides recensant les itinéraires de visite du parc. Des rangers organisent des balades nocturnes (tous les jours de la mi-juin à la mi-septembre). (Centre ouvert tous les jours de 8h à 18h, hors saison de 8h à 16h30). Non loin de là, on peut explorer des galeries de lave durcie. Prévoir de bonnes chaussures et une torche. La compagnie **Greyhound** assure un service de bus entre Arco, Blackfoot ou Pocatello, mais il n'existe pas de transport en commun entre ces localités et Craters of the Moon. Attention : il n'y a pas de restaurants ou de magasins d'alimentation sur place.

■■■ SAWTOOTH

Le parc de **Sawtooth Natural Recreational Area** (*sawtooth* signifie littéralement "dent de scie") s'étend sur 306 180 hectares de nature restée sauvage. Il est dominé au nord par les montagnes de **Sawtooth** et de **White Cloud** et au sud par les chaînes de **Smokey** et de **Boulder range**. Cinq des principales rivières de l'Idaho y prennent leur source. Si vous êtes en voiture, ne manquez pas le point de vue de **Galena Overlook**, à 37 km au nord de Ketchum par la route 75. Ce pic de 2 610 m offre un excellent panorama sur la région.

Informations pratiques La petite ville de Stanley, à l'intersection des *highways* 21 et 75, constitue un bon point de départ pour explorer Sawtooth par le nord. **Ketchum** constitue la meilleure ville-étape au sud. Le centre d'accueil du **Sawtooth Natural Recreational Area** (726-7672), à 80 km au sud de Stanley et à 12 km au nord de Ketchum, par la route 75, dispose des informations les plus détaillées sur le parc. L'architecture du centre lui-même est inspirée par la ligne d'horizon des montagnes de Boulder Range (ouvert tous les jours de 8h30 à 17h en saison, du lundi au vendredi de 8h à 16h30 de mi-septembre à mi-juin, samedi et dimanche de 9h à 16h30). Passez à la **Stanley Chamber of Commerce** (774-3411) sur la route 21 à Stanley pour obtenir des informations sur les différents services existant en ville et dans le parc (ouvert tous les jours de 9h à 18h, horaires variables l'hiver). Des cartes topographiques (2,50 $) et des guides sont en vente chez McCoy's Tackle (voir plus loin) et à la **Stanley Ranger Station** (774-3000), à 4,5 km au sud de Stanley sur la route 75 (ouvert du lundi au vendredi de 8h à 17h, samedi et dimanche de 8h30 à 16h30). Le **Redfish Visitors Center** (774-3376) se trouve à 7,5 km à l'ouest de Stanley près de **Redfish Lake Lodge** (774-3536, ouverts tous deux du 19 juin au 2 septembre du jeudi au dimanche de 10h à 17h). Dans tous ces centres, on peut trouver des cartes des Sawtooths (3 $) et des cassettes audio gratuites commentant les points de vue exceptionnels que l'on a de la route 75, qui relie Ketchum à Stanley. Le **bureau de poste** de Stanley (774-2230) se trouve sur Ace of Diamonds St. (ouvert du lundi au vendredi de 8h à 12h et de 13h à 17h). **Code postal** : 83278. **Indicatif téléphonique** : 208.

Hôtels, campings et restaurants Au cœur de Stanley, sur Ace of Diamonds St., le **Sawtooth Hotel and Café** (774-9947) est un endroit gai et agréable pour goûter un repos bien mérité après une équipée en pleine nature (chambre simple 27 $, avec salle de bains 40 $, chambre double de 30 à 47 $). Plus pittoresque, au **McGowan's Resort** (800-447-8141 ou 774-2290), à 1,5 km sur la route 75 à la périphérie de Stanley, vous serez logé dans des cabanes de rondins, pour 50 à 95 $ la nuit (40 à 75 $ de septembre à début juin). Situées juste au bord de la Salmon River, ces cabanes peuvent accueillir jusqu'à six personnes et comprennent généralement une kitchenette. Vous y jouirez d'une vue magnifique sur les Sawtooths. L'accueil est très sympathique. De nombreux campings bordent la route 75. Ils se concentrent autour de **Redfish Lake** (177 emplacements) au pied des Sawtooths, autour du **Stanley Lake** (128 emplacements) au nord par la route 75, du **Alturas Lake** dans les Smokies, du **Salmon River Canyon** (89 emplacements) à l'est de Stanley en longeant le cours de la rivière Stanley et dans le **Wood River Corridor**, vers le sud par la route 75. A Redfish, l'emplacement coûte 10,50 $ contre 8,50 $ dans la plupart des autres. Ces campings ne prennent généralement pas de réservations. Les premiers arrivés sont les mieux servis. Les deux campings situés au bord du Little Redfish Lake sont les plus adaptés aux camping-cars. Certains emplacements exceptionnels, comme Point (à Redfish), qui possède sa propre plage (800-280-CAMP/2267), peuvent être réservés. Pour s'informer sur les campings en général, appeler le centre d'accueil du SNRA (727-5013). En cas d'affluence, il existe également des emplacements gratuits mais rudimentaires. Citons le **Redfish Overflow**, accessible par la route 75, et **Decker Flats**, un peu au nord de la 4th of July Rd., toujours sur la route 75.

Excursions en plein air Les quatre chaînes de montagnes du parc de Sawtooth (SNRA), peu connues des touristes, sont le paradis de **la marche, du bateau et de la pêche**. De nombreux sentiers partent du **Redfish Lake**. Des balades faciles mènent à Fishbrook Creek ou Bench Lakes. Pour bivouaquer, la

ROCHEUSES

longue boucle autour de **Yellow Belly, Toxaway** et **Petit Lakes** est parfaite. A
3 km de Stanley, sur la route 21, prenez Iron Creed Rd. (4,5 km) qui mène au point
de départ du **Sawtooth Lake Hike**, un sentier un peu abrupt mais praticable, à
condition de faire des pauses régulièrement. Les randonneurs confirmés peuvent
tenter le sentier conduisant à **Casino Lakes** (6 km), qui commence à **Broadway
Creek**, au sud-est de Stanley. Longue de 27 km, la boucle **Fisher Creek-Williams
Creek Loop** est une piste de VTT qui serpente dans la forêt, le long de l'ancienne
Aztec Mine. On trouvera tous les itinéraires détaillés dans le *SNRA Guide*, disponible dans les postes des rangers. Les groupes de 10-20 personnes doivent obtenir
un *wilderness permit* (gratuit) pour se rendre dans la zone la plus sauvage, à l'ouest
du SNRA. Lorsque vous faites des feux de camp, veillez à respecter les foyers existants et ne laissez pas votre feu prendre trop d'importance. Pour en savoir plus sur
les randonnées, consultez les cartes topographiques des **Trail Guides** de Margaret
Fuller's (13 $ le guide sur Sawtooths et White Cloud) que l'on peut se procurer au
centre d'accueil du SNRA et à McCoy's Tackle Shop (voir plus loin). Pour les provisions de route, le **Mountain Village Grocery Store** est idéal (774-3350, ouvert
tous les jours de 7h à 21h).

Au plus fort de l'été, les torrents glacés se prêtent tout à fait à la **pêche**, au **canoë**
et au **rafting**. Au **McCoy's Tackle Shop** (774-3377), sur Ace of Diamonds St. à
Stanley, on peut louer du matériel de pêche (6 $ par jour, 27 $ pour 6 jours). Le
magasin, ouvert tous les jours de 8h à 20h, vend aussi des souvenirs. **Sawtooth
Rentals** (774-3409), à 400 m de l'intersection entre les routes 21 et 75, propose
toutes sortes de véhicules terrestres ou aquatiques (VTT 15 à 25 $ la journée, kayaks
simples 25 $, doubles 35 $, rafts 15 $ par jour et par personne, motoneiges 100 $
par jour). Le **Redfish Lake Lodge Marina** (774-3536) loue des canots (4 à 5 $ la
demi-heure), des canoës (5 $ l'heure, 15 $ la demi-journée, 25 $ la journée) et des
hors-bord (10 $ l'heure, 33,50 $ la demi-journée, 60 $ la journée, ouvert l'été tous
les jours de 7h à 21h). **The River Company** (800-398-0346), basée à Ketchum,
avec une succursale à Stanley (774-3444), organise des expéditions en rafting d'une
journée, avec une délicieuse cuisine au feu de bois lors du repas pris en commun,
pour 80 $ la journée et 50 $ la demi-journée. (Le bureau de Ketchum est ouvert de
fin mai à début septembre de 8h à 18h, celui de Stanley l'été de 7h à 23h).

La façon la plus économique de profiter des sources thermales du parc de
Sawtooth est de se rendre aux **sources chaudes** situées à l'est de Stanley. On les
repère depuis la route grâce au nuage de vapeur. **Sunbeam Hot Springs**, à 19,5 km
de la ville, est celle qu'on préfère. Prévoyez d'emporter un seau ou une glacière,
afin de verser une soixantaine de litres d'eau glacée, prélevée dans la Salmon River,
dans les baignoires d'eau chaude, avant de pouvoir vous immerger. Le centre d'accueil du SNRA est une mine de renseignements sur les sources chaudes de la région.

Le soir, **Casanova Jack's and Gun Club** (774-9920) est un endroit chaleureux.
La nourriture est roborative (hamburgers avec frites 5,25 $) et il y a de l'ambiance.
Du mardi au samedi, les gens du coin viennent écouter de la musique *live* (ouvert
tous les jours de 11h à 2h du matin ou plus tard).

■■■ CŒUR D'ALENE

Quand les négociants en fourrure français et anglais traversèrent le nord de l'Idaho
à la fin des années 1880, ils voulurent commercer avec les Indiens de la région,
mais ceux-ci n'étaient guère intéressés. Les guides iroquois des trappeurs - qui
parlaient le français - surnommèrent ces indigènes intraitables "le peuple au cœur
pointu", qui devint "cœur d'alene", du nom du poinçon servant à percer le cuir.
Devenue une jolie station touristique, Cœur d'Alene est envahi par des hordes de
visiteurs qui ne parviennent pas à gâcher totalement la beauté rustique du site.
Même lorsque ses plages sont prises d'assaut, le lac Cœur d'Alene, aux eaux bleues,
respire la tranquillité.

Informations pratiques Le **Visitors Center** (664-0587) est situé à l'angle de First et Sherman Ave. (ouvert du lundi au vendredi de 9h à 17h, samedi et dimanche de 10h à 15h). La **gare routière** se trouve au 1527 Northwest Blvd. (664-3343), à 1,5 km au nord du lac (ouvert tous les jours de 8h à 20h). Des bus **Greyhound** desservent Boise (1 départ par jour, durée 11h, 55 $), Spokane (3 départs par jour, durée 45 minutes, 9,75 $), Lewiston (2 départs par jour, durée 3h, 30 $), et Missoula (3 départs par jour, durée 4h, 34 $). **U-Save Auto Rental**, 302 Northwest Blvd. (664-1712), loue des voitures (22 $ la journée avec 150 miles gratuits, 20 ¢ par mile supplémentaire. Ouvert du lundi au vendredi de 8h à 18h, le samedi de 8h à 15h, le dimanche de 10h à 16h). En cas de problème, **assistance téléphonique** au 664-1443 (24h/24). **Bureau de poste** de Cœur d'Alene : 111N. 7th St. (664-8126), à 5 blocks à l'est de la Chambre de commerce, par Sherman Ave. (ouvert du lundi au vendredi de 8h30 à 17h). **Code postal :** 83814. **Indicatif téléphonique :** 208.

Hébergements, campings et restaurants Dans cette petite station familiale, les chambres bon marché sont rares. Essayez les motels de Sherman Ave., à la périphérie est de la ville. Le **Star Motel**, 1516 E. Sherman Ave. (664-5035), propose des chambres minuscules, avec téléphone et TV câblée (chambre simple 30 $, double 35-40 $). En face, au **Budget Saver Motel**, 1519 Sherman Ave. (667-9505), les chambres, plus grandes, sont un peu plus chères (chambre simple 35 $, double 42 à 47 $, de fin septembre à début juin 30 $ la simple et de 37 à 40 $ la double). Près de Silver Mt., à environ 53 km de Cœur d'Alene, l'auberge de jeunesse **Kellogg International Hostel**, 834 W. McKinley Ave. (7830-4171), dispose de 30 lits. Lave-linge, TV et magnétoscope. (Avril à octobre 10 $, novembre à mars 12 $).

Le camping est bien sûr la solution la moins onéreuse. Cinq terrains se trouvent dans un périmètre de 30 km autour de la ville. Le **Robin Hood RV Park**, 703 Lincoln Way (664-2306), à quelques centaines de mètres d'une plage où l'on peut se baigner, est accessible à pied depuis le centre-ville (15,50 $ l'emplacement, douche, lave-linge, raccordement). Il existe quelques campings sans réservation dans la région : le **Beauty Creek**, le plus connu, se trouve à 15 km au sud de Robin Hood, au bord du lac. Le **Honeysuckle Campground**, à 37 km au nord-est, possède 9 emplacements. Il faut ajouter le **Bell Bay**, sur le lac Cœur d'Alene (prendre l'US 95 sud, puis continuer une vingtaine de kilomètres jusqu'à Forest Service Rd. 545), avec 26 emplacements, idéal pour la pêche. Tous ces campings pratiquent le même tarif (8 $), comprenant eau potable et toilettes. Les campings sont généralement ouverts de mai à septembre. Pour se renseigner sur les terrains de la région, appeler le **Fernan Ranger District Office** (769-3000, ouvert du lundi au vendredi de 7h30 à 16h). **Farragut State Park** (683-2425), à 30 km au nord sur la US 95, est un parc très populaire parcouru par de nombreux sentiers de randonnée. Il compte également plusieurs plages sur les rives du lac Pend Oreille (pon-do-RAY). L'emplacement coûte 9 $, avec raccordement 12 $. Supplément par véhicule 2 $ par jour. Ouvert de fin mai à début octobre.

L'huître est l'aliment vedette de Cœur d'Alene. Si vous n'êtes pas un grand amateur, installez-vous plutôt en terrasse au *"Wake up and Live"* **Java Café**, 324 Sherman Ave. (667-0010). On y sert plusieurs sortes de cafés, des *confetti eggs* (3,50 $) au petit déjeuner et de bonnes pizzas au déjeuner (4 à 5 $, ouvert du lundi au samedi, de 7h à 23h, hors saison de 7h à 18h). Au **Spooner**, 215 Sherman Ave. (667-7666), on peut composer son sandwich selon sa fantaisie (4,25 $). (Ouvert tous les jours de 7h30 à 22h, hors saison de 7h à 18h). Chez **Taco Dude**, 415 Sherman Ave. (666-9043), les chilis sont *muy* épicés. Vous n'aurez même plus envie de rire devant les fresques ridicules qui ornent les murs (*tacos*, etc., 1,25 $ à 5 $). Ouvert du dimanche au mardi de 11h à 21h, jeudi de 11h à 21h, vendredi et samedi de 11h à 22h. Au **Down the Street**, 1613 E. Sherman Ave. (765-3868), les petits déjeuners (2 à 5 $) vous caleront pour la journée : on vous servira des frites et des viennoiseries, le tout fait maison.

Visites et activités Le lac est la véritable raison d'être du site touristique. Un sentier de 3 km sur une colline, **Tubbs Hill**, mène à un beau point de vue. A **Cœur d'Alene Resort**, amusez-vous à parcourir à pied le trottoir flottant en planches, le plus long du monde selon les gens du pays (990 m). La compagnie **Lake Cœur d'Alene Cruise** (765-4000) organise des promenades en bateau sur le lac. N'oubliez pas vos clubs. Les bateaux vous conduisent sur l'unique *green* de golf flottant au monde. Départs de l'embarcadère du centre-ville de mai à septembre à 13h30, 15h30 et 17h30, durée 90 minutes, 10,75 $, personnes âgées 9,75 $, enfants 5,75 $. L'exploration du lac peut aussi se faire en canoë, en location chez **Eagle Enterprises** (664-1175) au port de Cœur d'Alene (7 $ l'heure, 20 $ la demi-journée, 35 $ la première journée, 15 $ les journées suivantes). Un chemin de 4,5 km, à parcourir à bicyclette ou à pied, longe le lac. **Four Seasons Outfitting**, 200 Sherman Ave. (765-2863), organise des promenades à cheval (13 $ pour 45 minutes, 36 $ les 3 heures), ainsi que d'autres activités de plein air pour des bourses bien garnies.

■ AUTOUR DE CŒUR D'ALENE

A quelque 82 km à l'est de Cœur d'Alene sur la I-90, le **Wallace Mining Museum**, 509 Bank St. (566-1592), expose du matériel d'exploitation minière (ouvert tous les jours de 8h à 20h, horaires variables hors saison, 1,50 $, personnes âgées 1 $, enfants 50 ¢). Non loin de là, une mine d'argent désaffectée est ouverte aux visiteurs : **Sierra Silver Mine Tour** (752-5151. Durée 1h, tous les jours de mai à septembre, départs toutes les 30 minutes de 9h à 16h, de 9h à 18h en juillet et août. Personnes âgées 7 $ et moins de 12 ans 6 $). La vie nocturne de Wallace fut naguère animée. Témoin, l'**Oasis Bordello Museum**, 605 Cedar St. (753-0801), une ancienne maison close aujourd'hui rouverte au public, où sont exposées quelques pièces de lingerie qui ne manqueront pas de stimuler l'imagination des historiens (30 minutes, 4 $). A Kellogg, à 30 km au nord de Cœur d'Alene sur l'US 95, vous pouvez emprunter le **télébenne le plus long du monde**, qui grimpe le long de la Silver Mountain. Les VTT sont acceptés dans les cabines (783-1111). Tarif 10 $, étudiants et personnes âgées 8 $, gratuit pour les moins de 6 ans. Ouvert de mi-mai à début octobre, du lundi au jeudi de 10h à 18h, vendredi et samedi de 10h à 22h, dimanche de 10h à 21h.

Montana

Le Montana, surnommé *Big Sky Country*, connaît depuis peu une certaine vogue parmi les célébrités de la côte est : Ted Turner, le mari de Jane Fonda et le créateur de CNN, y a récemment acquis une vaste propriété. Cet engouement est dû à une nature et à une faune exceptionnellement préservées. Avec 10 millions d'hectares de parcs et de forêts fédérales, le Montana abrite quelque 500 espèces animales (insectes non compris), dont une multitude d'élans, de cerfs et d'antilopes *pronghorn*. La géographie de l'Etat se divise en deux zones bien distinctes : les plaines de l'est sont parsemées d'immenses ranchs. A l'ouest, c'est le domaine des Rocheuses, des forêts, des lacs poissonneux et des grizzlis. Vous l'aurez compris, le Montana est un paradis pour tous ceux qui aiment la nature.

INFORMATIONS PRATIQUES

Capitale : Helena.
Travel Montana : P.O. Box 200533, Helena 59620 (406-444-2654 si vous appelez du Montana ou 800-541-1447). Le guide *Montana Travel Planner* vous sera adressé

gratuitement sur simple demande écrite. **National Forest Information**, Northern Region, Federal Bldg., 200 E. Broadway, Box 7669, Missoula 59801 (406-329-3511). L'association **PRIDE!**, P.O. Box 775, Helena 59624 (406-442-9322), fournit des informations sur les activités de la communauté homosexuelle du Montana.
Fuseau horaire : Heure des Rocheuses (2 heures de retard sur l'Est).
Abréviation de l'Etat : MT.
Taxe locale : 0 %.

∎∎∎ BILLINGS

Cette ville d'étape sur la ligne du Northern Pacific Railroad, fondée en 1882 par Frederick Billings, président de la compagnie ferroviaire, semble toujours vivre au rythme des trains de marchandises. Malgré un développement assez important, Billings donne un peu l'impression d'être une ville à l'abandon. Les centres d'intérêt sont rares et dispersés dans un tissu urbain industriel et commercial. Située à l'intersection de la I-90 et de la I-94, Billings est davantage une ville de passage qu'une destination à part entière. Les bus **Greyhound** et **Rimrock Trailways** desservent depuis la gare routière, 2502 1st Ave. M. (245-5116), Bozeman (4 départs par jour, 19 $), Missoula (3 départs par jour, 41 $), Bismark (3 départs par jour, 57,50 $), Seattle (3 départs par jour, 105 $) et Cheyenne (2 départs par jour, 99 $). La gare routière est ouverte 24h/24.

A Billings, ne vous fiez pas trop aux noms de rue : le même nom peut correspondre à trois rues différentes. Seule la direction permet de les distinguer. N'hésitez pas à acheter un plan de la ville (1 $), en vente au **Visitors Center** de la Chambre de commerce, 815 S. 27th St. (252-4016). Profitez-en pour jeter un coup d'œil à la carte électronique, qui permet de repérer les bons coins pour la randonnée ou la pêche (ouvert tous les jours de 8h30 à 19h30, hors saison 8h30 à 17h). Pour visiter la ville - ou s'en évader -, on peut louer une voiture chez **Rent-A-Wreck**, 5002 Laurel Rd. (252-0219). Les tarifs commencent à 28,50 $ par jour ou 185 $ par semaine (moins cher l'hiver), pour 100 miles gratuits par jour, 19 ¢ par mile supplémentaire. (Age minimal 21 ans, avec carte de crédit, ouvert du lundi au vendredi de 8h à 17h30, samedi de 9h à 14h et dimanche sur rendez-vous). **Bureau de poste** de Billings : 2200 Grant Rd. (657-5732, ouvert du lundi au vendredi de 8h à 17h30). **Code postal** : 59108. **Indicatif téléphonique :** 406.

L'hébergement à Billings est de qualité inégale. Le **Picture Court**, 5146 Laurel Rd. (252-8478), loue, pour un prix raisonnable, des chambres confortables, bien tenues et climatisées avec TV (les chambres doivent être libérées à 10h30 ; chambres simples 29 $, doubles 35 $). Le **Rainbow Motel**, 421 St. Johns (259-4949), est bon marché, mais il est situé dans un quartier assez mal famé. (Clim., TV, lave-linge. Chambres simples 25 $, doubles 35 $, chambres à la semaine avec kitchenette 120 $.) Il existe deux **Motel 6**, 5400 Midland Rd. (252-0093) et 5353 Midland Rd. (248-7551) : le prix est identique mais il y a une piscine dans le premier. (Les chambres doivent être libérées à midi, chambres simples 33 $, doubles 39 $, 3e ou 4e personne 3 $).

Les petits restaurants sans prétention du centre-ville permettent de tenter sa chance aux machines à sous tout en dévorant un hamburger ou une pizza. Si vous tenez à un certain standard gastronomique, mieux vaut se rendre à la périphérie de la ville. Au **Dos Machos** (652-2020), 24th St. W. à Phillys, ou 1233 N. 7th St. (259-1980), les portions sont démesurées (tacos, *enchiladas* et autres plats mexicains, 6 à 8 $). Le pichet de margarita coûte 11 $ (ouvert du lundi au samedi de 11h à 22h, dimanche de 9h à 21h). Le **Khanthaly's Laotian Cuisine** sert d'appétissants plats du Sud-Est asiatique (nouilles de riz frites, rouleaux de printemps…) à des prix défiant toute concurrence (1 à 4 $, ouvert du lundi au samedi de 11h à 21h, dimanche de12h à 20h). **The Happy Diner**, 1045 Grand Ave. (248-5100), propose des hamburgers à 2,15 $ et des parts de tarte à 1,60 $ (ouvert du lundi au jeudi de 11h à 22h, vendredi et samedi de 11h à 22h30).

ROCHEUSES

Le **Yellowstone Art Center**, 401 N. 27th St. (256-6804, ouvert mardi, mercredi, vendredi, samedi et dimanche de 10h à 17h, jeudi de 10h à 20h, entrée gratuite), expose les créations d'artistes locaux dans lesquelles on retrouve l'esprit des pionniers. A la **Montana State University**, 2522 Normal Ave. (657-2882, téléphoner du lundi au vendredi de 12h à 18h), vous pourrez prendre des cours de canoë et autres activités de plein air dispensés par le *outdoor recreation department* (département des activités de loisirs). En haut de Normal Avenue, on jouit d'un panorama sur Billings et la vallée environnante. Et durant le troisième week-end de juillet, ne manquez pas la foire annuelle, **Billings Summer Fair**.

■ ■ ■ BOZEMAN

Fondée par les fermiers qui approvisionnaient les employés du Northern Pacific Railroad, Bozeman est devenue le point de ravitaillement de tout le Montana du Sud. C'est également là qu'est installée la Montana State University, ce qui ne manque pas d'attirer les *travelers* et autres ex-hippies qui trouvent cette ville bien plus accueillante que ses voisines.

Informations pratiques La Bozeman Area Chamber of Commerce, 1205 E. Main St. (586-5421), peut vous renseigner sur les manifestations locales (ouvert du lundi au vendredi de 8h à 17h). La **Lambda Alliance** (994-4551) informe sur les activités des communautés homosexuelles de la région. Les bus **Greyhound** et **RimRock Stages** assurent depuis la gare routière située au 625 N. 7th St. (587-3110) la desserte de Butte (3 départs par jour, durée 1h30, 13 $), Billings (4 départs par jour, durée 3h, 19 $), Helena (1 départ par jour, durée 2h, 14 $) et Missoula (3 départs par jour, durée 5h, 26 $). (Ouvert du lundi au vendredi de 7h30 à 11h30, de 12h30 à 17h30, et de 20h30 à 22h, samedi de 7h30 à 11h30, de 15h30 à 17h30 et de 20h30 à 22h, dimanche et fêtes de 7h30 à 9h15, de 15h30 à 17h30 et de 20h30 à 22h). **Rent-A-Wreck**, 112 N. Tracey St. (587-4551), vous louera un véhicule déjà bien amorti pour 29 $ la journée. (100 miles gratuits, 18 ¢ par mile supplémentaire. Minimum 21 ans. Carte de crédit nécessaire. Ouvert du lundi au vendredi de 8h à 18h, samedi de 8h à 17h, dimanche sur rendez-vous). **Bureau de poste** de Bozeman : 32 E. Babcock St. (586-1508, ouvert du lundi au vendredi de 9h à 17h). **Code postal : 59715. Indicatif téléphonique : 406.**

Hébergements Bozeman compte plusieurs motels bon marché sur Main St. et sur la 7th Ave. au nord de Main St. L'auberge **Sacajawea International Backpackers Hostel**, au 405 West Olive St. (586-4659), est bien équipée (douches, laverie, cuisine) mais ne compte qu'une dizaine de lits : mieux vaut réserver (10 $, enfants 5 $). Les propriétaires feront tout pour faciliter votre séjour dans la région. Il y a même des vélos à louer (6 $ la demi-journée, 10 $ la journée). Le **Ranch House Motel**, 1201 E. Main St. (587-4278), possède des chambres climatisées avec TV câblée gratuite (26 $ la chambre simple, 31 à 36 $ la chambre double, l'hiver respectivement 22 $ et 27 à 32 $). Plus confortable, l'**Alpine Lodge**, 1017 E. Main St. (586-0356), propose des petites chambres propres, agrémentées d'épais tapis et de stores vénitiens (chambre simple 30 $, double 42 $, cabane en rondins avec cuisine 55 $, en hiver 45 $).

Restaurants et Musée Au **The Pickle Barrel**, 809 W. College (567-2411), les sandwiches se composent d'énormes tranches de pain au levain garnies de viandes succulentes et de légumes frais. Le *half-sandwich* est déjà de taille respectable. Service sympathique assuré par des étudiants (4 $, ouvert tous les jours de 10h30 à 22h, l'hiver de 11h à 22h30). Le **Brandi's**, 717 N. 7th (587-3848), propose un copieux petit déjeuner pour un prix modique : deux *hotcakes* (petits pains) pour 50 ¢ ou deux œufs, des pommes de terre sautées et des toasts pour 1 $, avec café gratuit à discrétion (ouvert de 8h à 21h30, petit déjeuner servi de 8h à midi).

Au **McKenzie's River Pizza** (587-0055), sur E. Main St., où se retrouvent volontiers les gens du coin, on choisit soi-même les ingrédients de sa pizza *deepdish* (à partir de 11,50 $) (ouvert du lundi au samedi de 11h30 à 22h, dimanche de 17h à 21h). Au **Haufbrau**, 22 S. 8th Ave. (587-4931), la savoureuse cuisine au grill (burger avec frites et salade, 3,30 $) est servie sur des tables de bois bien patinées ou bien directement sur le bar. Dix marques de bières à la pression de 1,25 à 2,50 $ la pinte, de 6 à 9 $ le pichet. Le soir, musique du cru. A la **Spanish Peaks Brewery**, 1290 N. 19th Ave. (586-2296), goûtez la Black Dog Ale, recommandée par Robert Plant (le chanteur de Led Zeppelin). La pinte est à 2,50 $, et pour essayer toutes les bières, il vous en coûtera 5 $ - ne manquez pas la miel-framboise !

Le musée des Rocheuses (**Museum of the Rockies**), 600 W. Kagy Blvd. (994-2251), au sud du campus de Montana State University, mérite une visite. Les salles de paléontologie abritent le squelette du plus grand tyrannosaure rex du monde (retrouvé dans le Montana) et toute une sympathique famille de tricératops plus vrais que nature. (Ouvert de 8h à 20h. Du 1er lundi de septembre au dernier lundi de mai ouvert du lundi au samedi de 9h à 17h, dimanche de 12h30 à 17h).

Pêche Entourée de trois rivières réputées pour leurs truites - Yellowstone, Madison et Gardiner -, la petite ville de **Livingston**, à une trentaine de kilomètres à l'est de Bozeman par la I-90, est le paradis du pêcheur. Le **Yellowstone Angler** (222-7130), situé à 700 m au sud de Livingston sur l'US 89, loue et vend du matériel de pêche (location de cannes à pêche 15 $, bottes 15 $), délivre des permis (15 $ pour 2 jours) et fournit une foule de renseignements utiles (ouvert du lundi au samedi de 7h à 18h, dimanche de 7h à 17h. D'octobre à mars, du lundi au samedi de 7h à 17 h). Après une dure journée de pêche à la mouche, posez donc vos gaules au **Livingston Bar and Grill**, 130 N. Main St. (222-7909, ouvert du lundi au samedi de 11h30 à 23h, dimanche de 16h à 23h). Un large choix de bières américaines et importées est là pour réconforter les pêcheurs bredouilles.

■■■ LITTLE BIG HORN

Little Big Horn National Monument, situé à 90 km au sud-est de Billings par la I-90, dans la réserve des Indiens Crows, est le site de la défaite de la 7e cavalerie contre les Sioux et les Cheyennes. George Armstrong Custer et ses 225 hommes livrèrent ici leur dernière bataille, le 25 juin 1876. Le gouvernement américain persistait à refuser aux Indiens des plaines du Nord les terres qui leur avaient été attribuées par le traité de Laramie. Appelé jusqu'en 1991 Custer Battlefield Monument, le site a été rebaptisé Little Big Horn Monument. Une disgrâce tardive pour le général Custer, à l'origine de l'offensive. Des pierres tombales blanches indiquent où sont tombés les soldats américains. Ils ont été enterrés dans une fosse commune, recouverte d'une pierre gravée de noms. Les corps des Sioux ont été immédiatement retirés après la bataille par leurs familles. Un circuit de 8 km, que l'on parcourt avec une cassette audio (10 $), relate les principales phases de la bataille. On peut également visiter le parc en autocar (45 minutes, 4 $, enfants 3 $). Le **Visitors Center** (638-2621) abrite un petit musée avec une salle de projection, une carte électronique du champ de bataille et une présentation des armes. (Le musée et le visitors center sont ouverts tous les jours de 8h à 20h ; l'automne de 8h à 18h et l'hiver de 8h à 16h30. Entrée gratuite. Le site est ouvert tous les jours de 8h à 19h30, entrée 4 $ par voiture, 2 $ par personne).

■■■ MISSOULA

Siège de l'Université du Montana, Missoula est la ville universitaire la plus animée de l'Etat. Sur fond de montagnes, écolos, artistes et étudiants côtoient de véritables cow-boys. Le centre-ville compte de nombreux magasins diététiques, des librairies d'occasions et de petits restaurants branchés.

Informations pratiques Se déplacer n'est pas un problème à Missoula, car la ville bénéficie d'un bon réseau de bus (721-3333, du lundi au vendredi de 6h à 19h, dimanche de 9h30 à 18h, 50 ¢). La **Missoula Chamber of Commerce**, 825 E. Front St. (543-6623), fournit les horaires de bus (ouvert du lundi au vendredi de 8h30 à 19h, samedi et dimanche de 10h à 17h, de Labor Day à Memorial Day tous les jours de 8h30 à 17h). Les bus **Greyhound**, 1660 Broadway (549-2339), desservent Bozeman (4 départs par jour, durée 5h, 26 $) et Spokane (3 départs par jour, durée 3h30, 35 $). **Intermountain Transportation** dessert Whitefish (1 départ par jour, durée 3h30, 18 $) et les autocars de **RimRock Stages** rallient Helena (1 départ par jour, durée 2h30, 17 $). **Enterprise Rent-A-Car**, 2201 W. Broadway (721-1888), loue des voitures récentes à des prix intéressants (20 $ par jour avec 150 miles gratuits, 21 ¢ par mile supplémentaire. Tarifs plus bas l'hiver. Age minimal : 21 ans. Carte de crédit obligatoire.). La **Lambda Alliance** (553-5567) défend les droits des gays et des lesbiennes. **Bureau de poste de Missoula** : 1100 W. Kent (329-2200), à l'intersection de Brooks et South St. (ouvert du lundi au vendredi de 8h à 17h, samedi de 9h à 13h). **Code postal** : 59801. **Indicatif téléphonique** : 406.

Hébergements L'auberge de jeunesse **Birchwood Hostel**, 600 S. Orange St. (728-9799), treize blocks à l'est de la station de bus puis 8 blocks au sud sur Orange Street, est une bonne adresse. Les dortoirs, spacieux et impeccablement tenus, peuvent loger 22 personnes. Lave-linge, cuisine et hangar à vélos. Le propriétaire est très sympathique et connaît bien la région. (Ouvert tous les jours de 17h à 22h, membres HI et cyclotouristes 8 $, autres 9 $. Fermé pendant deux semaines fin décembre). Sur Broadway, on trouve beaucoup d'hébergements bon marché. Le **Canyon Motel**, 1015 E. Broadway (543-4069 ou 543-7251), possède de grandes chambres confortables (clim., TV câblée, chambre simple 25 $, double 30 à 35 $). Le **Downtown Motel**, 502 E. Broadway (549-5191), est bien ensoleillé (chambre simple 31 $, double 38 à 43 $). Le camping **Outpost Campground**, ouvert toute l'année (549-2016), à 3 km au nord de la I-90 sur la US 93, compte des douches et une laverie dans un cadre boisé (l'emplacement pour deux 10 $, avec raccordement 12 $).

Restaurants et sorties Le centre-ville compte de bons petits bistrots pas chers, particulièrement entre Broadway et Railroad St. et au nord de la Clark Fork River, ainsi qu'à la périphérie du campus universitaire, au sud de la rivière. Le **Food for Thought Café**, 540 Daly Ave., sert une cuisine innovante de sandwiches, salades et plats végétariens (3 à 6 $, ouvert tous les jours de 7h à 22h). Le **Old Town Café** 127 W. Alder St. (728-9742, ouvert tous les jours de 6h à 17h), propose un choix incroyable de plats pour le petit déjeuner, à assaisonner soi-même, le tout pour moins de 5 $. Restaurant en même temps que magasin diététique, le **Torrey's**, 1916 Brooks St. (721-2510), est particulièrement bon marché : les fruits de mer sautés sont à 3,50 $ (du lundi au samedi de 11h30 à 20h30, magasin ouvert dès 10h). Dans un tout autre genre, on peut se laisser tenter par l'atmosphère très *fifties* du **Uptown Diner** (542-2449) sur Higgins Street, près de Main St., dans le centre-ville. Les milkshakes sont riches et crémeux, les desserts glacés irrésistibles. (Ouvert du lundi au samedi de 7h à 21h, dimanche de 8h à 21h).

L'**Iron Horse Brew Pub**, 100 W. Railroad Ave. (728-8866) au niveau de Higgins Ave. S. (ouvert tous les jours de 12h à 24h), offre une sélection de bières Bayern Pilsner, rousse et brune, servies avec amuse-gueule consistants. Le choix est plus large, et la clientèle plus bruyante au **Rhinoceros (Rhino's)** (158 Ryman Ave., 721-6061), une petite institution locale, qui propose une cinquantaine de bières à la pression (ouvert tous les jours de 11h à 2h).

Activités de plein air Les richesses naturelles de la région constituent le principal attrait de Missoula. Située au croisement des deux grands itinéraires de randonnée cycliste, la Trans-America et Great Parks, la ville est envahie de fans de la petite reine. **Adventure Cycling**, 150 E. Pine St. (721-1776), vous fournira des renseignements sur les pistes de la région, et chez **New Era Bicycles**, 741 S. Higgins (728-2080), vous pourrez louer une monture (15 $ pour 24h, dépôt d'une carte de crédit en caution. Ouvert du lundi au jeudi de 9h à 18h, vendredi de 9h à 19h, samedi de 10h à 18h).

Au départ de Missoula, on peut aussi skier, faire du rafting ou partir en excursion. Pour plus de précisions, ou pour louer du matériel, adressez-vous aux magasins spécialisés tels que **Trailhead**, 110 E. Pine St. (543-6966) au niveau de Higgins St. Les touristes peuvent parfois se joindre, s'il reste de la place, aux sorties organisées par le département des loisirs de l'Université du Montana (Field House 116, ouvert du lundi au vendredi de 9h à 17h, samedi de 9h à 13h). Le **Rattlesnake Wilderness National Recreation Area**, à quelques kilomètres au nord-est de la ville (prendre la sortie Van Buren St. sur la I-90), est un lieu idéal d'excursion pour la journée. La carte de la faune et de la flore est en vente (3 $) au **US Forest Service Information Office**, 200 E. Broadway (329-3511, ouvert du lundi au vendredi de 7h30 à 16h). Les rivières Clark Fork, Blackfoot et Bitterroot se prêtent à toute sorte d'activités. Le **Montana State Regional Parks and Wildlife Office,** 3201 Spurgin Rd. (542-5500), vend des cartes des voies navigables (3,50 $, ouvert du lundi au vendredi de 8 à 17 h). **Pangaea Expeditions**, 180 S. 3rd (721-7719), organise des expéditions en raft (15 $ les 2h, 25 $ la demi-journée, 45 $ la journée).

Le **Historical Museum** à **Fort Missoula** (728-3476), sur Fort Rd. par Reserve St., organise des expositions et des conférences sur la sylviculture, l'agriculture, l'exploitation minière et les traditions locales. (Ouvert du mardi au samedi de 10h à 17h, dimanche de 12h à 17h. De Labor Day à Memorial Day, ouvert du mardi au dimanche de 12h à 17h). L'attraction la plus chaude de la ville est sans doute le **Aerial Fire Depot Visitors Center** (329-4934), situé à une dizaine de kilomètres à l'ouest de la ville sur Broadway (route 10, après l'aéroport). Vous assisterez à des démonstrations réalisées par les intrépides pompiers volants qui luttent contre les feux de forêt (ouvert tous les jours de 8h30 à 17h, d'octobre à avril sur rendez-vous pour les groupes. De mai à septembre, visites toutes les heures sauf de 12h à 13h. Entrée gratuite). Le premier vendredi de chaque mois, la culture est à l'honneur à Missoula, puisque l'entrée est gratuite dans tous les musées et toutes les galeries de la ville (15 au total) : on y rencontre parfois les artistes.

■ DE MISSOULA À GLACIER

Le **Miracle of America Museum**, près de la US 93 entre Missoula et Glacier, avant l'entrée de **Polson**, abrite l'une des plus belles collections d'objets typiques de la culture américaine (*Americana*). On y a reconstitué une épicerie (*general store*), une sellerie, une boutique de barbier et une station d'essence au milieu d'une quantité d'objets dans la plus pure tradition "kitsch" américaine. (Ouvert d'avril à septembre du lundi au samedi de 8h à 17h, dimanche de 14h à 18h. Mieux vaut prendre rendez-vous le reste de l'année, 2 $). Le **National Bison Range**, à une soixantaine de kilomètres au nord de Missoula sur l'US 93, est une réserve de bisons créée en 1908. Avant qu'ils ne soient pratiquement exterminés par les chasseurs, on comptait quelque 50 millions de bisons dans les plaines des Etats-Unis. La réserve abrite aujourd'hui 300 à 500 de ces impressionnants bovidés sauvages (ouvert de 7h à 21h30, *ranger office* ouvert de 8h à 16h30, gratuit).

■■■ LE WATERTON-GLACIER PEACE PARK

A cheval sur les Etats-Unis et le Canada, le parc Waterton-Glacier est l'un des plus beaux sites des Rocheuses. Symbole de la paix entre les deux pays, le parc est le refuge de nombreuses espèces en voie de disparition : ours, mouflons, orignaux, chèvres des montagnes et, depuis peu, loups gris.

Si en réalité il forme un seul et même parc, Waterton-Glacier est divisé en deux parties : l'une petite, **Waterton Lakes National Park**, en Alberta, et l'autre beaucoup plus grande, **Glacier National Park**, dans le Montana. Il faut payer l'entrée pour chacun des parcs (à Glacier 5 $ par semaine, à Waterton Lakes 5 $ canadiens par jour, 10 $ canadiens pour 4 jours), et franchir la douane pour aller de l'un à l'autre. Les postes-frontière sont : **Chief Mountain** sur la route 17 (ouvert du 19 au 31 mai de 9h à 18h, du 1er juin au 17 septembre de 7h à 22h, fermé du 18 septembre à la mi-mai 1996), **Piegan/Carway** sur l'US 89 (ouvert toute l'année, tous les jours de 7h à 23h), **Trail Creek** sur North Fork Rd. (ouvert de juin à octobre, tous les jours de 9h à 17h), et **Roosville** sur l'US 93 (ouvert toute l'année 24h/24).

L'ouverture complète des parcs est soumise aux aléas de la fonte des neiges. De septembre à mai, seules certaines parties sont accessibles. Il faut se renseigner auprès de l'administration du parc de Waterton (403-859-2203) ou de Glacier (406-888-5441). Le *Waterton-Glacier Guide* donne les dates et les heures d'ouverture des chemins, des campings et des postes-frontière.

■ GLACIER

Informations pratiques La topographie de Glacier est simple. Une route y pénètre par West Glacier à l'ouest et trois par l'est à Many Glacier, St. Mary et Two Medicine. West Glacier et St. Mary sont les deux principaux points d'accès au parc, reliés entre eux par la **Going-to-the-Sun Road** ("The Sun"), la seule route qui traverse le parc. L'**US 2** permet la jonction entre West Glacier et East Glacier en longeant la limite sud du parc sur 124 km. Repérez les panneaux "Goat Lick" au bord de la route 2 près de **Walton**. Les chèvres des montagnes y viennent souvent lécher des blocs de sel en juin et en juillet.

Dans les trois centres d'accueil (*visitors center*), on vous renseignera sur les pistes et les campings ouverts, la météo et la faune. Le centre d'accueil de **St Mary** (732-4424) est à l'entrée est du parc (ouvert tous les jours de fin mai à mi-juin de 8h à 17h, de mi-juin à début septembre de 8h à 21h, en septembre de 8h à 17h). Le centre d'**Apgar** se trouve à l'entrée ouest (ouvert tous les jours de fin avril à mi-juin de 8h à 17h, de mi-juin à début septembre de 8h à 20h, en septembre de 8h à 17h, en octobre de 8h à 16h30, après le 31 octobre ouvert seulement le week-end). Un troisième centre d'accueil se trouve à **Logan Pass** sur Going-to-the-Sun Rd. (ouvert de début à mi-juin, tous les jours de 9h à 17h, de mi à fin juin de 9h à 18h, de début juillet à mi-septembre de 9h à 20h).

Le long de la limite sud du parc, le voyage en train est spectaculaire. **Amtrak** (226-4452 ou 800-872-7245) dessert tous les jours West Glacier depuis Whitefish (7 $), Seattle (126 $) et Spokane (63 $) ; Amtrak relie également East Glacier à Chicago (213 $) et Minneapolis (189 $). Seuls les autocars de la compagnie **RimRock Stages** (862-6700) desservent la région du parc et particulièrement la localité de Kalispell. Comme presque partout dans les Rocheuses, il vaut mieux disposer d'une voiture, surtout dans le parc. **Rent-A-Wreck**, qui loue des voitures d'occasion, possède deux magasins dans la région : l'un à Kalispell, 2425 US 2 E. (755-4555, 30 $ par jour) et l'autre à East Glacier, au Sears Motel (226-9293, 50 $ par jour). Dans les deux cas, les cent premiers miles sont gratuits, et chaque mile supplémentaire coûte 20 ¢. Il faut avoir au moins 21 ans et posséder une carte de crédit.

Bureau de poste de Glacier : Lake McDonald Lodge, dans le parc (ouvert du lundi au vendredi de 9h à 15h45). **Code postal : 59921. Indicatif téléphonique : 406.**

Hébergements et restaurants Glacier Park, Inc. gère toutes les structures d'hébergement du parc. Seul le **Swiftcurrent Motor Inn** (732-5531) à Many Glacier Valley est abordable. Il propose des bungalows à une chambre (sans s.d.b., 26 $) ou deux (35 $). Des chambres en motel existent mais elles sont deux fois plus chères. Pour réserver, s'adresser au lointain bureau de **Glacier Park, Inc.,** 925 Dial Corporate Center, Phoenix, Arizona 85077-0928 (602-207-6000). Pour les réservations de dernière minute (1 à 2 jours), s'adresser à East Glacier Park (406-226-9311).

Dans la partie ouest du parc, le confortable **North Fork Hostel** (888-5241), au bout de Beaver Dr. à **Polebridge**, constitue une excellente base de départ pour explorer les recoins les plus sauvages de Glacier. On y parvient après 18 km de route de terre. Sur place, vous serez plongé dans l'ambiance d'un refuge de montagne : lampes au propane et au kérosène, poêles à bois, toilettes extérieures (12 $ la nuit en dortoir, 10 $ à partir de deux nuits. Cabanes 26 $, draps 2 $. Cabanes en rondins 35 $, 200 $ la semaine). On peut se ravitailler au **Polebridge Mercantile Store.** Le **Northern Lights Saloon** (restaurant ouvert de 16h à 21h, bar de 21h à 24h) sert des tartes maison et de la bière. A l'est de la ville de Hungry Horse, le camping **Mountain Meadow RV Park and Campground** (387-9125), à 14 km de l'entrée du parc par l'US 2, possède 56 emplacements très tranquilles, des douches avec eau chaude et une mare à truites (10 $ l'emplacement pour une tente, avec raccordement 16 à 19 $).

A l'est, à la limite du parc, côté **East Glacier,** sur l'US 2, à 45 km au sud de l'entrée de St. Mary et à environ 7 km au sud de l'entrée de Two Medicine, se trouve une excellente auberge de jeunesse, **Brownies Grocery (HI-AYH),** 1020 route 49 (226-4426). On y mange de bonnes pâtisseries et les dortoirs sont confortables. L'auberge est installée dans un bâtiment qui, murmure-t-on, était autrefois une maison close. Lits superposés (11 $, non-membres 13 $), chambres individuelles (simples 15 $, non-membres 18 $, doubles 20 ou 23 $), chambre familiale (4 à 6 lits, 30 $). Juste à côté, le **Whistle Stop Café** propose une cuisine assez variée (pain perdu *huckleberry french toast,* 5 $) à base de produits régionaux. L'auberge **Backpacker's Inn Hostel,** 29 Dawson Ave. (225-9392), dispose de 20 lits, de douches chaudes et des conseils avisés de ses propriétaires, Pat et Renée Schur. 8 $ la nuit (apporter son sac de couchage, ou on vous en louera un pour 1 $).

Campings C'est bien sûr la manière la moins chère et la plus spectaculaire de découvrir le parc. Attention, aucun des terrains aménagés ne prend de réservation. Les plus populaires sont complets dès midi. Toutefois, ne vous fiez pas trop aux panneaux *"Campground full"* (complet). On oublie souvent de les enlever. Les 10 campings accessibles en voiture sont faciles à trouver grâce à un plan distribué à l'entrée du parc. **Sprague Creek** sur le lac McDonald comprend 25 emplacements tranquilles près du lac. Arriver tôt pour éviter ceux qui sont près de la route. **Bowman Lake** (48 places) et **Kintla Lake** (13 places) sont rarement complets et offrent de belles places au bord de l'eau. Dans tous ces campings, les toilettes sont dépourvues de chasse d'eau, mais vous ne trouverez pas mieux pour moins cher (8 $). Les autres campings disposent de toilettes moins rudimentaires, mais le prix grimpe à 10 $. **Two Medicine,** dans la partie sud-est du parc, près de East Glacier, possède 99 emplacements. **Apgar** (196 emplacements) et **Fish Creek** (180 places) sont situés dans la partie Sud-Ouest, près du lac McDonald. Quelques emplacements des campings de Sprague, Apgar et Avalanche sont réservés aux cyclotouristes et aux randonneurs pédestres. Les caravanes sont interdites. Dans les forêts fédérales des environs, on peut trouver des terrains sans eau courante, pour 5 $ la nuit. Renseignez-vous aux centres d'accueil (*visitors centers*) de St. Mary et d'Apgar sur les disponibilités et les prix, sachant que tout dépend des conditions météo… et des grizzlis.

Au contact de la nature *Attention ! Il y a des ours dans la région. Il est indispensable de connaître les précautions à observer pour éviter de se trouver nez à nez avec un ours. Demandez conseil aux rangers. Ceci n'est pas une blague.* Le **camping sauvage** (*backcountry camping*) est le meilleur moyen de contempler la nature et la faune remarquables de Glacier. Le **Highline Trail** à partir de Logan Pass représente une belle excursion d'une journée sur le territoire des mouflons et des chèvres des montagnes, même si les gens du coin la trouvent trop fréquentée. Dans la brochure *Nature with a Naturalist*, distribuée gratuitement dans les centres d'accueil, vous trouverez une carte des sentiers de randonnée et des endroits où le camping sauvage est autorisé. Pour planter sa tente en pleine nature, il faut obtenir un permis (*wilderness permit*) délivré gratuitement dans un des centres d'accueil ou dans une station de rangers. Ce permis est valable 24h. Le camping sauvage n'est autorisé que dans certains endroits, notamment près de **Two Medicine** dans le sud-est du parc. De là, vous pouvez aller jusqu'à **Kintla Lake** et **Numa Lake** où vous découvrirez un magnifique panorama. **Belly River** est un coin tranquille, parfait pour installer son campement.

Going-to-the-Sun Rd., sur quelque 80 km, traverse des paysages à couper le souffle. Même par temps couvert, le panorama est tel que l'on a du mal à garder les yeux sur la route ! Jusqu'en juin, la route est enneigée : renseignez-vous auprès des rangers pour les dates d'ouverture. Les véhicules sont limités à 21 pieds (6,3 m) de long et à 8 pieds (2,4 m) de large.

Cette route, surnommée **"The Sun"**, est bien connue des cyclistes, mais il faut savoir qu'elle est très dure et exige, outre un équipement adapté, des mollets d'acier. Par endroits, il n'y a pas de bas-côté, ce qui peut être dangereux pour les cyclistes. En été (du 15 juin au 2 septembre), les bicyclettes sont interdites de 11h à 16h entre le virage d'Apgar à l'extrémité ouest du lac McDonald et Sprague Creek, et entre Logan Creek et Logan Pass. Pas de restriction en revanche dans la partie est du parc. Les vélos sont également interdits sur tous les chemins pédestres. Les **cavaliers** doivent veiller à n'emprunter que des pistes autorisées. Les amendes qui frappent les contrevenants sont salées.

A Glacier, profitez des visites commentées qui vous sont proposées. Les autocars rouges **Jammers** sillonnent le parc (2 à 30 $). Il existe également des navettes régulières pour les randonneurs (2 à 14 $) qui empruntent "The Sun". Les centres d'accueil vous fourniront les horaires, ainsi que les programmes des randonnées guidées, des excursions ornithologiques et des activités pour les enfants.

Bateau et pêche Des promenades en bateau sont possibles sur tous les grands lacs de Glacier, notamment **Lake McDonald** (4 ou 5 bateaux par jour, 1h, 7 $, 4 à 12 ans 3,50 $) et **Two Medicine** (5 départs par jour, 45 minutes, 6,50 $/3,25 $). Les promenades au départ de **St. Mary** (90 mn) et **Many Glacier** (75 mn) permettent d'atteindre des coins isolés (de St. Mary, 8,50 $/4,25 $ et de Many Glacier 8 $/4,25 $). La croisière *sunset cruise* (7 $) permet d'admirer le coucher du soleil, qui n'a lieu que vers 22h en plein été. Pour plus de détails, appeler à Lake McDonald (888-5727), Many Glacier (732-4480) ou St. Mary (732-4430). **Glacier Raft Co.** (888-5454 ou 800-332-9995), à West Glacier, organise des excursions en rafting d'une journée (62 $, 33 $ pour les moins de 13 ans, déjeuner inclus) et d'une demi-journée (32 $/21 $, l'après midi seulement) sur la rivière Flathead. Il vaut mieux réserver par téléphone. Vous pouvez louer des **canots à rames** (6 $ l'heure, 30 $ pour 10h) sur Lake McDonald, Many Glacier et Two Medicine, des **canoës** (6,50 $ l'heure) à Many Glacier, Two Medicine et Apgar et des **hors-bord** (11 $ l'heure, 55 $ pour 10h) à Lake McDonald. Dans tous les cas, la caution est de 50 $. Le parc est également un paradis pour les pêcheurs : truites *cutthroat*, truites des lacs et même ombres arctiques, rarissimes, mettront à rude épreuve votre patience (et votre technique). Aucun permis n'est nécessaire. Il faut simplement connaître les règles exposées dans le fascicule *Fishing regulations* que l'on trouve dans tous les centres d'accueil. Juste en dehors du parc, sur le territoire des Indiens Blackfoot, un permis spécial pêche est requis, et dans tout le Montana, il faut le permis délivré par l'Etat.

■ WATERTON LAKES (ALBERTA)

De dimensions beaucoup plus réduites que son voisin du Montana, Waterton Lakes National Park abrite des paysages tout aussi spectaculaires sans être surpeuplé comme peut l'être Glacier en juillet et août.

Informations pratiques La route qui part de l'entrée du parc mène 7,5 km au sud à **Waterton**. Procurez-vous un exemplaire du *Waterton-Glacier Guide* au **Waterton Visitors Center**, 215 Mountain View Rd. (859-2224), 7,5 km à l'intérieur du parc (ouvert tous les jours de 8h à 20h, de mi-mai à juin tous les jours de 10h à 17h30). On peut louer des bicyclettes chez **Pat's Texaco and Cycle Rental**, Mount View Rd., Waterton (859-2266. VTT 5,50 $ l'heure, 27 $ par jour. Caution 20 $). En cas d'**urgence médicale**, appeler une **ambulance** au 859-2636. Le **poste de police** (859-2244) se trouve sur Waterton Ave., au niveau de Cameron Falls Dr. Le **bureau de poste** se trouve sur Fountain Ave. (ouvert lundi, mercredi et vendredi de 8h30 à 16h30, mardi et jeudi de 8h30 à 16h). **Code postal** T0K 2M0. **Indicatif téléphonique :** 403.

Hébergements, campings et restaurants En entrant dans le parc, ne manquez pas d'admirer le majestueux **Prince of Wales Hotel** (859-2231 ou 602-207-6000) ou mieux, arrêtez-vous pour y prendre le thé. Le parc comprend trois campings. Les deux meilleurs sites sont **Crandell** (12 $ l'emplacement) sur Red Rock Canyon Rd., et **Belly River** (9 $ l'emplacement) sur Chief Mountain Hwy., moins chers et plus tranquilles. Pour faire du camping sauvage, il vous en coûtera 5 $ et vous devrez être muni d'un permis délivré par le *visitors center* (voir plus haut) ou par l'administration du parc, **Park Headquarters and Information**, Waterton Lakes National Park, 215 Mount View Rd., Waterton AB T0K 2M0 (859-2224, ouvert du lundi au vendredi de 8h à 16h). Les aires réservées au camping sauvage sont rarement surpeuplées, et plusieurs, notamment celle située au bord du magnifique lac **Crandell,** sont à moins d'une heure de marche des chemins de randonnée.

Pour ceux qui préfèrent dormir sous un vrai toit, le **Mountain View Bed and Breakfast**, Box 82, Mountain View, AB T0K 1N0 (653-1882), à 20 km à l'est du parc sur la US 5, est chaudement conseillé. Lits confortables et copieux petit déjeuner avec pain maison (chambres simples 25 $, doubles 45 $). Don Anderson, le propriétaire, peut également vous trouver un guide qui vous emmènera pêcher et vous fournir du matériel. En plus, il connaît la région par cœur puisqu'il y vit depuis 50 ans et a des tas d'histoires passionnantes à raconter. Si vous tenez à dormir à Waterton même, passez à la **Waterton Pharmacy** sur Waterton Ave. (859-2335) et demandez l'une des neuf chambres du **Stanley Hotel** (chambres simples ou doubles 45 $, pas de douche ni de salle de bains privée).

Waterton manque cruellement de restaurants abordables. Le plus sympathique est **Zum's**, 116B Waterton Ave. (859-2388), où l'on dévore des *cheese burgers* dans un agréable patio pour 3,50 $ (ouvert tous les jours de 8h à 21h). Evitez de faire vos courses dans l'enceinte du parc : tout y est plus cher qu'ailleurs. Tout au plus pouvez-vous faire provision de viande séchée et de barres de céréales à **Rocky Mountain Foodmart**, sur Windflower Ave. (859-2526, ouvert tous les jours de 8h à 22h).

Activités de plein air Si votre équipement sportif se limite à des chaussures de marche, vous pouvez vous attaquer au sentier **International Lakeside Hike**, qui longe le **Upper Waterton Lake** par l'ouest, et atteint le Montana, à environ 7,5 km du village. Le **Crypt Lake Trail**, élu en 1981 meilleur chemin de randonnée du Canada, passe devant des chutes d'eau dans un étroit canyon et traverse une galerie naturelle dans la montagne. Après six kilomètres de marche, vous parviendrez à l'étonnant **Crypt Lake**, aux eaux vertes et immobiles. Pour parvenir au départ du sentier, il faut prendre un **water taxi** (géré par **Waterton Shoreline Cruises**, 859-2362). (Deux départs par jour, 10 $, 5 $ pour les 4-12 ans). La compa-

ROCHEUSES

gnie propose également des promenades en bateau sur Upper Waterton Lake (16 $, 13 à 17 ans 12 $, 4 à 12 ans 8 $, ouvert de la mi-mai à la mi-septembre).

La région ravira les amateurs de **pêche**. Un permis est requis pour pêcher dans le parc (4 $ par jour, 6 $ par semaine, 13 $ par an). On peut se le procurer dans les bureaux du parc, sur les campings, auprès du personnel de surveillance du parc (*wardens*) et dans les stations-service de la région. Les lacs **Cameron** et **Waterton** sont réputés pour leurs truites alors que les fonds herbeux du **Lower Waterton Lake** et du **Maskinonge Lake** conviennent davantage aux brochets. La plupart des lacs et des petits ruisseaux regorgent de truites arc-en-ciel et de truites de rivière. Le petit torrent, qui part du lac Cameron et passe à 200 m environ à l'est du parking, est assez poissonneux, tout comme le Crandell Lake, à 1,5 km de là. Pour naviguer sur le lac Cameron, on peut louer des bateaux à rames ou des canoës pour 8 $ l'heure. Pour les férus d'équitation, le club hippique **Alpine Stables** (859-2462, en hiver 403-653-2449), à 3,7 km au nord de Waterton, organise des promenades à cheval (1 heure 15 $, une journée 77 $).

Pour occuper vos soirées, essayez d'assister aux réunions qui se déroulent au **Falls** ou au **Crandell Theatre**. Intéressantes et humoristiques, elles vous apprendront beaucoup de choses sur la nature (les ours par exemple). (L'été, tous les jours à 20h30. S'adresser au **visitors center** pour obtenir les programmes qui sont fréquemment renouvelés).

Wyoming

Le Wyoming est l'État le moins peuplé des États-Unis. Chapeaux et bottes de cowboy appartiennent ici non au folklore mais au quotidien, et on compte plus de têtes de bétail que d'humains. L'État fut le premier à accorder le droit de vote aux femmes (sans y revenir par la suite) et possède le plus ancien monument national (Devils Tower) et le plus ancien parc national (Yellowstone) du pays. Le Wyoming a donc tout pour séduire les visiteurs des Rocheuses, avec son *Frontier Days Festival* - célébrant l'époque héroïque des pionniers -, ses parcs nationaux, ses chaînes de montagnes spectaculaires, et bien sûr, son bétail... et ses bières.

INFORMATIONS PRATIQUES

Capitale : Cheyenne.

Wyoming Information and Division of Tourism, I-25 et College Dr., Cheyenne 82002 (307-777-7777 ; 800-225-5996 si vous n'appelez pas du Wyoming. Ouvert tous les jours de 8h à 17h). La brochure gratuite *Wyoming Vacation Guide* peut être demandée par courrier au **Department of Commerce, State Parks and Historic Sites Division**, 2301 Central Ave., Cheyenne 82002 (307-777-6323). Information sur les dix parcs d'État du Wyoming. Ouvert du lundi au vendredi de 8h à 17h. **Game and Fish Department** (chasse et pêche), 5400 Bishop Blvd., Cheyenne 82006 (307-777-4600). Ouvert du lundi au vendredi de 8h à 17h.

Fuseau horaire : Heure des Rocheuses (2 heures de moins que l'Est).

Abréviation de l'État : WY.

Taxe locale : 6 %.

■■■ YELLOWSTONE

Il y a six cent mille ans, une éruption majeure a fait jaillir dans la région plus de 315 milliards de mètres cubes de débris de roche, qui ont formé le bassin central du futur **Parc national de Yellowstone**. L'activité volcanique a maintenant diminué d'intensité, mais elle est toujours à l'origine de geysers, de puits sulfuriques bouillonnants, de fumerolles et de mares de boue. John Colter, premier homme blanc à avoir posé le pied au Wyoming, au début du siècle dernier, a décrit ce paysage d'apocalypse et inspiré quantité d'histoires populaires sur ce que l'on appelait alors *"Colter's Hell"*, l'enfer de Colter. En 1872, sous la pression de l'opinion publique, le Président Grant fit de Yellowstone un parc national, le premier au monde. Aujourd'hui, la beauté du site est quelque peu gâchée par les nuées de touristes qui débarquent au volant de leur voiture ou de leur camping-car. Il faut s'éloigner un peu de la foule massée devant les phénomènes géothermiques, pour aller découvrir les ours, les wapitis, les orignaux, les loups, les bisons et les mouflons qui peuplent en nombre les zones les moins fréquentées du parc. En 1988, un incendie a ravagé le tiers de Yellowstone. Depuis, les rangers ont mis en place des visuels pour faire comprendre aux visiteurs les conséquences des feux de forêt.

INFORMATIONS PRATIQUES

Office du tourisme : Le parc de Yellowstone est tellement grand qu'il est divisé en plusieurs zones, dépendant chacune d'un centre d'accueil différent. Par ailleurs, les rangers de chaque district disposent d'une large autonomie en matière de réglementation, notamment en ce qui concerne la randonnée et le camping. Mieux vaut donc s'informer chaque fois que nécessaire. Tous les centres d'accueil délivrent des permis pour le camping sauvage, des guides pour les handicapés et des informations sur les principales curiosités de leur district. **Albright Visitors Center** à **Mammoth Hot Springs** (344-2263) : histoire naturelle et humaine. **Grant Village** (242-2650) : la faune. **Old Faithful/Madison** (545-2750) : les geysers. **Fishing Bridge** (242-2450) : la faune et le lac de Yellowstone. **Canyon** (242-2550) : l'histoire naturelle et l'histoire de la région des canyons. Tous ces centres sont ouverts de Memorial Day à Labor Day de 8h à 19h, de novembre à Memorial Day de 9h à 17h. Pour les horaires de Labor Day à novembre, se renseigner par téléphone. Le centre de **Norris** (344-2812) abrite le musée du parc. Ouvert de Memorial Day à Labor Day tous les jours de 9h à 18h, de novembre à fin mai de 9h à 17h. La **Tower/Roosevelt Ranger Station** organise des expositions temporaires. Ouvert tous les jours de 8h à 17h (344-7746). *Yellowstone Today*, le guide des activités du parc, comprend la liste complète des excursions organisées et des programmes. Pour obtenir des informations d'ordre général sur le parc, pour se renseigner sur les places disponibles dans les campings et pour les urgences, téléphoner ou écrire au Superintendent, Mammoth Hot Springs, Yellowstone National Park 82190 (344-7381). Les bureaux sont ouverts du lundi au vendredi de 9h à 17h. **West Yellowstone Chamber of Commerce**, 100 Yellowstone Ave., West Yellowstone, MT 59758 (406-646-7701). Situé à deux blocks à l'ouest de l'entrée du parc. Ouvert tous les jours de 8h à 20h. De Labor Day à Memorial Day de 8h à 17h.

Excursions : TW Services, Inc. (344-7311, TDD 344-5395) organise des excursions en car dans la partie sud du parc. Durée 9h. Départs tous les jours des hôtels du parc (25 $, 12 à 16 ans 12 $, gratuit pour les moins de 12 ans). D'autres excursions dans le nord du parc sont organisées au départ de Canyon Lodge, Lake Hotel et Fishing Bridge RV Park (17 à 22 $).
Des excursions d'une journée qui vous permettent de parcourir l'ensemble des routes du parc sont également organisées au départ de Gardiner (dans le Montana) et de Mammoth Hot Springs (25 $, 12 à 16 ans 12 $). On peut se contenter de n'effectuer qu'une partie du parcours, par exemple jusqu'à Grand Teton ou Jackson, mais cela revient cher par rapport à l'intérêt offert.

Autocars : Greyhound (800-231-2222, pas de bureau sur place). Arrêt à la Chambre de commerce de West Yellowstone. Destinations : Bozeman (1 départ par jour, durée 2h, 13 $), Salt Lake City (1 départ par jour, durée 9h, 49 $).

Location de voitures : Big Sky Car Rental, 429 Yellowstone Ave., West Yellowstone, MT (406-646-9564 ou 800-426-7669), 30 $ par jour, kilométrage illimité. Age minimal : 21 ans avec passeport ou carte de crédit. Ouvert du lundi au samedi de 8h à 17h, dimanche de 8h à 12h. Horaires variables de novembre à avril.

ROCHEUSES

Location de bicyclettes : Yellowstone Bicycles, 132 Madison Ave., West Yellowstone, MT (406-646-7815). VTT 3,50 $ de l'heure, 12,50 $ la demi-journée, 18,50 $ la journée, casque et gourde compris. Ouvert tous les jours de 8h30 à 21h30. De novembre à avril de 10h à 20h.

Promenades à cheval : TW Services, Inc. (344-7311). Au départ de Mammoth Hot Springs Hotel, Roosevelt Lodge, et Canyon Lodge. De fin mai à début septembre. 15 $ l'heure, 24 $ pour 2 heures.

Informations radiodiffusées : Fréquence 1610 AM. Informations sur le parc.

Services médicaux : Lake Clinic, Pharmacy and Hospital (242-7241) à Lake Hotel. Centre médical ouvert de fin mai à mi-septembre tous les jours de 8h30 à 20h30. Urgences ouvertes 24h/24 de mai à septembre. **Old Faithful Clinic**, à Old Faithful Inn (545-7325), ouvert de début mai à mi-octobre tous les jours de 8h30 à 17h. Fermé les jeudis et vendredis du 5 au 27 mai et du 15 septembre au 22 octobre. **Mammoth Hot Springs Clinic** (344-7965), ouvert tous les jours de 8h30 à 17h. De septembre à juillet du lundi au vendredi de 8h30 à 17h. On peut contacter un ranger 24h/24 au 344-7381.

Urgences : 911.

Bureaux de poste : Mammoth Hot Springs (344-7764) près de l'administration du parc. Ouvert du lundi au vendredi de 8h30 à 17h. **Code postal :** 82190. A **West Yellowstone, MT** 17 Madison Ave. (406-646-7704). Ouvert du lundi au vendredi de 8h30 à 17h. **Code postal :** 59758. **Indicatifs téléphoniques :** 307 (dans le parc), 406 (à West Yellowstone et Gardiner). Sauf indication contraire, les numéros sont précédés de l'indicatif 307.

La majeure partie de Yellowstone National Park occupe l'angle nord-ouest du Wyoming, mais le parc déborde un peu sur le Montana et l'Idaho. Parmi les villes situées à proximité, **West Yellowstone, MT**, près de l'entrée ouest du parc, et **Gardiner, MT**, à l'entrée nord, sont les plus importantes mais aussi les plus onéreuses. **Cooke City, MT**, au nord-est, est plus rurale. L'entrée nord-est du parc conduit à l'US 212, une route magnifique appelée **Beartooth Highway**, qui grimpe jusqu'au col de **Beartooth Pass** à 3 300 m d'altitude, pour redescendre sur **Red Lodge**, ancienne ville minière. (La route n'est ouverte que l'été en raison de fortes chutes de neige. Dates exactes communiquées par la Chambre de commerce). L'entrée est du parc, via Cody, se fait par la route 14/20. L'entrée sud se fait par Grand Teton National Park.

Le **tarif d'entrée** du parc est de 10 $ pour les voitures et 4 $ pour les marcheurs et les cyclistes. Le *pass* est valable une semaine dans les parcs de Yellowstone et Grand Teton.

Les routes de Yellowstone forment grossièrement un "huit". Des routes secondaires conduisent aux entrées et vers les sites les moins fréquentés. Les principales curiosités naturelles qui font la réputation du parc (comme le geyser d'Old Faithful) sont situées sur les routes qui forment les boucles supérieure et inférieure du "huit" (*upper and lower loops*). Des travaux de construction et de rénovation des routes sont prévus pour les 80 années qui viennent. Mieux vaut se renseigner par téléphone pour savoir quels tronçons de routes seront fermés pendant votre séjour. Sachez qu'il est dangereux de parcourir les routes à pied ou à vélo la nuit, car vous risquez alors de déranger des animaux sauvages. Les meilleurs moments pour observer la faune sont l'aube et le crépuscule. Quand ils sortent, le trafic s'interrompt et les voitures se rabattent sur le bas-côté. Il est interdit, et de toute manière extrêmement dangereux, d'approcher un animal sauvage. A moins de 25 m d'un bison ou d'un élan, aux réactions parfois imprévisibles, et à moins de 100 m d'un ours, vous allez au-devant de sérieux problèmes. Voir à ce sujet le paragraphe consacré aux ours, page 71. Il faut également se méfier des chutes d'arbres. Un arbre mort peut tomber subitement sur un camping ou sur une route sans prévenir. Enfin, près des sources chaudes, il est important de ne pas sortir des sentiers balisés, car on risque de se faire ébouillanter.

La saison touristique dure du 15 juin au 15 septembre. Pendant cette période, attendez-vous à trouver beaucoup de monde sur les routes, dans les campings et dans les motels.

HÉBERGEMENTS ET RESTAURANTS

Le camping est de loin la solution la plus économique. Il existe également de nombreux bungalows (*cabins*) à louer dans le parc. Si vous préférez l'hôtellerie traditionnelle, vous aurez là encore l'embarras du choix. D'une manière générale, pour éviter de trop dépasser votre budget, mieux vaut s'en tenir aux villes proches des entrées du parc.

Dans le parc

TW Services (344-7311) contrôle d'une main de fer toutes les structures d'hébergement du parc, et utilise sa propre classification pour les désigner : *rough-rider* signifie sans baignoire ni confort, *frontier* signifie avec baignoire et confort supérieur, *eggplant jello* signifie... que vous êtes probablement en train de délirer. Si vous prévoyez de séjourner à Yellowstone entre juin et septembre, réservez longtemps à l'avance. Quant aux restaurants, snack-bars et cafétérias, ils sont assez chers. Si possible, cantonnez-vous aux magasins d'alimentation (*general stores*) qui se trouvent un peu partout (ouverts tous les jours de 7h30 à 22h).

> **Old Faithful Inn and Lodge**, près de l'entrée ouest de Yellowstone. Agréables *rough-rider cabins* avec lavabo (21 $), *economy cabins* (toilettes et lavabo, 28 $) et *frontier cabins* (34 $). Chambres d'hôtel bien aménagées à partir de 44 $, avec toilettes individuelles 62 $.
>
> **Roosevelt Lodge** à l'angle nord-ouest fut apprécié par Theodore Roosevelt en son temps. C'est aussi l'hôtel le moins cher du coin et qui bénéficie de la plus belle vue. Chalets rustiques avec poêle à bois pour 21 $ (draps et linge de toilette non fournis). Egalement *roughrider cabins* (24 $, linge de toilette non fourni) et chalets "familiaux" (*family cabins*) avec toilettes (39 $).
>
> **Mammoth Hot Springs**, à 27 km à l'ouest de la zone Roosevelt, près de l'entrée nord. *Economy cabins* très ordinaires 30 $. *Frontier cabins* à partir de 59 $.
>
> **Lake Yellowstone Hotel and Cabins,** près de l'entrée sud. Prix excessif, mais proximité du lac. *Frontier cabins* spacieuses (59 $).
>
> **Canyon Village**, au milieu du "huit" routier, est moins authentique et plus cher que les *cabins* de Roosevelt Lodge mais un peu plus près de la zone d'Old Faithful. *Frontier cabins* (45 $), *western cabins* plus spacieuses (80 $).

West Yellowstone (Montana)

> **West Yellowstone International Hostel (AAIH/Rucksackers),** 139 Yellowstone Ave. (406-646-7745 ou 800-838-7745 si l'on ne téléphone pas du Wyoming), une auberge de jeunesse située dans le Madison Hotel and Motel. Le directeur est sympathique, et les lieux, quoique vétustes, sont propres et décorés de boiseries. Réductions aux titulaires de la carte des auberges de jeunesse. Les dortoirs sont un peu surpeuplés et il n'y a pas de cuisine. 15 $, non-membres 17 $. Chambres individuelles 24 $, avec bain 37 $, doubles avec bain 37 à 42 $. Les prix diminuent de 2 $ au printemps. Ouvert du 27 mai à la mi-octobre.
>
> **Alpine Motel**, 120 Madison (406-646-7544). Chambres propres avec TV câblée et sommiers artisanaux, piscine. Chambre simple 45 $, double 47 à 59 $. Hors saison, les prix baissent de 3 $.
>
> **Travelers Lodge**, 225 Yellowstone Ave. (406-646-9561). Chambres spacieuses et confortables. Demandez une chambre éloignée du *hot tub*. Chambres simples 58 $, hors saison 40 $, doubles 70 $. Réduction de 5 $ si l'on loue aussi une voiture (voir Informations pratiques plus haut).

Gardiner (Montana)
Située à environ 90 minutes au nord-est de West Yellowstone, Gardiner était à l'origine la seule entrée du parc. C'est une ville plus sympathique et moins quelconque que ses voisines. Profitez-en pour vous ravitailler à moindre frais chez **Food Farm**, 710 Scott St. W. (406-848-7524), en face du Super 8, ou au **Food Round-Up Grocery Store**, 107 Dunraven St. W. Yellowstone (406-646-7501). La cuisine mexicaine de chez **Señor Frog and Taco Tootie's**, par l'US 89 près de Park Ave., saura vous requinquer : riz et haricots rouges pour 4 $, *tacos* (galettes de maïs) 50 ¢.

> **The Town Café and Motel** (406-848-7322) sur Park St., en face de l'entrée nord du parc. Agréables chambres lambrissées et moquettées, TV et baignoire, mais pas de téléphone. Chambres simples avec cuisine 38 $, doubles 48 $.
> **Hillcrest Cottages** (406-848-7353) sur l'US 89 près de la Yellowstone River. Chambres simples avec cuisine 45 $, doubles 50 à 56 $, 6 $ par adulte supplémentaire, 3 $ par enfant de moins de 12 ans.
> **Wilson's Yellowstone River Motel**, 14 Park St. (406-848-7303). Grandes chambres bien décorées, patron sympathique. Chambres simples 50 $, doubles 59 $, hors saison 45 et 54 $.

Cooke City (Montana)
Cooke City se trouve dans le coin nord-est du parc. Les Nez-Percés faussèrent ici compagnie à la cavalerie américaine, les explorateurs Lewis et Clark jugèrent la région impraticable, et la plupart des touristes aujourd'hui passent à côté des auberges bon marché et du **Joan and Bill's Family Restaurant** (406-838-2280) au 214 route 212, où l'on sert de pleines assiettées de frites maison, des formules "soupe et sandwich" (4 $) et des petits déjeuners complets (3 à 6 $). Ouvert tous les jours de 6h à 21h45.

Après une journée de crapahutage, accordez-vous un repos mérité dans une *tent cabin* du **Yellowstone Yurt Hotel** (800-364-6242) à l'angle de W. Broadway et de Montana St., qui contraste agréablement avec les pièges à touristes dont le parc regorge. Des lits confortables, une douche et une cuisine sont à votre disposition pour 10 $ la nuit. Arriver avant 21h, sinon prévenir par téléphone. Il existe également une navette pour Bozeman, MT : se renseigner. Autre possibilité d'hébergement, à l'extrémité est de la ville (Cooke compte une seule et unique rue, la route 212), chez **Antler's Lodge** (406-838-2432), un ancien poste de la cavalerie, où dormit naguère Théodore Roosevelt. (Chambres simples 35 $, doubles 45 $, grandes *cabins* familiales avec cuisine à partir de 55 $).

CAMPINGS
Cinq des 12 campings aménagés de Yellowstone prennent les réservations. TW Recreational Services contrôle **Canyon**, **Grant Village**, **Madison** (tous 12,50 $) et **Fishing Bridge RV** (20 $). On peut réserver jusqu'à un an à l'avance (307-344-3711) et pour le jour même, mais les campings sont souvent très pleins. Madison (292 emplacements, ouvert de mai à octobre) affiche complet vers 11h. A Canyon, il peut rester des places jusqu'à 16h. Le **Baybridge Campground** (420 emplacements, ouvert de fin mai à mi-septembre) est mal placé, dans un site dénudé et sans intérêt. Réservations acceptées jusqu'à huit semaines à l'avance (800-365-2267 ou 619-452-5956).

Les sept autres campings sont accessibles sans réservation (de 8 $ à 12 $). L'été, la plupart sont complets dès 10h du matin. Mieux vaut arriver très tôt, particulièrement le week-end et les jours fériés. Si vous n'avez pas apporté de réchaud, vous devrez acheter ou chercher du bois. Parmi les campings les mieux situés et les plus tranquilles, on citera **Slough Creek Campground** (29 emplacements, à 15 km au nord-est de Tower Junction, ouvert de fin mai à octobre), et **Pebble Creek Campground** (36 emplacements, 22 km plus loin sur la même route, interdit aux camping-cars, ouvert de mi-juin à début septembre). Ces deux campings sont relativement isolés et proches de bons coins pour la pêche. Vous pouvez aussi essayer **Canyon**

Village qui compte 208 emplacements dans la forêt de pins qui borde le lac Lewis. Le camping de **Norris** (116 emplacements, ouvert de mai à septembre), réputé pour son beau cadre, est complet assez tôt (avant 11h), mais à **Pebble Creek** et **Lewis Lake** (à 15 km de l'entrée sud, 85 emplacements, ouvert de juin à octobre), il est encore possible de trouver de la place jusqu'à 16h. **Indian Creek** (75 emplacements, ouvert de la mi-juin à la mi-septembre) et **Mammoth** (85 emplacements, ouvert toute l'année) n'ont rien d'extraordinaire. Hormis **Mammoth Campground**, les campings sont fermés l'hiver. Si tous les terrains sont complets, rabattez-vous sur les campings de **Gallatin National Forest** au nord-ouest. Ils sont situés le long des routes US 20, 287, 191 et 89, et pratiquent le même tarif de 8 $. Pour tous renseignements sur les campings de Yellowstone, téléphoner au centre d'accueil (*headquaters*) du parc au 344-7381.

Les campings de Grant, Fishing Bridge et Canyon disposent de laveries automatiques et de douches payantes (2 $, 50 ¢ la serviette, 25 ¢ le savon). Les chalets de Mammoth et d'Old Faithful n'ont pas de laverie mais des douches à 2 $.

Plus de 95 % du parc est sauvage. Pour passer la nuit en pleine nature, il faut se procurer un *wilderness permit*, délivré gratuitement dans un poste de rangers ou un *visitors center*. Gare à celui qui ne consulte pas les rangers avant de se lancer dans une randonnée ! Ils vous donneront de précieuses indications sur les endroits à éviter (ours, plaques de verglas et autres dangers naturels…). La réglementation du parc est également précise en matière sanitaire, de port d'armes, de circulation des animaux domestiques, de feux de camp ou de ramassage du bois. Les coins les plus courus sont très fréquentés l'été, mais on peut réserver un permis en se présentant personnellement jusqu'à 48h à l'avance. Il n'est pas nécessaire d'obtenir une autorisation pour faire du feu mais on ne peut pas non plus en faire n'importe où. Là aussi, il faut se renseigner.

VISITES ET ACTIVITÉS

TW Services organise des excursions, des promenades à cheval et des repas dans de vieux wagons typiques. A prix d'or. Si vous disposez d'un peu de temps, servez-vous de vos jambes et de vos yeux pour découvrir le parc par vous-même. Des dépliants accompagnés de cartes informent sur tous les sites dignes d'intérêt (25 ¢). Tous sont accessibles par des chemins spécialement aménagés, qui partent de la route.

Le phénomène des **geysers** peut être comparé (toutes proportions gardées) à ce qui se passe quand vous renversez de la sauce tomate sur une plaque chauffante. La sauce chauffe, bout, et finit par gicler (en général sur votre chemise). Là, chauffée par la roche, l'eau de la nappe souterraine entre en ébullition et jaillit au travers des failles de l'écorce terrestre, formant des geysers. Les geysers qui font la célébrité de Yellowstone se trouvent dans la partie ouest du parc, près de l'entrée de West Yellowstone. La durée de l'explosion dépend de la quantité d'eau présente dans la nappe et de la température de la vapeur. **Old Faithful**, qui n'est pourtant pas le geyser le plus haut, ni le plus régulier, est sans conteste le plus populaire. Il jaillit dans le **Upper Geyser Basin**, à 24 km au sud de **Madison Junction**, au niveau de la bifurcation nord-sud de la route d'accès. Depuis sa découverte en 1870, le doyen des geysers est entré en éruption toutes les 30 à 120 minutes avec force crachements et jaillissements de vapeur. Dans la **Firehole Valley** avoisinante, on peut observer d'autres geysers, ainsi que des orignaux. Il est interdit de se baigner dans les sources chaudes ou dans les geysers (logique…), mais on peut le faire dans la **Firehole River** (prendre vers le sud tout de suite après Madison Junction et parcourir les trois quarts de la route Firehole Canyon Drive) ou dans la **Boiling River**, à 3,7 km au nord de Mammoth, dont la température est loin d'être aussi élevée que son nom le laisserait entendre. Pour autant, il ne faut pas s'y baigner seul, et faire attention aux forts courants.

Depuis Old Faithful, une promenade facile de deux kilomètres mène à **Morning Glory Pool**, l'un des sites du parc les plus appréciés. On peut également marcher vers le nord sur 12 km jusqu'au **Lower Geyser Basin**, où les quatre phénomènes

ROCHEUSES

géothermiques existant à Yellowstone sont représentés (geysers, mares de boue, sources chaudes et fumerolles). Ça bouillonne, écume, "pète" et jaillit dans une cacophonie fantastique. Plus au nord, 21 km après Madison, le **Norris Geyser Basin** abrite **Echinus**, l'un des joyaux du parc. Toutes les heures environ, ce geyser situé au milieu d'un bassin d'eau claire entre en éruption. Non loin, le **Steamboat** est le plus grand geyser au monde : il jaillit à 136 m de hauteur, parfois pendant une vingtaine de minutes. Ses éruptions se produisaient environ une fois par an, mais il est devenu plus irrégulier. Sa dernière éruption gigantesque s'est produite le 2 octobre 1991.

Que vous attendiez l'éruption d'un geyser ou assistiez à une explosion, ne vous en approchez pas trop : l'écorce terrestre à proximité d'un geyser n'a qu'une soixantaine de centimètres d'épaisseur. Vous risquez de tomber dans un puits de soufre en ébullition, ce qui peut être mauvais pour la santé. Les chiens et autres animaux familiers sont interdits dans le bassin d'un geyser. Vous comprendrez pourquoi en observant les petits rongeurs qui courent un peu partout : ils ont le poil un peu dégarni.

A **Mammoth Hot Springs**, à 30 km au nord, des sources mouvantes, des dépôts calcaires malléables font des *hot spring terraces* la formation naturelle la plus changeante du parc. Demandez à un ranger quelles sources sont les plus actives le jour de votre visite. Renseignez-vous aussi sur les sentiers de cette zone, qui sont parmi les plus intéressants en matière de faune.

Principale attraction du côté est du parc, le **Grand Canyon de Yellowstone** arbore des teintes rouge-orangé résultant du contact de l'eau chaude avec la roche volcanique. Pour voir de près les impressionnantes chutes d'eau Lower Falls, il faut emprunter le sentier **Uncle Tom's trail**, court mais abrupt. L'**Artist Point**, sur la *south rim* (rive sud), ou le **Lookout Point** sur la rive nord offrent une vue plus large sur le canyon. Sur tout le pourtour du canyon, d'une longueur de 28 km, vous pouvez apercevoir des mouflons (*bighorn*). Depuis l'intersection entre les routes Northern Rim et Tower, au petit matin et à la tombée du jour, il est possible de voir des ours : n'oubliez pas vos jumelles.

Yellowstone Lake, à 24 km au sud de la limite du canyon, dans le sud-est du parc, regorge de truites. Un permis de pêche s'achète dans tous les *visitors centers* (5 $ par semaine, permis gratuit obligatoire pour les 12-15 ans, pêche sans permis autorisée pour les moins de 12 ans). On peut porter le produit de sa pêche au cuisinier du Lake Yellowstone Hotel Dining Room. Dans certains lacs et cours d'eau, il est obligatoire de relâcher ses prises. Le **Hamilton Store** (242-7326), à Bridge Bay Dock, loue des cannes pour la pêche au lancer, moyennant 7,50 $ par jour et 20 $ de caution. Ouvert de fin mai à mi-septembre tous les jours de 7h30 à 21h. Le **Lake**

Au loup

En janvier 1995, après un débat public de plusieurs années, le gouvernement fédéral a commencé à réintroduire les loups gris dans l'écosystème de Yellowstone. Avant cette mesure, les derniers loups connus à Yellowstone avaient été abattus en 1929 par des chasseurs de primes dans le cadre d'un programme d'éradication des prédateurs. L'initiative fédérale a reçu un accueil mitigé dans la région. Beaucoup d'éleveurs se sont violemment opposés à la réintroduction des loups, qui fait peser une menace sur leurs bêtes. D'autres en revanche ont salué cette mesure, y voyant la première étape d'un retour à un écosystème complet. Le Sénat et la Chambre des représentants de l'Etat du Montana ont répliqué par une résolution conjointe, non dénuée d'ironie : "Désormais, qu'il soit décidé que, si le gouvernement des Etats-Unis parvient à réintroduire le loup dans l'écosystème du parc de Yellowstone, le Congrès américain soit prié de prendre toutes les mesures nécessaires pour assurer que cet animal soit également réintroduit dans tous les autres écosystèmes des Etats-Unis, notamment à Central Park à New York, au Presidio de San Francisco et à Washington, D.C."

Yellowstone Hotel, construit en 1891 et restauré en 1989, n'est pas à la portée de toutes les bourses, mais mérite une visite, ne serait-ce que pour sa magnifique vue sur le lac. Non loin de là, le **Mud Volcano** (littéralement volcan de boue) est un site intéressant de par ses bouillonnements de soufre. Quant au **Dragon's Mouth**, un autre puits de vapeur, les premiers explorateurs l'entendaient rugir, dit-on, depuis la Yellowstone River.

Le parc est sillonné par plus de 1 800 km de sentiers, dont beaucoup sont mal balisés. Dans les *visitors centers*, les rangers vous recommanderont des **randonnées** en fonction de votre niveau. La plupart des sites les plus spectaculaires sont accessibles en voiture, mais mieux vaut être à pied pour voir de près la forêt pétrifiée de **Specimen Ridge** et les geysers des lacs **Shoshone** et **Heart**. **Cascade Corner**, au sud-ouest, est un coin très agréable, que l'on peut atteindre par des sentiers qui partent de Blecher. Le panorama, déjà spectaculaire depuis le sommet du Mont **Washburn**, entre les zones **Canyon** et **Tower** du parc, gagne à être observé par la longue-vue de l'ancien poste de surveillance des incendies. La dénivelée du sentier **North Trail** est moins forte que celle du **South Trail**. C'est dans la partie **Tower Roosevelt** au nord-est du parc que l'on peut le mieux observer les animaux. Pour préparer une randonnée, munissez-vous d'une carte topographique (7 $) dans un *visitors center* et demandez à un ranger de vous décrire l'itinéraire choisi. Prévoyez une marge de sécurité d'au moins une heure par jour, au cas où vous perdriez le sentier.

■■■ GRAND TETON

Quand les trappeurs français pénétrèrent dans les terres vierges du Wyoming en venant de l'Idaho à l'est, ils découvrirent trois pics de plus de 3 600 mètres. Par une gauloiserie bien innocente, ils baptisèrent illico les sommets "les trois tétons". Ce nom s'étendit à l'ensemble de la chaîne qui devint les "grands Tetons". Aujourd'hui, les sommets enneigés du parc national **Grand Teton** et ses kilomètres de sentiers font la joie des marcheurs et des VTTistes. Les moins aventureux se contenteront d'apprécier depuis la route la beauté sauvage des Tetons, une chaîne constellée de pics et de glaciers.

INFORMATIONS PRATIQUES

Offices du tourisme : Moose (733-3399). Teton Park Road à l'extrémité sud du parc. Ouvert de juin à début septembre tous les jours de 8h à 19h, de début septembre à mai de 8h à 17h. **Jenny Lake** (739-3392), près du camping de Jenny Lake. Ouvert de juin à début septembre tous les jours de 8h à 19h. **Colter Bay** (739-3594) sur le Jackson Lake dans la partie nord du parc. Ouvert de début juin à début septembre tous les jours de 8h à 20h, en mai et de début septembre à début octobre de 8h à 17h. Brochures d'information sur le parc en français, allemand, japonais, espagnol, hébreu et même en braille. Cartes topographiques (4 $, plastifiées 7 $). Le journal gratuit *Teewinot*, que l'on trouve dans les centres d'accueil, vous fournira tous les renseignements utiles sur les activités, les possibilités d'hébergement et les équipements du parc. Pour obtenir des informations générales sur le parc, s'adresser au **Park Headquarters** (739-3600 ou 733-3300), ou par courrier à l'adresse suivante : Superintendent, Grand Teton National Park, P.O. Drawer 170, Moose 83012. Bureau au *visitors center* de Moose.

Police : Sheriff's office, 733-2331.

Location de matériel : Venture Sports (733-3307) sur Dornan's à Moose. VTT adulte 6 $ l'heure, 24 $ la journée. VTT enfant 4 $ à 14 $, casque compris. Canoës 18,50 $ la demi-journée, 30 $ la journée. Kayaks 20 $ et 40 $. Ouvert tous les jours de 9h à 18h. Carte de crédit ou caution exigée. **Fish-Moose** (733-3699), à côté de Venture Sports, loue des cannes à pêche (10 $ la journée). Ouvert de fin mai à mi-septembre tous les jours de 8h à 18h.

Informations sur le parc, la météo et l'état des routes : 733-3611. Répondeur 24h/24. **Wyoming Highway Info Center**, 733-3316 (fonctionne uniquement l'hiver). **Services médicaux : Grand Teton Medical Clinic,** Jackson Lake Lodge (543-2514, en dehors des horaires de travail 733-8002) près du Chevron. Ouvert de fin mai à mi-octobre tous les jours de 10h à 18h. En cas d'extrême urgence, contacter **St John's Hospital** (733-3636) à Jackson.
Urgences : 911. Essayer également le 733-3301 ou le 543-2581.
Bureau de poste : A **Moose** (733-3336) en face du **Park Headquarters**. Ouvert du lundi au vendredi de 8h45 à 13h et de 13h30 à 17h, le samedi de 9h à 10h30. **Code postal : 83012. Indicatif téléphonique** : 307.

Le parc national s'étend pratiquement de Jackson au sud à Yellowstone National Park au nord. La route **Rockefeller Parkway**, ouverte toute l'année, relie les deux parcs. Le parc est accessible depuis toutes les directions à l'exception de l'ouest, comme les trappeurs français en firent naguère l'amère expérience. Le **tarif d'entrée** du parc est de 10 $ par voiture, 4 $ par piéton ou par cycliste, 5 $ par famille (non motorisée) et gratuite pour les moins de 16 ans (non motorisés). Le *pass* est valable pendant sept jours pour Yellowstone et Grand Teton. Le parc comprend plusieurs aires de loisirs. La plus importante est **Colter Bay**, la plus belle **Jenny Lake** (mais hélas ! la baignade est interdite). Si vous voulez vous baigner tranquillement, poussez vers le nord jusqu'au camping **Lizard Creek Campground** et tentez d'obtenir l'un des emplacements très convoités au bord du lac.

CAMPINGS

Pour séjourner dans les Tetons sans vider votre compte d'épargne, le mieux est de planter la tente. Pour vous renseigner sur les campings, appeler le 739-3603. Le service du parc gère cinq campings sans réservation (10 $ l'emplacement). Tous disposent de toilettes, d'eau froide, d'emplacements pour faire du feu, de points de ramassage des ordures et de tables de pique-nique. En revanche il n'y a pas de raccordement à l'eau ou à l'électricité. Les groupes nombreux (plus de six personnes) sont limités à Colter Bay ou Gros Ventre. **Jenny Lake**, qui dispose de 49 emplacements sous les arbres, est le camping le plus couru. Arrivez tôt. **Lizard Creek** permet un accès facile à Yellowstone. Il comprend 60 emplacements isolés, très demandés, à l'extrémité nord du parc. A **Signal Mountain**, à quelques kilomètres au sud de Colter Bay, les 86 emplacements sont plus rapprochés les uns des autres et sont généralement complets à 10h. **Colter Bay**, avec ses 310 emplacements, compte également des douches, un magasin d'alimentation et une laverie automatique. Il est généralement complet à midi. En cas d'arrivée tardive, c'est à **Gros Ventre**, qui comporte 360 emplacements à la limite sud du parc, que l'on a le plus de chances de trouver une place. La durée maximale du séjour est de sept jours à Jenny Lake, de 14 jours dans les autres campings. Les groupes doivent réserver.

Les possesseurs de camping-cars trouveront une station d'entretien (eau, électricité, vidange) au **Colter Bay RV Park,** qui compte 112 emplacements avec raccordement complet, ainsi qu'un magasin d'alimentation et des petits snack-bars (22 $, 17 $ du 12 mai au 12 juin et du 4 au 25 septembre, douche 2 $). Pour les réservations, s'adresser à Grand Teton Lodge Co., 733-2811 ou 543-2855. A 7,5 km au nord de Grand Teton et à 3 km au sud de Yellowstone sur la route 89, le **Flagg Ranch Village Camping,** vite complet, compte 100 places pour camping-cars avec raccordement complet, magasins d'alimentation et snack-bars. (Un ou deux adultes : 23 $. 1 $ par personne supplémentaire.) Réserver auprès de Flagg Ranch Village au 543-2861 ou au 800-443-2311.

Pour camper en dehors des espaces aménagés (*backcountry camping*), dans un canyon ou au bord d'un lac, il faut réserver un emplacement en soumettant son itinéraire au **permit office**, Grand Teton National Park, Moose HQ, Attn : Permits, P.O. Box 170, Moose 83012 (739-3309), du 1er janvier au 15 mai. Les deux tiers des emplacements sont attribués aux premiers demandeurs, sans réservation. Les permis se retirent 24h à l'avance dans les *visitors centers* de Moose, Colter Bay ou Jenny Lake (voir Informations pratiques). Le camping est libre dans certains endroits très éloignés des pistes, à condition toutefois d'être en possession d'un permis. Les feux de bois sont interdits à plus de 7 000 pieds (environ 2 133 m) d'altitude. A plus faible altitude, il faut s'informer auprès des rangers. Attention, même en été, le froid peut être intense. Equipez-vous en conséquence.

HÉBERGEMENTS ET RESTAURANTS

La société **Grand Teton Lodge Co.** (543-2855 ou 800-628-9988 si vous ne téléphonez pas du Wyoming) gère les deux structures d'hébergement de Colter Bay, qui sont ouvertes de fin mai à début octobre. **Colter Bay Tent Cabins** (543-2855) est la moins chère, mais s'il se met à faire froid, la nuit risque d'être pénible. A ce compte-là, autant camper. Ces *cabins* sont des abris de toile au sol poussiéreux, équipés de poêles à bois, d'une table et de 2 lits superposés. On peut louer des sacs de couchage et des glacières et acheter du bois (66 *cabins* pour 1 ou 2 personnes : 22 $, 2,50 $ par personne supplémentaire. Lits de camp 4 $. Toilettes et douches à 2 $ à proximité). Bureaux ouverts de juin à début septembre tous les jours de 7h à 22h. **Colter Bay Log Cabins** (543-2855) est un village de 208 cabanes de rondins, assez vétustes, situé près de Jackson Lake. Chambres avec salle de bains semi-privée 27 $, avec salle de bains privée 55 à 77 $, cabanes de deux pièces avec salle de bains 79 à 99 $. Ouvert de mi-mai à fin septembre. Il est préférable de réserver. On peut le faire jusqu'à un an à l'avance pour tous les établissements de Grand Teton Lodge Co., à l'adresse suivante : Reservations Manager, Grand Teton Lodge Co., P.O. Box 240, Moran 83013. Il faut en général verser des arrhes. **Flagg Ranch Village**, P.O. Box 187, Moran 83013 (543-2861 ou 800-443-2311), se trouve sur la Snake River, près de l'entrée sud de Yellowstone. Leurs *cabins* flambant neuves sont intéressantes pour les groupes. (*Cabin* pour 2 personnes 104 $, pour 3 ou 4 personnes 109 $). Pour se loger à l'extérieur du parc, voir Jackson (p. 363).

Pour se restaurer dans les Tetons, le mieux est d'apporter ses provisions. Sinon, mieux vaut s'en tenir aux denrées non périssables vendues au **Flagg Ranch Grocery Store** (543-2861 ou 800-443-2311), ouvert tous les jours de 7h à 22h, horaires différents l'hiver), à Flagg Ranch (voir Camping, précédemment). Autre magasin, **Dornan's Grocery**, à Moose (733-2415, ouvert tous les jours de 8h à 20h, en hiver de 8h à 18h). A Jackson, faites vos stocks de provisions au supermarché **Albertson's** (733-5950, ouvert tous les jours de 6h à minuit), sur Broadway.

VISITES ET EXCURSIONS

Si Yellowstone étonne le visiteur par ses geysers et ses solfatares (soufrières), le parc de Grand Teton se distingue par ses paysages de montagne extraordinaires, les plus beaux des Etats-Unis. Cette chaîne de montagnes, la plus jeune de toute l'Amérique du Nord, n'a pas subi les effets de l'érosion. Ses pics se dressent, abrupts et isolés, sans contreforts ou presque, ce qui leur confère cette allure caractéristique. Le plus grand des Tetons culmine à 4 197 m d'altitude. Que l'on fasse de la randonnée, de la varappe ou du rafting, les Tetons procurent un panorama exceptionnel.

Jenny Lake, malgré l'omniprésence des touristes, conserve une atmosphère tranquille. Le **Cascade Canyon Trail**, l'un des sentiers les moins ardus et les plus connus du parc, commence à l'extrémité du lac. Pour y parvenir, suivre le sentier (3 km) qui longe le lac ou prendre une navette **Teton Boating** (733-2703), qui traverse le lac toutes les 20 minutes de 8h à 18h (3,25 $, 7 à 12 ans 2,25 $, gratuit pour les moins de 7 ans). Teton Boating loue aussi des bateaux (10 $ pour la première heure, 7 $ par heure supplémentaire, 45 $ par jour). Des guides sur les chemins de randonnée sont disponibles gratuitement au départ des sentiers, près des *visitors centers*. La cascade **Hidden Falls Waterfall** se trouve à 700 m de l'entrée du sentier Cascade Canyon. Les âmes seules iront jusqu'au **Lake Solitude**, dix kilomètres plus loin.

ROCHEUSES

Il existe beaucoup d'autres sentiers de randonnée. La promenade de 6 km qui mène de Colter Bay à **Hermitage Point** donne un bon aperçu de la faune. Le magnifique sentier **Amphitheater Lake Trail** (7 km), qui débute au sud de Jenny Lake sur le parking de Lupine Meadows, mène à un lac glaciaire. Si vous vous sentez une âme de mouflon, vous pouvez vous aventurer sur le **Static Peak Divide**, un sentier de 22 km qui vous fera franchir 1 225 m de dénivelée depuis le Death Canyon (le départ du sentier est à 7 km du *visitors center* de Moose). Vous serez récompensé par de magnifiques panoramas sur le parc. Tous les *visitors centers* (voir Informations pratiques) fournissent des brochures sur les excursions d'une journée et vendent le guide *Teton Trails* (5 $). **National Park Tours** (733-4325) propose également des excursions (ouvert de 7h à 21h. Prix très variables. Sur réservation).

Pour passer une après-midi tranquille sur le Jackson Lake, **Signal Mountain Marina** (543-2831) loue des bateaux. Canots à rames et canoës pour 8 $ l'heure, 30 $ pour 4h, 55 $ pour 8h. Bateaux à moteur 15 $, 60 $ et 90 $. Bateaux de ski nautique 45 $, 150 $ et 220 $ plus essence et huile. (Ouvert de début mai à mi-octobre tous les jours de 8h à 19h). **Colter Bay Marina** offre un choix de bateaux un peu moins large pour des prix équivalents (ouvert tous les jours de 7h à 20h, locations jusqu'à 18h). **Grand Teton Lodge Co.** (733-2811 ou 543-2811) propose aussi des excursions en bateau sur la Snake River (une demi-journée, 15 km. Tarif 30 $, 6 à 12 ans 16 $, avec déjeuner 35 et 25 $, avec dîner 40 et 30 $). **Triangle X Float Trips** (733-5500) est un peu moins cher (7,5 km pour 20 $, moins de 13 ans 15 $). Les lacs et les cours d'eau du parc sont également très propices à la **pêche**. Munissez-vous d'un permis du Wyoming (5 $), en vente à Jackson, chez Moose General Store, à Signal Mt., à Colter Bay, à Flagg Ranch ou chez Dornan's (voir Hébergement et restaurants ci-dessus). Grand Teton Lodge Co. propose aussi des promenades à cheval (1h30 à 5h, 17 à 40 $ par personne).

L'**American Indian Art Museum** (739-3594), situé à côté du *visitors center* de Colter Bay, possède une large collection d'objets d'art et d'artisanat indien. On peut également y voir des films ou participer à des ateliers sur le thème de la culture amérindienne (ouvert de juin à septembre tous les jours de 8h à 19h, fin mai et fin septembre de 8h à 17h. Entrée libre). En juillet et août, des danses traditionnelles des tribus cheyennes, cherokees, apaches et sioux se déroulent à Jackson Lodge (le vendredi à 20h30). Aux *visitors centers* de **Moose** et de **Colter Bay**, de juin à septembre, les rangers organisent diverses activités sur les thèmes de l'écologie, la géologie, la faune et l'histoire des Tetons. Pour connaître les horaires, reportez-vous au *Teewinot*, magazine gratuit disponible dans les *visitors centers*.

En **hiver**, toutes les pistes de randonnée et les tronçons non déblayés de Teton Park Road sont ouverts aux **skieurs de fond**. Se reporter à la carte *Winter in the Tetons* ou au magazine *Teewinot* disponible au *visitors center* de Moose. De janvier à mars, des amoureux de la nature organisent des randonnées en raquettes. Il faut réserver par téléphone (739-3300, raquettes prêtées gratuitement). Se munir d'une carte et d'un guide disponibles à la Chambre de commerce de Jackson, à 15 km au sud de Moose. Si vous en avez les moyens, vous pouvez louer une motoneige au **Signal Mt. Lodge, Flagg Ranch Village** ou à **Jackson**. Il faut *en plus* s'acquitter d'un droit d'enregistrement de 10 $ pour utiliser l'engin dans le parc. Une piste bien aménagée relie Moran à Flagg Ranch. Les parkings de Colter Bay et de Moose sont autorisés aux camping-cars et aux voitures. Tous les **campings** sont fermés l'hiver mais le **camping dans la neige hors espaces aménagés** (*backcountry*) est autorisé. Mieux vaut savoir où vous mettez les pieds. Si vous y tenez, demandez un permis gratuit au *visitors center* de Moose. Renseignez-vous auprès des rangers sur les conditions météo (beaucoup de trappeurs sont **morts de froid** dans des congères de 3 mètres de haut) et sur les risques d'avalanche. Indiquez-leur où vous comptez aller.

■ ■ ■ JACKSON

Jackson Hole - on parle de "trou" et non de vallée, en raison de l'altitude élevée du lieu - désigne la vallée formée par les chaînes de Teton et de Gros Ventre. La localité voisine de Jackson est un village de skieurs qui a connu un développement démentiel. Unique station de ski du Wyoming l'hiver, la ville devient la capitale du rafting l'été, où affluent trois millions de touristes venus du monde entier. Jackson regorge de boutiques et de petits restaurants hors de prix. Les gens du pays, grâce à leur côté pittoresque, sauvent un peu l'âme du coin, qui serait sinon devenu une véritable usine à touristes. Dans la station, on ne se rend pas bien compte de la beauté de la région. Il faut s'aventurer dans les Tetons ou le long de la Snake River - à pied, en bateau, à cheval ou à dos de lama - pour vivre des moments inoubliables.

INFORMATIONS PRATIQUES

Office du tourisme : Jackson Hole Area Chamber of Commerce, 532 N. Cache St. (733-3316). La chambre de commerce, une source incontournable d'informations, est installée dans un bâtiment moderne en bois, au toit couvert d'une pelouse. Ouvert tous les jours de 8h à 20h. De mi-septembre à mi-juin tous les jours de 8h à 17h. **Bridger-Teton National Forest Headquarters**, 340 N. Cache St. (739-5500), à deux blocks au sud de la chambre de commerce. Cartes 3,75 $, plastifiées 5 $. Ouvert du lundi au vendredi de 8h à 17h30, samedi de 8h à 16h30. De fin septembre à fin mai du lundi au vendredi de 8h30 à 16h30.

Excursions : Grayline Tours, 332 N. Glenwood St. (733-4325). Excursions d'une journée dans le parc national de Grand Teton (36 $) et dans le parc national de Yellowstone (39 $). Réserver par téléphone de 9h à 21h. Ramassage devant les hôtels.

Transports en commun : Jackson START (733-4521), 1 $ par trajet. 2 $ pour sortir du comté. Gratuit pour les plus de 65 ans et les moins de 9 ans. **Grand Teton Lodge Co.** (733-2811) assure une navette deux fois par jour l'été jusqu'à Jackson Lake Lodge (10 $).

Location de voitures : Rent-A-Wreck, 1050 US 89 (733-5014), 24 $ la journée, 140 $ par semaine. 150 miles inclus par jour, 1 000 miles inclus par semaine, 20 ¢ par mile supplémentaire. Age minimal 21 ans et carte de crédit ou, pour les plus de 25 ans, caution de 300 $ en espèces. Limité à un rayon de 500 miles (environ 750 km) autour de Jackson. Ouvert tous les jours de 8h à 18h.

Location de matériel : Hoback Sports, 40 S. Millward (733-5335). Choix très complet de matériel de qualité. VTT 11 $ pour 2h, 22 $ pour 24h, tarif dégressif selon la durée. Skis, chaussures et bâtons 13 $ la demi-journée, 16 $ par jour. En haute saison l'été, ouvert tous les jours de 9h à 19h, en haute saison l'hiver, tous les jours de 8h à 21h. En basse saison tous les jours de 9h à 19h. Permis de conduire ou carte de crédit pour la caution. **Skinny Skis**, 65 W. Deloney St. (733-6094). Skis de fond 8 $ la demi-journée, 12 $ la journée. Patins 12 $ la journée. Matériel de camping. Carte de crédit ou caution selon la valeur du matériel loué (300 $ à 500 $). Ouvert tous les jours de 9h à 20h.

Informations météo et état des routes : Météo, 733-1731, enregistrement 24h/24.
Etat des routes : de novembre à avril 733-9966, ou si on appelle d'un autre Etat, 800-442-7850.

Urgences : 911.

Bureau de poste : 220 W. Pearl St. (733-3650) à deux blocks à l'est de Cache St. Ouvert du lundi au vendredi de 8h30 à 17h, le samedi de 9h à 14h. **Code postal :** 83001. **Indicatif téléphonique :** 307.

La route qui entre dans Jackson par le sud, l'US 191/I-80 devient W. Broadway. L'autoroute se poursuit le long de Broadway, devenant Cache St. en virant vers le nord en direction de Grand Teton Park, et finit à Yellowstone, à 105 km de là. Le croisement entre Broadway et Cache St. à **Town Square Park** marque le centre de la ville. Les mordus de ski poussent jusqu'à Teton Village, à 18 km au nord par la route 22 et Teton Village Road.

HÉBERGEMENTS ET CAMPINGS

En haute saison, si vous ne réservez pas suffisamment tôt, vous dormirez au mieux dans une chambre minuscule et hors de prix, au pire à la belle étoile. Il existe heureusement deux auberges de jeunesse abordables. Le **Hostel X**, P.O. Box 546, Teton Village 83025 (733-3415), est très bien situé, près des pistes à 18 km au nord-ouest de Jackson. L'auberge est équipée d'une salle de jeux, d'un salon de télévision, d'un local pour farter les skis et d'une nursery. L'hiver, des films sont projetés tous les soirs. L'hébergement va du dortoir à quatre lits aux chambres individuelles. Réduction aux titulaires de la carte internationale des auberges de jeunesse (HI-AYH) l'été, 15 $ au lieu de 18 $ pour les non-membres, 37 $ pour 2 non-membres, 47 $ pour 3 ou 4. L'hiver, pas de réduction HI-AYH, 43 $ pour 1 ou 2 personnes, 56 $ pour 3 ou 4. **The Bunkhouse**, 215 N. Cache St. (733-3668), situé sous l'Anvil Motel, possède un salon, une kitchenette, une laverie automatique, des casiers à ski et, comme son nom l'indique, un seul grand dortoir. C'est calme et les lits superposés sont confortables (18 $, draps compris). L'été, **The Pioneer**, 325 N. Cache St. (733-3673), propose des chambres coquettes, décorées d'ours en peluche et de somptueux quilts faits main (chambres simples 70 $, doubles 80 $, hors saison 45-50 $).

Le camping de Jackson, **Wagon Wheel Village** (733-4588), 435 N. Cache St., ne bénéficie pas d'une vue extraordinaire et ne prend pas de réservations (35 emplacements, 15 $, camping-car 20 $). On peut camper pour moins cher dans un cadre plus agréable dans la **Bridger-Teton National Forest** (800-342-2267) autour de Jackson. En allant vers l'*Alpine Junction* par l'US 26/89, on trouve des places (5 à 7 $ l'emplacement, pas de douche). La carte distribuée par la chambre de commerce indique tous les campings.

RESTAURANTS

The Bunnery, 130 N. Cache St. (733-5474), situé dans le centre commercial "Hole-in-the-Wall", sert de copieux petits déjeuners : deux œufs, frites, chili, fromage et choux de Bruxelles pour 5,25 $. Au déjeuner, les sandwiches coûtent 4 à 6 $ (ouvert tous les jours de 7h à 21h30, de mi-septembre à fin mai de 7h à 15h30). On signalera aussi **Mountain High Pizza Pie**, 120 W. Broadway (733-3646, 6 $ la pizza de 25 cm. Ouvert de 11h à minuit, l'hiver de 11h à 22h). Chez **Bubba**, 515 W. Broadway (733-2288), un restaurant populaire qui ne paie pas de mine, vous pourrez vous régaler de poulet au barbecue et de *spare ribs* (travers de porc). Pas de réservations, il faut arriver tôt. Ouvert tous les jours de 7h à 22h. Au **LeJay Sportsmen Café**, vous aurez du mal à trouver de véritables sportifs dans la salle mais vous ne manquerez pas de calories dans l'assiette. La cuisine est sans prétention et un peu grasse (hamburgers et sandwiches avec frites 3 à 6 $). L'ambiance, un mix de cowboys et d'artistes, est distrayante. **Bombers** (739-2295) sur la Grand Teton Plaza sert d'imposants muffins (1,25 à 1,65 $) et des sandwiches (4 à 6 $). Ouvert le lundi de 6h30 à 15h, du mardi au vendredi de 6h30 à 22h, le samedi de 7h à 22h, et le dimanche de 7h à 15h. Les *bagels* sont frais et savoureux chez **Pearl St. Bagels**, 145 W. Pearl St. (739-1218, ouvert tous les jours de 7h à 16h), à l'angle de Glenwood et de Pearl. Ambiance western au **Bar J Chuckwagon** (733-3370), où l'on déguste un steak-pommes de terre en écoutant chanter les cow-boys. Dîner et spectacle sur Teton Village Road (13 $, moins de 8 ans 4,50 $, gratuit pour les tout-petits).

ACTIVITÉS DE PLEIN AIR

Du 15 mai à Labor Day, le **rafting** attire plus de 100 000 personnes à Jackson. **Mad River Boat Trips**, 1060 S. Hwy. 89/US 89 (733-6203 ou 800-458-7238), à 37 km de Jackson, propose de très belles descentes en rafting pour des prix intéressants (12 km de descente pour 23 $, avec dîner 28 $). A bord de bateaux de petite taille (il y a plus de mouvement !), 28 et 33 $. Départs de 9h30 à 15h30. **Lone Eagle**

Expeditions (377-1090) organise des expéditions de 12 km (23 $ avec petit déjeuner et déjeuner, 33 $ avec dîner). **Black Diamond Llamas**, Star route Box 11-G (733-2877), organise des promenades à dos de lama, sympathique quadrupède sud-américain, qui en plus porte votre sac (50 $ la journée repas compris, 135 $ par jour avec bivouac). Plus économique, le téléphérique **Jackson Hole Aerial Tram.** (733-2292) vous emmènera au sommet de Rendez-vous Mountain. Bureau ouvert tous les jours de 9h à 19h, de début septembre à fin mai de 9h à 17h (14 $, personnes âgées 12 $, 13 à 17 ans 7 $, 6 à 12 ans 5 $. Bons de réduction dans les journaux locaux). Les pistes de ski, parmi les plus difficiles des Etats-Unis, se trouvent à **Jackson Hole Ski Resort** (733-2292), à Teton Village.

SORTIES ET ACTIVITÉS

A Jackson, les activités culturelles sont de deux sortes. D'une part les fêtes typiques de l'Ouest américain, où l'on danse en tapant du pied et en buvant de la bière, d'autre part les traditionnels concerts et expositions, nettement plus recueillis. L'été, **the Longest-Running Shoot-Out in the World** réunit tous les soirs les curieux sur la place du village, sauf le dimanche. Le vendredi soir à 18h30, sur Snow King Road, dans le bâtiment d'expositions qui se trouve sur le terrain de rodéo, se tient un bal folklorique, **Teton Twirlers Square Dance** (733-5269 ou 543-2825, 2,5 $). Fin mai, la ville célèbre l'ouverture du **Jackson Hole Rodeo** (733-2805, ouvert de Memorial Day à Labor Day le mercredi et le samedi à 20h, ticket 7 $, 4 à 12 ans 4,50 $, gratuit pour les moins de 4 ans, forfait famille 21 $). Le **Grand Teton Music Festival** (733-1128) se déroule quant à lui à Teton Village à la mi-juillet et au mois d'août. Musique de chambre les mardis et jeudis à 20h, orchestre les vendredis et samedis à 20h. Place 15 à 25 $, 40 % de réduction pour les étudiants. Réserver. Le jour de Memorial Day, la ville organise des danses et des défilés de l'Ouest de la grande époque, **Old West Days**. Cette manifestation attire un monde fou, y compris des Amérindiens. Pendant la deuxième quinzaine de septembre, le **Jackson Hole Fall Arts Festival** réunit des artisans, des peintres, des danseurs, des comédiens et des musiciens. Après une visite à la brasserie **Otto Brothers Brewery** (733-9000) dans le centre de Wilson sur North St., les subtilités de la fermentation n'auront plus de secrets pour vous. La visite, gratuite, se termine par la dégustation des produits maison. Ne manquez pas la "Moose Juice Stout", bière de jus d'élan. (Ouvert du lundi au vendredi de 8h à 20h, samedi et dimanche de 16h à 20h).

Musique *live,* bonne chère et drague sont à l'honneur chez **Mangy Moose** (733-4913) à Teton Village. Dîner tous les jours de 17h30 à 22h30, bar ouvert de 22h à 2h du matin, interdit aux moins de 21 ans. Le jeudi soir, c'est la fête au **Stagecoach Bar** (733-4407) à Wilson, sur la route 22. Soirée dansante et *country music* le dimanche. Ouvert du lundi au samedi de 10h à 2h du matin, dimanche de midi à 22h. Pour goûter les bières locales, rendez-vous au **Jackson Hole Pub and Brewery**, 265 Millward St. (739-2337), le premier pub-brasserie du Wyoming. Après une *"Zonkers Stout"* (3 $ la pinte, 10 $ le pichet), vous vous sentirez déjà mieux. Pour accompagner, pâtes, sandwich ou pizza (7 $ à 12 $). Ouvert du lundi au jeudi jusqu'à minuit, vendredi et samedi jusqu'à 1h, dimanche jusqu'à 22h. Le **Million Dollar Cowboy Bar**, 25 N. Cache St. (733-2207), Town Square, est une institution locale, fréquentée non seulement par les touristes, mais aussi par de vrais cow-boys de rodéo. Tabourets de bar en forme de selles, musique *live* du lundi au samedi de 21h à 2h. Entrée 5 $ à 10 $ après 20h. Ouvert du lundi au samedi de 10h à 2h, dimanche de midi à 22h.

■■■ BIGHORN MOUNTAINS

Les montagnes Bighorns se dressent brutalement au milieu du paysage vallonné du nord du Wyoming. A leurs pieds, ranchs et troupeaux de bétail s'étendent à perte de vue. C'est le cadre du célèbre roman *Mon amie Flicka* (suivi de *L'Herbe verte du Wyoming*) qui conféra à des milliers d'adolescents la passion des chevaux et de l'Ouest américain. Dans les années 1860, la région fut le théâtre de violents affrontements entre les colons et les Sioux, qui défendaient leurs territoires de chasse. Les postes de cavalerie, comme Fort Phil Kearny (actuellement sur l'US 87 entre Buffalo et Sheridan), n'ont pas suffi à protéger les colons. Quatre-vingt un d'entre eux périrent dans le massacre de Fetterman. De nos jours, les visiteurs sont mieux accueillis. En empruntant les **US 14** et **US 16**, on croise des chutes d'eau, des roches préhistoriques et une mystérieuse formation de pierre appelée **Medicine Wheel**, dont l'origine est totalement inexpliquée. Même les Indiens n'en savent rien. Si vous aimez la solitude, poussez jusqu'à **Cloud Peak Wilderness** dans la forêt nationale de **Big Horn**. Pour parvenir à **Cloud Peak**, un sommet de la chaîne des Bighorns de 4 115 m d'altitude, la plupart des randonneurs partent de **West Tensleep**, accessible par la ville de **Tensleep** sur le versant ouest, à 82 km à l'ouest de Buffalo sur l'US 16. Tensleep a été ainsi nommée parce qu'il fallait aux Sioux dix nuits pour rejoindre leurs principaux campements d'hiver à partir de cet endroit. On doit se faire inscrire aux départs des sentiers pour entrer dans la zone de Cloud Peak. Le plus simple pour gagner les coins les plus sauvages est d'emprunter les départs de sentiers qui se trouvent près de l'US 16, à 37 km à l'ouest de Buffalo. Depuis le sentier **Hunter Corrals**, rejoindre le magnifique **Seven Brothers Lake**, base idéale pour des randonnées d'une journée vers les sommets. On peut aussi atteindre la zone sauvage par le Nord, en prenant l'US 14 depuis **Sheridan**. Renseignez-vous auprès des chalets d'accueil installés dans la forêt, pour connaître les itinéraires les moins fréquentés, et avant toute excursion, prenez connaissance des conditions météo auprès d'un ranger.

Les campings sont nombreux dans la forêt (8 à 10 $). A 37 km de Buffalo sur l'US 16, le camping **Crazy Woman** comprend six emplacements. Pas de réservation. Ouvert de mi-mai à fin septembre, altitude 2 300 m. Le **Lost Cabin**, à 42 km de Buffalo sur l'US 16 (altitude 2 500 m), possède 14 emplacements avec eau courante et toilettes (séjour 14 jours au maximum, téléphone 800-280-CAMP/2267). Ouvert de la mi-mai à fin octobre. Ces deux campings jouissent d'un paysage magnifique, de même que **Cabin Creek** et **Porcupine** près de Sheridan. On peut passer une nuit (mais pas deux) gratuitement dans le **Washington Park** à Sheridan, accessible par Coffeen St. On peut également camper au bord de la Bighorn River à Afterbay, Two Leggins, Bighorn et Mallards Landing.

▦ ▦ ▦ CODY

Le célèbre Buffalo Bill s'appelait en réalité William F. Cody, ce qui fait beaucoup moins rêver les enfants. Il ne fut pas seulement cavalier pour le service postal Pony Express, éclaireur, chasseur, athlète et entrepreneur. Il fut aussi et surtout le créateur du *Buffalo Bill Wild West Show*, un spectacle qui donna corps à l'image mythique du cow-boy dans le monde entier. Cody et sa revue tournèrent dans tous les Etats-Unis et en Europe, et furent admirés par des grands de ce monde. Fondée en 1896 par Cody, cette ville de l'*Ouest sauvage* n'a rien perdu de son caractère.

Le **Buffalo Bill Historical Center**, 720 Sheridan Ave. (587-4771), est surnommé avec humour le "Smithsonian de l'Ouest", une allusion au Smithsonian Institute, l'un des musées les plus connus de Washington. Le bâtiment abrite en réalité quatre musées. Le **Buffalo Bill Museum** est consacré à la vie du héros. La **Whitney Gallery of Western Art** est une galerie de peinture et compte quelques tableaux de Russell et Remington. Le **Plains Indian Museum** expose plusieurs pièces relatives aux Indiens des Plaines. Enfin, le **Cody Firearms Museum** présente les fusils apportés ici par l'homme blanc - il s'agit de la plus grande collection au monde d'armes à feu américaines. Les musées sont ouverts en juillet et août tous les jours de 7h à 20h, en mai et septembre de 8h à 20h, en avril et octobre de 8h à 17h, en mars et novembre du mardi au dimanche de 10h à 15h. Tarif 8 $, étudiants 13 à 21 ans 4 $, personnes âgées 6,50 $, 6 à 12 ans 2 $, gratuit pour les moins de 5 ans. De juin à août, Cody devient "la capitale mondiale du rodéo", avec un spectacle tous les soirs à 20h30 (587-5155). Ticket 7 à 9 $, 7 à 12 ans 4 à 6 $. Les 2, 3 et 4 juillet, toute la ville participe au **Cody Stampede** (587-5155, 11 $), sorte de corrida dans les rues de la ville. Ne manquez pas d'aller faire un tour au **Irma Hotel and Restaurant**, 1192 Sheridan Ave. (587-4221), qui fut créé par Buffalo Bill lui-même et baptisé du nom de sa plus jeune fille. Le bar en merisier est d'origine : c'est un cadeau de la reine Victoria. (Ouvert tous les jours de 6h à 22h, d'octobre à mars de 6h à 21h). A 9 km de là, sur la route 20/14/16 en direction de Yellowstone, on peut voir l'impressionnant **Buffalo Bill Dam** (100 m), qui, lors de sa construction en 1910, était le plus grand barrage du monde.

Cody se trouve au croisement des routes 120 et 14. L'entrée est de Yellowstone Park est à 80 km à l'ouest, la frontière du Montana à environ 60 km au nord sur la route 120, le pied des montagnes Bighorns à 135 km à l'est. L'artère principale de la ville est **Sheridan Avenue**. Les rues qui sont orientées est-ouest portent des noms, les rues orientées nord-sud portent des numéros. Vous obtiendrez tous les renseignements utiles auprès de la **Chambre de commerce**, 836 Sheridan Ave. (587-2297). Ouvert du lundi au samedi de 8h à 19h, dimanche de 10h à 15h. **Rent-A-Wreck**, 2515 Grable Hwy. (527-4993 ou 800-452-0396), loue des voitures pour 20 $, avec 100 miles gratuits par jour. Age minimal 21 ans, carte de crédit. Prévenir par téléphone. **Bureau de poste** de Cody : 1301 Stampede Ave. (527-7161). Ouvert du lundi au vendredi de 8h à 17h30, samedi de 9h à midi. **Code postal : 82414. Indicatif téléphonique : 307.**

La ville compte un grand nombre d'hôtels bon marché, vite complets l'été. Le **Skyline Motel**, 1919 17th St. (587-4201), propose des chambres correctes, propres avec TV câblée, piscine et restaurant (l'été à partir de 46 $ la chambre simple, 54 $ la chambre double, l'hiver 28/32 $). **Rainbow Park Motel**, 1136 17th St. (587-6251 ou 800-341-8000), possède TV câblée et laverie (l'été 39 $ la chambre simple, 56 $ la chambre double, hors saison 25 à 29 $/32 à 39 $, 3 $ par personne supplémentaire). Le camping **Gateway Campground** (587-2561), à 700 m au nord du Buffalo Historical Center sur Yellowstone Highway, propose 74 emplacements bien entretenus (10 $ par tente, raccordement possible).

Chez **Granny**, 1550 Sheridan Ave., ouvert 24h/24, la nourriture est plus honnête qu'il n'y paraît, voire bonne (587-4829). La formule sandwich (3 à 6 $) est servie toute la journée. Chez **Patsy Ann's Pastry and Ladle**,1243 Beck Ave. (527-6297), on sert des petits pains frais, des pâtisseries, des muffins et des sandwiches (1 à 2 $, ouvert du lundi au samedi de 6h30 à 15h).

■■■ BUFFALO

Buffalo, située au croisement de la I-90 et de la I-25, est une bourgade charmante, décontractée et sympathique, qui constitue une base idéale pour explorer les Bighorns.

Les élégantes salles de l'**Occidental Hotel**, transformé en hôtel de ville depuis 1880 (10 N. Main St., 684-2788), exhalent encore un peu du parfum de l'Ouest traditionnel (ouvert tous les jours de 10h30 à 16h30 et de 18h à 20h, entrée libre). Le **Jim Gatchell Museum of the West**, 10 Fort St. (684-9331, ouvert tous les jours de 9h à 20h, de septembre à novembre de 9h à 17h, 2 $, gratuit pour les moins de 18 ans), est consacré à l'histoire de la conquête de l'Ouest. Le musée et les expositions en plein air de **Fort Phil Kearny** (684-7629), sur l'US 87 entre Buffalo et Sheridan, rappellent les batailles entre colons et Indiens (ouvert tous les jours de 8h à 18h, de mi-octobre à mi-mai du mercredi au dimanche de midi à 16h, entrée 2 $, étudiants 1 $). Dans la ville voisine de **Sheridan**, Buffalo Bill avait ses habitudes dans la luxueuse auberge **Sheridan Inn**, à l'angle de 5th et Broadway. Il auditionnait, assis dans la véranda, les candidats à sa revue *Wild West Show*. On peut maintenant visiter l'auberge (tarif 3 $, personnes âgées 2 $, gratuit pour les moins de 12 ans).

ROCHEUSES

La **Buffalo Chamber of Commerce**, 55 N. Main St. (684-5544 ou 800-227-5122), est une source d'informations sur la ville (ouvert de juin à août du lundi au samedi de 8h à 18h, en mai et septembre du lundi au vendredi de 8h à 18h et de novembre à avril du lundi au vendredi de 8h30 à 16h30). Le **US Forest Service**, 300 Spruce St. (684-7981), vous renseignera sur la partie des Bighorns qui appartient au district de Buffalo. On y vend des cartes des routes et des sentiers de la région (3 $). Ouvert du lundi au samedi de 8h à 16h30. Il n'y a pas de service d'autocars à Buffalo. Pour les bus **Greyhound**, il faut se rendre à Sheridan ou à Gillette. Des cars partent deux fois par jour de Sheridan pour Billings (durée 3h, 27 $) et Cheyenne (durée 7h, 45 $), depuis le 1700 E. Hwy. 14/16 (bureau ouvert tous les jours de 5h30 à 17h et de 18h30 à 19h30). Chez **Alabam's**, 421 Fort St. (684-7452), on peut acheter des cartes topographiques (2,50 $), du matériel de chasse, de pêche et de camping ainsi que des **permis de pêche** (5 $ la journée, 20 $ les 5 jours). Ouvert tous les jours du lundi au samedi de 8h à 18h, dimanche de 8h à 17h. **Bureau de poste** de Buffalo : 193 S. Main St. (684-7063). Ouvert du lundi au vendredi de 8h30 à 17h, samedi de 10h à midi. **Code postal :** 82801. **Indicatif téléphonique** : 307.

A Buffalo, Main St. (la route 90) et Fort St. sont parsemées d'hôtels abordables. Le **Mountain View Motel**, 545 Fort St. (684-2881), propose d'avenantes cabanes en sapin avec TV, climatisation et chauffage (la chambre simple 34 $, double 40 $, l'hiver 24 $ et 30 $, grande cabane avec 3 chambres doubles 45 $, avec cuisine 60 $). Les chambres du **Z-Bar Motel** (684-5535 ou 800-341-8000), juste à côté, disposent de TV câblée, de réfrigérateurs ou de cuisines, et de la climatisation (chambres simples 37 $, doubles 45 $, de novembre à avril 29 et 36 $. Cuisine 5 $ de plus. Réservations recommandées). Le **Stagecoach Inn**, 845 Fort St. (684-2507), vous servira un repas copieux pour 9 à 12 $ (ouvert du lundi au vendredi de 11h30 à 14h30 et de 17h à 21h). Au **Dash Inn**, 620 E. Hart St. (684-7930), le *fried chicken* est délicieux (2 morceaux 3,75 $). Ouvert du mardi au dimanche de 11h à 21h30, l'hiver de 11h à 20h30.

■■■ DEVILS TOWER

Si l'on en croit la légende indienne, sept sœurs jouaient avec leur petit frère quand celui-ci se transforma en ours et se lança à leur poursuite. Terrifiées, les petites coururent jusqu'à une souche d'arbre et l'implorèrent de leur porter secours. La souche se dressa jusqu'au ciel, où les sept petites filles furent changées en étoiles et formèrent la Grande Ourse. Furieux, l'ours se mit à griffer la souche qui devint gigantesque. D'autres, plus rationnels, parlent d'une poussée de magma en fusion qui n'aurait pas rompu l'écorce terrestre, il y a soixante millions d'années. Des siècles d'érosion par les vents, la pluie et la neige auraient ensuite usé le grès qui entourait le cylindre de pierre, formant cette surprenante excroissance. D'autres encore, affublés de grosses têtes et de longs doigts, ont utilisé cet obélisque minéral pour faire atterrir leur soucoupe volante (*Rencontres du troisième type*). Quoi qu'il en soit, cette formation géologique est le joyau du **Devils Tower National Monument**, au nord-est du Wyoming.

Le **droit d'entrée** à Devils Tower est de 4 $ par voiture et de 2 $ par piéton. Le seul moyen de parvenir au sommet est de grimper. Près de 6 000 personnes entreprennent l'ascension chaque année. Il faut pour cela s'inscrire auprès du **Visitors Center** (307-467-5283), situé à 4,5 km de l'entrée (ouvert de Memorial Day à Labor Day tous les jours de 8h à 19h45, de Labor Day à octobre de 8h à 17h). Il existe plus de 220 chemins possibles pour atteindre le sommet. Ils portent des noms assez cocasses. Pour s'amuser un peu, on peut en consulter la liste au *visitors center*. Des **démonstrations d'escalade** sont organisées devant le *visitors center* de Memorial Day à Labor Day à 11h et 16h. En juin, il est demandé aux visiteurs de ne pas escalader le monument, par respect pour les cérémonies indiennes qui s'y déroulent. Pour ceux qui ne seraient pas tentés par l'alpinisme, plusieurs **sentiers de randonnée** offrent d'excellentes vues de la tour. Le plus fréquenté, d'une longueur

de 2 km, contourne le monument. Il existe un **camping** géré par le parc, au bord
de la Belle Fourche River (eau courante, sanitaires, cheminées, tables de pique-
nique, pas de douches. 8 $ l'emplacement. Ouvert d'avril à octobre). **KOA** (307-467-
5395), également sur un site pittoresque au bord de la rivière, se trouve juste à côté
de l'entrée du parc (15 $, avec raccordement 20 $, *cabins* 28 $). Pour se rendre au
monument par la I-90, prendre l'US 14 sur 38 km vers le nord jusqu'à la route 24.

■■■ CASPER

Aux temps héroïques de la *frontier*, Casper était habitée par des montagnards, des
mormons, des gentils fantômes, des Shoshones et des Sioux. Huit pistes de pionniers convergeaient près de Casper, dont celle de l'Oregon, celle de Bozeman et
celle du Pony Express. La ville a conservé de cette époque des surnoms comme
"the Hub" (le pivot) et "the Heart of Big Wyoming" (le cœur du grand Wyoming).
Mais la plupart des pionniers ne s'y sont pas arrêtés et ont continué la route.

L'orgueil de la ville est **Fort Caspar**, 4001 Ft Casper Rd. (235-8462), reconstitution d'un ancien fort de l'armée, dans la partie ouest de la ville. (Ouvert du lundi au
vendredi de 9h à 18h, le samedi de 9h à 17h, le dimanche de midi à 17h, de mi-
septembre à mi-mai du lundi au vendredi de 9h à 17h, dimanche de 13h à 16h.
Entrée libre). Le **Nicolayson Art Museum**, 400 E. Collins Dr. (235-5247), tente de
faire le lien entre artistes d'hier et d'aujourd'hui. On peut notamment y admirer un
bison fait de morceaux de voiture rouillés et de vieux pneus (ouvert du lundi au
dimanche de 10h à 17h, le jeudi jusqu'à 20h. Entrée 2 $, moins de 12 ans 1 $). A
quelques kilomètres au sud-est de la ville sur la route 251, **Lookout Point** (au
sommet de la montagne **Casper**) et **Muddy Mountain** (9 km plus loin) offrent un
magnifique panorama sur toute la région. **Devil's Kitchen** (ou *la cuisine du diable*,
aussi appelée **Hell's Half Acre**, *le petit arpent infernal*), à 67 km à l'ouest de
Casper sur l'US 20/26, est une cuvette de 130 hectares remplie de dizaines de
curieuses excroissances colorées et de grottes. On peut camper à proximité. Début
août, le **Central Wyoming Fair and Rodeo**, 1700 Fairgrounds Rd. (235-5775),
est le rendez-vous annuel de la ville avec parades, foire à bestiaux et rodéos.

Le **Casper Area Convention and Visitors Bureau**, 500 N. Center St. (234-
5311 ou 800-852-1889, télécopie 265-2643), peut vous fournir toutes les informations utiles sur les campings, ainsi qu'une carte de la ville. Ouvert du lundi au
vendredi de 8h à 18h, samedi et dimanche de 9h à 18h. **Powder River Transportation Services** (266-1904 ou 800-433-2093 hors du Wyoming), à l'angle de la
I-25 et de Center St. au Parkway Plaza Hotel, #1159, assure des départs quotidiens
pour Buffalo (durée 4h, 21 $), Sheridan (durée 5h, 26 $) et Rapid City (voyage de
nuit, 44 $). Deux cars partent chaque jour pour Billings (durée 6h, 45 $) et Cheyenne
(durée 3h, 30 $). Guichet ouvert tous les jours de 6h à 10h30, puis de 11h30 à 17h.
Casper Affordable Used Car Rental, 131 E. 5th St. (237-1733), loue des voitures
d'occasion à un prix modéré (27 $ par jour avec 50 miles gratuits, 179 $ la semaine
avec 350 miles gratuits, 18 ¢ par mile supplémentaire. Minimum 22 ans, caution
de 200 $ ou carte de crédit). Ouvert du lundi au vendredi de 8h à 17h30. Principal
bureau de poste de Casper : 411 N. Forest St. (266-4000, ouvert du lundi au
vendredi de 8h30 à 17h). **Code postal : 82601. Indicatif téléphonique : 307.**

Le **Royal Inn**, 440 E. A. St. (234-3501), est un bon point de chute pour le voyageur fatigué. (Piscine chauffée à ciel ouvert, TV câblée, réfrigérateur. Chambres
simples 25 $, doubles 32 $). On peut camper au **Fort Caspar Campground**, 4205
W. 13th St. (234-3260), au sud de Casper sur la route 251 (5 $ l'emplacement) ou
à l'**Alcova Lake Campground** (237-7052), sur une base de loisirs au bord de l'eau,
à 50 km au sud-ouest de Casper sur County Road 407 par la route 220 (tente 6 $,
avec raccordement 15 $). Au **Daily Grind Coffeehouse**, 328 E. A. St. (234-7332),
on sert un large éventail de boissons à base de café (1,25 $), des omelettes (3 $) et
des sandwiches (ouvert du lundi au samedi de 8h à 16h, de septembre à mai du
lundi au samedi de 8h à 20h). Dans la ville voisine de Mill, le **Café José's**, 522 SW

Wyoming Blvd. (266-1414), propose des plats épicés mexicains à des prix très doux (3 à 6 $, ouvert du lundi au samedi de 11h à 14h, et de 17h à 21h). **Peking Restaurant**, 333 E. A St. (266-2207, ouvert du lundi au jeudi de 17h à 20h, vendredi et samedi de 17h à 21h), réjouira tous les amateurs de cuisine chinoise (déjeuner à partir de 3,75 $).

■■■ CHEYENNE

A l'origine, le nom des Amérindiens qui peuplaient la région, les Cheyennes, devait être celui donné au territoire du Wyoming. Mais la vigilance du sénateur Sherman, qui a fait valoir que le nom de "Cheyenne" pouvait être confondu avec le mot français "chienne", a permis d'éviter cet impair.

Informations pratiques Se renseigner au **Cheyenne Area Convention and Visitors Bureau**, 309 W. Lincolnway (778-3133, 800-426-5009 si vous n'appelez pas du Wyoming), juste à l'ouest de Capitol Ave., ou au **Wyoming Information and Division of Tourism** (777-7777 ou 800-225-5996 si vous n'appelez pas du Wyoming, ouvert tous les jours de 8h à 17h), au croisement de la I-25 et de College Drive, pour obtenir une liste des hébergements et des restaurants (ouvert tous les jours de 8h à 18h, l'hiver du lundi au vendredi de 8h à 17h). Il n'y a pas de station **Amtrak** à Cheyenne, mais il existe un relais au Plains Hotel (voir Hébergement plus loin). De là, un car mène à la gare de **Borie**, à 15 minutes de route. Il passe trois trains par semaine pour Denver (durée 2h30, 22 $) et Chicago (durée 13h30, 182 $). Il faut réserver pour prendre le train de Borie (ouvert tous les jours de 9h30 à 17h30). **Greyhound**, 120 N. Greely Hwy. (634-7744), près de College Ave., assure des départs quotidiens pour Salt Lake City (durée 9h, 60 $), Chicago (durée 24h, 129 $), Laramie (durée 1h, 9 $), Rock Springs (durée 5h, 50 $) et Denver (durée 3h, 21 $). La gare routière est ouverte tous les jours de 10h à 12h30 et de minuit à 4h. Les horaires sont susceptibles de changer. La compagnie de bus **Powder River Transportation** (635-1327), au terminal de Greyhound, accepte les pass Greyhound et assure un départ chaque jour pour Rapid City (durée 10h, 65 $), Casper (durée 4h, 35 $) et Billings (durée 12h, 70 $). Les **Urgences** sont accessibles par le 911. **Bureau de poste** de Cheyenne : 4800 Converse Ave. (722-6580, ouvert du lundi au vendredi de 7h30 à 17h30, samedi de 7h à 13h). **Code postal :** 82009. **Indicatif téléphonique :** 307.

Hébergements et campings Il n'est pas difficile de trouver une chambre à bon compte dans la région sauf si votre visite coïncide avec le festival **Frontier Days**, qui se déroule pendant la dernière semaine de juillet (voir Festivals et visites, ci-après). Les tarifs peuvent alors facilement doubler et les chambres se font rares. Plusieurs motels à prix compétitifs bordent le **Lincolnway** (US 30). Le **Plains Hotel**, 1600 Central Ave. (638-3311), à l'ambiance surannée, propose des chambres un peu sombres de style rétro, avec lavabos en marbre, TV câblée et téléphone (chambres simples 30 $, doubles 37 $, 5 $ par personne supplémentaire). Au **Guest Ranch Motel**, 1100 W. 16th St. (634-2137), non loin de l'arrêt du bus, les chambres sont vastes et propres et comprennent câble, téléphone, douche et toilettes (chambres simples avec grand lit 27 $, doubles 33 à 38 $). Le **Ranger Motel**, 909 W. 16th St. (634-7995), dispose de chambres petites avec téléphone et TV (chambre simple 25 $, double 28 $). Pour le **camping**, on trouve de nombreux emplacements au **AB Campground**, 1503 W. College Rd. (634-7035, lave-linge, salle de jeux, 130 emplacements, 12 $, avec raccordement total 15 $). Essayez également **Curt Gowdy State Park**, 1319 Hynds Lodge Rd. (632-7946), mi-base de loisirs mi-camping, à 35 km à l'ouest de Cheyenne sur la route 210. Ce parc, ouvert toute l'année, a beaucoup d'atouts : un cadre agréable et ombragé, 280 emplacements, pêche, randonnée, terrain de tir à l'arc, et allées cavalières (venir avec sa monture). Tarif d'entrée 3 $, emplacement de camping 4 $ la nuit.

Restaurants et sorties Cheyenne n'est pas un temple de la cuisine exotique, mais possède plusieurs restaurants qui rendent justice au steak/pommes de terre habituel. Au **Lexie's Café**, 216 E. 17th St. (638-8912), le décor est pimpant, de style cottage, avec des chaises en rotin et des fleurs. Au menu, une copieuse formule petit déjeuner (3 à 4 $), des *pancakes* à profusion (3 $) et d'énormes hamburgers (4 $). Changement de style au **Driftwood Café**, 200 E. 18th St. (634-5304), où l'on sert une vraie cuisine maison. Les *pies* et les *specials* du jour (jusqu'à 5 $) sont concoctées sur place.

Pour les amateurs de musique *live* et de poésie, **Joe Pages Bookstore and Coffeehouse**, 207 W. 17th St. (778-7134 ou 800-338-7428), organise des soirées qui vous changeront des cerfs et des randonnées. Au **Cheyenne Club**, 1617 Capitol Ave. (635-7777), un orchestre country se produit tous les soirs à 21h (interdit aux moins de 21 ans). **D.T.'s Liquor and Lounge**, 2121 E. Lincolnway (632-3458, ouvert du lundi au samedi de 7h à 2h, le dimanche de midi à 22h), est un bon bar pour prendre un dernier verre.

Festivals et visites Si vous vous trouvez dans un rayon de 700 km autour de Cheyenne pendant la dernière semaine de juillet, faites tout votre possible pour vous rendre aux **Cheyenne Frontier Days**, neuf jours de fiesta western non-stop. La population de la ville double : on afflue de toute la région pour assister au plus ancien et au plus important rodéo à ciel ouvert du monde, aux parades et aux bals de *square dancing*. Tous les deux jours, sur le parking qui fait face à la Chambre de commerce, distribution gratuite de *pancakes* pour le petit déjeuner. Renseignements : Cheyenne Frontier Days, P.O. Box 2477, Cheyenne 82003 (800-227-6336, fax : 778-7229, ouvert du lundi au vendredi de 9h à 17h). En juin et juillet, à Cheyenne, "une fusillade peut toujours arriver". Les **Cheyenne Gunslingers** (635-1028) sont là pour ça, à l'angle de W. 16th et de Carey Street (du lundi au vendredi à 18h, samedi à 12h). Au **Wyoming State Capitol Building** (777-7220), au bas de Capitol Ave. sur 24th St., une exposition rassemble vitraux et vieilles photographies jaunies (visite gratuite d'une demi-heure deux fois par jour). Ouvert du lundi au vendredi de 8h à 17h, samedi de 9h à 17h, de septembre à avril du lundi au vendredi de 8h à 17h. Les coyotes économes iront faire une razzia aux puces de la ville, le **Bargain Barn Flea Market**, 2112 Synder Ave. (635-2844), où on trouve un assemblage éclectique d'antiquités, de meubles, de jouets et d'objets typiques de l'Ouest (ouvert du lundi au samedi de 10h à 18h, dimanche de midi à 17h).

■ À L'OUEST DE CHEYENNE

Laramie Laramie, siège de l'Université du Wyoming, allie le naturel du style cowboy avec la modernité d'une ville universitaire. Après avoir goûté l'ambiance estudiantine des *coffee shops*, le voyageur peut prendre un bon bol d'air dans la Medicine Bow National Forest ou dans le Curt Gowdy State Park. De Cheyenne, prendre la **route 210** ("Happy Jack Road") qui traverse une région d'élevage ou la route 80W pour aller plus vite. Le **Wyoming Territorial Park**, 975 Snowy Range Rd. (800-845-2287), est un parc de loisirs sur le thème de l'Ouest au XIXᵉ siècle. Si les boutiques et les reconstitutions historiques s'adressent surtout aux enfants, la **Wyoming National Prison** (visites guidées toutes les heures) et le **National US Marshals Museum** offrent un aperçu captivant de la vie des hors-la-loi. Ouvert de mi-juin à mi-août tous les jours de 9h30 à 18h, horaires différents en mai et septembre. 8 $, personnes âgées 7,50 $, 9 à 12 ans 6 $, gratuit pour les moins de 9 ans. Pendant la première semaine de *pancakes* de juillet, Laramie accueille le festival **Jubilee Days** (800-445-5303). Au programme, rodéos (8 $, moins de 12 ans 4 $), puis, à la tombée du jour, danses traditionnelles de l'Ouest dans les rues, barbecue et bonnes cuites. La **Chambre de commerce**, 800 S. 3rd St. (307-745-7339 ou 800-445-5303), ouverte du lundi au vendredi de 8h à 17h, fournit des renseignements sur les visites,

festivals et activités de plein air (ski, motoneige, VTT et randonnées pédestres).
Bureau de poste de Laramie : 152 N. 5th St. (307-742-2109, ouvert du lundi au
vendredi de 8h à 17h, samedi de 9h à 13h).

Le **Ranger Hotel**, 453 N. 3rd St. (307-742-6677), est en plein centre-ville. Les
chambres simples (29 \$, 27 \$ l'hiver) et doubles (33 \$, 31 \$ l'hiver) sont bien équipées (téléphone, TV câblée, climatisation, réfrigérateur, micro-ondes). Le complexe
Motel 8, 501 Boswell (307-745-4856), comprend de grandes chambres climatisées
(simples 27 \$, doubles 30 \$) et une piscine. Bordée d'hôtels et de fast-foods, la **3rd
St.** mène vers le sud au cœur de la ville, en croisant **Ivinson** et **Grand St.**, deux rues
pleines de troquets fréquentés par les étudiants. **Jeffrey's Restaurant**, 123 Ivinson
St. (307-742-7046), propose des plats de pâtes fraîches (5 à 7 \$) et des spécialités
gastronomiques accompagnés d'un délicieux pain maison (ouvert du lundi au
samedi de 11h à 23h). Juste à côté, chez **Jeffrey's Too**, la qualité reste la même
mais on ne vend que des sandwiches (3 à 4 \$, ouvert tous les jours de 7h à 20h). L'air
de la **Home Bakery and Café**, 304 S. 2nd St. (307-742-2721), embaume le pain
chaud et un siècle de boulangerie traditionnelle (40 ¢ à 2,50 \$, formule sandwich
du jour 3 \$). Au **Wild Willie's**, 303 S. 3rd St. (307-721-4779), ouvert tous les jours
de 16h à 2h, vous pourrez écouter de la musique *live* du jeudi au samedi. Au **Buckhorn Bar**, autre lieu branché de la ville, 114 Ivinson St. (307-742-3554), les musiciens se produisent le dimanche soir (ouvert du lundi au samedi de 18h à 2h et le
dimanche de midi à 22h).

Medicine Bow D'après la légende, **Medicine Bow National Forest** tire son
nom de deux coutumes des Amérindiens de la région : les cérémonies destinées à
guérir les malades et la fabrication d'arcs (*bows*) avec l'acajou de la forêt. L'endroit
n'est pas très fréquenté des touristes, ce qui ajoute à la tranquillité de ses lacs et de
ses sentiers. Le **Snowy Range Scenic Byway (route 130)** traverse 45 km de forêt,
en gravissant le **Snowy Mountain Range** sur des dénivelées avoisinant 3 000 m.
Cette route permet d'accéder à un certain nombre de campings et de sentiers, dont
le difficile **Medicine Bow Trail** qui s'achève à **Medicine Bow Peak** (3 660 m),
point culminant de la forêt. Non loin de là se trouve le camping **Silver Lake**
(19 emplacements). Pas de réservation (7 \$). Un peu à l'est, plusieurs autres
campings sont relativement tranquilles, dont le **Nash Fork** (27 places, pas de réservation, 7 \$). **Brooklyn Lake** (17 places, pas de réservation, 7 \$), dans la partie est
de la forêt, est situé au bord d'un lac poissonneux et donne accès au **Sheep Lake
Trail**, un sentier très peu fréquenté de 12 km, et au **Glacier Lake Trail**, court et
sinueux. Du sommet de **Kennedy Peak** (3 287 m d'altitude) au bout de Forest
Rd. 215 par la route 130 au nord-est, le panorama est impressionnant. Les 23
campings aménagés du parc sont ouverts uniquement l'été et disposent de l'eau
courante et de WC, mais pas de raccordement électrique ni de douches. On peut
réserver pour certains campings (800-280-2267, frais de réservation 7,50 \$). L'hiver,
24 pistes de ski alpin et de nombreuses pistes de ski de fond sont ouvertes. Deux
centres d'accueil sont installés sur la route 130 : le **Bush Creek Ranger District
Office** (307-326-5258), près de l'entrée ouest (ouvert tous les jours de 7h30 à 16h30,
de septembre à mai du lundi au vendredi de 7h30 à 16h30), et le **Centennial Visitors Center** (307-742-6023) à 1,5 km à l'ouest de Centennial, à l'entrée est (ouvert
tous les jours de 9h30 à 17h).

Saratoga De l'autre côté de Medicine Bow, à l'opposé de Laramie, Saratoga,
comme son homonyme de l'Etat de New York, possède des **sources thermales
chaudes**. Elles jaillissent à l'extrémité de E. Walnut Avenue, par la route 130 (ouvert
24h/24, gratuit). On peut pêcher dans la **North Platte River**. L'**Hotel Wolf**, 101
E. Bridge St. (307-326-5525), une auberge victorienne restaurée, offre un excellent
rapport qualité/prix (chambres simples 30 \$, doubles 37 \$). A côté, chez **Lollypops**,
107 E. Bridge St. (307-326-5020), on sert de généreuses portions de glace (1,35 \$) et
plusieurs variétés de cafés (1 à 3 \$). La boulangerie **Classic Knead Bakery**, 113 W.
Bridge St. (326-8932), fait des merveilles : petits pains à la cannelle (1 \$), *donuts*
(50 ¢), gâteaux et soupes maison (ouvert du mardi au samedi de 6h à 14h30).

Colorado

Les habitants du Colorado sont fiers de leur air raréfié en oxygène : ici, les balles de golf vont plus loin, les œufs mettent plus longtemps à bouillir, et les étrangers s'essoufflent au moindre effort. Ce climat attire les sportifs, qui espèrent ainsi renforcer leur capacité thoracique. Mais les touristes apprécient surtout les montagnes où ils ont l'embarras du choix pour skier, marcher ou grimper. Si Grand Junction ou Crested Butte attirent du monde, c'est surtout Denver qui est véritablement la plaque tournante de la région. La plus haute capitale des 51 Etats américains est à la fois un centre culturel, la ville-étape idéale dans la traversée des Etats-Unis et un pivot du trafic aérien. Le Colorado compte certains des sommets les plus élevés du pays, mais aussi les points dont l'altitude est la plus basse, au fin fond des vallées du Gunnison et du Colorado. Depuis des millions d'années, les deux fleuves grignotent la roche. Il en est sorti ces merveilles naturelles que sont le Black Canyon et le Colorado National Monument. Les premiers colons sont venus ici à la recherche d'or et d'argent, l'armée américaine a enfoui d'énormes installations secrètes dans les montagnes entourant Colorado Springs. Mais le voyageur, lui, vient simplement dans le Colorado pour communier avec la nature.

INFORMATIONS PRATIQUES

Capitale : Denver.
The Colorado Board of Tourism : CTTA. P.O. Box 3924, Englewood 80155 (800-265-6723). S'adresser à la Chambre de commerce locale pour chaque région visitée. **US Forest Service**, Rocky Mountains Region, 740 Sims St. Lakewood 80225 (303-275-5350). Plan touristique gratuit. Carte des forêts 3 $. Ouvert du lundi au vendredi de 7h30 à 16h30. **Ski Country USA**, 1560 Broadway #1440, Denver 80202 (303-837-0793). Ouvert du lundi au vendredi de 8h à 17h. Renseignements sur répondeur : 831-7669. **National Park Service**, 12795 W. Alameda Pkwy., P.O. Box 25287, Denver 80255 (969-2000). Pour les réservations dans le Rocky Mountains National Park, appeler MISTIX au 800-365-2267. Ouvert du lundi au vendredi de 7h30 à 16h15. **Colorado State Parks and Recreation**, 1313 Sherman St. # 618, Denver 80203 (303-866-3437). Guide des parcs d'Etat et guide des sentiers de la région de Denver. Ouvert du lundi au vendredi de 8h à 17h. Pour prendre des réservations dans les parcs d'Etat du Colorado, appeler le 470-1144 ou le 800-678-2267.
Fuseau horaire : heure des Rocheuses (2 heures de moins que l'Est).
Abréviation postale : CO.
Taxe locale : 3 %.

■■■ DENVER

En 1858, la découverte de gisements d'or dans les Montagnes Rocheuses déclencha une ruée vers le nord du Colorado. Après l'épuisante traversée des plaines, les *desperados* choisissaient de s'arrêter dans la région pour profiter de la pureté de l'air. Ils en profitaient pour se saouler "un bon coup" au whisky et repartaient vers l'ouest. En 1860, deux des campements de ces *desperados* ont été regroupés pour former un embryon de ville, que l'on baptisa Denver en hommage au gouverneur du territoire du Kansas, James W. Denver. De 1863 à 1867, Denver et sa voisine Golden rivalisèrent pour obtenir le titre de capitale d'Etat. Aujourd'hui, Golden produit surtout de la bière, alors que Denver, "Cité reine des plaines", est devenue la métropole la plus importante et la plus dynamique des Rocheuses. L'immense aéroport international récemment construit et l'arrivée de son équipe de base-ball au sein de la *Major League* ont suffi à propulser Denver sur le devant de la scène américaine. Sa population a doublé depuis 1960. Mais Denver ne s'est pas métamorphosée complètement. C'est toujours une destination privilégiée pour les mordus de ski, les citadins fatigués et les cow-boys d'antan. Même si les mines d'or sont depuis long-temps épuisées, la ville conserve son pouvoir d'attraction, fait d'un mélange de sophistication urbaine et de décontraction coutumière de l'Ouest.

INFORMATIONS PRATIQUES

Office du tourisme : Denver Metro Convention and Visitors Bureau, 225 W. Colfax Ave. (892-1112 ou 892-1505), près de Civic Center Park, au sud du capitole. Ouvert du lundi au samedi de 8h à 17h, dimanche de 10h à 14h, l'hiver du lundi au vendredi de 8h à 17h, samedi de 9h à 13h. Demander le guide gratuit *Denver Official Visitors Guide*, très complet. **Big John Information Center**, 1055 19th St. (892-1505 ou 892-1112), à la gare routière Greyhound. Big John, ancien joueur de base-ball professionnel, s'est reconverti avec enthousiasme en guide touristique. Il sait tout sur l'hébergement, les loisirs et les excursions dans les environs de Denver. Ouvert du lundi au samedi de 7h à 10h et de 13h à 15h. **16th Ticket Bus**, dans le 16th St. Mall (centre commercial) de la 16th St., au niveau de Curtis St. Il s'agit d'un *doubledecker* (bus à deux étages) à bord duquel, outre des informations touristiques, on peut se procurer des places de théâtre à moitié prix et des informations sur les bus RTD. Ouvert du lundi au vendredi de 10h à 18h, samedi de 11h à 15h.

Excursions : Gray Line Tours (289-2841) à la gare routière. Organise des excursions quotidiennes à destination du Rocky Mountains National Park (durée 10h, 39 $, moins de 12 ans 29 $) et de l'US Air Force Academy (durée 10h, 57 $, moins de 12 ans 29 $). Des visites guidées de Denver sont organisées toute l'année (durée 2h30, 17 $, moins de 12 ans 9 $), ainsi que des visites de Mountains Park (durée 3h30, 20 $, moins de 12 ans 10 $).

Aéroport : Denver International (342-2000), à 37 km au nord-est du centre-ville par la I-70. Plusieurs navettes relient l'aéroport au centre de Denver et aux stations de ski de la région. Depuis le terminal principal, **Airporter** (333-5833 ou 800-355-5833) et **DASH** (342-5454 ou 800-525-3177) conduisent aux hôtels du centre (35 minutes à 1h, 15 $). Des **autobus publics** vont aussi au centre (premier départ 4h38, durée 45 à 50 minutes, 6 $). La course en **taxi** pour le centre-ville coûte 35 à 45 $. Pour plus d'informations sur les navettes desservant la région de Denver, appeler le bureau des transports en commun, *ground transportation*, au 342-4059.

Trains : Amtrak, Union Station, 1701 Wynkoop St. (534-2812 ou 800-872-7245), à l'angle de 17th et de Wynkoop. Vers Colorado Springs (2 départs par jour, durée 2h, 15,25 $), Salt Lake City (4 départs par semaine, durée 13h30, 109 $), Chicago (1 départ par jour, durée 19h, 161 $). Guichet ouvert de 7h à 21h. Le **Rio Grande Ski Train**, 555 17th St. (296-4754), quitte Amtrak Union Station, serpente dans les Rocheuses, et va jusqu'à Winter Park (de décembre à avril seulement). Départs de Denver à 7h15, de Winter Park à 16h15 (durée 2h, 30 $ l'aller-retour).

Bus : Greyhound, 1055 E. 19th St. (293-6550 ou 800-231-2222), dans le centre-ville. Directions : Santa Fe (4 départs par jour, durée 8h30 à 9h, 66 $), Salt Lake City (5 départs par jour, durée 10h à 13h, 54 $), St Louis (4 départs par jour, durée 12h à 19h, 93 $), Colorado Springs (5 départs par jour, durée 2h, 9,75 $). Guichet ouvert de 6h à 23h30.

Transports en commun : Regional Transportation District (RTD), 1600 Blake St. (299-6000). Desserte de Denver, Longmont, Evergreen, Golden, et les banlieues. Horaires variables selon les lignes (dernier bus avant 21h, voire plus tôt dans certains cas). Tarifs : du lundi au vendredi de 6h à 9h et de 16h à 18h, 1 $. Le reste du temps 50 ¢. Plus de 65 ans 15 ¢. Préparer l'appoint. Une navette gratuite vers le centre-ville part du 16th St. Mall. Plus de 20 bus partent chaque jour pour Boulder (durée 50 minutes, 2,50 $). Téléphoner du lundi au vendredi de 6h à 20h, samedi et dimanche de 8h à 20h. Plan des lignes de bus : 1 $.

Taxis : Metro Taxi (333-3333), **Yellow Cab** (777-7777), **Zone Cab** (444-8888). Prise en charge 1,40 $, plus 1,40 $ par mile.

Location de voitures : Budget (341-2277) à l'aéroport. 29 $ par jour avec 100 miles (soit env. 160 km) gratuits, plus 20 ¢ par mile supplémentaire. 139 $ par semaine

Denver

1 Gare Amtrak
2 Gare Greyhound
3 YMCA
4 State Capitol
5 Denver Art Museum
6 Civic Center
7 Botanical Gardens
8 Mile High Stadium
9 McNichols Sports Arena
10 Museum of Natural History
11 Zoo
12 Museum of Western Art
13 Denver Performing Arts Complex
14 Stockyard Stadium
15 Denver Coliseum
16 NE YMCA

ROCKIESS

Stapleton Airport

Lowry Air Force Base

Park Hill Golf Course

City Park

Cheesman Park

Washington Park

Denver Union Stockyards

Rocky Mountain Park

Centennial Park

Crescent Park

Huston Lake Park

Vanderbilt Park

Berkeley Park

Sloan Lake Park

Regis College

Monaco St. Pkwy.

Smith Rd.

Quebec St.

Montview Blvd.

E. Colfax Ave.

Colorado Blvd.

E. 40th Ave.

E. 26th Ave.

Martin Luther King Jr. Blvd.

E. Alameda Ave.

Leetsdale Drive

Cherry Cr.

S. University Blvd.

1st Ave.

Cherry Creek North Dr.

Cherry Creek South Dr.

Denver C.C.

E. 8th Ave.

E. 6th Ave.

Speer Blvd.

E. Ellsworth Ave.

E. Alameda Ave.

S. Broadway

Lincoln St.

Park Ave.

Lawrence St.

Welton St.

Blake St.

Larimer St.

23rd St.

20th St.

Broadway

South Platte R.

Vasquez Blvd.

W. 8th Ave.

W. 6th Ave.

W. Ellsworth Ave.

Federal Blvd.

Speer Blvd.

W. Alameda Ave.

Pecos St.

Wyandot St.

W. 50th Ave.

W. 46th Ave. Pkwy.

Lowell Blvd.

Perry St.

W. 38th Ave.

W. Colfax Ave.

W. Ellsworth Ave.

W. Cedar Ave.

Morrison Rd.

Sheridan Blvd.

Sheridan Blvd.

Sheridan Blvd.

Huston Lake

Sloan Lake

1 mile

1 kilomètre

avec 1 000 miles gratuits. Age minimal : 25 ans, carte de crédit. Ouvert 24h/24. **Thrifty** (342-9400) dans l'aéroport. 33 $ par jour, kilométrage illimité. 170 $ par semaine. Moins de 25 ans supplément de 10 $. Age minimal 21 ans, carte de crédit. Ouvert 24h/24.

Driveaway (convoyage de véhicules) : Auto Driveaway, 5777 E. Evans Ave. (757-1211), prendre le bus n° 21 vers Holly et Evans. Au minimum 300 $ de caution, permis de conduire en règle, 21 ans au minimum. Prix : 10 $. Ouvert du lundi au vendredi de 8h30 à 17h.

Assistance téléphonique : Crisis Center (756-8485). Horaires irréguliers, mais il y a généralement quelqu'un de 9h à 22h. **Gay and Lesbian Community Center** (831-6268). Ouvert du lundi au vendredi de 10h à 22h, samedi de 10h à 19h, dimanche de 13h à 16h.

Urgences : 911.

Bureau de poste : 951 20th St. (297-6000). Ouvert du lundi au vendredi de 9h à 17h, samedi de 9h à midi. **Code postal :** 80202. **Indicatif téléphonique :** 303.

Pendant les heures de pointe, la circulation est pratiquement bloquée sur la I-25 jusqu'à 22 km du centre-ville environ. La I-70 relie Denver à Grand Junction (375 km à l'ouest) et Kansas City (900 km à l'est). La route 285 traverse le centre des Rocheuses, permettant un accès facile aux chaînes de Saguache et de Sangre de Cristo.

Broadway traverse Denver du nord au sud, séparant ainsi l'est et l'ouest de la ville. **Ellsworth Avenue** va d'est en ouest et sépare le nord et le sud de la ville. A l'ouest de Broadway, les rues suivent l'ordre alphabétique, et au nord d'Ellsworth, elles sont numérotées. Les rues du centre sont en diagonale par rapport au reste de la ville. De nombreuses avenues de l'est deviennent des *rues* numérotées en ville. La plupart des grosses artères qui portent un numéro pair sont de direction est-ouest. Le point névralgique de Denver est le **16th Street Mall**. La nuit, il vaut mieux éviter l'extrémité ouest de Colfax Ave., l'est de la ville au-delà du capitole ainsi que les hauteurs du **Barrio** (25th à 34th St.).

HÉBERGEMENTS ET CAMPINGS

Il est facile de se loger à un prix abordable dans le centre de Denver. Si vous recherchez une auberge de jeunesse avec des caractéristiques particulières, ou si vous n'arrivez pas à vous décider, il peut être utile de consulter "Big John" Schrant à la station Greyhound.

Le **Melbourne International Hostel**, 607 22nd St. (292-6386), se trouve dans le centre au niveau de Welton St., à six blocks de 16th St. Mall, mais un peu à l'écart des rues les plus fréquentées. Le Melbourne appartient à un ancien pilote de la Seconde Guerre mondiale, Leonard Schmitt, et il est géré par son neveu Gary. L'auberge est propre et bien tenue. Le bureau se trouve dans la laverie automatique en bas. Gary est de bon conseil pour les restaurants et les clubs. Réfrigérateur dans chaque chambre, cuisine commune. Arrivée de 7h à minuit. Pas de couvre-feu. Dortoir 10 $, non-membres 13 $. Chambres particulières 18 à 21 $, couples 24 $ à 27 $. Location de draps 2 $. Caution pour la clef 10 $. Réserver pour la période de juin à octobre.

Denver International Youth Hostel (AAIH/Rucksackers), 630 E. 16th Ave. (832-9996), à 10 blocks à l'est de la station de bus, et à 7 blocks à l'est du centre-ville. Comme la précédente, cette auberge se trouve dans un quartier pas toujours bien fréquenté. Prendre le bus AB ou DIA jusqu'à Market St., à 1 block, ou prendre la navette gratuite de 16th St. jusqu'à la station Circle St. à Broadway et marcher 6 blocks vers l'est sur la 16th Ave. 120 lits dans des dortoirs. Cuisine, lave-linge et réfrigérateur communs. Bureau ouvert tous les jours de 8h à 10h et de 17h à 22h30. Propreté douteuse, mais prix imbattable 7,60 $ (et discount de 1 $ sur présentation de votre guide Let's Go). Location de draps 1 $. Appelez à l'avance pour annoncer votre arrivée. Les excursions du "Professor K" vous feront visiter pendant une journée Denver et sa région. Départ de l'auberge du lundi au samedi à 9h15 (12 $).

Franklin House B&B, 1620 Franklin St. (331-9106). Bed and Breakfast à l'européenne, confortable et chaleureux. Accessible à pied depuis le centre-ville. Chambres propres et spacieuses. Petit déjeuner gratuit. Arriver avant 22h, libérer les chambres avant 11h. Chambres simples 22 $, doubles 32 $. Avec baignoire 42 $. 10 $ par personne supplémentaire.

YMCA, 25 E. 16th St. (861-8300), à Lincoln St. Cette YMCA est divisée en trois sections : hommes, femmes et familles. Laverie et salles de télévision. Chambres simples à partir de 22,50 $ par jour, 90 $ par semaine. Chambres doubles 42 $ et 179 $. Prix plus élevés si l'on souhaite des sanitaires individuels. Caution pour la clé 12 $.

La région de Denver englobe deux parcs d'Etat. **Cherry Creek State Park** (699-3860) compte 102 emplacements de camping (7 $, avec électricité 10 $. Tarif d'entrée 4 $ par jour). Réservation 6,75 $). Prendre la I-25 jusqu'à la sortie 200, puis prendre la route 225 vers l'ouest sur environ 700 m, puis au sud sur Parker Rd. **Chatfield State Park** (791-7275) propose 153 emplacements bien aménagés (7 $, avec électricité 10 $. Tarif d'entrée 3 $ par jour). Prendre la I-25 ou l'US 85 vers le sud, tourner vers l'ouest sur la route 470 puis vers le sud sur Wadsworth Rd. Un peu plus loin au nord-ouest de la ville se trouve **Golden Gate Canyon State Park**, avec 35 emplacements sans confort ouverts toute l'année dans le camping d'Aspen Meadows (6 $ l'emplacement, tarif d'entrée 3 $ par jour). Prendre la I-70 vers l'ouest jusqu'à 6th Ave., puis la 6th Ave. vers Central City jusqu'à la route 119, puis prendre vers le nord sur 28 km. Les bureaux de la région métropolitaine du **Colorado Division of Parks and Recreation** (791-1957) peuvent fournir des informations détaillées sur tous ces emplacements (ouvert du lundi au vendredi de 8h à 17h). Pour réserver dans l'un des parcs d'Etat du Colorado, appeler le 470-1144 ou le 800-678-2267.

RESTAURANTS

Denver regorge de petits restaurants mexicains ou *southwestern*, aux prix raisonnables. On peut manger en terrasse dans les cafés qui bordent **16th St. Mall**. Il y a de bons petits restaurants sur **Larimer Sq.**, au sud-ouest du Mall sur Larimer St. **Sakura Sq.**, à l'angle de 19th St. et de Larimer, est le quartier des restaurants et des magasins d'alimentation japonais. Autour de **LoDo**, près du nouveau Coors Stadium, on trouve de nombreux *sports bars*, des grills et des restaurants branchés. Les huîtres des Rocheuses (*Rocky Mountains oysters*), à la saveur sucrée-salée, sont une des spécialités locales. Vous pouvez en goûter, de même que d'autres spécialités à base de viande de bœuf, au **Denver Buffalo Company,** 1109 Lincoln St. (832-0080).

The Market, 1445 Larimer Sq. (534-5140), dans le centre-ville. Fréquenté par une clientèle vaguement bohème. Cappuccino 2 $, sandwichs 4 à 5 $, salades exotiques 5 à 8 $ par livre. Ouvert du lundi au jeudi de 6h à 23h, vendredi et samedi de 6h à minuit, dimanche de 7h30 à 18h.

City Spirit Café, 1434 Blake St. (575-0022), à quelques blocks au nord de 16th St. Mall. Décor flamboyant et personnel assorti. Délicieuses salades 6 $, plats végétariens (dont le *City Smart Burrito* 6,25 $) et desserts frais. *Acid Jazz* le mardi soir. Ouvert mardi, vendredi et dimanche de 11h à 2h, les autres jours de 11h à minuit.

Mead St. Station, 3625 W. 32nd Ave. (433-2138). Prendre le bus n° 32 entre Mead et Lowell. Pub à l'ambiance un peu artiste dans le nord de la ville. Délicieuses tartes maison 3 $, sandwich MacGregor (végétarien) 5 $. Musique *live* les lundis et mercredis soir. Ouvert du mardi au samedi de 11h à minuit, dimanche de 14h à 22h, lundi de 16h à minuit. On ne sert plus à manger à partir de 22h du lundi au jeudi, à partir de 23h les vendredis et samedis, à partir de 21h les dimanches.

El Tacos Del Mexico, 714 Santa Fe (629-3926). Essayez le fabuleux *carnitas burrito* ou jetez votre dévolu sur un *beef burrito* (3,50 $). Ouvert du dimanche au jeudi de 8h à 22h, vendredi et samedi de 8h à 2h du matin.

Wynkoop Brewery, 1634 18th St. (297-2700), à Wynkoop en face d'Union Station. Entrepôt reconverti en *pub* américain. Brasserie et vente de bière, 3 $ la pinte. *Root beer* maison. On peut aussi déjeuner ou dîner (hamburgers 6 $). Billards à l'étage. *Happy hour* de 15h à 18h. Brasserie ouverte du lundi au samedi de 11h à 2h, dimanche de 11h à minuit. Visite gratuite de la brasserie le samedi de 13h à 17h.

Mercury Café, 2199 California (294-9258), juste en face du Melbourne Hostel. Décoré comme un ancien salon de thé. Pain maison, déjeuner et dîner abordables (aloyau garni servi avec du pain 10 $). Ouvert du mardi au vendredi de 11h30 à 14h30 et de 17h30 à 2h. Samedi et dimanche de 9h à 15h et de 17h30 à 2h. Soirées musicales avec orchestre, soirées théâtrales et poétiques jusqu'à 2h.

Reese Coffee House, 1435 Curtis St. (534-4304), entre la 14th et la 15th. Situé dans le sous-sol de l'immeuble qui se trouve en face du Denver Performing Arts Complex. Sandwiches 3 à 6 $. Bon petit déjeuner servi 24h/24 et à un prix abordable.

Folies mexicaines

Denver possède un grand nombre de restaurants mexicains, mais il en est un que vous ne devez pas rater : le **Casa Bonita**, 6715 W. Colfax (232-5115), à Lakewood près de Sheraton Blvd. Il s'agit d'un lieu unique, déconcertant, qui existe à Denver depuis plus de 20 ans. Dans cet ancien grand magasin, on déguste des *sopapillas* gorgées de miel en écoutant des orchestres de mariachi, on explore une terrifiante grotte infestée de dragons, et on regarde, la gorge nouée, des plongeurs qui se laissent tomber de dix mètres de haut dans de profonds bassins. Complètement fou ! Il y a moins de monde à l'heure du déjeuner. Venez en famille : les enfants recevront de la "monnaie de singe" à échanger contre des jouets.

VISITES

Denver bénéficie d'un climat doux et sec et de 300 jours d'ensoleillement par an. Le **Denver Metro Visitors Bureau** (voir Informations pratiques précédemment), en face de l'US Mint, est une excellente adresse pour préparer une visite de la ville ou des montagnes alentours. Bon plan, la **Cultural Connection Trolley** (299-6000) vous emmènera voir une vingtaine de sites touristiques de la ville, pour 3 $ (acheter les billets au chauffeur). Le circuit dure une heure et les départs ont lieu toutes les 20 minutes de 9h30 à 17h30, depuis le **Denver Performing Arts Complex** (suivre les arches jusqu'au bout de Curtis, au niveau de 14th St.), mais on peut monter à n'importe quel arrêt ou devant un *visitors bureau :* repérez les panneaux verts et rouges. Le billet est valable toute la journée : on peut donc descendre et monter dans le trolley autant de fois qu'on le désire.

L'**US Mint** (hôtel des Monnaies) témoigne de l'époque où les mines d'argent du Colorado étaient exploitées. Situé au 320 W. Colfax (844-3582), cet établissement émet des pièces marquées d'un petit "D" (comme Denver) à gauche de la date. On peut rêver devant un million de dollars en lingots, et fantasmer en écoutant le vacarme des machines qui crachent chaque jour 20 millions de sous neufs. Malheureusement, pas d'échantillons gratuits à la fin de la visite. Arrivez tôt (avant 11h) : l'été, la file d'attente peut faire tout le tour du block. Visites gratuites toutes les 15 à 20 minutes l'été, et toutes les 30 minutes l'hiver. Du lundi au vendredi de 8h à 14h45, vente de tickets du lundi au vendredi de 8h à 15h30. Pas de vente de tickets à l'avance.

Ne soyez pas surpris si la quinzième marche côté ouest du **State Capitol Building** (866-2604) est toujours pleine de monde : elle se trouve exactement à 1 mile (1,61 km) au-dessus du niveau de la mer. La galerie sous la coupole - dorée à l'or 24 carats - bénéficie d'une très belle vue sur les Rocheuses. Visites gratuites du Sénat et de la Chambre des représentants. Départs toutes les 30 à 40 minutes. L'été, du lundi au samedi de 9h30 à 17h30, l'hiver du lundi au vendredi de 9h30 à 14h.

A quelques rues du capitole se trouve le **Denver Art Museum**, 100 W. 14th Ave. (640-2793), qui possède une magnifique collection d'art amérindien. Ce musée "vertical" sur six étages a été conçu par l'architecte Gio Ponti pour abriter totems et autres pièces d'architecture. Ne ratez pas le fabuleux troisième étage consacré à l'art précolombien, qui reconstitue un site archéologique avec ses temples, ses huttes et ses idoles. Renseignements par téléphone sur les expositions temporaires. Ouvert du mardi au samedi de 10h à 17h, dimanche de midi à 17h. Entrée 3 $, personnes âgées et étudiants 1,50 $, entrée libre le samedi. Le Navarre Building abrite le **Museum of Western Art**, 1727 Tremont Place (296-1880), qui possède une remarquable collection de toiles et de dessins de Russell, Benton, O'Keeffe et Wood (ouvert du mardi au samedi de 10h à 16h30, 3 $, étudiants et personnes âgées 2 $). Le bâtiment, une ancienne maison close, est relié au **Brown Palace** de l'autre côté de la rue au 321 17th St. (297-3111). Ce grand hôtel historique a naguère vu passer des présidents, des généraux et des stars d'Hollywood. Admirez le très élégant hall d'entrée en atrium. Le **Black American West Museum and Heritage Center**, 3091 California St. (292-2566), vous révélera une facette insoupçonnée de l'histoire de l'Ouest. Saviez-vous, par exemple, que le tiers des cow-boys étaient Noirs ? Ouvert du lundi au vendredi de 10h à 17h, samedi et dimanche de midi à 17h. Entrée 3 $, étudiants et personnes âgées 2 $.

Le **Natural History Museum**, 2001 Colorado Blvd. (370-6357), situé dans le vaste City Park au centre de la ville, présente des sculptures d'animaux grandeur nature et des diaporamas. Ouvert tous les jours de 9h à 17h, l'été nocturne le vendredi jusqu'à 21h. Tarif 4,50 $. Personnes âgées et enfants de 4 à 12 ans 2,50 $. Le complexe autour du Natural History Museum comprend le **Gates Planetarium**, où se déroulent les grands concerts avec lasers comme ceux de Led Zeppelin ou des Pink Floyd, et un cinéma **IMAX** (téléphoner au 370-6300 pour connaître le programme, les horaires et les prix).

Le **Red Rocks Amphitheater and Park**, à 18 km de Denver sur la I-70, sortie Morrison, est creusé dans le grès rouge. Quand le soleil se couche sur la ville, le plus beau spectacle n'est pas toujours sur scène. Pour acheter des billets, téléphoner à Ticketmaster au 830-8497 du lundi au vendredi de 9h à 21h, le samedi et dimanche de 9h à 20h ou à Tele-Seat au 800-444-SEAT/7328 du lundi au samedi de 6h à 19h, dimanche de 7h à 16h. Entrée gratuite dans le parc. Spectacles 25 à 45 $. A l'ouest de Denver, dans la ville voisine de Golden, on peut visiter la brasserie **Coors Brewery** (277-2337), à l'angle de 3rd et de Ford St. Visites gratuites d'une durée d'une demi-heure, toutes les 20 à 30 minutes. Du lundi au samedi de 10h à 16h. Les bus **Gray Line** (voir Informations pratiques) desservent Golden.

Denver est la ville des Etats-Unis qui compte la plus importante proportion de jardins publics par rapport à sa surface. On peut à loisir y circuler à vélo, à pied, ou lézarder au soleil. De **Chesman Park** (accessible par le bus n°10), on peut admirer les sommets enneigés des Rocheuses. Appeler le 698-4900 pour s'informer sur les parcs de Denver. Les parcs d'Etat voisins sont également très agréables. Voir Hébergements et Campings précédemment. Pour tout renseignement, s'adresser au **Colorado Division of Parks and Outdoor Recreation** (866-3437, ouvert du lundi au vendredi de 8h à 17h). Le **Mt. Evans**, ouvert de juin à septembre, est plus sauvage. Prendre la I-70 depuis Golden jusqu'à Idaho Springs, puis prendre la route 103 vers le sud pour gravir le **Mont Evans** (4 349 m).

SPECTACLES ET SORTIES

Tous les ans, au mois de janvier, se tient à Denver le plus grand rodéo du monde, le **National Western Stock Show** (297-1166). Les cow-boys s'affrontent sur piste pour "rafler" des primes en dollars, et un concours agricole, le "Best of Breed", rassemble plus de 10 000 têtes de bétail. Les plus aventureux pourront se mesurer à un taureau, les plus prudents s'achèteront une paire d'éperons ou un fouet en cuir. Le dernier week-end d'août, le festival **A Taste of Colorado**, grande mani-

ROCHEUSES

festation en plein air avec musique et buvettes à gogo, prend place au Civic Center Park, près du capitole.

L'équipe de base-ball tant attendue de Denver, les **Colorado Rockies** (ROCKIES/702-5437), se produit au stade de **Coors Field**, à l'angle de 20th et de Blake (ticket 8 $). A l'automne, l'équipe de football américain des **Denver Broncos** (433-7466) investit le **Mile High Stadium** en même temps que le cœur de tous les habitants du Colorado. Le **McNicols Arena** est quant à lui le fief de l'équipe de basket, les **Nuggets** (572-4703).

Les restaurants et les bars de Denver s'adressent à une clientèle jeune. Le magazine *Westword* est une bonne source d'information sur les clubs de *downtown* et les manifestations locales. Au **Muddy's Java Café**, 2200 Champa St. (298-1631), on peut dîner en écoutant de la musique *live* ou en lisant un roman choisi dans la librairie en bas. Puis, après avoir fait la fête ou relu James Joyce, on peut prendre son petit déjeuner aux (toutes) premières heures du matin (jazz les mardis, vendredis et samedis). Ouvert du dimanche au jeudi de 11h à 3h, vendredi et samedi de 11h à 4h. **My Brother's Bar**, 2376 15th St. (455-9991) à Platte, est l'un des rendez-vous favoris des étudiants. Ici, pas de télévision ni de billard : place aux conversations amicales (bière 2,75 $, bière étrangère 3,75 $). Musique *live* le samedi. L'été, concert classique gratuit le premier lundi de chaque mois. **El Chapultepec** (295-9126) est une authentique boîte de jazz où l'on "be-boppe" tous les soirs de 21h à 1h (une consommation minimum par set). Ouvert tous les jours de 7h à 2h. **Charlie's**, 900 E. Colfax (839-8890) à Emerson, est un bar gay très connu où l'on danse sur de la musique *country* et *western*. Le **Metro Express**, 314 E. 13th St. (894-0668), autre lieu gay de Denver, ne sert pas d'alcool le jeudi soir, lorsque les moins de 21 ans sont admis.

■ STATIONS DE MONTAGNE DES ENVIRONS DE DENVER

Summit County Situé à environ 80 km de Denver par la I-70, ce comté regroupe six villages où l'on pratique le ski, la randonnée pédestre et le VTT. Ces villages relèvent tous les six du **Summit County Chamber of Commerce**, 110 Summit Blvd., P.O. Box 214 Frisco 80443 (303-668-5800 ou 303-668-2051), une bonne source d'informations sur les manifestations qui ont lieu dans la région (ouvert du lundi au vendredi de 9h à 17h). **Breckenridge, Dillon, Copper Mountain, Keystone, Frisco** et **Silverthorne**, plus authentiques et moins chères que leurs voisines Aspen et Vail, sont particulièrement appréciées des skieurs et des sportifs du coin. Une navette **Summit Stage** relie entre elles toutes les stations du Summit County.

L'auberge de jeunesse **Alpen Hütte** (HI-AYH), 471 Rainbow Dr. (970-468-6336), à Silverthorn, offre un accueil chaleureux, une ambiance familiale et beaucoup d'activités de plein air. Desserte par les bus Greyhound (depuis Denver) et Summit Stage. Local à skis gratuit, location de VTT, parking. Bureau ouvert de 7h à midi et de 16h à minuit. L'auberge est située en face d'un immense centre de loisirs. Couvre-feu à minuit. 10 $ par jour, 12 $ pour les non-membres. L'hiver 20 à 22 $ et 23 à 25 $. Casier 5 $. Draps et serviettes gratuits. Mieux vaut réserver. Plusieurs campings gérés par le service des forêts se trouvent aux alentours, notamment le **Eagle's Nest Wilderness**, particulièrement tranquille. Pour plus de précisions, s'adresser à **Dillon Ranger District Office**, 680 Blue River Parkway (970-468-5400).

Beckenbridge, petite station à la mode, est située un peu au sud de Silverton. Malgré de nombreux restaurants et boutiques de luxe, on trouve quand même à se loger à un prix raisonnable au **Fireside Inn**, 114 N. French St. (970-453-6456). French Street est parallèle à Main Street, 2 blocks à l'est. Le jacuzzi est un merveilleux délassement après le ski. (Dortoir 15 $, chambre particulière 45 à 65 $, l'hiver 27 $ et 80 à 130 $). En cas de réservation, il faut verser des arrhes (représentant le prix des deux premières nuits, payables 10 jours après la réservation, le solde étant dû

trente jours avant l'arrivée). Fermeture annuelle en mai. **The Near Gnu**
(970-453-6026), à l'extrémité nord de Main St., est une solderie où l'on trouve du
matériel de ski ou des livres à prix réduit.

Winter Park La grande station de ski la plus proche de Denver (102 km au
nord-ouest sur l'US 40). Winter Park, nichée au milieu de montagnes couvertes de
sapins odorants, est entourée d'un domaine skiable de 1 554 km². On peut également y faire de la randonnée ou du VTT. Renseignez-vous sur les possibilités de ski
au **Winter Park Mary Jane Ski Area** (800-453-2525). La **Winter Park Fraser
Valley Chamber of Commerce**, 78841 US 40 (303-726-4118 ou 800-903-7275),
dispense des informations sur la plupart des activités de plein air (ouvert tous les
jours de 8h à 18h). **Timber Rafting** organise des excursions en raft à la journée
(37 $ pour les titulaires de la carte internationale des auberges de jeunesse, compre-
nant transport et déjeuner). La descente **Alpine Slide**, avec ses 2,4 km de long, est
la plus longue piste du Colorado (ouverte de début juin à début septembre, tous
les jours de 10h à 18h, à la fin septembre le samedi et le dimanche de 10h à 18h.
Tarif 6 $, personnes âgées et enfants 4 $). On peut emprunter avec son VTT le
Zephyr Express, un télésiège qui vous emmènera au départ de pistes sportives.
Ouvert de la mi-juin à début septembre, et les week-ends jusqu'à fin septembre de
10h à 17h (forfait d'une journée 16 $). Tous les samedis de juillet et août, à 18h, le
High Country Stampede Rodeo se déroule au John Work Arena, à l'ouest de
Fraser sur la County Road 73 (adultes 6 $, enfants 3 $).
    Aux confins sud du parc, Polly et Bill gèrent avec dynamisme le **Winter Park
Hostel (HI-AYH)** (303-726-5356), à 2 blocks et demi de l'arrêt Greyhound et à
3 km de la gare Amtrak (navette gratuite si vous prévenez de votre arrivée). Cette
auberge de jeunesse est en fait un village de caravanes réaménagées disposant
chacune d'une cuisine, de toilettes et d'un coin salon. L'hiver, des navettes gratuites
permettent de se rendre sur les pistes et au supermarché. Réductions sur la location
de vélos et de skis, les descentes en rafting et les restaurants. Arrivée de 8h à midi
et de 16h à 20h. Tarifs 8 $ de mai à octobre, non-membres 10 $. De novembre à avril,
13 et 16 $. Chambres individuelles simples : supplément 3 $. Possibilités de louer
des chambres individuelles doubles. Draps 2 $. Fermé du 15 avril au 15 juin. Réserver
par téléphone. **Le Ski Lab**, 7894 US 40 (303-726-9841), situé juste à côté, accorde
des réductions aux clients de l'auberge (location de VTT 12,50 $ la journée, skis
8,50 $ la journée). Les généreux sandwiches fraîchement composés de chez **Rudi's
Deli** (303-726-8955), à Park Plaza sur l'US 40, conviennent à un appétit de sportif
(demi-sandwich, soupe et boisson 5 $). Ouvert de 11h à 17h de juin à septembre,
le reste de l'année de 8h à 20h. Evitez le **Cookie Jar** (303-726-9832) sur Cooper
Creek Way si vous êtes au régime. Sinon vous aurez du mal à vous décider parmi l'immense choix de gâteaux et de sucreries proposé.
    La chambre de commerce (voir ci-dessus) sert aussi de dépôt Greyhound (2 bus
par jour avec Denver, durée 2h, 10 $). La gare **Amtrak** la plus proche se trouve à
Fraser (726-8816). **Home James Transportation Services** (303-726-5060 ou
800-451-4844) assure des navettes porte à porte depuis l'aéroport de Denver (une
par jour de mi-avril à mi-novembre. Six par jour de mi-novembre à mi-décembre et
début avril, 11 par jour de mi-décembre au 1er avril. Tarif 33 $. Aller-retour 64 $.
Réserver par téléphone). De décembre à avril, le **Rio Grande Ski Train**
(303-296-4754) relie la gare d'Union Station (à Denver) à Winter Park (mi-décembre
à début avril : départ samedi et dimanche 7h15, arrivée à Winter Park à 9h30. Départ
de Winter Park à 16h15. Aller-retour 30 $).

■■■ BOULDER

Boulder est presque la caricature parfaite de la ville *New Age*, tout entière tournée
vers la quête de la connaissance et d'un meilleur *karma*. La ville est le siège de
l'University of Colorado (CU) et de la seule université bouddhiste agréée des Etats-

Unis, le *Naropa Institute*. L'été, vous pouvez participer à des ateliers de poésie et de *mantra* animés par Allen Ginsberg, le gourou beatnick, qui enseigne à la *Jack Kerouac School of Disembodied Poets*.

Boulder est aussi une véritable Mecque du sport. Les parois anthracite des Flatiron Mountains, qui dominent l'horizon à l'ouest, semblent avoir été créées tout exprès pour l'alpinisme. La région se prête également à la randonnée pédestre et au VTT, grâce à un excellent réseau de sentiers. Havre de paix et de nature, Boulder est l'étape idéale *on the road* vers le Rocky Mountains National Park (par la route 36 du Colorado).

INFORMATIONS PRATIQUES

Offices du tourisme : Boulder Chamber of Commerce/Visitors Service, 2440 Pearl St. (442-1044), à Folsom, à environ 10 blocks du centre-ville. Prendre le bus n° 200. Ouvert du lundi au vendredi de 8h30 à 17h. **University of Colorado Information** (492-6161), au 2e étage de l'Union des étudiants de l'University Memorial Center (UMC) à l'angle de Broadway et 16th. Plans du campus. Ouvert du lundi au jeudi de 7h à 23h, vendredi et samedi de 7h à minuit, dimanche de 11h à 23h. Pendant la période universitaire, ouvert du lundi au jeudi de 7h à minuit, vendredi et samedi de 7h à 1h, dimanche de 11h à 23h. Le **CU Ride Board**, au 1er étage de l'UMC, est une bourse aux passagers/conducteurs. Très actif, même en été.

Transports en commun : Boulder Transit Center (299-6000), à l'angle de 14th et Walnut St. Lignes à destination de Denver et Longmont et lignes intra-muros. Les bus circulent du lundi au vendredi de 6h à 20h, le samedi et le dimanche de 8h à 20h. Tarif 60 ¢. Pour Nederland (bus "N") et Lyons (bus "Y") 1,50 $. Pour Golden (bus "G") et Boulder Foothills ou Denver (bus "T" ou "FH") 2,50 $. Plusieurs autres lignes sont interconnectées au système de Denver (voir Informations pratiques à Denver). Plan des bus vendu 1 $ au terminal.

Taxis : Boulder Yellow Cab (442-2277) : 1,50 $ la prise en charge, 1,20 $ par mile.

Location de voitures : Budget Rent-A-Car, 1545 28th St. (444-9054), près du Clarion Harvest House, 45 $ par jour avec 100 miles gratuits, 20 ¢ par mile supplémentaire, 200 $ par semaine. Age minimal : 25 ans. Carte de crédit. Ouvert du lundi au vendredi de 8h à 18h, samedi et dimanche de 8h à 15h.

Location de cycles : University Bicycles, 839 Pearl St. (444-4196), au centre-ville. Location de VTT 14 $ pour 4h, 18 $ pour 8h, 24 $ jusqu'au lendemain, avec casque et cadenas. Vélo 6 vitesses 10 $, 12 $ et 15 $. Ouvert du lundi au vendredi de 9h à 19h, samedi et dimanche de 10h à 18h.

Assistance téléphonique : Crisis Line, 447-1665, quel que soit votre problème. **Lesbian, Bisexual, Gay Transgender Alliance**, 492-8567. Pas d'horaires fixes pendant l'été, mais informations sur répondeur. **Boulder Campus Gay, Lesbian and Bisexual Resource Center**, 492-2966.

Urgences : 911.

Bureau de poste : 1905 15th St. (938-1100), à l'angle de Walnut, en face du terminal RTD. Ouvert du lundi au vendredi de 7h30 à 17h30, samedi de 10h à 14h. **Code postal** : 80302. **Indicatif téléphonique :** 303.

Boulder (83 000 habitants) est une ville agréable de taille humaine. La partie la plus construite se trouve entre **Broadway** (route 93) et la **28th St.** (route 36). Ces deux artères commerçantes sont parallèles et traversent la ville du nord au sud. **Baseline Road**, qui relie les Flatirons avec les plaines de l'est, et **Canyon Boulevard** (route 7), qui remonte le superbe Boulder Canyon vers les montagnes, longent la partie principale du campus de l'**University of Colorado**. Les environs de l'université sont appelés familièrement **The Hill**. La rue piétonne **Pearl St. Mall**, située entre 11th et 15th St., est le point de rendez-vous hippie de Boulder. La plupart des rues orientées est-ouest ont des noms, les artères nord-sud étant numérotées. Exception qui confirme la règle : Broadway.

HÉBERGEMENTS ET CAMPING

Après avoir fait des orgies de tofu et de yogourt au Pearl St. Mall, le voyageur est bien
en peine de trouver un logement bon marché à Boulder. L'été, il y a heureusement
l'auberge de jeunesse.

Boulder International Youth Hostel (AAIH/Rucksackers), 1107 12th St.
(442-0522), à deux blocks à l'ouest du campus de l'University of Colorado et à
15 minutes au sud de la station RTD. De Denver, prendre un bus A ou B et descendre
aussi près que possible de College Ave. Située au cœur de la résidence universitaire
et des *fraternities*, cette auberge est un endroit bruyant et jeune. Sanitaires collec-
tifs, cuisine, laverie et TV communes. De dimanche à jeudi, couvre-feu à 1h, vendredi
et samedi à 2h30. Tarif 12 $. Chambres individuelles simples 25 $, 135 $ la semaine.
Chambres doubles 30 $, 170 $ la semaine. Douche et serviettes 5 $. Draps 4 $.
Caution pour les clefs 5 $.

Chatauqua Association (442-3282), depuis Baseline Rd., tourner au panneau
"Chatauqua Park" et prendre Kinnikinic jusqu'au bureau ou prendre le bus n° 203.
Cette auberge est située au pied des Flatirons. Chalets (2 personnes 43 $, 4
personnes 55 $) ou cottages individuels avec cuisine (4 nuits minimum, 4 personnes
46 $, 10 personnes 91 $). Réserver plusieurs mois à l'avance.

The Boulder Mountain Lodge, 91 Four Mile Canyon Dr. (444-0882), à 4,8 km à
l'ouest sur Canyon Rd., à proximité des pistes cyclables et pédestres longeant la
rive. Cabine téléphonique. Ce camping compte deux jacuzzis ou une piscine selon
la saison. 25 emplacements. Durée du séjour limitée à 2 semaines. Arriver après
10h. Emplacements pour 3 personnes avec ou sans raccordement 14 $, 2 $ par
personne supplémentaire. 80 $ par semaine. Longueur totale maximale du véhi-
cule 25 pieds (7,62 m).

Pour s'informer sur les **campings** dans la **Arapahoe/Roosevelt National Forest**,
s'adresser au **Forest Service Station** à 2995 Baseline Rd. #10, Boulder 80303
(444-6600), à l'angle de 32nd St. (ouvert du lundi au vendredi de 8h à 17h). Il existe
plusieurs campings : **Kelly Dahl** (46 emplacements), à 4,8 km au sud de Nederland
sur la route 119, **Rainbow Lakes** (18 emplacements) à 9,6 km au nord de Nederland sur la route 72 et à 8 km à l'ouest sur la route non entretenue Arapahoe Glacier
Rd. (pas d'eau, camping ouvert de mi-mai à mi-septembre), **Peaceful Valley** (15
emplacements), et **Camp Dick** (34 emplacements), tous deux au nord sur la route
72. Pour les deux derniers campings : ski de fond l'hiver, pas de réservation. Tous
les emplacements coûtent 9 $, sauf Rainbow Lakes (5 $). Pour les réservations,
appeler 800-280-CAMP/2267.

RESTAURANTS ET BISTROTS

The Hill, le quartier autour de l'université du Colorado, et les rues qui donnent sur
Pearl St. Mall regorgent de bons petits restaurants, de magasins d'alimentation diététique, de cafés et de bars pittoresques. On y croise aussi des adolescents débraillés
qui complètent leur argent de poche avec les subsides des touristes compatissants.
Baseline Rd. comprend également beaucoup de restaurants et de bars. A Boulder,
les végétariens ont l'embarras du choix pour se nourrir. Au **Boulder County
Farmer's Market**, laissez-vous tenter par la profusion de produits frais, les pains et
les tartes maison (494-4997), à l'angle de 13th et de Canyon. Arriver tôt (ouvert de
mai à octobre le mercredi de 11h à 16h et le samedi de 8h à 14h).

The Sink, 1165 13th St. (444-7465), est un véritable lieu de pèlerinage puisqu'il fut
autrefois tenu par un certain Robert Redford, qui partit tenter sa chance comme
acteur en Californie, à la fin des années 50. Burgers 3,50 $. Spécialités végétariennes
et mexicaines. Musique *live* mardi et vendredi (programme communiqué par téléphone). Ouvert du lundi au dimanche de 11h à 2h. Dîner servi jusqu'à 22h.

ROCHEUSES

The Mediterranean Restaurant, 1002 Walnut St. (444-5335), propose des plats et des produits de la Méditerranée dans un décor élégant et ensoleillé. Spaghettis aux crevettes, *chicken cordon bleu*, *souvlaki* : 6 $. Ouvert du lundi au vendredi de 11h30 à 14h30. Dimanche à jeudi de 17h à 22h, vendredi et samedi de 17h à 23h.

The Deli Zone, 1091 13th St. (449-6952), confectionne d'énormes sandwichs à la viande et aux légumes sans lésiner sur la qualité (3 à 6 $). Ouvert du lundi au mercredi de 7h30 à 21h, jeudi et vendredi de 7h30 à 3h, samedi de 9h à 3h, dimanche de 9h à 20h.

Mountain Sun Pub and Brewery, 1535 Pearl St. (546-0886). 21 robinets pression rendent un bel hommage aux microbrasseries d'ici et d'ailleurs. Hamburgers 4 $, plats végétariens et pizzas. Ouvert du lundi au samedi de 11h30 à 1h, dimanche de 14h à minuit.

Boulder Salad Co., 2595 Canyon Blvd. (447-8272), réinvente le concept de la cafétéria : généreuses assiettes de salades, de pâtes et de céréales. Buffet à volonté (5 $ au déjeuner, 7 à 8 $ au dîner). Ouvert du lundi au samedi de 11h à 21h, dimanche de 11h à 20h30. Personnes âgées 10 % de réduction, moitié prix pour les moins de 12 ans.

VISITES ET SPECTACLES

Le **Boulder Museum of Contemporary Art**, 1750 13th St. (443-2122), présente essentiellement des œuvres contemporaines régionales (ouvert du mardi au vendredi de 11h à 17h, samedi de 9h à 17h, dimanche de midi à 17h. Entrée libre). Le petit mais étonnant **Leanin' Tree Museum**, 6055 Longbow dr. (530-1442), présente une intéressante collection de sculptures et de tableaux de l'Ouest (ouvert du lundi au vendredi de 8h à 16h30, samedi de 10h à 16h. Entrée libre). On peut assister à des séances de lecture par des écrivains au **Naropa Institute**, 2130 Arapahoe Ave. (444-0202), à moins que l'on ne préfère améliorer son *karma* en méditant (ouvert tous les jours de 9h à 17h). La brasserie **Rockies Brewing Company**, 2880 Wilderness Place (444-8448), entre 30th St. et Foothills Pkwy, organise des visites avec dégustation gratuite (visites de 25 minutes du lundi au samedi à 14h, ouvert de lundi à samedi de 11h à 22h).

Grâce à la contribution des intellos universitaires, des poètes rebelles et des prophètes du retour à la nature, Boulder ne manque pas de choses surprenantes à faire et à voir. The Mall et the Hill sont deux quartiers transformés en *happening* permanent ; il s'y passe toujours quelque chose. Les points d'information de l'université sauront vous informer sur les événements prévus. Le **University Memorial Center** (492-6161), à l'angle d'Euclid et de Broadway, est un centre névralgique (ouvert du lundi au samedi de 10h à 18h). Au 3e étage, le **Cultural Events Board** (492-3228) est incollable sur toutes les activités de l'université. Le **Muenzinger Auditorium** (492-1531), près de Folsom et Colorado Ave., et la bibliothèque publique, **Boulder Public Library**, 1000 Canyon Rd. (441-3197), organisent des projections de films étrangers et d'art et d'essai. Demander le programme par téléphone (pas de projections à la bibliothèque en août). De juin à mi-août se déroule le **Colorado Shakespeare Festival** (492-0554). Très couru. Les places sont vendues 9 $ pour les avant-premières, 12 à 34 $ sinon. Tarifs réduits pour les étudiants. La **Chatauqua Association** (442-3282) accueille le **Colorado Music Festival** (449-2413) de la mi-juillet à août (places 6 $ à 32 $). Pendant la deuxième semaine de septembre se tient le **Boulder Blues Festival** (443-5858, 10 à 15 $). Le **Parks and Recreation Department**, 3198 N. Broadway (441-3400) organise des spectacles gratuits dans les parcs : danse, musique classique et moderne, spectacles pour enfants (ouvert du lundi au vendredi de 8h à 17h). Les compétitions de **course à pied** et de **cyclisme** figurent parmi les principaux événements sportifs de la ville. S'adresser aux **Boulder Roadrunners** (499-2061, ouvert tous les jours de 9h à 18h).

La chaîne des Flatirons

S'élevant au-dessus de Green Mountain, les montagnes Flatirons offrent d'innombrables possibilités de promenades ou de randonnées à pied ou en VTT. On peut commencer par **Boulder Creek Path**, qui longe une rivière sur 24 km. Plus loin, il faut se méfier des affleurements rocheux trompeurs et moins accessibles. Le **Boulder Mountain Park**, qui s'étend sur quelque 2 500 hectares, est sillonné de chemins de randonnée qui commencent en plusieurs endroits à l'ouest de la ville. **Flaggstaff Rd.** zigzague jusqu'au sommet des montagnes à partir de l'extrémité ouest de Baseline Rd. Le **Boulder Creek Canyon**, accessible par la route 119, permet de découvrir de splendides panoramas. Non loin de là, l'**Eldorado Canyon**, tout comme les Flatirons elles-mêmes, offre aux varappeurs certaines des meilleures parois du monde.

■■■ ROCKY MOUNTAINS PARK

De tous les parcs nationaux américains, le **Rocky Mountains National Park** présente l'altitude la plus élevée. Le tiers du parc se situe au-dessus de la limite des arbres et certains pics culminent à plus de 4 250 m. Ici, les vents venus de l'Arctique fouettent un paysage de toundra d'une beauté saisissante. Le patrimoine naturel a été particulièrement bien préservé. L'absence de métaux précieux y est pour quelque chose. Le parc est hélas ! aujourd'hui très fréquenté. Il est devenu le lieu de détente favori des habitants de la région.

Au nord-ouest de Denver, les stations touristiques situées en bordure du parc et la **Trail Ridge Rd. (US 34)**, la route goudronnée la plus élevée des Etats-Unis, qui traverse le parc d'**Estes Park** à **Grand Lake**, permettent d'accéder aux régions les plus sauvages. Les Indiens Utes se méfiaient du **Grand Lake**, croyant que les brumes à sa surface étaient les esprits des noyés. Ce lac glacial et la ville qui porte son nom constituent d'excellentes bases pour explorer la partie ouest du parc, moins fréquentée mais tout aussi belle.

INFORMATIONS PRATIQUES

Office du tourisme : **Park Headquarters and Visitors Center** (administration du parc et centre d'accueil, 586-1206), à 4 km à l'ouest d'Estes Park sur la route 36 à l'entrée de Beaver Meadows. Informations par téléphone sur le parc et l'état des routes. Ouvert tous les jours de 8h à 21h, de fin août à mi-juin de 8h à 17h. **Kawuneeche Visitors Center** (627-3471) juste avant l'entrée ouest du parc, à 2 km au nord de Grand Lake. Ouvert de 7h à 19h. De Labor Day à juin, tous les jours de 8h à 16h30. **Moraine Park Visitors Center and Museum** (586-3777) sur Bear Lake Rd. Ouvert d'avril à fin septembre tous les jours de 9h à 17h. **Alpine Visitors Center**, sur la crête de la Trail Ridge Rd. On a une belle vue sur la toundra par l'arrière du bâtiment. Ouvert de Memorial Day à la fermeture de Trail Ridge Rd. (mi-octobre) tous les jours de 9h à 17h. **Lily Lake Visitors Center**, à 10 km au sud du *park headquarters* sur la route 7. Ouvert de mi-juin à début septembre tous les jours de 9h à 16h30. **Estes Park Chamber of Commerce**, P.O. Box 3050, Estes Park 80517 (586-4431 ou 800-443-7837), située à 500 Big Thompson Hwy., un peu à l'est du centre-ville. Ouvert tous les jours de 8h à 20h, l'hiver de 8h à 17h. **Grand Lake Area Chamber of Commerce**, 14700 US 34 (627-3402 ou 800-531-1019), à l'entrée ouest du parc. Ouvert tous les jours de 9h à 17h. De mi-octobre à mi-mai, vendredi à dimanche de 10h à 16h.

Police : **Estes Park Police**, 586-4465. **Grand Lake Police**, 627-3322.

Location de chevaux : **Sombrero Ranch** (2 centres), 1896 Big Thompson Rd. (586-4577), à Estes Park à 3,2 km du centre-ville sur l'US 34 et sur Grand Avenue à Grand Lake (627-3514). Tarif 17 $ l'heure, 28 $ les deux heures. Le *Breakfast ride* (départ 7h, 25 $) inclut une promenade de 2h et un gigantesque petit déjeuner. Réserver par téléphone. Réduction de 10 % aux titulaires de la carte internationale des auberges de jeunesse. Les deux centres sont ouverts tous les jours de 7h à 17h30.

Location de matériel : **Colorado Wilderness Sports**, 358 Elkhorn Ave. (586-6548), à Estes Park. Cannes pour la pêche à la mouche 12 $ par jour. Cuissardes 15 $ par jour. Cannes pour la pêche au lancer 10 $ par jour. Ouvert tous les jours de 9h à 20h.

Météo et état des routes : 586-1333 dans le parc. 586-9561 hors du parc. Informations sur répondeur.
Urgences : 911. **Urgences dans l'enceinte du parc :** 586-1399 ou 586-1206.
Bureaux de poste : **Grand Lake**, 520 Center Dr. (627-3340). Ouvert du lundi au vendredi de 8h30 à 17h. **Code postal** : 80447. **Estes Park**, 215 W. Riverside Dr. (586-8177). Ouvert du lundi au vendredi de 8h30 à 17h30, samedi de 10h à 14h. **Code postal** : 80517. **Indicatif téléphonique :** 970.

Pour accéder au parc, le plus simple est de prendre l'US 36 depuis Boulder ou l'US 34 depuis Loveland en direction du Big Thompson Canyon. A Boulder, l'entrée de l'US 36 se trouve au croisement de 28th et de Baseline Rd. Le **Hostel Hauler** (586-3688), à Boulder, arrange un service de navette vers Estes Park (12 $, aller-retour 20 $, appeler avant 21h).
Par l'est, après l'US 36, emprunter la Trail Ridge Rd. (US 34), qui traverse le parc, puis l'US 40 vers le sud, et revenir par les interstates. Par l'ouest, quand Trail Ridge Rd. est fermée à la circulation (d'octobre à mai), prendre l'US 40 par le col de **Berthoud Pass** jusqu'à la I-70, puis les routes 119 et 72 au nord du parc (225 km). L'entrée par la route 7, l'une des plus spectaculaires, aborde le parc par le sud-est, accédant au **Wild Basin Trailhead**, point de départ de plusieurs magnifiques chemins de randonnée. Le **droit d'entrée** dans le parc est de 5 $ par véhicule, 3 $ par cycliste ou marcheur, gratuit pour les moins de 17 ans. Le forfait est valable sept jours.

HÉBERGEMENTS

La plupart des chalets et des motels d'Estes Park et Grand Lake sont chers. En fait, il y a peu d'établissements bon marché à proximité du parc national, en particulier l'hiver, quand les auberges de jeunesse sont fermées.

Estes Park

H Bar G Ranch Hostel (HI-AYH), 3500 H Bar G Rd., P.O. Box 1260, Estes Park 80517 (586-3688, télécopie 586-5004). Tourner sur Dry Gulch Rd., à 1,6 km au nord de la ville, près du lac. A H Bar G Rd., prendre à droite pour arriver à l'auberge. Vue spectaculaire sur la forêt et cadre exceptionnel. Ce ranch réaménagé aurait pu être un complexe hôtelier de luxe. *Cabins* à flanc de colline, chalet confortable, courts de tennis, salle de jeux et cuisine. Peut héberger jusqu'à 100 personnes. Lou, le propriétaire, conduit les clients en ville ou à l'entrée du parc, et passe les prendre tous les après-midi à la Chambre de commerce. Réservé aux membres. 8 $. Location de voiture 26 $ par jour. Ouvert de fin mai à mi-septembre. Prévenir de votre arrivée.

The Colorado Mountain School, 351 Moraine Ave. (586-5758). Dortoirs propres, accessibles aux touristes s'ils ne sont pas entièrement occupés par les élèves alpinistes. Lits superposés mais confortables, draps et douche (2 $). Libérer sa place avant 10h le matin. 20 lits au total, 16 $. Réservation recommandée au moins 1 semaine à l'avance. Ouvert tous les jours de 9h à 17h.

YMCA of the Rockies, 2515 Tunnel Rd., Estes Park Center 80511 (586-3341), à 3 km au sud de l'administration du parc sur la route 66 et à 8 km de la Chambre de commerce. Bonne ambiance, nombreux équipements sur un complexe de 550 hectares, randonnées d'une journée et autres activités. Idéal pour les enfants. Accueille les groupes même importants. *Cabin* pour 4 avec cuisine et toilettes, à partir de 49 $. Chalet pour cinq 43 $. Cotisation pour les membres 3 $, familles 5 $. Réserver longtemps à l'avance (à partir de mars pour les membres, à partir d'avril pour les non-membres, complet pour l'été dès la mi-mai).

Grand Lake

Grand Lake est moins fréquenté qu'Estes Park l'été. Inaccessible sans voiture l'hiver, la ville possède d'extraordinaires pistes pour de la motoneige ou du ski de fond. Se renseigner au *visitors center* sur le programme de la saison. On peut camper sur les rives du **Shadow Mountain Lake** adjacent (81 emplacements) et du **Lake Granby**

(148 emplacements). Tarif des deux campings, 10 $ l'emplacement. Toilettes et eau courante. Pour réserver, s'adresser au 800-280-2267.

Shadowcliff Hostel (HI-AYH), P.O. Box 658, Grand Lake 80447 (627-9220). En quittant l'entrée ouest du parc, tourner à gauche dans Grand Lake, puis prendre W. Portal Rd. à gauche à l'embranchement dans la ville. Le panneau se trouve à 1 km sur la gauche. Chalet traditionnel perché en haut d'une falaise, jouissant d'une vue magnifique sur le lac. Le chant d'un ruisseau berce le sommeil des clients. 14 lits. Chemins de randonnée à proximité. Douches dans le couloir. Tarif 8 $, non-membres 10 $. Chambre double individuelle 28 $, 4 $ par personne supplémentaire. 3 *cabins* de 6 à 8 personnes comprenant chacune cheminée, réchaud, réfrigérateur et salle de bains. Durée minimale du séjour 6 jours. Tarif 55 $ la nuit pour 5 personnes, 4 $ par personne supplémentaire. Ouvert de juin à octobre.

Sunset Motel, 505 Grand Ave. (627-3318). Propriétaires sympathiques et chambres douillettes. Une bonne adresse. Chambres simples 40 $, doubles 45 à 55 $. L'hiver, 35 à 45 $ et 45 à 55 $.

Bluebird Motel, 30 River Dr. (627-9314). Petites chambres à la décoration inattendue, avec moquette à pois et rideaux roses à volants. TV et réfrigérateur dans les chambres. Simple 40 $, double 49 à 55 $. 5 $ de moins l'hiver.

CAMPINGS

Les places sont chères l'été : réserver ou arriver tôt. On peut réserver entre 8 et 12 semaines à l'avance par le biais de **DESTINET**, 9450 Caroll Park Dr., San Diego, CA 92121 (586-1206 ou 800-365-2267). La durée maximale des séjours est de 7 jours dans tous les campings sauf à Long's Peak (3 jours). Frais de réservation 10 $, quels que soient le nombre de personnes et la durée du séjour.

Les campings du National Park : Moraine Park (à 8 km d'Estes, 247 emplacements) et **Glacier Basin** (14 km d'Estes, 150 emplacements). Réservations impératives l'été. Prix des emplacements 12 $. Ouverts du 29 mai au 6 septembre. Dans tous les autres campings, on ne prend pas de réservation. **Aspenglen**, à 8 km à l'ouest d'Estes Park près de l'entrée de Fall River, possède 56 emplacements (10 $) et il est ouvert du 8 mai au 30 septembre. **Longs Peak**, à 18 km au sud d'Estes Park et à 1,6 km de la route 7, reste ouvert toute l'année (26 emplacements pour tentes seulement 10 $. L'hiver : gratuit, pas d'eau courante). **Timber Creek** (à 16 km au nord de Grand Lake, seul camping situé à l'ouest du parc) est ouvert toute l'année et comprend 100 emplacements (tarif 10 $, l'hiver : gratuit, pas d'eau courante). **Spring Lake Handicamp** (586-1242). A 11 km d'Estes Park Headquarters, près de l'aire de pique-nique de Sprague Lake. C'est le seul camping *backcountry* aménagé pour les handicapés.

Camping en zone non aménagée : les réservations se font auprès des **Park Headquarters** (586-1242) et du **Kawuneeche Visitors Center** (627-3471) dans la partie ouest du parc à Grand Lake. Ouvert tous les jours de 7h à 19h. Vous pouvez réserver par courrier à l'adresse suivante : Backcountry Permits, Rocky Mountains National Park, Estes Park 80517 (586-1242). Dans de nombreux endroits, il est interdit de faire du feu. Prévoir dans ce cas un camping-gaz.

Olive Ridge Campground, à 24 km au sud d'Estes Park sur la route 7, dans la Roosevelt National Forest. Altitude : 2 546 m. Ce camping n'est pas recommandé aux personnes qui souffrent du mal d'altitude. 56 emplacements, tarif 9 $, réservations possibles. Ouvert de mi-mai à fin octobre. S'adresser au **Arapaho-Roosevelt National Forest Visitors Center**, 1311 S. College Ave. (498-2770), à Ft. Collins, ouvert du lundi au vendredi de 8h à 17h.

Indian Peaks Wilderness, au sud du parc, coadministré par Arapaho National Forest et Roosevelt National Forest. Permis *backcountry* requis pour le camping l'été (5 $). Sur le versant est, contacter le **Boulder Ranger District**, 2995 Baseline Rd. #110 (303-444-6600, ouvert du lundi au vendredi de 8h à 17h) ou **Coast to Coast Hardware** (303-258-3132), situé à 27 km à l'ouest de Boulder par la route 119 à Nederland. Ouvert tous les jours de 8h à 20h. Sur le versant ouest, contacter le **Sulphur Ranger District**, 62429 Hwy. 40 (887-3331), à Granby. Ouvert tous les jours de 8h à 17h. De septembre à mai du lundi au vendredi de 8h à 17h.

RESTAURANTS

Les deux villes les plus proches du parc disposent de bons restaurants et de plusieurs magasins d'alimentation où l'on peut acheter de quoi pique-niquer. Le magasin **Safeway** de Stanley Village Mall à Estes, en face de la Chambre de commerce, est particulièrement intéressant.

Mountain Home Café (586-6624), 2 immeubles à droite de Safeway, en face de la Chambre de commerce. Goûter les *waffles* maison (gaufres) servies toute la journée. Ouvert du lundi au samedi de 7h à 20h, le dimanche de 8h à 20h.

Village Pizza, 543 Thomson Ave. (580-6031), près de Stanley Village Mall. Refaites le plein de calories avec les plats de pâtes (5 à 6 $) servis avec pain à l'ail et salade. Ouvert du mercredi au dimanche de 11h à 22h.

Poppy's, 832 Elkhorn Ave. (586-8282), à Barlow Plaza. Pizzas individuelles (3 $) dans une atmosphère de fast-food plutôt haut de gamme. Grande pizza 10 à 12 $, *subs* (gros sandwichs) 4 à 7 $, buffet *all-you-can-eat* (à volonté) avec salades et soupes 6 $. Ouvert du dimanche au vendredi de 11h à 20h, samedi de 11h à 21h.

Casa del Sol, 825 Grand Ave. (627-8382). Spécialités mexicaines maison vendues par trois : 3 *enchiladas* de poulet 4,85 $, 3 *tostadas* bœuf-haricots 4,30 $. Chips et *salsa* gratuites. Ouvert tous les jours de 11h à 21h.

The Terrace Inn, 813 Grand Ave. (627-3079), à Grand Lake. Bons petits plats faits maison. La sauce italienne préparée par Debby et les énormes *pancakes* (4 $) remportent un grand succès. Ouvert l'été du dimanche au vendredi de 8h à 21h, le samedi de 8h à 22h.

VISITES ET ACTIVITÉS DE PLEIN AIR

Trail Ridge Road (US 34) est le clou du voyage. Sur 80 km, cette route spectaculaire vous promène à 3 715 m d'altitude, dans un paysage de toundra. Il faut compter trois heures en voiture pour faire l'aller-retour, ou 12h à vélo à condition d'avoir des mollets d'acier. La route est fermée d'octobre à mai pour des raisons évidentes. Pour observer de plus près ce fragile environnement, poussez à pied depuis la route jusqu'au **Forest Canyon Overlook**, ou marchez le long du **Tundra Trail** (une demi-heure aller-retour). Ne manquez pas le détour par la **Old Fall River Rd.**, une route non goudronnée à sens unique qui va d'est en ouest. Elle coupe Trail Ridge Rd. au niveau du **Alpine Visitors Center**. Le paysage est encore plus grandiose : la route décrit des virages étroits et surplombe de vertigineux ravins. Elle est généralement ouverte de juillet à septembre. Renseignements par téléphone au *Park Headquarters* (voir Informations pratiques).

Les rangers peuvent vous aider à préparer une **randonnée** adaptée à vos goûts et à vos possibilités physiques. Les départs de sentiers se trouvant déjà à une certaine altitude, quelques heures de marche suffisent à atteindre des endroits magnifiques, le long de la ligne de partage des eaux. A 3 600 ou 4 300 m d'altitude, on a l'impression d'avoir les poumons sanglés avec un élastique. Prenez le temps de vous adapter à l'altitude avant de vous attaquer aux sentiers les plus élevés. Quelques chemins sont faciles, comme celui qui mène de la Wild Basin Ranger Station aux **Calypso Cascades** (5,7 km), ou de la Long Peaks Ranger Station à **Eugenia Mine** (4,5 km). Depuis le départ du sentier à **Glacier Gorge Junction**, on peut faire une courte marche jusqu'au **Mills Lake** ou aller jusqu'au **Loch** (4,8 km).

En partant de Grand Lake, une équipée vers **North Inlet** ou **East Inlet** (bras de rivière) devrait suffire à semer derrière vous la foule des touristes. Les vrais montagnards peuvent s'aventurer vers le splendide **Lake Nanita** (partir de North Inlet). Le chemin couvre une dénivelée de 683 m sur 17,6 km, traversant un paysage parfaitement préservé. De East Inlet, on peut tenter l'excursion jusqu'à Lake Verna, à

12 km. Les rivières de la vallée sont riches en truites bien charnues, une aubaine pour les pêcheurs. **Longs Peak** (4 347 m) domine le versant est. Sur sa face est, un mur vertical de 610 m de haut, connu sous le nom de **Diamond**, est la paroi d'alpinisme la plus difficile du Colorado.

Le parc peut également être traversé à vélo. **Colorado Bicycling Adventures**, 184 E. Elkhorn, Estes (586-4241 ou 800-607-8765), loue des VTT. Tarifs 5 $ l'heure, 9 $ pour 2h, 15 $ la demi-journée, 20 $ par jour. Casques compris. Réduction de 10 % aux détenteurs de la carte des auberges de jeunesse. Des excursions organisées sont également proposées (2h 20 $, 4h 35 $, 45 à 65 $ la demi-journée. Ouvert tous les jours de 10h à 21h, hors saison de 10h à 17h).

L'été, les trois plus grands campings (Moraine Park, Glacier Basin et Aspenglen) organisent des conférences tous les soirs sur l'équilibre écologique du parc. Les rangers organisent aussi des sorties-découverte consacrées à la nature ou à l'observation des oiseaux. Renseignez-vous dans les *visitors centers*.

■■■ ASPEN

Rendez-vous mondial des musiciens et des skieurs, Aspen est, il faut le savoir, un cauchemar pour les touristes fauchés. Dans cette luxueuse station, il est de bon ton d'acheter d'abord, de demander le prix ensuite. Pour ceux qui voudraient quand même voir Aspen, le mieux est de dormir à **Glenwood Springs** (à 65 km au nord sur la route 82, voir plus loin) et de venir y passer la journée ou bien de camper dans les forêts des environs.

Le **ski** est roi à Aspen. Quatre domaines skiables enserrent la station : **Aspen Mountain**, **Aspen Highlands**, **Buttermilk Mountain** et **Snowmass Ski Area** (925-1220 ou 800-525-6200). Les tickets pour les remontées mécaniques, en vente à la station, sont valables sur les quatre domaines (tarif 50 $, enfants 29 $, gratuit pour les plus de 70 ans et les moins de 6 ans). Le **Glenwood Springs Hostel** (voir Glenwood Springs plus loin) propose un forfait d'une journée pour Aspen comprenant remontées mécaniques, transport, location de ski et même tenue de ski branchée. L'été, on peut atteindre les sommets grâce à la **Silver Queen Gondola** (925-1220) - qui est, comme son nom ne l'indique pas, une télébenne (ouvert tous les jours de 9h30 à 16h, tarif 15 $, 13 à 19 ans 9 $, gratuit pour les plus de 70 ans et moins de 13 ans). Il est possible de faire une **randonnée** dans les montagnes de Maroon Bells et Elk s'il n'y a pas trop de neige. La manifestation la plus connue d'Aspen, l'**Aspen Music Festival** (925-9042) se tient de fin juin à août. Une navette gratuite est organisée avant et après les concerts entre Rubey Park, dans le centre-ville et "The Tent", au sud de la ville. Billets 15 à 50 $. Répétitions du dimanche 8 $. On peut aussi s'asseoir gratuitement sur l'herbe.

Procurez-vous la brochure gratuite *Traveler's Guide* au **Visitors Center**, 320 E. Hyman Ave. (ouvert tous les jours de 9h à 19h, l'hiver de 9h à 17h). Pour se renseigner sur les randonnées et les **campings** dans un rayon de 25 km autour d'Aspen, s'adresser au **Aspen Ranger District**, 806 W. Hallam (925-3445, ouvert tous les jours de 8h à 16h30, de septembre à mai du lundi au vendredi de 8h à 16h30). On peut y acheter une carte de la région (3 $). Informations sur les **risques d'avalanches** : 920-1664. **Indicatif téléphonique d'Aspen :** 970.

Si l'on tient à séjourner à Aspen, il faut s'attendre au pire côté prix. La **Little Red Ski Haüs**, 118 E. Cooper (925-3333), à deux blocks à l'ouest du centre-ville, est un confortable Bed and Breakfast de style victorien (l'été à partir de 24 $ par personne pour une chambrette sans salle de bains, l'hiver à partir de 42 $ par personne). Le **St Moritz Lodge**, 344 W. Hyman Ave. (925-3220 ou 800-817-2069), a tout pour plaire aux fans de ski : piscine, jacuzzi, *hot tub*, réfrigérateur et micro-ondes dans les chambres (lits en dortoir, l'été 20 $, au début et à la fin de l'hiver 25 $, en saison à partir de 39 $). A moins qu'il n'y ait trois mètres de neige, essayez plutôt le camping. Il y en a plusieurs dans la forêt dans un rayon de 25 km autour d'Aspen. On trouve des emplacements attribués sur réservation, d'autres par ordre d'arrivée à l'ouest d'Aspen sur Maroon Rd. et au sud-est sur la route 92. Ces campings sont souvent complets avant midi. La durée du séjour est limitée à 5 jours. Ouverts de juin à début septembre. Réserver par téléphone au 800-280-2267. On peut aussi camper gratuitement hors des espaces aménagés (*backcountry camping*). Pour plus de renseignements, s'adresser au Aspen Ranger District.

The Main Street Bakery, 201 E. Main St. (925-6446), confectionne de délicieuses soupes (4 à 6 $), du muesli maison aux fruits (4,25 $) et des *pancakes* aux trois céréales (4 à 5 $, ouvert du lundi au samedi de 7h à 21h, dimanche de 7h à 16h). La **In and Out House**, 233 E. Main St. (925-6647), porte bien son nom : l'endroit est tellement exigu qu'on ne peut guère faire autrement que de ressortir aussitôt entré. Gigantesques sandwiches au pain frais 2 à 5 $. Ouvert du lundi au vendredi de 8h à 17h, samedi de 9h à 16h, dimanche de 10h à 16h. Si les pentes enneigées sont trop chères pour vous, descendez plutôt une petite mousse. Le **Flying Dog Brew Pub**, 424 E. Cooper Ave. (925-7464), quelques blocks plus loin, est une brasserie où l'on sert de la cuisine américaine. Le *five-beer-sampler* coûte 3,75 $ (ouvert tous les jours de 11h30 à 22h). **The Red Onion**, 420 E. Cooper (925-9043), est un bar-restaurant long et étroit, avec un patio qui donne sur la rue. *Happy hour* tous les jours de 16h à 18h, avec amuse-gueule à moitié prix. Ouvert tous les jours de 11h à 22h. **Su Casa**, 315 E. Hyman (920-1488), sert des spécialités mexicaines (déjeuner 5 à 8 $, dîner 10 à 15 $). Il y a aussi un bar et des tables de billard (ouvert tous les jours de 11h30 à 15h et de 17h30 à 22h). En prenant la route 82 vers Glenwood Springs, on passe devant **Woody Creek Tavern**, 2 Woody Creek Pl. (923-4585), qui sert de généreux hamburgers (6,50 $) et de très bonnes spécialités mexicaines (ouvert tous les jours de 11h30 à 22h).

■■■ GLENWOOD SPRINGS

Glenwood Springs, situé à 65 km au nord sur la Colorado route 82, est mieux adaptée aux petits budgets qu'Aspen. Réputée pour ses sources chaudes et ses grottes de vapeur, Glenwood regorge de marchés, cafés, salles de billard et dancings à prix abordables. On y trouve aussi une très bonne auberge de jeunesse. Le bus **Aspen/Glenwood** fait la navette plusieurs fois par jour entre les deux stations. (Le dernier part de Glenwood à 15h15 et d'Aspen à 17h15. Aller simple 5 $, enfants et personnes âgées 4 $. Trajets dans Glenwood 1 $). S'adresser à **Glenwood Springs Chamber Resort Association**, 1102 Grand Ave. (945-6589), pour plus de renseignements sur la ville. Ouvert du lundi au vendredi de 8h30 à 17h, samedi et dimanche de 9h à 15h, de septembre à mai du lundi au vendredi de 8h30 à 17h. **Indicatif téléphonique :** 970.

A proximité, **Glenwood Hot Springs Pool**, 401 N. River R. (945-7131 ou 800-537-7946), est située dans un immense complexe de loisirs. L'eau est à 32 °C toute l'année. C'est le plus grand bassin de sources chaudes en plein air au monde. Ouvert tous les jours de 7h30 à 22h (mais il vaut mieux téléphoner avant). Forfait journée 6,50 $, après 21h 4,75 $. De 3 à 12 ans 4,25 $ et 3,75 $. A un block des grands bassins, les **Yampah Spa and Vapor Caves**, 709 E. 6th St. (945-0667), possèdent des sources thermales chaudes (40 °C) aux effets relaxants (entrée 7,75 $, membres des auberges de jeunesse 3,75 $). Ouvert tous les jours de 9h à 21h. On peut skier à **Sunlight**, 10901 County Rd. 117 (945-7491 ou 800-445-7931), à 16 km à l'ouest de la ville. Il y a 4 ou 5 remonte-pentes. (Membres des auberges de jeunesse, du lundi au vendredi 17 $, samedi et dimanche 21 $ par jour. Forfait pour le ski de fond 4 $. Location de skis pour membres des auberges de jeunesse 10 $).

A courte distance à pied des sources chaudes se trouve l'auberge de jeunesse **Glenwood Springs Hostel (HI-AYH)**, 1021 Grand Ave. (945-8545 ou 800-9-HOSTEL/946-7835), qui se compose d'une maison ancienne de style victorien et d'un bâtiment plus récent. Les clients bénéficient d'importantes réductions à Sunlight, Aspen et Vail, peuvent faire du rafting en eau vive (22 $), partir en expédition spéléologique avec Gary (16 $) et louer du matériel (VTT 14 $ par jour).

Ramassage gratuit aux stations de bus/gares. Pâtes, riz, pommes de terre et *Rocky Mountains oysters*, gratuits. Pas de couvre-feu. L'auberge ferme de 10h à 16h. Tarif 10 $. Dortoir amélioré (*deluxe*) 12 $. Chambre individuelle simple 18 $. Chambre individuelle double 24 $. Draps compris. Le Bed and Breakfast situé à côté est le **Adducci's Inn**, 1023 Grand Ave. (945-9341). Les prix sont fonction du taux de remplissage et comprennent le petit déjeuner et du vin le soir. Réductions pour les lecteurs de Let's Go (chambres simples 28-65 $, chambres doubles 38-65 $). Jacuzzi. Ramassage gratuit à la station de bus ou à la gare. 10 $ par personne supplémentaire. Le principal tronçon de 6th St. comprend de nombreux motels bon marché.

Pour un petit déjeuner ou un déjeuner bon et pas cher, essayez le **Daily Bread Café and Bakery**, 729 Grand Ave. (945-6253, ouvert du lundi au vendredi de 7h à 14h, samedi de 8h à 14h, dimanche de 8h à midi). Dans un décor de plantes vertes, l'**Avalon**, 1022 Grand Ave. (928-0731), sert des plats végétariens préparés sous vos yeux. Muesli aux fruits et au yaourt 5 $, 2 *pancakes* 3,25 $, sandwiches 4 à 6 $. Ouvert du lundi au samedi de 7h à 16h, cafés et pâtisseries servis jusqu'à 22h. Dimanche de 8h à 14h30. **Doc Holliday's**, 724 Grand Ave. (945-9050), est la bonne adresse pour les hamburgers. En semaine de 17h à 19h, bière et burgers sont à 1 $. Ouvert tous les jours de 10h à 2h du matin.

La gare **Amtrak** se trouve au 413 7th St. (945-9563 ou 800-872-7254). Les trains desservent Denver (un par jour, durée 6h30, 54 $) et Salt Lake City (un par jour, durée 9h, 84 $). Gare ouverte tous les jours de 9h à 17h. Guichet ouvert tous les jours de 9h30 à 16h30. Les bus **Greyhound** partent de 118 W. 6th St. (945-8501) et desservent Denver (cinq départs par jour, durée 3h30, 18 $) et Grand Junction (durée 2h, 8 $). Ouvert du lundi au vendredi de 7h à 14h et de 16h à 17h30, samedi de 8h à 14h.

■■■ GRAND JUNCTION

Grand Junction tire son nom de sa situation, tout à la fois au confluent des fleuves Colorado et Gunnison, et à l'intersection des lignes de chemin de fer Rio Grande et Denver. C'est un bon point de départ pour visiter le **Colorado National Monument**, **Grand Mesa**, la vallée de Gunnison et l'ouest des monts San Juan.

La ville possède plusieurs établissements vinicoles et quelques musées. **Dinosaur Valley**, qui fait partie du **Museum of Western Colorado** (242-0971), est situé 362 Main St. Les enfants s'amuseront des maquettes de dinosaures animées, les adultes préféreront les expositions sur les plus récentes recherches en paléontologie. Ouvert tous les jours de 9h à 17h30, de septembre à mai du mardi au samedi de 10h à 16h30. Entrée 4 $, 2 à 12 ans 2,50 $. **Devil's Canyon Science & Learning Center**, 550 Crossroads Ct. (858-7282), à une vingtaine de kilomètres à Fruita, remue les tripes avec ses robots-dinosaures et ses simulations de tremblements de terre (ouvert tous les jours de 8h30 à 19h, de septembre à mai de 9h à 17h. Tarif 5 $. Plus de 54 ans et moins de 13 ans 3,50 $).

Le **Grand Junction Visitor and Convention Bureau**, 740 Horizon Dr. (244-1480), est une bonne source d'informations sur la région. Des conférences hebdomadaires et des diaporamas illustrent l'histoire et la culture du sud-est du Colorado (demander le programme). Ouvert tous les jours de 8h30 à 20h, de fin septembre à début mai de 8h30 à 17h. La plupart des curiosités de Grand Junction sont difficiles d'accès sans voiture. **Enterprise Car Rental**, 406 S. 5th St. (242-8103), loue des petites voitures pour 27 $ par jour, 140 $ par semaine, avec kilométrage illimité dans le Colorado. 24 ¢ par mile hors du Colorado. Age minimal : 21 ans. **Bureau de poste** de Grand Junction : 241 N. 4th St. (244-3401, ouvert du lundi au vendredi de 8h à 17h30, samedi de 8h à 12h30). **Code postal :** 81502. **Indicatif téléphonique :** 970.

Le principal intérêt de Grand Junction est sa situation, à proximité de plusieurs sites exceptionnels. Les clients du **Melrose Hotel (HI-AYH)**, 337 Colorado Ave.

(242-9636 ou 800-430-4555) entre 3rd et 4th St., peuvent demander conseil aux propriétaires, Marcus et Sabrina, sur les sites à visiter et les bonnes adresses à connaître en ville. Ne manquez pas les excursions organisées par Marcus à Arches National Park (voir page 278), Colorado National Monument (ci-dessous), Grand Mesa (p. 393) et Black Canyon (p. 398), intelligentes et sortant des sentiers battus (prix 25 $ à 35 $, les quatre excursions 75 $). L'hiver, on peut pour 25 $ tout compris (remontées mécaniques, location de skis, chaussures, bâtons, tenue de ski et transport) passer une journée de ski à Powderhorn. Cuisine commune. Lit en dortoir 10 $ avec petit déjeuner léger. Chambre simple 22,50 $, avec salle de bains 27,50 $, doubles 26 $, avec TV et salle de bains 32,50 $. Demander les tarifs d'hiver par téléphone. **Lé Master Motel**, 2858 North Ave. (243-3230), loue des chambres simples pour 29 $, des chambres doubles pour 32 $. On peut aussi camper au **High-line State Park** (858-7208), à 38 km de la ville et à 11 km au nord de la sortie 15 de la I-70 (possibilité de pêcher, toilettes, 25 emplacements à 10 $), ou à **Island Acres State Park** (464-0548), à 20 km à l'est sur la rive du fleuve Colorado (32 emplacements à 9 $, plus forfait 3 $ pour entrer dans le parc).

Le **Rockslide Restaurant and Brew Pub**, 401 S. Main (245-2111), est l'une des nombreuses microbrasseries qui fleurissent dans tout le pays. La Big-Bear Stout coûte 3 $ la pinte. Pizza de bonne taille 6,75 $. *Happy hour* de 16h à 18h avec snacks gratuits. Ouvert du lundi au vendredi de 11h à 22h, samedi et dimanche de 8h à 23h. Bar ouvert tous les jours de 11h à 23h. Le **Dos Hombres Restaurant**, 421 Brach Dr. (242-8861), juste au sud de Broadway (route 340) sur la rive sud du fleuve Colorado, sert une excellente cuisine mexicaine dans un cadre décontracté (dîners complets 4 à 7 $. Ouvert tous les jours de 11h à 22h). Autre bonne adresse, le **City Market**, 1909 N. 1st St. (243-0842, ouvert 24h/24).

Grand Junction se trouve à l'intersection de l'US 50 et de l'US 6 dans le nord-ouest du Colorado. Denver est à 364 km à l'est. Salt Lake City à 384 km à l'ouest. La **station Greyhound**, 230 S. 5th St. (242-6012), dessert Denver (5 départs par jour, durée 5h30, 24 $), Durango (1 départ par jour, durée 4h, 26 $), Salt Lake City (1 départ par jour, durée 6h, 42 $) et Los Angeles (5 départs par jour, durée 15h, 85 $). Ouvert du lundi au vendredi de 3h du matin à 22h, samedi et dimanche de 3h à 8h et de 11h à 22h. Des trains **Amtrak**, 337 S. 1st St. (241-2733 ou 800-872-7245), partent une fois par jour pour Denver (durée 8 heures, 72 $), et Salt Lake City (durée 5h30, 69 $). Ouvert tous les jours de 10h à 18h.

▣▣▣ COLORADO MONUMENT

Colorado National Monument est un site de 82 km² constitué de falaises abruptes, de canyons et d'obélisques naturels sculptés par le vent et l'eau. En suivant **Rim Rock Drive** (36 km), on découvre d'effrayantes formations évoquant des squelettes rouges, des galets blancs en forme de bulles géantes, et des empilements de roche rouge imitant des piles de crêpes. En suivant le **Window Rock Trail**, un sentier facile de 400 mètres depuis le *visitors center*, on embrasse du regard Monument Canyon. **Otto's Trail** (400 m) permet de découvrir un panorama spectaculaire sur de nombreux monolithes. Ce sentier porte le nom de John Otto, qui tomba amoureux de la région et créa 10 des 14 sentiers du parc, puis poussa le Président Taft à en faire un monument national. Le sentier **Monument Canyon** descend 9 km plus bas dans le canyon. La démesure des formations que l'on voit d'en bas est particulièrement impressionnante. Le centre d'accueil, **Headquarters and Visitors Center** (970-858-3617), est situé près du camping, côté Fruita (ouvert tous les jours de 8h à 19h, hors saison de 8h à 16h30). On peut camper sans permis. Le **Saddlehorn Campground** comprend 80 emplacements sur le site du parc (pas de réservation) avec tables de pique-nique, grills et toilettes (emplacement 8 $). Le **Bureau of Land Management**, 2815 Horizon (970-244-3000), ouvert du lundi au vendredi de 7h30 à 16h30, en face de l'aéroport, entretient trois campings gratuits mais rudimentaires près de **Glade Park** à Mud Springs. Apporter ses réserves d'eau. A **Little**

Dolores Fall, à 5 km à l'ouest de Mud Springs, on peut pêcher et se baigner. L'entrée sur le site coûte 4 $ par véhicule, 2 $ par cycliste ou piéton. Entrée gratuite pour les handicapés et les personnes âgées.

■■■ GRAND MESA

Grand Mesa, la "grande table", est la plus grande montagne du monde dont le sommet soit complètement plat. Elle s'élève à 80 km à l'est de Grand Junction (par la route). Dominant le paysage à des kilomètres à la ronde, Grand Mesa a longtemps stimulé les imaginations. D'après une légende indienne, les nombreux lacs de Mesa ont été formés par les morceaux d'un serpent mis en pièces par une mère aigle, qui croyait que le reptile avait dévoré ses petits. En réalité, selon les plus récentes découvertes géologiques, un flot de lave de 90 m d'épaisseur aurait submergé toute la région il y a 6 000 millions d'années, et seule la montagne de Grand Mesa aurait résisté à l'érosion.

Quelle que soit l'origine de Mesa, cette région a beaucoup à offrir en matière d'activités de plein air, en particulier de **randonnées.** Pour accéder à Grand Mesa depuis Grand Junction, prendre la I-70 vers l'est jusqu'à Plateau Creek, et emprunter alors la route 65 qui grimpe au milieu des épicéas jusqu'à la Mesa. Près du sommet se trouve le Land's End turn-off (l'embranchement du bout du monde), qui conduit au bord de Grand Mesa, après environ 20 km d'une route non goudronnée mais bien entretenue (fermée l'hiver). Si le temps est clair, on peut voir une bonne partie du territoire de l'Utah. Même l'été, il fait frais dans les hauteurs : équipez-vous en conséquence (pull et pantalon long).

Grand Mesa est dotée de bons terrains de campings. Renseignements auprès du **forest service** du district, 764 Horizon Dr. (970-242-8211), à Grand Junction, qui vend aussi des cartes (3 $). Ouvert du lundi au vendredi de 8 h à 17 h. Les campings **Island Lake** (41 emplacements à 8 $) et **Ward Lake** (27 emplacements à 9 $) sont tous deux situés au bord d'un lac, dans un bon coin pour la pêche. **Jumbo** (26 emplacements à 9 $), **Little Bear** (37 emplacements à 9 $) et **Cottonwood** (42 emplacements à 7 $) sont tout à fait recommandables. **Crag Crest** (11 emplacements à 8 $) et **Spruce Grove** (16 emplacements à 8 $) sont plus intimes. **Eggleston** (6 emplacements à 7 $) est destiné aux groupes. Il existe aussi 10 campings gratuits. S'adresser au *visitors center* (856-4153) pour plus de renseignements. **Vega State Park** (970-487-3407), à 20 km à l'est de Colbran par la route 330, propose 140 emplacements en altitude. Tarif d'entrée dans le parc 3 $ par véhicule, emplacement 6 $.

Alexander Lake Lodge (970-856-6700), accessible par la route 65 qui traverse de magnifiques paysages, est le point de chute idéal si vous avez froid, faim et sommeil. C'est un ancien relais de chasse où l'on sert des hamburgers (5 $), des plats de pâtes avec pain et salade (9 $) et des chocolats chauds bien réconfortants. Le restaurant est ouvert du mercredi au dimanche de 8 h à 21h. Pour dormir, 17 *cabins*, la plupart avec kitchenette, sont à louer. Du mardi au jeudi 40 $, du vendredi au dimanche 55 $, 10 $ par personne supplémentaire. Il y a un magasin attenant où l'on trouve de tout. Equitation en face (970-856-7323) pour 18 $ l'heure, location de bateaux à moteur 9 $ l'heure. Il y a plus de 300 lacs regorgeant de truites arc-en-ciel autour de la Mesa.

■■■ COLORADO SPRINGS

Entourée par un paysage d'une extrême beauté, Colorado Springs est la ville de tous les rêves. Ici, il y a très longtemps, dit la légende, les dieux ont violemment précipité du ciel les ennemis des Indiens Utes, créant ainsi le fascinant Jardin des Dieux (*Garden of the Gods*). En 1859, les pionniers se ruèrent vers les Pikes Peak, où l'on avait trouvé de l'or, au cri de *"Pikes Peak or Bust"* (Pikes Peak ou la mort !).

ROCHEUSES

Aujourd'hui, c'est encore d'or que rêve l'équipe olympique des Etats-Unis, installée à Colorado Springs, tandis qu'au-dessus de leurs têtes les jets de la United Air Force Academy sillonnent le ciel.

INFORMATIONS PRATIQUES

Office du tourisme : Colorado Springs Convention and Visitors Bureau, 104 S. Cascade #104, 80903 (635-7506 ou 800-368-4748), au niveau de Colorado Ave. On y trouve le *Colorado Springs Pikes Peak Region Official Visitors Guide* et le plan de bus de la ville. Ouvert du lundi au vendredi de 8h30 à 17h30, samedi et dimanche de 8h30 à 17h. De novembre à mars, du lundi au vendredi de 8h30 à 17h.

Excursions : Line Tours, 3704 Colorado Ave. (633-1747 ou 800-345-8197), au camping Garden of the Gods. Visite de l'US Air Force Academy et du Garden of the Gods (durée 4h, prix 18 $, moins de 13 ans 15 $). Organise également une excursion en raft (durée 7h, déjeuner compris, prix 55 $, moins de 13 ans 35 $). Bureau ouvert tous les jours de 7h à 22h.

Bus : Greyhound, 120 S. Weber St. (635-1505). Vers Denver (7 départs par jour, durée 1h45, 10 $), Pueblo (5 départs par jour, durée 50 minutes, 6,25 $), Albuquerque (4 départs par jour, durée 7h à 9h, 60 $). Guichet ouvert tous les jours de 5h15 du matin à 21h30.

Transports en commun : Colorado Springs City Bus Service, 125 E. Kiowa (475-9733), au niveau de Nevada, à 3 blocks de la station Greyhound. Dessert la ville elle-même, Widefield, Manitou Springs, Fort Carson, Garden of the Gods et Peterson AFB. Du lundi au samedi de 5h45 à 18h15 toutes les demi-heures. En soirée, de 18h à 22h, toutes les heures. Tarif 75 ¢, personnes âgées et enfants 35 ¢, gratuit pour les moins de 6 ans. 25 ¢ supplémentaires pour les longs trajets. Préparez l'appoint.

Taxi : Yellow Cab, 634-5000. Prise en charge 1,65 $, plus 1,35 $ par mile.

Location de voitures : Ugly Duckling, 2021 E. Platte (634-1914). A partir de 20 $ par jour. 100 miles (soit environ 160 km) gratuits par jour. Ouvert du lundi au vendredi de 9h à 17h30, samedi de 9h à 13h. Il faut rester dans l'Etat du Colorado. Age minimal : 21 ans. Carte de crédit ou caution de 250 $.

Assistance téléphonique : Crisis Emergency Services, 635-7000, 24 heures sur 24.

Etat des routes : 635-7623 (message enregistré).

Urgences : 911.

Bureau de poste : 201 Pikes Peak Ave. (570-5336), au croisement avec Nevada Ave. Ouvert du lundi au vendredi de 7h30 à 17h30, samedi de 7h30 à 13h. **Code postal :** 80903. **Indicatif téléphonique :** 719.

Le plan de Colorado Springs est simple : c'est un damier de larges avenues. Les montagnes sont à l'ouest. **Nevada Avenue** est la principale artère nord-sud, et comprend de nombreux bars et restaurants. **Colorado Avenue** est l'axe est-ouest qui donne sur l'**US 24** à l'ouest de la ville. La I-25 venant de Denver traverse le centre-ville. A l'est de Nevada Avenue, il y a presque exclusivement des quartiers résidentiels et de grands centres commerciaux. Les rues situées à l'ouest de Nevada Avenue portent des numéros, en ordre croissant en allant vers l'ouest.

HÉBERGEMENTS ET CAMPING

Eviter les motels pas très bien tenus de Nevada Avenue. S'il n'y a plus de place à l'auberge de jeunesse, préférez l'un des campings environnants ou les établissements qui se trouvent sur W. Pikes Peak et W. Colorado Avenue.

Garden of the Gods Youth Hostel and Campground (HI-AYH), 3704 W. Colorado Ave. (475-9450 ou 800-248-9451). Prendre le bus n° 1 vers l'ouest jusqu'à 37th St. L'auberge de jeunesse, composée d'une douzaine de bungalows à quatre lits, est dissimulée derrière un grand camping de 300 emplacements. Douches et toilettes

communes avec le camping. Equipements sommaires mais propres. Chambres non
chauffées, prévoir un sac de couchage. Piscine, jacuzzi, lave-linge, pas de cuisine.
Réservé aux membres des auberges de jeunesse. Prix 10 $, draps 2 $. Ouvert d'avril
à octobre.

Apache Court Motel, 3401 W. Pikes Peak Ave. (471-9440). Prendre le bus n° 1 vers
l'ouest sur Colorado Ave. jusqu'à 34th St., descendre et marcher sur un block vers
le nord. Chambres de pisé rose. Climatisation, TV, jacuzzi. Chambres simples 33 à
35 $ pour une personne, 40 à 45 $ pour deux. Chambres doubles 54 à 59 $ pour
deux, 5 $ par personne supplémentaire. Prix plus bas l'hiver.

Amarillo Motel, 2801 W. Colorado Ave. (635-8539). Prendre le bus n° 1 vers l'ouest
sur Colorado Ave. jusqu'à 28th St. Demander une chambre dans l'ancienne partie
historique de l'établissement. Les chambres de style bunker, n'ont pas de fenêtre
mais disposent d'une cuisine et d'une TV. Chambres simples 32 à 40 $, doubles 38
à 45 $. 5 $ de moins de septembre à mai.

Situé à l'intérieur du périmètre de la ville, le camping **Garden of the Gods Campground** (voir l'auberge de jeunesse ci-dessus) est mieux adapté aux camping-cars
qu'aux tentes : la plupart des emplacements sont sur un parking en gravier. Au petit
déjeuner, on sert des *flapjacks* le dimanche, du café et des *doughnuts* les autres
jours. L'emplacement pour 3 personnes, 22 $, 2 $ par personne supplémentaire.
Raccordement 23 $, raccordement complet 25 $. Il y a plusieurs campings dans
Pikes Peak National Forest (généralement ouverts de mai à septembre), mais ils
ne sont pas desservis par les transports en commun. On trouve de très nombreux
campings sur la route 67, entre 8 et 16 km au nord de **Woodland Park**, qui se
trouve à 28 km au nord-ouest des Springs sur l'US 24. Il y en a d'autres le long de l'US
24 près de la ville de Lake George, à 80 km à l'ouest des Springs. L'emplacement coûte 8 à 10 $. On peut toujours camper gratuitement dans la forêt si on se
place à au moins 150 yards (soit approximativement 137 mètres) de la route ou du
cours d'eau le plus proche. Le **Forest Service Office**, 601 S. Weber (636-1602),
vend des cartes de la région (3 $). Ouvert du lundi au vendredi de 8h à 16h30. Plus
loin, on peut camper dans la **Eleven Mile State Recreation Area** (748-3401 ou
800-678-2267), qui entoure un réservoir, accessible par une route qui part de l'US
24 près de Lake George (douches, 6 $ l'emplacement, raccordement élec-
trique 10 $, tarif d'entrée 3 $). En dernier recours, essayez le camping **Peak View
Campground**, 4954 N. Nevada Av. (598-1545, l'emplacement pour deux personnes
16 $, eau et électricité 16,50 $, raccordement complet 18 à 19 $).

RESTAURANTS ET SORTIES

Le long de Tejon Avenue, au nord de Colorado Avenue, les terrasses des cafés et des
restaurants fourmillent d'étudiants et d'éternels adolescents. Le **Poor Richard's
Restaurant**, 332 North Tejon (632-7721), est le rendez-vous des étudiants. Café,
pizza (1,95 $ la part, 9,50 $ la pizza entière) et plats végétariens (ouvert tous les
jours de 11h à 22h). A côté, **Boulder Street Coffee Roasters** (577-4291) est un
endroit très couru : on y sirote du café sous toutes ses formes en dégustant des
gâteaux diététiquement très incorrects (ouvert tous les jours de 6h30 à minuit). A
La Baguette, 2417 W. Colorado Ave. (577-4818), le pain et la fondue réservent
une surprise agréable, surtout si l'on considère la distance qui sépare cet établissement de Paris. Soupe et petit pain 3,75 $, fondue, pomme et pain 6 $. Ouvert du
lundi au samedi de 7h à 18h, dimanche de 6h à 17h. Les foules se pressent chez
Henri's, 2427 W. Colorado Ave. (634-9031), où l'on sert une margarita fantastique
avec de la cuisine mexicaine, comme des *enchiladas* à la viande et au fromage pour
3 $. Ouvert du mardi au samedi de 11h30 à 22h, dimanche de midi à 22h. Pour
passer une soirée très *couleur locale*, rendez-vous au **Flying W Ranch**, 3330 Chuckwagon Rd. (598-4000 ou 800-232-3599). Vous dévorerez un énorme dîner digne
d'un *chuck wagon* (cantine ambulante de l'Ouest) en regardant un spectacle du
Wild West (13 $ le dîner-spectacle, 7 $ pour les enfants de moins de 8 ans). Ouvert
d'octobre à mai, les vendredis et samedis soir seulement, fermé en janvier et février.

ROCHEUSES

La **Dublin House**, 1850 Dominion Way (528-1704) sur Academy St., est un *sports bar* populaire où l'on entend parfois de la musique *live* (ouvert du lundi au jeudi de 16h à 2h du matin, du vendredi au dimanche de 11h à 2h du matin).

VISITES

Pikes Peak De n'importe quel point de la ville, on ne peut échapper au sommet de Pikes Peak, qui domine l'horizon à 4 300 m. Son ascension peut se faire par le **Barr Burro Trail**, sentier de 20 km qui commence au chemin *trailhead* de Manitou Springs près du panneau "Manitou Incline" (bus n° 1 en direction de Ruxton). Ne vous désolez pas si vous n'atteignez pas le sommet : l'explorateur Zebulon Pike n'y était pas parvenu non plus, et on a quand même donné son nom à la montagne. Si vous préférez grimper à la force du volant, il vous faudra payer le droit d'entrée pour emprunter le **Pikes Peak Highway** (684-9383), exploité par le Colorado Department of Public Works. Ouvert de juin à septembre de 7h à 19h, en avril-mai et septembre-octobre de 9h à 15h si la météo le permet. Prix 5 $, de 6 à 11 ans 2 $. A 8 km à l'ouest, à Manitou Springs, on peut aussi réserver une place à bord du **Pikes Peak Cog Railway,** 515 Ruxton Ave. (685-5401), qui vous emmène en train au sommet, entre mai et début octobre, tous les jours de 8h à 17h20, avec des départs toutes les 80 minutes. En mai, septembre et octobre, demander les horaires par téléphone. Aller-retour 21 $, de 5 à 11 ans 9,50 $, gratuit pour les moins de 5 ans si l'enfant est tenu sur les genoux.

Du sommet, on découvre le Kansas, les monts Sangre de Cristo et la ligne de partage des eaux. C'est ce panorama qui a inspiré à l'écrivain Katharine Lee Bates son poème "America the Beautiful". Attention, il fait froid. Les routes sont souvent verglacées tout l'été.

Garden of the Gods City Park, 1401 Recreation Way (578-6640). Ce "jardin des dieux" serait le vestige des fonds rouges d'une mer intérieure qui aurait été soulevée par des forces tectoniques il y a des millions d'années. Pour y parvenir, prendre Colorado Ave. jusqu'à 30th St., puis prendre Ridge Rd. vers le nord. Le **Visitors Center**, flambant neuf, 1805 N. 30th St. (634-6666), organise une excursion en tramway de 45 minutes qui fait le tour des curiosités naturelles et des sites historiques du parc (2 $). Plusieurs chemins, accessibles gratuitement, sillonnent également le parc. Le *Central Garden Trail* (1,6 km) est celui qui permet d'en voir le plus par rapport à la distance parcourue. Il est accessible aux fauteuils roulants. Le parc possède de nombreuses aires de pique-nique et de randonnée. La pierre en équilibre *(balanced rock),* si souvent photographiée, se trouve à l'entrée sud. Le meilleur endroit pour prendre des photos est sur Mesa Rd., accessible par la 30th St.

Cave of the Winds Si vous êtes à la recherche d'émotions fortes, visitez les méandres de Cave of the Winds (685-5444) sur la route 24, à 10 km à l'ouest de la sortie 141 par l'I-25 (visite guidée toutes les 15 minutes de 9h à 22h, en avril de 10h à 17h, prix 8 $, 6 à 15 ans 4 $). Juste au-dessus de Manitou Springs sur la route 24, se trouve le **Manitou Cliff Dwellings Museum** (685-5242 ou 685-5394) sur le *bypass* de l'US 24, où l'on peut se promener dans un *pueblo* (village) d'anciennes maisons Anasazi datant de 1100 à 1300. (Ouvert tous les jours de juin à août de 9h à 20h, horaires variables hors saison. Tarif 4,50 $, personnes âgées 3,50 $, 7 à 11 ans 2,50 $.)

La ruée vers l'or et la quête de l'impossible Allez voir s'entraîner les espoirs olympiques au **US Olympic Complex,** 750 E. Boulder St. (578-4644), par l'I-25, sortie 156A. Prendre le bus n° 1 en direction de l'est vers Farragut. Toutes les demi-heures, le complexe propose une visite d'une durée de 1h15 avec projection d'un film des plus édifiants. (Ouvert du lundi au samedi de 9h à 17h, dimanche de 10h à 16h, hors saison du lundi au samedi de 9h à 16h, dimanche de midi à 16h). Quant à la ruée vers l'or première manière, on peut s'y replonger au **Pioneers' Museum**, situé au centre-ville à 215 S. Tejon St. (578-6650), qui relate la naissance de Colorado Springs. On y voit notamment une présentation des techniques et des instruments d'un médecin pionnier. Ouvert du mardi au samedi de 10h à 17h, dimanche de 13h à 17h. Entrée gratuite. Au **Western Museum of Mining and Industry**, 1025 N. Gate Rd. (488-0880), vous apprendrez toutes les techniques des chercheurs d'or. Ouvert du lundi au samedi de 9h à 16h, le dimanche de midi à 16h. Entrée 5 $, étudiants et personnes âgées 4 $, moins de 13 ans 2 $. Fermé de décembre à février.

Avec plus d'un million de visiteurs par an, l'attraction la plus célèbre du coin est la **United States Air Force Academy**, située à 35 km au nord de la ville par l'I-25, sortie 156B. Sa chapelle (472-4515) est entièrement construite avec des matériaux utilisés dans l'aéronautique. Ouvert du lundi au samedi de 9h à 17h, dimanche de 13h à 17h. Les jours de semaine, pendant l'année scolaire, les cadets se réunissent à 12h10 près de la chapelle pour le *cadet lunch formation*, c'est-à-dire "l'opération déjeuner". Au **visitors center** (472-2555 ou 472-2025), on trouvera un plan qui permet de visiter l'établissement par soi-même ainsi que des informations sur les manifestations spéciales. Un film de 14 minutes est diffusé toutes les demi-heures (ouvert tous les jours de 9h à 18h).

Ground Zero

Enterré à 550 m de profondeur dans une grotte creusée sous la montagne cheyenne, le QG de l'armée de l'air **North American Air Defense Headquarters (NORAD)** (554-2241) contrôle le moindre mouvement dans l'espace aérien américain. Il a été conçu pour résister à une explosion nucléaire, même en cas de frappe directe. Il faut réserver au moins six mois à l'avance pour le visiter, le temps de procéder aux vérifications de sécurité indispensables. On accède au NORAD par un tunnel long de 4,8 km de long. Pour d'autres informations, contactez la **Peterson Air Force Base**, du côté est de la ville, qui comprend un **Visitors Center**, ainsi que l'**Edward J. Peterson Space Command Museum** (556-4915, ouvert du mardi au vendredi de 8h30 à 16h30, samedi de 9h30 à 16h30, entrée gratuite).

■■■ GREAT SAND DUNES

Si les montagnes du Colorado commencent à vous paraître monotones, faites un crochet par le **Great Sand Dunes National Monument** à la limite nord-est de la **San Luis Valley**. Là, une mer de dunes de 210 m de haut, formées depuis des millénaires par le vent, vient lécher le pied de la **Sangre de Cristo Range**. L'avancée des dunes dans des failles de la chaîne est freinée par la rivière Medano Creek, peu profonde. On peut la traverser à pied quand elle est en eau (d'avril à mi-juillet). Avec un 4 x 4, on peut emprunter la **Medano Pass Primitive Road**. Le meilleur moyen d'approcher les dunes est tout simplement de grimper dessus. Mais méfiez-vous de la chaleur intense de l'après-midi. A la limite sud du site, le complexe **Oasis** (719-378-2222) propose des excursions en 4 x 4 (2 départs par jour, durée 2h, 14 $, 5 à 11 ans 8 $).

Les rangers organisent plusieurs activités. On trouvera le programme complet au **Visitors Center** (719-378-2312) à 800 m de l'entrée. Ouvert tous les jours de 9h à 18h. De Labor Day à Memorial Day de 8h à 17h. Droit d'entrée pour les voitures 4 $, piétons et cyclistes 2 $. Pour plus de renseignements, s'adresser au Superintendent, Great Sand Dunes Monument, Mosca, CO 81146 (719-378-2312). Pour les **urgences** dans l'enceinte du parc, appeler le 911.

Le camping du monument, **Pinyon Flats** (719-378-2312), est rudimentaire et rempli de cactus. Prévoir une protection anti moustique en juin. 88 emplacements à 8 $ loués au fur et à mesure des arrivées. Arriver de préférence en début d'après-midi. Possibilité de réserver pour les groupes : 2 $ par personne, minimum 25 $. Pour le **camping backcountry** - hors emplacements aménagés -

dans les dunes, se procurer un permis auprès des *visitors centers*. Si le camping du parc est complet, essayez le complexe Oasis (voir plus haut), qui possède des douches. Emplacements pour deux (10 $, avec raccordement 15 $, par personne supplémentaire 2,50 $). Il y a également des *cabins* et des tipis (25 $ pour deux). **San Luis State Park** (719-378-2020), à 13 km de là, à Mosca, possède des douches et 51 emplacements avec électricité (10 $, droit d'entrée par véhicule 3 $, fermé l'hiver). Pour s'informer sur les campings de la forêt nationale voisine (8 $ l'emplacement), s'adresser au Rio Grande National Forest Service Office, 1803 W. US 160 Monte Vista, CO 81144 (719-274-5193).

Great Sand Dunes National Monument se trouve à 52 km au nord-est d'Alamosa et à 180 km à l'ouest de Pueblo sur la route 150 à partir de l'US 160. Il y a un bus **Greyhound** par jour de Denver à Alamosa, à 52 km des dunes (durée 5h30, 36 $, voir Informations pratiques). La gare routière à Alamosa se trouve à 8480 Stockton St. (719-589-8558, ouvert du lundi au vendredi de 10h à 17h, samedi et dimanche de 16h à 17h). Toutefois, aucun moyen de transport en commun ne relie Alamosa aux dunes.

MONTS SAN JUAN

Si on demande aux habitants du Colorado quel est leur coin préféré dans les montagnes, la plupart citent un pic, un lac, une rivière ou une ville se trouvant dans la chaîne de San Juan, au sud-ouest de l'Etat. Ce vaste ensemble montagneux est entouré de quatre **forêts nationales** : **Uncompahgre** (prononcez "oun-com-PA-gré"), **Gunnison**, la forêt nationale de **San Juan** et celle du **Rio Grande**. **Durango** constitue le lieu de séjour idéal pour explorer ces montagnes. Au nord de Durango, les contrées sauvages de **Weminuche Wilderness** séduisent les randonneurs avec ses vastes espaces qui s'étendent à perte de vue. Renseignements et cartes des itinéraires de randonnée à **Pine Needle Mountainerring**, Main Mall, Durango 81301 (970-247-8728, ouvert du lundi au samedi de 9h à 18h, dimanche de 10h à 17h, cartes 4 $).

La région de San Juan est facilement accessible par l'US 50, qui est empruntée par des centaines de milliers de vacanciers chaque été. Elle est desservie par **Greyhound**, mais mal. La voiture est la meilleure solution pour la visiter. Les Monts San Juan regorgent d'auberges de jeunesse et de campings, qui en font un des endroits les moins chers à visiter de tout le Colorado.

■■■ BLACK CANYON

Les Amérindiens avaient coutume de raconter aux enfants que les bandes claires qui veinent les parois du Black Canyon étaient les cheveux blonds d'une femme et que, s'ils s'approchaient trop du ravin, ils s'emmêleraient dedans et tomberaient. Il est vrai que le **Black Canyon of the Gunnison National Monument** est un endroit au charme surnaturel. Depuis deux millions d'années, la rivière Gunnison a creusé le canyon sur une longueur de 85 km, créant une gorge de 762 m de profondeur, dominée par des ombres noires comme l'encre (d'où le qualificatif "black"). Si l'Empire State Building était placé au niveau du lit de la rivière, il parviendrait à peine à mi-hauteur de la gorge.

Informations pratiques Le Black Canyon se trouve à 96 km au sud-est de Grand Junction. La **rive sud** (*south rim*) est accessible par la route 347, qui prend sur l'US 50. La **rive nord** (*north rim*), moins fréquentée et plus belle, est accessible par une route gravillonnée qui débouche sur la route 92 en venant de Crawford. Le canyon comprend deux **Visitors Centers** - l'un sur la rive sud (249-1915, ouvert tous les jours de 8h à 18h) et l'autre sur la rive nord (ouvert de mai à septembre tous les jours de 8h à 18h). **Montrose**, sur l'US 50, est le siège des **bureaux administratifs** du canyon, à 2233 E. Main St. (249-7036, ouvert du lundi au vendredi de 8h à 16h30, horaires allégés hors saison). **Greyhound** dessert Montrose à 132 N. 1st St. (249-6673) et **Gunnison**, à 88 km à l'est, au Gunnison county airport, 711 Rio Grande (641-0060). Le trajet de Gunnison à Montrose coûte 12 $. Le car s'arrête à l'intersection de l'US 50 et de la route 347, à 10 km du canyon. De là, une voiture de **Western Express Taxi** (249-8880) vous conduira de Montrose au canyon pour environ 30 $. Le **Visitors Center** de Montrose se trouve au 2490 S. Townsend Ave. (249-1726, ouvert de mai à octobre du lundi au samedi de 9h à 19h, le dimanche de 9h à 17h). **Code postal** de Montrose : 81401. **Indicatif téléphonique :** 970.

Hébergements et restaurants
Le long de **Main St./US 30**, on trouve de nombreux motels bon marché. Le **Traveler's B&B Inn**, 502 S. First (249-3472), parallèle à Main St., loue des chambres simples et confortables avec TV et petit déjeuner (chambres simples 30 $, doubles 35 $, avec bain 35 à 40 $). Le **Log Cabin Motel**, 1034 E. Main St. (249-7610), au bout de la ville en direction du monument, possède des chambres propres (simples 32 $, doubles 34 $, l'hiver 4 $ de moins). **Starvin' Arvin's**, 1320 S. Townsend Ave. (249-7787), sert des petits déjeuners plantureux toute la journée. Omelettes de trois œufs avec *hashbrowns* (pommes de terre râpées et grillées) et *hotcakes* (crêpes) (5 $, ouvert tous les jours de 6h à 22h). Le **Stockmen's Café and Bar**, 320 E. Main St. (249-9946), sert des plats mexicains et de l'Ouest (sandwiches 3 à 6 $, ouvert du dimanche au mardi et le jeudi de 7h à 22h, vendredi et samedi de 7h à minuit).

Explorer le Black Canyon
La route panoramique qui longe la rive sud passe par le **Chasm View**, spectaculaire à-pic de 610 m au-dessus d'une falaise complètement verticale. **Painted Wall**, à 200 mètres environ, a plus d'un milliard d'années : c'est la plus haute falaise du Colorado. On peut descendre au fond du canyon par un chemin de 1,6 km, **Gunnison route**, qui marque une dénivelée de 549 m. A vous de calculer le degré de la pente. Inutile de préciser que remonter est légèrement plus difficile. Par endroits, il faut se hisser en s'accrochant à une chaîne pour avancer. L'entreprise n'est pas à la portée du premier venu. Pour se promener au fond du canyon, il faut demander un **backcountry permit** au *visitors center* de la rive sud. Demander conseil à un ranger avant d'entreprendre une descente. Pour faire une promenade facile, mieux vaut s'en tenir aux bords supérieurs du canyon. Sur la rive nord, le sentier **North Vista Trail** jusqu'à **Exclamation Point** (4,8 km aller-retour) est une promenade agréable ponctuée de vues à couper le souffle. Sur la rive sud, **Warner Point Nature Trail** est une très belle boucle de 800 m qui permet de contempler les chaînes de montagnes environnantes. Le *visitors center* organise des excursions guidées (une demi-heure à une heure et demie) et, l'été, des conférences gratuites tous les soirs à 20h45 (droit d'entrée dans le parc seulement pour la rive sud 4 $).

Il y a un **camping** sur chaque rive. Celui de la rive nord possède 13 emplacements, celui de la rive sud en a 102 (toilettes de campagne, grills au charbon, eau). Même tarif (8 $) sur les deux rives. Ouverts de mai à novembre. Comme il est interdit de ramasser du bois, il faut apporter du bois ou du charbon, ou en acheter à l'**Information/Gift Shop**, sur l'US 50, au niveau de l'embranchement menant au parc. Pour plus de détails, téléphoner au National Park Service (249-7036), ou au *visitors center* de la rive sud.

Pour **pique-niquer**, il y a des tables au **Crystal Dam**, accessible par E. Portal Rd., une longue route abrupte et sinueuse, qui mène à un endroit magnifique au bord de la rivière Gunnison (interdit aux véhicules de plus de 22 pieds, soit 6,7 m de long).

ROCHEUSES

Le **Ute Indian Museum**, 17253 Chipeta Dr. (249-3098), situé à quelques kilomètres au sud de Montrose sur l'US 550, présente des expositions sur la danse de l'ours (*bear dance*) et les lettres bilingues du chef Ouray, de la tribu des Utes du sud. Ouvert de mi-mai à août du lundi au vendredi de 9h à 18h, samedi de 10h à 17h, dimanche de 13h à 17h, en septembre fermé lundi et mardi. Tarif 2,50 $, plus de 64 ans 2 $, enfants 6 à 16 ans 1,50 $.

■ PRÈS DE GUNNISON : CRESTED BUTTE

Crested Butte (prononcez "bioute"), située à 43 km au nord de Gunnison sur la route 135, fut autrefois une ville minière. La mine épuisée dans les années 50, l'exploitation du charbon a fait place à celle de l'or blanc. Crested Butte est maintenant fréquentée par les skieurs et les mordus de VTT. Le **Mount Crested Butte**, à 4,8 km au nord dans une large vallée, domine la région. L'hiver, **Mount Crested Butte Resort** (800-544-8448) propose des excursions intéressantes, des compétitions, des cours de ski et du surf des neiges. On y skie gratuitement de début à mi-avril et de mi-novembre à mi-décembre. Se renseigner par téléphone. Il y a de nombreuses autres distractions dans la station : **promenades en traîneau** tiré par des chiens (641-1636), **soirées fondue** (349-2211) et **promenades en ballon** (349-6712). L'été, les principales activités sont la marche, le camping et la bicyclette dans la montagne et dans la forêt nationale de Gunnison.

La **Crested Butte Chamber of Commerce** (349-6438 ou 800-545-4505) se trouve à l'angle de 6th et d'Eliot St. (ouvert tous les jours de 9h à 17h). De la chambre de commerce, on peut prendre une **navette** gratuite (349-5616) pour se rendre à la montagne (toutes les 15 minutes de fin mai à fin septembre, en hiver quand il y a de la neige). Le **bureau de poste** de Crested Butte se trouve sur Elk Ave. (349-5568, ouvert du lundi au vendredi de 8h à 16h30, samedi de 9h à 13h). **Code postal : 81224. Indicatif téléphonique : 970.**

Pour se loger à bon marché, Crested Butte offre l'embarras du choix. Une *hotline* a même été mise en place pour venir en aide aux touristes : 800-215-2226. Renseignements sur les campings au bureau de **Gunnison National Forest**, 216 N. Colorado (641-0471), à Gunnison. Trois campings sont installés dans la forêt : **Lake Irwin** (32 emplacements 8 $), **Cement Creek** (13 emplacements 7 $) et **Almont** (10 emplacements 7 $).

Brick Oven Pizza, 313 3rd St. (349-5044), vend d'excellentes pizzas à emporter (1,75 $ à 2 $ la grande part). Ouvert du lundi au jeudi de 11h à minuit, vendredi et samedi de 11h30 à 14h30, dimanche de 11h30 à 22h. **Stefanie's Country Store** sert des hamburgers (3,50 $), de savoureux plats du jour, dont des tourtes maison. Ouvert du lundi au vendredi de 7h à 18h, samedi de 8h à 18h, dimanche de 9h à 14h, horaires variables l'hiver. La **Crested Butte Brewery**, 226 Elk Ave. (349-5026), fabrique ses propres bières, notamment la célèbre *"Rodeo Stout"* (2,75 $ la pinte), à boire avec de la viande au barbecue et des plats mexicains. Musique *live* (ouvert tous les jours de 11h à 22h).

■■■ TELLURIDE

Telluride, qui s'enorgueillit aujourd'hui d'être le siège de la première banque à avoir été cambriolée par Butch Cassidy - la banque San Miguel -, semble tirée d'un film en noir et blanc des années 30. Le boxeur Jack Dempsey y a fait la plonge à l'*Athenian Senate* - moitié saloon, moitié bordel - où il dut aussi, à l'occasion, coiffer la casquette de videur. Le **Sheridan Theater** (voir plus loin) vit autrefois Sarah Bernhardt en tournée dans tous les Etats-Unis. Les gisements d'argent ont, jusqu'à la dévaluation du métal, attiré à Telluride des personnages parfois douteux. Cette époque est maintenant révolue, et les skieurs, les randonneurs, et les nombreux touristes viennent eux *apporter* de l'argent dans ces montagnes. De plus en plus courue, Telluride semble bien partie pour concurrencer Aspen. Toutefois, elle conserve encore une atmosphère provinciale, avec ses maisons aux enseignes de bois peintes de couleurs claires. Sous les porches, les chiens montent la garde.

Informations pratiques Le **Visitors Center** se trouve en étage, chez Rose's, près de l'entrée de la ville, au 666 W. Colorado Ave. (728-3041 ou 800-525-3455, ouvert du lundi au vendredi de 9h à 21h, samedi et dimanche de 9h à 18h). Telluride n'est accessible qu'en voiture, par l'US 550 ou la route 145. La station de **Greyhound** la plus proche est à Montrose, 132 N. 1st St. (249-6673), à 96 km de là. Le **bureau de poste** de Telluride est situé 101 E. Colorado Ave. (728-3900, ouvert du lundi au vendredi de 9h à 17h, samedi de 10h à midi). **Code postal : 81435. Indicatif téléphonique : 970.**

Hébergements, restaurants et sorties Si vous vous rendez à Telluride à l'occasion d'un festival, prévoyez un sac de couchage. Le prix des chambres devient exorbitant. L'**Oak Street Inn**, 134 N. Oak St. (728-3383), propose des chambres, des dortoirs et un sauna (chambres simples avec toilettes communes 39 $, doubles 53 $, triples 67 $, quadruples 80 $. Douches 3 $). Prix plus élevés pendant les festivals. A l'extrémité est de la ville se trouve un **camping** municipal avec eau courante, toilettes et douches (728-3071, durée maximale du séjour 2 semaines, 46 emplacements à 8 $, sauf pendant les festivals). Le **Sunshine**, situé à une dizaine de kilomètres au sud-ouest sur la route 145 en direction de Cortez, est un camping aménagé appartenant à une forêt nationale (durée maximale du séjour 2 semaines, 14 emplacements à 8 $). Pour plus de renseignements sur les **campings des forêts nationales**, s'adresser au *Forest Service* (327-4261). Il y a dans les environs plusieurs emplacements gratuits de camping accessibles seulement par des pistes cahoteuses. Pendant les festivals, on peut dormir pratiquement n'importe où, et prendre une douche chaude dans les locaux du lycée (2 $).

Chez **Baked in Telluride**, 127 S. Fir St. (728-4775), on sert du café, des gâteaux, des pizzas, des salades et des *bagels* (50 ¢), tous excellents (ouvert tous les jours de 5h30 à 22h). On peut (très bien) manger italien chez **Eddie's Café**, 300 W. Colorado (728-5335). Pizzas individuelles 5 $, plats de pâtes 8 à 12 $. Ouvert tous les jours de 11h30 à 22h. Les petits déjeuners sont excellents chez **Sofio's Mexican Café**, 110 E. Colorado (728-4882). Compter au moins 4 $ par plat. Ouvert tous les jours de 7h à 11h30 pour le petit déjeuner, de 17h30 à 22h pour le dîner.

Au **One World Café**, 114 E. Colorado Ave. (728-5530, ouvert tous les jours de 11h30 à 1h30 du matin), on écoute de la *world-beat music* en grignotant des amuse-gueule exotiques (à partir de 5 $, prix d'entrée 3 à 5 $ après21 h). **The House, A Tavern**, 131 N. Fir St. (728-6207), où l'on sert plus de dix bières à la pression, est le rendez-vous des étudiants fous de ski (2 à 4 $ la bière pression, *happy hour* de 16h à 17h : 75 ¢ de réduction sur les bières). L'ambiance est à la conversation *cool* au **Last Dollar Saloon,** 100 E. Colorado (728-4800), près de Pine (bière en bouteille 2 à 3 $). Au **Leimgruber's**, la cuisine européenne est un peu chère, mais l'accueillant bar du 573 W. Pacific Ave. (728-4663) est un *must* après une journée de ski.

Festivals et activités La qualité et le nombre des festivals d'été sont étonnants pour une aussi petite ville (1 500 habitants). Renseignements au *visitors center* (voir ci-dessus). Il y a des manifestations presque tous les week-ends durant l'été et l'automne, dont la plus connue est le festival de musique **Bluegrass** (800-624-2422) à la fin juin. Depuis quelques années, des vedettes telles que James Taylor et les Indigo Girls attirent jusqu'à 19 000 personnes, bien que la capacité d'accueil soit théoriquement limitée à 10 000 (billet 35 à 45 $ par soirée). Telluride est aussi le théâtre d'un festival de poésie, **Talking Gourds** (327-4767 ou sur Internet : *goodtimes@infozone.telluride.co.usa*), et d'un festival de jazz, **Jazz Celebration** (le premier week-end d'août). Le **Telluride International Film Festival** (603-643-1255) pendant le week-end de Labor Day (premier lundi de septembre) est fréquenté par des acteurs et des réalisateurs du monde entier. On peut y croiser Jodie Foster et Daryl Hannah. C'est là qu'ont été présentés en première mondiale des films tels que *The Crying Game* et *La Leçon de piano*. Lors de certains festivals, on peut travailler comme ouvreur en échange de billets gratuits.

Les environs de Telluride offrent d'innombrables possibilités d'excursions et de randonnées à pied ou à bicyclette. Il n'est pas rare de tomber, au détour d'une montagne, sur une ville-fantôme ou un lac. En une journée, on peut remonter le San Miguel River Canyon jusqu'à **Bridal Veil Falls**, les chutes d'eau que l'on aperçoit depuis Telluride. Garer sa voiture au bout de la route 145 et continuer à pied sur la route escarpée jusqu'aux chutes.

L'hiver, Telluride peut se vanter d'avoir deux pistes de ski parmi les plus impressionnantes des Rocheuses : *"Spiral Stairs"* et *"the Plunge"*. Pour en savoir plus, contacter **Telluride Ski Resort,** P.O. Box 307, Telluride 81435 (728-3856). S'adresser au *visitors center* (voir plus haut) pour obtenir un exemplaire du *Skier Services Brochure*. Une navette gratuite relie le village alpin au reste de la ville (horaires au *visitors center*). **Parangon Ski and Sport,** 213 W. Colorado Ave. (728-4525), loue du matériel de camping, des vélos, des skis (15 $ par jour) et des *roller blades*. Ouvert tous les jours de 8h à 19h30, l'hiver de 8h à 21h.

■■■ DURANGO

Malgré son succès grandissant auprès des touristes, Durango reste une ville tranquille et décontractée. C'est le point de chute idéal pour voir Mesa Verde et faire du rafting sur l'Animas River.

Informations pratiques Durango se trouve à l'intersection de l'US 160 et de l'US 150. Les rues sont perpendiculaires aux avenues, mais tout le monde appelle Main Avenue "Main Street". La **Durango Area Chamber Resort Association,** 111 S. Camino del Rio (247-0312 ou 800-525-8855), en face de Gateway Dr., est de très bon conseil, notamment sur les campings. Ouvert du lundi au samedi de 8h à 19h, le dimanche de 10h à 16h, l'hiver du lundi au samedi de 8h à 17h, dimanche de 10h à 16h. La station **Greyhound** est au 275 E. 8th Ave. (259-2755). Elle dessert Grand Junction (un départ par jour, durée 6h, 35 $), Denver (un départ par jour, durée 12h, 56 $), et Albuquerque (un départ par jour, durée 5h, 35 $). Ouvert du lundi au vendredi de 7h30 à midi et de 15h30 à 17h, samedi de 7h30 à midi, dimanche et fêtes de 7h30 à 10h. Le **Durango Lift** (259-5438) est un service de bus partant toutes les heures de Main Ave. et Earl St. (de 8h à 17h15, 75 ¢). **Urgences :** 911. **Bureau de poste** de Durango : 222 W. 8th St. (247-3434, ouvert du lundi au vendredi de 8h30 à 17h30, samedi de 9h à 13h). **Code postal :** 81301. **Indicatif téléphonique :** 970.

Hébergement, restaurants et sorties Le **Durango Youth Hostel,** 543 E. 2nd Ave. (247-9905), à deux pas du centre-ville, propose des lits superposés avec accès à une cuisine, dans une grande maison réaménagée à l'atmosphère douillette. Les propriétaires vous renseigneront sur les cafés, les bistrots et les activités. Arrivée de 7h à 10h et de 17h à 22h. Libération des chambres de 7h à 10h. 10 $. Le prix de l'hébergement change assez vite à Durango. Se renseigner au préalable auprès de la *Chamber Resort Association* (voir plus haut). L'été, le prix le plus bas pour une chambre double est d'environ 40 $. Même chez **Budget Inn,** 3077 Main Ave. (247-5222), les chambres - certes spacieuses - sont chères. Il y a heureusement une belle piscine et un jacuzzi (simples 48 à 52 $, doubles 64 à 69 $, l'hiver de 29 à 32 $ et de 35 à 40 $). Le camping **Cottonwood Camper Park,** sur l'US 160 (247-1977), à 800 m à l'ouest de la ville, est le terrain le plus proche de la gare (l'emplacement pour deux 14 $, raccordement complet 18 $, 2 $ par personne supplémentaire).

Silverton, à 75 km au nord sur l'US 550, est un lieu de vacances moins prisé (donc moins cher...) que Durango. Cette petite ville minière se trouve au pied de montagnes et de sentiers de randonnées parmi les plus magnifiques de la région. Le **Teller House Hotel,** 1250 Greene St. (387-5423 ou 800-342-4338), situé à côté d'une boulangerie française qui fournit le petit déjeuner de l'hôtel, propose des chambres confortables dans un bâtiment ancien (il date de 1896) mais bien entretenu. Chambres simples 25 $, avec salle de bains 37 $, doubles 31 à 47 $, 8 $ par personne supplémentaire. Silverton se trouve au bout du Durango & Silverton RR (voir plus loin).

On peut faire quelques emplettes au **City Market** sur l'US 550 à un block de là, sur 9th St., ou 3130 Main St. (les deux magasins sont ouverts 24h/24). Pour prendre le petit déjeuner avec les gens du pays, allez chez **Carver's Bakery and Brewpub,** 1022 Main Ave. (259-2545), qui fait du bon pain, des petits déjeuners (2 $ à 4,50 $), des pâtes fraîches (5 à 7 $) et des plats végétariens. La pinte de bière maison coûte 3 $, le pichet 8 $. Ouvert du lundi au samedi de 6h30 à 22h, dimanche de 6h à 13h. **Farquhart's**, 725 Main Ave. (247-5442), sert une généreuse assiette de *burrito* pour 6,50 $. On y écoute de la bonne musique (mercredi à dimanche : rock, *world beat* et reggae). Prix d'entrée 5 $, ouvert tous les jours de 11h à 2h du matin. Au **Steaming Bean Coffee Co**, 915 Main Ave. (385-7901), on déguste des petits pains, des pâtisseries et des cafés pour 1 à 3 $, dans une ambiance un peu bohème. Menu soupe et sandwich à 4 $. Ouvert tous les jours de 6h30 à 23h.

Activités L'hiver est la meilleure saison à Durango. Non loin, à **Purgatory Resort** (247-9000), à 43 km au nord sur l'US 550, se retrouvent des skieurs de tous niveaux. (Forfait remontées mécaniques 39 $, un enfant de moins de 12 ans gratuit par adulte). L'été, on peut essayer le traîneau, chez **Alpine Slide** (les enfants de moins de 6 ans doivent monter avec un adulte). Ouvert l'été, tous les jours de 8h30 à 18h. Prix 4 $, de juillet à mi-août 7 $. On peut également emprunter le **Scenic Chairlift Ride** (3 à 5 $), un télésiège qui offre un beau panorama.

Durango doit en partie sa renommée au **Durango and Silverton Narrow Gauge Train**, 479 Main St. (247-2733), qui suit la vallée de l'Animas River jusqu'à la vieille ville de **Silverton**. D'anciennes locomotives au charbon traversent les Monts San Juan, font escale deux heures à Silverton et retournent à Durango. Départs à 7h30, 8h30, 9h15 et 10h10. Le voyage dure 8 à 9 heures. Tarif 43 $, enfants de 5 à 11 ans 21,50 $. De mi-juillet à mi-août, on peut acheter un aller simple avec retour en bus (1h30). Le voyage coûte alors 42,70 $, en prenant le train de 8h30. Le train peut également déposer les randonneurs sur le chemin et les reprendre au retour. Pour plus de précisions sur ce service, se renseigner par téléphone. Bureau ouvert tous les jours, de juin à mi-août de 6h à 20h, en mai et de mi-août à octobre de 7h à 19h, de novembre à mai de 8h à 17h.

Durango et ses environs sont enclavés dans **San Juan National Forest**, dont les bureaux sont à Durango et où l'on peut obtenir (par téléphone au 247-4874) des renseignements sur les randonnées et les campings. En particulier, les randonneurs qui projettent de se rendre dans la **Weminuche Wilderness**, la région sauvage au nord-est de Durango, doivent s'adresser au bureau. Pour le rafting, **Rivers West**, 520 Main St. (259-5077), pratique des tarifs attractifs (une heure 12 $, deux heures 19 $, enfants 20 % de réduction). Ouvert tous les jours de 8h à 21h. **Durango River-trippers**, 720 Main St. (259-0289), organise également des excursions (deux heures 19 $, enfants 14 $, 4 heures 29 et 20 $). Ouvert tous les jours de 8h à 21h. Pour le vélo, on peut s'équiper chez **Hassle Free Sports**, 2615 Main St. (259-3874 ou 800-835-3800). Location de vélos 10 $ la demi-journée, 25 $ la journée. Ouvert du lundi au samedi de 8h30 à 18h, dimanche de 10h30 à 17h. Permis de conduire et carte de crédit obligatoires.

ROCHEUSES

■ AUX ENVIRONS DE DURANGO : PAGOSA SPRINGS

Les Indiens Utes - premiers hommes à découvrir les eaux de Pagosa - croyaient que ces sources étaient un don du Grand esprit. Pagosa Springs, les plus chaudes et les plus importantes sources du monde, jaillissent des Monts San Juan à une centaine de kilomètres à l'est de Durango sur la route 160. Les **thermes** principaux sont situés dans deux motels : **Spring Inn**, 165 Hot Springs Blvd. (264-4168, bains extérieurs 6,50 $, ouvert 24h/24), et **Spa Motel**, 317 Hot Springs Blvd. (264-5910, 7,50 $ pour le bassin en plein air et le jacuzzi intérieur, ouvert de 8h à 21h tous les jours, âge minimal 18 ans). Dans la **Chimney Rock Archeological Area** (883-5359), à 32 km de Pagosa Springs sur l'US 160 et la route 151S, on peut visiter les ruines d'un village Anasazi au sommet d'une mesa. Visites guidées du 15 mai au 30 septembre à 9h30, 10h30, 13h et 14h. Prix 3 $, moins de 12 ans 2 $. On peut skier à **Wolf Creek**, à 32 km à l'est de Pagosa, une station qui se flatte d'avoir le plus fort enneigement du Colorado (forfait 32 $, moins de 13 ans 20 $. Ces tarifs sont susceptibles de changer). Pour la pêche, la randonnée et le camping, s'adresser à San Juan National Forest (247-4874, voir Activités à Durango). Le **Visitors Center** (264-2360) se trouve à l'intersection de San Juan St. et de Hot Springs Blvd. (Ouvert du lundi au samedi de 8h à 17h, dimanche de 13h à 17h, l'hiver, tous les jours de 9h à 17h.) Sauf lors de manifestations exceptionnelles, il n'y a pas de transports en commun à Pagosa Springs.

L'hébergement n'est pas ruineux. Le **Sky View Motel** (263-5803), à 1,6 km à l'ouest de la ville sur la route 160, propose des chambres simples avec TV câblée pour 35 $, doubles pour 40 à 145 $ et quadruples pour 50 $. Le **Harvey's Motel**, 157 Pagosa St. (264-5715), à un block du centre-ville, possède des chambres douillettes. Murs lambrissés, TV et téléphone (chambres simples 38 à 40 $, doubles de 40 à 45 $). Le **High Country Lodge** (264-4181) se trouve à 4,8 km à l'est sur la route 160. Chambres simples 47 $, *cabins* pour une personne 60 $, 5 $ par personne supplémentaire jusqu'à 4. L'hiver, les prix baissent de 5 $.

Le **Moose River Pub**, 20 Village Dr. (731-5451), sert une appétissante cuisine du sud-ouest des Etats-Unis (ouvert du lundi au vendredi de 11h à 14h et de 17h à 21h, samedi de 17h à 21h). Au **Hogs Breath Saloon**, 157 Navajo Trail Dr. (731-2626), près de la route 160 W, dîner dansant sur de la musique country le vendredi et le samedi (plats 8 à 10 $, ouvert tous les jours de 11h à 22h). Le **Rolling Pin Bakery Café**, 214 Pagosa St. (274-2255), a remporté une récompense pour son *green chili stew* (4 $), un ragoût d'aromates, de piment et de poulet. Au petit déjeuner, essayez les *flapjacks* (galettes de pommes de terre) et les sandwiches. Ouvert du lundi au jeudi et le samedi de 7h à 14h, le vendredi de 7h30 à 17h30.

■■■ MESA VERDE

Mesa Verde - son nom signifie littéralement "table verte" - s'élève au milieu des régions désertiques du sud-ouest du Colorado. Son sommet plat est plus propice à la végétation que les terres sèches qu'il surplombe. Il y a 1 400 ans, les Indiens cultivaient les terres correspondant actuellement au **Mesa Verde National Park.** Ces peuples - appelés aujourd'hui les Anasazis, ou "les anciens" - avaient construit à même la falaise une série d'habitations élaborées. Puis, aux alentours de 1275, 700 ans après l'installation de leurs ancêtres, les Anasazis disparurent mystérieusement, laissant derrière eux ces fantastiques demeures troglodytes.

La partie sud du parc se compose de la **Chapin Mesa** et de la **Wetherill Mesa**. Pour en savoir plus sur la vie des Anasazis, visitez le **Chapin Mesa Museum** (529-4475) à l'extrémité sud du parc (ouvert tous les jours de 8h à 18h30, l'hiver de 8h à 17h.) Des rangers proposent des visites guidées à **Cliff Palace**, le plus grand ensemble d'habitations construites à même la falaise des Etats-Unis, et à **Balcony**

House (ouvert seulement l'été), une habitation de 40 pièces située à 183 m au-dessus du lit du Soda Canyon (excursions toutes les demi-heures de 9h à 18h au départ du **Visitors Center**, 1 $). **Step House**, sur Weatherill Mesa, est l'une des ruines les mieux conservées, de même que **Spruce Tree House**, près du musée.

Le Far View Lodge (voir plus loin), propose deux excursions d'une demi-journée en car. L'une vers Spruce Tree House (départ de l'hôtel à 9h), l'autre vers Cliff Palace (départ à 13h). On peut aussi faire une excursion d'une journée pour visiter les deux ruines. Arriver au moins une demi-heure avant le départ. (Excursions d'une demi-journée 15 $, moins de 12 ans 8 $. Excursion d'une journée 19 et 8 $. Pas de réservation.) De Durango ou de Cortez, on peut prendre un car de la compagnie **Mesa Verde Tours** (259-4818 ou 800-626-2066) pour visiter le parc (9 heures, départ à 8h30). Prix 60 $, comprenant le droit d'entrée dans le parc et une excursion, moins de 12 ans 30 $. Apporter son déjeuner et réserver la veille au soir.

L'entrée principale du parc se trouve sur l'US 160, à 57 km de Durango et à 16 km de **Cortez**. Le droit d'entrée est de 5 $ pour les véhicules, 3 $ pour les piétons et les cyclistes. Le **Far View Visitors Center** (529-4543), à 32 km de l'entrée principale, publie un guide touristique complet comprenant une liste actualisée des excursions à pied, en voiture, et des randonnées (ouvert tous les jours de 8h à 17h). L'hiver, visitez le musée (voir plus haut) ou le **Colorado Welcome Center/Cortez Chamber of Commerce**, 928 E. Main (800-253-1616 ou 565-3414) à Cortez, où l'on peut se procurer le *Mesa Verde Country Visitors Guide* (ouvert tous les jours de 8h à 18h, l'hiver de 8h à 17h). Les sites intéressants du parc étant distants d'environ 60 km, mieux vaut venir en voiture. Pour les **urgences**, appeler le 529-4469. **Code postal** : 81330. **Indicatif téléphonique** : 970.

La seule structure d'hébergement de Mesa Verde, **Far View Lodge**, est extrêmement chère (à partir de 70 $), mais on peut descendre dans l'un des motels des environs pour moins de 30 $. Par exemple le **Ute Mountain Motel**, 531 S. Broadway (565-8507), à Cortez (chambres simples à partir de 34 $, doubles à partir de 42 $, l'hiver 24 $ et 28 à 34 $). Le **Durango Hostel**, à proximité (voir Hébergement à Durango), est également très raisonnable. Le seul camping de Mesa Verde, le **Morfield Campground** (529-4400, hors saison 533-7731), se trouve dans le parc, à 6,4 km de l'entrée. C'est le troisième plus grand camping des Etats-Unis. Il n'a pratiquement jamais été complet et compte de très beaux emplacements isolés. (450 emplacements, 8 $, raccordement complet 16 $, douches 75 ¢ pour 5 minutes).

Four Corners

Le **Nouveau-Mexique**, l'**Arizona**, l'**Utah** et le **Colorado** se touchent en un point situé à environ 64 km de **Shiprock** (au Nouveau-Mexique), sur le territoire de la réserve Navajo. **Four Corners** symbolise bien l'idée que se font les Américains de la terre. Les frontières des Etats ont été tracées le long de lignes de longitude et de latitude déterminées scientifiquement, sans tenir aucun compte des frontières naturelles. Il n'y a pas grand-chose à voir, mais on peut toujours faire une photo en se mettant à quatre pattes, un membre dans chaque Etat. Un tantinet ridicule, mais ça peut faire rire les copains au retour (ouvert tous les jours du lever au coucher du soleil, 1 $).

POUR MÉMOIRE

▓ L'abréviation I-68 désigne l'interstate 68, l'abréviation US 12 la US highway 12. Nous avons également adopté les abréviations suivantes : *Rte.* pour route, *Blvd.* pour boulevard, *Ave.* pour avenue, *St.* pour street, *Hwy.* pour highway, *Pkwy.* pour parkway.

▓ Sous l'appellation *visitor centers* sont regroupés les office de tourisme d'une ville et les bureaux d'accueil des parc naturels ou des sites touristiques. Faites-y toujours un tour : le personnel, d'ordinaire compétent et serviable, est là pour vous aider ; les brochures et cartes qu'on y trouve sont très utiles.

▓ Les numéros de téléphone débutant par 1-800 sont toujours gratuits. En revanche ils ne peuvent être appelés qu'à l'intérieur des Etats-Unis.

▓ Les auberges de jeunesse de la fédération Hostelling International (HI) accordent souvent des réductions à leurs membres. Elles sont signalées dans le texte par le sigle HI-AYH.

▓ Les *National Parks, National Monuments* et *National Forests* dépendent du gouvernement fédéral ; les *State Parks* et les *State forests* du gouvernement de chaque Etat.

▓ La *cover charge* est une participation de quelques dollars demandée à l'entrée des bars ou des clubs, en général lorsqu'un groupe se produit *live*.

▓ Les prix mentionnés s'entendent hors taxe, sauf indication contraire. Il convient donc de rajouter les taxes locales.

▓ Les horaires sont présentés à la française, de 0h00 à 24h : 2h signifie 2 heures du matin.

▓ Reportez-vous au chapitre **Etats-Unis, l'Essentiel** au début de ce guide pour en savoir plus.

TEXAS

L'Etat du Texas constitue presque un pays à lui seul. Après s'être révoltée contre les Espagnols en 1821, la république du Texas est restée indépendante jusqu'en 1845. Elle a alors rejoint l'Union en tant que 28e Etat. Les Texans restent très attachés à la devise de leur Etat, *The Lone Star State* (l'Etoile solitaire), et revendiquent fièrement leur image de cow-boys, des hommes à la stature imposante qui semblent toujours prêts à repartir à la conquête de l'Ouest. *Everything is bigger in Texas* (tout est plus grand au Texas) est ici un slogan qui s'applique à tous les domaines. Réputé pour ses milliardaires du pétrole, ses technologies d'avant-garde (le centre de la NASA à Houston), ses immenses ranchs et ses rodéos, le Texas a avant tout bâti sa richesse sur le pétrole, le coton (il est le premier producteur de l'Union) et le bétail. Aujourd'hui, le tourisme et les technologies de pointe, qui se sont développés rapidement, en font un Etat en plein essor. L'influence mexicaine est très sensible dans la culture texane, notamment dans sa gastronomie et son architecture.

Le Texas en bref

Auteurs : Cormac McCarthy, James Michener *(Texas)*, Nelson Algeren *(A Walk on the Wild Side)*, Katherine Anne Porter.

Artistes : Jerry Bywaters, Otis Dozier, Florence McClung, James Surls.

Cuisine : Tex-Mex, barbecue, *hot links* (saucisses texanes pimentées au barbecue), *menudo* (sorte de ragoût de tripe et de maïs), *chicken fried steak*, bœuf *longhorn*, pâtisseries mexicaines.

Microbrasseries : Pearl Brewing Company, Spoetzel, Selis, Hill Country, Texas Brewing, Shiner Bock Brewing Co.

Amérindiens : Tonkawa, Atakapa, Wichita, Apache, Comanche.

Musique : *country-western,* Buddy Holly, Stevie Ray Vaughn, ZZ Top, Edie Brickell, Lyle Lovett, Tripping Daisy.

Films et télévision : *Dazed and Confused, Slacker, Debbie Does Dallas, Fandango, The Last Picture Show, Dallas, Paris Texas.*

Climat : chaud et sec. Meilleure période pour visiter : toutes les saisons sauf l'été.

INFORMATIONS PRATIQUES

Capitale : Austin.

Texas Division of Tourism : P.O. Box 12728, Austin 78711-2728 (800-888-8839). Le **Texas Travel Information Center** (800-452-9292) aide les visiteurs à organiser leur voyage (ouvert tous les jours de 9h à 21h). **U.S. Forest Service**, 701 N. First St., Lufkin 75901 (409-639-8501). **Texas Parks and Wildlife Dept.**, Austin Headquarters Complex, 4200 Smith School Rd., Austin 78744 (512-389-4800 ou 800-792-1112).

Fuseau horaire : basé sur l'heure des Prairies. **Abréviation postale :** TX.

Taxe locale : 6-8 %.

■■■ DALLAS

En 1841, un ambitieux immigrant irlandais, John Neely Bryan, établit, sur le bord de la rivière Trinity, un comptoir commercial composé de quelques cabanes en bois.

Avec l'arrivée massive de colons et de planteurs de coton, le comptoir se transforma peu à peu en agglomération. C'est à partir de 1871, avec l'ouverture de la
première ligne de chemin de fer, que Dallas connut une croissance rapide. Aujour-
d'hui, 8ᵉ ville des Etats-Unis, elle est, par son activité industrielle (exploitation du
pétrole et constructions aéronautiques), la seconde du Texas, après Houston. Dallas,
ou "Big D", abrite un centre-ville ultramoderne, une multitude de restaurants et de
centres commerciaux, des manifestations culturelles et des musées de premier plan
(dont le John F. Kennedy Museum). On y croise bien sûr des hommes d'affaires
coiffés d'un large Stetson et des cow-girls en minijupe, mais aussi de plus en plus
d'Asiatiques et de Sud-Américains, attirés par le dynamisme commercial de la ville.

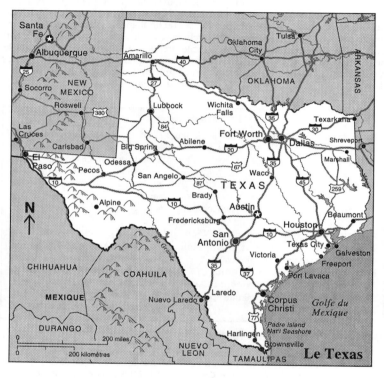

Le Texas

INFORMATIONS PRATIQUES

Office du tourisme : Dallas Convention and Visitors Bureau, 1201 Elm St. (B2 ;
746-6700, dans la Renaissance Tower). On y trouve des cartes et des brochures très
utiles, ouvert du lundi au vendredi de 8h à 17h. L'office supervise aussi deux **visitors centers :** 1303 Commerce St. (B3 ; 746-6603, ouvert du lundi au jeudi de 8h
à 17h30, le vendredi de 8h à 17h, le samedi de 9h à 17h, le dimanche de 12h à 17h)
et 603 Munger St. (B2 ; 880-0405), à West End Market Place (ouvert du lundi au
samedi de 11h à 20h et le dimanche de 12h à 20h). Le **Dallas Gay and Lesbian
Alliance**, 2701 Reagan (528-4233), donne des informations sur la communauté
homosexuelle, ouvert du lundi au vendredi de 9h à 21h, samedi de 10h à18h,
dimanche de 12h à 18h. **Special Event Info Line**, 746-6679, 24h/24. **Internet
Surfers :** contacter http://www. pic. net//cityview/dallas./html, pour tout savoir
sur les boîtes de nuit, les restaurants, les musées, les concerts, etc.

Aéroport : Dallas-Ft. Worth International (574-8888), 17 miles au nord-ouest du centre-ville. Prendre le bus 409. L'aéroport **Love Field** (670-6080 ; prendre le bus 39) propose surtout des vols à l'intérieur de l'Etat. Pour se rendre en ville depuis ces deux aéroports, prendre le bus **Super Shuttle**, 729 E. Dallas Rd. (817-329-2000). Navette depuis l'aéroport DFW, 15 $. Depuis Love Field, 11 $. Service 24h/24. Taxi depuis DFW, 25 $, depuis Love Field 15 $.

Trains : Amtrak, 400 S. Houston Ave. (B3, 653-1101 ou 800-872-7245). Départs depuis la gare Union Station à destination de Los Angeles (3 départs par jour, durée 42h, 217$), Austin (3 départs par jour, durée 6h, 36 $), Little Rock (3 départs par jour, durée 7h30, 81 $), ouvert tous les jours de 9h à18h.

Bus : Greyhound, 205 S. Lamar St. (B3, 800-231-2222), à trois blocks de la gare. Bus pour La Nouvelle Orléans (12 départs par jour, durée 13h, 69 $), Houston (9 départs par jour, durée 5h, 25 $), Austin (12 départs par jour, durée 4h, 23 $), ouvert 24h/24.

Transports en commun : Dallas Area Rapid Transit (DART), 1401 Pacific Ave. (B2, 979-1111), ouvert du lundi au vendredi de 8h30 à 16h45. Les lignes partent du centre-ville et desservent la plupart des banlieues. Circule de 5h à minuit et de 5h à 20h vers la banlieue. Billet : 1 $. Se procurer le plan au bureau à l'angle de Elm St. et Ervay St. (ouvert du lundi au vendredi de 7h à 18h). Dans le centre-ville, **Hope-a-Bus** (979-1111) propose un système de *park-and-ride* (possibilité pour les banlieusards de laisser leur voiture dans une gare et de continuer le trajet en ville par le métro). Trois lignes (bleue, rouge et verte). Circule du lundi au vendredi, environ toutes les 10 mn. Ticket : 25 ¢. Correspondances gratuites.

Taxis : Yellow Cab Co., 426-6262, 2,70 $ le 1er mile, 1,20 $ les suivants.

Location de voitures : Rent-A-Wreck, 2025 S. Bruckner Blvd. (800-398-2544). Service très fiable. Voitures d'occasion à partir de 19 $ par jour avec kilométrage illimité dans un rayon de 160 km autour de la ville. 18 ans au minimum. Caution en liquide acceptée. Possibilité de location depuis l'aéroport, ouvert de 9h à 18h, de 9h à 15h30 le samedi.

Location de vélos : Bicycle Exchange, 11716 Ferguson Rd. (270-9269). A partir de 60 $ la semaine. Carte de crédit obligatoire, ouvert du lundi au vendredi de 9h à 19h, de 9h à 17h le samedi.

Urgences : 911.

Bureau de poste : 400 N. Ervay St. (C2 ; 953-3045), près de Bryan St. dans le centre-ville, ouvert du lundi au vendredi de 8h à 18h. **Code postal :** 75201. **Indicatif téléphonique :** 214.

Le centre-ville de Dallas est assez compact et il est facile de s'y repérer. Nous vous indiquons pour certaines adresses les coordonnées (B2, C3…) permettant de vous orienter plus facilement sur notre carte.

HÉBERGEMENTS

En dehors des motels classiques, il n'est pas facile de trouver un hébergement bon marché à Dallas. Lors des grandes manifestations annuelles comme le Cotton Bowl (1er janvier) et la State Fair en octobre, tous les hôtels sont pris d'assaut. Essayez les motels bon marché le long de la **US 75 (Central Expwy.)**, de la **I-635 (LBJ Freeway)**, et dans les banlieues d'**Irving**, **Mesquite**, et **Arlington**. Pour ceux qui ont un budget un peu moins serré, **Bed and Breakfast Texas Style,** 4224 W. Red Bird Ln., 298-5433 ou 298-8586 (tous les jours de 8h30 à 16h30), propose des chambres chez l'habitant très agréables. Prix surtout intéressant pour 2 personnes (chambre simple à partir de 50 $, chambre double à partir de 60 $). Le **Delux Inn**, 3817 Rte. 80E (681-0044), offre un très bon rapport qualité-prix. 133 chambres, clim., TV câblée (chambre simple 20 $, chambre double 25 $, 2 $ par personne supplémentaire, petit déjeuner continental gratuit). **Motel 6** (800-440-6000) possède 13 motels à Dallas (chambre simple 30 $). Pour ceux qui préfèrent camper, prendre la I-35E jusqu'à la sortie 460 et suivre les indications jusqu'au **KOA Kampground**, 7100 S. Stemmons Rd. (817-497-3353), à Denton. Emplacements ombragés, bois de chauffage gratuit, bains et sauna publics (bureau ouvert tous les jours de 8h à 21h.

T E X A S

Emplacement pour deux personnes 18 $, avec raccordement 24 $). **Sandy Lake Campground**, 1915 Sandy Lake Rd. (242-6808), dispose de 270 emplacements pour camping-cars. Epicerie, salle de jeux, 2 laveries. Prendre la I-35E jusqu'à la sortie 444 (bureau ouvert du lundi au vendredi de 7h30 à 20h, le samedi de 8h à 20h, le dimanche de 13h à 18h, emplacement de 15 à 19 $).

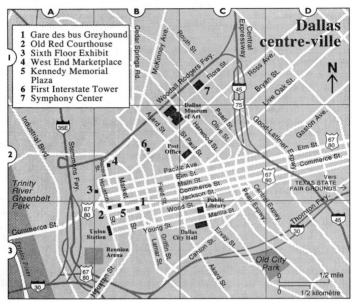

1 Gare des bus Greyhound
2 Old Red Courthouse
3 Sixth Floor Exhibit
4 West End Marketplace
5 Kennedy Memorial Plaza
6 First Interstate Tower
7 Symphony Center

Dallas centre-ville

RESTAURANTS

Des vendeurs de *tacos* plus ou moins digestes fleurissent à tous les coins de rue. Pour connaître les adresses des restaurants locaux, consultez le supplément du week-end du *Dallas Morning News*. Sur **West End Market Place**, 603 Munger St. (B2 ; 748-4801), on trouve des restaurants Tex-Mex au milieu d'une quantité de boutiques pour touristes. Les établissements gastronomiques et les restaurants *barbecue* authentiques et bon marché sont situés aux alentours de Greenville Avenue. Le marché de fruits et légumes **Farmers Produce market**, 1010 S. Pearl Expwy (D3), entre Pearl et Central Expwy, près de la I-30, (ouvert de 5h à 18h), fera le bonheur des végétariens.

Snuffer's, 3526 Greenville Ave. (826-6850). Bons burgers (4,25 $). Intérieur en bois et cactus, musique rythmée, service accueillant, et clientèle bon enfant. Goûtez les *cheddar fries* (4 $), mais attention au cholestérol ! Autres plats (5-7 $). Bar payant, ouvert tous les jours de 11h à 2h du matin.

Bubba's, 6617 Hillcrest Ave. (373-6527). Un *diner* dans le style des années 50. Délicieux *fried chicken* et *chicken fried steak* (5-6 $), ouvert tous les jours de 6h30 à 22h.

Terilli's, 2815 Greenville Ave. (827-3993). Une atmosphère glamour avec lumières tamisées, et l'une des meilleures musiques jazz de Dallas. Restaurant italien original avec d'énormes entrées et des plats végétariens. Goûtez les lasagnes végétariennes (9 $) accompagnées du cocktail maison, à base de Martini (5,50 $), ouvert tous les jours de 11h30 à 2h du matin.

Sonny Bryan's Smokehouse, 302 N. Market St. (B2 ; 744-1610), au seuil de West End, le quartier historique. L'une des meilleures cuisines barbecue de Dallas. Goûtez le *meat-on-a-bun* (6 $) ou un assortiment de 7 grillades (14 $). Quelques plats de légumes, ouvert du lundi au jeudi de11h à 22h, vendredi et samedi de 11h à 23h, dimanche de 12h à 21h.

Tony Roma's, 310 Market Place St. (B2 ; 748-6959). Une autre excellente adresse pour amateurs de steak. Murs de briques rouges, plantes vertes et petits cochons en argile sur les rebords de fenêtre. Toujours plein à craquer. Entrecôtes (7-8 $), ouvert du lundi au jeudi de 11h à 23h, vendredi de 11h à minuit, samedi de 11h30 à minuit, dimanche de 11h30 à 22h.

VISITES

Le Dallas "historique", en plein cœur du centre-ville, mérite une petite balade. Au coin de Elm St. et Market St. se trouve la cabane en rondins (restaurée) construite en 1841 par John Neely Bryan. Montez au sommet de la **Reunion Tower**, 300 Reunion Bd. (A3 ; 651-1234), au 50e étage, pour avoir une vue d'ensemble de la ville avant de commencer votre visite. (Ouvert du dimanche au jeudi de 10h à 22h, vendredi et samedi de 9h à minuit, adulte 2 $, enfant 1 $).

Un passage souterrain en bas de la Reunion Tower mène à la gare ferroviaire **Union Station**, 400 S. Houston Ave. (B3), l'un des rares édifices anciens de la ville.

Au nord de la gare s'étend l'ancien quartier **West End Historic District and Market Place** (B2), avec ses larges trottoirs, ses restaurants, ses bars et ses nombreuses boutiques (toutes les boutiques sont ouvertes les lundis, vendredis et samedis de 11h à minuit, les mardis et jeudis de 11h à 22h et les dimanches de 12h à 18h).

A l'angle d'Elm et Houston St., vous pouvez vous rendre au 6e étage de l'ancien **Texas School Book Depository** (B2 ; 653-6666). C'est d'ici que Lee Harvey Oswald a tiré le coup fatal qui tua le Président John F. Kennedy le 22 novembre 1963 (enfin officiellement…, les partisans de la thèse du complot n'ont pas encore jeté l'éponge). Cet étage, maintenant transformé en musée à la mémoire de Kennedy, retrace les différentes phases de l'assassinat (diapositives, documents…), ouvert de 9h à 18h, visite guidée 4 $, 2 $ pour les 6-8 ans. Location de cassettes audio 2 $. Toujours sur Elm St., le **Dealey Plaza** marque l'endroit où la limousine du Président passait. Le lieu n'a pas beaucoup changé et cadre toujours étrangement avec les images noir et blanc qui ont fait le tour du monde. Non loin, à l'angle de Market et Main Street, vous pouvez voir le **Memorial to Kennedy**.

Des gargouilles grimaçantes ornent l'ancien palais de justice **Dallas County Courthouse** (B3), à l'angle de Houston et de Main St. Construit avec du grès rose venant de Pecos, cet édifice a été surnommé le "Old Red". A l'est, au coin de Ross Ave. et de Field St., se trouve le gratte-ciel le plus impressionnant de Dallas, le **First Interstate Tower** (B2), un prisme de verre aux multiples facettes surplombant une pièce d'eau miroitante. Plus à l'ouest, sur Ross Ave., le **Dallas Museum of Art**, 1717 N. Harwood St. (B2 ; 922-1200), possède une superbe collection d'antiquités égyptiennes, de peintures impressionnistes et d'art moderne (ouvert mardi et mercredi de 11h à 16h, jeudi et vendredi de 11h à 21h, samedi de 11h à 17h, entrée libre). Plus près du centre, l'imposant **Dallas City Hall** (hôtel de ville), 100 Marilla St. (C3 ; 670-3957), a été conçu par l'inévitable architecte I.M. Pei (le concepteur de la pyramide du Louvre). Environ 35 bâtiments de la fin du XIXe siècle (dont un cabinet de dentiste, une banque, une école…) ont été restaurés et transférés dans le **Old City Park**, le plus ancien parc public de la ville (D3 ; 421-5141). C'est aujourd'hui un lieu de pique-nique et de promenade populaire. (Parc ouvert tous les jours de 9h à 18h. Les bâtiments d'exposition sont ouverts du mardi au samedi de 10h à 16h, le dimanche de 12h à 16h. 5 $, personnes âgées 4 $, enfants 2 $, familles 12 $, gratuit le lundi quand les bâtiments sont fermés).

Au sud-est de la ville s'étend le **Fair Park** (parc d'expositions où sont réunis la plupart des musées de la ville), classé monument historique (890-2911). A l'intérieur du parc, le **Dallas Aquarium** (670-8443) réunit quelque 325 espèces de poissons et reptiles divers. (Pour assister au repas des squales, toujours impressionnant, venir les mercredis, vendredis et dimanches à 14h30, ouvert tous les jours de 9h à

16h30, 2 $, enfants 1$). Le **Science Place** (428-5555) propose des expositions scientifiques très pédagogiques (ouvert tous les jours de 9h30 à17h30, entrée 6 $, personnes âgées et enfants de 3 à 12 ans 3 $). Le **Museum of National History** (670-8457) est quant à lui consacré à l'histoire naturelle du Texas (ouvert du lundi au samedi de 9h à 17h. 3 $, étudiants et personnes âgées 2 $, moins de 12 ans 1 $, gratuit pour les moins de 3 ans). Enfin, l'**African American Museum** (565-9026) possède une collection multimédia d'art populaire et de sculptures (ouvert du mardi au jeudi de 12h à 17h, le vendredi de 12h à 21h, le samedi de 10h à 17h, le dimanche de 13h à 17h, entrée libre).

Tout près de l'African American Museum, le **White Rock Lake** est un havre de verdure idéal pour les promeneurs, les cyclistes et les adeptes du *roller skate*. Sur la rive est du lac, le **Dallas Arboretum**, 8525 Garland Rd. (327-8263), possède de magnifiques jardins et plantes tropicales. Pour s'y rendre, prendre le bus 60 N depuis le centre-ville (ouvert tous les jours de 10h à 17h, 6 $, de 6 à 12 ans 3 $). Enfin, pour admirer les hôtels particuliers de Dallas, remontez en voiture le **Swiss Avenue Historic District** ou passez par les rues qui longent le **Highland Parc.**

SPECTACLES ET ATTRACTIONS

Dallas est une ville pour les couche-tard. Les restaurants, bars et fast-foods restent ouverts jusqu'à 2h du matin. L'hebdomadaire gratuit *Dallas Observer* (le mercredi) vous aidera à choisir vos sorties. En juillet et en août, le festival de théâtre **Shakespeare in the Park** (797-1526) se déroule dans le Samuel-Grand Park au nord-est du State Fair Park. Les représentations sont gratuites. Dans Fair Park a lieu de juin à octobre le **Dallas Summer Musical** (421-0662, 691-7200 pour réserver les billets), qui accueille de nombreux groupes de musique (billets de 5 à 45 $). Appeler le 696-HALF pour obtenir des billets à moitié prix le jour même du spectacle. La saison du **Dallas Opera** (443-1043) dure de novembre à février (billets de 20 à 95 $). Le **Dallas Symphony Orchestra** (692-0203) se produit dans le nouveau **Morton H. Meyerson Symphony Center** sur Pearl and Flora St. (C1). La qualité de son acoustique est mondialement reconnue (billets de 12 à 50 $).

Si vous cherchez à vous détendre, pourquoi ne pas faire un tour au **Six Flags Over Texas** (817-640-8900, à Arlington, à 15 mn environ du centre par l'I-30, direction Fort Worth). Ce parc d'attractions très fréquenté mérite le déplacement (plus de 100 manèges et autres divertissements) même si le ticket d'entrée est un peu cher. (Ouvert tous les jours à partir de 10h de juin au Labor day, premier lundi de septembre, autrement seulement le week-end. Les horaires de fermeture varient. 25 $, 19 $ pour les plus de 55 ans et les moins d'un mètre…)

A Dallas, les trois valeurs sacrées sont Dieu, la patrie et les **Cow-boys**, l'équipe de football américain. Ces dieux du stade, qui ont remporté la finale du Super Bowl début 1996, évoluent au **Cowboys Stadium** à l'intersection de Loop 12 et de Rd. 183, à l'ouest de Dallas à **Irving.** Vous pouvez tenter d'obtenir des tickets, ne serait-ce que pour mesurer la ferveur impressionnante du public (579-5000 pour réserver les billets, ouvert du lundi au vendredi de 9h à 16h).

SORTIES

Deep Ellum, à l'est de la ville, est un quartier qui bouge. Des artistes alternatifs redonnent vie à cet endroit qui fut naguère le paradis du blues pour des chanteurs tels que Blind Lemon Jefferson, Lightnin' Hopkins et Robert Johnson. **Trees**, 2709 Elm St. (C2 ; 748-5009), récemment élu meilleur bar musical de la ville par le *Dallas Morning News,* est un ancien entrepôt rempli de tables de billard. Les groupes qui s'y produisent sont le plus souvent alternatifs (entrée : de 2 à 10 $. Interdit aux moins de 17 ans, ouvert tous les jours de 21h à 1h). Le **Club Dada,** 2720 Elm St. (C2 ; 244-3232), ancien repaire d'Edie Brickell, accueille aujourd'hui une jeune clientèle branchée *grunge* et *piercing*. Des groupes jouent régulièrement (entrée payante du jeudi au samedi : 3 à 5 $, ouvert tous les jours de 20h à 2h). Pour tout savoir sur la vie nocturne à Deep Ellum, appeler la **What's Up Line** (747-DEEP/3337).

West End est un autre quartier à la mode. Huit clubs-boîtes de nuit sont regroupés sur **Dallas Alley**, 2019 N. Lamar (B2 ; 988-0581). Une *cover charge* commune, de 3 $ à 5 $, permet d'entrer dans chacun des clubs. A l'intérieur, **Alley Cats** est un piano-bar sympathique, tandis qu'au **Paragon** vous pourrez danser sur de la dance music. L'**Outback Pub** (761-9355) et le **Dick's Last Resort** (747-0001), tous deux situés au 1701 N. Market (B2), sont très fréquentés par la population locale. Large sélection de bières et ambiance turbulente (entrée gratuite, ouverts de 11h à 2h du matin). Le week-end (quelquefois en semaine), des groupes jouent gratuitement sur la place du marché.

Sur **Greenville Ave.**, les clubs sont beaucoup plus tranquilles. **Poor David's Pub**, 1924 Greenville Ave. (821-9891), a une programmation musicale éclectique, qui va du folklore irlandais au reggae. Lorsqu'il n'y a aucun groupe à l'affiche, le pub est fermé. (Ouvert du lundi au samedi de 19h30 à 2h. Billets en vente à l'entrée après 17h de 3 à 20 $ uniquement en espèces.) Le **Greenville Bar and Grill**, 2821 Greenville Ave. (823-6691), est un excellent bar de rythm & blues. Du lundi au vendredi de 16h à 19h, la bière est à 1 $ (ouvert tous les jours de 11h à 2h du matin). D'autres bars en vogue se trouvent sur le **Yale Blvd**. Le **Green Elephant**, 5612 Yale Blvd. (750-6625), avec son cadre délirant très *kitsch* années 60 (lampes coulées dans de la lave, tapisseries de mauvais goût), semble être LE bar branché de la ville (ouvert tous les jours de 11h à 2h du matin). On trouve de nombreux clubs fréquentés par les gays au nord de la ville, à **Oak Lawn**. **Roundup**, 3912 Cedar Springs Rd. (B1 ; 522-9611) à Throckmorton, est l'un des plus à la mode. Il peut accueillir jusqu'à 1 500 personnes le week-end. Ambiance country, tables de billard et jeux de bar divers (ouvert du mercredi au dimanche de 20h à 2h).

∎ AUX ENVIRONS DE DALLAS : FORT WORTH

Fort Worth vous donnera un aperçu unique de l'univers des cow-boys : saloons, bière, rodéos…, tous les ingrédients de la vie texane sont réunis. **Stockyard District** (quartier des parcs à bestiaux) (817-625-9715), à 40 mn à l'ouest de Dallas sur l'I-30, mérite bien une visite d'une journée. A l'angle de N. Main et d'E. Exchange Ave., les parcs à bestiaux organisent chaque semaine un spectacle de rodéo (817-625-1025, d'avril à septembre le samedi à 20h, entrée 8 $), ainsi qu'un célèbre show, le **Pawnee Bill's Wild West Show** (817-625-1025, le samedi à 14h et à 16h30), qui présente des démonstrations d'adresse au tir à la carabine ainsi qu'une attaque de diligence. Le soir, le spectacle se passe au **Billy Bob's**, 2520 Rodeo Plaza (817-624-7117). Etendu sur 30 000 m^2, cet endroit gigantesque se veut le plus grand bazar-saloon du monde, avec son arène à taureaux, son restaurant barbecue, ses tables de billard, ses jeux vidéo, une boîte de nuit country et ses 52 bars. Son succès est tel qu'en une seule nuit, lors d'un concert de Hank Williams Jr., Billy Bob's a vendu 16 000 bouteilles de bière ! (Rodéos professionnels de taureau les vendredis et samedis à 21h et 22h. Leçons gratuites de valse texane le jeudi de 19h à 20h, entrée : 1 $, du dimanche au jeudi après 18h 3 $, vendredi et samedi de 5,50 à 8,50 $, ouvert du lundi au samedi de 11h à 2h, le dimanche de 12h à 2h.)

Le train à vapeur **Tarentula** (800-952-5717) propose une balade nostalgique dans le vieil Ouest. Il mène les visiteurs à travers Stockyards Station, une attraction touristique où restaurants et boutiques ont essaimé autour d'anciens enclos à bétail. Les trains partent du centre-ville, au coin de 2318 S. 8th Ave. et de 140 E. Exchange Ave. Les horaires ont tendance à changer à chaque saison (6 $, personnes âgées 5 $, moins de 12 ans 3 $, aller-retour 10/8/5,50 $). Les *stockyards* organisent également le **Chisholm Trail Round Up**, un grand festival de trois jours (en 1996 du 14 au 16 juin), qui commémore l'héroïsme des cow-boys qui ont guidé le long convoi de bétail vers le Kansas durant la guerre de Sécession. Pendant les festivités, ne manquez pas les **Hog and Armadillo Races**, des courses de cochons et de tatous prises très au sérieux par les familles américaines (625-7005). Pour plus d'informations sur toutes ces attractions, rendez-vous au **Visitors Information Center**, 130 Exchange Ave. (624-4741) et prenez un exemplaire de la *Stockyards Gazette* (ouvert du lundi au vendredi de 10h à 17h, dimanche de 12h à 18h).

En descendant Rodeo Plaza, une promenade sur **Exchange Ave.** vous rappellera certaines scènes d'un bon vieux western. Après avoir vendu leur bétail, les cow-boys, les poches pleines de dollars, arpentaient cette rue à la recherche de divertissements. L'endroit abrite toujours une quantité de saloons, de restaurants, de boutiques et de maisons de jeux. Ne manquez pas le **White Elephant Saloon**, 106 E Exchange Ave. (624-1887), un saloon remarquable avec son décor en bois brut, ses repose-pieds en cuivre et ses photos du vieux Fort Worth qui recouvrent les murs. L'établissement a ouvert ses portes en 1906.

■ ■ ■ AUSTIN

On oublie souvent qu'Austin est la capitale du Texas. Il est vrai que la ville échappe aux stéréotypes qui ont fait la réputation de l'Etat. Oubliez les rudes Texans en *boots* et chapeaux de cow-boy. Ici, on croise plutôt de jeunes cadres qui ont fait fortune en lançant leur propre société d'informatique, des artistes peintres, des *hippies* qui fabriquent leurs propres bijoux, des musiciens… Une forte population étudiante vit à Austin, et la vie nocturne est animée. Cette petite ville, qui ambitionne d'être la "capitale mondiale de la musique *live*", vous réserve quelques soirées drôles et animées.

INFORMATIONS PRATIQUES

Office du tourisme : Austin Convention Center/Visitors Information, 201 E. 2nd St. (474-5171 ou 800-926-2282), ouvert du lundi au vendredi de 8h30 à 17h, samedi de 9h à 17h, dimanche de 10h à 17h. **University of Texas Information Center,** 471-3434. **Texas Parks and Wildlife**, 4200 Smith School Rd. 78744 (389-4800 ou 800-792-1112), donne des informations sur les campings qui se trouvent à l'extérieur d'Austin, ouvert du lundi au vendredi de 8h à 17h.

Aéroport : Robert Mueller Municipal, 4600 Manor Rd. (480-9091), à environ 6 km au nord-est de la ville. Un taxi pour le centre-ville coûte de 12 à 14 $.

Trains : Amtrak, 250 N. Lamar Blvd. (476-5684 ou 800-872-7245). Trains à destination de Dallas (3 par jour, durée 6h, 36 $), San Antonio (3 par jour, durée 3h, 16 $, va jusqu'à Houston), El Paso (3 par jour, durée 10h, 129 $). Billetterie ouverte du dimanche au jeudi de 8h à 22h30, vendredi de 8h à 17h30, samedi de 13h à 22h30.

Bus : Greyhound, 916 E. Koenig (800-231-2222), plusieurs kilomètres au nord de la ville par l'I-35. Facilement accessible par les transports en commun. Le bus n°15 s'arrête de l'autre côté de la rue et dessert le centre-ville. Bus à destination de San Antonio (12 départs par jour, durée 1h30, 14 $), Houston (7 départs par jour, durée 4h, 19 $), Dallas (14 départs par jour, durée 5h, 23 $), ouvert 24h/24.

Transports en commun : Capitol Metro, 2910 E. 5th St. (474-1200 ou 800-474-1201, numéro d'information ouvert du lundi au vendredi de 6h à 22h, samedi de 6h à 20h, dimanche de 7h à 18h). Tickets : 50 ¢, étudiants, personnes âgées, enfants et handicapés 25 ¢. Plans et horaires disponibles au bureau (du lundi au vendredi de 8h à 17h) ou au kiosque vert à l'angle de 5th et Congress St. Le **'dillo Bus Service** (474-1200) dessert la plupart des rues du centre-ville. Des trolleys verts circulent du lundi au vendredi toutes les 15 mn de 6h30 à 19h, toutes les 50 mn de 19h à 21h (gratuit). Vous pouvez vous garer gratuitement dans le parking de 'dillo au City Coliseum, à l'angle de Bouldin et Barton Springs. L'**University of Texas Shuttle Bus** dessert le campus de l'université du Texas. Il est officiellement réservé aux étudiants mais les chauffeurs demandent rarement la carte.

Taxis : Yellow Cab, 472-1111. 1,50 $ de prise en charge + 1,50 $ par mile.

Location de voiture : Rent-A-Wreck, 6820 Guadalupe (454-8621). 25 $ par jour. 50 miles gratuits avec une caution en liquide, 100 miles gratuits avec carte de crédit.

25 ¢ par mile supplémentaire, ouvert du lundi au vendredi de 8h à 19h, samedi de 9h à 17h. 18 ans au minimum. Surtaxe de 10 $ par jour pour les moins de 21 ans.

Location de vélos : Bicycle Sports Shop, 1426 Toomey St. (477-3472), à Jesse. 10 $ pour 2h, 14 $ de 3h à 5h, 20 $ pour une journée (supplément de 10 $ pour la nuit), 16 $ par jour à partir de 3 jours, 50 $ par semaine. (Caution de 100 $ en liquide ou carte de crédit exigée.) La carte American Express n'est pas acceptée, ouvert du lundi au vendredi de 10h à 19h, samedi de 9h à 18h, dimanche de 12h à 17h. **Austin Adventure Company**, 706 B Simonetti Dr. (209-6880), est un autre loueur de vélos. 14 $ pour 2h. Organise aussi des visites de la ville à bicyclette de 2h à 3h (30 $) et des randonnées d'une journée en VTT dans Austin et ses alentours (40 à 65 $). Réservations obligatoires. Appeler et laisser un message.

Assistance téléphonique : Crisis Intervention Hot Line, 472-4357. **Outyouth Gay and Lesbian Help line**, 326-1234 ou 800-96-YOUTH/969-6884, renseignements et conseils, ouvert tous les jours de 17h30 à 21h30.

Urgences : 911.

Bureau de poste : 209 W. 19th St. (929-1253), ouvert du lundi au vendredi de 7h à 18h30, samedi de 8h à 15h. **Code postal :** 78701. **Indicatif téléphonique :** 512.

Les étudiants de l'université du Texas logent dans le centre de **Guadalupe St.** ("The Drag"), où l'on trouve de nombreux magasins de musique et restaurants bon marché. A quelques rues du centre, en direction du sud-est, le *state capitol* domine la zone. Au sud du capitole, **Congress Ave.** est réputée pour ses restaurants et ses boutiques chics. Sur **6th St.**, la pléthore de pubs et de pianos-bars a valu à Austin son surnom de "capitale mondiale de la musique *live*". Une partie de la vie nocturne s'est toutefois déplacée dans la **Warehouse Area,** autour de 4th St., à l'ouest de Congress Ave. Loin de l'agitation urbaine, **Town lake** est un paradis de verdure pour les citadins qui font du jogging, de l'aviron ou de la bicyclette.

HÉBERGEMENTS ET CAMPINGS

Vous trouverez des logements bon marché le long de la **I-35**, vers le nord et le sud d'Austin. Dans le centre-ville, trois coopératives étudiantes louent des chambres en pension complète aux visiteurs. La demande est très importante et il n'est pas possible de réserver (premier arrivé, premier servi). Ces résidences universitaires ne sont ouvertes que de mai à août.

Austin International Youth Hostel (HI-AYH), 2200 S. Lakeshore Blvd. (444-2294 ou 800-725-2331), à environ 5 km du centre-ville. Depuis la station de bus Greyhound, prenez le bus n° 7 ("Duval") jusqu'à Lakeshore Blvd. et poursuivez à pied sur moins d'1 km. En voiture, prenez la sortie Riverside sur la I-35, dirigez-vous vers l'est et tournez à gauche sur Lakeshore Blvd. Auberge de jeunesse très bien tenue, avec un salon commun qui domine le Town Lake. Des *waterbeds* sont disponibles à la demande. Cuisine, épicerie à proximité. Dortoirs non mixtes. Il n'y a pas de couvre-feu. 12 $ pour les membres, 15 $ sinon. Les sacs de couchage sont interdits. Location de draps 1 $, ouvert tous les jours de 9h à 11h et de 17h à 22h.

Taos Hall, 2612 Guadalupe (474-6905), sur 27th St. L'une des 3 coopératives étudiantes. C'est ici que vous avez le plus de chance de trouver une chambre. L'endroit idéal pour sympathiser avec les étudiants. Accueil très amical. Chambre et 3 repas 15 $.

21st. Co-op, 707 W. 21st St. (476-1857). Prendre le bus n° 39 à l'arrêt d'Airport St. jusqu'à Koenig et Burnett. Prendre ensuite le bus n° 3 "South" et descendre à Nueces Street. Il ne vous reste plus qu'à marcher deux blocks à l'ouest. Appartements avec moquette et climatisation. Salon et salle de bains commune à l'étage. 10 $ par personne, supplément de 5 $ pour la pension complète et l'accès à la cuisine. Souvent complet durant l'été.

The Goodall Wooten, 2112 Guadalupe (472-1343). Le "Woo" propose des chambres avec petit réfrigérateur. Salle TV commune, laverie et terrains de basket. Bureau ouvert de 9h à 17h et de 20h à minuit. Chambre simple 20 $, chambre double 25 $. Draps 5 $. Prévenir à l'avance.

Motel 6, 8010N. I-35 (837-9890 ou 800-440-6000), à 8 km du centre-ville. Prenez la sortie 240 A (Rundberg Ln.) sur la I-35S et suivre Frontage Rd. 112 chambres, piscine, climatisation, appels locaux gratuits. Même si tout est complet, présentez-vous vers 18h, vous pourrez peut-être obtenir une chambre (simple 32 $, double 38 $). Réservation nécessaire, en particulier le week-end.

Pearl Street Co-op, 2000 Pearl St. (476-9478). Chambres spacieuses, claires et très propres. Laverie, cuisine, et très belle piscine dans la cour. Ambiance sympathique. Le prix des chambres inclut trois vrais repas, une salle de bains commune et l'accès à la salle de TV (avec magnétoscope). Séjour de deux semaines au maximum. Chambre simple 13 $, double 17 $.

Les terrains de camping se trouvent en dehors d'Austin (entre 15 et 45 mn de trajet en voiture). L'**Austin Capitol KOA** (444-6322 ou 800-284-0206), à 9 km au sud de la ville par la I-35, possède une piscine, une salle de jeux et une épicerie. On peut également y laver son linge (emplacements de tente avec eau et électricité 24 $, avec raccordement complet 27 $, 3 $ par personne supplémentaire de plus de 17 ans. Bungalows pour 4 personnes 34 $, pour 6 personnes 44 $). Bien situé près d'un bras de la rivière Colorado, l'**Emma Long Metropolitan Park**, 1706 City Park Rd. (346-1831), propose des emplacements avec raccordement. Prenez la I-35 vers le nord jusqu'au croisement avec la route 22 au niveau de City Park Rd. Le camping se trouve à environ 10 km à l'ouest. (Ouvert de 7h à 22h, entrée 3 $, 5 $ le week-end. Emplacements 6 $, avec eau et électricité 10 $.)

RESTAURANTS

Des rangées de snack-bars bordent le côté ouest du campus sur **Guadalupe St**. On en retrouve autour de Sixth St., au sud du capitole. Ici, tous les moyens sont bons pour séduire les clients. Choisissez bien vos *happy hours*. Certains bars offrent 3 boissons pour le prix d'une ou des hors-d'œuvre gratuits. Un peu à l'écart du centre-ville, **Barton Springs Rd.** offre un large choix de restaurants dont plusieurs Tex-Mex bon marché. Dans le **Warehouse District**, les restaurants affichent des menus plus variés, avec notamment des spécialités de fruits de mer et des plats italiens.

Threadgill's, 6416 N. Lamar St. (451-5440), est une véritable légende à Austin depuis 1933. On y sert de la *soul food* (nourriture traditionnelle des Noirs du Sud). Un plancher qui craque, des ventilateurs qui tournent lentement au plafond, et de vieilles enseignes de marque de bière, voilà pour le décor. L'ancien gouverneur Ann Richards a célébré ici son 60e anniversaire, c'est vous dire si l'endroit a la cote... *Southern fried chicken* avec légumes à volonté 7 $, ouvert de 11h à 22h.

Ruby's BBQ, 512 W. 29th St. (477-1651). Probablement le restaurant de cuisine au barbecue le plus animé d'Austin. Le poulet et la viande de bœuf cuisent au feu de bois pendant des heures sur des fourneaux en briques. Les propriétaires n'utilisent que des bœufs fermiers nourris à l'herbe. Un énorme sandwich à la poitrine de bœuf coûte 3,55 $, ouvert du dimanche au jeudi de 11h à minuit, vendredi et samedi de 11h à 4h du matin.

Trudy's Texas Star, 409 W. 30th St. (477-2935). Très bons plats Tex-Mex de 5,25 à 8 $ et fantastique assortiment de margaritas. Réputé pour ses *migas*, des tortillas (crêpes) de maïs soufflées. Agréable bar en plein air sous un porche avec tables de pique-nique, ouvert jusqu'à 2h du matin. Restaurant ouvert du lundi au jeudi de 7h à minuit, vendredi et samedi de 7h à 2h du matin, dimanche de 8h à minuit.

Mongolian BBQ, 117 San Jacinto Blvd. (476-3938), sur la 2nd St. Composez votre propre *stir-fry* (légumes et viandes que l'on fait sauter à feu vif sur le gril). Déjeuner 5 $, dîner 7 $, repas à volonté pour 2 $ supplémentaires, ouvert du lundi au vendredi de 11h à 15h et de 17h à 21h30, le samedi de 11h30 à 15h30 et de 17h à 21h.

Sholz Garden, 1607 San Jacinto Blvd. (477-4171), près du capitol. Ne vous fiez pas à son nom : les spécialités sont typiquement locales. Copieux *chicken fried steaks* et plats Tex-Mex de 5 à 6 $. Concerts de rock country, ouvert du lundi au jeudi de 11h à minuit, vendredi et samedi de 11h à 2h du matin.

Quackenbush's, 2120 Guadalupe St. (472-4477), sur la 21st St. Un café presque uniquement fréquenté par les étudiants de l'université qui se retrouvent après les cours autour d'un *espresso* et autres boissons stimulantes pour l'esprit (de 1 à 2,50 $), ouvert du lundi au vendredi de 7h à 23h, samedi et dimanche de 8h à 23h.

Insomnia's, 2222 Guadalupe St. (474-5730). Un *coffee shop* de luxe, ouvert 24h/24, décor *high-tech,* ambiance un peu snob. 1 $ *l'espresso.*

VISITES

Nullement impressionnés par Washington DC, les Texans ont construit un **state capitol** de 2,10 mètres plus haut que celui de la capitale. Le bâtiment, tout en granite rose, se trouve au coin de Congress Ave. et 11th St. (visites gratuites toutes les 15 mn du lundi au vendredi de 8h30 à 16h30, samedi de 9h30 à 16h30, dimanche de 12h30 à 16h30, ouvert tous les jours de 7h à 22h) (463-0063). Le **Capitol Complex Visitors Center**, 112 E. 11th St. (463-8586), est situé à l'angle sud-est du terrain du capitole (ouvert du mardi au vendredi de 9h à 17h, samedi de 10h à 17h). Le gouverneur Hogg et sa fille Ima, célèbres aux Etats-Unis, ont autrefois habité dans la **Governor's Mansion**, érigée en 1856 (463-5516), sur 11th St. et Colorado St. (visites gratuites toutes les 20 mn de 10h à 11h40).

L' **University of Texas** (UT) est l'université la plus riche des Etats-Unis avec un budget annuel de près d'un milliard de dollars. Elle accueille plus de 50 000 étudiants. La vie culturelle y tient une place prépondérante. Le campus possède deux **bureaux d'information**, l'un situé dans le Sid Richardson Hall, 2313 Red River St. (471-6498), l'autre dans le Nowtony Building (471-1420), à l'angle de l'I-35 et Martin Luther King Jr. Blvd. (ouverts tous les jours de 8h à 16h30). Des visites du campus ont lieu du lundi au samedi à 11h et à 14h. Parmi les sites à visiter, le **Lyndon B. Johnson Library and Museum,** 2313 Red River St. (482-5279), est une bibliothèque-musée très fréquentée par les étudiants. Elle possède 35 millions de documents (ouvert tous les jours de 9h à 17h, entrée libre). Le **Harry Ransom Center** (471-8944) détient un exemplaire de la Bible de Gutenberg ainsi qu'une vaste collection de manuscrits et de lettres écrits par Virginia Woolf, James Joyce, William Faulkner, D.H. Lawrence, et Evelyn Waugh (ouvert du lundi au samedi de 9h à 17h, samedi de 12h à 17h, entrée libre).

L'**Austin Museum of Art de Laguna Gloria,** 3809 W. 35th St. (458-8191), se trouve à 13 km environ du capitole, dans un paysage vallonné, près du **Lac Austin**. Bâti sur le modèle d'une villa méditerranéenne, il abrite de nombreuses œuvres d'art contemporaines. Au mois de mai s'y déroule la **Fiesta Laguna Gloria**, un festival d'arts et d'artisanat, où l'on peut assister à des concerts et à des pièces de théâtre à petit prix. Le bus n° 21 mène au musée. (Visites guidées d'août à juin sur rendez-vous, ouvert mardi, mercredi, vendredi et samedi de 10h à 17h, jeudi de 10h à 21h, dimanche de 13h à 17h, entrée 2 $, étudiants et personnes âgées 1 $, gratuit le jeudi et pour les moins de 16 ans.) En été, les habitants d'Austin ont l'habitude de se rendre au **Zilker Park**, 2201 Barton Springs Rd., juste au sud de la rivière Colorado. Bordé de noyers et de pacaniers (arbres à noix de pécan), le plan d'eau de **Barton Springs Pool** (476-9044), une piscine naturelle alimentée par une source dans le parc, s'étend sur 300 mètres de long et 60 mètres de large. Attention, la température de l'eau dépasse rarement 15° C. Il y a généralement beaucoup de monde (les horaires varient selon la saison. Le parc est ouvert de 9h à 20h sous la surveillance d'un maître nageur mais vous pouvez quand même nager en dehors de ces heures, entrée 2 $, week-end 2,25 $, de 12 à 14 ans 50 ¢, moins de 17 ans 25 ¢). La **boutique de Barton Springs** (476-6922), en face du lac, loue des flotteurs pour 2 $ l'heure (ouverte du lundi au vendredi de 10h30 à 19h, samedi de 9h30 à 20h, dimanche de 11h30 à 19h). Si vous souhaitez plus d'action, mettez le cap sur **Windy Point** sur Comanche Rd., à environ 5 km à l'ouest après le croisement avec la I-620. Les plages de sable du **Lac Travis** sont le rendez-vous des amateurs de planche à voile et de plongée.

A la tombée de la nuit, ne manquez pas le curieux spectacle qui se déroule sous le **Congress Ave. Bridge :** des chauves-souris en nombre considérable fendent l'air pour partir à la chasse au moustique. Les nombreuses crevasses sous le pont sont en effet un habitat idéal pour ces rongeurs volants. Le **Bat Conservation Center** (327-9721) a été créé pour informer le public sur le caractère inoffensif et utile des chauves-souris, qui dévorent quantité d'insectes indésirables. Aujourd'hui, elles sont devenues l'une des grandes attractions touristiques d'Austin. La colonie, visible de mi-mars à novembre, atteint sa taille maximale en juillet, lorsque les femelles mettent bas. On compte alors près d'1,5 millions de chauves-souris !

SORTIES

Austin est l'une des grandes capitales de la musique américaine, rivalisant presque avec Nashville. Le week-end, l'action se passe sur **Sixth St.**, un endroit à la mode, dont les entrepôts ont été transformés en boîtes de nuit et bars branchés. On y trouve même un tatoueur et un établissement de massage oriental. Le *Weekly Austin Chronicle* vous informe chaque semaine des concerts, spectacles et films à voir.

Antone's, 2915 Guadalupe St. (474-5314) au niveau de la 29th St., est l'une des meilleures scènes blues de la ville. De grands noms comme Stevie Ray Vaughan, B.B. King ou Muddy Waters viennent parfois s'y produire (ouvert à tous sans distinction d'âge. Spectacle à 22h, entrée 3 à 6 $. Tous les jours de 20h à 2h). Le **Hole in the Wall**, 2538 Guadalupe St. (472-5599), au niveau de la 28th St., est également réputé pour sa programmation musicale. Des groupes étudiants alternatifs, ainsi que des musiciens de country ou de hard rock, passent sur scène tous les soirs. Durant la journée, c'est un bar classique, où l'on peut jouer au billard dans l'arrière-salle. (Entrée 3 à 5 $, ouvert de 11h à 2h du matin, le week-end de 12h à 2h du matin.) Sur le campus, le **Cactus Café** (471-8228), à l'angle de Guadalupe et 24th Street, accueille des musiciens presque tous les soirs. Spécialisé dans le folk et la "new country", une musique née à Austin, le bar a vu débuter Lyle Lovett, le chanteur et mari de Julia Roberts. (Entrée 2 à 15 $. Horaires variables, généralement de 9h à 1h du matin).

Du côté de Sixth St., **Chicago House**, 607 Trinity (473-2542), propose le week-end des séances de lectures poétiques (7 $, étudiants et personnes âgées 6 $, ouvert du lundi au samedi de 17h à 2h, jeudi de 20h à 2h). Pour du rock texan pur et dur et des bières à petit prix, essayez **Joe's Generic Bar**, 315 E. 6th St. (480-0171, ouvert tous les jours de 11h… jusqu'à plus soif, entrée gratuite). L'une des meilleures boîtes de la ville, le **Toulouse's**, 402 E. 6th St. (478-0766), possède cinq pistes de danse qui accueillent chacune des concerts *live*. Le patio extérieur est idéal pour se relaxer. A l'intérieur, l'ambiance est nettement plus sauvage. Tous les soirs à 22h, karaoké à l'étage (entrée 1 à 4 $, ouvert du lundi au vendredi de 17h à 2h, samedi de 19h à 2h, dimanche de 20h à 2h). Le **Paradox**, 311 E. 5th St. (469-7615), à Trinity, est une boîte de nuit installée dans un entrepôt qui passe de la musique disco des années 80. Clientèle jeune (entrée 3 $, ouvert de 21h à 4h. Age minimal 17 ans). Le **404**, 404 Colorado (476-8297), est la boîte gay la plus populaire (5 $, 10 $ pour les moins de 21 ans, ouvert du jeudi au dimanche de 22h à l'aube).

Retour à la nature

A environ un quart d'heure de route au nord-ouest d'Austin, le **Hippie Hollow**, 700 Comanche Trail (266-1644), est le seul endroit public au Texas où le naturisme est permis. Beaucoup de nudistes viennent y bronzer et se baigner dans les eaux du magnifique **lac Travis**. Pour gagner le lac, prendre Mopac (Loop 1) au nord jusqu'à la sortie pour la F.M. 2222. Suivre la 2222 vers l'ouest et tourner à Oasis Bluff (âge minimal 17 ans, entrée 5 $ par véhicule au printemps et en été, gratuit le reste de l'année).

Si vous désirez passer une soirée calme, ne manquez pas la **Copper Tank Brewing Company,** 504 Trinity St. (478-8444), une excellente microbrasserie au cadre élégant. Le mercredi, une pinte de bière fraîchement brassée coûte seulement 90 ¢, les autres jours 3 $ (ouvert du lundi au vendredi de 11h à 2h, le week-end de 15h à 2h).

■■■ HOUSTON

Au cours des cinquante dernières années, Houston s'est développée considérablement, jusqu'à devenir la 4e ville la plus peuplée des Etats-Unis (plus de 3,2 millions d'habitants). La ville a bâti sa fortune sur les gisements de pétrole découverts dans ses environs et sur ses activités portuaires. Houston est aujourd'hui une cité à la pointe du modernisme avec ses gratte-ciel gigantesques tout en verre et en acier. Récemment, la ville a tenté de cultiver une image plus culturelle en développant musées, théâtres, opéras et autres lieux d'expression artistique. Mais la principale attraction reste le centre spatial de la NASA, qui, d'Apollo 13 jusqu'aux vols plus récents des navettes spatiales, continue à servir de QG à la conquête de l'espace américaine.

INFORMATIONS PRATIQUES

Office du tourisme : Greater Houston Convention and Visitors Bureau, 801 Congress St. (D2 ; 227-3100), à l'angle de Millam St. dans le centre-ville. **Gay and Lesbian Switchboard of Houston** (529-3211) informations sur les sorties organisées entre homosexuel(le)s, ouvert tous les jours de 15h à minuit.

Aéroport : Houston Intercontinental (230-3000), à 38 km au nord du centre-ville. Pour se rendre en ville, prendre les bus **Airport Express** (523-8888) qui circulent tous les jours toutes les 30 mn de 7h à 23h30 (15 à 17 $, 5 $ pour les moins de 12 ans). L'aéroport **Hobby Airport** se trouve à environ 14 km au sud de la ville. Prendre le bus n° 73 jusqu'au Texas Med. Center puis n'importe quel autre bus dans le centre-ville.

Trains : Amtrak, 902 Washington Ave. (D2 ; 224-1577 ou 800-872-7245), est situé dans un quartier qui a mauvaise réputation. La nuit, mieux vaut appeler un taxi. Destinations : San Antonio (3 départs par semaine, durée 5h, 44 $), La Nouvelle Orléans (3 départs par semaine, durée 8h, 73 $). La gare et le guichet sont ouverts du samedi au mercredi de 7h à minuit, jeudi et vendredi de 7h à 18h.

Bus : Greyhound, 2121 S. Main St. (D2 ; 759-6565 ou 800-231-2222), à proximité des lignes de bus locales. Prendre un taxi si vous arrivez tard le soir car l'endroit n'est pas bien fréquenté. Destinations : Dallas (9 départs par jour, durée 5h, 25 $), Santa Fe (5 départs par jour, durée 24h, 99 $), San Antonio (10 départs par jour, durée 4h, 21 $), ouvert 24h/24. Consignes automatiques 1 $.

Transports en commun : Metropolitan Transit Authority (METRO bus system) (635-4000). Du lundi au vendredi de 8h à 23h, le week-end de 8h à 20h). Très pratique pour visiter la ville et ses environs. Circule du lundi au vendredi de 5h à 22h, le week-end de 8h à 20h. Le week-end, le service est moins fréquent. Plans disponibles à la Houston Public Library, 50 McKinney (236-1313) à l'angle de Bagby St. (ouverte du lundi au vendredi de 9h à 21h, samedi de 9h à 18h, dimanche de 14h à 18h) ou dans les kiosques des **Metro Rides Stores** : 813 Dallas Ave. et 405 Main St. (ouvert du lundi au vendredi de 9h30 à 17h30), 1709 Dryden (ouvert du lundi au vendredi de 7h45 à 17h45), Sharpstown Mall, 7500 Bellaire Blvd. (ouvert du lundi au samedi de 10h à 17h). Ticket : 1 $, étudiants et personnes âgées 25 ¢, (avec une carte qui coûte 2 $ dans les points Metro Ride).

Taxis : Yellow Cab, 236-1111. Prise en charge 2,70 $, 1,35 $ par mile. Demander à l'avance le prix de la course.

Location de voiture : Alamo (800-327-9633), à Hobby Airport. 31 $ par jour, 119 $ par semaine. Age minimal 21 ans. Carte de crédit obligatoire, ouvert tous les jours de 5h30 à minuit.

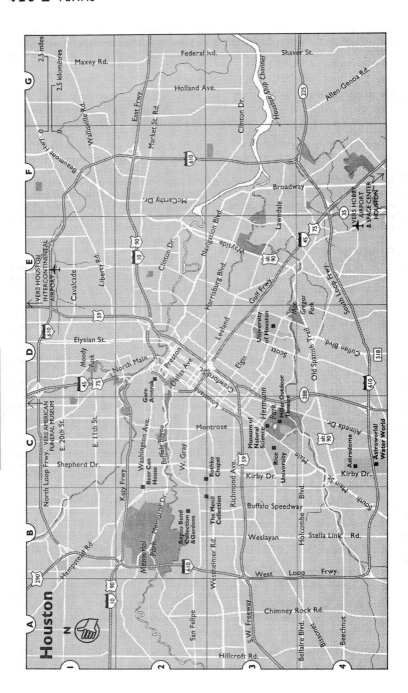

Houston

TEXAS

Assistance téléphonique : Crisis Center Hot Line, 228-1505. **Gay and Lesbian Switchboard of Houston**, 529-3211. Conseils, informations médicales et juridiques, ouvert tous les jours de 15h à minuit. **Women's Center Hot Line**, 528-2121. Tous les jours de 9h à 21h.

Urgences : 911.

Bureau de poste : 401 Franklin St. (D2 ; 227-1474). Du lundi au vendredi de 6h à 19h, samedi de 8h à 12h. **Code postal :** 77052. **Indicatif téléphonique :** 713.

Le centre (*downtown*) de Houston se trouve à l'intersection de l'I-10 et de l'I-45. Le **Loop (I-610)** fait le tour du centre-ville dans un rayon de presque 10 km et il est facilement accessible en voiture ou en bus. **Westheimer Blvd.** est une artère très commerçante, avec des boutiques chics dans sa partie ouest. De nombreux restaurants et magasins bordent Kirby Dr. et Richmond Ave. C'est sur Kirby Dr. que sont situées les résidences les plus huppées de la ville. Les quartiers sud et est de la ville ne sont pas très sûrs. Nous vous indiquons pour certaines adresses les coordonnées permettant de vous orienter plus facilement sur notre carte.

HÉBERGEMENTS ET CAMPINGS

Le long de **Katy Freeway (I-10W),** les motels sont particulièrement bon marché mais on peut trouver des chambres plus confortables le long de **South Main St.** Chambre simple à partir de 26 $, double à partir de 30 $. Depuis le centre-ville, le bus n° 8 descend South Main St., les n° 119 et n° 72, "Westview", prennent la Katy Freeway. Si vous ne voulez pas perdre de temps à chercher une chambre, il vous reste toujours les **Motel 6**.

Perry House, Houston International Hostel (HI-AYH), 5302 Crawford St. (D3 ; 523-1009) sur Oakdale St., dans un quartier résidentiel près de Hermann Park. Depuis la station de bus Greyhound, prendre le bus n° 8 ou n° 9 vers le sud jusqu'à Southmore St. (repérez la Bank of Houston). Marcher cinq blocks à l'est en direction de Crawford St. puis 1 block au sud jusqu'à Oakdale Street. Cette auberge de jeunesse possède 30 lits répartis dans 5 chambres spacieuses et une cuisine équipée à disposition des résidents. Il est d'usage de participer à l'entretien des tâches. Fermeture des portes de 10h à 17h. 11,25 $, non-membres 14,25 $. Draps 1,50 $.

YMCA, 1600 Louisiana Ave. (D2 ; 659-8501), entre Pease et Leeland St. Bien situé dans le centre-ville à quelques blocks seulement de la station Greyhound. Minuscules chambres bien entretenues, TV, s.d.b. commune. Certaines chambres sont plus agréables que d'autres (demandez à voir votre chambre avant de vous décider). Chambre simple 17,45 $. Caution pour la clef 5 $. Il existe une autre YMCA, 7903 South Loop (643-4396), plus excentrée mais moins chère. Prendre le bus n° 50 à Broadway. Chambre simple 14 $. Caution pour la clef 10 $.

The Roadrunner, 8500 S. Main St. (C4 ; 666-4971). Accueil serviable et amical, TV câblée, petite piscine, café et appels locaux gratuits. Vastes chambres bien meublées. Chambre simple 24 $, double 30 $.

Pour les campeurs, le **KOA Houston North**, 1620 Peachleaf (442-3700), propose des emplacements avec piscine et douches. S'y rendre en voiture car aucun bus ne peut vous y emmener. Depuis l'I-45, se diriger vers l'est sur Beltway 8N puis tourner à droite sur Aldine-Westfield Rd. et de nouveau à droite sur Peachleaf. Emplacements de tente pour 2 personnes 16 $, avec électricité 18 $, raccordement complet 20 $, 2 $ par adulte supplémentaire.

RESTAURANTS

Grâce en partie à sa forte population d'immigrants (la communauté indochinoise est la 2e du pays), Houston offre une large palette de cuisines du monde, avec des spécialités mexicaines, grecques, cajuns, vietnamiennes et chinoises. Les restaurants à prix raisonnable se trouvent le long des rues qui débouchent sur

Westheimer et **Richmond Ave.**, en particulier celles qui croisent **Fountain-View.** Houston a deux **quartiers chinois :** l'un au sud du George R. Brown Convention Center et l'autre beaucoup plus récent, **DiHo**, dans la zone de **Bellaire Blvd.**

Goode Company BBQ, 5109 Kirby Dr. (C3 ; 522-2530), près de Bissonnet. C'est sans doute le meilleur et le plus populaire restaurant barbecue du Texas. Ambiance garantie. Des *bully bags* (testicules de taureau) sont suspendues au-dessus de la caisse. Comptez quelques bonnes minutes d'attente. Sandwiches 3 $. Repas de 6 à 9 $, ouvert tous les jours de 11h à 22h.

Barry's Pizza and Italian Diner, 6003 Richmond Ave. (A3 ; 266-8692), une pizzéria en forme de cabane en rondins, avec des poutres en bois et une cheminée en briques rouges. Bon menu pour les végétariens : cannellonis aux épinards 6 $, pizza au fromage 7 $, ouvert du lundi au vendredi de 11h à 23h, le week-end de 12h à 23h.

Cadillac Bar, 1802 N. Shepherd Dr. (C2 ; 862-2020), sur la Katy Freeway (I-10) au nord-ouest du centre. Prendre le bus n° 75 jusqu'à l'intersection de Shepherd Dr. et Allen Pkwy puis le bus n° 26. Spécialités mexicaines et bonne ambiance. *Tacos* et *enchiladas* de 5 à 10 $. Plats copieux de 7 à 15 $. Les cocktails portent tous des noms légèrement évocateurs... 4 $, ouvert du lundi au jeudi de 10h à 22h30, samedi de 12h à minuit, dimanche de 12h à 22h.

Luther's Bar-B-Q, 8777 S. Main St. (C4 ; 432-1107). Cette chaîne possède 11 restaurants à Houston. Bons plats barbecue texans (5 à 7 $) avec garniture à volonté, ouvert du dimanche au jeudi de 11h à 22h, vendredi et samedi de 11h à 23h.

Magnolia Bar & Grill, 6000 Richmond Ave. (A3 ; 781-2607). Un restaurant qui propose d'excellents plats cajun aux fruits de mer à un prix raisonnable (poulet à la créole 9 $). Clientèle nombreuse et ambiance détendue, ouvert du lundi au jeudi 11h à 22h, vendredi et samedi de 11h à 23h, dimanche de 10h30 à 22h.

Van Loc, 3010 Milam St. (C3 ; 528-6441). Appétissantes spécialités vietnamiennes et chinoises. Excellent rapport qualité-prix (3 à 4 $), ouvert tous les jours de 9h à minuit.

VISITES

Le centre-ville est sillonné d'immenses galeries souterraines climatisées, qui, l'été, permettent d'éviter la chaleur. Le long du **Houston Tunnel System** (D2), qui relie la plupart des bâtiments du centre de Houston (du Civic Center au Teneco Building et au Hyatt Regency), on trouve des centaines de boutiques et de restaurants. Les entrées de la galerie sont situées dans la plupart des buildings et des hôtels. Pour bien vous orienter, procurez-vous un plan à la Public Library, à Penzoil Place, à la Texas Commerce Bank, au Hyatt Regency, ou bien appelez Tunnel Walks au 840-9255 (galeries ouvertes tous les jours de 7h à 18h).

Le **Bayou Bend Museum of Americana**, 1 Wescott St. (639-7750), dans le **Memorial Park**, possède une superbe collection d'art décoratif américain du XVIIe au XIXe siècle. Cet hôtel particulier appartenait à la milliardaire Ima Hogg, fille d'un gouverneur du Texas de la fin du siècle dernier, Jim "Boss" Hogg. (Visites de 90 mn, toutes les 15 mn, ouvert du mardi au vendredi de 10h à 13h, entrée : 10 $, personnes âgées 8,50 $, de 10 à 18 ans 5 $, les moins de 10 ans ne sont pas admis. Jardins ouverts du mardi au samedi de 10h à 17h, dimanche de 13h à 17h. 3 $, entrée gratuite pour les moins de 11 ans).

La plupart des musées de Houston sont situés à 5 ou 6 km au sud-ouest du centre, à quelques blocks d'un magnifique parc, **Hermann Park** (C3). Près du parc, sur Main St., le **Houston Museum of Natural Sciences** (C3 ; 639-4600) présente une splendide collection de pierres précieuses et de minéraux, ainsi qu'une exposition permanente sur le pétrole, une galerie réservée aux enfants, un planétarium et un dôme IMAX. A l'intérieur du musée, le **Cochrell Butterfly Center** est un vrai paradis tropical, avec 2 000 espèces de papillons. (Les horaires pour chaque salle du musée varient suivant les saisons. Téléphonez pour obtenir les heures de visite. Expositions 3 $, personnes âgées et moins de 12 ans 2 $. Dôme IMAX 9 $/6 $. Planétarium 2 $/1,50 $. Butterfly Center 3 $/2 $). Le **Museum of Fine Arts**, 1001 Bissonet

(C3 ; 639-7300), se trouve au nord d'Hermann Park. Conçu par Mies van der Rohe, le musée présente une collection d'art impressionniste ainsi que de nombreux Remington (ouvert mardi, mercredi, vendredi et samedi de 10h à 17h, jeudi de 10h à 21h, dimanche de 12h15 à 18h. 3 \$, étudiants et personnes âgées 1,50 \$, entrée libre le jeudi). De l'autre côté de la rue, le **Contemporary Arts Museum**, 5216 Montrose St. (C3 ; 526-0773), présente des expositions multimédias d'art moderne (ouvert mardi, mercredi, vendredi et samedi de 10h à 17h, dimanche de 12h à 17h, entrée libre, en général les visiteurs donnent 3 \$). Le parc possède aussi des équipements sportifs, un petit train pour les enfants, un jardin japonais et le **Miller Outdoor theater** qui présente des spectacles en plein air (voir plus loin).

A moins de 2 km au nord du parc, les trois musées les plus réputés de Houston sont situés les uns près des autres. **De Menil Collection**, 1515 Sul Ross (C3 ; 525-9400), propose un ensemble éclectique d'objets byzantins et médiévaux ainsi que des sculptures et des peintures européennes et américaines contemporaines. Ne manquez pas l'exposition de Magritte dans la salle des surréalistes (ouvert du mercredi au dimanche de 11h à 19h, entrée libre). La **Cy Twombly Gallery**, récemment construite par l'architecte italien Renzo Piano, 1501 Branard (C3), présente les œuvres de l'artiste américain Cy Twombly. C'est de l'art moderne ; attendez-vous aux réactions du type : "J'aurais pu faire la même chose." La galerie possède un étonnant toit ouvert. (Du mercredi au dimanche de 11h à 19h, entrée libre). Un rue plus loin, **Rotchko Chapel**, 3900 Yupon (C3 ; 524-9839), expose essentiellement des peintures d'art moderne (ouvert tous les jours de 10h à 18h). Les fans se réjouiront de l'ultra-dépouillement des lieux. Les autres se demanderont où sont les peintures…

Les amateurs d'art plus populaire (et/ou de bière) se rendront à la **Beer Can House**, 222 Malone (B2). Cette maison, construite par John Mikovish, un tapissier de la Southern Pacific Railroad, est décorée de 50 000 canettes de bière. Si tout cela vous a donné soif, faites un tour à la brasserie **Anheuser-Bush Brewery**, 775 Gellhorn Rd. (F2 ; 670-1695). La visite gratuite se termine par une dégustation gratuite qui ne se refuse pas (ouvert du lundi au samedi de 9h à 16h).

Si vous avez un goût pour le morbide et l'étrange, vous pouvez vous rendre (en voiture) à l'**American Funeral Service Museum**, 415 Barren Springs Dr. (876-3063 ou 800-238-8861). Prendre la I-45 jusqu'à la sortie Airtex, suivre le Ella Blvd. direction ouest, puis tourner à droite pour rejoindre Barren Springs. L'objectif du musée est d'expliquer simplement le symbolisme qui se cache derrière les traditions funéraires. Il contient de nombreux cercueils décorés ; ne manquez pas les cercueils en forme de poulet conçus par des fermiers un peu allumés. Tout cela paraît certes étrange mais n'en est pas moins passionnant. (Ouvert du lundi au samedi de 10h à 16h, samedi de 12h à 16h. 5 \$, personnes âgée et moins de 12 ans 3\$).

Le **San Jacinto Battleground State Historical Park** (479-2431), à environ 34 km vers l'est sur la route 225 puis à 5 km vers le nord sur la route 134, est l'un des monuments les plus importants de l'histoire du Texas. La bataille qui a conduit à l'indépendance de l'Etat vis-à-vis du Mexique a eu lieu sur ce site le 21 avril 1836. Le musée du parc retrace de manière impressionnante l'histoire du Texas en images, avec pas moins de 42 projecteurs. Pour avoir une vue panoramique, montez les 50 étages du **San Jacinto Monument** (479-2421). (Le parc et le musée sont ouverts tous les jours de 9h à 18h. Projection 3,50 \$, personnes âgées 3 \$, moins de 12 ans 1 \$. Ascenseur 2,50 \$/2 \$/1 \$.)

L'attraction la plus célèbre de Houston reste le **Space Center Houston**, 1601 NASA Rd. 1 (224-2100 ou 800-972-0369). Prendre l'I-45 au sud jusqu'à la sortie NASA Rd. puis rouler vers l'est pendant 5 km. Ce complexe gigantesque sert toujours de base de la NASA lors des missions spatiales actuelles. Vous y verrez des maquettes des fusées Gemini, Apollo et Mercury ainsi que de nombreuses salles d'exposition et de démonstration. Un simulateur de vol vous permettra de faire atterrir vous aussi la navette spatiale. (Ouvert tous les jours de 9h à 19h, du 1er lundi de septembre au dernier lundi de mai du lundi au vendredi de 10h à 17h, le week-end de 10h à 19h.

TEXAS

Le prix du billet est un peu cher mais l'expérience reste unique. 12 $, de 4 à 11 ans 8,50 $, gratuit pour les moins de 4 ans. Parking 3 $.)

SORTIES ET ATTRACTIONS

John Hall, 615 Louisiana Blvd. (D2), est le lieu où la plupart des activités et des loisirs culturels de Houston se déroulent. Le **Houston Symphony Orchestra** (227-ARTS/2787) s'y produit de septembre à mai (billets de 10 à 60 $). Entre octobre et mai, le **Houston Grand Opera** (546-0200) propose plusieurs spectacles (billets de 15 à 125 $. Réduction de 50 % pour les étudiants qui achètent leur billet à midi le jour de la représentation). En été, profitez du **Miller Outdoor Theater** (D2 ; 520-3290), dans Hermann Park. D'avril à octobre, les spectacles (danse, opéras, orchestres symphoniques, pièces de théâtre…) y sont gratuits. Le **Shakespeare Festival** se déroule chaque année de la fin juillet au début août. Pour avoir le programme, appeler le 520-3292. L'**Alley Theater** situé dans le centre-ville, 615 Texas Ave. (D2 ; 228-8421), présente des spectacles qui n'ont rien à envier à ceux de Broadway, à des prix abordables (billet de 25 à 45 $, 50 % de réduction pour les étudiants le jour de la représentation).

L'**Astrodome**, Loop 610, au niveau de Kirby Dr. (C4 ; 799-9555), est l'un des plus grands stades couverts des Etats-Unis. C'est ici que jouent les **Oilers** (799-1000) et les **Astros** (526-1709). Vous pouvez visiter le stade, ou mieux, essayer d'assister à un match, en téléphonant pour connaître les dates et les disponibilités (visite tous les jours à 11h, 13h et 15h. 4 $, étudiants et personnes âgées 3 $, gratuit pour les moins de 7 ans. Parking 4 $).

La vie nocturne de Houston est concentrée sur Richmond Ave. (A3-B3), entre Hillcroft et Chimney Rock. Le **Blue Planet**, 6367 Richmond Ave. (A3 ; 978-5913), est une boîte très fréquentée par les étudiants qui raffolent de la musique *trash* ou des tubes du début des années 80. Tenue correcte exigée : casquettes de base-ball, T-shirts et baskets interdits (ouvert du mardi au vendredi de 18h à 2h, le week-end de 20h à 2h). **Sam's Place**, 5710 Richmond Ave. (A3 ; 781-1605), est un club dans le plus pur style texan, avec bière à profusion. Le dimanche après-midi, un groupe joue dehors, de 17h à 22h (*happy hour* du lundi au vendredi de 14h à 21h). Les "Ladies" ont droit à un verre gratuit le mercredi (ouvert du lundi au samedi de 11h à 2h, dimanche de midi à 2h). **The Ale House**, 2425 W. Alabama (B3 ; 521-2333) accueille post-punks et cadres dynamiques dans une atmosphère très *british*. Pas moins de 130 marques de bières (3 à 4 $). A l'étage, vous pourrez écouter du bon vieux rock'n roll ou du blues le samedi soir (ouvert du lundi au samedi de 11h à 2h, dimanche de 12h à 2h). Ne manquez pas les concerts de jazz du **Cody's Jazz Bar and Grill**, 2540 University Blvd. (C3 ; 520-5660, ouvert du mardi au jeudi de 16h à 1h, vendredi de 16h à 2h, samedi de 18h à 2h).

■■■ GALVESTON ISLAND

Située à 80 km au sud de Houston, l'île de Galveston est une station balnéaire agréable, où se côtoient marchands de glaces, antiquaires et résidences victoriennes. On y trouve quelques belles plages relativement désertes. Au début du XIXe siècle, Galveston était le principal port du Texas et l'une des agglomérations les plus cossues. L'ouverture du port de Houston en 1914 marqua le déclin de l'activité portuaire. L'île aujourd'hui s'est reconvertie avec succès dans le tourisme. Son centre-ville conserve le charme du passé, avec ses rues spacieuses, ses maisons victoriennes et ses vieilles échoppes.

Informations pratiques Les rues de Galveston ressemblent à un échiquier. Les rues portant une lettre (de A à U) vont du nord au sud, les rues numérotées de l'est à l'ouest. Le **Seawall** (la digue) suit la côte sud de l'île. La plupart des rues portent deux noms : Avenue J et Broadway Ave. par exemple sont une seule et même artère. Le **Strand Visitors Center**, 2016 Strand St. (765-7834, ouvert tous les jours de 9h30 à 18h), et le **Galveston Convention and Visitors Bureau**, 2106 Seawall Blvd. (736-4311, ouvert tous les jours de 9h à 17h), fournissent des informations sur les activités de l'île. Les bus **Texas Bus Lines**, affiliés à la compagnie Greyhound, 714 25th St. (765-7731), assurent des liaisons avec Houston (4 bus par jour, durée 1h30, 11 $, ouvert tous les jours de 8h à 19h). **Urgences :** 911. **Bureau de poste :** 601 25th St. (763-152, ouvert du lundi au vendredi de 8h30 à 17h, samedi de 9h à 12h30). **Code Postal :** 77550. **Indicatif téléphonique :** 409.

Campings et restaurants Le prix des hébergements varie considérablement selon la saison. Durant les week-ends et les périodes de vacances, il est difficile de trouver une chambre bon marché. Si votre budget est restreint, il est préférable de dormir à Houston et de visiter Galveston durant la journée. Sur l'île, le camping est la solution la plus économique. Le plus proche du centre-ville, le **Bayou Haven Travel Park**, 6310 Heards Ln. (744-2837), accessible par la 61th St., est situé dans un endroit paisible au bord de l'eau. Douches, toilettes propres, laverie (emplacement pour 2 personnes avec raccordement 14 $, emplacements au bord de l'eau 17 $, 3 $ par personnes supplémentaire). Le **Galveston Island State Park** (737-1222), sur 13 1/2 Mile Rd., à environ 10 km au sud-ouest de Galveston par la FM 3005 (ce n'est pas une station de radio mais une route dans le prolongement de Seawall Blvd.), loue des emplacements de tente (12 $ + 5 $ par véhicule).

Les fruits de mer et les traditionnels barbecue texans sont les deux spécialités de Galveston. De nombreux restaurants sont concentrés sur Seawall Blvd. et Stand St. **Hill's Pier 19** (763-7087), sur le quai à la hauteur de 20th St., sert des fruits de mer dans une salle qui ne désemplit jamais. Pour un plat de crevettes *gumbo*, comptez 5 $ (ouvert du lundi au vendredi de 11h à 21h, le week-end de 11h à 22h). Le restaurant possède également son propre marché de poissons et de fruits de mer. Le populaire **El Nopalito**, 614 42nd St. (763-9815), propose des petits déjeuners et des déjeuners mexicains à petit prix. Il ferme relativement tôt l'après-midi (plats de 3,75 à 5 $, ouvert du lundi au vendredi de 6h30 à 14h, le week-end de 6h30 à 16h). Chez **LaKing's Confectionery**, 2323 Strand St. (762-6100), une vaste confiserie au décor rétro, les glaces sont délicieuses. Rien de meilleur après une journée à la plage (ouvert du lundi au vendredi de 10h à 21h, samedi de 10h à 22h, dimanche de 10h à 21h).

Visites Galveston a récemment investi plus de 6 millions de dollars pour nettoyer son littoral. Le résultat est là : les plages sont magnifiques et faciles d'accès. **Apfel Park**, à l'extrême pointe est de l'île, est la seule plage où il est possible de consommer de l'alcool. C'est là que se retrouvent les jeunes fêtards. Sur **Stewart Beach**, près de 4th St. et de Seawall, l'ambiance est beaucoup plus familiale. A l'extrémité ouest de l'île, à l'est de la Pirate Beach, on trouve trois petites plages (les **Beach Pocket Parks**) qui accueillent les vacanciers avec douches et terrains de jeux (entrée 5 $ par voiture).

Sur **Strand St.**, près de la côte nord, entre 20th St. et 25th St., plus de 50 maisons victoriennes sont alignées, reconverties aujourd'hui en boutiques souvenirs, en restaurants et en cafés. Le **Galveston Island Trolley** fait la navette entre le front de mer (seawall) et le quartier historique de Strand St. (durée du trajet 30 mn, d'octobre à avril départs toutes les 30 mn, 4 $, enfants et personnes âgées 3 $). Vous pouvez acheter les tickets dans les *visitors centers*. Les **Moody Gardens** (744-1745) - remonter 81st St. depuis Seawall - sont un endroit très prisé des touristes. On y trouve une pyramide de verre de 10 étages qui protège une serre tropicale et 2 000 espèces d'animaux et de plantes, ainsi qu'une salle IMAX qui passe des films en 3D. (Serre et IMAX ouverts tous les jours de 10h à 21h et, de novembre à février, du lundi au jeudi de 10h à 18h, vendredi et samedi de 10h à 21h. 6 $ pour chaque attraction).

TEXAS

■■■ SAN ANTONIO

Au Texas, on dit que chaque Texan a deux foyers, sa maison et San Antonio. Fondée en 1691 par des missionnaires espagnols, la ville de San Antonio a su préserver son héritage hispanique, malgré une éruption de gratte-ciel modernes. Elle abrite le magnifique Fort Alamo, des missions espagnoles et la Villita, l'ancien village des colons où se sont installés aujourd'hui les artisans locaux. 55 % de la population parle espagnol. Situé à seulement 240 km de la frontière mexicaine (de Laredo), la ville est l'un des points de passage les plus fréquentés par les voyageurs qui transitent entre les deux pays.

INFORMATIONS PRATIQUES

Office du tourisme : 317 Alamo Plaza (270-8748), dans le centre-ville de l'autre côté d'Alamo, ouvert tous les jours de 8h30 à 18h. **Lesbian Info San Antonio**, 828-5472. Fonctionne 24h/24.

Aéroport : San Antonio International, 98000 Airport Blvd. (821-3411), au nord de la ville, accessible par la I-410 et l'US 281. Le bus n° 2 ("Airport") relie l'aéroport à Market et Alamo dans le centre-ville. Le **Star Shuttle Service** (341-6000) dessert plusieurs quartiers proches du centre-ville (6 $). **Trains : Amtrak**, 1174 E. Commerce St. (223-3226 ou 800-872-7245). Prendre la sortie E. Commerce St. sur la I-37. Destinations : Houston (3 départs par jour, durée 4h30, 44 $), Dallas (3 départs par jour, durée 8h, 44 $), Austin (3 départs par jour, durée 2h30, 16 $). Fermé tous les jours entre 18h30 et 22h30.

Bus : Greyhound, 500 N. Saint Mary's St. (800-231-2222). Destinations : Houston (10 départs par jour, durée 4h, 21 $), Dallas (16 départs par jour, durée 8h, 32 $). Consignes automatiques : 1 $, ouvert 24h/24.

Transports en commun : VIA Metropolitan Transit, 800 W. Myrtle (227-2020, ouvert du lundi au samedi de 6h à 20h, dimanche de 8h à 20h), entre Commerce et Houston. Les bus roulent tous les jours de 5h à 22h mais la plupart des lignes s'arrêtent à 17h. Les zones périphériques sont mal desservies. Billet normal 40 ¢ (attention, il existe plusieurs zones), bus express 75 ¢. VIA organise deux **"circuits culturels" :** celui de la route n° 7 s'arrête au zoo, au McNay Art Museum, au Witte Museum, au Pioneer Hall, aux S.A. Botanical Gardens et à Alamo Plaza ; celui de la route n° 40 passe par la Villita, la Love Star Brewery, et les missions. On peut se procurer des pass permettant de s'arrêter où l'on veut sur le trajet (2 $) au 112 Soledad St. De vieux tramways circulent dans le centre à différentes heures (25 ¢).

Taxis : Yellow Cab, 226-4242. 2,90 $ pour le 1er mile, 1,30 par mile supplémentaire.

Location de voiture : Chuck's Rent-a-Clunker, 3249 S.W. Military Dr. (922-9464). 18 $ par jour avec 100 miles (160 km) gratuits, minibus 35 $ par jour. Age minimal 19 ans. Caution en liquide ou carte de crédit, ouvert du lundi au vendredi de 8h à 19h, samedi de 9h à 18h, dimanche de 10h à 18h.

Assistance téléphonique : Presa Community Service Center, 532-5295, renseignements et transports pour les personnes âgées et les handicapés.

Urgences : 911.

Bureau de poste : 615 E. Houston (227-3399), à un block d'Alamo, ouvert du lundi au vendredi de 8h30 à 17h30. **Code postal :** 78205. **Indicatif téléphonique :** 210.

HÉBERGEMENTS ET CAMPINGS

Comme dans toute ville touristique, il est difficile de trouver un hébergement bon marché. De plus les campings sont rares. Pour trouver des motels à prix raisonnable, essayez **Roosevelt Ave.**, le prolongement de Saint Mary's St, ou bien **Fredericksburg Rd.** D'autres établissements économiques bordent **Broadway St.**, entre le centre-ville et le Brackenridge Park. Si vous avez une voiture, n'hésitez pas à sortir de la ville sur la **I-35N.** Vous trouverez des logements moins onéreux à moins de 25 km du centre-ville.

Bullis House Inn San Antonio International Hostel (HI-AYH), 621 Pierce St. (223-9426), à environ 3 km au nord-est d'Alamo, de l'autre côté de Fort Sam Houston. Depuis la station de bus, parcourir Pecan St. jusqu'à Navarro St. Prendre le bus n° 11 ou 15 jusqu'au croisement de Grayson et New BraunFels. De là, marcher deux blocks vers l'ouest. Cette auberge de jeunesse très agréable est située dans un quartier calme. Piscine, cuisine. Souvent complet en été. Réception ouverte tous les jours de 7h30 à 11h. 13 $, non-membres 16 $. Chambres pour une ou deux personnes 30 $, à partir de 34 $ pour les non-membres. Draps 2 $.

Elmira Motor Inn, 1126 E. Elmira (222-9463), à environ trois blocks à l'est de Saint Mary's St., à moins de 2 km du centre. Prendre le bus n° 8 et descendre à Elmira St. Vastes chambres bien meublées et très propres. Il est toutefois déconseillé aux femmes et à ceux qui voyagent seuls de s'aventurer la nuit dans le quartier. TV, 5 appels locaux gratuits. Accueil sympathique. Un lit double ou deux lits séparés 34 $. Caution pour la clé 2 $.

El Tejas Motel, 2727 Roosevelt Ave. (533-7123), à la hauteur de E. South Cross, à 5 km au sud du centre-ville près des missions. Prendre le bus n° 42. Malgré une façade assez vétuste, les chambres sont bien tenues et aménagées simplement. Chambre simple de 25 à 28 $, double de 32 à 36 $.

Navarro Hotel, 116 Navarro St. (223-8453). Très bien situé, en plein centre-ville, avec parking gratuit et climatisation. Certaines chambres sont un peu délabrées. Chambre simple 27 $, avec s.d.b. 37 $. Chambre double 45 $ avec ou sans s.d.b.

Alamo KOA, 602 Gembler Rd. (224-9296), est un camping à environ 10 km du centre. Prendre le bus n° 24 ("Industrial Park") dans le centre-ville, au coin de Houston et Alamo. Très beau terrain ombragé et bien entretenu. Chaque emplacement possède un barbecue et un patio. Douches, laverie, piscine, terrain de jeux, projection de films, ouvert tous les jours de 7h30 à 22h30. Emplacement pour 2 pers. 16 $, avec raccordement complet 20 $, 2 $ par personne supplémentaire de plus de 3 ans.

Traveler's World RV Park, 2617 Roosevelt Ave. (532-8310 ou 800-755-8310), à South Cross, à 10 km au sud de la ville. Vastes emplacements avec des tables et des bancs. Douches, laverie, piscine, jacuzzi, terrain de jeux. A proximité d'un parcours de golf et de plusieurs restaurants, ouvert du lundi au samedi de 8h à 19h, dimanche de 9h à 18h. Emplacements de tente pour 2 pers. 15 $, emplacement pour camping-car 20 $, 2 $ par pers. supplémentaire.

RESTAURANTS

Les meilleurs BBQ et restaurants mexicains se trouvent dans le quartier situé à l'est de S. Alamo et de S. Saint Mary's St. Les nombreux cafés et restaurants de **River Walk** sont hors de prix. Les restaurants de la chaîne **Pig Stand** (227-1691), qu'on retrouve dans tout le Texas, proposent une cuisine correcte et bon marché. Celui qui est situé au 801 S. Presa, à la hauteur de S. Alamo, reste ouvert 24h/24. Les **Taco Cabana** sont les meilleurs fast-foods mexicains du coin. Il y en a plusieurs dans la ville. Essayez celui du 101 Alamo Plaza (224-6158) ouvert 24h/24. Au nord de la ville, **Broadway** compte de nombreux restaurants asiatiques de l'autre côté de Brackenbridge. Au **Farmer's Market** (207-8596) près de Market Sq., vous pourrez acheter des produits frais, *chiles* (piments), friandises et épices mexicains. Venez en fin de journée. Les prix baissent et les commerçants sont prêts à marchander (ouvert tous les jours de 10h à 20h, de septembre à mai de 10h à 18h).

Josephine St. Steaks/Whiskey, 400 Josephine St. (224-6169), à hauteur de McAllister. A l'écart des coins touristiques, ce restaurant est spécialisé dans les *Texan steaks*, mais propose aussi un assortiment de poulet, fruits de mer et plats à base de porc (plats de 5 à 11 $). Très bons desserts maison. Essayez le gâteau à la carotte ou le *cookie pie* (2,50 $ chaque), ouvert du lundi au jeudi de 11h à 22h, vendredi et samedi de 11h à 23h.

Rio Rio Cantina, 421 E. Commerce (CAN-TINA/226-8462), un restaurant assez chic dans un décor amusant. Commandez un énorme *naked José Iguana* (8,50 $), un cocktail à base de toutes sortes d'alcools, additionné d'une rasade de 7UP. Les *enchi-*

ladas coûtent 9 $. Après le repas, allez jouer avec Iggy, l'iguane vivant, la mascotte du restaurant, ouvert du dimanche au jeudi de 11h à 22h, vendredi et samedi de 11h à minuit.

Earl Abel's, 4220 Broadway (822-3358). Le fondateur de ce *diner* haut de gamme était un pianiste qui accompagnait les films muets. Avec l'apparition du cinéma parlant, Earl Abel, au chômage, se reconvertit avec brio dans la cuisine. Le restaurant est toujours tenu par sa famille. Bacon, œufs, *hash brown* et toasts 4,25 $, ouvert tous les jours de 6h30 à 13h. Petit déjeuner jusqu'à 11h.

Hung Fong Chinese and American Restaurant, 3624 Broadway (822-9211), à hauteur de Queen Anne, à 3 km au nord du centre-ville. Prendre le bus n° 14 ou n° 9. Le plus ancien restaurant chinois de San Antonio. Bon, copieux et toujours rempli de monde. Grosses portions de 5 à 7 $, ouvert du lundi au jeudi de 11h à 22h30, vendredi de 11h à 23h30, samedi de 11h30 à 23h30, dimanche de 11h30 à 22h30.

VISITES

La plupart des endroits à visiter se trouvent dans le centre-ville. Quelques sites et parcs sont situés en dehors de San Antonio mais restent très facilement accessibles par les transports en commun. Les "circuits culturels" du VIA Transit permettent d'y accéder (voir Informations pratiques).

Les missions

Les cinq missions le long de la rivière San Antonio formaient autrefois le cœur de la ville. Le **San Antonio Missions National Historical Park** est chargé aujourd'hui de leur conservation. Pour vous y rendre, suivez les panneaux de signalisation bleus et blancs ("Mission Trail") à partir de Saint Mary's St. dans le centre-ville. Le **San Antonio City Tours** (520-8687), au *visitors center* d'Alamo sur Crockett St. propose des circuits d'une demi-journée (25 $) ou d'une journée complète (39 $). Le bus n° 42 s'arrête juste devant la mission de San José. De là, on peut se rendre à pied à la mission de Conception (les missions sont ouvertes tous les jours de 9h à 18h et de septembre à mai de 8h à 17h. Pour plus de renseignements, appeler le 229-5701). Tous les samedis matin, un ranger du parc national organise une randonnée de 16 km à bicyclette, qui fait le tour des différents sites historiques. Le départ a lieu depuis la mission San José. L'excursion est gratuite mais vous devez amener votre propre vélo. Téléphonez à l'avance pour connaître les conditions de participation et les horaires.

Mission de Conception, 807 Mission Rd. (229-5732), à environ 6 km au sud d'Alamo, via E. Mitchell St. On y trouve l'église non restaurée la plus ancienne d'Amérique du Nord (1731). La paroisse est toujours en activité. Des traces des fresques en couleurs d'origine sont encore visibles.

Mission de San José, 6539 San José Dr. (229-4770). La plus belle des missions. Construite en 1720, elle possède son propre système d'irrigation, une magnifique rosace sculptée dans la pierre et plusieurs bâtiments restaurés. C'est le plus vaste des missions de San Antonio. Quatre services religieux s'y déroulent chaque dimanche (à midi, la messe est accompagnée par des mariachis).

Mission de San Juan Capistrano, 9102 Graf (229-5734), à Ashley, et **Mission de San Francisco de la Espada**, 10040 Espada Rd. (627-2021), sont toutes les deux accessibles via Roosevelt Av., à 16 km au sud de la ville. Plus petites et plus simples que les précédentes, ces deux missions évoquent vraiment l'isolement et la prière.

Souviens-toi de Fort Alamo !

"Silence, ami ! Ici des héros sont morts pour tracer la route à d'autres hommes." La tragique bataille d'Alamo occupe une place importante dans les manuels d'histoire américains. En 1836, la garnison de Fort Alamo, composée d'une armée de colons, tint tête pendant 12 jours à l'armée mexicaine, 20 fois supérieure en nombre. Au matin du 13e jour, les Mexicains massacrèrent les assiégés à l'arme blanche. Six semaines plus tard, la petite armée du général Sam Houston battait les Mexicains à San Jacinto aux cris de "Souviens toi de Fort Alamo !" Cette victoire marquait l'indépendance de l'Etat du Texas.

De nos jours, ce sont des milliers de touristes qui assaillent **Fort Alamo** (225-1391), au centre d'Alamo Plaza près de Houston et d'Alamo St. Une chapelle et une caserne, conservées en l'état, sont les seuls bâtiments qui subsistent de l'ancienne mission espagnole (ouvert tous les jours de 9h à 18h30, du lundi au samedi de 9h à 18h30 et le dimanche 9h à 17h30 du 1er lundi de septembre au dernier lundi de mai). Le **Long Barracks Museum and Library**, 315 Alamo Plaza, évoque l'histoire de Fort Alamo (ouvert du lundi au samedi de 9h à 18h30). Juste à côté, le **Clara Driscoll Theater** présente toutes les 20 mn un documentaire historique intitulé "La Bataille de Fort Alamo" (du lundi au samedi de 9h à 17h30).

Au sud-ouest de Fort Alamo, des panneaux noirs indiquent les points d'accès au **Paseo del Rio (River Walk)**, un sentier ombragé en pierres qui longe un canal sinueux construit en 1930. Bordé de jardins, de boutiques et de cafés, le River Walk (tout proche du centre-ville) est le cœur de la vie nocturne de San Antonio. **River Tour Boats**, 430 E. Commerce St. (222-1701), propose des visites guidées en bateau de 35 à 40 mn le long du Paseo del Rio (3 $, 1 $ pour les moins de 4 ans). **Alamo IMAX Theater** (225-4629), dans le centre commercial River-Center Mall, projette sur écran géant "The Price of Freedom", un documentaire de 45 mn sur Fort Alamo (7 séances entre 9h et 18h, 6,40 $, 4,25 $ pour les moins de 11 ans). A quelques rues au sud, la **Villita**, 418 Villita St. (207-8610), est un ensemble de 27 bâtiments restaurés, occupés par des restaurants, des boutiques d'artisanat et des ateliers d'artistes (ouvert tous les jours de 10h à 18h).

Le site de l'Exposition universelle de 1968, **HemisFair Plaza**, sur S. Alamo, est un lieu très fréquenté par les touristes qui peuvent découvrir de bons restaurants, flâner dans les boutiques et visiter quelques anciennes maisons et musées. De temps à autre, des manifestations sont organisées sur le site. Du haut de ses 225 mètres, la **Tower of the Americas,** 600 Hemisphere Park (207-8615), domine l'horizon. Vous pouvez monter à son sommet pour jouir d'une vue panoramique sur la ville (ouvert tous les jours de 8h à 11h, 2,50 $, personnes âgées 1,25 $, de 4 à 11 ans 1 $). Quelques musées sur l'HemisFair Plaza sont gratuits. C'est le cas de l'**Institute of Texas Cultures**, 801 S. Bowie (558-2300), à hauteur de Durango, qui présente, à travers différents objets et œuvres d'art, l'histoire culturelle et ethnique du Texas (ouvert du jeudi au dimanche de 9h à 17h, parking 2 $) et du **Mexican Cultural Institute,** 600 HemisFair Park (227-0123), qui expose des œuvres mexicaines contemporaines (ouvert du mardi au vendredi de 10h à 17h, le week-end de 11h à 17h).

Juste derrière la mairie, entre Commerce et Dolorosa St., vous pouvez visiter le **Spanish Governor's Palace**, 105 Plaza de Armas (224-0601). Construite en 1772, cette villa est un superbe exemple d'architecture coloniale espagnole, avec portes sculptées, patio et jardins intérieurs (ouvert du lundi au samedi de 9h à 17h, dimanche de 10h à 17h, 1$, moins de 14 ans 50 ¢, entrée libre pour les moins de 7 ans).

Le stade où joue l'équipe des San Antonio **Spurs**, l'**Alamodome**, 100 Montana (207-3600), à Hoefgen St. dans le centre, ressemble à un bateau du Mississippi. (Visites du mardi au samedi à 10h, 13h et 15h, sauf lorsqu'un événement sportif s'y déroule. 3 $, 1,50 $ pour les moins de 12 ans.)

Le charme de San Antonio, c'est aussi ses vieux **tramways** (ticket 25 ¢, voir Informations pratiques). La ligne mauve (*purple-line*) passe par les principaux centres d'intérêt de la ville, de Fort Alamo à la Spanish Governor's Mansion jusqu'à la Villita.

San Antonio nord et sud

Le **Brackenbridge Park**, 3500 N. Saint Mary's St. (734-5401), à 8 km au nord de Fort Alamo, vous promet une journée riche en loisirs. Il est desservi par le bus n° 8 depuis le centre-ville. Ce parc de 140 ha possède un chemin de fer miniature, des terrains de jeux, un tramway aérien (4 $) et un jardin japonais (ouvert du lundi au vendredi de 9h à 17h, le week-end de 9h à 17h30). De l'autre côté de la rue, le **San Antonio Zoo**, 3903 N. Saint Mary's St. (734-7183), l'un des plus grands des Etats-Unis, compte plus de 3 500 animaux de 800 espèces différentes (dont de nombreux mammifères d'Afrique) qui vivent ici dans leur environnement naturel. (Ouvert tous les jours de 9h30 à 18h30, d'octobre à mars de 9h30 à 17h. 6 $, personnes âgées et enfants de 3 à 11 ans 4 $). Près du zoo, le **Pioneer Hall**, 3805 N. Broadway (822-9011), retrace l'histoire du Texas à travers une splendide collection d'objets, accessoires et artisanat des pionniers (ouvert du jeudi au dimanche de 10h à 17h, de septembre à avril du mercredi au dimanche de 11h à 16 h. 1 $, de 6 à 12 ans 25 ¢). A côté, le **Witte Museum**, 3801 Broadway (820-2111), est consacré à la faune sauvage et à l'anthropologie du texas : os de dinosaures, art rupestre... (ouvert lundi, mercredi et samedi de 10h à 17h, mardi de 10h à 21h, dimanche de midi à 17h. 4 $, personnes âgées 2 $, enfants de 4 à 11 ans 1,75 $, gratuit le mardi de 15h à 21h).

Le **San Antonio Museum of Art**, 200 W. Jones Ave. (978-8100), au nord du centre-ville, renferme une belle collection d'objets d'art populaire précolombiens, amérindiens, espagnols et mexicains (ouvert lundi, mercredi et samedi de 10h à 17h, mardi de 15h à 21h, dimanche de 12h à 17h, 4 $, étudiants et personnes âgées 2 $, enfants de 4 à 11 ans 1,75 $, entrée libre le mardi, parking gratuit). Le **McNay Art Museum**, 6000 N. New braunfels (824-5368), est quant à lui consacré à l'art européen post-impressionniste. La cour intérieure du musée, avec ses fontaines sculptées et son jardin, invite à la flânerie. (Ouvert du mardi au samedi de 10h à 17h, dimanche de 12h à 17h, entrée libre.)

La **Lone Star Brewing Company**, 600 Lone Star Blvd. (226-8301), se trouve à 5 km au sud de la ville. Albert Friedrich, une fine gâchette, y a accumulé 3 500 têtes empaillées d'animaux à cornes, avant d'ouvrir le **Buckhorn Bar** en 1887. On peut aujourd'hui visiter la brasserie, et oublier le triste spectacle de tous ces trophées grâce aux dégustations de bière gratuites. (Ouvert tous les jours de 9h30 à 17h. 5 $, personnes âgées 4 $, enfant de 6 à 12 ans 1,75 $.)

En quittant San Antonio par la I-35N jusqu'à la sortie 75, vous arrivez aux **Natural Bridge Caverns**, 26495 Natural Bridge Caverns Rd. (651-6101). Découvertes il y a 36 ans, ces grottes présentent des formations géologiques tout à fait spectaculaires. (Visite d'1h15 toutes les 30 mn, ouvert tous les jours de 9h à 18h. 7 $, de 3 à 11 ans 5 $).

Pour des distractions aquatiques, mettez le cap sur **Sea World of Texas.** Prendre l'US 90 jusqu'à la route 151 W. (523-3611). La star des lieux s'appelle Shamu et c'est une très belle orque. (Horaires variables. Généralement ouvert de 10h à 18h, plus tard en été. 26 $, personnes âgées 22 $, de 3 à 11 ans 18 $, gratuit pour les moins de 3 ans).

ATTRACTIONS ET SORTIES

La **Fiesta San Antonio** a lieu les dix derniers jours d'avril. Défilés, concerts et autres festivités locales commémorent la victoire de San Jacinto et rendent hommage aux héros de Fort Alamo.

Le soir, le River Walk est l'endroit où faire la fête. Procurez-vous l'*Express* du vendredi ou l'hebdomadaire *Current* qui vous guideront dans votre choix. La plus grande boîte du River Walk est l'**Acapulco Sam's**, 212 College St. (212-SAMS/7267). Elle s'étend sur deux niveaux : l'un où l'on danse sur du reggae ou des tubes, l'autre où l'on peut assister à des concerts de rock (musique le soir à partir de 21h30, entrée autour de 4 $, ouvert du mercredi au dimanche de 18h à 2h).

Pour écouter de l'authentique musique *tejano,* un mélange de country et de musique mexicaine, rendez-vous au **Cadillac Bar**, 212 S. Flores (223-5533), qui accueille chaque soir un groupe différent. Ambiance survoltée : entre 500 et 1 000 personnes selon les soirs s'y retrouvent (ouvert du lundi au vendredi de 11h à 23h, samedi de 17h à 23h). Juste à l'angle d'Alamo, le **Bonham Exchange**, 411 Bonham (271-3811), la plus grande boîte homosexuelle de San Antonio, passe de la musique *house* et *techno*. Le mercredi, les soirées sont davantage ouvertes aux hétéros (ouvert du lundi au vendredi de 16h à 2h30 du matin, le week-end de 20h à 4h). Le **Jim Cullum's Landing,** 123 Losoya (222-1234), dans l'hôtel Hyatt, est réputé pour produire le meilleur blues de la ville. Un quartet de jazz occupe la scène le dimanche soir (de 21h à 2h).

Floore's Country Store, 14464 Old Bandera Rd. (695-8827), à la périphérie nord-ouest de la ville, est le rendez-vous des mordus de musique country. Willie Nelson, une star du genre, vient y jouer de temps à autre. Tous les vendredis soir de 20h à minuit, on vient claquer ses *boots* sur la vaste piste en ciment à l'extérieur. (Entrée de 5 à 15 $, ouvert du lundi au jeudi de 11h à 20h, vendredi de 11h à minuit samedi de 15h à 1h du matin, dimanche de 15h à 23h. En été, dancing gratuit le dimanche de 18h à 20h.)

Plaisirs aquatiques

La ville de New Braunfels tire l'essentiel de ses ressources de l'exploitation d'un objet rond et caoutchouteux, en forme de *dougnut :* la chambre à air. Chaque année, près de deux millions de visiteurs affluent dans la ville, pour le simple plaisir de dévaler les eaux vertes de la rivière Comal, agrippés à une chambre à air. La compagnie **Rockin' "R" River Rides**, 193 S. Liberty (210-620-6262), vous lâchera en amont du cours d'eau, équipé d'un gilet de sauvetage et, bien sûr, d'une chambre à air, avant de vous récupérer 1h30 plus tard, trempé mais heureux. (Ouvert de mai à septembre, du lundi au vendredi de 9h à 19h, samedi et dimanche de 8h30 à 20h, chambre à air 8 $, caution de 25 $.) Si vous en voulez encore, rendez-vous au méga parc aquatique de **Schlitterbahn**, 400 N. Liberty (210-625-2531), une surenchère de toboggans aquatiques, de glissades et de jacuzzis (ouvert de fin mai à fin août, 20 $, 16 $ pour les moins de 12 ans).

■■■ CORPUS CHRISTI

Après avoir visité toutes les attractions de Corpus Christi, soit après grosso modo une demi-heure, vous vous demanderez sans doute ce que vous faites dans cette ville baptisée "le corps du Christ". Mais une fois sur la plage, face au golfe du Mexique, vous comprendrez mieux ce que cet endroit a de divin.

Informations pratiques Les principaux endroits touristiques de Corpus Christi (257 000 h.) se trouvent le long de **Shoreline Dr.**, qui longe le Golfe, à moins de 2 km à l'est du centre-ville. Le **Convention and Visitors Bureau**, 1201 Shoreline (882-5603 ou 800-678-6232), fournit gratuitement brochures, plans de la ville et horaires de transports (ouvert du lundi au vendredi de 8h30 à 17h), de même que le **Corpus Christ Museum**, 1900 N. Chaparral (883-2862, ouvert tous les jours de 10h à 18h). **Greyhound**, 702 N. Chaparral (882-2516 ou 800-231-2222, ouvert tous les jours de 8h30 à 15h), dans le quartier central de Starr, dessert Dallas (3 départs par jour, durée 8h30 à 10h30, 38 $), Houston (4 départs par jour, durée 4h30, 21 $) et Austin (2 départs par jour, durée 5 à 6 h, 29 $). Les bus de la **Regional Transit Authority (the "B")** (289-2600) ont des horaires variables. Se procurer le plan des lignes et des horaires à l'office du tourisme ou au guichet de la compagnie, 1812 S. Alameda (ouvert du lundi au vendredi de 8h à 17h). Dessert principalement les arrêts de City Hall, Port Ayers et Six Points (ticket 50 ¢, étudiants, personnes âgées, enfants et handicapés 25 ¢, 10 ¢ en dehors des heures de pointe, 25 ¢ le samedi). Le **Corpus Christi Beach Connector** suit la côte et s'arrête tous les jours devant l'aquarium de 6h40 à 18h30 (même tarif que les bus). Si vous avez besoin d'assistance, appelez le **Bay View Hospital** (993-9700), ouvert 24h/24. **Urgences :** 911. **Bureau de poste :** 809 Nueces Bay Blvd. (886-2200, ouvert du

lundi au vendredi de 7h30 à 17h30, samedi de 8h à 13h). **Code postal :** 78469.
Indicatif téléphonique : 512.

Hébergements, restaurants et campings Les hôtels du centre-ville et
ceux près de la plage sont assez chers. Il est conseillé de rouler pendant plusieurs
kilomètres vers le sud sur Leopard St. (prendre le bus n° 27) ou sur la I-37 (bus
express n° 27). Les chambres de l'**Ecomotel**, 6033 Leopard St. (289-1116, sortir
de la I-37 à Corn Products Rd., continuer vers le sud et tourner à gauche sur
Leopard St.), sont bien meublées, avec ventilateur, TV câblée, et, suprême bonheur,
lits automassants. Excellent rapport qualité-prix (chambre simple 28 $, double 39 $).
Possède également une salle de restaurant (cuisine mexicaine). Le **Sand and Sea
Budget Inn**, 1013 N. Shoreline Dr. (882-6518), à 5 blocks de la gare Greyhound
en face de l'office de tourisme, loue des chambres avec TV et portes vitrées coulis-
santes. Réserver à l'avance pour le week-end et les vacances (chambre simple 24 $,
double 35 $, avec vue sur la baie 45 $). Les campeurs doivent se rendre au **Padre
Island National Seashore** ou au **Mustang State Park** (voir Padre Island). Le
Nueces River City Park (241-1464), en quittant la I-37N par la sortie 16, propose
des emplacements pour tentes et camping-cars. Il n'y a pas de douches.
   On trouve de bons restaurants dans le sud de la ville autour de **Staples St.** et de
S. Padre Island Dr. Water St. Seafood Company, 309 N. Water St. (882-8683),
propose des spécialités de fruits de mer, par exemple des huîtres grillées (8 $) ou
une salade de pâtes aux crevettes (5,50 $), ouvert du dimanche au jeudi de 11h à
22h, vendredi et samedi de 11h à 23h. Chez **Howard's BBQ**, 120 N. Water St.
(882-1200), on peut se remplir la panse pour une poignée de dollars : bœuf +
saucisse + salades à volonté + une boisson = 5 $ (ouvert du lundi au vendredi de 11h
à 15h). Le **Buckets Sports Bar & Grill**, 227 N. Water St. (883-7776), sert des plats
texans, cajun, italiens et mexicains. C'est l'endroit idéal pour manger le nez collé à
la TV ; il y a un téléviseur sur chaque table (hamburger 3,50 $, salade du chef 6 $,
ouvert tous les jours de 11h à 2h du matin). Les bars et les clubs de la ville ferment
relativement tôt, à l'exception de quelques établissements sur **Water St.** Le
Yucatan Beach Club, 208 N. Water St. (888-6800), que l'on voit de loin grâce à ses
néons rose et bleu, invite des groupes à jouer sur scène tous les soirs. Reggae et
rock sont souvent à l'affiche (entrée 3 $, ouvert tous les jours de 17h à 2h du matin).

Visites Corpus Christi est réputé pour son front de mer, ses plages, son port, et
ses bateaux de pêche et de plaisance. La baignade est autorisée sur toutes les plages
de **N. Shoreline Dr.**, qui sont signalées par des panneaux.
   Au large de la côte, on peut apercevoir le porte-avions **U.S.S Lexington,** un
vestige de la Seconde Guerre mondiale, qui est maintenant ouvert au public. L'U.S.S
Lexington est le bâtiment qui a accompli le plus de missions dans l'histoire de l'aé-
ronavale. Jetez un œil aux quartiers réservés aux marins à bord ; vous ne vous plain-
drez plus jamais de l'exiguïté de votre chambre d'hôtel. (Ouvert tous les jours de 9h
à 18h. 7 $, personnes âgées et militaires en exercice 5 $, enfants 3,75 $.) Construit
en 1992 par le gouvernement espagnol, la **Colombus Fleet** (flotte de Christophe
Colomb), Dock One (883-1862) au-dessous d'Harbor Bridge, célèbre le 500ᵉ anniversaire du voyage de Christophe Colomb. On peut y voir les répliques des trois
caravelles du marin génois, la *Niña*, la *Pinta* et la *Santa Maria* (ouvert tous les
jours de 10h à 17h, 5 $, de 2 à 12 ans 2,50 $). Pour un brin de culture après une
journée à la plage, il n'y a guère d'autre choix que l'**Art Museum of South Texas**,
1902 N. Shoreline (884-3844), à l'extrémité nord de Shoreline Dr. Les expositions
changent régulièrement. Récemment, elles étaient consacrées à Matisse, Remington
et Ansel Adams (ouvert du mardi au samedi de 10h à 17h, dimanche de 13h à 17h,
3 $, étudiants 2 $, enfants de 2 à 12 ans 1 $). Le **Texas Jazz Festival** (883-4500),
qui a lieu début juillet durant trois jours, attire des centaines de musiciens et des
milliers de spectateurs enthousiastes venus de tout le pays (la plupart des concerts
sont gratuits).

■■■ PADRE ISLAND

Le **Padre Island National Seashore (PINS)**, qui s'étend entre les deux stations balnéaires de Port Aransas et Port Isabel, possède 96 km de plages préservées, de dunes et de réserves naturelles. Le littoral permet de pratiquer tous les sports nautiques, de la planche à voile à la plongée sous-marine, en passant par la pêche (un énorme requin de 400 kg a un jour été capturé à la pointe sud de l'île). L'accès au PINS coûte 4 \$. Il existe toutefois une magnifique plage peu fréquentée, **North Beach**, juste avant la billetterie (à 24 km de Corpus Christi). A 8 km au sud de l'entrée du PINS, la plage **Malaquite Beach** est équipée de tables de pique-nique, de toilettes et de petites boutiques qui louent un peu de tout (chambres à air 2 \$/h, chaises 1 \$/h, *boogie boards* 2,50 \$/h). Le **Malaquite Visitors Center** (512-949-8068) vend des cartes, des souvenirs, des vidéos et des guides sur la faune et la flore (ouvert tous les jours de 9h à 18h, de 9h à 16h de septembre à mai).

Ceux qui ont un 4 X 4 et un penchant pour l'aventure peuvent emprunter les 96 km de piste jusqu'à **Mansfield Cut**, la zone la plus éloignée de la côte et aussi la moins fréquentée car le sable empêche la plupart des véhicules de s'y aventurer. Avant de s'y rendre, prévenir les rangers de **Malaquite Ranger station** (512-949-8173), à 5 km au sud de l'entrée du parc. Ils sont chargés d'intervenir en cas de problèmes et aiment bien savoir qui se promène sur l'île.

Le camping sur la plage est autorisé, mais seule une bonne crème anti moustiques vous garantira des nuits tranquilles. Le **PINS Campground** (512-949-8173), à environ 1 km au nord du *visitors center,* est d'un confort très rudimentaire. Il propose des emplacements bitumés pour les camping-cars avec toilettes, douche froide prévue uniquement pour se rincer après la baignade (le savon n'est pas autorisé dans le PINS). Non loin du PINS, le **Balli County Park** (512-949-8121), sur Park Rd. 22, à environ 36 km de JFK Causeway, dispose de l'eau courante, de l'électricité et de douches chaudes (3 jours maximum. Emplacements avec eau et électricité 10 \$. Caution pour la clef 5 \$). Pour plus de confort, rendez-vous au **Mustang State Park Campground** (512-749-5246), sur Park Rd., à 86 km de JFK Causeway. Eau courante, dépôt d'ordures, électricité, toilettes, douches chaudes et tables de pique-nique (entrée 5 \$, emplacement de tente 4 \$, avec eau et électricité 12 \$, les emplacements pour camping-cars doivent être réservés à l'avance).

Les automobilistes accèdent au PINS par le JFK Causeway, depuis Corpus Christi. Il est difficile de rejoindre le PINS en bus. Le bus n° 29 de Corpus Christi (du lundi au vendredi à 8h45 et 13h45, 50 ¢) vous amène au bout de Padre Isles (descendre au Padre Isles Park-n-Ride, près du supermarché H-E-B). De là, il reste encore 24 km à parcourir (à pied ou en auto-stop) jusqu'au PINS. Les taxis **Yellow Checker Cab Co.** (voir Corpus Christi, Informations pratiques) proposent un tarif spécial pour les groupes de quatre personnes qui vont de la gare Greyhound au PINS (25 \$).

L'OUEST DU TEXAS

L'ouest du Texas évoque irrésistiblement les westerns, les cow-boys machos et les déserts écrasés de soleil. C'est le terrain de jeux de Pecos Bill, un petit cow-boy sympathique élevé par les coyotes et qui capture les tornades au lasso. Proches de la frontière mexicaine, les terres de l'ouest du Texas n'ont longtemps connu qu'une seule loi : celle du colt. Aujourd'hui, ces terres désolées semblent loin de tout, on les traverse surtout pour atteindre la ville frontalière d'El Paso, et sa voisine mexicaine Ciudad Juárez. Pourtant les paysages de désert restent fascinants, notamment ceux du Big Bend National Park, avec ses canyons, ses coyotes et Bip-Bip.

TEXAS

■■■ AMARILLO

Amarillo fut bâtie en1887 pour les besoins d'un chantier ferroviaire. Elle devint en l'espace de dix ans le plus grand marché aux bestiaux du pays. Puis, avec la découverte de pétrole en 1920, l'or noir devint l'une des ressources essentielles de la ville. Elle découvre actuellement avec bonheur une nouvelle manne : le tourisme. Une balade dans des chariots d'époque et de nombreux musées permettent aux visiteurs de se plonger dans l'époque de l'Ouest sauvage.

Informations pratiques Amarillo s'étend à l'intersection des I-27 et 40 et des US highways 287 et 87. Une voiture est nécessaire pour explorer les environs d'Amarillo. La route 335 (The Loop) fait le tour de la ville. Amarillo Blvd. (la fameuse route 66) va d'est en ouest parallèlement à la I-40. Le **Texas Travel Info Center** (l'office du tourisme, 335-1441), 9400 I-40 E., prendre la sortie 76, est ouvert tous les jours de 8h à 17h. L'**Amarillo Convention and Visitors Bureau**, 1000 S. Polk (374-1497 ou 800-692-1338), au niveau de 10th St., vous aide à organiser votre séjour (ouvert du lundi au vendredi de 8h à 17h). **Amarillo International Airport**, 10801 Airport Blvd. (335-1671), est situé à environ 11 km à l'est du centre par la I-40. Un taxi vous conduira jusqu'aux hôtels le long de la I-40 pour 4 à 6 $. Compter de 12 à 13 $ pour le centre-ville. Les bus **Greyhound**, 700 S. Tyler (374-5371), desservent : Lubbock (3 départs par jour, durée 3h, 20 $), Albuquerque (6 départs par jour, durée 5h, 50 $), Santa Fe (5 départs par jour, durée 7h30, 52 $). La gare routière est ouverte 24h/24. En ville, les bus **Amarillo City Transit** (378-3094) circulent du lundi au samedi toutes les 30 mn de 6h à 18h. Ticket 60 ¢. **Royal Cab Co.** propose des taxis très confortables (376-4276, prise en charge 1,30 $, 1 $ par mile). **Urgences** : 911. **Bureau de poste** : 505 E. 9th Ave. (379-2148), à hauteur de Buchanan St. (ouvert du lundi au vendredi de 7h30 à 17h). **Code Postal** : 79105. **Indicatif téléphonique** : 806.

Hébergements, camping et restaurants Les motels bon marché sont situés à la périphérie de la ville sur la I-40. Plus on se rapproche du centre, plus les prix augmentent. Le **Camelot Inn**, 2508 I-40E (373-3600) à la sortie 72A, un hôtel de couleur rose qui ressemble à un château, possède de grandes chambres qui viennent d'être refaites. Une des meilleures adresses sur la I-40 (chambre simple 28 $, double 35 $, pas de supplément pour 3 ou 4 personnes). **Motel 6** (800-440-6000) possède deux établissements le long de la I-40 à la sortie 72B (chambre simple 28 $, double 34 $). Pour camper, vous pouvez vous rendre au **KOA Kampground**, 111 Folsom St. (335-1792), à environ 10 km à l'est de la ville. Prendre la I 40 jusqu'à la sortie 75, rouler vers le nord pendant 3 km jusqu'à la highway 60, puis rouler vers l'est pendant 2 km. Le camping possède une grande piscine, un terrain de basket et des emplacements ombragés. Le café du petit déjeuner est offert (ouvert de 7h à 22h et de 8h à 20h du 1er lundi de septembre au dernier lundi de mai). Emplacements 16 $, raccordement complet 21 $.

The **Big Texan** (372-6000 ou 800-657-7177), à la sortie Lakeside de la I-40, est un restaurant qui a bâti sa réputation sur les énormes morceaux de viande de bœuf qu'il propose au menu. La publicité proclame que le client capable d'avaler un steak de 1,8 kg en une heure n'aura rien à payer. Les perdants, eux, payent 50 $. A ce jour, 23 342 personnes ont essayé et seules 4 619 ont réussi (19,7 %). Les autres

---

Les femmes du Texas ont de l'appétit !

Les statistiques montrent que les femmes connaissent davantage de succès que les hommes dans leur tentative de dévorer intégralement l'énorme steak d'1,8 kg proposé par The Big Texan (voir ci-dessus). En effet, sur 21 347 hommes, seuls 3 977 (18,6 %) ont réussi tandis que 642 femmes sur 1995 (32,1 %) ont gagné le pari. Que les machos en prennent de la graine…

plats de la carte sont à des prix raisonnables. Si le cœur vous en dit, vous pouvez goûter l'entrée maison à base de serpent à sonnette (burgers de 5 à 10 $, steaks texans de 12 à 22 $, ouvert tous les jours de 10h30 à 22h30. Musique *live* le mardi, réservation obligatoire). Pour les végétariens, **Back to Eden Deli**, 2425 I-40W (353-7476) à Wolfin Sq., est spécialisé dans la cuisine diététique, avec un *salad bar* bien fourni (ouvert du lundi au samedi de 9h30 à 17h30).

Visites et attractions Le Panhandle-Plains Historical Museum, 2401 4th Av. (656-2244), près du Canyon, possède une intéressante collection de fossiles, un vieux derrick et de nombreux objets se rapportant à l'histoire et à la géologie de la région (ouvert du lundi au samedi de 9h à 17h, dimanche de 13h à 18h, entrée libre). Le **Zoo d'Amarillo** (378-3000) s'étend sur 10 hectares de prairies peuplées de bisons, de *road runners* (Bip ! Bip !) et d'autres animaux du Texas. Prendre la sortie Thompson Park sur l'US 287 (ouvert du mardi au dimanche de 11h à 19h, entrée libre). Le musée du cheval, l'**American Quarter Horse Heritage Center and Museum**, 2601 I-40E (376-5181), à la sortie 72A, retrace les origines de la tradition équestre chez les cow-boys (ouvert du lundi au samedi de 10h à 17h, dimanche de 12h à 17h, 4 $, plus de 54 ans 3,50 $, de 6 à 18 ans 2,50 $, gratuit pour les moins de 6 ans). L'**Helium Monument**, 1200 Strait Dr. (355-4547), un édifice en acier inoxydable de six étages, rappelle qu'Amarillo est située sur le plus grand gisement d'hélium du monde. En 1968, lors de l'inauguration du bâtiment, de généreux donateurs ont déposé divers objets destinés aux générations futures. L'un de ces dons est un dépôt de 10 $ placé sur un compte d'épargne dans une banque d'Oklahoma City et dont le montant devrait s'élever à 1 000 000 000 000 000 000 $ (à l'ordre du Trésor américain) lorsqu'il sera rouvert en 2968 ! Le **Cowboy Morning** (800-658-2613) fera de vous un vrai cow-boy. Le programme des cours : leçons d'équitation, maniement du lasso et marquage du bétail. Le prix du billet d'entrée (19 $) comprend une visite en chariot du Canyon de Palo Duro et un petit déjeuner à base de saucisses, d'œufs et de biscuits, préparé dans un *chuck wagon* (cantine roulante). Réservation obligatoire. Début août, le **Civic Center** (378-4297) sur 3rd et Buchanan St. organise les **Old West Days**, une reconstitution grandeur nature avec des shérifs et des hors-la-loi.

■ PALO DURO CANYON STATE PARK

Plus connu sous le nom de "Grand Canyon Texas", Palo Duro offre un spectacle presque irréel. Le canyon, profond de 360 m, est une succession infinie de rochers rouges, ocres et bruns. Palo Duro Canyon State Park est situé à 37 km au sud d'Amarillo. Prendre la I-27 jusqu'à la sortie 106 et continuer sur la route 217 (depuis le sud, quitter la I-27 à la sortie 103). Au **Visitor Interpretive Center** (806-488-2227), à l'intérieur du parc, vous pouvez vous procurer le plan des chemins de randonnée et des informations sur les activités du parc (le parc et son bureau d'information sont ouverts tous les jours de 7h à 22h). L'entrée est payante uniquement pour les véhicules : 5 $.

Le parc peut se visiter en voiture. La route panoramique qui le traverse fait 25 km et vous permettra de rentabiliser votre appareil photo. **Goodnight Riding Stables** (806-488-2331), situé sur la route panoramique, vous propose de visiter le Grand Canyon à cheval (location de la monture et équipements : 9 $ l'heure). Le **Good Night Trading Post** (806-488-2760), également sur la route, possède une boutique de souvenirs et un restaurant délicieux (sandwich à la viande au barbecue 3,50 $). On peut y louer aussi des VTT (6,50 $ l'heure). Une bonne idée pour les enfants, le **Sad Monkey Railroad** (800-687-2222) propose une visite guidée d'une demi-heure à bord d'un mini-train à vapeur (3 $, gratuit pour les moins de 6 ans). Les rangers du parc autorisent les randonnées pédestres dans l'arrière-pays de Palo Duro. Les randonneurs débutants peuvent parcourir sans difficulté les 8 km du **Light House**

Trail. En revanche, le **Running Trail** et ses 14 km de terrain accidenté ne s'adresse qu'aux randonneurs expérimentés. Ne pas oublier d'emporter au moins 2 litres d'eau. La température grimpe fréquemment à 40° C.

Le **camping** en pleine nature n'est autorisé que dans certaines zones du parc. Un emplacement rudimentaire coûte 13 $, un raccordement pour camping-car 17 $ (il est recommandé de réserver à l'avance au 512-389-8900).

Texas, la comédie musicale de Paul Green, lauréat du prix Pulitzer, est jouée le soir à l'intérieur du parc (Box 268 Canyon 79015), dans un amphithéâtre en plein air (de mi-juin à mi-août, du lundi au samedi à 20h30. Appeler le 806-655-2181 pour réserver les billets).

■■■ LUBBOCK

Lubbock, essentiellement connue pour son activité agricole, n'est vraiment pas une ville touristique. Mais le temps d'une escale, vous pourrez vous y détendre et dormir sans vous ruiner. Aucun train ne part de Lubbock, mais il existe une gare routière, **TNM & O Coach station**, 1313 13th St. (765-6641). Les bus desservent Amarillo (3 par jour, durée 2h30, 20 $), Oklahoma City (4 par jour, durée 7 à 11h, 61 $) et Dallas (2 par jour, durée 7h, 50 $).

Le **Convention and Tourism Center of Lubbock** (l'office de tourisme), 1120 14th St. (747-5232 ou 800-692-4035), à hauteur de l'Avenue K, fournit une brochure sur l'hébergement, les attractions et les manifestations annuelles (ouvert du lundi au vendredi de 8h à 17h). La compagnie **Citybus Transportation** (762-0111) assure un service de 13 lignes qui desservent principalement la zone délimitée par le Loop 289. Les plans sont à retirer à la station principale, 801 Broadway, au niveau de l'Avenue H (les bus circulent du lundi au vendredi toutes les 30 mn, toutes les heures le samedi de 6h à 19h). **Enterprise Car Rental**, 1911 Avenue Q (765-0622), au coin de 19th St., loue des voitures (34 $ par jour, 168 $ par semaine, kilométrage illimité à l'intérieur du Texas, du Nouveau-Mexique et de l'Oklahoma. Age requis : 21 ans minimum. Carte de crédit obligatoire, ouvert du lundi au vendredi de 8h à 18h, samedi de 9h à 13h). Pour les taxis, s'adresser à **Yellow Cab** (765-7777, prise en charge 1,50 $, 1,10 $ par mile supplémentaire). **Urgences :** 911. **Bureau de poste :** 411 Avenue L (ouvert du lundi au vendredi de 8h30 à 17h). **Code postal :** 79408. **Indicatif téléphonique :** 806.

Les bons motels sont regroupés autour du croisement de la I-87 avec Slaton Highway. Le **Circus Inn**, 150 Slaton Rd. (745-2515), possède des jardins bien entretenus, une jolie piscine, et des chambres très, très confortables, qui, dans une grande ville, coûteraient facilement 200 $. La plupart d'entre elles sont équipées de salle de bains avec moquette (grand lit pour une personne 23 $, pour 2 personnes 26 $, 2 lits doubles 30 $). Au **KOA Kampground,** 5502 Country Rd. 6300 (762-8653), en sortant de l'US 84W, à 4 km à l'ouest du Loop 289, le confort est également au rendez-vous. Piscine couverte, jacuzzi, laverie, terrain de jeux, tables de Ping-Pong et terrains de basket (ouvert tous les jours de 8h à 20h, emplacements 15 $, raccordement complet pour camping-car 18 $). Pour manger un bon barbecue texan, faites un tour chez **Stubb's**, 620 19th St. (747-4777). La clientèle locale ressemble aux portraits de cow-boys qui sont accrochés aux murs. Toutes les recettes sont cuisinées par le patron Christopher B. "Stubbs", à la stature impressionnante (Bar-B-Q Burger 3,50 $, ouvert tous les jours de 11h à 22h).

Le **Ranching Heritage Center** (742-2490), sur 4th et Indiana St., retrace l'histoire des ranchs dans le *Panhandle* (partie septentrionale du Texas) à travers 33 bâtiments d'époque, sur un site de 7 hectares. On peut y suivre l'évolution des ranchs, des premières cabanes en bois aux élégantes demeures du début du siècle, du style *Queen Anne* (ouvert du lundi au samedi de 10h à 17h, dimanche de 13h à 17h). La collection du **Science Spectrum Museum**, 2579 S. Loop 289 (745-2525), présente relativement peu d'intérêt, en revanche son écran panoramique de 17 m propose des films bien faits sur l'espace ou les volcans.

■■■ LES GUADALUPE MOUNTAINS

Le **Guadalupe Mountains National Park** est situé dans le désert de l'ouest du Texas. Il borde au nord la frontière du Nouveau-Mexique. Les montagnes de cette chaîne se dressent à des hauteurs impressionnantes. Les premiers pionniers évitèrent cette région, tant par crainte du climat que des Apaches Mescalero qui habitaient là. Dans les années 1800, les Indiens furent chassés de leurs terres, mais seuls quelques rares pionniers et mineurs s'installèrent à leur suite sur ces terres arides. Le parc national s'étend sur 43 000 hectares de désert, de canyons et de montagnes. Si vous êtes pressé par le temps, contentez-vous de visiter les sites les plus connus du parc : **El Capitan**, une falaise de calcaire de 600 m, et **Guadalupe Peak**, le plus haut sommet du Texas avec ses 2 660 m. Avec du temps, de très belles randonnées sportives vous attendent. **Carlsbad**, à 88 km au nord-est, qui possède plusieurs motels, campings et restaurants bon marché, constitue alors un bon camp de base. La plupart des sentiers partent du *headquarters visitors center* (voir plus loin). L'ascension à pied du Guadalupe Peak dure entre 3 et 4 heures suivant votre degré d'entraînement. Prévoyez une journée pour visiter les rapides de **McKittrick Canyon** ainsi que le **Bowl**, une superbe forêt de sapins et de pins Ponderosa. Le **Spring Trail** conduit de **Frijole Ranch**, à 1,6 km au nord du *visitors center,* à une source qui jaillit de la montagne (4 km, 1h30 de marche).

Le **Headquarters Visitors Center** (828-3251) se trouve juste à la sortie de l'US 62/180 (ouvert tous les jours de 7h à 18h, de septembre à mai de 8h à 16h30. Pendant les heures de fermeture, se référer au panneau d'information qui se trouve à l'extérieur). Pour plus de détails sur le parc, se renseigner auprès du Guadalupe Mountains National Park, HC60, Box 400, Salt Flat 79847 (828-3251). **Urgences :** 911. **Indicatif téléphonique :** 915. **Fuseau horaire :** heure des Rocheuses (2h de moins que celle de l'Est).

Les deux campings du parc, le **Pine Springs Campgrounds** (828-3251), sur l'*highway* juste après le *visitors center*, et le **Dog Canyon Campground** (505-981-2418), au sud de la frontière du Nouveau-Mexique, à l'extrémité nord du parc, sont équipés de toilettes et d'eau courante mais ont ni douche ni électricité (emplacements 6 $). Dog Canyon n'est accessible que par la route 137 en provenance de Carlsbad au Nouveau-Mexique, distante de 115 km.

Pour toute excursion, pensez à apporter de l'eau, même pour la plus courte des promenades. Faites également le plein d'essence avant car il n'y a pas de station-service dans le parc. Chaque été, des centaines d'automobilistes se font ainsi piéger. Guadalupe Park se trouve à 192 km à l'est d'El Paso. Les bus **TNM&O Coaches**, une compagnie affiliée à Greyhound, circulent le long de l'US 62/180 entre Carlsbad et El Paso. Ils passent par le Carlsbad Caverns National Park (voir p. 330) et le Guadalupe Mountains National Park (de Carlsbad à Guadalupe 11 $, 21 $ l'aller-retour). Les bus s'arrêtent au *headquarters visitors center*.

■■■ EL PASO

El Paso, qui signifie "le passage" en espagnol, souffre d'une cruelle crise d'identité. La ville se trouve à cheval entre deux Etats, deux pays et deux langues. El Paso vit le jour au XVIIᵉ siècle, comme point de transit pour les voyageurs qui franchissaient le Rio Grande. L'intérêt grandissant de l'Espagne pour le Nouveau Monde entraîna l'arrivée de missionnaires blancs ; les vestiges de leurs missions sont encore visibles. La culture latine est omniprésente dans la ville, qui n'est pas loin de ne former qu'une seule et même entité avec sa voisine mexicaine de Juárez. L'anglais et l'espagnol sont parlés indifféremment. C'est là l'une des raisons de son succès auprès des voyageurs. De l'autre côté de la frontière, on peut trouver sur les marchés de l'artisanat mexicain. Mais El Paso est aussi une ville universitaire et moderne, avec un centre hérissé de buildings et la présence de Fort Bliss, la première base de défense aérienne de l'Ouest américain. C'est aujourd'hui la plus grande des villes-frontière américaines.

INFORMATIONS PRATIQUES

Office du tourisme : **El Paso Tourist Information Center**, 1 Civic Center Plaza (544-0062), près de la chambre de commerce, au croisement de Santa Fe et de San Francisco St. On y trouve toutes sortes de brochures. Vous pouvez y acheter les billets de la compagnie **El Paso-Juárez Trolley Co.** (544-0061, 544-0062 pour les réservations) qui propose des circuits d'une journée le long de la frontière. Les départs ont lieu toutes les heures du Convention Center (10 $, de 6 à 13 ans 8 $, gratuit pour les moins de 6 ans, circulent de 10h à 17h, de novembre à mars de 9h à 16h).

Consulat mexicain : 910 E. San Antonio St. (533-4082), à l'angle de San Antonio et de Victoria St. Fournit des **laissez-passer touristiques** (*tourist cards*), ouvert du lundi au vendredi de 9h à 16h30.

Bureau de change : Valuta, 307 E. Paisano (544-1152). Près de la frontière, ouvert 24h/24.

Bureau American Express : 3100 N. Mesa St. (532-8900), ouvert du lundi au vendredi de 8h à 17h.

Aéroport : El Paso International Airport, au nord-est du centre. Le Sun Metro bus n° 33, dont l'arrêt se trouve à l'extérieur du terminal, de l'autre côté du comptoir Delta Airline, vous emmène jusqu'à San Jacinto Plaza. Les bus climatisés de **K.C Express Shuttle Service** desservent le centre-ville à partir de 6 $ (circulent du dimanche au jeudi de 4h du matin à minuit, vendredi et samedi de 4h à 15h).

Train : Amtrak, 700 San Francisco St. (545-2247 ou 800-872-7245), ouvert lundi, mercredi et samedi de 11h à 18h30, mardi, jeudi et dimanche de 9h à 17h.

Bus : Greyhound, 201 San Antonio St. (532-2365 ou 800-831-2222), de l'autre côté du Civic Center, entre Santa Fe et Chihuahua St. Bus tous les jours au départ de San Jacinto Plaza pour New York (99 $), Los Angeles (35 $), Dallas et Phoenix. Consigne pour 6h 2 $, de 6 à 24h 4 $, ouvert 24h/24.

Transports en commun : Sun Metro (533-3333), départ de San Jacinto Plaza à l'angle de Main et Oregon St. Ticket 85 ¢, étudiants et enfants 40 ¢, personnes âgées 20 ¢.

Taxis : Yellow Cab, 533-3433. Prise en charge 1,20 $, 1,50 $ par mile supplémentaire. Accessible aux handicapés.

Location de voiture : Dollar Rent-a-Car (778-5445 ou 800-800-4000). 33 $ par jour, 143 $ par semaine, kilométrage illimité. Supplément de 11 $ pour le Mexique avec obligation de ne pas s'éloigner de plus de 14 km autour de Juárez. Age minimal 21 ans. Supplément 10 $ par jour en dessous de 25 ans. Carte de crédit obligatoire, ouvert 24 h/24.

Assistance téléphonique : Crisis Hotline, 779-1800, ouvert 24h/24. **Lambda Gay and Lesbian Line**, 562-4217, informations 24h/24. Conseils lundi, mercredi et vendredi de 7h à 21h.

Hôpitaux : Providence Memorial Hospital (577-6011), ouvert 24h/24. Pour les vaccinations, se rendre au **El Paso City County Health District,** 222 S. Campbell St. (543-3560). En approchant de la frontière mexicaine, tourner à gauche sur Paesano St. et marcher pendant 3 blocks. Pour entrer au Mexique, les vaccinations (sur rendez-vous, le mercredi seulement) ne sont pas obligatoires mais conseillées, ouvert du lundi au vendredi de 8h à 17h.

Urgences : 911.

Bureau de poste : 219 E. Mills (775-7563), ouvert du lundi au vendredi de 9h à 17h, samedi de 8h à 13h. **Code postal :** 79910. **Indicatif téléphonique :** 915. Pour appeler Ciudad Juárez, composer le 011-52-16 suivi du numéro local.

Fuseau horaire : heure des Rocheuses (2h de moins que le fuseau de l'Est).

Vous pouvez entrer dans El Paso par l'est ou par l'ouest en prenant la **I-10**, ou par le nord ou le sud en empruntant l'**US 54**. Le Rio Grande et les Franklin Mountains peuvent rendre l'orientation difficile, pensez à vous munir d'un plan. La plupart des hôtels et des restaurants sont situés sur **San Jacinto Plaza**. **Santa Fe St.** traverse la ville du nord au sud tandis que **San Antonio St.** se trouve sur son axe est-ouest.

HÉBERGEMENTS

Les hôtels les moins chers se trouvent de l'autre côté de la frontière, à Juárez. Cependant, il est possible de se loger pour un prix raisonnable dans le centre-ville d'El Paso. Les hôtels bon marché sont regroupés autour de Main St. et de San Jacinto Plaza. Le **Gateway Hotel**, 104 S. Stanton St. (532-2611, fax : 533-8100), à l'angle de S. Stanton et San Antonio St., à deux pas de San Jacinto Plaza, est un favori des Mexicains. Pour obtenir une bonne chambre, il est préférable de parler espagnol. Les chambres sont propres avec un grand lit et une salle de bains privée. Air conditionné à l'étage. Les chambres doivent être libérées avant 16h. (Chambre simple 21 $, avec TV 28 $, double de 27 à 31 $, double avec grand lit 32 ou 33 $. Parking 1,50 $ pour 24h. Réservations acceptées jusqu'à 5 jours à l'avance, sauf en période de vacances ou de festival.) Le **Garner Hotel/Hostel (HI-AYH)**, 311 E. Franklin (532-3661), se trouve à 2 blocks de San Jacinto Park. Marcher pendant un block vers le nord sur Mesa Street, tourner à droite sur Franklin St. et continuer vers l'est pendant un block et demi. Cet établissement qui existe depuis 75 ans rassemble à la fois un hôtel et une auberge de jeunesse. Vous avez le choix entre de petites chambres simples bon marché, des dortoirs, ou des chambres doubles. Dans l'auberge, les dortoirs de 4 personnes ont une salle de bains commune, avec accès à une grande cuisine, une salle commune, et un confortable *lounge* en sous-sol, idéal pour se relaxer. Les chambres de l'hôtel sont équipées de TV câblée et d'un téléphone. La direction est extrêmement soucieuse de la sécurité (la réception est ouverte 24h/24). Heure limite d'occupation de l'auberge 10h, de l'hôtel 13h. Dortoir 12,50 $, non-membres 15,50 $, chambre simple sans salle de bains avec un petit lit 22,50 $, chambre simple plus spacieuse et confortable 27,50 $, avec salle de bains 35 $, chambre double à partir de 40 $. Draps 2 $.

RESTAURANTS ET SORTIES

El Paso est partagé entre la culture mexicaine et la culture américaine, et sa cuisine s'en ressent. Les chaînes de restaurants *gringo* côtoient les petits restaurants familiaux. La cuisine mexicaine est ici excellente et les *burritos* sont sans conteste la spécialité locale. Les végétariens scrupuleux doivent se méfier des plats sans viande comme les *bean burritos* et les *chiles rellenos* (piments farcis) car ils peuvent contenir de la graisse de porc.

Luby's Restaurant (533-5042), sur Texas et Campbell St., est l'un des restaurants préférés des locaux. L'ambiance est animée et l'addition raisonnable. Vous pouvez choisir vos plats comme dans une cafétéria et vous installer dans la salle. Déjeuner ou dîner de 2,85 à 4,35 $. Au petit déjeuner, goûtez un *waffle* (gaufre) aux fruits frais (1,49 $), ouvert du lundi au samedi de 7h30 à 10h et de 10h30 à 18h.
Le **Big Bun**, 500 N. Stanton St. (533-3926), sert des *tacos*, des *burritos* et des burgers copieux bon marché (99 ¢). Un verre de soda au distributeur automatique 45 ¢. *Burritos* du petit déjeuner de 1 à 2 $, sandwiches au jambon ou autre charcuterie de 2 à 3 $, ouvert du lundi au samedi de 7h à 19h.
Au **The Tap Bar and Restaurant**, 408 E. San Antonio St. (546-9049), près de Stanton St., le petit déjeuner est composé de délicieux *huevos rancheros* (3 $). Pour le déjeuner ou le dîner, la "Mexican Plate n° 1" (*tacos*, *chiles rellenos*, *enchiladas*, riz, haricots et *nachos* pour 4,50 $) est délicieuse. Le soir, des néons lumineux éclairent une minuscule piste de danse. Concert de mariachis le samedi soir (de 22h30 à 23h30) et diffusion d'événements sportifs sur écran TV géant. Un des rares endroits ouverts après 19h. Il ferme même après le McDonald's. Très grand choix de bières au bar, ouvert tous les jours de 7h à 2h du matin.

TEXAS

Si vous voulez sortir le soir, vous pouvez vous rendre au **Cadillac Bar**, 1170 Sunmount (779-5881, ouvert tous les jours de 18h à 2h du matin). Dans le centre, **The Old Plantation,** 219 S. Ochoa (533-6055), est un bar-discothèque fréquenté par les homosexuels (ouvert du jeudi au dimanche de 20h à 2h du matin). La vie nocturne à Juárez (voir plus loin) est beaucoup plus animée, voire agitée, et il n'y a pas d'âge minimal pour consommer de l'alcool.

VISITES ET DIVERTISSEMENTS

La majorité des visiteurs s'arrêtent à El Paso au cours de leur traversée du désert en voiture ou pour se rendre dans le Sud à Ciudad Juárez. Cependant, El Paso est plus qu'une simple ville d'étape. Ceux qui disposent de peu de temps pour visiter la ville prendront un tramway pour avoir une vue d'ensemble. Le **Tour Trolley** de la compagnie El Paso-Juárez Trolley Co. part toutes les heures (voir Informations pratiques).

La vieille place de **San Jacinto** est toujours noire de monde. Des musiciens des rues jouent des airs qui évoquent l'époque des *conquistadores* et de la cavalerie. Au sud de la place, **El Paso St**. est le coin des bonnes affaires pour le shopping. On peut y acheter une paire de jeans Wranglers pour la modique somme de 10 $. Pour avoir une vue panoramique d'El Paso, de Juárez et des montagnes de la Sierra Madre, allez au nord-ouest de la ville sur Rim Rd. (qui devient ensuite Scenic Dr.), puis à **Murchison Park**, au pied des montagnes. Les Franklin Mountains au nord forment l'extrémité sud des Rocheuses. El Paso accueille le **Southwestern Livestock Show & Rodeo** (532-1401) en février et le **World's Finals Rodeo** (545-1188) en novembre. Ces manifestations célèbrent joyeusement l'histoire de la ville. Le **First Thanksgiving Reenactment** (El Paso prétend avoir été le lieu où s'est déroulé le premier *Thanksgiving* américain et est, pour cette raison, toujours en désaccord avec la ville de Plymouth dans le Massachusetts) est une fête importante ainsi que le **Sun Bowl Parade** (533-4916 ou 800-915-BOWL/2695) qui se déroule à l'**University of Texas at El Paso (UTEP).**

D'avril à août, les **El Paso Diablos** (755-2000), joueurs de base-ball de la légendaire Texas League, se produisent dans le Cohen Stadium, 9700 Gateway North. Appelez pour connaître les horaires des matchs. Pour rejoindre le stade, prendre les bus n° 41 ou 42 aussi loin que possible au nord et faire le reste du chemin à pied. Demandez votre route aux automobilistes.

La Conspiration de Plymouth

Si l'on en croit la population d'El Paso, les pèlerins puritains de Plymouth n'auraient pas célébré le premier *Thanksgiving* (fête nationale des Etats-Unis qui a lieu le 4e jeudi de novembre, voir p. 73) d'Amérique du Nord. Les habitants d'El Paso revendiquent cet honneur. Ils racontent avec nostalgie l'histoire de Don Juan de Onate, un noble espagnol qui en janvier 1598 conduisit vers le nord une caravane de colons en provenance de la ville mexicaine de Santa Barbara (près de Chihuahua). La traversée du désert fut un calvaire ; les hommes et les femmes se nourrirent essentiellement de racines et de baies sauvages et burent l'eau extraite des cactus. Le 20 avril 1598 (près d'un quart de siècle avant l'épisode du *Mayflower*), les colons atteignirent le Rio Grande où ils trouvèrent la paix et le réconfort. Le 30 avril, Don Juan leur demanda de revêtir leurs plus beaux habits pour fêter leur arrivée sains et saufs dans cette région, avant de reprendre la route pour l'actuelle Santa Fe au Nouveau-Mexique. Depuis, la polémique fait rage entre habitants de Plymouth et d'El Paso.

■ PRÈS D'EL PASO : CIUDAD JUÁREZ

Bien que Ciudad Juárez (fondée en 1581 par des explorateurs espagnols) ne soit séparée d'El Paso que par l'étroite rivière du Rio Grande, le simple fait de passer la frontière vous entraîne dans un autre voyage. Le Mexique est là, avec ses maisons et ses couleurs vives, les cris des enfants et son intense vie nocturne. Malgré le tourisme et les dollars des touristes américains, la majeure partie de la population de Ciudad Juárez reste pauvre.

Pour rejoindre la frontière en venant d'El Paso, prendre le bus nord-sud (25 ¢) jusqu'au **Santa Fe Bridge** (pont de Santa Fe), le dernier arrêt. Il existe un service de trolley mais c'est beaucoup plus cher. Deux routes, l'une piétonne et l'autre pour les automobilistes traversent le Rio Grande : **El Paso St.**, une rue à sens unique perpétuellement bondée, et **Santa Fe St.**, une rue parallèle remplie de restaurants et de boutiques qui vendent des vêtements de cow-boy. Il faut payer 25 ¢ aller et 30 ¢ aller-retour pour entrer au Mexique. Si vous passez la frontière à pied, empruntez le côté droit du Santa Fe Bridge et payez vos 25 ¢ pour traverser. Soyez prêts à présenter vos papiers d'identité en entrant et en sortant, même si normalement il n'y a pas de contrôle. Il se peut que les douaniers fouillent votre sac. Pour tout renseignement, vous pouvez appeler la **transit police** (12-31-97 ou 14-17-04).

Informations pratiques Depuis Santa Fe Bridge, vous trouverez sur votre gauche la **Coordinacion del Turismo** (office du tourisme) (14-06-07), Malecon et San Francisco Villa, dans le bâtiment gris de la **Unitad Administrativa Municipal**. Le personnel n'a que peu de brochures utiles pour votre séjour. A Juárez, les banques sont regroupées près de la station de bus, sur les rues Juárez et 16 de Septiembre. La plupart affichent leur taux de change à l'extérieur. L'une des plus importantes, **Comisiones San Luis** (14-20-33), à l'angle de 16 de Septiembre et Juárez, accepte les travelers chèques (ouvert du lundi au jeudi de 9h à 21h, vendredi et samedi de 9h à 21h15, dimanche de 9h à 18h15). **Chequerama** (12-35-99), sur les rues Union et Juárez, change également les travelers (ouvert du lundi au samedi de 10h à 19h). **Urgences :** 06.

La vieille ville de Juárez, près des ponts de Santa Fe et de Stanton, peut se visiter à pied. Le plupart des bus partent de l'intersection des rues Insurgentes et Francisco Villa ou des rues adjacentes. Indiquez votre destination au chauffeur. On trouve des taxis dans le centre mais les tarifs sont beaucoup plus élevés. Mieux vaut vous mettre d'accord sur le prix avant de monter à bord. Durant la journée, Juárez est relativement sûre pour les visiteurs prudents. La nuit, en revanche, il est déconseillé aux femmes de se promener seules.

Hébergements, restaurants et sorties L'hébergement à Juárez est onéreux. Même les hôtels les plus simples pratiquent des prix élevés, notamment dans le quartier de ProNaf. Il vaut mieux aller le long de l'Avenida Juárez. L'**Hotel del Rio**, 488 Juárez (12-37-76), propose de grandes chambres simples et claires avec air conditionné et TV couleur. Parking. Chambres libérées à 13h. Chambre simple, double ou triple 20 $.

En ce qui concerne les restaurants, rendez-vous sur l'Avenida Juárez ou dans la zone ProNaf. Il vaut mieux éviter d'acheter de la nourriture dans les nombreux stands du centre-ville. Les *mariscos* (coquillages) ne sont pas toujours frais et sont vendus à un prix excessif. La **Cafeteria El Coyote Invalido**, Juárez 615, à hauteur de Colon (14-27-27), offre une cuisine simple dans un décor de *diner* américain climatisé. Hamburger 14,5 pesos, assortiment de plats mexicains de 14 à 20 pesos. Spacieux, le bar-restaurant **Villa Espanola**, Juárez 614 (12-02-38), s'anime tout particulièrement le soir venu. Vend une excellente eau minérale (*agua purificada*) (*chilaques* 9 pesos, *enchiladas* 10,80 pesos, ouvert tous les jours de 12h à 2h du matin).

La plupart des bars de Juárez ne présentent guère d'intérêt et quelques-uns peuvent s'avérer un peu trop agités. **Mr Frog Bar**, Juárez Nte 140 (14-29-48), attire de nombreux Américains qui viennent se défouler le week-end de l'autre côté de la frontière (dancing dans l'arrière-salle. Bière 7 pesos, boissons alcoolisées 6 pesos, ouvert tous les jours de 11h à 1h du matin).

Visites et attractions Dans le centre se trouve l'**Aduana Fronteriza** (12-47-07), à l'intersection de l'Avenida Juárez et de la rue 16 de Septiembre. Construite en 1889 en tant que comptoir commercial, elle fit plus tard office de poste de douane. Aujourd'hui, elle abrite le **Museo Historico de la Ex-Aduana**, dont la collection retrace l'histoire de la région pendant la Révolution mexicaine (ouvert du mardi au dimanche de 10h à 17h, entrée libre). Dans le centre ProNaf, le **Museo de Arte e Historia** (16-74-14) présente des objets d'art mexicains, anciens et contemporains (ouvert du mardi au dimanche de 11h à 18h, 75 pesos, entrée gratuite pour les étudiants). Juste à côté, le **Centro Artesanals** vend de l'artisanat local à des prix exorbitants. Préparez-vous à de longues séances de marchandage.

Certains soirs d'été, il est possible d'assister à des corridas dans la **Plaza Monumental de Toros**, sur le Paseo Triunfo de la Republica et la rue Lopez Mateos (13-16-56 ou 13-11-82). Les places coûtent 25 pesos, les places à l'ombre (plus recherchées) 40 pesos (gratuit pour les moins de 13 ans). Appelez pour connaître le programme. Le **Lienzo de Charro,** sur l'Avenida Charro en sortant du Paseo Triunfo de la Republica (25-05-55), présente aussi des corridas et le rodéo local, la *charreada*, les dimanches après-midi en été.

■■■ BIG BEND

Le **Big Bend National Park** est situé sur le vaste arc de cercle (le "Big Bend") que décrit le Rio Grande, frontière entre les Etats-Unis et le Mexique. D'une superficie de 2 866 km^2, ce territoire abrite les vastes étendues du **Chihuahuan Desert**, les **Chisos Mountains** qui constituaient le refuge naturel des Indiens comanches, et des canyons spectaculaires. La végétation et la faune sont très variées, on peut y voir 350 espèces d'oiseaux, ainsi que des coyotes, des cochons sauvages et des couguars.

Informations pratiques Big Bend semble coupé du reste du monde. Le parc n'est accessible qu'en voiture par la route 118 ou l'US 385. Pensez à faire le plein car les stations-service sont rares sur le trajet. Le **bureau du Big Bend** (*park headquarters*), 915-477-2251, se trouve à **Panther Junction**, à environ 42 km à l'intérieur du parc (ouvert tous les jours de 8h à 18h, laissez-passer pour les véhicules 5 $ par semaine). Pour plus d'informations, vous pouvez écrire au *Superintendent*, Big Bend National Park P.O. Box 129, 79834. Le **Texas Travel Information Center** (800-452-9292) aide les visiteurs à organiser leurs excursions (ouvert tous les jours de 8h à 21h). D'autres postes de rangers sont situés à Rio Grande Village, Persimmon Gap, et Quisos Basin (ouverts tous les jours de novembre à avril de 8h à 16h. Persimmon Gap est ouvert toute l'année). La compagnie ferroviaire **Amtrak** (800-872-7245) dessert la ville d'**Alpine**, à 112 km au nord de Big Bend. **Urgences :** 915-477-2251 ou 911 après 18h.

Hébergement et restaurants Le Chisos Mountains Lodge (915-477-2291), à 16 km des *headquarters*, est le seul motel à l'intérieur de Big Bend, et de ce fait, les prix sont très élevés (chambre simple 59 $, double 67 $, 11 $ par personne supplémentaire). Il existe aussi des bungalows équipés d'une douche ou d'une salle de bains mais sans air conditionné (chambre simple 56 $, double 66 $, 11 $ par personne supplémentaire). Les réservations sont obligatoires. L'établissement est souvent complet un an à l'avance. Les repas servis au restaurant et au bar coûtent entre 5 et 12 $ (ouvert tous les jours de 7h à 20h). On trouve des motels moins chers le long des routes 118 et 170 près de Terlingua et de Lajitas, respectivement à 34 et 45 km du bureau du parc. On peut acheter des provisions et faire le plein d'essence à Panther Junction, Rio Grande Village et au Chisos Basin à Castolon. Le magasin de Rio Grande Village possède la seule douche publique du parc (5 mn 75 ¢).

Si vous comptez rester plus d'une journée à Big Bend, vous pouvez vous arrêter à **Terlingua** au Texas. Terlingua, dont le nom évoque les trois langues parlées dans la ville à la fin du XVIIIᵉ siècle (l'anglais, l'espagnol et un dialecte indien), est facilement accessible par la route 170 depuis Study Butte, à environ 26 km du bureau du parc, mais à seulement 11 km de l'entrée ouest. L'**Easter Egg Valley Motel** (915-371-2430) propose des chambres à un prix un peu plus raisonnable (chambre simple 36 $, double 43 $). Plus loin sur la route 170, le **Starlight Theatre Bar and Grill** (915-371-2326) sert des plats copieux (3 à 8 $) avec musique *live* gratuite (ouvert tous les jours de 17h30 à minuit).

Excursions, rafting et camping Avant de vous aventurer dans le parc, assurez-vous d'avoir apporté suffisamment d'eau. Pour une courte visite en voiture, empruntez le **scenic drive** (promenade panoramique) long de 69 km, jusqu'à Santa Elena Canyon. Faites attention aux crues subites qui peuvent survenir. Si vous vous sentez d'attaque pour une randonnée, le **Lost Mine Trail**, qui gravit un pic des Chisos Mountains, vous offrira un magnifique point de vue sur le désert et la Sierra de Carmen au Mexique. Comptez 3h de marche. Une autre marche facile consiste à traverser le Santa Elena Canyon, le long du Rio Grande. Les parois des canyons s'élèvent à 300 m de chaque côté de la rivière. Quatre compagnies proposent des **excursions en bateau** sur les 213 km du Rio Grande qui appartiennent au parc. **Far-Flung Adventures** (800-359-4138), à côté du Starlight Theater Bar and Grill à Interlingua, organise des excursions d'1 à 7 jours. Le prix d'une excursion d'une journée à Santa Elena avoisine les 100 $. Téléphoner pour avoir les tarifs exacts. Le bureau du parc fournit des informations à ceux qui désirent pratiquer du rafting et du canoë-kayak.

Les campings du parc sont souvent vite complets. **Chisos Basin** et **Rio Grande Village** proposent des emplacements avec WC standard (5 $), tandis que les toilettes du Cotton Wood (emplacement 3 $) sont plus rudimentaires. L'été, les emplacements de Chisos Basin sont plus agréables et plus frais. Pendant la saison touristique (de novembre à avril), le camping de Rio Grande Village est toujours rempli. Présentez-vous de bonne heure si vous voulez obtenir un emplacement. Pour faire du camping sauvage ou passer la nuit sur les emplacements gratuits le long des chemins de randonnée, adressez-vous au bureau du parc pour obtenir un **back-country permit** (autorisation de camper).

TEXAS

POUR MÉMOIRE

▨ L'abréviation I-68 désigne l'interstate 68, l'abréviation US 12 la US highway 12. Nous avons également adopté les abréviations suivantes : *Rte.* pour route, *Blvd.* pour boulevard, *Ave.* pour avenue, *St.* pour street, *Hwy.* pour highway, *Pkwy.* pour parkway.

▨ Sous l'appellation *visitor centers* sont regroupés les office de tourisme d'une ville et les bureaux d'accueil des parc naturels ou des sites touristiques. Faites-y toujours un tour : le personnel, d'ordinaire compétent et serviable, est là pour vous aider ; les brochures et cartes qu'on y trouve sont très utiles.

▨ Les numéros de téléphone débutant par 1-800 sont toujours gratuits. En revanche ils ne peuvent être appelés qu'à l'intérieur des Etats-Unis.

▨ Les auberges de jeunesse de la fédération Hostelling International (HI) accordent souvent des réductions à leurs membres. Elles sont signalées dans le texte par le sigle HI-AYH.

▨ Les *National Parks*, *National Monuments* et *National Forests* dépendent du gouvernement fédéral ; les *State Parks* et les *State forests* du gouvernement de chaque Etat.

▨ La *cover charge* est une participation de quelques dollars demandée à l'entrée des bars ou des clubs, en général lorsqu'un groupe se produit *live*.

▨ Les prix mentionnés s'entendent hors taxe, sauf indication contraire. Il convient donc de rajouter les taxes locales.

▨ Les horaires sont présentés à la française, de 0h00 à 24h : 2h signifie 2 heures du matin.

▨ Reportez-vous au chapitre **Etats-Unis, l'Essentiel** au début de ce guide pour en savoir plus.

LES GRANDES PLAINES

Entre les grandes métropoles des côtes est et ouest, entre les Rocheuses et les Grands Lacs, s'étend le cœur des Etats-Unis, – une immense étendue de prairies et de fermes, à l'écart des chemins touristiques. Ici le ciel se déploie d'un horizon à l'autre, sans l'ombre d'une montagne, d'une forêt ou d'un gratte-ciel. La région des Grandes Plaines, véritable grenier à grains du pays (et d'une partie de la planète) vous fera découvrir une Amérique rurale et authentique.

En rachetant le territoire de la Louisiane à la France, le Président Thomas Jefferson hérita de toutes les régions à l'ouest du Mississippi. Au cours des siècles, les Prairies ont vu s'épanouir les légendes de pionniers et de cow-boys partis à la conquête de la *Frontier*. Très vite, les colons-fermiers se rendirent compte que les Grandes Plaines étaient des terres cultivables de choix, et non une simple zone de passage sur la route menant aux vallées fertiles de la côte ouest. Avec le *Homestead Act* de 1862, qui attribuait un titre de propriété fédéral à toute personne ayant occupé une terre pendant 5 ans, et le nouveau chemin de fer transcontinental, l'implantation de colons s'accéléra. La résistance des tribus amérindiennes, à l'origine de luttes sanglantes, fut vaincue. Une période d'essor économique s'ensuivit, jusqu'à ce que, dans les années 30, une terrible sécheresse transforme la région en un vaste champ de poussière. Depuis, les techniques modernes agricoles ont permis de reconquérir le sol, et le cœur de l'Amérique fournit désormais la majeure partie de la production céréalière et du bétail de la nation. Des villes comme Des Moines, Omaha et Dodge City prospèrent grâce au négoce de produits agricoles.

En dépit des transformations apportées par l'homme, les principales attractions de la région restent l'œuvre de la nature – les Badlands dans les deux Dakotas, les prairies du Dakota du Nord, les immenses cavernes du Missouri, les montagnes de l'Iowa, la Willa Cather Memorial Prairie dans le Nebraska et les hauts sommets des Black Hills, qui marquent la transition entre les prairies et les montagnes.

Les Grandes Plaines en bref

Ecrivains : Willa Cather *(Mon amie Antonia)*, Louise Erdich, Mari Sandoz, John Steinbeck, Mark Twain, Ian Frazier *(The Great Plains)*.
Artistes : Thomas Hart Benton, John Stuart Curry, Grant Wood.
Cuisine : Viande rouge et pommes de terre, poisson d'eau douce, poulet frit.
Microbrasseries : Dubuque, Dallas County, Millstream, Miracle Brewing Co.
Amérindiens : Cheyenne, Sioux, Kansas, Pawnee, Arapaho, Crow, Dakota, Iowa, Missouri, Kansa, Osage, Kiowa, Omaha.
Musique : Jazz, Blues, Kansas.
Cinéma et télévision : *Boys Town, Les Raisins de la colère, Les Moissons du ciel, La Petite Maison dans la Prairie, Le Magicien d'Oz, Oklahoma !*
Climat : Orages et grosses chaleurs l'été, hiver très froid.

 # Dakota du Nord

On raconte qu'un des tout premiers pionniers déclara sur l'emplacement de l'actuelle ville de Fargo : "La terre est magnifique, mais je doute fort que des êtres humains puissent jamais vivre ici." L'histoire lui a donné tort. Les terres austères qui rebutèrent tant les premiers colons finirent par trouver acquéreur, et le territoire devint un Etat le 2 novembre 1889, en même temps que le Dakota du Sud.

Le Dakota du Nord est resté dans sa majeure partie une région isolée. Dans sa moitié ouest, les buttes colorées des Badlands s'élèvent, belles et solitaires, tandis qu'un paysage figé, plat et désespérément vide occupe la partie est : la route 46 qui s'étend sur 180 km entre la US 81 et la route 30 est la plus longue ligne droite des Etats-Unis.

INFORMATIONS PRATIQUES

Capitale : Bismarck.
Office du tourisme : 604 East Blvd, Bismarck 58505 (701-328-2525 ou 800-437-2077).
Parcs and Recreation Department : 1424 W. Century Ave. #202, Bismarck 58502 (701-221-5357). Tous deux ouverts du lundi au vendredi, de 8h à 17h.
Fuseaux horaires : Heure des Prairies presque partout (1 heure de moins que l'heure de l'Est). Nous indiquons les endroits où l'heure est celle des Rocheuses (2 heures de moins que l'heure de l'Est). **Abréviation postale :** ND.
Taxe locale : 6 %.

■■■ FARGO

Dans les années 1880, Fargo était une ville réputée en matière de divorce. Une législation conciliante et une forte densité d'avocats attirait les couples malheureux de tous les Etats-Unis. L'affaire pouvait être réglée en dix minutes. Si Fargo n'offre plus le loisir de ces divorces express, les visiteurs ont gardé de cette époque l'habitude de ne pas s'y attarder.

Amtrak, 402 4th St. N. (232-2197 ou 800-872-7245), quatre trains par semaine à destination de Minneapolis (durée 5h, 53 $) et Williston (durée 8h, 69 $). (Ouvert toutes les nuits de minuit à 7h, le vendredi également de 8h à 15h30). Les bus **Greyhound,** 402 Northern Pacific (NP) Ave. (293-1222 ou 800-231-2222) effectuent le voyage à Minneapolis (5 bus par jour, durée 4 à 7h, 32 $) et Bismarck (3 bus par jour, durée 5h, 28 $). (Ouverts tous les jours de 6h à 18h et de 22h30 à 4h, fermé le dimanche entre 8h et 13h).

Main Avenue traverse Fargo d'est en ouest et coupe **la I-29, University Drive** et **Broadway.** Si vous avez un peu de mal à vous orienter, demandez conseil au bureau d'information **Fargo-Moorhead Convention and Visitors Bureau,** 2001 44th St. SW (282-3653 ou 800-235-7654, ouvert tous les jours de 7h à 18h, de septembre à avril tous les jours de 8h à 18h). **Assistance téléphonique :** 232-4357. **Bureau de poste :** 657 2nd Ave. N (241-6100, ouvert du lundi au vendredi de 7h30 à 17h30, le samedi de 8h à 2h), **Code postal :** 58103, **Indicatif téléphonique :** 701.

Des motels de grandes chaînes bon marché longent la I-29 et la 13th Avenue. **The Sunset Motel,** 731 W. Main (800-252-2207), situé dans la partie ouest de Fargo, propose chambres immenses, salle de sport et piscine couverte avec toboggan à double étage. Le week-end, appelez de bonne heure. (Chambres simples 22 $, chambres doubles 35 $, kitchenettes 5 $ supplémentaires). La **Moorhead State University** (218-236-2231) loue à Ballard Hall des chambres avec draps et téléphone, juste au nord de la 9th Avenue, dans la 14th Street (présentez-vous 24 heures à l'avance, 10 $ par personne). **Lindenwood Park** (232-3987), au croisement de la 17th Avenue et de la 5th Street S, propose des emplacements de camping près de la Red River (calme) et des voies de chemin de fer (moins calmes) (8 $, avec raccordement 14 $). **Old Broadway,** 22 Broadway (237-6161), sert, comme toute microbrasserie du Midwest, des hamburgers (5 à 10 $) et de la *beer cheese soup* (soupe de bière au fromage !) (3 $). Après 23h, c'est un lieu populaire de rendez-vous. (Ouvert du lundi au samedi, de 11h à 1h). **Pannekoeken,** 3340 13th Ave. SW (237-3569), vend de savoureuses crêpes hollandaises cuites au four (5 à 6 $, ouvert du

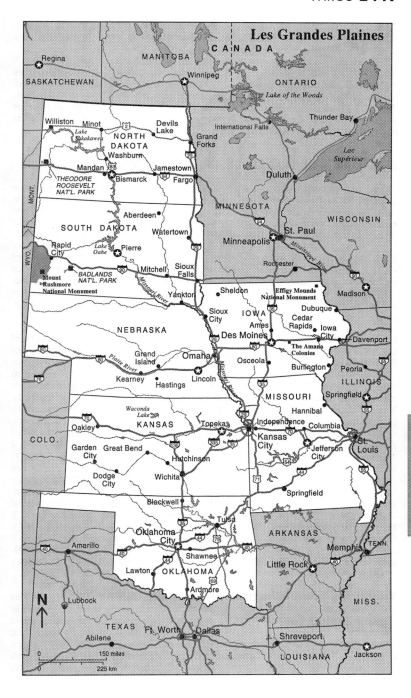

Les Grandes Plaines

CANADA

SASKATCHEWAN

Regina

MANITOBA

Winnipeg

ONTARIO

Lake of the Woods

Thunder Bay

Lac Supérieur

Williston   Minot   Devils
                                Lake
Lake   International Falls
Sakakawea   NORTH
              DAKOTA   Grand
         Washburn   Forks

MONT.   Mandan   Jamestown
              Bismarck   Fargo   Duluth

         THEODORE
         ROOSEVELT
         NAT'L. PARK   MINNESOTA   WISCONSIN

                   Aberdeen

         SOUTH DAKOTA   Watertown   St. Paul

WYO. Rapid   *Lake* Pierre   Minneapolis   *Mississippi River*
      City   *Oahe*
                        Mitchell   Rochester
      Mount   *BADLANDS* Sioux
      Rushmore   *NAT'L. PARK* Falls
      National Monument
                 Missouri River Yankton   Sheldon   *Effigy Mounds*   Madison
                                                        National Monument

                        Sioux   IOWA   Dubuque
                        City   Cedar
                              Ames   Rapids   Iowa
         NEBRASKA   Des Moines   City   Davenport

                   Grand   Omaha   The Amana
      Platte River Island   Osceola   Colonies
                                              Burlington   Peoria
            Kearney Hastings Lincoln
                                         MISSOURI   ILLINOIS
                                              Springfield

                                         Hannibal
         Waconda   Independence Columbia
         Lake   Topeka   St.
      Oakley   KANSAS   Kansas   Louis
                                    City   Jefferson
      Garden Great Bend   Hutchinson City
COLO. City
                        Wichita
         Dodge
         City   Springfield

               Blackwell

                        Tulsa
            Oklahoma   ARKANSAS   TENN.
            City   Memphis
      Amarillo   Shawnee
            Lawton OKLAHOMA   Little Rock
                        Ardmore
                                                    MISS.
      Lubbock

N
      TEXAS   Ft. Worth Dallas
      Abilene   Shreveport
0   150 miles
                        LOUISIANA   Jackson
0   225 km

GRANDES PLAINES

dimanche au jeudi de 6h à 23h, vendredi et samedi de 6h à minuit). Le soir, les étudiants de la North Dakota State University (NDSU) fréquentent les bars qui longent Broadway près de la Northern Pacific Avenue.

The Heritage Hjemkomst Interpretive Center, 202 1st Ave. N (218-233-5604), à Moorhead, abrite des expositions itinérantes venues du monde entier, ainsi qu'une réplique d'un bateau Viking, long de 23 mètres (ouvert du lundi au samedi de 9h à 17h, jeudi de 9h à 21h, dimanche de midi à 17h. 3,50 $, de 5 à 17 ans 1,50 $). Mi-juillet, une foire, la **Red River Valley Fair** (800-456-6408), au large de Main Avenue dans la partie ouest de Fargo, est l'occasion de nombreux concerts *live* et attractions de fête foraine.

■■■ THÉODORE ROOSEVELT

Théodore Roosevelt appréciait tellement la beauté des Badlands, un paysage lunaire aux nuances rouges et brunes, qu'il acheta un ranch dans la région. C'est là qu'il vint se refaire une santé après la mort, le même jour, de sa mère et de sa femme. Les randonnées à cheval, les parties de chasse au gros gibier et le rude métier d'éleveur de bétail marquèrent tant le futur maître de la Maison Blanche qu'il dira plus tard : "Je ne serais jamais devenu président si je n'avais vécu dans le Dakota du Nord." Celui qui visite aujourd'hui le **Parc National Théodore Roosevelt** peut partager ce sentiment au milieu des canyons silencieux et des spectaculaires masses rocheuses qui ont valu au parc le surnom de "rough-rider country" ("pays des cavaliers adroits"). Pendant la guerre hispano-américaine commandée par Théodore Roosevelt, les volontaires des régiments de la cavalerie reçurent le nom de "rough-riders".

Informations pratiques Le parc, qui comprend deux parties – sud et nord (south unit et north unit) – s'étend de part et d'autre des fuseaux horaires des Rocheuses et des Prairies. L'accès à la partie sud, la plus développée, se situe juste au nord de la I-94, à **Medora**. Le **prix d'entrée** (véhicule 4 $, piéton 2 $) donne un droit d'accès aux deux parties du parc pendant sept jours. Le **south unit's visitors center** (623-4466), à Medora, abrite un petit musée : vous pourrez y voir les fusils, les éperons et de vieilles correspondances de Théodore Roosevelt, ainsi qu'un très beau film montrant les Badlands en hiver. Le journal du parc, *Frontier Fragments*, donne une liste des promenades, visites commentées et manifestations organisées par les rangers. (Ouvert tous les jours de 8h à 20h, septembre à mi-juin de 8h à 16h30). **South unit's emergency number** (service d'urgences de la partie sud) : 623-4379. Le **north unit's visitors center** (842-2333) distribue gratuitement des permis de camper (ouvert de mai à septembre tous les jours de 9h à 17h30). Appelez le ranger au 842-2137 en cas d'**urgence**. Pour plus d'informations, écrire à Theodore Roosevelt National Park, P.O. Box 7, Medora 58645-0007. Les bus **Greyhound** desservent Medora : départ des bus depuis le Sully Inn, à destination de Bismarck (3 bus par jour, durée 3h1/2, 21 $) et de Billings (2 bus par jour, durée 6h, 43 $). **Bureau de poste :** 355 3rd Ave. à Medora (ouvert du lundi au vendredi de 8h à midi et de 12h30 à 16h30, le samedi de 8h15 à 9h45). **Code postal : 58645. Indicatif téléphonique : 701. Fuseau horaire de la partie sud :** heure des Rocheuses (2 heures de moins que l'heure de l'Est).

Campings, hébergements et restaurant Dans la *south unit*, obtenez gratuitement un permis de camper auprès du Medora visitors center, ou essayez le terrain de camping **Cottonwood Campgrounds** à l'intérieur du parc (sanitaires et eau courante, emplacement 8 $). Pour la *north unit*, présentez-vous au North Unit Visitors Center pour obtenir gratuitement un permis de camper, ou essayez le terrain de camping **Squaw Creek Campground,** 8 km à l'ouest de l'entrée de la *north unit* (sanitaires et eau courante, emplacement 8 $). A la saison des amours, le terrain de camping est un lieu de rencontre nocturne populaire chez les bisons – mieux vaut le savoir.

En dehors du camping, les logements à Medora ne sont pas bon marché. L'hôtel **Sully Inn**, 401 Broadway (623-4455) est le plus économique. Petites chambres propres, avec appels locaux gratuits (chambres simples 25-35 $, chambres doubles 30-40 $). Théodore Roosevelt, lui-même, était un habitué du **Rough Riders Hotel** (623-4444, poste 297), au coin de 3rd Street et 3rd Avenue. Le restaurant de l'hôtel sert des pâtes, des sandwiches et des hamburgers (viande de bison ou autres) pour 5 à 7 $. (Ouvert de mi-juin à Labor Day, premier lundi de septembre, du dimanche au jeudi de 7h à 21h, les vendredi et samedi de 7h à 22h. Bison empaillé dans le vestibule).

Visites et attractions La partie sud comprend un **circuit panoramique** long de 58 km, idéal pour visiter le parc en voiture. Beaucoup de sentiers de randonnées partent de ce circuit pour ensuite s'aventurer dans les parties plus sauvages. **Wind Canyon**, situé sur le circuit, est un canyon en constante évolution. Les vents qui soufflent sur l'argile molle ne cessent d'en modifier les contours. Le **Coal Vein Trail**, sentier balisé sur une longueur de 800 m, suit une veine de lignite qui a pris feu un beau jour et a brûlé pendant 26 ans, de 1951 à 1977. La veine rougeoyante et entourée de fumée était une attraction pour les touristes. Les visiteurs venaient contempler béatement le spectacle ou bien y faire griller des marshmallows. Le feu s'est éteint, mais la visite vaut encore le détour. La troisième plus grande **forêt pétrifiée** des Etats-Unis se trouve à une journée de marche à l'intérieur du parc. On peut aussi y aller en voiture (demandez une carte au visitors center). Le **Painted Canyon Overlook,** à 11 km à l'est de Medora, dispose de son propre **visitors center** (575-4020), de tables pour pique-niquer et d'une vue sur les Badlands à couper le souffle. (Ouvert de mi-avril à Memorial Day, dernier lundi de mai, et de Labor Day, premier lundi de septembre, à mi-septembre, de 8h à 16h30). **Peaceful Valley Ranch** (623-4496), 11 km à l'intérieur du parc, propose de nombreuses excursions à cheval (de 1h15, 12 $, à toute la nuit). A proximité du ranch, il est possible de se baigner dans la tranquille rivière **Little Missouri** – aux eaux chaudes et peu profondes. **Rough Rider Adventures** (623-4808), dans la 3rd Street à Medora, loue des VTT (15 $ pour 4h ; ouvert de mi-juin à Labor Day, premier lundi de septembre, de 8h à 20h).

La partie nord, moins visitée, se situe à 120 km de la partie sud, sur la US 85. L'endroit est sauvage, offrant d'innombrables possibilités de randonnées. Prenez garde à ne pas surprendre un bison (ils n'aiment pas ça…) ; un des rangers conseille d'ailleurs de chanter pendant la randonnée pour avertir les bisons de votre présence. Le charmant sentier **Caprock Coulee Trail (**6,5 km) traverse prairie, rivière, crête de montagne et forêt de genévriers.

A Medora, le **Museum of the Badlands** (623-4451), sur la 3rd Street et la Main Street, expose des objets fabriqués par les Indiens des Plaines et renseigne sur l'histoire naturelle de la région (ouvert de mi-mai à Labor Day, premier lundi de septembre, tous les jours de 9h à 20h, 2,50 $, de 6 à 16 ans 1 $). Le très populaire **Medora Musical** (623-4444), à l'Amphithéâtre Burning Hills à l'ouest de la ville, présente différents spectacles en soirée, de début juin aux premiers jours de septembre à 20h30. Les soirées varient. Selon votre chance, vous pourrez tomber sur des spectacles aux noms aussi intrigants que "The Flaming Idiots" ou "Arneberg's Sensational Canines". Les billets (13 à 14,50 $, scolaires, 7,50-8,50 $) peuvent être achetés au **Harold Schafer Heritage Center** (623-4444), dans la 4th Street.

Dakota du Sud

Entre les massifs de granit escarpés des Black Hills, recouverts de forêts, les lacs glacés du nord-est, les Badlands et de gigantesques constructions humaines, comme le Mount Rushmore National Monument et le Crazy Horse Memorial, le Dakota du Sud, surnommé *Coyote State*, a bien plus à offrir au visiteur qu'il ne semble à première vue. Le tourisme est d'ailleurs, après l'agriculture, la plus grande source de richesse de l'Etat, qui cherche à maintenir un équilibre délicat entre les beautés de la nature et l'invasion des enseignes au néon.

> **VOUS N'ETES PLUS QU'A DEUX PAGES DE WALL DRUG**

INFORMATIONS PRATIQUES

Capitale : Pierre.

Office du tourisme : 711 E. Wells St., Pierre 57051 (773-3301 ou 800-732-5682). Ouvert du lundi au vendredi de 8h à 17h. **U.S. Forest Service,** 330 Mt. Rushmore Rd., Custer 57730 (673-4853). Ouvert du lundi au vendredi de 7h30 à 16h30. Pour toute information sur les parcs d'Etat et les terrains de camping : **Division of Parks and Recreation,** 523 E. Capitol Ave., Foss Building, Pierre 57501 (773-3371). Ouvert du lundi au vendredi de 8h à midi et de 13h à 17h.

Fuseaux horaires : Heure des Rocheuses presque partout (2 heures de moins que l'heure de l'Est). Nous indiquons les endroits où l'heure est celle des Prairies (1 heure de moins que l'heure de l'Est). **Abréviation postale :** SD.

Taxe locale : 4 à 7 %, selon l'endroit.

■■■ SIOUX FALLS

Sioux Falls est une ville tranquille, qu'on trouvera selon son humeur profondément ennuyeuse ou reposante. La ville étant la plus importante de la partie nord du Midwest, beaucoup de gens passent par Sioux Falls. Peu s'y arrêtent. Si vous avez le temps, essayez quand même de sortir de la gare de bus Greyhound ou de votre voiture. Le centre est émaillé de bâtiments historiques en quartzite rose et la ville est entourée d'une succession de parcs qui longent la rivière, reliés entre eux par une piste cyclable.

Vous pouvez voir les rapides qui ont donné à la ville son nom à **Falls Park,** juste au nord du centre-ville sur Falls Park Drive. Le **Old Courthouse Museum** (367-4210), au coin de la 6th Street et Main, abrite des expositions intéressantes sur l'histoire de la région (ouvert du lundi au samedi de 9h à 17h, le dimanche de 13h à 17h. Entrée gratuite). Le **Pettigrew Home and Museum** (339-7097), sur la 8th Street et Duluth, expose des objets fabriqués dans différentes parties du monde collectionnés par Richard F. Pettigrew, le premier sénateur américain du Dakota du Sud qui soit parvenu au bout de son mandat (ouvert du mardi au vendredi de 9h à midi et de 13h à 17h, samedi de 9h à 17h, dimanche de 13h à 17h. Entrée gratuite). Vous pouvez faire le tour de la ville à pied, à vélo ou en patins par le sentier **Sioux River Greenway Recreation Trail** qui contourne la ville depuis Falls Park au nord-est jusqu'au terrain de golf Elmwood au nord-ouest. La légende raconte que, pour échapper à la loi, Jesse James fit un saut de 6 mètres à cheval par-dessus le ravin du diable **Devil's Gulch** à **Garretson,** une trentaine de kilomètres au nord-est de Sioux Falls. Emprunter la route 11, 16 km au nord de la I-90 (ouvert l'été tous les jours de 9h à 19h. Entrée gratuite.)

Main Street traverse la ville d'est en ouest. **Minnesota Avenue,** qui s'étend du nord au sud, est l'autre artère importante de la ville. A la **Chamber of Commerce,** 200 N. Philips (336-1620), au niveau de la 8th St., vous pourrez vous procurer des plans de la ville gratuits (ouvert du lundi au vendredi de 8h à 17h). **Greyhound, 301 N Dakota Ave.** (336-0885 ; ouvert tous les jours de 7h30 à 17h et entre 21h et 21h20) dessert Minneapolis (1 bus par jour, durée 6 h, 40 $), Omaha (2 bus par jour, durée 4 h, 35 $) et Rapid City (1 bus par jour, durée 8 h, 97 $). Taxis : **Yellow Cab** (336-1616, prise en charge 1,50 $ puis 1,25 $ par mile). **Fuseau horaire :** heure des Prairies. **Bureau de poste :** 320 S. Second St. (357-5000, ouvert du lundi au vendredi de 7h30 à 17h30, samedi de 8h à 13h). **Code postal :** 57101. **Indicatif téléphonique :** 605.

Toutes les chaînes de motel sont représentées, principalement le long de la I-29. Vous pouvez avoir une chambre simple pour 26 $ à **Excel Inn,** 1300 W. Russell St. (331-5800), à la sortie 81 sur la I-29. Partout ailleurs, les chambres simples sont à 32-34 $ (chambres doubles 37-40 $). **Albert House,** 333 N. Phillips (336-1680), d'aspect un peu vieilli, offre des chambres bon marché dans le centre-ville (chambres simples 24 $, chambres doubles 29 $). Il y a des parcs d'Etat pas très loin, mais vous pourrez camper gratuitement au **Split Rock City Park,** une trentaine de kilomètres au nord-est, à Garretson. Depuis la I-90E, prenez la sortie nord vers la route 11 (Corson), parcourez 16 km jusqu'à Garretson. Tournez à droite au panneau indiquant Devil's Gulch. Le parc se trouve avant la voie ferrée sur la gauche. (Toilettes et eau potable.)

Chaque ville se doit d'avoir une brasserie à la mode. **Sioux Falls Brewing Co.,** 431 N. Phillips (332-4847) tient bien son rôle. Offrez-vous une part de *buffalo pie* (gâteau de fromage blanc à la bière et au chocolat noir) avec un sandwich, un hamburger ou une salade (5-8 $. Ouvert du lundi au jeudi de 11h à minuit, vendredi et samedi de 11h à 2h, dimanche de 13h à 21h). **Minerva's,** 301 S. Philips (334-0386) propose de très bons sandwiches et de délicieux plats de pâtes ainsi qu'un fantastique buffet de salades (6-7,50 $), mais les dîners sont plutôt chers (10-12 $. Ouvert du lundi au vendredi de 11h à 14h30 et de 17h30 à 22h, samedi de 11h à 14h30 et de 17h à 23h). Le café **Metro Mix,** 215 S. Phillips (338-2698), qui sert le jour des sandwiches à 3-5 $, devient le soir un lieu de musique apprécié des danseurs (frais d'entrée variables).

■■■ LES BADLANDS

Il y a quelque 60 millions d'années, alors que les Grandes Plaines étaient recouvertes par les eaux, des mouvements tectoniques ont propulsé vers le haut les montagnes Rocheuses et les Black Hills. Les ruisseaux des montagnes déposèrent le limon dans une région qui est maintenant celle des Badlands. L'érosion a sculpté des aiguilles et des ravines profondes dans la terre. Il en résulte un paysage unique qui contraste fortement avec les plaines orientales du Dakota du Sud. Les Sioux baptisèrent ces formations traîtres et arides "Mako Sica" ou "bad land" (mauvaise terre). Dans l'autre camp, le Général Alfred Sully les appelait "les flammes de l'enfer".

Informations pratiques Le Badlands **National Park** s'étend sur environ 80 km à l'est de Rapid City sur la I-90. En voiture, partez de l'une des deux extrémités de la route 240 qui traverse l'étendue sauvage sur une cinquantaine de kilomètres depuis la I-90. Le **Ben Reifel Visitors Center** (433-5361. Ouvert tous les jours de 7h à 20h. Septembre à mai, heures d'ouverture variables), situé à l'intérieur du parc, à 8 km de l'entrée nord-est est plus pratique d'accès que le **White River Visitors Center** (455-2878. Ouvert du 31 mai à septembre de 9h à 17h), situé à 90 km vers le sud-ouest sur la route 27, dans la partie sud du parc, moins visitée. Les deux *visitors center* ont l'eau potable. Le **prix d'entrée** est de 5 $ par voiture, et 2 $ par personne. Les **bus Jack Rabbit,** 333 6th St. (348-3300) quittent Rapid City pour Wall à 11h30 (22,80 $). Dans les Badlands, les températures atteignent des extrêmes au milieu de l'été et en plein hiver. Le temps est plus agréable à la fin du printemps et à l'automne, où il y a moins d'insectes. Tendez l'oreille : les serpents à sonnette aiment bien la région. **Urgences :** 433-5361. **Indicatif téléphonique :** 605.

Hébergements, restaurant et campings Welsh's Motel (279-2271), situé à proximité du début de la route 240 à Wall, sortie 110 sur la I-90, propose des chambres propres et confortables (chambres simples 40 $, chambres doubles 52 $). A l'intérieur du parc, près du *visitors center*, **Cedar Pass Lodge** (433-5460) loue des bungalows climatisés avec douche (chambres simples 41 $, chambres doubles 45 $, 4 $ par personne supplémentaire. Ouvert de mi-avril à mi-octobre). L'endroit dispose d'un **restaurant** (le seul dans le parc) qui sert des repas à des prix abordables. Vous pourrez y goûter le hamburger au bison (3,45 $), au goût finalement classique pour un hamburger (ouvert d'avril à septembre tous les jours de 6h45 à 20h30, hors saison horaires variables). Le parc comprend deux terrains de camping. **Cedar Pass Campground,** juste au sud du Ben Reifel Visitors Center, est équipé en eau et toilettes (8 $). L'été, il est conseillé de s'y rendre de bonne heure. Au terrain de camping **Sage Creek Campground,** à 18 km de l'entrée des Pinnacles au sud de Wall, vous pouvez camper dans un champ en plein air. Pas de toilettes, pas d'eau, pas de feu, mais c'est gratuit. Si vous choisissez de camper en pleine nature (feu interdit), vous devez planter votre tente à 800 m au moins de la route. Quel que soit l'endroit où vous dormez, ne tentez pas d'amadouer les bisons : au printemps surtout, les mères peuvent devenir un brin trop possessives.

Visites et activités Le parc, qui couvre environ 100 000 hectares, protège de grandes étendues de prairie et d'austères formations rocheuses. Le *Ben Reifel Visitors Center* dispose d'une vidéo sur les Badlands, ainsi que d'informations complètes sur les parcs voisins, les possibilités de camping et les activités. Les rangers proposent des activités gratuites : observation des étoiles, séances de diapositives en soirée (téléphoner pour connaître les horaires) et promenades dans la nature. Si vous choisissez l'une des promenades d'1h1/2 démarrant à l'amphithéâtre Cedar Pass (ouvert de 8h à 18h), vous tomberez peut-être sur des fossiles de l'ère oligocène (12 millions d'années !).

Si vous souhaitez vous promener seul(s) dans les Badlands, procurez-vous le guide des circuits de randonnées dans les visitors centers. Vous pourrez suivre le circuit **Saddle Pass Trail**, court mais abrupt, ou le **Castle Trail,** moins accidenté (circuit de 16 km). Si vous préférez visiter le parc en voiture, la **route 240** passe devant des vues spectaculaires, comme le **Seabed Jungle Overlook**, qui surplombe des formations de terrain rouge, jaune et rose pâle. La route 240 passe également devant les entrées des sentiers **Door**, **Window** et **Notch Trails,** qui offrent chacun de courtes possibilités d'excursion sur le terrain des Badlands. Sur la route en gravier **Sage Creek Rim Road**, à l'ouest de la route 240, on rencontre moins de monde et plus d'animaux. A voir : **Roberts Prairie Dog Town** et le troupeau de 400 bisons du parc. Il est facile de se perdre dans cet endroit, il vaut mieux donc demander conseil à un garde ou avoir une carte à proximité.

Vous n'échapperez pas à Wall Drug

Il n'y a pratiquement pas moyen de visiter les Badlands sans être exposé aux publicités omniprésentes de **Wall Drug**, 510 Main St., Wall (605-279-2175). Les voyageurs soumis à ce bourrage de crâne sur près de 800 km sont bien obligés de s'arrêter à Wall pour connaître les raisons d'un tel acharnement. Eh bien... c'est plutôt décevant. Le "drug store" est un conglomérat de magasins vendant des souvenirs kitsch du vieil Ouest et on peut se faire photographier à côté de statues gigantesques d'animaux. Bref, beaucoup de bruit pour pas grand-chose... mais quelle leçon de marketing à l'américaine ! (Ouvert tous les jours de 6h à 22h. Mi-septembre à avril tous les jours de 6h30 à 18h).

LA RÉGION DES BLACK HILLS

Les Black Hills – collines noires – appelées ainsi en raison des ombres qui recouvrent de loin les pins verts des montagnes, ont longtemps été considérées par les Sioux comme des montagnes sacrées. Le traité de 1868 céda aux Sioux les Black Hills et le reste du Dakota du Sud situé à l'ouest de la Missouri River. Au moment de la découverte de l'or et de la ruée des années 1877-79, le gouvernement des Etats-Unis se réappropria les terres. Les sites voisins de Mount Rushmore (monument national à la gloire des présidents américains) et de Crazy Horse (projet indépendant à la gloire du grand chef Lakota Crazy Horse) illustrent de manière frappante la rivalité entre les deux cultures, blanche et indienne, qui se partagent la région. Aujourd'hui, les habitants sont majoritairement blancs. La région abrite des sites naturels de toute beauté, parmi lesquels Custer State Park, Wind Cave National Park, Jewel Cave National Monument et la Black Hills National Forest.

La I-90 longe la frontière nord des Black Hills depuis Spearfish à l'ouest jusqu'à Rapid City à l'est. La **US 385** relie Hot Springs au sud à Deadwood au nord. Le réseau routier traverse de très beaux paysages montagneux, mais il n'est pas facile de s'orienter sans une bonne carte. Vous pourrez vous en procurer une gratuitement un peu partout dans la région.

Profitez des circuits organisés **Grayline** (605-342-4461), d'excellente qualité et très instructifs. Les billets peuvent être achetés dans les motels, les hôtels et les terrains de camping de Rapid City. Réservez à l'avance, ou bien téléphonez une heure avant le départ. Les bus viendront vous chercher à votre motel. Le circuit n° 1 est le plus complet : arrêts au Mount Rushmore, à la Black Hills National Forest, au Custer State Park, au Needles Highway et au Crazy Horse Memorial (mi-mai à mi-octobre, tous les jours, durée 8 h, 30 $).

■■■ BLACK HILLS FOREST

La région des Black Hills fait presque entièrement partie de la National Forest. Comme toutes les forêts fédérales, celle des Black Hills est basée sur l'idée d'une forêt multi-usages : dans un rayon proche, on trouve des activités minières, forestières, agricoles et touristiques. Quasiment à chaque virage, vous rencontrerez des attractions "à ne pas manquer", telles que des fermes pour reptiles ou le terrain de camping Flintstone Campgrounds. Les villes de **Spearfish, Hot Springs** ou **Rapid City** sont de bons points de départ pour explorer la région. La forêt offre des possibilités sans limites de randonnées et de camping (sauvage ou sur des emplacements aménagés). Renseignez-vous auprès du **Black Hills National Forest Visitor Center** (605-343-8755), situé sur la I-385 à Pactola Lake (ouvert de Memorial Day, dernier lundi de mai, à Labor Day, premier lundi de septembre, du dimanche au vendredi de 8h à 18h, samedi de 8h à 19h).

Campings Dans la forêt, le **camping sauvage** est autorisé. Ne vous garez pas le long de la route, enfoncez-vous dans un des nombreux chemins de terre (assurez-vous avant que personne ne compte y passer en voiture), arrêtez-vous à un bon kilomètre et demi de tout terrain de camping ou *visitors center*, n'allumez pas de feu de camp… vous y êtes. Attention aux plantes empoisonnées et aux pluies d'orage l'après-midi. Les terrains de camping publics les plus réputés sont **Bear Gulch** et **Pactola**, au Pactola Reservoir juste au sud de l'intersection entre la route 44 et la US 385 (emplacement 12 $) et **Sheridan Lake,** 8 km au nord-est de Hill City sur la US 385 (emplacement 13 $). Tous les terrains de camping sont calmes et boisés, avec des possibilités de pêche et de baignade. Les rangers organisent des conférences à Sheridan Lake le samedi soir à 19h30. Il est possible et même conseillé de réserver son emplacement dans un terrain de camping de la National Forest.

GRANDES PLAINES

Pour cela, appeler le 800-280-CAMP/2267. Pour plus d'informations, et pour obtenir une carte topographique (3 $), renseignez-vous auprès du *visitors center* (voir plus haut). La Black Hills National Forest s'étend jusque dans le Wyoming où se trouve un poste de rangers (307-283-1361. Ouvert du lundi au vendredi de 8h à 17h) à Sundance. La partie de la forêt située dans le Wyoming attire moins de monde. Il est possible d'y allumer des feux de camp et de se promener à cheval plus librement.

■■■ MONT RUSHMORE

C'est connu, les Américains font rarement dans la demi-mesure. *Big is beautiful* ? Rien ne le prouve mieux que le célébrissime **Mount Rushmore National Monument**, avec ses quatre visages géants taillés dans le roc. L'historien Doane Robinson voulait à l'origine élever ce "sanctuaire de la démocratie" à la gloire des explorateurs Lewis et Clark et du cow-boy Kit Carson. C'est le sculpteur Gutzon Borglum qui choisit finalement de représenter quatre des présidents des Etats-Unis. Les détracteurs prétendaient qu'il n'était pas possible de rivaliser avec l'œuvre de Dieu. Agacé, Borglum maintint son projet, en soulignant qu'"il n'y a pas un monument dans ce pays qui ne soit plus grand qu'une tabatière". Le travail se fit progressivement au cours de la grande crise des années 30. Un coup d'arrêt fut marqué lorsqu'il fallut déplacer le visage presque achevé de Thomas Jefferson de la droite à la gauche de Washington, en raison d'un manque de granit. En 1941, les têtes de George Washington, Thomas Jefferson, Théodore Roosevelt et Abraham Lincoln, sculptées sur une hauteur de 18 mètres, étaient terminées. Il était prévu à l'origine que les corps des personnages soient également taillés dans la pierre, sur une hauteur de 140 mètres ! L'entrée des Etats-Unis dans la Seconde Guerre mondiale mit un terme définitif au projet. Ce qui n'empêche pas des millions de visiteurs de venir chaque année.

Depuis Rapid City, empruntez la US 16 et 16A jusqu'à Keystone, puis la route 244 qui s'élève dans la montagne. Le parking est gratuit, mais à partir d'octobre 1996, il faudra payer 5 $ par voiture (possibilité de parking gratuit plus loin). Le **visitors center** (605-574-4104) expose quelques objets et dispose de fauteuils roulants (ouvert tous les jours de 8h à 22h. De Labor Day, premier lundi de septembre, à Memorial Day, dernier lundi de mai, tous les jours de 8h à 17h). Les gardes organisent des conférences et des promenades l'été entre 10h et 16h. Le **Borglum's Studio** abrite un modèle en plâtre de la sculpture, ainsi que les outils et les plans du sculpteur (ouvert tous les jours de 9h à 17h). De Memorial Day à Labor Day, le **Mount Rushmore Memorial Amphitheater** propose un spectacle de son et lumière. La soirée débute à 21h par un discours patriotique et un montage de diapositives, puis entre 21h30 et 22h30, le monument est baigné de lumière.

Le terrain de camping **Hill City-Mount Rushmore KOA** (605-574-2525 ou 800-233-4331) se trouve à 8 km à l'ouest du Mont Rushmore, sur la route 244. Le terrain propose des bungalows (35-40 $), mais aussi des douches, une piscine chauffée, un lave-linge, un service de navette gratuite entre le terrain et le Mont Rushmore, des films, des promenades en charrette et un terrain de volley-ball. Réserver à l'avance (emplacements pour 2 personnes 20 $. Eau et électricité : 26 $).

■■■ CRAZY HORSE MEMORIAL

Si vous trouvez que le Mont Rushmore est un *grand* monument, réfléchissez encore. Le Crazy Horse Memorial est l'une des prochaines merveilles du monde. Une montagne tout entière est en train de se métamorphoser en un mémorial sculpté d'une hauteur de 170 mètres, à l'effigie du grand chef guerrier indien Crazy Horse. Grand stratège, Crazy Horse se battit contre le gouvernement des Etats-Unis pour protéger la terre, les droits et la fierté de son peuple. Il fut poignardé dans le dos en 1877 par un soldat américain, alors qu'une trêve avait été décrétée.

Le chef Lakota Henry Standing Bear conçut ce projet gigantesque en réaction au Mont Rushmore voisin : "l'homme blanc doit savoir que l'homme rouge a, lui aussi, ses héros". Le mémorial se dresse comme un rappel amer du manque de parole du gouvernement américain. Un an avant la mort de Crazy Horse, les Etats-Unis reprirent possession des Black Hills qu'ils avaient pourtant promis aux Sioux. Le projet débuta en 1947 et n'a reçu depuis aucune subvention du gouvernement. Le sculpteur, Korczak Ziolkowski a travaillé de nombreuses années en solitaire, refusant à deux reprises 10 millions de dollars de subvention fédérale. Le visage de Crazy Horse et une partie de son bras sont maintenant visibles. Dans les années à venir, l'intégralité de son buste sera sculptée dans la montagne, et le site abritera une université, un centre médical et un musée. Le mémorial, situé à 28 km au sud-ouest de Mount Rushmore sur la US 16/385, est constitué à la fois de la statue sculptée dans la montagne et de l'**Indian Museum of North America.** A ne pas manquer : le très beau montage diapositives de 10 minutes. (Ouvert tous les jours de 6h30 à 21h. Octobre à avril de 8h jusqu'à la tombée de la nuit. 6 $, 15 $ pour l'ensemble des passagers d'une voiture, enfants de moins de 6 ans gratuit). Pour plus d'informations ou pour effectuer un don, écrire à Crazy Horse Memorial, Crazy Horse, SD 57730-9506, ou téléphonez au 605-673-4681.

■■■ CUSTER STATE PARK

Peter Norbeck, gouverneur du Dakota du Sud dans les années 1910, aimait se promener au pied des hautes aiguilles rocheuses qui s'élèvent dans la région au sud de Sylvan Lake et du Mount Rushmore. Afin que l'endroit soit préservé, il créa le Custer State Park. A l'intérieur du parc, la spectaculaire **Needles Highway** (route 87) suit le chemin de randonnée préféré de Norbeck. Il dessina lui-même cette route étroite et sinueuse, conçue pour que les nouveaux venus puissent revivre les joies de sa découverte. La *highway* n'est pas protégée par des barrières, il est donc très important de conduire lentement. Attention aux chèvres des montagnes et aux mouflons. La principale attraction du parc est son troupeau de 1 500 **bisons**. La meilleure façon de le voir est de venir juste avant l'aube ou avant la tombée de la nuit près de la **Wildlife Loop Road.** Si la chance vous sourit, ils viendront jusqu'à votre voiture. Pour plus d'informations, écrire à HC 83, P.O. Box 70, Custer SD 57730 (605-255-4515. Ouvert du lundi au vendredi de 7h30 à 17h). Le **prix d'entrée** du parc est de 3 $ par personne et 8 $ pour l'ensemble des passagers d'une voiture, pour un accès ouvert pendant 7 jours. A l'entrée, vous pourrez demander un exemplaire de *Tatanka* ("bison" en lakota), la gazette de Custer State Park. Le **Peter Norbeck Visitor Center** (605-255-4464), sur la US 16A, à 1 500 mètres à l'ouest du pavillon State Game Lodge, tient lieu de point d'information (ouvert de Memorial Day, dernier lundi de mai, à Labor Day, premier lundi de septembre tous les jours de 8h à 20h. Labor Day à octobre de 9h à 17h. Mai à Memorial Day de 9h à 17h). Chacun des sept **terrains de camping** du parc fait payer 8-11 $ la nuit. La plupart sont équipés de douches et de toilettes. Il est possible d'effectuer une réservation pour près de la moitié des sites (800-710-2267). L'été, le parc reçoit beaucoup de visiteurs et les campings sont remplis dès 13 h. Il est possible d'acheter de la nourriture aux quatre *lodges* du parc, mais la nourriture est moins chère dans les supermarchés des environs à Custer, Hermosa ou Keystone.

Possibilités de randonnée, de pêche à la ligne, de promenades à cheval ou en canoë au très populaire **Sylvan Lake** (605-574-2561), sur la Needles Highway (location de kayaks 3,50 $ par personne pour une 1/2 h). Les randonnées à cheval sont organisées au pavillon **Blue Bell Lodge** (605-255-4531, écurie 255-4571) sur la route 87 à environ 13 km de l'entrée sud (14 $ par heure, enfants de moins de 12 ans 12 $). Locations de VTT (7,50 $ par heure) au pavillon **State Game Lodge** (605-255-4541), sur la US 16A à proximité du *visitors center*. Pêche possible dans tous les lacs et ruisseaux, moyennant une autorisation (6 $ par jour, autorisation pour 5 jours 14 $). L'été est la meilleure saison pour la pêche à la truite. Appelez pour connaître le nombre des poissons que vous avez le droit d'attraper. On peut louer du matériel de pêche dans les différentes lodges.

■■■ WIND CAVE ET JEWEL CAVE

Les montagnes des Black Hills sont criblées de grottes. Des propriétaires privés essaieront bien de vous faire visiter des trous au fond de leur jardin, mais c'est le gouvernement qui détient l'essentiel du domaine souterrain de la région : **Wind Cave National Park** (605-745-4600), situé à côté de Custer State Park sur la US 385, et **Jewel Cave National Monument** (605-673-2288), situé à 22,5 km à l'ouest de Custer sur la route 16. Aucun transport public n'assure la navette jusqu'aux grottes. Munissez-vous partout de vêtements chauds – il fait en permanence 8°C à Jewel Cave et 11°C à Wind Cave.

Wind Cave Wind Cave (grotte du vent) fut découverte en 1881 par un certain Tom Bingham. Il se promenait devant la minuscule entrée naturelle de la grotte lorsqu'un violent courant d'air en sortit et fit s'envoler son chapeau. Intrigué, Tom partit chercher des amis et le petit groupe retourna à la grotte. Cette fois, son chapeau fut avalé à l'intérieur ! En fait, l'air se précipite violemment à l'intérieur et à l'extérieur de la grotte, en raison d'incessants changements de pression. La grotte est célèbre pour le treillis de calcite en forme de nid d'abeille qui recouvre ses parois. Cinq **circuits** sont proposés, chacun d'eux comportant plus de 150 marches d'escalier. Le **Garden of Eden Tour** est le circuit le moins fatigant (1 h, 6 fois par jour, de 8h40 à 17h30, 3 $, personnes âgées et de 6 à 15 ans 1,50 $). Le circuit **Natural Entrance Tour** passe par l'ouverture d'origine (1h1/4, toutes les heures entre 9h et 18h, 5 $, personnes âgées et de 6 à 15 ans 2,50 $). Le circuit **Caving Tour** ne peut accueillir que 10 personnes à la fois, âgées de plus de 16 ans (4 h, départ à 13 h, 15 $, personnes âgées 7,50 $. Réservation obligatoire). L'après-midi, toutes les visites sont pleines une heure avant le départ, mais vous pouvez acheter les billets à l'avance et revenir plus tard. Pour plus de renseignements, prenez contact avec Wind Cave National Park, RR1, Box 190-WCNP, Hot Springs 57747 (605-745-4600. Ouvert de juin à mi-août tous les jours de 8h à 19h. L'hiver, les heures varient).

Jewel Cave Les parois de ce vaste labyrinthe souterrain (la deuxième plus grande grotte des Etats-Unis) sont recouvertes d'une couche de cristal de calcite gris – d'où son nom (grotte à bijoux). Le circuit de 800 m **Scenic Tour** fait passer par 723 marches d'escalier, toutes les demi-heures entre 8h30 et 17h30 (une seule visite par jour l'hiver. 5 $, de 6 à 15 ans 2,50 $). Les réservations sont obligatoires pour le circuit de 4 heures **Spelunking Tour**, limité à 10 personnes, âgées de plus de 16 ans. Munissez-vous de bonnes chaussures. (L'été, dimanche, mardi, jeudi et samedi à 12h30. 15 $). Pour plus d'informations, prenez contact avec le **visitors center** (605-638-2288. Ouvert tous les jours de 8h à 19h, mi-octobre à mi-mai 8h à 16h).

■■■ RAPID CITY

De par sa situation géographique, Rapid City est la ville idéale pour partir explorer les Black Hills et les Badlands. Chaque été, elle accueille environ 3 millions de touristes, ce qui multiplie sa population par 40. C'est ici que l'on vient dormir et prendre un repas chaud, avant de se diriger vers les parcs et monuments voisins.

Informations pratiques Les routes principales qui traversent la ville d'est en ouest, **St. Joseph, Kansas City** et **Main** (appelée également **business loop 90**) se trouvent les unes à côté des autres. **Mount Rushmore Road** (appelée également route 16) est la principale artère nord-sud. Vous pourrez vous procurer un plan gratuit dans la plupart des motels ou à la **Rapid City Chamber of Commerce and Visitors Information Center,** 444 Mt. Rushmore Rd. N., au *Civic Center* (Service d'information pour les visiteurs 348-2015. Ouvert de mi-mai à mi-octobre, tous les jours de 7h30 à 18h. Chambre de commerce 343-1744. Ouverte du lundi au vendredi de 8h à 17h. Aux autres heures, documents disponibles dans le hall d'entrée). La compagnie de bus **Jack Rabbit Lines** effectue des trajets depuis le centreville, à l'est du **Milo Barber Transportation Center,** 333 6th St. (348-3300), à destination de Pierre (durée 3h, 52 $) et de Sioux Falls (durée 8h, 97 $), à raison d'un bus par jour. La compagnie de bus **Powder River Lines,** située également dans le centre-ville, dessert le Wyoming et le Montana, à raison d'un bus par jour, à destination de Billings (durée 9h, 54 $) et de Cheyenne (durée 8h1/2, 65 $). (Gare ouverte du lundi au vendredi de 8h à 17h, samedi de 10h à 17h, dimanche de 10h à midi et de 14h à 17h). La compagnie **Public Transportation** (394-6631) gère un réseau de bus tous les jours entre 6h et 18h (tarif 1 $, personnes âgées 50 ¢). Téléphoner pour connaître le détail des trajets. (Bureau ouvert du lundi au vendredi de 8h à 16h). **Urgences :** 911. **Fuseau horaire :** heure des Rocheuses (2h de moins que l'heure de l'Est). **Bureau de poste :** 500 East Blvd. (394-8600), à quelques blocks à l'est du centre-ville (ouvert du lundi au vendredi de 8h à 17h, le samedi de 9h à 0h30). **Code postal :** 57701. **Indicatif téléphonique :** 605.

Hébergements Les motels voient leur prix monter en flèche l'été. Réservez à l'avance. Les établissements bon marché affichent souvent complet des semaines à l'avance, particulièrement au mois d'août, quand la ville voisine de Sturgis organise son rallye annuel de motos. Le **Rapid City YMCA Hostel,** 815 Kansas City St. (342-8538) offre huit lits pour homme, huit lits pour femme et une chambre privée pour familles. L'enregistrement se fait à la **YMCA,** juste à côté de l'*Hostel*. Si la YMCA est fermée, appelez son sympathique directeur, Tobie, au 394-5434, qui fera tout pour vous aider. (Accès gratuit à la piscine, à la salle de sports et à la salle de jeux de la YMCA. (Ouvert de 16h à 10h. Couvre-feu à 23h. Lits 10 $. Enfants 5 $. Lorsque c'est plein, possibilité de dormir à même le sol pour 5 $. Draps 5 $). Les motels du centreville sont plutôt chers. Si vous avez une voiture, vous pouvez tenter votre chance sur la E. North St., près de la I-90. Le **Ranch House Motel,** 202 E. North St. (341-0785) dispose de chambres avec réfrigérateur et micro-ondes, mais sans téléphone (juillet-août, chambres simples 32,50 $, chambres doubles 45 $). A quelques blocks à l'est, le **Tradewinds Motel,** 420 E. North St. (342-4153), offre quelques extras : piscine, appels gratuits dans la région (juin à août, chambres simples 40-65 $, chambres doubles 55-75 $). Rappelons qu'il est possible de camper dans le Badlands National Park, dans la Black Hills National Forest ou dans le Custer State Park (voir les parties s'y rapportant).

Restaurants et sorties Sixth St. Bakery and Delicatessen 516 6th St. (342-6660), à côté du cinéma (qui vend des places à 1,50 $), sert de délicieux sandwiches (3,50-4 $), des biscuits (65 ¢), des croissants et du café express (ouvert du lundi au vendredi, de 6h30 à 20h, le samedi de 7h à 20h, le dimanche de 9h à 18h. En hiver, du lundi au samedi de 7h à 18h, le dimanche de 10h à 16h). **Remington's,** 603 Omaha St. (348-4160), nommé en hommage au sculpteur cow-boy Frederic Remington, sert de très bons sandwiches, des hamburgers, des biftecks et du poulet (4,50-11 $. Ouvert du lundi au jeudi de 11h à 22h30, vendredi et samedi de 11h à 23h30, dimanche de 16h30 à 22h).

Le soir, tout se passe sur **Main St.,** entre la 6th St. et la Mt. Rushmore St. **Firehouse Brewing Co.,** 610 Main St. (348-1915), est *le* bar de Rapid City à ne pas manquer. On y sert une bière aussi noire que les Black Hills, la Rushmore Stout (2,75 $). La maison occupe une caserne de pompiers de 1915 qui a été restaurée. Elle brasse 12 bières sur place et sert des sandwiches, des hamburgers et des pâtes (5-10 $). Des groupes viennent parfois jouer l'été. (Ouvert du lundi au jeudi de 10h à minuit, vendredi et samedi de 11h à 2h, dimanche de 16h à 22h). Le **Atomic Café,** 515 7th St. (399-1922) accueille des punks et alternatifs qui aiment l'atmosphère relax. On vous y servira un cappuccino (1-2,25 $) ou un *Atomic Bomb*, un quadruple espresso (4,50 $)… (Entrée variable. Ouvert du lundi au jeudi de 8h à minuit, vendredi et samedi de 9h à 2h, dimanche de 9h à 22h). Si vous recherchez une atmosphère country avec claquements de talons et tapes sur le genou, enfilez vos bottes et votre Stetson, et dirigez-vous au **Boot Hill,** 526 Main St. (343-1931). Groupes *live* en soirée (ouvert du lundi au samedi de 13h à 2h).

Visites Si vous êtes en voiture, procurez-vous au Civic Center un plan du circuit **Rapid City Circle Tour.** Cette route vous mène à de nombreuses attractions gratuites et fait découvrir sur Skyline Dr. une vue panoramique de la ville. A partir du Circle Tour, il est possible de rejoindre à pied différents musées : **The Museum of Geology** (gratuit) et le musée pour enfants **Museum in Motion** (2 $), tous deux situés au 501 E. St. Joseph St. (394-2467). Egalement le **Dahl Fine Arts Center** (394-4101, gratuit), au croisement de la 7th Street et de Quincy Street, le **Sioux Indian Museum** (348-0557) et le **Pioneer Museum** (394-6099), 515 W. Blvd. (tous deux gratuits). Les 12, 13 et 14 juillet 1996, l'assemblée indienne **Pow Wow** de Rapid City donnera lieu à une vente d'objets traditionnels amérindiens, à des prix imbattables. L'événement se déroule au *Civic Center*.

Sturgis, le rendez-vous des bikers

Pendant la première semaine pleine d'août, la ville voisine de Sturgis, sur la I-90 à 50 km au nord-ouest de Rapid City, organise son rallye annuel de motos (347-6570). 100 000 *bikers* sont au rendez-vous, venus pétarader dans les courses, ou exposer leurs *customs* flambant neufs. L'événement a pour conséquence de noircir de monde les *highways* et les motels environnants, sur un rayon de 80 km (Rapid City est la première touchée). Si vous vous trouvez dans la région à ce moment-là, réservez à l'avance et ne soyez pas surpris si ça bouchonne sur les routes. Pour plus d'informations, prenez contact avec l'organisation du rallye (605-347-2556) ou avec la **Chamber of Commerce**, P.O. Box 504, Sturgis 57785, à la sortie 32 sur la I-90.

■■■ SPEARFISH, LEAD ET DEADWOOD

Spearfish Située sur la frontière nord-ouest des Black Hills, la ville de Spearfish permet de se loger à moindres frais, si l'on veut visiter les villes plus onéreuses de Lead et Deadwood. Non loin de la ville, démarre la très belle route **Spearfish Canyon Scenic Byway** (US 14A) qui traverse sur 30 km une forêt longeant Spearfish Creek et passe devant l'un des endroits où fut filmé *Danse avec les loups*, de et avec Kevin Costner (indiqué par un petit panneau 3 km à l'ouest de la US 14A sur la Rte. 222).

Vous pourrez obtenir des cartes gratuites et des conseils sur les randonnées à la **Spearfish Ranger Station**, 2014 N. Main St. (605-642-4622. Ouvert du lundi au vendredi de 8h à 17h, samedi de 7h à 15h). La **Chamber of Commerce**, 115 E. Hudson St. (800-626-8013) se trouve juste à l'est de Main Street. (Ouverte du lundi au vendredi de 8h à 19h, samedi de 10h à 15h, dimanche de midi à 19h. En hiver, du lundi au vendredi de 8h à 17h). Le **Bell's Motor Lodge** (605-642-3812), à Main Street dans la partie est de la ville, est une valeur sûre. Appels locaux gratuits, télévision et piscine (chambres simples 34 $, chambres doubles 48 $. Ouvert de mai à septembre). Le **Canyon Gateway Hotel** (605-642-3402 ou 800-281-3402), à 800 m au sud de la ville sur la US 14A, offre des chambres confortables, avec boiseries aux murs (chambres simples 34 $, chambres doubles 37,50 $). Trois kilomètres après le (trop) petit panneau indiquant le lieu de tournage de *Danse avec les loups* sur la route 222, on trouve deux terrains de camping appartenant à des forêts nationales : **Rod and Gun Campground** (emplacements 5 $) et, un peu plus à l'ouest, **Timon Campground** (emplacements 7 $). Ils sont équipés de toilettes et de tables pour pique-niquer. Autour, une odeur douce se dégage des pins Ponderosa qui couvrent les collines.

De style vaguement méditerranéen, le **Bay Leaf Café**, 126 W. Hudson (605-642-5462), à proximité de Main Street, sert des salades, des sandwiches et des plats végétariens (3-12 $, piano jazz les vendredi et samedi à 20h. Ouvert tous les jours de 7h à 22h. Septembre à mai 8h à 21h). Offrez-vous un déjeuner sur l'herbe au **Lown House Restaurant** (605-642-5663), au croisement de la 5th Street et de Jackson Street, ou attablez-vous pour un sandwich, un hamburger ou un bifteck (3-10 $) à l'intérieur de cette vieille résidence, datant de 1893 (ouvert tous les jours de 7h à 21h. Labor Day, premier lundi de septembre, à Memorial Day, dernier lundi de mai, de 9h à 19h).

Lead Située à une trentaine de kilomètres environ de Spearfish, sur la US 14A, la ville de Lead vit le jour à l'époque de la ruée vers l'or de 1870. La **Homestake Mine**, 160 W. Main St. (605-584-3110), est la plus ancienne mine d'or toujours en activité. Elle continue à produire presque 25 kg d'or chaque jour. Si vous désirez voir comment s'organise le travail, vous pouvez prendre part à la visite du **Open Cut**, un immense gouffre à l'endroit où se dressait autrefois une montagne. Ceci dit, la visite n'a pas grand intérêt. (Circuits d'une heure en bus 4 $, de 6 à 18 ans 3 $. Ouvert de juin à août, du lundi au vendredi de 8h à 17h, samedi et dimanche de 10h à 17h. Heures variables en hiver). Vous pouvez en revanche assister à une bonne reconstitution du travail de la mine, 2,5 km sous terre, et vous initier au maniement de la battée au **Black Hills Mining Museum**, 323 W. Main St. (605-584-1605). (Circuits 3,78 $, étudiants 2,70 $. Ouvert de mi-mai à septembre tous les jours de 9h à 17h. 3,75 $).

Deadwood En descendant Main Street, depuis Lead, sur 6 km, vous arrivez à Deadwood. Les redoutables gâchettes que furent **Wild Bill Hickock** et **Calamity Jane** hantaient cette ville aux plus beaux jours de la ruée vers l'or. Wild Bill resta deux mois à Deadwood, juste le temps d'y trouver une sépulture. C'est au **Saloon#10**, 657 Main St. (605-578-3346) que, selon la légende, il fut abattu en pleine partie de poker. Il avait dans son jeu des as et des huit, la fatale "main de l'homme mort". Mais chaque été Bill ressuscite : dans une atmosphère morbide, la scène de sa mort est rejouée quatre fois par jour (de Memorial Day, dernier lundi de mai, à Labor Day, premier lundi de septembre). Les jeux d'argent constituent la principale attraction de Deadwood. Les casinos se trouvent le long de **Main Street.** Le **Midnight Star**, 677 Main St. (800-999-6482), détenu par Kevin Costner, rappelle les exploits cinématographiques de l'acteur entre deux machines à sous (ouvert… tout le temps). En matière d'hébergement, Deadwood est plutôt du style à faire sauter la banque. Prenez une chambre dans les environs, à Spearfish ou à Rapid City, ou bien essayez le terrain de camping **Wild Bill's Campground** (605-578-2800), sur la route 385 à environ 8 km au sud de Deadwood (emplacements 12,50 $, avec eau et raccordement 14,50 $). Le camping dispose aussi de deux grands bungalows avec kitchenettes (45 $) ainsi que d'un service de navette gratuite vers Deadwood. **Mama Leon's**, 638 Main St. (605-578-2440), situé à l'arrière du Lucky Wrangler Casino, sert de la nourriture italienne à prix sacrifié (3-6 $), sur des nappes à carreaux rouges, ornées de bouteilles de *chianti* faisant office de bougeoirs (ouvert du lundi au samedi de midi à 22h).

■■■ HOT SPRINGS

Autrefois, les familles cossues aimaient venir des quatre coins du pays se baigner dans les eaux minérales de cette petite ville au charme vieillot, située au bord de la **US 385**. Hot Springs est peut-être la seule ville des Black Hills qui ait été épargnée par l'invasion des néons. Ses immeubles en grès rose désuets et ses hôtels peu chers en font une base idéale pour explorer la partie sud des Black Hills. Wind Cave

National Park est situé juste à l'extérieur de la ville. Pour plus d'informations, arrêtez-vous au **visitors center**, 801 S. 6th St. (745-6974 ou 800-325-6991), situé sur la US 385 (ouvert de mai à octobre, tous les jours de 8h à 20h).

Les Sioux et les Cheyennes se sont battus pour la possession de la source de 30°C qui se trouve à Hot Springs. En 1890, une piscine publique fut construite à l'endroit de la source. Le toboggan de **Evan's Plunge** (745-5165), sur la US 385, vous fera plonger dans la plus grande piscine naturellement chauffée au monde (ouvert de juin à août, tous les jours de 5h30 à 22h. Heures variables en hiver. 7 $, de 3 à 12 ans 5 $). **Kidney Spring**, situé sur la droite de la cascade près de la US 385 et de Minnekahta Avenue, est réputée pour ses pouvoirs de guérison. Vous pouvez boire directement à la fontaine publique du belvédère ou venir avec vos bouteilles vides.

Des mammouths furent fossilisés à proximité de Hot Springs, il y a environ 26 000 ans. Leurs ossements sont visibles au **Mammoth Site** (745-6017), sur la US 18 *bypass* (visites d'une demi-heure 4,25 $, personnes âgées 4 $, de 6 à 12 ans 2,50 $. Ouvert tous les jours de 8h à 20h. Heures variables en hiver). A environ 25 km au sud de Hot Springs, sur la route 71, 300 mustangs sauvages évoluent dans le **Black Hills Wild Horse Sanctuary** (800-252-6652). Des visites de deux heures sont organisées tous les jours de Memorial Day, dernier lundi de mai, à Labor Day, premier lundi de septembre (visites 15 $, personnes âgées 13,50 $, moins de 13 ans 7,50 $. Ouvert tous les jours de l'aube à la tombée de la nuit).

Le **Historic Log Cabin Motel** (745-5166), sur la US 385 à la frontière nord de la ville, propose des bungalows de toutes formes et de toutes tailles. Les visiteurs peuvent profiter des bains chauds (pas de téléphone. Certains bungalows équipés de kitchenette. Chambres simples 39 $, chambres doubles 49 $). **Hide Away Cabins**, 442 S. Chicago St. (745-5683), sur la US 385, a des chambres dissimulées dans la cour derrière la maison des propriétaires, à côté du jardin fleuri (chambres simples 27 $, chambres doubles avec kitchenette environ 40 $). Le sympathique **Black Hills Family Restaurant**, 745 Battle Mountain Ave. (745-3737), de l'autre côté d'Evan's Plunge, sert des repas économiques (dont bien sûr la spécialité locale, le hamburger de bison 3,65 $) (ouvert tous les jours de 6h à 21h. De 7h à 19h en hiver).

Iowa

Pauvre Iowa. L'Etat concentre sur son nom toutes les blagues "fermières" des Etats-Unis. Il faut dire que l'Iowa possède l'un des tout premiers domaines agricoles du pays. Les habitants (les *Hawkeyes*) préfèrent considérer que leur région est calme, à défaut d'être branchée ou touristique. Il faut quitter l'I-80 pour comprendre cela. Le long de vieilles routes de campagne, vous trouverez des champs à perte de vue et les ponts du Madison County (souvenez-vous, le beau film de Clint Eastwood…). Un visage de l'Amérique que peu de visiteurs prennent le temps de découvrir. A l'ouest, se trouvent les Loess Hills. Ces collines de limons de quartz, créées par les vents, constituent une curiosité géologique rare (on ne retrouve ce phénomène qu'en Chine…). L'Iowa conserve son héritage européen dans les petites villes. On continue à y vivre selon les traditions scandinaves et allemandes. En 1996, l'Etat célèbre son 150ᵉ anniversaire.

INFORMATIONS PRATIQUES

Capitale : Des Moines.
Iowa Department of Economic Development : 200 E. Grand Ave., Des Moines 50309 (515-242-4705 ou 800-345-4692).
Fuseau horaire : Heure des Prairies (1h de moins que l'heure de l'Est).

Abréviation postale : IA.
Taxe locale : 5 %.

■■■ DES MOINES

La ville de Des Moines n'a rien à voir avec une quelconque origine monastique. Les premiers explorateurs français baptisèrent la Des Moines River "Rivière des Moingouenas", du nom d'une tribu amérindienne des environs. Le nom fut vite raccourci en "Rivière des Moings". En raison de la similitude de prononciation, les colons français qui arrivèrent par la suite transformèrent tout cela en "Des Moines". D'où le nom actuel de la capitale de l'Iowa. Aujourd'hui, la ville est à l'image de l'Etat agricole qui l'entoure. L'exposition mondiale de porcs, la World Pork Expo, constitue l'une des grandes dates du calendrier ! La ville s'anime également beaucoup au mois d'août au moment de l'Iowa State Fair. Pour être juste, signalons que Des Moines possède un très beau musée d'art.

INFORMATIONS PRATIQUES

Office du tourisme : Greater Des Moines Convention and Visitors Bureau, 2 Ruan Center, #222 (800-451-2625), au croisement de la 6th Street et de Locust Street, sur la route surélevée. Ouvert du lundi au vendredi de 8h30 à 17h. Pour connaître les programmes à venir, appeler le 830-1451. **Gay and Lesbian Resource Center**, 522 11th St. (281-0634).

Aéroport : Des Moines International (256-5195), Fleur Dr. à Army Post Road, à 8 km environ au sud-ouest du centre-ville. Prendre le bus n° 8 "Havens". Taxi 10 $ pour le centre-ville.

Bus : Greyhound, 1107 Keosauqua Way (800-231-2222), sur la 12th Street, au nord-ouest du centre-ville. Depuis la ville, prendre le bus n° 4 "Urbandale". Bus pour : Iowa City (6 bus par jour, durée 2h, 18 $), Omaha (8 bus par jour, durée 2 h, 24 $), St. Louis (3 bus par jour, durée 10h, 40-69 $). Vente des billets tous les jours de 7h à minuit. Ouvert 24h/24.

Transports en commun : Metropolitan Transit Authority (MTA), 1100 MTA Lane (283-8100), au sud du viaduc de la 9th Street. Ouvert du lundi au vendredi de 8h à 17h. Les bus roulent du lundi au samedi, approximativement de 6h à 18h. Tarif 75 ¢, correspondances 5 ¢. Les routes convergent sur la 6th Street et Walnut Street. Vous pouvez vous procurer des plans au bureau MTA.

Taxis : Yellow Cab, 243-1111. 1,40 $ de prise en charge, 1,20 $ par mile.

Location de voitures : Budget (287-2612), à l'aéroport. 21 $ le week-end, 32 $ en semaine. 240 km gratuits par jour. 25 ¢ par mile supplémentaire. Le conducteur doit être âgé d'au moins 21 ans et posséder une carte de crédit. Conducteur âgé de moins de 25 ans 10 $ suppl. par jour. Ouvert du dimanche au vendredi de 6h à 23h, dimanche 6h à 22h.

Assistance téléphonique : Croix Rouge, 244-1000, du lundi au vendredi de 15h à 8h, le week-end 24h sur 24.

Urgences : 911.

Bureau de poste : 1165 2nd Ave. (283-7505), dans le centre-ville, au nord de la I-235. Ouvert du lundi au vendredi de 7h30 à 17h30. **Code postal :** 50318. **Indicatif téléphonique :** 515.

La ville de Des Moines s'étend au croisement des interstates 35 et 80. Les rues reliant le nord au sud sont numérotées et celles allant d'est en ouest portent des noms. La numérotation commence à la **Des Moines River**, puis va en ordre croissant vers l'est ou vers l'ouest. La **Grand Avenue** sépare les rues entre le nord et le sud. Les autres grandes artères sont **Locust Street,** et, plus au nord, **University Avenue** (où se trouve la Drake University), **Hickman Road** et **Euclid/Douglas Avenue.** La plupart des immeubles du centre-ville sont reliés par le **Skywalk**, une série de passages au-dessus des rues, qui permet aux hommes d'affaires de ne jamais sortir dehors – sauf pour fumer.

HÉBERGEMENTS ET CAMPING

Il n'y a généralement pas de problème pour trouver un hébergement économique à Des Moines. Mais il est conseillé de réserver à l'avance au mois d'août, au moment de la State Fair, ainsi qu'en mars, époque des compétitions sportives scolaires. Plusieurs motels peu chers se trouvent autour de la **I-80** et de la **Merle Hay Road**, à 8 km au nord-ouest du centre-ville. Depuis le centre-ville, prendre le bus n° 4 "Urbandale" ou le n° 6 "West 9th".

YMCA, 101 Locust St. (288-2424), sur la 1st Street dans le centre-ville sur la rive ouest de la rivière. L'emplacement est commode. Les chambres sont petites et assez propres. Salle de bains commune. Bar, laverie, salle de sports avec piscine. Pour hommes uniquement. Chambres simples 19,70 $, 72 $ pour une semaine. Caution 5 $. Réserver à l'avance : l'endroit se remplit vite.

YWCA, 717 Grand Ave. (244-8961), dans le centre-ville de l'autre côté du Marioot Hotel, dans un endroit assez sûr. Moyennement propre. Bar, laverie et piscine. Deux lits dans chaque chambre. La vocation de l'endroit est avant tout sociale. Pour femmes (et garçons de moins de 12 ans) uniquement. 8 $ par jour, 44 $ pour une semaine. 7 $ pour utilisation de la piscine et autres services. Réserver à l'avance : c'est toujours plein.

Village Inn, 1348 E. Euclid (265-1674), au niveau de la 14th Street E., propose de grandes chambres, récemment remises à neuf. Desservi par le bus n° 4 "E. 14th". Chambres simples 30 $, chambres doubles 37 $.

Iowa State Fairgrounds Campgrounds, E. 30th St. (262-3111), au niveau de la Grand Avenue. Prendre le bus n° 1 "Fairgrounds" jusqu'à la grille de la Grand Avenue, puis suivre l'avenue vers l'est à travers le parc. Les emplacements de camping sont équipés en eau et électricité. Feux de camp interdits. 8 $ par voiture. Le paiement se fait le matin. Au mois d'août, au moment de la foire, l'endroit est réservé plusieurs semaines à l'avance. Ouvert de mi-mai à mi-octobre.

RESTAURANTS

Les bons restaurants se trouvent principalement sur **Court Avenue**, au centre-ville, ou à la **HistoricValley Junction** (remplie d'antiquaires), dans l'ouest de Des Moines, sur la 5th Street au sud de la Grand Avenue.

The Tavern, 205 5th St. (255-9827), à la Historic Valley Junction, sert les meilleures pizzas des environs. Comme tout le monde est au courant, l'attente peut être longue. Les pizzas, garnies de "bacon cheeseburger" ou de "taco fiesta", sont vendues entre 9 et 12,50 $. Ouvert du lundi au jeudi de 11h à 23h, les vendredi et samedi de 11h à minuit, le dimanche de midi à 22h.

Stella's Blue Sky Diner, 400 Locust St. (246-1953), situé au niveau du Skywalk, dans Capital Square Mall. Des serveuses énergiques servent des pains de viande et des hamburgers dans le style des années 1950. Commandez des Neutron Fries (2 $) avec une bière (2 $). Ouvert du lundi au vendredi de 6h30 à 18h, le samedi de 8h à 18h.

Billy Joe's Pitcher Show, 1701 25th (224-1709), à l'université située dans l'ouest de Des Moines. A la fois restaurant et salle de cinéma. Des serveuses apportent bières et pizzas (4,50-8,50 $) pendant que vous regardez le film (3 $, avant 18h 2 $). 4 à 5 séances par jour, entre 12h30 et 21h. Téléphoner pour connaître les horaires exacts.

The Iowa Machine Shed, 1151 Hickman Rd. (270-6818), à Urbandale. Le plus grand restaurant de tout l'Iowa casse 3600 œufs par semaine. Le personnel, habillé en salopette de travail, sert des sandwiches (4-5 $), de la viande de bœuf et de porc et des assiettes de charcuterie en plat principal (8-10 $). Ouvert du lundi au samedi de 6h à 22h, le dimanche de 7h à 21h.

VISITES

Situé sur la E. 12th Street de l'autre côté de la rivière et en haut de la Grand Avenue, le **state capitol** d'Iowa (281-5591) est le plus travaillé de tous les capitoles américains, avec son dôme de cuivre et d'or. Le monument renferme dans son hall d'entrée une représentation à grande échelle du navire de guerre *U.S.S. Iowa*. Les bus n° 5 "E. 6th et 9th St.", n° 1 "Fairgrounds", n° 4 "E. 14th" ou n° 7 "Walker" se rendent au capitole. (Visites gratuites de Memorial Day, dernier lundi de mai, à Labor Day, premier lundi de septembre, du lundi au samedi toutes les demi-heures entre 9h30 et 15h. Téléphoner pour connaître les horaires d'hiver. Ouverture de l'immeuble du lundi au vendredi de 6h à 17h30, les samedi et dimanche de 8h à 16h). Un peu plus bas se trouve le musée **Iowa State Historical Museum and Archives**, 600 E. Locust (281-5111), consacré à l'histoire naturelle, industrielle et sociale de l'Iowa. Accès par tous les bus qui vont au capitole (ouvert du mardi au samedi de 9h à 16h30, le dimanche de midi à 16h30. Gratuit). Le dôme géodésique de la serre du **Botanical Center,** 909 E. River Dr. (242-2934), au nord de la I-235 et du capitole, renferme des expositions sur les déserts, les forêts tropicales humides et les bonsaïs (Ouvert du lundi au jeudi de 10h à 18h, le vendredi de 10h à 21h, samedi et dimanche de 10h à 17h. 1,50 $, de 6 à 17 ans 50 ¢, moins de 6 ans gratuit).

La plupart des sites culturels sont rassemblés à l'ouest du centre-ville, sur la Grand Avenue. Le centre artistique **Des Moines Art Center** (277-4405), attire les foules de visiteurs venus contempler sa collection d'œuvres modernes ainsi que son architecture. Les architectes Eero Saarinen (le maître d'œuvre de l'Arche de Saint Louis), I. M. Pei (celui de la pyramide du Louvre) et Richard Meier contribuèrent à la conception du musée. Dans la cour, la statue de *Pegasus and Man* a fait l'objet d'une petite polémique. Le musée prévoyait de commercialiser un vin avec la statue comme logo. Le Département des alcools, du tabac et des armes à feu était d'accord… à condition de vêtir la statue impudique d'un short. Le musée laissa tomber. Prendre le bus n° 1 "West Des Moines" (Ouvert mardi, mercredi, vendredi et samedi de 11h à 17h, jeudi de 11h à 21h, dimanche de midi à 17h. 2 $, étudiants et personnes âgées 1 $. Gratuit jusqu'à 13h et jeudi toute la journée). A seulement quelques rues du musée, sur la 45th Street, le **Science Center of Iowa,** 4500 Grand Ave. (274-6868), est réputé pour ses simulations de vols de navettes spatiales, ses spectacles au laser et son planétarium (ouvert du lundi au samedi de 10h à 17h, le dimanche de midi à 17h. 5 $, personnes âgées 3 $, de 3 à 12 ans 2,50 $). La maison historique **Jordan House,** 2001 Fuller Rd. (225-1286), à l'est de la Grand Avenue, était autrefois un arrêt du chemin de fer souterrain (ouvert de mai à octobre, mercredi et samedi de 13h à 16h, dimanche de 14h à 17h. 2 $, enfants 50 ¢).

A dix minutes au nord-ouest du centre-ville, à Urbandale, les **Living History Farms** (278-5286) au croisement de Hickman Road et 111th Street, offrent une reconstitution réussie des villages de pionniers (dernière visite 2h avant la fermeture. Ouvert de mai à mi-octobre, du lundi au samedi de 9h à 17h, dimanche de 11h à 18h. 7 $, personnes âgées 6 $, de 4 à 16 ans 4 $). A **Indianola,** 20 km au sud, sur la US 69, le **National Balloon Museum**, 1601 N. Jefferson (961-3714), organise chaque année le **National Balloon Classic** qui rassemble des montgolfières du monde entier (manifestation en juillet, téléphoner pour connaître les dates exactes. Le musée est ouvert du lundi au vendredi de 9h à 16h, samedi de 10h à 16h, dimanche de 13h à 16h).

SORTIES ET ATTRACTIONS

Le **Civic Center**, 221 Walnut St. (243-1109), présente des pièces de théâtre et des concerts. Téléphonez pour la liste des programmes. La gazette hebdomadaire de la ville, *Cityview*, donne le détail des manifestations gratuites. La **Iowa State Fair,** l'une des plus grandes foires des Etats-Unis, agite toute la ville de Des Moines pendant dix jours au milieu du mois d'août (en 1996, du 8 au 18 août) : vaches primées, artisanat, gâteaux et céréales… une belle foire à l'américaine (5 $ par jour). Pour tous les détails, écrire à State House, 400 E. 14th St., Des Moines 50319-0198. De mai à septembre, les habitants de Des Moines se rassemblent pour **Seniom Sed** (Des Moines, écrit à l'envers), une fête qui rassemble toute la ville chaque vendredi de 16h45 à 19h sur la Nollen Plaza au centre-ville. **Jazz in July** (280-3222) donne une série de concerts de jazz gratuits à différents endroits de la ville, presque tous les jours du mois de juillet. Vous pouvez vous procurer le programme dans les restaurants des environs ou au *visitors bureau*. **Pella**, 65 km à l'est de Des Moines sur la route 163, est resplendissant au mois de mai grâce à son festival annuel de tulipes, **Tulip Time** (628-4311). Danses hollandaises traditionnelles, parade, concerts…

Court Avenue, dans la partie sud-est du centre-ville, est un quartier de magasins bon chic bon genre, où se trouvent des restaurants et des bars à la mode. **Papa's Planet,** 208 3rd St. (284-0901) est un club bruyant, à la clientèle jeune. Deux pistes de danse et un patio avec des billards en extérieur (plus de 21 ans seulement. Musique mercredi, vendredi et samedi. Frais d'entrée 2 $. Ouvert du mercredi au samedi de 19h à 2h). **Java Joe's,** 214 4th St. (288-JAVA/5282), propose des cafés du monde entier (Kenya, Sumatra… 1-2 $) et joue de la musique folk ou internationale du jeudi au samedi (Frais d'entrée vendredi et samedi 3 $. Ouvert du lundi au jeudi de 7h30 à 23h, vendredi et samedi de 7h30 à 1h, dimanche de 9h à 23h). Des spectacles comiques se tiennent au **Noodles Comedy Club**, 310 Court St. (243-2195. Spectacles vendredi et samedi à 20h et 22h. 6 $. Réservations conseillées). **The Garden**, 112 SE 4th St. (243-3965), est un bar gay et lesbien sympathique, où l'on peut danser (bière gratuite samedi de 20h à 22h. Spectacles de travestis dimanche à 22h. Repas du jeudi au samedi 2-3 $. Ouvert tous les jours de 16h à 2h).

■■■ IOWA CITY

Iowa City, qui fut la capitale de l'Iowa jusqu'en 1857, est aujourd'hui une ville universitaire progressiste dans un Etat à tendance conservatrice. Les étudiants de la University of Iowa donnent le ton de la ville, décontractée et vivante. On y trouve de nombreux bars et les spectacles de rue sont courants. A l'automne, les habitants de l'Iowa affluent chaque week-end pour soutenir l'équipe de football universitaire, les Hawkeyes.

Informations pratiques Iowa City s'étend sur la I-80, à environ 180 km à l'est de Des Moines. Le centre-ville est délimité par les artères **Madison** et **Gilbert** du nord au sud et par les artères **Market** et **Burlington** d'est en ouest. Le **Convention and Visitors Bureau**, 408 1st Ave. (800-283-6592), se situe de l'autre côté de la rivière à Coralville le long de la US 6 (ouvert du lundi au vendredi de 8h à 17h, dimanche de 10h à 16h). Au centre-ville les transports en commun sont desservis par l'**Iowa City Transit** (356-1130). Service de bus du lundi au vendredi de 6h à 22h30, samedi de 6h à 19h30 (tarif 50¢, aux heures creuses personnes âgées25¢). Le bus **Cambus,** gratuit, couvre tout le campus et le centre-ville. Le **Campus Information Center** de l'Université de l'Iowa (335-3055), situé au **Iowa Memorial Union** sur Madison et Market, donne des informations sur les environs (service minimum l'été. Pendant l'année universitaire, ouvert du lundi au samedi de 8h à 21h, dimanche de midi à 16h). **Greyhound** et **Burlington Trailways** sont situés au 404 E. College St. (337-2127 ou 800-231-2222), sur Gilbert. Les bus desservent Des Moines (6 bus par jour, durée 2 à 4h, 18 $), Chicago (6 bus par jour, durée 5h, 34 $) et St. Louis (2 bus par jour, durée 9 à 13h, 55 $). (Gare ouverte du lundi au vendredi de 8h à 19h30, samedi et dimanche de 12h30 à 19h30). **Services d'assistance : Assistance téléphonique 24h/24** (335-0140), **Assistance Gay** (335-3877. Ouvert pendant l'année universitaire du mardi au jeudi de 20h à 21h). **Bureau de poste :** 400 S. Clinton St. (354-1560. Ouvert du lundi au vendredi de 8h30 à 17h, samedi de 9h30 à 13h). **Code postal : 52240. Indicatif téléphonique :** 319.

Hébergements, camping et restaurants Des motels bon marché longent la US 6 à **Coralville**, 3 km à l'ouest du centre-ville à la sortie 242 sur la I-80. Ne choisissez pas les motels des grandes chaînes, mais plutôt le dernier motel d'une espèce en voie de disparition : le **Blue Top Motel** (351-0900), au coin de 5th Street et 10th Avenue à Coralville (prendre le bus "B" Express de Coralville jusqu'au bureau de poste) loue 10 maisonnettes blanches, confortables et pas chères sur 2 hectares de gazon bien entretenu (chambres simples 29 $, chambres doubles 37 $, avec cuisine 44 $). Moins cher, mais grand comme un mouchoir, le **Wesley House Hostel (HI-AYH)**, 120 N. Dubuque St. (338-1179), à Jefferson, entasse sept lits dans deux petites chambres (enregistrement entre 19h et 22h, samedi entre 19h et 21h. Remise des chambres à 9h. Couvre-feu strict à 22h. 12 $, non-adhérents 24 $). Les terrains de camping **Kent Park Campgrounds** (645-2315), 14,5 km à l'ouest, sur la US 6, disposent de 86 emplacements isolés les uns des autres dans un endroit agréable près d'un lac (premiers arrivés, premiers servis. 4 $, avec électricité 8 $).

Le centre-ville convient au voyageur à petit budget : il abrite des restaurants et des bars qui sont bons et économiques. Dans la rue piétonne **Pedestrian Mall**, au croisement de College et Dubuque Street, il est possible de manger en musique ; de nombreux artistes de rue s'y produisent. **Gringo's**, 115 E. College St. (338-3000), sert des plats mexicains (4,50-8 $) et des buffets à volonté les lundi (7 $) et mardi (5 $) de 17h à 20h (ouvert du lundi au jeudi de 11h à 22h, vendredi et samedi de 11h à 23h, dimanche de 11h30 à 22h). Très populaire, le **Mickey's Irish Pub** 11 S. Dubuque St. (338-6860) offre des salades, des sandwiches façon Mickey (mickwiches) et des hamburgers (5-8 $). (Ouvert du lundi au vendredi de 11h à 22h, samedi et dimanche de 7h à 22h). Vous pouvez jouer au billard chez **Vito's**, 118 E. College St. (338-1393), dans le Pedestrain Mall, pendant que l'on vous concocte une pizza (10-13 $) ou un plat de pâtes (6-8 $). (Ouvert tous les jours de 11h à 21h).

Visites et sorties Principale attraction de Iowa City, l'immeuble du **Old Capitol** (335-0548), à l'intersection de Capitol et Iowa Street, a été restauré au point qu'on ne peut presque plus le reconnaître (ouvert du lundi au samedi de 10h à 15h, dimanche de midi à 16h. Gratuit). Le capitole est le point central du **Pentacrest,** un ensemble de cinq bâtiments doté d'une pelouse centrale très agréable pour se détendre. L'un des cinq bâtiments, le **Museum of Natural History** (335-0480), sur Jefferson et Clinton Street, présente des dioramas sur les Amérindiens de l'Iowa (ouvert du lundi au samedi de 9h30 à 16h30, dimanche de 12h30 à 16h30. Gratuit). Aussi étrange que cela puisse sembler, la **University of Iowa Hospitals and Clinics** (335-0480), sur Hawkins Drive à Coralville, ressemble davantage à Disney World qu'à un centre hospitalier : l'endroit abrite des concerts gratuits, un musée et une grande collection d'art exposée dans les couloirs. Pénétrer par l'entrée principale et prendre l'ascenseur D jusqu'au 8e étage où se trouve le **Medical Museum** (ouvert du lundi au vendredi de 8h à 17h, samedi et dimanche de 13h à 16h).

Le centre-ville est bien fourni en bars et night-clubs. Vous pourrez entendre de la musique jazz, folk et blues du jeudi au samedi à 21h30 à **The Sanctuary,** 405 S. Gilbert (351-5692), un bar-restaurant confortable, avec boiseries aux murs, servant un choix de 111 bières (frais d'entrée variables. Ouvert tous les jours de 16h à 2h). **The Union Bar and Grill,** 121 E. College St. (339-7713), se vante d'être l'un des plus grands bars universitaires du pays (ouvert du mardi au samedi de 19h à 2h).

■■■ AMANA COLONIES

En 1714 en Allemagne, des hommes de foi déçus par l'Eglise créèrent la Community of True Inspiration, censée retrouver le vrai message de la Bible. Persécutés, ils s'enfuirent aux Etats-Unis en 1843 et finirent par s'installer sur les riches terres au bord de la rivière Iowa. C'est là qu'ils fondèrent les Amana Colonies (Amana signifie "rester vrai"). Mais les difficultés économiques se firent bientôt sentir. En 1932, les membres se convertirent à une nouvelle religion, le capitalisme. Quelques-uns se regroupèrent pour former la Amana Society, Inc., qui est aujourd'hui propriétaire d'une grande partie des terres et des moulins de la région. Un autre membre créa la Amana Refrigeration Company, qui allait connaître un énorme succès. A la diffé-rence du peuple Amish, les Inspirationistes pensaient que la technologie et les biens matériels n'étaient incompatibles avec la foi. Bien que les colonies soient devenues aujourd'hui une grande attraction touristique, la plupart des magasins sont tenus par des descendants des colons (et parfois anciens membres de la communauté) et bon nombre sont encore très actifs dans l'église.

Informations pratiques Les Amana Colonies se trouvent à 8 km au nord de la I-80, regroupées autour de l'intersection entre la US 6, la route 220 et la US 151. En venant de Iowa City, suivre la US 6 vers l'ouest jusqu'à la US 151. En venant de Des Moines, prendre la sortie 225 au nord de la I-80 qui débouche sur la US 151. Jusqu'en 1994, les colonies n'avaient pas d'adresses, seulement des lieux-dits. L'ar-tère principale, l'**Amana Trail**, commence à la US 151 et traverse les sept villages. Sur cette route, des panneaux indiquent la direction des principales attractions. **Main Amana** est la ville la plus grande et la plus touristique. Plus loin, les villages de petite taille ressuscitent l'atmosphère des premiers temps. Il n'existe pas de transport en commun dans les Colonies. Au **Amana Colonies Visitors Center** (800-245-5465), à l'ouest d'Amana sur la route 220, vous pouvez téléphoner gratui-tement aux motels et Bed & Breakfast des environs (ouvert du lundi au samedi de 9h à 17h, dimanche de 10h à 17h. Téléphoner pour connaître les heures d'ouver-ture en hiver). Une **visite en voiture** (622-6178), qui traverse six villages, part du *visitors center* tous les samedis à 10h (durée 3h. 8 $, de 6 à 12 ans 4 $. Comprend tous les prix d'entrée). Vous pourrez vous procurer dans différents endroits des Colonies la carte *Guide Map*, très utile. **Bureau de poste :** 4015 G St. (622-3019), à Main Amana, sur la US 151 (ouvert du lundi au vendredi de 7h30 à 11h et de midi à 16h30, samedi de 8h à 9h30). **Code postal :** 52203. **Indicatif téléphonique :** 319.

Hébergements et camping Les Bed & Breakfast, plutôt chers (40-60 $) sont les principales opportunités de logement. Téléphoner depuis le *visitors center*. Au **Guest House Motor Inn** (622-3599), sur la 47th Avenue, au centre-ville de Main Amana, des chambres sont aménagées dans une ancienne cuisine communautaire vieille de 135 ans. Les lits sont couverts de charmants édredons (chambres simples 37 $, chambres doubles 43 $). Le **Sudbury Court Motel** (642-5411), 11 km à l'ouest des Colonies sur la US 6 dans la Main Street de Marengo, dispose de grandes chambres bon marché. Endroit calme (chambres simples 24 $, chambres doubles 29 $). Possibilité de camper au **Amana Community Park,** sur la 27th Avenue de Middle Amana (pour toutes informations, téléphoner au *visitors center*. Pas de douches. Emplacements 3 $ par voiture, avec raccordement 4,50 $).

Restaurants Les restaurants des Colonies servent une cuisine copieuse. **Ox Yoke Inn** (800-233-3441), sur la 220th Trail de Main Amana, propose de la bonne vieille cuisine germanique : déjeuner (6-9 $) et dîner (9-12 $), accompagnée de salade, *cottage cheese*, choucroute, pain, légumes et pommes de terre (ouvert du lundi au samedi de 11h à 20h, dimanche de 9h à 19h). **Hahn's Hearth Oven Bakery** (622-3439), sur les 25th et J Streets de Middle Amana vend de délicieuses pâtisseries cuites dans le seul four à cheminée encore en fonction dans les Colo-nies (ouvert d'avril à octobre du mardi au samedi de 7h jusqu'à épuisement de la vente, aux environs de 16h30 habituellement. Novembre, décembre et mars, ouvert mercredi et samedi seulement). Vous pourrez goûter du vin de pissenlit (!) au **Heri-tage Wine and Cheese Haus** (622-3564), dans Main Amana, qui déborde égale-ment de spécialités locales. Nombreuses dégustations gratuites (ouvert du lundi au mercredi de 9h à 18h, du jeudi au samedi de 9h à 19h, dimanche de 9h à 18h).

Visites Le **Amana Heritage Society** (622-3567) gère quatre musées dans les environs : Museum of Amana History, Communal Kitchen and Cooper Shop Museum, Communal Agriculture Museum et Community Church. Un même billet permet d'avoir accès aux quatre musées. Le **Museum of Amana History** (622-3567), sur la 220th Trail de Main Amana, retrace la vie des colons, avec des bâtiments restaurés et un diaporama très bien fait (ouvert de mi-avril à mi-novembre, du lundi au samedi de 10h à 17h, dimanche de midi à 17h. 3 $, de 8 à 17 ans 1 $). A Middle Amana, près de la **Amana Refrigeration Plant,** vous pourrez visiter le **Communal Kitchen Museum** (622-3567), l'endroit où était préparée autrefois toute la nourriture des colonies (ouvert de mai à octobre, du lundi au samedi de 9h à 17h, dimanche de midi à 17h. 1,50 $, enfants 75 ¢). **Mini Americana** (622-3058), sur la 220th trail de South Amana, raconte l'histoire américaine en miniatures. La collection fut constituée par Henry Moore (rien à voir avec le sculpteur) et l'exposition est tenue par sa famille (ouvert tous les jours d'avril à octobre de 9h à 17h. 3 $). Le magasin **High Amana Store** (622-3797), sur les 13th et G Streets, n'a pas changé son décor ni l'amabilité de son service depuis 1857 (ouvert normalement tous les jours de 10h à 17h, moins en hiver).

Nebraska

Les premiers pionniers qui empruntaient la piste de l'Oregon et le Mormon Trail traversaient rapidement le Nebraska sur leur route vers l'Ouest. Habitués aux forêts de la Nouvelle Angleterre, ces voyageurs surnommèrent le territoire du Nebraska le "Grand Désert Américain". Ils croyaient, à tort, que l'absence d'arbres signifiait que la terre n'était pas fertile. Peu à peu, de nouveaux arrivants s'intéressèrent à la région et s'y établirent. Comme dans d'autres Etats, cette implantation se fit au détriment des tribus amérindiennes qui vivaient là, les Sioux et les Pawnee. Aujourd'hui, les touristes traversent les champs de maïs dans leur voiture à air conditionné, sans prendre le temps de découvrir le pays. Et même les habitants de l'Etat ne peuvent dire qu'ils sont vraiment maîtres de ces vastes étendues. "Nous allons et venons, mais la terre est toujours là", écrivait Willa Cather, "et ceux qui l'aiment et la comprennent sont ceux qui la possèdent - pour peu de temps". Pour vous plonger dans l'ambiance, (ré)écoutez le superbe album de Bruce Springsteen *Nebraska*.

INFORMATIONS PRATIQUES

Capitale : Lincoln.
Informations touristiques : Nebraska Department of Economic Development, P.O. Box 94666, Lincoln 68509 (402-471-3796 ou 800-228-4307). Ouvert du lundi au vendredi de 8h à 17h. **Nebraska Game and Parks Commission,** 2200 N. 33rd St., Lincoln 68503 (471-0641). Ouvert du lundi au vendredi de 8h à 17h.
Fuseau horaire : Heure des Prairies (1h de moins que l'heure de l'Est).
Abréviation postale : NE.
Taxe locale : 5 %.

 OMAHA

Omaha, la ville qui donna naissance à Gerald Ford, Malcolm X et Boys Town, apparaît étonnamment moderne et dynamique, lorsque l'on vient de parcourir des kilomètres de route monotone, bordée de champs de céréales. Mais la ville n'oublie pas totalement ses racines du Middle West et conserve le caractère chaleureux des petites bourgades du Nebraska. Avec ses rues paisibles bordées de cafés du Old

Market, ses clubs agités de la 16th Street et Leavenworth Street, ses musées et ses restaurants, Omaha mérite bien une escale.

INFORMATIONS PRATIQUES

Office du tourisme : Greater Omaha Convention and Visitors Bureau, 6800 Mercy Rd., #202 (800-332-1819). Ouvert du lundi au vendredi de 8h30 à 16h30. Le **Visitors Center** (595-3990), sur la 10th Street et Deer Park, à proximité du zoo, est beaucoup plus facile d'accès. Quittez la I-80 au niveau de la 13th Street. Ouvert tous les jours de 8h à 17h. De novembre à février, du lundi au vendredi de 8h à 17h. **Manifestations à venir**, 444-6800. **Gay et Lesbiennes**, 558-5303.

Trains : Amtrak, 1003 S. 9th St. (800-872-7245), au coin de Pacific. Trains à destination de Chicago (1 train par jour, durée 9h1/2, 103 $), Denver (1 train par jour, durée 8h, 108 $). Ouvert tous les jours de 22h30 à 7h30, du lundi au samedi de 7h30 à 11h15 et de 12h30 à 16h.

Bus : Greyhound, 1601 Jackson (800-231-2222). Bus à destination de Des Moines (9 bus par jour, durée 2-3 h, 25 $), Cheyenne (3 bus par jour, durée 9-11h, 67 $), Kansas City (2 bus par jour, durée 4-6h, 36 $), Sioux Falls (2 bus par jour, durée 3-4h, 35 $). Ouvert 24h sur 24.

Transports en commun : Metro Area Transit (MAT), 2222 Cumming St. (341-0800). Ouvert du lundi au vendredi de 8h à 16h30. Horaires disponibles au Park Fair Mall, sur 16th et Douglas Street près de la gare Greyhound, ainsi qu'à la librairie sur 14th et Farnam Street. Tarif 90 ¢, transits 5 ¢.

Taxis : Happy Cab, 339-0110. 1,80 $ de prise en charge, 1,25 $ par mile supplémentaire. 24h/24.

Location de voitures : Cheepers Rent-A-Car, 7700 L St. (331-8586). 19 $ la journée avec 160 km gratuits, 25 $ la journée avec 480 km gratuits, 20 ¢ par mile supplémentaire. Le conducteur doit être âgé d'au moins 21 ans, posséder une carte de crédit ainsi qu'une assurance responsabilité civile. Ouvert du lundi au vendredi de 7h30 à 20h, le samedi de 8h30 à 15h.

Urgences : 911.

Bureau de poste : 1124 Pacific St. (348-2895). Ouvert du lundi au vendredi de 8h à 18h, samedi de 8h à midi. **Code postal :** 68108. **Indicatif téléphonique :** 402.

Les rues reliant le nord au sud sont numérotées de la rivière vers l'ouest. Les rues portant des noms s'étendent d'est en ouest. **Dodge Street** (Route 6) marque la frontière entre le nord et le sud. La nuit, mieux vaut éviter la N. 24th Street.

HÉBERGEMENTS ET CAMPING

Beaucoup de motels bon marché sont situés sur la I-80 aux sorties L et 84th Street, 10,5 km au sud-ouest du centre-ville. Les bus n° 11, 21 et 55 desservent l'endroit.

YMCA, 430 S. 20th St. (341-1600) à Howard. Chambres simples, rudimentaires. Micro-ondes. Chambres simples pour hommes ou femmes 9,41-11,41 $. Draps fournis. Caution 10 $. 3,50 $ supplémentaires pour avoir accès aux équipements sportifs. Réserver à l'avance. S'il n'y a plus de chambres pour femmes, demandez à parler à John Fitzgerald - il pourra peut-être trouver une solution.

Excel Inn, 2211 Douglas St. (345-9565). Bien placé en centre-ville. Chambres récemment remises à neuf. Simples 25 $, doubles 31 $, avec kitchenette 38 $. Si vous restez 4 nuits, les 3 nuits suivantes sont gratuites.

Bellevue Campground (291-3379), à Haworth Park, sur la Missouri River, 16 km au sud du centre-ville sur la route 370. Prendre le bus "Bellevue" (qui ne passe pas souvent) depuis le croisement de 17th et Dodge Street jusqu'à Mission et Franklin, et marchez sur Mission Street. Les emplacements sont sur du béton, mais le camping heureusement est boisé. Douches, toilettes. Ouvert tous les jours de 6h à 22h. Les retardataires silencieux peuvent entrer plus tard. Emplacements 5 $, avec raccordement 9 $.

RESTAURANTS

Ancien quartier d'entrepôts, le **Old Market**, sur Jones, Howard et Harney Street, entre la 10th Street et la 13th Street, est maintenant sillonné de rues pavées et comprend boutiques, restaurants et bars. Jetez un coup d'œil à l'étonnante **Fountain of the Furies**, placée dans une niche sombre en face du Trini's (voir ci-dessous). De la fin mai jusqu'aux premiers jours d'octobre, les éleveurs des environs organisent un marché, le **Farmers Market** (345-5401), le samedi de 8h à 0h30 sur 11th et Jackson Street.

> **Trini's**, 1020 Howard St. (346-8400), situé dans le Old Market, à l'intérieur du passage, sur Howard Street. Plats mexicains authentiques et cuisine végétarienne. La cave, éclairée à la bougie, est le cadre idéal pour un dîner romantique. Dîner 2,50-7 \$. Ouvert du lundi au jeudi de 11h30 à 22h, vendredi et samedi de 11h30 à 23h.
>
> **The Jones Street Brewery**, 1316 Jones St. (344-3858). Microbrasserie à la mode, où l'on sert des soupes, des salades et des hamburgers, accompagnés de jalapeños et de sauce pimentée (7 \$). Musique *live* les week-ends. Frais d'entrée variables. Ouvert du lundi au jeudi de 11h30 à 23h, vendredi et samedi de 11h30 à minuit, dimanche de 14h à 22h.
>
> **The Bohemian Café**, 1406 S. 13th St. (342-9838), situé dans un ancien quartier slave au sud d'Omaha. Clientèle un peu âgée. Spécialités allemandes et tchèques, à base de viande, accompagnée d'oignons et de pommes de terre (6-8 \$). Ouvert tous les jours de 11h à 22h.
>
> **Joe Tess' Place**, 5424 S. 24th St. (731-7278), à U Street, dans le sud d'Omaha. Prendre le bus au coin de Farnam et 16th Street. Réputé pour ses carpes d'eau douce grillées et son poisson-chat. Les carpes albinos de la fontaine sont à vendre. Entrées 3-7 \$. Ouvert du dimanche au jeudi de 11h à 22h. Vendredi et samedi de 11h à 23h.

VISITES

Le **Joselyn Art Museum**, 2200 Dodge St. (342-3300), immense chef-d'œuvre Art Déco, est couvert à l'extérieur de marbre rose de Géorgie, et revêtu à l'intérieur de 30 variétés différentes de marbre. Il abrite une très belle collection d'art européen et américain des XIXe et XXe siècles. De mi-juillet à mi-août, le musée propose des concerts gratuits de jazz en plein air, tous les jeudis de 19h à 21h. (Ouvert du mardi au samedi de 10h à 17h, jeudis jusqu'à 20h, dimanche de midi jusqu'à 17h. 4 \$, personnes âgées et de 5 à 11 ans 2 \$, gratuit le samedi de 10h à midi). La majestueuse gare **Union Pacific Railroad Station** contient le **Western Heritage Museum**, 801 S. 10th St. (444-5071). Vous y verrez une exposition sur la vie quotidienne dans le Nebraska. De janvier à juin 1996, le musée est fermé pour cause de travaux (Ouvert du lundi au samedi de 10h à 17h, dimanche de 13h à 17h. De Labor Day, premier lundi de septembre à Memorial Day, dernier lundi de mai, fermé le lundi. 3 \$, personnes âgées 2,50 \$, de 5 à 12 ans 2 \$).

Explorez la plus grande jungle couverte du monde dans l'étonnant **Henry Doorly Zoo**, 3701 S. 10th St. (733-8401), sur le Deer Park Boulevard (ou à la sortie 13th St. sur la I-80). Le zoo est l'attraction touristique numéro 1 entre Chicago et Denver. A l'aquarium Kingdom of the Seas (Royaume des mers), des requins bruns nagent juste au-dessus de votre tête. (Ouvert du lundi au samedi de 9h30 à 17h, dimanche de 9h30 à 18h. De Labor Day, premier lundi de septembre à Memorial Day, dernier lundi de mai, ouvert tous les jours de 9h30 à 17h. 7 \$, personnes âgées 5,50 \$, de 5 à 11 ans 3,50 \$).

En 1917, le Père Edward Flanagan fonda **Boys Town** (498-1140), à l'ouest de Omaha, sur West Dodge et 132nd Street, une maison d'accueil pour les garçons abandonnés et en difficulté. Rendu célèbre en 1938 par le film du même nom, de Spencer Tracy, Boys Town est devenue une attraction touristique populaire et tient toujours son rôle de maison d'accueil pour plus de 550 garçons et filles. L'entrée est gratuite. Des visites guidées sont organisées toutes les heures entre 9h et 16h (l'accueil des visiteurs est ouvert tous les jours de 9h à 17h30. De septembre à avril de 9h à 16h30).

SORTIES

Fin juin, début juillet, la troupe théâtrale **Shakespeare on the Green** (280-2391) donne des représentations gratuites dans le Elmwood Park, sur la 60th et Dodge Street, du dimanche au jeudi à 20h. L'orchestre **Omaha Symphony** (342-3560) se produit au **Orpheum Theatre**, 409 S. 16th St. (de septembre à mai habituellement du jeudi au dimanche. Téléphoner pour connaître le détail du calendrier. Billets 10-32 $). Le théâtre **Omaha's Magic Theater,** 325 S. 16th St. (346-1227) cherche à promouvoir les comédies musicales américaines contemporaines (représentations en soirée du lundi au samedi. Billets 12 $, enfants 7 $).

Une population jeune et underground a établi ses quartiers dans les différents sites universitaires. La vitrine de la librairie **Antiquarian Bookstore,** 1215 Harney, dans le Old Market, affiche la liste des shows à venir. Plusieurs bons bars se trouvent à proximité. **The Dubliner,** 1205 Harney (342-5887), fait jouer des groupes de musique traditionnelle irlandaise les vendredis et samedis soirs (frais d'entrée variables). **Downtown Grounds,** 1117 Jackson St. (342-1654) est un café hyper-branché (double moka 3 $. Musique *live* les vendredis, samedis et lundis. Entrée vendredi et samedi 2 $. Ouvert du lundi au jeudi de 9h à 22h, vendredi de 9h à minuit, samedi de 8h à minuit, dimanche de 10h à 22h). Une série de bars gay sont situés autour de 16th Street et Leavenworth Street. Le plus populaire, **The Max,** 1417 Jackson (346-4110. Aucun signalement extérieur), bar pour hommes et femmes, comprend cinq bars, une piste de danse disco, un DJ, des fontaines et un patio (entrée les vendredis et samedis, 3 $. Ouvert tous les jours de 16h à 1h).

▨▨▨ LINCOLN

Une vie nocturne animée, un centre-ville bien aménagé et la présence de l'Université du Nebraska font de Lincoln (appelée ainsi en 1867 en l'honneur du Président) un lieu de séjour très agréable. Son remarquable capitole, baptisé la "tour qui domine les Plaines", abrite le seul corps législatif unicéphale (une seule chambre) des Etats-Unis. Ça a l'air de plutôt bien fonctionner. Le gouvernement du Nebraska est actuellement considéré comme un modèle d'efficacité.

INFORMATIONS PRATIQUES

Office du tourisme : Lincoln Convention and Visitors Bureau, 1221 N St., #320 (434-5335 ou 800-423-8212). Ouvert du lundi au vendredi de 8h à 16h45.

Aéroport : Lincoln Airport (474-2770), 8 km au nord-ouest du centre-ville sur Cornhusker Highway. Un taxi pour le centre-ville coûte environ 10 $.

Trains : Amtrak, 201 N. 7th St. (476-1295 ou 800-872-7245). Un train par jour à destination de : Omaha (durée 1h, 14 $), Denver (durée 7h1/2, 106 $), Chicago (durée 10h1/2, 111 $), Kansas City (durée 6h1/2, 46 $). (Ouvert la nuit de 23h30 à 7h. Du lundi au mercredi également de 7h30 à 11h et de 12h30 à 16h).

Bus : Greyhound, 940 P St. (474-1071 ou 800-231-2222), à proximité du centre-ville et du campus de la ville. Bus à destination de : Omaha (4 bus par jour, durée 1h, 12 $), Chicago (4 bus par jour, durée 12-14h, 71 $), Kansas City (3 bus par jour, durée 6h1/2, 41 $), Denver (3 par jour, durée 9-11h, 67 $). Ouvert du lundi au vendredi de 8h30 à 17h30, samedi de 9h à 17h.

Transports en commun : Star Trans, 710 J St. (476-1234). Les horaires sont affichés sur les bus, dans beaucoup d'endroits du centre-ville, et au bureau de la compagnie. Bus du lundi au samedi de 6h à 18h. Tarif 75 ¢, personnes âgées 35 ¢, de 5 à 11 ans 40 ¢.

Taxis : Husker Cabs, Inc., 447-4111. 1,75 $ de prise en charge, 1,60 $ par mile. 24h/24.

Location de voitures : U-Save Auto Rental, 2240 Q St. (477-5236), sur la 23rd St. 20 $ par jour avec 240 km gratuits. 9 ¢ par mile supplémentaire. 132 $ par semaine. Le conducteur doit avoir au moins 21 ans. 100 $ de caution.

Location de vélos : Blue's Bike & Fitness Center, 427 S. 13th (435-2322), sur K Street. Vélos 8 $ par demi-journée, 12 $ par jour. Carte de crédit pour la caution. Ouvert du lundi au jeudi de 9h à 19h, vendredi de 9h à 18h, samedi de 9h à 17h, dimanche de midi à 16h.

Equation du second degré : $x=(-b\pm (b^2-4ac))/(2a)$

Services d'assistance : Assistance téléphonique, 475-5171. **University of Nebraska Gay/Lesbian Center,** 472-5644.

Urgences : 911.

Bureau de poste : 700 R St. (473-1695). Ouvert du lundi au vendredi de 7h30 à 18h, samedi de 9h à midi. **Code postal :** 68501. **Indicatif téléphonique :** 402.

Il est aussi facile de s'orienter dans Lincoln que de compter jusqu'à trois ou de réciter son alphabet. La numérotation des rues va en ordre croissant lorsqu'on va vers l'ouest. Les rues portant des lettres suivent l'alphabet lorsqu'on va vers le nord. **O St.** est l'artère principale est-ouest et constitue la frontière entre le nord et le sud. **R St.** longe le côté sud du campus de la **University of Nebraska-Lincoln (UNL). Cornhusker Highway (US 6)** délimite la ville au nord.

HÉBERGEMENTS ET CAMPING

Il y a quelques motels bon marché dans le centre-ville de Lincoln, la plupart du côté est, autour du block 5600 de la **Cornhusker Highway.** Le **Town House Motel,** 1744 M St. (800-279-1744), sur la 18th Street à 5 blocks seulement du campus du centre-ville, dispose d'appartements charmants, avec cuisine équipée, salle de bains, séjour, canapé-lit et TV câblée (argenterie et parking compris. Chambres simples 39 $, chambres doubles 44 $). La seule auberge de jeunesse de la ville est le petit **Cornerstone Hostel (HI-AYH),** tenu par le clergé, 640 N. 16th St. (476-0355 ou 76-0926), à Vine. L'auberge est située dans le sous-sol d'une église dans le campus de l'université du centre-ville. Prendre le bus n° 4. Depuis la gare Greyhound, marcher 7 blocks vers l'est jusqu'à la 16th Street, puis 5 blocks vers le nord. (3 lits pour femmes. 5 pour hommes. Douche, cuisine équipée, blanchisserie. Parking gratuit. Couvre-feu à 23h. 8$, non-membres 10 $. Draps gratuits). **UNL** (472-3561) loue quelques chambres en période non scolaire. Draps, serviettes et couvertures compris (chambres simples 17 $, chambres doubles 11,50 $ par personne). **The Great Plains Budget Host Inn,** 2732 O St. (476-3253 ou 800-288-8499), dispose de grandes chambres équipées de réfrigérateurs et de cafetières. Prendre le bus n° 9 "O St; Shuttle" (parking gratuit. Chambres simples 34 $, chambres doubles 42 $. Petit déjeuner inclus). Le camping **Nebraska State Fair Park Campground,** 2402 N. 14th St. (473-4287), est bien situé mais donne un peu l'impression de dormir sur un parking. Prendre le bus n° 7 "Belmont". (Emplacement pour deux 10 $, avec électricité 12 $, avec raccordement complet 15 $. 1 $ par personne supplémentaire. Ouvert de mi-avril au 1er novembre).

RESTAURANTS ET SORTIES

Lieu de rendez-vous des étudiants dandys, le **Nebraska Union** (472-2181), au coin de la 14th Street et R Street sur le campus, sert des plats vite expédiés et bon marché, dispose d'un bureau de poste, d'un distributeur de billets et d'une banque (heures d'ouverture variables. L'été, ouvert habituellement du lundi au vendredi de 7h à 17h, et pendant l'année scolaire tous les jours de 7h à 23h). Le **Historic Haymarket,** qui s'étend de la 7th à la 9th Street et de la O à la R Street, est un quartier commercial récemment rénové, situé à proximité du chemin de fer. Il comprend des cafés, des bars, plusieurs restaurants et un marché (434-6900. Ouvert de mi-mai à mi-octobre, le samedi de 8h à 0h30). Tous les bus du centre-ville se rejoignent à 11th et O Street, 2 blocks à l'est du Historic Haymarket. **Lazlo's Brewery and Grill,**

710 P St. (474-BEER/2337), est la plus vieille brasserie du Nebraska, fondée... en 1991. On vous servira des salades, des sandwiches, des hamburgers, des biftecks et du poulet pour 5-15 $ (Ouvert du lundi au samedi de 11h à 1h, dimanche de 11h à 22h). Plusieurs bars et sandwicheries se trouvent entre N et P Street, de la 12th Street à la 15th Street. Au **Rock 'n' Roll Runza**, 210 N. 14th St. (474-2030), des serveurs à patins à roulettes vous serviront des *chili cheese dogs* (hot-dogs au fromage et au chili) longs de 30 cm, à 5 $. (Ouvert du lundi au jeudi de 10h30 à 22h30, vendredi et samedi de 10h30 à minuit, dimanche de 10h à 22h "sauf si on a envie de fermer plus tôt"). **Valentino's**, 232 N. 13th St. (475-1501), une chaîne locale de restaurants, sert des pizzas et pâtes italiennes bon marché (3-10 $). Les riverains viennent se remplir la panse aux six buffets à volonté (all-you-can-eat) - pizzas, pâtes, desserts et autres (5$, après 16h 7 $. Ouvert du dimanche au jeudi de 11h à 22h, vendredi et samedi de 11h à minuit). **The Coffee House**, 1324 P St. (477-6611), est plutôt du style café noir-discussions intellos, ce qui est après tout normal pour un bar étudiant (café 75 ¢-1,25 $. Ouvert du lundi au samedi de 7h à minuit, dimanche de 11h à minuit).

La scène nocturne de Lincoln ne manque pas de vigueur. On trouve énormément de bars "sportifs". Les habitants aiment bien arroser les exploits de l'équipe de football du Nebraska, qui fait la fierté de la ville. Les meilleurs groupes musicaux se donnent rendez-vous au **Zoo Bar**, 136 N. 14th St. (435-8754). Les frais d'entrée sont variables. L'endroit est résolument blues, et c'est du bon (interdit aux moins de 21 ans. Vendredi de 17h à 19h. Frais d'entrée 1 $. Ouvert du lundi au vendredi de 15h à 1 h, samedi de midi à 1h). **The Panic**, 200 S. 18th St. (435-8764), sur la N Street, est un bar gay très apprécié avec piste de danse/vidéo/patio (ouvert du lundi au vendredi de 16h à 1 h, samedi et dimanche de 13h à 1h). Et pour finir, allez pousser la chansonnette avec Joyce, Paul, Fred et tout l'orchestre du **Sidetracks Tavern**, 935 O St. (435-9171). Ils savent jouer de tout et vous ne serez pas les seuls à vous joindre au vacarme (vendredi et samedi de 19h à 1h).

VISITES

Le **Nebraska State Capitol Building** (471-0448), la "tour qui domine les Plaines", est une petite merveille. Il s'élève sur 120 mètres de hauteur au coin de la 14th Street à de K Street. Le bâtiment est remarquable par son design aérodynamique et la richesse de son architecture intérieure. Son sol en mosaïque rappelle les couvertures des Amérindiens. On peut prendre l'ascenseur jusqu'au 14e étage, pour une vue panoramique sur la ville. (Visites de juin à août, du lundi au vendredi toutes les demi-heures. De septembre à mai, tous les jours toutes les heures. Ouvert du lundi au vendredi de 8h à 17h, samedi de 10h à 17h, dimanche de 13h à 17h. Gratuit).

Le **Museum of Nebraska History** (471-4754), au croisement de 15th et P Street, propose une passionnante exposition sur l'histoire des Indiens des Plaines (ouvert du lundi au samedi, de 9h à 17h, dimanche de 13h30 à 17h. Gratuit). Le **University of Nebraska State Museum**, à **Morrill Hall** (472-6302), sur 14th et U Street, se distingue par sa collection de fossiles, dont un immense mammouth (ouvert du lundi au samedi, de 9h30 à 16h30, dimanche de 13h30 à 16h30. Don demandé 1 $). Dans le même immeuble, le **Mueller Planetarium** (472-2641) vous emmène dans les étoiles tous les jours (plusieurs séances) et, les vendredis et samedis, organise des spectacles laser (téléphoner pour connaître les heures d'ouverture. Planétarium 3 $, étudiants et moins de 13 ans 2 $, spectacles au laser 5 $/2 $). Un vaste jardin rempli de sculptures entoure la **Sheldom Memorial Art Gallery** (472-2461), dessinée par Phillip Johnson, au coin de 12th et R Street. A l'intérieur, vous trouverez notamment une collection pop'art des œuvres de Warhol (ouvert mardi et mercredi de 10h à 17h, du jeudi au samedi de 10h à 17h et de 19h à 21h, dimanche de 14h à 21h. Gratuit). **Antelope Park** s'étend de 23rd et N Street, au sud-est du campus, jusqu'à 33rd Street et Sheridan Boulevard. Ouvert toute l'année du lever du jour jusqu'à minuit, le parc contient un terrain de golf, des jardins botaniques et des sentiers pour le jogging et les promenades à vélo. Beaucoup de couples se sont demandés en mariage devant les bassins de nénuphars des **Sunken Gardens**, sur 27th et D Street.

■■■ SCOTTS BLUFF

Les hauts plateaux d'argile et de grès du **Scotts Bluff National Monument** étaient un point de repère pour les pionniers qui empruntaient la piste de l'Oregon (**Oregon Trail**) dans les années 1840. Au début, la falaise était trop dangereuse d'accès. Dans les années 1850 un passage étroit, la **Mitchell's Pass**, fut ouvert. Il ne pouvait laisser passer qu'un seul chariot à la fois. Les roues laissèrent des marques profondes dans le grès, encore visibles sur un tronçon de 800 mètres au niveau de la Mitchell's Pass. Au **visitors center** (308-436-4340), à l'entrée de la ville de Scottsbluff sur la route 92, vous apprendrez l'histoire de la mort mystérieuse de Hiram Scott, le marchand de fourrures qui donna son nom à la falaise (ouvert tous les jours de 8h à 20h, l'hiver de 8h à 17h. 4 $ pour l'ensemble des passagers d'une voiture, 2 $ par piéton). Pour atteindre le sommet de la falaise, empruntez à pied le sentier ardu **Saddle Rock Trail** (2 km aller-retour) ou montez en voiture sur **Summit Drive**. En haut, vous trouverez des **sentiers de randonnée** et une vue magnifique. Pour rejoindre le monument, suivre la US 26 jusqu'à la route 92. Il se trouve sur la route 92, à 3 km environ à l'ouest de **Gering** (et non dans la ville de Scottsbluff).

Pour un lit bon marché, essayez le **Circle S Lodge** (308-436-2157), sur la route 92 à Gering (chambres simples 26 $, chambres doubles 33 $). Le **Oregon Trail Park** (308-436-5096, post 838), situé sur 10th et D Street à Gering, en face d'un parc public, comprend des emplacements de camping avec vue sur les Bluffs (12 emplacements 8 $, raccordement possible). A 30 km à l'est, sur la route 92, la flèche de 160 mètres de **Chimney Rock,** visible à 50 km, était un autre point de repère familier sur le Oregon Trail. Depuis la route 92, une route non goudronnée y conduit (800 m de distance). Pour plus d'informations, prenez contact avec le Scotts Bluff National Monument.

Carhenge, un SACRÉ monument...

La route à perte de vue. Lorsqu'on traverse les mornes plaines et les petites falaises de l'ouest du Nebraska, le paysage tend à devenir monotone. Soudain, à Carhenge, une force surnaturelle balaie l'horizon. Vous venez de découvrir l'ultime lieu de pèlerinage de tous les illuminés de la route. Une sculpture de 36 vieilles voitures de couleur grise, disposées de la même façon que les menhirs de Stonehenge en Angleterre. Le créateur de ce sanctuaire, Jim Reinders, gourou pour beaucoup d'entre nous à Let's Go, souhaite y être enterré. Lorsqu'on lui demande les raisons de sa création, Reinders répond "c'est simple, loqui deprehendi" ou plus clairement "j'ai parlé pour être compris". Cette merveille des champs de maïs se trouve à 3 km au nord de **Aliance**, NE, sur la US 385. Si vous avez besoin de régénérer votre karma, arrêtez-vous au **Rainbow Lodge**, 614 W. 3rd St./ US 385 (308-762-4980. Chambres simples 27 $, chambres doubles 35 $).

 # Kansas

Centre géographique des Etats-Unis, le Kansas a longtemps été la plaque tournante de la conquête de l'Ouest américain. Les chariots des pionniers et les cow-boys conduisant leurs troupeaux ont sillonné ses pistes à la recherche de pâturages ou de jours meilleurs. Des petites villes comme Abilene et Dodge City ont vu défiler des colonies de cow-boys assoiffés, d'éleveurs de bétail et de pieds tendres effarouchés dans leur saloon. Parties de poker, whisky, danseuses de cabaret… on ne s'y ennuyait pas. C'est ici que se sont illustrés des hommes de loi légendaires comme "Wild Bill" Hickok et Wyatt Earp. L'arrivée des colons entraîna de rudes batailles pour la conquête de la terre. Les Amérindiens durent migrer vers les régions plus arides à l'ouest. La guerre de Sécession fut un autre épisode douloureux. Le Kansas rejoignit l'Union en tant qu'Etat affranchi en 1861, malgré un fort passé esclavagiste. L'expression "Bleeding Kansas" (Kansas sanglant) reste attachée à cette époque. Aujourd'hui, la blessure s'est refermée et le Kansas offre un mélange paisible d'attractions touristiques kitsch — le Kansas Teachers' Hall of Fame à Dodge City ou le plus grand puits du monde jamais creusé à la main, à Greensburg — et de terres agricoles. Des panneaux le long des autoroutes rappellent subtilement aux voyageurs que "chaque agriculteur du Kansas nourrit 75 personnes - et *vous*."

INFORMATIONS PRATIQUES

Capitale : Topeka.
Département du voyage et de tourisme : 700 SW Harrison, #1300, Topeka 66603-3712 (800-2KANSAS/252-6727). Ouvert du lundi au vendredi de 10h à 18h. **Kansas Wildlife and Parks**, 900 Jackson Ave., #502N, Topeka 66612 (913-296-2281).
Fuseau horaire : Heure des Prairies (1h de moins que l'heure de l'Est).
Abréviation postale : KS.
Taxe locale : 4,9 %.

■■■ WICHITA

En 1541, l'aventurier espagnol Coronado arriva à l'emplacement de l'actuelle ville de Wichita, espérant trouver la cité d'or mythique de Quivira. Il fut tellement déçu à son arrivée qu'il fit étrangler le guide qui l'accompagnait. Plus grande agglomération du Kansas (oui, les autres villes sont encore plus petites), Wichita est un haut lieu de l'industrie aéronautique : les sociétés Lear, Boeing, Beech et Cessna y ont toutes des usines. La majeure partie du centre-ville a des allures de banlieue triste et figée. Cependant, la vieille ville commence à retrouver une nouvelle jeunesse et les bars et cafés qui s'y sont installés font la fête de plus en plus tard dans la nuit.

Informations pratiques Pour tous renseignements, contactez le **Convention and Visitors Bureau**, situé 100 S. Main St. (265-2800), au coin de Douglas Avenue (ouvert du lundi au vendredi de 8h à 17h). La gare **Amtrak** la plus proche se trouve 414 Main St. (283-7533 ou 800-872-7245), dans la ville de Newton, à 40 km au nord de Wichita. Chaque jour, un train (très matinal) dessert Kansas City (durée 4h, 54 $) et Albuquerque (durée 12h, 136 $). (Bureau des réservations ouvert du mercredi au vendredi de 7h30 à 16h). **Hutchinson Shuttle** (800-288-3342) assure la navette aller-retour jusqu'à la gare Amtrak de Newton pour 15 $ (départ pour Newton à 13h du lundi au vendredi. Retour du lundi au vendredi à 10h45). **Greyhound**, 312 S. Broadway (265-7711 ou 800-231-2222) est situé à deux rues à l'est de Main Street (ouvert tous les jours de 3h15 à 19h). Les bus desservent Kansas City (3 bus par jour, durée 5h, 34 $), Denver (2 bus par jour, durée 14h, 59-67 $) et Dodge City (1 bus par jour, durée 3h, 24 $). La compagnie **WMTA**, 214 S. Topeka (265-7221) assure les transports en commun dans la ville (bus du lundi au vendredi de 6h20 à 18h20, samedi de 7h20 à 17h20. Tarif 85 ¢, personnes âgées 40 ¢, de 6 à 17 ans 55 ¢. Correspondances 20 ¢. Gare ouverte du lundi au vendredi de 6h à 18h30, samedi de 7h à 17h30). L'été, un **service de tramway** (25 ¢) relie à l'heure du déjeuner le centre-ville à la vieille ville (du lundi au vendredi de 11h à 15h30) et dessert en plus, le samedi, les musées qui longent la rivière (de 10h à 15h40). Le service de location de voitures **Thrifty Rent-A-Car**, 8619 W. Kellogg (721-9552) loue ses voitures 35 $ la journée (400 km gratuits, 29 ¢ pour chaque mile supplémentaire) ou 145 $ la semaine (3220 km gratuits). Avoir au moins 21 ans. Les conducteurs âgés de 21 à 24 ans doivent payer un supplément de 5 $ par jour (ouvert tous les jours de 6h30 à 22h). **Urgences :** 911. **Bureau de poste :** 330 W. Second St. (262-6245), à Waco (ouvert du lundi au vendredi de 7h à 17h30, samedi de 7h à 13h. Hall d'entrée ouvert 24h/24). **Code postal :** 67202. **Indicatif téléphonique :** 316.

Wichita se trouve sur la I-35, à 275 km au nord de Oklahoma City, et à environ 325 km au sud-ouest de Kansas City. Le centre-ville est petit et calme et permet de se promener ou de se garer facilement. **Main Street** est la principale artère reliant le nord au sud. **Douglas Avenue** s'étend d'est en ouest et constitue la frontière entre le nord et le sud de la ville. Les rues qui traversent la ville d'est en ouest sont numérotées. Beaucoup d'entreprises du centre-ville se sont déplacées vers **Kellogg Avenue (US 54)**, la principale artère est-ouest.

Hébergements et restaurants Wichita compte de nombreux hôtels pas trop chers, notamment sur South Broadway. Les chaînes d'hôtel bordent E. et W. Kellogg Avenue, à une distance de 8 à 13 km du centre-ville. A seulement dix blocks du centre-ville, le **Mark 8 Inn**, 1130 N. Broadway (265-4679) a toutes les qualités : un voisinage agréable, des chambres propres avec réfrigérateur et appels locaux gratuits (chambres simples 27 $, pour toute personne supplémentaire 3 $). Le **Royal Lodge**, 320 E. Kellogg Ave. (263-8877), à proximité du centre-ville et de la gare de bus, est meublé dans le style funky des années 1960. TV câblée (chambres simples 25 $, chambres doubles 30 $. Caution 5 $). Le terrain de camping **Blasi Campgrounds**, 11209 W.U.S. 54 (722-2681), situé à 13 km environ du centre-ville comprend une piscine, des courts de tennis et une petite étendue d'eau où il est possible de pêcher, le tout situé au bord d'une *highway* (emplacements de tentes ou raccordements complets 14,45 $).

Wichita est réputé pour sa viande. Prenez place au **Doc's Steakhouse**, 1515 N. Broadway (264-4735). Le plat principal le plus cher, un steak de 425 g *T-bone*, ne coûte que 9 $ (ouvert du lundi au vendredi de 11h30 à 21h30, vendredi de 11h30 à 22h, samedi de 16h à 22h). Ici non plus, vous n'échapperez pas à WALL DRUG : un panneau précise "Wall Drug n'est qu'à 1088 km" (si vous avez été dans le Dakota du Sud, vous savez forcément de quoi il s'agit. Sinon, reportez-vous p.452 pour en savoir plus sur cette légende de la route américaine). C'est en fait Ted, le frère de Doc, qui est à l'origine de Wall Drug, dans les années 1930. Les amateurs de nourriture végétarienne peuvent se régaler en cuisine chinoise et vietnamienne (4,50-7 $) au **Saïgon Oriental Restaurant**, 1103 N. Broadway (262-8134. Ouvert du dimanche au jeudi de 10h à 21h, vendredi et samedi de 10h à 22h). Dans le quartier de la **vieille ville**, sur Douglas Avenue et Washington Street, les brasseries et les restaurants accueillent des groupes de musique le week-end. **Station Square**, (263-1950), sur Mead Street et Douglas Avenue, réunit deux restaurants, deux bars et un barbecue extérieur. On vous servira aussi bien des dîners style années 1950 que des *fajitas* et des *margaritas* (jazz et vieux succès joués vendredi et samedi. Ouvert du dimanche au jeudi de 11h à minuit, vendredi et samedi de 11h à 2h).

Visites Les musées le long de la rivière (**Museums-on-the-River)** se trouvent à proximité les uns des autres. Prendre le tram ou le bus n° 12 ("Riverside"), puis continuer à pied. **Old Cowtown**, 1871 Sim Park Dr. (264-0671) vous fait découvrir l'ambiance rude et mouvementée des grands rassemblements de troupeaux des années 1870. (Ouvert du lundi au samedi de 10h à 17h, dimanche de midi à 17h. De novembre à février, ouvert uniquement en semaine. 5 $, personnes âgées 4,50 $, de 6 à 12 ans 2 $, moins de 6 ans gratuit). De l'autre côté se trouve le musée botanique **Botanica**, 701 Amidon (264-0448) qui est doté d'une belle palette de couleurs (Ouvert du lundi au mercredi de 9h à 20h, du jeudi au samedi de 9h à 17h, dimanche de 13h à 17h. Entre septembre et décembre du lundi au samedi de 9h à 17h, dimanche de 13h à 17h. Entre janvier et mars du lundi au vendredi de 9h à 17h. En avril du lundi au samedi de 9h à 17h, dimanche de 13h à 17h. 3 $, étudiants 2 $, gratuit entre janvier et mars). Le **Mid-America All-Indian Center and Museum,**

650 N. Seneca (262-5221), juste en bas de la rue, expose des œuvres traditionnelles et modernes d'artistes amérindiens. L'imposante sculpture de Blackbear Bosin, maintenant décédé, *Keeper of the Plains* (le gardien des Plaines), monte la garde devant la façade (ouvert du lundi au samedi de 10h à 17h, dimanche de 13h à 17h. 2 $, de 6 à 12 ans 1 $, moins de 6 ans gratuit). Le **Mid-American All-Indian Intertribal Powwow** se réunit autour du musée le dernier week-end de juillet, proposant danses indiennes, cuisine traditionnelle, œuvres d'arts et artisanat. Le **Wichita Art Museum,** 619 Stockman Dr. (268-4921) expose des artistes américains, parmi lesquels Mary Cassatt, Winslow Homer et Edward Hopper (ouvert du mardi au samedi de 10h à 17h, dimanche de midi à 17h. Gratuit).

Cinquante-trois sculptures décorent le campus de la **Wichita State University,** au croisement de N. Hillside et 17th Street (prendre le bus "East 17th"). La collection contient des œuvres de Rodin, Moore, Nevelson et Hepworth. Une brochure gratuite sur les sculptures est disponible au bureau du **Edwin A. Ulrich Museum Of Art** (689-3664), au McKnight Arts Center, ainsi que sur le campus. Vous pourrez aussi admirer l'immense mur en mosaïque vitrifiée, réalisé par Joan Miró, qui constitue un des murs de l'immeuble (téléphoner pour connaître les horaires. Gratuit). Au nord du campus, le **Center for the Improvement of Human Functioning,** 3100 N. Hillside (682-3100), desservi par le bus "N. Hillside-Oliver Loop", vous offre une occasion unique de vous réconcilier avec votre corps. Ce centre de recherche biochimique, coiffé d'une pyramide de 12 m de haut, vous dévoilera tous les secrets d'une alimentation saine et équilibrée. Parmi les activités proposées, vous pouvez "déstresser" votre corps et votre âme en lançant des pigeons en argile contre un mur (ça coûte rien d'essayer…). Visites tous les jours à 13h30. 4 $.

Wichita est en fête au moment du **River Festival** (du 10 au 19 mai, en 1996) : des concerts et des événements sportifs sont organisés le long de la rivière. Le **Winfield Bluegrass Festival,** à 45 minutes au sud-est de Wichita, sur la US 77, attirera des musiciens célèbres pendant un long week-end, du 19 au 22 septembre 1996.

■■■ LAWRENCE

Dans les années 1850, les pionniers sur la piste de l'Oregon furent attirés par les vallées fertiles de l'est du Kansas. La ville de Lawrence fut construite par des pionniers qui étaient tout simplement las des rigueurs de la route. De nos jours, les visiteurs apprécient les cafés et les bars animés tenus par les étudiants de l'**Université du Kansas.** Le **Museum of Anthropology** (864-4245), qui appartient à l'université, sert de cadre à des expositions itinérantes sur la culture américaine (ouvert du lundi au samedi de 9h à 17h, dimanche de 13h à 17h. Gratuit). Le **Spencer Museum of Art** (864-4710), situé sur le campus au carrefour de la 14th Street et de la Mississippi Street, renferme une vaste collection d'œuvres d'art asiatiques (ouvert mardi, mercredi, vendredi et samedi de 8h30 à 17h, jeudi de 8h30 à 20h, dimanche de midi à 17h. Gratuit). Des étudiants et des professionnels jouent des pièces de théâtre et des concerts au **Lied Center** (864-ARTS/2787), au croisement de 15th et Iowa Street (guichet ouvert du lundi au vendredi de midi à 17h30). **Liberty Hall,** 644 Massachusetts St. (749-1972), loue des cassettes vidéos, organise des concerts et passe des films art et essai dans une salle très kitsch. Ses employés pourront vous informer sur les spectacles en ville.

Pour des informations plus complètes sur la région, adressez-vous au **Convention and Visitors Bureau** (865-4411), au croisement de la 8th Street et de Vermont Street (ouvert du lundi au vendredi de 8h30 à 17h). La gare **Greyhound** se trouve 2447 W. 6th St. (843-5622). **Indicatif téléphonique** de Lawrence : 913.

Si vous souhaitez passer une nuit ici, vous trouverez un grand nombre de motels sur la 6th Street. Le **Westminster Inn,** 2525 W. 6th St. (841-8410), ressemble à une charmante maison anglaise avec piscine (chambres simples 36 $, chambres doubles 46 $). Le **College Motel,** 1703 W. 6th St. (843-0131) dispose de grandes chambres, propres, sans téléphone, ainsi que d'une piscine (chambres 30-40 $).

Le centre géographique des Etats-Unis

Vous avez toujours rêvé d'être au centre de l'action ? Allez 3 km au nord-ouest de la ville de **Lebanon**. Asseyez-vous à côté du monument en pierre qui marque l'endroit et recueillez-vous. Vous êtes au cœur géographique des Etats-Unis. L'ensemble du pays tourne autour de vous...

Vous pouvez planter votre tente sur le **Clinton Lake Campground** (843-7665), 5,5 km à l'ouest de la ville sur la 23rd Street. Profitez-en pour pêcher, marcher ou vous baigner dans le très beau parc d'Etat Clinton Lake State Park (emplacements pour tentes et raccordements 10 $).

Plusieurs fast-food sont situés sur les 23rd, Iowa et 6th Streets. Sur Massachusetts Street se trouvent les cafés et les bars les plus animés. Le **Full Moon Café**, 803 Massachusetts St. (832-0444), accueille indifféremment étudiants branchés et hippies, qui viennent y savourer des hamburgers au fromage tofu (4,25 $), des falafels, des plats de légumes épicés (4,35 $) et des viandes (musique *live* les mardis et mercredis à 20h30, du jeudi au samedi à 22h. Ouvert du mardi au samedi de 11h à minuit). Le **Paradise Café**, 728 Massachusetts St. (842-5199), est le spécialiste des bons vieux petits déjeuners (servis jusqu'à 14h30), déjeuners et dîners américains. Les crêpes du jour sont un régal (3 $). Dîner (hamburgers, salades ou biftecks) entre 4,75 $ et 13 $ (musique jazz jouée le jeudi à 23h. Frais d'entrée 1 $. Ouvert du lundi au samedi de 6h30 à 14h30 et de 17h à 22h, dimanche de 8h à 14h30). Au **Freestate Brewery Co.**, 636 Massachusetts St. (843-4555), la plus ancienne brasserie légale du Kansas, vous pourrez voir comment on brasse la bière, avant de la déguster, accompagnée de sandwiches, de *gombo* (soupe créole) ou de pâtes (repas 4-9 $. Musique acoustique et jazz joués gratuitement de juin à août les jeudis et vendredis à 19h. Ouvert du lundi au samedi de 11h à minuit, dimanche de midi à 23h). De la musique rock et reggae attire les foules au **The Bottleneck**, 737 New Hampshire (842-5483. Entrée 3-15 $. Ouvert du lundi au samedi de 15h à 2h).

■■■ DODGE CITY

Dodge City, "la plus vilaine petite ville d'Amérique", a suscité bien des légendes. A l'origine, l'armée bâtit Fort Dodge dans le but de massacrer le plus grand nombre possible de bisons, et donc d'entraîner la disparition des tribus amérindiennes. L'arrivée massive de chasseurs de bison et de pionniers empruntant la piste de Santa Fe permit à la ville de se développer rapidement. En 1879, les bisons avaient disparu (plus de 3 millions avaient été tués), on avait construit un chemin de fer et Dodge City était devenu un centre de commerce du bétail. Avec plus de desperados, de chasseurs de primes, de prostituées et de hors-la-loi que n'importe où ailleurs, il régnait à Dodge City un joyeux chaos. L'artère principale, **Front Street**, comptait un saloon pour 50 habitants. C'est ici que Wyatt Earp et Bat Matterson, les deux célèbres hommes de loi, passèrent leur temps à mettre les bandits derrière les barreaux (ou sous une pierre tombale). Un incendie finit par détruire la ville, qui a depuis été remplacée par une copie, trop parfaite, pour touristes.

Promenez-vous jusqu'au **Boot Hill Museum** (227-8188), au croisement de Front Street et 5th Avenue, un très grand ensemble qui reconstitue le cimetière de Boot Hill et l'artère de Front Street dans les années 1870. Une locomotive de Santa Fe datant de 1903 pose au milieu des saloons, des boutiques de barbiers et de la **Hardesty House**, une demeure gothique, restaurée et meublée, ayant appartenu à un propriétaire de ranch (accès à l'ensemble 5,50 $, personnes âgées et de 7 à 17 ans 5 $. Ouvert tous les jours de 8h à 20h). Si vous empruntez la 2nd Avenue jusqu'à Front Street, vous passerez devant **"El Capitan"**, une immense statue représentant un troupeau de vaches *longhorn*, dressée en souvenir des rassemblements de bétail des années 1870. Aujourd'hui, le bétail *longhorn* n'envahit la ville qu'au moment des **Dodge City Days** (225-2244), journées pendant lesquelles la ville célèbre son passé lors d'un très grand festival (en 1996, du 26 juillet au 4 août).

Dodge City Convention and Visitors Department, P.O. Box 1474, 67801 (225-8186), vous fournira davantage d'informations sur le festival et le rodéo qui s'y déroule. Leurs bureaux se trouvent au-dessus de la **Chamber of Commerce** (227-3119), au croisement de 4th Avenue et Spruce (ouvert du lundi au vendredi de 9h à 17h). Les différentes attractions de Dodge City sont très facilement accessibles à pied, mais pour aller au-delà du centre-ville, faites appel au service de minibus **Minibus Transportation system** (225-8119). Ils vous transporteront gratuitement, à l'intérieur des limites de la ville (transport assuré du lundi au vendredi de 9h à 16h. Donation de 1 $ demandée). **Indicatif téléphonique** de Dodge City : 316.

Situé du côté est de la ville, le **Western Inn Motel,** 2523 E. Wyatt Earp Blvd. (225-3000) dispose de grandes chambres, d'une piscine et d'un restaurant. Appels locaux gratuits (chambres simples 33 $, chambres doubles 40 $). La plupart des autres motels se trouvent à environ 6,5 km à l'ouest du Wyatt Earp Boulevard (qui devient la US 50 à l'extérieur de la ville). Les terrains de camping de Dodge City sont convenables, même si le cadre ne présente aucun attrait. Le **Gunsmoke Campground**, (227-8247), situé sur la W. US 50, à 5 km à l'ouest de Boot Hill, est équipé d'une piscine, d'un distributeur de glaces et d'un bureau qui ressemble étrangement à un saloon (emplacements pour deux 11 $, avec raccordement 15 $. Pour chaque personne supplémentaire 1,50 $). Le **Water Sports Campground**, 500 Cherry St. (225-9003), à 10 blocks au sud de Front Street sur la 2nd Avenue, est situé à côté d'un lac où l'on peut pêcher et se baigner (emplacements pour deux 13 $, avec raccordement complet 15 $). Des dessins au crayon réalisés par les clients tapissent les murs du confortable **West Side Grill**, 2001 W. Wyatt Earp Blvd. (225-3100), où l'on vous servira des *fajitas*, des hamburgers et du poisson pour une somme allant de 3,50 $ à 10 $ (ouvert le lundi de 17h à 22h, du mardi au jeudi de 11h à 22h, vendredi et samedi de 11h à 23h, dimanche de 11h30 à 21h). **Pepper-corn's**, 1301 W. Wyatt Earp Blvd. (225-2335) prépare des sandwiches, des salades (2-4,50 $) et des steaks (6,50-14 $) dans un cadre tamisé (ouvert du lundi au jeudi de 11h à minuit, vendredi et samedi de 11h à 1h, dimanche de 15h à minuit. Le bar est ouvert du lundi au samedi de 11h à 2h).

Située au nord des terres de l'Oklahoma, la ville de Dodge City se trouve à 240 km à l'ouest de Wichita et à 500 km à l'est de Colorado Springs, sur la US 50. **Amtrak** (800-872-7245) organise des départs de train depuis la **gare de Santa Fe**, située au croisement des Central et Wyatt Earp Boulevards. Chaque jour, un train fait le voyage jusqu'à Chicago (durée 8h, 77 $) et Albuquerque (durée 9h, 112 $). **TNM&O/Greyhound**, 2301 N. Central (227-9547 ou 800-231-2222), situé dans la station essence Total de Plaza Street, effectue chaque jour le trajet en bus jusqu'à Wichita (durée 3h, 23,50 $), Denver (durée 9h, 51 $) et Oklahoma City (durée 7h1/2, 47 $).

Missouri

Le Missouri, proesclavagiste, demanda à être reconnu comme Etat en 1818. Mais le Congrès ne souhaitait pas rompre l'équilibre entre le nombre d'Etats esclavagistes et le nombre d'Etats affranchis (voir histoire des Etats-Unis, page 91). Il fallut attendre que le Maine, abolitionniste, décide en 1821 de rejoindre l'Union pour que, la balance étant maintenue, les deux Etats soient admis en même temps. En raison peut-être de sa position géographique centrale, le Missouri n'est calqué sur aucun stéréotype. Des villes bouillonnantes d'activité comme on en trouve dans l'est, la gentillesse des gens du Midwest, un soupçon de lenteur dans la voix, comme dans le sud, des accents de jazz et de country, tout est là pour en faire un Etat patchwork qui déborde ses frontières.

Ce caractère hybride se retrouve dans ses paysages. Au nord, près de l'Iowa, on peut contempler la houle des champs de blé. Le long du Mississippi, les falaises escarpées, gravées d'idéogrammes amérindiens, évoquent les canyons de l'Ouest. A l'intérieur des terres, les plus grandes grottes de calcaire du monde font la joie des spéléologues. Elles furent rendues célèbres par Tom Sawyer et Becky Thatcher, les personnages de Mark Twain.

INFORMATIONS PRATIQUES

Capitale : Jefferson City.

Missouri Division of Tourism : Department MT-90, P.O. Box 1055, Jefferson City 65102 (314-751-4133). Ouvert du lundi au vendredi de 8h à 17h. **Missouri Department of Natural Ressources**, Division of State Parks, 205 Jefferson St., Jefferson City 65101 (800-334-6946). Ouvert du lundi au vendredi de 8h à 17h.

Fuseau horaire : Heure des Prairies (1h de moins que l'heure de l'Est). **Abréviation postale :** MO.

Taxe locale : 6,225 %.

■■■ SAINT LOUIS

Au début du XVIIIᵉ siècle, Pierre Laclede installa un comptoir juste en dessous du confluent du Mississippi, du Missouri et de l'Illinois. Lieu de passage incontournable, le port fluvial de Saint Louis, qui doit son nom au Roi de France Louis IX, se développa au rythme de la conquête de l'Ouest. Aujourd'hui, le magnifique Gateway Arch de l'architecte Eero Saarinen brille au-dessus d'un des plus grands ports de commerce intérieur des Etats-Unis. Cette arche élancée est le symbole de l'expansion américaine vers l'ouest.

Alignées sur le cours du Mississippi, les trois villes de Saint Louis, Memphis et la Nouvelle-Orléans ont été baptisées ensemble "America's Music Corridor" (les allées de la musique américaine). Au début des années 1900, des orchestres de ragtime et de jazz Dixieland jouaient à bord de bateaux-théâtres entre Chicago et la Nouvelle-Orléans. La musique gagna la ville de Saint Louis, qui contribua au développement du blues et fut témoin de la naissance du ragtime. Le pianiste et compositeur Scott Joplin vécut plusieurs années dans la ville. Et les bars et clubs de St. Louis, continuent à vibrer au son de la musique de l'Amérique.

INFORMATIONS PRATIQUES

Office du tourisme : St. Louis Visitors Center, 308 Washington Ave. (241-1764). Ouvert tous les jours de 9h30 à 16h30. Des bureaux se trouvent également à l'**aéroport** et à l'**America's Center** (342-5041), au croisement de 7th Street et de Washington Street. Ouvert du lundi au vendredi de 9h à 17h, samedi et dimanche de 10h à 14h. La brochure gratuite *Where : St. Louis* contient les meilleures cartes des environs.

Aéroport : Lambert-St. Louis International (426-8000) est situé à 19 km au nordouest de la ville, sur la I-70. Metrolink permet d'accéder facilement au centre-ville (1 $). Quelques bus Greyhound en direction de l'ouest de la ville ont un arrêt à l'aéroport.

Trains : Amtrak, 550 S. 16th St. (331-3301 ou 800-872-7245) se trouve à 2 blocks au sud du Kiel Center. Trains à destination de : Chicago (3 trains par jour, durée 6h, 40-50 $), Kansas City (1 train par jour, durée 5h1/2, 53 $). Ouvert tous les jours de 6h30 à 0h30.

Bus : Greyhound, 1450 N. 13th St. (621-3682 ou 800-231-2222), sur Cass Avenue. La gare se trouve à 10 mn du centre-ville par le bus Bi-State n° 30. Bus à destination de Chicago (6 par jour, durée 6h, 29 $), Kansas City (4 par jour, durée 5h, 35 $). Ouvert 24h/24.

Transports en commun : Bi-State (231-2345). Service très régulier de bus tous les jours, moins régulier aux heures creuses. On peut se procurer des plans de bus et leurs horaires au Bi-State Development Agency, 707 N. 1st St. (dans le quartier de Laclede's Landing) ou au bureau d'informations de la bibliothèque publique au croisement de 13 th Street et Olive Street. Le service de trains urbains **Metrolink** relie 5th Street et Missouri Street, dans l'est de St. Louis, au Lambert Airport du lundi au vendredi de 5h à 1h30, samedi de 5h à 1h20, dimanche de 5h30 à 0h30. Du lundi au vendredi de 10h à 15h, le voyage est gratuit dans la "Ride Free Zone" qui s'étend de Laclede's Landing à Union Station. Tarif Metrolink ou de bus 1 $, correspondance 10 ¢, personnes âgées 50 ¢/5 ¢. Forfaits 1 jour 3 $, 3 jours 7 $, vendus aux gares Metrolink. **Shuttle Bug** est un petit bus peint comme une coccinelle qui dessert les quartiers de Forest Park et Central West End. Forfait pour la journée (jusqu'à 18h) 1 $.

Taxis : County Cab, 991-5300. 1,45 $ de prise en charge puis 1,10 $ par mile. **Yellow Cab,** 991-1200. 1 $ de prise en charge puis 1,20 $ par mile. Circulent tous les deux 24h/24.

Assistance gay et lesbiennes, 367-0084. Ouvert tous les jours de 6h à 22h.

Urgences : 911.

Bureau de poste : 1720 Market St. (436-4458). Ouvert du lundi au vendredi de 7h à 20h, samedi de 8h à 15h. **Code postal :** 63155. **Indicatif téléphonique :** 314 (dans le Missouri), 618 (dans l'Illinois).

Les *interstates* 44, 55, 64 et 70 se rejoignent à St. Louis. La ville est délimitée à l'ouest par la I-170 et plus loin par la I-270. La **US 40/interstate 64** traverse la métropole d'est en ouest. Au centre-ville, **Market Street** marque la frontière nord-sud. Les rues sont numérotées d'est en ouest, parallèlement à la rivière. Le quartier historique **Soulard** longe la rivière au sud du centre-ville. **Forest Park** et **University City**, où se trouve la **Washington University**, s'étendent à l'ouest du centre-ville. Au sud de ce secteur se trouve le quartier italien surnommé **The Hill**. Les larges rues facilitent le stationnement des voitures. Les parcs de stationnement sont peu chers (1-5 $).

HÉBERGEMENTS ET CAMPING

Pour trouver des hébergements économiques, il vaut mieux s'éloigner de plusieurs kilomètres du centre-ville. Les grandes chaînes de motels sont présentes sur le **Lindbergh Boulevard (route 67)**, à proximité de l'aéroport, ou bien dans la partie au nord du carrefour entre les interstates 70 et 270, à **Bridgeton**, 8 km au-delà de l'aéroport. **Watson Road** (ancienne route 66, dans le sud) est remplie de motels bon marché, au sud-ouest de l'endroit où la route devient Chippewa Street. Depuis le centre-ville, prendre le bus n° 11 ("Chippewa-Sunset Hills") ou n° 20 ("Cherokee-Sunset Hills"). Une liste des **Bed and Breakfast** (chambres simples à partir de 50 $, chambres doubles à partir de 60 $) figure dans le **Visitors Guide**, donné gratuitement dans les *visitors centers* et dans plusieurs hôtels.

L'auberge de jeunesse **Huckleburry Finn Youth Hostel (HI-AYH),** 1904-1906 S. 12th St. (241-0076), à 2 blocks au nord de Russell Boulevard dans le quartier Soulard. Depuis le centre-ville, prendre le bus n° 73 ("Carondelet"), ou emprunter à pied Broadway vers le sud jusqu'à Russell Blvd et au-delà (30-40 minutes). Ne vous promenez pas sur Tucker Blvd. L'auberge de jeunesse se trouve *juste* au-delà d'un secteur peu sûr. Cuisine équipée, parking gratuit et personnel sympathique. Chambres dortoir à 5-9 lits. Verrous extérieurs. Bureau de réservation ouvert tous les jours de 8h à 10h et de 18h à 22h. Remise des chambres à 9h30. 14 $, non-adhérents 17 $. Draps 2 $ pour le séjour.

Overland Trail Bed & Breakfast, 9626 Midland Blvd., Overland (427-3918), à 20 minutes en voiture du centre-ville. Quitter Lindbergh Blvd (route 67) à Midland et

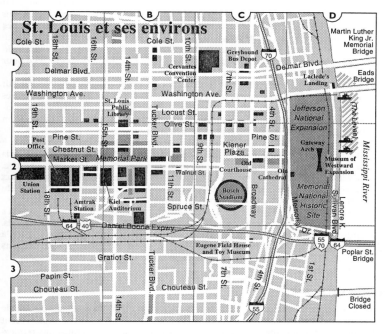

St. Louis et ses environs

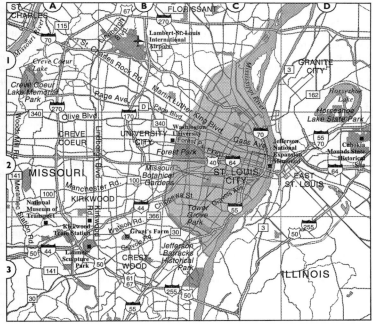

continuez sur un peu plus de 3 km vers l'est. Le Bed and Breakfast se trouve à 6 blocks, au-delà de Ashby Road, sur la droite. Bob et Helen Clark tiennent avec amour ce B&B garni de 3 chambres. Ils vous prépareront pour le petit déjeuner des crêpes épicées à l'orange et du café à l'arôme de noisettes. Prise des chambres avant 21h30. Chambre simple avec salle de bain partagée 25 $, chambre double 35 $. Avec salle de bain privée, réfrigérateur et micro-ondes 35 $/45 $. Chambre simple 55 $ pour une semaine. Espèces seulement.

Washington University (935-4637), Eliot Hall, au coin de Big Bend et de Forsyth Boulevard. A 40 minutes du centre-ville par bus (bus #91 et 93). Petites chambres austères. Clim. Appels locaux gratuits. Lave-linge. Situé à proximité du centre universitaire Mallinkrodt. Chambres simples 18 $, chambres doubles 32 $. Réservation conseillée. Ouvert des derniers jours de mai aux premiers jours d'août.

Comfort Inn, 2750 Plaza Way (949-8700), à 20 minutes en voiture du centre-ville, à St. Charles. Suivez vers le sud la First Capitol Drive (sur la route 70, à l'ouest de la Missouri River), puis tournez à droite sur le chemin d'accès. L'hôtel est sur la gauche. Navettes assurées gratuitement vers l'aéroport et St. Charles Casino, appels locaux gratuits. Petit déjeuner et piscine. Lave-linge (1,50 $ par chargement). Demandez le tarif auberge ("hostel rate"). 25 $ par personne.

Le terrain de camping **Horseshoe Lake State Park Campgrounds,** 3321 Rte. 111 (618-931-0270), à proximité de la I-70 à Granite City, IL, près de Cahokia Mounds. Endroit retiré, au bord d'un lac. Vous pourrez y pêcher depuis votre voiture la perche, le bluegill et le poisson-chat. A voir : le distributeur automatique d'appâts vivants. Ni eau ni électricité. Le parc ferme tous les jours à 22h. Emplacements 7 $. Ouvert d'avril à octobre.

RESTAURANTS

St. Louis comprend de nombreux quartiers anciens et ethniques. Il suffit parfois de parcourir quelques blocks pour tomber sur des spécialités culinaires complètement différentes. Pour boire une bière, dîner en plein air et écouter de la musique, rendez-vous dans le quartier de **Laclede's Landing** (241-5875). Il regroupe de nombreux restaurants, bars et clubs, dans des immeubles du XIXᵉ siècle face au Mississippi. Jadis zone industrielle à l'abandon, le quartier de Landing est maintenant le lieu de rendez-vous nocturne de Saint Louis (les établissements sont fermés aux mineurs de minuit à 6h). Pour s'y rendre, suivre la rivière vers le nord depuis Gateway Arch, ou emprunter Washington Avenue vers l'est. Le quartier de **Central West End** abrite des cafés et des restaurants en plein air, notamment au nord du Lindell Blvd, le long de **Euclid Avenue.** Rejoindre "Central West End" par Metrolink, puis marcher vers le nord, ou prendre les bus Shuttlebug. Le quartier historique italien de St. Louis, **The Hill**, au sud-ouest du centre-ville et au nord-ouest de Tower Grove Park, sert de nombreux plats de pâtes bon marché. Accès par le bus n° 99 ("Lafayette"). Des restaurants peu chers thaï, phillipins et vietnamiens remplissent de saveurs épicées le quartier **South Grand**, sur le Grand Boulevard, au sud de Tower Grove Park. La gent intellectuelle branchée se retrouve sur la **University City Loop** (Delmar Blvd., à l'ouest de Skinker Blvd.), qui regroupe des cafés et un mélange de restaurants américains et internationaux.

Blueberry Hill, 6504 Delmar Blvd. (727-0880), sur la University City Loop. Restaurant rock'n'roll, un peu trop touristique, style Hard Rock Café. Jeux et juke-box. Un orchestre joue les vendredis et samedis soirs (frais d'entrée 3-5 $) et les lundis soirs (gratuit). Après 16h, interdit aux moins de 16 ans. Après 21h, interdit aux moins de 21 ans. Ouvert du lundi au samedi de 11h à 1h30, dimanche de 11h à minuit.

Cunetto's, 5453 Magnolia (781-1135), à The Hill. Ce restaurant italien largement apprécié et renommé prépare 30 variétés différentes de pâtes, ainsi que des plats de veau, de poulet et des steaks (7-12 $). Un peu habillé. L'attente peut être longue. Ouvert du lundi au jeudi de 11h à 14h et de 17h à 22h30, vendredi de 11h à 14h et de 17h à 23h30, samedi de 17h à 23h30.

Pho Grand, 3191 S. Grand Blvd. (664-7435), dans le quartier South Grand. Elu "meilleur restaurant vietnamien" de Saint Louis. Si vous commandez une soupe, le serveur vous la fera goûter avant d'y ajouter des feuilles de coriandre, de basilic et de la sauce pimentée. Il est de coutume de répondre "c'est vraiment meilleur comme ça". Plats principaux 3-4,50 $. Ouvert lundi, mercredi et jeudi de 9h30 à 23h, vendredi de 9h30 à minuit, samedi et dimanche de 9h à minuit.

Ted Drewe's Frozen Custard, 6726 Chippewa (481-2652), sur la vieille route 66. Situé également 4224 S. Grand Blvd. L'endroit où il faut aller pour réussir complètement son séjour à St. Louis l'été. La crème anglaise glacée y est une spécialité très appréciée. Essayez le *chocolate-chip banana concrete*. La glace reste tellement dure que l'on peut la renverser sans la faire tomber (2 $). Ouvert de février à décembre tous les jours de 11h à minuit.

The Old Spaghetti Factory, 727 N. 1st St. (621-0276), dans le quartier de Laclede's Landing. Un maillon de la grande chaîne du même nom, mais qui ici est devenu une institution. Dîners 4,25-7 $. Ouvert du lundi au jeudi de 17h à 22h, vendredi de 17h à 23h30, samedi de 16h à 23h30, dimanche de 15h30 à 23h.

VISITES

Downtown

D'une hauteur de 190 mètres, le plus grand monument des Etats-Unis, le **Gateway Arch** (425-4465), sur Memorial Drive à l'intérieur du **Jefferson National Expansion Memorial**, domine avec grâce les rives de la ville. Prenez votre tour dans la queue (attente d'une à deux heures) pour monter en haut de l'arche par un ascenseur. Le **Museum of Westward Expansion**, situé en dessous de l'arche, présente toutes les heures un film d'une demi-heure qui montre les étapes de la construction de l'arche. A la demi-heure de chaque heure, **Odyssey Theater** montre des films sur un écran géant : cette fois c'est votre cou qui sera arqué. (Le musée et l'arche sont ouverts tous les jours de 8h à 22h, en hiver de 9h à 18h. Billets pour une attraction 5 $, enfants 2 $. 2 attractions 7,50 $/3 $. 3 attractions 9,50 $/3,50 $. Les 4 attractions 11 $/4 $). Pour une vue de St. Louis depuis la rivière, embarquez à bord d'un bateau de **Gateway Riverboat Cruises** (621-4040). Promenades d'une heure au départ des docks face à l'arche (départs tous les jours, chaque heure et demie de 11h à 3h30. 7,50 $, de 3 à 12 ans, 3,50 $).

Non loin de là se trouve la vieille cour de justice **Old Courthouse**, 11 N. 4th St. (425-4468), de l'autre côté de la highway par rapport à l'arche. C'est ici qu'en 1847 l'esclave Dred Scott intenta un procès pour obtenir sa liberté (ouvert tous les jours de 8h à 16h30. Heures de visite variables. Gratuit). La plus ancienne église de St Louis, **Old Cathedral**, 209 Walnut St. (231-3250), célèbre encore des messes chaque jour. Un musée se trouve au coin de l'église (ouvert tous les jours de 10h à 16h30. 25 ¢).

Au nord de l'arche, sur la *riverfront*, se trouve **Laclede's Landing**, où la ville prit naissance en 1764. Les rues pavées de ce quartier sont bordées de restaurants, de bars et de deux musées. Si vous ne savez pas ce qu'est un crochet algérien (mais aimeriez le savoir), visitez la salle des horreurs dans le musée de cire **Wax Museum**, 720 N. 2nd St. (241-1155). Le musée vous offre l'occasion de rencontrer des personnes célèbres, peut-être pas en chair et en os, mais au moins en suif (ouvert du lundi au samedi de 10h à 22h, dimanche de midi à 20h. 4 $, de 6 à 12 ans 3 $). Jouez à Space Invaders, Pac-Man, Donkey Kong et autres ancêtres des jeux d'arcade modernes (25 ¢) au **National Video Game and Coin-Op Museum**, 801 N. 2nd St; (621-2900). Ouvert du lundi au samedi de 10h à 22h, dimanche de midi à 20h. Entrée gratuite.

En descendant la rue, vous trouverez le **National Bowling Hall of Fame and Museum**, 111 Stadium Plaza (231-6340), en face du Busch Stadium. Ce musée, très bien réalisé, est couvert de panneaux pleins d'humour relatant les origines et le développement du bowling. Pour 2 $, vous pourrez jouer sur les pistes à l'ancienne au sous-sol (ouvert du lundi au samedi de 9h à 17h, dimanche de midi à 17h. Les jours de matchs de base-ball, ouvert jusqu'à 19h. 5 $, de 5 à 12 ans 2,50 $). La gare historique **Union Station**, au croisement de 18th Street et Market Street, 1,5 km à l'ouest du centre-ville (desservi pas le bus "Levee") renferme à l'intérieur de sa magnifique architecture un centre commercial, un marché et une salle de spectacles. La musique continue d'emplir la **Scott Joplin House**, 12580 Rott Rd. (821-1209), à l'ouest du centre-ville, au niveau de Geyer Road. Le légendaire compositeur de ragtime Scott Joplin y a habité et composé de 1901 à 1903.

Au sud et au sud-ouest de Downtown

Le quartier de **Soulard** est délimité par la I-55 et la 7th Street. Au départ du centre-ville, suivre Broadway ou la 7th Street vers le sud, ou emprunter le bus n° 73 ("Carondelet"). Au début des années 1970, la ville déclara l'endroit quartier historique, en raison de la présence d'immigrés allemands et européens de l'est qui s'y étaient établis, principalement pour travailler dans les brasseries. De jeunes couples et familles apportent une nouvelle jeunesse à l'endroit, sans que les immigrés ne se sentent mis à l'écart. Le quartier historique entoure le marché **Soulard Farmers Market**, 730 Carroll St. (622-4180), sur 7th Street, vieux de plus de 2 siècles (les produits eux sont frais…). Ouvert tous les jours d'environ 6h à 17h. Les horaires varient selon les producteurs. Au bout de la 12th Street se trouve la plus grande brasserie du monde, la **Anheuser-Busch Brewery**, 1127 Pestalozzi St. (577-2626), au coin de la 12th Street et de Lynch Street. Au départ du centre-ville, prendre le bus n° 40 ("Broadway") vers le sud. Au cours de la visite qui dure 70 minutes, vous assisterez au processus de fabrication de la bière, depuis l'orge jusqu'à la mise en bouteille. Dégustation gratuite en fin de visite, hips ! (visites l'été du lundi au samedi de 9h à 17h, hors saison de 9h à 16h. Vous pourrez vous procurer des billets gratuits au bureau de la brasserie). A quelques blocks au sud-ouest de la brasserie, **Antique Row**, dans Cherokee Street, est une ruelle d'antiquaires et de boutiques de livres d'occasion.

Ne manquez pas les superbes jardins botaniques **Missouri Botanical Gardens**, 4344 Shaw Blvd. (800-642-8842), situés au nord de Tower Grove Park, œuvre du botaniste Henry Shaw. Depuis le centre-ville, prenez la I-44 vers l'ouest si vous êtes en voiture ou le bus n° 99 ("Lafayette"), au coin de la 4th Street et de Locust Street. Descendez au croisement de Shaw Boulevard et Tower Grove Avenue. Les jardins abritent une flore et une faune originaire des quatre coins du monde. Le jardin japonais vous offrira un appréciable répit *zen* (ouvert de Memorial Day, dernier lundi de mai, à Labor Day, premier lundi de septembre, tous les jours de 9h à 20h. Hors saison, ouvert de 9h à 17h. 3 $, personnes âgées 1,50 $, moins de 12 ans gratuit. Gratuit les mercredis et samedis jusqu'à midi). Plus loin au sud-ouest, se trouve **Grant's Farm**, 10501 Gravois Rd. (843-1700), où vécut l'ancien président des Etats-Unis Ulysses S. Grant. Emprunter la I-55 jusqu'à Reavis Barracks Road, tourner à droite dans Gravois Road. La ferme se trouve sur la gauche. L'endroit, détenu par la maison Anheuser Busch, est maintenant une réserve d'animaux sauvages. C'est ici que sont élevés les fameux chevaux Clydesdale. La visite se déroule en train, avec spectacles d'animaux et dégustation de bière gratuite - hips ! - dans la partie historique de Baurnhof (ouvert de juin à août, du mardi au dimanche, de 9h à 15h. Horaires variables les autres mois. Appeler pour réserver).

Laumeier Sculpture Park, 12580 Rott Rd. (821-1209) est un agréable lieu de promenade à 20 km au sud-ouest du centre-ville. Prendre la sortie Lindbergh Blvd depuis la I-44. Des sentiers paisibles et des sculptures contemporaines parsèment les 50 hectares de parc partiellement boisé. Le musée renferme des expositions d'art moderne (parc ouvert tous les jours de 8h jusqu'à une demi-heure après la tombée de la nuit. Musée ouvert du mardi au samedi de 10h à 17h, dimanche de midi à 17h. Gratuit).

A l'ouest de Downtown

A l'ouest du centre-ville se trouve **Forest Park**, le plus grand parc urbain de tout le pays. C'est là qu'eut lieu l'Exposition Universelle de 1904, la World's Fair and St.

Louis Exposition, où pour la première fois au monde on put voir des gamins bruyants se barbouiller le visage de glace à la vanille et de ketchup. Prenez le Metrolink jusqu'à Forest Park ou Central West End, puis le Shuttle Bug qui s'arrête à tous les sites importants. Le parc comprend deux musées, un zoo, un planétarium, un amphithéâtre de 12 000 places, un grand canal et un nombre infini d'aires de pique-nique, de sentiers et de balles de golf. Dans la partie sud du parc, le **St. Louis Science Center**, 5050 Oakland Ave. (289-4444) propose de nombreuses expositions et abrite un OmniMax et un planétarium. Vous pouvez réaliser toutes sortes d'expériences : découvrir comment marche une imprimante laser, regarder un vieil épisode de Star Trek, rater une opération chirurgicale ou utiliser les radars de police pour constater les excès de vitesse sur la I-40 (musée ouvert du dimanche au jeudi de 9h30 à 17h, vendredi et samedi de 9h30 à 21h. Gratuit. Téléphoner pour connaître les horaires et les tarifs des spectacles). Marlin Perkins, ancienne présentatrice de l'émission TV sur les animaux sauvages *Wild Kingdom* très connue aux Etats-Unis, a fait du **St. Louis Zoo** (781-0900) une institution mondiale. Vous verrez notamment des images créées sur ordinateur montrant l'évolution future de l'espèce humaine à l'exposition "Living World". (Ouvert du mercredi au lundi de 9h à 17h, mardi de 9h à 20h. De Labor Day, premier lundi de septembre, à Memorial Day, dernier lundi de mai, ouvert tous les jours de 9h à 17h. Gratuit). Le **History Museum,** (746-4599), à l'intersection de Lindell Boulevard et de DeBaliviere Avenue, juste au nord du parc, permet une promenade dans l'histoire des Etats-Unis, avec notamment une exposition consacrée à la traversée de l'Atlantique en avion par Charles Lindbergh à bord du *Spirit of St. Louis* (ouvert du mardi au dimanche de 9h30 à 17h. Gratuit). Au sud-ouest, en haut de **Art Hill**, une statue équestre de Louis IX, qui a donné son nom à la ville, lève son épée en direction du **St. Louis Art Museum** (721-0072). Le musée contient des chefs-d'œuvre de l'art asiatique, de la Renaissance et de l'impressionnisme (ouvert le mardi de 13h30 à 20h30, mercredi à dimanche de 10h à 17h. Gratuit à l'exception des expositions temporaires).

A quelques rues au nord de Forest Park se trouve le luxueux quartier résidentiel **Central West End,** où chaque maison est une réplique début du siècle d'un château français ou d'une maison Tudor. La **Cathédrale de St. Louis**, 4431 Lindell Blvd. (533-0544) forme un amalgame étonnant des styles romanesque, byzantin, gothique et baroque. Des mosaïques dorées retracent l'histoire de l'église du Missouri au XIXe siècle. Depuis le centre-ville, prendre le bus n° 93 ("Lindell") ou faire le trajet à pied depuis l'arrêt Central West End de Metrolink (ouvert tous les jours de 7h à 20h, de Labor Day, premier lundi de septembre, à Memorial Day, dernier lundi de septembre, de 7h à 17h. Visites guidées du lundi au vendredi entre 10h à 15h, dimanche après la messe de midi. 2 $).

Au nord-ouest de Forest Park, la **Washington University** se distingue par son campus vivant et tapageur. La **Washington University Gallery of Art** (935-5490), à Steinberg Hall au coin de Skinker et Forsyth Boulevard, renferme une collection d'œuvres variées, dont quelques-unes de Warhol. (Ouvert en période scolaire du lundi au vendredi de 10h à 17h, samedi et dimanche de 13h à 17h. Gratuit).

SPECTACLES

Créé en 1880, l'**Orchestre Symphonique de St. Louis** est l'un des meilleurs du pays. Les 101 membres de l'orchestre se produisent au **Powell Hall,** 718 N. Grand Blvd. (534-1700), une merveille de beauté et d'acoustique. Prendre le bus n° 97 jusqu'à Grand Boulevard ou emprunter le Metrolink jusqu'à Grand Station, puis marcher vers le nord (concerts de septembre à mai le jeudi à 20h, vendredi et samedi à 20h30, dimanche à 15h et 19h30. Bureau de location des places ouvert du lundi au samedi de 9h à 17h et juste avant le concert. Billets 13-59 $. Etudiants et personnes âgées, billets vendus à moitié prix le jour du concert).

St. Louis se distingue également par sa riche scène théâtrale. Le théâtre en plein air **Municipal Opera** (361-1900), le "Muny", reçoit des comédies musicales à succès les soirs d'été à Forest Park. 1456 places sont gratuites dans les rangs du fond :

premier arrivé, premier servi. Les grilles ouvrent à 19h et les représentations commencent à 20h15. Pour les spectacles très populaires, il vaut mieux venir tôt et apporter un pique-nique. (Billets 6-40 $). D'autres pièces sont régulièrement jouées par la **troupe du St. Louis Black**, 634 N. Grand Blvd. (534-3807) et par celle **du Theatre of St. Louis**, 130 Edgar Rd. (968-4925). Téléphoner pour connaître le programme. Restauré et rouvert en 1982, le **Fox Theatre** (534-1678) était à l'origine un palace du cinéma des années 1930. Vous pouvez simplement visiter la salle, ou bien acheter un billet pour voir des pièces de Broadway, des films classiques, ou des grands noms du rock et de la country (Visites mardi, jeudi et samedi à 10h30. 2,50 $, moins de 12 ans, 1,50 $. Appeler pour réserver). Le **Tivoli Theatre**, 6350 Delmar Blvd. (862-1100), récemment remis à neuf, monte des pièces plus intellos et moins connues.

St. Louis a récemment décidé par ordonnance d'autoriser les jeux d'argent sur les rivières. S'il vous reste quelques dollars à perdre, prenez place à bord du **Casino Queen** (800-777-0777). (10 croisières par jour. Départ du *riverfront* face à l'arche aux heures impaires. Admission 2-4 $. Parking gratuit).

Le **Six Flags over Mid-America** (938-4800) est un parc d'attractions populaire. Il est situé à 30 minutes au sud-ouest de St. Louis sur la I-44, sortie 261 (heures d'ouverture variables selon la saison. 28 $, personnes âgées 14 $, de 3 à 11 ans 23 $). L'équipe de football américain de Saint Louis, les **St. Louis Cardinals** (421-3060) joue d'avril à octobre au **Busch Stadium**, dans le centre-ville (billets 5-14 $). Les hockeyeurs des **Blues** (622-2500) patinent au Kiel Center, au croisement de la 14th Street et de Clark Avenue.

SORTIES

Le jazz fait partie de l'histoire de St. Louis. Encore aujourd'hui, la musique est reine la nuit. Le journal *The Riverfront Times* (gratuit dans de nombreux bars et clubs) et les pages *Get Out* du Post-Dispatch donnent la liste des événements musicaux de la semaine. Le *St. Louis Magazine,* publié une fois dans l'année, donne la liste des événements saisonniers. Vous pouvez aussi vous procurer un calendrier récapitulatif à l'office du tourisme.

Jazz, blues et reggae sont au programme des nombreux bars et restaurants de **Laclede's Landing**. L'été, les bars parrainent, chacun à leur tour, les "block parties" (fêtes de quartier) où l'on mange, boit, joue de la musique et danse dans les rues. Le week-end, des hordes d'étudiants de la St. Louis University (SLU) descendent au bord de la rivière. Au **Kennedy's Second Street Co.**, 612 N. 2nd St. (421-3655), la nourriture n'est pas chère (hamburgers 3,25-5,25 $) et la musique est bonne. (Ouvert du lundi au vendredi de 11h30 à 3h, samedi et dimanche de 13h à 3h. Musique acoustique à 19h, gratuit si l'on dîne. A 22h30, groupes de rock, avec un penchant pour le rock progressif, interdit aux moins de 21 ans. Droits d'entrée variables). Au **Tasmania**, 118 Morgan (621-1160), on danse tard dans la nuit. Boisson gratuite pour les femmes les mardis et jeudis avant 1h (ouvert du lundi au samedi de 21h à 3h). **Mississippi Nights**, 914 N. 1st St. (421-3853), reçoit de grands orchestres locaux et nationaux (réservations du lundi au vendredi de 11h à 18h).

Avec ses pubs et ses bars, le quartier historique de **Soulard** est un autre endroit très fréquenté la nuit. **Mc Gurk's** (776-8309), au coin de la 12th Street et Russell, joue de la musique irlandaise en soirée (ouvert du lundi au vendredi de 11h à 1h30, samedi de midi à 1h30, dimanche de 13h à minuit. Pas de frais d'entrée). Soulard est aussi un lieu de rendez-vous gay. **Clementine's**, 2001 Menard (664-7869), renferme à la fois un restaurant toujours bondé et le plus ancien bar gay de St. Louis. Des sandwiches et des plats principaux sont proposés pour 4,50-9,50 $ (ouvert du lundi au vendredi de 10h à 1h30, samedi de 8h à 1h30, dimanche de 11h à minuit). Le **1860's Hard Shell Café & Bar**, 1860 S. 9th St. (231-1860) sert des plats un peu chers (sandwiches 5-6 $, fruits de mer 10-16 $), mais en musique. (Restaurant ouvert du dimanche au jeudi de 11h à 23h, vendredi et samedi de 11h à minuit. Musique du lundi au samedi de 21h à 1h, dimanche de 19h30 à 23h30).

GRANDES PLAINES

Les étudiants préfèrent les cafés et les bars de Delmar Boulevard : dîners en plein air, conversations pour refaire le monde et musique. Le **Brandt's Market & Café**, 6525 Delmar Blvd. (726-3663) a du mal à trouver son style, entre haute cuisine, bio, café ou *coffeehouse*, mais l'endroit est très branché. Il leur arrive de recevoir des groupes - jazz, folk, on ne peut jamais savoir. Des pizza *Puttanesca* et autres plats sont servis tard et pour 5-10 $.

■ DANS LES ENVIRONS DE ST. LOUIS

Cahokia Mounds State Historic Site A quinze minutes de la ville, à Collinsville, dans l'Illinois (13 km à l'est du centre-ville sur la I-55/70 jusqu'à la route 111), 120 monticules de terre marquent l'emplacement de Cahokia, un village amérindien extrêmement développé habité du VIIIe au XVIe siècle. Les monticules servaient de fondation à des constructions importantes. Il fallut 300 ans pour achever le plus grand monticule, **Monk's Mound.** Les Cahokians, dont la communauté atteignit à un moment 20 000 personnes, connurent des difficultés qui ne nous sont pas étrangères : pollution, surpopulation et appauvrissement des ressources - ce qui explique peut-être leur mystérieuse disparition. Le **Interpretive Center** (618-346-5160) propose un diorama grandeur nature et un film gratuit de 15 minutes sur cette "Cité du Soleil" (séance toutes les heures de 10h à 16h. Le centre est ouvert tous les jours de 9h à 17h). A **Woodhenge**, calendrier solaire quelque peu semblable à celui de Stonenhenge en Angleterre, vous pourrez contempler les équinoxes et les solstices, à l'aube du dimanche le plus proche du jour J (site ouvert tous les jours de 8h à la tombée de la nuit).

St. Charles Lorsque Thomas Jefferson racheta la Louisiane à la France en 1803, il n'avait aucune idée non seulement des frontières de son acquisition (il s'agissait en fait d'un vaste territoire couvrant la majeure partie du *middle west* actuel) mais aussi de ce qu'il allait y trouver. Il envoya donc les explorateurs Lewis et Clark en reconnaissance, histoire de voir s'il avait fait une bonne affaire. Lewis et Clark prirent pour point de départ la ville de St. Charles, à 20 minutes du centre-ville de St. Louis. Le **Lewis & Clark Center**, 701 Riverside Dr. (947-3199), donne tous les détails sur les cinq jours que les explorateurs passèrent ici en mai 1804 (ouvert tous les jours de 10h30 à 16h30. 1 $, enfants 50 ¢). Situé le long de la Missouri River, St. Charles abrite maintenant de nombreux antiquaires et cafés, qui en font un endroit paisible où passer la journée. Vous pourrez vous détendre en prenant un thé dans le salon de thé victorien **Lord Winston Ltd.** Les propriétaires s'habillent en costumes de l'époque et se font passer pour "Lord and Lady Winston" afin de vous replonger dans l'Angleterre des années 1850 (thé et scones 4,50 $. Ouvert tous les jours de 11h à 18h).

D'autres attractions sont un peu plus animées : festivals de rue, jeux d'argent sur la rivière et le **Goldenrod Showboat**, 1000 Riverside Dr. (946-2020), le dernier bateau-théâtre des Etats-Unis (représentations du mercredi au dimanche 21,30 $. Bureau de réservations ouvert du lundi au samedi de 9h à 17h, dimanche de midi à 19h).

St. Charles marque le point de départ du **KATY Trail State Park** (800-334-6946), une ancienne voie de chemin de fer de 1890 qui a été transformée en sentier de randonnées pédestres et cyclistes. Sur 222 km, le sentier arpente un paysage de falaises, de marécages et d'espaces sauvages dont la beauté étonna même Lewis et Clark, qui pourtant en avaient vu d'autres. La route démarre de St. Charles pour aboutir à Kansas City. Des inondations récentes ont abîmé une grande partie du sentier. Téléphoner pour connaître les parties du sentier praticables. Plusieurs magasins le long de S. Main St. louent des bicyclettes. **The Touring Cyclist**, 104 S. Main St. (949-9630) est ouvert tous les jours de 9h à 18h.

Pour visiter la partie historique de St. Charles, emprunter la I-70W et sortir au nord à hauteur de la 5th Street. Si vous tournez à droite sur Boonslick Road, vous arri-

> **Lewis and Clark National Historic Trail**
>
> Meriwether Lewis et William Clark quittèrent le Missouri en 1804 avec pour objectif d'atteindre la côte Pacifique. Deux ans plus tard, leur mission était accomplie ; ils parvenaient jusqu'à l'embouchure de la rivière Columbia dans l'Oregon. Vous pouvez suivre à la trace ces deux aventuriers intrépides, le long du fleuve Missouri et à travers les Montagnes Rocheuses, sur un circuit balisé, qui emprunte *highways*, voies fluviales et sentiers de randonnées. Au total, le circuit historique retrace sur 5950 km le chemin emprunté à l'aller et au retour par les explorateurs. Bien sûr, il ne faut pas être pressé, mais si vous avez toujours rêvé de vous glisser dans la peau d'un explorateur... Pour plus d'informations, écrire à National Park Service, 700 Rayovac Dr., Suite 100, Madison, WI 53711.

verez à l'artère principale, S. Main Street. Le **Visitors Bureau** se trouve au 230 W. Main (800-366-2427. Ouvert du lundi au vendredi de 8h à 17h, samedi de 10h à 17h).

■■■ HANNIBAL

La ville de Hannibal est blottie contre le Mississippi, 160 km à l'ouest de Springfield, dans l'Illinois, et 160 km au nord-ouest de St. Louis. Fondée en 1819, la ville ne fit pas beaucoup parler d'elle, jusqu'à ce qu'un de ses habitants, Samuel Clemens (alias Mark Twain) la rende célèbre en en faisant le cadre des aventures de Tom Sawyer. Aujourd'hui, les touristes affluent à Hannibal pour retrouver un peu de cette magie qui a bercé leur enfance.

Informations pratiques Le **Hannibal Visitors and Convention Bureau**, 505 N. Third (221-2477), propose informations et coups de fil locaux gratuits (ouvert de Memorial Day, dernier lundi de septembre, à Labor Day, premier lundi de septembre, du lundi au samedi de 8h à 18h30, dimanche de 8h à 17h. Téléphoner pour connaître les heures d'ouverture hors saison). Hannibal est desservi par la compagnie de bus **Trailways Bus Lines**, 308 Mark Twain Ave. (221-0033), à Citgo Station (ouvert tous les jours de 5h30 à 1h30). Un bus part tous les jours à 6h en direction du nord vers Sioux City, IA (durée 5h30, 60 $) et à 21h30 en direction du sud vers St. Louis (durée 2h, 24 $). **Bureau de poste :** 801 Broadway (221-0957. Ouvert du lundi au vendredi de 8h30 à 17h, samedi de 8h30 à midi). **Code postal :** 63401. **Indicatif téléphonique :** 314.

Hébergements Beaucoup de grandes chaînes de motels sont présentes à Hannibal, particulièrement sur **Mark Twain Avenue** (route 36) et sur la **US 61** près de l'intersection avec la route 36. De nombreux **Bed and Breakfast** se trouvent dans le centre-ville, mais ils sont généralement plus chers (chambres simples 50 $, chambres doubles 60 $). Récemment rénové, le **Howard Johnson Lodge**, 3603 McMasters Ave. (221-7950), à l'intersection entre la US 36 et la US 61, est probablement la meilleure affaire de la ville (clim., piscine. Chambres simples 40-45 $, chambres doubles 50-55 $, étudiants 32/48 $). Au terrain de camping **Mark Twain Cave Campgrounds**, P.O. Box 913 (221-1656), situé à côté de la grotte de Mark Twain, 1,5 km au sud de Hannibal, sur la route 79, l'atmosphère est joyeuse et familiale, mais les emplacements ne sont pas très isolés les uns des autres (11 $, raccordement complet 15 $. 1,50 $ par personne supplémentaire à partir de deux). **Injun Joe Campground** (985-3581), 8 km au sud de Hannibal sur la US 61, réjouira les voyageurs les plus jeunes avec son mini-golf, ses karts et son toboggan nautique (12 $, avec eau et électricité 13,50 $, avec raccordement complet 14,50 $, à partir de 2 personnes 1 $ par personne supplémentaire). Evitez les innombrables fast-foods de Hannibal en allant prendre un sandwich (4 $) ou l'un des 99 ravissants cheesecakes proposés par **The Café** (221-3355), sur North Street à proximité des quais (ouvert du lundi au samedi de 8h à 15h). Pour bénéficier d'une vue unique sur le majestueux Mississippi, allez dîner en plein air au **Riverview Café** (221-8292), 1,5 km au sud de la ville sur la route 79, à Sawyer's Creek (plats principaux 5-13 $. Ouvert tous les jours de 11h à 22h).

Visites Le **Mark Twain Boyhood Home and Museum** et son **Annexe**, 208 Hill St. (221-9010) constituent l'attraction principale du **quartier historique :** l'endroit renferme des chambres restaurées et un assortiment de souvenirs de la vie de l'écrivain. De l'autre côté de la rue, **Pilaster House** et **Clemens Law Office** complètent la collection. (Ouvert tous les jours de 8h à 18h, printemps et automne de 8h à 17h, janvier-février de 10h à 16h. Entrée pour chaque site 4 $, de 6 à 12 ans 2 $, moins de 6 ans gratuit). Les bateaux **Mark Twain Riverboat Co.** (221-3222), Center St. Landing, descendent le Mississippi pour une croisière-visite d'une heure (Memorial Day, dernier lundi de mai à Labor Day, premier lundi de septembre, 3 par jour. Mai et septembre-octobre 1 par jour. 7,50 $, de 3 à 12 ans 4,50 $, avec dîner sur le bateau 24,95 $/15,95 $). La **Mark Twain Cave** (221-1656), 1,5 km au sud de Hannibal sur la US 79, est la grotte que Mark Twain explora quand il était petit (ouvert tous les jours de 8h à 20h, novembre à février de 9h à 17h. Visite d'une heure 9 $, de 4 à 12 ans 4,50 $, moins de 4 ans gratuit). A proximité de là, la **Cameron Cave** s'explore à la lumière des torches. La visite est un peu plus longue et bien plus terrifiante (11 $, de 4 à 12 ans 5,50 $). Début juillet, 100 000 fans affluent vers Hannibal pour un grand concours de peinture de palissades et de sauts de grenouilles, à l'occasion des **Tom Sawyer Days** (du 2 au 7 juillet, en 1996).

■■■ KANSAS CITY

De par ses nombreuses fontaines et ses larges boulevards, les Américains disent souvent que Kansas City a été influencée par la vieille Europe. La ville pourtant ne peut cacher ses racines du Middle west. Elle a été élue à deux reprises la "Capitale mondiale du barbecue". Alors que la prohibition s'abattait sur une bonne partie des Etats-Unis dans les années 1930, les bars de Kansas City continuaient à servir de généreuses rasades d'alcool. Cette animation nocturne attira des musiciens de jazz de tout le pays, et la musique connut un boom sensationnel. De nos jours, Kansas City continue de vibrer aux rythmes du blues et du jazz. La métropole s'étend sur deux Etats : une moitié qui a des allures de banlieue dans le Kansas (KCKS) et une autre, plus affairée et commerciale, dans le Missouri (KCMO).

INFORMATIONS PRATIQUES

Office du tourisme : Convention and Visitors Bureau of Greater Kansas City, 1100 Main St., #2550 (221-5242 ou 800-767-7700), dans le City Center Square Building au centre-ville. Procurez-vous le guide *An Official Visitor's Guide to Kansas City*. Ouvert du lundi au vendredi de 8h30 à 17h.

Aéroport : Kansas City International, 30 km au nord-ouest de KC sur la I-29. **KCI Shuttle** (243-5237) assure toutes les 30 à 45 minutes des navettes à destination du centre-ville (KCMO), de Westport, Overland Park, Mission et Lenexa. 11,15 $. Taxi entre l'aéroport et le centre-ville 21-23 $.

Trains : Amtrak, 2200 Main St. (421-3622 ou 800-872-7245), sur Grand Avenue, directement en face de Crown center. 1 train par jour à destination de St. Louis (durée 5h30, 53 $), Chicago (durée 8h, 77 $). Ouvert 24h/24.

Bus : Greyhound, 1101 N. Troost (221-2835 ou 800-231-2222). A destination de St. Louis (7 bus par jour, durée 4-5h, 37 $), Chicago (5 bus par jour, durée 10-15h, 51 $). Ouvert tous les jours de 5h30 à 12h30.

Transports en commun : Kansas City Area Transportation Authority (Métro) (pour tous renseignements, appeler le 221-0660 du lundi au vendredi de 6h à 18h). Réseau couvrant parfaitement le centre-ville. Tarif 90 ¢, 1 $ pour KCKS, 1,20 $ pour

Independence, personnes âgées demi-tarif. Correspondances gratuites. Dans le centre-ville, retour gratuit. Des plans et des horaires sont disponibles aux points centraux et dans les bus. Bus du lundi au vendredi de 7h à 17h30. Le **tramway** (221-3399) relie le centre-ville à City Market, Crown Center, Westport et Country Club Plaza de mars à décembre, du lundi au samedi de 10h à 22h, dimanche de midi à 18h. En période de vacances, horaires variables. 4 $ forfait journée, personnes âgées et de 6 à 12 ans 3 $.

Taxis : Yellow Cab, 471-5000. 1,30 $ au départ, 1,10 $ par mile. 24h/24.

Location de voitures : Thrifty Car Rental, 2001 Baltimore (842-8550 ou 800-367-2277), situé à une rue à l'ouest du croisement entre la 20th Street et Main Street. 26 $ la journée, avec kilométrage illimité à l'intérieur de l'Etat. Conducteur entre 21 et 25 ans, supplément de 5 $ par jour. Ouvert du lundi au vendredi de 8h à 20h, samedi et dimanche de 9h à 16h.

Assistance téléphonique : 822-7272. 24h/24.

Urgences : 911.

Bureau de poste : 315 W. Pershing Rd. (374-9275), sur Broadway. Ouvert du lundi au vendredi de 8h à 18h30, samedi de 9h à midi. **Code postal :** 64108. **Indicatifs téléphoniques :** 816 dans le Missouri, 913 dans le Kansas. Les numéros de téléphone donnés ci-dessous sont précédés de l'indicatif 816, sauf indication contraire.

Kansas City (KC) s'étend sur deux Etats. Les distances peuvent sembler longues sans voiture. A Kansas City la plupart des lieux qui valent la peine d'être visités se trouvent au sud du centre-ville, côté Missouri. Tous les sites que nous vous mentionnons se trouvent à Kansas City, MO, à moins qu'il en soit indiqué autrement. Le tarif des parkings est de 4 $ la journée. KCMO a été calqué sur une grille : les rues numérotées vont d'est en ouest, les rues à noms vont du nord au sud. **Main Street** marque la frontière entre la partie est et la partie ouest de la ville.

HÉBERGEMENTS ET CAMPING

L'hébergement est rarement un problème à Kansas City, sauf en cas de congrès ou lors des matchs de l'équipe de base-ball des Royals. Il est toujours prudent de réserver à l'avance. Les logements les plus économiques se trouvent à proximité des interstates et particulièrement près de la I-70. Dans le centre-ville, la plupart des hôtels sont soit très chers, soit insalubres, soit dangereux (parfois les trois à la fois). Le secteur de Westport est animé, mais les prix peuvent être élevés. **Bed and Breakfast Kansas City** (913-888-3636) a plus de 40 adresses de B&B dans la ville, dans des inns ou chez des particuliers (à partir de 50 $).

American Inn (800-90-LODGE/905-6343) dispose de plusieurs établissements autour de la I-70. Ne vous laissez pas rebuter par les couleurs criardes rouge, blanc et bleu de la façade éclairée aux néons. A l'intérieur, les chambres sont grandes, peu chères et d'aspect agréable. Les prix d'appel sur les panneaux publicitaires correspondent à un petit nombre de chambres, souvent déjà occupées. Vous devrez probablement débourser un peu plus. Tous les American Inn sont équipés d'une piscine extérieure. Ils sont situés sur Woods Chapel Rd. (228-1080), à 25 km à l'est sur la I-70, sortie 18 (chambres simples 29 $, chambres doubles 36 $), sur Noland Rd. (373-8300), à 19 km à l'est sur la I-70, sortie 12 (34 $/39 $) et sur la 78th St. (299-2999), juste à l'est de l'intersection entre la I-70 et la route 435 dans le Kansas (25 $/36 $).

Lake Jacomo (229-8980), 35 km au sud-est de KC, propose des emplacements de camping dans la forêt, avec possibilités de pêche et de baignade (emplacements 10 $, avec raccordement complet 15 $). Emprunter la I-470 vers le sud jusqu'à Colbern, puis suivre sur 3 km Colbern vers l'est jusqu'au lac.

RESTAURANTS

Kansas City foisonne de restaurants barbecue. Si vous êtes las de la viande du Midwest, vous trouverez dans le quartier de **Westport**, à Westport Road et

Broadway juste au sud de la 39th Street, des restaurants plus éclectiques ainsi que des cafés et des *coffeehouses*. Pour des produits frais, faites vos courses au **city market**, situé sur la 5th Street et Walnut Street, dans le quartier River Quay. Les samedis et mercredis sont les jours de grande affluence, même si plusieurs magasins restent ouverts toute la semaine (ouvert du lundi au vendredi de 8h à 16h, samedi de 6h à 18h, dimanche de midi à 16h).

> **Strouds**, 1015 E. 85th St. (333-2132), à Troost, 3 km au nord de la sortie de Holmes sur la I-435. Autre adresse également au 5410 N. Oak Ridge Rd. (454-9600). L'enseigne prévient : "Poulets étranglés par nos soins", mais vous ne risquez pas de vous étrangler avec leur fameux *fried chicken* accompagné de petits pains à la cannelle, de biscuits et de miel. Dîners copieux (4,25-13 $) servis dans une maison en bois fatiguée, coincée entre les voies de chemin de fer et un autopont. Ouvert du lundi au jeudi de 17h à 22h, vendredi de 11h à 23h, samedi de 14h à 23h, dimanche de 11h à 22h.
>
> **Arthur Bryant's**, 1727 Brooklyn St. (231-1123). Prendre la sortie pour Brooklyn sur la I-70 et tourner à droite. Barbecue du Sud dans une ambiance décontractée. La sauce orange qui accompagne les plats, transparente et presque granuleuse, est une parfaite synthèse des cuisines du sud et de l'ouest. Un immense sandwich coûte 5,45 $ — choisissez-le au bœuf, au jambon, au porc ou à la dinde, mais attention à votre chemise blanche. Ouvert du lundi au jeudi de 10h à 21h30, vendredi et samedi de 10h à 22h, dimanche de 10h à 20h30.
>
> **Californos**, 4124 Pennsylvania (531-7878), à Westport. Des salades, des pizzas *gourmet* et des sandwiches au saumon grillé sont au menu pour 6,50-10 $. L'endroit est un ancien garage pour tramway de 1903. Ouvert du lundi au jeudi de 11h à 15h et de 17h à 22h, vendredi et samedi de 11h à 15h et de 17h à 23h, dimanche de 13h à 20h.

VISITES

Le **Nelson-Atkins Museum of Art**, 4525 Oak (751-1278 ou 561-4000), sur la 45th Street à 3 blocks à l'est du Country Club Plaza, vous donnera un avant-goût des chefs-d'œuvre que renferme Kansas City. Le musée abrite l'une des plus belles collections d'art asiatique du monde (visites gratuites du mardi au samedi à 10h30, 11h, 13h et 14h, dimanche à 13h30, 14h, 14h30 et 15h. Ouvert du mardi au jeudi de 10h à 16h, vendredi de 10h à 21h, samedi de 10h à 17h, dimanche de 13h à 17h. 4 $, étudiants 2 $, de 6 à 18 ans 1 $. Entrée gratuite le samedi). Le **Black Archives of Mid-America**, 2033 Vine (483-1300) renferme une grande et belle exposition de peintures et sculptures afro-américaines (accès par le bus "Indiana". Ouvert du lundi au vendredi de 9h à 16h30. 2 $, moins de 18 ans 50 ¢).

A quelques rues de là, vers l'ouest, au croisement de 47th Street et Southwest Trafficway, le **Country Club Plaza** (753-0100), connu comme "le plaza" est le plus ancien et peut-être le plus pittoresque centre commercial des Etats-Unis. Construit sur le modèle d'immeubles de Séville, le plaza est parsemé de fontaines, de sculptures, de tuiles peintes à la main et de gargouilles grimaçantes. Un guide décrivant l'architecture des lieux est disponible dans beaucoup de magasins et de motels. Un bus relie le centre-ville au plaza jusqu'à 23 h.

Crown Center, 2450 Grand Ave. (274-8444), se trouve à 3 km au nord du Plaza à Pershing. Accès par les bus n° 40, 56 ou 57 ou par n'importe quel tramway du centre-ville. Le secteur de Hallmark Cards abonde en restaurants et en magasins, avec en plus le **Coterie Theatre** (474-6552) et la seule patinoire en plein air de KC, la **Ice Terrace** (274-8444. Ouvert de novembre à avril, tous les jours de 10h à 21h. 5 $ généralement). Durant la deuxième quinzaine de juin et le mois de juillet, Crown Center organise des **concerts gratuits dans le parc** (274-8444) tous les vendredis soirs à 19h. Vous pourrez y pique-niquer ou vous asperger d'eau sous l'immense fontaine.

La ville voisine **Independence**, dans le Missouri, à 15 minutes en voiture à l'est de KC est peut-être plus intéressante à visiter que Kansas City elle-même. Ville natale de l'ancien président Harry Truman, c'est aussi le point de départ des pistes de l'Oregon et de Santa Fe, qui permirent la conquête de l'Ouest. C'est ici que l'Eglise réformée de Jésus christ des saints des derniers jours (**Reorganized Church of Jesus Christ of Latter Day Saints**) (532-3030) a établi ses quartiers généraux, au croisement de River et Walnut Street. Inspiré du nautile, l'immeuble ressemble à un étrange coquillage plutôt harmonieux, qui s'élève en spirale sur près de 60 mètres. L'intérieur, tout aussi impressionnant, renferme de grandes orgues ainsi que des œuvres d'art qui représentent les adeptes de tous les pays du monde. (Visites à la demi-heure de chaque heure, du lundi au samedi de 9h à 11h30 et de 13h à 16h30, dimanche de 13h à 16h30. Récital d'orgue tous les jours à 15h30. Gratuit). La ville est reliée à KC par le bus n° 24 "Independence". Son office du tourisme **Department of Tourism,** 111 E. Maple (325-7111), pourra vous donner plus d'informations (ouvert du lundi au vendredi de 8h à 17h).

SORTIES ET ATTRACTIONS

Le **Missouri Repertory Theatre** (235-2700), au croisement de 50th Street et Oak Street, joue des pièces classiques américaines (billets 17-32 $. Bureau de réservations ouvert du lundi au vendredi de 10h à 17h, samedi et dimanche de midi à 17h, pendant le spectacle). Les fans de Huckleburry Finn peuvent effectuer une croisière d'une heure sur le **Missouri River Queen** (281-5300 ou 800-373-0027), au viaduc Lewis & Clark (embarquement tous les jours à 14h. 7 $, personnes âgées 6,30 $, de 3 à 13 ans 3,50 $). Pour plus d'informations sur la vie culturelle, consultez la revue gratuite *New Times* disponible dans les restaurants et les bars des environs.

Si les termes *touchdown* et *quarterback* vous disent quelque chose, dirigez-vous au **Arrowhead Stadium**, à l'intersection de la I-70 et de Blue Ridge Cutoff. C'est là que joue l'équipe de football américain des **Chiefs** (931-3300 ou 800-676-5488. Places 26-35 $). A côté se trouve le **Kauffman Stadium** (800-422-1969), terrain de jeu des **Royals**, l'équipe de base-ball de la ville (billets 6-14 $, du lundi au jeudi 4,50 $). Les jours de match, un bus express relie le stade au centre-ville.

Dans les années 1920, Kansas City était le cœur vibrant du jazz en Amérique. Count Basie et son "Kansas City Sound" régnaient en maîtres dans les bars. Et le saxophone de Charlie "Bird" Parker berçait les chaudes nuits de Saint-Louis. Le **Grand Emporium**, 3832 Main St. (531-7557), élu à deux reprises numéro 1 des clubs de blues aux Etats-Unis, produit des groupes de jazz les vendredis et samedis et en semaine de rock, de blues et de reggae (frais d'entrée 3-15 $. Ouvert du lundi au vendredi de 10h à 3h, dimanche de midi à 3h). A quelques blocks plus à l'ouest, plusieurs night-clubs ont élu domicile dans le quartier restauré de **Westport** (756-2789), près de Broadway et de Westport Road, à 800 mètres au nord du Country Club Plaza (voir Visites, plus haut). **Kiki's Bon-Ton Maison**, 1515 Westport Rd. (931-9417) possède le meilleur orchestre soul de Kansas City (musique mercredi de 21h à 23h et samedi à 22h30) et prépare de la nourriture acadienne venue directement des bayous (jambalaya et écrevisses 9-13 $, sandwiches 6 $). Le club abrite également chaque année le festival des écrevisses, autour du dernier week-end de mai. (Ouvert du lundi au jeudi de 11h à 22h, vendredi de 11h à 23h, samedi de 11h à 1h30, dimanche de 11h30 à 20h). Des vedettes du jazz et du blues se produisent au club en contrebas du **Plaza III Steakhouse**, 4749 Pennsylvania (753-0000), au niveau du Country Club Plaza (Frais d'entrée variables, vendredi et samedi 4 $. Restaurant ouvert du lundi au jeudi de 17h30 à 22h, vendredi et samedi de 17h30 à 23h, dimanche de 17h à 22h. Club ouvert du mercredi au samedi de 20h30 à 0h30). **The Edge**, 323 W. 8th St. (221-8900) est une boîte gay populaire (frais d'entrée variables. Ouvert du lundi au jeudi de 21h à 3h, vendredi et samedi de 20h à 3h).

■■■ LE LAC DES OZARKS

En 1929, la société Union Electric commença la construction d'un barrage sur la Osage River, 80 km au sud-ouest de Jefferson City, dans les montagnes Ozark. En 1931, un réservoir de 2335 milliards de litres d'eau était constitué — à l'époque, le plus grand lac artificiel du monde. Endroit très touristique, le lac des Ozarks est maintenant entouré de motels, de pistes de kartings, de centres nautiques et de terrains de camping. La plupart des restaurants et des motels se trouvent autour de la US 54 à **Camdenton, Lake Ozark** et **Osage Beach.** L'endroit le plus réputé des environs est **The Strip**, un axe de 800 mètres bordé d'autotamponneuses et de stands de souvenirs, sur Business route 54 à Lake Ozark près du barrage Bagnell Dam. Votre portefeuille sera mis à contribution, mais le cadre est superbe.

Pour faire du bateau, pêcher ou vous baigner, dirigez-vous dans l'un des parcs d'Etat. Le plus grand du Missouri, **Lake of the Ozarks State Park**, près de la US 54 à Osage Beach, propose une grande variété d'activités, dont des randonnées à cheval (12 $ par heure. Pour réserver, appeler le 314-348-6670). D'étranges formations de terrain ont rendu célèbre le **Ha HA Tonka State Park** (314-346-2986), près de la US 54 à Camdenton. Les infiltrations d'eau dans la roche souterraine ont créé des grottes, des puits, des cours d'eau souterrains et des ponts naturels. Captivé par l'endroit, un homme d'affaires local Robert Snyder décida d'y construire un somptueux château de 60 chambres. Un an après le début des travaux, en 1906, Snyder fut tué dans le premier accident meurtrier de la route de Kansas City. Le château finit par être construit mais fut ravagé par un incendie en 1942. Aujourd'hui, ces ruines austères ajoutent une touche de mystère au parc.

La **Lake Area Chamber of Commerce** (800-451-4117), en face du Howard Johnson's au croisement de la US 54 et de la Business route 54 à Osage Beach, donne toutes les informations sur les possibilités d'hébergement et de restauration des environs. En raison de l'afflux de touristes, même les motels les plus miteux, situés le long de la US 54, font payer 35-50 $ la nuit et affichent complet les week-ends. **Heritage Inn** (314-348-3600), sur la US highway à l'est de Glaze Bridge à Osage Beach, n'est pas moins cher que les autres mais offre en plus une piscine, des bateaux de plaisance et une très belle vue sur le lac. Les chambres disposent de petits réfrigérateurs mais pas de téléphone. Comme dans beaucoup de motels des environs, les prix sont plus élevés le week-end. (Chambres simples 32-42 $. Chambres doubles 40-50 $. Ouvert de mars à octobre). Pour éviter le raffut de Osage Beach, dirigez-vous de l'autre côté du pont, à Camdenton. Le **Ramblewood Inn Bed and Breakfast,** 402 Panoramic Dr. (314-346-3410) est une bonne adresse. Suivre la US 54 quelques blocks à l'ouest de son intersection avec la route 5, jusqu'à Panoramic Drive. Le décor est précieux, mais la maîtresse de maison, Mary Massey, sait mettre à l'aise ses invités. Petit déjeuner copieux (quatre plats) dans un service en porcelaine chinoise et cristal. (Chambre simple 45 $, chambre double 50 $. Deux chambres 85 $. Espèces ou chèque uniquement. Enfants non admis). Le **Lake of the Ozarks State Park** (314-348-2694), près de la US 54 à Osage Beach, offre des emplacements pour camper près du lac mais peu de tranquillité - les bateaux à moteur et les scooters des mers règnent sur le lac (emplacements 6 $, avec électricité 12 $). Réserver à l'avance si possible.

Comme pour l'hébergement, les restaurants ici se partagent en deux catégories : les chers et les très ordinaires. Le restaurant **Thunder Mountain Country Inn** (314-346-6369), situé sur Bridal Cave Road, à Camdenton, est une heureuse exception. Emprunter la route 5 au nord de la US 54, puis tourner à gauche à l'entrée de Bridal Cave (si, si, c'est bien là…). Vue imprenable au coucher du soleil. Des serveuses aux allures de matrones servent de la nourriture allemande et américaine : salades et sandwiches (4-6 $), cinq variétés d'escalopes *schnitzel* (12-17 $). Les entrées du jour, servies avec des mûres, sont particulièrement savoureuses. (Ouvert de février à décembre du mardi au vendredi de 11h à 21h approx. Samedi de 16h30 jusqu'à ce qu'"on ferme").

■■■ BRANSON

Les touristes, les centres commerciaux et les hôtels ont envahi Branson pour une seule raison : la musique country, dont la ville est devenue l'une des capitales dans les années 90. Des grands noms, comme Vince Gill et Billy Ray Cyrus, donnent des concerts au **Grand Palace**, 2700 W. Rte. 76 (334-7263 ou 800-5-PALACE/572-5223) (Représentations d'avril à décembre 15-26 $, de 4 à 11 ans 5,75-10 $, tarifs différents pour certains concerts). Le musicien japonais Shoji Tabuchi n'est peut-être pas connu dans son pays, mais ici il est une véritable star locale. Vous pourrez l'entendre jouer du violon, chanter et débiter des histoires drôles au **Shoji Tabuchi Show**, 3620 Shepherd of the Hills Expwy. (334-7469), près de la route 76, aussi appelée le Country Music Boulevard (représentations de mars à décembre 26 $, enfants 17 $, réductions pour personnes âgées). Les frères Osmond continuent à attirer les foules au **Osmond Family Theater** (336-6100), au croisement de la route 76 et de la route 165 (représentations de mai à décembre 19 $, moins de 13 ans 7 $). **Andy Williams' Show** (334-4500), **Mel Tillis Show** (335-6635) et **Presley's** (334-4874) vous donneront une idée plus précise de l'humour du pays des Ozarks. **Dolly Parton's Dixie Stampede** (800-520-5544), sur la route 76 de l'autre côté de Silver Fountain Inn, combine en un même lieu salle de spectacle-restaurant et rodéo. L'un des futurs endroits en vogue de la ville (dîner au bord de la piste 26,50 $, de 4 à 11 ans 15,50 $). Téléphoner à la Branson Chamber of Commerce (voir plus loin) pour le programme et les prix exacts, susceptibles d'être modifiés.

Après cette overdose de country, allez prendre l'air dans les Ozarks. Les plans d'eau **Table Rock Lake**, **Lake Taneycomo** ainsi qu'un entrelacs de ruisseaux et de criques sont des lieux propices au canoë, à la pêche ou à la baignade le long des rives. On trouve du matériel en location dans les parcs d'Etat ou au **Indian Point Boat Dock** (338-2891), au bout de Indian Point Road, sur le Table Rock Lake. Vous pourrez notamment y louer des bateaux de pêche (15 $ pour une heure) et faire du ski nautique. Suivre sur 8 km la route 76W, passer au-delà de The Strip et tourner à gauche sur la Indian Point Road.

La **Branson Chamber of Commerce** (334-4136), à l'intersection entre les routes 248 et 65, dispose de brochures qui vous permettront d'organiser votre séjour (ouvert du lundi au vendredi de 8h à 19h, samedi de 8h à 17h, dimanche de 11h à 16h). Si vous avez besoin d'assistance, contactez le **Missouri Victim Center** au 889-4357. **Urgences :** 911. **Bureau de poste :** 327 S. Commercial St. (334-3366), au large de Main Street (ouvert du lundi au vendredi de 8h30 à 17h, samedi de 9h à 13h). **Code postal :** 65616. **Indicatif téléphonique :** 417.

Les motels situés le long de la route 76 sont généralement bon marché. Des établissements un peu plus haut de gamme se trouvent sur la route 265, 6,5 km à l'ouest de The Strip. **Storybook Inn** (338-2344), sur la route 265 au sud de la route 76, dispose de chambres gaies, récemment rénovées, sans téléphone (chambres simples 35 $, chambres doubles 40 $). Un des nombreux terrains de camping de Table Rock Lake, **Indian Point** (338-2121), au bout de Indian Point Road au sud de la route 76, offre des emplacements au bord du lac, ainsi que la possibilité de se baigner et de louer des bateaux de plaisance (séjour de 2 jours minimum. Enregistrement avant 21h. Emplacements 10 $, avec électricité 13$. Ouvert de mai à octobre).

Quelques restaurants typiques résistent tant que bien que mal à l'invasion des fast-food, dans la vieille ville, sur la route 76 à proximité de la Business Route 65. Essayez le nouveau **Uptown Café** (336-3535), à l'intersection des routes 76 et 165. Vous ne pouvez rater sa façade Art déco violette et couverte de miroirs. Le restaurant sert un buffet à volonté à 5 $ pour le petit déjeuner (tous les jours entre 7h30 et 10h30) et des plats principaux, comme des steaks de poulet frits ou des hamburgers, entre 3,75 $ et 12,50 $. (Ouvert tous les jours de 7h30 à minuit).

Greyhound (800-321-2222) dessert deux fois par jour Springfield (durée 1h, 9 $), Kansas City (durée 5h1/2, 40-45 $) et Memphis (durée 6-8h, 52 $). L'arrêt de bus se trouve au **Branson Welcome Center**, 1911 Main St. (route 76 dans le vieux centre-ville). Le centre est ouvert du lundi au vendredi de 9h à 18h et samedi de 9h à midi.

Oklahoma

Entre 1838 et 1839, sur ordre du président Andrew Jackson, les "cinq tribus civilisées" indiennes furent contraintes de quitter leurs terres du Sud pour s'installer dans la région baptisée territoire indien de l'Oklahoma. La migration donna lieu à une déportation tragique connue sous le nom de "Trail of Tears" (Chemin des larmes). Les survivants n'eurent que le temps de reconstituer leurs tribus dans l'Oklahoma avant d'être à nouveau déportés en 1889, afin de laisser la place aux blancs. En avril eut lieu l'un des épisodes les plus spectaculaires de la colonisation. Cent mille pionniers, à pied, à cheval, en chariot, se massèrent le long de la frontière du territoire libéré par les Indiens, attendant le signal d'un coup de feu. Lorsque le coup partit, elles se ruèrent dans une course à la propriété totalement folle. En quelques heures, l'ensemble de l'Oklahoma était occupé. (Les petits malins qui arrivèrent à s'infiltrer avant la ruée officielle furent appelés les "sooners" (de la première heure) - le surnom qui a depuis été donné à l'Oklahoma). L'ironie du destin voulut qu'en 1907, lorsque le territoire fut admis dans l'Union, il prenne un nom indien : Oklahoma signifie "terre des hommes rouges" dans le dialecte Choctaw. Malgré le terrible sort infligé aux Amérindiens, beaucoup de rues portent des noms indiens et la vie culturelle gravite autour de cet héritage. A travers tout l'Oklahoma, on trouve des reconstitutions du Chemin des larmes. Et la ville de Tulsa abrite la plus grande collection au monde d'art amérindien.

Les visiteurs qui s'attendent à trouver ici un désert de terre sèche tel qu'on pouvait le voir dans les *Raisins de la Colère,* seront agréablement surpris. Grâce aux progrès de la technologie agricole, les collines rouges et vallonnées de l'Oklahoma sont couvertes de pâturages verts et de cultures.

INFORMATIONS PRATIQUES

Capitale : Oklahoma City.
Oklahoma Tourism and Recreation Department : 500 Will Rogers Bldg., Oklahoma City 73105 (800-652-6552), au capitole. Ouvert tous les jours de 8h à 20h.
Conduite automobile : L'Oklahoma ne reconnaît pas le permis de conduire international.
Fuseau horaire : Heure des Prairies (1h de moins que celle de l'Est).
Abréviation Postale : OK.
Taxe locale : 7,65 %.

■■■ TULSA

Le site de Tulsa fut d'abord occupé par les Indiens Creeks après leur marche forcée sur le "Chemin des larmes". Sa situation géographique, sur les rives de l'Arkansas River, en fit naturellement un centre commercial pour les Amérindiens et les Européens. Avec la découverte d'immenses gisements de pétrole dans les années 1920, la ville devint la capitale américaine de l'or noir. Aujourd'hui, les gratte-ciel Art déco, les villas à la française, les résidences géorgiennes, ajoutés à une forte population amérindienne (la deuxième plus importante de toutes les villes américaines) traduisent cet héritage riche et complexe.

INFORMATIONS PRATIQUES

Office du tourisme : Convention and Visitors Division, Metropolitan Tulsa Chamber of Commerce, 616 S. Boston (585-1201 ou 800-558-3311). Ouvert du lundi au vendredi de 8h à 17h. **Informations gay**, 743-4297. Donne la liste des bars et des associations amicales gay à Tulsa. Ouvert tous les jours de 8h à 22h.

Bus : Greyhound, 317 S. Detroit (800-231-2222). Bus à destination de Oklahoma City (7 bus par jour, durée 2h, 17 $), St. Louis (4 bus par jour, durée 7h-9h, 71 $), Kansas City (3 bus par jour, durée 5h, 38 $), Dallas (8 bus par jour, durée 7h, 34 $). Ouvert 24h/24.

Transports en commun : Metropolitan Tulsa Transit Authority, 510 S. Rockford (582-2100). Service assuré entre 5h et 19h. Tarif 75 ¢, correspondances 5 ¢, personnes âgées et invalides 35 ¢ (possibilité de se procurer une carte pour invalide aux bureaux d'information des gares de bus), de 5 à 18 ans 60 ¢, moins de 5 ans gratuit accompagné d'un adulte. Des plans et horaires de bus sont distribués au bureau d'information central (ouvert du lundi au vendredi de 8h à 17h) et à la bibliothèque.

Taxis : Yellow Cab, 582-6161. 2,25 $ au départ, 1 $ par mile. 1 $ par passager supplémentaire.

Location de voitures : Thrifty, 1506 N. Memorial Dr. (838-3333). 29 $ par jour, 165 $ par semaine, kilométrage illimité. Le conducteur doit avoir au moins 21 ans et être titulaire d'une carte de crédit. Moins de 25 ans : supplément de 10 $ par jour. Ouvert 24h/24. L'Etat de l'Oklahoma ne reconnaît pas le permis de conduire international.

Location de vélos : River Trail Bicycles, 6861 S. Peoria (481-1818). Vélos à 5 vitesses, 4 $ l'heure, 12 $ la journée. Patins à roulettes 5 $ l'heure, 10 $ la journée. Ouvert du lundi au jeudi de 10h à 19h, vendredi et samedi de 10h à 20h, dimanche de 11h à 19h. Dépôt obligatoire de sa carte de crédit en caution.

Urgences : 911.

Bureau de poste : 333 W. 4th St. (599-6800). Ouvert du lundi au vendredi de 8h30 à 17h. **Code postal :** 74101. **Indicatif téléphonique :** 918.

Le centre-ville est situé au carrefour de **Main Street** (artère nord-sud) et de **Admiral Boulevard** (artère est-ouest). La numérotation va en ordre croissant vers le nord ou le sud à partir de Admiral Blvd. Les rues portant des noms sont classées du nord vers le sud en ordre alphabétique. A l'ouest de Main Street se trouvent les rues qui portent des noms de villes de l'ouest, et à l'est celles qui portent des noms de villes de l'est (ça n'est pas aussi compliqué que ça en a l'air). Lorsque l'alphabet est épuisé, on recommence au début. Il est toujours bon de savoir si une adresse est située au nord, au sud, à l'est ou à l'ouest.

HÉBERGEMENTS ET CAMPINGS

Les motels du centre-ville ne sont ni très propres ni très sûrs, particulièrement au nord de la I-244 près de l'aéroport. On trouve de nombreux motels bon marché sur les interstates 44 et 244. Beaucoup d'établissements n'appartenant pas à de grandes chaînes se trouvent sur Skelly Drive, le long de la I-44 jusqu'au croisement des interstates 44 et 244 (sortie 222). La zone est desservie par les bus n° 17 ("Southwest Blvd."). Dans le centre-ville, le **Executive Inn**, 416 W. 6th St. (584-4461) donne accès à des kitchenettes où vous pouvez préparer vos repas (chambres simples 40 $, chambres doubles 49 $). Au **Georgetown Plaza Motel**, 8502 E. 27th St. (622-6616), au coin de 31st Street et de Memorial Street, les appels locaux sont gratuits et les chambres ont une TV câblée (chambres simples 24 $, chambres doubles 30 $). Les chambres du **Tulsa Inn**, 5554 S. 48th W. Ave. (446-1600) sont très propres (chambres simples 23 $, chambres doubles 33 $).

Le terrain de camping **KOA Kampground**, 193 East Ave. (266-4227), 800 mètres à l'ouest de la sortie 240A de la I-44, permet un séjour agréable grâce à sa piscine, sa laverie, ses douches et sa salle de jeux (bureau ouvert de 8h à 20h, emplacements pour deux 15 $, avec raccordement 17 $). Situé dans un cadre plus joli, mais moins facile d'accès, à une trentaine de kilomètres au sud-ouest de la ville au large sur la route 33 près de la I-44, le **Heyburn State Park** (247-6695) offre de très bons emplacements au bord du lac Heyburn (possibilité de pêche, baignade et location de vélos. Emplacements pour tentes 6 $, emplacements pour camping-cars 8 $, avec électricité 11 $).

RESTAURANTS ET SORTIES

Beaucoup de restaurants du centre-ville accueillent les hommes d'affaires à l'heure du déjeuner et ferment à 15h en semaine, à 13h le samedi. **Nelson's Buffeteria**, 514 S. Boston (584-9969) est un *diner* nostalgique qui vous renvoie dans le passé de Tulsa. L'endroit existe depuis 1929 et les murs sont recouverts de souvenirs du Midwest. Essayez la *blue plate special* (deux œufs brouillés, des pommes de terre frites aux oignons, du pain et du jus de viande, 2,50 $) ou le fameux steak de poulet frit (4,50 $). (Ouvert du lundi au vendredi de 6h à 14h30). Pour retrouver l'ambiance de la vieille route 66, prenez un repas au **Metro Diner**, 3001 E. 11th St. (592-2616). L'arrière d'une Chevrolet 57 vous accueille à l'entrée. Choix de salades, sandwiches, hamburgers et pâtes pour 4 à 8 $. Repas gratuit pour les enfants le lundi soir (Ouvert du dimanche au jeudi de 8h à 22h, vendredi et samedi de 8h à 23h).

La brochure *Urban Tulsa* vous donnera les dernières nouvelles du monde des arts et spectacles. Elle est distribuée gratuitement dans les restaurants des environs. Le soir, essayez les bars de Cherry Street, un quartier bordé de restaurants et d'antiquaires, situé au niveau de la 15th Street à l'est de Peoria. Ou bien choisissez les bars années 1930 le long de S. Peoria. Le **Blue Rose Café**, 3421 S. Peoria (742-3873) sert de la très bonne cuisine bon marché (hamburgers 3-6 $). Le patio à l'extérieur est enveloppé de brume artificielle. La revue *Tulsa People Magazine* l'a élu deuxième "meilleur endroit de la ville pour conduire sa Harley". (Interdit aux moins de 21 ans. Blues et rock joués du dimanche au jeudi à 21h. Pas de frais d'entrée. Ouvert tous les jours de 11h à 2h). L'ambiance est également animée la nuit au croisement de la 18th Street et de Boston Street. Des hordes d'étudiants remplissent le **Hoffbraü**, 1738 Boston (583-9520), un endroit qui se veut anti-snob et vraiment "cool". (Hamburgers, sandwiches, plats Tex-Mex 5-7 $. Interdit aux moins de 21 ans. Musique *live* vendredi et samedi à 22h. Frais d'entrée variables. Ouvert du lundi au jeudi de 11h à 22h, vendredi de 11h à 2h, samedi de 17h à 2h).

VISITES ET SPECTACLES

L'architecture ultramoderne de la **Oral Roberts University**, 7777 S. Lewis (495-6161), s'élève au-dessus de la plaine de l'Oklahoma, à environ 10 km au sud du centre-ville de Tulsa, entre Lewis et Harvard Avenue. Prendre le bus n° 9. En 1964, Oral Roberts fit un rêve au cours duquel Dieu lui ordonna "Bâtis-moi une université". Ainsi fut créée l'attraction la plus touristique de Tulsa. Avec sa sculpture de mains en prière de 24 mètres de haut qui veille sur le campus et les foules de croyants qui s'amassent à l'entrée, l'université est le royaume du kitsch. **Visites du campus** gratuites (495-6807) pour les "étudiants" intéressés. (*Visitors center* ouvert du lundi au samedi de 10h30 à 16h30, dimanche de 13h à 17h).

Le musée d'art juif **Fenster Museum of Jewish Art**, 1223 E. 17th Pl. (582-3732), situé dans la B'nai Emunah Synagogue, abrite une collection inattendue et impressionnante d'œuvres judaïques datant de 2000 av. J.-C. à nos jours (ouvert du dimanche au jeudi de 10h à 16h. Gratuit). Le **Philbrook Art Center**, 2727 S. Rockford Rd. (749-7941), associe une collection de poteries et objets amérindiens à des œuvres de la Renaissance, dans une villa Renaissance appartenant à un baron du pétrole (ouvert mardi, mercredi, vendredi et samedi de 10h à 17h, jeudi de 10h à 20h, dimanche de 11h à 17h. 4 $, étudiants et personnes âgées 2 $, moins de 13 ans gratuit). Pour accéder aux deux musées depuis le centre-ville, prendre le bus n° 5 ("Peoria"). Perché au sommet d'un contrefort, à 3 km au nord-ouest du centre-ville (prendre le bus n° 47), le **Thomas Gilcrease Museum,** 1400 Gilcrease Museum Rd. (596-2700) renferme la plus grande collection mondiale d'art de l'ouest des Etats-Unis. Vaste anthologie de l'histoire de l'Amérique du Nord de la préhistoire à nos jours, le musée contient 250 000 objets fabriqués par les Amérindiens ainsi que

10 000 peintures et sculptures d'artistes comme Remington et Russell. (Ouvert mardi, mercredi, vendredi et samedi de 9h à 17h, jeudi de 9h à 20h, dimanche de 13h à 17h. Donation demandée 3 $).

La comédie musicale de Rodgers et Hammerstein *Oklahoma !* continue à être jouée au **Discoveryland Amphitheater** (245-6552), 16 km à l'ouest de Tulsa sur la 41st Street. Accès possible uniquement en voiture. La pièce est une évocation des souffrances subies par les Okies, les travailleurs agricoles migrants, au XIXᵉ siècle. Le chant "Oklahoma" connut un tel succès qu'il est devenu le chant de l'Etat. (Représentations de juin à août du lundi au samedi à 20h. Du lundi au jeudi 12 $, personnes âgées 11 $, moins de 12 ans 5 $. Vendredi et samedi 14 $, personnes âgées 13 $, moins de 12 ans 5 $). Si vous arrivez en avance, vous pourrez participer au barbecue organisé avant le spectacle (à partir de 17h. 7 $, personnes âgées 6,50 $, enfants 5 $). Le **Tulsa Ballet** (585-2573), déclaré comme l'une des meilleures troupes de danse régionales des Etats-Unis, donne des représentations au **Performing Arts Center** (PAC) (596-7111), au coin de la 3rd Street et de Cincinnati Street (bureau des réservations ouvert du lundi au vendredi de 10h à 17h30, samedi de 10h à 15h). Le **Tulsa Philharmonic** (747-7445) et le **Tulsa Opera** (582-4035) donnent également des représentations au PAC : le Philharmonic presque tous les week-ends de septembre à mai (8-35 $) et l'Opéra trois fois par an. Téléphoner pour connaître les dates précises.

Tulsa connaît ses plus beaux jours au moment de ses fêtes annuelles : le **International Mayfest** (582-6435), festival en plein air qui réunit buffets, expositions artistiques et spectacles dans le centre-ville de Tulsa (du 16 au 19 mai en 1996) ; l'assemblée annuelle **Pow-Wow** des Amérindiens (744-1113), qui a lieu en 1996 du 7 au 9 juin, réunit au Tulsa Fairground Pavilion des Amérindiens de plusieurs dizaines de tribus différentes pour un festival de trois jours (buffets, expositions artistiques et concours nocturne de danse auquel les visiteurs peuvent assister. 2 $, personnes âgées 1 $, moins de 10 ans gratuit).

■ NON LOIN DE TULSA : TAHLEQUAH

Très émouvant, le spectacle **"Trail of Tears"** ("Chemin des larmes") reconstitue la marche tragique des Cherokees à **Tahlequah**, 106 km à l'est de Tulsa sur la route 51. Tahlequah marque la dernière étape de la migration forcée de la tribu vers l'ouest. (Représentations de juin à août, du mardi au samedi à 20h. 9 $, enfants 4,50 $. Réserver par téléphone au 456-6007 ou par courrier adressé à P.O. Box 515, Tahlequah 74465. Réservation conseillée). A Tahlequah, vous pouvez visiter le **village Tsa-La-Gi**, réplique d'un village cherokee du XVIᵉ siècle, ainsi que le **Cherokee National Museum.** (Visites du village de mai à août du lundi au samedi de 10h à 17h, dimanche de 13h à 17h. 4 $, enfants 2 $. Musée ouvert du lundi au samedi de 10h à 20h, dimanche de 13h à 17h, en hiver du lundi au samedi de 10h à 17h, dimanche de 13h à 17h. 2,75 $, enfants 1,50 $).

Le Chemin des larmes - Trail of tears national historic park

Le président Andrew Jackson passa outre un arrêt de la Cour Suprême lorsqu'il obligea 16 000 Indiens Cherokee à quitter la Caroline du Nord, le Tennessee, la Géorgie et l'Alabama pour se rendre à pied jusque dans les territoires indiens. Beaucoup durent marcher sous la menace des fusils et des milliers moururent de faim et d'épidémies avant d'arriver au bout. Un Chemin historique fut inauguré en décembre 1987 en commémoration de ce tragique voyage. Il est encore en construction, mais une route pour automobiles suit de très près la piste nord empruntée par de nombreux Indiens. Pour plus d'informations, contacter le Trail of Tears National Historic Trail, Southwest Region, National Park Service, P.O. Box 728, Santa Fe, NM 87504 (505-988-6888).

■■■ OKLAHOMA CITY

Le 22 avril 1889, à midi, un coup de feu retentit, marquant le départ de la ruée des colons vers le territoire de l'Oklahoma. Au coucher du soleil, Oklahoma City, point stratégique sur la route du chemin de fer de Santa Fe, comptait une population de 10 000 pionniers. La découverte de gisements de pétrole en 1928 contribua à moderniser la ville. D'élégantes maisons furent bâties parallèlement aux derricks de pétrole. Oklahoma City connut une histoire assez paisible au cours des soixante-dix années suivantes. Le 19 avril 1995, une bombe explosait au bureau fédéral Alfred R. Murrah tuant 168 personnes. Une partie de la ville fut endommagée par cet attentat qui bouleversa les Etats-Unis.

INFORMATIONS PRATIQUES

Office du tourisme : Chamber of Commerce Tourist Information, 123 Park Ave. (278-8900), au niveau de Broadway. Ouvert du lundi au vendredi de 8h30 à 17h.

Aéroport : Will Rogers Memorial (680-3200), au sud-ouest du centre-ville. La compagnie **World Coach,** 3800 S. meridian (685-2638), assure une navette en minibus jusqu'au centre-ville (9 $ pour une personne, 3 $ par personne supplémentaire). Le trajet en taxi jusqu'au centre-ville coûte 14 $.

Bus : Greyhound, 427 W. Sheridan Ave. (235-6425 ou 800-231-2222), au niveau de Walker. Desservi par les bus n° 4, 5, 6, 8 ou 10. Destinations : Tulsa (7 bus par jour, durée 2h, 17 $), Dallas (4 bus par jour, durée 5h, 32 $) et Kansas City (6 bus par jour, durée 10h, 68 $). Ouvert 24h/24.

Transports en commun : Oklahoma Metro Transit. Bureaux localisés à Union Station, 300 S.W. 7th (235-RIDE/7433. Ouvert du lundi au vendredi de 7h à 17h). Service de bus assuré du lundi au samedi de 6h à 18h environ. Tous les bus passent par le terminal au coin de Reno et Gaylord Street. Vous ne pourrez vous procurer une carte des lignes ni au terminal ni dans les bus. Elles sont soigneusement cachées dans le bureau de la Union Station (50 ¢). Les numéros des lignes varient selon la direction du trajet. Tarif 75 ¢, personnes âgées et de 6 à 17 ans 35 ¢.

Taxis : Yellow Cab, 232-6161. 2,50 $ au départ, 1,25 $ par mile, 1 $ par passager supplémentaire. 24h/24.

Location de voitures : Dub Richardson Ford Rent-a-Car, 2930 N.W. 39th Expwy. (946-9288). Voitures d'occasion 27 $ par jour, avec kilométrage illimité à l'intérieur de l'Etat, 25 ¢ par mile supplémentaire. Le conducteur doit avoir au moins 21 ans et être titulaire d'une carte de crédit. Ouvert du lundi au vendredi de 8h à 18h, samedi de 8h30 à midi. L'Oklahoma ne reconnaît pas le permis de conduire international.

Location de vélos : Miller's Bicycle Distribution, 3350 W. Main (360-3838), sur la I-35. Vélos à 10 vitesses et VTT 5 $ par jour, 54 $ pour un mois. Patins à roulettes 10 $ par jour. Ouvert du lundi au samedi de 10h à 20h, dimanche de 13h à 18h. Il est possible que l'on vous demande votre carte de crédit en caution.

Assistance téléphonique : Contact, 848-2273. Pour tout recours ou intervention en cas de besoin.

Urgences : 911.

Bureau de poste : 320 S.W. 5th St. (278-6300). Ouvert du lundi au vendredi de 8h30 à 17h30, samedi de 9h à midi. Service des courriers urgents ouvert 24h/24. **Code postal :** 73125. **Indicatif téléphonique :** 405.

Main Street marque la frontière entre le nord et le sud de la ville et Broadway entre l'est et l'ouest. Pratiquement toutes les attractions se trouvent en dehors du centre-ville, mais le service de transport en commun Metro Transit permet d'y accéder facilement. La voiture est la meilleure solution, d'autant que le stationnement est facile.

GRANDES PLAINES

HÉBERGEMENTS ET CAMPINGS

Les possibilités d'hébergement dans le centre-ville d'Oklahoma City (OKC) se font rares (surtout depuis l'attentat). **The Economy Inn**, 501 N.W. 5th St. (235-7455), situé dans le centre-ville, reste ouvert (TV câblée, chambres simples 25 $, chambres doubles 35 $). Sur les interstates vous aurez un choix complet de motels bon marché, appartenant généralement à de grandes chaînes. Les motels d'une même chaîne ne sont cependant pas tous identiques, comme le prouve le luxueux **Motel 6**, 4200 W. I-40 (947-6550), à la hauteur de Meridian (prendre le bus n° 11 ou n° 38). Chambres aux allures de palace, piscine et salle de sports. (Chambres simples 32 $, chambres doubles 38 $). Beaucoup d'établissements sont situés autour du même carrefour, dont un autre **Motel 6** (2 $ moins cher, pas de salle de sports).

Oklahoma City est pourvu de deux terrains de camping faciles d'accès. **RCA**, 12115 Northeast Expwy. (478-0278), près du parc d'attractions Frontier City Amusement Park, 16 km au nord de la ville sur la I-35, propose piscine, laverie, douches. Nombreux fast-food à proximité. (Ouvert de 8h à 21h, emplacements 12,50 $, avec raccordement complet 16 $). Beaucoup plus agréable (et surtout éloigné de tout parc d'attractions), un terrain de camping d'Etat est situé au bord du lac Thunderbird, une cinquantaine de kilomètres au sud de OKC à **Lake River State Park** (360-3572). Prendre la I-40 vers l'est jusqu'à Choctaw Road, puis rouler vers le sud jusqu'à la fin de la route et tourner à gauche. Vous pourrez vous baigner dans le lac, pêcher ou bien monter sur les falaises pour avoir une belle vue (Douches. Ouvert de 8h à 17h. Emplacements pour tentes 6 $, dans un endroit protégé par une grille 7 $. Emplacements pour camping-cars 11 $/12 $. Demi-tarif pour les personnes invalides).

RESTAURANTS ET SORTIES

Oklahoma City est doté du plus grand marché de viande des Etats-Unis. La viande de bœuf est donc la star incontournable des menus. Hormis les entrepôts du début du siècle, transformés en établissements BCBG, la plupart des restaurants du centre-ville ferment en début d'après-midi après avoir reçu les hommes d'affaires à déjeuner. **Cattleman's Steak House**, 1309 S. Agnew (236-0416), à un block du parc à bestiaux, qui jouait le rôle de bar clandestin à l'époque de la prohibition, est maintenant un restaurant huppé. Biftecks d'aloyau hachés (7 $) ou bœuf américain de premier choix (18 $). (Ouvert du dimanche au jeudi de 6h à 22h, vendredi et samedi de 6h à minuit). Derrière une façade style vieux western, le **Yippie Yi Yo Café**, 4723 N. Western (542-5282) sert du café (1-3 $) dans un cadre plutôt branché (ouvert du lundi au mercredi de 7h à 19h, jeudi et vendredi de 7h à 23h, samedi de 8h à 23h, dimanche de 9h à 15h). **Sweeney's Deli**, 900 N. Broadway (232-2510), est l'un des rares restaurants du centre-ville qui reste ouvert tard. La cuisine est bonne et l'ambiance amicale. Si vous prenez le temps de jouer quelques parties de billard, vous sympathiserez rapidement avec les habitués du lieu. (Sandwiches 3-4 $, hamburgers 2,20 $. Ouvert du lundi au vendredi de 11h à 23h).

Oklahoma City n'est pas très animé la nuit. La revue *Oklahoma Gazette* pourra vous suggérer quelques idées de sortie. Sinon vous pouvez vous rendre dans le quartier de Bricktown sur Sheridan Avenue, où plusieurs restaurants ont de la musique *live* la nuit. Au **Bricktown Brewery** (232-BREW/2739), au coin de Sheridan Avenue et Oklahoma Street, vous pourrez assister au brassage de la bière, tout en dégustant un hamburger, une salade ou un plat au poulet (5-9 $). A l'étage, vous trouverez une belle variété de jeux de bar, et une scène musicale. Les frais d'entrée varient selon les artistes - généralement des groupes locaux de rock. Des vedettes comme Dave Matthews y passent de temps en temps. (Entrée interdite aux moins de 21 ans. Musique *live* mardi, vendredi et samedi à 20h. Ouvert du mardi au samedi de 11h à 1h, du dimanche au lundi de 11h à minuit). Le **Wreck Room at The Habana Inn** (525-7610), au coin de la 39th Street et de Barnes, est une boîte populaire. Ouvert du jeudi au samedi (frais d'entrée 3 $/5 $/7 $. Ouvert de 22h à 5h).

VISITES ET SPECTACLES

C'est le lundi matin qu'il faut visiter le **Oklahoma City Stockyards**, 2500 Exchange Ave. (235-8675), le plus grand parc à bestiaux du monde. La vente du bétail aux enchères (lundi et mardi) commence à 8h et se prolonge parfois jusque tard dans la nuit. Les visiteurs entrent sans rien payer depuis le parc de stationnement situé à l'est de la halle aux enchères. (Prendre le bus n° 12 depuis le terminal jusqu'au coin de Agnew et Exchange). La statue d'un cow-boy effondré sur son poney orne ironiquement le **National Cowboy Hall of Fame and Western Heritage Center**, 1700 N.E. 63rd St. (478-2250) qui rappelle le souvenir des hommes de l'Ouest qui déplacèrent les Cherokees à la pointe du fusil. (Depuis le centre-ville, prendre le bus n° 22. Ouvert tous les jours de 8h30 à 18h. De Labor Day, premier lundi de septembre, à Memorial Day, dernier lundi de mai, ouvert de 9h à 17h. 6,50 $, personnes âgées 5,50 $, de 6 à 12 ans, 3,25 $.)

Le **Kirkpatrick Center Museum Complex**, 2100 N.E. 52nd St. (427-5461), est un parc d'attractions éducatif. Le complexe abrite huit musées, dont le **Air and Space Museum** (aviation et espace), le **International Photography Hall of Fame**, le **Red Earth Indian Center**, et le **Omniplex**, dont le planétarium est gratuit (Prendre le bus n° 22. Ouvert du lundi au samedi de 9h à 18h, dimanche de midi à 18h. De Labor Day, premier lundi de septembre, à Memorial Day, dernier lundi de mai, ouvert du lundi au vendredi de 9h30 à 17h, samedi de 9h à 18h, dimanche de midi à 18h. Billet permettant d'accéder aux 8 musées 6 $, personnes âgées 4 $, de 3 à 12 ans 3,50 $, moins de 3 ans gratuit). Autre attraction, les jardins botaniques **Myriad Botanical Gardens** (297-3995), au coin de Reno et Robinson Street. Le pont **Crystal Bridge** est un cylindre de verre de 20 mètres de diamètre qui renferme à la fois un désert et une forêt tropicale humide. (Ouvert tous les jours de 9h à 18h. 3 $, personnes âgées 2 $, de 4 à 12 ans 1,25 $. Jardins extérieurs ouverts tous les jours de 6h à 23h, gratuit). Le **Oklahoma Opry**, 404 W. Commerce (632-8322), produit sur scène des stars de la musique country (représentations régulières le samedi à 20h. 7 $, personnes âgées 6 $, enfants 2,50-3,50 $). Le **Festival of the Arts** (236-1426), qui a lieu aux jardins Myriad Gardens (du 23 au 28 avril en 1996) réunit art culinaire, arts plastiques et spectacles divers. Le festival **Red Earth** (427-5228), organisé du 7 au 9 juin en 1996, constitue la plus grande fête amérindienne du pays. Des concours passionnés de danse ont lieu au Myriad Convention Center. Des danseurs de toutes les tribus rivalisent pour rafler une prime en dollars (le prix du billet varie).

POUR MÉMOIRE

▓ L'abréviation I-68 désigne l'interstate 68, l'abréviation US 12 la US highway 12. Nous avons également adopté les abréviations suivantes : *Rte.* pour route, *Blvd.* pour boulevard, *Ave.* pour avenue, *St.* pour street, *Hwy.* pour highway, *Pkwy.* pour parkway.

▓ Sous l'appellation *visitor centers* sont regroupés les office de tourisme d'une ville et les bureaux d'accueil des parc naturels ou des sites touristiques. Faites-y toujours un tour : le personnel, d'ordinaire compétent et serviable, est là pour vous aider ; les brochures et cartes qu'on y trouve sont très utiles.

▓ Les numéros de téléphone débutant par 1-800 sont toujours gratuits. En revanche ils ne peuvent être appelés qu'à l'intérieur des Etats-Unis.

▓ Les auberges de jeunesse de la fédération Hostelling International (HI) accordent souvent des réductions à leurs membres. Elles sont signalées dans le texte par le sigle HI-AYH.

▓ Les *National Parks*, *National Monuments* et *National Forests* dépendent du gouvernement fédéral ; les *State Parks* et les *State forests* du gouvernement de chaque Etat.

▓ La *cover charge* est une participation de quelques dollars demandée à l'entrée des bars ou des clubs, en général lorsqu'un groupe se produit *live*.

▓ Les prix mentionnés s'entendent hors taxe, sauf indication contraire. Il convient donc de rajouter les taxes locales.

▓ Les horaires sont présentés à la française, de 0h00 à 24h : 2h signifie 2 heures du matin.

▓ Reportez-vous au chapitre **Etats-Unis, l'Essentiel** au début de ce guide pour en savoir plus.

ALASKA

La beauté de l'Alaska est celle des extrêmes. De loin le plus vaste des 50 Etats américains, l'Alaska représente à lui seul un cinquième de la surface des Etats-Unis. Les 52 800 km de côtes équivalent à onze fois la distance entre New York et San Francisco. C'est en Alaska que l'on trouve le plus haut sommet des Etats-Unis (le Mont McKinley ou "Denali", 6 096 m), le plus grand parc national (Wrangell-St. Elias National Park, 6,5 millions d'hectares), le plus gros carnivore d'Amérique du Nord (l'ours brun de Kodiak) et la plus importante colonie d'aigles chauves du monde. Au cœur de l'été, l'Alaska devient la "terre du soleil de minuit". Il est alors possible de jouer au volley-ball à 2h du matin. Au printemps et en automne, les aurores boréales dessinent un voile fantomatique sur l'horizon. Dans les profondeurs de l'hiver, la nuit tombe à 13h et de vastes portions du territoire restent dans l'obscurité.

Les premiers hommes à avoir colonisé l'Amérique du Nord atteignirent l'Alaska en traversant le Détroit de Bering, alors relié par terre au continent européen, il y a quelques dizaines de milliers d'années. Le navigateur danois Vitus Bering, mandaté par les Russes, fut le premier Européen à poser le pied sur ce sol, entraînant dans son sillage des marchands de fourrures russes qui en un siècle mirent à sac les ressources du territoire. En 1867, le Secrétaire d'Etat James Seward devint la risée des Etats-Unis pour avoir négocié l'achat de l'Alaska à la Russie la bagatelle de 7 200 000 $. L'acquisition apparemment inutile de ces terres gelées était communément appelée "Seward's Folly". Mais, vingt ans plus tard, l'Alaska se révéla être une meilleure affaire que prévue lorsqu'on y découvrit d'importants gisements d'or. En 1968, bien après que la ruée vers l'or se soit apaisée, la chance se manifesta de nouveau avec la découverte de "l'or noir" sur les côtes de l'Océan Arctique. Le pétrole brut coule désormais à flots dans le pipe-line Trans-Alaska.

L'Alaska en bref

Auteurs : Jack London, Tom Bodett, John McPhee (*Coming into the country*).
Artistes : Sydney Lawrence, Diana Tillion.
Cuisine : Du saumon, du saumon et encore du saumon… ah, oui, un peu de caribou aussi.
Microbrasseries : Alaska Brewing Co., Bird Creek Brewery.
Tribus amérindiennes : Eskimo, Ingalik, Koyukon, Tanana, Ahtna, Eyak, Chugach, Aleut, Tlingit, Haida, Tsimshian.
Musique : Groupes poussiéreux, voire ringards, dans les bars, musique traditionnelle des populations amérindiennes.
Films et télévision : *Croc blanc* et la série TV *Northern Exposure*.
Climat : Très froid en hiver, beaucoup de moustiques en été.

INFORMATIONS PRATIQUES

Capitale : Juneau.
Office du tourisme : Alaska Division of Tourism, 33 Willoughby St., P.O. Box 110801, Juneau 99811-0801 (907-465-2010). Ouvert du lundi au vendredi de 8h à 16h30. **Alaska Public Land Information Center**, 605 W. 4th Ave. #105, Anchorage 99501 (907-271-2737. 907-258-PARK/7275 message enregistré). Ouvert tous les jours de 9h à 17h30. **Alaska State Division of Parks**, 3601 C St., #200, Anchorage 99510 (907-762-2617). Ouvert du lundi au vendredi de 11h à 17h.

Fuseaux horaires : Alaska (4h de moins que le fuseau de l'Est dans la majeure partie de l'Etat, GMT -9h), Iles Aléoutiennes et Hawaii (Iles Aléoutiennes les plus à l'ouest, 6h de moins que le fuseau de l'Est, GMT -11h). **Abréviation de l'Etat : AK. Taxe locale :** 0 %.

CLIMAT

L'Alaska comprend plusieurs zones climatiques. Fairbanks, à l'intérieur des terres et une partie du *Bush* connaissent des écarts de températures extrêmes de + 35°C en été à -20 -30°C en hiver et très peu de précipitations. Les courants océaniques tempèrent le climat d'Anchorage et des villes de la côte sud. La température moyenne à Anchorage est de -20°C en janvier et de 10°C en juillet. Dans le Sud-Est, les températures sont encore plus douces avec davantage de pluie. Une forêt de zone tempérée-froide couvre cette région.

VOYAGER

Par route. Conduire en Alaska n'est pas une mince affaire. Les routes ne couvrent qu'environ un quart du territoire et la plupart des axes principaux sont dans un état déplorable. Le permafrost en fondant et en se contractant déforme les chaussées de façon quasi surréaliste. Le radiateur et les phares avant doivent être protégés des éclats de cailloux par des grilles. Une roue de secours et de bons amortisseurs sont essentiels. En tout état de cause, il est plus agréable de rouler l'été même si à cette période les avalanches et la glace obligent à rester vigilant. Tous ceux qui se hasardent sur les routes d'Alaska devraient emporter avec eux un exemplaire de *The Milepost*, vendu 18 $ par les éditions **Vernon Publications, Inc.**, 300 Northrup Way, #200, Bellevue, Wa 98004 (800-726-4707).

Compte tenu des distances le recours au **transport aérien** s'impose souvent de lui-même bien qu'il atteigne des prix très élevés (le tarif horaire dépasse les 100 $). Plusieurs lignes intérieures, presque toutes basées à l'aéroport d'Anchorage, transportent des passagers et des marchandises à destination du moindre village d'Alaska : **Alaska Airlines** (à destination des principales villes du *Bush* et de Cordova. 800-627-5247), **Mark Air** (à destination des principales villes du *Bush*, de Kodiak et des Iles Aléoutiennes), **Era Aviation** (Sud et Centre. 907-243-6633), **Southcentral Air** (Sud et Centre. 907-243-2761), **Reeve Aleutian Airways** (Iles Aléoutiennes. 907-243-4700), et **Ryan Air Service** (pratiquement partout dans le *Bush*. 907-561-2090). Il existe beaucoup d'autres services de transport aérien. Ecrire à **Ketchum Air Service Inc.**, P.O. Box 190588, Anchorage 99519 (243-5525), sur la rive nord de Lake Hood, pour avoir des renseignements sur les charters. Pour les vols aller-retour dans la journée, les formules avec une nuit ou un week-end sur place à destination des zones de lacs, de montagne ou de toundra, il faut compter au minimum 165 $.

L'**Alaska Pass** donne un accès illimité aux lignes ferroviaires, aux ferries et aux bus. Le *pass* pour 15 jours est vendu 569 $, celui pour un mois 799 $. Ces *pass* sont valables dans la zone qui s'étend de Bellingham, dans l'Etat de Washington, à Dutch Arbor sur les Iles Aléoutiennes. C'est une formule intéressante pour ceux qui veulent voir le maximum de l'Alaska en peu de temps. Appeler le 800-248-7598 pour avoir des détails.

A l'extrême sud-est de l'Alaska, Ketchikan est la première étape pour les bateaux de croisière et les ferries qui se dirigent vers le nord. Ces bateaux débarquent des cargaisons de touristes avides d'aventure et des hordes d'étudiants qui cherchent à se faire de l'argent de poche en travaillant l'été dans les conserveries de poisson. Quel que soit le motif de votre voyage, la seule chose que vous êtes sûr de trouver ici, c'est la pluie. Comme dit le proverbe local, à Ketchikan, on ne bronze pas, on rouille. Dans ce port, qui vit de l'exploitation du bois et de la pêche, les habitants

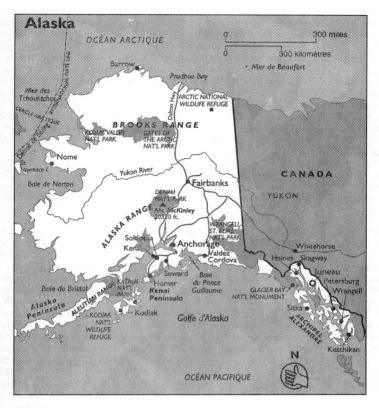

ont appris à se moquer des intempéries. La présence dans les rues d'abris en toile imperméable s'explique par les 4m20 d'eau qui tombent annuellement.

Informations pratiques Le **Southern Alaska Visitors Center (SEAVC)** (228-6219), sur le front de mer, près de l'immeuble fédéral, fournit des informations sur Ketchikan et l'ensemble du *Panhandle* (bande de terre côtière au sud-est du continent), particulièrement en ce qui concerne les activités de plein air (ouvert tous les jours de 8h30 à 16h30, d'octobre à avril du jeudi au samedi uniquement). Le **Ketchikan Visitors Bureau**, 131 Front St. (225-6166 ou 800-770-3300) se trouve en ville sur le quai des bateaux de croisière (ouvert du lundi au vendredi de 7h30 à 16h30, le week-end les horaires dépendent des arrivées). **Alaska Marine Highway Ferries** (225-6181) sur le quai nord sur Tongass Hwy. L'**aéroport** de Ketchikan est situé en face de la ville sur l'île de Gravina. Un petit ferry fait la navette entre les deux (3 $). **Alaska Airlines** (225-2141 ou 800-426-0333) vous informe sur les vols. Les vols quotidiens pour Juneau coûtent 124 $ (ouvert du lundi au vendredi de 9h30 à 17h). **Bureau de poste :** 225-9601, près du port d'embarquement du ferry (ouvert du lundi au vendredi de 8h30 à 17h). **Code postal :** 99901. **Indicatif téléphonique :** 907.

Hébergements et restaurants En dehors des auberges de jeunesse, les chambres sont relativement chères. Le **Ketchikan Reservation Service** (225-3273) peut vous louer des chambres dans des bed and breakfasts pour 65 à 75 $ la nuit. Le **Ketchican Youth Hostel (HI-AYH)**, P.O. Box 8515 (225-3319), sur Main et

Grant St., dans le sous-sol de la First Methodist Church (église méthodiste), n'offre pas de lits mais les épais matelas en mousse disposés par terre sont assez confortables si vous avez un sac de couchage. L'auberge met à votre disposition une cuisine claire, un espace commun, deux douches et vous offre le thé et le café (séjour de 3 jours maximum en fonction des disponibilités. L'auberge est fermée de 9h à 18h. Extinction des feux de 22h30 à 7h. Couvre-feu à 23h. Téléphonez si vous arrivez par un des derniers ferries du soir. 7 \$, 10 \$ pour les non-adhérents. Réservations conseillées. Ouvert de juin à août). Si vous vous y prenez à l'avance, le camping est la solution la plus économique. **SEAVC** (228-6219) vous donnera des informations sur les différents terrains de camping du *Forest Service*, en particulier le **Signal Creek Campground** à 9,5 km au nord du port d'embarquement de Tongass Hwy. Ce terrain propose 25 emplacements sur les rives de Ward Lake avec eau courante et toilettes. Emplacements 5 \$. Ouvert en été. Le supermarché le plus pratique d'accès est **Tatsuda's**, 633 Stedman (225-4125), sur Dermount St. après Thomas Basin (ouvert tous les jours de 7h à 23h). Le **5 Star Cafe**, 5 Creek St. (247-7827), propose des salades savoureuses et des sandwichs de 5 à 10 \$ (ouvert du lundi au mercredi et du samedi au dimanche de 7h à 18h, le jeudi et le vendredi de 7h à 20h).

Visites et activités de plein air L'office du tourisme propose une visite guidée des totems anciens et actuels de Ketchikan et de ses environs. C'est ici qu'habite Nathan Jackson, le fameux sculpteur de totems, dont l'œuvre peut être admirée devant l'immeuble fédéral. Si vous ne devez voir qu'une seule chose à Ketchikan, ne manquez pas le plus grand parc de totems du monde, le **Saxman Native Village**, à 4 km au sud-ouest de Ketchikan, sur Tongass Hwy. (8 \$ en taxi), où des artisans sculptent dans des ateliers ouverts au public (tous les jours de 9h à 17h). À 22 km au nord de Ketchikan, toujours sur Tongass Hwy, se trouve un ensemble de 13 totems, le **Totem Bight** (ces deux parcs sont ouverts entre le lever et la tombée du jour. Entrée libre). Le **Totem Heritage Center**, 601 Deermount St. (225-5900), présente 33 totems provenant de villages Tlingit, Haida, et Tsimshian. Il s'agit là de la plus grande collection de totems réalisés avant que cet art ne devienne une activité commerciale (ouvert tous les jours de 8h à 17h. 2 \$, gratuit pour les moins de 18 ans et le dimanche après-midi). De l'autre côté de la crique, la visite du **Deer Mountain Fish Hatchery** (225-6760) vous dévoilera tout ce que vous avez toujours voulu savoir sur le sexe… des saumons (ouvert tous les jours de 8h à 16h30. Entrée libre).

Des prospecteurs venus chercher fortune ont permis l'essor de Ketchikan en tant que ville minière. On retrouve une partie de cette histoire en visitant **Creek St.**, l'ancien quartier chaud, que les marins (comme les saumons) remontaient pour aller "frayer". La rue est bordée de trottoirs en bois sur pilotis. Des femmes plus très jeunes en bas résille noirs et robe de soie rouge invitent toujours les passant, à entrer à l'intérieur de **Dolly's House**, 24 Creek St. (225-6329), une ancienne maison close transformée en musée. Un grand nombre d'antiquités des années 20 et 30 y sont exposées (les horaires varient en fonction de l'arrivée des bateaux, téléphoner à l'avance. Entrée 3 \$).

Deer Mountain (930 m) se prête idéalement à une excursion d'une journée. Après le parc, sur Fair St., escaladez la colline en direction de la décharge publique. Le sentier bifurque à gauche juste derrière la décharge. Une montée escarpée de 4 km mène au-dessus de la limite des arbres. Le long de la corniche abrupte, on embrasse alors d'un regard la ville et l'océan derrière. La plupart des avions et des bateaux qui traversent le port de Ketchikan se rendent au tout proche **Misty Fiords National Monument**. À 32 km seulement de Ketchikan, cette région d'étroites voies navigables et de forêts primaires, peuplée de baleines et de chèvres des montagnes, est un havre de paix pour les randonneurs et les kayakistes.

■■■ JUNEAU

Le site de la capitale de l'Alaska, qui n'est accessible que par air ou par mer, n'a pas été choisi pour sa commodité mais pour sa richesse en minerais. En 1880, le chef amérindien Tinglit Kovee emmena Joe Juneau et Richard Harris à la source d'un fabuleux filon dans les collines au-dessus de Gold Creek. En l'espace de 25 ans, Juneau remplaçait Sitka comme capitale de l'Alaska. De nos jours, cette minuscule languette de terre au pied de l'imposant Mt. Juneau, est une ville à l'architecture foisonnante et un haut lieu touristique, ce qui lui vaut le surnom de "little San Francisco".

Informations pratiques Davis Log Cabin, 134 3rd St., 99801 (586-2284 ou 586-2201. Fax 586-6304), sur Seward St., sert d'office du tourisme (ouvert du lundi au vendredi de 8h30 à 17h, le week-end de 9h à 17h, d'octobre à mai du lundi au vendredi de 8h30 à17h). Le **National Forest and National Park Service**, 101 Egan Dr. (586-8751), à Centennial Hall, fournit des informations sur les randonnées et la pêche (ouvert tous les jours de 8h à 17h, en hiver du lundi au vendredi de 8h à 17h). **Juneau International Airport**, à 14 km de Juneau par Glacier Hwy., est desservi par Alaska Airlines (789-0600), Delta Airlines et par des compagnies de charter locales. Les ferries d'**Alaska Marine Highway**, 1591 Glacier Ave., P.O. Box 25535, 99802-5535 (465-3941 ou 800-642-0066. Fax 277-4829) accostent au port d'embarquement d'Auke Bay, à 22 km de la ville par Glacier Hwy. Appeler **MGT Ferry Express** (789-5460) de 18h à 20h pour réserver votre trajet des principaux hôtels jusqu'à l'aéroport ou jusqu'au ferry (5 $). MGT propose également un circuit de 2 heures et demie autour de Mendenhall Glacier (12,50 $). **Bureau de poste :** 709 W. 9th St. (586-7138. Ouvert du lundi au vendredi de 8h30 à 17h, samedi de 13h à 15h.) **Code postal :** 99801. **Indicatif téléphonique** : 907.

Hébergements et restaurants Si vous ne pouvez être hébergé par l'auberge de jeunesse de Juneau, l'**Alaska Bed and Breakfast Association**, P.O. Box 3/6500 #169, 99802 (586-2959), vous donnera des informations sur d'autres logements. **Juneau International Hostel** (HI-AYH), 614 Harris St. (586-9559), sur 6th St., au sommet d'une colline escarpée, est une auberge de jeunesse fonctionnelle et bien tenue. Douches gratuites et laverie (lavage 1,25 $, séchage 75 ¢). Participation à l'entretien des lieux demandée. 48 lits. Bagages gardés pendant la journée. Petits suppléments pour les draps, les serviettes, le savon et les produits d'entretien. Séjour de 3 jours maximum si l'auberge est complète. Fermeture de 9h à 17h. Couvre-feu strict à 23h. Lit 10 $. Réserver en mai pour juillet et août. Si vous souhaitez dormir à la fraîche, essayez le **Mendenhall Lake Campground**, Montana Creek Rd. Prendre Glacier Hwy. vers le nord et continuer pendant 14 km jusqu'à Mendenhall Loop Rd. Poursuivre pendant 5 km et prendre la bifurcation à droite. Si vous le lui demandez, le chauffeur du bus vous laissera à une distance raisonnable (3 km) du camping, et vous pourrez poursuivre à pied. Le terrain comprend 60 emplacements, des endroits pour faire du feu, l'eau courante, des toilettes, des tables de pique-nique et du bois de chauffage gratuit. Durée maximum du séjour : 14 jours. Emplacements 8 $. Supplément de 7,50 $ pour réserver par téléphone au 800-280-2267. **Auke Village Campground**, sur Glacier Hwy., à 24 km de Juneau possède 12 emplacements près d'une plage avec vue panoramique, à 2,5 km à l'ouest du port d'embarquement des ferries (endroits pour faire du feu, eau, toilettes, tables de pique-nique. 14 jours maximum sur place. Emplacements 8 $. Pas de réservation). Pour plus de renseignements sur ces deux campings, appeler le Forest Service du Juneau Forest Ranger District (586-8800).

L'**Armadillo Tex-Mex Café**, 431 S. Franklin St. (586-1880), propose quantité de plats sympathiques et rassemble touristes et gens du coin. Pour 8 $ goûtez à la *chalupa* (ouvert du lundi au samedi de 11h à 21h, dimanche de 16h à 21h). Les *pancakes* du **Channel Bowl Café** (586-6139) sont excellents au petit déjeuner (5,50 $. Ouvert tous les jours de 7h à 2h du matin). Vous pouvez acheter vos provisions au **Foodland Supermarket**, 631 Willoughby Ave. (586-3101. Ouvert tous les jours de 7h à 21h).

Visites L'**Alaska State Museum**, 395 Whittier St. (465-2901), vous emmène à travers l'histoire et les traditions de quatre des principaux groupes ethniques de l'Alaska (Tlingit, Athabascan, Aleut et Inuit). Il abrite également le célèbre "First White Man Totem" (totem du premier homme blanc), sculpté à l'effigie d'Abraham Lincoln (ouvert du lundi au vendredi de 9h à 18h, le week-end de 10h à 18h, du 18 septembre au 17 mai du mardi au samedi de 10h à 16h. 3 $, gratuit pour les étudiants et les personnes âgées). Ne manquez pas l'impressionnante coupole dorée de l'église orthodoxe **St. Nicholas** (1894) sur 5th St., entre N. Franklin et Gold St. La messe est dite en anglais, en slavon (vieux slave) et en tlingit le samedi à 6h et le dimanche à 10h (l'église est ouverte au public. Don pour la visite 1 $). A **Marine Park**, les enfants jouent bruyamment et les touristes pique-niquent en regardant les bateaux qui arrivent au port (concerts gratuits de mi-juin à mi-août, le vendredi à de 19h à 20h30). La brasserie **Alaska Brewing Co.**, 5429 Shaune Dr. (780-5866), propose des visites gratuites avec dégustation de sa bière primée. Prendre le bus qui part toutes les heures pour Lemon Creek, tourner à Anka Rd. depuis Glacier Hwy., Shaune Dr. est la première rue à droite (visites du mardi au samedi à la demie de chaque heure de 11h à 16h30, d'octobre à avril, du jeudi au samedi aux mêmes horaires).

Juneau est le point de départ des randonnées du sud-est de l'Alaska. Pour le plus beau point de vue sur la ville, allez jusqu'au bout de 6th St. et grimpez le sentier de 6,5 km qui mène au sommet du **Mt. Roberts** (1 073 m). En hiver, les pentes d'**Eaglecrest Ski Area**, 155 S. Seward St., 99801, sur Douglas Island, vous offrent la possibilité de faire du **ski alpin** (586-5284 ou 586-5330).

Les 38 glaciers du **Juneau Icefield** couvrent un espace aussi grand qu'un département français. Le glacier le plus visité, **Mendhall Glacier**, est situé à environ 16 km au nord de Juneau. Le **Glacier Visitors Center** (789-0097) vous expliquera tout sur le sujet (ouvert tous les jours de fin mai à mi-septembre de 8h30 à 17h30). Les rangers organisent également une randonnée du dimanche au vendredi (départ à 9h30 depuis le mât du drapeau). Le **West Glacier Trail**, long de 5,5 km, offre la plus belle perspective sur le glacier. Si vous êtes pressé, l'**East Glacier Loop Trail** (5,5 km) vous permet également de l'apercevoir sans avoir besoin d'atteindre le sommet. Prendre le bus local en bas de Glacier Hwy. et remonter Mendenhall Loop Rd. jusqu'à son intersection avec Glacier Spur Rd (1,25 $). De là, il n'y a plus qu'une demi-heure de marche jusqu'au *visitors center*.

■■■ WRANGELL-ST. ELIAS

Le **Wrangell-St. Elias National Park and Preserve** est l'un des secrets les mieux gardés d'Alaska. Si vous avez du temps, ne le manquez pas. Le plus grand parc naturel des Etats-Unis est 14 fois plus étendu que Yosemite. Quatre importantes chaînes de montagnes se rejoignent à l'intérieur du parc et neuf sommets culminent à plus de 4 200 m. C'est ici que se trouve le Mont Saint-Elias, le deuxième pic le plus haut des Etats-Unis (5 402 m). Le parc, situé à l'extrémité sud-est de l'Alaska, est accessible par deux routes : McCarthy Rd., qui pénètre au cœur du parc et, Nabesna Rd., qui rejoint sa lisière nord. L'office du tourisme, le *visitors center* (822-5234), se situe entre Glennalen et **Copper Center**. Prendre la Richardson Hwy. sud depuis Glenallen et suivre la route transversale pour Copper Center sur 1,5 km (ouvert tous les jours de 8h à 18h, en hiver du lundi au vendredi de 8h à 17h). Il y a également des postes de rangers à Chitina (CHIT-na, 907-823-2205. Ouvert du vendredi au lundi de 9h30 à 16h30) et à Slana à la lisière nord du parc (907-822-5238. Ouvert tous les jours de 8h à 17h).

GRANDS ESPACES

La plupart des visiteurs se rendent à McCarthy, une petite bourgade au milieu du parc. Depuis Glenallen, la grande ville la plus proche, vous pouvez y aller en voiture (tant pis pour vos suspensions...) ou en bus. En voiture, suivre la Richardson Highway vers le sud sur 53 km, bifurquer sur la Edgerton Hwy. et continuer vers l'est pendant 54 km jusqu'à la ville de **Chitina**. Vous trouverez là un café (ouvert tous les jours de 6h à 22h), un magasin d'alimentation (907-823-2111. Ouvert tous les jours de juin à août entre 8h et 23h, au printemps et en été de 9h à 20h, en hiver de 10h à 19h), et un poste de rangers (voir plus haut). De Chitina, **McCarthy Rd.** suit l'ancien ballast de **Northwestern Railway** pendant 93 km jusqu'à Kennicott River. La route est cahoteuse au possible. Elle aboutit sur la rive ouest de Kennicott River, une rivière chargée de limon qui prend sa source dans le Kennicott Glacier. La seule façon de traverser la rivière consiste à prendre une sorte de téléphérique actionné manuellement (une benne métallique qui glisse le long d'un câble). McCarthy est à moins de 1 km de marche du bord de la rivière. **Backcountry Connection** (907-822-5292, 800-478-5292 depuis l'Alaska) vous accueille à bord de ses minibus spacieux et confortables. Les chauffeurs sont sympathiques et connaissent leur affaire (69 $ de Glenallen, 35 $ de Chitina). Les minibus partent du lundi au samedi de Glenallen (7h15) et de Chitina (8h30) et repartent de MacCarthy à 16h30. La compagnie aérienne **Mountain Air** (voir plus loin) assure quotidiennement la liaison entre McCarthy et Chitina (60 $ l'aller).

McCarthy, à 8 km au sud de Kennicott, était la ville où venaient se divertir les mineurs. De 1900 à 1938 les femmes et l'alcool étaient interdits à Kennicott mais ne manquaient pas à McCarthy. Aujourd'hui, si la ville a perdu son aspect égrillard, elle conserve néanmoins un charme particulier.

Une nuit dans la **McCarthy Lodge** (907-33-5402) coûte 20 $. Le camping est libre sur la rive ouest de Kennicott River (pas d'eau et WC à la turque) Des reliques du temps de l'exploitation minière sont exposées au **McCarthy-Kennicott Historical Museum** (entrée libre. Ouvert tous les jours de 8h à 18h). Vous pouvez vous y procurer des renseignements sur la région et une carte des circuits pédestres (1 $).

Si vous voulez survoler l'Alaska, McCarthy est l'endroit rêvé. La compagnie aérienne **Wrangell Mountain Air** (800-478-1160 pour réserver), basée dans le centre de McCarthy, propose plusieurs excursions au-dessus de la région (de 40 à 100 $). Les avions ne décollent qu'avec au moins trois personnes à bord. **McCarthy Air** (800-245-6909) offre le même type de services et de tarifs. Faites jouer la concurrence entre les deux compagnies.

The Bike Shop loue des bicyclettes (8 $ de l'heure, 20 $ par jour) qui vous permettront d'explorer quelques vieilles rues autour de la ville. **Copper Oar** (907-522-1670), au bout de McCarthy Rd., propose une descente en eau-vive de deux heures sur la Kennicott River (40 $). Pour ceux qui doivent vraiment se serrer la ceinture, une simple promenade à pied autour de McCarthy et de Kennicott se révèle tout à fait intéressante. 8 km séparent les deux villes. Un bus (*shuttle bus*) fait également la navette à horaires réguliers (8 $ l'aller-retour). La plupart des randonneurs établissent leur camp de base à McCarthy. Il n'y a pas de sentiers aménagés dans le parc, mais depuis des décennies, les mineurs et les voyageurs ont tracé plusieurs chemins. Le sentier le plus couramment emprunté, en direction de Root Glacier après Kennicott, fait 26 km aller-retour et se parcourt en 1 à 3 jours. Pour toute étape nocturne, les services du parc ont besoin d'un itinéraire écrit. Même si on ne vous le demande pas, il est avisé d'en fournir un.

■■■ ANCHORAGE

Il y a seulement 80 ans, Anchorage n'apparaissait même pas sur les cartes de la région. Aujourd'hui, c'est la plus grande métropole d'Alaska. La moitié environ de la population réside à "Los Anchorage" (le terme que les ruraux emploient pour se moquer des grands airs que se donne la ville). Au-delà de sa prolifération de fast-foods et de débits d'alcool, Anchorage possède des équipes semi-professionnelles de base-ball et de basket, des salles de concert réputées, un théâtre et un opéra. La ville heureusement n'a pas été complètement pervertie par la civilisation mondaine ; on croise encore de temps à autre des orignaux ou des ours égarés dans ses rues... La chasse est d'ailleurs légalement autorisée à l'intérieur même de l'agglomération.

Informations pratiques Au **Log Cabin Visitors Information Center**, W. 4th Ave. (274-3531), sur F St., vous pouvez vous procurer toutes sortes de brochures (ouvert tous les jours de 7h30 à 19h, de septembre à mai de 9h à 18h, d'octobre à avril de 9h à 16h). L'**Alaska International Airport**, P.O. Box 190649-VG, 99519-0649 (266-2525), est desservi par 8 transporteurs internationaux et 15 transporteurs nationaux, parmi lesquels **Delta Airlines** (249-2110 ou 800-221-1212) et **Mark Air** (266-6802 ou 800-627-5247). Pratiquement tous les aéroports d'Alaska sont reliés à Anchorage, par vol direct ou via Fairbanks. **Alaska Railroad**, 411 W. 1st. Ave., 99510-7500 (265-2494 ou 800-544-0552 d'un autre Etat), dessert Denali (88 $), Fairbanks (129 $) et Seward (50 $). En hiver, un train seulement pour Fairbanks et pas de liaison avec Seward. Pour plus d'informations, écrire au Passenger service, P.O. Box 107500 (bureau ouvert tous les jours de 7h à 17h30, vente de billets du lundi au vendredi de 5h30 à 17h, samedi et dimanche de 5h30 à 14h).
   Alaska Backpacker Shuttle (344-8775) propose un service de minibus à destination des villes et des départs des sentiers de randonnée des environs. Le bus pour Denali (35 $, 60 $ l'aller-retour, vélo 5 $) part tous les jours à 8h de l'auberge de jeunesse. Les bus desservent aussi Talkeetna (30 $), Girdwood (25 $), Portage Train Station (17,50 $) et les chemins de randonnée au nord et au sud d'Anchorage (5 à 10 $ suivant la distance). Appelez à l'avance pour qu'on passe vous prendre. **Fireweed Express** (452-0521) va à Denali (25 $, 45 $ aller-retour, vélo 5 $). Téléphonez pour réserver. **Homer and Kenai Peninsula Bus Lines** (800-478-8280) affrète un bus par jour pour Seward (30 $) et Homer (38 $). Le bus part de l'hôtel Alaska Samovar Inn, 720 Gambell St. **Alaskon Express** (800-544-2206) se rend à Valdez (tous les jours à 8h. 61 $) et à Haines (dimanche, mardi et vendredi à 7h. 200 $) **Alaska Direct** (277-6652) dessert Whitehorse (au Canada) (lundi, mercredi et samedi à 6h. 145 $). **Alaska Marine Highway**, 333 W. 4th St. (272-7116), dans le Post Office Mall, n'a pas de terminal mais vend des billets de ferry et effectue des réservations (ouvert du lundi au vendredi de 8h à 16h30). De l'autre côté du Regal Alaskan Hotel, **Affordable Car Rental**, 4707 Spenard Rd. (243-3370), loue des voitures (29 $ par jour, 50 miles gratuits, 30 ¢ par mile supplémentaire). **Gay/Lesbian Helpline** : 258-4777. **24h/24 Crisis Line** : 272-4048. **Urgences** : 911. **Bureau de poste** : W. 4th Ave. et C St. (279-3062), à l'étage inférieur de la galerie marchande (ouvert du lundi au vendredi de 10h à 17h30, samedi de 10h30 à 16h). **Code Postal** : 99510. **Indicatif téléphonique** : 907.
   Il est facile de s'orienter dans le centre-ville. Les avenues numérotées vont d'est en ouest. La mention East ou West est précisée sur les adresses à partir de **C Street**. Les rues du nord au sud sont désignées par des lettres à l'ouest de **A Street** et portent des noms à l'est de celle-ci. Le reste d'Anchorage s'étend loin, très loin le long des principales routes nationales.

Hébergements, campings et restaurants La plupart des hébergements à Anchorage sont décentrés. La meilleure solution consiste à loger à l'auberge de jeunesse **Anchorage International Youth Hostel (HI-AYH)**, 700 H St. (276-3635), sur 7th Ave., à un block au sud du Transit Center (3 cuisines, 2 balcons, un tas d'informations sur les voyages à l'intérieur de l'Etat. Souvent plein en été, écrire ou téléphoner pour réserver. Fauteuil roulant à disposition. Fermée entre 12h et 17h. Couvre-feu à minuit. En été, 4 nuits maximum sur place. 15 $, non-membres 18 $. Pièce d'identité avec photo obligatoire. Garde des bagages 1 $ par sac et par jour). Calme et confortable, le **Spenard Hostel**, 2845 W. 42nd Pl. (248-5036), possède des cuisines et des chambres communes. Communications locales gratuites.

Prendre le bus n°7 ou 36 à la sortie de Spenard en direction de Turnagain. 42nd Pl. est la première à gauche en quittant Turnagain (pas de couvre-feu, l'auberge reste ouverte toute la journée. 12 $).

Eagle River (688-0998. 15 $) et **Eklutna** (694-2108. 10 $), respectivement à 20 et à 42 km au nord-est d'Anchorage, le long de Glenn Hwy., comptent parmi les meilleurs campings de l'Etat. Pour plus d'informations sur les autres terrains de camping, contacter le State Park service (762-2261). **Centennial Park**, 5300 Glenn Hwy. (333-9711), est situé au nord de la ville à la sortie de Muldoon Rd. Suivre les panneaux indicateurs ou prendre le bus n°3 ou 75 depuis le centre (90 emplacements pour tentes et camping-cars, douches, vide-ordures, endroits pour faire du feu, téléphone payant, eau courante. 7 jours maximum sur place. Inscriptions tous les jours de 7h à minuit. Règlement le matin. Emplacements 13 $. Ouvert de mai à septembre). **Lions' Camper Park,** 800 Boniface Pkwy. (333-9711), au sud de Glenn Hwy., dans Russian Jack Springs Park, à 4 blocks de Boniface Mall. Prendre le bus n°12 ou 45 jusqu'à la rue piétonne et faire le reste à pied (50 emplacements avec douches, vide-ordures, endroits pour faire du feu, téléphone payant, eau courante. Bureau dans Centennial Park. 7 jours maximum sur place. Emplacements 13 $. Ouvert de juin au 15 septembre).

Les restaurants d'Anchorage sont idéals pour les voyageurs à petit budgets qui peuvent y trouver une cuisine variée et bon marché. Dans son étrange décor, **Blondie's Café** (279-0698), à l'angle de 4th et de D St., sert toute la journée des petits déjeuners composés entre autres de 3 *hotcakes* pour 4,25 $ (sandwich jambon-fromage 5 $; ouvert tous les jours de 5h à 23h). **Twin Dragons**, 612 E. 15th Ave. (276-7535), près de Gambell, est l'une des meilleures tables de la ville : un buffet composé de viandes et de légumes marinés, saisis sur un grill géant (6,25 $). Ce nouvel endroit est devenu le restaurant favori des gastronomes (buffet servi du lundi au samedi de 11h à 15h30, dimanche de 13h à 15h30. Ouvert tous les jours de 11h à minuit).

Visites et sorties Le **mont Sustina**, que l'on appelle ici "The Sleeping Lady", surplombe Anchorage. Pour avoir une vue panoramique, rendez-vous à 6,5 km du centre-ville jusqu'au **Point Warzenof**, à l'extrémité ouest de Northern Lights Blvd. **Earthquake Park** rappelle le tremblement de terre du vendredi saint de 1964, que les habitants de l'Alaska surnomme le "Black Friday" (vendredi noir). Ce tremblement de terre, qui atteignit 9,2 sur l'échelle de Richter, fut le plus terrible qu'ait jamais connu l'Amérique du Nord. Choisissez votre moyen de transport (voiture, marche, rollers ou bicyclette) pour une balade le long de **Tony Knowles Coastal Trail**, un chemin pavé de 17,5 km qui longe d'un côté la crique de Cook, et de l'autre les jardins de la bonne société d'Anchorage.

Une visite de 4 heures du centre d'Anchorage part du *visitors center*. L'**Anchorage Museum of History and Art**, 121 W. 7th Ave. (343-4326), sur A St., présente des objets d'art et d'artisanat des populations amérindiennes. En été, des démonstrations de danse s'y déroulent trois fois par jour (4 $). Le musée organise des visites gratuites tous les jours à 10h, 11h, 13h et 14h (ouvert tous les jours de 9h à 18h, du 16 septembre au 14 mai du mardi au samedi de 10h à 18h, dimanche de 12h à17h. 4 $, personnes âgées 3,50 $, gratuit pour les moins de 18 ans). L'**Alaska Aviation Heritage Museum**, 4721 Aircraft Dr. (248-5325), propose, avec pas mal d'humour, une histoire des pionniers de l'aviation en Alaska (ouvert tous les jours de 9h à 18h. 5,75 $, personnes âgées 4,50 $, jeunes 2,75 $).

Si vous vous sentez d'humeur vagabonde, faites donc la randonnée au sommet de **Flattop Mountain** dans les "Glenn Alps" de Chugach Range, près d'Anchorage. Lorsque le ciel est dégagé, la vue sur la ville et sur Denali ne vous fera pas regretter cette petite marche d'une heure. Pour rejoindre l'embranchement du chemin, montez à bord du bus n°92 jusqu'à l'intersection d'Hillside et d'Upper Huffman Rd. De là, marchez pendant 1,2 km le long d'Upper Huffman Rd. et tournez à droite à Toilsome Hill Dr. Continuez pendant 3,2 km, puis suivez les panneaux indicateurs pour atteindre ce sommet de 1 350 m.

A L A S K A

Editarod : une bien longue course

Chaque année, pendant les trois premières semaines de mars, se déroule la course de traîneau **Editarod Trail Sled Dog Race**, au cours de laquelle les propriétaires de chiens font parcourir à leur attelage les 1 790 km qui séparent Anchorage de Nome. Cette route devint célèbre en 1925 lorsque le sérum antidiphtérique fut convoyé en traîneau jusqu'à Nome afin d'enrayer la terrible épidémie qui y faisait rage. Pour ce faire, les chiens durent traverser deux chaînes de montagnes, la rivière Yukon et la mer de Bering prise dans les glaces. Ces dernières années, la course a fait l'objet de violentes polémiques. Les associations de défense des animaux dénoncent les conditions pénibles endurées par les chiens, dont certains meurent d'épuisement. Malgré cela, les habitants de la ville se rendent toujours en masse pour la cérémonie du départ, le 3 mars à Anchorage (les attelages sont transportés par camions jusqu'à la ligne de départ, juste à l'extérieur de la ville). Pour plus d'informations, contactez l'Editarod Trail Committee, Pouch X, Wasilla, AK 99687 (376-5155).

Le **Chilkoot Charlie's**, 2435 Spenard Rd. (272-1010), sur Fireweed, est un complexe de six bars et un dancing (ouvert du lundi au jeudi de 10h à 2h30 du matin, vendredi et samedi de 10h à 3h du matin, dimanche de 12h à 2h30 du matin) que l'on gagne par le bus n°7 ou n°60. **Mr. Whitekey's Fly-By-Night Club**, 3300 Spenard Rd. (279-7726), est sans doute plus intéressant et moins bondé. On y sert de tout, du champagne comme du *spam* (sorte de mortadelle). Goûtez les *spam nachos* ou le *spam on a bagel* (spam dans un petit pain.3 à 7 $). Le soir on y entend aussi bien du rock que du jazz ou du blues (prendre le bus n°7. Bar ouvert du mardi au samedi de 16h à 2h30 du matin). Le **Blue Moon**, 530 E. 5th Ave., est le bar gay et lesbien branché d'Anchorage (277-0441. Ouvert du lundi au jeudi de 13h à 2h du matin, vendredi de 13h à 3h du matin, samedi de 15h à 3h du matin, dimanche de 15h à 2h du matin).

■■■ DENALI

Le **Denali National Park** fut créé en 1917 pour protéger une remarquable faune sauvage et de vastes étendues de toundra et de taïga. Il abrite la montagne Denali ("Le Grand" en langue athabascan), également connue sous le nom de **Mt. McKinley**, le plus haut sommet d'Amérique du Nord. Ses 6 000 m de rochers et de glace provoquent une formation nuageuse qui dissimule le sommet, visible seulement une petite partie de l'été.

Informations pratiques Tous les visiteurs s'arrêtent au **Denali Visitors Center** (683-1266), à 1,6 km de la route n°3. Sur place, procurez-vous des **cartes**, les horaires des bus, des autorisations (gratuites) pour faire du camping sauvage et l'indispensable publication gratuite *Alpenglow* (ouvert tous les jours en été de 7h à 20h). Consignes à l'extérieur 50 ¢). C'est également là que se trouve l'arrêt du bus qui fait la navette avec le **Eielson Visitors Center**, à 106 km à l'intérieur du parc (tenu par des rangers très serviables. Ouvert tous les jours en été de 9h à la tombée de la nuit). Les **navettes** quittent le Denali Visitors Center tous les jours de 5h30 à 14h30. L'**accès au parc** coûte 3 $, 5 $ pour les familles. Pour avoir des renseignements, écrire au **Denali National Parc and Preserve**, P.O. Box 9, Denali Park 99755 (683-1266).

Seuls les 22 premiers km du parc peuvent être empruntés avec un véhicule particulier. Pour les 114 autres km de piste cahoteuse il est nécessaire de prendre la navette. Si vous le pouvez, choisissez le Wonder Lake Bus qui est moins fréquent mais offre la plus belle vue de Denali au-delà d'Eielson. Sur certains trajets, mieux vaut réserver vos billets (272-7275 ou 800-622-7575), mais vous pouvez généralement les acheter le jour même. Les premiers arrivés sont les premiers servis. Les **camper Buses** (15 $) sont plus rapides mais ne transportent que les personnes munies d'un *campground* ou d'un *backcountry permit* (autorisation de camper sur un terrain ou de faire du camping sauvage). Vous pouvez monter ou descendre de ces bus n'importe où le long de la route. Pour que le bus s'arrête, il suffit de faire signe au chauffeur. Ce système est très pratique en particulier pour les randonneurs. Les *camper buses* quittent le *visitors center* 5 fois par jour. Le dernier bus stationne pendant la nuit à Wonder Lake et repart le lendemain matin à 7h10.

Denali National Park est facilement accessible en avion (de préférence au départ de **Talkeetna**), en train ou par la route. **George Parks Hwy.** (route n°3) relie Anchorage (284 km au sud de Denali) et Fairbanks (192 km au nord), et permet d'accéder directement au parc. Plusieurs compagnies de bus font la liaison entre Denali, Anchorage et Fairbanks. **Parks Highway Express** (479-3065) vous transporte pour 20 $ d'Anchorage ou de Fairbanks jusqu'à Denali. **Moon Bay Express** (274-6454) propose une liaison par jour avec Anchorage (35 $, 60 $ l'aller-retour). **Fireweed Express** (452-0251) possède un service de minibus pour Fairbanks (25 $). L'**Alaska Railroad**, P.O. Box 107500, Anchorage 99510 (683-2233. 800-544-0552 si vous appelez d'un autre Etat) dessert la gare de Denali à 2,4 km de l'entrée du parc. **Urgences :** 683-9100. **Bureau de poste :** (683-2291) près du Denali Hotel, à 1,6 km du *visitors center* (ouvert du lundi au vendredi de 8h30 à 17h, samedi de 10h à 13h, d'octobre à mai du lundi au samedi de 10h à 13h). **Code postal :** 99755. **Indicatif téléphonique :** 907.

Hébergements, campings et restaurants

L'auberge de jeunesse de Denali, **Denali Hostel**, P.O. Box 801, Denali Park 99755 (683-1295), vous attend à 15 km au nord de l'entrée du parc. Vous y trouverez des lits superposés, des douches et des endroits pour faire la cuisine. Des bus font la navette entre l'intérieur et l'extérieur du parc (22 $). Pour vous y rendre, tournez à gauche sur Otto Lake Rd., c'est le deuxième bâtiment à droite.

Il existe six **terrains de camping** le long de Denali Park Rd. à l'intérieur du parc. La plupart ont de l'eau courante et des toilettes (emplacements de 6 à 12 $) mais nécessitent une autorisation de camper. Seulement 30% des emplacements peuvent être réservés (907-272-7275 ou 800-622-7275). Les autres sont loués au jour le jour ; il est conseillé d'arriver de bonne heure. Les randonneurs qui attendent un *backcountry permit* peuvent trouver un emplacement au **Morino Campground** (6 $) près du Denali National Park Hotel. N'oubliez pas d'apporter des provisions car à Denali la nourriture est chère. Il est possible d'acheter un choix limité de produit au **Mercantile Gas and Groceries** sur Denali Park Rd. (683-2215. Ouvert tous les jours de 7h à 22h). Le **Lynx Creek Grocery** (683-2548), à 1,6 km au nord de l'entrée du parc, propose de copieuses spécialités italiennes et mexicaines (7 à 8,25 $) et de bonnes pizzas (ouvert tous les jours de 11h à 23h30).

Explorer le parc

Denali National Park ne peut être parcouru en une journée. Bien que les possibilités de randonnées soient illimitées, de 2 à 12 campeurs seulement peuvent séjourner en même temps sur chacun des 44 terrains que compte le parc. Prévoyez différents endroits au cas où votre premier choix ne pourrait être satisfait. La taïga et la toundra qui couvrent le premier tiers du parc sont un enfer pour les randonneurs. Imaginez que vous marchiez sur de vieux matelas imbibés d'eau et recouverts de buissons. Le dernier tiers du parc quant à lui grouille de moustiques en juillet (n'oubliez pas d'emporter répulsifs et moustiquaires, en vente dans les boutiques du coin). Pour faire des excursions et du camping sauvage dans les meilleures conditions, préférez la partie centrale. Les rangers en charge du parc ne vous conseilleront pas une zone en particulier (leur objectif est de répartir les randonneurs sur l'ensemble du territoire) mais il faut savoir que l'on trouve de bons endroits le long de **Toklat River**, **Marmot Rock** et **Polychrome Pass**.

■■■ L'ALASKA HIGHWAY

Construite durant la Deuxième Guerre mondiale, l'Alaska Highway est une route de 2 647 km qui s'étend entre Dawson Creek, en Colombie Britannique, et Fairbanks en Alaska. Après l'attaque de Pearl Harbor, en 1941, le ministère de la Guerre américain devint persuadé qu'une route transcontinentale était nécessaire pour approvisionner les bases de l'US Army en Alaska. Les ingénieurs de l'armée réalisèrent ce travail titanesque en seulement 8 mois et 12 jours.

Conduire sur cette route n'est pas une partie de plaisir. Sur une grande partie, la chaussée est revêtue d'une couche de gravier aggloméré. En été, la poussière est aveuglante et les projections de cailloux font voler en éclats les phares et les pare-brise. Il est plus que conseillé d'équiper ses phares de caches en plastique ou de grillage. Les habitants du coin protègent le radiateur de leur véhicule à l'aide d'un cache fixé devant la grille. Ne voyagez pas sans une roue de secours complète et des réserves d'essence. Si vous prenez cette route en hiver, emportez votre garde-robe polaire et préparez votre voiture à affronter des températures en dessous de zéro.

Avant de commencer votre périple, prenez un exemplaire de la brochure gratuite *Help Along the Way*, disponible dans les *visitors bureau*, ou contactez le Health and Social Services, P.O. Box H-06C, Juneau 99811 (907-465-3027). Cette brochure dresse une liste exhaustive des services médicaux d'urgence et des numéros de téléphone à travers l'Alaska, le Yukon et la Colombie Britannique et donne des indications sur la conduite et la préparation au voyage.

■■■ FAIRBANKS

En 1902, Felix Pedro, un chercheur d'or italien, découvre un immense filon d'or dans la région. Un certain E.T Barnette, bloqué avec son chargement de marchandises à cause des basses eaux, sentit l'aubaine. Il se hâta de construire l'ébauche d'une ville. L'année suivante, le juge Wickersham, soucieux d'obtenir le soutien d'un sénateur de l'Indiana, Charles William Fairbanks, baptisa la ville du nom de ce dernier. C'est aujourd'hui la deuxième ville de l'Etat.

Informations pratiques Fairbanks est situé à 573 km d'Anchorage par la George Parks Hwy. Le **Convention and Visitors Bureau** (456-5774 ou 800-327-5774), 550 1st Ave., vous fournira les renseignements dont vous avez besoin (ouvert tous les jours de 8h à 20h, de septembre à mai du lundi au vendredi de 8h à 17h). L'**Alaska Public Lands Information Center (APLIC)**, 250 Cushman St., #1A (456-0527), délivre des informations sur les parcs et les zones protégées d'Alaska (ouvert tous les jours de 9h à 18h, en hiver du mardi au samedi de 10h à 18h). Fairbanks est le siège du **Gates of the Arctic National Park**, 201 1st St. (456-0281. Ouvert du lundi au vendredi de 8h à 17h) et de l'**Arctic National Wildlife Refuge**, 101 12th St., #266 (456-0250. Ouvert du lundi au vendredi de 8h à 16h30). L'**aéroport** se trouve à 8 km du centre sur Airport Way. **Alaska Air** (452-1661) dessert Anchorage (109 $) et Juneau (222 $). L'**Alaska Railroad**, 280 N. Cushman (456-4155), propose un train par jour de mai à septembre pour Nenana (20 $), Anchorage (129 $) et Denali National Park (47 $). Les enfants de 2 à 11 ans voyagent à moitié prix. L'hiver, un train part pour Anchorage tous les dimanches (70 $). La gare est ouverte du lundi au vendredi de 7h30 à 16h30, le week-end de 7h30 à 12h. **Park Highway Express** (479-3065) affrète six bus par semaine pour Denali (20 $) et Anchorage (40 $). Les bus d'**Alaskon Express** (800-544-2206) se rendent quatre fois par semaine à Haines (174 $). **Bureau de poste :** 315 Barnette St. (452-3203. Ouvert du lundi au vendredi de 9h à 18h, samedi de 10h à 14h). **Code postal :** 99707. **Indicatif téléphonique :** 907.

Hébergements, campings et restaurants Pour avoir des renseignements sur les bed and breakfast, adressez-vous au *visitors bureau* ou écrivez à

Fairbanks B & B, 902 Kellum St., Anchorage (452-4967). Au **Grandma Shirley's Hostel**, 510 Dunbar St. (451-9816), vous disposerez d'un lit, d'une cuisine, de douches et même d'un vélo gratuit. Le dortoir est mixte et contient 9 lits (15 $. Appelez pour qu'on vous indique la route à suivre). **Billie's Backpackers Hostel (AAIH/Rucksackers)**, 2895 Mack Rd. (479-2034), comprend 4 lits dans un bungalow simple et bien tenu et 8 lits dans le bâtiment principal. Prenez Westridge Rd. à un block du Collège, en direction de Mack Rd. puis repérez les panneaux "Billie's B & B" (cuisine. Possibilité de se faire prendre à l'aéroport ou à la gare. 13,50 $). Le camping **Tanana Valley Campground**, 1800 College (456-7956), près d'Aurora Motel and Cabins, est le plus proche du centre mais il est un peu bruyant (douches gratuites, laverie automatic, emplacements de tente 6 $, avec véhicule 10 $). Le long d'Airport Way et de College Rd, on trouve pratiquement toutes les chaînes de fast-food existantes. **The Whole Earth**, 1157 Deborah St. (479-2052), derrière College Corner Mall, est à la fois un magasin d'alimentation diététique, une épicerie fine et un restaurant (ouvert du lundi au samedi de 8h à 20h, dimanche de 12h à 18h. Plats chauds servis de 11h à 15h et de 17h à 19h). **Souvlaki**, 112 N. Turner (452-5393), de l'autre côté du pont en partant du *visitors center*, propose 3 délicieuses feuilles de vigne farcies pour 1,15 $ (salade dans une *pita* 3 $). (Ouvert du lundi au vendredi de 10h à 21h, samedi de 10h à 18h, en hiver du lundi au samedi de 10h à 18h).

Visites et sorties L'**University of Alaska-Fairbanks** est située au sommet d'une colline qui surplombe la ville. Deux lignes de bus s'arrêtent au Wood Campus Center (474-7034). L'**University of Alaska Museum** (474-7505), à 10 mn en remontant Yukon Dr. depuis le Campus Center, présente une collection hétéroclite ; on y trouve aussi bien des vêtements liturgiques russes orthodoxes qu'un bison préhistorique momifié (ouvert tous les jours de 9h à 20h, de mai à septembre de 9h à 17h, d'octobre à avril de 12h à 17h. 4 $, étudiants et personnes âgées 3 $, familles 12,50 $, gratuit le vendredi d'octobre à avril). Ne manquez pas cette merveille de technologie qu'est le **Trans-Alaska Pipeline**, au km 13 de Steese Hwy., en sortant de Fairbanks. Des piliers équipés de systèmes de refroidissement surélèvent le pipeline afin de protéger la toundra du pétrole brûlant. Les habitants de Fairbanks, qui trouvent que les épicéas manquent de conversation, se réfugient dans les bars la nuit. Les autres, et en particulier les étudiants de l'université, se rendent au légendaire **Howling Dog Saloon** (457-8780), à 18 km en descendant Steese Hwy., pour écouter du rock and roll *live* et jouer au volley-ball à minuit (ouvert de mai à octobre du mardi au dimanche de 12h à 5h du matin).

■ ■ ■ EAGLE

Eagle se tient sur les berges de la rivière Yukon, à l'extrémité de Taylor Hwy., à l'entrée de vastes étendues sauvages. Comme la plupart des villes situées le long de la rivière Yukon, Eagle doit son existence à la ruée vers l'or du Klondike. La fin de cette époque marqua le début du déclin militaire et minier de la ville. Aujourd'hui, les travaux de restauration massifs entrepris par BLM et l'Eagle Historical Society ont permis à de nombreux bâtiments de retrouver leur aspect d'origine. Pour les visiteurs, Eagle apparaît désormais comme un site pittoresque et une base nautique pour des descentes du Yukon en canoë.

La seule façon d'accéder aux bâtiments historiques et aux expositions est une visite organisée de 3 heures (3 $, gratuit pour les moins de 12 ans) qui commence tous les jours à 9h au **Courthouse Museum** sur Berry St. Ce musée est ouvert au public pendant la majeure partie de la journée. **Amundsen Park**, sur 1st St. à Amundsen, rend hommage à l'explorateur norvégien qui atteignit Eagle en 1905 depuis les côtes arctiques du Canada. Il se servit du télégraphe d'Eagle pour informer le monde qu'il avait réussi à naviguer par la voie du Nord-Ouest. Neuf mois plus tard, il accomplissait la première traversée de l'Atlantique au Pacifique par l'Océan Arctique.

Le **visitors center** du ministère de l'Environnement chargé des parcs nationaux (547-2233), à l'extrémité ouest de 1st St., peut vous fournir des informations sur la géographie et la faune de la région mais aussi sur la ville (ouvert tous les jours de 8h à 17h). **Urgences :** 547-2300. **Bureau de poste :** (547-2211) sur 2nd St. à Jefferson (ouvert du lundi au vendredi de 8h30 à 16h30). **Code postal :** 99738. **Indicatif téléphonique :** 907.

Le **Yukon Adventure Bed and Breakfast** (547-2221), à environ 800 m à l'est de la ville est un B & B d'un nouveau genre avec terrasse pour bronzer, TV, magnéto-scope dans les chambres doubles et vidéothèque bien fournie. Lorsque vous êtes dos à la rivière, prenez à gauche sur 1st Ave., dépassez le Village Store et suivez les panneaux jusqu'à l'embarcadère des bateaux (chambres simples 50 $, doubles 60 $). Les campeurs se réjouiront en découvrant **Eagle BLM Campground**, à 1,6 km de marche de la ville après Fort Egbert (gratuit, pas d'eau, toilettes à la turque). Plusieurs sentiers de randonnée partent du camping. L'**Eagle Trading Co.** (547-2220), dans le "mall", sur Front St., fournit tous les services possibles : magasin d'alimentation, douches (4 $), raccordement pour camping-car (15 $) et des chambres à louer (simples 50 $, doubles 60 $. Ouvert tous les jours de 9h à 20h. Les cartes de crédit ne sont pas acceptées). Le **Riverside Café** qui se trouve à côté (547-2250) sert de la nourriture standard à des prix raisonnables pour la région du *Bush* (burgers avec frites ou salade 5 $. Ouvert tous les jours de 7h à 20h).

La descente en bateau d'Eagle à Circle Le **visitors center** (voir plus haut) est le meilleur endroit pour se renseigner sur la célèbre descente de 253 km le long de la rivière Yukon entre Eagle et Circle. Elle vous fait pénétrer dans le parc **Yukon-Charley Rivers National Preserve.** Le périple complet dure 6 jours et traverse certaines des régions les plus sauvages d'Alaska. Les ours, les orignaux et les castors sont des habitués des lieux (tout comme les moustiques, hélas…). Les canoës-kayaks et les canots pneumatiques sont le moyen de transport le plus courant. **Eagle Canoe Rental** (547-2203) vous emmène pour une descente de 5 jours jusqu'à Circle (160 $, pagaies, gilets de sauvetage, et retour compris). Informez vous auprès du **Park Servive** en écrivant au *Superintendent*, P.O. Box 167, Eagle, AK 99738.

Hawaii

Le "plus bel archipel du Pacifique", selon les termes de Marc Twain fait rêver le monde entier avec sa végétation tropicale exubérante, ses plages bordées de cocotiers, ses rouleaux faits pour le surf et ses volcans en activités. C'est environ 600 ans avant Jésus Christ que les Polynésiens s'implantent à Hawaii, au terme d'un périple en pirogue sur les mers du Pacifique. En 1778, James Cook découvre cet archipel, qu'il baptise îles Sandwich en l'honneur du lord britannique du même nom. Sa population s'élève alors à près de 800 000 habitants. Unifiés au début du XIXᵉ siècle sous l'autorité du roi Kamehameha 1ᵉʳ, les Hawaïens seront décimés par les maladies apportées par les Occidentaux. En 1898, lorsque les Etats-Unis obtiennent les droits exclusifs sur la baie de Pearl Harbor, l'archipel ne compte plus que 50 000 habitants. Dès lors, il s'américanise rapidement, l'immigration anglo-saxonne et asiatique modifiant radicalement son visage. En 1959, Hawaii devient le 49ᵉ Etat américain. Situé à 3800 km du continent, l'archipel est composé de 132 îles dont 7 seulement sont habitées. La capitale Honolulu est située sur l'île **d'Oahu**, la plus développée. Facile d'accès, Oahu compte beaucoup d'hôtels mais peu d'endroits vierges. **Hawaii**, "The Big Island", la plus étendue, a donné son nom à l'archipel. Réputée pour ses plages de sable noir, et son parc naturel, le Volcanoes National Park, elle est également très touristique. Les surfeurs du monde entier rêvent de ses rouleaux. Les véliplanchistes, eux, ont un faible pour les vents de **Maui** où, pour les moins sportifs, il reste un village de pêcheurs de baleine, Lahaina, et un volcan assoupi, Aleakala. **Kauai**, au nord-ouest de l'archipel, est peut-être la plus belle des îles avec sa végétation luxuriante et ses rivages préservés. **Molokai**, "The Friendly Isle", peuplée de 6000 habitants qui vivent au rythme tranquille du Pacifique, convient parfaitement au voyageur en quête de solitude. Sur la minuscule île de **Lanai**, les hôtels de luxe ont remplacé les plantations d'ananas. **Niihau**, fermée aux touristes, est seulement habitée par quelques centaines de familles hawaïennes.

Hawaii en bref

Auteurs : Isabella Bird, James Michener, Robert Louis Stevenson.
Artistes : Magde Tennant, Jean Chalet, Robert Lyn Nelson.
Cuisine : Les fruits exotiques de la terre et de la mer : *kim chee, katsu, kalua pig, lay lau,* saumon *lomi lomi, haupia, poi, pupus, sashimi* (poisson cru), coco, ananas, banane, fruit de la passion, mangue, fruit de l'arbre à pain.
Microbrasseries : Primo Brewing & Malting Co.
Musique : Don Ho.
Films et télévision : Hawaii police d'Etat, Magnum, et toutes les apparitions à l'écran de Pat Morita.
Climat : Encore meilleur qu'en Californie.

INFORMATIONS PRATIQUES

Capitale : Honolulu.
Hawaii Visitors Bureau : 2270 Kalakaua Ave., 7th floor, Honolulu 96815 (923-1811). La meilleure source d'informations sur Hawaii. Ouvert du lundi au vendredi de 8h à 16h30. On trouve d'autres offices du tourisme dans les différentes villes de l'archipel. **Campings et parcs : Department of Land and Natural Resources**, 1151 Punchbowl St., Room 310, Honolulu 96813 (587-0301). Ouvert du lundi au vendredi de 8h à 16h. Informations, autorisations de camper dans les parcs naturels et cartes des sentiers de randonnée. **National Park Service**, Prince Kuhio Federal Bldg.

#6305, 300 Ala Moana Blvd., Honolulu 96850 (541-2693). Les autorisations sont délivrées dans le bureau de chaque parc. Ouvert du lundi au vendredi de 7h30 à 16h.

Fuseau horaire : Hawaii (6 heures de moins que le fuseau de l'Est, 12 heures de moins que Paris).

Abréviation de l'état : HI.

Code postal : 808 pour tout l'archipel.

Taxe locale : 4,167 %, chambres d'hôtel 10,167 %. **Taxe routière :** 2 $ par jour pour les voitures de location.

SE DÉPLACER

Pour un aller-retour en avion depuis Los Angeles, compter au moins 300 $ sur la plupart des principales compagnies aériennes. **Cheap Tickets** (947-3717 à Hawaii, 800-234-4522 depuis les Etats-Unis continentaux) à Honolulu, propose des tarifs réduits. Il existe aussi une liaison régulière en **ferry** entre Maui, Molokai et Lanai. Les principales compagnies intérieures, **Hawaiian**, **Mahalo** et **Aloha Airlines** vous conduisent rapidement (environ 40 mn) d'Honolulu jusqu'à n'importe quelle autre île. Des agences de voyages comme **Pali Tour and Travel, Inc.**, 1300 Pali Hwy. suite 1004, Honolulu 96813 (533-3608) vendent un carnet de billets intérieurs très pratique pour se rendre d'une île à l'autre (6 vols pour 312 $). **Hawaiian Airlines** vend également des **pass** qui permettent de voyager sans limitation sur les vols intérieurs (5 à 15 jours, de 169 à 269 $). De même **Hawaiian Air** (6 vols 234 $) et Aloha (5 vols 188 $). On peut se procurer les pass de **Mahalo Air** (34 à 38 $ le coupon) dans la plupart des agences de voyages.

HÉBERGEMENTS

Sands and Seaside Hotels, (800-451-6754 ou 800-367-7000 du continent) propose des résidences hôtelières qui sont parmi les moins chères de l'archipel (à partir de 54 $). Pour réserver des Bed & Breakfast, adressez vous à **B & B Hawaii** (822-7771 à Kauai ou 800-733-1632 sur les autres îles), **B & B Honolulu** (hébergement dans tout l'archipel, 595-7533, fax 595-2030) et **All Island B & B** (800-542-0344 ou 263-2342). Faire du **camping** à Maui et Hawaii ne nécessite pas d'autorisation mais les séjours sont limités à 3 jours. Ailleurs, il est nécessaire de demander un *camping permit* (18 ans minimum, autorisations délivrées par le *dept. of State Parks* à Honolulu). Le séjour est limité à 5 nuits sur une période de 30 jours. Les terrains sont ouverts du vendredi au mercredi sur Oahu, tous les jours sur les autres îles.

OAHU

Lorsque James Cook débarqua sur Oahu, l'île n'avait jamais eu de contact avec la civilisation occidentale. Son importance s'accrut avec le développement du trafic marchand à Honolulu. Les Etats-Unis obtiennent à la fin du XIXe siècle les droits exclusifs sur la baie de Pearl Harbor, qui devint la première base navale américaine du Pacifique. Son bombardement par les Japonais le 8 décembre 1941 entraîna les Etats-Unis dans la seconde guerre mondiale. L'île est aujourd'hui très développée. **Honolulu**, la "mégapole" de l'archipel est une ville moderne et multiculturelle où cohabitent asiatiques, anglo-saxons, et même quelques polynésiens. **Waikiki Beach**, à 5 km d'Honolulu, s'étend en direction du cratère de Diamond Head, au sud de l'île. La côte nord, **North Shore,** de Kahuku à Kaena Point, fait rêver les surfeurs du monde entier avec ses vagues hivernales. A l'est, la côte sous le vent, **Windward Coast**, est réputée pour ses récifs de corail et ses poissons tropicaux, en particulier autour d'Hanauma Bay. A l'ouest, la côte au vent, **Leeward Coast** est une zone rude et montagneuse. Les pentes de deux chaînes volcaniques, **Waianae** à l'Ouest et **Koolau** à l'Est, traversent parallèlement l'île du nord-ouest au sud-est.

Hawaii

OCÉAN PACIFIQUE

N ←

HAWAII
(The Big Island)

Kalapana
Black Sand
Beach

Mauna
Kea ■
Waimea   Hilo
VOLCANOES
NATIONAL
PARK
Kīlauea ■
Mauna   Caldera
Loa ■
KONA   Naalehu

Kohala Mts.

Hapuna Beach
Park

Kailua-
Kona
Keaiakekua
Bay

MAUI

KAHOOLAWE

Ohéo Stream (Seven Pools)
Haleakala Crater
Waianapanapa
State Park
Hoʻokipa Beach Park
Keanae
Hana

D.T. Fleming Beach Park
Kaanapali
Iao Valley
State Park

Kaʻaupapa N.P.
Kahului
Kīhei

Lahaina

MOLOKAI

Mauna
Loa
Kaunakakai
Garden of the Gods
Lanai City
LANAI

OCÉAN PACIFIQUE

OAHU
Kāne ʻohe
Bay
La ʻie
Honolulu
Wai-kiki
Beach
Waimea Bay
Wai-a-lua
Pearl
Harbor
Mākaha

KAUAI
Kilauea
Wailua
Lihue
Poipu
Na Pali
Coast
Waimea

NIIHAU

N ←

0   50 miles
0   50 km

0   5   10 miles
0   10 kilomètres

Oahu

OCÉAN PACIFIQUE

Kāne ʻohe
Bay
Kai-lua

La ʻie
Hau-ʻula
Puna-luʻu
Wai-kāne

Wai-mea

KOOLAU RANGE
Wahi-a-wā
Ka-mehameha Hwy
Pearl City

WAIANAE RANGE

Wai-a-lua
Mākaha
Nānā-kuli

Ka-ʻena
Point

Waimea Bay

KOOLAU
RANGE

Wai-ʻdae
Beach
Park

Honolulu

Manoa-Iua
Bay

Hanauma Bay
Beach Park

Diamond
Head
Wai-kiki Beach

Honolulu
Harbor
Pearl
Harbor
Entrance
U.S.S. Arizona
Memorial

Wai-mānalo
Bay

N ←

HAWAII

■■■ HONOLULU

Honolulu est à la fois le centre culturel, économique et politique d'Hawaii. Ses activités portuaires et sa zone industrielle témoignent de son statut de capitale (370 000 habitants) et de grand port du Pacifique. Ce qui n'empêche pas ses kilomètres de sable blanc d'en faire une des grandes destinations touristiques pour les Américains et les Japonais en quête de soleil. La plage de Waikiki compte à elle seule 70 000 chambres d'hôtel et d'innombrables restaurants et boîtes de nuits.

Informations pratiques Vous pouvez obtenir des informations auprès du **Hawaii Visitors Bureau**, 2270 Kalakaua Ave., Honolulu 96815 (923-1811. Ouvert du lundi au vendredi de 8h à 16h30, situé au 8ᵉ étage. Fermé pendant les vacances). Les bus (848-5555) circulent dans toute l'île, mais les horaires varient suivant les lignes (1 $). Pour les taxis, adressez-vous à la compagnie **Sida**, 439 Kalewa St. (836-0011). **Discover Rent-a-Car**, 1920 Ala Moana Blvd. (949-4767) loue des voitures pour 25 $ par jour (âge minimal 21 ans). **Bureau de poste :** 36000 Aolele Ave. (423-3990). Ouvert du lundi au vendredi de 8h à 19h30, samedi de 8h à 14h30. **Code postal :** 96813. **Indicatif téléphonique :** 808.

Honolulu International Airport se trouve à 20 mn à l'ouest de la ville, en sortant de Lunalilo Freeway (H-1). La **Nimitz Hwy.** (route 92) conduit à Waikiki. Les bus n°19 et 20 parcourent les 14 km qui mènent à Waikiki, mais vous ne pourrez pas y embarquer vos bagages à moins qu'ils ne tiennent sur vos genoux. Depuis l'aéroport, la compagnie **Airport Motorcoach** (839-0911) dessert Waikiki et ses principaux hôtels (7 $). Réserver 24h à l'avance pour le retour (bureaux ouverts de 6h30 à 22h30). La compagnie **EM Tours and Transportation** (836-0210) peut venir vous chercher sur un simple appel (7 $).

Hébergements Honolulu, et plus encore Waikiki, sont faits pour les touristes mais restent abordables et agréables. Pour séjourner à l'**Interclub Waikiki**, 2413 Kuhio Ave. (924-2636), il suffit de présenter son billet d'avion. Dortoirs féminins ou mixtes, laverie, réfrigérateurs et BBQ à l'extérieur. Pas de couvre-feu. Réception ouverte 24h/24. Heure limite de libération des dortoirs 10h. Lits superposés 15 $, chambre double 45 $. Caution pour la clé 10 $. L'auberge de jeunesse **Hale Aloha (HI-AYH)**, 2417 Prince Edward St. (926-8313), à Waikiki, est à 2 blocks de la plage. Prendre le Waikiki bus n° 3 à destination de Kuhio et d'Uluniu. Séjour de 3 nuits. Equipement de plongée gratuit. Admission 24h/24. Libération des chambres à 11h. Pas de couvre-feu ni de fermeture pendant la journée. Dortoirs avec lits superposés 15 $, chambre double 35 $. Location de sacs de couchage 1 $. Caution pour la clé 5 $. Réservation conseillée. L'auberge de jeunesse **Honolulu International (HI-AYH)**, 2323A Seaview Ave. (946-0591), à 2,4 km au nord de Waikiki, petite et tranquille, est un peu plus isolée. Prendre le bus n° 6 à *Ala Moana Shopping Center* pour Metcalf et University Ave. (cuisine, consigne et installations non mixtes. Surveillez vos effets personnels car les fenêtres n'ont pas de vitres. Réception ouverte de 7h30 à 10h et de 17h à minuit. Heure limite d'occupation 10h. Extinction des feux à 23h. Chambres fermées de 12h à 16h30. Prix 13 $, 15 $ pour les non-membres. Réservation conseillée). Une ancienne auberge de jeunesse abrite désormais le **Kim's Island Hostel**, 1946 Ala Moana Blvd., Suite 130 (942-8748). Prendre le bus n°19 ou 20 à destination du Hilton Hawaiian Village, traversez Ala Moana, tournez à droite et parcourez la moitié d'un block. Chaque pièce possède l'air conditionné, une salle de bains, un évier, un réfrigérateur et un téléviseur. Il est possible de cuisiner (admission 24h/24. Heure limite d'occupation 10h. 1ᵉʳᵉ nuit 11 $, 15 $ par nuit supplémentaire, 95 $ par semaine, 350 $ par mois. Chambre individuelle 45 $ la nuit ou 275 $ par semaine. La caution de 25 $ comprend les draps). Adressez vous à **B & B Pacific Hawaii**, 19 Kai Nani Place (262-6026) pour louer des chambres chez l'habitant partout dans l'île (45 $ pour 2 personnes).

Restaurants et sorties Le centre-ville et les quartiers de **Kapahulu**, **Kaimuki** et **Moiliili** se trouvent à 10 mn en bus de Waikiki. Avec un bon plan vous pouvez sans problème vous rendre à pieds d'un quartier à l'autre. Dans tout Chinatown, et en particulier le long d'**Hotel Street**, des petits restaurants asiatiques servent à prix doux de bons repas et des *dim sum*. On trouve un grand choix de restaurants de tous les pays, hawaïens, japonais, thaïs et même français entre le 500e et le 1000e block de **Kapahulu Avenue. The Wave**, 1877 Kalakahua Ave. (941-0424), à la limite de Waikiki, est un bar où l'on danse jusque tard dans la nuit (ouvert tous les soirs de concert). Entrée payante les soirs de concert). **Pink Cadillac**, 478 Ena (942-5282) est l'une des rares boîtes de nuit pour les 18-21 ans. Sun lights, ambiance *neo-rave, hip-hop* et *progressive music* (ouvert de 21h à 1h45 du matin. Entrée 5 $, 3 $ le vendredi et le samedi, 10 $ pour les moins de 21 ans).

Visites Le quartier de **Chinatown**, à l'intersection de Nuuanu Ave. et d'Hotel St., vaut la peine d'être visité. Le **Iolani Palace** (538-1471), sur King et Richard St., l'ancien palais du roi Kalakaua et de sa sœur la reine Liliuokalani, est la seule résidence royale jamais construite sur le sol américain (visite de 45 mn tous les quart d'heure du mercredi au samedi de 9h à 14h15. 6 $, de 5 à 12 ans 1 $. Les enfants de moins de 5 ans ne sont pas admis). A l'angle de Beretania et de Richard St. se trouve le **State Capitol**, de style post-moderne et néo-hawaïen (ouvert du lundi au vendredi de 9h à 16h. Entrée libre). Non loin de là, **Honolulu Academy of Arts**, 900 S. Beretania St. (532-8701) renferme l'une des plus belles collections d'art asiatique des Etats-Unis (ouvert du mardi au samedi de 10h à 16h30, dimanche de 13h à 17h. Visites du mardi au samedi à 11h, le dimanche à 13h. 5 $, étudiants et personnes âgées 3 $).

Le 7 décembre 1941, les Américains abasourdis apprenaient la nouvelle du bombardement par les japonais de la flotte américaine du Pacifique à **Pearl Harbor**, qui devait déclencher l'entrée en guerre des Etats-Unis Aujourd'hui, le mémorial **U.S.S Arizona National Memorial** (422-2771) rappelle ce jour. Son *visitors center* est ouvert tous les jours de 7h30 à 17h. Pour y aller à partir de Waikiki, prendre le bus n° 20 puis le bus n° 50, 51 ou 52 depuis Ala Moana ou bien prendre la navette (2 $) qui dessert les principaux hôtels de Waikiki (839-0911). L'entrée du mémorial est libre mais il n'est pas rare de devoir faire la queue 2h ou plus.

Waikiki Beach attire une foule de touristes en quête de repos, de soleil, de surf, de sorties nocturnes, de souvenirs ringards et d'aventures sentimentales. Waikiki était à l'origine une zone marécageuse et un refuge pour les membres de la famille royale. Les marécages ont été asséchés grâce au canal d'Ala afin de lancer l'industrie touristique. Complètement à l'est se trouve **Sans Souci Beach**, devant l'hôtel Kaimona Otani. Plus près du centre, **Queen's Surf Beach** est la plage des nageurs, et des adeptes du roller blade. Si vous recherchez des plages plus retirées, continuez vers l'est sur Diamond Head Rd. (une mobylette fera l'affaire) jusqu'à ce que vous atteigniez Kahala Ave. Pour changer du soleil et du surf, vous pouvez faire une petite marche d'1,6 km dans le cratère **Diamond Head**. Prenez le bus n° 58 à Waikiki. Amenez une torche électrique pour vous diriger dans la partie sombre du tunnel. La vue sur Waikiki est spectaculaire et si vous y êtes au bon moment, vous surprendrez peut-être un arc-en-ciel au dessus de la base militaire.

Des kilomètres de plages ponctuées de petites localités bordent les 64 km de côte qui s'étendent de Laie dans le nord à Mokapu Point au Sud. La route côtière offre le plus beau panorama de l'île ; elle coupe à travers les montagnes Koolau, contourne les falaises et rejoint l'océan. Plus au sud, Kalanianaole Hwy. serpente pendant 3 km jusqu'à Koko Head, la pointe est d'Honolulu.

Le long de la **Windward Coast,** les vendeurs de fruits, de plats cuisinés et de glace sont légion. Essayez le **Bueno Nalo**, 41-865 Kalanianaole Hwy. (259-7186), à Waimanalo, sans doute l'un des meilleurs restaurants mexicains au large de la Baja California (plats de 6 à 9 $). Goûtez les *enchiladas* au fromage. (Ouvert tous les jours de 11h30 à 21h). **Ahi's**, (293-5650), juste en sortant de Kamehameha Hwy. à

Kahuku, est également une bonne adresse. Repérez le panneau à l'arrière d'un vieux camion rouillé des années 40. Dans ce restaurant fréquenté par les gens du coin, un *shrimp special* (spécialité de crevettes) coûte 8,25 $ (ouvert du mardi au samedi de 11h à 21h).

MAUI

Le soleil, le sable et les vagues ont fait le succès de Maui. L'île accueille plus de 2 millions de visiteurs par an. Les hôtels se succèdent sur le bord de mer ; les plages sont prises d'assaut. Heureusement, la présence de sympathiques fous de planche à voile de toutes nationalités, plus ou moins installés à demeure, donne à l'île une atmosphère festive et décontractée. Avec un petit effort (et une voiture), il est possible de trouver des étendues de sable encore préservées. Les **West Maui Mountains** descendent jusqu'à une côte aride où se trouve la station balnéaire de **Kaanapali** et quelques petites localités tranquilles. La ville de **Wailuku-Kahului** (63 000 habitants), entourée de plantations de canne à sucre, s'étend sur une bande de terre entre deux anciens volcans. Les **East Mountains**, dominées par la silhouette du **volcan Healakala**, restent sauvages. La côte Ouest de l'île, aride et montagneuse, contraste avec la côte Est, luxuriante à souhait.

Informations pratiques Il est conseillé aux visiteurs de se rendre au **Visitors Information Kiosk** (877-3893) au terminal de Kahului Airport (ouvert tous les jours de 6h à 21h). **Trans Hawaiian** (877-7308) propose une navette toutes les heures entre l'aéroport et Lahaina-Kaanapali (13 $). Il est nécessaire de réserver pour le retour (toutes les heures de 7h à 19h). Le **Lahaina Express** assure une navette gratuite entre les principaux hôtels de Kaanapali et Lahaina. Vous pouvez trouver les horaires dans le *Lahaina Historical Guide* (disponible dans les kiosques touristiques de Lahaina). Le **Department of Parks and Recreation,** War Memorial Gym, 1580 Kaahumanu Ave. (243-7389), entre Kahului et Wailuku, vous fournira des renseignements et des autorisations (3 $) d'accès aux parcs (ouvert du lundi au vendredi de 8h à 16h. Frappez à la fenêtre si nécessaire). Le **ferry** est le moyen idéal pour se rendre de Maui aux îles voisines de Molokai et Lanai. Les ferrys de la compagnie **Maui Princess** (661-8397) circulent tous les jours entre Lahaina et Kaunakakai (Molokai). Départ à 7h, retour à 15h55. La traversée dure environ 1 heure 3/4 et coûte 25 $. **Expeditions** (661-3756) fait tous les jours le trajet entre Lahaina et Manele, sur l'île de Lanai (25 $). **Resort Taxi** (661-5285) vous conduit de l'aéroport à Kahului ou à Wailuku pour 9 $. **Rent a Car** au **Regency**, à Kahului Airport, (871-6147) est la seule agence de location ouverte aux moins de 21 ans (24 $ par jour, 5 $ par jour supplémentaire pour les moins de 25 ans. Ouvert tous les jours de 8h à 20h).

Maui est formée de deux montagnes reliées par un isthme. Les routes suivent la forme en 8 de l'île. La **route 30** mène à **Lahaina** et à **Kaanapali**, la principale zone touristique. La **route 34** fait le même circuit en sens inverse depuis l'isthme jusqu'à **Kapuna** où s'arrête la route goudronnée. Contournant les pentes d'Haleakala, la **route 31** traverse Kihei et Wailea. La **route 36** avec ses 600 tournants en épingle à cheveux traverse 54 ponts à voie unique avant d'arriver à **Hana**.

Hébergements Le **Banana Bungalow Hotel and International Hostel**, 310 N. Market St., à Wailuku (244-5090 ou 800-846-7835) est une auberge de jeunesse dynamique, où viennent des véliplanchistes des quatre coins de la planète. Vous pouvez rejoindre la fête en prenant part aux excursions, aux virées dans les discothèques, ou tournois de volley et fléchettes (salle de télévision avec air conditionné, magnétoscope, laverie, cuisine. Lits superposés 15 $, chambre individuelle avec un grand lit 32 $, chambre double 39 $. Caution pour les clé 5 $. Service de ramassage à l'aéroport). Vous pouvez également loger au **Northshore Inn**, 2080 Vineyard St. (242-8999) qui est bien tenu. Ventilateur et réfrigérateur dans chaque chambre, cuisine complète, laverie et barbecue (lits superposés 13 $, chambre individuelle 27 $, double 37 $. Caution pour la clé 10 $).

Haleakala Dans le parc naturel **Haleakala Park** se trouve un magnifique cratère volcanique (ouvert 24h/24. Laissez-passer de 7 jours, 4 $ par véhicule). Le **Park Headquarters** (472-9300), à environ 1,6 km de l'entrée du parc, délivre les autorisations de camper et fournit tout renseignement sur le parc (ouvert tous les jours de 7h30 à 16h). Le **Haleakala Visitors Center** (572-9172), près du sommet, présente des expositions sur la géologie, l'archéologie et l'écologie. Il offre un des meilleurs point de vue sur le cratère. Le camping **Haleakala Crater Campgrounds** (572-9306), à 6,4 km du parking d'Halemauu, dispose d'emplacements pour les tentes et des bungalows à l'intérieur du cratère. Les bungalows sont attribués par un tirage au sort auquel il faut postuler 3 mois avant la date de votre séjour. Les zones de Holua et de Paliku sont également ouverte au camping. Des permis de camper gratuits sont délivrés au *park headquarters* (2 jours maximum dans les bungalows, 3 jours au camping).

Hana **Hana Coast** s'étend de la presqu'île Keanae à Kaupo. Ne manquez sous aucun prétexte la route qui y mène, **Hana Highway**, tout simplement extraordinaire. Sinuant à travers des vallées luxuriantes où se mêlent les parfums de gingembre sauvage, de manguiers et de bananiers, elle longe l'océan, bordée de cocotiers. Prévoyez une excursion d'une journée.

HAWAII

L'île d'Hawaii est située à un point névralgique de la plaque tectonique du Pacifique. Deux de ses cinq volcans sont toujours en activité : **Mauna Loa** (4103 m) et **Kilauea** (1200 m) où est situé le **cratère d'Halemaumau.** Kilauea en est aujourd'hui à sa 51e éruption et ne semble pas près de s'éteindre. Les touristes viennent en masse sur l'île pour poser le pied sur ces terres volcaniques sans cesse en mouvement. Bien que leurs éruptions soient puissantes, les volcans ne produisent pas de nuages de cendre et ne présentent pas de danger (a priori...). Le flot de lave ne coule rapidement qu'au niveau du sommet et dans des cavités souterraines. Les deux montagnes du **Volcanoes National Park** sont en phase de croissance et continuent à cracher de la lave : chaque année le parc s'agrandit automatiquement de plusieurs hectares. Le **Kilauea Caldera** avec ses cheminées fumantes, ses émanations de soufre et ses éruptions périodiques de lave est la vedette du parc. Le **Mauna Loa**, moins actif, et son voisin endormi du nord, le **Mauna Kea**, qui s'élèvent à près de 4 000 m au dessus du niveau de la mer, sont au moins tout aussi impressionnants.

Au **visitors center** de **Kilauea** (967-7311), Crater Rim Rd., vous pourrez tout savoir sur les récentes sautes d'humeur du volcan. Des sentiers de randonnée mènent autour du Kilauea et au sommet du Moana Loa. Prévenez les rangers avant de partir en excursion (ouvert tous les jours de 7h45 à 17h). L'entrée du parc est de 5 $ par véhicule, le billet est valable 7 jours.

Hilo et **Kailua-Kona** sont les principales localités touristiques de l'île. Les quelques hôtels proches des volcans sont chers. **Holo Holo Inn**, 19-4036 Kalani Holua Rd. (967-7950) est abordable. Depuis Hilo, prenez la route 11 pratiquement jusqu'au parc, tournez à droite sur Haunani Rd. à Kalani Village, puis à gauche sur Kalani Holua Rd., à 3 km du *visitors center*. L'hôtel dispose de plusieurs chambres spacieuses et bien tenues (lits superposés 15 $. Appelez après 16h30 et réservez à l'avance). **Volcano House**, dans le Hawaii Volcanoes National Park

(967-7321) est cher, mais on n'a pas tous les jours l'occasion de dormir au bord d'un volcan en activité (à partir de 79 $). Vous pouvez également essayer les bunga-lows du **Namakani Paio**, situé à 4,8 km de Volcano House, dans une forêt d'*ohia* (admission après 15h. Chambre simple ou double 32 $). Dans l'enceinte du parc, vous trouverez trois terrains de camping gratuits à **Kipuka Nene**, **Namakani Paio** (près du cratère de Kilauea) et **Kamoamoa** (sur la côte). Tous ces terrains possè-dent des refuges et des foyers pour feux de camp, mais ne fournissent pas de bois (7 jours maximum sur place. Pas de réservation).

Un voyageur averti en vaut deux

Les volcans sont le domaine de la puissante déesse hawaiienne Pele. Pour éviter de se mettre à dos la divinité ou de s'attirer les mauvais esprits, il peut être utile de connaître quelques préceptes de base.

1) Si en conduisant vous apercevez une vieille femme sur le bord de la route, proposez-lui de monter dans votre voiture, car c'est peut-être Pele.

2) Si vous remarquez une vieille femme à l'arrière de votre voiture, faites comme si vous n'aviez rien remarqué. C'est tout simplement Pele. Elle est inoffensive tant qu'on on la laisse tranquille.

3) Si vous croisez un chien noir sur le bord de la route, donnez-lui à manger. Les Hawaïens prévoyants ont toujours dans leur voiture un bout de viande ou un os. Tout manquement à cette règle se traduit par des nausées qui dégénèrent en une longue maladie à l'issue fatale.

4) Evitez à tout prix Saddle Road : tous les Hawaïens vous confirmeront que cette route est hantée.

5) Les abords des cratères et les départs des sentiers sont les endroits les plus propices pour déposer des offrandes à Pele. Sachez que Pele apprécie particu-lièrement les fruits, les bonbons, les pierres enveloppées dans des feuilles de *ti* ainsi que les jeunes filles vierges.

6) Si vous souhaitez vraiment faire plaisir à Pele, videz une bouteille de gin dans l'un des lacs de lave. La bénédiction de Pele vous accompagnera tout au long de votre voyage.

KAUAI

A Kauai, la nature s'est surpassée. La splendeur de l'île est sans pareil dans tout l'ar-chipel hawaïen. Les plages sont plus belles, les montagnes plus imposantes, et les chutes d'eau plus tumultueuses. Ce n'est pas un hasard si les producteurs d'Holly-wood qui cherchent un décor naturel de forêt tropicale ou de plages de rêve pour des films comme *King Kong* ou *Jurassic Park,* choisissent immanquablement Kauai. **Lihue** est la principale localité, là où bat le cœur de l'île.

La région d'**Hanalei** a été rendue célèbre par une chanson américaine très tarte, *Puff the Magic Dragon.* En louchant vous parviendrez peut-être à entrevoir la forme d'un dragon depuis Hanalei Beach. Il y a fort à parier que c'est une carte postale représentant Lumahai Beach que vous enverrez aux amis que vous souhaitez rendre jaloux. La côte Nord-Ouest de l'île, **Na Pali Coast**, est une vraie merveille. Les falaises à pic ne sont interrompues que par des plages de sable blanc désertes balayées par une mer d'un bleu éclatant. A 3,2 km se trouve **Hanakapiai Beach** et à la même distance en remontant la Hakakapiai Valley, on peut admirer de splen-dides chutes d'eau. L'étonnante **vallée de Kalau** (certains assurent que c'est le plus bel endroit du monde) est située au bout de 17,6 km de falaises abruptes. La côte au-delà d'Haena n'est accessible qu'à pied ou en kayak.

Le **Hawaii Visitors Bureau**, Lihue Plaza Bldg., 3016 Umi St. #207, Lihue (245-3971), sur Rice St. est un endroit plein de bonne humeur. Procurez-vous l'amusante et instructive carte *Kauai illustrated Pocket Map*. Vous pouvez écrire pour recevoir des brochures, le programme des manifestations, et des bons de réductions : 3016 Umi St., Lihue 96766 (ouvert du lundi au vendredi de 8h à 16h). A Kauai, la meilleure solution pour le logement consiste à camper. Renseignez-vous sur les différentes possibilités au **Kauai County Parks Office**, 4193 Hardy St., Lihue (241-6670). Le bureau est situé derrière le *convention center*, dans un long bâtiment près du parking. C'est là où vous devez passer pour des informations et des autorisations de camper dans les différents parcs du coin (3 $, ouvert du lundi au vendredi de 7h45 à 16h15). Vous pouvez également obtenir les autorisations auprès des rangers qui se trouvent sur place (5 $). La **Division of State Parks**, 3060 Eiwa St. #306, Lihue 96766 (241-3444), sur Hardy St., dans le State Office Bldg, vous donnera encore davantage de renseignements sur les parcs (autorisations délivrées du lundi au vendredi de 8h à 16h).

Si vous ne supportez pas le camping, changez d'île. Ou alors, allez faire un tour du côté de **Kauai International Hostel,** 4532 Lehua St., Kapaa (823-6142 ou 800-858-2295). Cette auberge de jeunesse est séparée de la plage par une rue bordée de restaurants. Sympathique et très bien située mais parfois bruyante. Cuisine complète, TV câblée, laverie, dortoirs séparés ou mixtes (7 nuits maximum, lits superposés 15 $ par nuit, chambre individuelle 40 $ la nuit. Bureau ouvert tous les jours de 8h à 22h). Le staff organise de fantastiques excursions dans les coins les plus secrets de Kauai (10 à 15 $).

NOTES

<u>NOTES</u>

<u>NOTES</u>

NOTES

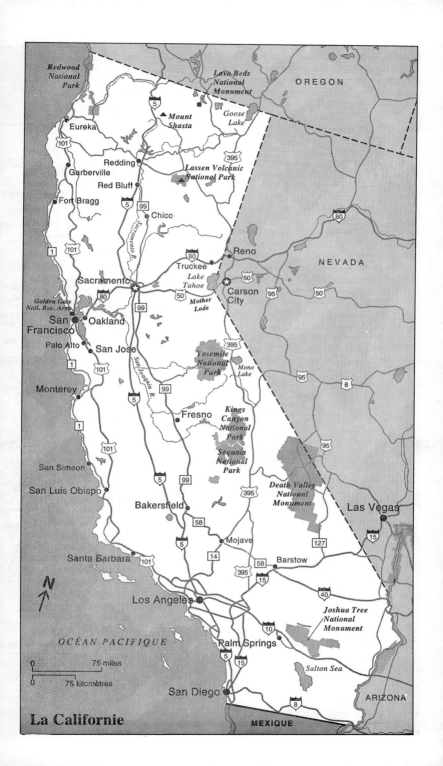

La Californie

Les Etats-Unis

Victoria
Vancouver
BRITISH COLUMBIA
ALBERTA
1
SASKATCHEWAN
Regina 16
MANITO

Olympia
Seattle
WASHINGTON
Spokane
Coeur d'Alene
15
Portland
82
5
84

Eugene

OREGON
IDAHO
Boise

84
15

Missoula
MONTANA
Billings
90
94

NORTH DAKOTA
Bismarck
Fa

SOUTH DAKOT
Rapid City
Pierre
Mt. Rushmore

WYOMING
Casper
25
Carhenge

NEBRASKA
L

Reno
Sacramento
NEVADA
80
Salt Lake City
Boulder
Cheyenne
80
76
80

Alcatraz
San Francisco
CALIFORNIA

Denver
70
70
KANSA

UTAH
COLORADO
Wic

Las Vegas
15
66
ARIZONA
Santa Fe
OKLAHO

Disneyland/ Hollywood
Los Angeles
5
40
17
Phoenix
40
Albuquerque
Amarillo
27

San Diego
10
8
Biosphere 2
25
NEW MEXICO
Alamogordo
20

Tucson
10
El Paso
TEXAS

OCÉAN PACIFIQUE

Au
San Antonio
35

MEXIQUE

10

RUSSIE

Nome
ALASKA

Fairbanks
Anchorage

N.W. TERR.

YUKON TERR.
Whitehorse

Mer de Béring

Aleutian Islands

Juneau
B.C.

OCÉAN PACIFIQUE

0   400 miles

0   400 km

Itinéraires et routes panoramique

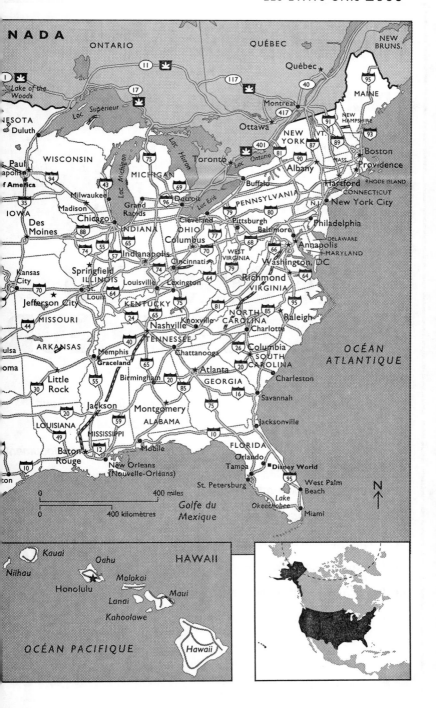

LEXIQUE

B. A.-Ba

bonjour	hi, good morning
bonsoir, bonne nuit	good evening, good night
au revoir	bye, good bye
s'il vous plaît	please
excusez moi	excuse me
merci	thank you
de rien	you're welcome
oui	yes
non	no

TRANSPORT

aller simple	one way ticket
aller retour	return ticket
annuler	to cancel
avion	plane
billet	ticket
camion	truck
car	coach, bus
consignes	lockers
correspondance	connection
allée (en avion)	aisle
bagages	baggage
enregistrement	check-in
gare	train station (depot)
heure d'été	daylight saving time
métro	subway
moto	motorcycle
quai	platform
retard	delay
station d'autobus	bus station (depot)
tramway	streetcar
tarif	fare
réduction	discount
taxi	taxi, cab (familier)
voyage aller-retour	round trip
vol	flight

VOITURE

automobile	car
contravention	ticket
demi-tour en «U»	U-turn
dépanneuse	tow truck
essence (sans plomb)	(unleaded) gas
intersection	Xing (crossing)
garage	garage
péage	toll
permis de conduire	driving licence
priorité	yield
le plein, svp	fill it up, please
être enlevé à la fourrière	to be towed away

sens unique	one way
station service	gas station
sortie	exit
vitesse autorisée	speed limit
voie	lane
batterie	battery
boîte de vitesse	gear box
bougies	spark plugs
essuies-glace	wipers
freins	brakes
moteur	engine
phares	headlights
pneu	tyre (US)
pot d'échappement	muffler
roue	wheel

HÉBERGEMENT

appartement	apartement
pension, auberge	guest house
auberge de jeunesse	hostel, backpacker's
chambre	room
chauffage	heating
couverture	blanket
complet	no vacancy, full
climatisation	air conditioning
demi-pension	half board
dortoir	dormitory, dorms
douche	shower
arrhes, caution	deposit
heure de départ	check-out
lit double	full size bed/queen size/king size
lits jumeaux	twin beds
laverie	laundry
oreiller	pillow
pension complète	full board
sac de couchage	sleeping bag
serviette	towel
draps	sheets

TÉLÉPHONE

annuaire/renseignements	directory
appel en pcv	collect call
cabine téléphonique	public phone
carte de téléphone	phone card
carte d'appel	calling card
appel longue distance	long distance call
indicatif	area/country code
numéro gratuit	toll free

POSTE

bureau de poste	post office
boîte-à-lettre	mail box
courrier	mail
code postal	zip code
mandat	money order
colis postal	parcel

recommandé	registered mail
timbre	stamp
poste restante	general delivery, poste restante

ORIENTATION

près/loin	near/far
tournez à gauche/à droite	turn left/right
tout droit	straight ahead
ascenseur	elevator
escalier	stair
étage	floor
hall	lobby
rez-de-chaussée	first floor, ground floor, street level
premier étage	second floor
toilettes	restroom, bathroom
grand magasin	department store
magasin d'alimentation	grocery store
cinéma	(movie) theatre
pharmacie, drugstore	drugstore
hôtel de ville	city hall
hôpital	hospital
centre commercial	mall
épicerie de quartier	corner shop, convenience store
barrage	dam
belvédère	lookout
cascade	falls
chaîne de montagnes	range
col	pass
colline	hill
eau potable	drinking water
faune (sauvage)	wildlife
grotte	cave
jetée	breakwater
nature (vierge)	wilderness
phare	lighthouse
pic	peak
pré	meadow
plage	beach
quai	wharf
rivière, fleuve	river
ruisseau	creek
source	spring
sentier	trail

JOB-TROTTER

job d'été	summer job
stage	internship
travail	job
vacances	vacation

BAR

bière à la pression	on tap, draft, draught
chope, pinte	pint
dernière tournée	last call
microbrasserie	microbrewerie
pichet (de bière)	picher

prix d'entrée	cover charge
verre	glass

RESTAURANT

addition	check
boisson	drink
carte	menu
couteau	knife
cuillère	spoon
déjeuner	lunch
dîner	dinner
eau	water
entrée	starter, appetizer
fourchette	fork
petit déjeuner	breakfast
plat principal	entrees, main dish
assiette	plate
pourboire	tip
repas, plat	meal
serveuse, serveur	waitress, waiter
verre	glass

DECRYPTER LA CARTE : LES USUELS

chicken breast	blanc de poulet
chicken wings	ailes de poulet (snack)
lamb chop	côtelettes d'agneau
porc ribs	travers de porc
sirloin steack	faux-filet de bœuf
turkey	dinde
clams chowder	velouté de palourde
calmar	squid
clams	palourdes
halibut	flétan
lobster	homard
oysters	huîtres
prawns	crevettes
shrimps	petites crevettes
scallops	coquilles Saint-Jacques
tuna	thon
corn	maïs
basil	basilic
cinnamon	cannelle
garlic	ail
apple crumble	dessert chaud aux pommes panées
cheese cake	gâteau au fromage blanc
doughnut	beignet
waffles	gaufres
hashbrown	pommes de terres rapées et grillées
pancakes	petites crêpes épaisses
rolls	petits pains
muffins	sorte de pâtisserie bourrative
english muffins	sorte de petits pains (petit déjeuner)

LES DILEMMES :

What kind of bread do you want ?	Quel sorte de pain voulez-vous ? (pour les sandwiches)

- white	pain de mie ordinaire
- whole wheat	pain de blé complet
- multigrain	pain de plusieurs céréales
- rye	pain de seigle
- french	baguette

Plain or toasted ? — Normal ou grillé ?
(pour le pain des sandwiches)

How do you want your eggs ? — Comment souhaitez-vous vos œufs?
- scrambled	brouillés
- poached	pochés
- soft boiled	à la coque
- hard boiled	durs
- sunny side up	sur le plat
- over (easy)	sur le plat, et retournés (légèrement)
- «Benedicts»	pochés et en sauce

What kind of dressing do you want ? — Quels assaisonement voulez-vous ?
(sur la salade)
- italian	vinaigrette sucrée
- french	sauce de couleur orangée
- raspberry	huile et vinaigre de framboise, sucrée
- blue cheese	au bleu ou au Roquefort
- oil and vinegar	huile et vinaigre
- Thousand Island	sorte de mayonnaise relevée de paprika
- house	sauce maison

How do you like your meat ? — Quelle cuisson souhaitez-vous pour la viande ?
- rare	rosée
- medium	à point
- well done	bien cuite
- very well done	trop cuite

How do you like your potatoes ? — Quelle sorte de pomme de terre souhaitez-vous ?
- french fries	frites
- baked	au four
- mashed	en purée

POUR NE PAS PERDRE SON FRANÇAIS

french fries	frites
french bread	baguette
french pastry	pâtisseries, viennoiseries
french kiss	un vrai baiser
french cuff	un vrai baiser langoureux
french dry cleaning	teinturier
french Canadian	Québécois
french dressing	sauce de salade orangée
french toast	pain perdu
french doors	portes-fenêtres
french windows	fenêtres à la française
french horn	cor
french poodle	individu veul et servile (poodle = caniche)
french letter	préservatifs

SLANG (ARGOT)

foireux, nul, minable	lousy
merde	shit
putain !	fuck
c'est nul	it sucks
c'est top	it's cool
ringard	tacky
c'est l'arnaque	it's a rip off
tune, blé, pognon	cash, bucks, green, dead présidents
c'est le bordel	it's a wreck
ça me gave	I'm pissed off
dégage	piss off
branché	trendy, hip
flics, poulets	cops, pigs
gueule de bois	hangover
c'est un emmerdeur	he is a pain in the ass
c'est de la daube !	it's crap !
la ferme !	shut up !

INDEX

Etats, lieux géographiques et *sites, attractions* ou *thèmes* traités dans ce guide.